EBS 중학

뉴런

| 국어 2 |

개념책

| 기획 및 개발 |

이미애 송해나 정혜진

| 집필 및 검토 |

강영미(신상중) 강용철(경희여중) 고은영(제주서중) 박종혁(보성중) 신장우(창문여고) 오경란(탄벌중) 최은하(성수고)

| 검토 |

김동환 김서경 김수학 김영근 김잔디 신영미 이용우 임동원 조형주 한세나

류근호 이미경

+ 수학 전문가 100여 명의 노하우로 만든
  수학 특화 시리즈

+ 연산 ε ▸ 개념 α ▸ 유형 β ▸ 고난도 Σ 의
  단계별 영역 구성

+ 난이도별, 유형별 선택으로
  사용자 맞춤형 학습

수학 마스터
기본부터 심화까지 **단계별 수학**

연산 ε(6책) | 개념 α(6책) | 유형 β(6책) | 고난도 Σ(6책)

EBS No.1 과목 특화 브랜드

EBS 중학

뉴런

| 국어 2 |

개념책

Structure 이 책의 구성과 특징

개념책

● 개념 잡기

① 시의 화자

(1) 시의 화자의 개념
- 시인을 대신하여 시 속에서 시인의 생각과 정서를
- 시인이 자신의 생각이나 의도, 느낌을 효과적으로
  도, 목소리를 부여한 시적 장치이다.
- '화자' 또는 '시적 화자'라고도 한다.

예로 개념 확인

(가) **①**나는 나룻배
　　　당신은 행인.

　　　당신은 흙발로 나를 짓밟습니다.

(나) **②**
집 식
다. 〈
②사

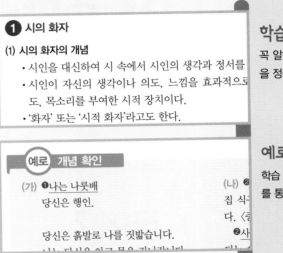

학습 내용 정리
꼭 알아 두어야 할 교과서의 주요 개념을 정리하였습니다.

예로 개념 확인
학습 내용과 관련된 개념과 원리를 예를 통해 확인할 수 있습니다.

● 소단원 학습 및 평가 문제

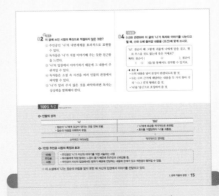

지문 연구
9종 검정 교과서의 주요 지문을 선정하여 관련 학습 내용과 구절 풀이, 낱말 풀이까지 꼼꼼하게 정리하였습니다.

평가 문제 및 100점 특강
- 주요 지문을 학습하고, 문제를 통해 평가에 대비하도록 하였습니다.
- 100점 특강을 통해 꼭 알아 두어야 할 필수 학습 내용을 알기 쉽게 설명하였습니다.

대단원 평가
마당별 학습 내용을 문제를 통해 다시 한번 점검할 수 있습니다.

실전책

개념 다지기

중요 개념을 요약정리한 개념 압축 APP와 주요 개념 어휘를 정리한 필수 어휘 사전을 통해 자기 점검을 할 수 있습니다.

소단원 내신 대비

학습 목표를 중심으로 수행 평가 대비, 시험에 꼭 나오는 학습 활동 응용 문항과 고난도 응용 문항을 점검할 수 있습니다.

단원 평가

다양한 유형과 난이도의 문제를 통해 단원별 학습을 마무리합니다.

정답과 해설

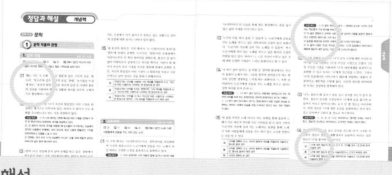

해설

정답과 서술형의 예시 답안을 확인할 수 있습니다.
'오답 확인'은 오답이 오답인 이유를 확인할 수 있으며, 서술형 문제는 '채점 기준'을 통해 구체적인 평가가 가능합니다.

Contents 이 책의 차례

첫째 마당

문학

문학 작품의 관점

학습 목표
• 작품에서 보는 이나 말하는 이가 누구인지 파악할 수 있다.
• 보는 이나 말하는 이의 관점에 주목하여 작품을 감상할 수 있다.

더 알아 두기

✚ 작품의 말하는 이와 관점
• 작품의 말하는 이: 작가를 대신하여 작품 속에서 내용을 전달해 주는 존재
• 말하는 이의 관점: 작품에서 보는 이나 말하는 이의 관점에 따라 작품 속 세계가 다르게 형상화되고 같은 사건을 서술하더라도 작품의 분위기나 주제가 달라질 수 있음.

❶ 시의 화자

(1) 시의 화자의 개념
• 시인을 대신하여 시 속에서 시인의 생각과 정서를 전달하는 존재이다.
• 시인이 자신의 생각이나 의도, 느낌을 효과적으로 드러내기 위하여 일정한 성격, 태도, 목소리를 부여한 시적 장치이다.
• '화자' 또는 '시적 화자'라고도 한다.

(2) 시의 화자의 역할
• 시인이 표현하고자 하는 주제를 효과적으로 전달한다.
• 시의 분위기 형성에 직접적인 영향을 준다.

(3) 시의 화자의 유형
• 화자가 겉으로 드러나는 경우: '나'로 등장하는 경우가 많으며, 시인의 생각이나 정서를 효과적으로 표현해 줄 수 있는 허구의 인물이다. 시인과 유사한 존재, 시인과 성별이나 연령 등이 다른 사람, 사물이나 동식물 등을 화자로 내세운다.

> 예
> 아랫목에 모인 / 아홉 마리의 강아지야.
> 굴욕과 굶주림과 추운 길을 걸어
> 내가 왔다. / 아버지가 왔다.
> — 박목월, 「가정」

> 나는 산입니다.
> 밤새도록 나는 혼자서
> 촉촉이 비를 맞고 서 있지요.
> — 유치환, 「산 3」

예로 개념 확인

(가) ❶나는 나룻배
당신은 행인.

당신은 흙발로 나를 짓밟습니다.
나는 당신을 안고 물을 건너갑니다.
나는 당신을 안으면 깊으나 옅으나 급한
여울이나 건너갑니다.
— 한용운, 「나룻배와 행인」

(나) ❷나는 금년 여섯 살 난 처녀 애입니다. 내 이름은 박옥희이고요. 우리 집 식구라고는 ❷세상에서 제일 예쁜 우리 어머니와 나, 단 두 식구뿐이랍니다. 〈중략〉
❷사랑 아저씨가 달걀을 좋아하는 것이 내게는 썩 좋게 되었어요. 그다음부터는 어머니가 달걀을 많이씩 사게 되었으니까요. 달걀 장수 노파가 오면 한꺼번에 열 알도 사고 스무 알도 사고, 그래선 두고두고 삶아서 아저씨 상에도 놓고, 또 으레 나도 한 알씩 주고 그래요.
— 주요섭, 「사랑손님과 어머니」

• 화자가 직접적으로 드러나지 않는 경우: 시인이 자신의 상상이나 체험을 제삼자의 관점에서 표현하며, 객관적 성격을 띠는 경우가 많다.

> 예 머언 산 청운사 / 낡은 기와집 // 산은 자하산 / 봄눈 녹으면 //
> 느릅나무 / 속잎 피어 가는 열두 굽이를 //
> 청노루 / 맑은 눈에 // 도는 / 구름
> — 박목월, 「청노루」

❷ 소설의 서술자와 시점

(1) 서술자의 개념
• 소설에서 독자에게 이야기를 전달하는 존재이다.
• 소설의 사건을 이야기해 나가는 주체이다.

(2) 서술자의 역할
• 인물을 소개하고 사건을 전달하며 장면을 묘사한다.
• 서술자가 어떤 관점을 취하느냐에 따라 작품의 분위기와 의미가 달라진다.

(3) 소설의 시점
• 시점의 개념: 서술자가 사건을 바라보는 위치와 시각
• 시점의 종류

위치＼태도	인물의 심리까지 서술	관찰한 내용만 서술
이야기 안	1인칭 주인공 시점 : 등장인물인 '나'가 주인공이 되어 자신의 이야기를 서술함.	1인칭 관찰자 시점 : 등장인물인 '나'가 관찰자가 되어 주인공의 이야기를 서술함.
이야기 밖	3인칭 전지적 시점 : 서술자가 신과 같은 위치에서 인물의 심리나 사건의 성격 등을 다 알고 서술함.	3인칭 관찰자 시점 : 서술자가 객관적 태도로 인물의 행동과 사건을 관찰하여 서술함.

더 알아 두기

✚ 시점의 종류와 특징
• 서술자의 위치에 따른 대명사의 사용

1인칭 시점	3인칭 시점
'나', '우리' 등과 같은 대명사를 사용함.	'그', '그녀', '그들'이라는 대명사를 사용함.

• 시점의 특징

1인칭 주인공 시점	서술자가 자신의 이야기를 하기 때문에 독자에게 친근감과 신뢰감을 줌.
1인칭 관찰자 시점	'나'의 눈에 비친 제한적 세계만을 다루기 때문에 독자의 상상력을 자극함.
3인칭 전지적 시점	서술자가 사건 전개에 광범위하게 관여하기 때문에 독자가 상상력을 발휘할 기회가 제한될 수 있음.
3인칭 관찰자 시점	독자의 무한한 상상이 가능하며, 대상에 대한 해설이나 평가는 독자의 몫임.

❶ **시의 화자**: 이 시의 화자는 시 속에서 '나'로 드러나 있다. '나'는 자신을 '나룻배'에, '당신'을 '행인'에 빗대어 표현하고 있다. 나룻배는 행인이 자신을 흙발로 짓밟아도 아무 불평 없이 행인을 안고 물을 건너간다. 이렇게 시인은 시의 화자를 '나룻배'에 빗대어 표현함으로써 '당신'에 대한 '나'의 헌신적이고 희생적인 태도를 효과적으로 드러내고 있다.

❷ **소설의 서술자와 시점**: 이 소설의 서술자는 이야기 속 등장인물인 '나'이다. '나'는 여섯 살밖에 안 된 어린아이로, 작가가 설정한 허구의 인물이다. 그런데 '나'는 자신의 이야기가 아니라 '세상에서 제일 예쁜 우리 어머니'와 '사랑 아저씨'의 이야기를 독자에게 들려주고 있다. 즉, 이야기 안의 등장인물인 '나'가 관찰자가 되어 주인공인 어머니와 사랑손님(사랑 아저씨)의 이야기를 서술하는 1인칭 관찰자 시점을 취하고 있는 것이다. 그리고 어린아이인 '나'가 천진난만하게 들려주는 달걀 이야기는 어머니가 사랑손님에게 관심을 가지고 있음을 독자에게 알려 준다. 이렇게 가식 없고 순수한 어린아이를 서술자로 설정하면 어머니와 사랑손님 간의 사랑을 맑고 순수하게 그려 내는 효과를 얻을 수 있다.

엄마 걱정 | 기형도

- **해제:** 이 작품은 어린 시절을 회상하는 어른이 된 '나'를 시의 화자로 설정하여, 가난했던 어린 시절에 시장에 간 엄마를 기다리며 느낀 화자의 외로움과 서글픔을 생생하게 그려 내고 있다.

- **주제:** 가난했던 어린 시절의 외롭고 쓸쓸한 기억

내용 연구
엄마와 '나'의 상황

엄마	'나'
열무를 팔러 시장에 가 밤이 늦도록 돌아오지 못함. → 가난으로 인한 고된 삶	빈집에 혼자 남아 엄마를 기다리며 숙제를 함. → 가난으로 인한 외로움

구절 풀이

- **배추 잎 같은 발소리 타박타박:** 고단한 몸을 끌고 지쳐 걸어오는 엄마의 발소리를 시든 배추 잎에 빗대어 표현함으로써 가난한 삶에 지친 어머니의 모습을 떠올리게 한다.

- **빈방에 혼자 엎드려 훌쩍거리던:** 빈집에 홀로 남아 엄마를 걱정하며 기다리는 어린아이의 쓸쓸하고 불안한 마음이 드러나는 행동이다.

낱말 풀이

- **열무:** 어린 무.
- **타박타박:** 조금 느릿느릿 힘없는 걸음으로 걸어가는 모양.
- **윗목:** 온돌방에서 아궁이로부터 먼 쪽의 방바닥. 불길이 잘 닿지 않아 아랫목보다 상대적으로 차가운 쪽이다.

『열무 삼십 단을 이고
「 」: 가난한 형편임을 짐작하게 함.
시장에 간 우리 엄마』
▨▨: '안 오시네'를 조금씩 변형하여 애타는 마음을 효과적으로 표현함.
안 오시네, 해는 시든 지 오래
해가 진 지 오래 됨. → 시간적 배경: 밤
나는 찬밥처럼 방에 담겨
어린 시절의 화자(과거)   → 빈방에 홀로 남겨진 화자의 서글픈 처지를 표현함.
아무리 천천히 숙제를 해도
엄마 안 오시네, 배추 잎 같은 발소리 타박타박
가난한 삶에 지친 엄마의 모습을 표현함.
안 들리네, 어둡고 무서워
화자의 정서: 무서움
금 간 창틈으로 고요히 빗소리

빈방에 혼자 엎드려 훌쩍거리던
화자의 정서: 외로움과 서글픔
▶ 빈집에서 [　　]을/를 기다리며 외롭고 무섭고 서글펐던 [　　] 시절의 '나'

아주 먼 옛날
1연의 내용 → 과거 회상
지금도 내 눈시울을 뜨겁게 하는
어른이 된 화자(현재)
그 시절, ㉠내 유년의 윗목
어린 시절의 외롭고 힘들었던 기억
▶ 어린 시절을 [　　]하며 안타까워하는 [　　]이/가 된 '나'

01 이 시의 표현상 특징으로 적절한 것은?

① 각 행에 동일한 글자 수를 반복하여 리듬감을 형성하고 있다.

② 비유적 표현 대신 쉽고 일상적인 표현을 통해 주제를 드러내고 있다.

③ 다양한 종류의 감각적 심상을 사용하여 상황을 생생하게 묘사하고 있다.

④ 현재-과거-현재로 이어지는 구성을 통해 상황을 입체적으로 그려 내고 있다.

⑤ 대조적 의미를 지닌 시어를 사용하여 화자의 심리를 효과적으로 표현하고 있다.

02 이 시의 화자에 대한 설명으로 적절하지 않은 것은?

① '나'가 자신의 어린 시절 모습을 회상하고 있다.

② 과거 유년 시절의 서글픔이 현재의 '나'에게 남아 있다.

③ 어른이 된 '나'가 자신의 유년 시절에 대한 안타까움을 드러내고 있다.

④ 대화를 주고받는 방식을 통해 과거의 '나'와 현재의 '나'의 심정을 효과적으로 드러내고 있다.

⑤ 과거 속의 '나'의 모습뿐만 아니라 '나'를 위해 힘들게 살았던 어머니의 삶도 함께 떠올리고 있다.

03 이 시의 주된 정서와 분위기로 가장 적절한 것은?

① 밝고 소란스럽다.　　② 외롭고 쓸쓸하다.

③ 따뜻하고 정감 있다.　　④ 엄숙하고 고요하다.

⑤ 급박하고 긴장감이 돈다.

04 이 시의 '엄마'와 '나'의 상황을 다음과 같이 설명할 때, ⓐ~ⓔ 중 적절하지 않은 것은?

> ⓐ엄마는 열무를 팔러 시장에 가셨으나, ⓑ밤이 늦도록 돌아오지 못하고 있다. ⓒ'나'는 혼자서 엄마를 기다리고 있다. ⓓ늦은 밤, 빈집에서 천천히 숙제를 하고 있던 '나'는 빗소리를 듣다가 결국 훌쩍거리고 만다. ⓔ그런 '나'의 안타까운 모습을 생각하며 집으로 돌아오던 엄마는 결국 눈물을 흘린다.

① ⓐ　　② ⓑ　　③ ⓒ　　④ ⓓ　　⑤ ⓔ

05 [서술형] [중요] 이 시의 화자가 ㉠을 통해 표현하고자 한 의미를 〈조건〉에 맞게 쓰시오.

◀ 조건 ▶

• '윗목'의 이미지와 관련지어 쓸 것.

• '자신의 어린 시절이'로 시작하는 한 문장으로 쓸 것.

100점 특강 Special lecture

○─ 이 시의 화자의 상황과 정서

	1연		2연
상황	과거: 어린 시절에 '나'는 어두운 밤, 빈집에 혼자 남아 숙제를 하며 시장에 간 엄마를 기다리고 있음.	→	현재: 어른이 된 '나'는 가난했던 어린 시절의 자신과 엄마의 모습을 생각하며 눈시울이 뜨거워짐.
정서	외로움, 무서움, 서글픔		안타까움.

이 시에서는 어른이 된 화자인 '나'가 과거 어린 시절을 회상하고 있다. 1연에서는 과거에 느꼈던 심정을, 2연에서는 그 과거에 대해 현재 느끼는 심정을 표현하고 있다. 시인은 어른이 된 '나'가 어린 시절의 '나'를 회상하는 방식으로 시상을 전개하여 어린 시절에 느낀 외로움과 서글픔이 어른이 된 현재의 화자에게도 남아 있음을 효과적으로 보여 준다.

○─ 이 시의 주제를 드러내는 비유적 표현

'나는 찬밥처럼 방에 담겨'	'배추 잎 같은 발소리 타박타박'	'내 유년의 윗목'
빈방에 홀로 남겨진 화자의 외로움과 서글픔	가난하고 고된 삶에 지친 엄마의 모습	어린 시절의 외롭고 힘들었던 기억

2 귀뚜라미 | 나희덕

- **해제:** 이 작품은 자신의 울음소리가 누군가에게 감동을 주는 노래가 되기를 바라는 귀뚜라미의 간절한 소망을 노래하고 있는 시이다. 귀뚜라미를 화자로 내세워 고된 환경에서도 희망을 잃지 않는 올바른 삶의 자세를 효과적으로 표현하고 있다.
- **주제:** 누군가에게 감동을 주는 노래를 부르고 싶은 소망

│ 내용 연구

화자의 소망이 드러난 시구

- 누구의 마음 하나 울릴 수 있을까.
- 누군가의 가슴에 실려 가는 노래일 수 있을까.

↓

누군가에게 감동을 주는 노래를 부르고 싶은 소망

│ 구절 풀이

- **풀잎 없고 ~ 좁은 틈:** 귀뚜라미가 가을이 되기를 기다리며 머무르는 장소로, 화자가 처한 어려운 환경과 고달픈 현실을 의미한다.
- **숨 막힐 듯, 그러나 나 여기 살아 있다.:** 화자가 열악한 환경에 처해 있음을 보여 준다. 또한 이런 고된 현실에서도 자신의 울음소리가 노래가 되는 그날을 꿈꾸며 살아남고자 하는 화자의 강한 생명력과 의지를 느끼게 한다.

│ 낱말 풀이

* **타전:** 전보나 무전을 침.

높은 가지를 흔드는 매미 소리에 묻혀 → 계절적 배경: 여름
　　　　　　'나(귀뚜라미)'와 대조되는 존재
내 ㉮울음 아직은 노래 아니다.
지의 화자(귀뚜라미)

▶ '나'의 울음은 아직 ☐☐☐이/가 아님.

차가운 바닥 위에 토하는 울음
　　　　└→ 고달픈 현실, 고된 환경 ←┐
*풀잎 없고 이슬 한 방울 내리지 않는

지하도 콘크리트 벽 좁은 틈에서

*숨 막힐 듯, 그러나 ⓐ나 여기 살아 있다.

귀뚜르르 뚜르르 보내는 *타전 소리가
지금 '나'의 울음소리는 자신의 존재를 알리는 신호에 불과함.(청각적 심상)
㉠누구의 마음 하나 울릴 수 있을까.
　　'나'의 울음소리가 누군가에게 감동을 주는 노래가 되길 바람.

▶ '나'의 울음이 누군가에게 ☐☐☐을/를 주는 노래가 되길 바라며 고된 현실을 견딤.

지금은 매미 떼가 하늘을 찌르는 시절
여름　　　　화려한 매미 소리에 묻혀 '나'의 울음소리가 전달되지 않음.
그 소리 걷히고 맑은 가을이
　　　　　　　　　'나'가 기다리는 때
어린 풀숲 위에 내려와 뒤척이기도 하고

계단을 타고 이 땅 밑까지 내려오는 날

발길에 눌려 우는 내 울음도
　　　　　고달픈 현실
㉡누군가의 가슴에 실려 가는 노래일 수 있을까.
　　'나'의 울음소리가 누군가에게 의미 있는 노래가 되길 바람.

▶ ☐☐이/가 되면 '나'의 울음이 누군가에게 ☐☐ 있는 노래가 되길 간절히 바람.

12 • EBS 중학 뉴런 국어 2 개념책

정답과 해설 | 2쪽 2번, 5쪽 의미

01 이 시에 대한 설명으로 적절한 것은?

① 수미 상관의 기법을 통해 운율을 형성하고 있다.

② 주로 후각적 심상을 활용하여 감각적으로 표현하고 있다.

③ 의인화된 화자를 통해 주제를 효과적으로 드러내고 있다.

④ 속담을 사용하여 화자의 처지를 인상적으로 전하고 있다.

⑤ 계절감을 드러내는 시어를 사용하여 우울하고 어두운 분위기를 조성하고 있다.

02 🌟중요 이 시를 감상한 독자의 반응으로 가장 적절한 것은?

① 힘들고 어려운 환경에서도 꿈을 잃지 않아야 해.

② 고난을 극복하기 위해서는 여러 사람이 힘을 합쳐야 해.

③ 자신이 바라는 것을 이루기 위해서는 가족의 도움이 필요해.

④ 어떤 유혹에도 흔들림 없이 자신의 신념을 굳건히 지켜야 해.

⑤ 힘든 처지에 있는 사람들을 위해 스스로를 희생할 줄 아는 존재가 되어야 해.

03 ㉠과 ㉡에서 드러나는 화자의 태도로 가장 적절한 것은?

① 현재 상황에 만족하고 있다.

② 좌절감으로 괴로워하고 있다.

③ 자신의 앞날을 낙관하고 있다.

④ 간절한 바람을 드러내고 있다.

⑤ 내적 갈등으로 고통을 겪고 있다.

04 ⓐ에 대한 설명으로 적절한 것을 〈보기〉에서 모두 골라 묶은 것은?

◀ 보기 ▶
ㄱ. '나'의 강인한 생명력을 보여 준다.
ㄴ. '나'의 처지를 반어적으로 표현하고 있다.
ㄷ. '나'가 기대하는 미래의 모습을 직접 드러낸다.
ㄹ. 누군가에게 감동을 주는 노래를 부르고자 하는 '나'의 의지를 짐작하게 한다.

① ㄱ, ㄴ　　　② ㄱ, ㄹ　　　③ ㄴ, ㄷ
④ ㄴ, ㄹ　　　⑤ ㄷ, ㄹ

05 서술형 🌟중요 이 시에서 ㉮와 대조적 의미를 지닌 시어를 찾아 쓰고, 그 시어의 함축적 의미를 〈조건〉에 맞게 쓰시오.

◀ 조건 ▶
• 함축적 의미를 쓸 때 명사로 끝낼 것.

100점 특강 Special lecture

○━ 이 시의 화자와 시인의 의도

이 시의 화자
'나(귀뚜라미)'는 자신의 울음이 누군가에게 감동을 주는 노래가 되기를 바라며 고된 환경을 참고 견디고 있음.

➡

시인의 의도
• '나(귀뚜라미)'를 화자로 설정하여 어렵고 힘든 환경에서도 꿈과 희망을 잃지 않고 살아가는 삶의 자세를 효과적으로 표현함. • 지금은 아무에게도 인정받지 못하는 보잘것없는 존재이지만 고달픈 현실을 극복하고 언젠가 사람들에게 감동을 주는 시를 쓰고자 하는 시인으로서의 간절한 소망을 '나(귀뚜라미)'를 화자로 설정하여 효과적으로 표현함.

○━ 이 시에 쓰인 시어의 함축적 의미

매미
현재 겉으로 드러나 있는 화려한 존재

'나(귀뚜라미)'
아무도 눈여겨보지 않는 어두운 곳에서 자신의 꿈을 펼칠 날을 기다리는 존재

매미 떼가 하늘을 찌르는 시절
'나(귀뚜라미)'가 어려운 환경을 참고 견디고 있는 시기

맑은 가을
'나(귀뚜라미)'가 기다리는 시간, '나(귀뚜라미)'의 소망이 이루어질 시기

(내) 울음
다른 사람들에게 감동을 주지 못하는 의미 없는 '나(귀뚜라미)'의 소리

노래
다른 사람들에게 감동을 주는 의미 있는 소리

3 동백꽃 | 김유정

- **해제:** 이 작품은 농촌을 배경으로 마름의 딸과 소작인의 아들의 풋풋한 사랑을 해학적으로 그리고 있는 단편 소설이다. 향토적인 소재와 토속어의 사용으로 서정적인 분위기를 형성하고 있다.
- **주제:** 사춘기 산골 남녀의 순박한 사랑

▌내용 연구
역순행적 구성

오늘 (가)	점순이 또 닭싸움을 붙임.

↓

나흘 전 (나), (다)	• 점순이 '나'에게 말을 걸고 감자를 줌. • '나'는 점순이 준 감자를 거절함.

▌구절 풀이
- **오늘도 또 ~ 막 쫓기었다.:** 점순네 수탉과 '나'의 수탉의 닭싸움이 오늘이 처음이 아니며 그럴 때마다 '나'의 수탉이 항상 점순의 수탉에게 당해서 '나'가 약이 올라 있는 상태임을 짐작할 수 있다.
- **나흘 전 감자 ~ 잘못한 것은 없다.:** 과거 회상(나흘 전)이 시작되는 부분으로, 점순이 닭싸움을 붙여 '나'를 괴롭히기 시작한 것이 감자 사건 이후부터라는 것을 짐작할 수 있다.

▌낱말 풀이
- **홰소리:** 닭이 홰를 치는 소리.
- **얼렸다:** 둘 이상의 사람이나 짐승이 한데 섞여 어우러졌다.
- **쪼간:** 어떤 사건이나 일.
- **쨍이질:** 한창 바쁠 때에 쓸데없는 일로 남을 귀찮게 구는 짓.
- **긴치 않은:** 꼭 필요하지 않은.
- **항차:** 하물며.
- **할금할금:** 곁눈으로 살그머니 계속 할겨 보는 모양.
- **뿌듯이:** 집어넣거나 채우는 것이 한도보다 조금 더하여 불룩하게.
- **횡:** 중도에서 지체하지 아니하고 곧장 빠르게 가는 모양.

(가) *오늘도 또 우리 수탉이 막 쫓기었다. 내가 점심을 먹고 나무를 하러 갈 양으로 나올 때였다. 산으로 올라서려니까 등 뒤에서 푸드득푸드득 하고 닭의 *홰소리가 야단이다. 깜짝 놀라며 고개를 돌려 보니 아니나 다르랴 두 놈이 또 *얼렸다.

점순네 수탉(은 대강이가 크고 똑 오소리같이 실팍하게 생긴 놈)이 덩저리 작은 우리 수탉을 함부로 해내는 것이다.

▶ 점순네 수탉에게 또 쫓기는 '나'의 ▢▢▢

(나) *나흘 전 감자 *쪼간만 하더라도 나는 저에게 조금도 잘못한 것은 없다.

계집애가 나물을 캐러 가면 갔지 남 울타리 엮는데 *쨍이질을 하는 것은 다 뭐냐. 그것도 발소리를 죽여 가지고 등 뒤로 살며시 와서,

"애! 너 혼자만 일하니?" / 하고 *긴치 않은 수작을 하는 것이다.

어제까지도 저와 나는 이야기도 잘 않고 서로 만나도 본척만척하고 이렇게 점잖게 지내던 터이련만 오늘로 갑작스레 대견해졌음은 웬일인가. *항차 망아지만 한 계집애가 남 일하는 놈보구…….

"그럼 혼자 하지 떠루 하듸?" / 내가 이렇게 내뱉는 소리를 하니까,

"너 일하기 좋니?" / 또는, / "한여름이나 되거든 하지 벌써 울타리를 하니?"

잔소리를 두루 늘어놓다가 남이 들을까 봐 손으로 입을 틀어막고는 그 속에서 깔깔댄다. 별로 우스울 것도 없는데 날씨가 풀리더니 이놈의 계집애가 미쳤나 하고 의심하였다. 게다
<u>'나'는 점순의 마음을 전혀 눈치채지 못함. → '나'의 어리숙하고 눈치 없는 반응이 독자의 웃음을 유발함.</u>
가 조금 뒤에는 즈 집께를 *할금할금 돌아다보더니 행주치마의 속으로 꼈던 바른손을 뽑아서 나의 턱 밑으로 불쑥 내미는 것이다. 언제 구웠는지 아직도 더운 김이 홱 끼치는 굵은 감
점순이 '나'에게 관심이 있음을 알 수 있음.(점순의 적극적인 성격을 짐작할 수 있음.)
자 세 개가 손에 *뿌듯이 쥐었다.

▶ '나'에게 ▢▢▢을/를 주는 점순

(다) "느 집엔 이거 없지?" / 하고 생색 있는 큰소리를 하고는 제가 준 것을 남이 알면 큰일 날 테니 여기서 얼른 먹어 버리란다. 그리고 또 하는 소리가,

"너 봄 감자가 맛있단다."

"난 감자 안 먹는다, 니나 먹어라."

나는 고개도 돌리려 하지 않고 일하던 손으로 그 감자를 도로 어깨 너머로 쑥 밀어 버렸다.

그랬더니 그래도 가는 기색이 없고, 뿐만 아니라 쌔근쌔근하고 심상치 않게 숨소리가 점점 거칠어진다. 이건 또 뭐야, 싶어서 그때에야 비로소 돌아다보니 나는 참으로 놀랐다. 우리가 이 동리에 온 것은 근 삼 년째 되어 오지만 여태껏 가무잡잡한 점순이의 얼굴이 이렇게까지 홍당무처럼 새빨개진 법이 없었다. 게다 눈에 독을 올리고 한참 나를 요렇게 쏘아보더니 나중에는 눈물까지 어리는 것이 아니냐. 그리고 바구니를 다시 집어 들더니 이를 꼭 악물고는 엎디어질 듯 자빠질 듯 논둑으로 *횡 하게 달아나는 것이다.

▶ '나'의 거절에 무안함을 느끼고 ▢▢이/가 난 점순

01 이 글에 대한 설명으로 적절한 것은?

① 주요 사건이 순차적으로 전개되고 있다.

② 농촌 공동체의 암울한 현실을 그려 내고 있다.

③ 구체적 지명을 통해 공간적 배경을 드러내고 있다.

④ 대화와 행동을 통해 인물의 성격을 드러내고 있다.

⑤ 인물들의 내면 심리를 세밀하게 분석하여 전달하고 있다.

02 🌟중요 이 글에 쓰인 시점의 특징으로 적절하지 <u>않은</u> 것은?

① 주인공인 '나'의 내면세계를 효과적으로 표현할 수 있다.

② 독자들은 '나'가 직접 이야기해 주는 듯한 친근함을 느낀다.

③ '나'의 입장에서 이야기하기 때문에 그 내용이 주관적일 수 있다.

④ 독자들은 소설 속 사건을 여러 인물의 관점에서 파악할 수 있다.

⑤ '나'가 알려 주지 않은 것을 파악하려면 독자는 상상력을 발휘해야 한다.

03 🌟중요 (나)와 (다)를 통해 알 수 있는 '나'와 '점순'의 성격으로 적절한 것은?

	'나'	'점순'
①	영악하다.	조신하다.
②	눈치가 없다.	적극적이다.
③	소극적이다.	어리숙하다.
④	적극적이다.	억척스럽다.
⑤	퉁명스럽다.	소극적이다.

04 서술형 (나)와 관련하여 이 글의 '나'가 독자와 이야기를 나눈다고 할 때, ⓐ와 ⓑ에 들어갈 내용을 〈조건〉에 맞게 쓰시오.

> '나': 점순이 왜 그렇게 귀찮게 나에게 말을 걸고, 별로 우스울 것도 없는데 웃은 거예요?
> 독자: 점순이 (ⓐ   ). 점순이 (ⓑ)을/를 통해서도 짐작할 수 있지요.

◀ 조건 ▶
- ⓐ의 내용을 넣어 문장이 완결되도록 할 것.
- ⓑ는 ⓐ의 근거에 해당하는 내용을 두 가지 찾아 각각 '~(ㄴ) 것'의 형태로 쓸 것.
- '나'를 '당신'으로 호칭하여 쓸 것.

100점 특강 Special lecture

○ 인물의 성격

'나'	'점순'
• 점순이 '나'에게 호감이 있다는 것을 전혀 모름. • 점순의 마음을 이해하지 못함.	• '나'에게 호감을 적극적으로 표현함. • 호의를 거절당하자 '나'를 괴롭힘.
↓	↓
순박하고 어리숙함.	적극적이고 영악함.

○ 1인칭 주인공 시점의 특징과 효과

1인칭 주인공 시점	• 주인공인 '나'가 자신의 이야기를 직접 서술하는 시점 • 독자들에게 직접 말하는 느낌이 들기 때문에 친근감과 신뢰감을 줌. • 주인공이 자신의 입장에서만 말하기 때문에 전달하는 내용에 한계가 있고 객관성이 떨어질 수 있음.

⇨ 이 소설에서 '나'는 점순의 마음을 알지 못한 채 자신의 입장에서 이야기를 전달하고 있다.

내용 연구

이 글의 소재의 의미와 기능

감자	닭싸움
'나'에 대한 점순의 관심을 드러냄.	• '나'를 일부러 괴롭히려는 점순의 의도를 드러냄. • '나'의 관심을 끌고자 하는 점순의 마음을 드러냄.

↓

'나'와 점순 사이의 애정과 갈등을 표현함.

구절 풀이

● 설혹 주는 감자를 ~ 다 뭐냐.: '나'가 점순의 감자를 거절한 이유를 짐작할 수 있는 부분이다. 안 그래도 '나'는 소작인과 마름이라는 집안의 신분 차이도 있는데, '느 집엔 이거 없지'라는 점순의 말이 '나'의 자존심을 건드렸음을 알 수 있다.

● 장독에서 고추장 한 접시를 떠서 ~ 먹여 보았다.: '나'가 닭싸움에서 이겨 보겠다는 의지에서 나온 행동으로, '나'의 순박한 모습을 드러내 독자의 웃음을 유발한다.

낱말 풀이

＊ 마름: 지주를 대리하여 소작권을 관리하는 사람.

＊ 배재: 땅을 소작할 수 있는 권리.

＊ 면두: '볏(닭이나 새 따위의 이마 위에 세로로 붙은 살조각)'의 방언.

＊ 거지반: 거의 절반.

＊ 쟁그러워: 원래는 '징그럽다'보다 작은 느낌을 주는 말이지만, 여기서는 '고소하다'의 뜻.

＊ 곯는다: (비유적으로) 은근히 해를 입어 골병이 든다.

＊ 뻐드러지는: 굳어서 뻣뻣하게 되는.

(가) ＊설혹 주는 감자를 안 받아 먹은 것이 실례라 하면, 주면 그냥 주었지 '느 집엔 이거 없지'는 다 뭐냐. 그러잖아도 저희는 ＊마름이고 우리는 그 손에서 ＊배재를 얻어 ㉠땅을 부치므로 일상 굽실거린다. 우리가 이 마을에 처음 들어와 집이 없어서 곤란으로 지낼 제 집터를 빌리고 그 위에 집을 또 짓도록 마련해 준 것도 점순네의 호의였다. 그리고 우리 어머니 아버지도 농사 때 ㉡양식이 달리면 점순네한테 가서 부지런히 꾸어다 먹으면서 인품 그런 집은 다시 없으리라고 ㉢침이 마르도록 칭찬하곤 하는 것이다. 그러면서도 열일곱씩이나 된 것들이 수군수군하고 붙어 다니면 동리의 소문이 사납다고 주의를 시켜 준 것도 또 어머니였다. 왜냐하면 내가 점순이하고 일을 저질렀다가는 점순네가 노할 것이고, 그러면 우리 <u>는 땅도 떨어지고 집도 내쫓기고 하지 않으면 안 되는 까닭이었다.</u>

<small>'나'가 점순과 가까이 지내면 안 되는 이유, '나'가 점순에게 소극적인 근본적 이유</small>

▶ ☐☐인 점순네와 소작인인 '나'의 집과의 관계

(나) 그러나 점순이의 침해는 이것뿐이 아니다. <u>사람들이 없으면 틈틈이 제 집 수탉을 몰고 와서 우리 수탉과 싸움을 붙여 놓는다.</u> 제 집 수탉은 썩 험상궂게 생기고 싸움이라면 홰를

<small>점순은 '나'의 관심을 끌기 위해 일부러 닭싸움을 붙임.</small>

치는 고로 으레 이길 것을 알기 때문이다. 그래서 툭하면 우리 수탉이 ＊면두며 눈깔이 피로 <u>흐드르하게 되도록 해 놓는다.</u> 어떤 때에는 우리 수탉이 나오지를 않으니까 요놈의 계집애가 모이를 쥐고 와서 꾀어 내다가 싸움을 붙인다.

이렇게 되면 나도 다른 대비책을 차리지 않을 수 없다. 하루는 우리 수탉을 붙들어 가지고 넌지시 장독께로 갔다. 싸움닭에게 고추장을 먹이면 병든 황소가 살모사를 먹고 용을 쓰는 것처럼 기운이 뻗친다 한다. ＊<u>장독에서 고추장 한 접시를 떠서 닭 주둥아리께로 들이밀고 먹여 보았다.</u> 닭도 고추장에 맛을 들였는지 거스르지 않고 ＊거지반 접시 턱이나 곧잘 먹

<small>'나'의 수탉에게 고추장을 먹이며 복수를 다짐함.</small>

는다.

▶ 수탉에게 ☐☐☐을/를 먹여 대비책을 마련하는 '나'

(다) 옳다 알았다, 고추장만 먹이면 되는구나 하고 나는 속으로 아주 ＊쟁그러워 죽겠다. 그때에는 뜻밖에 내가 닭쌈을 붙여 놓는 데 놀라서 울 밖으로 내다보고 섰던 점순이도 ㉣입맛이 쓴지 눈살을 찌푸렸다. / 나는 두 손으로 볼기짝을 두드리며 연방,

<small>자신의 수탉이 공격을 당하자 언짢음.</small>

"잘한다! 잘한다!" / 하고 신이 머리끝까지 뻗쳤다.

그러나 얼마 되지 않아서 나는 넋이 풀려 기둥같이 묵묵히 서 있게 되었다. 왜냐하면 큰 닭이 한 번 쪼인 앙갚음으로 호들갑스레 연거푸 쪼는 서슬에 우리 수탉은 찔끔 못하고 막 ＊곯는다. 이걸 보고서 이번에는 점순이가 깔깔거리고 되도록 이쪽에서 많이 들으라고 웃는

<small>점순은 '나'의 복수가 실패하자 고소해함.</small>

<u>것이다.</u>

▶ 결국 점순네 수탉에게 지고 만 ☐☐

(라) 나는 하릴없이 닭을 반듯이 눕히고 그 입에다 궐련 물부리를 물리었다. 그리고 고추장 물을 타서 그 구멍으로 조금씩 들이부었다. 닭은 좀 괴로운지 킥킥하고 재채기를 하는 모양이나 그러나 당장의 괴로움은 매일같이 피를 흘리는 데 댈 게 아니라 생각하였다.

그러나 한 두어 종지가량 고추장 물 먹이고 나서는 나는 고만 ㉤풀이 죽었다. 싱싱하던 닭이 왜 그런지 고개를 살며시 뒤틀고는 손아귀에서 ＊뻐드러지는 것이 아닌가. 아버지가 볼까 봐서 얼른 홰에다 감추어 두었더니 오늘 아침에서야 겨우 정신이 든 모양 같다.

▶ 고추장을 먹고 맥을 못 추는 우리 수탉

05 이 글의 서술상 특징으로 적절하지 <u>않은</u> 것은?

① 인물의 행동을 익살스럽게 표현하고 있다.
② 인물과 사건의 외면을 객관적으로 서술하고 있다.
③ 현재형 문장을 섞어 사용하여 행동을 생동감 있게 서술하고 있다.
④ 순박하고 눈치 없는 '나'가 사건을 서술함으로써 웃음을 유발하고 있다.
⑤ 방언과 비속어를 사용하여 인물의 우직하고 순진한 모습을 드러내고 있다.

06 이 글에서 '점순'과 '나'가 보인 행동의 이유를 <u>잘못</u> 이해한 것은?

① 점순이 큰 소리로 웃은 이유는 '나'를 약 올리기 위해서다.
② '나'가 수탉에게 고추장을 먹인 이유는 점순네 수탉을 이기고 싶었기 때문이다.
③ '나'가 점순과 가까이 지내지 않는 이유는 마름과 소작인의 관계를 의식하기 때문이다.
④ '나'가 괴롭힘을 당하면서도 계속해서 참는 이유는 감자를 거절한 잘못이 있기 때문이다.
⑤ 점순이 계속해서 닭싸움을 붙이는 이유는 어떻게든 '나'가 반응하는 것을 원하기 때문이다.

07 이 글의 소재인 '감자'와 '닭싸움'에 대한 설명으로 적절한 것은?

① '나'가 거절한 '감자'에는 점순에 대한 '나'의 우월감이 드러나 있다.
② 점순이 준 '감자'에는 '나'에게 앙갚음하려는 점순의 마음이 드러나 있다.
③ '나'가 붙인 '닭싸움'에는 점순에 대한 '나'의 관심과 애정이 드러나 있다.
④ 점순이 붙인 '닭싸움'에는 '나'에게 사과하고 싶어 하는 점순의 마음이 드러나 있다.
⑤ '감자'와 '닭싸움'은 모두 '나'와 점순 사이의 갈등을 유발시키는 역할을 하고 있다.

08 ㉠~㉤의 의미로 적절하지 <u>않은</u> 것은?

① ㉠: 먹고 자는 일을 주인집에서 하는 것을 의미한다.
② ㉡: 먹을거리가 모자라다는 것을 의미한다.
③ ㉢: 거듭하여서 아주 좋게 말하는 것을 의미한다.
④ ㉣: 꺼림칙하거나 불쾌하여 마음이 언짢다는 것을 의미한다.
⑤ ㉤: 기세가 꺾여 자신감이 없고 활발하지 못하다는 것을 의미한다.

100점 특강 Special lecture

○ '감자' 사건과 인물의 심리

	점순이 '나'에게 '감자'를 줄 때	'나'가 '감자'를 거절했을 때
점순	• 남이 볼까 봐 조심함. • 나를 위해 특별히 마음 쓰는 것임을 생색냄.	• 자신의 호의가 무시당했다고 생각함. • 굴욕감과 노여움을 느낌.
'나'	점순의 말에 자존심이 상함.	• 점순의 반응에 무척 놀람. • 점순이 화가 난 이유를 알아차리지 못함.

○ 이 글의 해학성

• 독자들은 다 알고 있는 점순의 마음을 정작 '나'는 알아차리지 못하는 상황이 웃음을 유발함.
• 비속어와 방언 등을 사용하여 '나'의 어리숙한 모습을 드러냄으로써 웃음이 유발됨.
• '나'의 어리숙함과 점순의 영악함이 대조되어 웃음을 유발함.

내용 연구

닭싸움의 역할

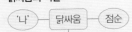

'나' — 닭싸움 — 점순

- '나'의 관심을 끌기 위한 점순의 의도적인 행동
- '나'와 점순 사이의 갈등의 매개물이면서 갈등 해소의 실마리를 제공하는 역할을 함.

구절 풀이

- 그러고 나서 가만히 생각하니 ~ 될는지 모른다.: 닭을 죽이고 난 '나'는 그동안의 억울함과 서러움이 북받쳐 오른다. 그리고 점순네 심기를 건드렸으니 이제 땅도 빼앗기고 집에서도 내쫓기게 될까 봐 두려움을 느낀다.
- 나는 눈물을 우선 씻고 ~ 무턱대고 대답하였다.: '나'는 점순의 말이 무슨 뜻인지도 모른 채 그저 점순이 자신을 구해 주기라도 하듯 무턱대고 대답부터 하였다. 점순은 다음부터 자기의 호감을 거절하지 말라는 뜻으로 말한 것인데, '나'는 이를 알아차리지 못한다.

낱말 풀이

- *삭정이: 살아 있는 나무에 붙어 있는, 말라 죽은 가지.
- *목정강이: 목덜미를 이루고 있는 뼈.
- *호드기: 봄철에 물오른 버드나무 가지의 껍질이나 짤막한 밀짚 토막 따위로 만든 피리.
- *빈사지경: 반죽음.
- *걱실걱실히: 성질이 너그러워 말과 행동을 시원스럽게 하게.
- *단매: 단 한 번 때리는 매.
- *흡뜨고: 눈알을 위로 굴리고 눈시울을 위로 치뜨고.
- *얼김: 어떤 일이 벌어지는 바람에 자기도 모르게 정신이 얼떨떨한 상태.
- *알싸한: 매운맛이나 독한 냄새 따위로 콧속이나 혀끝이 얼얼한.

(가) 그랬던 걸 이렇게 오다 보니까 또 쌈을 붙여 놓으니 이 망할 계집애가 필연 우리 집에 아무도 없는 틈을 타서 제가 들어와 홰에서 꺼내 가지고 나간 것이 분명하다.

나는 다시 닭을 잡아다 가두고 염려스러웠지만 그렇다고 산으로 나무를 하러 가지 않을 수도 없는 형편이었다. _{사건이 과거에서 현재로 돌아옴.}

소나무 *삭정이를 따며 가만히 생각해 보니 암만해도 고년의 *목정강이를 돌려놓고 싶다. ㉠이번에 내려가면 망할 년 등줄기를 한번 되게 후려치겠다 하고 건성건성 나무를 지고는 부리나케 내려왔다.

거지반 집께 다 내려와서 나는 *호드기 소리를 듣고 발이 딱 멈추었다. 산기슭에 널려 있는 굵은 바윗돌 틈에 노란 동백꽃이 소보록하니 깔리었다. 그 틈에 끼어 앉아서 점순이가 청승맞게시리 호드기를 불고 있는 것이다. ▶ 점순에게 화가 나서 부리나케 산을 내려오는 '나'

(나) 가까이 와 보니, 과연 나의 짐작대로 우리 수탉이 피를 흘리고 거의 *빈사지경에 이르렀다. 닭도 닭이려니와 그러함에도 불구하고 눈 하나 깜짝 없이 그대로 앉아서 호드기만 부는 그 꼴에 더욱 치가 떨린다. 동리에서도 소문이 났거니와 나도 한때는 *걱실걱실히 일 잘하고 얼굴 예쁜 계집애인 줄 알았더니, 시방 보니까 그 눈깔이 꼭 여우새끼 같다. _{외모에 대한 비유적 표현으로, 점순에 대한 부정적 감정을 나타냄.}

나는 대뜸 달려들어서 나도 모르는 사이에 큰 수탉을 *단매로 때려 엎었다. ㉡닭은 푹 엎어진 채 다리 하나 꼼짝 못하고 그대로 죽어 버렸다. 그리고 나는 멍하니 섰다가 점순이가 매섭게 눈을 *흡뜨고 닥치는 바람에 뒤로 벌렁 나자빠졌다.

▶ 점순네 수탉을 [   ](으)로 때려서 죽이는 '나'

(다) "이놈아! 너 왜 남의 닭을 때려죽이니?" / "그럼 어때?"

하고 일어나다가, / "뭐 이 자식아! 누 집 닭인데?"

하고 복장을 떼미는 바람에 다시 벌렁 자빠졌다. *그러고 나서 가만히 생각하니 분하기도 하고 무안스럽고, 또 한편 일을 저질렀으니, 인젠 땅이 떨어지고 집도 내쫓기고 해야 될는지 모른다. _{'나'는 점순네 수탉을 죽이고 난 후, 뒷일을 걱정함.}

나는 비슬비슬 일어나며 소맷자락으로 눈을 가리고는, *얼김에 엉, 하고 울음을 놓았다. 그러다 점순이가 앞으로 다가와서, / "그럼, 너 이담부턴 안 그럴 테냐?"

하고 물을 때에야 비로소 살길을 찾은 듯싶었다. *나는 눈물을 우선 씻고 무엇을 안 그러는지 명색도 모르건만,

"그래!" / 하고 무턱대고 대답하였다. _{'나'는 점순의 말뜻을 알아차리지 못함.('나'의 어리숙함)}

"요담부터 또 그래 봐라, 내 자꾸 못살게 굴 테니." _{자신이 원하는 것을 얻어 냄.(점순의 영악함)}

"그래 그래, 인젠 안 그럴 테야!" / "닭 죽은 건 염려 마라. 내 안 이를 테니."

▶ 일의 결과가 두려워 울어 버리는 '나'를 달래는 점순

(라) 그리고 뒷힘에 떠다밀렸는지 나의 어깨를 짚은 채 그대로 퍽 쓰러진다. _{점순의 적극적인 행동이 드러남.} 그 바람에 나의 몸뚱이도 겹쳐서 쓰러지며 한창 피어 퍼드러진 노란 동백꽃 속으로 폭 파묻혀 버렸다. ⓐ*알싸한 그리고 향긋한 그 냄새에 나는 땅이 꺼지는 듯이 온 정신이 고만 아찔하였다. _{'나'는 미묘한 사랑의 감정을 느낌.}

▶ [   ] 속에서 아찔한 기분을 느끼는 '나'

09 이 글을 통해 알 수 있는 내용이 <u>아닌</u> 것은?

① '나'는 점순에 대해 좋게 생각했었다.
② '나'는 점순의 매정함에 화가 많이 났다.
③ '나'의 집안은 점순네 눈치를 보며 살고 있다.
④ '나'는 점순네 수탉을 때려죽이기로 작심한다.
⑤ '나'는 점순네 수탉을 죽인 후 뒷일을 두려워한다.

10 이 글을 읽은 독자의 반응으로 적절하지 <u>않은</u> 것은?

① 둘 사이에 비밀이 생겼으니 교감이 커질 것 같아.
② 점순에게 약점을 잡힌 '나'는 앞으로 점순의 말을 잘 들을 것 같아.
③ 둘이 화해했으니 점순은 '나'와 사귄다는 사실을 마을에 자랑할 것 같아.
④ 점순네 수탉에게 당하기만 하는 '나'의 수탉은 '나'와 처지가 비슷한 것 같아.
⑤ 수탉을 죽이고 터져 나온 '나'의 울음에는 그동안의 억울하고 서러운 감정도 반영된 것 같아.

11 ㉠에 드러난 '나'의 심리와 어울리는 속담으로 가장 적절한 것은?

① 달면 삼키고 쓰면 뱉는다.
② 바늘 도둑이 소도둑 된다.
③ 지렁이도 밟으면 꿈틀댄다.
④ 원숭이도 나무에서 떨어질 때가 있다.
⑤ 종로에서 뺨 맞고 한강에 가 눈 흘긴다.

12 이 글의 갈등 전개 과정을 고려할 때, ㉡의 역할로 적절한 것을 〈보기〉에서 모두 고른 것은?

◀ 보기 ▶
ㄱ. 갈등 해소의 계기를 마련해 준다.
ㄴ. 갈등이 완전히 사라졌음을 드러낸다.
ㄷ. 갈등이 최고조에 이르렀음을 보여 준다.
ㄹ. 갈등이 진행되면서 다른 인물과의 대립이 나타난다.

① ㄱ, ㄴ   ② ㄱ, ㄷ   ③ ㄴ, ㄷ
④ ㄴ, ㄹ   ⑤ ㄷ, ㄹ

서술형

13 다음을 참고하여 ⓐ에 담긴 의미를 〈조건〉에 맞게 쓰시오.

이 소설에서 '동백꽃'은 작품의 서정적 분위기를 드러내 주는 한편, 두 남녀의 순박한 사랑을 감각적으로 표현한다.

◀ 조건 ▶
• '나'의 심리 변화를 포함할 것.

100점 특강 Special lecture

○ '알싸하고 향긋한 노란 동백꽃'의 의미와 역할

직접적인 의미	봄에 피는 동백꽃(생강나무 꽃)의 알싸한 내음
간접적인 의미	사춘기에 접어든 '나'가 점순에게 느낀 미묘한 감정

➡ • 작품의 서정적 분위기를 형성하며, '나'와 점순 사이에 생겨난 사랑의 감정을 감각적으로 아름답게 표현함.
• '나'와 점순의 갈등을 해소하고 화해와 사랑의 분위기를 형성함.

○ 이 작품의 역순행적 구성 방식

이 작품은 '현재 – 과거 – 현재'의 역순행적 구성으로 이루어져 있고, 닭싸움을 매개로 현재와 과거가 연결되어 있다.

현재	과거	현재
점순이 오늘 또 닭싸움을 붙임.	• 나흘 전 '나'는 점순이 준 감자를 거절함. • 점순이 틈틈이 닭싸움을 붙임. • '나'가 수탉에게 고추장을 먹여 복수를 다짐함.	• 닭싸움을 보고 화가 난 '나'는 점순의 수탉을 때려서 죽임. • '나'와 점순이 화해하고 미묘한 감정을 느낌.

학습 목표 ・재구성된 작품을 원작과 비교하고 변화 양상을 파악하며 감상할 수 있다.
・작품을 재구성하는 방법을 알고, 재구성된 작품이 주는 효과를 파악할 수 있다.

더 알아 두기

✛ 창작과 재구성
재구성은 창작의 여러 방법 중 한 가지의 방법으로, 재구성된 작품은 독립된 창작 작품으로 인정받음.

❶ 문학 작품 재구성의 뜻

원작에 내용, 표현, 갈래, 매체 등의 변화를 주어 새로운 작품으로 창작하는 것을 말한다.

예 소설 「아홉 살 인생」 → 영화 「아홉 살 인생」, 소설 「완득이」 → 영화 「완득이」

❷ 문학 작품의 재구성 방법

(1) 내용 바꾸기: 원작의 기존 갈래(형식)를 그대로 유지하면서 시·공간적 배경, 인물의 성격, 사건 등을 자기 나름의 새로운 관점으로 바꾸어 내용을 재구성하는 방법이다.

(2) 표현 바꾸기: 원작의 표현을 바꿈으로써 작품의 느낌이나 내용 전달에 있어서 새로운 효과를 얻게 하는 방법이다.

✛ 매체
어떤 정보를 한쪽에서 다른 쪽으로 전달하는 물체나 수단으로, 인쇄 매체, 음성 매체, 영상 매체 등을 예로 들 수 있음.

(3) 갈래 바꾸기: 원작과 다른 갈래로 바꾸는 방법으로 시, 소설, 수필, 극 등 원작과 다른 새로운 갈래의 특성에 맞는 형식과 표현을 고려하여 재구성하는 방법이다.
・시: 화자의 정서와 사상을 고려해야 한다.
・소설: 인물의 특징과 갈등 양상을 고려해야 한다.
・수필: 작가의 체험에 대한 내면적인 생각이나 느낌을 고려해야 한다.
・극: 등장인물의 대사와 행동, 지시문 구성 등을 고려해야 한다.

✛ 스토리보드(storyboard)
・뜻: 드라마나 영화의 주요 장면을 간단하게 그림으로 그려 정리한 문서
・기능: 그림으로 그려 정리하였기에 내용을 이해하기 쉽고 앞으로 만들어야 할 영상 장면을 미리 예측해 볼 수 있음.

(4) 매체 바꾸기: 문자 매체에서 소리, 영상 등의 효과를 이용하는 라디오, 텔레비전, 인터넷 등 다양한 매체로 재구성하는 방법이다.
・형식에 맞는 적절한 대본을 쓰고, 스토리보드를 작성하는 등 매체의 특성을 고려해야 한다.
・시각적 요소뿐만 아니라 청각적 요소의 효과까지 고려해야 한다.

예로 개념 확인

앵커: 여러분 안녕하십니까? 오늘은 훈훈한 소식이 들어왔습니다. 이○○ 기자, 자세히 전해 주시죠.

기자: 네, 경기도 한 마을에서 박 때문에 신기한 일이 일어났습니다. 박의 주인과 함께 이야기를 나누어 보았습니다. 자료 화면을 보시죠.

[인터뷰]

기자: 이 박은 어떻게 해서 열리게 된 박이죠?

흥부 씨: 작년이었나? ❶제가 여기서 제비 한 마리를 발견했어요. 다리가 부러진 것 같아서 치료를 해 줬더니, 아 글쎄 그 제비가 잊지 않고 다음 해에 우리 집에 다시 왔어요. 그것도 박씨를 여러 개 물고요. 이 제비가 보은을 한 셈이에요.

기자: 보기엔 평범한 박인데 왜 이렇게 사람들이 몰려 있나요?

흥부 씨: 제비가 한 짓이 기특해서 그 박씨를 심었죠. ❷박이 잘 자라기에 그 박을 타서 안을 보니 희미한 숫자들이 보였어요. 신기하기도 해서 그 숫자로 복권을 샀는데, 그 복권이 글쎄 1등에 당첨되었어요.

❸ 문학 작품 재구성의 과정과 의의

(1) 문학 작품 재구성의 과정

원작 수용		작품의 내면화		재구성하기
작가가 의도한 작품의 아름다움과 의미를 파악함.	→	작품의 인식적, 미적, 윤리적 가치를 자신의 삶에 반영함.	→	독자의 상상력을 통해 새로운 작품으로 재탄생함.

(2) 문학 작품 재구성의 의의

- 작품에 대한 정확한 이해와 감상: 원작을 무시하거나 자의적으로 해석하면 안 되기에 작품을 정확히 읽고 감상하는 태도를 기를 수 있다.
- 내면화 능력의 획득: 독자가 작품의 수용 활동을 통해 얻은 가치를 자신의 가치로 융합하고 생활 속에서 실천하며, 세상을 다각도로 성찰할 수 있는 기회를 얻을 수 있다.
- 문학적 생산 능력의 고양: 다양한 시각과 방법으로 창조적으로 작품을 재구성함으로써 문학적 표현 욕구를 증진할 수 있다.

더 알아 두기

✦ 문학 작품 재구성
문학 작품을 재구성하는 활동은 이해 활동이면서 동시에 표현 활동으로, 비판적 읽기를 바탕으로 창조적 쓰기가 가능한 활동임.

❹ 재구성된 작품과 원작을 비교하며 감상하는 방법

- 재구성된 작품과 원작을 비교하여 내용, 표현, 갈래, 형식 등에서 어떤 점이 달라졌는지 파악한다.
- 원작과 비교하며 새롭게 창작된 작품에 담긴 가치관이나 관점을 파악한다.
- 재구성된 작품과 원작은 독립된 작품이므로 있는 그대로 각각의 작품을 감상하여 작품이 담고 있는 가치를 생각한다.

원작에 대한 이해는 재구성된 작품을 이해하는 밑거름이 된다. 이 글은 원작 「흥부전」의 흥부의 미담을 사실적으로 전달하는 형식으로 재구성한 가상 뉴스 대본이다. 원작인 고전 소설을 복권, 뉴스와 같은 현대 사회의 사회·문화적 배경을 반영하여 뉴스 대본으로 재구성하였다.

❶ 원작과 동일한 사건: 사건의 발단은 원작 「흥부전」과 동일하게 흥부가 제비의 부러진 다리를 고쳐 주어 이에 대한 보은으로 제비가 박씨를 물고 오는 이야기이다. ❶에서 「흥부전」의 내용과 동일한 내용을 파악할 수 있다.

❷ 원작을 재구성한 내용: 「흥부전」에서는 박에서 쌀, 비단, 집 짓는 사람 등이 등장하는 반면, 여기에서는 박 안에 희미한 숫자들이 보여 그 숫자로 복권을 사고 1등에 당첨되는 이야기로 구성된다. 글의 갈래가 바뀌고 시대적 배경이 바뀌면서 내용도 원작과 다르게 바뀐 것이다. 현대 사회의 사회·문화적 배경을 반영하여 원작을 재구성한 것이다.

- **해제**: 널리 알려진 고전 소설 「흥부전」을 현대의 관점에서 해석하여 재구성한 것이다. 원작의 주제인 '형제간의 우애'를 유지하되, 시대적 배경이나 등장하는 인물들의 성격, 중심 사건 등을 변화시켜 현대 사회에서 형제간의 우애의 참된 의미를 생각해 보게 한다.

- **주제**: 형제간의 진정한 우애

내용 연구
이 글의 '놀부'와 '흥부'

	놀부	흥부
양육 방식	맏이로서 엄격하게 키움.	늦둥이로 오냐오냐 키움.
생활 태도	부모의 뜻과 달리 가업을 잇겠다며 식당 일을 배움.	형에게 용돈을 타서 친구들과 놀러 다님.
인물 간의 갈등	흥부에게 용돈을 주지 않겠다고 함.	형이 돈에 눈이 멀어 자신을 저버렸다고 생각함.

구절 풀이
- **온실 속 화초**: 어려움이나 고난을 겪지 아니하고 그저 곱게만 자란 사람을 비유적으로 이르는 말이다.

낱말 풀이
- **맏이**: 여러 형제자매 가운데서 제일 손위인 사람.
- **연로(年老)**: 나이가 들어서 늙음.
- **가업(家業)**: 대대로 물려받는 집안의 생업.
- **솔선수범(率先垂範)**: 남보다 앞장서서 행동해서 몸소 다른 사람의 본보기가 됨.
- **아랑곳하지**: 일에 나서서 참견하거나 관심을 두지.

서울 외곽의 한 동네에 '놀부네'라는 식당이 있었습니다. 이 식당을 20년 넘게 하면서 열심히 살아가는 연(燕) 씨 부부에게는 놀부와 흥부, 두 아들이 있었지요. 부부는 늦둥이인 흥부는 오냐오냐 하며 키우면서도 *맏이인 놀부는 엄격하게 키웠어요. 열심히 공부해서 놀부가 좋은 학교에 가길 바랐기 때문이지요. 그러면 안정적인 직장에 취직해서 자신들이 없을 때도 늦둥이인 흥부와 우애 좋게 살면서 잘 돌봐 줄 거라고 생각했어요.

▶ 배경과 등장인물 소개

하지만 놀부는 공부보다는 식당 일에 관심이 많았어요. *연로하신 부모님을 대신해 *가업을 잇겠다며 식당 일을 열심히 배웠지요. 세월이 흘러 부모님이 돌아가시고 놀부와 흥부는 부모님이 평생을 바친 '놀부네' 식당을 이어받았어요. ▶ 가업을 이어받은 [ ]

놀부는 부모님께 배운 것을 바탕으로 열심히 새로운 메뉴를 개발했어요. '놀부네' 식당은 하루하루 더 번창했지요. 그래도 놀부는 게으름을 피우지 않고 새벽부터 식당에 나와 청소며 장사 준비까지, *솔선수범해서 열심히 일했어요. 이런 놀부와 달리, *온실 속 화초처럼 곱게만 자란 흥부는 부모님이 살아 계실 때처럼 형에게 용돈을 타서 친구들과 놀러 다니기 일쑤였지요. ▶ 부지런한 [ ]와/과 놀기 좋아하는 [ ]

몇 년이 지난 어느 날 놀부가 말했어요.

"흥부야, 이제 너에게 용돈을 주지는 않을 거야. 너도 다 컸으니 네 용돈은 네가 벌어서 쓰도록 해."

이 말을 들은 흥부는 깜짝 놀랐어요.

㉠"형, 그게 무슨 말이야? 내가 어떻게 용돈을 벌어? 부모님 돌아가실 때 형이 부모님께 약속했잖아? 식당을 이어받아 열심히 살면서 나를 돌봐 준다고. 돈 좀 벌고 나니, 돈에 눈이 멀어 이젠 동생을 못 본 체하겠다는 거야?"

놀부는 *아랑곳하지 않고 흥부에게 더 모질게 말했어요.

"난 해 줄 만큼 해 줬어. 도대체 언제까지 나한테 용돈 받아 살아갈 거니? 이제 네 인생은 네가 알아서 살아가도록 해." ▶ 흥부에게 [ ]을/를 주지 않겠다고 선언하는 놀부

배신감을 느낀 흥부는 화가 나서 형에게 입에 담지 못할 험한 말들을 퍼붓고는 집을 뛰쳐나왔어요.

'꼭 형보다 성공할 거야. 다시는 이 집에 돌아오나 봐라. 형에게 무슨 일이 생겨도 모른 척할 거야.'

흥부는 한동안 친구 집에 머물며 일자리를 구하러 다녔지만 아무 일도 해 본 적 없는 흥부가 직장을 구하는 일은 쉽지 않았어요. ▶ [ ]을/를 나와 일자리를 구하려는 흥부

01 이 글의 내용과 일치하지 <u>않는</u> 것은?

① 놀부가 새로운 메뉴를 개발하여 '놀부네' 식당이 번창할 수 있었다.
② 부모님이 돌아가시고 '놀부네' 식당을 놀부와 흥부가 함께 이어받았다.
③ 연 씨 부부는 놀부에게 식당을 물려주기 위해서 식당 이름을 '놀부네'로 지었다.
④ 흥부는 형보다 성공하겠다고 다짐하고 집을 나오지만 직장을 구하는 일조차 쉽지 않았다.
⑤ 놀부는 흥부에게 용돈을 주지 않을 것이며 자신의 인생은 자신이 알아서 살아가라고 모질게 이야기하였다.

02 중요 이 글의 등장인물에 대한 설명으로 적절한 것은?

① 놀부는 게으르고 놀러 다니기를 좋아한다.
② 흥부는 온화한 성격의 소유자로 주변에 베풀기를 좋아한다.
③ 놀부는 자기가 하고자 하는 바를 이루기 위해 열심히 노력한다.
④ 흥부는 형이 고된 식당 일로 힘들까 봐 염려되어 적극적으로 돕는다.
⑤ 흥부는 외롭고 쓸쓸하게 어린 시절을 보낸 것 때문에 혼자 있기를 좋아한다.

03 흥부가 ㉠과 같이 말한 이유로 가장 적절한 것은?

① 형에게 용돈이 적다고 항의하기 위해서
② 형이 무분별하게 돈을 버는 것을 비판하기 위해서
③ 형제는 사이좋게 지내야 한다고 생각하기 때문에
④ 부모님이 오냐오냐 키워서 버릇없이 행동하는 것이 몸에 배었기 때문에
⑤ 형이 부모님의 뜻을 저버리고 혼자 욕심만 채우려 한다고 생각했기 때문에

04 서술형 다음은 재구성을 염두에 두고 이 글에 대해 비판적으로 해석한 내용이다. 빈칸에 들어갈 적절한 내용을 쓰시오.

> 연 씨 부부는 흥부는 늦둥이라고 오냐오냐 키웠지만 놀부는 맏이라는 이유로 엄격하게 키웠다. 놀부의 적성을 고려하지 않은 채 안정적인 직장에 취직하여 흥부를 돌보라고 요구하기도 하였다. 하지만 이것은 부당한 행동으로, 자식들을 차별하면서 키웠다는 내용은 '(　　　　　　　　　)'와/과 같은 방향으로 수정되어야 한다. 왜냐하면 과거와 달리 현대 사회의 독자들은 인간이 자유롭고 평등한 존재로 태어났다는 것을 모두 알고 있기 때문이다.

100점 특강 Special lecture

○- 원작 「흥부전」과 재구성된 「새로 쓰는 흥부전」의 차이점

│ 내용 연구

'흥부'의 성격 변화

세상 물정을 모르고 형 놀부에게 용돈을 받아 쓰며 할 일 없이 지냄.
↓
놀부가 용돈을 주지 않음.
↓
식당에 취직한 뒤, 형에게 복수하겠다는 마음으로 어려움을 참고 견딤.
↓
요리 경연 대회 참가
↓
성실하고 목표를 위해 열심히 노력함. → 형의 진심을 알고 우애를 회복함.

│ 구절 풀이

• 놀부가 웃음 띤 얼굴로: 흥부가 열심히 노력하여 1등을 차지한 것을 놀부가 대견하게 여기고 있음이 드러난다.

• 내 동생 흥부야, 정말 장하다.: 동생을 진심으로 아끼고 사랑하는 마음이 드러난다.

• 그제야 흥부는 ~ 눈물을 흘렸어요.: 자신은 형의 마음을 헤아리지 못했는데 형은 그러한 자신을 도와주기 위해 노력한 것을 알고, 그에 대해 고마운 마음과 미안한 마음이 들어 눈물을 흘리는 것이다.

│ 낱말 풀이

• 경연(競演): 개인이나 단체가 모여 예술, 기능 따위의 실력을 겨룸.

• 우애(友愛): 형제간 또는 친구 사이의 사랑.

날이 갈수록 미안해 어쩔 줄 몰라 하는 흥부에게 어느 날 친구가 연락처 하나를 주었어요.

"아는 분 식당인데 열심히 일을 배울 사람을 구한대. 식당은 작지만 열심히 하면 주방 보조로 일하며 요리사 자격증도 딸 수 있게 지원해 주신다더라. 생각 있으면 가 봐."

흥부는 고맙다면서 그 식당을 찾아갔어요. 일은 생각보다 훨씬 힘들었어요. 하지만 형에게 복수하겠다는 생각에 흥부는 열심히 일했어요. 다리가 퉁퉁 붓고 손을 데거나 베기도 일쑤였죠. 식당 사장님은 그런 흥부를 가족처럼 대하며 식당에서 잠도 자고 밥도 먹을 수 있도록 배려해 주었어요. 파스며 약도 발라 주었지요. 식당 일이 너무 힘들어 그만두고 싶어질 때면 자신을 쫓아낸 형에 대한 원망이 더 컸어요.

▶ ☐☐의 노력

2년여의 시간이 흘러 흥부는 요리사 자격증도 따고 음식 솜씨도 많이 늘었어요. 사장님은 흥부에게 새로운 메뉴를 개발해서 지역 음식 *경연 대회에 참가해 보자고 했어요.

'나 같은 게 무슨 요리 경연 대회야?'

처음엔 망설였지만 흥부는 밤잠을 설치며 새 메뉴를 고민했어요.

하지만 어떤 음식을 만들어야 할지 방향조차 잡을 수가 없었어요. 경연 대회 참가를 포기하려던 순간, 흥부가 힘들어할 때면 부모님이 해 주시던 음식이 떠올랐어요. 이젠 자신도 그런 걸 만들 수 있겠다는 생각이 들었지요.

흥부는 부모님의 정성이 담겨 있던 '놀부네' 식당의 음식을 떠올리며 새 메뉴를 개발해 냈어요. 그 덕에 막강한 경쟁자들을 제치고 1등을 차지했지요. 상을 받고 기쁨의 눈물을 흘리는 흥부 앞에 형 *놀부가 웃음 띤 얼굴로 나타났어요.

▶ 지역 음식 경연 대회에서 ☐☐을/를 한 흥부

식당 사장님이 놀부를 반기며 말했어요.

"흥부야, 사실은 오늘이 있기까지 형이 너를 나에게 부탁했단다. 이 식당도 너를 위해 네 형이 어렵게 마련해 둔 거야."

식당을 소개해 준 친구도 말했어요.

"사실 그때 놀부 형이 나를 찾아와 너를 이리 보내 달라고 부탁했었어."

"*내 동생 흥부야, 정말 장하다. 하늘나라에서 부모님도 너를 자랑스럽게 보고 계실 거다."

*그제야 흥부는 더 이상 용돈을 주지 않겠다고 모질게 말했던 형의 깊은 뜻을 알고 고마움과 미안함에 눈물을 흘렸어요.

㉠형의 진심을 안 흥부는 더 열심히 식당 일을 했어요. 부모님이 물려주신 '놀부네' 식당과 함께, 요리사가 된 흥부가 운영하는 '흥부네' 식당은 '양심적인 재료로 정성스럽게 만든 음식, 형제의 *우애로 만든 맛있는 음식'으로 입소문이 나면서 아주 유명해졌답니다. 놀부와 흥부는 부모님과 손님들에게 받은 사랑을 이웃들과 나누는 것도 잊지 않았어요. 일 년에 몇 번씩 지역의 어려운 분들을 식당으로 초대해 맛있는 음식을 나누면서 놀부와 흥부 형제는 행복하게 살았답니다.

▶ 사회에 ☐☐하며 사이좋게 살아가는 흥부와 놀부

[05~07] 이 글은 모둠 활동을 통해 고전 소설 「흥부전」을 재구성한 것이고, 다음은 원작 「흥부전」의 줄거리이다. 다음 물음에 답하시오.

> 옛날에 연 씨 형제가 농사를 지으며 살았다. 형 놀부는 심술이 많아 온갖 나쁜 짓을 일삼지만 동생 흥부는 마음이 착하였다. 부모님이 돌아가시자 놀부는 유산인 집과 논밭을 다 차지하고 흥부를 내쫓아 버린다. 흥부는 어렵게 생계를 꾸려 가던 중에 다친 제비를 치료해 주었는데 이듬해 제비가 박씨를 물어다 준다. 박씨를 심어 잘 자란 박을 열어 보니 그 안에서 금은보화가 나와 흥부는 부자가 된다. 이 소식을 들은 놀부는 일부러 제비 다리를 부러뜨리고 치료해 주었다. 제비는 놀부에게도 박씨를 물어다 주었으나 놀부의 박 속에서는 온갖 몹쓸 것들이 나와 놀부의 재산을 모두 빼앗아 간다. 착한 흥부가 놀부를 위로하고 재산을 나누어 주자 놀부도 착한 사람이 되어 형제가 서로 화목하게 살았다.

05 🌟중요
모둠원들이 이 글을 쓸 때 반영된 의견으로 볼 수 없는 것은?

① 경훈: 중심인물인 흥부와 놀부의 성격을 원작과 다르게 하는 것도 재미있겠어.
② 민석: 요즘에는 사람들이 요리에 관심이 많으니 농부라는 직업을 요리사로 바꾸어 보자.
③ 나영: 요리 경연 대회에서 흥부하고 놀부가 서로 경쟁하는 모습도 넣으면 재미있겠는 걸.
④ 미래: 예전에 부모님이 해 주신 음식을 떠올리고 흥부가 마음을 바꾸는 장면을 넣으면 극적이겠다.
⑤ 지혁: 공동체 개념이 약화되는 우리 사회에 메시지를 전하기 위해 지역 사람들에게 음식을 나눠 주는 내용도 넣어 보자.

06 원작 「흥부전」의 '흥부'가 이 글의 '흥부'에게 해 줄 수 있는 말로 적절한 것은?

① 형이 너를 사랑해서 모질게 군 거야.
② 욕심이 많아야 형보다 더 성공할 수 있는 거야.
③ 형에게 복수하기 위해서는 열심히 노력해야 해.
④ 형보다 근면 성실하니까 훌륭한 사람이 될 거야.
⑤ 앞으로 형에게 관심 두지 말고 독립적으로 살아가.

07 서술형 🌟중요
〈보기〉는 이 글이 재구성된 과정을 정리한 것이다. 빈칸에 들어갈 내용을 〈조건〉에 맞게 한 문장으로 쓰시오.

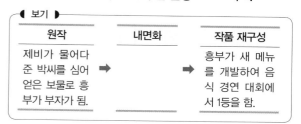

◀ 보기 ▶

원작	내면화	작품 재구성
제비가 물어다 준 박씨를 심어 얻은 보물로 흥부가 부자가 됨.	➡	흥부가 새 메뉴를 개발하여 음식 경연 대회에서 1등을 함.

◀ 조건 ▶
• 현대 사회의 사회·문화적 배경을 고려할 것.
• '노력'과 '교훈'이라는 단어를 사용하여 쓸 것.

08 ㉠의 구체적 내용으로 적절한 것은?

① 흥부를 취직시켜 자립할 수 있게 도와준 것
② '놀부네' 식당의 경영을 맡겨 열심히 일한 것
③ 흥부 친구가 흥부에게 요리를 가르치게 한 것
④ 흥부가 좋은 재료로 음식을 만들도록 꾸짖은 것
⑤ 지역 음식 경연 대회에서 1등을 하도록 연습시킨 것

100점 특강 Special lecture

○ 원작 「흥부전」의 재구성

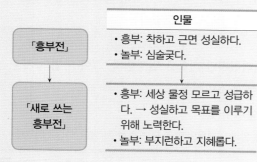

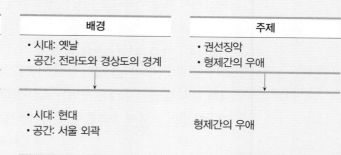

	인물	배경	주제
「흥부전」	• 흥부: 착하고 근면 성실하다. • 놀부: 심술궂다.	• 시대: 옛날 • 공간: 전라도와 경상도의 경계	• 권선징악 • 형제간의 우애
「새로 쓰는 흥부전」	• 흥부: 세상 물정 모르고 성급하다. → 성실하고 목표를 이루기 위해 노력한다. • 놀부: 부지런하고 지혜롭다.	• 시대: 현대 • 공간: 서울 외곽	형제간의 우애

그림 동화로 읽는 흑설 공주 | 이경혜

· **해제:** 이 글은 잘 알려진 동화 「백설 공주」를 등장인물과 사건을 재구성하여 쓴 동화이다. 피부색을 바탕으로 하여 외모에 대한 고정 관념의 문제를 꼬집고 있다.

· **주제:** 진정한 아름다움은 자기다움이다.

내용 연구
인물의 특성 재구성

흑설 공주	
신분	백설 공주의 딸
외모	까만 피부
성장 과정	외롭게 성장함.
성격	소심하며 책과 동물들을 좋아함.

구절 풀이

· **이 왕비가 바로 예전의 백설 공주란다.:** 잘 알려진 동화 「백설 공주」와 이 이야기의 연관성을 확보하기 위한 부분이다.

· **임금님도 왕비님도 ~ 온몸이 새까맣지:** 하얀 피부색을 고귀하다고 생각하고 까만 피부색을 흉보고 하찮게 여기는 마음이 드러나 있다.

· **뭐라고? 이런 엉터리 거울 같으니:** 새 왕비가 검은 피부를 가진 공주를 아름답다고 인정하지 못하는 잘못된 가치관을 가지고 있음을 보여 주고 있다.

낱말 풀이

* **다락방:** 지붕 바로 아래에 이층처럼 높게 만든 방.
* **무도회:** 여러 사람이 함께 춤을 추면서 즐기는 서양식 사교 모임.

(가) 창가에 서 있는 왕비가 보이지? *이 왕비가 바로 예전의 백설 공주란다.* 왕비는 곧 태어날 아기를 위해 망토를 짜고 있었어. 그런데 갑자기 하늘에서 검은 눈이 내리지 않겠니? 깜짝 놀란 왕비는 벌떡 일어나 손바닥에 눈을 받아 보았지.
〈원작과의 연관성 확보 / 아기에 대한 사랑의 표현 / 특별한 사건의 발생 예고〉

"아, 아름다워라. 이 검은 눈처럼 아름다운 아기를 낳았으면!"

몇 달 뒤 왕비는 공주를 낳았어. 그런데 ㉠놀랍게도 공주는 굴뚝에서 막 빼내 온 것처럼 온몸이 새까맸지. 왕비는 공주를 품에 안으며 기쁨의 눈물을 흘렸어.
〈등장인물의 재구성〉

"내 소원이 정말로 이루어졌구나. 나의 어여쁜 흑설 공주야."

하지만 안타깝게도 왕비는 그 길로 촛불이 꺼지듯 숨을 거두고 말았단다.

▶ 백설 공주가 [　　　]을/를 낳고 목숨을 잃음.

(나) 어머니가 없어도 흑설 공주는 무럭무럭 잘 자랐어. 하지만 사람들은 흑설 공주를 손가락질했지.

"임금님도 왕비님도 모두 고귀한 하얀 살갗을 지니셨는데, 어째서 공주님만 저렇게 온몸이 새까맣지?"
〈외모에 대한 편견, 고정 관념을 드러냄.〉

공주는 늘 고개를 푹 숙인 채 어머니가 떠 준 망토만 가슴에 품고 다녔지. 고양이가 다니는 덤불숲 귀퉁이에 앉아 책을 읽는 공주가 보이지? 공주는 언제나 사람들 눈에 띄지 않는 곳만 찾아다녔어. 책과 작은 동물들이 공주의 유일한 친구였지.
〈어머니에 대한 그리움 / 책 – 사건 발생의 복선 / 사람들로부터 소외된 삶〉

▶ 흑설 공주가 사람들로부터 손가락질을 받으며 [　　　] 자라남.

(다) 마침내 왕은 새 왕비를 맞아들였어. 백설 공주가 살아온 듯 아름다운 여자였어. 게다가 왕비는 흑설 공주를 늘 데리고 다녔어. / "어쩌면 새 왕비님은 마음까지 고우실까?"
〈새로운 사건 발생 / 자신의 아름다움을 빛내려는 새 왕비의 의도적 행동 / 왕비의 내면에 대한 사람들의 평가〉

사람들은 새 왕비를 칭찬했지만, 공주는 사람들 앞에 나가는 일이 괴롭기만 했지.

그날도 공주가 *다락방에서 책을 읽는데, 왕비가 문을 벌컥 열어젖히며 소리쳤어.

"아니, 여기서 대체 뭘 하니? 얼른 옷 갈아입고 *무도회에 가야지!"

그런데 벽에 걸린 거울을 본 순간, 왕비의 눈빛이 갑자기 반짝거렸지.

"어머, 진실의 거울이 여기 있네!" / 왕비는 당장 거울에게 물었지.

"거울아, 거울아, 세상에서 가장 아름다운 사람이 누구니?"

"세상에서 가장 아름다운 사람은 흑설 공주님이에요."
〈아름다움에 대한 기준이 사람들과 다름.〉

거울의 눈에는 정말로 그 순간 흑설 공주가 가장 아름답게 보였거든.

"뭐라고? 이런 엉터리 거울 같으니!"
〈흑설 공주에 대한 새 왕비의 시기와 질투를 드러냄.〉

화가 난 왕비는 의자를 집어 들어 거울을 내리쳤지만 거울은 멀쩡했지. 그야 마법의 거울이니까. / 화가 풀리지 않은 왕비는 흑설 공주에게 소리쳤어.

"흥, 이 방이 그렇게 좋으면 아예 여기에서 살려무나!"
〈흑설 공주에 대한 미움을 드러냄.〉

▶ 새 왕비가 거울의 말을 듣고 흑설 공주를 [　　　]에 가둠.

01 이 글에 대한 설명으로 적절하지 <u>않은</u> 것은?

① 시대적 배경이 구체적으로 드러나 있지 않다.

② 서술자는 독자를 향해 대화하듯이 이야기하고 있다.

③ 시간의 흐름에 따라 사건이 순차적으로 전개되고 있다.

④ 작가의 가치관을 바탕으로 동화 「백설 공주」를 재구성한 글이다.

⑤ 서술자는 이야기 밖에서 인물의 외면만 관찰하여 사건을 전달하고 있다.

02 이 글에서 알 수 있는 당시 사회의 모습으로 적절한 것은?

① 경제적으로 풍요롭고 여유로웠다.

② 다른 나라와의 교류가 활발하였다.

③ 귀족들이 학문과 독서를 중시하였다.

④ 남녀 사이의 사랑을 엄격하게 금지하였다.

⑤ 외모에 대한 편견을 가진 사람들이 많았다.

03 사건 전개 과정을 고려할 때, ㉠을 통해 짐작할 수 있는 내용으로 적절한 것은?

① 백설 공주가 흑설 공주를 원망할 것이다.

② 흑설 공주의 까만 피부가 갈등의 원인이 될 것이다.

③ 흑설 공주가 백설 공주와 상반된 성격을 지닐 것이다.

④ 흑설 공주가 주변의 영향으로 부정적 인물이 될 것이다.

⑤ 흑설 공주가 다른 사람을 힘들게 하는 삶을 살게 될 것이다.

04 (다)에 나타난 '새 왕비'에 대한 이해로 적절한 것은?

① 주변 분위기를 밝고 화려하게 만드는 사람이다.

② 사물의 소중함을 제대로 이해하지 못하는 인물이다.

③ 자신의 외모가 제일 아름답다고 인정받고 싶어 한다.

④ 외롭고 힘든 사람들에게 먼저 손을 내밀어 보듬는 성격이다.

⑤ 하고 싶은 대로 행동하면서도 금세 자신의 잘못을 깨닫고 뉘우친다.

05 서술형 ★중요

〈보기 1〉은 이 글의 원작 「백설 공주」의 앞부분 줄거리이다. 〈보기 1〉을 참고하여, 이 글에서 〈보기 2〉의 밑줄 친 부분에 해당하는 내용을 〈조건〉에 맞게 서술하시오.

▶ 보기 1 ◀
하얀 피부의 백설 공주는 어려서 어머니를 잃었지만 주변의 사랑 속에 행복하게 성장했다. 그러나 새 왕비가 들어와 가장 아름다운 여인은 백설 공주라는 거울의 말을 듣고는 백설 공주를 왕궁에서 쫓아내려 하였다.

▶ 보기 2 ◀
문학 작품을 <u>창조적으로 재구성</u>하기 위해서는 먼저 작품에 대한 정확한 이해와 감상이 있어야 한다. 원작의 기본 구조나 주제 의식을 무시하거나 자의적으로 해석하여 재구성한다면 이는 바람직한 태도가 아니다. 작가가 전달하고자 하는 바를 수용하여 이를 새롭게 해석해야 한다.

▶ 조건 ◀
• 새롭게 구성된 부분을 세 가지로 쓸 것.
• 한 문장으로 쓸 것.

100점 특강 Special lecture

○- 문학 작품의 재구성 과정

원작의 수용		내면화		원작의 재구성
작품의 의미 이해		독자의 가치관에 따른 작품 해석		독자의 상상력을 통한 내용, 형식, 매체 등의 재구성
⋮	→	⋮	→	⋮
동화 「백설 공주」를 읽고 '권선징악'의 주제 이해		주인공의 외모를 바탕으로 아름다움의 기준에 대해 새롭게 해석		권선징악의 요소를 바탕에 두고 인물과 세부 사건을 재구성하여 새로운 주제 전달

┃내용 연구
재구성된 부분 ①

	원작	이 글
주인공	백설 공주	흑설 공주
공주를 죽이기 위한 도구	독 사과	독이 묻은 책
왕비의 변장	노파	영감

┃구절 풀이
• 이걸 가져가면 왕비님도 믿을 거예요.: 공주가 어머니가 남긴 망토를 무척 아낀다는 것을 근거로, 공주를 죽였다는 증거물로 왕비에게 보여 줄 것을 말하고 있다.
• 백설 공주의 일곱 ~ 사는 집이었어.: 원작의 일곱 난쟁이를 재구성하여 새로운 인물을 등장시킨 부분이다.
• 밤처럼 까맣고 ~ 아름다웠던 백설 공주님처럼: 난쟁이들이 흑설 공주가 지닌 아름다움을 제대로 인식하고 있음을 표현하고 있다.
• 하루는 "헌책 ~ 있는 거야.: 독 사과와 노파가 등장했던 원작을 재구성하여 헌책과 영감으로 등장시키고 있다.

┃낱말 풀이
* 변장: 본래의 모습을 알아볼 수 없게 옷차림이나 얼굴, 머리 모양 등을 다르게 바꿈.
* 흑진주: 검은빛의 진주.

(가) 왕비가 왕에게 말했지.
"아무래도 공주를 멀리 다른 곳으로 보내야겠어요."
<u>공주를 죽이기 위한 계략</u>
왕비는 잔인하기로 유명한 사냥꾼을 불러서 말했어.
"흑설 공주를 숲속 깊숙한 곳에 데려가 감쪽같이 없애고 오너라!"
사냥꾼은 공주를 숲속으로 끌고 가 칼을 높이 쳐들었지. 그러자 공주가 울며 빌었어.
"제발 목숨만 살려 주세요! 그럼 꼭꼭 숨어서 살게요."
악독한 사냥꾼도 마음이 약해져 칼을 내리고 말았지. ㉠공주는 품 안에서 망토를 꺼내 사
<u>왕비에게 자신의 죽음을 믿게 하려는 의도</u>
냥꾼에게 주었어.
"이걸 가져가면 왕비님도 믿을 거예요."　　　　▶ 흑설 공주가 죽을 고비를 넘김.

(나) ㉡흑설 공주는 숲길을 헤매다 아주 작은 집을 찾아냈어. 바로 일곱 난쟁이의 집이었지.
흑설 공주의 일곱 난쟁이가 아니라 그 일곱 난쟁이들이 각각 낳은 일곱 명의 아들이 사는
<u>등장인물의 재구성</u>
집이었어. 흑설 공주는 허리를 굽혀 그 작은 집 안으로 들어갔어.
저녁이 되어 집으로 돌아온 난쟁이들은 잠든 공주를 보고 깜짝 놀랐어.
"흑설 공주님이잖아?" / "그래, 백설 공주님의 따님!"
<u>공주를 도와주는 인물</u>
"ⓐ밤처럼 까맣고 아름다운 공주님이네!" / "낮처럼 하얗고 아름다웠던 백설 공주님처럼!"
<u>공주의 아름다움을 바르게 인식함.</u>
난쟁이들은 흑설 공주를 기쁘게 맞았어. 그리고 집을 나설 때마다 몇 번이고 주의를 주었지.
"공주님, 아무도 문을 열어 주면 안 돼요. ㉢새 왕비가 독 사과를 들고 올지도 몰라요."
<u>원작과의 연관성 확보</u>
"응, 알았어. 다들 조심해서 다녀와!"
공주는 조용한 집 안에서 한 권밖에 없는 책을 몇 번이고 읽었어. 사슴이나 토끼가 찾아
오면 함께 놀기도 했지.　　　　▶ 흑설 공주가 [　　] 와/과 살게 됨.

(다) 하루는 "헌책 사려!" 하는 소리에 공주가 얼른 창밖을 내다보니 책을 한가득 진 영감이
서 있는 거야. 공주는 마음을 놓고 얼른 문을 열었지. 그런데 그게 바로 *변장한 왕비였어.
왕비는 재빨리 책 한 권을 펼쳐 보였지.
"이런 산속에선 구경도 할 수 없는 재미난 책이라우."
공주는 너무 기뻐 얼른 책을 읽기 시작했어. 공주가 펼친 면을 금세 다 읽고 손가락에 침을
묻혀 다음 장으로 넘기자 왕비가 침을 '꼴깍!' 삼켰지. 그 펼쳐진 면에는 독이 발라져 있었거
<u>긴장감</u>　　　　　　　　　　　　　　　　　　　　<u>사건의 재구성</u>
든! 이제 공주가 독이 묻은 저 손가락을 다시 입속에 넣기만 하면 일이 끝나잖아? 아니나 다
를까, 공주는 다음 장을 넘기려고 다시 손가락에 침을 묻히다 말고 풀썩 쓰러지고 말았지.
"으히히히히히히!" / ㉣왕비의 소름 끼치는 웃음소리가 오래도록 숲을 울렸어.
<u>왕비의 잔인함</u>
　　　　▶ 흑설 공주가 [　　] 의 계략으로 죽음.

(라) 달이 떠서 집으로 돌아온 난쟁이들은 숨이 멎은 공주를 보고 울음을 터뜨렸어. 하지만
공주는 여전히 *흑진주처럼 영롱하게 빛나서 꼭 잠든 사람처럼 보였지. 난쟁이들은 백설 공
주를 담았던 투명한 관에 흑설 공주를 눕혔어. 공주가 읽다 만 책도 펼쳐진 면 그대로 관 속
에 함께 넣었지. 일곱 난쟁이들은 숲속으로 관을 메고 갔단다. ㉤온갖 산짐승들도 함께 따
라오며 슬피 울었지.　　　　▶ 흑설 공주의 [　　] 을/를 슬퍼함.

06 이 글에 드러난 갈등 양상으로 적절한 것은?

① 흑설 공주의 내적 갈등
② 흑설 공주와 왕비의 외적 갈등
③ 왕비와 사냥꾼 사이의 외적 갈등
④ 난쟁이들과 왕비 사이의 외적 갈등
⑤ 흑설 공주와 난쟁이들 사이의 외적 갈등

07 이 글을 읽고 '공주'에 대해 파악한 내용으로 적절한 것을 〈보기〉에서 모두 골라 묶은 것은?

◀ 보기 ▶
ㄱ. 지혜를 발휘하여 위기를 넘길 줄 안다.
ㄴ. 자신의 진면목을 숨기고 싶어 한다.
ㄷ. 다른 사람의 말을 잘 믿는다.
ㄹ. 자신의 잘못을 부끄러워한다.

① ㄱ, ㄴ   ② ㄱ, ㄷ   ③ ㄴ, ㄷ
④ ㄴ, ㄹ   ⑤ ㄷ, ㄹ

08 이야기의 흐름으로 보아, (나)와 (다) 사이에 들어갈 수 있는 사건으로 가장 적절한 것은?

① 왕비는 공주가 살아 있음을 알았다.
② 공주는 난쟁이들의 집에서 멀리 쫓겨났다.
③ 왕비는 공주가 어떻게 살아났는지 궁금해했다.
④ 왕비는 난쟁이들의 신비한 힘을 얻고 싶어 했다.
⑤ 난쟁이들은 왕비에게 공주가 사는 곳을 알려 주었다.

09 〈보기〉는 (다)의 장면을 재구성하기 위한 작가의 메모이다. 빈칸에 들어갈 말로 가장 적절한 것은?

◀ 보기 ▶
• 중심 사건: 공주의 죽음
• 중요 소재: 독이 묻은 책
• 사건의 (   )을/를 위한 장치: 공주가 책을 좋아하지만 책이 한 권밖에 없는 환경에 놓임.

① 직접성   ② 객관성   ③ 필연성
④ 추상성   ⑤ 비현실성

10 ㉠~㉤에 대한 설명으로 적절한 것은?

① ㉠: '망토'는 사냥꾼이 좋아하는 물건을 의미한다.
② ㉡: 공주의 초라한 신세를 상징적으로 표현한다.
③ ㉢: 난쟁이들이 이미 왕비를 만났음이 드러난다.
④ ㉣: 왕비의 잔인하고 냉혹한 성격을 강조한다.
⑤ ㉤: 주인공이 비범한 능력을 지녔음을 보여 준다.

서술형
11 ⓐ를 통해 말하고자 하는 바를 〈조건〉에 맞게 서술하시오.

◀ 조건 ▶
• 흑설 공주에 대한 난쟁이들의 평가와 태도가 드러나도록 쓸 것.
• 한 문장으로 쓸 것.

 **100점 특강** Special lecture

○- 문학 작품의 재구성

원작	인물	중심 사건	배경
	• 주인공: 백설 공주 • 구원자: 왕자	왕비가 독 사과로 공주를 죽임.	• 시간: 옛날 옛적 • 공간: 어느 왕국의 왕궁과 숲속
재구성 작품	• 주인공: 흑설 공주 • 구원자: 정원사	왕비가 책에 독을 묻혀 공주를 죽임.	• 시간: 옛날(원작보다 시간이 흐름.) • 공간: 어느 왕국의 왕궁과 숲속

내용 연구
재구성된 부분 ②

	원작	이 글
구원자	왕자	정원사
신분	귀족	평민
구원의 방법	입맞춤	눈물
결말	왕자와의 사랑과 결혼	• 정원사와의 결혼 • 자신의 아름다움에 대한 깨달음

구절 풀이
• **눈물은 흘러 ~ 눈을 떴단다.:** 정원사의 진심 어린 마음이 공주를 되살리게 됨을 나타내고 있다.
• **검게 빛나는 ~ 칠하기 시작했단다.:** 여전히 검은 피부를 가지고 있지만 검게 빛나는 공주의 아름다운 모습을 보고 사람들이 외면적인 부분을 따라하는 행동이다.
• **저마다 다들 ~ 알 수가 없어요.:** 진실의 거울이 사람들이 가진 개성적 아름다움의 가치를 깨달았음을 의미한다.
• **장미는 장미대로 ~ 나대로 말이야.:** 모든 존재가 자기만의 아름다움을 지니고 있다는 주제 의식이 드러나 있다.

낱말 풀이
* **숯검정:** 숯에서 묻은 그을음.

(가) 며칠 뒤 궁궐의 정원사가 공주를 찾아냈어. 공주처럼 혼자 있기 좋아하고, 책과 꽃을 사랑하는 정원사였지. (<u>등장인물의 재구성 – 공주가 자신의 가치를 발견하게 도와주는 인물</u>) 정원사는 혹시나 하는 마음에 공주의 입술에 살짝 입맞춤을 해 보았어. 하지만 공주의 입술은 차디차기만 했지.

정원사는 공주가 읽다 만 책을 들여다보았어. 그러자 참았던 울음이 폭포처럼 쏟아져 나왔지. *<u>눈물은 흘러 흘러 책장 위를 지나 공주의 입속으로 들어갔어. 그 순간 공주가 "아!" 하고 한숨을 쉬며 눈을 떴단다.</u>(<u>사건의 재구성 – 진심 어린 사랑의 중요성</u>) 정원사의 눈물에 공주의 몸속에 있던 독이 다 흘러 나간 거야. 공주는 정원사의 눈에 비친 제 모습을 바라보았지. ㉠<u>세상에 태어나서 처음으로 공주는 자신이 아름답다고 생각했어.</u>(<u>공주가 자신의 가치를 발견함.</u>) 공주가 미소를 짓자 숲속에 검은 태양이 뜬 것처럼 눈이 부셨지.

▶ ☐의 눈물로 살아난 흑설 공주가 자신의 아름다움을 깨달음.

(나) 흑설 공주가 돌아오자 왕궁은 발칵 뒤집어졌어. 왕비가 한 사악한 짓도 다 드러났지. 아름답던 왕비의 모습은 이제 징그러운 껍질처럼 여겨졌어.(<u>외모의 아름다움의 한계</u>) 왕은 불같이 화를 내며 왕비를 감옥에 가두었단다.

▶ 실체가 드러난 ☐이/가 옥에 갇힘.

(다) 정원사와 공주의 결혼 축제는 사흘 낮 사흘 밤 동안 벌어졌어. *<u>검게 빛나는 공주가 얼마나 아름다워 보였는지</u> ㉡<u>여자들은 모두 얼굴에다 *숯검정을 칠하기 시작했단다.</u>(<u>공주의 까만 피부를 따라하는 행동</u>) 그러다 모두들 깨달았지. <u>세상이 말하는 아름다움이란 얼마나 쉽게 바뀌는 것인지.</u>(<u>외면적 아름다움의 일시성, 상대성</u>) 또한 누구에게나 자기만의 아름다움이 깃들어 있다는 것을.(<u>개성의 중요성, 내면적 아름다움</u>)

▶ 흑설 공주를 통해 사람들이 ☐의 아름다움에 대해 깨달음.

(라) 진실의 거울도 그것을 깨달았어.

"거울아, 거울아, 세상에서 가장 아름다운 사람이 누구니?"

이제 이런 질문을 던지면 거울은 우물쭈물하다 대답했지.

"모르겠어요. *<u>저마다 다들 나름대로 아름다우니 누가 가장 아름다운지 도무지 알 수가 없어요.</u>"(<u>개성의 아름다움을 인식함.</u>)

그 대답에 공주는 환하게 웃으며 말했단다.

"<u>그래, 정말 모두들 아름답지. *장미는 장미대로, 제비꽃은 제비꽃대로, 거미는 거미대로, 나비는 나비대로, 저녁은 저녁대로, 새벽은 새벽대로, 너는 너대로, 나는 나대로 말이야.</u>"(<u>자기만의 아름다움에 대한 깨달음</u>)

▶ 진정한 아름다움은 ☐(이)라는 것을 발견함.

12 〈보기〉는 원작 「백설 공주」에 대해 정리한 것이다. 〈보기〉로 보아, 이 글에서 활용한 재구성 방법으로 적절한 것은?

◀ 보기 ▶

갈래	동화	주인공	백설 공주
전달 매체	책(인쇄물)	예상 독자	어린이
창작 의도	착하게 살아야 한다.		

① 원작과 다른 갈래로 바꾸어 재구성한다.
② 원작을 전하는 매체를 달리하여 재구성한다.
③ 창작 의도는 원작과 같지만 세부 내용을 달리한다.
④ 원작의 형식을 유지하면서 내용을 새롭게 구성한다.
⑤ 원작과 연령대가 다른 독자를 고려해 재구성한다.

13 (가)에서 드러나는 '정원사'의 역할로 적절한 것은?

① 새로운 사건의 주인공
② 사건에 개입하는 서술자
③ 주인공의 갈등 해결의 조력자
④ 주인공과 대립되는 반동 인물
⑤ 갈등의 실마리를 제공하는 주변 인물

14 ㉠에 대한 설명으로 적절한 것은?

① 공주가 혼자 자유롭게 살아감을 말하고 있다.
② 공주가 작은 일에도 만족함을 강조하고 있다.
③ 공주가 겸손한 사람이 되었음을 드러내고 있다.
④ 공주가 정원사의 사랑을 느꼈음을 표현하고 있다.
⑤ 공주가 자신만의 가치를 깨달았음을 의미하고 있다.

15 ㉡의 의미로 적절한 것은?

① 외모의 아름다움에 대한 기준이 달라졌다.
② 외모에 대한 사람들의 생각이 다양해졌다.
③ 외모를 중시하는 사람을 무시하게 되었다.
④ 외모를 이전보다 더 중요한 가치로 여겼다.
⑤ 외모보다 내면적인 아름다움을 깨닫게 되었다.

서술형 ⚛ 중요

16 〈보기〉는 이 글의 작가가 한 말의 일부이다. 빈칸에 들어갈 말을 〈조건〉에 맞게 서술하시오.

◀ 보기 ▶

실제로 외모 지상주의 사회에 살면서 아이들에게 '얼굴보다 마음이 예뻐야 한다.'라고 늘상 얘기해도 소용이 없습니다. 그보다는 아이들에게 '아름다움의 기준'이란 것이 시대에 따라 다르다는 것, 지금 사람들이 최고라고 생각하는 아름다움의 기준이란 얼마나 쉽게 바뀔 수 있는 것인지를 알려 주시기 바랍니다. 이런 허약한 아름다움의 기준에 매달리지 말고, (   )은/는 것을 말입니다.

◀ 조건 ▶
• 이 글의 주제가 드러나도록 쓸 것.
• 한 문장으로 쓸 것.

100점 특강 Special lecture

o- **흑설 공주가 자신만의 아름다움을 발견해 내는 과정**

이 글에서는 피부색으로 인하여 자신의 가치를 인정받지 못하던 흑설 공주가 자신만의 아름다움을 발견해 가는 과정을 통해 개성적인 삶과 그에 대한 자신감을 가져야 함을 강조하고 있다.

• 흑설 공주가 자신의 피부색으로 인해 자신감을 잃고 외롭게 자람. • 사람들이 흑설 공주의 까만 피부를 부정적으로 평가함.	➡	• 흑설 공주가 자신이 아름답다고 생각하게 됨. • 사람들이 누구나 자기만의 아름다움이 있다고 여기게 됨. • 진실의 거울이 모든 사람들이 나름의 아름다움을 지녔다고 말함.
아름다움의 기준이 일정하다고 생각함.	➡	아름다움의 기준이 다를 수 있다고 생각함.

개성적인 발상과 표현

학습 목표
• 자신의 가치 있는 경험을 개성적인 발상과 표현으로 형상화할 수 있다.
• 운율, 반어, 역설, 풍자의 효과를 생각하며 작품을 감상할 수 있다.

더 알아 두기

＋ 운율의 종류

내재율	외형률
겉으로 드러나지 않고, 시 속에 잠재적으로 숨어 있는 운율	음수나 음보 등의 규칙적 반복에 의하여 생기는 운율

↓

일반적으로 음수나 음보의 반복 외의 음운이나 단어, 문장 구조의 반복 등은 내재율에 포함함.

＋ 수미 상관
• 뜻: 시의 처음과 마지막을 같거나 비슷하게 반복하는 표현 방법
• 효과
 – 음악적인 느낌을 줌.
 – 중요한 내용을 강조함.
 – 구조적 안정감을 형성함.

❶ 운율

(1) **운율의 뜻**: 시에서 느껴지는 말의 가락으로, 시의 특정 요소가 반복되면서 형성된다.

(2) **운율 형성의 방법**

운율 형성 방법	예	해설
동일한 음운, 음절, 시어의 반복	갈래갈래 갈린 길 / 길이라도	음운 'ㄱ'과 'ㄹ'의 반복, '갈/길'의 반복 등을 통해 운율이 형성됨.
동일한 음보의 반복	돌담에 속삭이는 햇발같이 풀 아래 웃음 짓는 샘물같이	각 행을 3개로 끊어 읽는 3음보의 반복을 통해 운율이 형성됨.
비슷한 문장 구조의 반복		'~는 ~같이'라는 문장 구조의 반복을 통해 운율이 형성됨.
수미 상관	엄마야 누나야 강변 살자 〈중략〉 엄마야 누나야 강변 살자	시의 첫 행과 마지막 행의 반복을 통해 운율이 형성됨.

❷ 반어

(1) **반어의 뜻**: 말하고자 하는 내용과 반대로 표현하는 방법이다.

(2) **반어적 표현의 방법**

　예　나 보기가 역겨워 / 가실 때에는 / 죽어도 아니 눈물 흘리오리다.

말하고자 하는 내용		시에 표현된 내용		임과의 이별을 슬퍼하는 마음을 강조하여 표현함.
임이 떠나면 몹시 슬플 것이다.	↔ 반대	죽어도 울지 않겠다(슬퍼하지 않겠다.).	→	

(3) **반어적 표현의 효과**: 화자의 상황이나 심리를 보다 인상적으로 전달할 수 있다.

예로 개념 확인

『한 줄의 시는커녕 『 』: ❶
단 한 권의 소설도 읽은 바 없이
그는 한평생을 행복하게 살며
많은 돈을 벌었고
높은 자리에 올라
이처럼 ❷훌륭한 비석을 남겼다.
그리고 어느 유명한 문인이
그를 기리는 묘비명을 여기에 썼다.

비록 이 세상이 잿더미가 된다 해도
불의 뜨거움 꿋꿋이 견디며
이 묘비는 살아 남아
❸귀중한 사료가 될 것이니
❹역사는 도대체 무엇을 기록하며
시인은 어디에 무덤을 남길 것이냐.』

– 김광규, ❺「묘비명」

〈작품 해설〉 이 작품은 물질적 가치가 정신적 가치보다 더 중요하게 여겨지면서, 시와 소설보다는 돈만을 추구하는 사람이 높은 자리에 올라 존경을 받고, 문인들은 그들을 위해 거짓된 묘비명을 남겨야 하는 현대 사회의 왜곡된 모습을 비판하면서 시인들에게 각성을 촉구하는 시이다.

❸ 역설

(1) 역설의 뜻: 표면적으로는 단어 간의 관계가 모순된 것처럼 보이지만, 그 안에 진리를 담고 있는 표현이다.

(2) 역설적 표현의 방법

> 예 이것은 소리 없는 아우성

소리 없는		아우성
아무런 소리가 없는 조용한 상태	⟷ 모순	떠들썩하게 기세를 올려 지르는 소리

⬇

표면적	'소리 없는'과 '아우성'은 함께 쓰일 수 없는 모순 관계임.
작가 의도	바람에 날아가고 싶지만 깃대에 묶여 펄럭이기만 하는 깃발의 모습을 표현함. → 이상 세계를 동경하지만 도달하지 못하는 운명적 한계를 강조함.

(3) 역설적 표현의 효과: 단어들의 낯선 결합을 통해 긴장감을 조성하면서 의미를 강조한다.

❹ 풍자

(1) 풍자의 뜻: 개인의 어리석음이나 사회의 부조리 등을 간접적으로 비판하며 웃음을 유발하는 표현이다.

(2) 풍자적 표현의 방법

> 예 두꺼비 파리를 물고 두엄 위에 치달아 앉아
> 건넌산 바라보니 백송골이 떠 있거늘 가슴이 끔찍하여 풀쩍 뛰어 내닫다가 두엄 아래에 자빠졌구나
> 모쳐라 날랜 나이니 망정이지 어혈 질 뻔했구나

➡ '파리'–'두꺼비'–'백송골'의 관계를 통해 백성을 괴롭히던 관리들의 횡포를 간접적으로 비판함.

(3) 풍자적 표현의 효과

- 우회적인 방법으로 부정적인 대상을 조롱하거나 비판할 수 있다.
- 독자의 웃음을 유발하며 읽는 재미를 더해 준다.

더 알아 두기

✚ 모순(矛盾)의 어원

矛 – 창 모 / 盾 – 방패 순

중국 초나라에 창과 방패를 파는 사람이 있었다. 그는 창을 팔 때에는 "이 창은 어떤 방패라도 뚫을 수 있다."라고 말하였으며, 방패를 팔 때에는 "이 방패는 어떤 창으로도 뚫을 수 없다."라고 말하였다. 그러자 구경꾼 중에 한 사람이 "당신의 창으로 당신의 방패를 찌르면 어떻게 되오?"라고 질문을 하였다. 장사꾼은 이 질문에 아무런 대꾸도 못하였다.

✚ 풍자와 해학
· 공통점
 – 대상을 우스꽝스럽게 표현함.
 – 독자의 웃음을 유발함.
· 차이점

풍자	해학
– 비판적 웃음 – 대상에 대한 공격적 태도가 드러남.	– 동정적 웃음 – 대상에 대한 연민과 공감의 태도가 드러남.

❶, ❹ **운율**: 이 시에서는 글자 수나 음보, 혹은 단어나 구절과 같이 눈에 띄는 요소의 반복이 두드러지게 보이지 않는다. 하지만 행 단위로 끊어가며 시를 읽다 보면 산문을 읽을 때와는 다른 리듬감을 느낄 수 있다. 이처럼 시에서는 눈에 보이지 않는 방법으로 운율을 형성하기도 한다. 또한 시의 마지막 부분인 ❹에서는 비슷한 구조의 행을 반복하면서 음악적인 느낌을 느끼게 하고 있다.

❷, ❸ **반어**: 이 시의 '그'는 한평생 시나 소설에는 관심을 두지 않고 돈과 명예만을 추구하면서 살아온 사람이다. 그런 사람을 과연 '훌륭한 사람'이라고 할 수 있을까? 그렇지는 않다. 오히려 '그'는 시인이 비판하고자 하는 '속물적인 사람'이며 시인은 시를 통해 '그'처럼 살지 말자는 이야기를 하고 있는 것이다. 마찬가지로 '그'의 삶 역시 '귀중한 사료'가 될 만한 가치 있는 것이라고 볼 수도 없을 것이다. 결국 이 시는 말하고자 하는 내용과 반대로 이야기하는 '반어'가 사용된 시인 것이다.

❺ **풍자**: 이 시는 문학이나 예술, 철학, 인문학과 같은 정신적 가치보다는 돈이나 권력과 같은 물질적 가치가 중요하게 여겨지고, 문학적 양심을 지켜야 하는 문인들마저 속물적으로 변해 가는 현대 사회를 비판한 시이다. 시인은 이와 같은 내용을 직접적으로 말하지 않고 '그'의 '묘비명'이라는 소재를 이용해 우회적으로 전달하는 풍자의 방법을 사용하고 있다. 이처럼 풍자의 방법을 사용하면 직접적으로 말을 전달할 때보다 더 인상적으로 내용을 기억하게 하는 효과가 있다.

먼 후일 | 김소월

- **해제:** 이 작품은 떠나간 임에 대한 그리운 심정을 반어적으로 표현한 시이다. 먼 훗날 '당신'이 찾으면 그때에 '잊었노라'라고 말하겠다고 반복함으로써 오히려 임을 결코 잊을 수 없음을 효과적으로 드러내고 있다.
- **주제:** 떠난 임에 대한 그리움

내용 연구

이 시의 반어적 표현

표현		의미
잊었노라	↔	잊을 수 없다

반어적 표현을
통해 임에 대한
그리움 강조

구절 풀이

- **먼 훗날 당신이 찾으시면:** 아직 일어나지 않은 미래의 일을 가정하고 있다.
- **그때에 내 말이 잊었노라:** 당신을 잊었다고 말하고 있지만, 사실은 당신을 잊을 수 없음을 반어적으로 표현하고 있다.
- **오늘도 어제도 아니 잊고:** 오늘도 어제도 당신을 잊지 못하여 그리워한다는 마음을 표현하고 있다.

낱말 풀이

* **나무라면:** 잘못을 꾸짖어 알아듣도록 말하면.

•먼 훗날ˇ당신이ˇ찾으시면 ˇ: 3음보의 율격
㉠ •그때에ˇ내 말이ˇ'잊었노라'

▶ ☐ 당신과 만날 때 '☐'의 반응

당신이ˇ속으로ˇ*나무라면
'무척ˇ그리다가ˇ잊었노라'
부재하는 당신에 대한 그리움(화자의 정서)

▶ 당신이 나무랄 때 '나'의 반응

그래도ˇ당신이ˇ나무라면
'믿기지ˇ않아서ˇ잊었노라'

▶ 당신의 계속되는 ☐에 대한 '나'의 반응

•오늘도ˇ어제도ˇ아니 잊고
㉡ 먼 훗날ˇ그때에ˇ'잊었노라'
오늘도 어제도 당신을 그리워함.

▶ 당신을 잊지 못하는 '나'의 애절한 ☐

01 이 시에 대한 설명으로 적절하지 <u>않은</u> 것은?

① 동일한 시어를 반복하여 운율을 형성하고 있다.
② 미래의 상황을 가정하여 시상을 전개하고 있다.
③ '나'와 '당신'의 추억을 사실적으로 드러내고 있다.
④ '당신'에 대한 '나'의 마음을 반어적으로 표현하고 있다.
⑤ 단정적인 어조로 임과의 이별에 대한 '나'의 정서를 드러내고 있다.

02 이 시에 두드러진 표현 방식이 사용되지 <u>않은</u> 것은?

① 고향으로 돌아가자, 나의 고향으로 돌아가자.
② 너를 남기고 온 / 작은 마을에도 복된 눈 내리는가
③ 꽃이 피네 / 꽃이 피네 / 갈 봄 여름 없이 / 꽃이 피네.
④ 아니야 아니야 서럽지 않다. / 배앓이를 하던 날 납작 엎드렸던 / 아랫목이 차디찬 물살에 갇힌다 해도
⑤ 한 줄의 시는커녕 / 단 한 권의 소설도 읽은 바 없이 / 그는 한평생을 행복하게 살며 / 많은 돈을 벌었고 / 높은 자리에 올라 / 이처럼 훌륭한 비석을 남겼다.

03 ㉠에 대한 설명으로 적절한 것은?

① '나'의 마음을 따옴표로 표현하여 고백적 느낌을 주고 있다.
② '나'의 감정을 '당신'에 의탁하여 비유적으로 드러내고 있다.
③ '나'의 감정을 억누르지 않고 자연스럽게 밖으로 드러내 강조하고 있다.
④ 이별의 슬픔을 과장되게 표현하여 임과의 이별을 해학적으로 드러내고 있다.
⑤ '당신'에 대한 그리움과 '나'의 처지로 인한 체념이라는 모순된 정서를 표현하고 있다.

04 ㉡을 '나'가 '당신'에게 직접 하는 솔직한 말로 바꿀 때 적절한 것은?

① 하루하루 열심히 살게요.
② 절대 당신을 잊을 수 없어요.
③ 당신을 만난 것이 후회되네요.
④ 내 걱정은 하지 마시고 행복하게 사세요.
⑤ 언젠가는 잊을 수 있을 테니 너무 나무라지 마세요.

05 〈보기〉에 제시된 설명을 참고하여, 이 시의 1연을 끊어 읽기 하시오.

▸ 보기 ◂
김소월은 여성적 어조와 민요적 율조로 작품을 표현한 작가이다.

100점 특강 Special lecture

○- 이 시의 화자의 의도

이 시의 화자는 아직 일어나지 않은 미래의 상황을 '~면'이라고 가정하면서 먼 훗날 임이 찾아와 자신을 나무라면 '무척 그리다가', '믿기지 않아서', '잊었노라'라고 말하겠다고 한다. 하지만 그것은 '오늘도 어제도 아니고' '먼 훗날 그때'이다. 즉, 잊었다는 화자의 가상의 말 속에는 사실은 떠나간 임을 잊을 수 없다는 안타까운 심정이 담겨 있으며, 이를 반어적으로 표현하여 강조하고 있다.

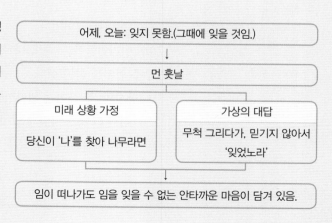

어제, 오늘: 잊지 못함.(그때에 잊을 것임.)
↓
먼 훗날

미래 상황 가정	가상의 대답
당신이 '나'를 찾아 나무라면	무척 그리다가, 믿기지 않아서 '잊었노라'

임이 떠나가도 임을 잊을 수 없는 안타까운 마음이 담겨 있음.

나의 모국어는 침묵 | 류시화

- **해제:** 이 글은 글쓴이가 '인디언들과의 만남'이라는 의미 있는 경험을 통해 깨닫게 된 '침묵'의 진정한 가치에 대해 이야기하는 수필이다. 역설적 표현을 통해 침묵으로 상대방의 참모습을 아는 것을 중요시하는 인디언의 문화를 인상적으로 표현하고 있다.
- **주제:** 침묵의 진정한 가치

내용 연구

인디언들과의 만남 전후의 글쓴이의 변화

전	대화를 통해서만 상대방을 잘 알 수 있다고 생각함.

↓

후	마음속에서 우러나오는 침묵을 통해 상대방의 존재를 잘 느낄 수 있음을 깨달음.

구절 풀이

- **나는 글을 쓰는 ~ 내비쳤다.:** 인디언 노인들과 인디언 세계에 대한 대화를 나누기 위해 자신이 인디언 문화에 대해 많이 알고 있으며 관심이 크다는 것을 알리고 있다.
- **몇 번의 여행을 ~ '너무 많이 말해'였다.:** 인디언들은 그 사람의 특징을 이름으로 부르는데, '나'의 인디언식 이름은 인디언들이 보기에 '나'가 평소에 말이 많았다는 것을 보여 준다.
- **우리의 모국어는 침묵입니다.:** '모국어'와 '침묵'이라는 모순된 두 표현을 같이 사용해 침묵으로 상대방의 참모습을 아는 것을 중요하게 생각하는 인디언의 가치와 문화를 드러내고 있다.

낱말 풀이

- *** 침묵:** 아무 말도 없이 잠잠히 있음. 또는 그런 상태.
- *** 오산:** 추측이나 예상을 잘못함. 또는 그런 추측이나 예상.
- *** 모국어:** 자기 나라의 말. 주로 외국에 나가 있는 사람이 고국의 말을 이를 때에 쓴다.

(가) 처음으로 인디언들의 세계를 만났을 때 일이 떠오른다. 〈중략〉 인디언 노인들과 흥미 있는 대화를 주고받으리라 기대했던 나는 아주 뜻밖의 일을 경험했다. 천막 안으로 들어가 그들과 마주앉자마자 나는 내 소개를 하기 시작했다. *나는 글을 쓰는 작가이며, 인디언 세계에 무척 관심이 많고, 잘 부탁한다는 말까지 잊지 않았다. 인디언들의 철학과 역사를 많이 알고 있다는 것도 넌지시 내비쳤다. / 그런데 그들은 아무런 반응도 보이지 않았다. 다만 허리를 꼿꼿이 세우고 묵묵히 앉아 있을 뿐이었다. 천막 안이 어슴푸레해서 시선이 나를 향하고 있는 건지 허공을 바라보고 있는 건지도 알 수 없었다.

▶ 인디언들과의 만남에서 뜻밖의 일을 경험함.

(나) 훗날에야 나는 그것이 인디언 부족들의 전통인 것을 알았다. 누군가를 만나면 그들은 대화를 시작하기 전에 그렇게 한동안 침묵으로 상대방을 느끼는 것이다. 자기 앞에 있는 존재를 가장 잘 느끼는 방법은 말을 통한 것이 아니라 *침묵을 통한 것임을 그들은 깨닫고 있었다.

▶ ☐☐을/를 통해 상대방의 존재를 느끼는 인디언들

(다) 그 후 미국에서 돌아와 나는 누군가를 만날 때마다 인디언들 흉내를 내고는 했다. 상대방의 존재를 느낀답시고 입을 다물고 오 분이고 십 분이고 앉아 있었다. 그 결과 아주 괴팍하고 거만한 사람이라는 평을 듣게 되었다. 침묵은 흉내가 아니라 존재의 평화로움에서 저절로 나오는 것임을 미처 몰랐던 것이다.

▶ 존재의 ☐☐☐에서 저절로 나오는 침묵

(라) *몇 번의 여행을 인디언들과 함께 보내면서 나는 그들로부터 두 개의 인디언식 이름을 얻었다. / 하나는 '너무 많이 말해'였다. (Too Much Talking) 〈중략〉 그렇다. 고백하지만 나는 그들의 침묵에는 턱없이 모자랐고, 그들의 말에는 더없이 넘쳐 났다. 나는 이 생에서 쓸데없는 말을 너무 많이 하고 살았지 않은가.

▶ 쓸데없는 말을 많이 한 과거에 대한 성찰

(마) 내가 얻은 또 하나의 이름은 '너무 많이 물어봐'였다. (Too Much Question) 인디언들에 대해 궁금한 점이 많았기 때문에 자연히 나는 눈만 뜨면 질문을 퍼부어 대기 시작했다. 〈중략〉 하지만 인디언들은 기준이 달랐다. 그들은 누군가에게 몇 가지를 묻고 답을 들어서 그 사람을 안다고 생각한다면 큰 *오산이라고 했다. 사람이든 장소든 대상을 깊이 이해하려면 묵묵히 오래 만나 봐야 한다는 것이었다.

▶ 인디언식 이름에서 얻은 깨달음 ③

(바) 인디언들은 부족도 다르고 언어도 많이 다르다. 그래서 나는 인디언을 만나면 그들의 부족 언어를 묻곤 했다.

"당신의 *모국어는 뭡니까?"

그러면 그들은 이렇게 답하곤 했다.

*㉠"우리의 모국어는 침묵입니다."

▶ 침묵을 자신들의 ☐☐(이)라 답하는 인디언들

01 이 글에 대한 설명으로 적절하지 않은 것은?

① 여러 개의 일화를 나열하고 있다.
② 글쓴이의 과거 경험을 바탕으로 하고 있다.
③ 다른 사람의 말을 인용하며 내용을 강조하고 있다.
④ 배경을 구체적으로 묘사해 주제를 드러내고 있다.
⑤ 자신의 삶을 성찰하는 글쓴이의 태도가 드러나 있다.

02 글쓴이가 인디언들과의 만남에서 깨달은 점이 아닌 것은?

① 상대방의 존재를 느끼기에는 말보다 침묵이 효과적이다.
② 말을 하지 않고 상대방을 느끼려는 행동을 모두 침묵이라고 할 수 없다.
③ 대상에 대한 이해는 질문과 대답보다는 만남을 통해 더 잘 이루어질 수 있다.
④ 침묵은 연습이나 흉내를 통해 만들어지는 것이 아니라 저절로 나오는 것이다.
⑤ 사람들 간의 관계에서 대화는 불필요한 것이며, 침묵으로 모든 것을 전달할 수 있다.

03 ㉠과 같은 표현 방법이 사용되지 않은 것은?

① 결별이 이룩하는 축복에 싸여
② 두 볼에 흐르는 빛이 / 정작으로 고와서 서러워라.
③ 괴로웠던 사나이, / 행복한 예수 그리스도에게 / 처럼
④ 당신은 흙발로 나를 짓밟습니다. / 나는 당신을 안고 물을 건너갑니다.
⑤ 은행나무 열매에서 구린내가 난다 / 주의해 주세요 구린내가 향기롭다

서술형

04 다음은 이 글을 제재로 한 수업의 일부이다. 학생의 대답을 〈조건〉에 맞게 서술하시오.

> 선생님: 이 글을 읽어 보면 인디언 노인들을 만난 '나'가 당황하는 모습이 나타납니다. 그 이유가 무엇인지 이야기해 봅시다.
> 학생:

◀ 조건 ▶
• '나'의 기대와 당황한 이유를 한 문장으로 쓸 것.

100점 특강 Special lecture

○- 글쓴이의 경험과 깨달음

글쓴이는 '인디언들과의 만남'이라는 경험을 통해 여러 가지 깨달음을 얻고 있다. 수필은 이처럼 의미 있는 경험에서 얻은 깨달음을 솔직히 고백하기에 적합한 글이다.

경험	깨달음
인디언 천막 안에서 침묵하는 인디언들을 봄.	상대를 느끼는 가장 좋은 방법은 말이 아닌 침묵임.
인디언들의 흉내를 내다가 좋지 않은 평을 들음.	침묵은 흉내가 아니라 마음에서 저절로 나오는 것임.
인디언들에게 두 가지 인디언식 이름을 얻음.	평소에 쓸데없는 말과 질문이 많았음.

○- 제목에 드러난 역설적 표현

'역설'이란 겉으로 볼 때에는 서로 모순이지만, 그 안에 진리와 가치를 담고 있는 표현을 말한다. '모국어'는 '자기 나라의 말'을, '침묵'은 '말을 하지 않는 것'을 의미한다. 따라서 '모국어가 침묵'이라는 표현은 겉으로 볼 때 모순된 표현이다. 이는 말하는 것보다 침묵으로 상대방을 느끼는 것이 더 중요하다고 생각하는 인디언들의 가치와 문화를 효과적으로 드러내기 위한 개성적인 발상과 표현이다.

> 나의 모국어는 침묵

↓

표면적 표현	역설적 표현	글쓴이의 의도
'모국어가 침묵'이라는 표현은 모순임.		침묵을 중요시하는 인디언들의 문화를 보여 줌.

3 넌 바보다 | 신형건

- **해제**: 이 시는 '나'가 관찰한 '너'의 좋은 모습을 바보라고 반어적으로 표현하면서, 그런 너를 좋아한다고 고백하고 있는 작품이다. '너'의 다양한 모습을 제시하여 '너'가 좋은 사람임을 반복적으로 강조하고 있다.
- **주제**: 착하고 따뜻한 '너'를 좋아함.

| 내용 연구

이 시의 시상 전개

1연	바보 같은 '너'

↓

2연	바보 같은 '너'를 좋아하는 '나'

| 구절 풀이

• **너는 참 바보다.**: '나'의 눈에 비친 '너'는 규칙을 잘 지키고, 예의가 바르고, 작고 사소한 것을 소중히 여기고, 마음이 따뜻하고 너그러운 사람이다. 그런 '너'의 좋은 모습을 보고 '바보'라고 반어적으로 표현하고 이를 반복적으로 사용함으로써 '너'가 좋은 사람임을 강조하고 있다.

| 낱말 풀이

* **퉤**: 침이나 입 안에 든 것을 뱉는 소리. 또는 그 모양.
* **개구멍**: 담이나 울타리 또는 대문의 밑에 개 따위가 드나들 정도로 터진 작은 구멍.
* **허풍**: 실제보다 지나치게 과장하여 믿음성이 없는 말이나 행동.
* **싹**: 소리 없이 싱겁게 얼핏 한 번 웃는 모양.

씹던 껌을 아무 데나 *퉤, 뱉지 못하고
_{의성어}
종이에 싸서 쓰레기통으로 달려가는
*너는 참 바보다. ▬▬: 같거나 비슷한 시구를 반복하여 운율을 형성함.
_{반어적 표현}
*개구멍으로 쏙 빠져나가면 금방일 것을
_{의태어}
비잉 돌아 교문으로 다니는
_{지적 허용. 의태어}
너는 참 바보다.　　　　　　　　　　　▶ 바보 같은 '너'의 모습 ① ─ 규칙을 잘 지키는 '너'
얼굴에 검댕칠을 한 연탄장수 아저씨한테
쓸데없이 꾸벅, 인사하는
_{의태어}
너는 참 바보다.　　　　　　　　　　　▶ 바보 같은 '너'의 모습 ② ─ 예의 바른 '너'
호랑이 선생님이 전근 가신다고
아무도 흘리지 않는 눈물을 찔끔거리는
너는 참 바보다.　　　　　　　　　　　▶ 바보 같은 '너'의 모습 ③ ─ 따뜻한 마음을 지닌 '너'
그까짓 게 뭐 그리 대단하다고
민들레 앞에 쪼그리고 앉아 한참 바라보는
너는 참 바보다.　　　　　　　▶ 바보 같은 '너'의 모습 ④ ─ 작고 [　　　] 것을 소중히 여기는 '너'
내가 아무리 거짓으로 *허풍을 떨어도
눈을 동그랗게 뜨고 머리를 끄덕여 주는
너는 참 바보다.
바보라고 불러도 화내지 않고
*싹 웃어 버리고 마는 너는
_{의태어}
정말 정말 바보다.　　　　　　　　　　▶ 바보 같은 '너'의 모습 ⑤ ─ 마음이 넓은 '너'
'너는 참 바보다.'를 변형하여 '너'가 좋은 사람임을 강조함.

─그럼, 난 뭐냐?
그런 네가 좋아서 그림자처럼
네 뒤를 졸졸 따라다니는
나는?　　　　　　　　　　▶ [　　　] 같은 '너'를 좋아하는 [　　　]

01 이 시에 대한 설명으로 적절한 것은?

① 담담한 어조로 화자의 의지를 드러내고 있다.
② 대상의 부정적인 속성을 강조하여 드러내고 있다.
③ 과거를 회상하는 방식으로 시상이 전개되고 있다.
④ 공간의 이동에 따라 대상에 대한 화자의 태도가 달라지고 있다.
⑤ 화자가 겉으로 드러나 있으며 자기 고백적인 모습을 보여 주고 있다.

02 이 시의 제목에 사용된 발상 및 표현과 유사한 방법이 쓰인 것은?

① 우리들의 사랑을 위하여서는 / 이별이, 이별이 있어야 하네.
② 멀리 동해 바다를 내려다보며 생각한다 / 널따란 바다처럼 너그러워질 수는 없을까
③ 길이 끝나는 곳에서도 / 길이 있다 / 길이 끝나는 곳에서도 / 길이 되는 사람이 있다
④ 신새벽 뒷골목에 / 네 이름을 쓴다 민주주의여 / 내 머리는 너를 잊은 지 오래 / 내 발길은 너를 잊은 지 너무도 너무도 오래
⑤ 내 그대를 생각함은 항상 그대가 앉아 있는 배경에서 해가 지고 바람이 부는 일처럼 사소한 일일 것이나 언젠가 그대가 한없이 괴로움 속을 헤매일 때에 오랫동안 전해 오던 그 사소함으로 그대를 불러 보리라.

03 이 시의 표현상 특징으로 적절하지 <u>않은</u> 것은?

① 물음의 형식으로 화자의 마음을 표현하고 있다.
② 동일한 시구를 반복하여 운율을 형성하고 있다.
③ 화자의 의도와 반대되는 표현을 통해 주제를 드러내고 있다.
④ 상징성이 큰 소재를 사용하여 주제를 암시적으로 나타내고 있다.
⑤ 시적 대상의 다양한 특징을 구체적인 행동을 통해 보여 주고 있다.

04 이 시의 내용을 다음과 같이 정리할 때, ⓐ와 ⓑ에 들어갈 내용이 바르게 짝지어진 것은?

1연	2연
'너'의 모습 (ⓐ)	'너'에 대한 '나'의 마음 (ⓑ)

	ⓐ	ⓑ
①	품성이 바름.	시기함.
②	마음이 따뜻함.	시기함.
③	너그러움.	좋아함.
④	오지랖이 넓음.	좋아함.
⑤	귀가 얇음.	못마땅함.

100점 특강 Special lecture

○ **이 시의 개성적인 발상과 표현**

1연에서 그리고 있는 것은 규칙을 잘 지키고 마음이 따뜻하고 넓으며 작고 사소한 것도 소중히 여기는 '너'의 모습이다. 바보와는 반대되는 모습인데, 화자는 이런 '너'를 바보라고 말하고 있다. 즉, 화자는 반어적 표현을 통해 '너'의 바른 품성과 따뜻한 마음, 너그러움을 더욱 강조하여 전달하고 있다. 그리고 2연에서 그런 '너'를 좋아하는 '나'의 마음을 질문하는 형식을 통해 고백하고 있다.

표면적 의미	반대	이면적 의미
너는 어리석은 바보다.	⟷	너는 품성이 바르고 마음이 넓고 따뜻한 친구다.

○ **반복을 통한 운율 형성**

이 시에서는 '~는 너는 참 바보다.' 형태의 문장을 반복함으로써 운율을 형성하고 있다.

양반전 | 박지원

- **해제**: 이 글은 조선 후기 양반 계층의 무능력하고 위선적인 삶을 소재로 하여 당시 사회의 양반 계층을 풍자하는 한문 소설이다. 양반 신분을 팔고 사는 과정을 통해 양반에 대한 비판 의식을 드러내고 있다.
- **주제**: 양반들의 무능과 위선적인 삶에 대한 비판과 풍자

내용 연구

• 등장인물의 성격

양반	어진 성품과 양반으로서의 예의범절을 중시하나 현실적으로 무능함.

↕

양반의 아내	양반으로서의 도리보다 현실 대응 능력을 중시함.

구절 풀이

- **이 양반은 어질고 ~ 인사를 드렸다.**: 양반이 어진 성품과 예의범절을 중시하는 전형적인 양반으로서의 면모가 있음을 드러내고 있다.
- **한 푼어치의 ~ 그놈의 양반!**: 현실적으로 무능력한 양반 신분에 대해 근본적인 문제가 있음을 지적하고 있다.
- **양반이 아니므로 ~ 기어가야 한다.**: 평민인 부자의 입을 통해 평민 계층이 겪어야 하는 불평등한 일들을 구체적으로 표현하고 있다.

낱말 풀이

- **환곡**: 백성들에게 봄에 곡식을 꾸어 주고 가을에 이자를 붙여 거두어들이는 제도.
- **감사**: 관찰사. 조선 시대 각 도의 으뜸 벼슬.

(가) 양반이라는 말은 선비를 높여 부르는 말이다.

▶ '양반'이라는 말의 의미

(나) 강원도 정선군에 한 양반이 살고 있었다. 이 양반은 어질고 글 읽기를 좋아하여, 군수가 새로 부임할 때마다 몸소 그 집을 찾아가 인사를 드렸다. 그런데 이 양반은 가난하여 해마다 관청의 *환곡(還穀)을 꾸어다 먹었다. 그 빚을 갚지 못하고 해마다 쌓여서 천 섬에 이르렀다.

▶ 한 양반이 나라에서 꾸어 먹은 곡식이 [ ]에 이름.

(다) 강원도 *감사가 정선 고을을 돌아보다가 정선에 이르러 환곡 장부를 조사하고 크게 노했다.

"어떤 놈의 양반이 나라의 곡식을 이토록 축냈단 말이냐?"

감사는 그 양반을 잡아 가두라고 명했다. 군수는 그 양반이 가난해서 빚을 갚지 못하는 것을 딱하게 여겨 차마 가두지는 못하였다. 그러나 군수도 양반의 빚을 해결할 방법은 없었다.

양반은 빚을 갚을 길이 없어서 밤낮으로 울기만 하였다. 그의 아내가 양반을 몰아붙였다.

"당신은 평소에 글 읽기만 좋아하더니 환곡을 갚는 데는 소용이 없구려. 쯧쯧, 양반이라니…… 한 푼어치의 값도 안 되는 그놈의 양반!"

▶ 양반이 [ ]을/를 갚지 못해 옥에 갇힐 처지가 되자 그의 부인이 비난함.

(라) 그때 그 마을에 사는 부자가 그 양반의 소문을 듣고 가족과 의논하였다.

"양반은 아무리 가난해도 늘 귀한 대접을 받고, 우리는 아무리 잘살아도 항상 ㉠천한 대접을 받는다. 양반이 아니므로 말이 있어도 말을 타지 못한다. 또 양반만 보면 굽실거리며 제대로 숨소리도 내지 못하고, 뜰아래 엎드려 절해야 하고, 코를 땅에 박고 무릎으로 기어가야 한다. 우리 신세가 가엾지 않으냐? 지금 저 양반이 환곡을 갚지 못해서 아주 난처하다고 한다. 그 형편으로는 도저히 양반의 신분을 지키지 못할 것이다. 그러니 우리가 그의 양반을 사서 양반 신분으로 살아 보자."

부자는 곧 양반을 찾아가 환곡을 대신 갚아 주겠다고 청하였다. 양반은 크게 기뻐하며 승낙하였다. ㉡부자는 즉시 관청에 가서 양반 대신 환곡을 갚았다.

▶ 부자가 양반의 환곡을 대신 갚아 주고 [ ]을/를 사고자 함.

01 이 글에 대한 설명으로 적절하지 <u>않은</u> 것은?

① 조선 시대를 배경으로 하고 있다.

② 중심 사건이 시간의 흐름에 따라 전개되고 있다.

③ 서술자는 전지적인 관점에서 사건을 전달하고 있다.

④ 사회 상황에 대한 작가의 비판 의식이 드러나고 있다.

⑤ 인물의 내면적 갈등을 중심으로 사건을 전개하고 있다.

02 [중요] 이 글에서 알 수 있는 당시 사회의 모습을 〈보기〉에서 모두 골라 묶은 것은?

◀ 보기 ▶
ㄱ. 여성의 지위가 남자보다 높았다.
ㄴ. 신분을 돈으로 사고팔 수 있었다.
ㄷ. 가난한 사람에게 곡식을 빌려 주는 제도가 있었다.
ㄹ. 백성에 대한 관청의 횡포가 심하였다.

① ㄱ, ㄴ   ② ㄴ, ㄷ   ③ ㄷ, ㄹ
④ ㄱ, ㄷ, ㄹ   ⑤ ㄴ, ㄷ, ㄹ

03 (나)~(라)에서 알 수 있는 '양반'에 대한 작가의 평가로 적절한 것은?

① 현실에 대해 비판적인 인물이다.

② 사회 제도를 잘 모르는 인물이다.

③ 현실 대응 능력이 부족한 인물이다.

④ 다른 사람과의 인간관계를 중시하는 인물이다.

⑤ 어려운 사람들에 대한 나눔을 실천하는 인물이다.

04 (다)로 볼 때, '그의 아내'의 역할로 적절한 것은?

① 양반인 남편을 변호하고 지지하고 있다.

② 양반의 무능력한 모습에 대해 비판하고 있다.

③ 양반들 사이의 치열한 경쟁을 지적하고 있다.

④ 양반 사회의 비인간적인 냉정함을 꼬집고 있다.

⑤ 양반 신분에 대해 제대로 이해하지 못하고 있다.

05 ㉠의 구체적인 내용에 해당하지 <u>않는</u> 것은?

① 양반을 보면 굽실거려야 한다.

② 양반 앞에 엎드려 절해야 한다.

③ 말이 있어도 말을 타지 못한다.

④ 양반의 환곡을 대신 갚아야 한다.

⑤ 양반 앞에서 숨소리도 조심해야 한다.

06 [서술형] [중요] 〈보기〉를 바탕으로 할 때, 이 글에서 ㉡을 통해 나타내고자 하는 바를 〈조건〉에 맞게 서술하시오.

◀ 보기 ▶
조선 후기에는 신분 상승, 족보 매매·위조 등을 통해 양반의 수는 급격히 증가하고 상민의 수는 줄어들게 된다. 이는 당시 신분 제도의 모순을 알면서도 제도의 개혁보다는 신분 상승에 대한 개인적 욕구를 충족하려는 사람이 많았음을 의미한다.

◀ 조건 ▶
• 당대 사회에 대한 작가의 태도가 드러나도록 쓸 것.
• 한 문장으로 쓸 것.

100점 특강 Special lecture

○- **작품의 배경이 된 시대적 상황**

양반과 평민으로 신분이 나뉘었음.	→	신분 차별 존재
환곡 제도가 있었음.	→	가난 구제 제도 존재
평민 부자가 등장했음.	→	새로운 계층의 등장
돈으로 양반 신분을 살 수 있었음.	→	신분 제도의 동요

→ 조선 후기, 신분 질서가 무너지고 지배 계층에 대한 비판 의식이 드러나던 사회

⇨ 이 작품은 임진왜란, 병자호란 이후 지배 계층의 위선적인 모습에 대한 비판 의식이 싹트고, 동시에 부를 축적한 평민이나 중인 세력이 돈으로 신분 상승을 꾀하여, 신분 질서가 혼란을 겪게 되던 조선 후기의 사회 상황을 배경으로 하고 있다.

내용 연구

• '부자'의 인물됨

신분 차별에 대한 비판 의식이 있으면서도 맹목적인 신분 상승 욕구를 지닌 인물

• 양반 매매 증서
 - 군수가 양반 신분 매매를 증명하기 위해 작성함.
 - 양반의 부정적인 면을 드러내는 장치

구절 풀이

• 그런데 뜻밖에 ~ 쳐다보지도 못하였다.: 양반이 평민 신분에 맞는 복장과 예법으로 군수를 맞이함을 의미한다.

• 매일 새벽에 ~ 써야 한다.: 양반이 학문에 매진하되 실생활과 무관한 일이라는 점을 강조하고 있다.

• 손에 돈을 ~ 빨지 말아야 한다.: 양반이 실리보다는 체통이나 겉치레를 중시하는 여러 가지 행동들을 나열하고 있다.

낱말 풀이

* 벙거지: 주로 병졸이나 하인이 쓰던, 털로 검고 두껍게 만든 모자.

* 잠방이: 옛날에 흔히 농사꾼들이 일할 때 입던 반바지.

* 소인: 신분이 낮은 사람이 자기보다 신분이 높은 사람을 상대하여 자기를 낮추어 일컫던 말.

* 곁불: 얻어 쬐는 불.

* 좌수: 조선 시대 지방의 자치 기구인 향청의 우두머리.

* 별감: 고려 시대와 조선 시대에 조사나 감독 등의 목적으로 지방에 보내던 임시 벼슬.

(가) 군수는 양반이 천 섬이나 되는 환곡을 모두 갚자 몹시 놀랐다. 군수는 환곡을 갚게 된 사정을 알아보려고 양반을 찾아갔다. *그런데 뜻밖에 양반이 *벙거지에 *잠방이를 입고, 길에 엎드려 '*소인(小人), 소인.' 하며 자신을 낮추지 않는가? 그뿐만 아니라 양반은 감히 군수를 쳐다보지도 못하였다. 군수가 깜짝 놀라 양반을 붙들고 물었다.

_{양반 신분을 팔았기 때문에 평민으로서의 행동을 취함.}

"그대는 어째서 이런 짓을 하시오?"

양반은 더욱 벌벌 떨면서 머리를 땅에 조아리며 아뢰었다.

"황송하옵니다. 소인은 제 몸뚱이를 낮추려는 것이 아닙니다. 환곡을 갚느라고 이미 양반을 팔았으니, 이제는 이 마을의 부자가 양반입니다. 소인이 어찌 다시 양반 행세를 하겠습니까?"

_{신분 매매가 이루어짐. → 신분 질서가 무너짐.}

▶ 양반이 ☐☐ 행세를 하며 자신을 낮춤.

(나) 군수는 관청으로 돌아와서, 고을의 양반과 농사꾼, 장인(匠人), 장사치들까지 모조리 불러 모았다. 그리고 부자를 높은 자리에 앉히고 양반을 낮은 자리에 세워 두고는 다음과 같이 증서를 작성하였다.

_{양반 대접을 함.}

▶ 군수가 ☐☐을/를 만듦.

(다) 건륭(乾隆) 10년(1745년, 영조 21년) 9월에 이 증서를 만드노라.

_{양반 매매 증서}

이 문서는 천 섬으로 양반을 사고팔아서 환곡을 갚은 것을 증명한다.

양반이란 여러 가지로 일컬어진다. 글을 읽으면 선비라 하고, 벼슬을 하면 대부(大夫)라 하고, 덕이 뛰어나면 군자라고 한다. 무관은 서쪽에 늘어서고 문관은 동쪽에 늘어서는데, 이것이 바로 양반이다. 따라서 선비, 대부, 군자, 무관, 문관 가운데에서 좋을 대로 부르면 된다.

_{'양반'이라는 말의 의미}

㉠더러운 일을 딱 끊고, 옛사람을 본받고, 높은 뜻을 가져야 한다. 『*매일 새벽에 일어나 등잔을 켜고서, 눈은 가만히 코끝을 내려 보고 발꿈치는 궁둥이에 모으고 앉아, 얼음 위에 박 밀 듯이 『동래박의(東萊博議)』를 줄줄 외워야 한다. 배고픔과 추위를 참고 견디며, 가난 타령은 아예 하지 말아야 한다. 〈중략〉『고문진보(古文眞寶)』나 『당시품휘(唐詩品彙)』를 깨알같이 베껴 쓰되, 한 줄에 백 자를 써야 한다.』

_{『 』: 관념적이고 비생산적인 학문, 현실과 무관한 학문}

『㉡*손에 돈을 쥐지 말고, 쌀값을 묻지 말고, 더워도 버선을 벗지 말고, 맨상투로 밥상에 앉지 말고, 밥보다 국을 먼저 먹지 말고, 물을 후루룩 마시지 말고, 젓가락으로 방아를 찧지 말고, 생파를 먹지 말고, 막걸리를 들이켠 다음 수염을 쭈욱 빨지 말고, 담배를 피울 때에는 볼이 움푹 패도록 빨지 말아야 한다.』

_{『 』: 허례허식, 실리를 얻지 못하는 행동 방식}

화가 난다고 아내를 때리지 말고, 그릇을 내던지지 말고, 아이들에게 주먹질을 하지 말고, 죽으라고 종놈을 야단치지 말아야 한다. 소와 말을 꾸짖되 그것을 판 주인까지 싸잡아 욕하지 말고, 아파도 무당을 부르지 말고, 제사 지낼 때 중을 부르지 말고, 추워도 화로에 *곁불을 쬐지 말고, 말할 때 입에서 침을 튀기지 말고, 소 잡는 일을 하지 말고, 돈으로 노름을 하지 말아야 한다.

_{허례허식, 겉치레 중시}

이러한 사항을 어기면, 이 증서를 토대로 관청에서 ㉢양반의 옳고 그름을 따질 것이다.

정선 군수가 서명하고, *좌수(座首)와 *별감(別監)이 증인으로서 서명함.

▶ 양반이 지켜야 할 ☐☐와/과 의무 – 허례허식, 비생산성

07 이 글에서 알 수 있는 당대의 사회상이 <u>아닌</u> 것은?

① 경제적으로 어려운 양반들도 있었다.
② 신분에 따라 복장이나 행동 방식을 다르게 했다.
③ 문반과 무반 사이에 엄격한 경계와 차별이 있었다.
④ 양반에게는 지켜야 할 엄격한 생활 규칙이 있었다.
⑤ 특정 문제에 대해 관공서의 증서를 통해 증명하기도 했다.

08 (다)의 표현 방법에 대한 설명으로 적절한 것은?

① 대상을 실제보다 과장하거나 확대하여 웃음을 유발한다.
② 눈으로 보거나 마음으로 느끼는 대상을 그림 그리듯이 설명한다.
③ 겉으로는 모순되거나 불합리한 말이지만, 실질적인 내용은 진리를 나타낸다.
④ 대상을 좀 더 생생하게 표현하기 위하여 그것과 비슷한 다른 사물에 빗대어 표현한다.
⑤ 나타내고자 하는 것과 반대의 표현을 사용하여 본래 나타내고자 하는 내용을 효과적으로 전달한다.

09 (다)의 중심 내용으로 적절한 것은?

① 양반이 지켜야 할 도리
② 양반이 되기까지의 과정
③ 양반 우대를 위한 사회 제도
④ 양반이 존경받아야 하는 이유
⑤ 양반에게 부여하는 각종 혜택

10 ㉠에 해당하지 <u>않는</u> 것은?

① 더울 때 버선을 벗는 것
② 밥보다 국을 먼저 먹는 것
③ 말할 때 입에서 침을 튀기는 것
④ 배고픔과 추위를 참고 견디는 것
⑤ 아플 때 무당을 불러서 치료 받는 것

11 ㉡을 통해 말하고자 하는 바로 적절한 것은?

① 돈을 함부로 쓰지 말아야 한다.
② 신체적으로 건강하게 살아야 한다.
③ 생계를 이어 가는 일을 중시해야 한다.
④ 항상 경제적으로 여유롭게 살아야 한다.
⑤ 물질적인 문제에 연연하지 말아야 한다.

12 이 글로 보아 ㉢을 판단하는 기준을 포괄적으로 제시하고 있는 문장을 찾아 쓰시오.

100점 특강 Special lecture

○- 첫 번째 매매 증서를 통해 풍자하는 '양반'의 모습

양반의 덕목과 의무	
• 이른 새벽에 일어나 바른 자세로 학문에 정진함. • 무조건 외우고 정해진 대로 베껴 쓰며 공부함.	• 개인적인 괴로움을 겉으로 드러내지 말아야 함. • 현실적인 문제에 대하여 관심을 갖지 말아야 함.
관념적, 현실과 무관한 학문	겉치레, 허례허식

⇨ 부자에게 양반이 지켜야 하는 도리와 의무를 구체적으로 나열하면서 비생산적 계층으로서의 양반의 부정적 측면을 풍자하고 있다.

| 내용 연구

'군수'의 역할

표면적	양반과 부자의 신분 매매 조정
이면적	부자의 신분 상승 포기 유도 → 신분 상승 욕구 비판

| 구절 풀이

• 그 소리는 ~ 것 같았다.: 많은 사람이 여러 군데 도장을 찍어 여러 사람이 증인으로 나섰음을 의미한다.

• 하늘이 백성을 ~ 곧 양반이다.: 엄격한 신분 제도를 바탕으로 양반 신분의 우월함을 강조하고 있다.

• 문과의 홍패는 ~ 돈 자루다.: '홍패'는 양반 신분을 상징하는 것으로, 양반으로서 여러 가지 특권을 누릴 수 있음을 '돈 자루'에 비유하여 강조하고 있다.

| 낱말 풀이

* 호장: 조선 시대 관아의 벼슬아치 밑에서 일을 보던 사람 중 우두머리.

* 진사: 조선 시대 과거의 예비 시험인 소과의 복시에 합격한 사람들에게 준 칭호.

* 홍패: 과거의 문과 두 번째 시험에 합격한 사람의 성적, 등급, 성명을 붉은색 종이에 먹으로 적어 주던 증서.

* 음관: 과거를 거치지 않고 조상의 공덕에 의해 맡은 벼슬.

* 설렁줄: 사람을 부르기 위해 처마 같은 곳에 달아 놓은 방울을 울릴 때 당기는 줄.

(가) 이에 관청의 하인(下人)이 탁탁 도장을 찍는데, °그 소리는 마치 북을 치는 것 같고, 찍어 놓은 모양은 하늘에 별이 펼쳐진 것 같았다.

*호장(戶長)이 증서를 다 읽고 나자, ㉠부자는 어처구니가 없어서 한참이나 멍하니 있다가 말하였다.

"양반이라는 게 겨우 요것뿐입니까? 저는 양반이 신선 같다고 들었는데, 정말 이렇다면 너무 재미가 없는걸요. 원하옵건대 제게 이익이 되도록 문서를 고쳐 주십시오."

양반 신분의 특권 의식에 대한 비유

부자의 실리 추구

▶ 증서에 대한 부자의 [   ]

(나) 그래서 문서를 다시 작성하였다.

㉡*하늘이 백성을 낳을 때 넷으로 구분하였다. 네 가지 백성 가운데 가장 높은 것이 선비이니, 이는 곧 양반이다. 양반의 이익은 막대하다. 농사도 짓지 않고 장사도 하지 않는다. 글만 대충 읽어도 크게 되면 문과(文科)에 급제하고, 작아도 *진사(進士)가 된다.

무위도식(無爲徒食)

*문과의 *홍패(紅牌)는 팔뚝만 하지만, 여기에 온갖 물건이 갖추어져 있으니, 그야말로 돈 자루다. 서른에야 진사가 되어 첫 벼슬을 얻더라도, 오히려 이름난 *음관(蔭官)이 되어 높은 벼슬자리에 오를 수 있다. 언제나 종들이 양산을 받쳐 주므로 귀밑이 희어지고, *설렁줄만 당기면 종들이 '예이.' 하므로 뱃살이 처진다. 방에서는 귀걸이로 치장한 기생과 노닥거리고, 뜰에서는 남아도는 곡식으로 학(鶴)을 기른다.

양반 상징 – 양반 계층의 횡포

벼슬을 아니하고 시골에 묻혀 살더라도 모든 일을 제멋대로 할 수 있다. 강제로 이웃의 소를 끌어다 먼저 자기 땅을 갈고, 마을의 일꾼을 잡아다 먼저 자기 논의 김을 맨들, 누가 감히 나에게 대들겠느냐? 네놈들 코에 잿물을 들이붓고, 머리끄덩이를 잡아 휘휘 돌리고, 수염을 다 뽑아도 누가 감히 나를 원망하겠느냐?

백성들에 대한 수탈

▶ 양반의 [   ]을/를 중심으로 다시 매매 증서를 작성함.

(다) 부자는 증서 내용을 듣고 있다가 혀를 내둘렀다.

"그만두시오, 그만두시오. 참으로 맹랑하구먼. 나를 도둑놈으로 만들 작정입니까?"

부자는 머리를 흔들면서 떠나 버렸다. 그러고는 죽을 때까지 다시는 양반이 되고 싶다는 말을 입에 올리지 않았다.

양반에 대한 비난

▶ 양반 신분을 [   ]하는 부자

13 이 글의 주된 서술 방식으로 적절한 것은?

① 대상과 관련된 일반적 상식에 대해 근거를 들어 증명하고 있다.
② 대상에 대한 부정적 인식을 바탕으로 비웃는 태도를 보이고 있다.
③ 대상과 상반되는 상황을 제시하여 교훈적인 주제를 강조하고 있다.
④ 대상의 전체적인 특성을 바탕으로 하여 대상의 특수성을 강조하고 있다.
⑤ 재치 있는 말로 웃음을 유발하여 대상에 대한 긍정적 인식을 유도하고 있다.

14 이 글의 중심 소재가 된 대상에 대한 작가의 인식을 가장 잘 드러낸 말을 찾아 한 단어로 쓰시오.

15 이 글에 드러난 '부자'의 모습으로 적절하지 <u>않은</u> 것은?

① 자신의 의도를 분명하게 표현할 줄 안다.
② 자신의 요구 사항을 구체적으로 주장하고 있다.
③ 자신의 이익과 손해를 계산적으로 따져 보고 있다.
④ 다른 사람에 대한 횡포를 나쁜 것으로 인식하고 있다.
⑤ 사회에 대한 비판을 바탕으로 현실을 도피하여 살고자 한다.

16 ㉠에서 드러나는 '부자'의 심리로 적절한 것은?

① 두려움　　② 민망함　　③ 실망감
④ 긴장감　　⑤ 굴욕감

17 ㉡에 담겨 있는 가치관과 가장 가까운 것은?

① 사람의 신분은 고정되어 있지 않다.
② 사람은 신분에 따라 능력을 발휘한다.
③ 신분 제도는 사회 질서를 지키는 일이다.
④ 자신의 능력에 따라 신분을 달리할 수 있다.
⑤ 신분은 개인의 출생과 무관하게 정해질 수 있다.

서술형 **중요**

18 〈보기〉를 바탕으로 할 때, 밑줄 친 부분에 해당하는 내용을 (나)에서 찾아 〈조건〉에 맞게 서술하시오.

◀ 보기 ▶
'풍자'는 대체로 권위 있는 인물을 대상으로 하여 그 인물을 우스꽝스럽게 표현한다. 대상에 대해 과장이나 왜곡을 통해 웃음을 유발하는 해학과 달리 풍자는 인물의 권위의 부당성을 밝히고 공격하려는 의도가 담긴다.

◀ 조건 ▶
• 어떤 인물을 대상으로 어떤 점을 공격하는지 쓸 것.
• 한 문장으로 쓸 것.

100점 특강 Special lecture

○― 두 번째 매매 증서를 통해 풍자하는 '양반'의 모습

양반의 특권	
• 공부를 대충 하고도 벼슬에 오르는 길이 열려 있음. • 홍패만 가지면 호의호식할 수 있음.	• 평민들의 재산과 노동력을 마음껏 사용할 수 있음. • 평민들에게 신체적 폭력을 가할 수 있음.
⋮	⋮
부당한 혜택	백성들에 대한 수탈

➡ 가장 고귀한 신분으로 어진 성품과 학문으로 존경을 받아야 하지만 부당한 특권을 누리며 횡포를 일삼는 타락한 모습을 풍자하고 있다.

○― '군수'의 역할

첫 번째 매매 증서를 통해 양반의 의무를 보여 줌.	➡	두 번째 매매 증서를 통해 양반의 횡포를 보여 줌.	➡	부자로 하여금 양반 되기를 포기하도록 함.	➡	양반의 위선적인 모습을 비판함.

[01~06] 다음 시를 읽고 물음에 답하시오.

가 먼 훗날 당신이 찾으시면
그때에 내 말이 '잊었노라'

당신이 속으로 나무라면
'무척 그리다가 잊었노라'

그래도 당신이 나무라면
'믿기지 않아서 잊었노라'

오늘도 어제도 아니 잊고
먼 훗날 그때에 '잊었노라'

– 김소월, 「먼 후일」

나 높은 가지를 흔드는 매미 소리에 묻혀
내 ㉠울음 아직은 ㉡노래 아니다.

차가운 바닥 위에 토하는 울음
풀잎 없고 이슬 한 방울 내리지 않는
지하도 콘크리트 벽 좁은 틈에서
숨 막힐 듯, 그러나 나 여기 살아 있다.
귀뚜르르 뚜르르 보내는 타전 소리가
누구의 마음 하나 울릴 수 있을까.

지금은 매미 떼가 하늘을 찌르는 시절
그 소리 걷히고 맑은 가을이
어린 풀숲 위에 내려와 뒤척이기도 하고
계단을 타고 이 땅 밑까지 내려오는 날
발길에 눌려 우는 내 울음도
누군가의 가슴에 실려 가는 노래일 수 있을까.

– 나희덕, 「귀뚜라미」

다 열무 삼십 단을 이고 / 시장에 간 우리 엄마
안 오시네, 해는 시든 지 오래
나는 찬밥처럼 방에 담겨
아무리 천천히 숙제를 해도
엄마 안 오시네. ㉢배추 잎 같은 발소리 타박타박
안 들리네, 어둡고 무서워

금 간 창틈으로 고요히 빗소리
빈방에 혼자 엎드려 훌쩍거리던

아주 먼 옛날 / 지금도 내 눈시울을 뜨겁게 하는
그 시절, 내 유년의 윗목

– 기형도, 「엄마 걱정」

01 이와 같은 글의 특성으로 적절하지 <u>않은</u> 것은?

① 시인의 사상이나 감정을 전달한다.
② 비유나 상징 등을 통해 참신하게 표현한다.
③ 시어나 시구의 반복을 통해 운율을 형성한다.
④ 감각적 심상을 활용하여 생생한 느낌을 준다.
⑤ 갈등 전개 과정을 중심으로 내용을 전개한다.

★중요

02 (가)~(다)에 대한 설명으로 적절한 것은?

① (가), (나), (다) 모두 화자가 시 속에 등장한다.
② (가), (나), (다) 모두 화자는 과거 회상을 바탕으로 말하고 있다.
③ (가)와 (나)는 현실에 대한 긍정의 태도를, (다)는 현실에 대한 부정의 태도를 드러내고 있다.
④ (가)와 (다)는 외형률의 운율을, (나)는 내재율의 운율을 형성하고 있다.
⑤ (가)는 어른의 목소리로, (나)와 (다)는 어린아이의 목소리로 말하고 있다.

03 (가)에서 주로 드러난 표현 방법을 활용하고 있는 것은?

① 지금 대낮인 사람들은 어둡다.
② 날카롭게 찌르는 가시가 너그럽다.
③ 눈물이 마른 끝에 / 또 다른 눈물방울이 맺혔다.
④ 나는 아직 기다리고 있을 테요 / 찬란한 슬픔의 봄을
⑤ 나 보기가 역겨워 가실 때에는 / 죽어도 아니 눈물 흘리오리다.

04 <보기>를 참고하여 (나)의 화자를 쓰고, 그렇게 설정한 효과를 <조건>에 맞게 서술하시오.

◀ 보기 ▶
시인은 스스로 화자가 되어 작품 속에서 자신의 목소리를 전달하기도 하고 다른 인물을 내세워 자신의 목소리를 대신 전달하기도 한다.

◀ 조건 ▶
• 시의 정서를 포함하여 한 문장으로 쓸 것.

05 ㉠과 ㉡에 대한 설명으로 적절한 것은?

① ㉠은 현대적인 음악을, ㉡은 전통적인 음악을 의미한다.
② ㉠은 '매미'가 내는 소리를, ㉡은 '나'가 내는 소리를 의미한다.
③ ㉠은 힘겨운 생존의 소리를, ㉡은 감동을 주는 소리를 의미한다.
④ ㉠은 '매미'에 대한 원망과 적대감을, ㉡은 '나'의 희망을 의미한다.
⑤ ㉠은 과거의 시간에 냈던 소리를, ㉡은 다가올 미래에 내는 소리를 의미한다.

06 ㉢을 통해 표현하려는 대상으로 적절한 것은?

① 창밖에서 들려오는 빗소리
② 어머니를 기다리는 '나'의 슬픈 얼굴
③ 아픈 자식을 떠오르게 하는 시든 야채
④ 쓸쓸한 분위기가 도는 어두운 저녁 무렵
⑤ 지쳐서 집으로 돌아오는 어머니의 발소리

[07~11] 다음 시를 읽고 물음에 답하시오.

씹던 껌을 아무 데나 퉤, 뱉지 못하고
ⓐ종이에 싸서 쓰레기통으로 달려가는
너는 참 바보다.
ⓑ개구멍으로 쏙 빠져나가면 금방일 것을
비잉 돌아 교문으로 다니는 / 너는 참 바보다.
얼굴에 검댕칠을 한 연탄장수 아저씨한테
ⓒ쓸데없이 꾸벅, 인사하는 / 너는 참 바보다.

호랑이 선생님이 전근 가신다고
ⓓ아무도 흘리지 않는 눈물을 찔끔거리는
너는 참 바보다.
그까짓 게 뭐 그리 대단하다고
㉠민들레 앞에 쪼그리고 앉아 한참 바라보는
너는 참 바보다.
내가 아무리 거짓으로 허풍을 떨어도
㉡눈을 동그랗게 뜨고 머리를 끄덕여 주는
너는 참 바보다.
바보라고 불러도 화내지 않고
씩 웃어 버리고 마는 너는 / 정말 정말 바보다.

-그럼, 난 뭐냐?
㉡그런 네가 좋아서 그림자처럼
네 뒤를 졸졸 따라다니는 / 나는?

– 신형건, 「넌 바보다」

07 이 시에 대한 감상으로 적절하지 <u>않은</u> 것은?

① '나'가 관찰한 '너'의 모습을 구체적으로 묘사하고 있다.
② '나'는 '너'를 좋아하는 마음을 고백적인 말투로 표현하고 있다.
③ '너'에 대해 다양하게 제시하여 '너'의 인물됨을 형상화하고 있다.
④ '~는 너는 참 바보다.'라는 문장 구조를 반복하여 의미를 강조하고 있다.
⑤ '나'가 추구하는 이상적인 모습을 '너'라는 상상의 인물로 표현하고 있다.

08 이 시에서 <보기>의 내용과 가장 밀접한 시행을 찾고, 그 시행에 담긴 의미를 <조건>에 맞게 서술하시오.

◀ 보기 ▶
이 시는 반어법을 활용하여 표현하고 있다. 반어법은 실제와 반대되는 표현을 통해 본래의 뜻을 강조한다.

◀ 조건 ▶
• 시행의 의미를 한 문장으로 쓸 것.

09 ㉠의 함축적 의미로 가장 적절한 것은?

① 자연스러운 것
② 작고 사소한 것
③ 값어치가 높은 것
④ 생명력이 강한 것
⑤ 계절의 변화를 알려 주는 것

10 ㉡을 통해 '나'가 말하고자 하는 바와 가장 가까운 것은?

① '너'를 위해 살고 싶다.
② '너'와 같은 삶을 살고 싶다.
③ '너'보다 나은 삶을 살고 싶다.
④ '나'만의 개성적인 삶을 살고 싶다.
⑤ '나'도 다른 사람의 칭찬을 듣고 싶다.

11 ⓐ～ⓔ 중, 대상에 대한 화자의 태도가 다른 하나는?

① ⓐ   ② ⓑ   ③ ⓒ   ④ ⓓ   ⑤ ⓔ

[12~16] 다음 글을 읽고 물음에 답하시오.

가 "느 집엔 이거 없지?"
하고 생색 있는 큰소리를 하고는 제가 준 것을 남이 알면 큰일 날 테니 여기서 얼른 먹어 버리란다. 그리고 또 하는 소리가. / "너, 봄 감자가 맛있단다."
"난 감자 안 먹는다, 니나 먹어라."
나는 고개도 돌리려 하지 않고 일하던 손으로 그 감자를 도로 어깨 너머로 쑥 밀어 버렸다.
그랬더니 그래도 가는 기색이 없고, 뿐만 아니라 쌔근쌔근하고 심상치 않게 숨소리가 점점 거칠어진다.
나 눈물을 흘리고 간 그담 날 저녁나절이었다. 나무를 한 짐 잔뜩 지고 산을 내려오려니까 어디서 닭이 죽는소리를 친다. 이거 누 집에서 닭을 잡나, 하고 점순네 울 뒤로 돌아오다가 나는 고만 두 눈이 뚱그레졌다. 점순이가 저의 집 봉당에 홀로 걸터앉았는데 아 이게 치마 앞에다 우리 씨암탉을 꼭 붙들어 놓고는,
"이놈의 닭! 죽어라, 죽어라."

요렇게 암팡스레 패 주는 것이 아닌가.
다 가까이 와 보니, 과연 나의 짐작대로 우리 수탉이 피를 흘리고 거의 빈사지경에 이르렀다. 닭도 닭이려니와 그러함에도 불구하고 눈 하나 깜짝 없이 그대로 앉아서 호드기만 부는 그 꼴에 더욱 치가 떨린다. 동리에서도 소문이 났거니와 나도 한때는 걱실걱실히 일 잘하고 얼굴 예쁜 계집애인 줄 알았더니, 시방 보니까 그 눈깔이 꼭 여우 새끼 같다.
나는 대뜸 달려들어서 나도 모르는 사이에 큰 수탉을 단 매로 때려 엎었다. 닭은 푹 엎어진 채 다리 하나 꼼짝 못하고 그대로 죽어 버렸다. 그리고 ㉠나는 멍하니 섰다가 점순이가 매섭게 눈을 흡뜨고 닥치는 바람에 뒤로 벌렁 나자빠졌다.
라 나는 비슬비슬 일어나며 소맷자락으로 눈을 가리고는 얼김에 엉, 하고 울음을 놓았다. 그러다 점순이가 앞으로 다가와서, / "그럼, 너 이담부턴 안 그럴 테냐?"
하고 물을 때에야 비로소 살 길을 찾은 듯싶었다. 나는 눈물을 우선 씻고 무엇을 안 그러는지 명색도 모르건만,
"그래!" / 하고 무턱대고 대답했다.
"요담부터 또 그래 봐라, 내 자꾸 못살게 굴 테니."
"그래 그래, 인젠 안 그럴 테야!"
"닭 죽은 건 염려 마라. 내 안 이를 테니."
마 그리고 뒤에 떠다밀렸는지 나의 어깨를 짚은 채 그대로 픽 쓰러진다. 그 바람에 나의 몸뚱이도 겹쳐서 쓰러지며 한창 피어 퍼드러진 노란 동백꽃 속으로 폭 파묻혀 버렸다. 알싸한 그리고 향긋한 그 냄새에 나는 땅이 꺼지는 듯이 온 정신이 고만 아찔하였다.

– 김유정, 「동백꽃」

12 **중요** 이 글의 서술자에 대한 설명으로 적절한 것은?

① 서술자는 '나'가 겪는 사건을 객관적으로 관찰하고 있다.
② 서술자는 점순의 내면에 집중하여 사건을 전달하고 있다.
③ 서술자는 '나'의 내면 심리를 정확하게 해석하지 못하고 있다.
④ 서술자는 '나'와 점순의 모든 면에 대해 전지적 입장에서 서술하고 있다.
⑤ 서술자인 '나'는 '나'의 내면세계는 드러내지만, 점순의 내면세계는 알지 못한다.

13 이 글의 내용과 일치하지 <u>않는</u> 것은?

① 점순은 '나'의 관심을 끌고 싶어 한다.

② '감자'는 점순이 '나'에 대한 관심을 표현하는 것이다.

③ '나'는 점순네 닭을 때려죽이고 당황하면서도 두려워한다.

④ 점순은 '나'의 씨암탉이 괴로워하는 것을 몹시 안타까워한다.

⑤ '나'는 그동안 점순이 일 잘하고 예쁜 여자아이라고 생각해 왔다.

서술형

14 이 글의 흐름으로 보아 (마)에 담긴 중심 내용을 〈조건〉에 맞게 서술하시오.

▶ 조건 ◀
• 장면의 분위기를 포함하여 쓸 것.
• 한 문장으로 쓸 것.

15 ㉠을 〈보기〉의 내용에 맞게 바꾸어 쓸 때, 반드시 바꾸어야 할 부분으로 적절한 것은?

▶ 보기 ◀
• 서술자가 이야기 밖에 위치한다.
• 서술자는 인물의 외면을 관찰하여 전달한다.

> 나는 멍하니 섰다가 점순이가 매섭게 눈을 홉뜨고
> ① ② ③
> 닥치는 바람에 뒤로 벌렁 나자빠졌다.
> ④ ⑤

서술형

16 〈보기〉를 바탕으로 할 때, (나)에서 '점순'이 우리 씨암탉을 마음대로 때릴 수 있는 이유를 〈조건〉에 맞게 서술하시오.

▶ 보기 ◀
그러지 않아도 저희는 마름이고 우리는 그 손에서 배재를 얻어 땅을 부치므로 일상 굽실거린다. 우리가 이 마을에 처음 들어와 집이 없어서 곤란으로 지낼 적에 집터를 빌리고 그 위에 집을 또 짓도록 마련해 준 것도 점순네의 호의였다.

▶ 조건 ◀
• '점순'을 주어로 하여 한 문장으로 쓸 것.

[17~19] 다음 글을 읽고 물음에 답하시오.

㉮ 처음으로 인디언들의 세계를 만났을 때 일이 떠오른다. 〈중략〉 인디언 노인들과 흥미 있는 대화를 주고받으리라 기대했던 나는 아주 뜻밖의 일을 경험했다. 천막 안으로 들어가 그들과 마주앉자마자 나는 내 소개를 하기 시작했다. 나는 글을 쓰는 작가이며, 인디언 세계에 무척 관심이 많고, 잘 부탁한다는 말까지 잊지 않았다. 인디언들의 철학과 역사를 많이 알고 있다는 것도 넌지시 내비쳤다. / 그런데 그들은 아무런 반응도 보이지 않았다. 다만 허리를 꼿꼿이 세우고 묵묵히 앉아 있을 뿐이었다. 천막 안이 어슴푸레해서 시선이 나를 향하고 있는 건지 허공을 바라보고 있는 건지도 알 수 없었다.

㉯ 훗날에야 나는 그것이 ㉠인디언 부족들의 전통인 것을 알았다. 누군가를 만나면 그들은 대화를 시작하기 전에 그렇게 한동안 침묵으로 상대방을 느끼는 것이다. 자기 앞에 있는 존재를 가장 잘 느끼는 방법은 말을 통한 것이 아니라 침묵을 통한 것임을 그들은 깨닫고 있었다.

㉰ 몇 번의 여행을 인디언들과 함께 보내면서 나는 그들로부터 두 개의 인디언식 이름을 얻었다. / 하나는 '(㉡)'였다. 〈중략〉 그렇다. 고백하지만 나는 그들의 침묵에는 턱없이 모자랐고, 그들의 말에는 더없이 넘쳐 났다. 나는 이 생에서 쓸데없는 말을 너무 많이 하고 살았지 않은가.

㉱ 내가 얻은 또 하나의 이름은 '너무 많이 물어봐'였다. 인디언들에 대해 궁금한 점이 많았기 때문에 자연히 나는 눈만 뜨면 질문을 퍼부어 대기 시작했다. 〈중략〉 하지만 인디언들은 기준이 달랐다. 그들은 누군가에게 몇 가지를 묻고 답을 들어서 그 사람을 안다고 생각한다면 큰 오산이라고 했다. 사람이든 장소든 대상을 깊이 이해하려면 묵묵히 오래 만나 봐야 한다는 것이었다.

㉲ 인디언들은 부족도 다르고 언어도 많이 다르다. 그래서 나는 인디언을 만나면 그들의 부족 언어를 묻곤 했다.

"당신의 모국어는 뭡니까?"

그러면 그들은 이렇게 답하곤 했다.

"우리의 모국어는 침묵입니다."

– 류시화, 「나의 모국어는 침묵」

17 이 글에 나타난 글쓴이의 개성적인 발상과 의도에 대한 설명으로 적절한 것은?

① 다른 사람에 대한 관심과 애정의 필요성을 극적인 사건을 통해 강조하고 있다.

② 사라져 가는 인디언 부족의 전통을 소재로 하여 과거의 삶의 방식을 회고하고 있다.

③ 언어적 표현보다 침묵으로 상대를 이해하는 것의 소중함을 담담한 어조로 전달하고 있다.

④ 실제 경험한 일을 바탕으로 침묵으로 인한 주변 상황의 변화 과정을 구체적으로 묘사하고 있다.

⑤ 자신의 여행 과정을 시간 순서대로 제시하여 새로운 세계에 대한 도전의 의미를 되새기고 있다.

서술형

18 (나)를 바탕으로 ㉠의 구체적인 내용을 해석하여 〈조건〉에 맞게 서술하시오.

┌─◀ 조건 ▶─────────────────
• '말'과 '침묵'의 특성이 각각 드러나도록 쓸 것.
• 한 문장으로 쓸 것.
└──────────────────────────

19 ㉡에 들어갈 말로 가장 적절한 것은?

① 너의 말만 해

② 너무 많이 말해

③ 말을 할 줄 몰라

④ 말을 못 알아들어

⑤ 제대로 된 말을 해

[20~24] 다음 글을 읽고 물음에 답하시오.

가 이 양반은 어질고 글 읽기를 좋아하여, 군수가 새로 부임할 때마다 몸소 그 집을 찾아가 인사를 드렸다. 그런데 이 양반은 가난하여 해마다 관청의 환곡(還穀)을 꾸어다 먹었다. 그 빚을 갚지 못하고 해마다 쌓여서 천 섬에 이르렀다.

나 군수는 그 양반이 가난해서 빚을 갚지 못하는 것을 딱하게 여겨 차마 가두지는 못하였다. 그러나 군수도 양반의 빚을 해결할 방법은 없었다.

양반은 빚을 갚을 길이 없어서 밤낮으로 울기만 하였다. 그의 아내가 양반을 몰아붙였다.

"당신은 평소에 글 읽기만 좋아하더니 환곡을 갚는 데는 소용이 없구려. 쯧쯧, 양반이라니……. ㉠한 푼어치의 값도 안 되는 그놈의 양반!"

다 군수는 환곡을 갚게 된 사정을 알아보려고 양반을 찾아갔다. 그런데 뜻밖에 양반이 벙거지에 잠방이를 입고, 길에 엎드려 '소인(小人), 소인.' 하며 자신을 낮추지 않는가? 그뿐만 아니라 양반은 감히 군수를 쳐다보지도 못하였다. 군수가 깜짝 놀라 양반을 붙들고 물었다.

"그대는 어째서 이런 짓을 하시오?"

양반은 더욱 벌벌 떨면서 머리를 땅에 조아리며 아뢰었다.

"황송하옵니다. 소인은 제 몸뚱이를 낮추려는 것이 아닙니다. 환곡을 갚느라고 이미 양반을 팔았으니, 이제는 이 마을의 부자가 양반입니다. 소인이 어찌 다시 양반 행세를 하겠습니까?"

라 군수는 관청으로 돌아와서, 고을의 양반과 농사꾼, 장인(匠人), 장사치들까지 모조리 불러 모았다. 그리고 부자를 높은 자리에 앉히고 양반을 낮은 자리에 세워 두고는 다음과 같이 증서를 작성하였다.

마 손에 돈을 쥐지 말고, 쌀값을 묻지 말고, 더워도 버선을 벗지 말고, 맨상투로 밥상에 앉지 말고, 밥보다 국을 먼저 먹지 말고, 물을 후루룩 마시지 말고, 젓가락으로 방아를 찧지 말고, 생파를 먹지 말고, 막걸리를 들이켠 다음 수염을 쭈욱 빨지 말고, 담배를 피울 때에는 볼이 움푹 패도록 빨지 말아야 한다.

바 ㉡문과의 홍패(紅牌)는 팔뚝만 하지만, 여기에 온갖 물건이 갖추어져 있으니, 그야말로 돈 자루다. 서른에야 진사가 되어 첫 벼슬을 얻더라도, 오히려 이름난 음관(蔭

官)이 되어 높은 벼슬자리에 오를 수 있다. 언제나 종들이 양산을 받쳐 주므로 귀밑이 희어지고, 설렁줄만 당기면 종들이 '예이.' 하므로 뱃살이 처진다.

🔺 부자는 ⓒ증서 내용을 듣고 있다가 혀를 내둘렀다.

"그만두시오, 그만두시오. 참으로 맹랑하구면. 나를 도둑놈으로 만들 작정입니까?"

부자는 머리를 흔들면서 떠나 버렸다. 그러고는 죽을 때까지 다시는 양반이 되고 싶다는 말을 입에 올리지 않았다.

– 박지원, 「양반전」

20 이 글에 드러난 시대적 상황으로 적절하지 않은 것은?

① 신분을 돈으로 사고팔기도 하였다.
② 신분에 따라 복장과 호칭이 달랐다.
③ 조상의 덕으로 벼슬에 오르는 사람도 있었다.
④ 양반으로서 지켜야 할 법도가 정해져 있었다.
⑤ 평민의 신분 상승을 지원하는 제도가 있었다.

21 이 글에 두드러지게 쓰인 표현 방법으로 적절한 것은?

① 추상적이고 관념적인 대상을 익숙한 대상에 빗대어 생생한 느낌을 주고 있다.
② 겉으로 드러난 의미와는 정반대의 뜻을 담아 의미를 강조하여 표현하고 있다.
③ 표면적으로 모순된 표현이지만 그 속에 더 깊은 의미를 담아 의미를 강조하고 있다.
④ 서로 다른 특성을 지닌 두 대상을 제시하여 말하고자 하는 바를 뚜렷이 드러내고 있다.
⑤ 사실을 있는 그대로 말하지 않고 과장하거나 비꼬아서 표현함으로써 대상에 대한 웃음을 유발하고 있다.

22 ㉠에 대한 설명으로 적절한 것은?

① 양반의 무능력함에 대한 비판
② 양반의 세속적 태도에 대한 질책
③ 양반의 부당한 횡포에 대한 고발
④ 양반이 누리는 특권에 대한 부러움
⑤ 양반의 엄격한 규칙에 대한 안타까움

23 ㉡과 같은 표현 방법을 활용한 것은?

① 구름은 보랏빛 색지
② 얼음처럼 차가운 빗방울
③ 제비가 즐거운 듯 춤을 춘다.
④ 어둠이 훨훨훨 깃을 치며 내려온다.
⑤ 눈은 마치 지우개인 양 세상을 지운다.

서술형

24 이 글의 흐름으로 볼 때, ⓒ에 담긴 내용과 그 의도를 〈조건〉에 맞게 서술하시오.

◀ 조건 ▶
• '군수'의 입장이 드러나도록 쓸 것.
• 증서의 중심 내용이 드러나도록 쓸 것.

[25~27] 다음 글을 읽고 물음에 답하시오.

🔹 몇 달 뒤 왕비는 공주를 낳았어. 그런데 놀랍게도 공주는 굴뚝에서 막 빼내 온 것처럼 온몸이 새까맸지. 왕비는 공주를 품에 안으며 기쁨의 눈물을 흘렸어.

"내 소원이 정말로 이루어졌구나. 나의 어여쁜 흑설 공주야."

하지만 안타깝게도 왕비는 그 길로 촛불이 꺼지듯 숨을 거두고 말았단다.

🔹 사람들은 흑설 공주를 손가락질했지.

"임금님도 왕비님도 모두 고귀한 하얀 살갗을 지니셨는데, 어째서 공주님만 저렇게 온몸이 새까맣지?"

공주는 늘 고개를 푹 숙인 채 어머니가 떠 준 망토만 가슴에 품고 다녔지. 고양이가 다니는 덤불숲 귀퉁이에 앉아 책을 읽는 공주가 보이지? 공주는 언제나 사람들 눈에 띄지 않는 곳만 찾아다녔어. 책과 작은 동물들이 공주의 유일한 친구였지.

🔹 마침내 왕은 새 왕비를 맞아들였어. 백설 공주가 살아온 듯 아름다운 여자였지. 게다가 왕비는 흑설 공주를 늘 데리고 다녔어.

"어쩌면 새 왕비님은 마음까지 고우실까?"

사람들은 새 왕비를 칭찬했지만, 공주는 사람들 앞에 나가는 일이 괴롭기만 했지.

라 왕비는 당장 거울에게 물었지.

"거울아, 거울아, 세상에서 가장 아름다운 사람이 누구니?"

"세상에서 가장 아름다운 사람은 흑설 공주님이에요."

거울의 눈에는 정말로 그 순간 흑설 공주가 가장 아름답게 보였거든.

"뭐라고? 이런 엉터리 거울 같으니!"

화가 난 왕비는 의자를 집어 들어 거울을 내리쳤지만 거울은 멀쩡했지. 그야 마법의 거울이니까.

마 난쟁이들은 흑설 공주를 기쁘게 맞았어. 그리고 집을 나설 때마다 몇 번이고 주의를 주었지.

"공주님, 아무도 문을 열어 주면 안 돼요. 새 왕비가 독 사과를 들고 올지도 몰라요."

"응, 알았어. 다들 조심해서 다녀와!"

바 하루는 "헌책 사려!" 하는 소리에 공주가 얼른 창밖을 내다보니 책을 한가득 진 영감이 서 있는 거야. 공주는 마음을 놓고 얼른 문을 열었지. 그런데 그게 바로 변장한 왕비였어. 왕비는 재빨리 책 한 권을 펼쳐 보였지.

"이런 산속에선 구경도 할 수 없는 재미난 책이라우."

공주는 너무 기뻐 얼른 책을 읽기 시작했어. 공주가 펼친 면을 금세 다 읽고 손가락에 침을 묻혀 다음 장으로 넘기자 왕비가 침을 '꼴깍!' 삼켰지. 그 펼쳐진 면에는 독이 발라져 있었거든! 이제 공주가 독이 묻은 저 손가락을 다시 입속에 넣기만 하면 일이 끝나잖아? 아니나 다를까, 공주는 다음 장을 넘기려고 다시 손가락에 침을 묻히다 말고 풀썩 쓰러지고 말았지.

사 흑설 공주가 돌아오자 왕궁은 발칵 뒤집어졌어. 왕비가 한 사악한 짓도 다 드러났지. 아름답던 왕비의 모습은 이제 징그러운 껍질처럼 여겨졌어. 왕은 불같이 화를 내며 왕비를 감옥에 가두었단다.

정원사와 공주의 결혼 축제는 사흘 낮 사흘 밤 동안 벌어졌어. 검게 빛나는 공주가 얼마나 아름다워 보였는지 여자들은 모두 얼굴에다 숯검정을 칠하기 시작했단다. 그러다 모두들 깨달았지. 세상이 말하는 아름다움이란 얼마나 쉽게 바뀌는 것인지. 또한 누구에게나 자기만의 아름다움이 깃들어 있다는 것을.

– 이경혜, 「그림 동화로 읽는 흑설 공주」

25 이와 같은 글의 재구성 활동에 대한 설명으로 가장 적절한 것은?

① 원작의 작가에 대한 독자의 평가 활동이다.
② 원작의 주제를 독자가 재확인하는 활동이다.
③ 원작에 대한 독자의 능동적인 감상 활동이다.
④ 원작에 대한 독자와 독자 사이의 교류 활동이다.
⑤ 원작에 대한 감상의 방향을 규정해 주는 활동이다.

중요
26 〈보기〉는 이 글의 원작 「백설 공주」의 줄거리이다. 〈보기〉를 바탕으로 할 때, 이 글을 창작하기 위한 메모로 적절한 것은?

◀ 보기 ▶
백설 공주는 어려서 어머니를 잃었다. 가장 아름다운 여인이 백설 공주라는 거울의 말에 새 왕비는 백설 공주를 왕궁에서 쫓아내 죽이고자 하였다. 겨우 살아난 공주는 숲속의 일곱 난쟁이의 집에서 살았는데 새 왕비가 이를 알고 노파로 변신하여 공주를 찾아갔다. 공주는 왕비가 건넨 독 사과를 먹고 쓰러졌는데, 이웃 나라의 왕자가 나타나 공주에게 키스를 하자 살아났다. 그 후 그간의 사실이 밝혀져 새 왕비는 벌을 받고 공주는 왕자와 결혼하여 행복하게 살았다.

① 시대적 상황을 현대로 바꿈.
② 더 많은 수의 인물을 등장시킴.
③ 사건의 공간을 여러 곳으로 설정함.
④ 주인공의 성격을 악인으로 설정하여 사건을 구성함.
⑤ 내용을 개성적으로 해석하여 주제를 새롭게 제시함.

서술형
27 〈보기〉는 이 글의 결말이다. 〈보기〉로 보아 이 글에서 '거울'의 가치관이 어떻게 달라졌는지 〈조건〉에 맞게 서술하시오.

◀ 보기 ▶
"거울아, 거울아, 세상에서 가장 아름다운 사람이 누구니?" / 이제 이런 질문을 던지면 거울은 우물쭈물하다 대답했지.

"모르겠어요. 저마다 다들 나름대로 아름다우니 누가 가장 아름다운지 도무지 알 수가 없어요."

◀ 조건 ▶
• 작품의 주제가 드러나도록 쓸 것.
• 한 문장으로 쓸 것.

[28~30] 다음 글을 읽고 물음에 답하시오.

가 놀부는 부모님께 배운 것을 바탕으로 열심히 새로운 메뉴를 개발했어요. '놀부네' 식당은 하루하루 더 번창했지요. 그래도 놀부는 게으름을 피우지 않고 새벽부터 식당에 나와 청소며 장사 준비까지, 솔선수범해서 열심히 일했어요. 이런 놀부와 달리, 온실 속 화초처럼 곱게만 자란 흥부는 부모님이 살아 계실 때처럼 형에게 용돈을 타서 친구들과 놀러 다니기 일쑤였지요.

나 이 말을 들은 흥부는 깜짝 놀랐어요.

"형, 그게 무슨 말이야? 내가 어떻게 용돈을 벌어? 부모님 돌아가실 때 형이 부모님께 약속했잖아? 식당을 이어받아 열심히 살면서 나를 돌봐 준다고. 돈 좀 벌고 나니, 돈에 눈이 멀어 이젠 동생을 못 본 체하겠다는 거야?"

놀부는 아랑곳하지 않고 흥부에게 더 모질게 말했어요.

"난 해 줄 만큼 해 줬어. 도대체 언제까지 나한테 용돈 받아 살아갈 거니? 이제 네 인생은 네가 알아서 살아가도록 해."

다 배신감을 느낀 흥부는 화가 나서 형에게 입에 담지 못할 험한 말들을 퍼붓고는 집을 뛰쳐나왔어요.

'꼭 형보다 성공할 거야. 다시는 이 집에 돌아오나 봐라. 형에게 무슨 일이 생겨도 모른 척할 거야.' / 흥부는 한동안 친구 집에 머물며 일자리를 구하러 다녔지만 아무 일도 해 본 적 없는 흥부가 직장을 구하는 일은 쉽지 않았어요.

라 흥부는 부모님의 정성이 담겨 있던 '놀부네' 식당의 음식을 떠올리며 새 메뉴를 개발해 냈어요. 그 덕에 막강한 경쟁자들을 제치고 1등을 차지했지요. 상을 받고 기쁨의 눈물을 흘리는 흥부 앞에 형 놀부가 웃음 띤 얼굴로 나타났어요. / 식당 사장님이 놀부를 반기며 말했어요.

"흥부야, 사실은 오늘이 있기까지 형이 너를 나에게 부탁했단다. 이 식당도 너를 위해 네 형이 어렵게 마련해 둔 거야."

마 형의 진심을 안 흥부는 더 열심히 식당 일을 했어요. 부모님이 물려주신 '놀부네' 식당과 함께, 요리사가 된 흥부가 운영하는 '흥부네' 식당은 '양심적인 재료로 정성스럽게 만든 음식, 형제의 우애로 만든 맛있는 음식'으로 입소문이 나면서 아주 유명해졌답니다. 놀부와 흥부는 부모님과 손님들에게 받은 사랑을 이웃들과 나누는 것도 잊지 않았어요.

– 「새로 쓰는 흥부전」

28 이 글에 드러난 작품의 재구성 방식으로 적절한 것은?

① 갈래를 바꾸어 작품 분위기를 새롭게 구성하고 있다.
② 원작과 동일한 사건을 전달 매체를 바꾸어 참신한 느낌을 부여하고 있다.
③ 등장인물의 성격을 정반대로 바꾸어 원작과 상반된 주제를 전달하고 있다.
④ 서술 시점을 1인칭 시점으로 바꾸어 인물의 심리를 생생하게 표현하고 있다.
⑤ 시간적 배경을 현대에 맞게 재구성하여 현대의 독자가 쉽게 이해하도록 하고 있다.

29 이 글의 주제를 표현하기에 가장 적절한 한자 성어는?

① 수어지교(水魚之交)   ② 수족지애(手足之愛)
③ 동고동락(同苦同樂)   ④ 대기만성(大器晚成)
⑤ 십시일반(十匙一飯)

서술형
30 〈보기〉는 (나)를 희곡으로 재구성한 것이다. 글의 흐름으로 보아 빈칸에 들어갈 지시문을 〈조건〉에 맞게 서술하시오.

◀ 보기 ▶
흥부: (깜짝 놀라며) 형, 그게 무슨 말이야? 내가 어떻게 용돈을 벌어? 부모님 돌아가실 때 형이 부모님께 약속했잖아? 식당을 이어받아 열심히 살면서 나를 돌봐 준다고. 돈 좀 벌고 나니, 돈에 눈이 멀어 이젠 동생을 못 본 체하겠다는 거야?
놀부 : (   ) 난 해 줄 만큼 해 줬어. 도대체 언제까지 나한테 용돈 받아 살아갈 거니? 이제 네 인생은 네가 알아서 살아가도록 해.

◀ 조건 ▶
• 글의 내용과 분위기를 그대로 살려 쓸 것.

둘째 마당

문법

대단원 평가

단어의 정확한 발음과 표기

학습 목표
- 표준 발음법의 기본 원칙을 알고, 올바르게 발음할 수 있다.
- 한글 맞춤법의 기본 원칙을 알고, 올바르게 표기할 수 있다.

더 알아 두기

+ 표준어 규정 제1장 총칙 제1항

> 표준어는 교양 있는 사람들이 두루 쓰는 현대 서울말로 정함을 원칙으로 한다.

- **계층**: 교양 있는 사람들이 쓰는 말(비속어는 안 됨.)
- **시기**: 현대에 사용하는 말(옛말은 안 됨.)
- **지역**: 서울에서 사용하는 말(지방어는 안 됨.)
- **원칙으로 함.**: 예외를 인정함.

+ 받침의 유형
- **홑받침**: 하나의 자음으로 된 받침(ㄱ, ㄴ, ㄷ 등)
- **쌍받침**: 같은 자음자가 겹쳐서 된 받침(ㄲ, ㅆ 등)
- **겹받침**: 서로 다른 두 자음으로 구성된 받침(ㄳ, ㄵ, ㄼ 등)

① 단어의 정확한 발음 (※ 이 교재에서는 꼭 필요한 경우가 아니면 장음과 단음을 구별하지 않음.)

(1) 표준 발음법 제1장 총칙

> **제1항** 표준 발음법은 ①표준어의 실제 발음을 따르되, ②국어의 전통성과 ③합리성을 고려하여 정함을 원칙으로 한다.

① 교양 있는 사람들이 두루 쓰는 현대 서울말의 발음을 따른다.
② 현대 서울말에서 사람들에 따른 발음 차이가 있을 경우에는 전통에 따라 정한다.
③ 국어의 규칙이나 법칙에 따라 표준 발음을 합리적으로 정한다.

(2) 'ㅢ'의 발음

> **제5항** 'ㅢ'는 이중 모음으로 발음한다.
> 다만 3. 자음을 첫소리로 가지고 있는 음절의 'ㅢ'는 [ㅣ]로 발음한다.
> 다만 4. 단어의 첫음절 이외의 '의'는 [ㅣ]로, 조사 '의'는 [ㅔ]로 발음함도 허용한다.

예 의사[의사], 희망[히망], 주의[주의/주이], 우리의[우리의/우리에]

(3) 받침소리의 발음

> **제8항** 받침소리로는 'ㄱ, ㄴ, ㄷ, ㄹ, ㅁ, ㅂ, ㅇ'의 7개 자음만 발음한다.
> **제9항** 받침 'ㄲ, ㅋ', 'ㅅ, ㅆ, ㅈ, ㅊ, ㅌ', 'ㅍ'은 어말 또는 자음 앞에서 각각 대표음 [ㄱ, ㄷ, ㅂ]으로 발음한다.

예 닦다[닥따], 키읔[키윽], 옷[옫], 있다[읻따], 젖[젇], 꽃[꼳], 솥[솓], 앞[압]

> **제10항** 겹받침 'ㄳ', 'ㄵ', 'ㄼ, ㄽ, ㄾ', 'ㅄ'은 어말 또는 자음 앞에서 각각 [ㄱ, ㄴ, ㄹ, ㅂ]으로 발음한다.
> **제11항** 겹받침 'ㄺ, ㄻ, ㄿ'은 어말 또는 자음 앞에서 각각 [ㄱ, ㅁ, ㅂ]으로 발음한다.

예 넋[넉], 앉다[안따], 닭[닥], 삶[삼:]

예로 개념 확인

❶(가)
은주: 나는 장래에 ❷[이사]가 되고 싶어.
선호: 의사? 이사?

선호: 우리 집 ❸[다기] 어디에 있지?
은주: 다기를 왜 여기에서 찾아?
선호: 병아리하고 있는 걸 봤거든.

어머니: ❹[우서른]을 만나면 인사를 잘 해라.
선호: 우서른이 누구인데요?

(나)
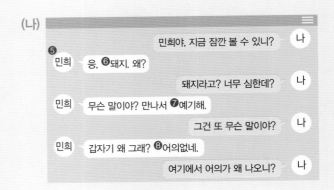

민희야, 지금 잠깐 볼 수 있니? 나
❺ 민희 응. ❻돼지. 왜?
돼지라고? 너무 심한데? 나
민희 무슨 말이야? 만나서 ❼예기해.
그건 또 무슨 말이야? 나
민희 갑자기 왜 그래? ❽어의없네.
여기에서 어의가 왜 나오니? 나

제13항 홑받침이나 쌍받침이 모음으로 시작된 조사나 어미, 접미사와 결합되는 경우에는, 제 음가대로 뒤 음절 첫소리로 옮겨 발음한다.

제14항 겹받침이 모음으로 시작된 조사나 어미, 접미사와 결합되는 경우에는, 뒤엣것만을 뒤 음절 첫소리로 옮겨 발음한다.

제15항 받침 뒤에 모음 'ㅏ, ㅓ, ㅗ, ㅜ, ㅟ'들로 시작되는 실질 형태소가 연결되는 경우에는, 대표음으로 바꾸어서 뒤 음절 첫소리로 옮겨 발음한다.

예 옷이[오시], 있어[이써], 젊어[절머], 읊어[을퍼], 겉옷[거돋], 꽃 위[꼬뒤]

더 알아 두기

✚ 제15항의 [붙임] 규정

[붙임] 겹받침의 경우에는, 그중 하나만을 옮겨 발음한다.

모음으로 시작하는 실질 형태소 앞에 겹받침이 올 경우에는 제10항과 제11항에 의해 선택된 발음이 뒤 음절 첫소리로 옮겨 발음됨.

예 넋 없다 → [넉업따] → [너겁따]

② 단어의 정확한 표기

(1) 한글 맞춤법 제1장 총칙

제1항 한글 맞춤법은 ①표준어를 소리대로 적되, ②어법에 맞도록 함을 ③원칙으로 한다.

① 표준어를 발음 형태대로 그대로 적는다.
② 뜻을 파악하기 쉽게 하기 위해 본래의 형태를 밝혀서 적는다.
③ 예외가 있을 수 있다.

(2) 자주 틀리는 표기
• 본래의 형태를 밝혀 적어야 하는데, 그렇지 않은 경우
  예 오뚝이(○) / 오뚜기(×), 만듦(○) / 만듬(×)
• 준말을 헷갈리는 경우 (1)
  예 오랜만(오래간만)(○) / 오랫만(×), 왠지(왜인지)(○) / 웬지(×)
• 준말을 헷갈리는 경우 (2)
  예 되- / 돼('되어'의 준말), 뵈- / 봬('뵈어'의 준말)
• 발음이 같은 경우
  예 닫히다 / 다치다, 맞히다 / 마치다, 반듯이 / 반드시, 붙이다 / 부치다

✚ '오랜만'과 '오랫동안'
• **오랜만**: '오래간만'의 준말로 '간'의 받침소리인 'ㄴ'이 붙음.
• **오랫동안**: '오래'와 '동안'의 합성어로 사잇소리 'ㅅ'이 붙음.

✚ '왠지'와 '웬'
• **왠지**: '왜인지'의 준말
  예 왠지 불길하다.
• **웬**: '어찌 된' 또는 '어떠한'의 의미를 갖는 관형어
  예 웬 일이냐?, 웬 낯선 사람

❶ **정확한 발음의 필요성**: (가)의 각 대화는 원활하게 진행되지 않고 있다. 잘못된 발음은 사람들 사이의 의사소통에 방해가 된다.

❷ **'ㅢ'의 발음**: 첫소리에 오는 'ㅢ'는 이중 모음으로 발음해야 하므로 '의사'는 [의사]라고 해야 한다.

❸ **겹받침의 발음**: '닭이'를 [달기]로 발음해야 하는데, [다기]라고 잘못 발음해서 '다기(차를 담는 그릇)'로 오해할 수 있다.

❹ **받침의 발음**: '웃어른'은 [우더른]이라고 해야 하는데, [우서른]이라고 해서 의미가 제대로 전달되지 않고 있다.

❺ **정확한 표기의 필요성**: 민희는 잘못된 표기를 사용하여 친구에게 제대로 의사를 전달하지 못하고 있다

❻ **'되지'와 '돼지'**: '되지'를 '돼지'로 잘못 써서 상대방이 놀림을 받는 것으로 오해하고 있다.

❼ **'얘기'와 '예기'**: '이야기'의 줄임말이기 때문에 '얘기'라고 해야 하는데, '예기'라고 썼다.

❽ **'어의'와 '어이'**: '어의'는 '임금을 치료하던 의원'이다. '일이 너무 뜻밖이라 기가 막히다.'라는 뜻으로는 '어이없네.'라고 써야 한다.

1 '민주주의의 의의'는 어떻게 발음할까?

• **해제:** 이 글은 표준 발음법의 총칙을 통해 표준 발음의 사정 원칙을 소개한 후, 표준 발음법 제2장과 제4장에서 제시한 모음 'ㅢ'와 받침소리의 발음 규정을 구체적인 예를 통해 알기 쉽게 설명한 글이다.

• **주제:** 모음 'ㅢ'와 받침소리의 올바른 발음

| 내용 연구

표준 발음법의 필요성

> 표준 발음이 필요한 이유
>
> ↓
>
> 정확하게 발음하지 않으면 사람들 간의 의사소통에 어려움을 겪을 수 있음.

| 구절 풀이

• **하지만 ~ 내용을 덧붙였다.:**
현대 서울말의 발음이 사람에 따라 다른 경우에 표준 발음을 정하는 원칙에 대해 설명하고 있다. 예를 들어 서울 사람 중 나이가 많은 사람들과 달리 젊은 사람들은 장단음을 잘 구별하지 않는 경우가 많지만, 소리의 길이를 구별한 국어의 전통을 고려해 표준 발음법에 소리의 길이에 대한 규정을 포함시킨다.

| 낱말 풀이

* **규범:** 인간이 행동하거나 판단할 때에 마땅히 따르고 지켜야 할 가치 판단의 기준.
* **규정:** 규칙으로 정함. 또는 그 정하여 놓은 것.
* **합리성:** 이론이나 이치에 합당한 성질.
* **허용:** 허락하여 너그럽게 받아들임.

표준 발음법

(가) 다음 문장을 읽어 보자.

> ㉠ "나에게는 아직 빛이 남아 있다."

이 문장을 [나에게는 아직 '비지' 나마 읻따]나 [나에게는 아직 '비시' 나마 읻따]로 발음하면 다른 사람과의 의사소통에 어려움을 겪을 수 있다. 이 때문에 발음의 표준을 정한 *규범인 '표준 발음법'이 필요한 것이다.
<small>'빛이'에 해당하는 발음 / '빗이'에 해당하는 발음 / 정확한 발음이 필요한 이유 / '표준 발음법'의 내용</small>

▶ 표준 발음법이 필요한 이유

(나) 우리나라에서는 표준 발음을 다음과 같이 *규정하고 있다.

> **제1항** 표준 발음법은 표준어의 실제 발음을 따르되, 국어의 전통성과 합리성을 고려하여 정함을 원칙으로 한다. → '표준 발음법'의 총칙에 해당하는 내용

여기에서 표준어의 실제 발음을 따른다는 것은 교양 있는 사람들이 두루 쓰는 현대 서울말의 발음을 표준어의 실제 발음으로 여긴다는 것이다. *하지만 현대 서울말에서조차 사람들에 따라 발음의 차이가 존재할 수 있다. 이러한 경우에는 예로부터 지켜 온 우리말의 전통에 따라 표준 발음을 정한다는 의미에서 '전통성'을 고려한다는 내용을 덧붙였다. 또한 표준 발음을 정할 때에는 국어의 규칙이나 법칙에 따른다고 하면서 언어생활의 *'합리성'도 고려하고 있다. 하지만 실제 대화를 할 때에는 규정과는 다른 발음이 더 널리 사용되는 경우가 있다. ㉡ '맛있다'는 [마딛따]로 발음해야 하지만, [마싣따]로 발음하는 경우가 더 많아서 두 발음을 모두 허용하고 있다. 이처럼 규정에 벗어나는 경우는 '다만'을 추가해 예외적으로 규정하기도 한다.
<small>우리나라의 표준어 규정 / '전통성'을 고려해야 하는 이유 / 표준 발음은 국어의 일반적 규범에 맞는 발음임. / '합리성'을 고려한 발음 / 실제 사람들이 많이 하는 발음</small>

▶ 우리나라의 □□□□ 규정

모음 'ㅢ'의 발음

(다) 모음 'ㅢ'는 가장 발음하기 어려운 음운이다. 원칙적으로 'ㅢ'는 이중 모음으로 발음해야 한다. 하지만 'ㅢ'가 '희다'처럼 자음과 함께 사용될 때나 '나의'처럼 조사로 사용될 때, 그리고 '협의'처럼 첫음절 외에 사용될 때에는 정확하게 발음하기 어렵다. 그래서 표준 발음법에서는 'ㅢ' 발음에 대한 예외 규정을 몇 가지 마련하였다. 'ㅢ'가 자음을 첫소리로 가진 경우에는 [ㅢ]가 아닌 [ㅣ]로 발음한다. 또한 단어의 첫음절 이외의 '의'는 [ㅣ]로, 조사 '의'는 [ㅔ]로 발음하는 것도 허용하였다. 여기에서 허용한다고 하는 것은 해당 음절을 [ㅢ]로 발음하는 것이 원칙이지만, [ㅣ]나 [ㅔ]로 발음해도 된다는 뜻이다. 이 규정에 따르면 '희다'는 [히다]로 발음해야 하며, '나의'는 [나의] 또는 [나에]로, '협의'는 [혀븨] 또는 [혀비]로 발음할 수 있다.
<small>[ㅡ]와 [ㅣ]를 잇달아 발음해야 함. / 이중 모음으로 발음하기 어려움. / 예 희다 / 예 협의 / 예 나의 / [ㅢ]를 기본으로 하되, 상황에 따라 [ㅔ]나 [ㅣ]도 인정함.</small>

그렇다면 '민주주의의 의의'는 어떻게 발음해야 할까?

▶ 모음 '□'의 발음

ㅏ '응류 공표' Ⓔ

01 ^{중요} 표준 발음에 대한 설명으로 적절하지 <u>않은</u> 것은?

① 표준 발음은 서울 사람들이 두루 사용하는 말을 기준으로 한다.

② 표준 발음을 정할 때에는 국어의 규칙이나 법칙을 고려하였다.

③ 표준 발음에는 비속어나 은어 등의 다양한 언어가 폭넓게 포함되었다.

④ 표준 발음을 정하는 데에 실제 언어생활에서 자주 사용되는지도 고려하였다.

⑤ 표준 발음은 사람들 사이의 의사소통을 원활하게 하기 위해 규범으로 규정해 놓은 것이다.

02 ^{중요} 이 글을 참고할 때, 밑줄 친 단어의 발음 중 표준 발음으로 허용되지 <u>않는</u> 것은?

① 선생님의 조언을 듣고 희망[희망]이 생겼다.

② 어머니께서 생일 선물로 의자[의자]를 주셨다.

③ 궁금하신 사항은 본부에 문의[무:니]해 주십시오.

④ 동생의[동생에] 친구들에게 과일을 깎아 주었다.

⑤ 이 세상에 정의[정:의]가 살아 있음을 보여 주었다.

03 ㉠을 표준 발음법에 맞게 소리 나는 대로 쓰시오.

┌ 조건 ┐
• 문장 전체를 소리 나는 대로 쓸 것.
• 발음을 표시하는 '[ ]'와 함께 쓸 것.

04 ㉡과 같이 두 개의 발음을 표준 발음으로 허용하는 단어로 적절한 것은?

① 고맙다 ② 맛없다 ③ 멋있다
④ 속이다 ⑤ 재미있다

05 ^{서술형} 이 글을 참고할 때, 〈보기〉의 ㉮가 의미하는 바를 〈조건〉에 맞게 서술하시오.

┌ 보기 ┐
제5항 'ㅑ, ㅒ, ㅕ, ㅖ, ㅘ, ㅙ, ㅛ, ㅝ, ㅞ, ㅠ, ㅢ'는 이중 모음으로 발음한다.
㉮ 다만 1. 용언의 활용형에 나타나는 '져, 쪄, 쳐'는 [저, 쩌, 처]로 발음한다.

┌ 조건 ┐
• '이중 모음', '단모음', '예외'라는 말을 넣어 한 문장으로 쓸 것.

100점 특강 Special lecture

○- 표준 발음법

우리나라 표준 발음의 사정 원칙은 표준 발음법의 제1장 '총칙'에 나와 있다. 우리나라의 표준 발음은 표준어의 실제 발음을 바탕으로 하면서, 여러 형태의 발음이 있을 경우에는 국어의 역사적인 전통과 국어의 규칙에 따른 합리성을 고려하여 규정한다.

표준 발음의 사정 원칙
표준 발음법은 ❶표준어의 실제 발음을 따르되, 국어의 ❷전통성과 ❸합리성을 고려하여 정함을 원칙으로 한다.

❶: 교양 있는 사람들이 두루 쓰는 현대 서울말의 발음을 따름.
❷: 국어의 역사적 전통을 고려함.
❸: 국어의 규칙이나 법칙에 따라 정함.

○- 'ㅢ'의 발음

본래 'ㅢ'는 이중 모음으로 발음해야 한다. 하지만 'ㅢ'가 자음 뒤에 오거나, 둘째 음절 이하에 올 경우, 혹은 조사로 쓰일 경우에는 [ㅢ]로 발음하기 쉽지 않다. 그래서 이런 경우에는 발음의 편의를 위해 다른 발음을 허용하고 있다.

	원칙	자음 뒤에 올 경우	첫음절 이외의 경우	조사로 쓰일 경우
발음	[ㅢ]	[ㅣ]	[ㅢ] 또는 [ㅣ]	[ㅢ] 또는 [ㅔ]
용례	의사[의사]	희다[히다]	협의[혀븨/혀비]	나의[나의/나에]

내용 연구

받침소리 발음에 영향을 주는 요소

받침의 유형	홑받침, 쌍받침, 겹받침
받침의 환경	• 받침이 어말에 오는 경우 • 뒤에 자음이 오는 경우 • 뒤에 모음으로 시작하는 형식 형태소가 오는 경우 • 뒤에 모음으로 시작하는 실질 형태소가 오는 경우

구절 풀이

● 이번에는 ~ 소리 나기 때문이다.: '음절의 끝소리 규칙'에 대해 설명하고 있다. 자음 'ㄷ, ㅅ, ㅆ, ㅈ, ㅊ' 중 음절의 끝에서 소리가 나는 것은 [ㄷ]밖에 없기 때문에 나머지 자음은 [ㄷ]으로 바뀌어 발음이 된다. 이때, [ㄷ]을 '대표음'이라고 한다.

● 먼저 뒤에 ~ 정확한 발음이다.: 조사나 어미, 접미사 등은 실질적인 의미를 갖지 않고 다른 말과의 문법적 관계만 나타내는 역할을 하는 형식 형태소이다. 형식 형태소는 자립성이 없어 앞말과 분리하여 발음하지 않는다. 따라서 앞말의 받침소리가 따로 변하지 않고, 그대로 모음 위치에 올라와 소리가 난다.

낱말 풀이

* **받침소리**: 음절의 구성에서 마지막 소리인 자음. 종성.
* **겹받침**: 서로 다른 두 개의 자음으로 이루어진 받침.
* **실질 형태소**: 실질적인 의미를 지니고 있는 형태소.

---

*받침소리의 발음

(가) *이번에는 '낫', '낮', '낟', '낱', '낯'을 각각 발음해 보자. 다섯 개의 단어가 구분이 되지 않는다는 것을 알 수 있다. 이는 각 단어의 *받침소리인 'ㅅ', 'ㅈ', 'ㄷ', 'ㅌ', 'ㅊ'이 모두 [ㄷ]으로 발음되어 [낟]이라고 소리 나기 때문이다. 이처럼 우리말에는 음절의 끝에서 발음될 수 있는 자음이 제한되어 있는데, 표준 발음법에서는 다음처럼 규정하고 있다.

> **제8항** 받침소리로는 'ㄱ, ㄴ, ㄷ, ㄹ, ㅁ, ㅂ, ㅇ'의 7개 자음만 발음한다.
> **제9항** 받침 'ㄲ, ㅋ', 'ㅅ, ㅆ, ㅈ, ㅊ, ㅌ', 'ㅍ'은 어말 또는 자음 앞에서 각각 대표음 [ㄱ, ㄷ, ㅂ]으로 발음한다.

이에 따르면 '밖'과 '부엌'은 각각 [박]과 [부억]으로 발음해야 하며, '있다'와 '잎'은 각각 [읻따]와 [입]으로 발음해야 한다. ▶ 어말 또는 □□ 앞에서 홑받침과 쌍받침의 발음

(나) 그렇다면 받침소리로 *겹받침이 올 때는 어떻게 발음해야 할까? 겹받침은 그것을 구성하는 두 개의 자음 중 하나를 발음하면 된다. 이때 발음을 하는 자음은 앞의 것이 될 수도 있고, 뒤의 것이 될 수도 있다. '넋'과 '값'은 앞의 받침이 발음되어 [넉]과 [갑]으로 소리 나고, '삶'은 뒤의 받침이 발음되어 [삼ː]으로 소리 난다. ▶ 어말 또는 자음 앞에서 □□의 발음

(다) 이때 주의해야 할 겹받침은 'ㄼ'과 'ㄺ'이다. 일반적으로 'ㄼ'은 '여덟[여덜]'처럼 [ㄹ]이 발음되지만, '밟다[밥ː따]', '밟고[밥ː꼬]'처럼 '밟-'은 [밥]으로 발음된다. 이외에 'ㄼ'이 [ㅂ]으로 발음되는 단어로는 '넓죽하다[넙쭈카다]', '넓둥글다[넙뚱글다]'가 있다. 또한 'ㄺ'은 '닭[닥]', '맑다[막따]'처럼 [ㄱ]으로 발음해야 하지만, 'ㄱ' 앞에 쓰이는 용언 어간의 'ㄺ'은 [ㄹ]로 발음한다. 이에 따르면 '읽지'는 [익찌]로, '읽고'는 [일꼬]로 발음해야 한다. ▶ 'ㄼ'과 '□'의 발음

(라) 이번에는 뒤에 모음이 올 경우의 받침소리 발음에 대해 알아보자. 이와 관련해서는 두 가지 경우를 생각해 볼 수 있다. *먼저 뒤에 모음으로 시작하는 조사나 어미, 접미사와 같은 형식 형태소가 올 경우이다. '밭에'와 '깎아', '흙이'는 어떻게 발음해야 할까? '밭', '깎다', '흙'이 [받], [깍따], [흑]으로 발음되는 원리를 적용하면 [바데], [까가], [흐기]로 발음해야 할 것 같지만, [바테], [까까], [흘기]가 정확한 발음이다. 즉, 이런 경우에는 홑받침이나 쌍받침은 제 음가대로 뒤 음절 첫소리로 옮겨 발음하고, 겹받침은 첫째 받침은 그대로 받침의 소리로 발음하고 둘째 받침만 다음 음절의 첫소리로 옮겨 발음한다. ▶ 뒤에 모음으로 시작하는 □□, 어미, 접미사가 올 때 받침소리의 발음

(마) 그런데 뒤에 모음으로 시작하는 *실질 형태소가 올 때에는 위의 경우와 다르게 발음해야 한다. '밭 아래'는 [바타래]가 아닌 [바다래]로 발음해야 하며, '꽃 위'는 [꼬취]가 아닌 [꼬뒤]로 발음해야 한다. 즉, 이런 경우에는 받침소리를 대표음으로 바꾸어 뒤 음절 첫소리로 옮겨 발음하는 것이다. 한편 '닭 앞에'처럼 모음으로 시작하는 실질 형태소 앞에 겹받침이 올 경우에는 '닭[닥]'처럼 독립형으로 쓸 때 발음하는 자음을 뒤 음절의 첫소리로 옮겨 [다가페]로 발음한다. ▶ 뒤에 모음으로 시작하는 □□□이/가 올 때 받침소리의 발음

06 이 글을 통해 볼 때, 받침소리의 발음에 영향을 주는 요소가 아닌 것은?

① 받침으로 사용된 자음이 대표음인가, 아닌가?
② 받침으로 오는 자음이 쌍받침인가, 겹받침인가?
③ 받침이 포함된 음절의 첫소리가 자음인가, 모음인가?
④ 받침소리의 뒤에 오는 음절이 자음으로 시작하는가, 모음으로 시작하는가?
⑤ 받침소리의 뒤에 오는 모음으로 시작하는 형태소가 실질 형태소인가, 형식 형태소인가?

07 중요 다음 중 단어의 받침이 표기대로 발음되지 <u>않는</u> 것은?

① 먹   ② 강   ③ 붓   ④ 곧   ⑤ 삽

08 〈보기〉의 문장을 표준 발음법에 맞게 소리 나는 대로 쓰시오.

┤ 보기 ├
네가 읽지 말고 동생이 읽게 해라.

09 중요 다음 밑줄 친 부분 중, 받침의 발음이 <u>다른</u> 하나는?

① 앞마당에 흐드러지게 핀 <u>꽃들</u>이 참 곱다.
② 짙은 안개 때문에 한 치 <u>앞</u>도 보이지 않았다.
③ 제<u>값</u>도 받지 못하고 헐값에 물건을 넘겨야 했다.
④ 성진과 <u>여덟</u> 선녀는 죄를 짓고 인간 세상으로 쫓겨났다.
⑤ 그는 시를 한 수 <u>읊고</u> 난 후 아무 말 없이 유유히 떠나갔다.

10 서술형 다음 밑줄 친 단어의 받침 'ㅅ'이 서로 다르게 소리 나는 이유를 〈조건〉에 맞게 서술하시오.

㉮ 복지관에서 주관하는 알뜰 매장에서 마음에 드는 <u>옷을</u>[오슬] 발견했다.
㉯ 친구의 편지를 <u>옷 안</u>[오단]에 고이 보관해 두었다.

┤ 조건 ├
• '형식 형태소', '실질 형태소'라는 용어를 사용할 것.
• 대조의 방법을 사용하여 한 문장으로 쓸 것.

100점 특강 Special lecture

○ 받침소리의 발음

음절의 끝에 오는 자음의 받침소리는 받침의 종류나 뒤에 오는 음운 또는 형태소의 유형에 따라 다양한 방법으로 발음을 한다. 이와 관련된 규정은 표준 발음법 제4장에 명시되어 있는데, 이를 표로 정리하면 다음과 같다.

	홑받침이나 쌍받침인 경우	겹받침인 경우
어말 또는 자음 앞	• 받침소리로 'ㄱ, ㄴ, ㄷ, ㄹ, ㅁ, ㅂ, ㅇ'의 7개 자음만 발음함. • 나머지 받침은 대표음 [ㄱ, ㄷ, ㅂ]으로 발음함.	• 두 개의 받침 중 앞의 자음만 발음하는 경우 ➡ ㄳ, ㄵ, ㄼ, ㄽ, ㄾ, ㅄ • 두 개의 자음 중 뒤의 자음만 발음하는 경우 ➡ ㄺ, ㄻ, ㄿ
모음의 형식 형태소 앞	제 음가대로 뒤 음절 첫소리로 옮겨 발음함.	첫째 받침은 그대로 받침소리로 발음하고, 둘째 받침만 다음 음절의 첫소리로 옮겨 발음함.
모음의 실질 형태소 앞	받침소리를 대표음으로 바꾼 뒤, 뒤 음절 첫소리로 옮겨 발음함.	어말 또는 자음 앞에서 발음하는 자음만 뒤 음절 첫소리로 옮겨 발음함.

○ 'ㄼ'과 'ㄺ'의 발음

'ㄼ'과 'ㄺ'이 받침으로 사용될 때에는 예외적으로 뒤에 오는 음운이나 형태소에 따라 발음이 달라지기 때문에 주의가 필요하다.

	일반적인 발음	예외적인 발음
'ㄼ'의 발음	[ㄹ]로 발음됨.	'밟-'을 어간으로 하는 단어나, '넓죽하다', '넓둥글다'는 예외적으로 [ㅂ]으로 발음함.
'ㄺ'의 발음	[ㄱ]으로 발음됨.	뒤에 'ㄱ'이 오는 용언 어간에서는 [ㄹ]로 발음함.

단어의 올바른 표기

- **해제:** 이 글은 학생이 쓴 글에 나타난 잘못된 표기를 예로 들면서 틀리기 쉬운 말의 올바른 표기 방법에 대해 설명한 글이다. 한글 맞춤법 규정 제1항을 근거로 일상생활에서 틀리기 쉬운 말의 맞춤법 원리를 설명하면서 정확한 표기의 필요성을 이야기하고 있다.
- **주제:** 틀리기 쉬운 말의 올바른 표기

▌내용 연구
한글 맞춤법의 필요성

맞춤법 규정이 필요한 이유

⬇

정확하게 표기하지 않으면 의도한 내용을 정확하게 전달할 수 없으며, 다른 사람에게 오해를 불러일으킬 수 있음.

▌구절 풀이
- **위의 글을 ~ 사용했기 때문이다.:** 올바른 표기의 필요성에 대한 내용으로, 잘못된 표기가 내용 전달에 장애가 될 수 있음을 말하고 있다.
- **한글 맞춤법은 ~ 원칙으로 한다.:** 표음주의(소리대로 표기함)와 표의주의(어법에 맞도록 표기함)를 동시에 적용하는 한글 맞춤법의 특징이 드러나 있다.
- **예를 들어 ~ '어법에 맞게 쓴다.'이다.:** 소리대로 적으면 발생할 수 있는 문제점을 예를 들어 설명하면서 어법에 맞는 표기의 필요성에 대해 설명하고 있다.

▌낱말 풀이
- *표기: 문자 또는 음성 기호로 언어를 표시함.
- *어법: 말의 일정한 법칙.
- *오뚝이: 밑을 무겁게 하여 아무렇게나 굴려도 오뚝오뚝 일어서는 어린아이들의 장난감.
- *접미사: 어근이나 단어의 뒤에 붙어 새로운 단어가 되게 하는 말.

(가)

오늘은 한을이 푸르다. 일찍 잠자리에 들어서인지 오늘 아침에는 오뚜기처럼 벌떡 일어날 수 있었다. 오랫만에 푹 자고 일어났더니 기분이 한결 낳은 것 같다. 사실 동아리 회장이 돼고 난 이후부터 잠을 푹 자지 못할 정도로 부담이 많았다. 그런데 어제 발표회를 맞히고 나니 홀가분한 기분보다는 만족감이 더 컸다. 아마 동아리 회장을 않 맡았으면 이 기분을 느끼지 못했을 것이다. 전화기를 확인해 보니 은주한태서 문자가 왔다. 어제 공연 포스터 밑에 '회장님과 동아리 친구들이 만듬. 은주가 씀.'이라는 글을 적어 넣은 사진과 함께 '회장님, 월요일에 봬요'라는 인사를 보낸 것이다. 고생한 동아리 친구들에게 손 편지라도 붙여야겠다는 생각을 했다. 웬지 좋은 일이 생길 것 같은 토요일 아침이다.

(나) *위의 글을 읽다 보면 무언가 자연스럽지 않다는 생각을 하게 된다. 내용에는 큰 문제가 없지만 맞춤법에 맞지 않는 잘못된 *표기를 사용했기 때문이다. 위의 글을 참고하여 우리말의 올바른 표기에 대해 알아보자.

▶ 올바른 ☐☐의 필요성

(다) 이에 앞서 먼저 우리말의 맞춤법 규정부터 살펴보자. 한글 맞춤법 규정에서는 한글 맞춤법에 대해 다음과 같이 안내하고 있다.

┌─한글 맞춤법 규정의 총칙에 해당하는 내용
㉮**제1항** *한글 맞춤법은 표준어를 소리대로 적되, *어법에 맞도록 함을 원칙으로 한다.

한글 맞춤법 규정에서 볼 수 있듯이 한글 맞춤법의 기본이 되는 원칙은 '표준어를 소리대로 적는다.'이다. 이는 표준어를 발음 형태대로 그대로 적는다는 뜻이다. 위의 글에서 '한을' _{표음주의}은 [하늘]로 읽는다. 따라서 소리대로 적는다는 원칙에 따른다면 '한을'이 아닌 ㉠'하늘'로 적어야 하는 것이다.

▶ 한글 맞춤법 규정: 표준어를 ☐☐대로 적는다

(라) 그런데 모든 말을 소리대로 적으면 어떻게 될까? *예를 들어 소리대로 '꼬치', '꼳따발', _{소리대로 적음.} '(㉡)'(이)라고 적으면 '꼬츠', '꼳', '꼰'이 모두 '꽃'이라는 말에서 온 것임을 알기가 쉽지 않다. 그래서 ㉢'꽃이', '꽃다발', '꽃나무'처럼 '꽃'이라는 본래의 형태를 그대로 밝혀 적도록 허용한 것이 '어법에 맞게 쓴다.'이다. 위의 글에서 *'오뚝이'는 '오뚝하다'라는 형용사에 *접미 _{소리대로 적을 경우 본래의 형태를 알기가 쉽지 않기 때문임.} 사 '-이'를 붙여 만든 말이다. 따라서 원래 형태를 밝혀서 '오뚝이'라고 표기해야 한다.

▶ 한글 맞춤법 규정: ☐☐에 맞게 쓴다.

(마) 그러나 이 원칙이 모든 언어에 적용되지는 않는다. 우리가 실제로 언어생활을 하다 보 _{'어법에 맞도록 한다.'} 면 위의 규정으로 설명할 수 없는 경우를 경험하게 된다. 그렇기 때문에 한글 맞춤법 규정에서는 '원칙으로 한다.'라는 말을 더해서 예외가 있을 수 있다는 뜻을 담았다.

▶ 한글 맞춤법 규정: ☐☐☐(으)로 한다.

01 (가)의 '학생 글'에 대한 평가로 가장 적절한 것은?

① 맞춤법에 맞지 않는 표현이 많아 글을 읽는 데 방해가 된다.
② 글쓰기의 윤리를 지키지 않아 읽으면서 불쾌감을 느끼게 한다.
③ 표준어가 아닌 지역 방언을 사용하여 내용 이해를 어렵게 한다.
④ 문장과 문장의 연결이 자연스럽지 않아 글의 전체적인 흐름을 파악하기가 어렵다.
⑤ 중심 내용과 관계없는 내용이 포함되어 있어 글쓴이의 의도가 잘 드러나지 않는다.

02 (중요) ㉮에 대한 설명으로 적절하지 <u>않은</u> 것은?

① 한글 맞춤법의 표기 원리를 제시하고 있다.
② 한글 맞춤법의 표기 대상이 표준어임을 밝히고 있다.
③ 한글 맞춤법은 표음주의를 기본 원칙으로 함을 알 수 있다.
④ 한글 맞춤법이 예외가 없는 의무적 규범임을 보여 주고 있다.
⑤ 한글을 표기할 때 본래의 형태를 밝히어 적도록 허용함을 말하고 있다.

03 (중요) 다음 밑줄 친 단어 중, ㉠과 같은 표기 원칙이 적용되지 <u>않은</u> 것은?

① 친구가 웃으며 <u>사과</u> 한 알을 건네주었다.
② 시간이 지나자 <u>구름</u> 속으로 달이 사라졌다.
③ 기분을 바꾸려고 운동장을 <u>달리다</u> 들어왔다.
④ 들판에 누워서 오랫동안 <u>나무</u>를 바라보았다.
⑤ 어제는 동생과 <u>손가락</u>에 고운 봉숭아물을 들였다.

04 ㉢을 고려하여 ㉡에 들어갈 적절한 말을 쓰시오.

서술형

05 〈보기〉의 밑줄 친 말 중, 맞춤법에 맞는 표현을 고르고, 그렇게 표기하는 이유를 〈조건〉에 맞게 서술하시오.

┤ 보기 ├
물이 얼어서 (얼음 / 어름)이 되었다.

맞는 표현	ⓐ
표기 이유	ⓑ

┤ 조건 ├
• ⓐ는 〈보기〉에서 단어를 찾아 쓸 것.
• ⓑ는 용언의 기본형을 제시하여 한 문장으로 쓸 것.

100점 특강 Special lecture

○ 한글 맞춤법

한글 맞춤법의 대원칙은 한글 맞춤법의 제1장 '총칙'에 나와 있다. 이를 통해 한글의 맞춤법은 소리 나는 대로 표기하는 표음주의를 원칙으로 하되, 어법에 맞게 쓰는 표의주의를 함께 적용함을 알 수 있다.

한글 맞춤법의 대원칙
한글 맞춤법은 ❶표준어를 소리대로 적되, ❷어법에 맞도록 함을 ❸원칙으로 한다.

❶: 표준어를 발음 형태대로 그대로 적음(표음주의).
❷: 본래의 형태를 밝혀 그대로 적어 줌(표의주의).
❸: 상황에 따른 예외를 인정함.

○ 예문의 잘못된 표기 (1)

잘못된 표기	올바른 표기	잘못된 이유
한을	하늘	[하늘]로 소리 나기 때문에 소리대로 적으면 '하늘'이 되는데, 소리대로 적지 않음.
오뚜기	오뚝이	'오뚝하다'에서 온 말이기에 원래 형태인 '오뚝'을 밝혀 적어 줘야 함.

■ 내용 연구

표기를 잘못 하는 대표적인 경우

• 준말 표기의 오류
: 오래만/*오랜만, 왠지/*웬지
되-/돼, 뵈-/봬, 안-/않-

• 동음이의어 표기의 오류
: 낳은/나은, 붙여/부처

• 명사형 표기의 오류
: 만듦/*만듬, *쓺/씀

• 어휘의 부정확한 표기
: 한테서/*한테서, 함께/*함깨
(* 어법에 맞지 않는 잘못된 표기)

■ 구절 풀이

• '오랜만에' ~ 라고 써야 한다.:
준말의 표기에 대한 설명이다.
준말의 경우는 대부분 뒷부분
에 본래 말의 흔적이 남아 있
기 때문에 어떤 말에서 줄었
는지를 찾아보면 올바르게 표
기하는 데 도움이 된다. 준말
의 표기에 대한 규정은 한글
맞춤법 제32항~제40항에 자
세히 제시되어 있다.

• 발음이 같아서 ~ 고쳐야 한
다.: 동음이의어의 표기에 대
한 설명이다. 동음이의어는 소
리는 같지만 뜻이 다른 단어
들을 말하는데, 동일한 발음
때문에 서로 헷갈릴 수가 있
다. 따라서 동음이의어는 단어
의 형태와 뜻을 정확하게 알
아 두어야 한다.

■ 낱말 풀이

* 왠지: 왜 그런지 모르게. 또는
뚜렷한 이유도 없이.

* 헷갈려: 여러 가지가 뒤섞여
갈피를 잡지 못해.

* 수시: 일정하게 정하여 놓은
때 없이 그때그때 상황에 따
름.

(가) *'오랫만에'와 '오랜만에' 중 어느 것을 써야 하는지에 대해 고민해 본 사람들이 많을 것
이다. 이는 이 말이 어떤 말이 줄어서 만들어진 것인가를 생각해 보면 어렵지 않게 판단할
수 있다. 이 말은 '오래간만에'가 줄어서 된 말이므로 '오랫만에'가 아닌 '오랜만에'라고 써야
한다. 이와 비슷한 경우가 '웬지'와 *'왠지'이다. 이 말은 '왜인지'가 줄어서 된 말이다. 따라
서 '웬지'라고 쓰면 안 되고, '왠지'라고 써야 한다.
*잘못 쓰기 쉬운 말임.
반면에 '오래'와 '동안'이 결합해 만든 말은 '오랫동안'이라고 씀.
'어떠한'이라는 의미로 쓸 때에는 '웬'이라 쓴다.

▶ '오랜만'과 '☐☐'의 표기

(나) '되-'와 '돼'의 구분은 사람들이 가장 *헷갈려 하는 맞춤법 중 하나이다. 둘 중 어떻게
써야 할지 고민이 될 때에는 '돼'는 '되어'가 줄어서 만들어진 말이라는 점을 기억하자. 즉,
'되어'로 풀어 쓸 수 있는 경우에는 '돼'로 쓰면 되는 것이다. 예를 들어 '되어니'라고 쓸 수 없
으므로 '되니'라고 써야 하며, '되었다'로 쓸 수 있으니 '됐다'라고 써야 하는 것이다. 따라서
위의 글에서 '돼고'는 '되고'로 바꿔 써야 함을 알 수 있다. '뵈-'와 '봬'의 구분도 같은 방법으
로 할 수 있다. 따라서 위의 글에서 '뵈어요'로 바꿀 수 있는 은주의 문자는 '월요일에 봬요.'
라고 써야 한다.
'되었다'의 준말임.
'되어고'로 풀어 쓸 수 없기 때문임.
'뵈어'의 준말임.

▶ '되-'와 '돼', '뵈-'와 '봬'의 구분

(다) 준말의 정확한 표기에 어려움을 겪는 일은 이외에도 많다. '안'과 '않-'도 그중의 하나이
다. '안'은 '아니'의 준말이고, '않-'은 '아니하-'의 준말이다. 따라서 '안'과 '않-'의 선택에 어
려움을 느낄 때에는 줄이기 전의 형태로 바꿔 보면 어떤 말을 써야 하는지 알 수 있다. 위의
글에서 '않 맡았으면'은 '아니하 맡았으면'이 되므로 어색하다. 따라서 '아니 맡았으면'이 될
수 있도록 '안 맡았으면'으로 쓰든지, '맡지 아니하였으면'의 준말인 '맡지 않았으면'으로 표
기해야 한다.
'아니'나 '아니하-'

▶ '☐'와/과 '않-'의 구분

(라) *발음이 같아서 잘못 사용하는 경우도 많다. 위의 글에서 사용한 '맞히고'는 '문제의 답을
틀리지 않게 하다.'라는 뜻의 단어이다. 하지만 글쓴이가 쓰려는 말은 '어떤 일이나 과정, 절
차 따위가 끝나다. 또는 그렇게 하다.'의 뜻을 가진 '마치고'이다. '낳은'과 '나은'도 많이 헷갈
려 하는 말인데, 위의 글에서는 '이전보다 더 좋다.'는 의미로 사용했기 때문에 '나은'으로 써
야 한다. 또한 '붙여야겠다'의 '붙이다'도 '편지나 물건 따위를 일정한 수단이나 방법을 써서
상대에게로 보내다.'라는 의미의 '부치다'의 잘못된 표기이므로 '부쳐야겠다'로 고쳐야 한다.
동음이의어
'낫다'의 어간에 '-은'이 결합한 말
'우표를 붙이다.' 형태로 쓸 수 있음.

▶ ☐☐이/가 같은 말의 표기

(마) 한편 '만듬'은 '만들다'의 명사형을 잘못 쓴 것이다. '만들-'에 '-ㅁ'을 결합한 '만들다'의
명사형은 원래 형태를 밝혀 '만듦'이라고 써야 한다. 반면에 '씀'은 '쓰다'의 명사형으로, '쓰-'
에 '-ㅁ'이 결합해 만들어지므로 '씀'이라고 쓰는 것이 맞다. 이외에도 '은주한태서'나 '함깨'
와 같이 특별한 이유 없이 습관적으로 틀리는 말도 있다. 이 말들은 각각 '은주한테서', '함
께'로 써야 한다.
만들다
'쓺'이라고 쓰지 않음.

▶ '만듦'과 '씀'의 표기

(바) 맞춤법 규정에 맞게 올바르게 표기하는 것은 매우 중요하다. 표기를 정확하게 하지 않
으면 의사를 잘못 전달하거나 오해를 불러일으킬 수 있기 때문이다. 하지만 우리말의 맞춤
법 규정은 매우 복잡하기 때문에 모든 규정을 다 기억하고 있기는 쉽지 않다. 따라서 글을
쓸 때에는 *수시로 표준국어대사전을 찾아 표기를 확인하는 습관을 기르는 것이 좋다.
정확하게 표기를 해야 하는 이유

▶ 올바른 표기의 필요성과 ☐☐ 활용의 중요성

06 다음 중 맞춤법에 맞게 표기한 문장으로 적절한 것은?

① 오늘은 웬지 조용한 음악을 듣고 싶다.
② 가념우표를 붙인 편지를 친구에게 부쳤다.
③ 전학을 간 친구한태서 반가운 전화가 왔다.
④ 오랫만에 만난 친구와 실컷 수다를 떨고 왔다.
⑤ 흰둥이는 갓 나은 새끼에게 젖을 물리고 있었다.

07 (가)~(마) 중, 〈보기〉의 글쓴이에게 올바른 표기와 관련하여 도움을 주기 위해 제시할 수 있는 것은?

◀ 보기 ▶
　지난 주말에 1반과 축구 경기를 하였다. 그런데 마지막에 내가 실수를 해서 경기에 지고 말았다. 친구들에게 정말 미안했다. 다음 경기에서는 반듯이 골을 넣어 명예 회복을 하겠다고 다짐했다.

① (가)　② (나)　③ (다)　④ (라)　⑤ (마)

08 다음 밑줄 친 단어의 표기가 잘못된 것은?

① 멋진 운동화를 <u>삼.</u>
② 동생에게 생일선물을 <u>줌.</u>
③ 점심 급식을 맛있게 <u>먹음.</u>
④ 다른 친구들보다 빨리 <u>달림.</u>
⑤ 친구와 운동장에서 재미있게 <u>놈.</u>

09 서술형

이 글을 참고하여 〈보기〉의 대화에서 맞춤법에 맞지 않은 부분을 찾고, 〈조건〉에 맞게 바르게 고쳐 쓰시오.

◀ 보기 ▶
어머니: 집에만 있으니 답답하지 않니? 밖에 나가서 바람 좀 쐬고 오지 않을래?
아들: 바람은 어제 충분히 쐈어요. 오늘은 집에서 책이나 읽으려고요.

틀린 표현	ⓐ
바른 표현	ⓑ

◀ 조건 ▶
• ⓐ에는 한 단어를 찾아 쓸 것.
• ⓑ는 고쳐야 하는 이유와 함께 한 문장으로 쓸 것.

100점 특강 Special lecture

○ 예문의 잘못된 표기 (2)

잘못된 표기	올바른 표기	잘못된 이유
오랫만에	오랜만에	'오래간만에'의 준말이기 때문에 '오랜만에'로 표기해야 함.
웬지	왠지	'왜인지'의 준말이기 때문에 '왠지'로 표기해야 함.
돼고	되고	'되어고'의 준말이 아니기 때문에 '돼'를 쓸 수 없음.
뵈요	봬요	'뵈어요'의 준말이기 때문에 '봬요'를 써야 함.
않 맡았으면	안 맡았으면	'아니하 맡았으면'이 아닌 '아니 맡았으면'이기 때문에 '아니'의 준말인 '안'을 써야 함.
맞히고	마치고	'발표회를 끝내고'의 의미로 사용했으므로 '마치다'의 활용형인 '마치고'를 써야 함. '맞히다'는 '맞다'의 사동사임.
낳은	나은	'기분이 이전보다 한결 좋아진'의 의미로 사용했으므로 '낫다'의 활용형인 '나은'을 사용해야 함. '낳다'는 '배 속의 아이, 새끼, 알을 몸 밖으로 내놓다.'의 의미임.
붙여야	부쳐야	'편지를 상대에게로 보내야'의 의미로 사용했으므로 '부치다'의 활용형인 '부쳐야'를 사용해야 함. '붙이다'는 '붙다'의 사동사임.
만듬	만듦	'만들다'에서 온 말이기에 원래 형태인 '만들-'을 밝혀 적어야 함.
은주한태서	은주한테서	어떤 행동을 일으킨 대상임을 나타내는 격 조사는 '한테서'임.
함깨	함께	'한꺼번에 같이'라는 의미를 갖는 부사는 '함께'임.

담화의 개념과 특성

학습 목표 • 담화의 개념과 구성 요소를 설명할 수 있다.
• 맥락을 고려하여 적절한 의사소통을 할 수 있다.

더 알아 두기

✚ 발화
구체적 의사소통 상황 속에서 생각이 문장 단위로 표현된 말

✚ 담화의 요건

[내용] 주제의 통일성
• 각 발화들이 하나의 주제에 연관되어 있어야 함.
• 하나의 담화에는 하나의 주제가 있어야 함.

+

[형식] 표현의 응집성
• 담화를 이루는 발화들끼리 표면적으로 긴밀하게 연결되어 있어야 함.
• 지시 표현과 접속 표현 등을 사용하면 효과적임.

① 담화의 개념과 구성 요소

(1) 담화의 개념: 발화가 모여 이루어진 언어 단위를 말한다.

(2) 담화의 구성 요소

• **화자(말하는 이)**: 어떤 의도로 말을 하느냐에 따라 말의 의미가 달라진다.
• **청자(듣는 이)**: 배경지식, 처지나 상황 등에 따라 말의 의미가 여러 가지로 해석된다.
• **발화**: 의사소통에서 전달하고자 하는 내용을 담고 있다.
• **맥락**: 발화가 이루어지는 상황으로, 상황 맥락과 사회·문화적 맥락이 있다.

(3) 담화의 예: 일상 대화, 강연, 토의, 토론, 발표, 연설 등

② 담화와 상황 맥락

(1) 상황 맥락의 개념: 화자와 청자가 처한 구체적 장면(상황)으로, 담화의 수용과 생산에 직접 개입하는 맥락을 말한다.

(2) 상황 맥락의 구성 요소: 화자, 청자, 시간과 장소, 말을 하는 의도나 목적, 중심 화제, 분위기, 매체 등

예로 개념 확인

(가) 민수: (TV를 보고 있는 동생에게) ❶재미있어?
민욱: 응, 형도 같이 봐.
민수: (방을 나가려다 문턱에 걸려 넘어진다.)
민욱: (형이 넘어지는 모습을 보고도 웃기만 한다.)
민수: (화를 내며) ❶재미있어?
민욱: 미안해. 많이 다쳤어?

(나) (경상도에서 오신) 할머니: 이 싱싱한 ❷정구지로 ❷찌짐 해 묵자.
손녀: ❷할머니, 뭘 쪄서 드신다고요? 이거 부추 아니에요?
(손녀의) 어머니: 그래요, 어머님. ❷부추전 해 먹으면 정말 맛있겠네요.

(3) **상황 맥락에 따른 발화의 의미 차이**: 같은 말이라도 어떤 상황에서 쓰였느냐에 따라 의미가 다르게 해석될 수 있다.

예 "정말 추운데."
> 거리를 걸으면서 친구에게 한 말인 경우: 기온이 내려갔다.(사실의 전달)

> 창문이 열린 교실에서 창가에 앉은 친구에게 한 말인 경우: 창문을 닫아 달라.(명령, 부탁)

(4) **상황 맥락을 고려한 의사소통의 필요성**
- 상황 맥락을 고려하지 않을 때에는 의미 전달이 명확하지 않아 서로 오해할 수 있고, 상대의 기분을 상하게 할 수 있다.
- 상황 맥락을 정확하게 인식하고 이에 어울리는 적절한 표현을 사용해야 원활한 의사소통이 가능하다.

❸ 담화와 사회·문화적 맥락

(1) **사회·문화적 맥락의 개념**: 하나의 사회 집단이 구성하고 공유하는 사회·문화적 환경으로, 담화와 글의 수용과 생산에 간접적으로 작용하는 맥락을 말한다.

(2) **사회·문화적 맥락의 요인**
- 역사적·사회적 상황, 이념, 공동체의 가치, 신념 등을 포함한다.
- 지역, 세대, 성별, 문화 등에 따라 언어 차이가 생겨난다.

(3) **사회·문화적 맥락을 고려한 의사소통**
- 사회·문화적 맥락의 차이가 언어 사용의 차이를 가져오고 담화의 의미 해석에 영향을 미치므로 이를 고려하여 의사소통을 해야 한다.
- 사회·문화적 맥락에 대한 이해를 바탕으로 상대방을 존중하고 배려하는 태도를 지니고 담화 상황에 맞게 말해야 원활한 의사소통이 가능하다.

더 알아 두기

✚ **사회·문화적 맥락에 따른 언어의 차이**
- **지역의 차이**: 강원도 방언, 경상도 방언, 전라도 방언, 충청도 방언, 제주도 방언 등 지역에 따라 사용하는 방언이 달라 언어 차이가 발생함.
- **세대의 차이**: 10대들이 사용하는 유행어, 준말, 인터넷 통신 언어로 인해 세대 간의 언어 차이가 발생함.
- **성별의 차이**: 문장 종결 방식의 차이, 맞장구치는 말의 사용 빈도의 차이 등 남녀의 말하기 방식의 차이에 따라 언어 차이가 발생함.
- **문화의 차이**: 국가별 문화의 차이와 같이 개인이 속한 집단의 문화적 배경에 의해 언어 차이가 발생함.

❶ **상황 맥락을 고려하여 담화의 의미 파악하기**: ❶과 관련한 담화 상황을 분석하면, 둘 다 화자는 민수이고 청자는 민욱이며 발화는 '재미있어?'라는 것을 알 수 있다. 그런데 첫째 발화와 둘째 발화가 이루어지는 상황이 달라 담화의 의미가 달라지고 있다. 첫째 발화는 텔레비전을 보고 있는 동생에게 방송 내용이 재미있는지를 질문하는 것인 데 반해, 둘째 발화는 문턱에 걸려 넘어진 자신을 도와주지 않고 여전히 텔레비전을 보며 웃기만 하는 민욱에 대한 불만을 표현한 것이다. 이렇게 같은 말이라도 상황에 따라 다른 의미로 해석될 수 있기 때문에 상황 맥락을 고려하여 발화의 의미를 올바르게 이해해야 원활한 의사소통이 가능해진다.

❷ **사회·문화적 맥락을 고려하여 의사소통하기**: 할머니와 어머니는 의사소통이 잘 이루어지고 있는 반면, 손녀는 할머니의 말을 잘 이해하지 못하고 있다. 손녀는 '정구지'가 '부추'를, '찌짐'이 '전'을 의미하는 경상도 방언임을 모르고 있고, 어머니는 알고 있기 때문이다. 이렇게 지역에 따라 달리 나타나는 언어를 지역 방언이라고 하는데, 담화 상황에서는 지역, 세대, 성별, 문화 등에 따른 사회·문화적 맥락을 고려하고, 사회·문화적 맥락의 차이가 언어 사용에 차이를 가져온다는 점을 이해해야 의사소통을 원활하게 할 수 있다.

지문 연구

- **해제:** 이 글은 담화의 기본 개념에 대해 알려 주고, 담화를 구성하는 요소, 즉 말하는 이, 듣는 이, 일정한 내용을 지닌 발화, 맥락을 분석적으로 살피고 있는 설명문이다.
- **주제:** 담화의 개념과 구성 요소

┃ 내용 연구

담화의 개념과 구성 요소

담화의 개념	발화가 모여 이루어진 것
담화의 구성 요소	화자, 청자, 일정한 내용을 지닌 발화, 맥락

┃ 구절 풀이

- **이것이 일정한 내용을 지니고 있어야 한다.:** 무의미한 말은 담화가 될 수 없다는 뜻이다.
- **담화의 맥락은 ~ 전달되기도 한다.:** 맥락이 없는 담화는 성립할 수 없으며, 말의 의미는 맥락 속에서 파악해야 명확한 의미가 전달된다는 뜻이다.

┃ 낱말 풀이

- **발화:** 소리를 내어 말을 하는 현실적인 언어 행위. 구체적인 의사소통 상황에서 생각이 실제 문장으로 실현된 것.
- **맥락:** 사물 따위가 서로 이어져 있는 관계나 연관.
- **완곡한:** 말하는 투가 청자의 감정이 상하지 않도록 모나지 않고 부드러운.

(가) 우리는 언어를 통해 마음속에 있는 생각을 구체적인 말소리로 표현한다. 이때 <u>생각이 실제 문장으로 실현된 것을 *발화(發話)라고 하며, 이러한 발화가 모여 담화(談話)를 이룬</u>다. 예를 들어, 다음과 같은 간단한 대화도 하나의 담화가 될 수 있는 것이다.

<small>발화의 개념 ／ 담화의 개념: 발화가 모여 이루어진 언어 단위</small>

> A: 어디 가세요?
> B: 응, 시장에 옷 사러 가네. ┐→ 발화 두 개가 모여 담화를 이룬 예

▶ 발화가 모여 이루어지는 [　　　]

(나) 담화가 성립되기 위해서는 먼저 '화자(말하는 이)'가 있어야 하고, 화자가 전달하는 발화를 듣는 '청자(듣는 이)'가 있어야 한다. 담화에서 이 두 요소는 필수적인 것으로, 이 두 요소 없이 담화는 성립할 수 없다. 독백과 같은 경우는 청자가 없는 것이 아닌가 하는 궁금증을 가질 수 있지만 독백은 화자와 청자가 일치하는 것으로 보아야 한다. 즉, 담화는 기본적으로 화자와 청자가 존재해야 한다.

<small>담화의 구성 요소 ①-1 ／ 담화의 구성 요소 ①-2</small>

▶ 담화의 구성 요소 ①: [　　　]와/과 청자

(다) <u>담화에 참여하는 인물만 있다고 하여 담화가 성립되는 것은 아니다.</u> 이 인물들이 주고받는 발화가 있어야 하며, *이것이 일정한 내용을 지니고 있어야 한다. 일반적으로 발화를 통해 화자는 느낌, 생각, 믿음 등을 전달할 수 있다.

<small>화자, 청자 ／ 담화의 구성 요소 ②</small>

▶ 담화의 구성 요소 ②: 일정한 내용을 지닌 [　　　]

(라) 마지막으로 담화에는 *맥락이 요구된다. 화자와 청자가 주고받는 발화는 이들을 둘러싼 구체적인 맥락 속에서 이루어지는 것이다. *담화의 맥락은 담화의 흐름이나 의미 해석에 매우 중요한 역할을 하는데, 동일한 발화라도 맥락에 따라서 다른 뜻으로 전달되기도 한다. 예를 들어, "5분 남았어."라는 말은 그 말이 쓰인 맥락에 따라 시간이 남아 여유가 있다는 뜻으로 해석될 수도 있고, 반대로 시간이 부족하니 서둘러야 한다는 뜻으로 해석될 수도 있다.

<small>담화의 구성 요소 ③ ／ 맥락에 따라 발화의 의미가 달라지는 예</small>

▶ 담화의 구성 요소 ③: [　　　]

(마) 일반적으로 화자가 전달하는 발화의 의미는 그것을 구성하는 각각의 단어들의 뜻이 결합한 것이라고 생각하기 쉽다. 이러한 생각이 틀린 것은 아니지만, <u>담화의 맥락을 고려하지 않는다면 말의 진정한 뜻을 알기는 어려울 것이다.</u> 예를 들어, 수학여행 버스에서 선생님이 학생들에게 "내립시다."라고 말한다면 모두 버스에서 내리자는 (㉠)의 의미겠지만, 사람들로 가득한 시내버스에서 하차하기 위해서 이 말을 한다면 "길 좀 비켜 주세요."라는 *완곡한 (㉡)을/를 의미한다.

<small>담화에서 맥락의 중요성 ／ "내립시다."</small>

▶ 맥락에 따라 발화의 [　　　]이/가 달라지는 담화

<small>정답 담화, 화자, 발화, 맥락, 의미</small>

01 이 글을 읽고 담화에 대해 이해한 내용으로 적절한 것은?

① 담화는 발화가 모여 이루어진 말의 단위이다.
② 독백은 청자가 없기 때문에 담화가 될 수 없다.
③ 담화에 참여하는 인물만 있으면 담화가 성립된다.
④ 담화란 생각이 하나의 단어로 실현된 것을 말한다.
⑤ 동일한 말은 담화의 맥락에 상관없이 같은 의미로 해석된다.

02 다음은 이 글에서 설명하는 담화의 구성 요소를 도식화한 것이다. ⓐ에 들어갈 구성 요소에 대한 설명으로 적절하지 않은 것은?

① 일정한 내용을 지니고 있다.
② 구체적인 말소리로 표현된다.
③ 생각이 실제 문장으로 실현된 것이다.
④ 화자의 생각, 느낌, 믿음 등을 담고 있다.
⑤ 담화가 이루어지는 시간적·공간적 상황을 말한다.

03 이 글의 내용으로 미루어 볼 때, 담화로 보기 어려운 것은?

① 친구와의 대화
② 아기의 옹알이
③ 시장에서의 흥정
④ 선거에서의 지지 유세
⑤ 교실에서의 국어 수업

04 ㉠과 ㉡에 들어갈 말을 바르게 짝지은 것은?

	㉠	㉡		㉠	㉡
①	명령	청유	②	설득	설명
③	청유	명령	④	다짐	불만
⑤	설명	설득			

05 (라), (마)의 내용을 바탕으로 〈보기〉의 밑줄 친 말을 의사소통이 원활하게 이루어지도록 적절하게 고쳐 쓰시오.

보기
보미: (무척 더워하며 에어컨 앞에 앉아 있는 준수에게) 에어컨이 꺼져 있네.
준수: 응, 내가 들어올 때부터 꺼져 있었어.

100점 특강 Special lecture

○- 발화와 담화의 개념

발화는 생각이 실제 문장으로 실현된 것으로, 화자의 느낌, 생각, 믿음 등의 정보를 담고 있다. 이 발화가 모여 담화를 이루는데, 담화는 하나의 완결된 의미를 지닌 의사소통의 단위이다.

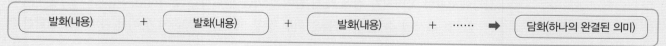

○- 발화의 의미와 담화의 맥락

담화가 성립되기 위해서는 '화자'와 '청자'가 있어야 하고, 그들이 주고받는 내용인 '발화'가 있어야 한다. 이때 발화의 의미는 이를 둘러싼 시간적·공간적 상황이나 사회·문화적 상황의 영향을 받는데, 이것을 '맥락'이라고 한다. 동일한 발화도 맥락에 따라 다른 의미로 해석될 수 있기 때문에 맥락을 정확히 파악해야 의사소통을 원활하게 할 수 있다.

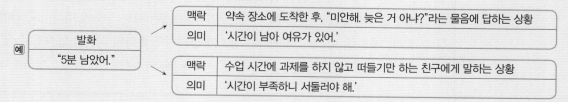

담화의 맥락

- **해제:** 이 글은 담화의 구성 요소 중 하나인 '맥락'이 무엇인지 소개하고 '맥락'에 따라 담화의 의미가 어떻게 달라지는지 구체적인 사례를 통해 설명하고 있는 글이다. 담화에서 '맥락'의 중요성을 알고 '맥락'을 고려해야 담화를 더 정확하게 해석할 수 있음을 알려 주는 글이다.
- **주제:** 담화에 영향을 미치는 상황 맥락과 사회·문화적 맥락

내용 연구
맥락의 종류

맥락	
상황 맥락	사회·문화적 맥락
• 화자와 청자의 관계 • 시간과 장소 • 의도나 목적	• 지역 • 세대 • 성별 • 문화

구절 풀이
- **상황 맥락은 화자(말하는 이)와 ~ 맥락을 의미한다.:** 상황 맥락의 의미를 설명하고 있다. 상황 맥락은 발화가 이루어지는 그 장면 자체와 관련이 있는 맥락이다. 담화를 구성하는 요소와 관련이 깊다.
- **"어떠세요?"라는 말도 ~ 다르게 해석된다.:** "어떠세요?"라는 발화는 발화의 내용이 같아도 상황 맥락에 따라 다양하게 해석될 수 있다. 화자와 청자의 관계나 발화가 이루어지는 장소에 따라서 그 의미가 달라질 수 있는 것이다.

낱말 풀이
* **공유:** 두 사람 이상이 한 물건을 공동으로 소유함.

(가) 담화를 구성하는 요소 중 하나인 맥락은 <u>담화의 흐름이나 의미 해석에 많은 영향을 미친다.</u> _{맥락의 역할(중요성)} 따라서 맥락에 따라 담화의 의미가 어떻게 달라지는지 파악하여 올바른 국어 생활을 하는 것이 필요하다. 이 글을 통해 담화에 많은 영향을 미치는 맥락에는 어떠한 것들이 있는지 살펴보도록 하자.

▶ ☐☐을/를 고려한 의사소통의 필요성

(나) 담화에 영향을 미치는 맥락에는 '상황 맥락'과 '사회·문화적 맥락'이 있다. *상황 맥락은 화자(말하는 이)와 청자(듣는 이)의 관계, 시간과 장소, 의도나 목적 등 장면 자체와 관련된 맥락을 의미한다. '사회·문화적 맥락'은 하나의 사회 집단이 구성하고 *공유하는 지식으로, 지역, 세대, 성별, 문화 등과 같은 사회·문화적 환경을 의미한다.

▶ 맥락의 종류

(다) 먼저 상황 맥락이 담화에 미치는 영향을 살펴보기 위해서 다음 예를 보자.

아버지: (밤 11시를 가리키는 시계를 바라보며) 얘가 너무 늦어서 걱정이네.
아들: (문을 열고 들어오며) 아버지, 아직 안 주무셨어요?
아버지: (나무라듯이) 지금이 몇 시니?
아들: (태연하게) 지금이요? <u>11시 조금 넘었는데요.</u>
_{아버지의 의도를 파악하지 못한 대답 – 상황 맥락을 파악하지 못함.}
아버지: 뭐라고?

▶ 상황 맥락을 고려하지 않은 대화의 예

(라) "지금 몇 시니?"라는 말은 표면적으로는 현재 시각을 물어보는 질문으로 들리지만, 이 상황에서처럼 아버지가 집에 늦게 들어온 아들에게 하는 말이라면, <u>이것은 아들을 나무라는 것으로 해석될 수 있다.</u> _{상황 맥락의 요소 ① – 의도} 아들은 이런 <u>상황 맥락을 이해하지 못해서</u> 아버지와 원활한 의사소통을 하지 못했다. _{아들이 가진 문제점}

▶ 화자의 ☐☐에 따른 의미의 차이

(마) *"어떠세요?"라는 말도 상황 맥락에 따라 다르게 해석된다. <u>화자와 청자의 관계를 먼저 생각해 보자.</u> _{상황 맥락의 요소 ②} 미용사와 손님의 관계, 의사와 환자의 관계, 옷가게 점원과 손님의 관계에 따라 의미가 달라진다. 또 "어떠세요?"라는 발화가 이루어지는 장소에 따라서도 의미가 달라질 수 있다. _{상황 맥락의 요소 ③} 미용실, 병원, 옷가게라는 장소가 달라져도 발화의 의미가 달라질 수 있다.

▶ 화자와 청자의 관계, ☐☐에 따른 의미의 차이

01 이 글을 바탕으로 할 때, 담화에서 맥락의 주된 역할로 적절한 것은?

① 담화와 담화를 연결해 준다.
② 담화를 간결하게 만들어 준다.
③ 담화의 시작과 끝을 알려 준다.
④ 담화의 화자가 누구인지 알려 준다.
⑤ 담화의 의미를 분명하게 만들어 준다.

02 (중요)
이 글로 볼 때, 상황 맥락에 해당하는 요소로 보기 어려운 것은?

① 표현된 언어
② 담화의 분위기
③ 화자와 청자의 관계
④ 담화의 목적과 의도
⑤ 담화가 이루어지는 시간과 공간

03 (다)의 담화에서 '아들'의 말하기 방식의 문제점으로 적절한 것은?

① 상대방이 누구인지 파악하지 못하였다.
② 상대방이 말하는 의도를 파악하지 못하였다.
③ 발화의 표면적인 의미를 파악하지 못하였다.
④ 화자와 청자와의 관계를 파악하지 못하였다.
⑤ 대화가 이루어지는 장소를 파악하지 못하였다.

04 (마)를 바탕으로 〈보기〉의 발화가 가진 의미를 해석한 내용으로 적절하지 않은 것은?

┤ 보기 ├
"어떠세요?"

① 미용사가 손님에게 한 말이라면 '머리가 마음에 드세요?'라는 의미이다.
② 의사가 진료실에서 환자에게 한 말이라면 환자의 상태를 확인하는 의미이다.
③ 옷가게에서 점원이 손님에게 한 말이라면 '옷이 마음에 드시나요?'라는 의미이다.
④ 의사가 명절에 자기 집안의 건강한 어르신에게 한 말이라면 안부를 묻는 의미이다.
⑤ 음식점에서 점원이 손님에게 한 말이라면 음식점을 찾아 준 것에 대한 감사의 의미이다.

05 (서술형)
다음은 〈보기〉의 상황 맥락을 분석한 것이다. ⓐ에 들어가기에 알맞은 내용을 〈조건〉에 맞게 서술하시오.

┤ 보기 ├
민수: 정호야, 뭐 하니?

장소	서점
민수의 말하기 의도	ⓐ
정호의 예상 답변	응, 인물 탐구 과제를 하려고 시인에 관한 책을 보고 있어.

┤ 조건 ├
• 정호의 예상 답변과 직접적인 관련이 있게 쓸 것.

100점 특강 Special lecture

○ 맥락의 역할

맥락은 담화의 구성 요소 중 하나로, 이를 통해 담화의 의미가 달라진다.

┌ 맥락 A ┐
동일한 화자, 청자, 발화

≠

┌ 맥락 B ┐
동일한 화자, 청자, 발화

⇨ 동일한 화자, 청자, 발화가 이루어졌더라도 맥락에 따라 의미가 달라질 수 있다.

○ '상황 맥락'을 구성하는 요소

상황 맥락은 담화가 이루어지는 장면 자체와 관련이 있다. 담화가 이루어질 때 화자와 청자의 관계, 화자의 의도 또는 목적, 담화가 이루어지는 시간과 장소 등에 따라 의미가 달라지게 되는데, 이를 상황 맥락이라고 한다. 담화의 화자나 청자, 발화 자체의 의미는 상황 맥락 안에서만 올바르게 해석될 수 있으므로 상황 맥락에 주의하여 담화의 의미를 해석해야 한다.

| 내용 연구
다른 세대와의 대화에서 주의해야 할 요소

어른 세대	한자어 등 어려운 단어 전문어, 예전 유행어
청소년 세대	유행어, 인터넷 언어, 줄임말, 은어

| 구절 풀이

● 할아버지는 '춘부장'이나 ~ 원활하지 못했다.: 할아버지의 말을 민수가 잘 이해하지 못한 이유가 드러나 있다. 할아버지가 민수 세대의 언어 문화를 고려하지 않고 말을 해서 원활한 의사소통이 되지 못하였다.

● 외국인 친구는 이런 ~ 의아해한 것으로 보인다.: 외국인 친구는 대화를 할 때 자신을 낮추거나 상대방을 존중하는 우리나라의 말 문화를 잘 알지 못하기 때문에 대화를 이해하지 못하고 있다.

● 그리고 자신과 다른 ~ 있도록 도와주어야 한다.: 사회·문화가 다른 사람들과 말을 주고받을 때 서로의 사회·문화적 배경을 이해하는 것이 필요함을 말하고 있다.

| 낱말 풀이

* 유행어: 비교적 짧은 시기에 걸쳐 여러 사람의 입에 오르내리는 단어나 구절. 신어의 일종으로 해학성, 풍자성을 띠며 신기한 느낌이나 경박한 느낌을 주기도 한다.

* 관습: 어떤 사회에서 오랫동안 지켜 내려와 그 사회 성원들이 널리 인정하는 질서나 풍습.

(가) 다음으로 사회·문화적 맥락이 담화에 미치는 영향을 알아보기 위해 다음 대화를 살펴보자.

> 정민: 할아버지, 친구가 놀러 왔어요.
> 민수: 안녕하세요? 할아버지.
> 할아버지: 그래, 민수 또 왔구나. 그래 춘부장께서는 무탈하시고?
> 민수: 네?　　　　　　　　　　　　▶ 사회·문화적 맥락을 고려하지 않은 담화의 예

(나) 왜 민수는 당황하면서 대답하지 못했을까? 할아버지가 하는 말을 잘 알아들을 수 없었기 때문이다. 할아버지의 말 중에서 '춘부장'은 '상대방의 아버지'를 높여서 부르는 말이고 '무탈하다'는 '병이나 사고가 없다'는 뜻이다. _{민수가 대답을 못한 이유} 할아버지는 '춘부장'이나 '무탈하다'와 같은 말을 사용하지 않는 민수 세대의 문화를 고려하지 않고 말해서 대화가 원활하지 못했다. 이와 _{사회·문화적 맥락 – 세대} 반대로 젊은이가 웃어른과 대화할 때 또래에게 하듯이 유행어나 인터넷 언어를 사용한다면 의사소통이 제대로 이루어지지 않을 것이다. ▶ _{+ 줄임말, 은어} [　　]의 차이를 고려하지 않은 담화

(다) 다음 대화를 더 살펴보자.

> 어머니: 차린 건 없지만 많이 먹어요.
> 외국인 친구: 네? 이렇게 음식이 많은데 차린 게 없다니요?
> 영호: 어머님, 상다리가 부러질 것 같아요.
> 외국인 친구: 상은 튼튼한 것 같은데…….　　▶ 사회·문화적 맥락을 고려하지 않은 담화의 예

(라) 우리나라에서는 손님을 대접할 때 겸손하게 표현하는 문화가 있다. 그래서 아무리 음식 _{사회·문화적 맥락 – 문화 ①} 을 많이 차렸더라도 '차린 것은 없지만'이라든지 '음식이 변변치 못해서' 등의 말을 사용한다. 외국인 친구는 이런 우리나라의 문화를 이해하지 못했기 때문에 의아해한 것으로 보인다. 그리고 영호의 '상다리가 부러질 것 같다'는 상대방을 존중하는 표현인데, 외국인 친구는 이를 제대로 이해하지 못했다. _{사회·문화적 맥락 – 문화 ②} ▶ [　　]의 차이를 고려하지 않은 담화

(마) 앞에서 말한 바와 같이 담화를 올바르게 해석하기 위해서는 상황 맥락이나 사회·문화적 맥락을 고려해야 한다. _{지금까지 설명한 내용에 대한 정리} 상황 맥락은 화자와 청자가 처한 시간적, 공간적 상황을 의미하며 구체적으로 시간, 공간, 분위기, 담화의 목적과 의도, 화자와 청자의 관계 등으로 구성된다. 사회·문화적 맥락은 담화의 해석에 영향을 미치는 사회·문화적 배경, 관습 등과 관련된 맥락을 말한다. ▶ 상황 맥락과 사회·문화적 맥락의 역할과 종류

(바) 바람직한 의사소통을 하기 위해서는 오고가는 대화의 내용에만 집중하지 말고 대화가 이루어지는 상황을 잘 살펴서 오해가 없도록 해야 한다. 그리고 자신과 다른 사회·문화적 환경에서 자란 사람과의 의사소통을 원활하게 하기 위해서 상대방의 문화를 이해하려 노력해야 하며 상대방이 자신의 문화를 이해할 수 있도록 도와주어야 한다. ▶ 맥락을 고려한 대화의 필요성

06 이 글을 바탕으로 할 때, '사회·문화적 맥락'에 대한 설명으로 적절한 것은?

① 대화 장면 그 자체에 관련된 맥락이다.
② 다른 언어권 사이에서만 적용되는 맥락이다.
③ 화자와 청자의 관계, 시간과 장소 등을 말한다.
④ 모든 담화의 상황에서 고려되어야 하는 맥락이다.
⑤ 문화나 관습 등 담화의 의미 해석에 영향을 미치는 맥락이다.

07 (가)의 대화에서 사회·문화적 맥락을 고려하지 않고 말한 사람과 그렇게 생각한 이유로 적절한 것은?

① 민수: 상황에 어울리지 않게 겸손한 태도로 말하였다.
② 정민: 할아버지와 민수의 친분 관계를 고려하지 않고 말하였다.
③ 정민: 할아버지가 알아듣지 못하는 유행어를 사용하여 말하였다.
④ 할아버지: 자신의 세대에는 익숙하지만 민수 세대에는 익숙하지 않은 어휘를 사용하였다.
⑤ 민수: 할아버지에게 익숙하지만 정민에게는 익숙하지 않은 어휘를 사용하였다.

08 (다)의 대화에서 어머니와 영호의 말을 통해 알 수 있는 우리말 문화의 특성을 〈보기〉에서 모두 골라 묶은 것은?

▌ 보기 ▐
ㄱ. 겸손한 태도로 말한다.
ㄴ. 상대방을 존중하는 태도로 말한다.
ㄷ. 자신의 생각을 직설적으로 표현한다.
ㄹ. 가족 공동체를 중시하는 태도로 말한다.

① ㄱ, ㄴ　　　② ㄴ, ㄷ　　　③ ㄷ, ㄹ
④ ㄱ, ㄴ, ㄷ　　　⑤ ㄴ, ㄷ, ㄹ

09 〈보기〉에서 의사소통이 원활하게 이루어지지 않은 원인과 관련 있는 사회·문화적 맥락으로 가장 적절한 것은?

▌ 보기 ▐
〈목욕탕에서〉
아버지: 어, 시원하다. / 아들: 정말요?
아들: 앗, 뜨거운데. 아빠한테 속았어. 왜 어른들은 그런 말을 쓰는 거지!

① 세대　　　② 성별　　　③ 지역
④ 계층　　　⑤ 신념

서술형
10 (나)를 바탕으로 중학생이 할아버지나 할머니 세대와 대화할 때 유의할 점이 무엇인지 〈조건〉에 맞게 서술하시오.

▌ 조건 ▐
• 청소년의 특징이 드러나는 언어의 유형을 두 가지 이상 포함할 것.
• 한 문장으로 쓸 것.

100점 특강 Special lecture

○- **사회·문화적 맥락의 역할**

상황 맥락과 마찬가지로 사회·문화적 맥락을 고려하지 않으면 의사소통이 원활하게 이루어지기 어렵다. 사회·문화적 맥락에는 세대, 성별, 지역, 문화, 역사, 신념 등 다양한 사회·문화적 요인들이 작용한다.

(가)의 예	(다)의 예
할아버지가 세대의 차이를 고려하지 않고 할아버지 세대에서 쓰는 어휘를 사용하여 의사소통이 원활하지 않음.	외국인 친구가 겸손하게 표현하거나 상대방을 존중하며 표현하는 우리 문화를 잘 이해하지 못해서 의사소통이 원활하지 않음.

○- **올바른 언어생활을 위한 바람직한 태도**

담화가 이루어지는 상황을 잘 고려해야 함.	＋	상대방의 문화를 이해하려는 노력을 해야 하며 상대방이 자신의 문화를 잘 이해할 수 있도록 도와주어야 함.

한글의 창제 원리

학습 목표
· 한글의 창제 원리를 설명할 수 있다.
· 한글의 우수성과 가치를 이해할 수 있다.

① 한글의 창제 정신

자주 정신	우리나라 말을 중국의 한자를 빌려 표기하지 않고, 새로 우리 글자를 창제함.
애민 정신	말하고자 하는 바를 제대로 표현하지 못하는 백성들을 가엾게 여겨 한글을 창제함.
실용 정신	사람들이 쉽게 익히고, 날마다 사용하는 데 편하게 하기 위해 한글을 창제함.

② 한글의 제자 원리

(1) 상형의 원리(자음, 모음): 자음은 발음 기관의 모양을, 모음은 하늘·땅·사람의 모양을 본떠서 만들었다.

자음 기본자	ㄱ	ㄴ	ㅁ	ㅅ	ㅇ
상형 대상	혀뿌리가 목구멍을 막는 모양	혀가 윗잇몸에 붙는 모양	입 모양	이의 모양	목구멍의 모양
발음 기관의 모양					

모음 기본자	·	―	ㅣ	
상형 대상	하늘	땅	사람	하늘 / 사람 / 땅

예로 개념 확인

한글은 정보화 시대에 유리한 문자이다. 첫째, ❸한글은 영어 알파벳의 모음자와 달리 모음 한 글자가 하나의 소리로만 발음된다. 이렇게 글자와 소리가 일치하기 때문에 기계 번역이나 음성 인식 컴퓨터를 만들 때 유리하다. 둘째, ❸휴대 전화 자판 입력에서도 한글의 과학성을 확인할 수 있다.

ㄱ	ㄴ	ㅐㅑ
ㄹ	ㅁ	ㅗㅜ
ㅅ	ㅇ	ㅣ
❶획 추가	―	❶쌍자음

❷ ㅣ	·	―
ㄱㅋ	ㄴㄹ	ㄷㅌ
ㅂㅍ	ㅅㅎ	ㅈㅊ
기호	ㅇㅁ	숫자

위에서 알 수 있듯이 가획, 병서, 합성, 합용 등의 한글의 제자 원리가 자판에 고스란히 반영되어 있는데, 이를 활용하여 10여 개에 불과한 자판만으로 표현하고자 하는 모든 말을 빠르고 쉽게 입력할 수 있다. ❸컴퓨터 자판 입력에서도 24개 자모만으로 모든 글자를 입력할 수 있어서 문자 입력 속도가 가히 세계 최고 수준이라 할 만하다. 이러한 특징은 4만 자가 넘는 중국의 한자나 102자의 일본 가나와 비교할 때 더욱 두드러진다.

(2) **가획의 원리(자음):** 기본자에 획을 더함으로써 소리의 거센 특성을 나타내었다.(단, 이체자는 가획은 하였으나 소리의 세기와는 상관이 없는 예외 글자이다.)

	어금닛소리	혓소리	입술소리	잇소리	목구멍소리
기본자	ㄱ	ㄴ	ㅁ	ㅅ	ㅇ
가획자		ㄷ	ㅂ	ㅈ	ㆆ
	ㅋ	ㅌ	ㅍ	ㅊ	ㅎ
이체자	ㆁ	ㄹ		ㅿ	

(3) **합성의 원리(모음):** 기본자를 서로 합성하여 새로운 글자를 만들었다.

초출자 (· + ㅣ 또는 · + ㅡ)	ㅣ·(ㅏ)	·ㅣ(ㅓ)	ㅗ(ㅗ)	ㅜ(ㅜ)
재출차 (초출자 + ·)	ㅣ:(ㅑ)	:ㅣ(ㅕ)	ㅛ(ㅛ)	ㅠ(ㅠ)

❸ 한글의 우수성

독창성	다른 글자를 모방하거나 변형한 것이 아니라 새로운 체계의 글자를 만들어 내었음.
과학성	발음 기관의 모양을 본떠서 기본 글자를 만들고, 여기에 획을 더하여 소리의 관련성을 표시하였음.
실용성	하나의 글자가 하나의 소리로 발음되어 누구나 쉽게 읽고 쓸 수 있음.
경제성	창제 당시 단 28자의 자음과 모음만으로 거의 모든 소리를 나타낼 수 있도록 만들었음.

더 알아 두기

✚ 한글 창제 당시의 글자

현재 한글

자음 14자와 모음 10자를 합해 24자임.

+

소실된 문자

• 자음 3자(ㆁ, ㅿ, ㆆ)
• 모음 1자(·)

↓

한글 창제 당시의 글자

자음 17자와 모음 11자를 합해 28자임.

❶, ❷ 휴대 전화 자판에 적용된 한글의 제자 원리: 한글의 제자 원리에는 상형, 가획, 병서, 합성, 합용 등이 있다. 병서는 두 자음을 가로로 나란히 써서 'ㄲ, ㄸ, ㅃ, ㅆ, ㅉ' 등의 글자를 만드는 것이고, 합용은 이미 만들어진 모음자를 다시 합하여 'ㅘ, ㅝ, ㅚ, ㅟ, ㅔ' 등을 만드는 것이다. 휴대 전화 자판에서 ❶은 자음 제자 원리를 반영한 것으로, '획 추가'는 가획의 원리를, '쌍자음'은 병서의 원리를 적용하였다. ❷는 모음 제자 원리를 반영한 것으로, 기본자인 ' · , ㅡ, ㅣ'를 결합하여 다양한 모음을 표현할 수 있도록 만들어졌다.

❸ 한글의 우수성과 가치: 한글의 우수성은 정보화 시대에 더욱 부각되고 있다. 영어 모음 'a'는 단어에 따라 '애, 에이, 아' 등 다양한 소리를 지니지만, 한글 모음 'ㅏ'는 모든 단어에서 '아'라는 동일한 소리를 낸다. 이렇게 글자와 소리가 일대일로 대응하기 때문에 음성 인식 컴퓨터 개발이나 기계를 사용한 번역에 유리한 것이다. 또한 한글의 제자 원리를 활용한 휴대 전화 자판 입력과 24자모만을 활용한 컴퓨터 자판 입력의 용이성과 신속성 등을 고려하면 한글은 디지털 시대에 최적화된 문자라고 할 수 있다.

한글의 제자 원리 | 이익섭

- **해제**: 이 글은 한글 자음자와 모음자가 만들어진 원리를 분석적으로 제시하여 한글의 제자 원리를 설명하고 있는 글이다. 상형, 가획, 합성, 합용의 원리로 한글이 만들어졌음을 구체적으로 제시하고 있다.
- **주제**: 한글의 제자 원리

∥ 내용 연구

『훈민정음 해례본』에 나타난 자음 기본자의 제자 원리

ㄱ	어금닛소리 ㄱ은 혀뿌리가 목구멍을 닫는 형상을 본뜸.
ㄴ	혓소리 ㄴ은 혀가 윗잇몸에 닿는 형상을 본뜸.
ㅁ	입술소리 ㅁ은 입의 형상을 본뜸.
ㅅ	잇소리 ㅅ은 이의 형상을 본뜸.
ㅇ	목구멍소리 ㅇ은 목구멍의 형상을 본뜸.

상형의 원리: 자음을 발음할 때 발음 기관의 모양을 본뜸.

∥ 구절 풀이

● 다만 'ㄹ'과 'ㅿ'은 ~ 예외적인 글자라고 하였다.: 'ㄹ'은 'ㄷ'에, 'ㅿ'은 기본자 'ㅅ'에 획을 더했다고 볼 수 있지만 소리의 세기와 관련이 없어서 가획자가 아닌 이체자로 분류한다.

∥ 낱말 풀이

* 제자: 글자를 만듦.
* 상형(象形): 어떤 대상의 형상을 본뜸.
* 가획(加劃): 원 글자에 획을 더함.

(가) 해례본의 제자해는 한글의 각 글자들을 어떠한 원리에 근거하여 만들었는가 하는 이른 바 *제자(制字) 원리를 밝히고 있어 무엇보다 귀중한 부분이다. 여기에 의하면 그 첫 원리는 *상형의 원리다. 어떤 모양을 본떴다는 것인데 초성, 즉 자음은 발음 기관의 모양을 본 떴음을 다음 기록에서 명시하고 있다.

> 훈민정음의 문자 체계에 대한 해설서인 『훈민정음 해례본』을 말함.
> 글자(한글)를 만든 원리로, 해례본 제자해의 주요 내용임.
> 자음자의 제자 원리 ① 상형
> 자음(초성)의 제자 원리: 발음 기관의 모양을 본뜬 상형의 원리 → 한글의 과학성

어금닛소리 ㄱ은 혀뿌리가 목구멍을 닫는 형상을 본뜨고, 혓소리 ㄴ은 혀가 윗잇몸에 닿는 형상을 본뜨고, 입술소리 ㅁ은 입의 형상을 본뜨고, 잇소리 ㅅ은 이의 형상을 본뜨고, 목구멍소리 ㅇ은 목구멍의 형상을 본뜬 것이다.

▶ 자음자의 제자 원리 ①: [　　　]의 원리에 대한 해례본의 기록

(나) 즉, 'ㅁ, ㅅ, ㅇ'은 각각 그 글자를 발음할 때 관여하는 발음 기관인 입의 네모진 모양, 이의 뾰족한 모양, 목구멍의 둥근 모양을 본떠서 만들었고, 'ㄱ'과 'ㄴ'은 이들 글자를 소리 낼 때의 혀의 모양, 다시 말하면 'ㄱ'은 혀뿌리가 목구멍을 막는 모양, 'ㄴ'은 혀가 윗잇몸에 닿는 모양을 본떴다고 하였다. 'ㄱ'의 경우는 혀 뒤쪽을 여린입천장에 대고 'ㄱ' 음을 낼 때, 혀 뒤쪽이 올라가면서 혀 앞쪽이 자연스럽게 아래로 내려오는 모양을 본뜬 것이라 해석되며, 'ㄴ'은 반대로 혀의 앞, 즉 혀끝이 윗잇몸에 가 닿으면서 앞이 올라가고 뒤쪽이 자연히 아래쪽으로 처지는 모양을 본뜬 것이라 해석된다.

▶ 자음자의 제자 원리 ①: 상형의 원리

(다) 훈민정음 제자의 다른 한 원리는 *가획의 원리다. 자음 글자에서 상형의 원리에 의거하여 만든 것은 앞의 다섯 자뿐이며 나머지는 이것을 기본자로 하여 다음처럼 획을 하나씩 더해 가는 방식을 취하였다.

> 자음자의 제자 원리 ②
> 가획
> ㄱ, ㄴ, ㅁ, ㅅ, ㅇ

ㄱ → ㅋ	ㅅ → ㅈ → ㅊ
ㄴ → ㄷ → ㅌ	ㅇ → ㆆ → ㅎ
ㅁ → ㅂ → ㅍ	

▶ 자음자의 제자 원리 ②: [　　　]의 원리

(라) 이처럼 ㉠획을 더하여 글자를 만든 근거는 획이 더 있는 글자들의 소리가 더 거센소리들이라는 점이라고 하였다. 'ㅋ'은 'ㄱ'보다 거센소리이며 'ㅂ'은 'ㅁ'보다, 'ㅍ'은 'ㅂ'보다 소리가 거세고 이 거센 특성을 획을 더함으로써 나타냈다는 것이다. 그런데 *다만 'ㄹ'과 'ㅿ'은 그러한 근거 없이 획을 더한 예외적인 글자라고 하였다. 그리고 'ㆁ'은 어금닛소리인데도 'ㄱ'과 관련시켜 글자를 만들지 않고 목구멍소리인 'ㅇ'에 꼭지를 달아 만들어 또 하나의 예외적인 글자가 되었는데 이는 'ㅇ'과 'ㆁ'이 음성적으로 유사한 데에 근거한 것이라 하였다.

> 발음할 때의 음성적 특징을 글자에 반영함. → 한글의 과학성
> 이체자
> ㄹ, ㅿ: 소리의 세기와 관련 없이 가획한 예외적 글자
> 이체자
> ㆁ: 같은 어금닛소리인 'ㄱ'이 아닌 음성적으로 유사한 'ㅇ'에 가획한 예외적 글자

▶ 자음자의 제자 원리 ③: 가획과 소리 [　　　]의 관련성 및 이체자

01 이 글을 읽고 한글 자음에 대해 이해한 내용으로 적절하지 않은 것은?

① 한글 자음의 기본자로 만들어진 글자는 총 다섯 자이다.

② 기본자를 만든 다음에 획을 더해 다른 자음자를 만들었다.

③ 훈민정음 창제 당시에 만들어진 자음의 수는 총 14자이다.

④ 자음을 만들 때 활용한 첫 번째 제자 원리는 상형의 원리이다.

⑤ 'ㄹ', 'ㅿ', 'ㆁ'은 기본자에 근거 없이 획을 더한 예외적인 글자이다.

중요

02 이 글을 바탕으로 할 때, 다음 자음자를 만든 방법으로 적절한 것은?

① ㅈ: 'ㅅ'에 획을 하나 더하여 만들었다.

② ㅎ: 'ㅇ'에 획을 하나 더하여 만들었다.

③ ㅂ: 'ㄴ'에 획을 두 개 더하여 만들었다.

④ ㅅ: 혀가 윗잇몸에 닿는 모양을 본떠 만들었다.

⑤ ㅌ: 혀뿌리가 목구멍을 막는 모양을 본떠 만들었다.

03 (다)를 참고할 때, 가획의 원리로 만들어진 글자가 아닌 것은?

① ㄱ　　② ㄷ　　③ ㅈ　　④ ㅎ　　⑤ ㅍ

04 ㉠과 관련 있는 한글의 특성으로 가장 적절한 것은?

① 한글은 소리의 특성을 글자의 모양에 반영한 과학적인 글자이다.

② 한글은 적은 수의 글자로 많은 소리를 표현할 수 있는 경제적인 글자이다.

③ 한글은 글자 모양만으로 발음 위치를 짐작할 수 있어서 익히기 쉬운 글자이다.

④ 한글은 하나의 글자가 하나의 소리를 갖기 때문에 소리를 정확하게 적을 수 있는 글자이다.

⑤ 한글은 음소 문자이지만 쓸 때에는 음절 문자처럼 모아쓰기를 하기 때문에 효율적인 글자이다.

서술형　**중요**

05 이 글을 참고하여, 〈보기〉의 자음자의 공통된 제자 원리를 한 문장으로 쓰시오.

◀ 보기 ▶

ㄱ, ㄴ, ㅁ, ㅅ, ㅇ

100점 특강 Special lecture

○- 자음자의 제자 원리

훈민정음 창제 당시 자음자는 총 17자로, 상형과 가획의 원리를 중심으로 만들어졌다. 기본자인 5자(ㄱ, ㄴ, ㅁ, ㅅ, ㅇ)는 발음 기관을 본뜬 상형의 원리로 창제되었고, 이 기본자에 획을 더한 9자(ㅋ, ㄷ, ㅌ, ㅂ, ㅍ, ㅈ, ㅊ, ㆆ, ㅎ)는 가획의 원리로 창제되었다. 나머지 3자(ㄹ, ㅿ, ㆁ)는 획을 더했지만 소리의 세기와 관련이 없는 예외 글자이다. 그중 3자(ㅿ, ㆁ, ㆆ)는 소실된 자음으로, 현재 한글 기본 자음자는 14자이다.

	상형의 원리(기본자)	가획의 원리(가획자)	예외(이체자)
해당 자음자	ㄱ, ㄴ, ㅁ, ㅅ, ㅇ	ㅋ, ㄷ, ㅌ, ㅂ, ㅍ, ㅈ, ㅊ, ㆆ, ㅎ	ㄹ, ㅿ, ㆁ
내용	• 자음자를 만든 기본 원리임. • 발음 기관의 모양을 본떠 글자를 만들었음.	• 획을 더함으로써 거센소리의 특성을 나타냈음. • 상형의 원리로 만든 기본자 다섯 글자에 획을 더해 새로운 글자를 만들었음.	소리의 세기와 관련 없이 획을 더한 예외적인 글자임.

(가) 한편 중성, 즉 모음 글자들의 제자 원리는 어떠한가? 여기에서도 먼저 기본자를 세 자정하여 그것을 상형의 원리로 만들었다. '·'는 하늘의 둥근 모양, '—'는 땅의 평평한 모양, 'ㅣ'는 사람의 서 있는 모양을 본떠서 만든 것이 그것이다. 그런데 상형의 원리라는 점에서는 같되 자음 글자에서처럼 발음 기관을 본뜬 것이 아니라 천지인(天地人) 삼재(三才)의 모양을 본뜬 것이 특이하다.

모음자의 제자 원리 ①

▶ 모음자의 제자 원리 ①: [   ]의 원리

(나) 그리고 나머지 글자는 이 기본자를 *합성하여 만들었다. 즉, '·'와 '—'를 합성하여 'ㅗ, ㅜ'를 만들고, '·'와 'ㅣ'를 합성하여 'ㅏ, ㅓ'를 만들었다. 이렇게 기본자인 '·'를 '—'와 'ㅣ'에 붙여 만든 'ㅗ, ㅜ, ㅏ, ㅓ'를 초출자라고 부른다. 그리고 이 초출자에 다시 '·'를 하나씩 더하여 재출자 'ㅛ, ㅠ, ㅑ, ㅕ'를 만들어 모두 11자를 완성하였다. 그리고 '·'가 하나 있는 것은 단모음임을 나타내고 '·'가 두 개 있는 것은 이중 모음임을 나타내었다.

모음자의 제자 원리 ②

▶ 모음자의 제자 원리 ②: 합성의 원리 – 초출, [   ]

(다) 훈민정음은 28자 이외에도 글자를 더 가지고 있었다. 그중 하나는 'ㅸ'자였다. 이것은 입술소리 'ㅂ'자 아래에 목구멍소리 'ㅇ'자를 합쳐 만든 것으로서 이처럼 위아래로 이어서 한 글자를 만드는 방식을 연서라고 하였다. *'ㅇ'자는 소리가 가벼워지는 것을 나타내는 것이라 하여 'ㅸ'을 순경음이라 불렀다. 순경음 글자로는 'ㅸ' 이외에 'ㅱ, ㆄ' 등도 있었으나, 국어 표기에 쓰인 것은 'ㅸ'자뿐이었다.

자음 17자 + 모음 11자
28자 이외의 글자(자음)를 만든 방법 ①: 연서
입술을 거쳐 나오는 가벼운 소리

▶ 28자 이외 자음자의 제자 원리 ①: [   ]

(라) 또한 28자 이외의 글자로서는 'ㄲ, ㄸ, ㅃ, ㅆ, ㅉ' 등의 오늘날의 된소리 글자들이 있었다. 자음 글자를 옆으로 이어 써서 한 글자를 만드는 방식을 병서라고 하였는데 특히 이들처럼 같은 자음 두 글자를 가로로 나란히 붙여 써서 만든 글자들을 각자 병서라 하였다. 같은 글자를 중복하는 것은 이들 소리가 'ㄱ, ㄷ, ㅂ, ㅅ, ㅈ' 등에 비해 *엉기는 소리이기 때문이라 하였다. 엉긴다는 표현은 된소리의 인상을 나타낸 것이라 해석된다. 병서에는 서로 다른 둘 이상의 자음을 가로로 나란히 결합시켜 만든 이른바 *합용 병서도 있었다. 오늘날에는 받침에서만 'ㄺ, ㄻ, ㄼ, ㄾ, ㄳ, ㅀ, ㅄ' 등의 합용 병서가 쓰이는데, 그 당시는 초성에서도 'ㅺ, ㅼ, ㅽ, ㅄ, ㅴ' 등의 합용 병서가 쓰였다.

28자 이외의 글자(자음)를 만든 방법 ②: 병서
병서의 종류 ①: 각자 병서(ㄲ, ㄸ, ㅃ, ㅆ, ㅉ)
병서의 종류 ②: 합용 병서(ㄺ, ㄻ, ㅀ, ㅄ, ㅴ 등)
합용 병서가 오늘날에 쓰이는 방식: 겹받침
한글 창제 당시인 15세기

▶ 28자 이외 자음자의 제자 원리 ②: [   ]

(마) 모음 글자에도 28자 이외에 많은 글자가 있었다. *이미 만들어진 11개의 모음자를 합하여 ㉠ 'ㅘ, ㅝ, ㅙ, ㅞ, ㅐ, ㅔ, ㅚ, ㅟ, ㅢ' 등을 만들었다. 오늘날에 쓰이지 않는, 또 당시에도 국어의 표기에 쓰이는 일이 없었던 'ㆅ, ㆇ, ㆊ, ㆋ, ㆈ, ㆌ' 등의 글자도 만들어 놓았다.

이미 만든 모음자를 합하여 새로운 글자를 만듦: 합용

▶ 28자 이외의 [   ]의 제자 원리: 합용

| 내용 연구

모음 기본자의 제자 원리

·	하늘의 둥근 모양을 본뜸.
—	땅의 평평한 모양을 본뜸.
ㅣ	사람이 서 있는 모양을 본뜸.

↓

상형의 원리: 하늘, 땅, 사람(천지인)의 모양을 본뜸.

| 구절 풀이

● 'ㅇ'자는 소리가 ~ 순경음이라 불렀다.: 고어에서, 입술을 거쳐 나오는 가벼운 소리를 순경음이라고 한다. 순경음 비읍은 아래위 입술을 닿을 듯 말 듯하게 조금 열고 숨을 내뿜을 때 마찰되어 나는 소리이다. 지금은 쓰이지 않는 사라진 글자이다.

● 이미 만들어진 ~ 등을 만들었다.: 예를 들어 'ㅘ'는 '·'와 '—'를 합성하여 만든 'ㅗ'와 '·'와 'ㅣ'를 합성하여 만든 'ㅏ'를 다시 결합하여 만든 것이다. 이렇게 합성의 원리로 만들어진 모음자들을 서로 합하여 다른 모음자들을 추가로 만들었다.

| 낱말 풀이

* 합성(合成): 둘 이상의 것을 합쳐서 하나를 이룸.

* 엉기는: 점성이 있는 액체나 가루 따위가 한 덩어리가 되면서 굳어진다.

* 합용(合用): 같이 쓰거나 합하여 씀.

중요

06 이 글에서 알 수 있는 한글의 제자 원리를 〈보기〉에서 모두 골라 묶은 것은?

보기
ㄱ. 어떤 모양을 본떠 만든 상형의 원리
ㄴ. 글자를 서로 합하여 만든 합성의 원리
ㄷ. 두 글자를 세로로 이어 써서 만든 연서의 원리
ㄹ. 기존 글자에 약간의 변화를 주는 변형의 원리
ㅁ. 두 글자를 가로로 나란히 이어 써서 만든 병서의 원리
ㅂ. 다른 글자의 모양을 비슷하게 따라 만드는 모방의 원리

① ㄱ, ㄴ, ㄷ, ㅁ ② ㄱ, ㄷ, ㄹ, ㅁ
③ ㄴ, ㄷ, ㄹ, ㅂ ④ ㄴ, ㄹ, ㅁ, ㅂ
⑤ ㄷ, ㄹ, ㅁ, ㅂ

중요

07 (나)를 읽고 모음자를 만든 방법을 메모한 내용으로 적절하지 않은 것은?

① · + ㅡ → ㅗ ② ㅡ + · → ㅠ
③ · + ㅣ → ㅓ ④ ㅓ + · → ㅕ
⑤ ㅗ + · → ㅛ

08 (다)와 (라)에서 설명한 방법으로 만들어진 자음자가 아닌 것은?

① ㅊ ② ㄸ ③ ㅆ ④ ㅸ ⑤ ㄶ

09 ㉠의 모음자 중, 다음에서 설명하는 글자로 적절한 것은?

'ㅣ'와 '·'를 합하여 만든 'ㅏ'에 다시 'ㅣ'를 더하여 만든 것으로, 이미 합성의 방법으로 만들어진 모음에 다른 모음을 결합하여 새로운 모음을 만들었다.

① ㅘ ② ㅟ ③ ㅙ ④ ㅐ ⑤ ㅔ

서술형 중요

10 이 글을 참고하여, 모음자인 'ㅑ'를 만든 원리를 〈조건〉에 맞게 한 문장으로 서술하시오.

조건
• '기본자, 초출자, 재출자'라는 단어를 쓸 것.
• 'ㅑ'를 만들 때 관여한 모든 모음자를 쓸 것.

100점 특강 Special lecture

모음자의 제자 원리

훈민정음 창제 당시 모음자는 총 11자로, 상형과 합성의 원리를 중심으로 만들어졌다. 기본자인 3자(·, ㅡ, ㅣ)는 천지인(天地人) 삼재(三才)의 모양을 본뜬 상형의 원리로 창제되었다. 그리고 이 기본자를 합성하여 4자(ㅗ, ㅜ, ㅏ, ㅓ)를 만들고, 이 4자에 다시 '·'를 합성하여 나머지 4자(ㅛ, ㅠ, ㅑ, ㅕ)를 만들었다. 그중 '·'가 사라져서 현재 쓰이지 않고 있다. 따라서 현재 한글 기본 모음자는 '·'를 제외한 10자이다.

상형의 원리(기본자)	합성의 원리	
	초출자	재출자
·(하늘), ㅡ(땅), ㅣ(사람)	ㅗ(·+ㅡ), ㅜ(ㅡ+·) ㅓ(·+ㅣ), ㅏ(ㅣ+·)	ㅛ(ㅗ+·), ㅠ(ㅜ+·) ㅕ(ㅓ+·), ㅑ(ㅏ+·)

28자 이외 글자의 제자 원리

자음	연서	자음과 'ㅇ'자를 위아래로 이어서 한 글자를 만드는 방식 예 ㅸ, ㅱ, ㆄ	
	병서	각자 병서	같은 자음 두 글자를 옆으로 이어 써서 한 글자를 만드는 방식 예 ㄲ, ㄸ, ㅃ
		합용 병서	서로 다른 자음 두세 글자를 옆으로 이어 써서 한 글자를 만드는 방식 예 ㄳ, ㄶ, ㄺ, ㄻ, ㅴ, ㅵ
모음	합용	이미 만들어진 모음자를 합하여 만듦. 예 ㅘ(ㅗ+ㅏ), ㅐ(ㅏ+ㅣ)	

• **해제:** 이 글은 막연하게만 알고 있는 한글의 우수성을 다양한 측면에서 구체적으로 살핀 설명문이다. 한글이 우수한 이유를 구체적인 근거를 들어 설명하고 있다.

• **주제:** 한글의 우수성

| 내용 연구

한글의 우수성

• 독창적인 문자
• 과학적인 문자
• 백성을 위해 만든 문자
• 음성 언어를 가장 정확하고 쉽게 적을 수 있는 문자
• 정보화 시대에 적합한 문자

| 구절 풀이

• **자연 발생적으로 ~ 과학적이다.:** 한글은 과학적인 원리에 따라 의도적으로 만들어진 문자라는 의미이다.

• **음성 언어와 달리 ~ 뛰어난 문자이다.:** 영어, 한국어, 일본어 등과 같은 '언어'는 어느 것이 낫다고 말할 수 없지만, 그것을 표기하는 로마자, 한글, 가나 등과 같은 '문자' 중에서는 한글이 가장 우수하다고 말할 수 있다.

| 낱말 풀이

* **음소 문자:** 표음 문자 가운데 음소 단위의 음을 표기하는 문자. 음소는 더 이상 작게 나눌 수 없는 음운론상의 최소 단위로 한글의 자음과 모음 각각이 음소이다.

* **까막눈:** 글을 읽을 줄 모르는 무식한 사람의 눈. 또는 그런 사람.

* **진면목:** 본디부터 지니고 있는 그대로의 상태.

* **상용되고:** 일상적으로 쓰이고.

(가) 한글은 이 세상에 존재하는 수많은 문자 가운데서 만든 사람과 만든 시기, 만든 동기와 원리 등이 밝혀진 유일한 문자이다. 이를 바탕으로 한글의 우수성을 검토해 보기로 한다.
창제 과정
이 글의 주제
▶ 창제 과정이 밝혀진 유일한 문자인 ⬜

(나) 첫째, 한글은 독창적인 문자이다. 오늘날 사용되고 있는 문자들은 오랜 세월에 걸쳐 진화·발전되어 온 것이다. 음절 문자인 일본 문자 '가나'는 한자의 형태를 줄여서 만든 것이
한글의 우수성 ①: 독창성
음절 단위의 음을 표기하는 문자
며, *음소 문자인 로마자 역시 수천 년 동안 여러 문화권에서 변형되고, 차용되고, 확산되
음소 단위의 음을 표기하는 문자
면서 오늘에 이르렀다. 그러나 한글은 『세종실록』에 나와 있듯이 세종 대왕이 독창적으로
한글은 오랜 세월에 걸쳐 진화·발전해 온 문자가 아니라 세종 대왕이 특정 시기에 창조한 독창적인 문자임.
만들어 낸 문자이다.
▶ 한글의 ⬜

(다) 둘째, 한글은 과학적인 문자이다. 한글의 제자 원리에 따르면 자음은 발음 기관을 본떠
한글의 우수성 ②: 과학성
자음자의 제자 원리: 상형과 가획
서 기본 문자를 만들고 이에 가획의 원리를 적용한 것이며, 모음은 우주의 근본이 되는 하
모음자의 제자 원리: 상형과 합성
늘, 땅, 사람을 본떠서 기본 문자를 만들고 이를 조합한 것이다. 한글은 발음 기관과 우주의 형상을 본떠서 각 문자와 그것이 표시하는 음운 사이에 존재하는 관련성을 체계적으로 반영시킨 것으로서, *자연 발생적으로 생겨나 변모·발전된 다른 문자와는 비교될 수 없을 만큼 과학적이다.
▶ 한글의 ⬜

(라) 셋째, 한글은 백성을 위해 만든 문자이다. 한글 창제 당시의 양반들은 한평생 중국의
한글의 우수성 ③: 애민 정신
한자를 배우는 대가로 지배 계층으로서 특권을 누리게 되었지만, 대부분의 백성들은 살아가기에 벅차 어렵고 힘든 한자를 배울 수 없었다. 세종 대왕은 당시 지배 계층의 끈질긴 반대를 무릅쓰고, 어리석은 백성의 *까막눈의 설움을 불쌍히 여겨 한글, 곧 훈민정음을 만드
백성들이 문자 생활을 하지 못해 겪는 불편과 어려움을 해소해 주기 위해 한글을 창제함.
신 것이다.
▶ 한글에 반영된 ⬜

(마) 넷째, 한글은 음성 언어를 가장 정확하고 쉽게 적을 수 있는 문자이다. 이것은 근본적
한글의 우수성 ④: 정확성, 편리성
으로 한글이 말소리의 가장 작은 단위인 음운을 문자 단위로 삼았기 때문이다. *음성 언어와 달리 문자 언어는 가치 우열을 갖는데, 그 기준은 음성 언어를 적는 데 있어서 어느 정도로 정확하고 편리한가에 있다. 그런 기준에서 볼 때 한글은 세상에서 가장 뛰어난 문자이
한글은 한국어를 정확하고 편리하게 적을 수 있는 문자임.
다.
▶ 한글의 정확성과 ⬜

(바) 한글의 이러한 우수성은 오늘날에 이르러서 더욱 그 *진면목을 확인할 수 있게 되었다.
정보화 시대
실제로 오늘날 *상용되고 있는 컴퓨터에서 한글은 입력이나 출력이 쉽고 빨라 문자 생활의 혁명을 가져오는 데 기여하였으며, 특히 문자의 입력이 간단하여 휴대 전화에서 문자 메시지 전송의 편의성을 유감없이 발휘하고 있다.
▶ 컴퓨터와 휴대 전화에서 활용되는 한글의 우수성

정답 한글, 독창성, 과학성, 애민 정신, 편리성

01 이 글의 내용과 일치하지 <u>않는</u> 것은?

① 로마자는 오랜 세월에 걸쳐 계속 진화해 온 문자이다.

② 훈민정음 창제 당시 지배층들은 한글 창제를 반대하였다.

③ 문자 언어는 일정 기준에 따라 가치 우열을 판단할 수 있다.

④ 한글은 만든 사람과 만든 시기가 알려진 세계 유일의 문자이다.

⑤ 새로운 문자의 필요성에 대한 백성의 탄원이 한글 창제의 원인이 되었다.

02 중요 이 글에 나타난 한글의 우수성으로 적절하지 <u>않은</u> 것은?

① 과학적 원리를 바탕으로 만들어진 글자이다.

② 음절을 가장 작은 단위로 사용하는 글자이다.

③ 음운 사이의 관련성이 반영된 체계적인 글자이다.

④ 음성 표기의 정확성과 편리성이 뛰어난 글자이다.

⑤ 세종 대왕이 특정 시기에 독창적으로 만들어 낸 글자이다.

03 (가)~(마) 중, 다음 밑줄 친 부분에 나타난 훈민정음의 창제 목적을 설명하고 있는 것은?

> 우리나라의 말이 중국과 달라 한자와 서로 통하지 않으니, 이런 까닭으로 어리석은 백성이 말하고자 하는 바가 있어도 마침내 제 뜻을 실어 펴지 못하는 사람이 많다. 내가 이를 가엾게 여겨 <u>새로 스물여덟 글자를 만드니, 사람들로 하여금 쉽게 익혀 매일 쓰는 데 편하게 하고자 할 따름이다.</u>
> — 『훈민정음 언해본』 서문

① (가)　② (나)　③ (다)　④ (라)　⑤ (마)

04 서술형 중요 (가)~(바) 중, 다음 주장을 뒷받침할 수 있는 한글의 특징이 드러난 문단 기호를 쓰고, 그 특징을 서술하시오.

> 한글은 정보화 시대에 활용하기에 유리한 문자이다.

100점 특강 Special lecture

○ 한글의 과학성

글자의 모양과 소리의 관계를 쉽게 이해할 수 있도록 만들어짐.	• 'ㄱ, ㄴ, ㅁ, ㅅ, ㅇ'은 발음 기관의 모양을 그대로 본떠 만듦. • 'ㄱ, ㅋ, ㄲ'은 모두 어금닛소리이며 발음이 유사하므로 모양도 유사함. • 'ㄴ, ㄷ, ㅌ'은 획을 더함으로써 소리가 더 거세다는 특징을 글자 모양에 반영함.

○ 한글의 독창성과 편리성, 한글에 반영된 애민 정신

> 우리나라의 말이 중국과 달라 한자와 서로 통하지 않으니, 이런 까닭으로 어리석은 백성이 말하고자 하는 바가 있어도 마침내 제 뜻을 실어 펴지 못하는 사람이 많다. 내가 이를 가엾게 여겨 새로 스물여덟 글자를 만드니, 사람들로 하여금 쉽게 익혀 매일 쓰는 데 편하게 하고자 할 따름이다.
> — 『훈민정음 언해본』 서문

⇨ 세종 대왕이 우리말을 표기할 수 있는 우리의 글자를 새롭게 창조해 냈다는 점에서 한글은 독창성을 지닌다. 또한 말하고자 하는 바를 제대로 표현하지 못하는 백성들을 가엾게 여겨 한글을 만들었다는 점에서 세종 대왕의 애민 정신을 확인할 수 있다. 그리고 한글은 누구나 쉽게 배워 쓸 수 있는 편리한 글자라는 것도 알 수 있다.

대단원 평가

01

다음은 〈보기〉의 표준 발음법 조항에 대한 설명이다. ㉠~㉤ 중, 적절하지 않은 것은?

◀ 보기 ▶

제1항 표준 발음법은 표준어의 실제 발음을 따르되, 국어의 전통성과 합리성을 고려하여 정함을 원칙으로 한다.

㉠'표준어의 실제 발음을 따른다'는 것은 교양 있는 사람들이 두루 쓰는 현대 서울말의 발음을 표준어의 실제 발음으로 여긴다는 것이다. 다시 말해 ㉡표준어를 어법에 맞게 표기한 그대로 발음하여 표기와 발음을 일치시켜야 한다는 것이다. 하지만 ㉢현대 서울말에서조차 사람들에 따라 발음의 차이가 존재할 수 있다. ㉣이러한 경우에는 예로부터 지켜 온 우리말의 전통에 따라 표준 발음을 정한다는 의미에서 '전통성'을 고려한다는 내용을 덧붙였다. 또한 ㉤표준 발음을 정할 때에는 국어의 규칙이나 법칙에 따른다고 하면서 언어생활의 '합리성'도 고려하고 있다.

① ㉠　　② ㉡　　③ ㉢　　④ ㉣　　⑤ ㉤

02

〈보기〉를 참고할 때 바르게 발음한 것은?

◀ 보기 ▶

〈모음 'ㅢ'의 발음법〉

1. 원칙: 모음 'ㅢ'는 이중 모음으로 발음해야 한다.
2. 예외 규정
(1) 'ㅢ'가 자음을 첫소리로 가진 경우에는 [ㅢ]가 아닌 [ㅣ]로 발음한다.
(2) 단어의 첫음절 이외의 '의'는 [ㅣ]로, 조사 '의'는 [ㅔ]로 발음하는 것도 허용하였다. 여기에서 허용한다고 하는 것은 해당 음절을 [ㅢ]로 발음하는 것이 원칙이지만, [ㅣ]나 [ㅔ]로 발음하는 것도 가능하다는 뜻이다.

① 희다[희다]　　　② 나의[나이]
③ 협의[혀븨]　　　④ 의사[이사]
⑤ 띄다[뜨:다]

[03~07] 다음 글을 읽고 물음에 답하시오.

㉮ 이번에는 '낫', '낮', '낟', '낱', '낯'을 각각 발음해 보자. 다섯 개의 단어가 구분이 되지 않는다는 것을 알 수 있다. 이는 각 단어의 받침소리인 'ㅅ', 'ㅈ', 'ㄷ', 'ㅌ', 'ㅊ'이 모두 [ㄷ]으로 발음되어 [낟]이라고 소리 나기 때문이다. 이처럼 우리말에는 음절의 끝에서 발음될 수 있는 자음이 제한되어 있는데, 표준 발음법에서는 다음처럼 규정하고 있다.

제8항 받침소리로는 'ㄱ, ㄴ, ㄷ, ㄹ, ㅁ, ㅂ, ㅇ'의 7개 자음만 발음한다.
제9항 받침 'ㄲ, ㅋ', 'ㅅ, ㅆ, ㅈ, ㅊ, ㅌ', 'ㅍ'은 어말 또는 자음 앞에서 각각 대표음 [ㄱ, ㄷ, ㅂ]으로 발음한다.

㉯ 그렇다면 받침소리로 겹받침이 올 때는 어떻게 발음해야 할까? 겹받침은 그것을 구성하는 두 개의 자음 중 하나를 발음하면 된다. 이때 발음을 하는 자음은 앞의 것이 될 수도 있고, 뒤의 것이 될 수도 있다. '넋'과 '값'은 앞의 받침이 발음되어 [넉]과 [갑]으로 소리 나고, '삶'은 뒤의 받침이 발음되어 [삼:]으로 소리 난다.

㉰ 이때 주의해야 할 겹받침은 'ㄼ'과 'ㄺ'이다. 일반적으로 'ㄼ'은 '여덟[여덜]'처럼 [ㄹ]이 발음되지만, '밟다[밥:따]', '밟고[밥:꼬]'처럼 '밟-'은 [밥]으로 발음된다. 이외에 'ㄼ'이 [ㅂ]으로 발음되는 단어로는 '넓죽하다[넙쭈카다]', '넓둥글다[넙뚱글다]'가 있다. 또한 'ㄺ'은 '닭[닥]', '맑다[막따]'처럼 [ㄱ]으로 발음해야 하지만, 'ㄱ' 앞에 쓰이는 용언 어간의 'ㄺ'은 [ㄹ]로 발음한다.

㉱ '밭에'와 '깎아', '흙이'는 어떻게 발음해야 할까? (　㉠　) 즉, 이런 경우에는 홑받침이나 쌍받침은 제 음가대로 뒤 음절 첫소리로 옮겨 발음하고, 겹받침은 첫째 받침은 그대로 받침의 소리로 발음하고 둘째 받침만 다음 음절의 첫소리로 옮겨 발음한다.

㉲ '밭 아래'는 [바타래]가 아닌 [바다래]로 발음해야 하며, '꽃 위'는 [꼬취]가 아닌 [꼬뒤]로 발음해야 한다. 즉, 이런 경우에는 받침소리를 대표음으로 바꾸어 뒤 음절 첫소리로 옮겨 발음하는 것이다. 한편 '닭 앞에'처럼 모음으로 시작하는 실질 형태소 앞에 겹받침이 올 경우에는 '닭[닥]'처럼 독립형으로 쓸 때 발음하는 자음을 뒤 음절의 첫소리로 옮겨 [다가페]로 발음한다.

03 (가)~(마) 중, 다음 조항의 내용과 관련이 있는 문단을 바르게 연결한 것은?

> 제11항 겹받침 'ㄺ, ㄻ, ㄿ'은 어말 또는 자음 앞에서 각각 [ㄱ, ㅁ, ㅂ]으로 발음한다.
> 다만, 용언의 어간 말음 'ㄺ'은 'ㄱ' 앞에서 [ㄹ]로 발음한다.
> 제15항 받침 뒤에 모음 'ㅏ, ㅓ, ㅗ, ㅜ, ㅟ'들로 시작되는 실질 형태소가 연결되는 경우에는, 대표음으로 바꾸어서 뒤 음절 첫소리로 옮겨 발음한다.

	제11항	제15항
①	(가)	(나), (라)
②	(가), (나)	(다)
③	(나), (다)	(마)
④	(나), (라)	(마)
⑤	(다)	(라), (마)

04 (가)~(마)를 참고할 때, 다음 밑줄 친 말의 발음으로 적절하지 않은 것은? **중요**

> 봄볕이 참 따스했다. 책을 읽던 나는 자리에서 일어나 걷기 시작했다. 개나리꽃, 진달래꽃, 목련꽃, 벚꽃……. 꽃이 참 아름다웠다. 꽃잎이 바람에 날려 옷 위로 떨어졌다. 그때 옷 안에 있는 휴대 전화에서 벨소리가 들렸다. 전화를 받지 않았다. 문득 지금까지의 내 삶은 값이 있는 것이었는지 의문이 들었다.

① 읽던[익떤]
② 벚꽃[벋꼳]
③ 꽃이[꼬치]
④ 옷 위[오뒤]
⑤ 값이[가비]

05 다음은 ㉠에 들어갈 내용이다. ⓐ~ⓔ 중, 적절하지 않은 것은?

> '밭', '깎다', '흙'이 각각 [받], ⓐ[깍따], ⓑ[흑]으로 발음되는 원리를 적용하면 '밭에', '깎아', '흙이'는 각각 [바데], [까가], [흐기]로 발음해야 할 것 같지만, ⓒ[바체], ⓓ[까까], ⓔ[흘기]가 정확한 발음이다.

① ⓐ ② ⓑ ③ ⓒ ④ ⓓ ⑤ ⓔ

06 (가)와 (다)를 참고할 때, 다음 밑줄 친 말의 발음으로 적절한 것은?

> 내일은 날씨가 맑겠습니다.

① [막껫습니다]
② [막껜습니다]
③ [말껫습니다]
④ [말껜씀니다]
⑤ [맑껜습니다]

07 **서술형** **중요** (다)와 (라)를 참고하여 다음 ⓐ와 ⓑ의 정확한 발음을 쓰고, 그렇게 발음한 까닭을 서술하시오.

> 그는 한 번도 ⓐ밟아 보지 못한 그 땅을 마침내 ⓑ밟게 되었다.

08 **서술형** **중요** 〈보기〉의 문장은 소리 나는 대로 적은 것이다. 다음 한글 맞춤법 규정을 바탕으로 〈보기〉의 문장을 맞춤법에 맞게 표기하고, 그렇게 표기한 까닭을 서술하시오.

> 제1항 한글 맞춤법은 표준어를 소리대로 적되, 어법에 맞도록 함을 원칙으로 한다.

한글 맞춤법 규정에서 볼 수 있듯이 한글 맞춤법의 기본이 되는 원칙은 '표준어를 소리대로 적는다.'이다. 이는 표준어를 발음 형태대로 그대로 적는다는 뜻이다. 그런데 모든 말을 소리대로 적으면 어떻게 될까? 예를 들어 소리대로 '꼬치', '꼳따발', '꼰나무'라고 적으면 '꼬ㅊ', '꼳', '꼰'이 모두 '꽃'이라는 말에서 온 것임을 알기가 쉽지 않다. 그래서 '꽃이', '꽃다발', '꽃나무'처럼 '꽃'이라는 본래의 형태를 그대로 밝혀 적도록 허용한 것이 '어법에 맞게 쓴다.'이다.

◀ 보기 ▶

> 비치 비치자 지비 금세 발가진다.

[09~11] 다음 글을 읽고 물음에 답하시오.

가 '오랫만에'와 '오랜만에' 중 어느 것을 써야 하는지에 대해 고민해 본 사람들이 많을 것이다. 이는 이 말이 어떤 말이 줄어서 만들어진 것인가를 생각해 보면 어렵지 않게 판단할 수 있다. 이 말은 '오래간만에'가 줄어서 된 말이므로 '오랫만에'가 아닌 '오랜만에'라고 써야 한다.

나 '되-'와 '돼'의 구분은 사람들이 가장 헷갈려 하는 맞춤법 중 하나이다. 둘 중 어떻게 써야 할지 고민이 될 때에는 '돼'는 '되어'가 줄어서 만들어진 말이라는 점을 기억하자. 즉, '되어'로 풀어 쓸 수 있는 경우에는 '돼'로 쓰면 되는 것이다. 예를 들어 '되어니'라고 쓸 수 없으므로 '되니'라고 써야 하며, '되었다'로 쓸 수 있으니 '됐다'라고 써야 하는 것이다. 따라서 위의 글에서 '돼고'는 '되고'로 바꿔 써야 함을 알 수 있다.

다 준말의 정확한 표기에 어려움을 겪는 일은 이외에도 많다. '안'과 '않-'도 그중의 하나이다. '안'은 '아니'의 준말이고, '않-'은 '아니하-'의 준말이다. 따라서 '안'과 '않-'의 선택에 어려움을 느낄 때에는 줄이기 전의 형태로 바꿔 보면 어떤 말을 써야 하는지 알 수 있다. 위의 글에서 '않 맡았으면'은 '아니하 맡았으면'이 되므로 어색하다. 따라서 '아니 맡았으면'이 될 수 있도록 '안 맡았으면'으로 쓰든지, '맡지 아니하였으면'의 준말인 '맡지 않았으면'으로 표기해야 한다.

라 발음이 같아서 잘못 사용하는 경우도 많다. 위의 글에서 사용한 '맞히고'는 '문제의 답을 틀리지 않게 하다.'라는 뜻의 단어이다. 하지만 글쓴이가 쓰려는 말은 '어떤 일이나 과정, 절차 따위가 끝나다. 또는 그렇게 하다.'의 뜻을 가진 '마치고'이다. '낳은'과 '나은'도 많이 헷갈려 하는 말인데, 위의 글에서는 '이전보다 더 좋다.'는 의미로 사용했기 때문에 '나은'으로 써야 한다.

마 한편 '만듬'은 '만들다'의 명사형을 잘못 쓴 것이다. '만들-'에 '-ㅁ'을 결합한 '만들다'의 명사형은 원래 형태를 밝혀 '만듦'이라고 써야 한다. 반면에 '씀'은 '쓰다'의 명사형으로, '쓰-'에 '-ㅁ'이 결합해 만들어지므로 '씀'이라고 쓰는 것이 맞다.

09 이 글을 참고할 때, 밑줄 친 말의 표기가 적절하지 않은 것은?

① 우와, 우리 정말 <u>오랜만</u>이구나.
② 그 둘 중에서는 이것이 더 <u>나아</u> 보입니다.
③ 이 작품에는 '찬수도 <u>거듦</u>.'이라고 써 있네.
④ 정답을 <u>맞춘</u> 사람에게 칭찬 스티커를 드립니다.
⑤ 나는 자료를 준비하고 너는 발표를 하면 <u>되겠네</u>.

10 (가)~(마) 중, 〈보기〉의 예가 들어갈 문단을 바르게 짝지은 것은?

〈보기〉
ㄱ. '뵈-'와 '봬'의 구분도 같은 방법으로 할 수 있다. 따라서 '뵈어요'로 바꿀 수 있는 은주의 문자는 '월요일에 봬요.'라고 써야 한다.
ㄴ. '붙여야겠다'의 '붙이다'도 '편지나 물건 따위를 일정한 수단이나 방법을 써서 상대에게로 보내다.'라는 의미의 '부치다'의 잘못된 표기이므로 '부쳐야겠다'로 고쳐야 한다.
ㄷ. 또 다른 예로, '물건을 사다.'라는 표현에서 '사다'의 명사형은 '삼'으로 써야 하고, '서울에서 살다.'라는 표현에서 '살다'의 명사형은 '삶'이라고 써야 한다.

	ㄱ	ㄴ	ㄷ
①	(가)	(나)	(라)
②	(가)	(다)	(마)
③	(나)	(라)	(마)
④	(다)	(마)	(나)
⑤	(라)	(나)	(가)

서술형 **중요**
11 (나)와 (다)를 참고하여 〈보기〉의 문장에서 표기가 잘못된 부분 두 가지를 찾아 바르게 고치고, 그렇게 고친 까닭을 서술하시오.

〈보기〉
애야, 그런 일 없을 테니 다시는 걱정 않 해도 되.

[12~14] 다음 글을 읽고 물음에 답하시오.

㉮ 우리는 언어를 통해 마음속에 있는 생각을 구체적인 말소리로 표현한다. 이때 생각이 실제 문장으로 실현된 것을 발화(發話)라고 하며, 이러한 발화가 모여 담화(談話)를 이룬다. 〈중략〉

담화가 성립되기 위해서는 먼저 '화자(말하는 이)'가 있어야 하고, 화자가 전달하는 발화를 듣는 '청자(듣는 이)'가 있어야 한다. 담화에서 이 두 요소는 필수적인 것으로, 이 두 요소 없이 담화는 성립할 수 없다. 독백과 같은 경우는 청자가 없는 것이 아닌가 하는 궁금증을 가질 수 있지만 독백은 화자와 청자가 일치하는 것으로 보아야 한다. 즉, 담화는 기본적으로 화자와 청자가 존재해야 한다.

담화에 참여하는 인물만 있다고 하여 담화가 성립되는 것은 아니다. 이 인물들이 주고받는 발화가 있어야 하며, 이것이 일정한 내용을 지니고 있어야 한다. 일반적으로 발화를 통해 화자는 느낌, 생각, 믿음 등을 전달할 수 있다.

마지막으로 담화에는 맥락이 요구된다. 화자와 청자가 주고받는 발화는 이들을 둘러싼 구체적인 맥락 속에서 이루어지는 것이다.

㉯ 담화에 영향을 미치는 맥락에는 '상황 맥락'과 '사회·문화적 맥락'이 있다. 상황 맥락은 화자(말하는 이)와 청자(듣는 이)의 관계, 시간과 장소, 의도나 목적 등 장면 자체와 관련된 맥락을 의미한다. '사회·문화적 맥락'은 하나의 사회 집단이 구성하고 공유하는 지식으로, 지역, 세대, 성별, 문화 등과 같은 사회·문화적 환경을 의미한다. 〈중략〉

"어떠세요?"라는 말도 상황 맥락에 따라 다르게 해석된다. 화자와 청자의 관계를 먼저 생각해 보자. 미용사와 손님의 관계, 의사와 환자의 관계, 옷가게 점원과 손님의 관계에 따라 의미가 달라진다. 또 "어떠세요?"라는 발화가 이루어지는 장소에 따라서도 의미가 달라질 수 있다. 미용실, 병원, 옷가게라는 장소가 달라져도 발화의 의미가 달라질 수 있다. / 다음으로 사회·문화적 맥락이 담화에 미치는 영향을 알아보기 위해 다음 대화를 살펴보자.

정민: 할아버지, 친구가 놀러 왔어요.
민수: 안녕하세요? 할아버지.
할아버지: 그래, 민수 또 왔구나. 그래 춘부장께서는 무탈하시고? / 민수: 네?

왜 민수는 당황하면서 대답하지 못했을까? (㉠)

12 (가)와 (나)를 읽고 담화에 대해 알게 된 내용으로 적절하지 않은 것은?

① 담화의 뜻: 발화가 모여 이루어진 것
② 담화의 구성 요소: 화자, 청자, 발화, 분위기
③ 발화의 뜻: 생각이 실제 문장으로 실현된 것
④ 맥락의 종류: 상황 맥락, 사회·문화적 맥락
⑤ 상황 맥락: 담화가 이루어지는 장면 자체와 관련된 맥락

13 다음은 ㉠에 들어갈 내용이다. 빈칸에 들어갈 말로 적절한 것은?

할아버지가 하는 말을 잘 알아들을 수 없었기 때문이다. 할아버지의 말 중에서 '춘부장'은 '상대방의 아버지'를 높여서 부르는 말이고 '무탈하다'는 '병이나 사고가 없다'는 뜻이다. 할아버지는 '춘부장'이나 '무탈하다'와 같은 말을 사용하지 않는 (   )을/를 고려하지 않고 말해서 대화가 원활하지 못했다.

① 민수 세대의 문화
② 민수의 개인적 성향
③ 민수네 가족의 말 문화
④ 민수가 사는 지역 방언의 특징
⑤ 성별에 따른 말하기 방식의 차이

14 (나)를 참고하여 다음 대화에서 의사소통이 원활하게 이루어지지 못한 까닭을 〈조건〉에 맞게 서술하시오.

아버지: (밤 11시를 가리키는 시계를 바라보며) 얘가 너무 늦어서 걱정이네.
아들: (문으로 들어오며) 아버지, 아직 안 주무셨어요?
아버지: (나무라듯이) 지금이 몇 시니?
아들: (태연하게) 지금이요? 11시 조금 넘었는데요.
아버지: 뭐라고?

◀ 조건 ▶
• 대화의 발화를 근거로 들어 구체적으로 쓸 것.

[15~17] 다음 글을 읽고 물음에 답하시오.

(가) 해례본의 제자해는 한글의 각 글자들을 어떠한 원리에 근거하여 만들었는가 하는 이른바 제자(制字) 원리를 밝히고 있어 무엇보다 귀중한 부분이다. 여기에 의하면 그 첫 원리는 상형의 원리다. 어떤 모양을 본떴다는 것인데 초성, 즉 자음은 발음 기관의 모양을 본떴음을 다음 기록에서 명시하고 있다. 〈중략〉

즉, 'ㅁ, ㅅ, ㅇ'은 각각 그 글자를 발음할 때 관여하는 발음 기관인 입의 네모진 모양, 이의 뾰족한 모양, 목구멍의 둥근 모양을 본떠서 만들었고, 'ㄱ'과 'ㄴ'은 이들 글자를 소리 낼 때의 혀의 모양, 다시 말하면 'ㄱ'은 혀뿌리가 목구멍을 막는 모양, 'ㄴ'은 혀가 윗잇몸에 닿는 모양을 본떴다고 하였다.

(나) 훈민정음 제자의 다른 한 원리는 가획의 원리다. 자음 글자에서 상형의 원리에 의거하여 만든 것은 앞의 다섯 자뿐이며 나머지는 이것을 기본자로 하여 다음처럼 획을 하나씩 더해 가는 방식을 취하였다.

```
ㄱ → ㅋ            ㅅ → ㅈ → ㅊ
ㄴ → ㄷ → ㅌ       ㅇ → ㆆ → ㅎ
ㅁ → ㅂ → ㅍ
```

이처럼 획을 더하여 글자를 만든 근거는 획이 더 있는 글자들의 소리가 더 거센소리들이라는 점이라고 하였다. 'ㅋ'은 'ㄱ'보다 거센소리이며 'ㅂ'은 'ㅁ'보다, 'ㅍ'은 'ㅂ'보다 소리가 거세고 이 거센 특성을 획을 더함으로써 나타냈다는 것이다. 그런데 다만 'ㄹ'과 'ㅿ'은 그러한 근거 없이 획을 더한 예외적인 글자라고 하였다. 그리고 'ㅇ'은 어금닛소리인데도 'ㄱ'과 관련시켜 글자를 만들지 않고 목구멍소리인 'ㅇ'에 꼭지를 달아 만들어 또 하나의 예외적인 글자가 되었는데 이는 'ㅇ'과 'ㆁ'이 음성적으로 유사한 데에 근거한 것이라 하였다.

(다) 훈민정음은 28자 이외에도 글자를 더 가지고 있었다. 그중 하나는 'ㅸ'자였다. 이것은 입술소리 'ㅂ'자 아래에 목구멍소리 'ㅇ'자를 합쳐 만든 것으로서 이처럼 위아래로 이어서 한 글자를 만드는 방식을 연서라고 하였다. 'ㅇ'자는 소리가 가벼워지는 것을 나타내는 것이라 하여 'ㅸ'을 순경음이라 불렀다. 순경음 글자로는 'ㅸ' 이외에 'ㅱ, ㆄ' 등도 있었으나, 국어 표기에 쓰인 것은 'ㅸ'자뿐이었다.

(라) 또한 28자 이외의 글자로서는 'ㄲ, ㄸ, ㅃ, ㅆ, ㅉ' 등의 오늘날의 된소리 글자들이 있었다. 자음 글자를 옆으로 이어 써서 한 글자를 만드는 방식을 병서라고 하였는데 특히 이들처럼 같은 자음 두 글자를 가로로 나란히 붙여 써서 만든 글자들을 각자 병서라 하였다. 같은 글자를 중복하는 것은 이들 소리가 'ㄱ, ㄷ, ㅂ, ㅅ, ㅈ' 등에 비해 엉기는 소리이기 때문이라 하였다. 엉긴다는 표현은 된소리의 인상을 나타낸 것이라 해석된다. 병서에는 서로 다른 둘 이상의 자음을 가로로 나란히 결합시켜 만든 이른바 합용 병서도 있었다. 오늘날에는 받침에서만 'ㄺ, ㄻ, ㄼ, ㄾ, ㄳ, ㄶ, ㅄ' 등의 합용 병서가 쓰이는데, 그 당시는 초성에서도 'ㅺ, ㅼ, ㅽ, ㅄ, ㅴ' 등의 합용 병서가 쓰였다.

중요

15 이 글을 읽고 한글 자음의 제자 원리를 정리한 내용으로 적절하지 **않은** 것은?

① 상형: 어떤 대상의 모양을 본떠 만드는 원리
② 가획: 기본 자음자에 획을 더하여 만드는 원리
③ 분리: 기본 자음자를 쪼개어 새 자음을 만드는 원리
④ 병서: 두 자음을 옆으로 이어 써서 한 자음을 만드는 원리
⑤ 연서: 두 자음을 위아래로 이어 써서 한 자음을 만드는 원리

16 이 글을 참고할 때, 다음에서 설명하는 자음이 모두 들어가 있는 말로 적절한 것은?

> • 혀뿌리가 목구멍을 막는 모양을 본뜬 글자 두 개를 가로로 나란히 붙여 써서 만든 글자
> • 혀가 윗잇몸에 닿는 모양을 본뜬 글자에 획을 두 번 더한 글자

① 강   ② 날   ③ 끝   ④ 떡   ⑤ 쑥

17 (가)와 (나)를 참고할 때, 글자를 만든 원리가 나머지와 **다른** 하나는?

① ㅂ   ② ㅅ   ③ ㅊ   ④ ㅌ   ⑤ ㅎ

[18~20] 다음 글을 읽고 물음에 답하시오.

㉮ 중성, 즉 모음 글자들의 제자 원리는 어떠한가? 여기에서도 먼저 기본자를 세 자 정하여 그것을 상형의 원리로 만들었다. 'ㆍ'는 하늘의 둥근 모양, 'ㅡ'는 땅의 평평한 모양, 'ㅣ'는 사람의 서 있는 모양을 본떠서 만든 것이 그것이다. 그런데 상형의 원리라는 점에서는 같되 자음 글자에서처럼 발음 기관을 본뜬 것이 아니라 천지인(天地人) 삼재(三才)의 모양을 본뜬 것이 특이하다.

㉯ 그리고 나머지 글자는 이 기본자를 합성하여 만들었다. 즉, 'ㆍ'와 'ㅡ'를 합성하여 'ㅗ, ㅜ'를 만들고, 'ㆍ'와 'ㅣ'를 합성하여 'ㅏ, ㅓ'를 만들었다. 이렇게 기본자인 'ㆍ'를 'ㅡ'와 'ㅣ'에 붙여 만든 'ㅗ, ㅜ, ㅏ, ㅓ'를 초출자라고 부른다. 그리고 이 초출자에 다시 'ㆍ'를 하나씩 더하여 재출자 'ㅛ, ㅠ, ㅑ, ㅕ'를 만들어 모두 11자를 완성하였다. 그리고 'ㆍ'가 하나 있는 것은 단모음임을 나타내고 'ㆍ'가 두 개 있는 것은 이중 모음임을 나타내었다.

㉰ 이미 만들어진 11개의 모음자를 합하여 'ㅘ, ㅝ, ㅙ, ㅞ, ㅐ, ㅔ, ㅚ, ㅟ, ㅢ' 등을 비롯하여 오늘날에 쓰이지 않는, 또 당시에도 국어의 표기에 쓰이는 일이 없었던 'ㆉ, ㆌ, ㆇ, ㆈ, ㆅ, ㆋ' 등의 글자도 만들어 놓았다.

18 이 글에서 알 수 있는 한글 모음자에 대한 내용으로 적절하지 않은 것은?

① 기본 모음자는 천지인 삼재(三才)의 모양을 본떠 만들었다.
② 훈민정음 창제 당시 만들어진 모음자는 오늘날에도 모두 쓰이고 있다.
③ 훈민정음 창제 당시 상형과 합성의 원리로 만들어진 모음자는 총 11자이다.
④ 초출자와 재출자의 경우, 'ㆍ'의 개수를 통해 단모음과 이중 모음을 구분할 수 있었다.
⑤ 기본자를 합성하여 초출자를 만들고 초출자에 다시 'ㆍ'를 합성하여 재출자를 만들었다.

19 ★중요 이 글을 읽고 모음자를 만든 원리를 이해한 내용으로 적절하지 않은 것은?

① 'ㅠ'는 'ㅜ'에 'ㆍ'를 붙여 만들었다.
② 'ㅕ'는 'ㅓ'에 'ㆍ'를 붙여 만들었다.
③ 'ㅢ'는 'ㅡ'와 'ㅣ'를 합하여 만들었다.
④ 'ㅞ'는 'ㅜ'와 'ㅐ'를 합하여 만들었다.
⑤ 'ㅐ'는 'ㅓ'와 'ㅣ'를 합하여 만들었다.

20 서술형 ★중요 이 글을 참고하여, 다음 휴대 전화 자판으로 '바둑'이라는 단어를 입력할 때 적용되는 모음자의 창제 원리를 〈조건〉에 맞게 서술하시오.

― 조건 ―
• 모음자의 입력 과정을 구체적으로 쓸 것.
• '바둑'이라는 단어 입력에 필요한 모음자의 제자 원리를 쓸 것.

21 다음은 한글의 우수성에 대해 설명하는 글이다. 빈칸에 공통으로 들어갈 단어로 적절한 것은?

한글은 ( )인 문자이다. 오늘날 사용되고 있는 문자들은 오랜 세월에 걸쳐 진화·발전되어 온 것이다. 음절 문자인 일본 문자 '가나'는 한자의 형태를 줄여서 만든 것이며, 음소 문자인 로마자 역시 수천 년 동안 여러 문화권에서 변형되고, 차용되고, 확산되면서 오늘에 이르렀다. 그러나 한글은 『세종실록』에 나와 있듯이 세종 대왕이 ( )(으)로 만들어 낸 문자이다.

① 과학적   ② 독창적   ③ 체계적
④ 경제적   ⑤ 효율적

셋째 마당

읽기

읽기의 가치와 중요성

학습 목표
• 읽기의 가치와 중요성을 깨달을 수 있다.
• 읽기를 생활화하려는 태도를 지닐 수 있다.

❶ 읽기의 개념

(1) 읽기의 뜻

문자로 기록된 글을 읽는 모든 활동으로, 독해와 독서를 포함한다.

(2) 읽기 활동의 의미

• 글의 내용과 의미에 대해 질문을 떠올리고 답을 생각하는 문제 해결의 행위이다.
• 글을 읽으며 정보를 파악하고 정보를 선별하여 체계적으로 기억하는 행위이다.
• 글과 관련된 경험이나 배경지식을 떠올리고 글의 내용과 결합하여 의미를 구성하는 행위이다.

❷ 읽기의 가치와 중요성

(1) 개인적 측면

• 다양한 지식과 정보를 제공해 주고, 지적으로 성장하도록 도움을 준다.
• 정서적 공감과 감동의 즐거움을 느끼게 해 준다.
• 직접 경험할 수 없는 세계를 간접적으로 경험하게 해 준다.
• 바람직한 정서와 올바른 가치관을 형성하는 데 도움을 준다.
• 인간, 사회, 문화에 대한 이해의 폭을 넓히는 데 도움을 준다.
• 삶에 대한 이해를 넓혀 주고, 삶의 지혜를 배우는 데 도움을 준다.
• 호기심과 상상력을 자극하여 창의력과 사고력을 기를 수 있게 해 준다.

(2) 사회적 측면

• 경험과 지식을 사회적으로 공유하여 공동체의 유지와 발전에 공헌한다.
• 지나간 시대의 지혜와 지식을 전수하여 새로운 지식과 정보를 창출하는 데 기여한다.

예로 개념 확인

용철: 누리야, 며칠 동안 내가 무거운 표정을 짓고 있었지? (『안중근 의사 자서전』을 보여 주며) 바로 이 책 때문이었어. ❶이 책을 읽으며 안중근 의사에 대해 몰랐던 정보를 알게 되었어. 특히 1900년대 초반의 역사적 상황을 자세하게 알게 되었고, 내가 그 시대의 인물이라면 어떻게 행동했을지 진지하게 생각해 보았어.

누리: 아, 책 때문에 표정이 어두웠구나. 나는 시험 결과 때문인 줄 알았어. 너 참 대단하다. 책을 읽고 네가 많이 성장한 느낌이야.

용철: 맞아. 안중근 의사를 통해 독립의 의미와 독립운동가의 삶을 배우게 되었어. 무엇보다 안 의사가 힘든 상황에서 독서를 생활화한 점이 인상 깊었어. ❷'일일부독서 구중생형극(一日不讀書 口中生荊棘) – 하루라도 책을 읽지 않으면 입안에 가시가 돋는다.' 너도 이 말을 들어 봤지?

누리: 당연하지. 책을 통해 안중근 의사를 만난 너를 보니, 나는 데카르트의 명언이 떠오르는걸. ❸'좋은 책을 읽는 것은 과거의 가장 뛰어난 사람들과 대화를 나누는 것과 같다.'

❸ 올바른 읽기 태도와 습관

- 좋은 책을 읽으려고 노력한다.
- 한 분야에 편중되지 않고 골고루 책을 읽는다.
- 읽기 목적이나 글의 종류에 따라 읽기 방법을 달리한다.
- 책을 읽으면서 중요한 내용이나 궁금한 점을 메모한다.
- 책을 읽고 나서 그 결과를 정리한 독서 기록물을 남긴다.
- 책을 읽고 나서 읽은 책의 목록을 정리해 둔다.

❹ 읽기 생활화 방안의 예

❺ 책과 친해지는 방법

- 관심 있는 분야부터 스스로 책을 선택하여 읽는다.
- 책을 끝까지 읽어야 한다는 의무감을 버린다.
- 책 읽는 시간을 정해서 분위기를 조성한다.
- 책을 읽고 간단하게 기록으로 남긴다.
- 책에 대해 다른 사람들과 대화를 나누거나 토의, 토론을 한다.

더 알아 두기

✚ 독서의 종류
- 정독(精讀): 자세한 부분까지 주의하여 빠진 곳이 없도록 깊이 생각하고 따지면서 읽는 방법
- 다독(多讀): 여러 종류의 책을 많이 읽는 방법. 지나치면 남독(濫讀)으로 역효과를 낼 수 있음.
- 속독(速讀): 책을 빨리 읽는 방법. 짧은 시간 안에 많은 분량의 책을 읽을 수 있음.
- 통독(通讀): 책을 처음부터 끝까지 차례대로 차근차근 빠짐없이 읽어 가는 방법. 소설이나 위인전 읽기에 알맞음.
- 음독(音讀): 소리를 내어 읽는 방법. 다른 사람이 알아듣도록 읽거나, 문자나 말을 확인하며 읽음.
- 발췌독(拔萃讀): 한 권의 책 가운데서 꼭 필요하거나 중요한 부분만 찾아 골라 읽는 방법. 사전류나 참고서를 찾아 읽기에 적합함.

✚ 다양한 독후 활동
책 광고 만들기, 독서 신문 만들기, 독서 퀴즈 만들기, 작가나 인물과 가상의 인터뷰 만들기, 만화로 그리기 등

❶ **읽기의 가치와 중요성:** ❶과 같이 읽기는 독자에게 다양한 지식과 정보를 제공하여 독자가 지적으로 성장하도록 돕는다. 또한 간접 경험을 통해 인간, 사회, 문화에 대한 이해의 폭을 넓히는 데 도움을 준다. 독자는 읽기를 통해 삶에 대한 이해를 확장할 수 있고, 삶의 지혜를 배울 수 있다.

❷ **읽기의 생활화:** 이 글귀는 안중근 의사가 뤼순의 감옥에서 죽음을 앞두고 쓴 것이다. '하루라도 책을 읽지 않으면 입안에 가시가 돋는다.'라는 이 말을 통해서 안중근 의사는 날마다 책 읽기를 게을리해서는 안 된다는 것을 말하고 있다. 읽기의 습관화, 생활화를 강조하고 있는 것이다.

❸ **읽기와 관련된 격언들:** 데카르트의 격언은 독서를 통해 시간과 공간의 한계를 넘어 지혜를 얻을 수 있음을 말한 것이다. 독서와 관련된 격언으로는 '책은 한 권 한 권이 하나의 세계이다(워즈워스).', '책은 위대한 천재가 인류에게 남긴 유산이다(에디슨).' 등이 있으며, 이는 모두 '읽기의 가치와 중요성'을 강조한 말이다.

1 맛있는 책, 일생의 보약 | 성석제

- **해제:** 이 글은 글쓴이가 중학교 3학년 시절 도서반에서 고전을 읽었던 경험을 바탕으로 읽기의 가치와 중요성을 강조하고 있는 수필이다.
- **주제:** 읽기의 가치와 중요성

내용 연구
무협지와 박지원 소설의 차이

무협지	· 읽고 나면 기억에 남는 것이 별로 없음. · 한두 번 씹으면 단맛이 다 빠져 버림.
박지원 소설	· 이어질 내용이 궁금해지고 내용과 관련해 자꾸 생각하게 됨. · 읽을수록 새로운 맛이 우러나옴. · 문장의 품위와 아름다움을 느낌. · 정신세계가 한층 더 넓어지고 수준이 높아지는 듯한 느낌을 줌.

구절 풀이
- **한두 번 ~ 맛이 우러나왔다.:** 무협지를 읽은 경험과 고전을 읽은 경험을 대조하면서 고전 읽기의 참맛을 강조하고 있다.
- **책 속에 길이 있다고.:** 책은 미지의 세계를 알려 주기도 하고, 인간다운 삶이 무엇인지 일깨워 주기도 한다는 뜻이다.

낱말 풀이
- **묵직한:** 다소 큰 물건이 보기보다 제법 무거운. (사람이) 점잖고 무게가 있는.
- **저작:** 예술이나 학문에 관한 책이나 작품 따위를 지음. 또는 그 책이나 작품.
- **일원:** 단체에 소속된 한 구성원.

(가) 3학년이 되면서 비로소 내가 좋아하는 특별 활동을 선택할 기회가 왔다. 나는 산악반의 경험에 비추어 되도록 몸을 많이 움직이지 않는 특별 활동반을 점찍었는데 그게 바로 도서반이었다. 도서반 담당 선생님은 특별 활동의 첫날, 도서반이 할 일에 대해 아주 짧고 쉽게 설명해 주었다.

"여러분 곁에는 책이 있다. 그 책 중에서 자기 마음에 드는 책을 골라서 읽고 수업이 끝나는 종소리가 울리면 가면 된다."
_{자신의 수준에 맞는 책, 흥미와 관심이 생기는 책}

그리고 선생님 본인이 마음에 드는 책을 골라서 자리를 잡고 읽는 것으로 시범을 보여 주었다. 나는 책을 고르러 가는 아이들의 뒤를 따라가서 한자로 제목이 씌어 있어서 아이들이 거의 손을 대지 않는 책 가운데 하나를 꺼내 들었다.

▶ 3학년이 되면서 특별 활동으로 선택한 ☐

(나) 그 책은 『한국고전문학전집』 같은 *묵직한 제목 아래 편집된 수십 권의 시리즈물 가운데 한 권이었다. 반드시 읽어야 한다는 것을 강조하는 고전 대부분이 그렇듯 책 표지는 사
_{고전 읽기의 중요성을 강조하지만, 실제로는 고전을 읽는 사람들이 많지 않은 현실을 보여 줌.}
람의 손을 거의 거치지 않아서 깨끗했다. 지은이는 박지원, 내가 처음으로 펴 든 대목은 「허생전」이었다.

▶ 도서반 활동 첫날 우연히 읽게 된 ☐

(다) 「허생전」 다음에는 「호질」, 「양반전」도 있었다. 책이 꽤 두꺼웠으니 박지원의 *저작 가운데 상당 부분이 책에 들어 있었을 것이다. 그런데 그 책 속에 있는 주인공들은 내가 읽었던 수천 권의 무협지의 주인공과는 달라도 많이 달랐다. 『무협지를 읽고 나면 주인공 이름 말고
_{「 」: 무협지와 박지원 소설의 차이점}
는 기억에 남는 게 없는데 박지원의 소설은 주인공이 다음에 어떻게 되었을지 궁금해지고 내가 주인공이 되었더라면 어떻게 했을지 자꾸만 생각을 하게 만들었다. *한두 번 씹으면 단맛이 다 빠져 버리는 무협지와는 달리 그 책의 내용은 읽을수록 새로운 맛이 우러나왔다.』 보석처럼 단단하고 품위 있는 문장은 아름답기까지 했다. 책을 읽으면서 내 정신세계가 무슨 보약을 먹은 듯이 한층 더 넓어지고 수준이 높아지는 듯한 느낌이 들었다. 일주일에 단 한 시간, 도서관에서 단 한 권의 책을 거듭 펴서 읽었을 뿐인데도.

▶ 정신세계가 넓어지고 수준이 높아지는 경험을 하게 한 ☐ 읽기

(라) 누구에게나 그런 일이 일어날 수 있다. 모르고 지나갈 수도 있다. 어떤 책을 계기로 인간의 지극한 정신문화, 그 높고 그윽한 세계에 닿고 그의 *일원이 되는 것은 겪어 보지 못
_{독서의 가치 ①}
한 사람은 알 수 없는 행복을 안겨 준다. 이 세상에 인간으로 나서 인간으로 살면서 인간다
_{독서의 가치 ②}
운 삶을 살고 드높은 가치를 추구하는 길을 책이 보여 준다. 책은 지구상에서 인간이라는 종만이 알고 있는, 진정한 인간으로 나아가는 통로이다. 그래서 사람들은 말하는지도 모른다. *책 속에 길이 있다고.

▶ 정신문화를 체험하고 인간다운 삶을 사는 길을 보여 주는 ☐

01 이 글의 내용과 일치하지 <u>않는</u> 것은?

① 글쓴이는 3학년이 되면서 특별 활동반으로 도서 반에 들어갔다.
② 선생님은 학생들이 자기 마음에 드는 책을 골라 서 읽게 하셨다.
③ 글쓴이가 도서반에 들어가 처음 읽은 고전은 박 지원의 「허생전」이었다.
④ 선생님은 무협지보다 고전 작품이 더 가치가 있 다는 점을 설명해 주셨다.
⑤ 글쓴이는 박지원의 소설을 통해 무협지와는 다른 고전 읽기의 참맛을 알게 되었다.

03 (다)에서 글쓴이가 박지원의 소설을 읽고 경험한 내용으로 적절하지 <u>않은</u> 것은?

① 문장의 품위와 아름다움을 느꼈다.
② 책을 가까이하는 시간이 늘어나게 되었다.
③ 읽을수록 새로운 맛이 우러나온다고 생각했다.
④ 정신세계가 한층 더 넓어지고 수준이 높아지는 듯한 느낌이 들었다.
⑤ 이어질 내용이 궁금해지고 내용과 관련해 자꾸 생각하게 되었다.

02 중요 이 글을 통해 알 수 있는 읽기의 가치로 적절한 것은?

① 정신적 건강과 육체적인 건강을 좋게 한다.
② 한 번만 읽어도 정신세계가 넓어지게 만든다.
③ 직접적인 경험을 통해서 새로운 지식과 정보를 얻을 수 있다.
④ 정신적인 성숙을 통해 올바른 삶에 대한 이해와 실천의 폭을 넓힌다.
⑤ 자신에게 필요한 정보와 필요하지 않은 정보를 모두 받아들이게 만든다.

04 서술형 중요 (다)의 내용을 참고하여 빈칸에 들어갈 내용을 〈조건〉에 맞게 쓰시오.

표현	담긴 의미
보약	몸을 건강하게 만들어 준다.
(책은) '일생의 보약'	

◀ 조건 ▶
• (다)에 나온 표현을 이용하여 쓸 것.
• '건강'이라는 표현을 넣어 쓸 것.
• 하나의 완결된 문장으로 쓸 것.

100점 특강 Special lecture

○ **글쓴이의 책 읽기 경험에 나타난 책 읽기의 가치**

| 중학교 3학년 때 도서반 활동을 하면서 박지원의 고전 소설을 읽고 책 읽기의 참맛을 느낌. | → | **책 읽기의 가치**
• 사람들은 어떤 책을 계기로 인간의 지극한 정신문화를 경험하고 그 일원이 되는 행복을 느낄 수 있음.
• 책은 인간다운 삶을 살고 드높은 가치를 추구하는 길을 보여 줌. | → | 책은 진정한 인간으로 나아 가는 통로임. |

○ **제목 '맛있는 책, 일생의 보약'에 담긴 의미**

글쓴이는 이 글의 제목에서 책이 '맛있다'라고 감각적으로 표현하고 있다. 이는 책을 읽으면 책에 담긴 깊은 뜻을 음미하게 된다는 뜻이다. 따라서 '맛'은 책에 담겨 있는 깊은 의미를 뜻한다고 할 수 있다. 또한 글쓴이는 책을 '일생의 보약'에 비유하고 있다. 보약이 우리 몸의 전체적인 기능을 조절하고 저항력을 키워서 신체적으로 건강한 삶을 유지하도록 도와주듯이, 책을 읽으면 정신세계가 넓어지고 단단 해져서 정신적으로 건강한 삶을 유지할 수 있다는 뜻이다.

- **해제:** 이 글은 글쓴이가 성장 과정에서 읽은 책들과 그 책들을 통해 겪은 변화를 고백적 어조로 말하고 있는 수필이다.
- **주제:** 자신의 삶과 학문에 영향을 미친 읽기 경험

■ 내용 연구
글쓴이가 영향을 받은 책들

- 백과사전
- 노벨 문학상 전집
- 수필 「모닥불과 개미」

「모닥불과 개미」의 주요 내용

모닥불에 통나무를 넣었는데, 그 안에서 개미들이 떼를 지어 쏟아져 나옴. 통나무를 낚아채서 모닥불 밖으로 내던짐. 개미들이 불타는 통나무로 돌아와 죽어 감.

■ 구절 풀이

- **그 백과사전이 ~ 것 같다:** 백과사전을 반복해서 여러 번 읽었다는 의미이다.
- **당시에는 나도 ~ 정말 궁금했다:** 개미의 행동 특성에 대해 궁금증을 가지게 되었다.
- **사회 생물학을 ~ 수필이 생각났다:** 과거의 읽기 경험이 현재의 상황과 연결되는 것을 보여 주고 있다.

■ 낱말 풀이

- **총천연색:** 완전히 자연 그대로의 색이라는 뜻으로, '천연색'을 강조하여 이르는 말.
- **솔제니친:** 러시아의 소설가. 옛 소련의 정치적 억압을 문학적으로 형상화한 작가임. 주요 작품으로 『이반 데니소비치의 하루』, 『수용소 군도』 등이 있음.
- **사회 생물학:** 사회 현상을 생물학적인 지식과 방법으로 연구하는 학문.

(가) 마루에 앉아 바깥 거리를 바라보다가 그것도 시시해져 방 안에 드러누워 뒹굴고 있는데 그 ㉠백과사전이 눈에 띄었다. 아마 초등학교 4학년쯤이었을 것이다. 그 책이 언제 어떻게 해서 책꽂이에 꽂히게 되었는지는 알 수 없다.　　　　▶ 빈둥거리다가 만난 [　　　]

(나) 우연히 백과사전을 펼쳐 본 나는 그때부터 틈만 나면 그 책을 끼고 살았다. 어느 쪽을 펼쳐도 읽을거리가 그득했다. 몰랐던 사실을 알게 되는 재미가 생각지도 못한 즐거움을 선사했고, *총천연색 사진까지 실려 있어 더욱 흥미진진했다. 내가 자주 본 분야는 동물에 대한 것이었는데 사진을 통해 처음 본 신기한 동물들이 나의 호기심을 마구 자극했다.
　　　　▶ 즐거움을 주고 흥미를 끈 백과사전

(다) 백과사전의 장점은 처음부터 차근차근 읽을 필요 없이 아무 쪽이나 펼쳐도 재미있게 읽을 수 있다는 것이다. 그날그날 마음 내키는 대로 펼친 쪽을 읽다 보면 마당 가득 노을빛이 물들곤 했다. *그 백과사전이 거의 너덜너덜해지도록 읽었던 것 같다.
　　　　▶ 백과사전을 반복해서 여러 번 읽은 독서 경험

(라) 노벨 문학상 작품들은 내게 또 다른 세계를 열어 주었다. 그전까지의 책 읽기가 감성적인 부분을 건드리고 충족해 주었다면 노벨 문학상 전집은 그와 더불어 다른 나라의 역사를 비롯한 여러 가지 지식과 정보를 얻게 해 주었다.　　　　▶ 지식과 정보를 얻게 해 준 [　　　]

(마) 이후에도 해마다 노벨 문학상 수상집이 출간되면 한 권씩 사다가 그 전집에 끼워 넣곤 했다. 그중 하나가 *솔제니친의 작품이었다. 〈중략〉 그런데 정작 내 관심을 끈 것은 소설보다 책 뒷부분에 실린 ㉡「모닥불과 개미」라는 수필이었다. 반 쪽짜리 그 짧은 수필이 내 머릿속에 이토록 강렬한 인상을 남길 줄은 미처 몰랐다.
글쓴이의 읽기 관련 습관을 알 수 있음.　　　　▶ 강렬한 인상을 남긴 「모닥불과 개미」

(바) 동물학자가 된 이후에야 비로소 이해하게 되었지만, *당시에는 나도 솔제니친과 마찬가지로 개미들이 왜 그렇게 행동하는지 정말 궁금했다. 생물학자가 아니라 문학가인 솔제니친은 그 상황을 과학적으로 설명하지 못하고 철학적으로 받아들인 듯하다. 당시의 나 역시 개미의 행동을 설명할 길이 없었으나 그 작품은 묘하게 머릿속에 깊이 박혔다.
글쓴이의 직업을 알 수 있음.　　　　▶ 「모닥불과 개미」를 읽고 개미의 행동에 대해 품은 궁금증

(사) 그러다가 훗날 미국 유학을 가서 꽂혀 버린 학문, *사회 생물학을 접했을 때 순간적으로 솔제니친의 그 수필이 생각났다. 그간 수많은 문학 작품을 읽고 고독을 즐기는 속에서 점점 더 많은 수수께끼들을 껴안고 살았는데, 「사회 생물학이라는 학문이 그것들을 가지런히 정리해서 대답해 주었다. 「모닥불과 개미」 속의 개미도 내가 가지고 있던 수수께끼 중 하나였다. 그 개미들을 이해하게 된 순간, 나는 이 학문을 평생 공부하겠다고 결정했다.」
「　」: 개미의 행동이 사회 생물학에서 다루는 영역과 관련이 있음을 추측할 수 있음.
　　　　▶ 글쓴이가 사회 생물학을 전공(공부)하는 데 [　　　]이/가 미친 영향

01 이 글에 대한 설명으로 적절하지 <u>않은</u> 것은?

① 체험적이고 고백적인 성격의 수필이다.
② 글쓴이가 읽은 다양한 책을 소개하였다.
③ 과거의 일을 시간의 흐름에 따라 서술하였다.
④ 읽기 습관의 문제점과 그에 대한 해결책을 안내하였다.
⑤ 읽기가 글쓴이 자신에게 미친 영향에 초점을 맞추어 서술하였다.

02 글쓴이에 대해 이해한 내용으로 적절한 것은?

① 글쓴이는 다른 사람의 추천으로 백과사전을 보게 되었다.
② 글쓴이는 사회 생물학의 매력에 빠져 동물학자가 되었다.
③ 글쓴이는 백과사전의 사진을 통해 본 식물에 호기심을 갖게 되었다.
④ 글쓴이는 「모닥불과 개미」를 읽고 개미의 행동을 철학적으로 이해했다.
⑤ 글쓴이는 노벨 문학상 작품을 통해 문학적인 감성보다는 지식과 정보를 주로 얻게 되었다.

03 (사)에 제시된 글쓴이의 경험과 유사한 사례로 볼 수 있는 것은?

① 책을 읽고 궁금한 점에 대해 메모를 해서 선생님께 질문을 했다.
② 역사 시간에 읽은 책의 내용을 알고 싶어서 직접 경복궁에 찾아갔다.
③ 도서관의 과학과 문학 분야에서 관심 있는 책들을 모두 읽어 보았다.
④ 청소년 소설을 읽고 직접 작가에게 전자 우편을 보내어 답장을 받았다.
⑤ 미술사라는 학문을 알게 되었을 때, 중학교 때 읽은 책의 내용이 떠올라서 흥미가 생겼다.

04 ㉠과 관련한 글쓴이의 경험으로 적절하지 <u>않은</u> 것은?

① 읽을거리가 그득해 틈날 때마다 읽었다.
② 총천연색 사진이 실려 있어 흥미진진했다.
③ 다른 나라의 역사에 대해 호기심을 가졌다.
④ 아무 쪽이나 펼쳐도 재미있게 읽을 수 있었다.
⑤ 몰랐던 사실을 알게 되는 재미가 즐거움을 주었다.

05 서술형 ㉡이 글쓴이에게 미친 영향을 〈조건〉에 맞게 쓰시오.

┌─ 조건 ─┐
• (바)와 (사)에서 각각 한 가지씩 제시할 것.
• 두 개의 완결된 문장으로 쓸 것.
└─────┘

100점 특강 Special lecture

○ 글쓴이에게 영향을 미친 책들

읽은 책	백과사전	노벨 문학상 전집	「모닥불과 개미」
글쓴이에게 미친 영향	• 몰랐던 사실을 알게 되는 즐거움을 선사함. • 호기심을 자극하고 재미를 줌.	• 감성적인 부분을 충족해 줌. • 여러 나라의 지식과 정보를 얻게 해 줌.	• 개미들의 행동에 대해 궁금증을 갖게 함. • 사회 생물학을 접했을 때 떠오름. 사회 생물학을 전공(공부)하는 데 영향을 미침.

○ 글쓴이의 읽기 경험

이 글의 제목과 내용을 통해 글쓴이가 과학자, 동물학자라는 것을 알 수 있다. 과학자이기 때문에 과학책들만 글쓴이에게 영향을 미친 것이 아니라, 성장 과정에서 만난 백과사전, 노벨 문학상 전집, 수필 등의 다양한 읽기 경험이 글쓴이의 성장과 가치관에 영향을 주었음을 보여 준다.

설명 방법 파악하며 읽기

학습 목표
- 글에 사용된 다양한 설명 방법의 종류를 이해할 수 있다.
- 글에 사용된 다양한 설명 방법의 효과와 적절성을 판단하며 읽을 수 있다.

더 알아 두기

✚ 글의 구조
- 문단과 문단이 유기적으로 관계를 맺고 하나의 글로 조직된 것을 글의 구조라고 함.
- 글쓴이는 자신의 의도를 효과적으로 드러내기 위해 글을 적절하게 구조화하여 전개함.

✚ 설명 방법
- 글의 주제와 내용을 효과적으로 전달하기 위한 글쓰기 전략이나 방법을 설명 방법이라고 함.
- 설명 방법은 단순히 문장이나 문단 차원에서뿐 아니라, 글 전체 수준에서도 사용됨.

1 설명하는 글

독자가 쉽게 이해하도록 어떤 대상이나 현상에 대한 정보를 객관적으로 밝히는 글이다. 설명문 외에도 제품 설명서, 유적지 안내문, 공연 안내문 등이 이에 해당한다.

2 설명하는 글의 구조

처음	화제 제시	설명 대상이나 글을 쓰는 이유 등을 밝혀 독자의 관심을 끌고 글에 대한 안내를 함.
중간	화제 설명	여러 가지 설명 방법을 화제에 맞게 사용하여 대상을 이해하기 쉽게 구체적으로 설명함.
끝	화제 정리	중간 부분에서 설명한 내용을 요약정리하여 주제를 강조함.

3 설명 방법의 종류

(1) **정의**: 주로 '무엇은 무엇이다'의 형식으로 대상의 의미와 범위를 분명하게 밝혀 설명하는 방법이다.
  예 문학은 사상이나 감정을 언어로 표현한 예술이다.
(2) **예시**: 어떤 사실이나 현상에 대해 구체적인 예를 들어 설명하는 방법이다.
  예 단오에는 여러 세시 풍속이 있다. 예를 들면 그네뛰기, 씨름 등이 있다.
(3) **비교와 대조**: 둘 이상의 대상을 공통점을 중심으로 설명하거나(비교), 차이점을 중심으로 설명하는 방법(대조)이다.
  예 남극과 북극은 태양 에너지를 적게 받는 땅으로(비교), 남극은 대륙 표면에 눈이 쌓여서 언 것이고 북극은 바닷물이 얼어서 물 위에 떠있는 것이다(대조).

예로 개념 확인

❶우리가 쓰는 말은 크게 고유어와 외래어로 나눌 수 있다. ❷원래부터 우리말로 쓰던 말이나 그 말들이 어우러져 새로 만들어진 말을 고유어라 하고, 다른 나라로부터 들어왔지만 우리말처럼 쓰이는 말을 외래어라고 한다. ❸바람, 어머니, 구름 등은 고유어이고, 텔레비전, 버스, 컴퓨터 등은 외래어이다. ❹우리말에서 쓰이는 한자어는 한자에 기초한 말이라는 점에서 외래어로 볼 수도 있다. 하지만 오래도록 우리말처럼 쓰여 왔고, 우리가 만들어 쓰는 한자도 있다는 점에서 다른 외래어와는 그 성격이 다르다. 그래서 어떤 학자는 한자어를 준고유어라고 말하기도 했다.

외래어는 외국어가 아니다. 외래어는 외국어였지만 우리말로 받아들여 쓰게 되면서, 그 말의 쓰임은 더 이상 외국어의 영향을 받지 않는 말이다. 외래어의 쓰임은 우리말 체계 속에서 결정되고 변화가 있더라도 우리말 체계 안에서 이루어진다.

(4) 구분과 분류: 대상을 일정한 기준에 따라 나누거나(구분), 종류별로 묶어서 설명하는 방법(분류)이다.

> 예 영법은 자유형, 평영, 접영, 배영 등으로 나뉜다. (구분)
>
> 사과, 배는 과일이고, 오이, 당근은 채소이다. (분류)

(5) 인과: 어떤 결과를 가져오게 한 원인을 밝히거나 어떤 원인에 의해 초래된 결과를 설명하는 방법이다.

> 예 온실 효과로 인해 지구의 기온이 상승하면 빙하가 녹아서 해수면이 상승한다.

(6) 분석: 대상을 구성하는 요소나 부분으로 나누어 설명하는 방법이다. 연관이 있는 여러 부분으로 이루어진 하나의 대상을 설명할 때 주로 쓰인다.

> 예 꽃은 꽃잎, 암술, 수술, 꽃받침 등으로 이루어져 있다.

❹ 설명하는 글 읽기의 방법

- 글 속에 제시된 정보의 정확성과 객관성을 판단하며 읽는다.
- 새롭게 알게 된 정보나 더 알고 싶은 내용 등을 메모하며 읽는다.
- 글에 쓰인 설명 방법을 파악하여 대상을 효과적으로 설명하고 있는지 판단하며 읽는다.
- 글의 구조를 고려하여 중요한 정보를 중심으로 내용을 종합하고 재구성하며 읽는다.

❺ 글의 구조와 설명 방법을 파악하며 읽기의 효과

- 글의 내용을 좀 더 쉽고 정확하게 이해할 수 있다.
- 부분(문장, 문단)과 부분의 관계를 좀 더 쉽게 파악할 수 있다.
- 글의 내용을 예측하며 읽을 수 있다.

더 알아 두기

✚ 그 밖의 설명 방법

- **과정:** 어떤 결과를 가져오게 하는 단계를 순서에 따라 설명하는 방법

  예 수증기가 증발해 구름을 이룬다. 구름 속의 작은 물방울이 응집되면 비가 되어 땅에 떨어진다.

- **서사:** 시간의 흐름에 따라 사건을 전개하는 방법

  예 가평역에서 잠을 깼다. 차가 한 시간 반이나 연착했다. 춘천에서 내리니 9시가 다 되었다.

- **인용:** 다른 사람의 말이나 글을 끌어와 설명을 보충하는 방법

  예 만일 내가 어떤 사람에게 "당신을 사랑합니다."라고 말할 수 있다면, "나는 당신을 통해 모든 사람을 사랑하며 당신을 통해 이 세계를 사랑하고 나 자신까지도 사랑합니다."라고 말할 수 있어야 한다.

❶ **구분:** 우리가 쓰는 말을 고유어와 외래어로 나누어 제시하고 있다. 즉 '구분'의 설명 방법을 사용하고 있다.

❷ **정의:** 고유어와 외래어의 개념을 밝혀 설명하고 있다. 즉 '정의'의 설명 방법을 사용하고 있다.

❸ **예시:** 고유어와 외래어의 구체적 사례를 들어 설명하고 있다. 즉 '예시'의 설명 방법을 사용하고 있다.

❹ **비교·대조:** 한자어는 다른 나라의 말이라는 점에서 외래어로 볼 수 있지만, 오래도록 우리말처럼 쓰여 왔고 고유어처럼 만들어 쓰는 한자어도 있다는 점에서 외래어와는 다르다는 것을 설명하고 있다. 즉 한자어와 외래어의 비슷한 점과 다른 점을 '비교'와 '대조'의 방법으로 설명하고 있다.

그림에서 들려오는 소리 | 이명옥

- **해제:** 이 글은 구체적인 작품을 예로 들어 공감각에 대해 설명하고 있는 글이다. 정의, 분석, 대조 등의 다양한 설명 방법을 사용하여 대상을 이해하기 쉽게 설명하고 있다.
- **주제:** 미술 작품에 드러난 공감각

내용 연구

그림 〈풍덩〉의 특징

색채	아크릴 물감을 사용하여 선명하고 강렬한 색채를 표현함.
기법	거친 붓(흰색 물보라)과 매끈한 롤러(파란 물)를 사용함.
구도	수평선, 수직선, 대각선의 구도로 한낮의 눈부신 햇살과 무더위, 정적을 표현함.

구절 풀이

- **영국 화가 데이비드 ~ 공감각을 이해하게 됩니다.:** 호크니의 〈풍덩〉을 예로 들어, 호크니도 하나의 자극에 의해 두 개 이상의 감각을 느끼는 사람이라는 것을 설명하려 한다는 것을 알 수 있다.
- **호크니는 우리가 상상의 귀로 '풍덩' 소리를 듣기를 바란 것입니다.:** 일반적으로 그림을 감상할 때에는 시각을 사용한다. 그런데 호크니는 물에 뛰어드는 사람을 생략함으로써 상상력을 통해 소리를 들으며 공감각적으로 〈풍덩〉을 감상하도록 하였음을 설명하고 있다.

낱말 풀이

- ***공감각:** 어떤 하나의 감각이 다른 영역의 감각을 일으키는 일. 또는 그렇게 일으켜진 감각. 소리를 들으면 빛깔이 느껴지는 것 따위이다.
- ***정적:** 고요하여 괴괴함.
- ***촉매제:** 어떤 일을 유도하거나 변화하게 하는 계기를 비유적으로 이르는 말.

(가) 공백한 하늘에 걸려 있는 촌락의 시계가 / 여윈 손길을 저어 열 시를 가리키면,

　　날카로운 고탑같이 언덕 위에 솟아 있는 / 퇴색한 성교당의 지붕 위에선 //

　　분수처럼 흩어지는 푸른 종소리

　김광균의 시 「외인촌」에 나오는 마지막 구절이에요. 크게 낭독해 보세요. 시인은 귀로 듣는 종소리를 눈으로 보는 분수에 비유했네요. 종소리에서 색깔까지도 보는군요.

　소리를 들으면 모양이나 색깔을 보는 사람들이 있어요. 바로 공감각자들이지요. *공감각이란 하나의 자극에 의해 두 개 이상의 감각이 느껴지는 것을 말해요.
_{공감각의 개념을 정의함.}

▶ 하나의 자극에 두 개 이상의 감각을 느끼는 ⬚

(나) *영국 화가 데이비드 호크니(David Hockney)의 〈풍덩(A Bigger Splash)〉을 감상하면 공감각을 이해하게 됩니다.
_{공감각을 설명하기 위해 〈풍덩〉을 예로 제시함.} 호크니는 수영장에서 다이빙할 때 들리는 '풍덩' 소리를 그림에 표현했거든요. 귀로 듣는 '풍덩' 소리를 어떻게 눈으로 보게 했을까요? ㉠색채와 기법, 구도
_{소리를 눈으로 볼 수 있는 이유를 분석함.} 등의 여러 요소가 조화를 이루고 있기 때문이지요.

▶ 소리를 ⬚(으)로 표현한 작품 〈풍덩〉

(다) 먼저 색채를 살펴볼까요? 『수영장의 파란색 물과 다이빙 보드의 노란색이 무척 선명하
_{〈풍덩〉의 특징을 요소별로 분석하여 설명할 것임을 알 수 있음.} 게 보이는군요. 유화 물감 대신 아크릴 물감을 사용했기 때문이지요. 아크릴 물감은 유화 물감보다 빨리 마르고 색채도 더 선명하고 강렬합니다.』「 」: 색채를 분석함.
_{아크릴 물감과 유화 물감의 차이점을 대조의 방법으로 설명함.}

▶ 그림의 특징 ① – 아크릴 물감의 선명하고 강렬한 ⬚

(라) 다음은 기법입니다. 『물보라가 일어나는 부분만 붓으로 흰색을 거칠게 칠하고 다른 부분
_{붓의 거친 느낌과 롤러의 매끈한 느낌, 흰색과 파란색의 대조} 은 롤러를 사용해 파란색으로 매끈하게 칠했네요. 선명한 아크릴 물감, 거칠고 매끈한 붓질의 대조가 다이빙할 때의 '풍덩' 소리와 물보라를 강조하고 있지요.』「 」: 기법을 분석함.

▶ 그림의 특징 ② – 거친 붓과 매끈한 롤러의 효과를 이용한 ⬚

(마) 끝으로 구도인데요. 『캘리포니아의 집, 수영장의 수평선, 다이빙 보드의 대각선이 야자수 줄기의 수직선과 대조를 이루네요. 거실 유리창에는 맞은편 건물이 비치고요. 한낮의 눈부신 햇살과 무더위, *정적(靜寂)을 나타낸 것이지요.』「 」: 구도를 분석함.

▶ 그림의 특징 ③ – 수직선, 수평선, 대각선이 어울린 ⬚

(바) 『왜 다이빙하는 사람을 그리지 않았을까요? 만일 물에 뛰어드는 사람을 그렸다면 그 멋
_{「 」: 묻고 답하는 방식으로 독자의 궁금증을 유발하고 그 이유를 설명함. (문답법)} 진 모습에 눈길을 빼앗기면서 '풍덩' 소리를 듣는 데 방해를 받았겠지요. 즉 '풍덩' 소리에만 모든 감각이 집중되도록 사람을 그리지 않았던 것입니다.』*호크니는 우리가 상상의 귀로 '풍덩' 소리를 듣기를 바란 것입니다. 상상력은 공감각을 자극하는 *촉매제 역할을 하거든요.

▶ 공감각을 자극하는 ⬚

01 이 글에 대한 설명으로 적절한 것은?

① 작품이 완성되는 과정을 설명하고 있다.

② 작품의 특징을 분석하여 설명하고 있다.

③ 작품에 대한 상반된 관점을 소개하고 있다.

④ 최근의 미술 이론을 소개하고 구체적 사례를 제시하고 있다.

⑤ 미술 기법의 장단점을 밝히고 구체적 사례에 적용하고 있다.

02 이 글의 내용과 일치하지 않는 것은?

① 공감각은 하나의 자극에서 두 개 이상의 감각을 느끼는 것이다.

② 데이비드 호크니의 〈풍덩〉은 소리를 그림으로 표현한 작품이다.

③ 시인은 다양한 감각으로 대상을 표현하기 때문에 공감각자라고 할 수 있다.

④ 데이비드 호크니는 의도적으로 〈풍덩〉에서 다이빙하는 사람을 생략하였다.

⑤ 데이비드 호크니는 〈풍덩〉을 보면서 사람들이 공감각적 능력을 발휘하기를 바랐다.

03 〈중요〉 (가)~(마)에 쓰인 설명 방법을 바르게 이해한 것은?

① (가): 공감각의 개념을 정의의 방법으로 설명하고 있다.

② (나): 다른 화가와 호크니 작품의 차이점을 대조의 방법으로 설명하고 있다.

③ (다): 아크릴 물감의 성분을 분석의 방법으로 설명하고 있다.

④ (라): 붓의 종류를 일정한 기준에 따라 분류하여 설명하고 있다.

⑤ (마): 〈풍덩〉의 구도를 과정의 방법으로 설명하고 있다.

04 ㉠을 위해 화가가 사용한 방법이 아닌 것은?

① 물보라가 일어나는 부분을 붓을 사용해 거칠게 표현하였다.

② 아크릴 물감을 사용하여 선명하고 강렬한 색채로 표현하였다.

③ 수평선, 대각선과 수직선이 대조를 이루도록 소재들을 배치하였다.

④ 안정감 있는 구도를 사용하여 작품을 정적인 분위기로 표현하였다.

⑤ 유리창에 비친 건물을 통해 한낮의 무더위와 햇살, 정적을 표현하였다.

100점 특강 Special lecture

○ (가)~(바)의 중심 내용과 설명 방법

	중심 내용	설명 방법
(가)	하나의 자극에서 두 개 이상의 감각을 느끼는 공감각	정의 – 공감각의 개념을 정의의 방법으로 설명함.
(나)	작품 〈풍덩〉의 특징	예시 – 공감각을 표현한 작품으로 호크니의 〈풍덩〉을 제시함.
(다)	색채가 선명한 작품 〈풍덩〉	대조 – 아크릴 물감과 유화 물감의 차이점을 설명함.
(라)	색채의 대조와 거칠고 매끈한 붓질의 대조가 드러난 작품 〈풍덩〉	대조 – 흰색으로 표현된 붓을 사용한 붓질의 거친 느낌과 파란색으로 표현된 롤러를 사용한 붓질의 매끈한 느낌의 차이점을 설명함.
(마)	수직선, 수평선, 대각선의 구도가 주제를 잘 드러낸 작품 〈풍덩〉	
(바)	생략으로 상상력을 자극하는 작품 〈풍덩〉	인과 – 다이빙하는 사람을 생략(원인)함으로써 소리에 집중할 수 있게 함(결과).

1 그림에서 들려오는 소리

| 내용 연구

그림 〈아〉의 특징

그림	**'아' 자를 거꾸로 쓴 이유** • 글자가 아니라 그림으로 보임.
글자	**'아' 자를 고른 이유** • 한 글자: 의미를 지닌 단어보다는 형태로 보임. • 글자 자체의 아름다움 • 강렬한 감정을 표현할 수 있음.
소리	**'아' 소리를 눈에 보이게 한 비결** • 'ㅇ': 성대의 울림을 표현함. • 'ㅏ': 소리 낼 때의 강렬함을 표현함.

↓

소리와 글자, 그림이 하나가 되는 공감각적인 작품이 됨.

| 구절 풀이

• **거꾸로 쓴 '아'는 ~ 그림인 것이지요.:** '아' 자를 거꾸로 씀으로써 글자라는 인식에서 벗어나 선, 모양, 먹의 농도 등 다양한 다른 것들이 조화를 이룬 그림으로 인식하게 된다는 의미이다. 이는 글자라는 틀에 갇혀 있던 상상력이 해방되기 때문이다.

• **한 글자는 형태로 보이지만 ~ 상상력이 갇히게 되지요.:** 한 글자는 의미에 사로잡히지 않고 있는 그대로의 형태로 인식할 수 있지만, 두 글자 이상은 이미 단어라는 인식에 사로잡혀 글자 이외의 것으로 보기 어렵다는 뜻이다.

| 낱말 풀이

* **추상적:** 구체성이 없이 사실이나 현실에서 멀어져 막연하고 일반적인. 또는 그런 것.

* **조형성:** 조형(여러 가지 재료를 이용하여 구체적인 형태나 형상을 만듦.) 예술 작품이 지니고 있는 특성.

(가) 한국 화가 김호득은 〈아〉에서 소리가 들리는 그림을 뛰어넘어 소리와 글자, 그림이 하나가 되는 공감각적인 작품을 창조했군요. 〈아〉라는 그림은 한글 '아' 자이면서 소리거든요. 그런데 왜 '아' 자를 거꾸로 썼을까요? 먼저 화가는 왼손잡이예요. 다음은 '아'를 바로 쓰면 글자로 읽히지만 거꾸로 쓰면 그림이 됩니다. *거꾸로 쓴 '아'는 더는 글자가 아니라 선이나 모양, 먹의 짙고 엷음 등이 아름다운 조화를 이루는 그림인 것이지요.

김호득, 〈아〉

[김호득의 〈아〉를 공감각적인 작품의 예로 제시함.]

▶ 소리와 글자, 그림이 하나가 된 공감각적인 작품, 김호득의 〈아〉

(나) '아' 자를 고른 데에도 이유가 있어요. *한 글자는 형태로 보이지만 두 글자는 단어가 되니까 상상력이 갇히게 되지요. 게다가 '아' 자는 글자 자체도 아름다운 데다 가장 강렬한 감정을 표현할 수 있기 때문이에요. 사람들은 감탄할 때도 '아!', 탄식할 때도 '아!' 하고 소리를 내잖아요.

▶ '아' 자를 고른 이유 – 의미가 아닌 형태로 보임, 형태의 아름다움, 강렬한 [ ] 표현

(다) '아' 소리를 눈에 보이게 한 비결이 궁금하다고요? 「ㅇ를 자세히 보세요. 허공에 떠 있는 데다 먹물이 짙거나 엷은 부분도 보이네요. '아'를 발음할 때 성대에서 울림이 생기는데, 그 떨림 현상을 'ㅇ'에 표현한 것이에요.

「ㄱ: '아' 소리를 눈에 보이게 한 비결을 'ㅇ'와 'ㅏ'로 나누어 설명함.

반면 'ㅏ'는 붓에 속도를 실어 단숨에 선을 그었네요. '아!' 소리를 낼 때의 강렬한 느낌, 그 기쁨과 슬픔의 감정을 'ㅏ'에 담은 것이지요.」

▶ 소리를 눈에 보이게 한 비결 – 'ㅇ'와 'ㅏ'에 표현된 성대의 울림과 강렬한 느낌

(라) 김호득은 한글의 형태를 빌려 그림을 그리는 이유를 이렇게 말하고 있어요.

[A] 「"내 그림은 단순히 문자가 지닌 *추상적인 형태에 이끌려 *조형성만을 빌려 온 그림들과는 다르다. 내가 한글에 매혹된 것은 조형성과 상징성, 시간성, 공간성, 소리까지도 모두 표현할 수 있다고 느꼈기 때문이다."

「ㄱ: 김호득의 말을 인용하여 신뢰감을 높임.

㉠그래서 한글 하나로 시가 되고 그림이 되고 음악이 되는 공감각적인 작품을 창조하게 된 것입니다.

▶ 시도 되고 그림도 되고 음악도 되는 [ ]

(마) 누구나 어릴 적에는 공감각을 가지고 있지만 자라면서 이런 특별한 능력을 잃어버린다고 하네요. 공감각을 되살리는 비결을 알려 드릴게요. 예술 작품과 가까워지는 것이지요. 『감각의 박물관(Natural History of the Senses)』을 쓴 다이앤 애커먼은 공감각이 일반인들에 비해 예술가들에게서 일곱 배나 많이 나타난다고 말했어요. 이번 기회에 공감각적인 예술 작품을 감상하는 취미를 가지면 어떨까요?

전문가의 말을 인용하여 신뢰감을 높임.

▶ 공감각을 되살리는 비결 – [ ]와/과 가까워지기

05 이 글을 통해 알 수 있는 내용이 <u>아닌</u> 것은?

① 공감각 능력의 유무는 유전적인 것이다.
② 누구나 어릴 적에는 공감각을 가지고 있다.
③ 예술가들은 일반인들에 비해 공감각 능력이 우수하다.
④ 예술 작품과 가까워지면 공감각 능력을 기를 수 있다.
⑤ 김호득의 〈아〉는 한글이 시, 그림, 음악도 될 수 있다는 생각에서 창작된 작품이다.

06 ⭐중요 이 글에 대한 설명으로 적절한 것만을 〈보기〉에서 골라 묶은 것은?

┤ 보기 ├
ㄱ. 작품 해석에 대한 다양한 견해를 소개한다.
ㄴ. 구체적인 작품을 예로 들어 그림의 특징을 분석한다.
ㄷ. 전문가의 말을 인용해서 독자에게 행동을 권유한다.
ㄹ. 미술 용어의 개념을 정의해서 설명의 범위를 한정한다.

① ㄱ, ㄴ ② ㄱ, ㄷ ③ ㄴ, ㄷ
④ ㄴ, ㄹ ⑤ ㄷ, ㄹ

07 [A]에 쓰인 설명 방법과 동일한 설명 방법이 쓰인 것은?

① 사람들이 소비를 통해 얻는 만족을 경제학에서는 '효용'이라고 한다.
② 민화는 주제에 따라 종교적인 내용이 담겨 있는 종교적인 민화와 아름다움을 추구하거나 장식을 위한 비종교적인 민화로 나눌 수 있다.
③ 우연성 음악은 현대 음악이 지나치게 추상화되거나 정밀하게 구성된 음만을 추구한다는 비판에서 출발하였는데, 대표적인 음악가로 케이지가 있다.
④ 한지는 질기고 수명이 오래간다는 것 외에도 보온성과 통풍성이 뛰어나다는 특징이 있다. 반면 양지는 바람이 잘 통하지 않고 습기에 대한 친화력도 한지에 비해 약하다.
⑤ 오른쪽 심실에서 나온 혈액은 폐를 지나면서 산소가 풍부한 혈액으로 바뀌어 왼쪽 심방으로 들어온다. 이렇게 들어온 혈액은 왼쪽 심실의 펌프질을 통해 온몸으로 퍼지게 된다.

08 서술형 ㉠과 관련해서 김호득이 '아' 자를 선택하여 그린 이유에 대해 글쓴이는 어떻게 설명하고 있는지 〈조건〉에 맞게 서술하시오.

┤ 조건 ├
• 형태 면과 내용 면으로 나누어 각각 한 문장으로 쓸 것.

• 형태 면: _____
• 내용 면: _____

100점 특강 Special lecture

○ (가)~(마)의 중심 내용과 설명 방법

	중심 내용	설명 방법
(가)	소리, 글자, 그림이 하나가 된 공감각적인 작품, 김호득의 〈아〉	예시 – 공감각적인 작품의 예로 김호득의 〈아〉를 제시함.
(나)	형태의 아름다움과 감정을 잘 드러낸 작품 〈아〉	예시 – 강렬한 감정의 예로 '아!'를 제시함.
(다)	소리를 그림으로 표현한 작품 〈아〉	분석 – '아' 소리를 눈에 보이게 한 비결을 'ㅇ'와 'ㅏ'로 나누어 설명함.
(라)	김호득이 한글의 형태를 빌려 그림을 그리는 이유	대조 – 김호득이 자신의 그림과 다른 그림들과의 차이점을 설명함.
(마)	공감각을 되살리는 비결	대조 – 일반인들과 예술가들의 공감각의 차이점을 설명함.

정전기가 겨울로 간 까닭은? | 김정훈

• **해제**: 이 글은 정의, 예시, 대조, 과정, 인과 등의 다양한 설명 방법을 사용하여 생활 속 과학 현상을 알기 쉽게 설명하고 있는 글이다.
• **주제**: 정전기가 생기는 이유와 정전기 예방 방법

내용 연구

글의 구성 방식

머리말	(가)	화제 제시
본문 ①	(나), (다)	정전기의 개념과 발생 이유
본문 ②	(라), (마)	정전기가 잘 생기는 조건 ①, ②

구절 풀이

● **정전기의 정체를 알면 ~ 있을 것이다.**: 이 글의 화제를 제시하고 있는 부분이다. 앞으로 정전기의 정체와 정전기를 막을 방법에 대해 설명할 것임을 알 수 있다.

● **수증기는 전기 친화성이 ~ 잘 생기지 않는다.**: 습도가 높을 때 정전기가 잘 생기지 않는 이유를 인과의 방법으로 설명하고 있는 부분이다. 전기를 저장한 물체가 적절한 유도체에 닿을 때 순식간에 전기가 이동하면서 정전기가 발생하는데, 수증기는 전하를 띠는 입자들을 중성 상태로 만들어서 전기가 이동하기 어려운 환경을 만든다.

낱말 풀이

* **기승**: 기운이나 힘 따위가 성해서 좀처럼 누그러들지 않음. 또는 그 기운이나 힘.
* **마찰**: 두 물체가 서로 닿아 비벼짐. 또는 그렇게 함.
* **전위차**: 전하가 흐르기 위해서는 두 물체 사이에 전위(단위 전하당 전기력에 의한 위치 에너지)의 차가 있어야 함. 이 전위의 차를 줄여 전위차라고 함.

(가) 겨울만 되면 정전기가 *기승을 부린다. 자동차에 키를 꽂을 때마다 불꽃이 튀고, 스웨터를 벗으면 '찌지직' 소리와 함께 머리는 폭탄 맞은 것처럼 변한다. 이 정전기는 왜 생기는 걸까? ㉠*정전기의 정체를 알면 이를 막을 대책도 세울 수 있을 것이다.
_{정전기 현상의 구체적 사례를 제시함.}
▶ ☐☐에 기승을 부리는 정전기

(나) 정전기는 그냥 머물러 있는 전기 및 그로 인해 나타나는 전기 현상을 말한다. 즉 흐르지 않고 그냥 머물러 있는 전기라고 해서 정전기라고 부르는 것이다. 『우리가 콘센트에 꽂아 쓰는 전기가 흐르는 물이라면, 정전기는 높은 곳에 고여 있는 물이다. 정전기의 전압은 수만 볼트(V)에 달해 번개와 동급이지만, 전류는 거의 없어 치명적이지 않다.』어마어마하게 높은 곳에 고여 있는 물이지만 한두 방울뿐이라 떨어질 때 별 피해가 없다고나 할까.
_{정전기의 개념을 정의함. 『 』: 정전기와 전기를 대조함.}
▶ 정전기의 ☐☐와/과 특징

(다) 정전기가 생기는 이유는 *'마찰' 때문이다. 물체를 이루는 원자의 주변에는 전자가 돌고 있는데, 원자핵으로부터 멀리 떨어진 전자들은 마찰을 통해 다른 물체로 쉽게 이동하기도 한다. 이때 전자를 잃은 쪽은 (+) 전하를 띠고, 전자를 얻은 쪽은 (−) 전하를 띠게 되어 두 물체 사이에 *전위차가 생긴다. / 생활하면서 주변의 물체와 접촉하면 마찰이 일어나기 마련인데, 그때마다 우리 몸과 물체가 전자를 주고받으며 몸과 물체에 조금씩 전기가 저장된다. 한도 이상 전기가 쌓였을 때 적절한 유도체가 닿으면 그동안 쌓였던 전기가 순식간에 불꽃을 튀며 이동하면서 정전기가 발생한다.
_{정전기 현상을 발생 과정에 따라 설명함.}
▶ 정전기가 생기는 이유와 정전기의 발생 ☐☐

(라) 정전기는 건조할 때 잘 생긴다. *수증기는 전기 친화성이 있어 주변의 전하를 띠는 입자들을 전기적 중성 상태로 만든다. 따라서 습도가 높으면 정전기도 잘 생기지 않는다. 여름보다 겨울에 정전기가 기승을 부리는 이유다. /『이 원리를 사람에게 적용하면 땀을 많이 흘리는 사람보다는 적게 흘리는 사람에게, 지성 피부를 가진 사람보다는 건성 피부를 가진 사람에게 정전기가 많이 생긴다.』정전기는 주로 물체의 표면에 존재하기 때문에 그 사람의 '피부'가 정전기를 결정한다.
_{정전기가 건조할 때 잘 생기는 현상을 인과의 방법으로 설명함. 『 』: 정전기가 건조할 때 잘 생긴다는 것을 사람의 피부에 따라 정전기가 생기는 정도가 다름을 대조하는 방법으로 설명함.}
▶ ☐☐할 때 잘 생기는 정전기

(마) 정전기는 전자를 쉽게 주고받을 수 있는 마찰에 의해 잘 생긴다. 마찰 전기가 생길 때 전자를 쉽게 잃는 물체가 있고, 전자를 쉽게 얻는 물체가 있다. 예를 들면 플라스틱 종류는 전자를 쉽게 얻고, 모피 종류는 전자를 쉽게 잃는다. 이를 순서대로 나열한 것을 '대전열'이라고 한다. 요즘 중학생들은 대전열을 이렇게 외운다고 한다.
_{예시의 설명 방법}

"털이 유명한 나 고플에(털가죽−유리−명주−나무−고무−플라스틱−에보나이트)"

우리 몸은 전자를 잘 잃는 편에 가까우니 나일론, 아크릴, 폴리에스테르 같은 합성 섬유를 입는 사람은 정전기와 친할 수밖에 없다. 정전기가 잘 발생하는 사람에게 천연 섬유를 입으라는 말에는 다 이유가 있다.
_{합성 섬유를 입을 때 정전기가 잘 생기는 현상을 인과에 따라 설명함.}
▶ ☐☐에 의해 잘 생기는 정전기

01 이 글의 내용과 일치하지 <u>않는</u> 것은?

① 정전기 현상은 다른 계절에 비해 겨울에 자주 발생한다.

② 대전열에 대한 정보는 정전기 발생을 줄이는 데 활용될 수 있다.

③ 물질을 이루는 원자핵은 전위차가 생기면 다른 물질로 이동한다.

④ 피부가 건성이냐 지성이냐에 따라 정전기가 발생하는 정도가 다르다.

⑤ 우리 몸은 전자를 잘 잃는 편이므로 나일론 소재의 옷을 입으면 정전기가 잘 생긴다.

02 중요 이 글에 사용된 설명 방법에 대한 설명으로 적절한 것은?

① 정전기의 종류를 분류하여 설명하고 있다.

② 마찰 전기의 종류를 구분하여 설명하고 있다.

③ 정전기의 개념을 정의의 방법으로 설명하고 있다.

④ 수증기의 전기 친화성을 대전열과 비교하여 설명하고 있다.

⑤ 정전기와 마찰 전기의 차이점을 대조를 통해 설명하고 있다.

03 (가)~(마)의 중심 내용으로 적절하지 <u>않는</u> 것은?

① (가): 정전기 현상의 구체적 사례

② (나): 정전기의 개념과 특징

③ (다): 정전기가 생기는 이유와 정전기의 발생 과정

④ (라): 정전기가 발생하는 최적의 거리

⑤ (마): 정전기가 잘 생기는 조건

04 ㉠에 대한 설명으로 적절한 것은?

① 습기가 많은 물체를 건조하게 말릴 때 발생하는 현상이다.

② 물체가 일정한 온도 이상으로 과열될 때 발생하는 현상이다.

③ 전하량이 많은 두 물체가 서로 접근할 때 발생하는 현상이다.

④ 물체에 쌓인 전기가 모두 방전된 상태에서 발생하는 현상이다.

⑤ 전자를 쉽게 얻는 물체와 쉽게 잃는 두 물체가 마찰하면서 발생하는 현상이다.

서술형

05 다음과 같은 정전기 현상이 크게 위험하지 않은 이유를 〈조건〉에 맞게 서술하시오.

> 자동차에 키를 꽂을 때마다 불꽃이 튄다.

◀ 조건 ▶
• 이 글에 제시된 내용을 바탕으로 할 것.
• 한 문장으로 쓸 것.

100점 특강 Special lecture

○- (가)~(마)에 사용된 설명 방법

(가)	정전기가 발생하는 구체적 사례를 제시함.	예시
(나)	정전기의 개념을 설명함. 정전기와 전기의 차이점을 들어 정전기의 특징을 설명함.	정의 대조
(다)	정전기가 발생하는 이유와 발생 과정을 설명함.	인과, 과정
(라)	정전기가 잘 생기는 원인을 밝혀 설명함. 사람마다 정전기 발생 정도가 다른 것을 대조하여 설명함.	인과 대조
(마)	정전기가 잘 생기는 원인을 밝혀 설명함. 전자를 쉽게 잃는 물체와 쉽게 얻는 물체의 예를 제시함.	인과 예시

▌내용 연구

• 정전기의 득과 실

이로운 점(득)	해로운 점(실)
생활에 유용한 제품을 만드는 데 정전기의 원리를 활용함.	산업체에서는 간과할 수 없는 위협적 존재임.
예 복사기, 집진기, 포장 랩 등	예 유조차, 반도체 등

▌구절 풀이

• 이를 막기 위해 ~ 달려 있다.: 유조차는 작은 스파크에도 치명적인 위험이 초래되므로 이를 예방하기 위해 유조차에 접지 장치를 달아 차에 쌓인 전기를 계속해서 방전시킨다.

• 그렇다고 정전기가 마냥 해로운 것만은 아니다.: 앞에서 설명한 것과 상반되는, 정전기의 이로운 점을 설명할 것임을 알 수 있다.

▌낱말 풀이

* **간과할:** 큰 관심 없이 대강 보아 넘길.
* **접지:** 땅에 닿음. 전기 회로를 구리선 따위의 도체로 땅과 연결함.
* **방전:** 전기를 띤 물체에서 전기가 외부로 흘러나오는 현상.
* **중화시키는:** 같은 양의 양전하와 음전하가 하나가 되어 전체로는 전하를 가지지 아니하게 하는.

(가) 만약 피부가 건조한 사람이 위의 충고를 무시하고 합성 섬유 스웨터를 입다 비명을 지른다 해도 그건 개인의 문제니 넘어갈 만하다. 하지만 산업체에서 정전기는 결코 *간과할 수 없는 위협적인 존재다.

▶ 정전기가 [   ]인 존재가 되는 산업체 현장

(나) 예를 들어 발화점이 낮은 유류를 운반하는 유조차는 작은 스파크에도 치명적이다. *이
<small>정전기가 위험한 사례를 제시함.　　　　　　　위험한 사례 ①</small>
를 막기 위해 유조차의 뒤편에는 땅바닥으로 늘어뜨린 *접지 장치가 달려 있다. 접지를 통해 유조차에 조금이라도 생길 수 있는 정전기를 땅으로 배출하는 것이다.

▶ 작은 스파크에도 치명적인 [   ]

(다) 첨단 반도체 사업장은 정전기와의 전쟁터라고 불려도 손색이 없다. 반도체 부품은 정전
<small>위험한 사례 ②</small>
기 *방전에 쉽게 파손된다. 그래서 기술자들은 자기 주변에 정전기가 쌓일 만한 저항이 큰 물체를 일절 놓지 않는다. 소매와 양말에 접지선이 달린 특수한 옷을 입고 반도체를 다룬다. 이처럼 정전기를 없애는 것이 산업체에서는 중요한 과제다.

▶ 정전기 방전에 쉽게 파손되는 [   ]

(라) *그렇다고 정전기가 마냥 해로운 것만은 아니다. 우리 생활에서 정전기는 의외로 많은 활약을 하고 있다. 복사기는 정전기를 이용한 대표적인 제품이다. 복사기는 정전기를 이용
<small>정전기의 원리를 적용한 제품의 사례 ①</small>
해 토너의 잉크 가루를 종이에 붙인다. 먼지를 제거하는 집진기도 정전기의 원리로 공중의
<small>　　　　　　　　　　　정전기의 원리를 적용한 제품의 사례 ②</small>
먼지를 붙여 제거한다. 식품을 포장하는 랩이 그릇에 달라붙는 이유도 정전기 때문이다. 감
<small>　　정전기의 원리를 적용한 제품의 사례 ③</small>
겨 있던 랩을 '좍' 떼는 순간 마찰로 정전기가 발생하니, 랩의 접착력이 시원치 않다 생각하는 사람은 더 힘차게 떼자. 이처럼 정전기는 우리에게 득과 실을 동시에 주는 존재다.

▶ 정전기의 원리를 활용한 제품 – [   ], 집진기, 포장 랩 등

(마) 이제 정전기의 원리를 알았으니 약간의 주의만 기울이면 정전기로 깜짝 놀랄 일을 줄일 수 있다. 구체적으로 어떻게 하면 좋을까? 우선 적절한 습도를 유지하자.『가습기나 어항 등
<small>　　　　　　　　　　　　　　　　　　　　정전기를 줄이는 방안 ①</small>
으로 집안 습도를 높이고, 보습 로션 등으로 피부를 촉촉하게 유지하면 도움이 된다. 머리를 헤어드라이어로 말리면 습도가 낮아질 뿐 아니라 수건으로 머리를 비비는 과정에서 마찰 전기가 발생하므로 가급적 그냥 말린다.』『　』: 적절한 습도를 유지하는 방법들

▶ 정전기를 줄이는 생활 습관 ① – 적절한 [   ] 유지

(바) 평소에 전기를 *중화시키는 습관을 들이는 것도 좋다. 자동차 문고리를 잡기 전에 손
<small>　　　　　　정전기를 줄이는 방안 ②　　　　　　　　　　　　　　정전기를 중화시키는 습관 ①</small>
에 입김 한번 '하~' 하고 불어 주자. 입김으로 손에 생긴 습기가 정전기 확률을 낮춰 준다. 정전기가 튈 것 같은 물건이라면 덥석 잡지 말고, 손톱으로 살짝 건드렸다가 잡으면 손톱을
<small>　　　　　　　　　　　　　　　　　　　　　　　　　정전기를 중화시키는 습관 ②</small>
통해 전기가 방전돼 정전기를 예방할 수 있다.

▶ 정전기를 줄이는 생활 습관 ② – 전기 [   ]시키기

06 이 글을 쓴 목적으로 적절한 것은?

① 정전기의 원리를 적용한 제품을 홍보하기 위해서

② 정전기의 무해함을 과학적으로 증명하기 위해서

③ 정전기 원리를 활용한 산업의 위험성을 경고하기 위해서

④ 정전기와 정전기를 줄이는 방법에 대한 정보를 제공하기 위해서

⑤ 정전기 현상의 이로움과 해로움에 대한 학계의 논쟁을 알려 주기 위해서

07 이 글에서 확인할 수 있는 내용이 <u>아닌</u> 것은?

① 복사기와 집진기는 정전기 현상의 원리를 적용해서 만든 제품이다.

② 유류를 운반하는 유조차는 약간의 정전기 현상에도 큰 위험이 따른다.

③ 포장 랩의 접착력을 높이려면 비닐을 떼는 순간의 마찰을 줄여야 한다.

④ 자동차 문고리를 잡기 전에 손에 입김을 부는 이유는 손의 습도를 높이기 위한 것이다.

⑤ 반도체 산업 현장에서는 정전기 현상을 방지하기 위해 접지선이 달린 특수한 옷을 입는다.

08 (가)~(바)에 쓰인 설명 방법으로 적절한 것만을 〈보기〉에서 골라 묶은 것은?

┃ 보기 ┃

ㄱ. 어떤 사실이나 현상에 대해 구체적인 예를 들어 설명하기

ㄴ. 둘 이상의 대상을 견주어 공통점을 중심으로 설명하기

ㄷ. 대상을 이루고 있는 요소나 부분으로 나누어 설명하기

ㄹ. 어떤 결과를 가져오게 하는 원인을 밝혀 설명하기

① ㄱ, ㄴ　　② ㄱ, ㄷ　　③ ㄱ, ㄹ
④ ㄴ, ㄷ　　⑤ ㄴ, ㄹ

서술형

09 다음 상황에서 'B'가 답할 내용을 〈조건〉에 맞게 서술하시오.

A: 머리를 말릴 때 헤어드라이어를 사용하고, 수건으로 비벼 말렸더니 정전기가 많이 생기네. 왜 이런 걸까?

B: _____

┃ 조건 ┃

• 정전기가 잘 생기는 조건을 포함하여 쓸 것.

100점 특강 Special lecture

○- (가)~(바)의 글의 구조와 설명 방법

(가)	산업체에서 위협적인 존재인 정전기

↓

(나), (다)	정전기가 위험한 구체적 사례 [예시]

↓

(라)	우리 생활에서 득이 되는 정전기 정전기의 원리를 활용해서 만든 제품의 구체적 사례 [예시]

↓

(마), (바)	정전기를 줄이는 방안 적절한 습도를 유지하는 방법과 전기를 중화시키는 습관의 구체적 사례 [예시]

3 매체의 표현 방법과 효과

학습 목표 • 매체에 드러난 다양한 표현 방법과 의도를 평가하며 읽을 수 있다.

더 알아 두기

+ 음성이나 문자

• 의사를 전달하는 주요 수단

• 준언어적, 비언어적 표현 방법이나 다양한 매체를 활용하여 내용을 보충할 수 있음.

준언어적 표현 방법	말의 어조, 속도, 고저, 음색, 장단, 강약 등
비언어적 표현 방법	얼굴 표정, 몸짓, 눈맞춤, 옷차림 등

+ 저작권 보호 방법

• 활용할 자료와 정보의 출처를 밝힐 것

• 신뢰성 있는 자료와 정보를 활용할 것

• 상업적인 것은 피하고, 공공 기관이나 교육 목적의 자료와 정보를 활용할 것

• 자신의 창작물이 아닌 경우에는 대중이 공유하는 인터넷 공간에 자료와 정보를 올리지 않을 것

❶ 매체의 의미와 종류

(1) 의미

• 정보를 전달하는 매개체　　• 음성이나 문자를 보완하는 역할

(2) 종류

구분	시각 매체	청각 매체	시청각 매체
특성	시각을 통해 정보를 확인할 수 있음.	청각을 통해 정보를 확인할 수 있음.	시각과 청각을 동시에 자극해 정보를 확인할 수 있음.
매체의 예	그림, 도표, 그래프, 사진 등	음악, 녹음 자료 등	동영상, 애니메이션 등
매체 사용 효과	대상의 형태나 변화 과정, 변화의 정도, 통계 등을 정확하게 알려 줌.	대상에 대한 청각적 정보를 실감 나게 제시함.	움직임이 있는 대상을 생동감 있게 보여 줌.

❷ 매체 활용의 유의점

• 말하고자 하는 내용에 맞는 매체를 선정해야 한다.

• 말하고자 하는 내용과 관련하여 적정 분량의 매체를 제시해야 한다.

• 활용한 매체의 출처를 반드시 밝혀 저작권을 보호해야 한다.

• 자신의 의견이나 연구 결과물을 활용할 때에는 과장하거나 왜곡하지 않아야 한다.

❸ 매체 활용의 효과

• 독자나 청중의 흥미를 유발하고 주의를 집중시킬 수 있다.

• 내용에 대해 이해하고 오래 기억하는 데 도움을 준다.

• 복잡한 내용을 일목요연하게 제시할 수 있다.

예로 개념 확인

(가) 제주 동부 지역을 이어 주는 ❶교통편

제주시에서 동부 어디로 가느냐에 따라 타야 하는 버스가 다르다. 제주시를 출발해 서귀포 시외버스 터미널까지 가는 동일주 버스 701번은 가장 오랜 시간이 걸리지만, 동쪽 해안을 따라 달려 ❷아름다운 바다를 눈에 담을 수 있다. 제주도의 동쪽 끝, 성산까지 가장 빠르게 가는 노선은 번영로를 거쳐 성산까지 가는 710번 버스이다. 또한 표선까지 가장 빠르게 가는 노선은 번영로를 거쳐 표선까지 가는 720번 버스이다. 그 외에 동쪽의 중산간으로 향하고 싶다면 남조로를 거쳐 가는 703번 버스를 이용하면 된다.

(나)

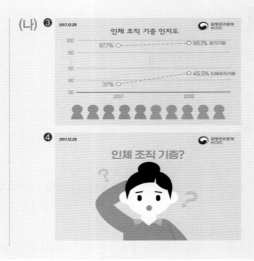

❹ 매체 활용의 의도와 효과 평가하기

(1) 매체 내용의 적절성 평가하기

- 매체의 내용이 글쓴이의 주장이나 설명 내용을 뒷받침하고 있는가?
- 매체를 통해 보충, 보완하고자 하는 바가 무엇인가?
- 객관적이고 정확한 정보를 담고 있는가?
- 독자의 수준에 맞는 내용을 담고 있는가?
- 신뢰성 있는 출처의 정보를 사용하였는가?

예 서울제비꽃을 설명하는 유아용 식물도감
- 사진이나 자세한 그림을 제시함.
  → 대상의 생김새에 대한 정보를 제공하므로 적절함.
- 분류, 학명 등을 표로 제시함.
  → 독자의 수준에 비해 어려운 내용이므로 적절하지 않음.

(2) 매체 표현의 적절성 평가하기

- 내용을 보충, 보완할 수 있는 형식으로 제시하였는가?
- 글의 흐름에 맞게 필요한 위치에 제시하였는가?
- 내용을 보충할 만한 분량으로 제시하였는가?
- 독자가 의미를 해석할 수 있는 수준으로 제시하였는가?
- 시각적으로 적절한 자극을 주는가?

예 청소년을 대상으로 금연을 홍보하는 동영상 공익 광고
- 흡연으로 인한 질병을 겪고 있는 노인들의 인터뷰를 제시함.
  → 청소년들에게 자신의 문제가 아니라는 인식을 심어 줄 수 있으므로 적절하지 않음.
- 금연하자는 음성을 마지막에 제시함.
  → 광고의 의도를 일목요연하게 정리해 주므로 적절함.

더 알아 두기

✚ 시각 자료 사용과 기억 효과
- 읽기를 통한 기억 10~20%
- 듣기를 통한 기억 20~30%
- 보기를 통한 기억 30~50%
- 보고 듣기를 통한 기억 50~60%

✚ 매체 활용의 유의 사항
- 사전에 저작권자에게 자료의 사용에 대한 동의를 구해야 함.
- 출처를 정확하게 제시해야 함.

책의 특정 부분이나 사진, 그림	저자, 제목, 출판사, 출판 날짜, 인용한 쪽수
언론사 기사	기자 이름, 언론사, 발행 날짜, 기사가 나오는 페이지
논문	저자, 논문 제목, 학회 이름, 발행 시기, 페이지
인터넷 자료	제작자 이름, 원본 링크

❶ **버스 노선도**: 제주도 동부 여행에서 이용할 수 있는 교통수단 중 버스 노선을 설명하는 글이므로 버스 노선도와 버스 운행 시간표를 시각 자료로 제시할 수 있다. 이러한 시각 자료를 통해 설명하고자 하는 내용을 한눈에 요약적으로 보여 줄 수 있다.

❷ **제주 동부 바다 사진**: 버스 여행에서 실제로 볼 수 있는 제주 바다 사진을 시각 자료로 제시할 수 있다. 이러한 자료를 통해 버스 여행에 대한 흥미와 호기심을 불러일으킬 수 있다.

❸ **그래프**: 장기 기증이나 인체 조직 기증에 대한 인식 변화의 모습을 한눈에 파악하도록 제시하고 있다. 특히 인체 조직 기증 인지도가 장기 기증 인지도에 비해 상승의 정도가 높다는 점을 시각적으로 확인할 수 있도록 하였다.

❹ **그림**: 머리를 긁적이는 그림이나 물음표를 활용하여 인체 조직 기증에 대하여 많은 사람들이 잘 모르고 있다는 점을 강조하고 있다. 이러한 시각 자료를 통해 이어질 내용이 인체 조직 기증이 무엇인지에 대해 설명할 것임을 짐작하게 하고 있다.

1 자기표현 수단으로서의 문자와 영상 | 주형일

- **해제:** 이 글은 디지털 미디어에서 글쓰기를 할 때 활용되는 문자와 영상에 대하여, 문자의 한계를 극복하기 위한 여러 특성들과 영상 중 사진, 동영상의 특성을 간략하게 설명하고 있다.
- **주제:** 자기표현 수단으로서의 문자와 영상의 특징

내용 연구

구절 풀이

- **지구를 멸망시킬 ~ 우스갯소리도 있습니다.:** 스마트폰의 보급으로 사진을 찍는 일이 많은 사람들에게 일상적이고 습관적인 일이 되었음을 과장하여 표현한 것이다.
- **길거리나 버스 ~ 종종 있죠.:** 다른 사람의 잘못된 행동을 고발하기 위한 목적으로 동영상을 촬영하고 이를 인터넷에 올려 유포하는 사례가 많다는 의미이다.

낱말 풀이

- *반증: 어떤 사실과 모순되는 것 같지만, 거꾸로 그 사실을 증명하는 것.
- *유명세: 세상에 이름이 널리 알려진 탓으로 겪게 되는 어려움이나 불편을 세금에 비유하여 이르는 말.
- *스카우트: 재능이 뛰어난 운동선수나 인재 따위를 찾아내어 뽑음.
- *명예 훼손: 공공연하게 다른 사람의 사회적 평가를 떨어뜨리는 사실 또는 허위 사실을 널리 퍼뜨리는 일.

(가) 인터넷을 기반으로 한 디지털 미디어에서 가장 많이 쓰이는 커뮤니케이션 수단은 문자입니다. ㉠휴대 전화 문자, 메신저, 채팅, 이메일, 토론방 댓글 등이 대부분 문자로 메시지를 전달합니다. 그런데 문자는 말과는 달리 미묘한 감정을 표현해 내기 어렵다는 단점을 갖고 있습니다. 일상적인 대화에서 우리는 말의 속도나 크기, 억양, 얼굴 표정 등을 통해 다양한 감정을 담아 메시지를 전달합니다. 똑같은 말을 하더라도 어떤 식으로 표현하느냐에 따라 긍정적인 의미를 담을 수도 있고, 부정적인 의미를 전달할 수도 있습니다. 그런데 문자로는 그런 감정들을 담아내는 데 한계가 있죠. 이런 한계를 보완하기 위해 사용자들은 다양한 방법을 고안해 냅니다. 맞춤법에 따르지 않고 소리 나는 그대로 표기하거나 감정을 표시하는 간단한 이모티콘을 사용하기도 하고 '휘리릭, 꾸벅' 같은 의성어, 의태어를 쓰기도 하죠. 빠르게 의사를 전달하기 위해 다양한 (㉡)을/를 사용하기도 합니다.

▶ 디지털 미디어에서의 □□의 특성

(나) 요즘에는 음식에 대한 존중을 표현하기 위해 먹기 전에 사진으로 찍어 남긴다는 농담이 있을 정도로, 식당에서 음식이 나오면 사진부터 찍는 사람들이 많죠? *지구를 멸망시킬 커다란 행성이 지구를 향해 돌진하는 마지막 순간에도 사람들이 하는 일은 스마트폰으로 행성 사진을 찍는 일일 것이라는 우스갯소리도 있습니다. 이것은 그만큼 사진이 중요한 커뮤니케이션 수단이 됐다는 *반증입니다. 사진을 촬영하고 인터넷을 통해 공유하는 일이 쉬워지면서 사진도 자신을 표현하는 중요한 수단이 됐죠. 사진은 문자로는 표현하기 힘든 감정이나 상황을 한눈에 알아볼 만큼 아주 간단히 표현할 수 있습니다. 또한 사용자의 시각적 경험을 즉각적으로 공유할 수 있도록 해 줍니다. 내가 지금 보고 있는 것, 먹고 있는 것 등을 바로바로 사진을 통해 전달하고 공유하는 것이죠. 이렇게 남들에게 보여 주고 싶은 자신의 이미지를 만들어 내는 데 사진이 유용하게 활용되는 이유는 우리가 원하는 대로 사진을 수정하고 정리해서 전달할 수 있기 때문입니다.

▶ □□의 특성

(다) 악기를 잘 연주한다거나 춤을 잘 춘다거나 또는 스포츠를 잘하는 사람들은 자신의 뛰어난 능력을 과시하기 위해 동영상을 이용하기도 합니다. 동영상 덕분에 세계적인 *유명세를 타거나 프로 팀에 *스카우트되는 사람들도 있죠. 그런데 일반인의 경우 동영상은 촬영의 손쉬움에도 불구하고 자신을 드러내는 수단으로는 잘 사용하지 않습니다. 그 이유는 사진과 달리 동영상은 수정하고 통제하기가 쉽지 않기 때문이죠. 그래서인지 동영상은 주로 남의 모습을 촬영해 전달하는 수단으로 활용됩니다. *길거리나 버스, 지하철 등 공공장소에서 우리 눈에 띄는 특이하거나 불쾌한 행동을 하는 사람들의 모습을 촬영해 인터넷에 올리는 일이 종종 있죠. 이것은 ㉢타인의 초상권을 침해하고 나아가 *명예 훼손의 여지도 있다는 점에서 사회적 문제를 일으키는 행동입니다.

▶ □□의 특성과 유의점

01 이 글을 바탕으로 디지털 미디어의 글을 읽을 때 유의해야 할 점으로 적절하지 <u>않은</u> 것은?

① 글쓴이가 활용한 동영상 편집 기술을 먼저 이해해야 한다.

② 사진을 통해 글쓴이가 공유하고자 하는 시각적 경험이 무엇인지 판단해야 한다.

③ 글에 포함된 사진은 글쓴이가 적절히 수정, 정리한 것이라는 점을 염두에 두어야 한다.

④ 의성어나 의태어, 이모티콘 등에 드러난 글쓴이의 감정이나 의도를 바르게 이해해야 한다.

⑤ 동영상을 활용한 글을 읽을 때는 영상 속 상황이 타인의 초상권을 보호하고 있는지 잘 살펴야 한다.

02 이 글로 보아 '문자', '사진', '동영상'의 공통점으로 적절한 것은?

① 복잡한 내용을 한눈에 표현한다.

② 시각과 청각을 동시에 자극한다.

③ 일정한 메시지를 담아 전달한다.

④ 사용자에 대한 정보를 드러낸다.

⑤ 누구나 쉽게 편집하여 쓸 수 있다.

03 (나)를 바탕으로 할 때, 사진을 자료로 제시하기에 가장 적절한 주제는?

① 수학여행 참가 비용

② 겨울철 독감 예방법

③ 기말고사 과목별 점수

④ 붕어와 잉어의 생김새의 차이

⑤ 우리나라의 미세 먼지 농도의 변화

04 ㉠과 같은 환경에서의 글 읽기에 대한 설명으로 적절하지 않은 것은?

① 그림, 사진, 동영상 등의 매체의 표현 의도와 효과를 평가한다.

② 글에 대한 다른 사람들의 반응을 살피며 자신의 생각을 정리한다.

③ 문자나 영상을 통해 말하고자 하는 바가 무엇인지 바르게 파악한다.

④ 글에 담긴 글쓴이의 메시지보다 감정적 요소에 유의하여 의도를 파악한다.

⑤ 일상적인 표현과 다른 맞춤법이나 이모티콘 등에 유의하여 전하는 의미를 파악한다.

05 ㉡에 들어갈 말로 적절한 것은?

① 비속어　　② 표준어　　③ 외래어
④ 축약어　　⑤ 전문어

서술형　중요

06 ㉢과 같은 문제를 해결하기 위해 동영상을 활용할 때의 유의점을 〈조건〉에 맞게 서술하시오.

◀ 조건 ▶
• 한 문장으로 쓸 것.

100점 특강 Special lecture

○ 디지털 미디어에서 주로 쓰이는 매체의 종류와 특성

종류		특징	효과
문자		• 소통을 위한 주요 수단으로 쓰임. • 미묘한 감정을 담아내기 위해 소리 나는 대로 표기하거나 이모티콘, 의성어, 의태어, 축약어 등을 많이 활용함.	• 의사를 빠르게 전달함. • 인쇄 매체의 일상적 글보다 감정을 잘 담아냄.
영상	사진	• 문자로 표현하기 힘든 감정이나 상황을 한눈에 표현해 줌. • 수정과 정리가 쉬움.	• 사용자의 시각적 경험을 즉각적으로 공유함.
	동영상	• 촬영이 손쉬움. • 수정과 통제가 쉽지 않음. • 타인에 대한 촬영과 공유가 많음.	• 자신의 여러 가지 능력을 드러냄.

2 다섯손가樂

- **해제:** 이 글은 오늘날 스마트폰에 빠져 사는 현대인들의 모습을 손가락들의 갈등으로 제시하여 서로를 이해하고 관심을 가지는 삶의 필요성을 강조하고 있다. 독자에게 친숙한 웹툰을 활용하여 주제를 표현한 공익 광고이다.
- **주제:** 스마트폰 사용 절제의 필요성

내용 연구

이 웹툰의 특성

- 손가락의 의인화
- 과장된 감정 표현
- 의성어, 의태어 활용
- 그림과 사진의 조화
- 한자를 활용한 주제 표현

구절 풀이

- **역시 스마트폰을 ～ 내 몫이니까:** 스마트폰 화면에서는 엄지를 활용하여 정보 검색과 지지 표현 활동을 많이 함을 의미한다.
- **제일 중요한 ～ 나야 나!!!:** 각 손가락들은 다른 입장에 대한 이해와 공감의 태도가 부족한데 이것은 스마트폰을 중심으로 판단을 내리기 때문이다. 스마트폰으로 인한 개인주의적 사고방식을 드러내고 있다.
- **잘 봐. ～ 친해지고 말이야:** 서로 얼굴을 맞대고 대화와 놀이를 통해 친구들과의 우정, 다른 사람들과의 관계를 더욱 돈독히 할 수 있음을 강조하고 있다.
- **스마트폰을 내려놓으면 ～ 다섯손가樂이 됩니다.:** 스마트폰에 의존하지 않고 서로 대면하면서 사는 삶을 통해 삶의 즐거움이 더 커질 수 있다는 주제 의식을 드러내고 있다.

(가)

(나)

(다)

(라)

01 이와 같은 웹툰의 특성에 대한 설명으로 적절하지 <u>않은</u> 것은?

① 대상의 특징을 강조하는 그림을 활용한다.
② 주로 인물들의 대사를 통해 내용을 전개한다.
③ 대상의 구체적 특성을 생략하는 경우가 많다.
④ 인물과 이야기에 대하여 사실적으로 전달한다.
⑤ 글자의 크기나 모양 등을 활용하여 의미를 강조한다.

02 _{중요} 이 웹툰의 표현상 특징에 대한 설명으로 적절하지 <u>않은</u> 것은?

① 친숙한 손가락 그림으로 이야기를 전개하였다.
② 소리가 같은 말을 활용하여 주제를 강조하였다.
③ 선명한 색채를 통해 시각적인 자극을 주고 있다.
④ 축약어를 활용하여 발랄한 분위기를 조성하고 있다.
⑤ 사진과 그림을 함께 제시하여 실감 나게 표현하였다.

03 이 웹툰을 통해 전달하려는 바를 가장 잘 표현한 것은?

① 스마트폰을 끄면 행복이 켜집니다.
② 아무것도 하지 마세요. 오직, 운전만 하세요.
③ 작지만 힘센 친구, 우리를 하나로 묶어 줍니다.
④ 너무 믿지 마세요. 스마트폰이 진실은 아닙니다.
⑤ 배려 없는 스마트폰 사용이 당신을 악역으로 만들고 있습니다.

04 이 웹툰을 자료로 활용하기에 적절한 상황은?

① 전통적인 어린이들의 놀이 문화를 소개하는 글을 쓸 때
② 스마트폰 사용 방법에 대해 자세하게 설명하는 글을 쓸 때
③ 청소년들 사이의 우정의 소중함에 대하여 주장하는 글을 쓸 때
④ 스마트폰 보급 실태를 조사하고 그 결과를 보고하는 글을 쓸 때
⑤ 스마트폰 사용의 문제점과 개선 방안에 대하여 주장하는 글을 쓸 때

05 (가)와 (나)에서 대조적으로 표현하고 있는 것은?

① 스마트폰 사용 능력의 차이
② 스마트폰 기기 성능의 차이
③ 스마트폰 사용 여부의 차이
④ 스마트폰 사용 규칙의 차이
⑤ 스마트폰 게임 종류의 차이

06 _{서술형} _{중요} 일반적인 글과 비교할 때, 이와 같은 웹툰의 표현 효과가 무엇인지 〈조건〉에 맞게 서술하시오.

┌─── 조건 ───┐
• 표현상 특징과 효과를 언급할 것.
• 한 문장으로 쓸 것.
└─────────┘

100점 특강 Special lecture

○ 매체로서의 웹툰의 특성과 표현 효과

정의	일정한 칸을 연결하여 그림과 글로 내용을 표현하여 메시지를 전달하는 매체					
구성 요소	그림	인물, 말풍선, 선 등	글	대사, 해설	칸	장면 표시 단위
특징	그림	• 대체로 대상을 단순화하여 표현함. • 표현 대상에 대하여 과장하거나 생략된 표현이 많음.				
	글	• 주로 구어체의 말투를 사용함. • 의성어, 의태어를 활용하여 상황을 생동감 있게 표현함.				
효과	• 말하고자 하는 바에 대해 친숙한 느낌을 부여하여 흥미를 유발함. • 다양한 표현 방법을 활용하여 내용을 쉽게 이해하도록 함. • 칸과 칸 사이의 내용에 대해 독자가 스스로 내용을 구성하도록 함.					

3 온열 질환 카드 뉴스

• **해제:** 이 글은 다양한 시각 자료를 활용하여 정보를 전달하고 있는 카드 뉴스이다. 주황색 배경을 통해 더운 여름의 분위기를 조성하면서 폭염 대비 건강 수칙을 제시하고 있다.

• **주제:** 폭염 대비 건강 수칙

▌내용 연구
글의 목적과 특성

목적	정보 제공
특성	• 간결한 문장으로 표현함. • 그림, 그래프 등 다양한 시각 자료를 활용함. • 글자 크기와 색깔을 달리하여 내용을 강조함.

▌구절 풀이
• **온열 질환 40%는 ~ 사이에 발생:** 낮 시간에 외부에서 활동하는 경우에 온열 질환이 발생할 가능성이 높으므로 주의할 것을 강조하고 있다.

• **50세 이상 ~ 주의 당부:** 나이가 많은 사람들의 경우 다른 연령층에 비해 온열 질환이 많이 발생하므로 특별히 더 주의해야 함을 강조한다.

▌낱말 풀이
* **일사병:** 강한 태양의 직사광선을 오래 받아 일어나는 병.

* **열사병:** 고온 다습한 곳에서 몸의 열을 발산하지 못하여 생기는 병.

* **경련:** 근육이 별다른 이유 없이 갑자기 수축하거나 떨게 되는 현상. 간질, 히스테리, 뇌종양, 중독 따위가 원인이며 몸 전체에서 일어나는 것과 부분적으로 일어나는 것이 있다.

* **수칙:** 행동이나 절차에 관하여 지켜야 할 사항을 정한 규칙.

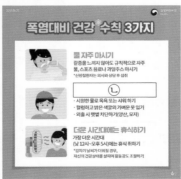

01 이 카드 뉴스를 만든 목적으로 적절한 것은?

① 대상에 대한 과학적 사고를 촉구한다.
② 대상의 문제점을 구체적으로 분석한다.
③ 대상에 대한 글쓴이의 체험을 전달한다.
④ 대상에 대한 구체적인 정보를 제공한다.
⑤ 대상과 관련된 일반적인 인식을 반박한다.

02 중요

이 카드 뉴스의 표현 방법에 대한 설명으로 적절하지 <u>않은</u> 것은?

① 친근한 느낌의 그림을 제시하여 관심을 유발한다.
② 구체적인 수치를 제시하여 정보의 객관성을 강조한다.
③ 다양한 시각 자료를 활용하여 독자의 흥미를 유도한다.
④ 함축적이고 암시적인 문장 표현을 통해 주제를 강조한다.
⑤ 배경색을 동일하게 하여 내용 전개의 통일성을 시각적으로 보여 준다.

03 이 카드 뉴스를 만든 글쓴이가 기대하는 독자의 반응으로 적절하지 <u>않은</u> 것은?

① 다른 때보다 더 샤워를 자주 해야겠군.
② 밖에 나갈 때에는 항상 모자를 쓰는 게 좋겠군.
③ 매일 시원한 물을 가지고 다니면서 마셔야겠군.
④ 외부 활동은 되도록 아침 시간에 처리해야겠군.
⑤ 노인들에게는 되도록 짙은 색 옷을 권해 드려야겠군.

04 중요

㉠과 같은 매체의 사용 효과를 바르게 설명한 것은?

① 대상에 대한 독자의 성찰을 유도한다.
② 내용에 대한 독자의 친근감을 유도한다.
③ 대상과 관련된 독자의 감성을 자극한다.
④ 독자에게 내용에 대한 신뢰감을 느끼게 한다.
⑤ 독자와 글쓴이의 정서적인 공감을 이끌어 낸다.

05 ㉡에 들어갈 말로 가장 적절한 것은?

① 시원하게 지내기
② 옷 자주 갈아입기
③ 낮잠 시간 확보하기
④ 에어컨 온도 조절하기
⑤ 따뜻한 음식 많이 먹기

서술형

06 〈보기〉는 폭염과 관련된 신문 기사이다. 이 카드 뉴스를 바탕으로 〈조건〉에 맞게 부제를 만들어 쓰시오.

◀ 보기 ▶

온열 질환으로 인한 사망, 대부분 일하는 시간
- (   ) -

올 여름 폭염으로 인한 사망자가 약 50여 명이나 나왔다. 사망자의 대부분은 한창 햇살이 뜨거운 시간에 외부에서 일을 하다가 사망에 이르렀다. 폭염으로 인한 온열 질환이 발생하는 시간대를 고려할 때 폭염 안전사고 예방을 위한 대책이 필요한 상황이다.

◀ 조건 ▶
• 문제를 해결할 수 있는 내용으로 쓸 것.
• 구체적인 내용으로 쓸 것.

100점 특강 Special lecture

○ 이 카드 뉴스에 쓰인 매체

문자	그림	그래프	배경색
• 정확한 의미의 어휘를 사용함. • 간결하게 표현함. • 설명 내용에 따라 글자 크기와 색을 달리함.	• 연령대가 드러나는 인물을 제시함. • 여름을 떠올릴 수 있는 그림을 활용함.	• 폭염 상황, 온열 질환 발생 시간대, 발생 연령층에 대한 자료를 제시함.	• 주황색을 배경으로 하여 주제의 통일성을 보여 줌.

↓

친근한 느낌의 그림과 중요 내용에 대한 통계 자료 등 시각 자료를 다양하게 활용하여 말하고자 하는 바를 쉽게 이해할 수 있도록 하였음.

대단원 평가

[01~07] 다음 글을 읽고 물음에 답하시오.

㉮ 도서반 담당 선생님은 특별 활동의 첫날, 도서반이 할 일에 대해 아주 짧고 쉽게 설명해 주었다.

"여러분 곁에는 책이 있다. 그 책 중에서 자기 마음에 드는 책을 골라서 읽고 수업이 끝나는 종소리가 울리면 가면 된다."

그리고 선생님 본인이 마음에 드는 책을 골라서 자리를 잡고 읽는 것으로 시범을 보여 주었다. 나는 책을 고르러 가는 아이들의 뒤를 따라가서 한자로 제목이 씌어 있어서 아이들이 거의 손을 대지 않는 책 가운데 하나를 꺼내 들었다.

그 책은 『한국고전문학전집』 같은 묵직한 제목 아래 편집된 수십 권의 시리즈물 가운데 한 권이었다. 반드시 읽어야 한다는 것을 강조하는 고전 대부분이 그렇듯 책 표지는 사람의 손을 거의 거치지 않아서 깨끗했다. 지은이는 박지원, 내가 처음으로 펴 든 대목은 「허생전」이었다.

「허생전」 다음에는 「호질」, 「양반전」도 있었다. 책이 꽤 두꺼웠으니 박지원의 저작 가운데 상당 부분이 책에 들어 있었을 것이다. ㉠그런데 그 책 속에 있는 주인공들은 내가 읽었던 수천 권의 무협지의 주인공과는 달라도 많이 달랐다. 무협지를 읽고 나면 주인공 이름 말고는 기억에 남는 게 없는데 박지원의 소설은 주인공이 다음에 어떻게 되었을지 궁금해지고 내가 주인공이 되었더라면 어떻게 했을지 자꾸만 생각을 하게 만들었다.

한두 번 씹으면 단맛이 다 빠져 버리는 무협지와는 달리 그 책의 내용은 읽을수록 새로운 맛이 우러나왔다. 보석처럼 단단하고 품위 있는 문장은 아름답기까지 했다. 책을 읽으면서 내 정신세계가 무슨 보약을 먹은 듯이 한층 더 넓어지고 수준이 높아지는 듯한 느낌이 들었다. 일주일에 단 한 시간, 도서관에서 단 한 권의 책을 거듭 펴서 읽었을 뿐인데도.

중학교 3학년 1학기 특별 활동 시간에 ㉡나는 몇백 년 전 글을 쓴 사람의 숨결이 글을 다리로 하여 건너와 느껴지는 경험을 처음 해 보았다. 무엇보다 중요한 것은 그것이 무척 재미있었다는 것이다. 읽으면 내 피와 살이 되는 고전, 맛있는 고전, 내가 재미를 들인 최초의 고전이 우리의 조상이 쓴 것이라는 데에서 나오는 뿌듯함까지 맛볼 수 있었다.

㉯ 마루에 앉아 바깥 거리를 바라보다가 그것도 시시해져 방 안에 드러누워 뒹굴고 있는데 그 백과사전이 눈에 띄었다. 아마 초등학교 4학년쯤이었을 것이다. 그 책이 언제 어떻게 해서 책꽂이에 꽂히게 되었는지는 알 수 없다.

우연히 백과사전을 펼쳐 본 나는 그때부터 틈만 나면 그 책을 끼고 살았다. 어느 쪽을 펼쳐도 읽을거리가 그득했다. 몰랐던 사실을 알게 되는 재미가 생각지도 못한 즐거움을 선사했고, 총천연색 사진까지 실려 있어 더욱 흥미진진했다. 내가 자주 본 분야는 동물에 대한 것이었는데 사진을 통해 처음 본 신기한 동물들이 나의 호기심을 마구 자극했다. 〈중략〉

노벨 문학상 작품들은 내게 또 다른 세계를 열어 주었다. 그전까지의 책 읽기가 감성적인 부분을 건드리고 충족해 주었다면 노벨 문학상 전집은 그와 더불어 다른 나라의 역사를 비롯한 여러 가지 지식과 정보를 얻게 해 주었다.

이후에도 해마다 노벨 문학상 수상집이 출간되면 한 권씩 사다가 그 전집에 끼워 넣곤 했다. 그중 하나가 솔제니친의 작품이었다. 〈중략〉 그런데 정작 내 관심을 끈 것은 소설보다 책 뒷부분에 실린 「모닥불과 개미」라는 수필이었다. 반 쪽짜리 그 짧은 수필이 내 머릿속에 이토록 강렬한 인상을 남길 줄은 미처 몰랐다.

동물학자가 된 이후에야 비로소 이해하게 되었지만, 당시에는 나도 솔제니친과 마찬가지로 개미들이 왜 그렇게 행동하는지 정말 궁금했다. 생물학자가 아니라 문학가인 솔제니친은 그 상황을 과학적으로 설명하지 못하고 철학적으로 받아들인 듯하다. 당시의 나 역시 개미의 행동을 설명할 길이 없었으나 그 작품은 묘하게 머릿속에 깊이 박혔다.

그러다가 훗날 미국 유학을 가서 꽂혀 버린 학문, 사회 생물학을 접했을 때 순간적으로 솔제니친의 그 수필이 생각났다. 그간 수많은 문학 작품을 읽고 고독을 즐기는 속에서 점점 더 많은 수수께끼들을 껴안고 살았는데, 사회 생물학이라는 학문이 그것들을 가지런히 정리해서 대답해 주었다. 「모닥불과 개미」 속의 개미도 내가 가지고 있던 수수께끼 중 하나였다. 그 개미들을 이해하게 된 순간, 나는 이 학문을 평생 공부하겠다고 결정했다.

01 (가), (나)와 같은 글의 특성으로 적절한 것은?

① 어떤 주제에 관하여 자기의 생각이나 주장을 체계적으로 밝힌다.

② 사물의 옳고 그름, 아름다움과 추함 따위를 분석하여 가치를 논한다.

③ 독자가 어떠한 사항에 대해 이해할 수 있도록 객관적이고 논리적으로 서술한다.

④ 일정한 형식을 따르지 않고 인생이나 자연 또는 일상생활에서의 느낌이나 체험을 진솔하게 쓴다.

⑤ 일정한 구조 속에서 배경과 등장인물의 행동, 사상, 심리 따위를 통하여 인간의 모습이나 사회상을 드러낸다.

02 중요 (가), (나)의 공통된 주제로 적절한 것은?

① 고전 문학의 의미와 중요성

② 도서관 활용을 잘 하기 위한 방법

③ 읽기 경험의 중요성과 읽기의 가치

④ 노벨 문학상 작품의 가치와 중요성

⑤ 무협지와 좋은 책들의 공통점과 차이점

03 중요 (가), (나)에서 소개한 책과 그로부터 글쓴이가 받은 영향을 연결한 내용으로 적절하지 <u>않은</u> 것은?

① 백과사전: 몰랐던 사실을 알게 되는 재미가 있음.

② 노벨 문학상 전집: 다른 나라에 대한 지식과 정보를 얻음.

③ 박지원의 소설: 주인공이 다음에 어떻게 되었을지 궁금해짐.

④ 박지원의 소설: 내가 주인공이라면 어떻게 했을지 자꾸 생각하게 됨.

⑤ 「모닥불과 개미」: 과학자에게 필요한 자질과 능력에 대해 생각하게 됨.

04 (나)의 내용을 영상 자료로 만들 때 들어갈 장면으로 적절하지 <u>않은</u> 것은?

① 글쓴이가 솔제니친을 만나서 대화하는 장면

② 글쓴이가 수필 「모닥불과 개미」를 읽고 있는 장면

③ 어린 학생이 백과사전을 재미있게 보고 있는 장면

④ 노벨 문학상 수상집을 모아 둔 책꽂이를 찍은 장면

⑤ 글쓴이가 미국 학생들 사이에서 사회 생물학을 공부하는 장면

05 ㉠에 사용된 설명 방법에 대한 설명으로 적절한 것은?

① 어떤 대상의 본질이나 개념을 설명하였다.

② 대상을 일정한 기준에 따라 나누어 설명하였다.

③ 둘 이상의 대상이 가진 차이점을 중심으로 설명하였다.

④ 어떤 사실이나 현상에 대해 구체적인 예를 들어 설명하였다.

⑤ 어떤 결과를 가져오게 한 원인을 밝히는 방법으로 설명하였다.

06 읽기와 관련된 다음 명언 중, ㉡과 의미가 통하는 것은?

① 책은 가장 조용하고 변함없는 벗이다.

　　　　　　　　　　　　　　　 – 찰스 윌리엄 엘리엇

② 하루라도 책을 읽지 않으면 입안에 가시가 돋힌다.

　　　　　　　　　　　　　　　 – 안중근

③ 독서는 비용이 들지 않고, 독서하면 만 배의 이익이 있다.

　　　　　　　　　　　　　　　 – 왕안석

④ 도서관을 뒤져 보면 그곳이 온통 파묻어 놓은 보물로 가득 차 있음을 알게 된다.

　　　　　　　　　　　　　　　 – 버지니아 울프

⑤ 좋은 책을 읽는 것은 과거 몇 세기의 가장 훌륭한 사람들과 이야기를 나누는 것과 같다.

　　　　　　　　　　　　　　　 – 데카르트

서술형

07 (가), (나)의 내용을 바탕으로 다음 ⓐ, ⓑ에 들어갈 적절한 내용을 각각 하나의 완결된 문장으로 쓰시오.

글쓴이가 책을 읽게 된 계기	
(가)의 「허생전」	ⓐ
(나)의 백과사전	ⓑ

[08~10] 다음 글을 읽고 물음에 답하시오.

소리를 들으면 모양이나 색깔을 보는 사람들이 있어요. 바로 공감각자들이지요. ㉠공감각이란 하나의 자극에 의해 두 개 이상의 감각이 느껴지는 것을 말해요.

영국 화가 데이비드 호크니(David Hockney)의 〈풍덩 (A Bigger Splash)〉을 감상하면 공감각을 이해하게 됩니다. 호크니는 수영장에서 다이빙할 때 들리는 '풍덩' 소리를 그림에 표현했거든요. 귀로 듣는 '풍덩' 소리를 어떻게 눈으로 보게 했을까요? 색채와 기법, 구도 등의 여러 요소가 조화를 이루고 있기 때문이지요.

먼저 색채를 살펴볼까요? 수영장의 파란색 물과 다이빙 보드의 노란색이 무척 선명하게 보이는군요. 유화 물감 대신 아크릴 물감을 사용했기 때문이지요. ㉡아크릴 물감은 유화 물감보다 빨리 마르고 색채도 더 선명하고 강렬합니다.

다음은 기법입니다. 물보라가 일어나는 부분만 붓으로 흰색을 거칠게 칠하고 다른 부분은 롤러를 사용해 파란색으로 매끈하게 칠했네요. 선명한 아크릴 물감, 거칠고 매끈한 붓질의 대조가 다이빙할 때의 '풍덩' 소리와 물보라를 강조하고 있지요.

끝으로 구도인데요, 캘리포니아의 집, 수영장의 수평선, 다이빙 보드의 대각선이 야자수 줄기의 수직선과 대조를 이루네요. 거실 유리창에는 맞은편 건물이 비치고요. 한낮의 눈부신 햇살과 무더위, 정적(靜寂)을 나타낸 것이지요.

왜 다이빙하는 사람을 그리지 않았을까요? 만일 물에 뛰어드는 사람을 그렸다면 그 멋진 모습에 눈길을 빼앗기면서 '풍덩' 소리를 듣는 데 방해를 받았겠지요. 즉 '풍덩' 소리에만 모든 감각이 집중되도록 사람을 그리지 않았던 것입니다. 호크니는 우리가 상상의 귀로 '풍덩' 소리를 듣기를 바란 것입니다. 상상력은 공감각을 자극하는 촉매제 역할을 하거든요. 〈중략〉

누구나 어릴 적에는 공감각을 가지고 있지만 자라면서 이런 특별한 능력을 잃어버린다고 하네요. 공감각을 되살리는 비결을 알려 드릴게요. 예술 작품과 가까워지는 것이지요. 『감각의 박물학』이라는 책을 쓴 다이엔 애커먼은 공감각이 일반인들보다 예술가들에게서 일곱 배나 많이 나타난다고 말했어요. 이번 기회에 공감각적인 예술 작품을 감상하는 취미를 가지면 어떨까요?

08 이 글에 쓰인 설명 방법에 해당하지 <u>않는</u> 것은?

① 대상을 종류별로 묶어서 공통점을 설명하고 있다.
② 용어의 개념을 밝혀 먼저 풀이하며 설명하고 있다.
③ 대상과 연관된 구체적인 예를 제시하여 설명하고 있다.
④ 대상을 구성하는 요소나 부분으로 나누어 설명하고 있다.
⑤ 보이는 현상을 원인과 결과의 관계를 중심으로 설명하고 있다.

09 ㉠을 설명하기 위해 추가할 수 있는 예로 적절한 것은?

① 꽃 피는 사월이면 진달래 향기
② 금으로 타는 태양의 즐거운 울림
③ 가슴 가득 퍼지는 비릿한 바다 냄새
④ 꽃가루와 같은 고양이의 부드러운 털
⑤ 어마씨 그리운 솜씨에 향그러운 꽃지짐

10 ㉡에 쓰인 설명 방법을 사용한 예로 적절한 것은?

① 표준어란 교양 있는 사람들이 두루 쓰는 현대 서울말이다.
② 시계는 초침, 분침, 시침, 숫자판, 태엽 등으로 나눌 수 있다.
③ 전설은 특정한 증거물이 있어야 하지만, 민담은 증거물이 필요하지 않다.
④ 풍물놀이와 사물놀이는 사물을 비롯한 풍물을 사용하여 전통 음악을 연주한다.
⑤ 악기에는 줄을 켜거나 타서 소리를 내는 악기, 입으로 불어서 공기를 진동시켜서 소리를 내는 악기, 두드려서 소리를 내는 악기가 있다.

[11~13] 다음 글을 읽고 물음에 답하시오.

㉠겨울만 되면 정전기가 기승을 부린다. 자동차에 키를 꽂을 때마다 불꽃이 튀고, 스웨터를 벗으면 '찌지직' 소리와 함께 머리는 폭탄 맞은 것처럼 변한다. 이 정전기는 왜 생기는 걸까? 정전기의 정체를 알면 이를 막을 대책도 세울 수 있을 것이다.

ⓛ정전기는 그냥 머물러 있는 전기 및 그로 인해 나타나는 전기 현상을 말한다. 즉 흐르지 않고 그냥 머물러 있는 전기라고 해서 정전기라고 부르는 것이다. ⓒ우리가 콘센트에 꽂아 쓰는 전기가 흐르는 물이라면, 정전기는 높은 곳에 고여 있는 물이다. 정전기의 전압은 수만 볼트(V)에 달해 번개와 동급이지만, 전류는 거의 없어 치명적이지 않다. 어마어마하게 높은 곳에 고여 있는 물이지만 한두 방울뿐이라 떨어질 때 별 피해가 없다고나 할까.

정전기가 생기는 이유는 '마찰' 때문이다. 물체를 이루는 원자의 주변에는 전자가 돌고 있는데, 원자핵으로부터 멀리 떨어진 전자들은 마찰을 통해 다른 물체로 쉽게 이동하기도 한다. 이때 전자를 잃은 쪽은 (+) 전하를 띠고, 전자를 얻은 쪽은 (−) 전하를 띠게 되어 두 물체 사이에 전위차가 생긴다. / 생활하면서 주변의 물체와 접촉하면 마찰이 일어나기 마련인데, 그때마다 우리 몸과 물체가 전자를 주고받으며 몸과 물체에 조금씩 전기가 저장된다. 한도 이상 전기가 쌓였을 때 적절한 유도체가 닿으면 그동안 쌓였던 전기가 순식간에 불꽃을 튀며 이동하면서 정전기가 발생한다. 〈중략〉

정전기는 건조할 때 잘 생긴다. 수증기는 전기 친화성이 있어 주변의 전하를 띠는 입자들을 전기적 중성 상태로 만든다. 따라서 ②습도가 높으면 정전기도 잘 생기지 않는다. 여름보다 겨울에 정전기가 기승을 부리는 이유다.

이 원리를 사람에게 적용하면 땀을 많이 흘리는 사람보다는 적게 흘리는 사람에게, 지성 피부를 가진 사람보다는 건성 피부를 가진 사람에게 정전기가 많이 생긴다. 정전기는 주로 물체의 표면에 존재하기 때문에 그 사람의 '피부'가 정전기를 결정한다.

정전기는 전자를 쉽게 주고받을 수 있는 마찰에 의해 잘 생긴다. 마찰 전기가 생길 때 전자를 쉽게 잃는 물체가 있고, 전자를 쉽게 얻는 물체가 있다. 예를 들면 플라스틱 종류는 전자를 쉽게 얻고, 모피 종류는 전자를 쉽게 잃는다. 이를 순서대로 나열한 것을 '대전열'이라고 한다. 요즘 중학생들은 대전열을 이렇게 외운다고 한다.

"털이 유명한 나 고플에(털가죽−유리−명주−나무−고무−플라스틱−에보나이트)"

우리 몸은 전자를 잘 잃는 편에 가까우니 ⑩나일론, 아크릴, 폴리에스테르 같은 합성 섬유를 입는 사람은 정전기와 친할 수밖에 없다. 정전기가 잘 발생하는 사람에게 천연 섬유를 입으라는 말에는 다 이유가 있다.

11 이 글의 내용과 일치하지 <u>않는</u> 것은?

① 정전기는 전압은 높지만 전류가 거의 없다.
② 우리 몸은 주변 물체와 마찰하면서 전자를 주고받는다.
③ 수증기는 주변의 전하를 띤 입자들을 전기적 중성 상태로 만드는 성질이 있다.
④ 자동차에 키를 꽂을 때 불꽃이 튀거나 스웨터를 벗을 때 소리가 나는 것이 정전기의 예이다.
⑤ 합성 섬유를 입을 때 정전기가 더 잘 발생하는 이유는 우리 몸이 전자를 잘 얻는 편이기 때문이다.

12 중요 ㉠~⑩ 중, 동일한 설명 방법을 사용한 것끼리 짝지어진 것은?

① ㉠, ㉡   ② ㉠, ⑩   ③ ㉡, ㉣
④ ㉢, ㉣   ⑤ ㉣, ⑩

13 서술형 〈보기〉는 이 글의 내용을 표로 정리한 것이다. ⓐ에 들어갈 내용을 〈조건〉에 맞게 쓰시오.

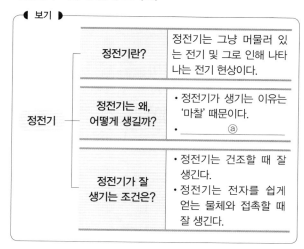

◀ 보기 ▶

정전기	정전기란?	정전기는 그냥 머물러 있는 전기 및 그로 인해 나타나는 전기 현상이다.
	정전기는 왜, 어떻게 생길까?	• 정전기가 생기는 이유는 '마찰' 때문이다. • _____ⓐ_____
	정전기가 잘 생기는 조건은?	• 정전기는 건조할 때 잘 생긴다. • 정전기는 전자를 쉽게 얻는 물체와 접촉할 때 잘 생긴다.

◀ 조건 ▶
• 정전기가 발생하는 원리를 요약하여 쓸 것.
• '전자, 전기, 유도체'라는 단어를 사용하여 완결된 하나의 문장으로 쓸 것.

[14~17] 다음 웹툰 광고와 글을 읽고 물음에 답하시오.

가

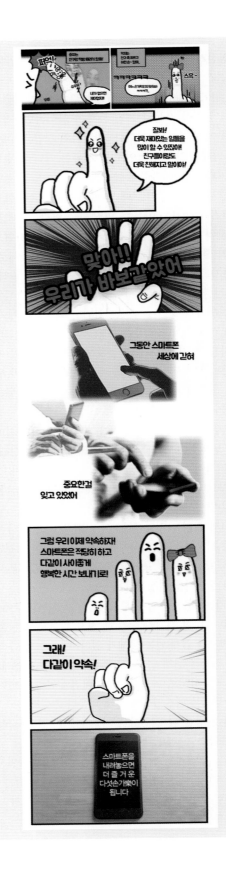

❹ 인터넷을 기반으로 한 디지털 미디어에서 가장 많이 쓰이는 커뮤니케이션 수단은 문자입니다. 휴대 전화 문자, 메신저, 채팅, 이메일, 토론방 댓글 등이 대부분 문자로 메시지를 전달합니다. 그런데 문자는 말과는 달리 미묘한 감정을 표현해 내기 어렵다는 단점을 갖고 있습니다. 일상적인 대화에서 우리는 말의 속도나 크기, 억양, 얼굴 표정 등을 통해 다양한 감정을 담아 메시지를 전달합니다. 똑같은 말을 하더라도 어떤 식으로 표현하느냐에 따라 긍정적인 의미를 담을 수도 있고, 부정적인 의미를 전달할 수도 있습니다. 그런데 문자로는 그런 감정들을 담아내는 데 한계가 있죠. 이런 한계를 보완하기 위해 사용자들은 다양한 방법을 고안해 냅니다. 맞춤법에 따르지 않고 소리 나는 그대로 표기하거나 감정을 표시하는 간단한 이모티콘을 사용하기도 하고 '휘리릭, 꾸벅' 같은 의성어, 의태어를 쓰기도 하죠. 빠르게 의사를 전달하기 위해 다양한 축약어를 사용하기도 합니다.

14 (나)의 내용을 참고하여 (가)에 대해 보인 반응으로 적절하지 않은 것은?

① 이 웹툰 광고에서는 대상에 표정을 넣어 다양한 감정을 담아 메시지를 전달하고 있구나.
② 이 웹툰 광고에서 '쿠워어엉', '퍼억' 같은 의성어를 사용한 것은 감정을 표시하기 위한 것이구나.
③ 웹툰 형식은 디지털 미디어의 주된 커뮤니케이션 수단인 문자의 한계를 보완하는 한 방법이 될 수 있겠구나.
④ 이 웹툰 광고에서 사진을 활용한 것은 이모티콘을 사용하여 문자 메시지를 전하는 것과 같은 효과를 얻고 있구나.
⑤ 같은 문자를 사용해도 웹툰에서는 장면마다 글자 크기나 말풍선 모양을 달리해 소리의 크기나 억양을 전달할 수 있구나.

15 (가)의 적절성을 평가하라는 모둠 과제를 수행하기 위해 학생들이 역할 분담을 한 내용으로 적절하지 않은 것은?

① 은경: 나는 이 웹툰 광고가 현실의 문제 상황을 잘 반영했는지 평가해 볼게.
② 철호: 나는 이 웹툰 광고가 전달하고자 하는 바를 잘 표현했는지 평가해 볼게.
③ 순희: 나는 이 웹툰 광고가 보는 사람들의 눈높이에 맞는 내용인지 평가해 볼게.
④ 용호: 나는 이 웹툰 광고의 내용이 만든 이의 주장이나 생각을 잘 뒷받침하고 있는지 평가해 볼게.
⑤ 도윤: 나는 이 웹툰 광고가 기존에 없던 새로운 정보와 지식을 주고, 배경지식을 확장하는지 평가해 볼게.

16 (가)를 보고 같은 주제로 기사문을 쓴다고 할 때, 기사문의 표제로 적절한 것은?

① 스마트폰 과다 사용으로 손가락 관절 환자 증가
② 인공 지능으로 사물 인터넷(IoT)이 결합된 휴대 전화 등장!
③ 고가의 스마트폰 구입 경쟁으로 빈부 격차를 실감하는 학생들!
④ 직접 대화하지 않고 스마트폰으로 대화하는 대인 관계 점점 늘어
⑤ 스마트폰으로 인한 사이버 언어폭력 증가로 학교 폭력 신고 늘어

17 (나)의 내용을 바탕으로 발표를 할 때, 활용할 자료로 적절하지 않은 것은?

① 다양한 이모티콘과 축약어를 보여 주는 자료
② 휴대 전화를 들여다보면서 길을 건너는 보행자 사진
③ 문자로 메시지를 전달하는 디지털 미디어의 구체적인 사례들
④ 감정이 드러나는 대화 장면과 그 내용을 적은 글을 대비한 화면
⑤ 문자의 한계를 보완하기 위해 사용자들이 고안한 다양한 방법을 정리한 표

넷째 마당

쓰기

다양하게 설명하고 참신하게 표현하기

학습 목표
• 대상의 특성에 맞는 설명 방법을 사용하여 글을 쓸 수 있다.
• 생각, 느낌, 경험을 드러내는 다양한 표현을 활용하여 글을 쓸 수 있다.

더 알아 두기

✚ 설명문 쓰기에 활용하면 좋은 설명 방법

• 정의와 예시

정의	설명하고자 하는 대상의 의미를 밝히는 방법
예시	예를 제시하여 설명하는 방법

• 비교와 대조
둘 이상의 대상이나 현상이 가진 공통점이나 차이점을 견주어 설명하는 방법

• 구분과 분류
대상을 일정한 기준에 따라 나누거나 묶어서 설명하는 방법

• 인과
대상이나 사건의 원인과 결과를 밝혀 설명하는 방법

• 분석
대상을 구성하는 요소나 부분으로 나누어 설명하는 방법

1 다양한 설명 방법을 활용한 글 쓰기

(1) 다양한 설명 방법을 활용한 글 쓰기의 필요성

전달해야 할 정보 ⇨ 다양한 설명 방법을 활용하여 설명하는 글 쓰기	➡	정보의 효과적 수용
글쓴이		독자

(2) 설명하는 글을 쓰는 과정

계획하기	• 설명하고자 하는 대상과 글의 주제를 정함. • 예상 독자를 분석함.
내용 선정하기	• 글의 주제와 관련하여 다양한 매체에서 자료를 수집함. • 수집한 정보는 반드시 출처를 적고 내용을 정리함. • 수집한 자료 중에서 적절한 세부 내용을 선정함.
내용 조직하기	• 글의 개요를 작성함. • 설명문의 구조에 맞도록 짜임새 있게 조직함.
표현하기	• 개요를 바탕으로 통일성 있게 내용을 전개함. • 설명 내용에 맞는 적절한 설명 방법을 활용하여 표현함.
고쳐쓰기	'글 → 문단 → 문장 → 단어' 수준에서 통일성을 고려하여 고쳐 씀.

(3) 설명하는 글을 쓸 때 유의할 점

• 설명하려는 대상을 정확하게 파악한다.
• 독자가 쉽게 이해할 수 있는 표현을 활용한다.
• 다른 사람의 말과 글을 인용할 때에는 반드시 그 출처를 밝힌다.
• 추상적인 말이나 추측하는 말을 피하고 명확하고 구체적으로 표현한다.

예로 개념 확인

(가) ❶구들은 온돌(溫突)이라고도 하는데, 방바닥 아래에 설치하여 구들장을 덥혀 복사열에 의해 난방하는 한국 전통의 난방 시설이다. ❷구들의 구조는 크게 불을 때는 곳인 아궁이, 열기가 지나가는 통로인 고래, 그리고 연기가 밖으로 배출되는 굴뚝으로 나뉜다. 아궁이에 불을 지피면 열기를 머금은 연기는 경사면을 타고 올라가 그 열기를 한껏 머금고 고래 위에 덮어 놓은 구들장을 데우며 지나간다. 고래의 끝자락에 있는 웅덩이인 개자리에 그을음이나 티끌을 떨어뜨리고 가벼워진 연기는 연도를 통해 굴뚝으로 빠져나가게 된다. ❸구들의 종류는 고래의 형식에 따라 외줄고래, 쌍줄고래, 세줄고래 등이 있다.

(나) 정민아, 정말 미안해. 내가 한 장난에 네가 그렇게 화를 낼 줄은 몰랐어. ❹소 잃고 외양간 고친다고 이제 와서 후회해도 소용이 없다는 걸 알아. 그래도 ❺지푸라기라도 잡는 심정으로 이렇게 편지를 보낸다. 지금까지 우리가 쌓아 왔던 우정을 생각해 줘. ❻'가장 귀중한 재산은 사려 깊고 헌신적인 친구이다.'라는 말이 있더라. 이제 나도 그런 친구가 되도록 노력할 테니. 화를 좀 풀어. 정말 미안해.

② 다양한 표현을 활용한 글 쓰기

(1) 관용 표현

① 관용 표현의 뜻: 어떠한 표현이 관습적으로 사용되면서 특별한 뜻을 나타내는 것이다.

② 관용 표현의 유형

• 관용어

뜻	둘 이상의 단어가 결합하여 특별한 의미를 나타내는 관습적인 말
특징	• 교훈성과 풍자성을 지니지 않음. • 사용된 단어만으로는 뜻을 짐작하기 어려움.
예	발 벗고 나서다.: 적극적으로 나서다.

• 속담

뜻	예로부터 민간에 전하여 오는 말로, 오랜 생활 체험에서 얻은 생각과 교훈을 간결하게 나타낸 어구나 문장
특징	• 대체로 완결된 문장임. • 교훈성이나 풍자성을 지니는 경우가 많음.
예	공든 탑이 무너지랴.

• 격언(명언)

뜻	오랜 역사적 생활 체험을 통해 이루어진 인생에 대한 교훈이나 경계 따위를 간결하게 표현한 짧은 글
특징	• 명언의 경우 말한 사람을 알 수 있어 신뢰성이 높음. • 교훈적 의미가 담겨 있어 설득이나 조언을 할 때 유용함.
예	'실패는 성공의 어머니다.' – 에디슨

(2) 참신한 표현

뜻	상투적인 표현에서 벗어난 개성적인 표현
특징	• 독자에게 신선한 느낌을 주어 흥미를 갖게 함. • 독자의 기억에 오래 남음.
예	포기하지 마. → 포기는 배추 셀 때나 하는 말이다.

더 알아 두기

✚ 관용 표현 사용의 효과
• 민족의 사고나 풍속, 사상 등의 문화가 잘 드러남.
• 일반적인 단어로 표현하는 것보다 다채롭게 표현하는 효과가 있음.
• 시대의 변화에 따라 새롭게 만들어지기도 함.
• 상황을 비유적으로 표현하므로 내용을 강조하고 인상 깊게 전달함.
• 주어진 상황을 함축적으로 간결하게 표현할 수 있음.
• 비슷한 상황에서 두루 사용할 수 있음.

✚ 참신한 표현을 만드는 방법

평범한 표현

↓

자신만의 독특한 상상력 활용

↓

참신한 표현

❶~❸ **다양한 설명 방법**: 설명문에서는 정보를 효과적으로 전달하기 위해서 다양한 설명 방법을 활용한다. ❶은 '정의', ❷는 '분석', ❸은 '구분'의 방법을 활용한 설명이다. 설명 방법을 선택할 때에는 대상을 설명하기에 가장 적합한 방법이 무엇인지 먼저 생각해 본 뒤 글을 쓰는 것이 좋다.

❹, ❺ **속담, 관용어의 활용**: 속담이나 관용어를 활용하여 표현하면 그렇지 않은 것에 비해 더 효과적으로 생각이나 느낌을 표현할 수 있다. ❹에서는 '소 잃고 외양간 고친다.'라는 속담을 활용하여 자신의 후회하는 마음을 효과적으로 표현하였고, ❺에서는 친구와의 관계를 회복하고 싶은 간절한 마음을 '지푸라기라도 잡다.'라는 관용어를 활용하여 효과적으로 표현하고 있다.

❻ **명언의 활용**: 명언과 같은 관용 표현을 활용하면 전달하고자 하는 내용을 간결하게 표현할 수 있다. '가장 귀중한 재산은 사려 깊고 헌신적인 친구이다.'는 다리우스의 말로 어떤 친구가 좋은 친구인지를 드러낸 명언이다. 글쓴이가 자신의 경솔했던 행동을 반성하고 좋은 친구가 되겠다는 의미로 인용하였다.

설명 방법을 활용한 글 쓰기

- **해제:** 이 글은 정보를 전달하는 글인 설명문을 쓰는 과정과 다양한 설명 방법을 설명하고 있는 글이다. 이 글을 통해 대상에 맞는 적절한 설명 방법을 활용하면서 설명문을 절차에 따라 쓰는 능력을 기를 수 있다.
- **주제:** 설명문을 쓰는 과정과 다양한 설명 방법

▎내용 연구
설명 대상을 정할 때 유의할 점

> 독자의 관심사 고려
>
> +
>
> 독자의 수준 고려
>
> ↓
>
> 새롭고 가치 있는 정보 선택

▎구절 풀이
- **설명하고자 하는 대상은 ~ 선택하는 것이 좋다.:** 설명하고자 하는 대상을 선택하는 기준을 설명하고 있다. 설명 대상은 독자의 관심사와 수준을 고려하여 전달할 가치가 있는 정보여야 한다.
- **개요를 작성하면서 ~ 구체적으로 기록한다.:** 개요는 글의 설계도이다. 그러므로 되도록 글 전체의 짜임이 완성되도록 구체적으로 기록하는 것이 바람직하다.
- **인용한 매체가 적절했는지 ~ 점검해 본다.:** 설명문에는 다양한 매체의 내용을 인용하는 경우가 많으므로, 내용을 인용한 매체의 적절성을 점검해 보아야 한다.

▎낱말 풀이
* **개요:** 간결하게 추려 낸 주요 내용. 글쓰기에서는 글의 전체 내용을 글의 구조에 따라 항목별로 작성하는 것을 말한다.

(가) 정보를 전달하여 독자를 이해시키는 것을 목적으로 하는 글을 설명문이라고 한다. 설명문에서는 어떤 대상에 대한 정보나 사실, 지식, 원리 등을 쉽게 풀어서 설명한다. 대상을 이해하기 쉽게 풀어서 설명하기 위해서는 적절한 설명 방법을 활용한다. 이 글에서는 설명문을 쓰는 과정과 대상에 맞는 적절한 설명 방법을 활용하는 방법을 알아보자.

▶ 설명문의 뜻과 다양한 설명 방법 활용의 필요성

1. 설명문 쓰기의 과정

(나) 설명문을 쓰기 위해서는 설명하고자 하는 대상을 정한다. *설명하고자 하는 대상은 독자들의 수준과 관심사를 고려하여 독자들이 관심과 흥미를 가질 만한 새롭고 가치 있는 정보를 선택하는 것이 좋다. 설명할 대상을 정한 후에는 대상과 관련된 정보를 수집해야 한다. 정보를 수집할 때에는 손쉽게 접근할 수 있는 인터넷 매체만을 활용하지 말고 인쇄 매체나 방송 매체 등도 함께 활용하는 것이 바람직하다. 정보는 정확성과 신뢰성을 갖추어야 하므로 믿을 만한 매체에서 정보를 찾는 것이 좋다. 특히 설명 대상과 관련된 통계 자료나 도표, 사진 등을 수집하여 활용한다면 독자들에게 도움을 줄 수 있다.

▶ 설명문 쓰기의 과정 - [   ]하기와 내용 선정하기

(다) 설명 대상을 정하고 관련 정보를 모두 수집했으면 *개요를 작성하는 활동을 통해 설명문의 내용을 조직한다. 개요는 설명문의 일반적인 구조인 처음-중간-끝으로 나누어 작성한다. *개요를 작성하면서 자신이 설명하고자 하는 항목을 구체적으로 기록한다. 개요가 다 작성되었으면 이를 바탕으로 글을 쓴다. 각 문단을 쓸 때 중심 문장을 명확하게 밝히고 이를 뒷받침하는 문장은 구체적이고 사실적인 내용을 바탕으로 쓴다. 이때 설명 대상에 맞는 적절한 설명 방법을 활용한다.

▶ 설명문 쓰기의 과정 - [   ]하기와 표현하기

(라) 다른 글과 마찬가지로 한 편의 설명문을 완성하기 위해서는 반드시 고쳐쓰기의 과정을 거쳐야 한다. 고쳐쓰기의 일반적인 원리에 따라서 글에서 문단, 문장, 단어 수준으로 살펴본다. 특히 *인용한 매체가 적절했는지, 설명 방법이 적절했는지도 꼭 점검해 본다.

▶ 설명문 쓰기의 과정 - [   ]

01 이 글을 바탕으로 할 때, 설명문에 대한 설명으로 적절하지 <u>않은</u> 것은?

① 다양한 매체를 활용하기도 한다.
② 독자들이 알기 쉽게 풀어 쓴 글이다.
③ 글쓴이의 주관적 견해가 중심을 이룬다.
④ 정보를 전달하고 이해시키는 것을 목적으로 한다.
⑤ 계획하기 – 내용 선정하기 – 조직하기 – 표현하기 – 고쳐쓰기의 순서로 쓴다.

02 중요 (다), (라)를 바탕으로 할 때, 설명문의 표현하기와 고쳐쓰기에 대한 설명으로 적절한 것은?

① 각 문단의 중심 문장을 분명하게 제시한다.
② 설명 방법은 되도록 다양한 종류를 활용한다.
③ 뒷받침 문장은 추상적이고 막연하게 제시한다.
④ 매체 자료는 수정이 어려우니 검토하지 않는다.
⑤ 고쳐쓰기는 '단어 → 문장 → 문단 → 글 수준'으로 확대해 가면서 한다.

03 (나)를 읽고 설명문을 쓸 때 설명 대상을 정하기 위해 고려해야 할 점이 <u>아닌</u> 것은?

① 예상 독자의 관심사
② 예상 독자의 지적 수준
③ 전달하고자 하는 정보의 가치
④ 정보가 흥미롭고 새로운지의 여부
⑤ 대상이 많이 알려져 있는지의 여부

04 서술형 중요 (나)를 바탕으로 〈보기〉의 행동의 문제점을 서술하시오.

▶ 보기 ◀
 태블릿 컴퓨터에 대한 설명문을 쓰기 위해 인터넷을 검색해서 여러 블로그를 다니며 다양한 정보를 수집하였다. 검색 순위에 따라 상위 수준의 정보를 위주로 수집하였다.

05 (다)를 참고하여 '태블릿 컴퓨터'에 관한 설명문을 쓰려고 개요를 작성한 것이다. 내용이 적절하지 <u>않은</u> 것은?

제목	태블릿 컴퓨터 활용의 모든 것	
주제문	태블릿 컴퓨터의 다양한 활용법을 알아보자.	
처음	태블릿 컴퓨터를 많이 사용하는 실태	㉠
중간	• 태블릿 컴퓨터의 역사	㉡
	• 태블릿 컴퓨터의 다양한 이용 방법	㉢
	• 태블릿 컴퓨터 활용의 유의 사항	㉣
끝	올바른 태블릿 컴퓨터 사용 방법	㉤

① ㉠　　② ㉡　　③ ㉢　　④ ㉣　　⑤ ㉤

100점 특강 Special lecture

○ 설명문 쓰기의 과정 ① – 계획하기와 내용 선정하기

계획하기
설명하고자 하는 대상 선정 • 독자의 수준과 관심사 고려 • 독자들이 관심과 흥미를 가질 만한 새롭고 가치 있는 정보

➡

내용 선정하기
다양한 매체를 활용하여 정보 수집 • 인터넷, 방송, 인쇄 매체 고루 활용 • 신뢰성과 정확성을 갖춘 정보 수집

○ 설명문 쓰기의 과정 ② – 조직하기와 표현하기

조직하기
개요 작성하기 • '처음 – 중간 – 끝'으로 구성 • 항목별로 구체적으로 작성

➡

표현하기
개요를 바탕으로 쓰기 • 분명한 중심 문장과 구체적인 뒷받침 문장으로 표현 • 적절한 설명 방법 활용

┃ 내용 연구
다양한 설명 방법의 활용 효과

> 설명 대상
>
> +
>
> 정의, 예시, 비교, 대조, 구분, 분류, 분석, 인과의 방법
>
> ↓
>
> 독자가 이해하기 쉬운 설명

┃ 구절 풀이

● **대상을 설명할 때 ~ 겪을 수 있다.:** 설명하려는 대상의 의미를 정의를 통해 분명하게 밝히는 것이 중요하다는 것을 설명하고 있다. 왜냐하면 대상에 대한 기초적인 이해를 바탕으로 깊이 있는 이해가 가능하기 때문이다.

● **두 방법 모두 ~ 효과가 좋다.:** 비교와 대조는 모두 두 대상을 견주는 방식이므로 잘 아는 대상과 잘 모르는 대상을 견주는 경우에는 잘 모르는 대상에 대한 정보를 효과적으로 드러낼 수 있다.

● **기준 자체가 ~ 혼란스러울 수도 있다.:** 분류나 구분에서는 기준을 정확하게 세워야 한다. 그렇지 못하면 대상을 올바르게 분류하거나 구분할 수 없어서 더 혼란스러울 수밖에 없다.

┃ 낱말 풀이

* **체계적:** 일정한 원리에 따라서 낱낱의 부분이 짜임새 있게 조직되어 통일된 전체를 이루는. 또는 그런 것.

2. 다양한 설명 방법으로 글 쓰기

(가) 설명문을 쓸 때에는 정의, 예시, 비교, 대조, 구분, 분류, 분석, 인과 등의 설명 방법이 활용된다. 이와 같은 설명 방법을 잘 이해하고 이를 적절하게 사용해야 좋은 설명문을 쓸 수 있다.

▶ 설명 방법 활용의 필요성

(나) 정의와 예시를 활용하여 글 쓰기

정의는 설명하고자 하는 대상의 의미를 분명하게 밝히는 것을 말한다. _{정의의 뜻} *대상을 설명할 때 의미를 정확하게 밝히지 않으면 독자가 대상을 잘못 이해할 수 있고 이어서 전개되는 내용을 이해하는 데 어려움을 겪을 수 있다. 예시는 예를 들어 설명하는 것을 말하는데 독자에게 구체적인 사례를 제시하여 설명 대상에 대한 이해를 돕는 방식이다. _{예시의 뜻} 이때 독자의 수준을 고려해야 하며 적절한 수의 예를 들도록 한다. _{예시를 활용할 때 유의할 점}

▶ 정의와 [ ]을/를 활용한 글 쓰기 방법

(다) 비교와 대조를 활용하여 글 쓰기

둘 이상의 대상이 지닌 공통점을 견주어 설명하는 방법을 비교, 차이점을 견주어 설명하는 방법을 대조라고 한다. *두 방법 모두 잘 알려진 대상이나 현상을 통해 잘 모르는 대상을 설명할 때 주로 활용하면 효과가 좋다.

▶ [ ]와/과 대조를 활용한 글 쓰기 방법

(라) 구분과 분류를 활용하여 글 쓰기

대상을 일정한 기준에 따라 나누어 설명하는 방법을 구분, 종류별로 묶어서 설명하는 방법을 분류라고 한다. 두 방법 모두 일정한 기준에 따라 비슷한 성격을 가진 대상들을 정리한다는 공통점을 가지고 있다. 여러 가지 대상을 복잡하게 나열하는 것보다는 일정한 기준으로 나누거나 묶어서 제시하면 더욱 *체계적으로 설명할 수 있다. _{구분, 분류의 장점} 유의할 점은 기준이 명확해야 한다는 것이다. *기준 자체가 불분명하면 오히려 혼란스러울 수도 있다.

▶ [ ]와/과 분류를 활용한 글 쓰기 방법

(마) 분석을 활용하여 글 쓰기

분석은 대상을 구성 성분으로 쪼개어 설명하는 방법이다. 분석은 복잡한 현상이나 대상을 설명할 때 적절한 방법이다. _{분석을 활용하기에 좋은 글감} 구성 성분이나 기능 하나 하나에 대한 자세한 설명을 통해서 복잡한 대상 전체를 자세하게 설명할 수 있는 방법이다.

▶ 분석을 활용한 글 쓰기 방법

(바) 인과를 활용하여 글 쓰기

인과의 '인'은 원인을 말하고 '과'는 결과를 말한다. 즉 대상을 원인과 결과의 관계로 설명하는 방법을 인과라고 한다. 따라서 원인과 결과가 분명하게 드러나는 사회 현상이나 자연 현상, 과학의 원리와 같은 대상을 설명할 때 _{인과로 설명하기 좋은 대상} 적절한 설명 방법이다.

▶ [ ]을/를 활용한 글 쓰기 방법

06 〈보기〉에서 글쓴이가 주로 활용하기에 적절한 설명 방법은?

◀ 보기 ▶
무인 자동차가 곧 상용화될 수도 있다는 신문 기사를 보고 일상에서 자주 이용하는 자동차의 종류에 대해 궁금해졌다. 그래서 이에 관한 정보를 알아보고 자동차의 종류에 대해 알고 싶어 하는 친구들에게 소개하는 글을 쓰기로 했다.

① 정의 ② 예시 ③ 분석 ④ 분류 ⑤ 인과

07 (나)를 바탕으로 할 때, 정의의 설명 방법이 필요한 경우로 적절한 것은?

① 대상을 구성 요소로 나누어야 하는 경우
② 대상의 구체적인 예를 제시해야 하는 경우
③ 대상의 의미를 정확하게 밝혀야 하는 경우
④ 대상을 일정한 기준에 따라 나누어야 하는 경우
⑤ 현상의 원인과 결과가 드러나도록 설명하는 경우

08 (다)를 바탕으로 비교와 대조를 활용한 글쓰기를 설명한 것으로 적절하지 않은 것은?

① 둘 이상의 대상을 설명할 때 사용한다.
② 대상 간의 차이점을 밝히는 것을 대조라 한다.
③ '야구와 크리켓의 차이점' 같은 주제에 적합하다.
④ 대상 간의 공통점을 견주는 경우를 비교라 한다.
⑤ 독자가 두 대상을 모두 잘 알고 있는 경우에만 사용한다.

09 (라)를 바탕으로 분류 또는 구분의 방식으로 글을 쓰려고 할 때 유의할 점으로 적절한 것은?

① 대상을 나누는 기준이 명확해야 한다.
② 원인과 결과가 분명하게 드러나야 한다.
③ 견주는 두 대상을 모두 잘 알고 있어야 한다.
④ 대상을 구성하는 모든 성분을 다루어야 한다.
⑤ 구체적이고 이해하기 쉬운 사례를 제시해야 한다.

10 (마)를 참고하여 '나무'에 관해 분석의 방법을 활용하여 설명한 것으로 적절한 것은?

① 소나무와 잣나무는 침엽수에 속한다.
② 나무는 침엽수와 활엽수로 나눌 수 있다.
③ 나무는 줄기와 잎과 뿌리로 나눌 수 있다.
④ 나무와 달리 풀은 대개 한 해만 살고 죽는다.
⑤ 나무는 줄기나 가지가 목질로 된 여러해살이 식물이다.

11 서술형
'인과'의 방법으로 글을 쓰기에 적합한 소재를 찾고, 그 소재를 활용하여 한 문장의 짧은 글을 서술하시오.

적합한 소재 (설명 대상)	
짧은 글	

100점 특강 Special lecture

○ 분류와 구분의 공통점과 차이점

공통점	차이점
• 일정하고 명확한 기준이 필요함.	• 구분은 대상을 일정한 기준에 따라 나누어 설명함. • 분류는 종류별로 묶어서 설명함.

○ 구분과 분석의 공통점과 차이점

공통점	차이점
• 대상을 작은 항목으로 나누어 설명함.	• 구분은 대상을 일정한 기준에 따라 나누어 설명함. • 분석은 대상을 구성하는 요소나 부분으로 나누어 설명함.

참신한 표현을 활용한 글 쓰기

• **해제**: 친교를 목적으로 하는 편지글로, 제주도로 전학 와서 느낀 점, 경험한 일 그리고 제주도에 대해 알게 된 사실들을 속담, 명언 등의 다양한 관용 표현을 두루 사용하여 효과적으로 전달하고 있다.

• **주제**: 제주도 소개와 친구에 대한 그리움

내용 연구

편지글의 형식

서두	호칭, 안부(인사)
본문	사연
결미	끝인사, 날짜, 서명, 추신

구절 풀이

• **그 냄새에 ~ 입에 침이 고이더라.**: 튀김 냄새에 친구와 함께 분식집에서 음식을 먹던 추억을 떠올린 경험을 친구에게 전하는 내용으로, 친구를 그리워하는 글쓴이의 마음을 엿볼 수 있다.

• **사고 싶은 물건을 ~ 정말 재밌었어.**: 도시의 마트나 슈퍼에서는 쉽게 접할 수 없는 흥정과 덤 문화를 통해 전통 시장에 대해 흥미를 느꼈음을 전하고 있다.

• **아리스토텔레스는 "친구란 ~ 영혼이다."라고 말했대.**: 친구의 의미에 대한 아리스토텔레스의 명언을 인용하여 친구에 대한 자신의 마음을 효과적으로 표현하고 있다.

낱말 풀이

* **즐비하고**: 빗살처럼 줄지어 빽빽하게 늘어서 있고.

* **흐드러지게**: 매우 탐스럽거나 한창 성하게.

* **삼다(三多)**: 제주도에 바람, 여자, 돌의 세 가지가 많음을 이르는 말.

* **삼무(三無)**: 제주도에 도둑, 거지, 대문이 없음을 이르는 말.

* **추신**: 뒤에 덧붙여 말한다는 뜻으로, 편지의 끝에 더 쓰고 싶은 것이 있을 때에 그 앞에 쓰는 말.

* **마씀**: 존대의 뜻을 나타내며 앞말에 이어서 쓰는 제주 방언.

윤주에게 / 잘 지내고 있니? 내가 갑작스럽게 제주도로 전학 오는 바람에 믿는 도끼에 발등이 찍힌 기분이었지? 아버지 일 때문에 급하게 이사를 해야 한다는 소식은 나에게도 마른 하늘에 날벼락 같았어. 미안해. ▶ 안부 인사와 친구에 대한 미안함

(편지글의 형식: 호칭 / 편지글의 형식: 안부)

처음 제주도에 왔을 때는 바다도 ㉠너무 가까이 있고 바람도 많이 불어서 놀랐었는데 이젠 나도 여기 생활에 많이 익숙해졌어. 내가 전학 온 학교 옆에는 민속 오일장도 열려. 오일장은 닷새에 한 번씩 서는 장인데 이곳 학교에 간 첫날이 마침 장이 서는 날이었어. 오일장에 가 보니 맛있는 음식을 파는 가게들이 ㉡즐비하고 볼거리도 많았어. ㉢구경도 구경이지만 배가 너무 고파 두리번거리는데, 튀김 냄새가 나잖아? *그 냄새에 우리가 함께 다니던 분식집이 떠오르면서 입에 침이 고이더라. 참새가 방앗간을 어찌 그냥 지나가겠어? 먼저 분식집부터 들러 너랑 먹을 때처럼 떡볶이 한 접시를 ㉣뚝딱 먹어 치웠어. 그리고 나서 시장을 돌아봤는데 *사고 싶은 물건을 고르면 제주 토박이 분들과 흥정도 할 수 있어. ⓐ말만 잘하면 덤도 얻을 수 있고, 여러 가지로 정말 재밌었어. ▶ 제주도 □□ 소개

(오일장의 정의)

알면 알수록 제주도는 매력덩어리야. 그래서 요즘은 시간 날 때마다 ㉤여기저기 돌아다니면서 제주도에 대해 알아 가고 있어. 그중 몇 가지만 소개할게. 다음에 네가 제주도에 오면 도움이 될 거야. 먼저 제주를 상징하는 꽃은 참꽃인데 먹는 꽃이라는 뜻이래. 별처럼 생긴 참꽃은 '진달래'를 개꽃에 상대하여 이르는 말이라는데 한라산에 가면 ⓑ많은 참꽃들이 별무리처럼 *흐드러지게 피어 있어. 제주 하면 흔히 '*삼다, *삼무'를 떠올리잖아? 바로 이 참꽃의 잎도 세 잎이어서 제주를 상징하는 꽃이 되었대. ▶ 제주도를 상징하는 □ 소개

(참꽃이 핀 모습을 별무리에 빗대어 표현(비유))

그리고 너도 알고 있듯이 제주도는 사면이 바다로 둘러싸인, 대한민국에서 가장 큰 섬으로 섬 중에서 인구도 가장 많대. 15세기만 해도 제주도의 인구가 6만이 조금 넘는 정도였다는데 지금은 68만 명이 넘는다니, ㉥어마어마하지? 무엇보다 제주도에는 함덕 해수욕장, 협재 해수욕장, 중문 해수욕장, 송악산, 성산 일출봉, 한라산, 정방 폭포 등 관광 명소가 셀 수 없이 많아. 올레길이 개발되면서 입소문이 나서 도보 여행도 정말 많이들 오고 있어. 예전에는 고립된 유배지로 알려졌던 제주가 항공길, 뱃길이 열리면서 이제는 사람들이 찾고 싶은 관광지로 발돋움하고 있는 거지. ▶ 제주도의 규모와 관광 명소 소개

(제주의 현재와 과거의 인구 상황 대조 / 제주의 관광 명소 열거)

얼른 방학이 되어서 이렇게 볼거리 많은 제주도를 너랑 함께 놀러 다니고 싶다. 방학 때 놀러 오면 제주도에 대해 더 많이 공부했다가 또 알려 줄게. *아리스토텔레스는 "친구란 두 개의 몸에 깃든 하나의 영혼이다."라고 말했대. 몸은 떨어져 있지만 내 마음은 늘 너와 함께 있는 거 알지? 이번 방학에 만날 때까지 자주 편지하자. 안녕. ▶ 친구에 대한 그리움과 끝인사

(편지글의 형식: 끝인사)

2000년 0월 00일 / 파도 소리가 들리는 제주도에서 사랑이가

(편지글의 형식: 날짜 / 편지글의 형식: 서명)

*추신: 여기 오면 쓸 수 있는 제주 방언도 소개할게. '혼저 옵서', 이건 '어서 오세요'라는 말이고, '놀멍 놀멍'은 '천천히'라는 뜻이야. 윤주야, 건강하게 잘 지내고 공부는 놀멍 놀멍 하게 *마씀. ▶ □□ 방언 추가 소개

(편지글의 형식: 추신)

01 이 글을 쓴 주된 목적으로 적절한 것은?

① 제주도로 전학을 하게 된 이유를 설명하기 위해서이다.

② 제주도 생활의 즐거움을 알려 친구를 안심시키기 위해서이다.

③ 헤어진 친구에게 안부를 전하고 제주도를 소개하기 위해서이다.

④ 제주도로 전학 오게 되어 속상한 마음을 하소연하기 위해서이다.

⑤ 제주도에 대한 공부를 많이 하였다고 친구에게 자랑하기 위해서이다.

02 중요

㉠~㉤을 관용 표현을 사용하여 바꿔 쓰려고 할 때 적절하지 <u>않은</u> 것은?

① ㉠: 손에 잡힐 듯

② ㉡: 금강산도 식후경이라고

③ ㉢: 게 눈 감추듯

④ ㉣: 눈 오는 날 개 싸다니듯 다니면서

⑤ ㉤: 기가 차지?

03 ⓐ의 의미를 강조하고 인상 깊게 전달하기 위해 속담을 활용하려고 할 때 적절한 것은?

① 말로 온 동네 다 겪는다

② 말이 많으면 쓸 말이 적다

③ 말 한마디에 천 냥 빚도 갚는다

④ 말이란 아 해 다르고 어 해 다르다

⑤ 말은 해야 맛이고 고기는 씹어야 맛이다

서술형

04 〈보기〉의 내용을 참고하여 ⓑ의 표현상의 특징과 효과를 〈조건〉에 맞게 쓰시오.

◀ 보기 ▶

비유: 어떤 현상이나 사물을 직접 설명하지 아니하고 다른 비슷한 현상이나 사물에 빗대어 표현하는 것.

◀ 조건 ▶

• 비교하는 두 대상을 밝히고, 공통적 속성이 드러나도록 쓸 것.

• 완결된 하나의 문장으로 쓸 것.

100점 특강 Special lecture

○ **다양한 표현을 활용한 글쓰기의 가치**

• 독자의 흥미와 관심을 끌 수 있다.

• 생각이나 느낌을 인상 깊게 표현할 수 있다.

• 글을 통해 드러내고 싶은 의도를 효과적으로 전달할 수 있다.

○ **알아 두면 좋은 관용 표현**

관용 표현	뜻
가랑비에 옷 젖는 줄 모른다	아무리 사소한 것이라도 그것이 거듭되면 무시하지 못할 정도로 크게 됨을 비유적으로 이르는 말
꿩 먹고 알 먹는다	한 가지 일을 하여 두 가지 이상의 이익을 보게 됨을 비유적으로 이르는 말
눈이 빠지게 기다리다	몹시 애타게 오랫동안 기다린다는 뜻
돌다리도 두들겨 보고 건너라	잘 아는 일이라도 세심하게 주의를 하라는 말
발 벗고 나서다	적극적으로 나선다는 뜻
비 온 뒤에 땅이 굳어진다	어떤 시련을 겪은 뒤에 더 강해짐을 비유적으로 이르는 말
새 발의 피	아주 하찮은 일이나 극히 적은 분량을 비유적으로 이르는 말
소 잃고 외양간 고친다	일이 이미 잘못된 뒤에는 손을 써도 소용이 없음을 비꼬는 말
우물에 가 숭늉 찾는다	모든 일에는 질서와 차례가 있는 법인데 일의 순서도 모르고 성급하게 덤빔을 비유적으로 이르는 말
코를 납작하게 만들다	기를 죽인다는 뜻

고쳐쓰기의 원리와 실제

학습 목표
• 고쳐쓰기의 일반 원리와 과정을 이해할 수 있다.
• 초고를 다시 읽으며 부적절하거나 어색한 부분을 고쳐 쓸 수 있다.

더 알아 두기

＋ 퇴고(推敲)

推 – 밀 퇴 / 敲 – 두드릴 고

중국 당나라 때 가도라는 시인이 있었다. 어느 날 가도가 말을 타고 가면서 시를 생각했는데, 그중에 "새는 못가에 있는 나무에 깃들이고 중은 달빛 아래 문을 민다."라는 시구가 있었다. 가도는 처음 생각대로 '문을 민다'의 '推(밀 퇴)'를 쓸 것인지, 아니면 '문을 두드린다'의 '敲(두드릴 고)'로 고칠 것인지 고민하다가 우연히 당시의 유명한 문인인 한유를 만났다. 가도의 고민을 듣고 한참을 생각하던 한유는 '敲'를 쓰는 것이 좋겠다고 말했다. 이후로 글을 지을 때 시구를 여러 번 생각해서 자꾸 다듬고 고치는 일을 '퇴고'라고 하였는데, '推'가 '추'로도 읽히기 때문에 '추고'라고 하는 사람도 있다.

1 고쳐쓰기의 일반 원리

(1) 고쳐쓰기의 뜻

자신이 쓴 글을 다시 읽으면서 내용과 표현에서 어색하거나 적절하지 않은 부분을 찾아 수정하는 것이다.

(2) 고쳐쓰기의 목적

• 고쳐쓰기는 자신이 글을 통해 드러내고자 했던 주제나 글의 목적이 잘 드러나도록 점검하고 조정하는 과정이다.
• 고쳐쓰기의 목적은 단순히 글에서 잘못된 점을 찾는 것이 아니라 독자가 이해하기 쉽게 글을 개선하는 것이다.

(3) 고쳐쓰기의 일반 원리

원리	내용	원리를 적용해야 하는 경우
추가의 원리	필요한 내용을 보충함.	• 설명이 부족하거나 불충분한 경우 • 지나친 생략으로 뜻이 통하지 않는 경우 • 주제가 충분히 드러나지 않는 경우
삭제의 원리	불필요한 부분을 삭제함.	• 내용이 불필요하게 되풀이되는 경우 • 주제에서 벗어나는 내용이 있는 경우 • 참신하지 않거나 상투적인 표현이 있는 경우
대치의 원리	적절하지 않은 부분을 다른 내용으로 교체함.	• 높임 표현이나 시제 등을 잘못 사용한 경우 • 맞춤법에 어긋난 단어를 사용한 경우 • 지시어나 접속어를 부적절하게 사용한 경우
재구성의 원리	문단의 배열이나 순서를 고침.	• 글의 순서가 뒤바뀐 경우 • 글의 흐름이 자연스럽지 못한 경우

예로 개념 확인

창문 유리창을 뚫고 새어 들어오는 햇살이 눈부시다. 어제 일찍 잠자리에 들어서인지 오늘 아침에는 평소보다 가벼운 몸으로 일어날 수 있었다. ❶오랫만에 푹 자고 일어났더니 기분이 한결 나아진 것 같다. ❷어제 친척집에 가신 부모님과 동생은 아직 돌아오지 않았다. 사실 동아리 회장이 되고 난 이후부터 잠을 푹 자지 못했다. 공연에 대한 부담이 너무 커서 동아리 회장이 된 것을 후회할 정도였다. ❸그래서 막상 공연을 마치고 나니 홀가분한 기분보다는 만족감이 더 컸다. 아마 동아리 회장을 안 맡았으면 이 기분을 느끼지 못했을 것이다.

책상 위의 전화기가 요란하게 울린다. ❹어제의 공연 포스터 밑에 '회장님과 동아리 친구들이 만듦.'이라는 글을 적어 넣은 사진과 함께 '회장님, 월요일에 봬요.'라는 인사를 보낸 것이다. 전화기를 확인해 보니 은주가 보낸 ❺문자일 것이다. ❻은주의 문자 덕분에 뜻깊은 주말 계획도 세우고……. 기분 좋게 시작하는 토요일 아침이다.

② 고쳐쓰기의 세부 내용

(1) 글 수준의 고쳐쓰기
- 글의 주제가 잘 드러나고, 제목이나 소제목은 적절한가?
- 글의 구성은 체계적이고, 문단과 문단의 연결은 자연스러운가?
- 주제와 관련 없는 불필요한 내용이나 보충해야 할 내용은 없는가?

(2) 문단 수준의 고쳐쓰기
- 접속어나 지시어 등의 사용이 적절한가?
- 문단의 중심 내용과 관련 없는 불필요한 내용은 없는가?
- 문단의 중심 내용과 뒷받침하는 내용들이 긴밀하게 연결되어 있는가?

(3) 문장 수준의 고쳐쓰기
- 문장의 길이는 적절한가?
- 참신하지 않거나 상투적인 표현이 사용되지 않았는가?
- 문장의 호응이나 시제, 높임법, 사동·피동 표현 등이 올바르게 사용되었는가?

(4) 단어 수준의 고쳐쓰기
- 문맥에 맞는 정확한 단어가 사용되었는가?
- 띄어쓰기와 맞춤법이 규정에 맞게 사용되었는가?
- 의미가 분명하지 않은 단어를 사용하지 않았는가?

③ 통일성과 응집성을 고려하여 고쳐쓰기

	통일성	응집성
뜻	모든 내용이 하나의 주제로 긴밀하게 연결되어야 하는 특성	문장과 문장, 문단과 문단이 서로 긴밀하게 연결되어야 하는 특성
방법	세부 내용 중에서 중심 내용과 관계가 없는 내용을 삭제함.	지시어와 접속어를 사용하여 내용을 긴밀하게 연결해 줌.

더 알아 두기

➕ 고쳐쓰기를 할 때 고려할 점

1. 내용 면에서 고려할 점
   ① 글이 얼마나 가치 있는 내용을 담고 있는가?
   ② 거짓이거나 사실과 다른 내용은 없는가?
   ③ 글에 인용된 정보의 출처는 정확하고 믿을 만한가?

2. 조직 면에서 고려할 점
   ① 문단이나 문장의 위치가 체계적이고 적절한가?
   ② 글의 각 구성 단계가 짜임새 있게 구성되었는가?
   ③ 지시어나 접속어 등을 적절하게 사용하였는가?

3. 표현 면에서 고려할 점
   ① 쉽고 간결한 문장을 사용하였는가?
   ② 상투적이거나 불필요한 표현을 사용하지 않았는가?
   ③ 정확하고 뜻이 분명한 단어를 사용하였는가?

❶ **대치의 원리 / 단어 수준의 고쳐쓰기:** '오랫만에'는 맞춤법에 맞지 않는 표현이다. 따라서 '오랜만에'라는 정확한 표기로 수정해야 한다.

❷ **삭제의 원리 / 문단 수준의 고쳐쓰기 / 통일성의 원리:** '부모님과 동생이 돌아오지 않았다.'라는 내용은 발표회 이후의 만족감과 보람에 대해 이야기하는 문단의 내용과 관계가 없으므로 삭제해야 한다.

❸ **대치의 원리 / 문단 수준의 고쳐쓰기 / 응집성의 원리:** 앞 문장과 뒤 문장을 고려해 볼 때, 인과 관계를 나타내는 '그래서'보다는 '그런데'가 들어가야 문장 간의 관계가 긴밀해진다.

❹ **재구성의 원리 / 문단 수준의 고쳐쓰기:** 은주가 보낸 문자를 보고 난 뒤의 반응이기 때문에 뒤의 문장과 순서를 바꾸어야 흐름이 자연스러워진다.

❺ **대치의 원리 / 문장 수준의 고쳐쓰기:** 전화기를 확인한 것은 현재의 일인데, '문자일 것이다.'의 미래형을 쓴 것은 부적절하다. 따라서 시제를 고려해 '문자이다.'로 고쳐야 한다.

❻ **추가의 원리 / 문단 수준의 고쳐쓰기:** '은주 덕분에 뜻깊은 계획을 세웠다.'라고 하였기 때문에 앞에 '뜻깊은 계획'에 대한 내용이 추가되어야 한다.

고쳐쓰기의 기본 원리

- **해제:** 이 글은 글쓰기의 마지막 단계인 '고쳐쓰기'를 할 때 염두에 두어야 할 기본 원리와, 일반적인 고쳐쓰기의 과정에서 검토해야 할 내용에 대한 정보를 전달하는 설명문이다.
- **주제:** 고쳐쓰기의 기본 원리와 과정

▮ 내용 연구
고쳐쓰기의 개념

고쳐쓰기

↓

초고를 보면서 의도나 목적의 달성 여부, 주제의 선명성, 구성의 짜임새, 표현의 적절성 및 정확성 등을 점검하고 수정하는 과정

▮ 구절 풀이
- **그런데 이 초고가 ~ 완성되는 것이다.:** 고쳐쓰기는 초고에 적절하지 않거나 잘못된 부분이 없는지 검토하는 과정으로, 이 과정을 거쳐야 내용이나 표현에서 완성도 높은 글이 된다.
- **글을 쓸 때에는 독자를 염두에 두어야 한다.:** 글은 독자들에게 읽히기 위해 쓰는 것이다. 독자들이 글을 읽고 글쓴이의 의도를 잘 파악할 수 있는 글이 좋은 글이므로 고쳐쓰기는 이 점을 고려해야 한다.

▮ 낱말 풀이
- * **초고:** 퇴고를 하는 바탕이 되는 원고.
- * **원리:** 행위의 바탕이 되는 규범.
- * **상투적인:** 늘 써서 버릇이 되다시피 한.
- * **어법:** 말의 일정한 법칙.
- * **개선하는:** 잘못된 것이나 부족한 것, 나쁜 것 따위를 고쳐 더 좋게 만드는.

(가) 일반적으로 글을 쓸 때에는 '계획하기', '내용 생성하기', '내용 조직하기', '표현하기'의 과정을 거치게 되는데, 이 과정을 통해 만들어진 글을 *초고라고 한다. *그런데 이 초고가 그대로 완성된 글이 되는 것은 아니다. 「글이 처음의 의도에 맞게 쓰였는지, 내용이나 표현 중에 부족하거나 잘못된 부분은 없는지를 검토하고 수정하는 '고쳐쓰기' 과정을 거쳐야 비로소 글이 완성되는 것이다.」『』: '고쳐쓰기'의 개념

일반적인 글쓰기의 과정

▶ 고쳐쓰기의 필요성

(나) 글을 고쳐 쓸 때에는 몇 가지 기본 *원리에 따른다. 먼저, '추가의 원리'는 설명이 부족하거나 불충분할 때 필요한 내용을 덧붙이는 것을 말한다. 다음으로 '삭제의 원리'는 중심 내용과 관계없는 불필요한 내용이나 *상투적인 내용을 빼는 것이다. 또한, '대치의 원리'는 적절하지 않은 부분이나 잘못된 부분을 다른 내용으로 바꾸는 것을 말하며, '재구성의 원리'는 글의 순서를 바꾸고 내용을 줄이거나 늘이면서 내용을 조정하는 원리이다.

'부가의 원리'라고도 함. *추가의 원리를 적용해야 하는 경우* *'교체의 원리'라고도 함.* *'재배열의 원리'라고도 함.* *적절한 내용*

▶ 고쳐쓰기의 일반 [　　]

(다) 고쳐쓰기를 할 때에는 글의 전체적인 구조나 제목 등을 검토한 후에 점차 세부적인 내용으로 범위를 좁혀 가면서 수정하는 것이 좋다. 그래서 보통 고쳐쓰기는 글 수준에서 시작하여 문단 수준, 문장 수준, 단어 수준의 순서를 따른다.

글 수준의 고쳐쓰기

▶ 고쳐쓰기의 [　　]

(라) 글 수준에서는 처음에 계획한 의도를 생각하면서 주제가 잘 드러나는지, 불필요하거나 빠진 내용은 없는지, 제목은 글의 중심 내용을 잘 드러내는지 등을 확인한다. 또한 문단 간의 연결은 자연스러운지, 전체적인 구성은 짜임새가 있는지도 함께 살펴본다. 문단 수준에서는 각 문단의 중심 내용이 잘 드러나는지, 문단의 길이는 적절한지, 문단 내에 불필요한 내용은 없는지를 살펴볼 수 있다. 그리고 문장 수준에서는 문장의 길이가 적절한지, *어법에 맞는 정확한 문장을 사용하였는지, 상투적인 표현은 없는지 등을 점검하고, 마지막으로 단어 수준에서는 적절한 단어를 사용했는지, 띄어쓰기나 맞춤법은 잘 지켰는지 등을 살펴보아야 한다.

글의 의도나 목적을 고려함. *지시어나 접속어의 적절성 검토* *불필요한 내용은 통일성을 해침.*

▶ 고쳐쓰기의 각 과정에서 확인할 내용

(마) *글을 쓸 때에는 독자를 염두에 두어야 한다. 독자들이 내용을 잘 이해하면서, 글쓴이의 의도를 정확하게 파악할 수 있는 글이 좋은 글이다. 따라서 고쳐쓰기를 할 때에는 단순히 글의 잘못된 부분을 찾기 위한 작업이라 생각하지 말고, 독자가 글을 잘 읽을 수 있도록 *개선하는 과정이라는 생각을 해야 한다.

좋은 글의 요건 *고쳐쓰기를 할 때 유의할 점*

▶ 고쳐쓰기를 할 때 [　　]

01 이 글에서 알 수 있는 내용이 <u>아닌</u> 것은?

① 초고의 개념
② 고쳐쓰기의 기본 원리
③ 글쓰기의 일반적인 과정
④ 고쳐쓰기의 구체적 점검 내용
⑤ 글쓰기의 과정에 따른 유의 사항

⋆중요

02 각 고쳐쓰기의 기본 원리에 해당하는 활동을 연결하시오.

① 추가의 원리	•	㉮ 의의를 먼저 드러내고 뒤에 해결 방안을 제시했는데, 순서를 바꾸면 어떨까?
② 삭제의 원리	•	㉯ 여기에서 인용한 속담이 어울리지 않는 것 같아. 다른 속담을 찾아봐야지.
③ 대치의 원리	•	㉰ 초등학교 시절 경험은 내가 전달하려는 내용과 관계가 없는 것 같은데?
④ 재구성의 원리	•	㉱ 이 주장을 뒷받침하기 위한 통계 자료를 찾아 제시해야겠어.

03 이 글을 통해 볼 때, 고쳐쓰기를 하는 과정에서 가장 염두에 두어야 할 것은?

① 내가 쓴 글에서 잘못된 부분은 얼마나 많을까?
② 글의 길이를 줄이기 위해서는 어떻게 해야 할까?
③ 글쓰기의 과정을 정확하게 지키면서 글을 썼는가?
④ 어떻게 하면 독자가 글을 더 잘 이해할 수 있을까?
⑤ 초고의 내용을 훼손하지 않고 고칠 수 있는 방법은 없을까?

서술형

04 이 글을 참고하여, 〈보기〉의 ⓐ∼ⓓ의 수행 순서를 정하고, 그 이유를 서술하시오.

┤ 보기 ├
ⓐ 맞춤법에 어긋나는 표현은 없는가?
ⓑ 제목이 글의 주제를 잘 드러내는가?
ⓒ 문단의 중심 내용은 잘 드러나는가?
ⓓ 주어와 서술어의 호응이 어색한 부분은 없는가?

순서	
이유	

100점 특강 Special lecture

○ 고쳐쓰기의 원리

고쳐쓰기는 일차적으로 완성된 초고를 다시 읽으며 글쓴이의 의도가 잘 드러났는지, 전체적인 구성은 짜임새가 있는지, 세부적인 내용이나 표현은 적절하고 자연스러운지를 점검하고 수정하는 작업이다. 고쳐쓰기는 다음의 원리에 의해 수행해야 한다.

추가의 원리	설명이 부족하거나 불충분할 때에는 필요한 내용을 추가하거나 덧붙인다.
삭제의 원리	불필요하거나 적절하지 않은 내용, 상투적인 표현 등이 있을 때에는 삭제한다.
대치의 원리	잘못된 내용이나 자료는 적절한 다른 내용이나 자료로 교체한다.
재구성의 원리	글의 순서가 체계적이지 않을 때에는 문장이나 문단의 순서를 바로잡고, 글의 분량을 적절하게 조절한다.

○ 고쳐쓰기의 과정

고쳐쓰기는 일반적으로 전체적인 맥락을 먼저 보면서 글쓴이의 의도가 잘 드러났는지를 점검한 후, 세부적인 내용이나 표현을 점검하는 순서로 진행한다. 각 단계에서 검토할 내용은 다음과 같다.

글 수준	글을 쓴 의도나 주제 확인, 글의 전체적인 흐름과 짜임 확인, 제목의 적절성 판단
문단 수준	문단의 흐름과 짜임 확인, 문단 내 내용들의 통일성 확인, 문단 길이의 적절성 검토
문장 수준	문장 길이의 적절성 점검, 어법에 맞는 문장 사용 여부, 상투적이거나 참신하지 않은 표현 사용 여부 검토
단어 수준	단어의 적절성 검토, 띄어쓰기와 맞춤법 확인

고쳐쓰기의 실제

- **해제:** 이 글은 통일성과 응집성을 고려한 고쳐쓰기에 대해 설명하는 글이다. 학생 글을 예로 사용하여 통일성과 응집성의 뜻과 필요성을 제시한 후, 통일성과 응집성을 고려한 고쳐쓰기의 방법에 대해 설명하고 있다.
- **주제:** 통일성과 응집성을 고려한 고쳐쓰기

| 내용 연구

예로 제시한 학생 글의 역할

〈학생 글 ㉮〉

내용	몽실이가 오고 난 이후의 '나'의 변화
역할	통일성의 필요성을 보여 줌.

〈학생 글 ㉯〉

내용	몽실이가 공원에서 큰 사고를 당할 뻔한 일화
역할	응집성의 필요성을 보여 줌.

| 구절 풀이

- **좋은 글은 ~ 하는 것이다.:** 좋은 글의 요건이 주제가 명확히 드러나는 것임을 말하면서 고쳐쓰기 과정에서 이를 확인해야 함을 강조하고 있다.
- **그런데 불필요한 내용이 ~ 느낌을 준다.:** 좋은 글은 통일성뿐만 아니라 응집성도 갖추어야 함을 설명하고 있다.

| 낱말 풀이

- **산만해졌다:** 어수선하여 질서나 통일성이 없어졌다.
- **긴밀하게:** 서로의 관계가 매우 가까워 빈틈이 없게.
- **지시어:** 문맥 내에서 주로 어떤 말을 가리킬 때 쓰이는 말.
- **접속어:** 단어와 단어, 구절과 구절, 문장과 문장을 이어 주는 구실을 하는 문장 성분.

*좋은 글은 글쓴이가 의도한 중심 내용이 독자들에게 명확하게 전달되는 글이다. 독자들
<small>좋은 글의 요건</small>
이 글을 읽고 난 뒤에 글쓴이가 무슨 이야기를 하려 했는지를 파악하지 못한다면 글쓴이는
<small>글쓴이의 의도 및 글의 주제</small>
글의 목적을 달성하지 못한 것이 된다. 그렇기 때문에 초고를 완성하고 고쳐쓰기를 할 때
가장 먼저 글의 주제가 잘 드러나는지를 확인해야 하는 것이다. ▶ 좋은 글의 요건

㉮
　　몽실이가 온 이후로 나의 생활은 이전과 완전히 달라졌다. 『이전에는 학교 수업이 끝난 후에
<small>문단의 중심 내용</small>　　　　　　　　　　　　　　　　　　　　　<small>「」: '나'가 달라진 점 ①</small>
도 친구들과 어울리느라고 해가 진 뒤에야 집에 들어가곤 했지만, 지금은 몽실이를 보기 위해
학교가 끝나자마자 집까지 한숨에 달려간다.』『방에 틀어박혀 게임만 하고 가족들과 대화 한 마
　　　　　　　　　　　　　　　　　　　　　　　　<small>「」: '나'가 달라진 점 ②</small>
디 없던 나였지만 지금은 엄마와 함께 몽실이의 재롱을 보며 많은 대화를 한다.』몰티즈는 추위
　　　　　　　　　　　　　　　　　　　　　　　　　　　　　　　　　　<small>중심 내용과 관계없는 내용</small>
에 약해 겨울에는 난방에 신경을 써 주어야 한다.

▶ 학생 글 ㉮ – 몽실이가 온 이후로 달라진 점

　　위의 글의 중심 내용은 '몽실이가 온 이후에 달라진 점'이다. 그런데 마지막에 중심 내용
과 관계없는 '몰티즈 종의 특징'이 들어가면서 글이 *산만해졌다. 여기에서 알 수 있듯이 글
<small>통일성을 방해하는 내용</small>
은 모든 내용이 하나의 주제로 *긴밀하게 연결되어야 하는데, 이런 특성을 '통일성'이라 한
　　　　　　　　　　　　　　　　　　　　　　　　<small>통일성의 뜻</small>
다. 통일성을 고려하며 고쳐쓰기를 할 때에는 『하위 내용이 중심 내용을 뒷받침하는지 점검
해야 하고, 불필요한 내용이 있으면 삭제를 해야 한다.』　　▶ ◻◻◻을/를 고려한 고쳐쓰기
<small>중심 내용과 관계없는 내용</small>　　　　　　<small>「」: 통일성을 고려한 고쳐쓰기 방법</small>

㉯
　　지난 일요일에 몽실이를 데리고 산책을 나갔다. 웬 아저씨가 운동을 시키는 커다란 개를 만났
　　　　　　　　　　　　　　　　　　　　　　<small>앞 문장과 연결시키는 접속어가 필요함.</small>
다. 아저씨가 운동을 시키는 큰 개는 목줄을 하지 않고 있었다. 갑자기 큰 개가 몽실이에게 달려
　　　<small>불필요하게 내용이 반복됨.</small>　　　　　　　　　　　　　　　　　　<small>접속어가 필요함.</small>
들어 큰 사고가 날 뻔했다. 아저씨는 미안하다는 말도 하지 않고 개를 데리고 공원을 떠났다.
　　　　　　　　　　　　<small>접속어가 필요함.</small>

▶ 학생 글 ㉯ – 큰 사고를 당할 뻔한 몽실이

　　위의 글은 '몽실이를 산책시키며 겪은 사고'에 대해 이야기하고 있다. *그런데 불필요한
　　　　　　　　　　<small>중심 내용</small>　　　　　　　　　　　　　　<small>통일성에는 큰 문제가 없음.</small>
내용이 없는데도 글을 읽는 것이 쉽지가 않다. 같은 내용이 여러 번 반복되는 것이 불필요
　　　　　　　　　　　　　　　　　　　　　　　<small>'아저씨가 운동을 시키는 큰 개'의 반복</small>
하게 느껴지고, 문장과 문장은 따로 떨어져 있다는 느낌을 준다. 이와 같은 글에 대해 응집
　　　　　　　　　　　　　　　<small>접속어를 사용하지 않음.</small>
성이 떨어진다고 말한다. '응집성'이란 문장과 문장이 긴밀하게 연결되어야 한다는 글의 특
　　　　　　　　　　　　　　　　　　　　　　　　<small>응집성의 뜻</small>
성을 말한다. 물론 문단과 문단 사이에도 응집성은 필요하다. 고쳐쓰기를 하는 과정에서 응
집성이 부족하다고 판단되면 *지시어나 *접속어를 적절하게 사용하여 글의 문장과 문장,
　　　　　　　　　　　　　　　　　　　<small>응집성을 고려한 고쳐쓰기의 방법</small>
또는 문단과 문단 사이를 긴밀하게 연결해 주어야 한다. ▶ ◻◻◻을/를 고려한 고쳐쓰기

[05~08] 다음 글을 읽고 물음에 답하시오.

가 설명문을 쓸 때에는 정의, 예시, 비교, 대조, 분류, 구분, 분석, 인과 등의 설명 방법이 활용된다. 이와 같은 설명 방법을 잘 이해하고 이를 적절하게 사용해야 좋은 설명문을 쓸 수 있다.

나 정의는 설명하고자 하는 대상의 의미를 분명하게 밝히는 것을 말한다. 대상을 설명할 때 의미를 정확하게 밝히지 않으면 독자가 대상을 잘못 이해할 수 있고 이어서 전개되는 내용을 이해하는 데 어려움을 겪을 수 있다. 예시는 예를 들어 설명하는 것을 말하는데 독자에게 구체적인 사례를 제시하여 설명 대상에 대한 이해를 돕는 방식이다. 이때 독자의 수준을 고려해야 하며 적절한 수의 예를 들도록 한다.

다 둘 이상의 대상이 지닌 공통점을 견주어 설명하는 방법을 비교, 차이점을 견주어 설명하는 방법을 대조라고 한다. 두 방법 모두 잘 알려진 대상이나 현상을 통해 잘 모르는 대상을 설명할 때 주로 활용하면 효과가 좋다.

라 대상을 일정한 기준에 따라 나누어 설명하는 방법을 구분, 종류별로 묶어서 설명하는 방법을 분류라고 한다. 두 방법 모두 일정한 기준에 따라 비슷한 성격을 가진 대상들을 정리한다는 공통점을 가지고 있다. 여러 가지 대상을 복잡하게 나열하는 것보다는 일정한 기준으로 나누거나 묶어서 제시하면 더욱 체계적으로 설명할 수 있다. 유의할 점은 기준이 명확해야 한다는 것이다. 기준 자체가 불분명하면 오히려 혼란스러울 수도 있다.

마 분석은 대상을 구성 성분으로 쪼개어 설명하는 방법이다. 분석은 복잡한 현상이나 대상을 설명할 때 적절한 방법이다. 구성 성분이나 기능 하나 하나에 대한 자세한 설명을 통해서 복잡한 대상 전체를 자세하게 설명할 수 있는 방법이다.

바 인과의 '인'은 원인을 말하고 '과'는 결과를 말한다. 즉 대상을 원인과 결과의 관계로 설명하는 방법을 인과라고 한다. 따라서 원인과 결과가 분명하게 드러나는 사회 현상이나 자연 현상, 과학의 원리와 같은 대상을 설명할 때 적절한 설명 방법이다.

05 이 글에서 설명하는 내용이 <u>아닌</u> 것은?

① 구분과 분류의 공통점과 차이점
② 비교와 대조를 활용할 때 유의할 점
③ 정의를 정확하게 사용해야 하는 이유
④ 설명문에 사용하는 설명 방법의 종류
⑤ 인과의 방법을 사용하면 효과적인 설명 대상

06 이 글을 참고할 때, 〈보기〉에 사용된 설명 방법이 <u>아닌</u> 것은?

▎보기 ▎
　희곡은 연극으로 공연하기 위해 쓴 대본이다. 희곡은 영화 대본인 시나리오와 달리 시간이나 공간의 제약을 많이 받는다. 희곡의 구성 요소에는 대사와 지시문이 있다. 대사는 다시 인물들이 주고받는 대화와 마음속의 생각을 혼잣말로 하는 독백, 상대에게는 안 들리고 관객에게만 들리는 방백으로 나눌 수 있다. 독백으로는 햄릿의 '죽느냐 사느냐 그것이 문제이다.'가 유명하다.

① 정의　　② 예시　　③ 인과
④ 대조　　⑤ 구분

07 이 글을 참고할 때, 〈보기〉의 빈칸에 들어갈 설명 방법으로 가장 적절한 것은?

▎보기 ▎
영수: 국어 과제인 설명문 쓰기 준비는 잘돼 가니?
진희: 응, 시계의 구조에 대해 쓸 생각이야.
영수: 어떤 설명 방법을 사용할 건데?
진희: (　　　)의 방법을 사용하는 게 좋지 않을까?

① 비교　　② 분류　　③ 분석
④ 인과　　⑤ 예시

서술형

08 (라)를 바탕으로 〈보기〉가 좋지 않은 글인 이유를 서술하시오.

▎보기 ▎
　문학은 크게 서정 문학, 서사 문학, 극 문학, 교술 문학, 현대 소설, 역사 소설 등으로 나눌 수 있다.

[09~12] 다음 글을 읽고 물음에 답하시오.

윤주에게 / 잘 지내고 있니? 내가 갑작스럽게 제주도로 전학 오는 바람에 (㉠) 기분이었지? 아버지 일 때문에 급하게 이사를 해야 한다는 소식은 나에게도 (㉡). 미안해.

처음 제주도에 왔을 때는 바다도 너무 가까이 있고 바람도 많이 불어서 놀랐었는데 이젠 나도 여기 생활에 많이 익숙해졌어. 내가 전학 온 학교 옆에는 민속 오일장도 열려. ⓐ오일장은 닷새에 한 번씩 서는 장인데 이곳 학교에 간 첫날이 마침 장이 서는 날이었어. 오일장에 가 보니 맛있는 음식을 파는 가게들이 즐비하고 볼거리도 많았어. 구경도 구경이지만 배가 너무 고파 두리번거리는데, 튀김 냄새가 나잖아? 그 냄새에 우리가 함께 다니던 분식집이 떠오르면서 입에 침이 고이더라. (㉢) 먼저 분식집부터 들러 너랑 먹을 때처럼 떡볶이 한 접시를 뚝딱 먹어 치웠어. 〈중략〉

ⓑ먼저 제주를 상징하는 꽃은 참꽃인데 먹는 꽃이라는 뜻이래. 별처럼 생긴 참꽃은 '진달래'를 개꽃에 상대하여 이르는 말이라는데 한라산에 가면 많은 참꽃들이 별무리처럼 흐드러지게 피어 있어. 제주 하면 흔히 '삼다, 삼무'를 떠올리잖아? 바로 이 참꽃의 잎도 세 잎이어서 제주를 상징하는 꽃이 되었대. / 그리고 너도 알고 있듯이 제주도는 사면이 바다로 둘러싸인, 대한민국에서 가장 큰 섬으로 섬 중에서 인구도 가장 많대. 15세기만 해도 제주도의 인구가 6만이 조금 넘는 정도였다는데 지금은 68만 명이 넘는다니, 어마어마하지? 무엇보다 제주도에는 함덕 해수욕장, 협재 해수욕장, 중문 해수욕장, 송악산, 성산 일출봉, 한라산, 정방 폭포 등 관광 명소가 셀 수 없이 많아. 올레길이 개발되면서 입소문이 나서 도보 여행도 정말 많이들 오고 있어. 예전에는 고립된 유배지로 알려졌던 제주가 항공길, 뱃길이 열리면서 이제는 사람들이 찾고 싶은 관광지로 발돋움하고 있는 거지.

얼른 방학이 되어서 이렇게 볼거리 많은 제주도를 너랑 함께 놀러 다니고 싶다. 방학 때 놀러 오면 제주도에 대해 더 많이 공부했다가 또 알려 줄게. 아리스토텔레스는 "친구란 두 개의 몸에 깃든 하나의 영혼이다."라고 말했대. 몸은 떨어져 있지만 내 마음은 늘 너와 함께 있는 거 알지? 이번 방학에 만날 때까지 자주 편지하자. 안녕.

09 사랑이가 이 글을 쓰기 위해 계획한 내용으로 볼 수 없는 것은?

① 제주도에 대해 조사한 여러 정보들을 바탕으로 제주도를 소개해야지.
② 유명한 격언을 인용해서 말하고자 하는 내용을 압축적으로 표현해야지.
③ 윤주와 함께 했던 과거의 추억을 환기하면서 윤주와의 공감대를 형성해야지.
④ 내가 제주도에서 직접 경험한 일을 제시하면서 제주도에서의 생활을 알려 줘야지.
⑤ 전학 오기 전의 생활과 제주도에서의 생활을 대조하면서 제주도의 매력을 드러내야지.

10 이 글을 통해 해결할 수 있는 질문이 아닌 것은?

① 제주의 삼다와 삼무는 각각 무엇일까?
② 참꽃은 왜 제주를 상징하는 꽃이 되었을까?
③ 제주도에 도보 여행이 성행하게 된 계기는 무엇일까?
④ 제주도의 대표적인 관광 명소로 어떤 곳이 있을까?
⑤ 15세기와 비교해서 제주도 인구는 얼마나 늘었을까?

⭐ 중요

11 ㉠~㉢에 활용할 수 있는 관용적 표현을 〈보기〉에서 각각 찾아 쓰시오.

◀ 보기 ▶
• 누워서 떡 먹기
• 마른하늘에 날벼락
• 믿는 도끼에 발등 찍힌다.
• 호박이 넝쿨째 굴러 들어오다.
• 참새가 방앗간을 그저 지나랴?

12 ⓐ와 ⓑ에서 모두 찾을 수 있는 설명 방법을 사용한 표현은?

① 개미의 몸은 머리, 가슴, 배로 나누어져 있다.
② 중국 신화와 서양 신화에는 모두 거인족이 나온다.
③ 간밤에 바람이 세차게 불어서 나뭇잎들이 다 떨어졌다.
④ 자동차는 크기에 따라 대형차, 중형차, 소형차로 나눌 수 있다.
⑤ 토박이는 대대로 그 땅에서 나서 오래도록 살아 내려오는 사람을 말한다.

[13~16] 다음 글을 읽고 물음에 답하시오.

㉠ 일반적으로 글을 쓸 때에는 @'계획하기', ⓑ'내용 생성하기', ⓒ'내용 조직하기', ⓓ'표현하기'의 과정을 거치게 되는데, 이 과정을 통해 만들어진 글을 '초고'라고 한다. 그런데 이 초고가 바로 완성된 글이 되는 것은 아니다. 글이 처음의 의도에 맞게 쓰였는지, 내용이나 표현 중에 부족하거나 잘못된 부분은 없는지를 검토하고 수정하는 ⓔ'고쳐쓰기' 과정을 거쳐야 비로소 글이 완성되는 것이다.

㉡ 글을 고쳐 쓸 때에는 몇 가지 기본 원리에 따른다. 먼저, '추가의 원리'는 설명이 부족하거나 불충분할 때 필요한 내용을 덧붙이는 것을 말한다. 다음으로, '삭제의 원리'는 중심 내용과 관계없는 불필요한 내용이나 상투적인 내용을 빼는 것이다. 또한, '대치의 원리'는 적절하지 않은 부분이나 잘못된 부분을 다른 내용으로 바꾸는 것을 말하며, '재구성의 원리'는 글의 순서를 바꾸고 내용을 줄이거나 늘이면서 내용을 조정하는 원리이다.

㉢ 고쳐쓰기를 할 때에는 글의 전체적인 구조나 제목 등을 검토한 후에 점차 세부적인 내용으로 범위를 좁혀 가면서 수정하는 것이 좋다. 그래서 보통 고쳐쓰기는 글 수준에서 시작하여 문단 수준, 문장 수준, 단어 수준의 순서를 따른다.

㉣ 글 수준에서는 처음에 계획한 의도를 생각하면서 주제가 잘 드러나는지, 불필요하거나 빠진 내용은 없는지, 제목은 글의 중심 내용을 잘 드러내는지 등을 확인한다. 또한 문단 간의 연결은 자연스러운지, 전체적인 구성은 짜임새가 있는지도 함께 살펴본다. 문단 수준에서는 각 문단의 중심 내용이 잘 드러나는지, 문단의 길이는 적절한지, ㉠문단 내에 불필요한 내용은 없는지를 살펴볼 수 있다. 그리고 문장 수준에서는 문장의 길이가 적절한지, 어법에 맞는 정확한 문장을 사용하였는지, 상투적인 표현은 없는지 등을 점검하고, 마지막으로 단어 수준에서는 적절한 단어를 사용했는지, 띄어쓰기나 맞춤법은 잘 지켰는지 등을 살펴보아야 한다.

㉤ 글을 쓸 때에는 독자를 염두에 두어야 한다. 독자들이 내용을 잘 이해하면서, 글쓴이의 의도를 정확하게 파악할 수 있는 글이 좋은 글이다. 따라서 고쳐쓰기를 할 때에는 단순히 글의 잘못된 부분을 찾기 위한 작업이라 생각하지 말고, 독자가 글을 잘 읽을 수 있도록 개선하는 과정이라는 생각을 해야 한다.

13 이 글에 사용된 설명 방법을 〈보기〉에서 모두 고른 것은?

▶ 보기 ◀
ㄱ. 정의: 대상의 의미를 분명하게 밝히는 것.
ㄴ. 인과: 대상을 원인과 결과의 관계로 설명하는 것.
ㄷ. 구분: 대상을 일정한 기준에 따라 나누어 설명하는 것.
ㄹ. 비교: 둘 이상의 대상이 지닌 공통점을 견주어 설명하는 것.

① ㄱ, ㄴ ② ㄱ, ㄷ ③ ㄴ, ㄹ
④ ㄱ, ㄴ, ㄷ ⑤ ㄴ, ㄷ, ㄹ

서술형 중요
14 〈보기〉의 검토가 이루어진 고쳐쓰기의 수준과 검토 내용에 적용된 고쳐쓰기의 원리를 〈조건〉에 맞게 쓰시오.

▶ 보기 ◀
이 건의문은 건의 내용이 받아들여질 때의 기대 효과를 쓴 후 다음 문단에서 개선 방안을 제시했는데, 아무래도 개선 방안이 기대 효과의 앞에 와야 할 것 같아.

▶ 조건 ◀
• 고쳐쓰기의 수준과 고쳐쓰기의 원리를 포함하는 한 문장으로 서술할 것.

15 ㉠에 대한 설명을 〈보기〉와 같이 정리할 때, 빈칸에 들어갈 말로 적절한 것은?

▶ 보기 ◀
㉠은 고쳐쓰기를 할 때, (   )을 고려해야 한다는 것을 의미한다.

① 통일성 ② 응집성 ③ 신뢰성
④ 객관성 ⑤ 창의성

중요
16 @~ⓔ 중, 〈보기〉의 활동이 이루어지는 단계는?

▶ 보기 ◀
개요는 설명문의 일반적인 구조인 처음-중간-끝으로 나누어 작성한다. 개요를 작성하면서 자신이 설명하고자 하는 항목을 구체적으로 기록한다.

① @ ② ⓑ ③ ⓒ ④ ⓓ ⑤ ⓔ

[17~20] 다음 글을 읽고 물음에 답하시오.

ⓐ행복한 우리 가족

가 한 달 전부터 나에게 동생이 ⓑ생긴다. 내 동생의 이름은 몽실이. ⓒ복슬복슬한 하얀 털에 반짝거리는 까만 눈을 가진 몰티즈인데, 작년에 이모네 집에서 본 몰티즈가 너무 예뻐서 지나가는 말로 키우고 싶다고 중얼거린 것을 엄마가 기억하고 계셨다가 이모네 몰티즈가 새끼를 낳았다는 말을 듣고 특별히 부탁을 해 몽실이를 데려오신 것이다.

나 몽실이는 성격이 매우 활발하고 애교가 많다. 언젠가는 내가 한눈을 파는 사이에 몰래 방에 들어와 실내화를 못 쓰게 만든 일도 있었다. 하지만 몽실이에게 화를 낼 수는 없었다. 잠시도 가만히 있으려 하지 않고 하루 종일 부지런히 돌아다닌다. 호기심도 많아 처음 보는 물건은 일단 물어뜯고 본다. 너덜거리는 실내화를 들고 황당해하는 내 무릎 위로 재빨리 올라와 커다란 눈으로 내 얼굴을 무심코 쳐다보는 몽실이의 애교에 화가 금세 사라졌다.

다 몽실이가 온 이후로 나의 생활은 이전과 완전히 달라졌다. 이전에는 학교 수업이 끝난 후에도 친구들과 어울리느라고 해가 진 뒤에야 집에 들어가곤 했지만, 지금은 몽실이를 보기 위해 학교부터 집까지 한숨에 달려간다. 방에 틀어박혀 게임만 하고 가족들과 대화 한 마디 없던 나였지만 지금은 엄마와 함께 몽실이의 재롱을 보며 많은 대화를 한다. ㉠몰티즈는 추위에 약해 겨울에는 난방에 신경을 써 주어야 한다.

라 몽실이를 키우며 배우는 점도 많다. ㉡지난 일요일에는 몽실이를 데리고 산책을 나갔다. 웬 아저씨가 운동을 시키는 커다란 개를 만났다. 아저씨가 운동을 시키는 큰 개는 목줄을 하지 않고 있었다. 갑자기 큰 개가 몽실이에게 달려들어 큰 사고가 날 **뻔했다.** (ⓓ) 아저씨는 미안하다는 말도 하지 않고 개를 데리고 공원을 떠났다. 아저씨가 떠난 자리에는 개의 대변이 그대로 남아 있었다. 그날 나는 개를 키우는 데에도 지켜야 할 예의가 있다는 것을 깨달았다.

마 오늘도 집에 가면 몽실이가 가장 먼저 나를 ⓔ반겨 주었다. 이제는 제법 친해졌다고 나를 친언니처럼 따르는 예쁜 내 동생. 몽실아, 네가 건강하게 잘 크도록 이 언니가 잘 돌봐줄게. 매일매일 행복한 추억만 만들며 오래오래 같이 살자.

서술형 **중요**

17 (나)를 〈보기〉와 같이 고쳤을 때, 각각의 고쳐쓰기 원리를 어떻게 적용했는지 쓰시오.

보기

몽실이는 성격이 매우 활발하고 애교가 많다. 호기심도 많아 처음 보는 물건은 일단 물어뜯고 본다. 언젠가는 내가 한눈을 파는 사이에 몰래 방에 들어와 실내화를 못 쓰게 만든 일도 있었다. 하지만 몽실이에게 화를 낼 수는 없었다. 너덜거리는 실내화를 들고 황당해하는 내 무릎 위로 재빨리 올라와 커다란 눈으로 내 얼굴을 빤히 쳐다보는 몽실이의 애교에 화가 봄눈 녹듯이 금세 사라졌다.

ㄱ. 추가의 원리:
ㄴ. 삭제의 원리:
ㄷ. 대치의 원리:
ㄹ. 재구성의 원리:

18 ㉠에 대한 고쳐쓰기 활동으로 적절하지 **않은** 것은?

① 삭제의 원리를 적용해야 한다.
② 통일성의 원리에 따라 고쳐 써야 한다.
③ 문단 수준의 고쳐쓰기에서 수행해야 한다.
④ 앞 문장과 긴밀하게 연결되도록 고쳐야 한다.
⑤ 문단의 중심 내용과의 관련성을 고려해야 한다.

서술형

19 다음 〈조건〉에 맞게 ㉡을 수정하시오.

조건

• 두 문장으로 쓸 것.
• 불필요하게 중복되는 부분은 적절한 지시어로 대치하거나 삭제할 것.

중요

20 ⓐ~ⓔ를 수정한 것으로 적절하지 **않은** 것은?

① ⓐ: '사랑스러운 동생, 몽실이'로 바꾸었다.
② ⓑ: '생겼다'로 고쳤다.
③ ⓒ: 3~4개의 문장으로 나누었다.
④ ⓓ: 접속어 '그래서'를 추가하였다.
⑤ ⓔ: '반겨 줄 것이다.'로 고쳤다.

[21~23] (나)는 선생님의 조언을 듣고 (가)를 고쳐 쓴 글이다. 두 글을 읽고 물음에 답하시오.

㉮ 정상에 오른 것은 등산을 시작한 지 세 시간이 지나서였다. 올라올 때에는 너무 힘들어서 산에 온 것을 후회되기도 하고 그냥 포기하고 내려갈까 하는 생각도 했다. 하지만 정상에서 시원한 바람을 맞으며 탁 트인 주변 풍경을 보니 조금 전까지 느꼈던 감정은 한순간에 사라졌다. 대신 정말 잘 왔다는 생각을 하고 나 자신에 대한 대견한 마음이 들 것이다. 산에 오르면서 힘들어 할 때마다 내 손을 잡아끌어 준 고마운 친구이다. 그때 저 앞에 선호의 모습이 보였다. 선호는 내 동생과 이름도 같다. 나는 선호에게 다가갔다. 가방 속에 넣어온 음료수를 꺼내 건네며 고맙다는 인사를 했다. 아무 말 없이 웃기만 하는 듬직한 나의 친구. 그러나 나는 친구 선호가 참 좋다.

㉯ 정상에 오른 것은 등산을 시작한 지 세 시간이 지나서였다. 올라올 때에는 너무 힘들어서 산에 온 것을 <u>후회하기도</u> 하고 그냥 포기하고 내려갈까 하는 생각도 했다. 하지만 정상에서 시원한 바람을 맞으며 탁 트인 주변 풍경을 보니 조금 전까지 느꼈던 감정은 한순간에 사라졌다. 대신 정말 잘 왔다는 생각을 하고 나 자신에 대한 대견한 마음이 들었다. <u>그때 저 앞에 선호의 모습이 보였다. 산에 오르면서 힘들어 할 때마다 내 손을 잡아끌어 준 고마운 친구이다.</u> 나는 선호에게 다가갔다. (㉠) 가방 속에 넣어온 음료수를 꺼내 건네며 고맙다는 인사를 했다. 아무 말 없이 웃기만 하는 듬직한 나의 친구. <u>그래서</u> 나는 친구 선호가 참 좋다.

21 (가)를 (나)로 고쳐 쓰는 과정에서 선생님이 했을 조언으로 적절하지 <u>않은</u> 것은?

① 시제 표현을 정확하게 쓰세요.
② 문장의 순서가 적절한지 검토해 보세요.
③ 능동 표현과 피동 표현을 구분해서 쓰세요.
④ 문장의 길이를 점검하여 늘이거나 줄이세요.
⑤ 앞뒤 문장의 관계를 고려해 접속어를 선택하세요.

22 〈보기〉의 내용을 참고하여 (가)를 고쳐 쓰는 과정에서 어떤 활동을 했는지 〈조건〉에 맞게 쓰시오.

◀ 보기 ▶
글은 모든 내용이 하나의 주제로 긴밀하게 연결되어야 하는데, 이런 특성을 '통일성'이라 한다. 통일성을 기준으로 고쳐쓰기를 할 때에는 하위 내용이 중심 내용을 뒷받침하는지 점검해야 하고, 불필요한 내용이 있으면 삭제를 해야 한다.

◀ 조건 ▶
• 고쳐 써야 할 부분을 정확히 제시할 것.
• 한 문장으로 쓸 것.

23 〈보기〉의 내용을 참고할 때, 응집성을 고려해 ㉠에 넣을 접속어로 가장 적절한 것은?

◀ 보기 ▶
'응집성'이란 문장과 문장이 긴밀하게 연결되어야 한다는 글의 특성을 말한다. 고쳐쓰기를 하는 과정에서 응집성이 부족하다고 판단되면 지시 표현이나 접속 표현을 적절하게 사용하여 글의 문장과 문장, 또는 문단과 문단 사이를 긴밀하게 연결해 주어야 한다.

① 그러나   ② 그리고   ③ 그래서
④ 그러므로   ⑤ 그렇지만

24 다음 문장을 바르게 고쳐 쓰시오.

(1) 어제는 비와 바람이 불었다.
→ _____

(2) 제주도는 아름다운 대한민국의 섬이다.
(제주도가 아름답다는 내용임.)
→ _____

(3) 내일은 아마 눈이 온다.
→ _____

다섯째 마당

듣기·말하기

의미를 나누는 대화

학습 목표 • 듣기·말하기는 의미 공유의 과정임을 이해하고 듣기·말하기 활동을 할 수 있다.

더 알아 두기

＋ 듣기·말하기의 상호 작용적 특성

듣기와 말하기는 화자(말하는 이)와 청자(듣는 이)의 상호 작용을 통한 의미 구성 과정

↓

대화할 때 상대방을 배려하면서 자신의 듣기·말하기를 조절할 수 있음.

---

❶ 듣기의 의미와 과정

(1) 듣기의 뜻

화자(말하는 이)가 음성 언어로 표현하는 의미를 이해하는 활동을 말한다.

(2) 듣기의 과정

> 청자가 화자의 말을 들음.

↓

> 들은 정보에 대한 종합·분석·비판·감상

↓

> 의미를 새롭게 구성함.

❷ 말하기의 의미와 목적

(1) 말하기의 뜻

화자가 자신의 생각과 감정을 음성 언어로 표현하는 활동을 의미한다.

(2) 말하기의 목적

> 청자의 생각을 변화시킴.: 주장

> 청자에게 필요한 정보를 전달함: 정보 전달

> 화자의 정서를 표현함.: 정서 표현

> 청자와 친밀한 관계를 확인하거나 유지함.: 친교

예로 개념 확인

영민: 민석아, 어디 가? 집에 가니? 그런데 왜 이쪽으로 가?

민석: 야, 나 이사했잖아. 너도 ○○동에 살지? 같이 가자. ❶

영민: 아, 잘됐다. 그래서 이쪽으로 가는구나. 참, 인사해. 우리 동네 친구 지수야. 넌 잘 모르지?

민석: 지수야, 반갑다. 이제 같은 동네에 사니까 친하게 지내자. 영민이 덕분에 알게 되어서 좋네.

지수: 나도 반가워. 너 혹시 축구 좋아하니? 영민이랑 친한 거 보니 축구도 좋아할 것 같은데.

영민: 축구뿐이냐? 야구도 좋아하고 컴퓨터 게임도 좋아하지.

지수: 그래? 그럼 이따가 축구할 때 와도 괜찮겠네. ❷

영민: 그래라. 이따 우리 동네 애들이랑 축구하기로 했는데 너도 와라. 축구 같이 하자.

민석: ❸아, 그래? 그럼 나도 갈게.

영민: 그럼, 이따 보자. ○○초등학교 운동장. 5시 반.

❸ 듣기·말하기의 의미 공유 과정

듣기와 말하기는 청자와 화자가 서로 말을 주고받으면서 함께 의미를 공유해 가는 과정이다.

> **더 알아 두기**
>
> ✚ 듣기·말하기를 할 때 주의할 점
> • 말하는 중간에 끼어들지 말아야 함.
> • 상대방의 의견을 무시하지 말아야 함.
> • 상대방의 처지를 배려해야 함.

❹ 듣기·말하기의 특성

- 음성 언어를 사용하여 이루어지는 언어 행위이다.
- 의미를 주고받는 언어 행위이다.
- 상황과 맥락을 고려하여 이루어져야 한다.
- 사람들 사이에서 이루어진다는 점에서 사회적 활동이다.
- 협동을 통해 이루어지는 문제 해결의 과정이기도 하다.

❺ 효과적인 듣기·말하기의 방법

- 듣기와 말하기의 목적을 확인한다.
- 대화 상대방의 상황, 감정, 태도, 지적 수준 등을 고려한다.
- 말을 할 때는 말할 내용과 표현 방법을 적절하게 선정한다.
- 들을 때는 상대방의 말에 주의 집중하면서 적절하게 반응한다.
- 대화의 과정에서 듣기·말하기의 과정을 점검한다.

❻ 듣기·말하기의 가치

말하기의 목적 달성	+	상대와의 관계 형성 및 발전

❶ **듣기와 말하기의 의미:** 민석은 자신이 영민의 동네로 이사했다는 정보와 같이 가자는 요청을 영민에게 음성 언어로 전달했고, 영민은 이를 듣고 민석이 자신의 동네로 이사 왔음을 받아들이고 친구까지 소개하고 있다. 이와 같이 말하기는 자신의 생각과 감정을 음성 언어로 표현하는 것이고, 듣기는 화자가 음성 언어로 표현한 내용을 받아들이는 것을 말한다.

❷ **의미 공유 과정으로서의 듣기·말하기:** 듣기와 말하기는 음성 언어라는 형식을 활용하여 의미를 주고받는 과정이라고 할 수 있다. 지수, 영민, 민석은 '함께 축구를 하자.'라는 의미를 듣기·말하기를 통해서 공유하고 있다. 이들은 서로 어느 때에는 화자가 되고, 어느 때에는 청자가 되면서 의미를 공유하고 있는 것이다. 제대로 된 의미 공유는 곧 원활한 의사소통을 의미한다.

❸ **듣기·말하기의 가치:** 듣기·말하기는 의미를 공유하는 것을 넘어서는 가치를 지니고 있다. 민석은 영민, 지수와의 대화를 통해서 축구를 함께 하기로 하였다. 이와 같이 의미의 공유는 대화 상대와의 관계를 형성하고 발전시키는 데 도움을 준다. 민석은 대화를 통해 영민과의 관계가 더 발전하였고 지수라는 새로운 친구를 얻게 되었다.

1 듣기·말하기의 의미와 가치

- **해제:** 이 글은 의미 공유로서의 듣기·말하기가 무엇인지 설명하고 있는 글이다. 듣기와 말하기는 언어를 매개로 하여 의미를 공유하는 과정임을 구체적인 대화를 예로 들어 설명하고 있다. 아울러 이런 듣기·말하기가 가진 가치도 설명하고 있다.
- **주제:** 의미 공유로서의 듣기·말하기의 가치

내용 연구
대화에 대한 분석

대화 참여자	선생님, 진호
공유된 의미	• 선생님이 진호에게 관심을 가지고 있었음. • 진호는 선생님이 자신에게 관심이 없다고 오해했음. • 진호와 민수의 관계가 좋지 않았지만 곧 좋아질 것임.

구절 풀이
- **선생님이 화자가 ~ 선생님이 청자가 된다.:** 대화를 나눌 때 화자가 청자가 되고, 청자가 화자가 됨을 알려 주고 있다. 듣기와 말하기는 화자와 청자가 서로 역할을 바꾸어 가면서 자연스럽게 이루어진다.
- **이렇게 듣기와 말하기는 ~ 많은 도움을 줄 수도 있다.:** 듣기와 말하기는 각각의 목적을 달성하기 위해 이루어지지만 이와 더불어 좋은 관계를 유지시키거나 더 발전시키기도 한다. 이것이 듣기·말하기의 가치라고 할 수 있다.

낱말 풀이
- **화자:** 이야기를 하는 사람. 말하는 이.
- **청자:** 이야기를 듣는 사람. 듣는 이.
- **공유한다:** 두 사람 이상이 한 물건(의미)을 공동으로 소유한다.

(가) 선생님: 진호야, 요즘 민수하고는 잘 지내니?

진호: 어, 선생님께서 제가 민수랑 사이가 안 좋은 걸 어떻게 아셨어요?

선생님: 담임이 모르는 게 어디 있니?

진호: <u>선생님께서 항상 바쁘시니까, 저에게 신경을 안 쓰시는 줄 알았죠.</u> 저번에 개인 상담
진호가 선생님에게 한 오해
할 때에도 별 말씀이 없으셔서 제가 민수 때문에 고민하는 걸 잘 모르실 줄 알았어요.

선생님: 진호가 그렇게 생각했다니, 좀 미안한 생각이 드는데. <u>선생님이 관심을 좀 표현했어</u>
<u>야 진호가 오해하지 않았을 텐데.</u>
선생님이 미안해하는 이유

진호: 아니에요. 선생님께서 관심을 가져 주셨다는 것이 너무 좋아요. 그리고 민수하고도
곧 좋아질 것 같아요. 고맙습니다.

▶ 듣기·말하기의 예

(나) 이 대화에서 선생님과 진호가 말을 주고받고 있다. <u>선생님은 말을 하기도 하고 말을 듣</u>
<u>기도 한다.</u> 진호도 마찬가지이다. 다시 말해서 *선생님이 *화자가 되었을 때에 진호는 *청
청자와 화자의 역할 변화
자가 되고, 진호가 화자가 되었을 때 선생님이 청자가 된다. 대화에서는 대화에 참여하는
사람들이 화자가 되기도 하고 청자가 되기도 하면서 <u>음성 언어라는 형식을 활용하여 내용</u>
<u>인 의미를 *공유한다.</u>
듣기·말하기의 의미

▶ 듣기·말하기에서의 화자와 [　　] 의 역할 변화

(다) 그러면 이 대화에서 선생님과 진호가 공유한 의미는 무엇일까? 선생님은 평소에 진호
에게 관심을 잘 표현하지 않아서 진호가 자신에 대해 오해하고 있었다는 것을 알게 되었다.
공유된 의미 ①
한편 진호는 선생님이 자신에게 관심이 있었다는 것을 알게 되었다. 아울러 <u>선생님은 진호</u>
공유된 의미 ②
<u>의 말을 통해서 진호와 민수의 관계가 곧 회복될 것 같음을 알았다.</u>
공유된 의미 ③

▶ 듣기·말하기에서의 [　　]

(라) 좀 더 나아가 이 대화를 통해 선생님과 진호가 무엇을 얻었는지 생각해 보자. 대화를 통
해 <u>선생님은 학생에 대해 관심을 표현하는 것이 중요하다는 것을 알게 되었고 진호는 선생</u>
선생님과 진호가 새롭게 알게 된 점
<u>님이 무관심한 것 같아도 학생들에게 관심이 많다는 것을 알게 되었다.</u> 선생님과 진호는 대
화를 통해 서로를 더 잘 이해하게 되어 앞으로는 더 많은 대화를 나누는 관계가 되었으리라
생각한다. *<u>이렇게 듣기와 말하기는 본래의 목적과 더불어 상대방과 좋은 관계를 유지하고</u>
듣기·말하기의 가치
<u>발전시키는 데 많은 도움을 줄 수도 있다.</u>

▶ 듣기·말하기의 가치

01 이 글의 내용을 바탕으로 할 때 듣기·말하기에 대한 이해로 적절하지 않은 것은?

① 화자와 청자가 존재한다.
② 의미를 공유하는 과정이다.
③ 음성 언어를 형식으로 한다.
④ 기본적으로 의사소통을 목적으로 한다.
⑤ 상대방에 대한 깊이 있는 이해를 전제로 한다.

02 중요 (가)의 듣기·말하기에 대한 설명으로 적절하지 않은 것은?

① 선생님은 화자이자 청자의 역할을 하였다.
② 진호와 선생님이 서로를 이해하는 계기가 되었다.
③ 선생님이 진호에게 관심이 있었다는 사실이 공유되었다.
④ 선생님은 자신이 진호에 대해 오해하고 있었음을 알게 되었다.
⑤ 선생님은 자신이 진호에 대해 관심을 표현하지 못한 것을 미안해했다.

03 서술형 (나)를 바탕으로 화자와 청자의 관계가 대화 중에 어떻게 변하는지 한 문장으로 서술하시오.

04 (다)를 바탕으로 할 때, 〈보기〉의 대화가 가지고 있는 근본적인 문제점으로 가장 적절한 것은?

◀ 보기 ▶
민정: 이 영화는 정말 최고였어. 영준아, 어땠어?
영준: 팝콘은 역시 맛있어. 누가 옥수수를 튀길 생각을 해낸 걸까?
민정: 엄마가 기다리시겠네. 빨리 가야겠다.
영준: 내일 축구 시합 있는데, 오늘은 푹 쉬어야겠어.

① 둘 사이에 공유되는 의미가 없다.
② 서로 상대방의 말을 공격하고 있다.
③ 화자와 청자의 관계가 바뀌지 않고 있다.
④ 의미가 통하지 않는 단어를 많이 사용하였다.
⑤ 상대방의 말에 공감하는 태도를 보이고 있지 않다.

05 (라)를 통해 강조하고 있는 듣기·말하기의 가치로 가장 적절한 것은?

① 필요한 정보를 주고받을 수 있다.
② 자신의 생각의 폭을 넓힐 수 있다.
③ 상대방의 생각과 느낌을 알 수 있다.
④ 일상적인 문제를 해결하는 데 도움이 된다.
⑤ 상대방과 좋은 관계를 유지하고 발전시킨다.

100점 특강 Special lecture

○ **듣기·말하기에서 화자와 청자의 교체가 가지는 의미**

듣기·말하기 과정에서 대화에 참여하는 사람들이 서로 생각과 느낌 등을 주고받음. + 듣기·말하기가 대화에 참여하는 사람들의 상호 작용으로 이루어짐.

○ **듣기·말하기를 통한 의미의 공유와 듣기·말하기의 가치**

듣기·말하기를 통한 의미 공유	듣기·말하기의 가치
• 화자와 청자가 어떤 대상이나 사건에 관해 생각이나 느낌을 나눔. • 화자와 청자가 비슷한 생각을 하게 됨. • 화자와 청자가 상대방에 대해 몰랐던 점을 알게 됨.	상대방과 더욱 친밀한 관계를 형성하고 발전시키는 데에 도움이 됨.

2 달걀은 달걀로 갚으렴 | 박완서

- **해제:** 이 글은 산골 초등학교에서 도시로 수학여행을 가기 위해 닭을 키우면서 생기는 일을 다루고 있는 소설이다. 한뫼는 도시 사람들의 행동에 상처를 입지만 선생님과의 대화를 통해 상처를 극복하고 진정한 앙갚음의 의미를 깨닫게 된다.
- **주제:** 도시의 문명과 산골의 자연이 만들어 내는 조화의 중요성

내용 연구
한뫼와 선생님의 갈등

한뫼
암탉을 기르는 것은 도시의 업신여김을 당하는 것이므로 좋지 않다.

↕

선생님
동생 봄뫼가 암탉 기르는 일을 훼방 놓지 마라.

구절 풀이
- **문 선생님도 따라 ~ 토닥거리며 다시 앉혔다.:** 문 선생님이 마음이 상해 있는 한뫼의 마음을 헤아려 주고 아직 전하지 못한 자신의 생각을 알려 주기 위해 한뫼를 진정시키고 있다.
- **그러나 너희들은 싫건 좋건 ~ 기회는 좀처럼 없을걸.:** 선생님이 달걀을 판 돈으로 도시 아이들을 초청하는 계획을 세운 이유가 드러나고 있다. 선생님은 도시의 아이들이 자연과 만날 수 있는 기회를 제공하는 것이 도시의 업신여김에 대한 진정한 되갚음이라고 생각하고 있다.

낱말 풀이
- **이기:** 실용에 편리한 기계나 기구.
- **주눅:** 기운을 제대로 펴지 못하고 움츠러드는 태도나 성질.

[앞부분의 줄거리] 산골 학교의 문 선생님은 6학년 아이들이 스스로의 힘으로 수학여행 경비를 마련하라는 뜻으로 암탉을 나누어 주어 기르게 한다. 봄뫼의 오빠인 한뫼도 암탉을 키워 얻은 달걀로 경비를 마련하여 서울로 수학여행을 다녀왔다. 수학여행 중에 한뫼는 텔레비전을 통해 한 번에 달걀을 백서른 개나 먹는 기인과 기인을 보며 좋아하는 민박집 사람들에게서 자신이 키운 달걀이 업신여김을 받는 것 같은 불쾌감을 느낀다. 그래서 한뫼는 큰돈을 벌거나 큰 권력을 잡아 도시 사람들을 업신여겨 주리라 결심한다. 그리고 봄뫼가 자신과 같은 경험을 하지 않도록 닭을 키우는 것을 방해하기도 한다.

(가) "한뫼야, 봄뫼가 암탉 기르는 일을 훼방 놓지 말고 도와주렴."
  <small>한뫼가 봄뫼의 닭을 괴롭힘.</small>

"선생님은 기어코 봄뫼까지 도시의 업신여김을 당하게 하실 셈이군요."

"아니지, 선생님은 다만 달걀을 달걀로 갚는 일을 도와주려는 것뿐이다."

문 선생님이 소년처럼 뽐내면서 말했습니다. 좋은 생각이 떠올랐나 봅니다.
  <small>도시 아이들을 초청하는 일</small>

"암탉을 잘 먹이고 잘 돌봐서 알을 많이 낳게 하는 거야. 아직 어리지만 다 자랐어. 곧 알을 낳기 시작할 거야. 형제간에 싸워 가면서라도 달걀을 잘 모았다가 팔아서 여비를 마련해야지. 숙박비는 언제나처럼 민박으로 할 테니까 칠 것도 없고……."

㉠"선생님까지 결국은 절 업신여기시는군요."
  <small>도시로 가는 수학여행을 부정적으로 보는 한뫼가 선생님이 자기 생각을 몰라준다고 생각함.</small>

한뫼가 일어섰다. 어둠 때문일까, 한뫼는 의젓해 보이기보다는 오히려 퍽 쓸쓸해 보였다.

*문 선생님도 따라 일어서서 한뫼의 어깨를 안아 토닥거리며 다시 앉혔다.

"그렇지만 여행하는 사람이 바뀔 거야. 금년엔 우리 반 아이들이 도시로 여행하는 게 아니라 우리 반 아이들이 도시 아이들을 초청하는 거야. 우리가 여비까지 부담해 가면서 말야. ㉡왜
  <small>달걀을 달걀로 갚아 주는 일</small>
진작 그런 생각을 못 했을까. 이건 진짜 기막힌 생각이야. 네 덕이다. 한뫼야, 고맙다."

▶ 도시 아이들을 ☐☐하는 계획을 세운 선생님

(나) "도시 아이들은 아마 토끼풀하고 괭이밥하고도 헷갈리는 애 천질걸. 한뫼야, 우리가 문명의 *이기에 대해 모르는 건 무식한 거고, 도시 아이들이 밤나무와 떡갈나무와 참나무와 나도밤나무와 참피나무와 물푸레나무와 피나무와 가시나무와 측백나무에 대해 모르는 건 유식하다는 생각이랑 제발 버려야 한다. 그건 똑같이 무식한 거니까, ㉢너희가 특별히 *주눅 들 필요는 없지 않겠니. *그러나 너희들은 싫건 좋건 앞으로 문명과 만나고 길들여질 테지만, 도시 아이들에게 있는 그대로의 자연과 만나 가슴을 울렁거릴 기회는 좀처럼 없을걸.
  <small>도시에 대해 부정적인 한뫼를 위로하는 말</small>
그런 경험을 놓치고 어른이 되어 버리면 너무 불쌍하지 않니. 바로 그런 소중한 경험을 너희들은 도시 아이들한테 베풀 수 있어. 달걀로 말이다."
  <small>달걀을 달걀로 갚는 일</small>

한뫼는 더 이상 말대답을 하지 않고 선생님의 얼굴을 물끄러미 바라보기만 했습니다. 선생님의 얼굴은 어둠 속에서도 달덩이처럼 환합니다.

"인석아, 왜 그렇게 쳐다봐? 선생님 얼굴에 뭐 묻었냐?"

"아뇨, 우리나라에서 제일가는 선생님의 얼굴을 마음속에 새겨 두려고요."
  <small>선생님에 대한 존경심을 표현함.</small>

"인석아, 달걀을 달걀로 갚으려는 생각은 내가 한 게 아니라 네가 한 거야."

▶ 선생님의 생각을 이해하고 ☐☐을/를 표현하는 한뫼

01 이 글에 대한 설명으로 적절하지 <u>않은</u> 것은?

① 인물의 성장 과정이 드러나 있다.

② 설득적 대화의 과정을 보여 주고 있다.

③ 문명과 자연의 대비를 소재로 하고 있다.

④ 인물의 갈등과 화해를 중심으로 사건이 전개된다.

⑤ 문명 예찬적 성격을 상징적 소재로 드러내고 있다.

02 중요 (가)로 볼 때, 선생님이 생각하는 '달걀을 달걀로 갚는 일'의 의미로 적절한 것은?

① 달걀을 팔아서 시골로 여행을 가는 것

② 달걀을 판 돈으로 더 많은 달걀을 사는 것

③ 달걀을 모았다 팔아서 수학여행을 가는 것

④ 달걀이 자연스럽게 부화되도록 놓아두는 것

⑤ 달걀을 판 돈으로 도시 아이들을 초청하는 것

03 서술형 (나)에서 한뫼와 선생님의 대화가 두 사람의 관계에 미치게 될 영향을 추측하여 한 문장으로 쓰시오.

04 한뫼가 ㉠과 같이 말한 이유로 적절한 것은?

① 선생님의 말이 앞뒤가 맞지 않았으므로

② 선생님이 자신의 마음을 잘 몰라주므로

③ 선생님이 아이들보다 돈을 더 중시했으므로

④ 선생님이 자연보다 문명을 더 중시했으므로

⑤ 선생님이 갑자기 대화의 화제를 다른 데로 돌렸으므로

05 중요 ㉡에 드러나는 선생님의 말하기 태도로 적절한 것은?

① 상대방의 상황이나 성격을 고려하여 대화를 이끌고 있다.

② 상대방의 상황은 이해하지만 자신의 의견만을 고집하고 있다.

③ 자신의 의도를 숨기고 상대방의 마음이 어떤지 알아보려고 한다.

④ 상대방의 의도를 파악하여 상대방의 의견에 적절히 대답하고 있다.

⑤ 자신의 생각을 구체적으로 말하여 상대방의 의견을 이끌어 내고 있다.

06 서술형 ㉢과 같이 말한 직접적인 이유가 무엇인지 한 문장으로 서술하시오.

100점 특강 Special lecture

○ '달걀을 달걀로 갚는 일'의 의미

| 한뫼가 서울로 수학여행을 갔다가 한번에 달걀을 백서른 개 먹는 것을 보고 도시인들이 달걀을 업신여긴다고 생각함. 이를 되갚기 위해서는 부자가 되거나 권세를 잡아 복수하는 것이라 생각함. | ➡ | **'달걀은 달걀로 갚는다'** 선생님은 달걀을 모아 팔아 번 돈으로 도시의 아이들을 초청해 자연을 경험하게 하는 것이 진정한 되갚음이라고 생각함. |

○ 선생님과 한뫼의 듣기·말하기의 결과

선생님과 한뫼의 듣기·말하기	➡	**듣기·말하기의 결과**
• 선생님: 한뫼의 상황을 이해하면서 한뫼를 설득하기 위해 협력적인 태도로 말함. • 한뫼: 닭을 키우는 일에 반감을 가지고 있어서 선생님의 말에 비협력적 태도로 말함.		선생님의 협력적인 말하기로 한뫼가 '달걀은 달걀로 갚은 것'의 의미를 공유하고 선생님께 존경심을 표현함.

공감하는 대화

학습 목표 • 상대방의 감정에 공감하며 적절하게 반응하는 대화를 나눌 수 있다.

더 알아 두기

+ 상대방의 처지를 이해하는 방법
• 상대방의 말에 관심을 기울이고, 같은 처지에서 생각해 봄.
• 평소에 상대방에 대해 알고 있던 정보를 활용함.
• 겉으로 드러나지 않은 말의 의미를 짐작해 봄.
• 상대방의 말투나 표정을 주의 깊게 살펴봄.

+ 대화할 때의 유의점
• 상대방의 나이, 성별, 흥미, 성향 등을 고려하여 말해야 함.
• 대화의 맥락을 고려하면서 맥락에 맞는 표정, 시선, 몸짓 등을 적극적으로 활용해야 함.

① 공감하며 대화하기의 의미

공감		대화
상대방의 감정, 의견, 주장 따위에 대하여 자기도 그렇다고 느낌. 또는 그렇게 느끼는 기분	**+**	마주 대하여 이야기를 주고받음. 또는 그 이야기

상대방의 감정, 의견, 주장에 자기도 그렇다고 느끼면서 마주 대하여 이야기를 주고받음.

② 공감하며 대화하기의 방법

• 상대방의 처지를 이해하고 배려한다.
• 상대방에게 자신의 마음을 숨김없이 드러내는 진정성 있는 자세로 대화한다.
• 상대방을 존중하는 태도로 상대방의 의견을 적극적으로 수용한다.
• 친밀감을 이끌어 내는 인사말을 활용하고 적절한 유머로 분위기를 부드럽게 한다.
• 상대방과 공통된 경험을 찾아 활용하여 동질감을 유도한다.

예로 개념 확인

민희: 정민아, 무슨 일 있어? 얼굴이 좀 안 좋아 보인다.

정민: 아니야. 그냥 뭐 좀 그런 일이 있었어.

민희: 우리 정민이가 무슨 일이 있을까? '그냥 뭐 좀 그런 일'이 뭘까? 아까 그 일 때문에 기분이 안 좋구나. ❶

정민: 나는 다른 친구의 도움을 받아 보려고 했을 뿐인데, 그 친구가 그렇게 말할 줄은 몰랐어.

민희: ❷정말? 그래서?

정민: 아이들도 다 내 책임이라면서 나만 비난하고. 너무 속상했어.

민희: ❸다른 친구의 도움을 받으려다가 예상과는 다른 말을 들었고 그래서 아이들이 너를 비난했나 보구나.

정민: 맞아, 나는 애들 말을 듣고 좋은 뜻으로 한 행동인데, 결과가 안 좋았어.

민희: ❹애들 말을 듣고 한 행동이었는데 애들이 오히려 너를 비난하니까 많이 답답했겠다.

정민: 맞아, 답답해. ❺그래도 너랑 이야기하고 나니까 좀 마음이 후련해진다.

❸ 공감하며 듣기의 방법

(1) 소극적으로 들어 주기

뜻	상대방이 이야기를 이어 갈 수 있도록 관심을 갖고 집중해서 들어 주는 것
방법	• 상대방을 향해 앉아 상대방의 눈을 바라봄. • 고개를 끄덕이고 대화의 맥락에 맞는 표정을 지음. • '그랬구나.', '정말?' 등의 반응을 하면서 상대방이 계속 말할 수 있도록 도움.

(2) 적극적으로 들어 주기

뜻	상대방의 말을 요약하거나 재구성하여 상대방에게 전달하는 것
방법	• 상대방의 말을 요약함. – 특별히 다른 말을 준비할 필요 없이 상대방의 말을 요약하여 말함. – 상대방의 말을 분명히 이해했음을 알리고 상대방의 현재 상태에 공감했다는 것을 드러냄. • 상대방의 말을 재구성하여 말해 줌. – 상대방의 생각을 이해하고 상대방의 관점에서 상대방이 한 말을 재구성하여 말함. – 상대방이 문제를 바라보는 객관적인 관점을 가질 수 있도록 논리적으로 말함. – 상대방이 느끼는 불안과 초조함 등의 감정을 알고 그 감정 상태를 자신의 말로 풀어서 말함.

더 알아 두기

✦ 듣기의 유형

잘못된 유형	• 상대방을 무시하는 유형 • 듣는 척만 하는 유형 • 대화에서 자기가 듣고 싶은 특정한 부분만 가려서 듣는 유형
바람직한 유형	• 신중한 경청으로 상대방의 이야기에 주의를 기울이고 집중해서 듣는 유형 • 공감적 경청으로 먼저 경청해서 이해하려고 노력하는 유형

❹ 공감하며 대화하기의 효과

• 말하는 내용에 대해 비판하지 않으므로 편안한 분위기에서 대화를 이어 갈 수 있다.
• 상대방이 자신의 말을 집중해서 들어 주기 때문에 그 사람에게 신뢰감을 갖게 된다.
• 대화하는 과정에서 좋지 않은 감정이 해소되고 자연스럽게 문제를 해결하는 방법을 깨닫거나 문제를 해결할 수 있는 실마리를 얻기도 한다.

❶ **공감을 끌어내는 대화법:** 민희는 정민이에게 인사말을 건네면서 정민이의 얼굴 표정이 좋지 않음을 알아내고 걱정하는 마음으로 대화를 이끌어 내고 있다. 그러면서 자연스럽게 정민이가 가지고 있는 문제에 접근하고 있다. 억지로 문제를 알아내려 하기보다는 정민이의 말을 반복하면서 상대방이 자신의 일에 대해 진정성을 가지고 접근하고 있다는 것을 알도록 하였다.

❷ **공감하며 듣기의 방법 – 소극적으로 듣기:** 민희는 정민이가 말을 계속 이어 갈 수 있도록 '정말?', '그래서?'와 같은 말을 건네고 있다. 이와 같이 상대방이 말을 계속 이어 갈 수 있도록 도와주는 말을 하는 것도 공감하며 듣기의 소극적 방법 중의 하나이다.

❸, ❹ **공감하며 듣기의 방법 – 적극적으로 듣기:** 민희는 정민이의 말을 듣고 정민이의 상황을 재구성하여 말하고 있다. 이와 같이 상대방의 말을 재구성해서 언급하는 것은 공감하며 듣기의 방법 중에서 적극적으로 듣는 방법에 해당한다. 이를 통해 상대방은 자신의 상황을 좀 더 객관적으로 보게 된다.

❺ **공감하며 듣기의 좋은 점:** 민희와의 대화를 통해서 정민이는 마음속에 있는 답답함을 조금이라도 풀 수 있었다. 이와 같이 공감하는 대화를 통해 좋지 않은 감정을 해소하고 문제를 해결할 수 있는 실마리를 얻기도 한다.

효과적인 듣기의 방법 | 전영우

- **해제:** 이 글은 이상적인 대화를 하기 위한 효과적인 듣기의 방법을 설명하는 글이다. 글쓴이는 효과적인 듣기의 방법으로 정신 집중, 시선 맞추기, 적절하게 질문하기, 적절하게 맞장구치기 등의 방법을 제시하고 있다.
- **주제:** 효과적인 듣기의 여러 가지 방법

내용 연구
효과적인 듣기 방법의 필요성
- 잘 말하기 위해서
- 서로에게 마음을 여는 진정한 대화를 하기 위해서

구절 풀이
- **청자가 자신과 ~ 말하게 될 것이다.:** 청자가 화자와 눈을 맞추는 것만으로도 화자에게 힘을 줄 수 있음을 설명하고 있다. 눈을 맞추는 것도 공감하는 대화의 한 방법이다.
- **화자의 입장에서 ~ 사람으로 생각하게 된다.:** 청자가 맞장구를 쳐 주는 것이 효과적인 듣기의 방법이 됨을 알려 주고 있다. 맞장구를 쳐 주면 화자는 청자가 자신의 말에 집중하고 관심을 보여 주고 있다고 생각하게 된다.

낱말 풀이
- * **건성:** 진지한 자세나 성의 없이 대충 하는 태도.
- * **경청해:** 귀를 기울여 들어.
- * **겸허한:** 스스로 자신을 낮추고 비우는.
- * **맞장구:** 남의 말에 덩달아 호응하거나 동의하는 일.

(가) 이상적인 대화를 하는 데 도움이 되는 효과적인 듣기의 방법에 무엇이 있을까? 잘 듣기 위해서는 먼저 상대방의 이야기에 정신을 집중해야 한다. 남의 이야기를 *건성으로 듣는 것이 아니고, 상대방의 처지가 되어 진지하게 듣는 자세를 가져야 한다. 이 생각 저 생각 하면서 남의 이야기를 듣는 사람이 상대방의 이야기를 제대로 이해할 수 있을까?
<small>진실을 바탕에 깐 공감의 대화 / 대화에 정신을 집중해야 하는 이유</small>

▶ 효과적인 듣기를 위한 방법 ① - 정신 집중

(나) 남의 말을 들을 때에는 화자와 시선을 맞추는 것이 매우 중요하다. 시선 맞추기는 상대방의 말을 잘 듣고 있음을 드러내는 효과적인 방법이다. 상대방을 바라보고 있다는 사실 하나가 무엇인가 *경청해 보겠다는 무언의 의사 표시가 되는 것이다. *청자가 자신과 시선을 맞추며 열심히 듣고 있다고 생각하면 화자는 더욱 성의껏 말하게 될 것이다.
<small>시선 맞추기의 효과</small>

▶ 효과적인 듣기를 위한 방법 ② - [　　] 맞추기

(다) 남의 말을 들으면서 화자에게 질문을 하는 것은 『상대방의 뜻을 정확히 파악하고자 노력하고 있다는 것을 보이는 것이고, 상대방과 상대방의 말을 존중하면서 *겸허한 자세로 듣고 있다는 것을 드러내는 것이다.』 어떤 사람의 말을 들을 때 적절한 질문을 해 보자. 상대방은 자신을 잘 알리기 위해서 성의껏 답변해 줄 것이다.
<small>『　』: 질문하며 듣기의 의미</small>

▶ 효과적인 듣기를 위한 방법 ③ - 적절하게 [　　]하기

(라) 자신이 상대방의 말을 잘 듣고 있다는 것을 보여 주는 또 하나의 방법으로 *맞장구가 있다. 맞장구는 말하는 내용을 긍정하고 동조하는 내용의 말이다. *화자의 입장에서 보면 아무런 반응이 없이 듣는 사람보다는 자신의 말에 맞장구를 치며 듣는 사람을 더 잘 들어 주는 사람으로 생각하게 된다. 남의 이야기를 들으면서 고개를 끄덕이거나 혹은 밝은 미소를 지어 보이면 화자는 신이 나서 이야기를 할 것이다. 여기에 맞장구가 더해지면 화자는 더욱 성의껏 말하게 될 것이다.
<small>맞장구의 의미 / 소극적으로 공감하는 대화의 방법 / 적극적으로 공감하는 대화의 방법</small>

▶ 효과적인 듣기를 위한 방법 ④ - 적절하게 [　　]치기

(마) 지금까지 효과적인 듣기의 방법 몇 가지를 살펴보았다. 잘 말하기 위해서는 잘 들어야 한다. 잘 듣는 사람이 잘 말하는 사람이다. 서로에게 마음을 여는 진정한 대화를 바란다면, 우리는 효과적인 듣기의 방법에 대해 잘 알고, 이를 생활에서 즉각 실천해야 한다.
<small>효과적인 듣기가 필요한 이유 ① / 효과적인 듣기가 필요한 이유 ②</small>

▶ 효과적인 듣기를 위한 방법을 알고 실천해야 할 필요성

01 이 글을 읽고 직접적인 도움을 얻을 수 있는 사람으로 적절한 것은?

① 대화를 하면서 자기 말만 하는 사람
② 여럿이 대화를 할 때 대화에 참여하지 않는 사람
③ 자신이 대화하고 싶은 사람하고만 대화하는 사람
④ 대화를 할 때 분위기에 맞지 않는 표정으로 대화하는 사람
⑤ 대화를 할 때 상대의 처지와 무관한 내용으로 대화하는 사람

서술형 **중요**

02 빈칸에 들어갈 적절한 말을 〈조건〉에 맞게 쓰시오.

> 민정: 학교, 다녀왔습니다. 오늘 너무 피곤해요. 엄마.
> 엄마: 그래, 우리 민정이가 오늘 많이 피곤하구나. 학교에서 무슨 일 있었니?
> 민정: 오늘 체육 시간에 농구를 너무 열심히 했나 봐요. 반 대항 경기가 있었거든요.
> 엄마: 반 대항 농구를 했다는 말이구나. 그래서 어떻게 되었어?
> 민정: 우리 반이 31 대 29로 아슬아슬하게 이겼어요. 정말 치열했다고요.
> 엄마: (   )

▶ **조건** ◀
• (라)에 드러나는 효과적인 듣기의 방법을 활용할 것.
• 세 문장으로 쓸 것.

03 **중요** 이 글을 바탕으로 할 때, 〈보기〉에 드러나는 효과적 듣기 방법으로 적절하지 <u>않은</u> 것은?

▶ **보기** ◀
> 지원: 어제 학교에서 가장 친한 친구와 다투어서 너무 속상해.
> 민수: (지원이의 눈을 쳐다보며) 정말?
> 지원: 다툴 만한 일은 아니었는데, 이상하게 짜증이 났어.
> 민수: 도대체 어떤 일이 있었던 거야?
> 지원: 친구가 체육복을 빌려 달라는데 그냥 빌려 주기가 싫더라고.
> 민수: (고개를 끄덕이며) 나도 그런 적 있어.

① 상대방의 말에 긍정적인 몸짓을 보여 주었다.
② 상대방의 말을 들으면서 적절한 질문을 하였다.
③ 상대방과 시선을 맞추며 경청의 의사 표현을 하였다.
④ 상대방의 말을 요약하여 반복하며 관심을 표현하였다.
⑤ 상대방이 말하는 내용에 동조하는 맞장구를 쳐 주었다.

04 (마)를 통해 글쓴이가 전달하고자 하는 바로 적절한 것은?

① 효과적인 듣기를 위해 많은 연습이 필요하다.
② 효과적인 듣기는 효과적인 말하기에서 시작된다.
③ 효과적인 듣기는 진정한 대화를 위해 꼭 필요하다.
④ 효과적인 듣기는 효과적인 말하기보다 더 중요하다.
⑤ 진정한 대화에 대한 생각은 사람마다 달라서 쉽게 정의할 수 없다.

100점 특강 Special lecture

○- **효과적인 듣기의 방법 ①**

정신 집중하기	상대방의 처지가 되어 정신을 집중하여 진지한 자세로 들음.
시선 맞추기	화자와 시선을 맞추어 상대방의 말을 잘 듣고 있음을 드러냄. 상대방을 바라보고 있다는 사실 하나가 무엇인가 경청해 보겠다는 무언의 의사 표시가 됨.

○- **효과적인 듣기의 방법 ②**

적절하게 질문하기	말을 진지하고 겸허하게 듣고 있다는 의미로 적절한 질문을 던짐.
적절하게 맞장구치기	화자가 하는 말에 적절한 맞장구를 침. '그래?', '정말?'과 같은 소극적인 반응부터 요약과 재구성에 이르기까지 적절하게 맞장구를 침.

- **해제:** 이 글은 평화로운 들판을 배경으로 하여 형제간의 갈등과 화해를 다룬 희곡으로, 상징적인 소재들을 사용하여 분단된 우리 민족의 현실과 그 극복 의지를 우회적으로 표현하였다.
- **주제:** 형제간의 우애의 회복

내용 연구

소재의 상징적 의미
- 민들레꽃: 형제간의 우애의 증표이자 갈등 해소의 매개체
- 말뚝과 밧줄: 형과 아우가 갈등을 드러냄.
- 총: 갈등이 심화되었음을 보여 줌.

측량 기사의 역할
교활하고 기회주의적 사기꾼으로 들판을 차지하기 위해 형제간의 갈등을 유발하는 역할을 함.

구절 풀이

- **당신은 이 총으로 벽을 지켜야 합니다.:** 측량 기사가 총을 팔 목적으로 아우를 부추기는 말이다.
- **대금은 나중에 땅으로 주세요.:** 총을 파는 이유가 땅을 뺏기 위한 것임이 드러나 있다.
- **당신의 안전을 위해서 아낌없이 쏘세요!:** 측량 기사가 아우를 부추기어 형제의 갈등을 심화시키고 있다.
- **그리고 벽으로 ~ 던져 준다.:** 우애의 증표인 민들레꽃을 서로에게 던짐으로써 우애를 회복하고자 하는 마음을 드러내고 있다.

낱말 풀이

* 걸개그림: 건물의 벽 따위에 걸 수 있도록 그린 그림.
* 연상시킨다: 하나의 관념이 다른 관념을 불러일으키게 한다.
* 반색하고: 매우 반가워하고.

(가) 무대 뒤쪽에 들판의 풍경을 그린 커다란 *걸개그림이 걸려 있다. 샛노란 민들레꽃, 빨간 양철 지붕의 집, 한가롭게 풀을 뜯는 젖소들이 동화책의 아름다운 그림을 *연상시킨다.

▶ ☐ : 극의 배경 제시

(나) 형: 들판에 피어 있는 이 민들레꽃에 걸고서 맹세하자. 우리 형제는 언제나 사이좋게 지내기로…….

아우: 그래요. (민들레꽃을 꺾어 형에게 내밀며) 이 민들레꽃이 우리 맹세의 증표예요.
_{형의 말에 공감하며 말함.}

형과 아우, 흐뭇한 표정으로 민들레꽃을 주고받은 뒤, 각자의 그림 앞으로 되돌아간다.

▶ 형제간의 우애의 증표로서 주고받은 ☐

(다) 측량 기사: 일을 정확히 하기 위해서죠. 처음 약속대로 말뚝과 밧줄을 치워 드릴까요?
_{형제간의 갈등을 유발하는 소재}

형: 아니, 그냥 둬요.

측량 기사: (동생에게 넘어가서 묻는다.) 어떻게 할까요? 당신 형님은 말뚝과 밧줄을 그냥 두라는데요?
_{형과 아우 사이를 이간질하려는 목적}

아우: 밧줄은 약해요. 더 튼튼한 건 없어요? ▶ ☐을/를 사이에 두고 갈등하고 있는 형과 아우

(라) 측량 기사: 이게 뭔지 알아요?

아우: 총인데요.

측량 기사: 아주 성능이 좋은 총이죠. *당신은 이 총으로 벽을 지켜야 합니다.

아우: 벽을 지켜요?

측량 기사: (아우의 손에 총을 쥐어 주며) 지금은 외상으로 드릴 테니, *대금은 나중에 땅으로 주세요.

조수들: (가방에서 총알을 꺼내 놓으며) 여기 총알이 있어요.

측량 기사: *당신의 안전을 위해서 아낌없이 쏘세요! ▶ 형제간의 ☐을/를 심화시키는 측량 기사

(마) 아우: 햇빛이 비치니까 샛노란 민들레꽃이 더 예쁘게 보여.
_{형제간의 우애를 상징, 갈등 해소의 실마리}

형: 이 꽃을 꺾어서 벽 너머로 던져 주어야지. 동생이 이 민들레꽃을 보면, 진짜 내 마음을 알아줄 거야.

아우: 형님에게 이 꽃을 드려야겠어. 벽 너머의 형님이 이 꽃을 받으면, 동생인 나를 생각하겠지.

형과 아우, 민들레꽃을 여러 송이 꺾는다. ㉠*그리고 벽으로 다가가서 민들레꽃을 벽 너머로 서로 던져 준다. 형은 아우가 던져 준 꽃들을 주워 들고 *반색하고, 아우는 형이 던진 꽃들을 주워 들고 기뻐한다. ㉡서로 벽을 두드리며 외친다.

▶ 민들레꽃을 통한 형제의 ☐ 회복

01 이 작품을 〈보기〉의 역사적 상황과 관련지어 감상할 때, 이 작품의 창작 의도로 적절한 것은?

◀ 보기 ▶
• 1950년 6월 25일 전쟁 발발
• 1950년~1953년 6·25 전쟁
• 1953년 7월 27일 휴전 협정

① 가족의 의미가 달라져 가는 과정을 보여 주기 위해
② 전통적 문화와 현대 문명과의 조화를 그려 내기 위해
③ 이념 대립과 분단 상황에 대한 극복 의지를 나타내기 위해
④ 중립주의적 행동과 교활한 성격을 가진 사람들을 비판하기 위해
⑤ 이해타산적인 사회에서 사람들이 지켜야 할 규범을 말하기 위해

02 (나)에 대한 설명으로 적절하지 <u>않은</u> 것은?

① 형과 아우가 민들레꽃을 주고받는 행동은 형의 제안에 서로가 동의한다는 의미이다.
② 형과 아우의 흐뭇한 표정은 비언어적 표현에 속하며 공감적 대화에서 중요하게 작용한다.
③ 형은 명령적 어조를 사용하여 일방적으로 자신의 의견을 아우에게 강요하고 있다.
④ 아우는 형의 말을 비판하지 않고 수용하는 태도를 보인다.
⑤ 아우는 '민들레꽃'이 '증표'라는 비유적 표현을 사용하여 형의 말에 공감하고 있다.

03 ㉠에 담긴 '형'과 '아우'의 의도로 적절한 것은?

① 아우: 형에 대한 그리움을 전하기 위해
② 아우: 벽 높이를 알아내어 벽을 더욱 높이기 위해
③ 아우: 민들레꽃이 시들어서 벽 너머로 버리기 위해
④ 형: 아우에게 얼마나 민들레꽃이 아름다운지 알려 주기 위해
⑤ 형: 아우가 무슨 행동을 하든지 지켜보고 있음을 전달하기 위해

서술형 중요
04 〈보기〉는 ㉡에서 가능한 형제의 대화이다. 〈조건〉에 맞게 빈칸에 들어갈 말을 쓰시오.

◀ 보기 ▶
형: 아우야! (민들레꽃을 던지며) 이걸 받고 내 마음을 알아주겠니?
아우: 형님! (   )

◀ 조건 ▶
• '민들레꽃'의 의미를 포함하여 한 문장으로 쓸 것.
• 공감적 대화의 방법을 활용할 것.

100점 특강 Special lecture

○ 형과 아우의 공감적 화법

• 공감적 수용과 이해: 상대방의 이야기를 집중해서 경청하는 것을 의미하며, 상대방의 말을 비판하지 않고 받아들이는 과정을 일컫는다. (나)에서 '아우'의 대사를 보면, 아우는 형의 제안을 수용하고 이해하며 형의 말을 긍정하고 있다.
• 준언어적 표현과 비언어적 표현: 공감적 대화에서 발화만큼 중요한 것이 어조, 속도, 고저, 음색, 장단, 강약 등을 나타내는 준언어적 표현과 얼굴 표정, 몸짓, 눈 맞춤, 옷차림 등을 나타내는 비언어적 표현이다. (나)의 '(형과 아우, 흐뭇한 표정으로 ~ 앞으로 되돌아간다.)'에서 형과 아우는 흐뭇한 표정(비언어적 표현)을 지음으로써 자신의 마음을 상대방에게 전달하고 있다.

공감적 표현	아우: 그래요. (민들레꽃을 꺾어 형에게 내밀며) 이 민들레꽃이 우리 맹세의 증표예요.
비언어적 표현	(형과 아우, 흐뭇한 표정으로 민들레꽃을 주고받은 뒤, 그들은 각자의 그림 앞으로 되돌아간다.)

대단원 평가

[01~05] 다음 글을 읽고 물음에 답하시오.

가 선생님: 진호야, 요즘 민수하고는 잘 지내니?

진호: 어, 선생님께서 제가 민수랑 사이가 안 좋은 걸 어떻게 아셨어요?

선생님: 담임이 모르는 게 어디 있니?

진호: 선생님께서 항상 바쁘시니까, 저에게 신경을 안 쓰시는 줄 알았죠. 저번에 개인 상담할 때에도 별 말씀이 없으셔서 제가 민수 때문에 고민하는 걸 잘 모르실 줄 알았어요.

선생님: 진호가 그렇게 생각했다니, 좀 미안한 생각이 드는데. 선생님이 관심을 좀 표현했어야 진호가 오해하지 않았을 텐데.

진호: 아니에요. 선생님께서 관심을 가져 주셨다는 것이 너무 좋아요. 그리고 민수하고도 곧 좋아질 것 같아요. 고맙습니다.

나 이 대화에서 선생님과 진호가 말을 주고받고 있다. 선생님은 말을 하기도 하고 말을 듣기도 한다. 진호도 마찬가지이다. 다시 말해서 선생님이 화자가 되었을 때에 진호는 청자가 되고 진호가 화자가 되었을 때 선생님이 청자가 된다. 대화에서는 대화에 참여하는 사람들이 화자가 되기도 하고 청자가 되기도 하면서 음성 언어라는 형식을 활용하여 내용인 의미를 공유한다.

다 그러면 이 대화에서 선생님과 진호가 공유한 의미는 무엇일까? 선생님은 평소에 진호에게 관심을 잘 표현하지 않아서 진호가 자신에 대해 오해하고 있었다는 것을 알게 되었다. 한편 진호는 선생님이 자신에게 관심이 있었다는 것을 알게 되었다. 아울러 선생님은 진호의 말을 통해서 진호와 민수의 관계가 곧 회복될 것 같음을 알았다.

라 좀 더 나아가 이 대화를 통해 선생님과 진호가 무엇을 얻었는지 생각해 보자. 대화를 통해 선생님은 학생에 대해 관심을 표현하는 것이 중요하다는 것을 알게 되었고 진호는 선생님이 무관심한 것 같아도 학생들에게 관심이 많다는 것을 알게 되었다. 선생님과 진호는 대화를 통해 서로를 더 잘 이해하게 되어 앞으로는 더 많은 대화를 나누는 관계가 되었으리라 생각한다. 이렇게 듣기와 말하기는 본래의 목적과 더불어 상대방과 좋은 관계를 유지하고 발전시키는 데 많은 도움을 줄 수도 있다.

01 이 글에서 중심적으로 다루고 있는 소재로 적절한 것은?

① 듣기·말하기의 의미와 가치
② 올바른 듣기·말하기의 방법
③ 듣기·말하기와 읽기·쓰기의 차이
④ 의사소통에서 듣기·말하기의 비중
⑤ 듣기·말하기의 올바른 태도와 관점

02 (가)에서 선생님과 진호 사이에 공유된 의미를 모두 골라 묶은 것은?

㉮ 선생님의 진호에 대한 관심
㉯ 진호와 민수의 관계
㉰ 선생님의 진호에 대한 미안함
㉱ 개인 상담 제도의 문제점

① ㉮, ㉯ ② ㉮, ㉯, ㉰ ③ ㉮, ㉰, ㉱
④ ㉯, ㉰, ㉱ ⑤ ㉮, ㉯, ㉰, ㉱

03 (나)를 바탕으로 유추할 수 있는 듣기·말하기의 특성으로 적절하지 않은 것은?

① 화자와 청자는 고정되어 있다.
② 대화 참여자는 화자와 청자가 된다.
③ 듣기·말하기는 의미를 공유하는 활동이다.
④ 듣기·말하기는 음성 언어를 형식으로 한다.
⑤ 대화에서는 대화 참여자가 말을 주고받는다.

04 (다)를 통해 드러나는 듣기·말하기의 목적으로 가장 적절한 것은?

① 의미의 공유 ② 정서의 교류
③ 정보의 교환 ④ 관계의 회복
⑤ 인격의 성숙

서술형

05 (라)를 바탕으로 할 때, 듣기·말하기가 가진 가치가 무엇인지 〈조건〉에 맞게 서술하시오.

┤ 조건 ├
• 대화 참여자 간의 관계 측면에서 가치를 서술할 것.

[06~09] 다음 글을 읽고 물음에 답하시오.

가 "한뫼야, 봄뫼가 암탉 기르는 일을 훼방 놓지 말고 도와주렴." / "선생님은 기어코 봄뫼까지 도시의 업신여김을 당하게 하실 셈이군요."

"아니지, 선생님은 다만 달걀을 달걀로 갚는 일을 도와주려는 것뿐이다." / 문 선생님이 소년처럼 뽐내면서 말했습니다. 좋은 생각이 떠올랐나 봅니다.

"암탉을 잘 먹이고 잘 돌봐서 알을 많이 낳게 하는 거야. 아직 어리지만 다 자랐어. 곧 알을 낳기 시작할 거야. 형제간에 싸워 가면서라도 달걀을 잘 모았다가 팔아서 여비를 마련해야지. 숙박비는 언제나처럼 민박으로 할 테니까 칠 것도 없고……."

"선생님까지 결국은 절 업신여기시는군요." 〈중략〉

"그렇지만 여행하는 사람이 바뀔 거야. 금년엔 우리 반 아이들이 도시로 여행하는 게 아니라 우리 반 아이들이 도시 아이들을 초청하는 거야. 우리가 여비까지 부담해 가면서 말야. 왜 진작 그런 생각을 못 했을까. 이건 진짜 기막힌 생각이야. 네 덕이다. 한뫼야, 고맙다."

나 "도시 아이들은 아마 토끼풀하고 괭이밥하고도 헷갈리는 애 천질걸. 한뫼야, 우리가 문명의 이기에 대해 모르는 건 무식한 거고, 도시 아이들이 밤나무와 떡갈나무와 참나무와 나도밤나무와 참피나무와 물푸레나무와 피나무와 가시나무와 측백나무에 대해 모르는 건 유식하다는 생각일랑 제발 버려야 한다. 그건 똑같이 무식한 거니까, 너희가 특별히 주눅 들 필요는 없지 않겠니. 그러나 너희들은 싫건 좋건 앞으로 문명과 만나고 길들여질 테지만, 도시 아이들에게 있는 그대로의 자연과 만나 가슴을 울렁거릴 기회는 좀처럼 없을걸. 그런 경험을 놓치고 어른이 되어 버리면 너무 불쌍하지 않니. 바로 그런 소중한 경험을 너희들은 도시 아이들한테 베풀 수 있어. 달걀로 말이다." / 한뫼는 더 이상 말대답을 하지 않고 선생님의 얼굴을 물끄러미 바라보기만 했습니다. 선생님의 얼굴은 어둠 속에서도 달덩이처럼 환합니다.

"인석아, 왜 그렇게 쳐다봐? 선생님 얼굴에 뭐 묻었냐?"

"아뇨, 우리나라에서 제일가는 선생님의 얼굴을 마음속에 새겨 두려고요."

"인석아, ㉠달걀을 달걀로 갚으려는 생각은 내가 한 게 아니라 네가 한 거야."

06 이 글에 대한 평가로 적절한 것은?

① 문명에 대한 불신과 비판이 담긴 소설이야.
② 조화로운 삶에 대한 주제 의식이 담겨 있어.
③ 작가의 목소리가 직접적으로 드러나는 특징이 있군.
④ 인물의 대화보다는 서술자의 설명이 중심을 이루고 있어.
⑤ 선생님과 학생의 대립을 통해 세대 간의 갈등을 드러내고 있어.

07 이 글의 듣기·말하기를 통해 공유된 중심 의미로 적절한 것은?

① 산골 아이들의 도시 경험은 꼭 필요한 것이다.
② 도시와 산골은 분명히 다른 문화를 가지고 있다.
③ 암탉을 길러 달걀을 얻으면 도시 여행이 가능하다.
④ 도시 아이들에게 자연의 소중함을 알려 주어야 한다.
⑤ 도시 아이들 중에는 나무의 종류를 구별하지 못하는 아이들이 많다.

중요
08 이 글에서 한뫼와 선생님의 말하기 태도를 설명한 것으로 적절하지 <u>않은</u> 것은?

① (가)에서 한뫼는 자신의 생각을 직접적으로 드러내고 있다.
② (가)에서 한뫼는 선생님에게 협력적인 태도를 보이지 않고 있다.
③ (나)에서 한뫼는 협력적인 태도로 대화를 마무리하고 있다.
④ (나)에서 선생님은 한뫼의 입장을 고려하여 말하고 있다.
⑤ (나)에서 선생님은 (가)에서와 달리 협력적인 태도를 보이고 있다.

서술형
09 ㉠의 구체적인 의미를 〈보기〉를 참고하여 〈조건〉에 맞게 한 문장으로 서술하시오.

◀ 보기 ▶
한뫼는 수학여행 중에 한번에 달걀을 많이 먹어 치우는 기인을 보고 도시에서는 달걀을 업신여긴다고 생각했다.

◀ 조건 ▶
• 선생님이 하려고 하는 일이 드러나도록 쓸 것.

[10~13] 다음 글을 읽고 물음에 답하시오.

㉮ 이상적인 대화를 하는 데 도움이 되는 효과적인 듣기의 방법에 무엇이 있을까? 잘 듣기 위해서는 먼저 상대방의 이야기에 정신을 집중해야 한다. 남의 이야기를 건성으로 듣는 것이 아니고, 상대방의 처지가 되어 진지하게 듣는 자세를 가져야 한다. 이 생각 저 생각 하면서 남의 이야기를 듣는 사람이 상대방의 이야기를 제대로 이해할 수 있을까?

㉯ 남의 말을 들을 때에는 화자와 시선을 맞추는 것이 매우 중요하다. 시선 맞추기는 상대방의 말을 잘 듣고 있음을 드러내는 효과적인 방법이다. 상대방을 바라보고 있다는 사실 하나가 무엇인가 경청해 보겠다는 무언의 의사 표시가 되는 것이다. 청자가 자신과 시선을 맞추며 열심히 듣고 있다고 생각하면 화자는 더욱 성의껏 말하게 될 것이다.

㉰ 남의 말을 들으면서 화자에게 질문을 하는 것은 상대방의 뜻을 정확히 파악하고자 노력하고 있다는 것을 보이는 것이고, 상대방과 상대방의 말을 존중하면서 겸허한 자세로 듣고 있다는 것을 드러내는 것이다. 어떤 사람의 말을 들을 때 적절한 질문을 해 보자. 상대방은 자신을 잘 알리기 위해서 성의껏 답변해 줄 것이다.

㉱ 자신이 상대방의 말을 잘 듣고 있다는 것을 보여 주는 또 하나의 방법으로 맞장구가 있다. 맞장구는 말하는 내용을 긍정하고 동조하는 내용의 말이다. 화자의 입장에서 보면 아무런 반응이 없이 듣는 사람보다는 자신의 말에 맞장구를 치며 듣는 사람을 더 잘 들어 주는 사람으로 생각하게 된다. 남의 이야기를 들으면서 고개를 끄덕이거나 혹은 밝은 미소를 지어 보이면 화자는 신이 나서 이야기를 할 것이다. 여기에 맞장구가 더해지면 화자는 더욱 성의껏 말하게 될 것이다.

㉲ 지금까지 효과적인 듣기의 방법 몇 가지를 살펴보았다. 잘 말하기 위해서는 잘 들어야 한다. 잘 듣는 사람이 잘 말하는 사람이다. 서로에게 마음을 여는 진정한 대화를 바란다면, 우리는 효과적인 듣기의 방법에 대해 잘 알고, 이를 생활에서 즉각 실천해야 한다.

10 이 글의 제목으로 적절한 것은?

① 이상적인 대화란 무엇인가?
② 어떻게 하면 잘 들을 수 있을까?
③ 듣기의 과정은 어떻게 전개되는가?
④ 듣기와 말하기의 공통점과 차이점은?
⑤ 이상적 대화를 위한 듣기와 말하기는 무엇인가?

11 (나)~(라)에 드러나는 효과적인 듣기의 방법으로 적절하지 **않은** 것은?

① 화자의 눈을 쳐다본다.
② 화자에게 맞장구를 쳐 준다.
③ 화자에게 적극적으로 조언해 준다.
④ 말하는 내용과 관련된 질문을 한다.
⑤ 고개를 끄덕이거나 미소를 지으며 듣는다.

서술형

12 (가)를 바탕으로 〈보기〉의 대화에서 정민의 문제점이 무엇인지 한 문장으로 쓰시오.

◀ 보기 ▶

어머니: 정민아, 엄마 좀 나갔다 올 테니 게임 끝나면 저녁 꼭 챙겨 먹어라.
정민: 네.
어머니: 반찬은 냉장고에 있고 가스레인지에 있는 국 데워 먹어라.
정민: 네.
어머니: 라면 끓여 먹지 말고 잘 챙겨 먹어야 된다.
정민: 뭐라고요?

13 (마)의 내용을 통해 볼 때, 효과적인 듣기가 필요한 이유로 가장 적절한 것은?

① 일을 효율적으로 하기 위해서
② 문제를 더욱 쉽게 해결하기 위해서
③ 마음을 나누는 진정한 대화를 위해서
④ 정보를 더 효과적으로 받아들이기 위해서
⑤ 상대방의 긍정적인 반응을 이끌어 내기 위해서

[14~17] 다음 글을 읽고 물음에 답하시오.

가 형: 야, 멋진데! 아주 멋지게 그렸어!

아우: 경치가 좋으니까 그림이 잘 그려져요.

형: 넌 정말 솜씨가 훌륭해!

아우: 형님 솜씨가 더 훌륭하죠.

형: 아냐, 난 너만큼 잘 그리지 못하는걸.

아우: (형의 그림이 있는 곳으로 다가가서 감탄한다.) 형님
　　그림이 훨씬 멋있어요! / 형: (기뻐하며) 오, 그래?

나 형과 아우, 밧줄을 사이에 두고 가위바위보를 한다.
아우가 이긴다. 그는 형 쪽으로 껑충 뛰어넘어 가서 뽐내
며 의기양양하게 다니다가 자기 쪽으로 되돌아온다. 아우
는 세 번이나 형을 이기고, 똑같은 행동을 되풀이한다.

형: 그만하자, 그만해! / 아우: 왜요?

형: 너는 나보다 늦게 낸다! 내가 가위를 내면 너는 기다렸
　　다가 바위를 내놓고, 내가 보를 내면 너는 그걸 본 다음
　　가위를 내놓잖아?

아우: 아뇨! 난 형님과 동시에 냈어요!

형: 난 그림이나 그려야겠다. (뒤돌아서서 자신의 그림 앞으
　　로 걸어가며) 다시는 너하고는 놀이 안 해!

아우: 형님, 나한테 지더니만 심통이 났군요?

형: 너는 날 속이고 이겼어!

아우: 아뇨! 형님이 지금 화를 내는 건 내가 이겼기 때문이
　　에요. 형님은 언제나 이겨야 하고, 동생인 나는 항상 져
　　야 한다! 그게 바로 형님의 고정 관념이죠!

형: 미리 경고해 두겠는데, 내 허락 없이는 이쪽으로 넘어
　　오지 마라! / 아우: 그럼 형님도 내 땅에 넘어오지 마요!

다 형: (아우를 향하여 꾸짖는다.) 너, 지금 무슨 짓을 하려
　　는 거야.

아우: 형님은 내 일에 상관하지 마세요! (측량 기사에게) 철
　　조망보다는 벽이 좋겠어요. (손을 머리 위로 높이 들어 올
　　리며) 이 정도 높은 벽을 쌓아 올리면 아무것도 넘어가
　　지 못하겠죠!

형: 뭐, 높은 벽? 너와 나 사이를 완전히 가로막겠다고?

측량 기사: 우리 조수들은 유능해서 여러 가지 부업을 하
　　고 있죠. (조수들을 손짓으로 부른다.) 이리 와! 이분에게
　　자네들이 잘 설명해 드려!

조수들, 아우에게 다가간다.

조수 1: 이런 들판에는 조립식 벽이 좋습니다.

---

14 이 글에 대한 설명으로 적절하지 <u>않은</u> 것은?

① '들판'을 공간적 배경으로 한다.

② 형제간의 대화가 중심을 이루고 있다.

③ 형제간의 갈등을 중심 소재로 하고 있다.

④ 인물의 감정이 해설을 통해 드러나고 있다.

⑤ 상징성을 가진 소재를 통해 주제를 부각한다.

15 (가)에서 상대방을 대하는 '형'과 '아우'의 태도에 대한 설명
으로 적절하지 <u>않은</u> 것은?

① 형: 아우의 그림에 관심을 보여 준다.

② 형: 동생의 칭찬에 좋아하며 우쭐해한다.

③ 형: 동생의 솜씨를 인정하고 칭찬해 준다.

④ 아우: 형의 능력을 높이 평가한다.

⑤ 아우: 형의 칭찬에 대해 겸손함을 보여 준다.

⭐ 중요

16 (나)에서 '형'과 '아우'의 갈등이 일어난 이유로 적절한 것은?

① 공통된 주제로 대화하지 않고 서로 다른 주제로 말했
기 때문이다.

② 융통성이 없이 너무 원칙만을 강조하는 말을 주고받
았기 때문이다.

③ 상대방을 배려하느라고 하려는 말을 솔직하게 하지
못했기 때문이다.

④ 상황을 고려하지 않고 말의 의미만을 있는 그대로 해
석했기 때문이다.

⑤ 일방적으로 상대방을 비난하고 상대방이 상처받는
말을 했기 때문이다.

서술형

17 (다)의 대화에서 드러나는 인물의 말하기가 가진 특징을 정
리한 것이다. 빈칸에 들어가기에 적절한 말을 〈조건〉에 맞게
쓰시오.

> • 형: 감정을 절제하지 못하고 아우에게 화를 내고 있다.
> • 아우: (　　　　　　　　　　　　　　　　　　　　)
> • 측량 기사와 조수: 형과 아우의 다툼을 말리지 않고
> 　이용하려고 한다.

> ◀ 조건 ▶
> • '형'과 관련하여 쓸 것.

중/학/기/본/서 베/스/트/셀/러

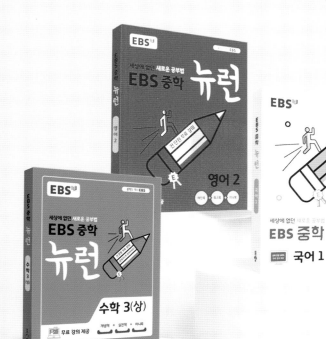

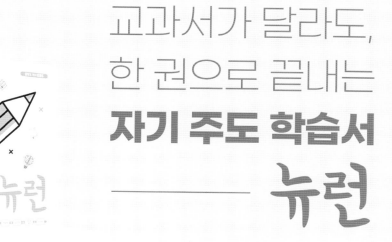

교과서가 달라도,
한 권으로 끝내는
자기 주도 학습서
뉴런

국어1~3 영어1~3 수학1(상)~3(하)

사회①,② 과학1~3 역사①,②

문제 상황	뉴런으로 해결!
 학교마다 다른 교과서 ┈┈→	어떤 교과서도 통하는 중학 필수 개념 정리
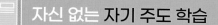 자신 없는 자기 주도 학습 ┈┈→	All-in-One 구성(개념책/실전책/미니북), 무료 강의로 자기 주도 학습 완성
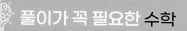 풀이가 꼭 필요한 수학 ┈┈→	수학 강의는 문항코드가 있어 원하는 문항으로 바로 연결

세상에 없던 새로운 공부법

EBS 중학

| 국어 2 |

개 념 책

EBS

중학도 역시 EBS

세상에 없던 새로운 공부법

EBS 중학

뉴런

전 단원 무료 강의

E

국어 2

▶ 무료 강의 제공

실전책

**교육의 힘으로
세상의 차이를 좁혀 갑니다**
차이가 차별로 이어지지 않는 미래를 위해
EBS가 가장 든든한 친구가 되겠습니다.

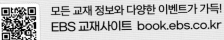

모든 교재 정보와 다양한 이벤트가 가득!
EBS 교재사이트 book.ebs.co.kr

본 교재의 강의 프로그램은
TV와 모바일 APP, EBS 중학사이트(mid.ebs.co.kr)에서
무료로 이용하실 수 있습니다.

발행일 2018. 12. 20. **20쇄 인쇄일** 2024. 9. 25. **신고번호** 제2017-000193호 **펴낸곳** 한국교육방송공사 경기도 고양시 일산동구 한류월드로 281
표지디자인 위북스 **표지** ㈜무닉 **편집디자인** ㈜글사랑 **편집** ㈜글사랑 **인쇄** 동아출판㈜

인쇄 과정 중 잘못된 교재는 구입하신 곳에서 교환하여 드립니다. 신규 사업 및 교재 광고 문의 pub@ebs.co.kr

EBS 중학

| 국어 2 |

실전책

| 기획 및 개발 |

이미애 송해나 정혜진

| 집필 및 검토 |

강영미(신상중) 강용철(경희여중) 고은영(제주서중) 박종혁(보성중) 신장우(창문여고) 오경란(탄벌중) 최은하(성수고)

| 검토 |

김동환 김서경 김수학 김영근 김잔디 신영미 이용우 임동원 조형주 한세나

류근호 이미경

필독

중학 국어로 수능 잡기

✦ 필독 중학 국어로 수능 잡기 시리즈

문학 — 비문학 독해 — 문법 — 교과서 시 — 교과서 소설

EBS 중학

뉴런

| 국어 2 |

실전책

Structure
이 책의 구성과 특징

● 개념 다지기

개념 압축 APP

중요 개념을 요약정리하여 시험 직전이나 복습할 때 자기 점검을 할 수 있습니다.

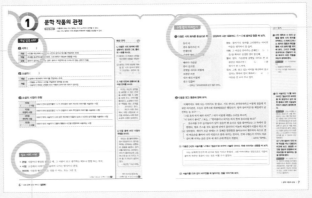

수행 평가 따라잡기

수행 평가 및 교과서의 학습 활동 응용 문제에 대비하여 다양한 활동을 구성하였습니다.

필수 어휘 사전

● 관점: 사물이나 현상을 관찰할 때,
● 시점: 소설에서 이야기를 서술하여

필수 어휘 사전

주요 개념과 어휘, 용어 등을 선별하여 정리하였습니다.

● 소단원 내신 대비

학습 목표 응용

학습 목표를 중심으로 시험에 꼭 나오는 필수 문항을 점검할 수 있습니다.

고난도 응용

고난도 문제를 통해 사고력을 높이고 고득점 실전 감각을 익힐 수 있습니다.

● 단원 평가 및 성취도 평가

단원 평가

다양한 유형과 난이도의 문제를 통해 단원별 학습을 마무리합니다.

성취도 평가

최종 마무리! 실전 감각을 익히고 실력을 업그레이드합니다.

Contents
이 책의 차례

첫째 마당

문학

문학 작품의 관점

• 작품에서 보는 이나 말하는 이가 누구인지 파악할 수 있다.
• 보는 이나 말하는 이의 관점에 주목하여 작품을 감상할 수 있다.

개념 압축 APP

1 시의 (   )

개념	시인을 대신하여 시 속에서 시인의 생각과 정서를 전달하는 존재
역할	주제를 효과적으로 전달하며, 시의 분위기 형성에 영향을 미침.
유형	화자가 겉으로 드러나는 경우, 화자가 직접적으로 드러나지 않는 경우가 있음.

2 소설의 (   )

개념	소설에서 독자에게 이야기를 전달하는 존재
역할	• 인물을 소개하고 사건을 전달하며 장면을 묘사함. • 서술자가 취하는 관점에 따라 작품의 분위기와 의미가 달라짐.

3 소설의 시점의 유형

1인칭 ( ) 시점	이야기 안의 등장인물인 '나'가 주인공이 되어 자신의 이야기를 서술하는 시점
1인칭 관찰자 시점	이야기 안의 등장인물인 '나'가 관찰자가 되어 주인공의 이야기를 서술하는 시점
3인칭 전지적 시점	이야기 밖의 서술자가 신과 같은 위치에서 인물의 심리나 사건의 성격 등을 서술하는 시점
3인칭 ( ) 시점	이야기 밖의 서술자가 인물의 행동과 사건을 관찰하여 서술하는 시점

필수 어휘 사전

● **관점**: 사물이나 현상을 관찰할 때, 그 사람이 보고 생각하는 태도나 방향 또는 처지.

● **시점**: 소설에서 이야기를 서술하여 나가는 방식이나 관점.

● **전지적**: 사물과 현상의 모든 것을 다 아는. 또는 그런 것.

확인 문제

1. 다음은 시의 화자에 대한 설명이다. 맞으면 ○표, 틀리면 ×표를 하시오.

(1) 화자는 시 속에서 시인을 대신하여 내용을 전달한다.　(　　)

(2) 화자는 주제 전달에 기여할 뿐, 시의 정서나 분위기 조성과는 관련이 없다.　(　　)

2. 다음 빈칸에 공통으로 들어갈 단어를 쓰시오.

> 작가는 자신의 생각을 잘 표현할 수 있는 존재를 내세워 작품 속 상황을 보여 주고, 이야기를 들려준다. 소설에서 이러한 역할을 하는 존재를 (　　　)(이)라고 한다. (　　　)이/가 어떤 위치에서, 어떤 관점으로 사건을 바라보느냐에 따라 소설의 시점이 달라진다.

3. 다음 글에 쓰인 시점의 유형을 쓰시오.

> 만도는 읍 들머리에서 잠시 망설이다가, 정거장 쪽과는 반대되는 방향으로 걸음을 옮겼다. 장거리를 찾아가는 것이었다. 진수가 돌아오는데 고등어나 한 손 사 가지고 가야 될 거 아닌가 싶어서였다.
> － 하근찬, 「수난 이대」

3. 3인칭 전지적 시점

답 1. (1) ○ (2) × 2. 서술자

답 화자, 서술자, 주인공, 관찰자

❶ 다음은 시의 화자를 중심으로 작품을 감상하며 나눈 대화이다. ㉠~㉢에 들어갈 말을 써 보자.

울지 마
엄마 돌아가신 지
언제인데
너처럼 많이 우는 애는
처음 봤다
해마다 가을날
밤이 깊으면
갈댓잎 사이로 허옇게
보름달 뜨면
내가 대신 이렇게
울고 있잖아

– 정호승, 「귀뚜라미에게 받은 짧은 편지」

한수: 돌아가신 엄마를 그리워하는 아이의 마음을 생각하니 참 슬퍼.
지해: 그 마음을 알아주는 존재인 (㉠)을/를 화자로 설정한 것이 참신해.
명식: 맞아. 가을밤에 갈댓잎 사이로 뜬 보름달을 떠올리면 (㉡) 분위기가 잘 느껴져.
민서: 그래. 울고 있는 아이를 대신하여 울고 있다는 화자의 말이 화자의 (㉢) 마음을 잘 보여 주고 있어.

끌어 주기

❶ 시의 제목과 시 속의 상황을 통해 시의 화자를 파악하고, 시 속에 드러나는 화자의 행동과 특징을 통해 시의 분위기를 파악해 본다. 그리고 주제를 효과적으로 전달하기 위해 화자가 어떤 역할을 하는지 생각해 본다.
예시 답안 ㉠: '나(귀뚜라미)'
㉡: 쓸쓸하고 애상적인
㉢: 우는 아이를 위로하고자 하는

❷ 다음을 읽고 물음에 답해 보자.

어제까지도 저와 나는 이야기도 잘 않고, 서로 만나도 본척만척하고 이렇게 점잖게 지내던 터이련만, 오늘로 갑작스레 대견해졌음은 웬일인가. 항차 망아지만 한 계집애가 남 일하는 놈 보구……
"그럼 혼자 하지 떼루 하듸?" / 내가 이렇게 내뱉는 소리를 하니까,
"너 일하기 좋니?" / 또는, / "한여름이나 되거든 하지 벌써 울타리를 하니?"
[A] 잔소리를 두루 늘어놓다가 남이 들을까 봐 손으로 입을 틀어막고는 그 속에서 깔깔댄다. 별로 우스울 것도 없는데 날씨가 풀리더니 이놈의 계집애가 미쳤나 하고 의심하였다. 게다가 조금 뒤에는 즈 집께를 할끔할끔 돌아보더니 행주치마 속으로 꼈던 바른손을 뽑아서 나의 턱밑으로 불쑥 내미는 것이다. 언제 구웠는지 아직도 더운 김이 홱 끼치는 굵은 감자 세 개가 손에 뿌듯이 쥐었다.

– 김유정, 「동백꽃」

(1) 다음은 [A]의 서술자를 '나'에서 '점순이'로 바꾸어 서술한 것이다. 뒤에 이어지는 내용을 써 보자.

나는 남에게 들킬까 봐 손으로 입을 가리고 웃었다. 그와 이야기하는 것만으로도 기분이 좋아져 자꾸만 웃음이 나는 것은 어쩔 수가 없었다. _____

(2) 서술자를 (1)과 같이 바꾸었을 때 달라지는 점을 이야기해 보자.

❷ (1) 서술자인 '나'를 여자아이 '점순이'로 바꾸었을 때 호칭이나 심리 표현 등에서 어떤 서술상의 차이가 생길지 생각해 본다.
예시 답안 그는 이해할 수 없다는 표정으로 나를 쳐다보았다. 나는 그를 위해 준비한 선물을 계속 만지작거렸다. 엄마에게 들킬까 봐 집께를 돌아보며 행주치마 속에 감춰 온 감자 세 개를 꺼내 그의 턱 밑으로 불쑥 내밀었다. 다행히 감자는 아직 따뜻했고 그 아이에게 이 맛있는 감자를 줄 수 있어서 나는 행복했다.
(2) '나'와 점순이 각각 어떤 특성을 지닌 인물인지 비교해 보고, 동일한 사건을 점순의 관점에서 바라보았을 때 달라지는 점을 생각해 본다.
예시 답안 이 소설의 '나'는 점순의 마음을 눈치채지 못함으로써 독자의 웃음을 유발했지만, 서술자를 점순이로 바꾸면 점순의 속마음이 있는 그대로 드러나 재미가 다소 떨어진다.

1 엄마 걱정 | 기형도

*다음 시를 읽고 물음에 답하시오.

열무 삼십 단을 이고
시장에 간 우리 엄마
㉠안 오시네, 해는 시든 지 오래
나는 찬밥처럼 방에 담겨
아무리 천천히 숙제를 해도
㉡엄마 안 오시네, 배추 잎 같은 발소리 타박타박
㉢안 들리네, 어둡고 무서워
금 간 창틈으로 고요히 빗소리
빈방에 혼자 엎드려 훌쩍거리던

아주 먼 옛날
㉣지금도 내 눈시울을 뜨겁게 하는
그 시절, 내 유년의 윗목

학습 목표 응용

01 이 시에 대한 감상으로 적절한 것은?

① 1연에서는 어둡고 차갑게 느껴지던 분위기가 2연에서 반전되고 있어.
② 비가 오는 날 누구나 느꼈을 법한 쓸쓸함이 낭만적으로 그려져 있어.
③ 어른이 된 '나'가 유년 시절을 떠올리는 모습에서 애틋함과 안타까움이 느껴져.
④ 힘든 시절을 참고 견디면 행복한 날이 온다는 희망적인 메시지를 전하고 있어.
⑤ 어린 시절 '나'의 모습은 과도한 학교 공부 때문에 힘들어하는 우리들의 모습과 비슷해.

02 이 시의 구성에 대한 설명으로 적절한 것은?

① 1연은 과거이고 2연은 현재로, 시간의 차이를 보이고 있다.
② 1연과 2연은 같은 공간에서 일어난 다른 사건을 다루고 있다.
③ 1연의 화자와 2연의 화자가 서로 대화를 나누는 형식으로 구성되어 있다.
④ 1연에서는 실제 있었던 사건을, 2연에서는 화자가 상상한 일을 다루고 있다.
⑤ 1연과 2연에서 유사한 내용을 반복하여 다룸으로써 화자의 감정을 강조하고 있다.

03 중요 이 시에 쓰인 비유적 표현을 찾아 그 의미를 해석한 내용으로 적절하지 않은 것은?

① '해는 시든 지 오래'는 엄마를 기다리다 지친 화자의 심정을 드러낸다.
② '찬밥처럼 방에 담겨'는 빈방에 홀로 남겨진 화자의 서글픈 모습을 표현한다.
③ '배추 잎 같은 발소리'는 고단한 삶에 지친 엄마의 모습을 표현한다.
④ '금 간 창틈으로 고요히 빗소리'는 쓸쓸하지만 여유가 느껴지는 화자의 처지를 보여 준다.
⑤ '내 유년의 윗목'은 어린 시절의 외롭고 서러웠던 기억을 표현한다.

04 중요 이 시의 1연에 그려진 화자의 상황으로 적절하지 않은 것은?

① 빈집에 혼자 남아 숙제를 하고 있다.
② 열무를 팔러 시장에 가신 엄마를 기다리고 있다.
③ 엄마가 지치고 힘겨운 상태일 것이라 생각하고 있다.
④ 비가 내리자 두려움과 불안감을 견디지 못하고 울고 있다.
⑤ 엄마 발소리가 들리지 않자 집 밖으로 나가 서성이고 있다.

05 이 시의 주된 정서와 분위기를 형성하는 소재로 적절하지 않은 것은?

① 찬밥   ② 빈방   ③ 윗목
④ 시장   ⑤ 시든 해

06 ㉮에 쓰인 심상과 그 표현 효과에 대한 설명으로 적절한 것은?

① 공감각적 심상을 사용하여 대상을 참신하게 묘사하고 있다.
② 촉각적 심상을 사용하여 화자의 정서를 인상적으로 드러내고 있다.
③ 후각적 심상을 사용하여 작품의 분위기를 감각적으로 묘사하고 있다.
④ 청각적 심상을 사용하여 화자가 처한 상황을 효과적으로 보여 주고 있다.
⑤ 시각적 심상을 사용하여 작품의 배경이 되는 장면을 생생하게 그려 내고 있다.

07 〈보기〉에서 ㉠~㉢에 대한 설명으로 적절한 것을 모두 골라 바르게 묶은 것은?

▶ 보기 ◀
ㄱ. 엄마가 돌아오지 않고 있다는 의미를 강조하고 있다.
ㄴ. 집에 돌아가고 싶어 하는 엄마의 심정을 드러내고 있다.
ㄷ. 엄마의 상황을 시각적 심상을 사용하여 감각적으로 표현하고 있다.
ㄹ. 약간의 변화를 주며 비슷한 시구를 반복하여 운율을 형성하고 있다.

① ㄱ, ㄴ   ② ㄱ, ㄹ   ③ ㄴ, ㄷ
④ ㄴ, ㄹ   ⑤ ㄷ, ㄹ

고난도 응용

01 이 시의 화자를 '엄마'로 바꿀 때, 예상되는 효과로 적절하지 않은 것은?

① 엄마의 가난하고 고달픈 삶이 구체적으로 그려질 것이다.
② 아들을 걱정하는 엄마의 안타까운 마음이 잘 드러날 것이다.
③ 자신을 기다리고 있을 아들에게 미안해하는 엄마의 마음이 표현될 것이다.
④ 빈방에 혼자 남아 엄마를 기다리는 아들의 상황을 더 상세하게 보여 줄 것이다.
⑤ 해가 져도 열무를 팔기 위해 시장에 머물러 있어야 하는 엄마의 상황이 잘 표현될 것이다.

02 다음은 이 시에 대한 수업 내용의 일부이다. ⓐ~ⓒ에 들어갈 적절한 대답을 〈조건〉에 맞게 쓰시오.

질문: 이 시의 화자는 누구인가요?
대답: '나'예요.
질문: 맞아요. 그럼 1연에서 '나'의 마음은 어떤 것 같아요?
대답: (ⓐ   )
질문: 그렇지요. 그리고 그런 정서는 분위기를 통해서 잘 드러나요. 이 시의 분위기는 어떤가요?
대답: (ⓑ   )
질문: 맞아요. 그럼, 시인은 왜 엄마를 기다리는 '나'를 화자로 설정했을까요?
대답: (ⓒ   )

▶ 조건 ◀
• ⓐ~ⓒ를 각각 한 문장으로 쓸 것.

귀뚜라미 | 나희덕

*다음 시를 읽고 물음에 답하시오.

> ㉠높은 가지를 흔드는 매미 소리에 묻혀
> 내 울음 아직은 노래 아니다.
>
> 차가운 바닥 위에 토하는 울음
> ㉡풀잎 없고 이슬 한 방울 내리지 않는
> 지하도 콘크리트 벽 좁은 틈에서
> 숨 막힐 듯, 그러나 나 여기 살아 있다.
> ┌ ㉢귀뚜르르 뚜르르 보내는 타전 소리가
> [A]
> └ 누구의 마음 하나 울릴 수 있을까.
>
> 지금은 ㉣매미 떼가 하늘을 찌르는 시절
> 그 소리 걷히고 ㉮맑은 가을이
> 어린 풀숲 위에 내려와 뒤척이기도 하고
> 계단을 타고 이 땅 밑까지 내려오는 날
> ┌ ㉤발길에 눌려 우는 내 울음도
> [B]
> └ 누군가의 가슴에 실려 가는 노래일 수 있을까.

학습 목표 응용

01 이 시의 특징과 그 효과로 적절한 것은?

① 풍자적 표현을 활용하여 독자에게 웃음을 불러일으키고 있다.
② 대조적 의미의 시어들을 사용하여 작가의 의도를 효과적으로 전달하고 있다.
③ 과거와 현재가 대비되는 형식을 사용하여 독자에게 상상의 재미를 제공하고 있다.
④ 공간의 이동에 따라 시상을 전개하여 시의 화자의 정서 변화를 인상적으로 나타내고 있다.
⑤ 순수한 어린아이를 시의 화자로 설정하여 시인의 생각과 정서를 효과적으로 표현하고 있다.

02 (중요) 이 시에 드러난 화자의 태도에 대한 설명으로 적절한 것은?

① 자신이 처한 현실의 문제점을 비판하고 있다.
② 주변 사람들과의 갈등으로 인해 괴로워하고 있다.
③ 자신의 미래에 대한 간절한 소망과 기대감을 보여 주고 있다.
④ 과거를 돌아보며 바람직한 미래로 나아가기 위해 노력하고 있다.
⑤ 역사적 상황을 바탕으로 시대 현실에 대한 새로운 인식과 깨달음을 보여 주고 있다.

03 이 시에서 운율을 형성하는 요소를 〈보기〉에서 모두 골라 바르게 묶은 것은?

◀ 보기 ▶
ㄱ. 동일한 시어를 반복한다.
ㄴ. 비슷한 문장 구조를 반복한다.
ㄷ. 처음과 끝에 비슷한 구절을 배치한다.
ㄹ. 각 행을 4개로 끊어 읽는 4음보를 반복한다.

① ㄱ, ㄴ   ② ㄱ, ㄷ   ③ ㄴ, ㄷ
④ ㄴ, ㄹ   ⑤ ㄷ, ㄹ

04 (중요) 다음은 이 시의 내용을 풀이하여 친구들에게 소개하는 발표문이다. ⓐ~ⓔ 중, 적절하지 않은 것은?

> ⓐ지금은 한여름입니다. 매미 떼의 소리가 하늘을 찌르는 계절이지요. ⓑ매미는 한껏 소리 높여 높은 가지를 흔들며 노래하고 있습니다. 그런데 ⓒ어느 지하도 콘크리트 벽 좁은 틈에서 겨우 겨우 살아가는 귀뚜라미에게 이 여름은 고난과 인내의 계절일 뿐입니다.
> 하지만 ⓓ시간이 흘러 맑은 가을이 땅 밑까지 내려오면 귀뚜라미는 밖으로 나와 자신의 소리가 누군가의 가슴에 감동을 주는 노래가 될 것이라 믿으며 마음껏 노래하게 되겠지요. 그러나 ⓔ안타깝게도 그렇게 아름다운 미래는 결코 찾아오지 않을 것이기에 오늘도 지나가는 사람들의 발길에 눌려 희망을 잃고 절망적인 울음을 울고 있는 것이지요.

① ⓐ   ② ⓑ   ③ ⓒ   ④ ⓓ   ⑤ ⓔ

05 이 시의 제목인 '귀뚜라미'의 함축적 의미로 적절한 것은?

① 냉혹한 현실 앞에서 꿈과 희망을 잃어버린 존재
② 게으른 삶에서 벗어나 부지런한 삶을 살기를 원하는 존재
③ 인정이 메마른 현실에서 이웃 간의 정을 되살리고 싶어 하는 존재
④ 화려한 도시의 복잡한 삶에 지쳐 소박한 시골에서의 삶을 소망하는 존재
⑤ 아무도 눈여겨보지 않는 어두운 곳에서 자신의 꿈을 펼칠 날을 기다리는 존재

06 ㉮에 쓰인 것과 동일한 표현 방법이 사용된 것은?

① 목이 긴 메아리
② 밥티처럼 따스한 별들
③ 나는 나룻배 / 당신은 행인
④ 구름에 달 가듯 / 가는 나그네
⑤ 눈물 같은 골짜기에 달밤이 싫어

07 ㉠~㉤에 대한 설명으로 적절하지 <u>않은</u> 것은?

① ㉠: '나'가 어려움을 극복할 수 있도록 도와주는 역할을 한다.
② ㉡: '나'가 처한 어렵고 힘든 환경, 고달픈 현실을 의미한다.
③ ㉢: '나'의 울음이 자신의 존재를 알리는 신호음에 불과함을 보여 준다.
④ ㉣: '나'가 참고 견뎌야 하는 시기로, 계절적 배경을 짐작하게 한다.
⑤ ㉤: '나'의 현재 상황을 드러내는 표현으로 의미 없는 소리를 말한다.

고난도 응용

01 [A]와 [B]에 쓰인 주된 심상이 사용된 시구로 적절한 것은?

① 아 아버지가 눈을 헤치고 따 오신 / 그 붉은 산수유 열매
② 꽃 피는 사월이면 진달래 향기 / 밀 익는 오월이면 보리 내음새
③ 불타는 소리 / 물 끓는 소리 / 다시 이어지는 어머니의 도마질 소리
④ 담쟁이 잎 하나는 담쟁이 잎 수천 개를 이끌고 / 결국 그 벽을 넘는다.
⑤ 가난하다고 해서 사랑을 모르겠는가 / 내 볼에 와 닿던 네 입술의 뜨거움

서술형 **중요**
02 3연에서 이 시의 주제가 드러나는 시행을 찾아 쓰고, 그 안에 담긴 의미를 쓰시오.

서술형 **중요**
03 이 시를 다음과 같이 해석할 때, ⓐ와 ⓑ에 들어갈 적절한 내용을 쓰시오.

> 이 시의 화자는 시를 쓰며 살아가는 시인의 모습을 대변한다고 볼 수 있다. 그렇다면 화려한 매미 소리에 묻혀 노래를 부르지 못하고 있는 '나'는 시인으로서의 능력을 인정받지 못하는 보잘것없는 존재를 의미한다고 할 수 있다.
> 이렇게 볼 때 '내 울음 아직은 노래 아니다.'라는 구절에서 '울음'은 (ⓐ)을/를 의미하고, '노래'는 (ⓑ)을/를 의미한다고 이해할 수 있다.
> 따라서 이 시에서는 아직은 인정받지 못하고 있는 시인의 어려운 현실과 함께 그러한 현실을 극복하고자 하는 의지가 나타나 있다고 할 수 있다.

*다음 글을 읽고 물음에 답하시오.

(가) 오늘도 또 우리 수탉이 막 쫓기었다. 내가 점심을 먹고 나무를 하러 갈 양으로 나올 때였다. 산으로 올라서려니까 등 뒤에서 푸드득푸드득 하고 닭의 횃소리가 야단이다. 깜짝 놀라며 고개를 돌려 보니 아니나 다르랴 두 놈이 또 얼렸다.

(나) ⓐ나흘 전 감자 쪼간만 하더라도 나는 저에게 조금도 잘못한 것은 없다.

계집애가 나물을 캐러 가면 갔지 남 울타리 엮는데 쌩이질을 하는 것은 다 뭐냐. 그것도 발소리를 죽여 가지고 등 뒤로 살며시 와서,

"얘! 너 혼자만 일하니?"

하고 긴치 않은 수작을 하는 것이다.

어제까지도 저와 나는 이야기도 잘 않고 서로 만나도 본척만척하고 이렇게 점잖게 지내던 터이련만 오늘로 갑작스레 대견해졌음은 웬일인가. 항차 망아지만 한 계집애가 남 일하는 놈보구……

"그럼 혼자 하지 떼루 하디?"

내가 이렇게 내뱉는 소리를 하니까,

"너 일하기 좋니?" / 또는,

"한여름이나 되거든 하지 벌써 울타리를 하니?"

잔소리를 두루 늘어놓다가 남이 들을까 봐 손으로 입을 틀어막고는 그 속에서 깔깔댄다.

(다) "느 집엔 이거 없지?"

하고 생색 있는 큰소리를 하고는 제가 준 것을 남이 알면 큰일 날 테니 여기서 얼른 먹어 버리란다. 그리고 또 하는 소리가,

"너 봄 감자가 맛있단다."

"난 감자 안 먹는다, 니나 먹어라."

[A]
나는 고개도 돌리려 하지 않고 일하던 손으로 그 감자를 도로 어깨 너머로 쑥 밀어 버렸다.
그랬더니 그래도 가는 기색이 없고 뿐만 아니라 쌔근쌔근하고 심상치 않게 숨소리가 점점 거칠어진다.

이건 또 뭐야, 싶어서 그때서야 비로소 돌아다보니 나는 참으로 놀랐다. 우리가 이 동리에 온 것은 근 삼 년째 되어 오지만 여태껏 가무잡잡한 점순이의 얼굴이 이렇게까지 홍당무처럼 새빨개진 법이 없었다. 게다 눈에 독을 올리고 한참 나를 요렇게 쏘아보더니 나중에는 눈물까지 어

리는 것이 아니냐. 그리고 바구니를 다시 집어 들더니 이를 꼭 악물고는 엎더질 듯 자빠질 듯 논둑으로 횡하게 달아나는 것이다.

(라) "이놈아! 너 왜 남의 닭을 때려죽이니?"

"그럼 어때?" / 하고 일어나다가,

"뭐 이 자식아! 누 집 닭인데?"

하고 복장을 떼미는 바람에 다시 벌렁 자빠졌다. 그러고 나서 가만히 생각하니 분하기도 하고 무안도스럽고, 또 한편 일을 저질렀으니, 인젠 땅이 떨어지고 집도 내쫓기고 해야 되는지 모른다.

나는 비슬비슬 일어나며 소맷자락으로 눈을 가리고는, 얼김에 엉, 하고 울음을 놓았다.

(마) 그러다 점순이가 앞으로 다가와서,

㉠"그럼, 너 이담부턴 안 그럴 테냐?"

하고 물을 때에야 비로소 살길을 찾은 듯싶었다. 나는 눈물을 우선 씻고 무엇을 안 그러는지 명색도 모르건만,

㉡"그래!" / 하고 무턱대고 대답했다.

(바) 그리고 뒷에 떠다밀렸는지 나의 어깨를 짚은 채 그대로 퍽 쓰러진다. 그 바람에 나의 몸뚱이도 겹쳐서 쓰러지며 한창 피어 퍼드러진 노란 동백꽃 속으로 폭 파묻혀 버렸다. 알싸한 그리고 향긋한 그 냄새에 나는 땅이 꺼지는 듯이 온 정신이 고만 아찔하였다.

학습 목표 응용

중요

01 다음은 이 글에 드러난 '나'와 '점순'의 심리 변화를 정리한 것이다. ㉮와 ㉯에 들어갈 내용으로 적절한 것은?

(나), (다)에 드러나는 '점순'의 심리 변화	(라), (마)에 드러나는 '나'의 심리 변화
㉮	㉯

	㉮	㉯
①	귀찮음. → 부끄러움	억울함. → 용기를 냄.
②	용기를 냄. → 무서움	서러움 → 화가 남.
③	용기를 냄. → 화가 남.	두려움 → 안도감
④	부끄러움 → 화가 남.	귀찮음. → 안도감
⑤	부끄러움 → 무안함.	두려움 → 화가 남.

02 ★중요
이 글의 시점에 대한 설명으로 적절한 것은?

① 주인공 '나'가 사건의 전모를 파악하여 서술하고 있다.

② 이야기 밖의 서술자가 인물과 사건의 외면만을 서술하고 있다.

③ 이야기 속 인물인 '나'가 관찰한 것을 객관적인 태도로 서술하고 있다.

④ 주인공인 '나'가 서술자가 되어 자신의 입장을 중심으로 서술하고 있다.

⑤ 모든 것을 알고 있는 이야기 밖의 서술자가 등장인물의 내면까지 서술하고 있다.

03
이 글을 이해한 내용으로 적절하지 않은 것은?

① 점순이 '나'에게 말을 붙인 건 호감의 표현이다.

② 점순이 '나'를 괴롭힌 이유는 '나'가 감자를 거절했기 때문이다.

③ '나'는 점순과 화해한 후, 아찔하고 미묘한 감정을 경험한다.

④ '나'는 내가 저지른 일을 이르지 않겠다는 점순의 말을 의심한다.

⑤ '나'는 수탉을 죽이고 난 후, 벌어질 상황에 대해 두려움을 느낀다.

04
〈보기〉를 참고하여 이 글의 해학성에 대해 설명할 때 적절하지 않은 것은?

┤ 보기 ├
공격이나 비판 없이 주인공의 바보스러운 행동만으로 웃음과 익살을 유발하는, 대상에 대한 애정과 동정이 스며 있는 한국적인 서술 방법이 해학이다.

① '나'의 우스꽝스러운 행동과 모습이 웃음을 유발한다.

② 독자들은 다 알고 있는 상황을 '나'만 모르는 상황이 웃음을 유발한다.

③ '나'의 어리숙함과 점순의 영악함에서 비롯된 갈등이 웃음을 유발한다.

④ 점순에 대한 '나'의 부정적인 감정을 비속어로 표현하여 웃음을 유발한다.

⑤ '나'의 어리석음을 비판적으로 공격하는 서술자의 태도가 웃음을 유발한다.

고난도 응용

01
'나'와 '점순'의 갈등에 대한 설명으로 적절하지 않은 것은?

① '감자'는 둘 사이에 갈등이 발생하는 계기가 된다.

② '동백꽃'은 둘의 화해의 분위기를 서정적으로 만들어 준다.

③ 갈등을 겪은 후 '나'가 점순을 더 좋아하게 되었다는 것을 알 수 있다.

④ 점순이 '나'의 어깨를 짚고 쓰러진 것은 의도적인 행동이라고 짐작할 수 있다.

⑤ '나'가 점순네 닭을 때려서 죽게 한 사건은 결과적으로 둘의 갈등이 해소되는 계기가 된다.

02
㉠, ㉡에 담긴 속마음으로 적절한 것은?

	㉠	㉡
①	'다음부터 바보처럼 울지 마라.'	'그래. 울지 않을게.'
②	'다음부터 내 호의를 거절하지 마라.'	'무슨 말인지 모르겠지만 일단 대답부터 하자.'
③	'다음부터 나를 괴롭히지 마라.'	'네가 괴롭히지 않으면 나도 그럴게.'
④	'다음부터 우리 수탉을 괴롭히지 마라.'	'노력해 볼게.'
⑤	'다음부터 나를 보면 아는 척해라.'	'네가 먼저 아는 척해 줬으면 좋겠어.'

03 서술형
〈보기〉를 참고하여 ⓐ의 내용을 '점순'의 입장에서 〈조건〉에 맞게 바꿔 쓰시오.

┤ 보기 ├
동일한 사건이라도 말하는 사람의 관점에 따라 작품 속의 세계는 다르게 형상화된다.

┤ 조건 ├
• [A]에 나타나 있는 사건의 객관적 내용과 점순의 심리가 드러나게 쓸 것.
• 점순을 '나'로 표현할 것.

[01~09] 다음 시를 읽고 물음에 답하시오.

> **㉮** 열무 삼십 단을 이고
> 시장에 간 우리 엄마
> 안 오시네, ⊙해는 시든 지 오래
> 나는 ⓛ찬밥처럼 방에 담겨
> 아무리 천천히 숙제를 해도
> 엄마 안 오시네, ⓒ배추 잎 같은 발소리 타박타박
> 안 들리네, 어둡고 무서워
> ⓔ금 간 창틈으로 고요히 빗소리
> 빈방에 혼자 엎드려 훌쩍거리던
>
> ⓜ아주 먼 옛날
> 지금도 내 눈시울을 뜨겁게 하는
> 그 시절, ㉯내 유년의 윗목
>
> – 기형도, 「엄마 걱정」

> **㉯** 높은 가지를 흔드는 ⓐ매미 소리에 묻혀
> 내 울음 아직은 노래 아니다.
>
> 차가운 바닥 위에 토하는 ⓑ울음
> 풀잎 없고 이슬 한 방울 내리지 않는
> 지하도 콘크리트 벽 좁은 틈에서
> 숨 막힐 듯, 그러나 ⓒ나 여기 살아 있다.
> 귀뚜르르 뚜르르 보내는 타전 소리가
> 누구의 마음 하나 울릴 수 있을까.
>
> 지금은 ⓓ매미 떼가 하늘을 찌르는 시절
> 그 소리 걷히고 ⓔ맑은 가을이
> 어린 풀숲 위에 내려와 뒤척이기도 하고
> 계단을 타고 이 땅 밑까지 내려오는 날
> 발길에 눌려 우는 내 울음도
> 누군가의 가슴에 실려 가는 ⓕ노래일 수 있을까.
>
> – 나희덕, 「귀뚜라미」

01 (가)와 (나)의 공통점으로 적절한 것은?

① 반어적 표현을 통해 화자의 정서를 강조하고 있다.
② 비슷한 문장 구조를 반복하여 운율을 형성하고 있다.
③ 상반된 의미의 시어를 사용하여 주제를 나타내고 있다.
④ 질문의 형식을 사용하여 화자의 바람을 드러내고 있다.
⑤ 처음과 끝에 같은 내용을 반복하여 화자의 처지를 강조하고 있다.

02 ⭐중요 (가)와 (나)의 화자를 비교한 내용으로 적절한 것은?

① (가)와 (나)의 화자는 모두 겉으로 직접 드러나 있지 않다.
② (가)와 (나)의 화자는 모두 과거 회상을 통해 자신을 성찰하고 있다.
③ (가)와 (나)의 화자는 모두 상대방에게 말을 건네는 방식으로 시상을 전개하고 있다.
④ (가)의 화자의 주된 정서는 서글픔이고, (나)의 화자의 주된 정서는 기대감이다.
⑤ (가)의 화자는 현실 비판적인 태도를 지니고 있고, (나)의 화자는 미래 지향적인 태도를 지니고 있다.

03 (가)에 대한 설명으로 적절하지 않은 것은?

① 어머니에 대한 애틋한 그리움을 간절하게 노래하고 있다.
② 화자가 과거에 경험했던 아픔이 현재에 되살아나고 있다.
③ 어른이 된 화자가 자신의 어린 시절에 대해 이야기하고 있다.
④ 구체적 상황을 생생하게 묘사하여 화자의 심리를 드러내고 있다.
⑤ 다양한 심상을 활용하여 화자의 정서를 감각적으로 표현하고 있다.

04 (가)의 시인에게 다음과 같은 질문을 했다고 가정할 때, 그 대답으로 적절한 것은?

> 이 시를 통해 독자에게 무엇을 이야기하고 싶었나요?

① 어른이 된다는 것은 무서운 책임감이 따르는 일이라는 것을 말하고 싶었어요.

② 가난했던 어린 시절에 느꼈던 외로움과 두려움을 독자와 함께 나누고 싶었어요.

③ 누구나 힘든 시절을 경험하지만 그런 일은 오래가지 않는다는 것을 알려 주고 싶었어요.

④ 자신의 과거를 잊지 않아야 현재를 올바르게 살아갈 수 있다는 것을 이야기하고 싶었어요.

⑤ 유년 시절의 슬픈 경험이 어른이 되었을 때 삶의 힘이 될 수도 있다는 것을 보여 주고 싶었어요.

05 (나)에 대한 감상으로 적절하지 <u>않은</u> 것은?

① 화자는 자신이 처한 상황에 절망하며 현실을 회피하고 있다.

② 화자는 현재 열악한 환경을 참고 견디며 고달픈 삶을 살고 있다.

③ 청각적 심상을 사용하여 화자의 처지를 감각적으로 묘사하고 있다.

④ 화자를 의인화하여 시인의 의도를 독자에게 효과적으로 전달하고 있다.

⑤ 화자의 간절한 소망을 통해 독자는 올바른 삶의 자세에 대해 생각해 볼 수 있다.

06 ㉠~㉤ 중, 다음과 같은 역할을 하는 시구가 <u>아닌</u> 것은?

> 화자나 인물이 처한 부정적인 상황을 보여 주거나, 어둡고 차가운 분위기를 조성한다.

① ㉠ ② ㉡ ③ ㉢ ④ ㉣ ⑤ ㉤

07 ㉮에 대한 독자의 반응으로 적절한 것은?

① 과거와 현재의 상황이 크게 변화했음을 드러내고 있어.

② 화자가 과거를 윗목과 같이 차가운 이미지로 기억하고 있음을 알 수 있어.

③ 행복한 지금의 모습과 대조되는 불우한 옛날의 모습을 압축하여 표현한 말이야.

④ 어머니를 위해 아랫목을 내어 주는 어린아이의 따뜻한 마음이 감동적으로 느껴져.

⑤ 한겨울에도 추운 곳에서 생활해야 하는 가난한 아이들의 삶을 드러내는 표현이야.

08 ⓐ~ⓕ 중, 대조적인 의미를 지닌 것끼리 바르게 묶은 것은?

① ⓐ, ⓒ ② ⓑ, ⓓ ③ ⓒ, ⓔ
④ ⓒ, ⓕ ⑤ ⓔ, ⓕ

서술형

09 (나)의 화자와 〈보기〉의 화자의 공통점과 이러한 화자를 설정한 시인의 의도를 〈조건〉에 맞게 쓰시오.

┤ 보기 ├

울지 마
엄마 돌아가신 지
언제인데
너처럼 많이 우는 애는
처음 봤다
해마다 가을날
밤이 깊으면
갈댓잎 사이로 허옇게
보름달 뜨면
내가 대신 이렇게
울고 있잖아

– 정호승, 「귀뚜라미에게 받은 짧은 편지」

┤ 조건 ├

• (나)와 〈보기〉에서 화자를 설정한 의도를 각각 주제와 관련지어 쓸 것.

[10~16] 다음 글을 읽고 물음에 답하시오.

가 ⓐ오늘도 또 우리 수탉이 막 쫓기었다. 내가 점심을 먹고 나무를 하러 갈 양으로 나올 때였다. 산으로 올라서려니까 등 뒤에서 푸드득푸드득 하고 닭의 횃소리가 야단이다. 깜짝 놀라며 고개를 돌려 보니 아니나 다르랴 두 놈이 또 얼렸다.

점순네 수탉(은 대강이가 크고 똑 오소리같이 실팍하게 생긴 놈)이 덩저리 작은 우리 수탉을 함부로 해내는 것이다.

나 ⓑ나흘 전 감자 쪼간만 하더라도 나는 저에게 조금도 잘못한 것은 없다.

계집애가 나물을 캐러 가면 갔지 남 울타리 엮는데 쌩이질을 하는 것은 다 뭐냐. 〈중략〉

"너 일하기 좋니?" / 또는,

"한여름이나 되거든 하지 벌써 울타리를 하니?"

잔소리를 두루 늘어놓다가 남이 들을까 봐 손으로 입을 틀어막고는 그 속에서 깔깔댄다. ⓒ별로 우스울 것도 없는데 날씨가 풀리더니 이놈의 계집애가 미쳤나 하고 의심하였다. 게다가 조금 뒤에는 즈 집께를 할금할금 돌아다보더니 행주치마의 속으로 꼈던 바른손을 뽑아서 나의 턱 밑으로 불쑥 내미는 것이다. 언제 구웠는지 아직도 더운 김이 홱 끼치는 굵은 감자 세 개가 손에 뿌듯이 쥐였다.

다 "느 집엔 이거 없지?"

하고 생색 있는 큰소리를 하고는 제가 준 것을 남이 알면 큰일 날 테니 여기서 얼른 먹어 버리란다. 〈중략〉

나는 고개도 돌리려 하지 않고 일하던 손으로 그 감자를 도로 어깨 너머로 쑥 밀어 버렸다. / 그랬더니 그래도 가는 기색이 없고, 뿐만 아니라 쌔근쌔근하고 심상치 않게 숨소리가 점점 거칠어진다. ⓘ이건 또 뭐야, 싶어서 그때에야 비로소 돌아다보니 나는 참으로 놀랐다. 우리가 이 동리에 온 것은 근 삼 년째 되어 오지만 여태껏 가무잡잡한 점순이의 얼굴이 이렇게까지 홍당무처럼 새빨개진 법이 없었다. 게다 눈에 독을 올리고 한참 나를 요렇게 쏘아보더니 나중에는 눈물까지 어리는 것이 아니냐. 그리고 바구니를 다시 집어 들더니 이를 꼭 악물고는 엎디어질 듯 자빠질 듯 논둑으로 휭 하게 달아나는 것이다.

라 눈물을 흘리고 간 그담 날 저녁나절이었다. 나무를 한 짐 잔뜩 지고 산을 내려오려니까 어디서 닭이 죽는소리를 친다. 이거 누 집에서 닭을 잡나, 하고 점순네 울 뒤로 돌아오다가 나는 고만 두 눈이 똥그레졌다. 점순이가 저의 집 봉당에 홀로 걸터앉았는데 아 이게 치마 앞에다

우리 씨암탉을 꼭 붙들어 놓고는,

"이놈의 닭! 죽어라 죽어라." / 요렇게 암팡스레 패 주는 것이 아닌가. 그것도 대가리나 치면 모른다마는 아주 알도 못 낳으라고 그 볼기짝께를 주먹을 콕콕 쥐어박는 것이다.

마 "이놈아! 너 왜 남의 닭을 때려죽이니?"

"그럼 어때?" / 하고 일어나다가,

ⓛ"뭐 이 자식! 누 집 닭인데?"

하고 복장을 떼미는 바람에 다시 벌렁 자빠졌다. 그리고 나서 가만히 생각하니 분하기도 하고 무안도스럽고, 또 한편 일을 저질렀으니, 인젠 땅이 떨어지고 집도 내쫓기고 해야 될는지 모른다.

나는 비슬비슬 일어나며 소맷자락으로 눈을 가리고는, 얼김에 엉, 하고 울음을 놓았다. 그러다 점순이가 앞으로 다가와서,

"그럼, 너 이담부턴 안 그럴 테냐?"

하고 물을 때에야 비로소 살길을 찾은 듯싶었다. 나는 눈물을 우선 씻고 무엇을 안 그러는지 명색도 모르건만,

"그래!" / 하고 무턱대고 대답하였다.

"요담부터 또 그래 봐라, 내 자꾸 못살게 굴 테니."

ⓓ"그래 그래, 인젠 안 그럴 테야!"

"닭 죽은 건 염려 마라. 내 안 이를 테니."

바 그리고 뭣에 떠다밀렸는지 나의 어깨를 짚은 채 그대로 퍽 쓰러진다. 그 바람에 나의 몸뚱이도 겹쳐서 쓰러지며 한창 피어 퍼드러진 노란 동백꽃 속으로 폭 파묻혀 버렸다. ⓔ알싸한 그리고 향긋한 그 냄새에 나는 땅이 꺼지는 듯이 온 정신이 고만 아찔하였다.

"너 말 마라?" / "그래!"

– 김유정, 「동백꽃」

10 이 글에 대한 설명으로 적절하지 **않은** 것은?

① 비속어를 사용하여 해학적 분위기를 만들어 내고 있다.

② 등장인물들의 재치 있는 말과 행동으로 웃음을 유발하고 있다.

③ 중심인물의 성격을 대조적으로 설정하여 갈등을 전개하고 있다.

④ 향토적인 소재와 사투리를 사용하여 토속적 분위기를 형성하고 있다.

⑤ 산골 마을을 배경으로 소년과 소녀의 순박한 사랑 이야기를 그려 내고 있다.

11 이 글에 등장하는 '나'의 특징으로 적절한 것은?

① 점순에 대한 관심을 애써 감추고 있다.
② 영악하여 점순의 의도를 훤히 꿰뚫고 있다.
③ 어수룩하여 점순의 마음을 헤아리지 못한다.
④ 점순과의 갈등 해결을 위해 적극적으로 노력한다.
⑤ 지나치게 신중한 성격 때문에 점순과 갈등을 유발한다.

12 (다), (라)를 통해 짐작할 수 있는 '점순'의 심리에 대한 이해로 적절하지 않은 것은?

① '나'에 대한 관심이 이제는 사라진 것 같아.
② 자신의 마음을 몰라주는 '나'를 원망하고 있어.
③ 씨암탉을 통해 '나'에 대한 분풀이를 하고 있어.
④ 자신의 호의가 무시당해서 무척 속상한 것 같아.
⑤ '나'에게 서운함을 느껴 앙갚음을 하려는 것 같아.

13 ㉠을 다음에 제시된 시점으로 바꿔 썼다고 할 때, 그 내용으로 적절한 것은?

> 이야기 밖의 서술자가 인물의 행동과 사건을 관찰하여 서술하는 시점으로, 인물의 속마음이 직접 드러나지 않기 때문에 독자의 무한한 상상이 가능하다.

① 그는 일을 하다 말고 점순을 돌아다보더니 눈이 휘둥그레졌다.
② 평소와 다른 점순의 기세를 느끼고 나는 점순을 돌아다보았다.
③ 그는 뭔가 이상한 기운을 눈치채고 점순을 돌아다보고는 깜짝 놀랐다.
④ 그는 이건 또 뭐야, 싶어서 그때서야 비로소 점순을 돌아다보고는 참으로 놀랐다.
⑤ 그는 내 거친 숨소리를 들은 모양인지 비로소 나를 돌아다보고는 깜짝 놀라는 눈치였다.

14 ⓐ~ⓔ에 대한 설명으로 적절하지 않은 것은?

① ⓐ: 점순과 '나'의 갈등이 이제 막 시작되었음을 보여 준다.
② ⓑ: 현재에서 과거로 거슬러 올라가는 구성을 취하고 있음을 보여 준다.
③ ⓒ: '나'는 점순과 얽힌 사건의 의미를 정확히 이해하지 못하고 있음을 보여 준다.
④ ⓓ: 점순의 말의 의도를 알아차리지 못한 채 위기를 모면하기 위해 하는 대답이다.
⑤ ⓔ: '나'가 미묘한 사랑의 감정을 느끼고 있음을 표현한 것이다.

15 서술형 이 글에서 〈보기〉의 '호두'와 비슷한 역할을 하는 소재를 찾아 쓰고, 그 의미를 서술하시오.

> ◀ 보기 ▶
> 이날 밤, 소년은 몰래 덕쇠 할아버지네 호두밭으로 갔다. / 낮에 봐 두었던 나무로 올라갔다. 그리고 봐 두었던 가지를 향해 작대기를 내리쳤다. 호두송이 떨어지는 소리가 별나게 크게 들렸다. 가슴이 선뜩했다. 그러나 다음 순간, 굵은 호두야 많이 떨어져라, 많이 떨어져라, 저도 모를 힘에 이끌려 마구 작대기를 내리치는 것이었다. 〈중략〉
> 불룩한 주머니를 어루만졌다. 호두송이를 맨손으로 깠다가는 옴이 오르기 쉽다는 말 같은 건 아무렇지도 않았다. 그저 근동에서 제일 가는 이 덕쇠 할아버지네 호두를 어서 소녀에게 맛보여야 한다는 생각만이 앞섰다.
> – 황순원, 「소나기」

16 서술형 〈보기〉의 내용을 참고하여, '점순'이 ㉡과 같이 말한 의도를 쓰시오.

> ◀ 보기 ▶
> 그러지 않아도 저희는 마름이고 우리는 그 손에서 배재를 얻어 땅을 부치므로 일상 굽실거린다. 우리가 이 마을에 처음 들어와 집이 없어서 곤란으로 지낼 적에 집터를 빌리고 그 위에 집을 또 짓도록 마련해 준 것도 점순네의 호의였다. 그리고 우리 어머니 아버지도 농사 때 양식이 달리면 점순네한테 가서 부지런히 꾸어다 먹으면서 인품 그런 집은 다시 없으리라고 침이 마르도록 칭찬하곤 하는 것이다.

2 문학 작품의 재구성

학습 목표
• 재구성된 작품을 원작과 비교하고 변화 양상을 파악하며 감상할 수 있다.
• 작품을 재구성하는 방법을 알고, 재구성된 작품이 주는 효과를 파악할 수 있다.

개념 압축 APP

❶ 문학 작품 재구성의 뜻

원작을 토대로 내용, 표현, 갈래, 매체 등에 변화를 주어 새로운 작품으로 창작하는 것을 말한다.

❷ 문학 작품 재구성의 과정

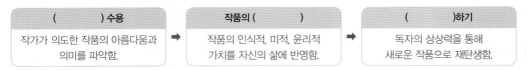

( ) 수용	작품의 ( )	( )하기
작가가 의도한 작품의 아름다움과 의미를 파악함.	작품의 인식적, 미적, 윤리적 가치를 자신의 삶에 반영함.	독자의 상상력을 통해 새로운 작품으로 재탄생함.

❸ 문학 작품을 재구성할 때 고려해야 할 요소

내용	시·공간적 배경, 인물의 성격, 사건 등을 바꿈.
표현	원작의 표현을 패러디 등의 방법으로 새롭게 바꿈.
갈래	시, 소설, 수필, 극의 갈래별 특징을 고려하여 재구성함.
( )	라디오, 텔레비전, 인터넷 등의 매체는 시각적 요소와 청각적 요소를 함께 고려하여 재구성함.

❹ 문학 작품 재구성의 의의

작품에 대한 정확한 이해와 감상	원작을 무시하거나 자의적으로 해석하면 안 되기에 작품을 정확히 읽고 감상해야 함.
내면화 능력의 획득	독자가 작품의 수용 활동을 통해 얻은 가치를 자신의 가치로 융합하고 생활 속에서 실천하며, 세상을 다각도로 성찰할 수 있음.
문학적 생산 능력의 고양	다양한 시각과 방법으로 창조적으로 작품을 재구성함으로써 문학적 표현 욕구를 증진함.

필수 어휘 사전

● **원작**: 본디의 저작이나 제작.

● **내면화**: 정신적·심리적으로 깊이 마음속에 자리 잡힘. 또는 그렇게 되게 함.

● **재구성**: 한 번 구성하였던 것을 다시 새롭게 구성함.

---

① (가)는 조선 시대 윤선도의 시조 「오우가(五友歌)」이고, (나)는 이 작품을 패러디한 작품이다. 두 작품을 비교하며 감상한 후, 고전 작품이 현대에도 의미를 가질 수 있다면 어떤 점에서 그런지 설명해 보자.

> **(가)** 내 벗이 몇이나 하니 수석(水石)과 송죽(松竹)이라.
> 동산(東山)에 달 오르니 그 더욱 반갑고야.
> 두어라 이 다섯밖에 또 더하여 무엇하리.
>
> — 윤선도, 「오우가(五友歌)」
>
> **(나)** 내 벗이 몇인가 하니 교과서와 색볼펜이라.
> 형광펜으로 별표 그리니 그 더욱 반갑구나.
> 두어라 이 세 가지뿐 또 더하여 무엇하리.

② 다음은 '가루는 칠수록 고와지고 말은 할수록 거칠어진다.'라는 속담을 시대적 상황에 맞게 바꾸어 써 보는 모둠 활동에서 한 모둠원이 제시한 의견이다. 다음 물음에 답하며, 제시된 의견의 타당성을 평가해 보자.

> 모둠원: 저는 '가루는 칠수록 고와지고 말은 할수록 거칠어진다.'라는 말을 이해하기 어려웠습니다. 현대는 소셜 미디어의 시대라고 해도 과언이 아닙니다. 소셜 미디어에서 가장 중요한 것은 개방, 참여, 공유입니다. 상대방에게 자신의 의견을 전달하지 않고 가만히 있으면 오히려 이상한 사람으로 오해받기 쉽습니다. 여러 차례 자신의 의견을 드러내는 과정에서 이를 효과적으로 전달하고 예의를 갖추어 말하는 방법을 알 수 있다고 생각합니다. 그렇기에 저는 이 속담을 (   )와/과 같이 바꾸어 보았습니다.

(1) 모둠원의 논리에 근거하여 빈칸에 들어갈 내용을 써 보자.

(2) 모둠원이 제시한 근거 중 타당성이 부족한 부분을 찾아 그 이유를 말해 보자.

끌어 주기

① 고전 문학을 오늘날의 상황과 가치관에 맞게 바꾸어 표현하는 것은 고전 작품의 창조적 계승이라 할 수 있다. 원작과 재구성한 작품을 비교하여 감상한 후 재구성하는 과정에서 바뀐 것과 그렇지 않은 것을 파악해 본다.

예시 답안 (가)의 다섯 자연물인 수석송죽월(水石松竹月)이 (나)에서는 공부할 때 필요한 교과서, 색볼펜, 형광펜으로 바뀌었다. (나)에서도 사람이 아닌 사물을 마치 친구처럼 여기며 그 가치를 평가하고 있다는 점에서 (가)에 담긴 작가의 정서, 즉 사물(자연)에 대한 애정관이 오늘날에도 이어질 수 있음을 알 수 있다.

② (1) '속담'은 오랜 역사적 생활 체험을 통해 이루어진 인생에 대한 교훈이나 경계 따위를 간결하게 표현한 짧은 글이다. 이러한 속담은 시대적 변화와 가치관에 따라 재해석될 여지가 있다. 소셜 미디어의 시대에 맞게 바꾸어 본다.

예시 답안 가루는 칠수록 고와지고 말도 할수록 고와진다.

(2) 소셜 미디어의 단점은 없는지 생각해 보고, 제시한 의견의 근거에 대해 타당성을 검토해 본다.

예시 답안 소셜 미디어에 여러 차례 의견을 제시하는 사람이라 할지라도 언어 예절을 지키지 않는 경우를 볼 수 있다. 소셜 미디어상의 언어 예절은 자신의 의견을 드러내는 횟수에 상관없이 서로가 배우고 지켜야 할 규범이다.

새로 쓰는 흥부전

*다음 글을 읽고 물음에 답하시오.

(가) 서울 외곽의 한 동네에 '놀부네'라는 식당이 있었습니다. 이 식당을 20년 넘게 하면서 열심히 살아가는 연(燕)씨 부부에게는 놀부와 흥부, 두 아들이 있었지요. 부부는 늦둥이인 흥부는 오냐오냐 하며 키우면서도 맏이인 놀부는 엄격하게 키웠어요. 열심히 공부해서 놀부가 좋은 학교에 가길 바랐기 때문이지요. 그러면 안정적인 직장에 취직해서 자신들이 없을 때도 늦둥이인 흥부와 우애 좋게 살면서 잘 돌봐 줄 거라고 생각했어요.

(나) 놀부는 부모님께 배운 것을 바탕으로 열심히 새로운 메뉴를 개발했어요. '놀부네' 식당은 하루하루 더 번창했지요. 그래도 놀부는 게으름을 피우지 않고 새벽부터 식당에 나와 청소며 장사 준비까지, 솔선수범해서 열심히 일했어요. 이런 놀부와 달리, 온실 속 화초처럼 곱게만 자란 흥부는 부모님이 살아 계실 때처럼 형에게 용돈을 타서 친구들과 놀러 다니기 일쑤였지요.

(다) 몇 년이 지난 어느 날 놀부가 말했어요.
"흥부야, 이제 너에게 용돈을 주지는 않을 거야. 너도 다 컸으니 네 용돈은 네가 벌어서 쓰도록 해."
이 말을 들은 흥부는 깜짝 놀랐어요.
"형, 그게 무슨 말이야? 내가 어떻게 용돈을 벌어? 부모님 돌아가실 때 형이 부모님께 약속했잖아? 식당을 이어받아 열심히 살면서 나를 돌봐 준다고. 돈 좀 벌고 나니, 돈에 눈이 멀어 이젠 동생을 못 본 체하겠다는 거야?"
놀부는 아랑곳하지 않고 흥부에게 더 모질게 말했어요.
"난 해 줄 만큼 해 줬어. 도대체 언제까지 나한테 용돈 받아 살아갈 거니? 이제 네 인생은 네가 알아서 살아가도록 해."
배신감을 느낀 흥부는 화가 나서 형에게 입에 담지 못할 험한 말들을 퍼붓고는 집을 뛰쳐나왔어요.
'꼭 형보다 성공할 거야. 다시는 이 집에 돌아오나 봐라. 형에게 무슨 일이 생겨도 모른 척할 거야.'
흥부는 한동안 친구 집에 머물며 일자리를 구하러 다녔지만 아무 일도 해 본 적 없는 흥부가 직장을 구하는 일은 쉽지 않았어요.

(라) 흥부는 부모님의 정성이 담겨 있던 '놀부네' 식당의 음식을 떠올리며 새 메뉴를 개발해 냈어요. 그 덕에 막강한 경쟁자들을 제치고 1등을 차지했지요. 상을 받고 기쁨의 눈물을 흘리는 흥부 앞에 형 놀부가 웃음 띤 얼굴로 나타났어요.
식당 사장님이 놀부를 반기며 말했어요.
[A] "흥부야, 사실은 오늘이 있기까지 형이 너를 나에게 부탁했단다. 이 식당도 너를 위해 네 형이 어렵게 마련해 둔 거야."

(마) 형의 진심을 안 흥부는 더 열심히 식당 일을 했어요. 부모님이 물려주신 '놀부네' 식당과 함께, 요리사가 된 흥부가 운영하는 '흥부네' 식당은 '양심적인 재료로 정성스럽게 만든 음식, 형제의 우애로 만든 맛있는 음식'으로 입소문이 나면서 아주 유명해졌답니다. 놀부와 흥부는 부모님과 손님들에게 받은 사랑을 이웃들과 나누는 것도 잊지 않았어요. 일 년에 몇 번씩 지역의 어려운 분들을 식당으로 초대해 맛있는 음식을 나누면서 놀부와 흥부 형제는 행복하게 살았답니다.

학습 목표 응용

01 중요
원작인 「흥부전」과 비교하며 이 글을 읽을 때 고려할 사항으로 적절하지 않은 것은?

① 원작 「흥부전」에 대한 타당한 해석과 비판적인 견해를 찾아보며 읽는다.
② 사건을 바라보는 서술자의 태도가 어떻게 변화되었는지 살펴보며 읽는다.
③ 등장인물의 특성을 바꾸어 새로운 인물로 탄생시킨 이유를 파악하며 읽는다.
④ 자신의 가치관과 다른 생각을 가진 인물의 생각을 존중하여 그대로 수용하며 읽는다.
⑤ 원작 「흥부전」의 줄거리를 요약하여 중심 내용이 어떻게 변화되었는지 파악하며 읽는다.

02 이 글에 대한 설명으로 적절하지 <u>않은</u> 것은?

① 흥부와 놀부의 갈등 양상이 드러나 있다.

② 사건 전개 과정에서 인물의 성격 변화가 나타난다.

③ 놀부의 부의 축적 과정에 대한 풍자와 해학을 통해 현대 사회를 비판하고 있다.

④ 선행을 실천하는 모습을 결말에 제시함으로써 공동체에 대한 인식을 환기하고 있다.

⑤ 형제간의 우애를 현대의 시각으로 재구성하여 진정한 우애의 의미를 보여 주고 있다.

03 [A]를 듣고, 흥부가 놀부에게 할 수 있는 말로 가장 적절한 것은?

① 미안해, 형의 진심을 몰랐어. 이 모든 게 다 형 덕분이야.

② 형이 나를 위해 무엇이든 나눠 주던 예전의 생활로 돌아가자.

③ 형, 이제 우리가 손님들에게 받은 사랑을 되갚을 일만 남았어.

④ 형이 대체 나에게 해 준 게 뭐가 있다고 여기에 찾아온 거야?

⑤ 형만 음식을 맛있게 만들 수 있는 건 아냐. 나도 이렇게 잘 할 수 있어.

서술형 **중요**

04 〈보기〉가 '흥부네' 식당을 홍보하는 광고라고 할 때, 빈칸에 들어갈 내용을 〈조건〉에 맞게 서술하시오.

◀ 보기 ▶

지친 하루를 마친 당신. 당신의 몸과 마음을 녹여 줄 곳을 찾으시나요?

(   ) '흥부네' 식당.

뜨거운 맛을 보여 드리겠습니다.

◀ 조건 ▶

• (마)에서 주제와 관련된 내용을 찾아 '흥부네' 식당을 꾸며 주는 문장 형식으로 쓸 것.

• 3어절로 쓰되, (마)의 내용을 그대로 옮겨 쓰지 말 것.

고난도 응용

01 〈보기〉는 고전 소설 「흥부전」의 일부분이다. (다)와 〈보기〉를 비교한 내용으로 적절한 것은?

◀ 보기 ▶

아무리 생각하여도 좋은 수가 나지 않아 흥부는 형님 앞으로 달려가 엎드렸다.

"형님, 형제간 정을 보아 한 번만 거두어 주세요. 아무리 생각해도 나가 살 도리가 없어요."

"애당초 나는 믿지 마라. 네가 만약 떠난 뒤에 이 문을 다시 들어오면 죽어서나 나갈 수 있을 것이야. 이놈!" / 흥부가 이런 말까지 듣고 나니 기가 막히고 목이 막혀서 그저 하릴없이 물러나 하직을 고했다.

① (다)와 〈보기〉는 사이좋은 형제의 모습을 보여 준다.

② (다)는 과거 시제로, 〈보기〉는 현재 시제로 표현하였다.

③ (다)의 '흥부'는 형에게 순응적 태도를, 〈보기〉의 '흥부'는 형에게 반항적 태도를 보인다.

④ (다)는 말하는 듯한 구어체의 문장을, 〈보기〉는 격식을 갖춘 문어체의 문장을 사용하고 있다.

⑤ (다)의 '흥부'는 자신의 잘못을 인정하지 않지만, 〈보기〉의 '흥부'는 자신의 잘못을 인정하고 집을 떠난다.

중요

02 〈보기〉의 밑줄 친 내용과 관련하여 (가)~(마)의 상황에 대한 독자의 반응으로 적절한 것은?

◀ 보기 ▶

「새로 쓰는 흥부전」은 원작의 주제인 '형제간의 우애'를 그대로 유지하면서 <u>현대 사회에서 흥부에게 진정 필요한 것이 무엇인지에 대한 고민</u>을 담고 있다.

① (가): 흥부는 부모님과 형의 사랑을 받고 자라서 행복한 유년 시절을 보낼 수 있었구나.

② (나): 놀부는 성실하게 살아야 성공할 수 있다는 것을 흥부에게 가르치려고 했구나.

③ (다): 놀부는 흥부가 스스로 생활할 능력을 갖고 살아가기를 바라서 용돈을 안 준다고 했구나.

④ (라): 흥부처럼 열심히 살다 보면 누군가 도와주는 사람이 반드시 나타나는구나.

⑤ (마): 흥부가 놀부에게 어려운 이웃과 더불어 사는 삶의 가치를 깨우쳐 주었구나.

2 그림 동화로 읽는 흑설 공주 | 이경혜

*다음은 동화 「백설 공주」를 재구성한 이야기이다. 이 글을 읽고 물음에 답하시오.

(가) 사람들은 흑설 공주를 손가락질했지.

"임금님도 왕비님도 모두 고귀한 하얀 살갗을 지니셨는데, 어째서 공주님만 저렇게 온몸이 새까맣지?"

공주는 늘 고개를 푹 숙인 채 어머니가 떠 준 망토만 가슴에 품고 다녔지. 고양이가 다니는 덤불숲 귀퉁이에 앉아 책을 읽는 공주가 보이지? 공주는 언제나 사람들 눈에 띄지 않는 곳만 찾아다녔어. 책과 작은 동물들이 공주의 유일한 친구였지.

(나) 마침내 왕은 새 왕비를 맞아들였어. 백설 공주가 살아온 듯 아름다운 여자였지. 게다가 왕비는 흑설 공주를 늘 데리고 다녔어.

"어쩌면 새 왕비님은 마음까지 고우실까?"

사람들은 새 왕비를 칭찬했지만, 공주는 사람들 앞에 나가는 일이 괴롭기만 했지.

(다) 흑설 공주는 숲길을 헤매다 아주 작은 집을 찾아냈어. 바로 일곱 난쟁이의 집이었지. 백설 공주의 일곱 난쟁이가 아니라 그 일곱 난쟁이들이 각각 낳은 일곱 명의 아들이 사는 집이었어. 흑설 공주는 허리를 굽혀 그 작은 집 안으로 들어갔어.

저녁이 되어 집으로 돌아온 난쟁이들은 잠든 공주를 보고 깜짝 놀랐어.

"흑설 공주님이잖아?" / "그래, 백설 공주님의 따님!"

"밤처럼 까맣고 아름다운 공주님이네!"

"낮처럼 하얗고 아름다웠던 백설 공주님처럼!"

(라) 공주는 마음을 놓고 얼른 문을 열었지. 그런데 그게 바로 변장한 왕비였어. 왕비는 재빨리 ㉠책 한 권을 펼쳐 보였지.

"이런 산속에선 구경도 할 수 없는 재미난 책이라우."

공주는 너무 기뻐 얼른 책을 읽기 시작했어. 공주가 펼친 면을 금세 다 읽고 손가락에 침을 묻혀 다음 장으로 넘기자 왕비가 침을 '꼴깍!' 삼켰지. 그 펼쳐진 면에는 독이 발려져 있었거든! 이제 공주가 독이 묻은 저 손가락을 다시 입속에 넣기만 하면 일이 끝나잖아? 아니나 다를까, 공주는 다음 장을 넘기려고 다시 손가락에 침을 묻히다 말고 풀썩 쓰러지고 말았지.

(마) 정원사는 공주가 읽다 만 책을 들여다보았어. 그러자

참았던 울음이 폭포처럼 쏟아져 나왔지. 눈물은 흘러 흘러 책장 위를 지나 공주의 입속으로 들어갔어. 그 순간 공주가 "아!" 하고 한숨을 쉬며 눈을 떴단다. 정원사의 눈물에 공주의 몸속에 있던 독이 다 흘러 나간 거야. 공주는 정원사의 눈에 비친 제 모습을 바라보았지. 세상에 태어나서 처음으로 공주는 자신이 아름답다고 생각했어.

(바) "거울아, 거울아, 세상에서 가장 아름다운 사람이 누구니?" / 이제 이런 질문을 던지면 거울은 우물쭈물하다 대답했지.

"모르겠어요. 저마다 다들 나름대로 아름다우니 누가 가장 아름다운지 도무지 알 수가 없어요."

그 대답에 공주는 환하게 웃으며 말했단다.

"그래, 정말 모두들 아름답지. ㉡장미는 장미대로, 제비꽃은 제비꽃대로, 거미는 거미대로, 나비는 나비대로, 저녁은 저녁대로, 새벽은 새벽대로, 너는 너대로, 나는 나대로 말이야."

학습 목표 응용

01 〈보기〉는 이 글의 원작 동화 「백설 공주」를 정리한 것이다. 〈보기〉를 바탕으로 이 글을 이해한 독자의 반응으로 적절하지 않은 것은?

┤ 보기 ├

갈래	동화	주인공	백설 공주
배경	옛날, 어느 왕궁, 숲속		
시점	3인칭 전지적 시점		
주요 사건	새 왕비가 독 사과로 백설 공주를 죽였지만 왕자가 입맞춤으로 공주를 구해 줌.		
주제	착하게 살아야 한다.(권선징악)		

① 원작에 비해 시간이 흐른 뒤의 사건으로 재구성했군.

② 주인공의 외모를 완전히 다르게 설정하여 새로운 주제를 전달하고 있군.

③ 사건의 세부적인 요소에 변화를 주어 독자에게 흥미를 불러일으키고 있군.

④ 사건의 공간적 배경을 바꾸어 현대의 우리의 삶과 쉽게 비교해 볼 수 있게 했군.

⑤ 주인공이 겪는 중심 사건을 원작과 유사하게 처리하여 독자에게 익숙한 느낌을 주는군.

02 이 글을 통해 말하고자 하는 바를 다음과 같이 요약할 때, 빈칸에 들어갈 말로 적절한 것은?

> 아름다움의 기준은 (   )(이)다.

① 보편적 ② 상대적 ③ 고정적
④ 객관적 ⑤ 구체적

03 이 글을 읽은 독자가 (가)와 (나)의 '흑설 공주'에게 해 줄 만한 조언으로 가장 적절한 것은?

① 너도 언젠가는 하얀 피부를 갖게 될 거야. 희망을 가지렴.
② 너의 까만 피부는 아무도 갖지 못한 너만의 아름다움이야. 자신감을 가져.
③ 책과 작은 동물들이 너를 충분히 위로해 줄 수 있을 거야. 다른 건 무시해 버려.
④ 다른 사람들이 하는 말은 모두 너를 부러워해서 하는 거짓말이야. 신경 쓰지 마.
⑤ 네가 공주라는 걸 알아주는 사람이 있을 거야. 그런 사람들을 찾아보는 게 어때?

04 ㉠에 대한 설명으로 적절하지 <u>않은</u> 것은?

① 독자의 긴장감을 유발한다.
② '흑설 공주'의 위기 상황을 연출한다.
③ '왕비'의 부정적 성격을 구체화한다.
④ '흑설 공주'의 성격 변화를 암시한다.
⑤ '흑설 공주'가 긍정적으로 인식하는 대상이다.

05 ㉡에서 드러내고자 하는 바와 의미가 통하는 것은?

① 칭찬을 좋아하는 자는 유혹도 좋아한다.
② 자신이 생각하기에 따라 인생이 달라진다.
③ 한 번 실패와 영원한 실패를 혼동하지 말라.
④ 행복을 잃을 수 있는 한 그래도 우리는 행복을 가지고 있다.
⑤ 개성이야말로 당신이 중요한 인간이 되기 위한 유일한 자격이다.

고난도 응용

01 이 글의 작가가 말하고자 하는 바를 <u>잘못</u> 이해한 사람은?

① 효림: 작가는 보름달처럼 복스러운 얼굴, 배가 나온 여성에게서도 얼마든지 아름다움을 느낄 수 있다는 걸 말하고 있어.
② 도성: 요즘은 미인이라면 날씬한 몸매를 가지고 있어야 한다고 여기는데, 작가는 통통한 몸매 때문에 사람 자체를 배척하는 것은 잘못이라고 말하고 있어.
③ 주영: 조선 시대에는 하얗고 고운 피부, 동그랗고 까만 눈동자, 불그스름한 볼과 입술이 미인의 기준이었다는데, 작가는 외모의 기준이 쉽게 바뀌지 않음을 강조하려는 거야.
④ 원우: 목이 긴 여자를 미인으로 여기는 아프리카의 한 부족은 어려서부터 목에 고리를 끼운다는데, 작가는 이들 부족 사람들에게 목의 길이보다 더 중요한 아름다움이 있다는 걸 알려 주고 싶을 거야.
⑤ 윤재: 1980년대에는 도시형 얼굴이, 1990년대에는 청순미, 최근에는 건강미가 미인의 기준으로 인정받고 있는데, 얼마 후에는 또 다른 기준이 만들어질 것 같아. 작가는 이런 기준이 절대적인 게 아니라고 보고 있어.

서술형 ⭐중요
02 〈보기〉는 원작 「백설 공주」를 재구성한 또 다른 이야기의 결말이다. 이로 보아 〈보기〉의 작가가 작품의 재구성을 통해 말하고자 하는 바를 〈조건〉에 맞게 서술하시오.

◀ 보기 ▶
> 백설 공주는 독 사과를 먹고 쓰러졌다. 난쟁이들은 '가장 아름다운 사람'만이 공주를 살릴 수 있다는 말을 듣고 세상에서 아름답다고 소문난 사람들을 찾아다녔지만 아무도 공주를 살려 내지 못했다. 그래서 난쟁이들은 어쩔 수 없이 공주와 작별의 입맞춤을 했는데, 그러자 공주가 살아났다.

◀ 조건 ▶
• '아름다움'이라는 말을 언급할 것.
• 한 문장으로 쓸 것.

[01~06] 다음은 고전 소설 「흥부전」을 재구성한 이야기이다. 이 글을 읽고 물음에 답하시오.

가 서울 외곽의 한 동네에 '놀부네'라는 식당이 있었습니다. 이 식당을 20년 넘게 하면서 열심히 살아가는 연(燕)씨 부부에게는 놀부와 흥부, 두 아들이 있었지요. 부부는 늦둥이인 흥부는 오냐오냐 하며 키우면서도 맏이인 놀부는 엄격하게 키웠어요. 〈중략〉

세월이 흘러 부모님이 돌아가시고 놀부와 흥부는 부모님이 평생을 바친 '놀부네 식당'을 이어받았어요.

놀부는 부모님께 배운 것을 바탕으로 열심히 새로운 메뉴를 개발했어요. '놀부네' 식당은 하루하루 더 번창했지요. 그래도 놀부는 게으름을 피우지 않고 새벽부터 식당에 나와 청소며 장사 준비까지, 솔선수범해서 열심히 일했어요. 이런 놀부와 달리, 온실 속 화초처럼 곱게만 자란 흥부는 부모님이 살아 계실 때처럼 형에게 용돈을 타서 친구들과 놀러 다니기 일쑤였지요.

나 몇 년이 지난 어느 날 놀부가 말했어요.

"흥부야, 이제 너에게 용돈을 주지는 않을 거야. 너도 다 컸으니 네 용돈은 네가 벌어서 쓰도록 해."

이 말을 들은 흥부는 깜짝 놀랐어요.

"형, 그게 무슨 말이야? 내가 어떻게 용돈을 벌어? 부모님 돌아가실 때 형이 부모님께 약속했잖아? 식당을 이어받아 열심히 살면서 나를 돌봐 준다고. 돈 좀 벌고 나니, 돈에 눈이 멀어 이젠 동생을 못 본 체하겠다는 거야?"

놀부는 아랑곳하지 않고 흥부에게 더 모질게 말했어요.

"난 해 줄 만큼 해 줬어. 도대체 언제까지 나한테 용돈 받아 살아갈 거니? 이제 네 인생은 네가 알아서 살아가도록 해."

다 흥부는 한동안 친구 집에 머물며 일자리를 구하러 다녔지만 아무 일도 해 본 적 없는 흥부가 직장을 구하는 일은 쉽지 않았어요.

날이 갈수록 미안해 어쩔 줄 몰라 하는 흥부에게 어느 날 친구가 연락처 하나를 주었어요.

"아는 분 식당인데 열심히 일을 배울 사람을 구한대. 식당은 작지만 열심히 하면 주방 보조로 일하며 요리사 자격증도 딸 수 있게 지원해 주신다더라. 생각 있으면 가 봐."

흥부는 고맙다면서 그 식당을 찾아갔어요. 일은 생각보다 훨씬 힘들었어요. 하지만 형에게 복수하겠다는 생각에 흥부는 열심히 일했어요.

라 2년여의 시간이 흘러 흥부는 요리사 자격증도 따고 음식 솜씨도 많이 늘었어요. 사장님은 흥부에게 새로운 메뉴를 개발해서 지역 음식 경연 대회에 참가해 보자고 했어요. 〈중략〉

흥부는 부모님의 정성이 담겨 있던 '놀부네' 식당의 음식을 떠올리며 새 메뉴를 개발해 냈어요. 그 덕에 막강한 경쟁자들을 제치고 1등을 차지했지요. 상을 받고 기쁨의 눈물을 흘리는 흥부 앞에 형 놀부가 웃음 띤 얼굴로 나타났어요.

마 식당 사장님이 놀부를 반기며 말했어요.

"흥부야, 사실은 오늘이 있기까지 형이 너를 나에게 부탁했단다. 이 식당도 너를 위해 네 형이 어렵게 마련해 둔 거야." / 식당을 소개해 준 친구도 말했어요.

"사실 그때 놀부 형이 나를 찾아와 너를 이리 보내 달라고 부탁했었어."

"내 동생 흥부야, 정말 장하다. 하늘나라에서 부모님도 너를 자랑스럽게 보고 계실 거다." / 그제야 흥부는 더 이상 용돈을 주지 않겠다고 모질게 말했던 형의 ㉠깊은 뜻을 알고 고마움과 미안함에 눈물을 흘렸어요.

형의 진심을 안 흥부는 더 열심히 식당 일을 했어요. 부모님이 물려주신 '놀부네' 식당과 함께, 요리사가 된 흥부가 운영하는 '흥부네' 식당은 '양심적인 재료로 정성스럽게 만든 음식, 형제의 우애로 만든 맛있는 음식'으로 입소문이 나면서 아주 유명해졌답니다.
　　　　　　　　　　　　　　　－「새로 쓰는 흥부전」

01 〈보기〉는 이 글과 같이 작품을 재구성하는 활동의 의의를 설명한 글이다. 빈칸에 들어갈 적절한 말을 차례대로 나열한 것은?

▸ **보기** ◂

원작을 읽은 후 원작을 수용하여 내면화하고 자신의 시각으로 다시 창작하는 과정에서 (　　)에서 (　　)(으)로의 전환이 이루어진다. 이런 활동은 재구성된 작품의 (　　)(으)로 하여금 새로운 창작 욕구를 불러일으켜 또 다른 재구성된 작품을 쓸 수 있는 계기를 만들어 준다.

① 작가, 독자, 독자　　② 작가, 독자, 작가
③ 작가, 작가, 독자　　④ 독자, 독자, 작가
⑤ 독자, 작가, 독자

02 이 글에 대한 설명으로 적절하지 <u>않은</u> 것은?

① 두 인물의 갈등과 화해의 과정을 다루고 있다.
② 이야기 속의 등장인물이 사건을 서술하고 있다.
③ 인물의 외적 갈등을 바탕으로 사건을 구성하고 있다.
④ 시간의 흐름에 따라 사건을 순차적으로 전개하고 있다.
⑤ 배경을 현대 서울로 설정하여 이야기를 전개하고 있다.

03 이 글에 반영되어 있는 가치관과 의미가 통하는 속담으로 적절한 것은?

① 팔은 안으로 굽는다.
② 세 살 버릇 여든 간다.
③ 찬물도 위아래가 있다.
④ 예쁜 자식 매로 키운다.
⑤ 나는 바담 풍 해도 너는 바람 풍 해라.

04 〈보기〉는 원작 「흥부전」의 사건 전개 과정을 정리한 것이다. (가)~(마)로 보아 원작에서 유사한 발상을 활용한 부분은?

▐ 보기 ▐

발단	흥부가 쫓겨남.
전개	흥부가 제비 다리를 고쳐 줌.
위기	흥부가 박을 타서 부자가 됨.
절정	놀부가 벌을 받아 망함.
결말	흥부가 놀부를 도와주고 화해함.

① 발단 　　② 전개 　　③ 위기
④ 절정 　　⑤ 결말

서술형　　◆ 중요
05 〈보기〉는 원작 「흥부전」의 인물 유형의 변화를 정리한 것이다. 이 글에서 흥부와 놀부의 인물 유형의 변화를 〈보기〉를 참조하여 〈조건〉에 맞게 서술하시오.

▐ 보기 ▐

흥부: 선인 → 선인,　놀부: 악인 → 선인

▐ 조건 ▐
• 변화의 근거를 들어 쓸 것.
• 두 문장으로 풀어서 쓸 것.

서술형
06 〈보기〉는 이 글의 작가가 한 말이다. 〈보기〉를 고려할 때, ㉠의 구체적인 의미를 〈조건〉에 맞게 서술하시오.

▐ 보기 ▐

　원작 「흥부전」을 읽고 착한 흥부가 현실적으로 무능한 인물이라는 것이 안타까웠어. 그래서 이 글을 통해 놀부가 흥부를 새로운 인물로 바꾸는 데 도움을 주도록 재구성했어.

▐ 조건 ▐
• 삶의 태도가 드러나도록 쓸 것.
• 한 문장으로 쓸 것.

[07~11] 다음 글을 읽고 물음에 답하시오.

㉮ 왕비는 곧 태어날 아기를 위해 ㉠망토를 짜고 있었어. 그런데 갑자기 하늘에서 검은 눈이 내리지 않겠니? 깜짝 놀란 왕비는 벌떡 일어나 손바닥에 눈을 받아 보았지.

"아, 아름다워라. 이 검은 눈처럼 아름다운 아기를 낳았으면!"

몇 달 뒤 왕비는 공주를 낳았어. 그런데 놀랍게도 공주는 굴뚝에서 막 빼내 온 것처럼 ㉡온몸이 새까맸지. 왕비는 공주를 품에 안으며 기쁨의 눈물을 흘렸어.

"내 소원이 정말로 이루어졌구나. 나의 어여쁜 흑설 공주야."

하지만 안타깝게도 왕비는 그 길로 촛불이 꺼지듯 숨을 거두고 말았단다.

㉯ 사냥꾼은 공주를 숲속으로 끌고 가 칼을 높이 쳐들었지. 그러자 공주가 울며 빌었어.

"제발 목숨만 살려 주세요! 그럼 꼭꼭 숨어서 살게요."

악독한 사냥꾼도 마음이 약해져 칼을 내리고 말았지. 공주는 품 안에서 망토를 꺼내 사냥꾼에게 주었어.

"이걸 가져가면 왕비님도 믿을 거예요."

㉰ 하루는 "헌책 사려!" 하는 소리에 공주가 얼른 창밖을 내다보니 책을 한가득 진 영감이 서 있는 거야. 공주는 마음을 놓고 얼른 문을 열었지. 그런데 그게 바로 변장한 왕비였어. 왕비는 재빨리 ㉢책 한 권을 펼쳐 보였지.

"이런 산속에선 구경도 할 수 없는 재미난 책이라우."

공주는 너무 기뻐 얼른 책을 읽기 시작했어. ㉣공주가 펼친 면을 금세 다 읽고 손가락에 침을 묻혀 다음 장으로 넘기자 왕비가 침을 '꼴깍!' 삼켰지. 그 펼쳐진 면에는 독이 발라져 있었거든! 이제 공주가 독이 묻은 저 손가락을 다시 입속에 넣기만 하면 일이 끝나잖아? 아니나 다를까, 공주는 다음 장을 넘기려고 다시 손가락에 침을 묻히다 말고 풀썩 쓰러지고 말았지.

라 흑설 공주가 돌아오자 왕궁은 발칵 뒤집어졌어. 왕비가 한 사악한 짓도 다 드러났지. 아름답던 왕비의 모습은 이제 징그러운 껍질처럼 여겨졌어. 왕은 불같이 화를 내며 왕비를 감옥에 가두었단다.

마 "거울아, 거울아, 세상에서 가장 아름다운 사람이 누구니?" / 이제 이런 질문을 던지면 ⓜ거울은 우물쭈물하다 대답했지.

"모르겠어요. 저마다 다들 나름대로 아름다우니 누가 가장 아름다운지 도무지 알 수가 없어요."

— 이경혜, 「그림 동화로 읽는 흑설 공주」

07 〈보기〉는 이 글의 원작 「백설 공주」를 정리한 표이다. 〈보기〉과 비교하여, 이 글을 설명할 때 적절한 것은?

보기	
갈래	동화
주인공	백설 공주
배경	옛날, 어느 왕궁, 숲속
시점	3인칭 전지적 시점
주제	착하게 살아야 한다.(권선징악)

① 동화 「백설 공주」를 단순하게 모방하여 쓴 글이다.
② 동화 「백설 공주」의 서술 시점을 바꾸어 쓴 글이다.
③ 동화 「백설 공주」의 배경을 현대로 바꾸어 쓴 글이다.
④ 동화 「백설 공주」의 주인공의 성별을 바꾸어 쓴 글이다.
⑤ 동화 「백설 공주」를 바탕으로 주제 의식을 바꾸어 쓴 글이다.

08 (가)~(마) 중, 〈보기〉에 설명한 원작의 요소가 잘 드러나 있는 것은?

보기
「백설 공주」는 다른 사람을 괴롭히고 힘들게 하는 악인은 언젠가는 벌을 받는다는 교훈을 전하는 동화이다.

① (가) ② (나) ③ (다) ④ (라) ⑤ (마)

09 (마)에서 말하고자 하는 바와 의미가 통하는 한자 성어로 적절한 것은?

① 동가홍상(同價紅裳)
② 십인십색(十人十色)
③ 다다익선(多多益善)
④ 동상이몽(同床異夢)
⑤ 경국지색(傾國之色)

10 ㉠~㉺에 대한 설명으로 적절하지 않은 것은?

① ㉠: 주인공이 위기를 모면할 때 도움이 된 소재이다.
② ㉡: 인물의 외모를 원작과 달리 재구성한 부분이다.
③ ㉢: 주인공을 부정적 상황에 처하게 하는 소재이다.
④ ㉣: 독자에게 극적인 긴장감을 느끼게 한다.
⑤ ㉤: 작가의 말을 반어적으로 표현하는 대상이다.

서술형 중요

11 다음은 이와 같은 문학 작품의 재구성 활동을 단계별로 도식화한 것이다. 이 글로 보아 빈칸에 들어갈 적절한 내용을 〈조건〉에 맞게 서술하시오.

원작 수용
동화 「백설 공주」를 읽고 착한 마음씨의 중요성을 깨달았다.

↓

작품의 내면화
( )

↓

재구성하기
주인공을 '흑설 공주'로 바꾸어 새로운 동화를 쓴다.

조건
• 재구성한 작가의 의도가 드러나도록 할 것. • 한 문장으로 쓸 것.

[12~15] 다음 글을 읽고 물음에 답하시오.

㉠ 사람들은 흑설 공주를 손가락질했지.

"임금님도 왕비님도 모두 고귀한 하얀 살갗을 지니셨는데, 어째서 공주님만 저렇게 온몸이 새까맣지?"

공주는 늘 고개를 푹 숙인 채 어머니가 떠 준 망토만 가슴에 품고 다녔지.

고양이가 다니는 덤불숲 귀퉁이에 앉아 책을 읽는 공주가 보이지? 공주는 언제나 사람들 눈에 띄지 않는 곳만 찾아다녔어. 책과 작은 동물들이 공주의 유일한 친구였지.

㉡ 마침내 왕은 새 왕비를 맞아들였어. 백설 공주가 살아온 듯 아름다운 여자였지. 게다가 왕비는 흑설 공주를 늘 데리고 다녔어.

"어쩌면 새 왕비님은 마음까지 고우실까?"

사람들은 새 왕비를 칭찬했지만, 공주는 사람들 앞에 나가는 일이 괴롭기만 했지.

㉢ 저녁이 되어 집으로 돌아온 난쟁이들은 잠든 공주를 보고 깜짝 놀랐어.

"흑설 공주님이잖아?"

"그래, 백설 공주님의 따님!"

"밤처럼 까맣고 아름다운 공주님이네!"

"낮처럼 하얗고 아름다웠던 백설 공주님처럼!"

난쟁이들은 흑설 공주를 기쁘게 맞았어.

㉣ 정원사와 공주의 결혼 축제는 사흘 낮 사흘 밤 동안 벌어졌어. 검게 빛나는 공주가 얼마나 아름다워 보였는지 여자들은 모두 얼굴에다 숯검정을 칠하기 시작했단다. 그러다 모두들 깨달았지.

㉤ "거울아, 거울아, 세상에서 가장 아름다운 사람이 누구니?"

이제 이런 질문을 던지면 거울은 우물쭈물하다 대답했지.

"모르겠어요. 저마다 다들 나름대로 아름다우니 누가 가장 아름다운지 도무지 알 수가 없어요."

그 대답에 공주는 환하게 웃으며 말했단다.

"그래, 정말 모두들 아름답지. 장미는 장미대로, 제비꽃은 제비꽃대로, 거미는 거미대로, 나비는 나비대로, 저녁은 저녁대로, 새벽은 새벽대로, 너는 너대로, 나는 나대로 말이야."

– 이경혜, 「그림 동화로 읽는 흑설 공주」

12 이 글에서 성격이나 태도의 변화가 드러나지 않는 인물로 적절한 것은?(정답 2개)

① 흑설 공주 ② 난쟁이들 ③ 새 왕비
④ 사람들 ⑤ 거울

13 (가)에 드러난 '공주'에 대한 설명으로 적절한 것은?

① 자존감이 부족하다.
② 신중하고 겸손하다.
③ 상상력이 풍부하다.
④ 꾀가 많고 영리하다.
⑤ 속이 좁고 소심하다.

14 이야기의 흐름으로 보아, (라)의 바로 다음에 이어질 문장으로 가장 적절한 것은?

① 아름다움을 얻는 것이 얼마나 어려운 일인지.
② 아름다움의 시간이 얼마나 빨리 흘러가 버리는지.
③ 사람들이 얼마나 아름다운 사람을 시기하고 질투하는지.
④ 사람들이 말하는 아름다움이란 얼마나 쉽게 바뀌는 것인지.
⑤ 세상에서 가장 아름다운 사람을 만나는 것이 얼마나 힘든 것인지.

서술형

15 〈보기〉는 이 글에 대한 설명이다. 밑줄 친 부분의 구체적 내용을 〈조건〉에 맞게 서술하시오.

◀ 보기 ▶
　　작가는 '흑설 공주'를 통해 자신만의 개성과 아름다움을 만드는 것이 중요하다는 것을 말한다. 다른 사람의 시선에 얽매이지 않고 자신을 아끼고 사랑하는 자존감과, 세상의 편견에 맞서 당당하게 살아가는 용기를 가져야 함을 강조하고 있다.

◀ 조건 ▶
• 이 글에 드러난 내용을 제시할 것.
• 한 문장으로 쓸 것.

3 개성적인 발상과 표현

학습 목표
• 자신의 가치 있는 경험을 개성적인 발상과 표현으로 형상화할 수 있다.
• 운율, 반어, 역설, 풍자의 효과를 생각하며 작품을 감상할 수 있다.

개념 압축 APP

❶ 운율

(1) **뜻**: 시에서 느껴지는 말의 (   )

(2) **형성 방법**: 특정 요소의 (   )(으)로 형성됨.
  • 음운이나 음절, 시어의 반복
  • 음보나 음절 수, 문장 구조의 반복
  • 시의 처음과 끝을 같거나 비슷하게 반복

(3) **효과**: 시를 읽을 때 음악적인 리듬감을 느낄 수 있음.

❷ 반어

(1) **뜻**: 말하고자 하는 내용과 (   )(으)로 표현하는 방법

(2) **특징**
  • 표면적 의미와 작가의 의도가 서로 상반됨.
  • 작가의 의도는 표현만으로는 파악하기 어려우며, 전체적인 맥락을 통해 파악해야 함.

(3) **효과**: 인물의 심리나 상황을 보다 인상적으로 표현할 수 있으며, 대상에 대한 조롱이나 칭찬 등의 의도가 더욱 강조됨.

❸ 역설

(1) **뜻**: 표면적으로는 단어 간의 관계가 모순된 것처럼 보이지만 그 안에 진리를 담고 있는 표현

(2) **특징**
  • 표면에 드러나는 단어들 간의 관계가 서로 (   )됨.
  • 표현이 담고 있는 진리는 독자가 추리하여 파악해야 함.

(3) **효과**: 단어들의 낯선 결합이 독자의 긴장감을 조성하며, 말하고자 하는 진실을 강조할 수 있음.

❹ 풍자

(1) **뜻**: 개인이나 사회의 부조리를 간접적으로 비판하여 웃음을 유발하는 표현

(2) **특징**
  • 작가의 의도가 직접 드러나지 않고 간접적, (   )(으)로 드러남.
  • 대상에 대한 비판의 의도가 담겨 있음.

(3) **효과**: 우회적인 방법으로 대상을 조롱하거나 비판할 수 있으며, 독자의 웃음을 유발하여 읽는 재미를 더해 줌.

필수 어휘 사전

● **발상**: 어떤 생각을 해냄. 또는 그 생각.

확인 문제

1. 다음 밑줄 친 말에 사용된 표현 방법은?

> 어머니: 희정아, 어제 엄마가 부탁한 일은 했니?
> 희정: 아, 깜빡했어요.
> 어머니: 으이구, 잘했다. 오늘까지 꼭 했어야 했는데.

① 비유적 표현
② 역설적 표현
③ 반어적 표현
④ 풍자적 표현
⑤ 설의적 표현

2. '풍자적 표현'에 대한 설명으로 적절한 것은?

① 시의 음악적인 효과를 주기 위한 표현이다.
② 말하고자 하는 내용을 반대로 드러내는 표현이다.
③ 언어의 특정 요소를 의도적으로 반복하여 형성되는 표현이다.
④ 대상에 대해 우회적으로 비판하며 웃음을 유발하는 표현이다.
⑤ 모순 관계의 말을 함께 사용하여 효과를 기대하는 표현이다.

3. 다음에 사용된 표현 방법을 쓰시오.

> 소리 없는 아우성

3. 역설적 표현

답 1. ③ **2.** ④

답 ❶ 가락, 반복에 **❸** 모순 **❹** 우회적

❶ 다음 공익 광고에 사용한 표현 방법을 알아보자.

(1) 이 공익 광고의 아이의 입을 막는 대화? 에 사용된 표현 방법에 대해 설명해 보자.

(2) 이 광고 문구를 통해 말하고자 하는 것이 무엇인지 써 보자.

❷ 다음 광고를 보고 역설적 표현을 사용하여 공익 광고를 만들어 보자.

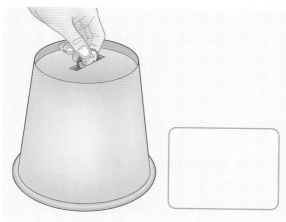

(1) 이 그림을 활용하여 어떤 주제를 전달할 수 있을지 이야기해 보자.

(2) 역설적 표현을 사용한 광고 문구를 만들어 이 그림을 활용한 공익 광고를 완성해 보자.

끌어 주기

❶ (1) 공익 광고는 인상적인 사진이나 문구로 사람들의 시선을 끌고 주제를 전달해야 하므로 개성적인 발상과 표현이 많이 사용된다. 제시된 공익 광고의 핵심 문구에서 '입을 막는'과 '대화'의 의미 관계를 생각해 본 후, 이와 같은 관계를 이용한 표현 방법이 무엇인지 말해 본다.
예시 답안 역설적 표현이 사용되었다.
(2) '입을 막는 대화'에 숨겨진 의미가 무엇인지 생각하며 광고의 의도를 파악한다.
예시 답안 아이가 말할 틈을 주지 않고 강요하는 일방적인 교육에 대한 비판이다.

❷ (1) 1회용 종이컵과 저금통을 연상하게 하는 이미지 등을 통해 전달하고자 하는 주제가 무엇인지 생각해 본다.
예시 답안 일회용품 줄이기를 홍보하는 공익 광고이다.
(2) 역설적 표현을 사용하여 주제를 효과적으로 드러낼 수 있는 광고 문구를 만들어 본다.
예시 답안 줄이는 것이 늘리는 것입니다.

1 먼 후일 | 김소월

*다음 시를 읽고 물음에 답하시오.

(가)

먼 훗날 당신이 찾으시면
그때에 내 말이 '잊었노라'

당신이 속으로 나무라면
'무척 그리다가 잊었노라'

그래도 당신이 나무라면
'믿기지 않아서 잊었노라'

㉠오늘도 어제도 아니 잊고
먼 훗날 그때에 '잊었노라'

(나)

나 보기가 역겨워
가실 때에는
말없이 고이 보내 드리오리다

　　┌ 영변(寧邊)에 약산(藥山)
[A] 진달래꽃
　　└ 아름 따다 가실 길에 뿌리오리다

가시는 걸음걸음
놓인 그 꽃을
사뿐히 즈려 밟고 가시옵소서

나 보기가 역겨워
가실 때에는
㉡죽어도 아니 눈물 흘리오리다

– 김소월, 「진달래꽃」

01 (가)와 (나)에 대한 설명으로 적절하지 <u>않은</u> 것은?

① (가)와 (나)는 모두 3음보의 민요적 율격이 느껴진다.
② (가)와 (나)는 모두 동일한 시어를 반복하여 운율을 형성하고 있다.
③ (가)에서는 도치법을, (나)에서는 역설을 통해 의미를 강조하고 있다.
④ (가)는 단정적 어조의 종결형을, (나)는 겸손한 어조의 종결형을 사용하고 있다.
⑤ (가)는 임이 찾아오는 상황을, (나)는 임이 떠나는 상황을 가정하여 표현하고 있다.

02 〈보기〉의 ⓐ~ⓔ 중, (가)와 (나)에 공통적으로 쓰인 표현 방법이 사용된 것은?

┤ 보기 ├

엄마: (0점짜리 국어 시험지를 들고서) ⓐ시험 잘 봤네.
아들: 엄마가 미역국을 끓여 줘서 ⓑ시험도 미역국 먹었잖아요.
엄마: 미역국 안 먹은 날 본 영어, 수학, 과학은 어찌 된 거니?
아들: 그건 ⓒ공부를 안 했어요.
엄마: ⓓ시험지가 널 보고 비웃는구나.
아들: 하하. 그래도 ⓔ토끼 같은 자식이 마냥 귀엽죠?

① ⓐ ② ⓑ ③ ⓒ ④ ⓓ ⑤ ⓔ

03 (가)에 드러난 화자의 태도로 적절한 것은?

① 떠난 임을 잊지 못하고 그리워하고 있다.
② 떠난 임의 행복을 빌며 슬픈 마음을 감추고 있다.
③ 사랑하는 임에 대한 반성적 태도를 드러내고 있다.
④ 언젠가 임을 다시 만날 수 있을 것이라고 확신하고 있다.
⑤ 지금은 잊지 못했지만 먼 훗날에는 임을 잊겠다고 다짐하고 있다.

04 (나)의 화자(A)와 〈보기〉의 화자(B)가 대화를 나눈다고 할 때, 적절하지 않은 것은?

◀ 보기 ▶

가야 할 때가 언제인가를
분명히 알고 가는 이의
뒷모습은 얼마나 아름다운가

봄 한철
격정을 인내한
나의 사랑은 지고 있다

분분한 낙화(落花)
결별이 이룩하는 축복에 싸여
지금은 가야 할 때

– 이형기, 「낙화」 중에서

① A: 임이 저를 떠난다면 한편으로는 체념하면서도 미련이 많이 남을 것 같아요.

② B: 이별이 무조건 슬프기만 한 것은 아니에요. 깨끗한 이별은 아름답습니다.

③ A: 떠나는 임을 배려하려고 말없이 보내 준다면 제 마음을 임이 알아는 줄까요?

④ B: 너무 마음 아파하지 마세요. 때로는 이별이 오히려 축복일 수 있어요.

⑤ A: 하긴 임과 이별할 때 눈물은 나지 않을 것 같아요. 그렇게 보면 저도 내면적으로 조금 성숙한 듯해요.

05 〈서술형〉 〈보기〉를 참고하여 [A]에 드러난 화자의 행동에 담긴 의미를 파악할 때, 빈칸에 들어갈 적절한 내용을 쓰시오.

◀ 보기 ▶

'산화 공덕'은 불교의 전통 의식으로 부처님이 지나가시는 길에 꽃을 뿌려 공덕을 기리고 그 발길을 아름답게 축복한다는 의미이다.

떠나는 임을 위해 꽃을 뿌리는 행동에는
_____(라)는 의미가 담겨 있다.

고난도 응용

01 〈중요〉 (가)와 시적 상황 및 화자의 정서가 유사한 것은?

① 아바님 날 나흐시고 어마님 날 기루시니
두 분곳 아니시면 이 몸이 사라실가
하늘 フ튼 フ업슨 은덕(恩德)을 어듸다혀 갑스오리
– 정철, 「훈민가」

② 백설(白雪)이 주자진 골에 구루미 머흐레라
반가온 매화(梅花)는 어늬 곳에 픠엿는고
석양(夕陽)에 홀로 셔 이셔 갈 곳 몰라 ᄒ노라
– 이색

③ 말 업슨 청산(靑山)이요 태(態) 업슨 유수(流水) ㅣ 로다
갑 업슨 청풍(淸風)이요 님ᄌ 업슨 명월(明月)이라
이 중(中)에 병(病) 업슨 이 몸이 분별(分別) 업시 늙으리라.
– 성혼

④ 이런들 엇더ᄒ며 저런들 엇더ᄒ료
만수산(萬壽山) 드렁츩이 얼거진들 긔 엇더ᄒ리
우리도 이ᄀᆺ치 얼거저 백년(百年)ᄭ지 누리리라.
– 이방원

⑤ 동지(冬至)ㅅ둘 기나긴 밤을 한 허리를 버혀 내여
춘풍(春風) 니불 아릭 서리서리 너헛다가
어론님 오신 날 밤이여든 구뷔구뷔 펴리라
– 황진이

02 〈보기〉는 ㉠, ㉡과 관련된 설명이다. 이와 유사한 발상 및 표현으로 볼 수 있는 것은?

◀ 보기 ▶

㉠, ㉡은 겉으로 표현한 내용과 화자의 속마음에 있는 내용을 서로 반대로 말함으로써 독자에게 강한 인상을 주고 있다. 일반적으로 반어법은 나타내려는 내용과 반대되는 표현을 함으로써 그 의미를 강조하는 효과를 얻을 수 있다.

① 세상에서 가장 아름다운 상처를 터뜨린다.

② 두 볼에 흐르는 빛이 / 정작으로 고와서 서러워라.

③ 아아 님은 갔지만 나는 님을 보내지 아니하였습니다.

④ 폐수가 너무 깨끗한 까닭에 숨을 쉴 수가 없어 움직이지 못하고

⑤ 모란이 피기까지는 / 나는 아직 기다리고 있을 테요, 찬란한 슬픔의 봄을.

나의 모국어는 침묵 | 류시화

*다음 글을 읽고 물음에 답하시오.

(가) 처음으로 인디언들의 세계를 만났을 때 일이 떠오른다. 〈중략〉 인디언 노인들과 흥미 있는 대화를 주고받으리라 기대했던 나는 아주 뜻밖의 일을 경험했다. 천막 안으로 들어가 그들과 마주앉자마자 나는 내 소개를 하기 시작했다. 나는 글을 쓰는 작가이며, 인디언 세계에 무척 관심이 많고, ㉠잘 부탁한다는 말까지 잊지 않았다. 인디언들의 철학과 역사를 많이 알고 있다는 것도 넌지시 내비쳤다.

㉡그런데 그들은 아무런 반응도 보이지 않았다. 다만 허리를 꼿꼿이 세우고 묵묵히 앉아 있을 뿐이었다. 천막 안이 어슴푸레해서 시선이 나를 향하고 있는 건지 허공을 바라보고 있는 건지도 알 수 없었다.

(나) 훗날에야 나는 그것이 인디언 부족들의 전통인 것을 알았다. 누군가를 만나면 그들은 대화를 시작하기 전에 그렇게 한동안 침묵으로 상대방을 느끼는 것이다. 자기 앞에 있는 존재를 가장 잘 느끼는 방법은 말을 통한 것이 아니라 침묵을 통한 것임을 그들은 깨닫고 있었다.

(다) 그 후 미국에서 돌아와 나는 누군가를 만날 때마다 인디언들 흉내를 내고는 했다. 상대방의 존재를 느낀답시고 입을 다물고 오 분이고 십 분이고 앉아 있었다. 그 결과 아주 괴팍하고 거만한 사람이라는 평을 듣게 되었다. 침묵은 흉내가 아니라 존재의 평화로움에서 저절로 나오는 것임을 미처 몰랐던 것이다.

(라) 몇 번의 여행을 인디언들과 함께 보내면서 나는 그들로부터 두 개의 인디언식 이름을 얻었다. / 하나는 '너무 많이 말해'였다. 〈중략〉 그렇다. 고백하지만 나는 그들의 침묵에는 턱없이 모자랐고, 그들의 말에는 더없이 넘쳐 났다. 나는 이 생에서 쓸데없는 말을 너무 많이 하고 살았지 않은가.

(마) 내가 얻은 또 하나의 이름은 '(㉢   )'였다. 인디언들에 대해 궁금한 점이 많았기 때문에 자연히 나는 눈만 뜨면 질문을 퍼부어 대기 시작했다. 〈중략〉 하지만 인디언들은 기준이 달랐다. 그들은 누군가에게 몇 가지를 묻고 답을 들어서 그 사람을 안다고 생각한다면 큰 오산이라고 했다. 사람이든 장소든 대상을 깊이 이해하려면 묵묵히 오래 만나 봐야 한다는 것이었다.

(바) 인디언들은 부족도 다르고 언어도 많이 다르다. 그래서 나는 인디언을 만나면 그들의 부족 언어를 묻곤 했다.

"당신의 모국어는 뭡니까?"
그러면 그들은 이렇게 답하곤 했다.
㉣"우리의 모국어는 침묵입니다."

학습 목표 응용

01 이 글에 대한 설명으로 가장 적절한 것은?

① 글쓴이가 과거의 경험을 통해 느낀 점을 솔직하게 서술한 글이다.
② 작품 속의 인물들이 말과 행동으로 내용을 직접 전달하는 글이다.
③ 글쓴이가 만든 허구적 이야기를 작품 속의 서술자가 전달하는 글이다.
④ 함축적이고 상징적인 언어를 사용하여 글쓴이의 정서를 표현한 글이다.
⑤ 객관적인 근거를 제시하면서 글쓴이의 주장을 논리적으로 전개한 글이다.

02 이 글의 '나'에 대한 설명으로 가장 적절한 것은?

① 새로운 문화에 대한 관심과 호기심이 많다.
② 우리의 전통 문화에 대한 자부심이 매우 강하다.
③ 인간 세상을 벗어난 자연 속에서의 삶을 추구한다.
④ 인정이 많고, 소외된 사람들에 대한 배려심이 강하다.
⑤ 적극성이 부족하여 새로운 것에 대한 도전을 어려워한다.

03 이 글을 읽은 후의 반응으로 적절하지 <u>않은</u> 것은?

① 인디언들을 만나면 쓸데없는 질문은 하지 말아야지.
② 인디언들과 친해지고 싶으면 오랜 시간을 만나는 것이 좋겠군.
③ 연습을 한다고 해서 인디언의 침묵을 제대로 따라 할 수 있는 것은 아니겠군.
④ 인디언들은 여러 부족으로 나뉘어 있지만 모두 동일한 언어를 사용하나 봐.
⑤ 인디언들을 처음 만날 때 상대방이 대화를 하지 않는 것에 당황하지 말아야겠군.

04 _{중요}
다음은 이 글의 내용을 정리한 것이다. 적절하지 <u>않은</u> 것은?

글쓴이의 경험	깨달음
인디언 천막 안에서 반응을 보이지 않는 인디언들을 봄.	상대를 느끼기 위한 가장 좋은 방법은 침묵임. ·········· ⓐ
미국에서 돌아와 진정한 침묵을 실천하며 다님. ·········· ⓑ	침묵은 마음의 평화에서 저절로 나오는 것임. ·········· ⓒ
인디언들에게서 두 가지 인디언식 이름을 얻음. ·········· ⓓ	평소에 쓸데없는 말을 많이 하며 살아옴. ·········· ⓔ

① ⓐ   ② ⓑ   ③ ⓒ

④ ⓓ   ⑤ ⓔ

05
㉠의 의미로 가장 적절한 것은?

① 인디언 천막에 들어가는 것을 허락해 주십시오.
② 인디언 세계에 대한 많은 이야기를 들려 주십시오.
③ 인디언 세계에 관심을 가질 수 있도록 도와주십시오.
④ 다양한 인디언 부족들을 만날 수 있도록 안내해 주십시오.
⑤ 인디언들의 '침묵 문화'에 대해 경험할 수 있게 해 주십시오.

06
㉡의 이유로 가장 적절한 것은?

① '나'의 방문을 불쾌하게 생각하고 있다.
② '나'가 하는 말을 이해하지 못하고 있다.
③ '나'의 존재를 보다 잘 느끼고 싶어 한다.
④ '나'의 존재보다는 허공에 관심이 더 많다.
⑤ '나'가 하는 말에 흥미를 느끼며 더 듣고 싶어 한다.

07
㉢에 들어갈 '나'의 인디언식 이름을 〈조건〉에 맞게 쓰시오.

◀ 조건 ▶
• (라)의 내용을 참고하여 쓸 것.
• 3어절 또는 4어절로 쓸 것.

고난도 응용

01
〈보기〉는 이 글에서 생략된 일부분이다. 〈보기〉를 참고하여 이 글을 이해한 내용으로 적절한 것은?

◀ 보기 ▶
라코타족 인디언 '서 있는 곰'은 말한다.
"침묵은 라코타족에게 의미 깊은 것이었다. 라코타족은 대화를 시작함에 있어서 잠시 침묵의 시간을 갖는 것을 진정한 예의로 알았다. '말 이전에 침묵이 먼저'라는 것을 잊지 않았던 것이다. 슬픈 일이 닥쳤거나, 누가 병에 걸렸거나, 또는 누가 죽었을 때 나의 부족은 먼저 침묵하는 것을 잊지 않았다. 어떤 불행 속에서도 침묵하는 마음을 잃지 않았다."

① '서 있는 곰'은 침묵의 가치를 부정하고 있다.
② '서 있는 곰'은 (가)의 '나'를 보며 예의가 없다고 느낄 수 있다.
③ '서 있는 곰'은 (가)의 '그들'이 침묵하는 이유를 불행하기 때문이라고 볼 수 있다.
④ '서 있는 곰'은 (다)의 '나'를 보며 말이 너무 많다고 생각할 수 있다.
⑤ '서 있는 곰'은 (라)의 '나'를 보며 인간의 삶을 살게 되었다고 평가할 수 있다.

02 _{서술형} _{중요}
다음은 ㉺에 사용된 표현 방법을 탐구하는 과정이다. ⓐ~ⓔ에 들어갈 적절한 말을 쓰시오.

과정 1 - 단어의 뜻 파악하기
• 모국어: (ⓐ)
• 침 묵: (ⓑ)

↓

과정 2 - 단어 간의 관계 파악하기
두 단어는 동시에 함께 사용하기 어려운 (ⓒ) 관계에 있다.

↓

과정 3 - 문장에 담긴 글쓴이의 의도 파악하기
(ⓓ)

↓

과정 4 - 문장에 사용된 표현 방법 확인하기
이 문장에는 (ⓔ) 표현이 사용되었다.

3 넌 바보다 | 신형건

*다음 시를 읽고 물음에 답하시오.

ㄱ씹던 껌을 아무 데나 퉤, 뱉지 못하고
종이에 싸서 쓰레기통으로 달려가는
너는 참 바보다.
ㄴ개구멍으로 쏙 빠져나가면 금방일 것을
비잉 돌아 교문으로 다니는
너는 참 바보다.
ㄷ얼굴에 검댕칠을 한 연탄장수 아저씨한테
쓸데없이 꾸벅, 인사하는
너는 참 바보다.
ㄹ호랑이 선생님이 전근 가신다고
아무도 흘리지 않는 눈물을 찔끔거리는
너는 참 바보다.
그까짓 게 뭐 그리 대단하다고
ㅁ민들레 앞에 쪼그리고 앉아 한참 바라보는
너는 참 바보다.
내가 아무리 거짓으로 허풍을 떨어도
눈을 동그랗게 뜨고 머리를 끄덕여 주는
너는 참 바보다.
바보라고 불러도 화내지 않고
씩 웃어 버리고 마는 너는
정말 정말 바보다.

–그럼, 난 뭐냐?
그런 네가 좋아서 그림자처럼
네 뒤를 졸졸 따라다니는
나는?

학습 목표 응용

01 이 시에 대한 설명으로 적절한 것은?

① '너'와 '나'의 모습을 대조적으로 그려 내고 있다.
② '너'와 '나'의 대화를 통해 시상을 전개하고 있다.
③ 물음을 통해 '너'와 '나'의 어리석음을 비판하고 있다.
④ 구체적인 행동을 통해 '너'의 인물됨을 드러내고 있다.
⑤ 수미 상관의 방법으로 '너'에 대한 '나'의 마음을 강조하고 있다.

02 이 시의 표현 방법과 그 효과로 적절한 것은?

① 여성적인 어조로 대상을 직접적으로 예찬하고 있다.
② 촉각적 이미지를 활용하여 대상의 속성을 드러내고 있다.
③ 대조적인 색채 이미지를 사용하여 의미를 더욱 강조하고 있다.
④ 자연물에 감정을 이입하여 화자의 정서를 간접적으로 드러내고 있다.
⑤ 의성어와 의태어를 사용하여 대상의 모습을 실감 나게 표현하고 있다.

03 ㄱ~ㅁ에 담긴 의미로 적절하지 않은 것은?

① ㄱ: 땅바닥에 그냥 버려도 눈에 띄지 않는 작은 쓰레기
② ㄴ: 정식 통로는 아니지만 빨리 드나들 수 있어 지름길 역할을 하는 작은 구멍
③ ㄷ: 아이들에게 인기를 얻기 위해 분장한 아저씨
④ ㄹ: 학생들이 무서워하는 선생님
⑤ ㅁ: 길가에 흔하게 피어 있는 작은 꽃

04 이 시를 바탕으로 창작 수업을 하려고 한다. ㉮에 들어갈 학생의 답변으로 적절한 것은?

◀ 보기 ▶
선생님: 이 시에 쓰인 '바보'의 의미를 그대로 살려서 이 시를 바꿔 써 보는 활동을 할 거예요. 그러기 위해서는 먼저 이 시에서 어떤 사람을 '바보'로 그리고 있는지 정확하게 파악해야 해요. 어떤 사람을 '바보'로 그리고 있나요?

학생: _____㉮_____ 입니다.

① '교만하고 잘난 척하는 사람'
② '눈앞의 이익에만 급급한 사람'
③ '품성이 바르고 마음이 따뜻한 사람'
④ '진실과 거짓을 구분하지 못하는 사람'
⑤ '물질적 행복보다 정신적 행복을 중요하게 여기는 사람'

05 이 시의 '나'에 대한 설명으로 적절하지 <u>않은</u> 것은?

① '너'의 여러 모습을 관찰해 말하고 있다.
② '너'를 '바보'라고 부르며 놀리기도 한다.
③ '너'가 좋아서 '너'의 뒤를 졸졸 쫓아다닌다.
④ '너'에게 지나치게 과장해서 말하기도 한다.
⑤ '너'가 어떤 말을 해도 씩 웃어 버리고 만다.

고난도 응용

01 〔중요〕 다음을 참고하여 이 시를 감상한 내용으로 적절한 것은?

작가는 작품을 통해 자신의 고유한 생각, 가치관 등을 개성적인 발상과 표현으로 드러낸다.

① 시인은 풍자적 어조를 통해 주제를 강조하려고 했군.
② 시인은 대상의 부정적인 면을 해학적으로 그리려고 했군.
③ 시인은 현대인의 이기적인 속성을 '너'의 모습을 통해 드러내려고 했군.
④ 시인은 대상의 행동들을 나열하여 대상의 긍정적인 면을 강조하려고 했군.
⑤ 시인은 현대 사회에서 효율과 편리함의 가치가 중요하다는 것을 강조하려고 했군.

02 이 시와 〈보기〉를 비교하여 감상한 내용으로 적절하지 <u>않은</u> 것은?

◀ 보기 ▶
멀리 동해 바다를 내려다보며 생각한다
널따란 바다처럼 너그러워질 수는 없을까
깊고 짙푸른 바다처럼
감싸고 끌어안고 받아들일 수는 없을까
스스로는 억센 파도를 다스리면서
제 몸은 맵고 모진 매로 채찍질하면서
— 신경림, 「동해 바다 – 후포에서」

① 이 시의 '너'는 〈보기〉의 '바다'와 품성 면에서 비슷하다고 할 수 있다.
② 이 시와 〈보기〉는 모두 점층법을 통해 화자의 정서를 강조하고 있다.
③ 이 시와 〈보기〉는 모두 직유법을 통해 대상의 특징을 드러내고 있다.
④ 이 시와 〈보기〉의 화자는 모두 엄격한 자아 성찰의 태도를 지니고 있다.
⑤ 이 시와 〈보기〉는 모두 비슷한 문장 구조를 반복 사용하여 운율을 형성하고 있다.

03 〔서술형〕 다음 물음에 대해 〈조건〉에 맞게 서술하시오.

(1) '너'에 대한 '나'의 생각이 드러난 시구를 찾아 쓰고, 거기에 사용된 표현 방식과 그 효과를 서술하시오.
(2) 이 시에 쓰인 시구를 활용해서 '너'에 대한 '나'의 감정을 서술하시오.

◀ 조건 ▶
• (1), (2) 각각 한 문장으로 쓸 것.

*다음 글을 읽고 물음에 답하시오.

(가) 강원도 정선군에 한 양반이 살고 있었다. 이 양반은 어질고 글 읽기를 좋아하여, 군수가 새로 부임할 때마다 몸소 그 집을 찾아가 인사를 드렸다. 그런데 이 양반은 가난하여 해마다 관청의 환곡(還穀)을 꾸어다 먹었다. ⊙그 빚을 갚지 못하고 해마다 쌓여서 천 섬에 이르렀다.

(나) 그때 그 마을에 사는 부자가 그 양반의 소문을 듣고 가족과 의논하였다.

"양반은 아무리 가난해도 늘 귀한 대접을 받고, 우리는 아무리 잘살아도 항상 천한 대접을 받는다. 양반이 아니므로 말이 있어도 말을 타지 못한다. 또 양반만 보면 굽실거리며 제대로 숨소리도 내지 못하고, 뜰아래 엎드려 절해야 하고, 코를 땅에 박고 무릎으로 기어가야 한다. 우리 신세가 가엾지 않으냐? 지금 저 양반이 환곡을 갚지 못해서 아주 난처하다고 한다. 그 형편으로는 도저히 양반의 신분을 지키지 못할 것이다. 그러니 ⓛ우리가 그의 양반을 사서 양반 신분으로 살아 보자."

부자는 곧 양반을 찾아가 환곡을 대신 갚아 주겠다고 청하였다. 양반은 크게 기뻐하며 승낙하였다. 부자는 즉시 관청에 가서 양반 대신 환곡을 갚았다.

(다) 군수는 관청으로 돌아와서, 고을의 양반과 농사꾼, 장인(匠人), 장사치들까지 모조리 불러 모았다. 그리고 부자를 높은 자리에 앉히고 양반을 낮은 자리에 세워 두고는 다음과 같이 증서를 작성하였다.

(라) 손에 돈을 쥐지 말고, 쌀값을 묻지 말고, 더워도 버선을 벗지 말고, 맨상투로 밥상에 앉지 말고, 밥보다 국을 먼저 먹지 말고, 물을 후루룩 마시지 말고, 젓가락으로 방아를 찧지 말고, 생파를 먹지 말고, ⓒ막걸리를 들이켠 다음 수염을 쭈욱 빨지 말고, 담배를 피울 때에는 볼이 움푹 패도록 빨지 말아야 한다. 〈중략〉 추워도 화로에 곁불을 쬐지 말고, 말할 때 입에서 침을 튀기지 말고, 소 잡는 일을 하지 말고, 돈으로 노름을 하지 말아야 한다.

(마) 문과의 홍패(紅牌)는 팔뚝만 하지만, 여기에 온갖 물건이 갖추어져 있으니, ⓔ그야말로 돈 자루다. 서른에야 진사가 되어 첫 벼슬을 얻더라도, 오히려 이름난 음관(蔭官)이 되어 높은 벼슬자리에 오를 수 있다. 언제나 종들이 양산을 받쳐 주므로 귀밑이 희어지고, 설렁줄만 당기면 종들이 '예이.' 하므로 뱃살이 처진다. 방에서는 귀걸

이로 치장한 기생과 노닥거리고, 뜰에서는 남아도는 곡식으로 학(鶴)을 기른다.

(바) 부자는 증서 내용을 듣고 있다가 혀를 내둘렀다.

ⓜ"그만두시오, 그만두시오. 참으로 맹랑하구먼. 나를 도둑놈으로 만들 작정입니까?"

부자는 머리를 흔들면서 떠나 버렸다. 그러고는 죽을 때까지 다시는 양반이 되고 싶다는 말을 입에 올리지 않았다.

학습 목표 응용

중요

01 이 글에 대한 설명으로 가장 적절한 것은?

① 토속적 어휘를 활용하여 향토적 분위기를 조성하고 있다.
② 한 인물의 비극적 삶을 통해 인생의 허무함을 표현하고 있다.
③ 이기심을 바탕으로 한 인간의 본능적인 욕망을 비판하고 있다.
④ 권선징악을 주제로 하여 다른 사람에 대한 선행을 강조하고 있다.
⑤ 당대 사회의 신분 제도의 모순점을 비웃으며 날카롭게 풍자하고 있다.

02 이 글에 드러난 사건에 대한 설명으로 적절하지 <u>않은</u> 것은?

① 사건의 실마리는 '양반'의 무능함이다.
② 사건의 공간적 배경은 강원도 정선군이다.
③ 등장인물 '양반'의 외적 갈등 없이 사건이 종결된다.
④ 사건 전개 과정에 따라 주인공 '양반'의 성격이 달라진다.
⑤ 신분 매매라는 단순한 사건이 시간 순서에 따라 전개된다.

03 〈보기〉를 바탕으로 할 때, 이 글의 '군수'에 대한 설명으로 적절한 것은?

┤ 보기 ├

'군수'는 부자가 양반의 환곡을 대신 갚아 주었다는 말을 듣고 이를 증서로 남겨 부자의 신분을 증명하고자 한다. 그러나 두 차례의 증서를 통해 양반의 실상을 부정적으로 그려 내어 부자로 하여금 양반 신분을 포기하도록 만든다.

① 다른 양반들이 잘되는 것을 부정적으로 보고 있다.
② 평민의 신분 상승에 대해 적극적으로 동조하고 있다.
③ 위선적인 양반 집단에 대해 비판적으로 인식하고 있다.
④ 신분 제도를 없애고 평등한 사회를 만들기 위해 노력하고 있다.
⑤ 독자들을 향해 실리적 삶의 태도를 직접적으로 설명하고 있다.

04 (라)와 (마)에서 말하고자 하는 바를 바르게 연결한 것은?

	(라)	(마)
①	양반의 권리	양반의 의무
②	양반의 횡포	양반의 덕목
③	양반의 규칙	양반의 특권
④	양반의 내면	양반의 외면
⑤	양반의 품행	양반의 도리

05 ㉠~㉤에 대한 설명으로 적절하지 않은 것은?

① ㉠: 양반이 자신의 처지를 개선하기 위해 노력하지 않는 무책임하고 무능력한 인물임을 보여 준다.
② ㉡: 양반이라는 신분을 돈으로 사고팔 수 있는 사회라는 것을 말해 준다.
③ ㉢: 외면적으로 다른 사람들에게 대범해 보여야 한다는 위선적 태도를 의미한다.
④ ㉣: 양반이 되면 다양한 경제 활동을 통해 돈을 쉽게 벌 수 있다는 점을 비유한다.
⑤ ㉤: 양반으로서의 삶이 다른 사람에게 해를 끼칠 수 있는, 바람직하지 않은 삶이라는 점을 강조한다.

고난도 응용

01 중요

〈보기〉는 이 글에서 보인 '부자'의 태도를 정리한 것이다. 부자의 태도 변화 양상과 주제 의식을 다음과 같이 정리할 때, ㉮~㉰에 들어갈 내용을 〈보기〉에서 찾아 바르게 연결한 것은?

┤ 보기 ├

ㄱ. 양반 신분을 거부함.
ㄴ. 양반의 위선과 허위의식을 알게 됨.
ㄷ. 양반이 되기를 희망함.

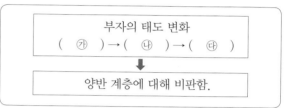

부자의 태도 변화
(㉮) → (㉯) → (㉰)
↓
양반 계층에 대해 비판함.

	㉮	㉯	㉰			㉮	㉯	㉰
①	ㄱ	ㄴ	ㄷ		②	ㄴ	ㄱ	ㄷ
③	ㄴ	ㄷ	ㄱ		④	ㄷ	ㄱ	ㄴ
⑤	ㄷ	ㄴ	ㄱ					

02 서술형

〈보기〉는 이 글을 쓴 작가의 말이다. 〈보기〉를 바탕으로 할 때, 이 글에 담겨 있는 작가의 생각을 〈조건〉에 맞게 서술하시오.

┤ 보기 ├

무릇 선비란 하늘이 내리는 법이므로 사(士)와 심(心)이 만나 뜻(志)이 된다. 그렇다면 그 뜻은 모름지기 어떠해야 할 것인가? 권세와 이익을 염두에 두지 않고, 이름을 널리 알린다고 해도 선비의 입장을 떠나지 않고, 곤궁해도 선비의 지조를 잃지 말아야 할 것이다. 그럼에도 명분과 절의를 닦지 않고 부질없이 가문을 상품으로 삼아 남에게 팔았으니 장사치와 무엇이 다르리오. 이에 「양반전」을 쓴다.

┤ 조건 ├

• 주제가 드러나도록 쓸 것.
• 당대의 사회 상황에 대한 작가의 생각이 드러나도록 쓸 것.
• 한 문장으로 쓸 것.

[01~06] 다음 시를 읽고 물음에 답하시오.

가 먼 훗날 당신이 찾으시면
그때에 내 말이 '잊었노라'

당신이 속으로 나무라면
'무척 그리다가 잊었노라'

그래도 당신이 나무라면
'믿기지 않아서 잊었노라'

오늘도 어제도 아니 잊고
㉠먼 훗날 그때에 '잊었노라'

– 김소월, 「먼 후일」

나 씹던 껌을 아무 데나 퉤, 뱉지 못하고
종이에 싸서 쓰레기통으로 달려가는
너는 참 바보다.
개구멍으로 쏙 빠져나가면 금방일 것을
비잉 돌아 교문으로 다니는
너는 참 바보다.
얼굴에 검댕칠을 한 연탄장수 아저씨한테
쓸데없이 꾸벅, 인사하는
너는 참 바보다.
호랑이 선생님이 전근 가신다고
아무도 흘리지 않는 눈물을 찔끔거리는
너는 참 바보다.
그까짓 게 뭐 그리 대단하다고
민들레 앞에 쪼그리고 앉아 한참 바라보는
너는 참 바보다.
내가 아무리 거짓으로 허풍을 떨어도
눈을 동그랗게 뜨고 머리를 끄덕여 주는
너는 참 바보다.
바보라고 불러도 화내지 않고
씩 웃어 버리고 마는 너는
정말 정말 바보다.

–그럼, 난 뭐냐?
그런 네가 좋아서 그림자처럼
네 뒤를 졸졸 따라다니는 / 나는?

– 신형건, 「넌 바보다」

01 이와 같은 글에서의 표현에 대한 설명으로 가장 적절한 것은?

① 작가는 독자와의 공감을 위해 독자의 수준에 맞는 표현 방법을 활용한다.
② 작가는 자신의 가치관을 전달하기 위해 개성적인 발상과 표현을 활용한다.
③ 작가는 주제를 정확하게 전하기 위해 지시적, 사전적 의미의 어휘를 활용한다.
④ 작가는 일상 언어와는 완전히 다른 언어를 활용하여 자신의 의도를 표현한다.
⑤ 작가는 독자에게 친근한 느낌을 주기 위해 일상적이고 익숙한 표현을 활용한다.

02 (가)와 (나)의 표현상 공통점을 고려할 때, 두 작품의 감상 방법으로 적절한 것은?

① 모순된 표현에 담겨 있는 심오한 의미를 이해해야 한다.
② 표면적 의미보다 내면적 의미를 중심으로 이해해야 한다.
③ 의문형 문장 표현에 담긴 의도가 무엇인지 파악해야 한다.
④ 구체적인 대상을 통해 전하는 추상적 관념을 파악해야 한다.
⑤ 다른 대상과의 비교를 통해 시의 중심 내용을 파악해야 한다.

03 (가)에서 운율을 형성하는 방법으로 적절하지 않은 것은?

① 동일한 시어를 반복하고 있다.
② 유사한 문장 구조를 반복하고 있다.
③ 각 행에서 동일한 음보를 반복하고 있다.
④ 각 행에서 글자의 수를 일정하게 반복하고 있다.
⑤ 각 행의 첫 부분에 동일한 소리를 반복하고 있다.

04 (가)에서 화자가 말하고 있는 바로 적절한 것은?

① 당신을 위한 희생과 헌신
② 당신에 대한 원망과 미움
③ 당신과의 추억의 아름다움
④ 당신에 대한 간절한 그리움
⑤ 당신을 잊으려는 끝없는 노력

05 (나)로 보아, '너'가 추구하는 삶의 모습으로 보기 어려운 것은?

① 위생적이고 건강하게 사는 삶
② 누구에게나 정을 베풀 줄 아는 삶
③ 규칙을 지키면서 질서를 유지하는 삶
④ 상대에게 공감해 주고 교감을 나누는 삶
⑤ 사소한 것에도 애정과 관심을 가지는 삶

서술형

06 ㉠의 의미를 다음과 같이 구분하여 〈조건〉에 맞게 서술하시오.

표면적 의미	ⓐ
이면적 의미	ⓑ

◀ 조건 ▶
• 각각 한 문장으로 쓸 것.

[07~11] 다음 글을 읽고 물음에 답하시오.

㉮ 천막 안으로 들어가 그들과 마주앉자마자 나는 내 소개를 하기 시작했다. ㉠나는 글을 쓰는 작가이며, 인디언 세계에 무척 관심이 많고, 잘 부탁한다는 말까지 잊지 않았다. 인디언들의 철학과 역사를 많이 알고 있다는 것도 넌지시 내비쳤다. / 그런데 그들은 아무런 반응도 보이지 않았다. 다만 허리를 꼿꼿이 세우고 묵묵히 앉아 있을 뿐이었다. 천막 안이 어슴푸레해서 시선이 나를 향하고 있는 건지 허공을 바라보고 있는 건지도 알 수 없었다.

㉯ 훗날에야 나는 그것이 인디언 부족들의 전통인 것을 알았다. 누군가를 만나면 그들은 대화를 시작하기 전에 그렇게 한동안 침묵으로 상대방을 느끼는 것이다.

㉰ 그 후 미국에서 돌아와 나는 누군가를 만날 때마다 인디언들 흉내를 내고는 했다. 상대방의 존재를 느낀답시고 입을 다물고 오 분이고 십 분이고 앉아 있었다. 그 결과 아주 괴팍하고 거만한 사람이라는 평을 듣게 되었다. ㉡침묵은 흉내가 아니라 존재의 평화로움에서 저절로 나오는 것임을 미처 몰랐던 것이다.

㉱ 몇 번의 여행을 인디언들과 함께 보내면서 나는 그들로부터 두 개의 인디언식 이름을 얻었다. / 하나는 '너무 많이 말해'였다. 〈중략〉 그렇다. ㉢고백하지만 나는 그들의 침묵에는 턱없이 모자랐고, 그들의 말에는 더없이 넘쳐 났다. 나는 이 생에서 쓸데없는 말을 너무 많이 하고 살았지 않은가.

내가 얻은 또 하나의 이름은 '너무 많이 물어봐'였다. 인디언들에 대해 궁금한 점이 많았기 때문에 자연히 ㉣나는 눈만 뜨면 질문을 퍼부어 대기 시작했다. 〈중략〉 하지만 인디언들은 기준이 달랐다. 그들은 누군가에게 몇 가지를 묻고 답을 들어서 그 사람을 안다고 생각한다면 큰 오산이라고 했다. 사람이든 장소든 (ⓐ)은/는 것이었다.

㉲ 인디언들은 부족도 다르고 언어도 많이 다르다. 그래서 나는 인디언을 만나면 그들의 부족 언어를 묻곤 했다.

"당신의 모국어는 뭡니까?"

그러면 그들은 이렇게 답하곤 했다.

㉤"우리의 모국어는 침묵입니다."

– 류시화, 「나의 모국어는 침묵」

07 이 글에 대한 설명으로 적절한 것은?

① 특정 주제에 대해 객관적이고 전문적인 정보를 전달하고 있다.
② 글쓴이의 사실적 경험과 그에 따른 깨달음을 담담하게 서술하고 있다.
③ 현실 상황을 바탕으로 상상 속의 사건을 시간 순서대로 전개하고 있다.
④ 시대적 상황에 대한 글쓴이의 비판을 바탕으로 해결책을 제안하고 있다.
⑤ 하나의 쟁점에 대한 대립된 입장을 제시하여 깊이 있는 생각을 유도하고 있다.

08 이 글을 통해 말하고자 하는 바를 가장 잘 나타낸 것은?

① 말 속에 뼈가 있다.
② 말이 은이라면 침묵은 금이다.
③ 말 한 마디에 천 냥 빚도 갚는다.
④ 입은 삐뚤어져도 말은 바로 해라.
⑤ 낮 말은 새가 듣고 밤 말은 쥐가 듣는다.

09 이 글의 '나'에 대한 설명으로 적절하지 <u>않은</u> 것은?

① 다른 문화의 가치를 인정하고 있다.
② 질문을 통해 궁금증을 해소하려 한다.
③ 평화로움에서 오는 침묵의 가치를 알게 된다.
④ 인디언들을 통해 그동안의 자신의 삶을 반성한다.
⑤ 다른 사람에 대한 관심을 불필요한 것으로 생각한다.

중요
10 ㉠~㉤에 드러난 표현상 특징으로 적절하지 <u>않은</u> 것은?

① ㉠: 하나의 대상에 대해 여러 가지 내용을 나열하고 있다.
② ㉡: 추상적인 개념을 구체적인 사물에 빗대어 표현하고 있다.
③ ㉢: 서로 대조되는 어구를 통해 내용을 강조하고 있다.
④ ㉣: 실제 상황보다 더 부풀려서 표현하고 있다.
⑤ ㉤: 모순된 표현을 통해 깊은 의미를 전달하고 있다.

서술형
11 이 글로 보아 ⓐ에 들어갈 적절한 말을 〈조건〉에 맞게 서술하시오.

조건
• 이 글의 '인디언'의 가치관을 반영할 것.
• 한 문장으로 쓸 것.

[12~16] 다음 글을 읽고 물음에 답하시오.

가 이 양반은 어질고 글 읽기를 좋아하여, 군수가 새로 부임할 때마다 몸소 그 집을 찾아가 인사를 드렸다. 그런데 이 양반은 가난하여 해마다 관청의 환곡(還穀)을 꾸어다 먹었다. 그 빚을 갚지 못하고 해마다 쌓여서 천 섬에 이르렀다.

나 부자는 곧 양반을 찾아가 환곡을 대신 갚아 주겠다고 청하였다. 양반은 크게 기뻐하며 승낙하였다. 부자는 즉시 관청에 가서 양반 대신 환곡을 갚았다.

다 군수는 관청으로 돌아와서, 고을의 양반과 농사꾼, 장인(匠人), 장사치들까지 모조리 불러 모았다. 그리고 부자를 높은 자리에 앉히고 양반을 낮은 자리에 세워 두고는 다음과 같이 증서를 작성하였다.

라 손에 돈을 쥐지 말고, 쌀값을 묻지 말고, 더워도 버선을 벗지 말고, 맨상투로 밥상에 앉지 말고, 밥보다 국을 먼저 먹지 말고, 물을 후루룩 마시지 말고, 젓가락으로 방아를 찧지 말고, 생파를 먹지 말고, 막걸리를 들이켠 다음 수염을 쭈욱 빨지 말고, 담배를 피울 때에는 볼이 움푹 패도록 빨지 말아야 한다. 〈중략〉 추워도 화로에 곁불을 쬐지 말고, 말할 때 입에서 침을 튀기지 말고, 소 잡는 일을 하지 말고, 돈으로 노름을 하지 말아야 한다.

마 하늘이 백성을 낳을 때 넷으로 구분하였다. 네 가지 백성 가운데 가장 높은 것이 선비이니, 이는 곧 양반이다. 양반의 이익은 막대하다. 농사도 짓지 않고 장사도 하지 않는다. 글만 대충 읽어도 크게 되면 문과(文科)에 급제하고, 작아도 진사(進士)가 된다.

문과의 홍패(紅牌)는 팔뚝만 하지만, 여기에 온갖 물건이 갖추어져 있으니, 그야말로 돈 자루다. 서른에야 진사가 되어 첫 벼슬을 얻더라도, 오히려 이름난 음관(蔭官)이 되어 높은 벼슬자리에 오를 수 있다. 언제나 종들이 양산을 받쳐 주므로 귀밑이 희어지고, 설렁줄만 당기면 종들이 '예이.' 하므로 뱃살이 처진다. 〈중략〉

강제로 이웃의 소를 끌어다 먼저 자기 땅을 갈고, 마을의 일꾼을 잡아다 먼저 자기 논의 김을 맨들, 누가 감히 나에게 대들겠느냐?

바 부자는 증서 내용을 듣고 있다가 혀를 내둘렀다.
"그만두시오, 그만두시오. 참으로 맹랑하구먼. 나를 ㉠<u>도둑놈</u>으로 만들 작정입니까?"
부자는 머리를 흔들면서 떠나 버렸다. 그러고는 죽을 때까지 다시는 양반이 되고 싶다는 말을 입에 올리지 않았다.

– 박지원, 「양반전」

중요

12 다음은 이 글의 표현상 특징을 정리한 것이다. ㉠과 ㉡에 들어갈 적절한 말을 바르게 연결한 것은?

> • 작가가 자신이 말하고자 하는 바를 직접 드러내지 않고 (㉠)(으)로 표현함.
> • 대상에 대한 (㉡)의 의도가 담겨 있음.

	㉠	㉡
①	객관적	예찬
②	반어적	비판
③	우회적	비판
④	상대적	예찬
⑤	역설적	예찬

13 다음은 역사 서적의 차례이다. 이 글의 내용과 가장 관련이 깊은 단원으로 적절한 것은?

> Ⅳ. 조선 후기 사회의 특징
> 1. 상공업에 대한 관심 높아져 ········· ⓐ
> 2. 대규모 농업으로 생산량 늘려 ········· ⓑ
> 3. 과학 기술, 이제는 우리 힘으로 ········· ⓒ
> 4. 족보도 사는 세상, 신분제 흔들려 ········· ⓓ
> 5. 양반가의 실학 바람, 서서히 불어와 ········· ⓔ

① ⓐ ② ⓑ ③ ⓒ ④ ⓓ ⑤ ⓔ

14 (마)를 통해 알 수 있는 내용으로 적절하지 <u>않은</u> 것은?

① 양반은 신분으로 인하여 특혜를 받고 있다.
② 양반은 호의호식하는 삶을 부끄럽게 여긴다.
③ 양반은 실생활에서 비생산적인 모습을 지닌다.
④ 양반은 평민에 대한 횡포를 당연한 것으로 받아들인다.
⑤ 양반은 열심히 공부하지 않아도 높은 벼슬에 올라갈 수 있다.

15 ㉠에 대한 설명으로 적절한 것은?

① 당대 양반 계층에 대한 작가의 태도를 단적으로 드러낸다.
② 당대 백성들의 계산적이고 기회주의적 태도를 드러낸다.
③ 지배층의 횡포에 대한 평민 계층의 저항 의식을 의미한다.
④ 당시 부유층의 위선적 태도에 대한 직접적인 비난을 담고 있다.
⑤ 당시 사회적 질서에 얽매이지 않는 새로운 계층의 등장을 암시한다.

서술형

16 (라)를 통해 작가가 말하고자 하는 바가 무엇인지 〈조건〉에 맞게 서술하시오.

> 조건
> • 작가의 창작 의도가 드러나도록 쓸 것.
> • 한 문장으로 쓸 것.

서술형

17 〈보기〉는 다음 시에서 드러나는 운율에 대한 설명이다. 빈칸에 들어갈 적절한 말을 〈조건〉에 맞게 쓰시오.

> 돌담에 속삭이는 햇발같이
> 풀 아래 웃음 짓는 샘물같이
> 내 마음 고요히 고운 봄 길 위에
> 오늘 하루 하늘을 우러르고 싶다
>
> 새악시 볼에 떠오는 부끄럼같이
> 시의 가슴 살포시 젖는 물결같이
> 보드레한 에메랄드 얇게 흐르는
> 실비단 하늘을 바라보고 싶다
>
> – 김영랑, 「돌담에 속삭이는 햇발」

> 보기
> • 각 행을 세 번씩 끊어 읽도록 하여 3음보를 반복한다.
> • '~는 ~같이 ~고 싶다'의 문장 구조를 반복한다.
> • (   )

> 조건
> • 시에서 구체적 예를 제시할 것.
> • 한 문장으로 쓸 것.

둘째 마당

문법

1 단어의 정확한 발음과 표기

학습 목표
• 표준 발음법의 기본 원칙을 알고, 올바르게 발음할 수 있다.
• 한글 맞춤법의 기본 원칙을 알고, 올바르게 표기할 수 있다.

개념 압축 APP

1 표준 발음의 기본 원칙

(1) 교양 있는 사람들이 두루 쓰는 현대 서울말을 따름.
(2) 표준어 발음이 사람마다 다를 때에는 국어의 전통에 따름.
(3) 국어의 규칙이나 법칙에 따라 (   )(으)로 결정함.

2 'ㅢ'의 발음

(1) 'ㅢ'는 기본적으로 이중 모음으로 발음함.
(2) 'ㅢ'가 자음을 첫소리로 가지고 있을 때에는 [ㅣ]로 발음함.
(3) 단어의 첫음절 외의 '의'는 [(   )](으)로, 조사 '의'는 [ㅔ]로 발음할 수 있음.

3 받침소리의 발음

	홑받침과 쌍받침	겹받침
어말 또는 자음 앞	[ㄱ, ㄴ, ㄷ, ㄹ, ㅁ, ㅂ, ( )] 중 하나로 발음함.	두 개의 자음 중 앞 또는 뒤의 하나의 자음만 발음함.
모음 형식 형태소 앞	제 음가대로 뒤 음절 첫소리로 옮겨 발음함.	앞 자음은 남고, 뒤의 자음만 뒤 음절로 옮겨 발음함.
모음 실질 형태소 앞	대표음으로 바꾸어 뒤 음절 첫소리로 옮겨 발음함.	두 개의 자음 중 하나만 뒤 음절 첫소리로 발음함.

4 맞춤법 표기의 기본 원칙

(1) (   )을/를 소리대로 적음.
(2) 본래의 형태를 밝혀 어법대로 적음.
(3) 어법대로 적는 것에 예외가 있을 수 있음.

5 자주 틀리는 표기

자주 틀리는 경우	예
본래 형태를 밝히지 않은 경우	( )(○) / 오뚜기(×), 굳이(○) / 구지(×)
준말을 헷갈리는 경우 (1)	오랜만에, 오랫동안, 왠지, 웬 일
준말을 헷갈리는 경우 (2)	되ㅡ / 돼(되어), 뵈ㅡ / 봬(뵈어)
( )의 경우	묻히다 / 무치다, 반듯이 / 반드시

필수 어휘 사전

● **받침소리**: 음절의 구성에서 마지막 소리인 자음. '감', '공'에서 'ㅁ', 'ㅇ' 따위.

● **대표음**: 서로 다른 일련의 자음들이 받침으로 쓰일 때 발음되는 하나의 자음을 이르는 말.

끌어 주기

※ 주변에서 맞춤법이 틀린 표현을 찾아 고쳐 보자.

(가)

(나)

연꽃, 연잎, 열매는
꺽거나 만지지 마세요.

(다)

치우지 않아도 되요.

(라)

약속이 있어 먼저 일어날께요.

❶ 위에서 맞춤법이 잘못된 부분을 찾아보자.

(1) (가)~(라)에서 맞춤법이 틀린 표현을 찾아 고쳐 써 보자.

(2) 이와 같은 잘못된 표기가 어떤 문제를 초래할 수 있는지 써 보자.

❷ 다음 두 가지 활동 중 하나를 선택해 맞춤법에 맞지 않은 표기를 조사해 보자.

(1) 선택 1 – 간판 조사하기	(1) 선택 2 – 자막 조사하기
• 조사 계획 세우기	• 조사 계획 세우기
조사 지역 / 조사 일시 / 조사 목적	TV 프로그램 / 조사 일시 / 조사 목적
• 조사하고 사진 찍기	• 조사하고 사진 찍기
• 맞춤법이 틀린 표현 바로잡기	• 맞춤법이 틀린 표현 바로잡기

❶ (1) 우리 주변에서 맞춤법이 틀린 단어를 자주 볼 수 있다. 심지어는 올바른 언어생활을 주도해야 할 방송에서도 잘못된 표기를 하는 경우가 있다. 제시된 그림에서 맞춤법이 잘못된 표현을 찾아 바르게 고쳐 본다.

예시 답안
(가) 젖가락 ➡ 젓가락
(나) 꺽거나 ➡ 꺾거나
(다) 되요 ➡ 돼요
(라) 일어날께요 ➡ 일어날게요

(2) 많은 사람들이 볼 수 있는 공간이나 TV 프로그램에서 맞춤법에 맞지 않는 표현을 사용하면 어떤 문제가 발생할지 자유롭게 이야기해 본다.

예시 답안
• 간판이 붙은 가게에 대해 안 좋은 인상을 갖게 된다.
• 잘못된 표현을 맞는 표현으로 아는 사람들이 생기게 된다.
• 국어 파괴 현상이 심해진다.

❷ (1) 우리 주변에서 의도적으로 표현을 바꿔 쓴 경우('까까머리' 등)를 제외하고 잘못 쓴 표현들을 조사해 본다. 사람들의 왕래가 많은 지역을 선택하여 간판이나 차림표 등에 쓰인 맞춤법을 조사해 보고, 잘못된 표현을 바르게 고쳐 본다.

예시 답안   생략

(2) 텔레비전 자막 중에 잘못된 표현이 있는지 조사해 본다.

예시 답안   생략

'민주주의의 의의'는 어떻게 발음할까?

*다음 글을 읽고 물음에 답하시오.

(가) 우리나라에서는 표준 발음을 다음과 같이 규정하고 있다.

> 제1항 표준 발음법은 표준어의 실제 발음을 따르되, 국어의 전통성과 합리성을 고려하여 정함을 원칙으로 한다.

여기에서 표준어의 실제 발음을 따른다는 것은 교양 있는 사람들이 두루 쓰는 현대 서울말의 발음을 표준어의 실제 발음으로 여긴다는 것이다. 하지만 현대 서울말에서조차 사람들에 따라 발음의 차이가 존재할 수 있다. 이러한 경우에는 예로부터 지켜 온 우리말의 전통에 따라 표준 발음을 정한다는 의미에서 '전통성'을 고려한다는 내용을 덧붙였다. 또한 표준 발음을 정할 때에는 국어의 규칙이나 법칙에 따른다고 하면서 언어생활의 '합리성'도 고려하고 있다. 하지만 실제 대화를 할 때에는 규정과는 다른 발음이 더 널리 사용되는 경우가 있다.

(나) 원칙적으로 'ㅢ'는 이중 모음으로 발음해야 한다. 하지만 'ㅢ'가 '희다'처럼 자음과 함께 사용될 때나 '나의'처럼 조사로 사용될 때, 그리고 '협의'처럼 첫음절 외에 사용될 때에는 정확하게 발음하기 어렵다. 그래서 표준 발음법에서는 'ㅢ' 발음에 대한 예외 규정을 몇 가지 마련하였다. 'ㅢ'가 자음을 첫소리로 가진 경우에는 [ㅢ]가 아닌 [ㅣ]로 발음한다. 또한 단어의 첫음절 이외의 '의'는 [ㅣ]로, 조사 '의'는 [ㅔ]로 발음하는 것도 허용하였다. 여기에서 허용한다고 하는 것은 해당 음절을 [ㅢ]로 발음하는 것이 원칙이지만, [ㅣ]나 [ㅔ]로 발음해도 된다는 뜻이다.

(다) 이번에는 '낫', '낮', '낟', '낱', '낯'을 각각 발음해 보자. 다섯 개의 단어가 구분이 되지 않는다는 것을 알 수 있다. 이는 각 단어의 받침소리인 'ㅅ', 'ㅈ', 'ㄷ', 'ㅌ', 'ㅊ'이 모두 [ㄷ]으로 발음되어 [낟]이라고 소리 나기 때문이다. 이처럼 우리말에는 음절의 끝에서 발음될 수 있는 자음이 제한되어 있는데, 표준 발음법에서는 다음처럼 규정하고 있다.

(㉠)

이에 따르면 '밖'과 '부엌'은 각각 [박]과 [부억]으로 발음해야 하며, '있다'와 '잎'은 각각 [읻따]와 [입]으로 발음해야 한다.

(라) 그렇다면 받침소리로 겹받침이 올 때는 어떻게 발음해야 할까? 겹받침은 그것을 구성하는 두 개의 자음 중 하나를 발음하면 된다. 이때 ㉡발음을 하는 자음은 앞의 것이 될 수도 있고, 뒤의 것이 될 수도 있다. '넋'과 '값'은 앞의 받침이 발음되어 [넉]과 [갑]으로 소리 나고, '삶'은 뒤의 받침이 발음되어 [삼:]으로 소리 난다.

(마) 먼저 뒤에 모음으로 시작하는 조사나 어미, 접미사와 같은 형식 형태소가 올 경우이다. '밭에'와 '깎아', '흙이'는 어떻게 발음해야 할까? '밭', '깎다', '흙'이 [받], [깍따], [흑]으로 발음되는 원리를 적용하면 [바테], [까가], [흐기]로 발음해야 할 것 같지만, [바테], [까까], [흘기]가 정확한 발음이다. 즉, 이런 경우에는 홑받침이나 쌍받침은 제 음가대로 뒤 음절 첫소리로 옮겨 발음하고, 겹받침은 첫째 받침은 그대로 받침의 소리로 발음하고 둘째 받침만 다음 음절의 첫소리로 옮겨 발음한다.

그런데 뒤에 모음으로 시작하는 실질 형태소가 올 때에는 위의 경우와 다르게 발음해야 한다. '밭 아래'는 [바타래]가 아닌 [바다래]로 발음해야 하며, '꽃 위'는 [꼬취]가 아닌 [꼬뒤]로 발음해야 한다. 즉, 이런 경우에는 받침소리를 대표음으로 바꾸어 뒤 음절 첫소리로 옮겨 발음하는 것이다. 한편 '닭 앞에'처럼 모음으로 시작하는 실질 형태소 앞에 겹받침이 올 경우에는 '닭[닥]'처럼 독립형으로 쓸 때 발음하는 자음을 뒤 음절의 첫소리로 옮겨 [다가페]로 발음한다.

학습 목표 응용

01 이 글을 통해 알 수 있는 내용이 **아닌** 것은?

① 우리나라는 표준어를 어떻게 규정하고 있을까?
② '밭 아래'는 왜 [바타래]로 발음하지 않을까?
③ '낮'과 '낯'을 발음하면 왜 소리의 구분이 안 될까?
④ 'ㅢ'를 이중 모음으로 발음해야 하는 이유는 무엇일까?
⑤ 겹받침이 받침소리로 올 경우 어떻게 발음해야 할까?

02 이 글을 참고할 때, 밑줄 친 말의 받침 중 발음이 **다른** 것은?

① 나뭇가지를 <u>꺾지</u> 마세요.
② <u>삯</u>도 제대로 못 받고 일을 했다.
③ <u>부엌</u>과 마당 사이를 분주히 오갔다.
④ <u>낫</u> 놓고 <u>기역</u> 자도 모른다는 말이 있다.
⑤ 우리 <u>수탉</u>과 점순이네 <u>수탉</u>이 싸우고 있었다.

03 '꽃'의 'ㅊ'의 발음에 대한 설명으로 적절한 것을 〈보기〉에서 모두 골라 묶은 것은?

◀ 보기 ▶
ㄱ. '꽃': 음절의 받침으로 사용되었기 때문에 'ㅊ'을 그대로 [ㅊ]으로 발음한다.
ㄴ. '꽃도': '꽃' 뒤에 오는 '도'의 영향을 받아 'ㅊ'을 대표음인 [ㄷ]으로 바꾸어 발음한다.
ㄷ. '꽃이': '꽃' 뒤에 조사가 왔기 때문에 'ㅊ'을 [ㅅ]으로 바꾸어 뒤 음절의 첫소리에서 발음한다.
ㄹ. '꽃 앞': '앞'이 실질 형태소이기 때문에 'ㅊ'을 대표음으로 바꾼 후, 이 음을 뒤 음절의 첫소리에서 발음한다.

① ㄱ, ㄷ
② ㄴ, ㄹ
③ ㄱ, ㄴ, ㄹ
④ ㄱ, ㄷ, ㄹ
⑤ ㄴ, ㄷ, ㄹ

04 (중요) (다)의 내용으로 보아, ㉠에 들어갈 표준 발음법 규정으로 가장 적절한 것은?

① 우리나라의 자음은 모두 받침소리로 발음할 수 있다.
② 받침소리로 발음될 수 있는 자음은 따로 규정하지 않는다.
③ 받침소리로는 'ㄱ, ㄴ, ㄷ, ㄹ, ㅁ, ㅂ, ㅅ, ㅇ'의 8개 자음만 발음한다.
④ 자음 'ㅅ, ㅈ, ㄷ, ㅌ, ㅊ'은 음절의 첫소리에서 같은 소리로 발음한다.
⑤ 받침 'ㄲ, ㅋ', 'ㅅ, ㅆ, ㅈ, ㅊ, ㅌ', 'ㅍ'은 어말 또는 자음 앞에서 각각 대표음 [ㄱ, ㄷ, ㅂ]으로 발음한다.

05 다음 밑줄 친 말 중, ㉡의 예에 해당하지 않는 것은?

① 아직 여덟 명이 오지 않았다.
② 모든 사람이 불행할 수는 없다.
③ 네 몫도 잘 챙겨 둘 테니 잘 다녀와.
④ 고양이가 빈 접시를 열심히 핥고 있어.
⑤ 그는 정자에 앉아 평화롭게 시를 읊고 있었다.

고난도 응용

01 이 글을 바탕으로 〈보기〉를 발음할 때 허용하지 않는 것은?

◀ 보기 ▶
민주주의의 의의

① [민주주의의 의:의]
② [민주주의에 의:이]
③ [민주주이에 의:의]
④ [민주주의이 의:이]
⑤ [민주주이의 의:의]

02 다음은 'ㄼ'과 'ㄺ' 발음의 예외 규정이다. 이를 참고할 때, 밑줄 친 발음이 적절한 것은?

제10항
다만, '밟-'은 자음 앞에서 [밥]으로 발음한다.
제11항
다만, 용언의 어간 말음 'ㄺ'은 'ㄱ' 앞에서 [ㄹ]로 발음한다.

① 저는 미숫가루를 묽게[묵께] 타 주세요.
② 오늘도 날씨가 맑지[말찌]는 않겠습니다.
③ 공원에 전시된 작품을 밟지[발:찌] 마세요.
④ 빵 위에 잼을 얇게[얍:께] 발라 주시면 됩니다.
⑤ 오늘 보실 작품은 '흙과[흑꽈] 함께'라는 작품입니다.

서술형
03 이 글을 참고하여, 〈보기〉의 밑줄 친 부분의 이유를 〈조건〉에 맞게 서술하시오.

◀ 보기 ▶
서울에 사는 20대와 30대를 조사해 보니, 대부분 시간을 뜻하는 '밤[밤]'과 밤나무 열매를 뜻하는 밤[밤:]을 구분하여 발음하지 못하였다. 그런데 같은 지역의 70대를 대상으로 동일한 조사를 하니, 이를 구분하여 발음하는 사람이 더 많았다. 실제로 옛 기록을 보면 서울에서는 소리의 길이를 구분했다는 내용이 있다. 이에, 우리나라의 표준 발음 규정 제3장에 긴 소리와 짧은 소리에 대한 규정을 포함하였다.

◀ 조건 ▶
• 표준 발음법 제1항에 나오는 적절한 단어를 포함할 것.
• 〈보기〉에 나타난 문제 상황을 요약해서 추가할 것.

*다음 글을 읽고 물음에 답하시오.

(가)

오늘은 한을이 푸르다. 일찍 잠자리에 들어서인지 오늘 아침에는 ㉮오뚜기처럼 벌떡 일어날 수 있었다. ㉯오랫만에 푹 자고 일어났더니 기분이 한결 낳은 것 같다. 사실 동아리 회장이 돼고 난 이후부터 잠을 푹 자지 못할 정도로 부담이 많았다. 그런데 어제 발표회를 맞히고 나니 홀가분한 기분보다는 만족감이 더 컸다. 아마 동아리 회장을 않 맡았으면 이 기분을 느끼지 못했을 것이다. 전화기를 확인해 보니 은주한태서 문자가 왔다. 어제 공연 포스터 밑에 '회장님과 동아리 친구들이 만듬. 은주가 씀.'이라는 글을 적어 넣은 사진과 함께 '회장님, 월요일에 봬요'라는 인사를 보낸 것이다. 고생한 동아리 친구들에게 손 편지라도 붙여야겠다는 생각을 했다. 웬지 좋은 일이 생길 것 같은 토요일 아침이다.

(나) '오랫만에'와 '오랜만에' 중 어느 것을 써야 하는지에 대해 고민해 본 사람들이 많을 것이다. 이는 이 말이 어떤 말이 줄어서 만들어진 것인가를 생각해 보면 어렵지 않게 판단할 수 있다. 이 말은 '오래간만에'가 줄어서 된 말이므로 '오랫만에'가 아닌 '오랜만에'라고 써야 한다. 이와 비슷한 경우가 '웬지'와 '왠지'이다. 이 말은 '왜인지'가 줄어서 된 말이다. 따라서 '웬지'라고 쓰면 안 되고, '왠지'라고 써야 한다.

(다) '되-'와 '돼'의 구분은 사람들이 가장 헷갈려 하는 맞춤법 중 하나이다. 둘 중 어떻게 써야 할지 고민이 될 때에는 '돼'는 '되어'가 줄어서 만들어진 말이라는 점을 기억하자. 즉, '되어'로 풀어 쓸 수 있는 경우에는 '돼'로 쓰면 되는 것이다. 예를 들어 '되어니'라고 쓸 수 없으므로 '되니'라고 써야 하며, '되었다'로 쓸 수 있으니 '됐다'라고 써야 하는 것이다.

(라) 준말의 정확한 표기에 어려움을 겪는 일은 이외에도 많다. '안'과 '않'도 그중의 하나이다. '안'은 '아니'의 준말이고, '않-'은 '아니하-'의 준말이다. 따라서 '안'과 '않-'의 선택에 어려움을 느낄 때에는 줄이기 전의 형태로 바꿔 보면 어떤 말을 써야 하는지 알 수 있다. 위의 글에서 '않 맡았으면'은 '아니하 맡았으면'이 되므로 어색하다. 따라서 '아니 맡았으면'이 될 수 있도록 '안 맡았으면'으로 쓰든지, '맡지

아니하였으면'의 준말인 '(㉠)'(으)로 표기해야 한다.

(마) ㉡발음이 같아서 잘못 사용하는 경우도 많다. 위의 글에서 사용한 '맞히고'는 '문제의 답을 틀리지 않게 하다.'라는 뜻의 단어이다. 하지만 글쓴이가 쓰려는 말은 '어떤 일이나 과정, 절차 따위가 끝나다. 또는 그렇게 하다.'의 뜻을 가진 '마치고'이다. '낳은'과 '나은'도 많이 헷갈려 하는 말인데, 위의 글에서는 '이전보다 더 좋다.'는 의미로 사용했기 때문에 '나은'으로 써야 한다. 또한 '붙여야겠다'의 '붙이다'도 '편지나 물건 따위를 일정한 수단이나 방법을 써서 상대에게로 보내다.'라는 의미의 '부치다'의 잘못된 표기이므로 '부쳐야겠다'로 고쳐야 한다.

(바) 한편 '만듬'은 '만들다'의 명사형을 잘못 쓴 것이다. '만들-'에 '-ㅁ'을 결합한 '만들다'의 명사형은 원래 형태를 밝혀 '만듦'이라고 써야 한다. 반면에 '씀'은 '쓰다'의 명사형으로, '쓰-'에 '-ㅁ'이 결합해 만들어지므로 '씀'이라고 쓰는 것이 맞다. 이외에도 '은주한태서'나 '함께'와 같이 특별한 이유 없이 습관적으로 틀리는 말도 있다. 이 말들은 각각 '은주한테서', '함께'로 써야 한다.

학습 목표 응용

01 (나)~(바)를 참고하여 (가)를 쓴 학생에게 조언을 할 때, 그 내용으로 적절하지 <u>않은</u> 것은?

① 준말의 원래 형태를 잘 생각해 보세요.
② 동음이의어를 쓸 때에는 더 주의해야 합니다.
③ 평소에 단어를 정확하게 표기하는 습관을 들이는 것이 좋습니다.
④ 명사형 어미 '-ㅁ'을 붙일 때에는 이전의 기본형을 잘 생각하세요.
⑤ 지역 방언을 사용할 때보다 표준어를 사용할 때 의사소통이 잘 이루어집니다.

02 이 글을 참고할 때, 맞춤법에 맞는 표현이 <u>아닌</u> 것은?

① 오늘은 왠지 너에게 편지를 쓰고 싶었어.
② 동생이 믹서를 사용하여 과일을 곱게 감.
③ 그 친구는 정답을 맞히고 기분이 좋아졌어.
④ 네가 두고 간 책은 내일 우편으로 부쳐 줄게.
⑤ 어제 집에 가다가 초등학교에 들러 선생님을 뵀어.

03 (나)~(바)를 읽은 후의 반응으로 적절하지 않은 것은?

① (나): 그러면 '오랜동안'이 아닌 '오랫동안'으로 써야겠구나.

② (다): (가)에서 '뵈요'도 잘못 쓴 표현이겠구나.

③ (라): 준말을 쓸 때에는 줄이기 전의 형태를 고려해야겠구나.

④ (마): '낳은'이라는 말은 표준어가 아니니 쓰지 말아야겠구나.

⑤ (바): '자다'를 명사형으로 만들 때에는 'ㄹ'을 붙일 필요가 없겠구나.

04 ⭐중요 (다)와 관련 있는 맞춤법 규정으로 적절한 것은?

① 'ㅣ' 뒤에 '-어'가 와서 'ㅕ'로 줄 적에는 준 대로 적는다.

② 체언과 조사가 어울려 줄어지는 경우에는 준 대로 적는다.

③ 'ㅚ' 뒤에 '-어, -었-'이 어울려 'ㅙ, ㅙㅆ'으로 될 적에도 준 대로 적는다.

④ 단어의 끝모음이 줄어지고 자음만 남은 것은 그 앞의 음절에 받침으로 적는다.

⑤ 모음 'ㅏ, ㅓ'로 끝난 어간에 '-아/-어, -았-/-었-'이 어울릴 적에는 준 대로 적는다.

05 (라)를 참고하여 ㉠에 들어갈 적절한 말을 2어절로 쓰시오.

06 ㉡의 예로 볼 수 없는 것은?

① 어머니께서 나물을 맛있게 <u>묻히</u>셨어요.

② 영화가 무서워 마음을 <u>조리고</u> 영화를 봤다.

③ 조심성이 많은 진수가 <u>닫히</u>다니 믿을 수가 없어.

④ 민희가 책상 위에 책을 <u>반드시</u> 정리하고 갔다.

⑤ 이번 명절에는 아버지께서 빈대떡을 <u>부치</u>시기로 했다.

01 ⭐중요 다음은 한글 맞춤법 규정의 총칙이다. 〈보기〉의 밑줄 친 단어들 중 맞춤법이 틀린 이유가 ㉮와 같은 것은?

> 제1항 한글 맞춤법은 표준어를 소리대로 적되, 어법에 맞도록 함을 원칙으로 한다.

◀ 보기 ▶
> <u>않</u> 해도 된다는 것을 <u>구지</u> 해서 멋진 <u>소남우</u>를 엉망으로 만들었어. 정말 <u>어의없어</u>.

① 않 　　② 구지 　　③ 해서
④ 소남우 　　⑤ 어의없어

02 (나)~(바)를 참고하여 ㉯를 맞게 고쳐 쓰시오.

03 다음은 학교 앞 식당의 차림표이다. 맞춤법에 맞지 않은 표현 6개를 찾아 바르게 고쳐 쓰시오.

[차림표]

떡볶기	── ○○○○원	떡꾹	── ○○○○원
김치찌개	── ○○○○원	육계장	── ○○○○원
만두국	── ○○○○원	냉면	── ○○○○원
수재비	── ○○○○원	김칫국	── ○○○○원

• 모든 메뉴 곱빼기는 ○○○○원을 추가합니다.

• 깍두기 더 드실 분들은 직접 가져다 드세요.

• 숟가락과 젓가락은 식탁 옆에 있습니다.

[01~04] 다음 글을 읽고 물음에 답하시오.

㉮ "나에게는 아직 빛이 남아 있다."

　이 문장을 [나에게는 아직 '비지' 나마 읻따]나 [나에게는 아직 '비시' 나마 읻따]로 발음하면 다른 사람과의 의사소통에 어려움을 겪을 수 있다. 이 때문에 발음의 표준을 정한 규범인 '표준 발음법'이 필요한 것이다.

㉯ 우리나라에서는 표준 발음을 다음과 같이 규정하고 있다.

> 제1항　표준 발음법은 표준어의 실제 발음을 따르되, 국어의 ㉮전통성과 합리성을 고려하여 정함을 원칙으로 한다.

　여기에서 표준어의 실제 발음을 따른다는 것은 교양 있는 사람들이 두루 쓰는 현대 서울말의 발음을 표준어의 실제 발음으로 여긴다는 것이다. 하지만 현대 서울말에서조차 사람들에 따라 발음의 차이가 존재할 수 있다. 이러한 경우에는 예로부터 지켜 온 우리말의 전통에 따라 표준 발음을 정한다는 의미에서 '전통성'을 고려한다는 내용을 덧붙였다. 또한 표준 발음을 정할 때에는 국어의 규칙이나 법칙에 따른다고 하면서 언어생활의 '합리성'도 고려하고 있다. 하지만 실제 대화를 할 때에는 규정과는 다른 발음이 더 널리 사용되는 경우가 있다. '맛있다'는 ㉠[마딛따]로 발음해야 하지만 ㉡[마싣따]로 발음하는 경우가 더 많아서 두 발음을 모두 허용하고 있다.

㉰ 모음 'ㅢ'는 가장 발음하기 어려운 음운이다. 원칙적으로 'ㅢ'는 이중 모음으로 발음해야 한다. 하지만 'ㅢ'가 '희다'처럼 자음과 함께 사용될 때나 '나의'처럼 조사로 사용될 때, 그리고 '협의'처럼 첫음절 외에 사용될 때에는 정확하게 발음하기 어렵다. 그래서 표준 발음법에서는 'ㅢ' 발음에 대한 예외 규정을 몇 가지 마련하였다. 'ㅢ'가 자음을 첫소리로 가진 경우에는 [ㅢ]가 아닌 [ㅣ]로 발음한다. 또한 단어의 첫음절 이외의 '의'는 [ㅣ]로, 조사 '의'는 [ㅔ]로 발음하는 것도 허용하였다. 여기에서 허용한다고 하는 것은 해당 음절을 [ㅢ]로 발음하는 것이 원칙이지만, [ㅣ]나 [ㅔ]로 발음해도 된다는 뜻이다. 이 규정에 따르면 '희다'는 [히다]로 발음해야 하며, '나의'는 [나의] 또는 [나에]로, '협의'는 [혀비] 또는 [혀비]로 발음할 수 있다. ⓐ그렇다면 '민주주의의 의의'는 어떻게 발음해야 할까?

01 이 글에서 알 수 있는 내용이 <u>아닌</u> 것은?

① 'ㅢ' 발음의 예외 규정
② 표준 발음의 기본 원칙
③ 표준 발음이 필요한 이유
④ 표준 발음 규정의 변천 과정
⑤ 우리나라의 표준어 사정 원칙

02 〈보기〉는 ㉮를 고려하여 표준 발음을 정한 사례이다. 빈칸에 들어갈 말로 가장 적절한 것은?

> **【 보기 】**
> 　서울의 어떤 젊은이나 어린이는 소리의 길이를 구별하지 않고서 '밤[夜]'과 '밤[栗]'을 모두 짧게 발음하기도 하는데, 대부분의 장년층 이상에서는 소리의 길이를 인식하면서 구별하여 발음한다. 이처럼 장단음에 대한 세대 간의 발음 차이가 있지만 (　　　) 표준 발음법에 소리의 길이에 대한 규정을 포함시키게 하였다.

① 역사적으로 보면 우리말에서는 장단음을 구별해 왔기 때문에
② 연장자인 장년층의 발음이 더 정확하다고 판단하였기 때문에
③ 현대 서울말의 발음을 표준어의 실제 발음으로 따라야 하기 때문에
④ 소리의 길이를 구별하는 사람들이 구별하지 않는 사람들보다 더 많기 때문에
⑤ 다른 지역의 젊은이들은 '밤[夜]'과 '밤[栗]'을 모두 길게 발음하는 경우가 더 많기 때문에

03 ㉠과 ㉡에 대한 설명으로 적절하지 <u>않은</u> 것은?

① ㉠은 합리적인 발음으로 볼 수 있다.
② ㉠은 국어의 규칙에 따라 발음한 것이다.
③ ㉡은 사람들이 널리 사용하는 발음이다.
④ ㉡은 발음의 전통성을 인정받은 경우이다.
⑤ ㉠과 ㉡은 모두 표준 발음으로 인정된다.

04 ⓐ의 질문에 대한 답을 네 가지만 쓰시오.

> **【 조건 】**
> • '민주주의의 의의'의 발음을 [　　] 안에 쓸 것.
> • 발음의 장단음은 구분하지 말 것.

[05~08] 다음 글을 읽고 물음에 답하시오.

㉮ 이번에는 '낫', '낮', '낟', '낱', '낯'을 각각 발음해 보자. 다섯 개의 단어가 구분이 되지 않는다는 것을 알 수 있다. 이는 각 단어의 받침소리인 'ㅅ', 'ㅈ', 'ㄷ', 'ㅌ', 'ㅊ'이 모두 [ㄷ]으로 발음되어 [낟]이라고 소리 나기 때문이다. 이처럼 우리말에는 음절의 끝에서 발음될 수 있는 자음이 제한되어 있는데, 표준 발음법에서는 다음처럼 규정하고 있다.

㉯ 그렇다면 받침소리로 겹받침이 올 때는 어떻게 발음해야 할까? 겹받침은 그것을 구성하는 두 개의 자음 중 하나를 발음하면 된다. 이때 발음을 하는 자음은 앞의 것이 될 수도 있고, 뒤의 것이 될 수도 있다. '넋'과 '값'은 앞의 받침이 발음되어 [넉]과 [갑]으로 소리 나고, '삶'은 뒤의 받침이 발음되어 [㉠](으)로 소리 난다.

㉰ 이때 주의해야 할 겹받침은 'ㄼ'과 'ㄺ'이다. 일반적으로 'ㄼ'은 '여덟[여덜]'처럼 [ㄹ]이 발음되지만, '밟다[밥:따]', '밟고[밥:꼬]'처럼 '밟-'은 [밥]으로 발음된다. 이외에 'ㄼ'이 [ㅂ]으로 발음되는 단어로는 '넓죽하다[넙쭈카다]', '넓둥글다[넙뚱글다]'가 있다. 또한 'ㄺ'은 '닭[닥]', '맑다[㉡]'처럼 [ㄱ]으로 발음해야 하지만, 'ㄱ' 앞에 쓰이는 용언 어간의 'ㄺ'은 [ㄹ]로 발음한다.

㉱ '밭에'와 '깎아', '흙이'는 어떻게 발음해야 할까? '밭', '깎다', '흙'이 [받], [깍따], [흑]으로 발음되는 원리를 적용하면 [바테], [까가], [흐기]로 발음해야 할 것 같지만, [바테], [㉢], [흘기]가 정확한 발음이다. 즉, 이런 경우에는 홑받침이나 쌍받침은 제 음가대로 뒤 음절 첫소리로 옮겨 발음하고, 겹받침은 첫째 받침은 그대로 받침의 소리로 발음하고 둘째 받침만 다음 음절의 첫소리로 옮겨 발음한다.

㉲ '밭 아래'는 [바타래]가 아닌 [바다래]로 발음해야 하며, '꽃 위'는 [꼬취]가 아닌 [꼬뒤]로 발음해야 한다. 즉, 이런 경우에는 받침소리를 대표음으로 바꾸어 뒤 음절 첫소리로 옮겨 발음하는 것이다. 한편 '닭 앞에'처럼 모음으로 시작하는 실질 형태소 앞에 겹받침이 올 경우에는 '닭[닥]'처럼 독립형으로 쓸 때 발음하는 자음을 뒤 음절의 첫소리로 옮겨 [㉣](으)로 발음한다.

05 이 글을 참고할 때, 다음 밑줄 친 말의 발음이 맞는 것은?

① 이것은 꽃[꼳], 저것은 풀, 그것은 나무야.
② 마음에 드는 책을 읽고[익꼬] 독후감을 제출하렴.
③ 그의 단점은 귀가 유난히 엷다는[엽:따는] 점이다.
④ 병아리들을 데리고 산책 나온 어미 닭을[달글] 보았다.
⑤ 큰집에 가서 웃어른[우서른]을 뵈면 공손히 인사해야 해.

06 ★중요 (라)와 (마)를 비교할 때, 발음의 차이를 발생시키는 기준으로 적절한 것은?

① 받침소리로 오는 자음이 대표음인가, 아닌가?
② 음절의 끝에 홑받침이 오는가, 쌍받침이 오는가?
③ 받침소리의 뒤에 오는 음운이 자음인가, 모음인가?
④ 받침소리가 포함된 음절의 첫소리가 자음인가, 모음인가?
⑤ 모음으로 시작하는 뒷말이 형식 형태소인가, 실질 형태소인가?

07 서술형 (가)와 〈보기 1〉을 참고하여 〈보기 2〉의 발음 표기가 잘못된 이유를 〈조건〉에 맞게 서술하시오.

◀ 보기 1 ▶
제8항 받침소리로는 'ㄱ, ㄴ, ㄷ, ㄹ, ㅁ, ㅂ, ㅇ'의 7개 자음만 발음한다.
제9항 받침 'ㄲ, ㅋ', 'ㅅ, ㅆ, ㅈ, ㅊ, ㅌ', 'ㅍ'은 어말 또는 자음 앞에서 각각 대표음 [ㄱ, ㄷ, ㅂ]으로 발음한다.

◀ 보기 2 ▶
(1) 곧[곳]   (2) 부엌[부억]

◀ 조건 ▶
• (1)과 (2)를 각각 한 문장으로 쓸 것.
• 표준 발음법의 몇 항을 근거로 하는지 밝힐 것.

08 ㉠~㉣에 들어갈 발음 표기를 쓰시오.

㉠		㉡	
㉢		㉣	

[09~12] 다음 글을 읽고 물음에 답하시오.

㉮ 한글 맞춤법 규정에서는 한글 맞춤법에 대해 다음과 같이 안내하고 있다.

> 제1항 한글 맞춤법은 표준어를 소리대로 적되, 어법에 맞도록 함을 원칙으로 한다.

한글 맞춤법 규정에서 볼 수 있듯이 한글 맞춤법의 기본이 되는 원칙은 '표준어를 소리대로 적는다.'이다. 이는 표준어를 발음 형태대로 그대로 적는다는 뜻이다.

㉯ 그런데 모든 말을 소리대로 적으면 어떻게 될까? 예를 들어 소리대로 '꼬치', '꼳따발', '꼰나무'라고 적으면 '꼬츠', '꼳', '꼰'이 모두 '꽃'이라는 말에서 온 것임을 알기가 쉽지 않다. 그래서 '꽃이', '꽃다발', '꽃나무'처럼 '꽃'이라는 본래의 형태를 그대로 밝혀 적도록 허용한 것이 '어법에 맞게 쓴다.'이다.

㉰ 그러나 이 원칙이 모든 언어에 적용되지는 않는다. 우리가 실제로 언어생활을 하다 보면 위의 규정으로 설명할 수 없는 경우를 경험하게 된다. 그렇기 때문에 한글 맞춤법 규정에서는 '원칙으로 한다.'라는 말을 더해서 예외가 있을 수 있다는 뜻을 담았다.

㉱ '오랫만에'와 '오랜만에' 중 어느 것을 써야 하는지에 대해 고민해 본 사람들이 많을 것이다. 이는 이 말이 어떤 말이 줄어서 만들어진 것인가를 생각해 보면 어렵지 않게 판단할 수 있다. 이 말은 '오래간만에'가 줄어서 된 말이므로 '(㉠)'이/가 아닌 '(㉡)'(라)고 써야 한다. 이와 비슷한 경우가 '웬지'와 '왠지'이다. 이 말은 '왜인지'가 줄어서 된 말이다. 따라서 '(㉢)'(라)고 쓰면 안 되고, '(㉣)'(라)고 써야 한다.

㉲ 준말의 정확한 표기에 어려움을 겪는 일은 이외에도 많다. '안'과 '않-'도 그중의 하나이다. '안'은 '아니'의 준말이고, '않-'은 '아니하-'의 준말이다. 따라서 '안'과 '않-'의 선택에 어려움을 느낄 때에는 줄이기 전의 형태로 바꿔 보면 어떤 말을 써야 하는지 알 수 있다. 위의 글에서 '않 맡았으면'은 '아니하 맡았으면'이 되므로 어색하다. 따라서 '아니 맡았으면'이 될 수 있도록 '안 맡았으면'으로 쓰든지, '맡지 아니하였으면'의 준말인 '맡지 않았으면'으로 표기해야 한다.

09 〈보기〉를 바탕으로 한글 맞춤법을 이해한 내용으로 적절한 것은?

> ◀ 보기 ▶
> • 표음주의: 단어를 소리대로 적어야 한다는 주장
> • 표의주의: 단어를 어법에 맞도록 적어야 한다는 주장

① 표음주의와 표의주의를 모두 버린다.
② 표음주의와 표의주의를 모두 적용한다.
③ 표음주의를 버리고 표의주의를 적용한다.
④ 표의주의를 버리고 표음주의를 적용한다.
⑤ 사용자가 표음주의와 표의주의를 선택한다.

10 〈보기〉의 맞춤법 평가에서 학생이 맞은 답의 개수는?

> ◀ 보기 ▶
> 문제: 다음 중 맞춤법에 맞는 표기를 고르시오.

	ⓐ	ⓑ	학생 답
㉠	책이에요	책이예요	ⓐ
㉡	회장으로서	회장으로써	ⓐ
㉢	먹어도 되	먹어도 돼	ⓑ
㉣	말을 잘 하데	말을 잘 하대	ⓑ
㉤	공부를 함으로써	공부를 하므로써	ⓑ
㉥	내가 할게	내가 할께	ⓐ
㉦	어이없다	어의없다	ⓑ
㉧	이 일을 어떡해.	이 일을 어떻해.	ⓑ

① 3개 ② 4개 ③ 5개
④ 6개 ⑤ 7개

서술형

11 이 글을 참고하여, 〈보기〉에서 잘못 표기한 말을 찾아 그 이유를 〈조건〉에 맞게 서술하시오.

> ◀ 보기 ▶
> 오늘은 하늘이 푸르다. 일찍 잠자리에 들어서인지 오늘 아침에는 오뚜기처럼 벌떡 일어날 수 있었다.

> ◀ 조건 ▶
> • 한글 맞춤법 규정의 내용을 인용해서 쓸 것.
> • 틀린 이유와 바른 표기가 모두 들어가도록 쓸 것.

12 ㉠~㉣에 들어갈 적절한 말을 쓰시오.

[13~16] 다음 글을 읽고 물음에 답하시오.

가 '되-'와 '돼'의 구분은 사람들이 가장 헷갈려 하는 맞춤법 중 하나이다. 둘 중 어떻게 써야 할지 고민이 될 때에는 '돼'는 '되어'가 줄어서 만들어진 말이라는 점을 기억하자. 즉, '되어'로 풀어 쓸 수 있는 경우에는 '돼'로 쓰면 되는 것이다. 예를 들어 '되어니'라고 쓸 수 없으므로 '되니'라고 써야 하며, '되었다'로 쓸 수 있으니 '됐다'라고 써야 하는 것이다. 따라서 위의 글에서 '돼고'는 '되고'로 바꿔 써야 함을 알 수 있다. '뵈-'와 '봬'의 구분도 같은 방법으로 할 수 있다. 따라서 위의 글에서 '뵈어요'로 바꿀 수 있는 은주의 문자는 '월요일에 봬요.'라고 써야 한다.

나 발음이 같아서 잘못 사용하는 경우도 많다. 위의 글에서 사용한 '맞히고'는 '문제의 답을 틀리지 않게 하다.'라는 뜻의 단어이다. 하지만 글쓴이가 쓰려는 말은 '어떤 일이나 과정, 절차 따위가 끝나다. 또는 그렇게 하다.'의 뜻을 가진 '마치고'이다. '낳은'과 '나은'도 많이 헷갈려 하는 말인데, 위의 글에서는 '이전보다 더 좋다.'는 의미로 사용했기 때문에 '나은'으로 써야 한다. 또한 '붙여야겠다'의 '붙이다'도 '편지나 물건 따위를 일정한 수단이나 방법을 써서 상대에게로 보내다.'라는 의미의 '부치다'의 잘못된 표기이므로 '부쳐야겠다'로 고쳐야 한다.

다 한편 '만듬'은 '만들다'의 명사형을 잘못 쓴 것이다. '만들-'에 '-ㅁ'을 결합한 '만들다'의 명사형은 원래 형태를 밝혀 ⊙'만듦'이라고 써야 한다. 반면에 '씀'은 '쓰다'의 명사형으로, '쓰-'에 '-ㅁ'이 결합해 만들어지므로 '씀'이라고 쓰는 것이 맞다. 이외에도 '은주한테서'나 '함께'와 같이 특별한 이유 없이 습관적으로 틀리는 말도 있다. 이 말들은 각각 '은주한테서', '함께'로 써야 한다.

라 맞춤법 규정에 맞게 올바르게 표기하는 것은 매우 중요하다. 표기를 정확하게 하지 않으면 의사를 잘못 전달하거나 오해를 불러일으킬 수 있기 때문이다. 하지만 우리말의 맞춤법 규정은 매우 복잡하기 때문에 모든 규정을 다 기억하고 있기는 쉽지 않다. 따라서 글을 쓸 때에는 수시로 표준국어대사전을 찾아 표기를 확인하는 습관을 기르는 것이 좋다.

13 이 글을 참고할 때, 다음 대화에서 윤희의 대답으로 가장 적절한 것은?

> 윤희: 글을 쓸 때 맞춤법에 맞게 정확히 표기해야 해.
> 진호: 왜 그렇지?
> 윤희: _____

① 한글의 세계화를 실천하는 행동이거든.
② 맞춤법이 그 사람의 지적 수준을 드러내잖아.
③ 맞춤법 규정은 반드시 지켜야 할 강력한 법이거든.
④ 그래야 글을 쓴 사람의 의도를 정확히 알 수 있거든.
⑤ 맞춤법에 맞게 써야 어떻게 발음하는지 알 수 있잖아.

14 ^{중요} 이 글을 참고할 때, 밑줄 친 말의 표기가 바르지 <u>않은</u> 것은?

① 그 문제의 정답을 <u>맞히기</u>가 쉽지 않았어.
② 주말에는 가까운 공원에 나가서 바람을 <u>쐈다</u>.
③ 영어 단어를 열심히 <u>왜서</u> 좋은 결과가 나왔어.
④ 고향의 어머니께서 김치를 택배로 <u>부쳐</u> 주셨어.
⑤ 선생님께서 추천서에 '선행을 잘 <u>베풂</u>'이라 써 주셨어.

15 이 글을 참고하여, 〈보기〉에서 표기가 틀린 부분 3개를 찾아 〈조건〉에 맞게 바르게 고쳐 쓰시오.

> **보기**
> 어제는 오랫만에 민철이를 만났다. 스승의 날을 맞아 함께 초등학교 은사님을 뵈러 가기 위해서였다. 민철이와 나는 초등학교 때는 항상 붙어 다니는 단짝이었다. 하지만 중학생이 돼고 난 이후에는 자주 만나지 못해 늘 아쉬웠다. 1년 사이에 부쩍 큰 민철이는 살도 적당히 붙어 이전보다 얼굴이 낳아 보였다. 만나면 이렇게 반가운데, 앞으로 민철이와 자주 연락하며 지내야겠다.

> **조건**
> • '오랫만에 → 오랜만에' 형식으로 쓸 것.
> • 주어진 형식에서 예시로 사용한 단어는 제외할 것.

16 ^{서술형} 〈보기〉를 참고하여, ⊙과 같이 표기하는 이유를 서술하시오.

> **보기**
> 제1항 한글 맞춤법은 표준어를 소리대로 적되, 어법에 맞도록 함을 원칙으로 한다.

2 담화의 개념과 특성

학습 목표
• 담화의 개념과 구성 요소를 설명할 수 있다.
• 맥락을 고려하여 적절한 의사소통을 할 수 있다.

개념 압축 APP

1 담화의 개념과 구성 요소

담화의 개념	생각이 실제 문장으로 실현된 말인 (　　　)이/가 모여 이루어진 언어 단위
담화의 구성 요소	화자(말하는 이), 청자(듣는 이), 발화(내용), (　　　)

2 담화와 상황 맥락

상황 맥락의 개념	화자와 청자가 처한 구체적 장면(상황)
상황 맥락의 구성 요소	화자와 청자의 관계, 시간과 (　　　), 말을 하는 의도나 목적, 중심 화제, 분위기, 매체 등
상황 맥락을 고려한 의사소통	같은 말이라도 상황 맥락에 따라 (　　　)이/가 달라질 수 있으므로 상황 맥락을 고려하여 정확하고 적절한 의사소통을 해야 함.

3 담화와 사회·문화적 맥락

사회·문화적 맥락의 개념	하나의 사회 (　　　)이/가 구성하고 공유하는 사회·문화적 환경
사회·문화적 맥락의 요인	지역, 세대, 성별, 문화, 역사, 신념, 이념, 공동체의 가치 등
사회·문화적 맥락을 고려한 의사소통	사회·문화적 맥락의 차이가 언어 사용의 차이를 가져오고 담화의 의미 해석에 영향을 미친다는 점을 이해하고, 상대방을 존중하고 배려하는 태도를 지녀야 함.

필수 어휘 사전

● **발화**: 소리를 내어 말을 하는 현실적인 언어 행위.

● **맥락**: 사물 따위가 서로 이어져 있는 관계나 연관.

● **상황**: 일이 되어 가는 과정이나 형편.

● **이념**: 이상적인 것으로 여겨지는 생각이나 견해.

확인 문제

1. 담화의 구성 요소에 해당하지 않는 것은?
① 발화　② 맥락
③ 청자　④ 화자
⑤ 표현 방법

2. 다음에서 설명하는 '이것'이 무엇인지 쓰시오.

> • '이것'은 담화가 이루어지는 구체적인 장면과 관련이 있다.
> • '이것'은 화자와 청자의 관계, 화자의 의도나 목적, 담화가 이루어지는 시간과 장소 등으로 구성된다.
> • 동일한 발화이더라도 '이것'에 따라 의미가 다르게 해석될 수 있다.

3. 담화의 사회·문화적 맥락에 대한 설명으로 적절하지 않은 것은?
① 언어 사용의 차이를 가져온다.
② 담화의 의미 해석에 영향을 미친다.
③ 하나의 사회 집단이 구성하고 공유하는 지식이다.
④ 지역, 세대, 성별, 문화 등과 같은 사회·문화적 요인이 작용한다.
⑤ 말하는 이와 듣는 이가 처한 구체적인 시·공간적 상황을 말한다.

정답 1. ⑤ 2. 상황 맥락 3. ⑤　　정답 문장, 집단, 의미(해석), 장소, 맥락, 문장

❶ 다음 담화의 구성 요소와 상황 맥락을 고려하여 (1)~(2)의 활동을 해 보자.

〈수업 시간에 선생님이 칠판 앞에서 설명을 하다가 잠시 멈춘다.〉
선생님: (창밖을 쳐다보고 있는 학생에게) 지금 뭐 하니?
학생: 오늘 급식 반찬 생각하고 있어요.

(1) 이 담화를 이루는 요소를 다음 빈칸에 적어 보자.

맥락	

화자		→	청자	

발화	

(2) 상황 맥락을 고려할 때 학생은 어떻게 대답하는 것이 적절한지 고쳐 쓰고, 그렇게 고친 까닭을 말해 보자.

• 고쳐 쓴 말:

• 고친 까닭:

❷ 다음 담화의 사회·문화적 맥락을 고려하여 (1)~(2)의 활동을 해 보자.

〈딸이 아침에 등교 준비를 하다가 엄마에게 이야기한다.〉
딸: 엄마, 버카충하게 돈 좀 주세요.
엄마: 뭐라고? 용돈 준 지 얼마 안 됐잖아. 이번엔 돈 받아서 뭐하려고?
딸: 솔까말 제 용돈 너무 적잖아요.
엄마: 솔까말? 지금 엄마한테 뭐라고 하는 거야?

(1) 이 담화에서 엄마가 이해하지 못한 단어를 찾아 그 의미를 써 보자.

단어	의미

(2) 이 담화에서 의사소통이 원활하게 이루어지지 못한 까닭을 담화의 사회·문화적 맥락을 고려하여 설명해 보자.

---

❶ (1) 담화의 의미를 정확히 이해하기 위해 담화의 구성 요소를 파악해 본다.

예시 답안
• 화자: 선생님, 학생
• 청자: 학생, 선생님
• 발화: 지금 뭐 하니?, 오늘 급식 반찬 생각하고 있어요.
• 맥락: 수업 시간에 집중하지 못하는 학생에게 선생님이 주의를 주고 있는 상황

(2) 상황 맥락에 따라 담화의 의미가 달라짐을 이해하고, 제시된 담화에서 상황을 고려하여 선생님의 말에 담긴 의도를 파악해 본다.

예시 답안
• 고쳐 쓴 말: 죄송합니다.
• 고친 까닭: '지금 뭐 하니?'는 뭘 하는지를 묻는 질문이 아니라 수업에 집중하지 않는 것을 나무라는 의도로 한 말이기 때문이다.

❷ (1) 담화의 사회·문화적 맥락의 차이가 언어 사용의 차이를 가져올 수 있으므로 사회·문화적 맥락을 고려하여 의사소통을 해야 한다. 제시된 담화에서 딸이 사용한 말 중에서 엄마와의 의사소통을 방해한 말을 찾아 그 뜻을 써 본다.

예시 답안
• 버카충: 버스 카드 충전
• 솔까말: 솔직히 까놓고 말해서

(2) 딸이 사용한 말의 특성을 파악하고, 딸과 엄마가 쓰는 말이 차이가 나는 까닭을 사회·문화적 맥락과 관련지어 생각해 본다.

예시 답안 엄마는 '버카충, 솔까말' 같은 줄임말의 의미를 이해하지 못하고, 딸은 세대별 언어 사용의 차이를 고려하지 못해 의사소통이 원활하지 않게 되었다.

1 담화의 개념과 구성 요소

*다음 글을 읽고 물음에 답하시오.

(가) 우리는 언어를 통해 마음속에 있는 생각을 구체적인 말소리로 표현한다. 이때 생각이 실제 문장으로 실현된 것을 발화(發話)라고 하며, 이러한 발화가 모여 담화(談話)를 이룬다. 예를 들어, 다음과 같은 간단한 대화도 하나의 담화가 될 수 있는 것이다.

> A: 어디 가세요?
> B: 응, 시장에 옷 사러 가네.

(나) 담화가 성립되기 위해서는 먼저 '화자(말하는 이)'가 있어야 하고, 화자가 전달하는 발화를 듣는 '청자(듣는 이)'가 있어야 한다. 담화에서 이 두 요소는 필수적인 것으로, 이 두 요소 없이 담화는 성립할 수 없다. 독백과 같은 경우는 청자가 없는 것이 아닌가 하는 궁금증을 가질 수 있지만 독백은 화자와 청자가 일치하는 것으로 보아야 한다. 즉, 담화는 기본적으로 화자와 청자가 존재해야 한다.

(다) 담화에 참여하는 인물만 있다고 하여 담화가 성립되는 것은 아니다. 이 인물들이 주고받는 발화가 있어야 하며, 이것이 일정한 내용을 지니고 있어야 한다. 일반적으로 발화를 통해 화자의 느낌, 생각, 믿음 등을 전달할 수 있다.

(라) 마지막으로 담화에는 맥락이 요구된다. 화자와 청자가 주고받는 발화는 이들을 둘러싼 구체적인 맥락 속에서 이루어지는 것이다. 담화의 맥락은 담화의 흐름이나 의미 해석에 매우 중요한 역할을 하는데, 동일한 발화라도 맥락에 따라서 다른 뜻으로 전달되기도 한다. 예를 들어, ㉠"5분 남았어."라는 말은 그 말이 쓰인 맥락에 따라 시간이 남아 여유가 있다는 뜻으로 해석될 수도 있고, 반대로 시간이 부족하니 서둘러야 한다는 뜻으로 해석될 수도 있다.

(마) 일반적으로 화자가 전달하는 발화의 의미는 그것을 구성하는 각각의 단어들의 뜻이 결합한 것이라고 생각하기 쉽다. 이러한 생각이 틀린 것은 아니지만, ㉡담화의 맥락을 고려하지 않는다면 말의 진정한 뜻을 알기는 어려울 것이다. 예를 들어, 수학여행 버스에서 선생님이 학생들에게 "내립시다."라고 말한다면, 모두 버스에서 내리자는 청유의 의미겠지만, 사람들로 가득한 시내버스에서 하차하기 위해서 이 말을 한다면 "길 좀 비켜 주세요."라는 ㉢완곡한 명령을 의미한다.

01 이 글의 중심 내용으로 가장 적절한 것은?

① 담화의 다양한 예
② 담화와 대화의 비교
③ 발화와 담화의 관계
④ 담화의 뜻과 구성 요소
⑤ 담화 성립에 필요한 맥락의 종류

02 중요
이 글의 주요 개념을 정리한 내용으로 적절하지 <u>않은</u> 것은?

① 발화: 생각이 실제 문장으로 표현된 것
② 담화: 발화가 모여 하나의 의미를 이룬 것
③ 화자: 내용을 전달하는 사람으로 말하는 이라고도 함.
④ 청자: 화자의 발화를 듣는 사람으로 듣는 이라고도 함.
⑤ 맥락: 화자와 청자가 주고받는 일정한 내용으로 느낌, 생각, 믿음 등을 담고 있음.

03 중요
이 글을 바탕으로 다음 담화의 구성 요소를 파악한 내용으로 적절하지 <u>않은</u> 것은?

> 〈창문이 열린 병실에서 나누는 친구들 간의 대화〉
> 윤서: (침대에 누워 몸을 떨며) 병실이 너무 추운 것 같아.
> 동석: (자리에서 일어나며) 창문을 닫아 줄게.

① 윤서와 동석은 서로가 청자이자 화자이다.
② 맥락은 창문이 열린 병실에서 윤서가 추워하는 상황이다.
③ 윤서의 발화는 '병실이 너무 추운 것 같아.'라는 말이다.
④ 윤서의 발화는 동석에게 창문을 닫아 달라고 요청하는 의미를 담고 있다.
⑤ 동석의 발화는 동석이 윤서의 발화 의미를 제대로 파악하지 못했음을 보여 준다.

04 중요 이 글의 내용을 참고할 때, 다음 담화에서 남자가 말을 하기 전에 고려했어야 할 사항으로 적절한 것은?

> 사람들이 붐비는 만원 지하철에서 여자가 자리에서 일어나 출입문을 막고 있는 남자에게 이야기한다.
> 여자: 저 이번 정류장에서 내려요.
> 남자: (아무 움직임 없이) 네? 저는 다다음 정류장에서 내리는데요.
> 여자: (어이없는 표정으로) 저 지금 내린다고요!

① 청자의 기분을 헤아려야 한다.
② 청자의 수준을 고려해야 한다.
③ 담화의 맥락을 파악해야 한다.
④ 청자의 배경지식을 알고 있어야 한다.
⑤ 대화의 주제를 분명히 제시해야 한다.

05 ㉠의 예로 적절한 것을 〈보기〉에서 모두 골라 묶은 것은?

◀ 보기 ▶
ㄱ. 약속 장소에 도착한 후, 늦었을까 봐 미안해하는 친구에게 하는 말
ㄴ. 수업 시간에 과제를 하지 않고 떠들기만 하는 친구에게 하는 말
ㄷ. 교실에서 점심시간이 끝날 때쯤에 축구를 하러 운동장으로 나가자고 재촉하는 친구에게 하는 말
ㄹ. 아침 등굣길에 지각할까 봐 헐레벌떡 교문으로 뛰어 들어오는 친구를 안심시키기 위해 하는 말

① ㄱ, ㄴ   ② ㄱ, ㄹ   ③ ㄴ, ㄷ
④ ㄴ, ㄹ   ⑤ ㄷ, ㄹ

06 ㉡이 의미하는 바로 적절한 것은?

① 말의 의미가 달라지면 맥락도 변화한다.
② 맥락은 발화의 의미에 영향을 미치지 않는다.
③ 담화의 의미는 맥락에 따라 달리 해석될 수 있다.
④ 맥락을 정확히 파악하기 위해서는 발화의 의미를 이해해야 한다.
⑤ 발화의 의미는 그것을 구성하는 각각의 단어들의 뜻과는 관련이 없다.

고난도 응용

01 이 글을 참고할 때, 담화에 대한 설명으로 적절하지 않은 것은?

① 일정한 내용을 지닌 발화가 모여 이루어진 것이다.
② 일상에서 주고받는 간단한 대화도 담화에 해당한다.
③ 생각이나 느낌이 하나의 문장으로 실현된 것을 뜻한다.
④ 화자와 청자는 담화가 성립하는 데 필수적인 요소이다.
⑤ 담화가 성립하려면 화자와 청자를 둘러싼 구체적인 맥락이 요구된다.

02 중요 이 글의 내용을 참고하여 다음 담화를 이해한 내용으로 적절한 것은?

> 〈아침 조회를 하던 선생님과 지각한 학생의 대화〉
> 선생님: 참 빨리도 왔구나.
> 학생: (진지하게) 네, 어제보다 더 빨리 왔습니다.
> 선생님: (화를 내며) 뭐라고?

① 선생님이 지각한 학생을 혼내는 상황이다.
② 학생은 선생님 말의 의도를 제대로 파악하고 있다.
③ 선생님은 학생의 발화 내용을 이해하지 못하고 있다.
④ 화자와 청자는 모두 맥락에 맞게 적절한 말을 하고 있다.
⑤ 맥락을 고려할 때 선생님이 화를 낸 것은 잘못된 반응이다.

03 서술형 중요 다음 담화에서 ㉢에 해당하는 말을 찾아 쓰고, 그 말에 담긴 화자의 의도를 서술하시오.

> 서연: (집으로 들어오는 엄마에게) 지금 들어오세요?
> 엄마: 그래, 그런데 집 안이 너무 더운 것 같구나.
> 서연: 저는 잘 모르겠어요.
> 엄마: 그래? (닫힌 창문을 보며) 어머, 창문이 닫혀 있었네.

*다음 글을 읽고 물음에 답하시오.

(가) 담화에 영향을 미치는 맥락에는 '상황 맥락'과 '사회·문화적 맥락'이 있다. 상황 맥락은 화자(말하는 이)와 청자(듣는 이)의 관계, 시간과 장소, 의도나 목적 등 장면 자체와 관련된 맥락을 의미한다. '사회·문화적 맥락'은 하나의 사회 집단이 구성하고 공유하는 지식으로, 지역, 세대, 성별, 문화 등과 같은 사회·문화적 환경을 의미한다.

(나) 아버지: (밤 11시를 가리키는 시계를 바라보며) 얘가 너무 늦어서 걱정이네.

아들: (문을 열고 들어오며) 아버지, 아직 안 주무셨어요?

아버지: (나무라듯이) 지금이 몇 시니?

아들: (태연하게) 지금이요? 11시 조금 넘었는데요.

아버지: 뭐라고?

"지금 몇 시니?"라는 말은 표면적으로는 현재 시각을 물어보는 질문으로 들리지만, 이 상황에서처럼 아버지가 집에 늦게 들어온 아들에게 하는 말이라면, 이것은 아들을 나무라는 것으로 해석될 수 있다. 아들은 이런 상황 맥락을 이해하지 못해서 아버지와 원활한 의사소통을 하지 못했다.

(다) "어떠세요?"라는 말도 상황 맥락에 따라 다르게 해석된다. 화자와 청자의 관계를 먼저 생각해 보자. 미용사와 손님의 관계, 의사와 환자의 관계, 옷가게 점원과 손님의 관계에 따라 의미가 달라진다. 또 "어떠세요?"라는 발화가 이루어지는 장소에 따라서도 의미가 달라질 수 있다. 미용실, 병원, 옷가게라는 장소가 달라져도 발화의 의미가 달라질 수 있다.

(라) 다음으로 사회·문화적 맥락이 담화에 미치는 영향을 알아보기 위해 다음 대화를 살펴보자.

정민: 할아버지, 친구가 놀러 왔어요.

민수: 안녕하세요? 할아버지.

할아버지: 그래, 민수 또 왔구나. 그래 춘부장께서는 무탈하시고? / 민수: 네?

왜 민수는 당황하면서 대답하지 못했을까? 할아버지가 하는 말을 잘 알아들을 수 없었기 때문이다. 할아버지의 말 중에서 '춘부장'은 '상대방의 아버지'를 높여서 부르는 말이고 '무탈하다'는 '병이나 사고가 없다'는 뜻이다. 할아버지는 '춘부장'이나 '무탈하다'와 같은 말을 사용하지 않는 민수 세대의 문화를 고려하지 않고 말해서 대화가 원활

하지 못했다. 이와 반대로 젊은이가 웃어른과 대화할 때 또래에게 하듯이 유행어나 인터넷 언어를 사용한다면 의사소통이 제대로 이루어지지 않을 것이다.

(마) 어머니: 차린 건 없지만 많이 먹어요?

외국인 친구: ㉠네? 이렇게 음식이 많은데 차린 게 없다니요?

영호: 어머님, 상다리가 부러질 것 같아요.

외국인 친구: ㉡상은 튼튼한 것 같은데…….

우리나라에서는 손님을 대접할 때 겸손하게 표현하는 문화가 있다. 그래서 아무리 음식을 많이 차렸더라도 '차린 것은 없지만'이라든지 '음식이 변변치 못해서' 등의 말을 사용한다. 외국인 친구는 이런 우리나라의 문화를 이해하지 못했기 때문에 의아해한 것으로 보인다. 그리고 영호의 '상다리가 부러질 것 같다'는 상대방을 존중하는 표현인데, 외국인 친구는 이를 제대로 이해하지 못했다.

학습 목표 응용

01 이 글의 중심 내용에 대해 이해한 내용으로 적절한 것은?

① 담화는 화자와 청자가 주체가 되는구나.

② 담화는 문제를 해결하는 역할을 하는구나.

③ 담화에서 중심이 되는 것은 화자와 청자의 관계로군.

④ 담화에 담긴 의미를 해석할 때 맥락을 파악할 필요가 있군.

⑤ 담화는 상대방의 말에 집중해야만 의도한 바를 파악할 수 있어.

02 서술형 ✦중요

(가)의 내용을 정리할 때 ⓐ에 들어가기에 적절한 내용을 서술하시오.

담화의 요소: 맥락		

종류	상황 맥락	사회·문화적 맥락
뜻	담화가 이루어지는 장면 자체와 관련된 맥락	ⓐ
예	화자와 청자의 관계, 시간과 장소, 의도나 목적	지역, 세대, 성별, 문화

03 (나)에서 아버지와 아들의 의사소통이 제대로 되지 않은 이유로 적절한 것은?

① 아버지가 아들의 말에 대해 공감하지 않았다.
② 아들이 아버지가 한 말의 의도를 파악하지 못하였다.
③ 아버지가 아들에게 의도적으로 함축적인 표현을 사용하였다.
④ 아버지와 아들이 서로의 관계에 어울리지 않는 말을 하였다.
⑤ 아들이 아버지 세대의 문화에 대해 제대로 이해하지 못하였다.

04 대화의 내용을 파악할 때 (다)에서 강조한 상황 맥락의 구성 요소를 〈보기〉에서 모두 골라 묶은 것은?

▸ 보기 ◂
ㄱ. 화자의 의도
ㄴ. 화자와 청자의 관계
ㄷ. 대화가 이루어지는 장소
ㄹ. 대화가 이루어지는 시간

① ㄱ, ㄴ   ② ㄱ, ㄷ   ③ ㄴ, ㄷ
④ ㄱ, ㄴ, ㄷ   ⑤ ㄴ, ㄷ, ㄹ

05 (라)의 '할아버지'의 말하기 방식이 지닌 문제점으로 적절한 것은?

① 민수 세대의 문화를 지나치게 존중하였다.
② 민수의 말하기 의도를 고려하지 않고 말하였다.
③ 민수의 나이가 어리다고 무시하는 태도를 보였다.
④ 자신만이 아는 유행어나 인터넷 용어를 사용하였다.
⑤ 민수 세대를 고려하지 않고 어려운 한자어를 사용하였다.

06 외국인이 ㉠, ㉡과 같은 반응을 보인 이유로 가장 적절한 것은?

① 대화의 주제를 잘 파악하지 못했기 때문이다.
② 단어의 사전적 의미를 정확히 몰랐기 때문이다.
③ 화자와의 관계를 잘 생각하지 못했기 때문이다.
④ 대화가 이루어지는 시간을 생각하지 않았기 때문이다.
⑤ 대화 상대가 속한 집단의 문화를 잘 이해하지 못했기 때문이다.

고난도 응용

01 〈보기〉에서 영수가 엉뚱한 대답을 한 이유로 적절한 것은?

▸ 보기 ◂
어느 유치원에서 있었던 일이다. 한 선생님이 아이들에게 착한 일을 많이 하면 천국에 갈 수 있다고 말씀하셨다. 그리고 아이들에게 물으셨다.
"여러분은 천국에 가고 싶어요? 안 가고 싶어요?"
모든 학생들은 일제히 대답했다.
"가고 싶어요"
그때 한쪽 구석에서 한 아이가 시무룩하게 앉아 있었다. 선생님이 그 아이에게 물었다.
"영수는 천국이 무슨 뜻인지 알죠?"
"네, 선생님."
"영수는 천국에 가기 싫어요?"
"아뇨, 천국에 가고 싶은데, 엄마가 유치원 끝나면 바로 집으로 오라고 했어요."

① 영수가 선생님의 말에 집중하지 않아서
② 영수가 선생님의 의도를 잘 이해하지 못해서
③ 영수가 다른 아이들과 다른 시·공간에 있어서
④ 영수가 선생님 세대의 문화를 잘 이해하지 못해서
⑤ 영수가 선생님과 자신의 관계를 잘 파악하지 못해서

서술형

02 〈보기〉에 제시된 ㉮~㉱의 상황에서 '괜찮아?'라는 말이 각각 어떤 의미로 사용되었는지 서술하시오.

▸ 보기 ◂
㉮ 딸의 옷을 사러 옷가게에 가서 엄마가 딸에게 옷을 보여 주며 말했다.
"괜찮아?"
㉯ 정민이는 친구인 민영이가 얼굴을 찡그리고 배를 움켜쥔 채 책상에 엎드려 있는 것을 보고 말했다.
"괜찮아?"
㉰ 정수는 국어 시간에 중요한 발표를 하게 되었다. 정수에게 민호가 말했다.
"괜찮아?"

[01~04] 다음 글을 읽고 물음에 답하시오.

가 우리는 언어를 통해 마음속에 있는 생각을 구체적인 말소리로 표현한다. 이때 생각이 실제 문장으로 실현된 것을 발화(發話)라고 하며, 이러한 발화가 모여 담화(談話)를 이룬다. 예를 들어, 다음과 같은 간단한 대화도 하나의 담화가 될 수 있는 것이다.

> A: 어디 가세요?
> B: 응, 시장에 옷 사러 가네.

나 담화가 성립되기 위해서는 먼저 '화자(말하는 이)'가 있어야 하고, 화자가 전달하는 발화를 듣는 '청자(듣는 이)'가 있어야 한다. 담화에서 이 두 요소는 필수적인 것으로, 이 두 요소 없이 담화는 성립할 수 없다. ⊙독백과 같은 경우는 청자가 없는 것이 아닌가 하는 궁금증을 가질 수 있지만 독백은 화자와 청자가 일치하는 것으로 보아야 한다. 즉, 담화는 기본적으로 화자와 청자가 존재해야 한다.

다 담화에 참여하는 인물만 있다고 하여 담화가 성립되는 것은 아니다. 이 인물들이 주고받는 발화가 있어야 하며, 이것이 일정한 내용을 지니고 있어야 한다. 일반적으로 발화를 통해 화자는 느낌, 생각, 믿음 등을 전달할 수 있다.

라 마지막으로 담화에는 맥락이 요구된다. 화자와 청자가 주고받는 발화는 이들을 둘러싼 구체적인 맥락 속에서 이루어지는 것이다. 담화의 맥락은 담화의 흐름이나 의미 해석에 매우 중요한 역할을 하는데, 동일한 발화라도 맥락에 따라서 다른 뜻으로 전달되기도 한다. 예를 들어, "5분 남았어."라는 말은 그 말이 쓰인 맥락에 따라 시간이 남아 여유가 있다는 뜻으로 해석될 수도 있고, 반대로 시간이 부족하니 서둘러야 한다는 뜻으로 해석될 수도 있다.

마 일반적으로 화자가 전달하는 발화의 의미는 그것을 구성하는 각각의 단어들의 뜻이 결합한 것이라고 생각하기 쉽다. 이러한 생각이 틀린 것은 아니지만, 담화의 맥락을 고려하지 않는다면 말의 진정한 뜻을 알기는 어려울 것이다. 예를 들어, 수학여행 버스에서 선생님이 학생들에게 "내립시다."라고 말한다면 모두 버스에서 내리자는 청유의 의미겠지만, 사람들로 가득한 시내버스에서 하차하기 위해서 이 말을 한다면 "길 좀 비켜 주세요."라는 완곡한 명령을 의미한다.

01 이 글에서 답을 확인할 수 있는 질문으로 적절한 것은?

① 담화는 어떻게 이루어지고 끝나는가?
② 듣기·말하기가 지닌 가치는 무엇일까?
③ 담화란 무엇이고 구성 요소는 무엇인가?
④ 표현을 올바르게 하는 방법은 무엇일까?
⑤ 의사소통에는 언어 외에 어떤 방법이 있는가?

02 (가)~(다)에서 알 수 있는 담화에 대한 정보가 <u>아닌</u> 것은?

① 간단한 대화도 담화가 될 수 있다.
② 담화를 통해 좋은 관계를 유지할 수 있고 발전시킬 수도 있다.
③ 담화가 성립하기 위해서는 화자와 청자가 존재하는 것이 기본적이다.
④ 생각이 실제 문장으로 표현되는 것을 발화라고 하는데 발화가 모여 담화가 된다.
⑤ 발화를 통해 화자의 느낌, 생각, 믿음 등을 전달하므로 담화에서도 이것들이 전달된다고 할 수 있다.

중요

03 (라)와 (마)로 볼 때, 같은 말이라도 다르게 해석되는 근본적인 이유로 적절한 것은?

① 동일한 발화라도 말하는 사람이 다를 수 있기 때문에
② 같은 말이지만 담화를 둘러싼 맥락이 다를 수 있기 때문에
③ 화자가 같은 말을 하더라도 화자의 성격이 다르기 때문에
④ 같은 말이라도 화자가 접하는 맥락과 듣는 이가 접하는 맥락이 다르기 때문에
⑤ 같은 의미의 발화라고 하더라도 단어가 가진 의미에 차이가 날 수 있기 때문에

서술형

04 ⊙이 담화가 될 수 있는 이유를 〈조건〉에 맞게 서술하시오.

┤ 조건 ├
• (나)에서 설명하는 담화의 성립 조건을 포함하여 쓸 것.

[05~08] 다음 글을 읽고 물음에 답하시오.

가 담화에 영향을 미치는 맥락에는 '상황 맥락'과 '사회·문화적 맥락'이 있다. 상황 맥락은 화자(말하는 이)와 청자(듣는 이)의 관계, 시간과 장소, 의도나 목적 등 장면 자체와 관련된 맥락을 의미한다. '사회·문화적 맥락'은 하나의 사회 집단이 구성하고 공유하는 지식으로, 지역, 세대, 성별, 문화 등과 같은 사회·문화적 환경을 의미한다.

나 아버지: (밤 11시를 가리키는 시계를 바라보며) 얘가 너무 늦어서 걱정이네.
　아들: (문을 열고 들어오며) 아버지, 아직 안 주무셨어요?
　아버지: (나무라듯이) ㉠지금이 몇 시니?
　아들: (태연하게) ㉡지금이요? 11시 조금 넘었는데요.
　아버지: 뭐라고?

다 "어떠세요?"라는 말도 상황 맥락에 따라 다르게 해석된다. 화자와 청자의 관계를 먼저 생각해 보자. 미용사와 손님의 관계, 의사와 환자의 관계, 옷가게 점원과 손님의 관계에 따라 의미가 달라진다. 또 "어떠세요?"라는 발화가 이루어지는 장소에 따라서도 의미가 달라질 수 있다. 미용실, 병원, 옷가게라는 장소가 달라져도 발화의 의미가 달라질 수 있다.

라 정민: 할아버지, 친구가 놀러 왔어요.
　민수: 안녕하세요? 할아버지.
　할아버지: 그래, 민수 또 왔구나. 그래 춘부장께서는 무탈하시고?
　민수: 네?

　왜 민수는 당황하면서 대답하지 못했을까? 할아버지가 하는 말을 잘 알아들을 수 없었기 때문이다. 할아버지의 말 중에서 '춘부장'은 '상대방의 아버지'를 높여서 부르는 말이고 '무탈하다'는 '병이나 사고가 없다'는 뜻이다. 할아버지는 '춘부장'이나 '무탈하다'와 같은 말을 사용하지 않는 민수 세대의 문화를 고려하지 않고 말해서 대화가 원활하지 못했다.

마 어머니: 차린 건 없지만 많이 먹어요?
　외국인 친구: 네? 이렇게 음식이 많은데 차린 게 없다니요?
　영호: 어머님, 상다리가 부러질 것 같아요.
　외국인 친구: 상은 튼튼한 것 같은데……

05 이 글을 쓴 주된 이유로 적절한 것은?

① 담화의 여러 구성 요소를 설명하기 위해서
② 담화에서 대화 방식의 중요성을 알리기 위해서
③ 담화의 기본적 성립 요소를 이해시키기 위해서
④ 담화에서 맥락이 하는 역할을 알려 주기 위해서
⑤ 담화에 사회·문화적 환경이 미치는 영향을 알려 주기 위해서

06 **중요**
(가)로 볼 때, 맥락에 대한 설명으로 적절하지 <u>않은</u> 것은?

① 맥락은 담화에 영향을 미친다.
② 지역적인 차이는 사회·문화적 맥락에 속한다.
③ 상황 맥락에는 화자와 청자의 관계도 포함된다.
④ 맥락에는 상황 맥락과 사회·문화적 맥락이 있다.
⑤ 장면 자체와 관련된 맥락을 사회·문화적 맥락이라고 한다.

07 **(나)**의 대화를 분석한 내용으로 적절하지 <u>않은</u> 것은?

> • 상황: 아들의 귀가가 늦어 아버지가 걱정하는 상황 ……… ⓐ
> • 아버지 태도: 아들을 걱정하며 나무란다. ……… ⓑ
> • 아들의 태도: 아버지에 비해 상황을 심각하게 생각하지 않는다. ……… ⓒ
> • ㉠의 의도: 아들의 늦은 귀가를 나무람. ……… ⓓ
> • ㉡의 의도: 아버지의 마음을 풀어 주려고 함. ……… ⓔ

① ⓐ　　② ⓑ　　③ ⓒ　　④ ⓓ　　⑤ ⓔ

08 **서술형**
(라)와 **(마)**에서 대화가 원활하지 않은 이유를 찾아 〈조건〉에 맞게 서술하시오.

> **◀ 조건 ▶**
> • 두 대화가 원활하지 않은 공통적 이유를 먼저 한 문장으로 쓸 것.
> • (라)와 (마)의 대화가 원활하지 않은 구체적 이유를 각각 한 문장으로 쓸 것.

[09~11] 다음 글을 읽고 물음에 답하시오.

손녀: 할머니, 안녕하세요?

할머니: 우리 손녀 왔어. 우리 강아지. 어쩜 이렇게 예쁠까?

손녀: 할머니는 왜 저를 보고 강아지라고 하세요? ㉠그런데요, 할머니. 어깨 좀 주물러 드릴까요?

㉡할머니: 너, 용돈 필요하구나.

손녀: 어떻게 아셨어요? 할머니는 정말 귀신같으시네요.

할머니: 호호호. 그런데 용돈은 어디에 쓰려고 그러니? 주전부리라도 사 먹으려고?

손녀: 주전부리가 뭐죠? 게임 아이템 사려고요. 할머니, 문상은 없으시죠?

할머니: 게임, 뭐라고? 그리고 문상은 또 뭐니?

손녀: 할머니는 그것도 모르세요? 제가 잘 설명해 드릴게요. 게임 아이템은요, 컴퓨터 게임할 때 필요한 거고요. 문상은 문화 상품권을 말하는 거예요.

할머니: 그렇구나.

09 〈중요〉 이 대화에서 할머니가 손녀의 말을 잘 이해하지 못한 이유로 적절한 것은?

① 손녀의 말에 공감하지 못했기 때문이다.
② 손녀와의 관계를 고려하지 못했기 때문이다.
③ 손녀와 할머니가 사는 지역이 다르기 때문이다.
④ 손녀가 상황 맥락을 고려하지 않고 말했기 때문이다.
⑤ 손녀가 할머니 세대의 언어를 고려하지 않았기 때문이다.

10 이 대화에서 손녀가 잘 이해하지 못한 할머니 세대의 문화가 반영된 말을 두 가지 찾아 쓰시오.

11 ㉠을 듣고 ㉡과 같이 반응한 할머니에 대한 평가로 적절한 것은?

① 손녀 세대의 문화적 특징을 잘 이해하셨군.
② 손녀의 발화의 의도를 잘 파악하여 대응하셨군.
③ 평소 손녀와의 관계를 전혀 고려하지 않으셨군.
④ 자신에 대한 손녀의 태도를 부정적으로 보셨군.
⑤ 말하는 장소를 고려하여 손녀의 말을 이해하셨군.

[12~13] 다음 글을 읽고 물음에 답하시오.

㉮ "아래층인데요, 댁이 그런 식으로 말할 건 없잖아요? 나도 참을 만큼 참았다구요. 공동 주택에는 지켜야 할 규칙들이 있잖아요? 난 그 소리 때문에 병이 날 지경이에요."

"여보세요. 난 날아다니는 나비나 파리가 아니에요. 내 집에서 맘대로 움직이지도 못하나요? 해도 너무하시네요. 이틀거리로 전화를 해 대시니 저도 피가 마르는 것 같아요. 절더러 어쩌라는 거예요?"

"하여튼 아래층 사람 고통도 생각하시고 주의해 주세요."

㉯ 위층으로 올라가 벨을 눌렀다. 안쪽에서 누구세요, 묻는 소리가 들리고도 십 분 가까이 지나 문이 열렸다. '이웃 사촌이라는데 아직 인사도 없이…….' 등등 준비했던 인사말과 함께 포장한 슬리퍼를 내밀려던 나는 첫마디를 뗄 겨를도 없이 우두망찰했다. 좁은 현관을 꽉 채우며 휠체어에 앉은 젊은 여자가 달갑잖은 표정으로 나를 올려다보았다.

[A] ⌜"안 그래도 바퀴를 갈아 볼 작정이었어요. 소리가 좀 덜 나는 것으로요. 어쨌든 죄송해요. 도와주는 아줌마가 지금 안 계셔서 차 대접할 형편도 안 되네요."⌟

여자의 텅 빈, 허전한 하반신을 덮은 화사한 빛깔의 담요와 휠체어에서 황급히 시선을 떼며 나는 할 말을 잃은 채 슬리퍼 든 손을 등 뒤로 감추었다.

– 오정희, 「소음 공해」

12 이 글에 드러나는 담화를 분석한 내용으로 적절하지 <u>않은</u> 것은?

① (가)에서 대화 참여자들이 자기 생각만을 내세우는 태도를 보이고 있다.
② (가)에서는 대화 참여자들이 상황 맥락을 몰라 서로를 잘 이해하지 못하고 있다.
③ (나)에서 위층 여자는 상대방을 고려해 말하고 있다.
④ (나)에서 '나'는 예상하지 못한 상황 맥락으로 인해 준비한 말을 미처 꺼내지 못하고 있다.
⑤ (가)와 (나)의 담화에서는 화자와 청자의 관계가 드러나지 않는다.

13 〈서술형〉 (나)의 상황 맥락을 고려하여 [A]의 말을 듣고 '나'가 할 수 있는 말을 흐름에 맞게 두 문장으로 서술하시오.

14 다음 대화에서 손님이 당황한 이유가 된 사회·문화적 맥락으로 적절한 것은?

> 손님 1: 제주도에 왔으니 제주도 음식을 먹어야지. 어디 보자. 저기가 좋겠네. '제주 식당'. 어때?
> 손님 2: 좋지. 무언가 제주도 냄새가 제대로 날 것 같은데.
> 손님들: (식당에 들어가며) 안녕하세요?
> 주인: 혼저 옵서예.
> 손님들: (당황하며) 이 식당은 혼자 와야 하는 곳인가요?

① 세대 　② 성별 　③ 지역
④ 직업 　⑤ 가치관

서술형

15 다음 이야기를 외국인이 듣고 이해하기 위해 알아야 할 우리의 말하기 습관이 무엇인지 〈조건〉에 맞게 서술하시오.

> 외국인 학생: 재미있는 옛날이야기 좀 들려주세요.
> 선생님: 그럴까요? 옛날에 말이야.
> 　김 선생이라는 사람이 친구의 집을 찾아갔더니, 주인이 술상을 차렸는데 안주가 단지 채소뿐이었던 거야. 주인이 먼저 사과하면서, "집안이 가난하고 시장이 멀어서, 먹을 만한 것은 없고 오직 덤덤하니, 이것이 부끄러울 뿐이네."라고 했어. 그런데 마침 여러 마리의 닭들이 마당에서 모이를 쪼아 먹고 있는 거야. 이걸 보고 김 선생이 말했어. "벗을 사귈 때엔 천금을 아끼지 않는다고 했네. 내가 타고 온 말을 잡아서 술안주를 하게나." 주인이 궁금해서 물어보았어. "한 마리뿐인 말을 잡아 버리면 무엇을 타고 돌아가려고 그러나?"라고 말이야. 김 선생이 대답했지. "닭을 빌려서 타고 돌아가지."라고. 주인이 크게 웃고 닭을 잡아 대접하고 둘이 즐겁게 우정을 나누었대.
> 어때? 재미있지?

조건
- 김 선생과 친구의 관계를 개선시킨 것과 관련하여 서술할 것.
- 한 문장으로 쓸 것.

16 다음은 '직장인을 위한 건강 강연'의 일부이다. 이 담화의 문제점을 적절하게 파악한 것은?

> 　살을 빼기 위해서는 운동을 열심히 해야 합니다. 항상 좋은 공기를 마시는 것도 건강에 매우 중요한 일이기도 합니다. 우리는 모르는 사이에 많은 화학 물질을 몸속에 받아들이게 됩니다. 일부 화학 물질은 몸 밖으로 배출되지 않고 그대로 남아 있는 경우가 있어 문제가 많습니다. 건강을 위해서 신선한 야채를 먹는 것도 좋습니다. 야채에는 섬유질이 많이 들어 있어 배변 활동에도 많은 도움을 주는 것으로 알려져 있습니다.

① 청자의 지적 수준을 고려하지 않았다.
② 사회·문화적 맥락을 고려하지 않았다.
③ 화자와 청자의 관계를 고려하지 않았다.
④ 담화가 이루어지는 장소와 시간을 고려하지 않았다.
⑤ 발화의 내용이 담화의 주제를 향해 밀접하게 연관되지 않았다.

17 〈보기〉를 참고하여 ㉠과 ㉡을 고쳐 쓰시오.

> **보기**
> 　담화를 구성하는 발화들이 형식적으로 긴밀하게 연결되어 있는 것을 응집성이라고 한다. 지시 표현이나 접속 표현을 적절하게 활용해야 응집성이 높아진다.

> 　지난주에 있었던 일이야. 동네에 있는 대형 마트에 갔는데, 거기에서 우리 국어 선생님을 본 거야. 무척 반가웠지. ㉠그리고 선생님께 반갑게 인사를 하려고 했어. 그런데 이게 웬일이야. 선생님께서 장난감 파는 곳에 있는 총을 집어 드시더니 진지하게 총을 쏘시는 거야. 무척 진지한 얼굴로 말이야. 나는 그 순간 고민에 빠져 버렸지. 선생님께 인사를 할 것인가 말 것인가. 결국 나는 인사를 못하고 말았어. ㉡이것이 선생님의 즐거움을 망치는 것이라고 생각했기 때문이야.
> 　그날 이후로 선생님만 보면 왠지 웃음이 나.

3 한글의 창제 원리

개념 압축 APP

1 한글의 제자 원리

(1) 모양을 본떠 만든 '상형'의 원리(자음, 모음)

	자음					모음		
기본자	ㄱ	ㄴ	ㅁ	ㅅ	ㅇ	·	ㅡ	ㅣ
상형 대상	혀뿌리가 목구멍을 막는 모양	혀가 윗잇몸에 붙는 모양	( )의 모양	이의 모양	목구멍의 모양	하늘	( )	사람

(2) 획을 더하는 '( )'의 원리(자음)

기본자	ㄱ	ㄴ	ㅁ	ㅅ	ㅇ
가획자		ㄷ	ㅂ	ㅈ	ㆆ
	ㅋ	ㅌ	ㅍ	ㅊ	ㅎ
이체자	ㆁ	ㄹ		ㅿ	

(3) 기본자를 서로 조합하는 '합성'의 원리(모음)

초출자	ㅣ + · → ㅏ	· + ㅣ → ㅓ	· + ㅡ → ㅗ	ㅡ + · → ㅜ
( )	ㅏ + · → ㅑ	ㅓ + · → ㅕ	ㅗ + · → ㅛ	ㅜ + · → ㅠ

2 한글의 우수성

독창성	독창적으로 새롭게 글자를 만들어 냄.
과학성	글자의 모양과 ( )의 관계를 쉽게 이해할 수 있음.
실용성	글자와 소리의 일대일 대응으로 쉽게 읽고 쓸 수 있음.
경제성	창제 당시 ( )자로 거의 모든 소리를 표현할 수 있음.

필수 어휘 사전

● **제자(制字):** 글자를 만드는 것.

● **상형(象形):** 어떤 대상의 형상을 본뜸.

● **가획(加劃):** 원 글자에 획을 더함.

● **합성(合成):** 둘 이상의 것을 합쳐서 하나를 이룸.

● **독창성:** 다른 것을 모방함이 없이 새로운 것을 처음으로 만들어 내거나 생각해 내는 성질.

● **실용성:** 실제적인 쓸모가 있는 성질이나 특성.

● **경제성:** 재물, 자원, 노력, 시간 따위가 적게 들면서도 이득이 되는 성질.

확인 문제

1. 다음 (1)~(3)의 설명에 맞는 글자를 바르게 연결하시오.

(1) 혀가 윗잇몸에 붙는 모양을 본뜬 글자 • • ㅣ

(2) 목구멍의 모양을 본뜬 글자 • • ㅇ

(3) 사람이 서 있는 모양을 본뜬 글자 • • ㄴ

2. 다음 표에서 알 수 있는 자음자의 제자 원리로 적절한 것은?

> ㄱ → ㅋ
> ㄴ → ㄷ → ㅌ
> ㅁ → ㅂ → ㅍ
> ㅅ → ㅈ → ㅊ
> ㅇ → ㆆ → ㅎ

① 상형 ② 가획
③ 합성 ④ 병서
⑤ 연서

3. 다음에서 설명하는 한글의 우수성이 무엇인지 3음절의 한 단어로 쓰시오.

> 한글은 처음 창제되었을 때 자음 17자, 모음 11자를 합쳐 단 28자로 거의 대부분의 소리를 표현할 수 있도록 만들었다.

답 1. (1) ㄴ (2) ㅇ (3) ㅣ 2. ②
3. 경제성

답 임, 소리, 기역, 재출자, 28

❶ 다음 표를 보면서 한글 창제의 원리를 탐구해 보자.

[자음 체계]

	어금닛소리	혓소리	입술소리	잇소리	목구멍소리
기본자	ㄱ	ㄴ	ㅁ	ㅅ	ㅇ
가획자	ㅋ	ㄷ, ㅌ	ㅂ, ㅍ	ㅈ, ㅊ	ㆆ, ㅎ
이체자	ㆁ	ㄹ		ㅿ	

[모음 체계]

	천	지	인
기본자	·	ㅡ	ㅣ
	↓		
초출자	ㅗ, ㅜ		ㅏ, ㅓ
재출자	ㅛ, ㅠ		ㅑ, ㅕ

(1) 다음 그림을 보면서 자음과 모음의 기본자의 제자 원리를 말해 보자.

자음	모음
	하늘 / 사람 / 땅

(2) 자음 중 혓소리인 'ㄴ → ㄷ → ㅌ'과 'ㄹ'에 나타난 제자 원리를 생각해 보고 가획자와 이체자의 차이를 파악해 보자.

(3) 모음의 초출자를 기본자와 비교하고 재출자를 초출자와 비교한 후, 초출자와 재출자가 만들어진 원리를 생각해 보자.

❷ 다음 자료를 보면서 한글이 어떤 점에서 우수한 문자라고 할 수 있는지 생각해 보자.

ㅏ	나라 [나라], 아기 [아기], 수박 [수박]
a	ant [앤트], address [어드레스], cake [케이크], calm [캄]

(1) 한글 'ㅏ'와 로마자 'a'가 각 단어에 따라 어떻게 소리 나는지 이야기해 보자.

(2) (1)의 활동을 바탕으로 한글의 우수성에 대해 이야기해 보자.

끌어 주기

❶ (1) 훈민정음 창제 당시의 한글 자음 체계와 모음 체계를 보면서, 그림의 모양과 유사한 글자를 찾아보고 해당 글자들이 어떻게 만들어졌을지 생각해 본다.

예시 답안 상형의 원리가 쓰였다. 자음의 기본자는 발음 기관의 모양을, 모음의 기본자는 천지인의 모습을 본떠 만들었다.

(2) 글자의 획수와 소리의 세기를 고려하여 특징을 생각해 본다.

예시 답안 'ㄴ'을 기본자로 하여 획을 더해 가는 방식으로 'ㄷ, ㅌ, ㄹ'을 만들었다. 그런데 가획자인 'ㄷ, ㅌ'은 각각 'ㄴ, ㄷ'에 비해 소리가 거세지만, 'ㄹ'은 소리의 거센 특징을 갖지 않는다.

(3) 초출자와 재출자는 어떤 글자들이 결합하여 만들어졌는지 생각해 본다.

예시 답안 초출자는 기본자를 조합하여 만들었고, 재출자는 초출자에 다시 '·'를 더하여 만드는 합성의 원리가 사용되었다.

❷ (1) 예로 든 한글과 로마자에서 발음 기호의 소리를 확인하여 'ㅏ'와 'a'의 발음이 어떻게 다른지 생각해 본다.

예시 답안 한글 모음 'ㅏ'는 모든 단어에서 '[아]'라는 같은 소리를 나타내지만, 영어 모음 'a'는 단어에 따라 '[애], [어], [에이], [아]' 등으로 다른 소리를 나타낸다.

(2) (1)에서 나타나는 한글의 특징이 어떤 점에서 편리하거나 유리할지 생각해 본다.

예시 답안 한글은 글자와 소리가 일대일로 대응하여 읽고 쓰기에 편하고, 음성 인식 컴퓨터 개발이나 기계 번역에 유리하다.

*다음 글을 읽고 물음에 답하시오.

(가) 해례본의 제자해는 한글의 각 글자들을 어떠한 원리에 근거하여 만들었는가 하는 이른바 제자(制字) 원리를 밝히고 있어 무엇보다 귀중한 부분이다. 여기에 의하면 그 첫 원리는 상형의 원리다. 어떤 모양을 본떴다는 것인데 초성, 즉 자음은 발음 기관의 모양을 본떴음을 다음 기록에서 명시하고 있다.

어금닛소리 ㄱ은 혀뿌리가 목구멍을 닫는 형상을 본뜨고, 혓소리 ㄴ은 혀가 윗잇몸에 닿는 형상을 본뜨고, 입술소리 ㅁ은 입의 형상을 본뜨고, 잇소리 ㅅ은 이의 형상을 본뜨고, 목구멍소리 ㅇ은 목구멍의 형상을 본뜬 것이다.

(나) 훈민정음 제자의 다른 한 원리는 가획의 원리다. 자음 글자에서 상형의 원리에 의거하여 만든 것은 앞의 다섯 자뿐이며 나머지는 이것을 기본자로 하여 다음처럼 획을 하나씩 더해 가는 방식을 취하였다.

⊙

(다) 이처럼 획을 더하여 글자를 만든 근거는 획이 더 있는 글자들의 소리가 더 거센소리들이라는 점이라고 하였다. 'ㅋ'은 'ㄱ'보다 거센소리이며 'ㅂ'은 'ㅁ'보다, 'ㅍ'은 'ㅂ'보다 소리가 거세고 이 거센 특성을 획을 더함으로써 나타냈다는 것이다.

(라) 한편 중성, 즉 모음 글자들의 제자 원리는 어떠한가? 여기에서도 먼저 기본자를 세 자 정하여 그것을 상형의 원리로 만들었다. 'ㆍ'는 하늘의 둥근 모양, 'ㅡ'는 땅의 평평한 모양, 'ㅣ'는 사람의 서 있는 모양을 본떠서 만든 것이 그것이다. 그런데 상형의 원리라는 점에서는 같되 자음 글자에서처럼 발음 기관을 본뜬 것이 아니라 천지인(天地人) 삼재(三才)의 모양을 본뜬 것이 특이하다.

(마) 그리고 나머지 글자는 이 기본자를 합성하여 만들었다. 즉, 'ㆍ'와 'ㅡ'를 합성하여 'ㅗ, ㅜ'를 만들고, 'ㆍ'와 'ㅣ'를 합성하여 'ㅏ, ㅓ'를 만들었다. 이렇게 기본자인 'ㆍ'를 'ㅡ'와 'ㅣ'에 붙여 만든 'ㅗ, ㅜ, ㅏ, ㅓ'를 초출자라고 부른다. 그리고 이 초출자에 다시 'ㆍ'를 하나씩 더하여 재출자 'ㅛ, ㅠ, ㅑ, ㅕ'를 만들어 모두 11자를 완성하였다. 그리고

'ㆍ'가 하나 있는 것은 단모음임을 나타내고 'ㆍㆍ'가 두 개 있는 것은 이중 모음임을 나타내었다.

(바) 또한 28자 이외의 글자로서는 'ㄲ, ㄸ, ㅃ, ㅆ, ㅉ' 등의 오늘날의 된소리 글자들이 있었다. 자음 글자를 옆으로 이어 써서 한 글자를 만드는 방식을 병서라고 하였는데 특히 이들처럼 같은 자음 두 글자를 가로로 나란히 붙여 써서 만든 글자들을 각자 병서라 하였다. 〈중략〉 병서에는 (　　ⓛ　　) 이른바 합용 병서도 있었다. 오늘날에는 받침에서만 'ㄺ, ㄻ, ㄼ, ㄿ, ㄵ, ㄶ, ㅄ' 등의 합용 병서가 쓰이는데, 그 당시는 초성에서도 'ㅅㄱ, ㅅㄷ, ㅅㅂ, ㅂㅅ, ㅂㅆ' 등의 합용 병서가 쓰였다.

학습 목표 응용

01 이 글에서 알 수 있는 한글의 창제 원리로 적절한 것은?

① 자음의 기본자는 합성의 원리에 의해 만들어졌다.
② 28자 이외의 모음자들은 상형의 원리로 만들었다.
③ 자음자는 상형과 가획의 원리에 의해 만들어졌다.
④ 모음은 기본자에 획을 더하는 방식으로 다른 모음자를 만들었다.
⑤ 이중 모음을 나타내는 글자는 기본자를 합성하여 만든 초출자이다.

02 이 글을 바탕으로 다음 글자들의 제자 원리를 분석한 내용으로 적절하지 <u>않은</u> 것은?

① ㄱ: 발음할 때 혀뿌리가 목구멍을 막는 모양을 본떠 만들었다.
② ㅅ: 발음할 때 이의 뾰족한 모양을 본떠 만들었다.
③ ㅣ: 사람이 서 있는 모양을 본떠 만들었다.
④ ㅋ: 기본자인 'ㆍ'와 'ㅣ'를 합성하여 만들었다.
⑤ ㅃ: 같은 자음 'ㅂ'을 가로로 나란히 붙여 써서 만들었다.

03 이 글을 통해 한글에 대해 알게 된 내용으로 적절하지 <u>않은</u> 것은?

① 한글을 만든 원리는 '해례본'에서 확인할 수 있다.
② 한글의 초성은 자음이고 중성은 모음으로 이루어져 있다.
③ 한글의 종성으로 쓰이는 받침은 모두 병서의 원리로 만들어졌다.
④ 한글에는 세상의 근원인 하늘과 땅, 인간에 대한 철학적 의미가 담겨 있다.
⑤ 한글을 만들 때에는 획을 더하는 방식으로 소리의 세기를 표시하기도 하였다.

04 🌟중요
다음은 이 글을 바탕으로 작성한 모음 체계 표이다. ⓐ~ⓔ에 들어갈 글자로 적절한 것은?

	기본자		초출자	재출자
천	(ⓐ)	→	ㅗ, (ⓒ)	(ⓔ), ㅠ
지	—		ㅏ, (ⓓ)	ㅑ, ㅕ
인	(ⓑ)			

① ⓐ: ㅣ
② ⓑ: ·
③ ⓒ: ㅛ
④ ⓓ: ㅓ
⑤ ⓔ: ㅜ

05 ㉠에 들어갈 내용으로 적절하지 <u>않은</u> 것은?

① ㄱ → ㅋ
② ㄴ → ㄷ → ㅌ
③ ㅁ → ㅂ → ㅍ
④ ㅅ → ㅈ → ㅊ
⑤ ㅇ → ㆆ → ㅎ

01 🌟중요
이 글을 바탕으로 다음 단어에 쓰인 자음과 모음의 제자 원리를 파악한 내용으로 적절하지 <u>않은</u> 것은?

> 한글

① 자음 중 기본자를 병서하여 만든 글자가 사용되었다.
② 자음 중 발음 기관의 모양을 본뜬 기본자가 사용되었다.
③ 자음 중 기본자에 획을 더하여 만든 글자가 사용되었다.
④ 모음 중 땅의 평평한 모양을 본뜬 기본자가 사용되었다.
⑤ 모음 중 기본자를 합성하여 만든, 초출자에 해당하는 글자가 사용되었다.

02 🌟중요
(가)~(마) 중, 〈보기〉의 밑줄 친 내용과 관련 있는 문단으로 적절한 것은?

◀ 보기 ▶
한글은 음운을 글자로 표기하는 '음소 문자'인데, 음소 문자는 문자의 발달 단계에서 최상위에 위치한 문자 체계라 할 수 있다. 여기서 한 걸음 더 나아가 <u>한글은 소리의 특성을 글자에 반영하고 있어서 '자질 문자'라는 이름으로 불리기도 한다. 소리가 지닌 자질을 글자의 모양으로 나타내고 있기 때문이다.</u>

① (가) ② (나) ③ (다) ④ (라) ⑤ (마)

03 서술형
㉡에 들어갈 '합용 병서'의 뜻을 〈조건〉에 맞게 쓰시오.

◀ 조건 ▶
• ㉡의 뒤에 이어지는 문장에 제시된 예를 참고하여 쓸 것.
• '-ㄴ/-는'과 같은 관형사형 어미를 사용하여 끝맺을 것.

*다음 글을 읽고 물음에 답하시오.

(가) 한글은 이 세상에 존재하는 수많은 문자 가운데서 만든 사람과 만든 시기, 만든 동기와 원리 등이 밝혀진 유일한 문자이다. 이를 바탕으로 한글의 우수성을 검토해 보기로 한다.

(나) 첫째, 한글은 독창적인 문자이다. 오늘날 사용되고 있는 문자들은 오랜 세월에 걸쳐 진화·발전되어 온 것이다. 음절 문자인 일본 문자 '가나'는 한자의 형태를 줄여서 만든 것이며, 음소 문자인 로마자 역시 수천 년 동안 여러 문화권에서 변형되고, 차용되고, 확산되면서 오늘에 이르렀다. 그러나 한글은 『세종실록』에 나와 있듯이 세종 대왕이 독창적으로 만들어 낸 문자이다.

(다) 둘째, 한글은 과학적인 문자이다. 한글의 제자 원리에 따르면 자음은 발음 기관을 본떠서 기본 문자를 만들고 이에 가획의 원리를 적용한 것이며, 모음은 우주의 근본이 되는 하늘, 땅, 사람을 본떠서 기본 문자를 만들고 이를 조합한 것이다. 한글은 발음 기관과 우주의 형상을 본떠서 ㉠각 문자와 그것이 표시하는 음운 사이에 존재하는 관련성을 체계적으로 반영시킨 것으로서, 자연 발생적으로 생겨나 변모·발전된 다른 문자와는 비교될 수 없을 만큼 과학적이다.

(라) 셋째, 한글은 백성을 위해 만든 문자이다. 한글 창제 당시의 양반들은 한평생 중국의 한자를 배우는 대가로 지배 계층으로서 특권을 누리게 되었지만, 대부분의 백성들은 살아가기에 벅차 어렵고 힘든 한자를 배울 수 없었다. 세종 대왕은 당시 지배 계층의 끈질긴 반대를 무릅쓰고, 어리석은 백성의 까막눈의 설움을 불쌍히 여겨 한글, 곧 훈민정음을 만드신 것이다.

(마) 넷째, 한글은 음성 언어를 가장 정확하고 쉽게 적을 수 있는 문자이다. 이것은 근본적으로 한글이 말소리의 가장 작은 단위인 음운을 문자 단위로 삼았기 때문이다. 음성 언어와 달리 문자 언어는 가치 우열을 갖는데, 그 기준은 음성 언어를 적는 데 있어서 어느 정도로 정확하고 편리한가에 있다. 그런 기준에서 볼 때 한글은 세상에서 가장 뛰어난 문자이다.

(바) 한글의 이러한 우수성은 오늘날에 이르러서 더욱 그 진면목을 확인할 수 있게 되었다. 실제로 오늘날 상용되고 있는 컴퓨터에서 한글은 입력이나 출력이 쉽고 빠르다 문자 생활의 혁명을 가져오는 데 기여하였으며, 특히 문자의 입력이 간단하여 휴대 전화에서 문자 메시지 전송의 편의성을 유감없이 발휘하고 있다.

학습 목표 응용

01 이 글에서 알 수 있는 한글의 우수성으로 적절하지 <u>않은</u> 것은?

① 세종 대왕이 독창적으로 만들었다.
② 과학적 원리를 반영하여 만들었다.
③ 글자를 익혀 쓰기가 한자보다 쉽다.
④ 오랜 기간 진화와 발전을 거듭해 왔다.
⑤ 음성 언어를 쉽고 정확하게 적을 수 있다.

02 〈보기〉는 이 글을 읽고 한글에 대한 정보를 메모한 내용의 일부이다. ⓐ∼ⓔ 중, 적절한 것은?

┌─ 보기 ┐
• 한글의 특징
 - 창제자와 창제 시기를 알 수 있는 유일한 문자임. ·············· ⓐ
 - 중국의 문자인 한자와 유사한 점이 많음. ······ ⓑ
 - 한자의 형태를 줄여서 만듦. ····················· ⓒ
• 한글의 제자 원리
 - 자음과 모음 모두 상형과 가획의 원리에 의해 만들어짐. ····················· ⓓ
• 한글 창제의 의의
 - 조선 시대 당시의 과학적 성과를 집대성한 문자임. ······················· ⓔ
└────────────────────┘

① ⓐ   ② ⓑ   ③ ⓒ   ④ ⓓ   ⑤ ⓔ

03 이 글에서 알 수 있는 정보를 〈보기〉에서 모두 골라 바르게 묶은 것은?

◀ 보기 ▶
ㄱ. 한글의 창제 연도
ㄴ. 한글의 창제 정신
ㄷ. 조선 시대 백성들의 한글 사용 시기
ㄹ. 컴퓨터와 휴대 전화에서 한글 활용의 우수성

① ㄱ, ㄴ ② ㄱ, ㄷ ③ ㄴ, ㄷ
④ ㄴ, ㄹ ⑤ ㄷ, ㄹ

04 (가)~(마) 중, 다음 자료와 가장 관련이 깊은 문단으로 적절한 것은?

어금닛소리 ㄱ은 혀뿌리가 목구멍을 닫는 형상을 본뜨고, 혓소리 ㄴ은 혀가 윗잇몸에 닿는 형상을 본뜨고, 입술소리 ㅁ은 입의 형상을 본뜨고, 잇소리 ㅅ은 이의 형상을 본뜨고, 목구멍소리 ㅇ은 목구멍의 형상을 본뜬 것이다. – 『훈민정음 해례본』 제자해

① (가) ② (나) ③ (다) ④ (라) ⑤ (마)

05 (가)~(마)와 관련된 내용을 〈보기〉에서 골라 연결한 것으로 적절하지 <u>않은</u> 것은?

◀ 보기 ▶
ㄱ. 훈민정음은 1443년에 창제되었고, 1446년에 반포되었다.
ㄴ. 세종 대왕은 기존에 없던 방식으로 문자를 만들었다.
ㄷ. 한글 기본 모음자는 천지인(天地人) 삼재(三才)의 모양을 본떠 만들어졌다.
ㄹ. 세종 대왕은 문자 생활을 하지 못해 불편을 겪는 백성들을 가엾게 여겨 한글을 창제하였다.
ㅁ. 예사소리인 'ㄱ'과 거센소리인 'ㅋ'을 비교해 보면, 획을 더하는 방식으로 소리가 더 거세다는 특징을 글자에 반영하였다는 것을 알 수 있다.

① (가) – ㄱ ② (나) – ㄴ ③ (다) – ㄷ
④ (라) – ㄹ ⑤ (마) – ㅁ

고난도 응용

01 (가)~(마) 중, 〈보기〉에서 설명하는 한글의 특성이 가장 잘 드러난 문단으로 적절한 것은?

◀ 보기 ▶
한글 모음 'ㅏ'는 모든 단어에서 '[아]'라는 같은 소리를 나타내지만, 알파벳을 사용하는 영어의 경우, 'a'는 animal[애니멀], art[아트], cake[케이크]처럼 '[애], [아], [에이]' 등으로 하나의 모음이 반드시 하나의 소리를 내지는 않는다. 이와 같이 한글은 글자와 소리가 일대일로 대응하기 때문에 소리를 정확하게 표기할 수 있으며 사용하기에 매우 편리한 문자이다.

① (가) ② (나) ③ (다) ④ (라) ⑤ (마)

02 ㉠과 관련이 있는 내용으로 적절한 것은?

① 한글은 자음과 모음을 음절 단위로 조합하여 적는 모아쓰기 방식으로 표기한다.
② 'ㅁ, ㅂ, ㅍ'은 모두 입술소리로 발음 위치가 유사하여 글자 모양도 비슷하게 만들었다.
③ 'ㆆ, ㄹ, ㅃ' 같은 겹받침은 서로 다른 두 자음을 가로로 나란히 결합하여 만든 것이다.
④ 한글은 한 글자가 하나의 발음으로 읽히기 때문에 기계를 사용한 미래의 의사소통 방식에 유리하다.
⑤ 지금은 소실된 문자인 'ㆍ', 'ㅿ', 'ㆁ', 'ㆆ'을 포함하여 단 28자만으로 거의 모든 소리를 표현할 수 있다.

03 서술형 중요 이 글에서 설명하는 한글의 우수성이 드러난 부분을 〈보기〉에서 찾아 〈조건〉에 맞게 서술하시오.

◀ 보기 ▶
우리나라의 말이 중국과 달라 한자와 서로 통하지 않으니, 이런 까닭으로 어리석은 백성이 말하고자 하는 바가 있어도 마침내 제 뜻을 실어 펴지 못하는 사람이 많다. 내가 이를 가엾게 여겨 새로 스물여덟 글자를 만드니, 사람들로 하여금 쉽게 익혀 매일 쓰는 데 편하게 하고자 할 따름이다. – 『훈민정음 언해본』 서문

◀ 조건 ▶
• 〈보기〉 내용을 근거로 한글의 우수성을 설명할 것.
• 한글의 우수성 세 가지를 각각 한 문장으로 쓸 것.

[01~08] 다음 글을 읽고 물음에 답하시오.

가 해례본의 제자해는 한글의 각 글자들을 어떠한 원리에 근거하여 만들었는가 하는 이른바 제자(制字) 원리를 밝히고 있어 무엇보다 귀중한 부분이다. 여기에 의하면 그 첫 원리는 상형의 원리다. 어떤 모양을 본떴다는 것인데 초성, 즉 자음은 발음 기관의 모양을 본떴음을 다음 기록에서 명시하고 있다.

어금닛소리 ㄱ은 혀뿌리가 목구멍을 닫는 형상을 본뜨고, 혓소리 ㄴ은 혀가 윗잇몸에 닿는 형상을 본뜨고, 입술소리 ㅁ은 입의 형상을 본뜨고, 잇소리 ㅅ은 이의 형상을 본뜨고, 목구멍소리 ㅇ은 목구멍의 형상을 본뜬 것이다.

나 즉, 'ㅁ, ㅅ, ㅇ'은 각각 그 글자를 발음할 때 관여하는 발음 기관인 입의 네모진 모양, 이의 뾰족한 모양, 목구멍의 둥근 모양을 본떠서 만들었고, 'ㄱ'과 'ㄴ'은 이들 글자를 소리 낼 때의 혀의 모양, 다시 말하면 'ㄱ'은 혀뿌리가 목구멍을 막는 모양, 'ㄴ'은 혀가 윗잇몸에 닿는 모양을 본떴다고 하였다.

다 훈민정음 제자의 다른 한 원리는 가획의 원리다. 자음 글자에서 상형의 원리에 의거하여 만든 것은 앞의 다섯 자뿐이며 나머지는 이것을 기본자로 하여 다음처럼 획을 하나씩 더해 가는 방식을 취하였다.

```
ㄱ → ㅋ
ㄴ → ㄷ → ㅌ
ㅁ → ㅂ → ㅍ   [A]
ㅅ → ㅈ → ㅊ
ㅇ → ㆆ → ㅎ
```

라 이처럼 획을 더하여 글자를 만든 근거는 획이 더 있는 글자들의 소리가 더 거센소리들이라는 점이라고 하였다. 'ㅋ'은 'ㄱ'보다 거센소리이며 'ㅂ'은 'ㅁ'보다, 'ㅍ'은 'ㅂ'보다 소리가 거세고 이 거센 특성을 획을 더함으로써 나타냈다는 것이다. 그런데 다만 'ㄹ'과 'ㅿ'은 그러한 근거 없이 획을 더한 예외적인 글자라고 하였다. 그리고 'ㆁ'은 어금닛소리인데도 'ㄱ'과 관련시켜 글자를 만들지 않고 목구멍소리인 'ㅇ'에 꼭지를 달아 만들어 또 하나의 예외적인 글자

가 되었는데 이는 'ㅇ'과 'ㆁ'이 음성적으로 유사한 데에 근거한 것이라 하였다.

마 한편 중성, 즉 모음 글자들의 제자 원리는 어떠한가? 여기에서도 먼저 기본자를 세 자 정하여 그것을 상형의 원리로 만들었다. 'ㆍ'는 하늘의 둥근 모양, 'ㅡ'는 땅의 평평한 모양, 'ㅣ'는 사람의 서 있는 모양을 본떠서 만든 것이 그것이다. 그런데 상형의 원리라는 점에서는 같되 자음 글자에서처럼 발음 기관을 본뜬 것이 아니라 천지인(天地人) 삼재(三才)의 모양을 본뜬 것이 특이하다.

바 그리고 나머지 글자는 이 기본자를 합성하여 만들었다. 즉, 'ㆍ'와 'ㅡ'를 합성하여 'ㅗ, ㅜ'를 만들고, 'ㆍ'와 'ㅣ'를 합성하여 'ㅏ, ㅓ'를 만들었다. 이렇게 기본자인 'ㆍ'를 'ㅡ'와 'ㅣ'에 붙여 만든 'ㅗ, ㅜ, ㅏ, ㅓ'를 초출자라고 부른다. 그리고 이 초출자에 다시 'ㆍ'를 하나씩 더하여 재출자 'ㅛ, ㅠ, ㅑ, ㅕ'를 만들어 모두 11자를 완성하였다. 그리고 'ㆍ'가 하나 있는 것은 단모음임을 나타내고 'ㆍ'가 두 개 있는 것은 이중 모음임을 나타내었다.

✦중요

01 이 글에서 알 수 있는 한글 자음과 모음의 공통된 제자 원리로 적절한 것은?

① 상형의 원리에 따라 만들었다.
② 두 문자를 서로 조합하여 만들었다.
③ 발음 기관의 형상을 본떠 만들었다.
④ 기본자에 획을 더해 다른 문자를 만들었다.
⑤ 천지인 삼재(三才)의 의미를 담아 만들었다.

02 이 글을 읽고 답을 얻을 수 있는 질문을 〈보기〉에서 모두 골라 묶은 것은?

◀ 보기 ▶

ㄱ. 훈민정음은 언제 창제되었을까?
ㄴ. 한글 자음과 모음의 기본자는 어떤 글자들일까?
ㄷ. 세종 대왕은 왜 훈민정음을 창제하였을까?
ㄹ. 훈민정음의 창제 원리는 어떤 책에 나와 있을까?
ㅁ. 훈민정음 창제 당시 한글 자음자와 모음자는 총 몇 자였을까?

① ㄱ, ㄴ, ㄷ   ② ㄱ, ㄷ, ㄹ   ③ ㄴ, ㄷ, ㅁ
④ ㄴ, ㄹ, ㅁ   ⑤ ㄷ, ㄹ, ㅁ

03 _{중요} (가)~(라)를 바탕으로 한글 자음의 제자 원리를 이해한 내용으로 적절하지 <u>않은</u> 것은?

① 'ㄴ'은 발음할 때 혀가 윗잇몸에 닿는 모양을 본떴다.

② 'ㄷ'은 기본자인 'ㄴ'에 획을 하나 더하여 만들었다.

③ 'ㄹ'은 'ㄷ'에 획을 더하여 거센소리임을 표시하였다.

④ 'ㅁ'은 발음할 때 발음 기관인 입의 네모진 모양을 본떴다.

⑤ 'ㆁ'은 'ㅇ'에 꼭지를 달아 만든 예외적인 글자이다.

04 (가)~(라)를 참고할 때, 제자 원리가 같은 자음끼리 바르게 묶은 것은?

① ㄱ, ㄷ, ㅁ, ㅂ

② ㄱ, ㄹ, ㅁ, ㅅ

③ ㄴ, ㄷ, ㅌ, ㄹ

④ ㅇ, ㆁ, ㆆ, ㅎ

⑤ ㅋ, ㅌ, ㅍ, ㅎ

05 _{중요} (마)~(바)를 토대로 한글 모음의 제자 원리를 다음과 같이 도식화할 때, ⓐ~ⓔ에 들어갈 글자로 적절한 것은?

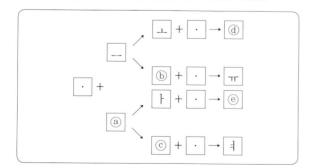

① ⓐ: ㅣ

② ⓑ: ㅓ

③ ⓒ: ㅜ

④ ⓓ: ㅑ

⑤ ⓔ: ㅛ

06 _{중요} [A]를 보고 탐구한 내용으로 적절한 것을 〈보기〉에서 모두 골라 묶은 것은?

◀ 보기 ▶

ㄱ. 획이 더해짐에 따라 소리가 더 거세지는 특징을 보인다.

ㄴ. 이미 만들어진 자음들을 서로 조합하여 새로운 자음을 만들었다.

ㄷ. 발음할 때 입 모양이 유사한 글자는 글자의 모양도 비슷하게 만들었다.

ㄹ. 획수가 적으면 발음할 때 소리가 울리고 획수가 많으면 소리가 울리지 않는다.

① ㄱ, ㄴ

② ㄱ, ㄷ

③ ㄴ, ㄷ

④ ㄴ, ㄹ

⑤ ㄷ, ㄹ

07 _{서술형} _{중요} (가)~(라)를 읽고 다음 질문에 답을 하고자 한다. 적절한 답을 〈조건〉에 맞게 서술하시오.

한글 자음자는 어떤 방법으로 만들어졌을까?

◀ 조건 ▶

• 기본자와 나머지 글자의 제자 원리를 구분하여 쓸 것.

• 'ㄹ, ㅿ, ㆁ'을 제외한 자음자를 대상으로 쓸 것.

• 제자 원리가 글자를 만드는 데 어떻게 적용되었는지 설명할 것.

08 _{서술형} _{중요} (마)~(바)를 참고하여, 다음 모음 세 글자가 각각 어떻게 만들어졌는지 쓰고, 제자 원리의 공통점을 서술하시오.

ㆍ, ㅡ, ㅣ

[09~12] 다음 글을 읽고 물음에 답하시오.

가 훈민정음은 28자 이외에도 글자를 더 가지고 있었다. 그중 하나는 'ㅸ'자였다. 이것은 입술소리 'ㅂ'자 아래에 목구멍소리 'ㅇ'자를 합쳐 만든 것으로서 이처럼 위아래로 이어서 한 글자를 만드는 방식을 연서라고 하였다. 'ㅇ'자는 소리가 가벼워지는 것을 나타내는 것이라 하여 'ㅸ'을 순경음이라 불렀다. 순경음 글자로는 'ㅸ' 이외에 'ㅱ, ㆄ' 등도 있었으나, 국어 표기에 쓰인 것은 'ㅸ'자뿐이었다.

나 또한 28자 이외의 글자로서는 'ㄲ, ㄸ, ㅃ, ㅆ, ㅉ' 등의 오늘날의 된소리 글자들이 있었다. 자음 글자를 옆으로 이어 써서 한 글자를 만드는 방식을 병서라고 하였는데 특히 이들처럼 같은 자음 두 글자를 가로로 나란히 붙여 써서 만든 글자들을 각자 병서라 하였다. 같은 글자를 중복하는 것은 이들 소리가 'ㄱ, ㄷ, ㅂ, ㅅ, ㅈ' 등에 비해 엉기는 소리이기 때문이라 하였다. 엉긴다는 표현은 된소리의 인상을 나타낸 것이라 해석된다. 병서에는 서로 다른 둘 이상의 자음을 가로로 나란히 결합시켜 만든 이른바 합용 병서도 있었다. 오늘날에는 받침에서만 'ㄺ, ㄻ, ㄼ, ㄾ, ㄲ, ㅀ, ㅄ' 등의 합용 병서가 쓰이는데 그 당시는 초성에서도 'ㅺ, ㅼ, ㅾ, ㅄ, ㅴ' 등의 합용 병서가 쓰였다.

다 모음 글자에도 28자 이외에 많은 글자가 있었다. 이미 만들어진 11개의 모음자를 합하여 ⓐ'ㅘ, ㅝ, ㅐ, ㅔ, ㅒ, ㅖ, ㅚ, ㅟ, ㅢ' 등을 비롯하여 오늘날에 쓰이지 않는, 또 당시에도 국어의 표기에 쓰이는 일이 없었던 'ㆉ, ㆌ, ㆇ, ㆈ, ㅙ, ㅞ' 등의 글자도 만들어 놓았다.

09 이 글의 중심 내용으로 가장 적절한 것은?

① 훈민정음 28자 이외의 글자를 만든 방식
② 자음에서 기본자 이외의 글자를 만든 방법
③ 모음에서 기본자 이외의 글자를 만든 방법
④ 연서와 병서의 원리에 따라 만든 글자의 종류
⑤ 된소리 글자를 만든 원리와 된소리 글자의 쓰임

10 이 글에서 설명하는 한글의 제자 원리로 적절하지 않은 것은?

① 이미 만들어진 모음을 합하여 새로운 모음자를 추가로 만들었다.
② 같은 자음 두 글자를 가로로 나란히 붙여 써서 새로운 자음자를 만들었다.
③ 서로 다른 둘 이상의 자음을 가로로 나란히 붙여 써서 새로운 자음자를 만들었다.
④ 둘 이상의 자음을 붙여 써서 만든 새로운 자음은 받침에서만 사용하기 위해 만들었다.
⑤ 입술소리를 나타내는 자음자 아래에 목구멍소리를 나타내는 'ㅇ'자를 합쳐 새로운 자음자를 만들었다.

11 〈보기〉는 ⓐ의 모음자를 만든 방법에 대해 설명한 글이다. 〈보기〉를 참고하여, ⓐ의 모음자를 분석한 내용으로 적절하지 않은 것은?

◀ 보기 ▶
11자 이외의 모음자를 추가로 만들 때에는 이미 만들어진 모음자를 합하여 'ㅘ(ㅗ + ㅏ)', 'ㅝ(ㅜ + ㅓ)' 등의 새로운 모음자를 만들었다. 이러한 방법을 합용의 원리라 부르기도 한다.

① ㅗ + ㅐ → ㅙ
② ㅜ + ㅔ → ㅞ
③ ㅏ + ㅣ → ㅐ
④ ㅓ + · → ㅔ
⑤ ㅜ + ㅣ → ㅟ

서술형

12 이 글을 바탕으로 다음 단어에 쓰인 자음자와 모음자가 만들어진 원리를 각각 서술하시오.

꾀

[13~15] 다음 글을 읽고 물음에 답하시오.

㉮ 첫째, 한글은 독창적인 문자이다. 오늘날 사용되고 있는 문자들은 오랜 세월에 걸쳐 진화·발전되어 온 것이다. 음절 문자인 일본 문자 '가나'는 한자의 형태를 줄여서 만든 것이며, 음소 문자인 로마자 역시 수천 년 동안 여러 문화권에서 변형되고, 차용되고, 확산되면서 오늘에 이르렀다. 그러나 한글은 『세종실록』에 나와 있듯이 세종 대왕이 독창적으로 만들어 낸 문자이다.

㉯ 둘째, 한글은 과학적인 문자이다. 한글의 제자 원리에 따르면 자음은 발음 기관을 본떠서 기본 문자를 만들고 이에 가획의 원리를 적용한 것이며, 모음은 우주의 근본이 되는 하늘, 땅, 사람을 본떠서 기본 문자를 만들고 이를 조합한 것이다. 한글은 발음 기관과 우주의 형상을 본떠서 각 문자와 그것이 표시하는 음운 사이에 존재하는 관련성을 체계적으로 반영시킨 것으로서, 자연 발생적으로 생겨나 변모·발전된 다른 문자와는 비교될 수 없을 만큼 과학적이다.

㉰ 셋째, 한글은 백성을 위해 만든 문자이다. 한글 창제 당시의 양반들은 한평생 중국의 한자를 배우는 대가로 지배 계층으로서 특권을 누리게 되었지만, 대부분의 백성들은 살아가기에 벅차 어렵고 힘든 한자를 배울 수 없었다. 세종 대왕은 당시 지배 계층의 끈질긴 반대를 무릅쓰고, 어리석은 백성의 까막눈의 설움을 불쌍히 여겨 한글, 곧 훈민정음을 만드신 것이다.

㉱ 넷째, 한글은 음성 언어를 가장 정확하고 쉽게 적을 수 있는 문자이다. 이것은 근본적으로 한글이 말소리의 가장 작은 단위인 음운을 문자 단위로 삼았기 때문이다. 음성 언어와 달리 문자 언어는 가치 우열을 갖는데, 그 기준은 음성 언어를 적는 데 있어서 어느 정도로 정확하고 편리한가에 있다. 그런 기준에서 볼 때 한글은 세상에서 가장 뛰어난 문자이다.

㉲ 한글의 이러한 우수성은 오늘날에 이르러서 더욱 그 진면목을 확인할 수 있게 되었다. 실제로 오늘날 상용되고 있는 컴퓨터에서 한글은 입력이나 출력이 쉽고 빨라 문자 생활의 혁명을 가져오는 데 기여하였으며, 특히 문자의 입력이 간단하여 휴대 전화에서 문자 메시지 전송의 편의성을 유감없이 발휘하고 있다.

13 이 글을 읽고 알게 된 내용으로 적절하지 <u>않은</u> 것은?

① 한글에는 백성을 사랑하는 창제자의 마음이 담겨 있다.
② 일본의 '가나'는 한자의 형태를 줄여서 만든 음절 문자이다.
③ 로마자는 오랜 기간 여러 문화권을 거쳐 발전해 온 음소 문자이다.
④ 한글은 정확성과 편리성이 뛰어나 세계에서 가장 많이 사용되고 있다.
⑤ 한글은 세종 대왕이 특정 시기에 만들어 냈다는 점에서 독창적인 글자이다.

14 중요
(가)~(마) 중, 〈보기〉에서 설명하는 한글의 우수성과 가장 관련이 깊은 것은?

◀ 보기 ▶
  한글은 매우 조직적으로 만들어졌다. 먼저 기본자를 만들고 나머지 글자는 기본자에서 파생시켜 가는 이원적인 구성을 취하고 있다. 또한 음성적으로 같은 계열에 속하는 것이면 그 글자 모양에 있어서도 유사성을 드러내었다. 예를 들어, 입술소리인 'ㅁ, ㅂ, ㅍ'은 글자 모양이 유사하고, 이중 모음은 'ㅑ, ㅕ, ㅛ, ㅠ'로 나타내어 모양에서 공통점을 가지도록 글자를 만들었다. 이로써 한글은 다른 문자에서는 찾아보기 어려운 높은 조직성을 가지는 문자가 된 것이다.

① (가) ② (나) ③ (다) ④ (라) ⑤ (마)

15 서술형 중요
(마)의 내용을 참고하여, 정보화 시대에 한글이 지닌 우수성을 한 문장으로 서술하시오.

셋째 마당

읽기

1 읽기의 가치와 중요성

- 읽기의 가치와 중요성을 깨달을 수 있다.
- 읽기를 생활화하려는 태도를 지닐 수 있다.

개념 압축 APP

1 읽기의 개념

읽기의 뜻	문자로 기록된 글을 읽는 모든 활동으로, 독해와 (　　　　)을/를 포함함.
읽기 활동의 의미	• 글의 내용과 의미에 대해 질문을 떠올리고 답을 생각하는 문제 해결의 행위임. • 글을 읽으며 정보를 파악하고 정보를 선별하여 체계적으로 기억하는 행위임. • 글과 관련된 경험이나 (　　　　)을/를 떠올리고 글의 내용과 결합하여 의미를 구성하는 행위임.

2 읽기의 가치와 중요성

개인적 측면	• 다양한 지식과 정보를 제공해 주고, 지적으로 성장하도록 도와줌. • 정서적 공감과 감동의 즐거움을 느끼게 함. • 직접 경험할 수 없는 세계를 (　　　　)(으)로 경험하게 해 줌. • 바람직한 정서와 올바른 가치관을 형성하게 함. • 인간, 사회, 문화에 대해 이해하는 데 도움을 줌. • 삶의 지혜를 배우는 데 도움을 줌. • 창의력과 사고력을 길러 줌.
사회적 측면	• 경험과 지식을 사회적으로 공유하여 공동체의 유지와 발전에 공헌함. • 지나간 시대의 지혜와 지식을 전수하여 새로운 지식과 정보를 창출하는 데 기여함.

3 올바른 읽기 태도와 습관

- 좋은 책을 읽으려고 노력함.
- 한 분야에 편중되지 않고 골고루 책을 읽음.
- 읽기 목적이나 글의 종류에 따라 읽기 방법을 달리함.
- 책을 읽으면서 중요한 내용이나 궁금한 점을 (　　　　)함.
- 책을 읽고 나서 그 결과를 정리한 독서 기록물을 남김.
- 책을 읽고 나서 읽은 책의 목록을 정리해 둠.

필수 어휘 사전

- **배경지식**: 어떤 일을 하거나 연구할 때, 이미 머릿속에 들어 있거나 기본적으로 필요한 지식.
- **공헌**: 힘을 써 이바지함.
- **편중**: 한쪽으로 치우침.

확인 문제

1. 빈칸에 들어갈 적절한 답을 쓰시오.

> 읽기는 (　　　)(으)로 기록된 글을 읽는 모든 활동으로, (　　　)와/과 독서를 포함한다.

2. 읽기의 가치와 중요성으로 적절하지 않은 것은?
① 다양한 지식과 정보를 제공해 준다.
② 글쓴이의 의견과 똑같이 생각하도록 유도한다.
③ 바람직한 정서와 올바른 가치관을 형성하도록 돕는다.
④ 인간과 사회에 대한 이해의 폭을 넓히는 데 도움을 준다.
⑤ 직접 경험할 수 없는 세계를 간접적으로 경험하게 한다.

3. 올바른 독서 태도와 습관으로 적절한 것은?
① 관심 있는 한 분야의 책만 읽는다.
② 재미있는 책만 집중적으로 읽는다.
③ 독서의 목적이나 글의 종류에 상관없이 읽는다.
④ 책을 읽고 나서 결과를 독서 기록물로 정리한다.
⑤ 수준에 맞지 않는 책이라도 무조건 끝까지 읽는다.

답 1. 문자, 독해 2. ② 3. ④

답 독서, 배경지식, 기록(메모), 간접적, 메모

❶ 다음은 공익 광고를 분석한 표이다. 빈칸에 들어갈 내용을 〈조건〉에 맞게 써 보자.

(1) 이미지

책을 쌓아 놓은 모습이 학사모의 모습 또는 학사모를 쓴 사람의 모습으로 보이게 제시한다.

(2) 글

〈독서보다 좋은 학력은 없습니다〉

독서를 하면 [   ].
주입된 지식만이 아닌 생각하고 상상하는 지혜가 쌓이게 되는 것입니다. 독서는 모든 학습의 기초이자 폭넓은 사고와 창의력을 길러 주는 원동력입니다.

◀ 조건 ▶
• 읽기의 가치와 중요성을 담은 표현을 제시할 것.
• '사고, 지식'이라는 용어를 사용할 것.
• 높임말을 사용하여 한 문장으로 쓸 것.

❶ 이 공익 광고는 읽기의 가치와 중요성을 말하고 있다. 광고에 제시된 글을 보면 독서가 모든 학습의 기초이며 사고와 창의력을 기르는 원동력이라는 점을 알 수 있다. 〈조건〉에 따라 '사고, 지식'이라는 용어를 활용하여 읽기의 중요성을 작성한다.

예시 답안 매우 높은 수준의 사고를 하게 되고, 여러 분야의 많은 지식을 새롭게 터득하게 됩니다.

❷ '책 읽기의 생활화'를 위해 시도할 수 있는 다양한 방법을 생각해 빈칸의 대화를 완성해 보자.

성미: 나는 요즘 책 읽기를 생활화하기 위해 열심히 노력하고 있어.

철용: 그래서 열심히 책을 읽곤 했구나. 나도 책 읽기를 생활화하고 싶은데, 어떤 활동을 하고 있는지 알려 줄래?

성미: 쉬는 시간이나 점심시간에 조금이라도 책을 읽으려고 하고 있어. 그리고 수업 중에 선생님께서 소개하신 책이나 공부한 내용과 관련된 책을 직접 찾아보려고 노력하지.

철용: 와, 대단하구나. 그 외에 책 읽기를 생활화하기 위한 방법에는 어떤 것이 있을까?

성미: _____

❷ 책 읽기의 생활화를 위해 할 수 있는 다양한 방법을 생각해 본다. 친구들과 책에 대해 이야기하는 활동, 독서 동아리에 참여하는 방법 등 다양한 방법을 생각해 본다.

예시 답안 친구들과 책 내용에 대해 독서 토론을 하거나, 독서 동아리에 가입하는 방법도 있어. 그리고 책의 내용이나 작가와 관련된 장소를 가 보는 독서 기행도 좋을 것 같아.

맛있는 책, 일생의 보약 | 성석제

*다음 글을 읽고 물음에 답하시오.

(가) 3학년이 되면서 비로소 내가 좋아하는 특별 활동을 선택할 기회가 왔다. 나는 산악반의 경험에 비추어 되도록 몸을 많이 움직이지 않는 특별 활동반을 점찍었는데 그게 바로 도서반이었다. 도서반 담당 선생님은 특별 활동의 첫날, 도서반이 할 일에 대해 아주 짧고 쉽게 설명해 주었다.

"여러분 곁에는 책이 있다. ⊙그 책 중에서 자기 마음에 드는 책을 골라서 읽고 수업이 끝나는 종소리가 울리면 가면 된다."

그리고 선생님 본인이 마음에 드는 책을 골라서 자리를 잡고 읽는 것으로 시범을 보여 주었다. 나는 책을 고르러 가는 아이들의 뒤를 따라가서 한자로 제목이 씌어 있어서 아이들이 거의 손을 대지 않는 책 가운데 하나를 꺼내 들었다.

(나) 그 책은 『한국고전문학전집』 같은 묵직한 제목 아래 편집된 수십 권의 시리즈물 가운데 한 권이었다. ⓛ반드시 읽어야 한다는 것을 강조하는 고전 대부분이 그렇듯 책 표지는 사람의 손을 거의 거치지 않아서 깨끗했다. 지은이는 박지원, 내가 처음으로 펴 든 대목은 「허생전」이었다.

(다) 「허생전」 다음에는 「호질」, 「양반전」도 있었다. 책이 꽤 두꺼웠으니 박지원의 저작 가운데 상당 부분이 책에 들어 있었을 것이다. 그런데 그 책 속에 있는 주인공들은 내가 읽었던 수천 권의 무협지의 주인공과는 달라도 많이 달랐다. 무협지를 읽고 나면 주인공 이름 말고는 기억에 남는 게 없는데 박지원의 소설은 주인공이 다음에 어떻게 되었을지 궁금해지고 내가 주인공이 되었더라면 어떻게 했을지 자꾸만 생각을 하게 만들었다. 한두 번 씹으면 단맛이 다 빠져 버리는 무협지와는 달리 그 책의 내용은 읽을수록 새로운 맛이 우러나왔다. 보석처럼 단단하고 품위 있는 문장은 아름답기까지 했다. 책을 읽으면서 내 정신 세계가 무슨 보약을 먹은 듯이 한층 더 넓어지고 수준이 높아지는 듯한 느낌이 들었다. 일주일에 단 한 시간, 도서관에서 단 한 권의 책을 거듭 펴서 읽었을 뿐인데도.

(라) 내가 1학기의 특별 활동 시간에 읽은 것은 박지원의 책이 전부였다. 하지만 내가 지금 소설을 쓰고 있는 것은 바로 그 책 때문이라고 생각한다. 특별하지 않은 특별 활동 시간에 읽은 아주 특별한 그 책이 내 일생을 바꾸었다.

(마) 누구에게나 그런 일이 일어날 수 있다. 모르고 지나갈

수도 있다.

어떤 책을 계기로 인간의 지극한 정신문화, 그 높고 그윽한 세계에 닿고 그의 일원이 되는 것은 겪어 보지 못한 사람은 알 수 없는 행복을 안겨 준다. 이 세상에 인간으로 나서 인간으로 살면서 인간다운 삶을 살고 드높은 가치를 추구하는 길을 책이 보여 준다. 책은 지구상에서 인간이라는 종만이 알고 있는, 진정한 인간으로 나아가는 통로이다. 그래서 사람들은 말하는지도 모른다. 책 속에 길이 있다고.

학습 목표 응용

01 이 글에 대한 설명으로 적절한 것은?

① 다양한 읽기 방법을 독자에게 구체적으로 소개하고 있다.
② 현대인들이 책을 읽지 않는 심각한 문제 상황을 고발하고 있다.
③ 학교에서 체계적인 읽기 교육을 해야 하는 필요성을 강조하고 있다.
④ 고전을 읽었던 경험을 토대로 읽기의 가치와 중요성을 말하고 있다.
⑤ 두 인물이 시도한 읽기 방법의 차이점을 견주어 효과적인 읽기에 대해 이야기하였다.

02 이 글의 주제를 〈보기〉와 같이 정리할 때, 빈칸에 들어갈 내용으로 적절한 것은?

◀ 보기 ▶

책 읽기는 _____

① 어휘력과 문장 표현력을 길러 준다.
② 실생활에 필요한 지식과 정보를 제공해 준다.
③ 인간다운 삶을 살고 드높은 가치를 추구하는 길을 알려 준다.
④ 다양한 사람들과 의사소통을 함으로써 공동체 정신을 기르게 한다.
⑤ 몸을 많이 움직이지 않고 싶거나 단순히 시간을 보내고 싶을 때 유용하다.

03 (다)에서 박지원의 소설을 읽는 동안 글쓴이가 가졌을 생각이나 느낌으로 적절하지 <u>않은</u> 것은?

① 내가 주인공이라면 어떤 선택을 했을까?
② 소설 속 주인공이 어떻게 될까 정말 궁금해.
③ 문장이 품위가 있으면서도 매우 아름답구나.
④ 한두 번 읽으면 고전도 쉽게 이해할 수 있구나.
⑤ 내 생각과 정신의 수준이 높아지는 느낌이 들어.

04 ㉠에 담긴 선생님의 의도를 추측한 내용으로 적절하지 <u>않</u>은 것은?

① 흥미가 생기는 책을 읽어 보자.
② 자신의 수준에 맞는 책을 읽어 보자.
③ 자신의 관심사가 반영된 책을 찾아보자.
④ 도서반 활동에 도움이 되는 책을 찾아보자.
⑤ 부담 갖지 말고 편하고 즐겁게 책을 읽어 보자.

05 ㉡과 관련하여 기사문을 쓸 때, 표제로 적절한 것은?

① 청소년 추천 도서 중 고전 비율 점진적으로 높아져
② 공공 도서관의 책 훼손 심각! 찢고 오물 묻은 책들도 많아
③ 신종 직업, 북 디자이너! 책 이름과 표지에 생명력 불어넣다
④ 고전 문학 도서 대출 감소! 고전 문학을 통해 인문학 부흥을 일으켜야
⑤ 국민들의 독서율은 전체적으로 증가! 하지만 청소년 독서율은 감소 추세로

고난도 응용

01 이 글을 바탕으로 꾸민 글쓴이와의 가상 인터뷰 내용으로 적절하지 <u>않은</u> 것은?

① 학생: 소설가가 되겠다고 생각하게 된 특별한 계기가 있으신가요?
　글쓴이: 중학교 3학년 때 '도서반' 활동이 나를 소설가의 길로 이끌었어요.
② 학생: 그때 선생님께 큰 감동을 준 책은 무엇인가요?
　글쓴이: 「허생전」을 비롯한 박지원의 소설 작품이에요.
③ 학생: 어떤 점에서 감동을 받으셨나요?
　글쓴이: 그 글들은 읽을수록 새로워 이런저런 생각을 하다 보면 정신세계가 넓고 깊어지는 것 같았어요.
④ 학생: 중학생이 읽었으면 하는 책을 추천해 주세요.
　글쓴이: 우선 내가 읽은 박지원의 소설을 꼭 한번 읽었으면 해요. 그리고 현대 작품들보다 고전 작품들과 더 친해졌으면 좋겠어요.
⑤ 학생: 마지막으로 책 읽기에 대해 당부하고 싶은 것을 말씀해 주세요.
　글쓴이: 책은 인간만이 알고 있는, 진정한 인간으로 나가는 통로입니다. 책 읽기를 통해 여러분도 여러분만의 의미 있는 길을 찾길 바라요.

서술형 **중요**

02 다음은 이 글의 제목에 대한 설명이다. ㉮, ㉯에 들어갈 내용을 〈조건〉에 맞게 쓰시오.

> 이 글의 제목은 '맛있는 책, 일생의 보약'이다. '맛있다'는 말은 보통 음식에 사용하는 말이다. 그런데 책에 '맛있다'는 말을 사용하였다. 책이 씹으면 맛이 있다는 것은 책을 읽으면 ㉮'_____'라는 말로 해석할 수 있다. 또한 글쓴이는 '책'을 '일생의 보약'에 비유하고 있다. 보약이 우리 몸의 전체적인 기능을 조절하고 저항력을 키워서 신체적으로 건강한 삶을 유지하도록 도와주듯이, 책을 읽으면 ㉯'_____'라는 의미이다.

◀ 조건 ▶
• ㉮는 '음미'라는 단어를 활용하여 한 문장으로 쓸 것.
• ㉯는 '신체적'이라는 단어와 대비되는 단어를 사용하여 한 문장으로 쓸 것.

*다음 글을 읽고 물음에 답하시오.

(가) 마루에 앉아 바깥 거리를 바라보다가 그것도 시시해져 방 안에 드러누워 뒹굴고 있는데 그 백과사전이 눈에 띄었다. 아마 초등학교 4학년쯤이었을 것이다. 그 책이 언제 어떻게 해서 책꽂이에 꽂히게 되었는지는 알 수 없다.

우연히 백과사전을 펼쳐 본 나는 그때부터 틈만 나면 그 책을 끼고 살았다. 어느 쪽을 펼쳐도 읽을거리가 그득했다. 몰랐던 사실을 알게 되는 재미가 생각지도 못한 즐거움을 선사했고, 총천연색 사진까지 실려 있어 더욱 흥미진진했다. 내가 자주 본 분야는 동물에 대한 것이었는데 사진을 통해 처음 본 신기한 동물들이 나의 호기심을 마구 자극했다.

(나) 백과사전의 장점은 처음부터 차근차근 읽을 필요 없이 아무 쪽이나 펼쳐도 재미있게 읽을 수 있다는 것이다. 그날그날 마음 내키는 대로 펼친 쪽을 읽다 보면 마당 가득 노을빛이 물들곤 했다. 그 백과사전이 거의 너덜너덜해지도록 읽었던 것 같다. 그러다가 백과사전을 밀치고 나를 사로잡은 책이 등장했다. 바로 세계 동화 전집이었다.

(다) 노벨 문학상 작품들은 내게 또 다른 세계를 열어 주었다. 그전까지의 책 읽기가 감성적인 부분을 건드리고 충족해 주었다면 노벨 문학상 전집은 그와 더불어 다른 나라의 역사를 비롯한 여러 가지 지식과 정보를 얻게 해 주었다. 그러는 동안 나의 정신세계도 훨씬 넓은 세계로 옮겨 갔다.

그런데 그 전집에 실린 한 작품이 훗날 내가 동물 행동학과 생태학을 전공하는 데 알게 모르게 영향을 미치리라고는 생각도 하지 못했다.

(라) 이후에도 해마다 노벨 문학상 수상집이 출간되면 한 권씩 사다가 그 전집에 끼워 넣곤 했다. 그중 하나가 솔제니친의 작품이었다. 〈중략〉 그런데 정작 내 관심을 끈 것은 소설보다 책 뒷부분에 실린 「모닥불과 개미」라는 수필이었다. 반 쪽짜리 그 짧은 수필이 내 머릿속에 이토록 강렬한 인상을 남길 줄은 미처 몰랐다.

동물학자가 된 이후에야 비로소 이해하게 되었지만, 당시에는 나도 솔제니친과 마찬가지로 ㉠개미들이 왜 그렇게 행동하는지 정말 궁금했다. 생물학자가 아니라 문학가인 솔제니친은 그 상황을 과학적으로 설명하지 못하고 철학적으로 받아들인 듯하다. 당시의 나 역시 개미의 행동을 설명할 길이 없었으나 그 작품은 묘하게 머릿속에 깊이 박

혔다.

(마) 그러다가 훗날 미국 유학을 가서 꽂혀 버린 학문, ㉡사회 생물학을 접했을 때 순간적으로 솔제니친의 그 수필이 생각났다. 그간 수많은 문학 작품을 읽고 고독을 즐기는 속에서 점점 더 많은 수수께끼들을 껴안고 살았는데, 사회 생물학이라는 학문이 그것들을 가지런히 정리해서 대답해 주었다. 「모닥불과 개미」 속의 개미도 내가 가지고 있던 수수께끼 중 하나였다. 그 개미들을 이해하게 된 순간, 나는 이 학문을 평생 공부하겠다고 결정했다.

학습 목표 응용

01 〔중요〕 글쓴이가 읽은 책과 그 영향으로 적절하지 <u>않은</u> 것은?

① 백과사전: 호기심을 자극하고 재미를 줌.
② 백과사전: 몰랐던 사실을 알게 되는 즐거움을 줌.
③ 노벨 문학상 전집: 다른 나라의 역사를 비롯한 여러 가지 지식과 정보를 얻게 해 줌.
④ 「모닥불과 개미」: 개미들의 행동에 대해 궁금증을 갖게 함.
⑤ 「모닥불과 개미」: 미국으로 유학을 가는 결정적 계기가 됨.

02 이 글을 읽은 독자의 반응으로 적절하지 <u>않은</u> 것은?

① 읽었던 책이 훗날 전공을 정하는 데 영향을 줄 수도 있구나.
② 과학자가 되려면 과학책에서 깊은 영감을 얻어야 하는구나.
③ 백과사전을 읽을 때 꼭 처음부터 끝까지 다 읽어야 하는 것은 아니구나.
④ 짧은 분량의 수필에서도 강렬한 인상을 얻고 오랫동안 기억할 수 있구나.
⑤ 스스로 재미를 느끼면 딱딱할 것 같은 백과사전도 재미있게 읽을 수 있구나.

03 〈보기〉의 내용이 들어갈 위치로 적절한 것은?

◀ 보기 ▶

　　초등학교 고학년이 되면 모두 성장의 시기를 겪게 마련인데, 나는 이 책들 덕분에 다른 아이들보다 성숙해지면서 나만의 특별한 색깔을 만들어 간 것 같다. 또래들보다 생각의 폭이 넓어지고 깊이가 깊어진 것도, 창의적으로 사고할 수 있는 밑바탕과 시인을 꿈꾸는 감성이 만들어진 것도 그 책들 덕분이었다.

① (가)의 뒤　　② (나)의 뒤　　③ (다)의 뒤
④ (라)의 뒤　　⑤ (마)의 뒤

04 (가)~(마)에 소제목을 붙일 때, 적절한 것은?

① (가): 우연히 만난 보물
② (나): 백과사전을 재미있게 읽는 방법
③ (다): 감성을 건드린 노벨 문학상 전집
④ (라): 문학과 철학의 첫 만남
⑤ (마): 수수께끼를 푸는 열쇠, 책 읽기

05 이 글을 통해 알 수 있는 글쓴이의 읽기 태도나 습관으로 적절한 것은?

① 한 분야에 편중되지 않고 골고루 책을 읽는다.
② 책을 읽고 나서 읽은 책의 목록을 정리해 둔다.
③ 책을 읽으면서 중요한 내용이나 논란거리를 메모한다.
④ 책을 읽고 나서 그 결과를 정리한 독서 기록물을 남긴다.
⑤ 읽기 목적이나 글의 종류에 따라 적절한 읽기 방법을 사용한다.

고난도 응용

서술형

01 다음은 「모닥불과 개미」의 내용이다. 이를 바탕으로 ㉠에 해당하는 구체적인 질문을 〈조건〉에 맞게 쓰시오.

　　활활 타오르는 모닥불 속에 썩은 통나무 한 개비를 집어던졌다. 그러나 미처 그 통나무 속에 개미집이 있었다는 것을 나는 몰랐다. 통나무가 우지직, 소리를 내며 타오르자 별안간 개미들이 떼를 지어 쏟아져 나오며 안간힘을 다해 도망치기 시작한다. 그들은 통나무 뒤로 달리더니 넘실거리는 불길에 휩싸여 경련을 일으키며 타 죽어 갔다. 나는 황급히 통나무를 낚아채서 모닥불 밖으로 내던졌다. 다행히 많은 개미들이 생명을 건질 수 있었다. 〈중략〉 그러나 이상한 일이다. 개미들은 좀처럼 불길을 피해 달아나려고 하지 않는다. 가까스로 공포를 이겨 낸 개미들은 다시 방향을 바꾸어 통나무 둘레를 빙글빙글 돌기 시작했다.
　　그 어떤 힘이 그들을 내버린 고향으로 다시 돌아오게 한 것일까?
　　개미들은 통나무 주위에 모여들기 시작했다. 그러곤 그 많은 개미들이 통나무를 붙잡고 바동거리며 그대로 죽어 가는 것이었다.

◀ 조건 ▶

• 개미의 행동을 구체적으로 제시할 것.
• 한 문장의 물음 형식으로 쓸 것.

서술형　중요

02 ㉡을 다음과 같이 분석할 때 ⓐ, ⓑ에 들어갈 적절한 내용을 〈조건〉에 맞게 쓰시오.

글쓴이의 읽기 경험 분석하기	ⓐ
'나'의 유사한 경험 제시하기	ⓑ

◀ 조건 ▶

• ⓐ에는 '과거, 현재'라는 용어를 사용할 것.
• 각각 완결된 한 문장으로 쓸 것.

[01~08] 다음 글을 읽고 물음에 답하시오.

3학년이 되면서 비로소 내가 좋아하는 특별 활동을 선택할 기회가 왔다. 나는 산악반의 경험에 비추어 되도록 몸을 많이 움직이지 않는 특별 활동반을 점찍었는데 그게 바로 도서반이었다. 도서반 담당 선생님은 특별 활동의 첫날, 도서반이 할 일에 대해 아주 짧고 쉽게 설명해 주었다.

"여러분 곁에는 책이 있다. 그 책 중에서 자기 마음에 드는 책을 골라서 읽고 수업이 끝나는 종소리가 울리면 가면 된다."

그리고 선생님 본인이 마음에 드는 책을 골라서 자리를 잡고 읽는 것으로 시범을 보여 주었다. 나는 책을 고르러 가는 아이들의 뒤를 따라가서 한자로 제목이 씌어 있어서 아이들이 거의 손을 대지 않는 책 가운데 하나를 꺼내 들었다.

그 책은 『한국고전문학전집』 같은 묵직한 제목 아래 편집된 수십 권의 시리즈물 가운데 한 권이었다. ㉠반드시 읽어야 한다는 것을 강조하는 고전 대부분이 그렇듯 책 표지는 사람의 손을 거의 거치지 않아서 깨끗했다. 지은이는 박지원, 내가 처음으로 펴 든 대목은 「허생전」이었다.

나이가 두 자리 숫자가 되면서 무협지에 빠지기 시작해서 전학 오기 전 국내에서 출간된 대부분의 무협지를 읽었다고 생각하고 있던 내게, 한문 문장을 번역한 예스러운 문체는 별 거부감이 없었다. 오히려 옆자리나 앞자리의 아이들이 읽고 있는 현대 소설이 가볍게 느껴질 정도였다. 내용 역시 익숙했다. 허생이라는 인물은 깊고 고요한 곳에 숨어 있으면서 실력을 쌓은 뒤에, 일단 세상에 나갈 일이 생기자 한바탕 멋지게 세상을 뒤흔들어 놓고서는 다시 제자리로 돌아온다. 무협지에서 흔히 볼 수 있는 방식이었다.

「허생전」 다음에는 「호질」, 「양반전」도 있었다. 책이 꽤 두꺼웠으니 박지원의 저작 가운데 상당 부분이 책에 들어 있었을 것이다. 그런데 그 책 속에 있는 주인공들은 내가 읽었던 수천 권의 무협지의 주인공과는 달라도 많이 달랐다. 무협지를 읽고 나면 주인공 이름 말고는 기억에 남는 게 없는데 박지원의 소설은 주인공이 다음에 어떻게 되었을지 궁금해지고 내가 주인공이 되었더라면 어떻게 했을지 자꾸만 생각을 하게 만들었다.

한두 번 씹으면 단맛이 다 빠져 버리는 무협지와는 달리 그 책의 내용은 읽을수록 새로운 맛이 우러나왔다. 보석처럼 단단하고 품위 있는 문장은 아름답기까지 했다. 책을 읽으면서 내 정신세계가 무슨 보약을 먹은 듯이 한층 더 넓어지고 수준이 높아지는 듯한 느낌이 들었다. 일주일에 단 한 시간, 도서관에서 단 한 권의 책을 거듭 펴서 읽었을 뿐인데도. 〈중략〉

누구에게나 그런 일이 일어날 수 있다. 모르고 지나갈 수도 있다. 어떤 책을 계기로 인간의 지극한 정신문화, 그 높고 그윽한 세계에 닿고 그의 일원이 되는 것은 겪어 보지 못한 사람은 알 수 없는 행복을 안겨 준다. 이 세상에 인간으로 나서 인간으로 살면서 인간다운 삶을 살고 드높은 가치를 추구하는 길을 책이 보여 준다. 책은 지구상에서 인간이라는 종만이 알고 있는, 진정한 인간으로 나아가는 통로이다. 그래서 사람들은 말하는지도 모른다. 책 속에 길이 있다고.

01 이 글의 글쓴이에 대한 설명으로 적절하지 <u>않은</u> 것은?

① 자신이 경험한 일을 고백하듯이 서술하고 있다.
② 학창 시절 도서반에서 경험한 일을 회상하고 있다.
③ 무협지와 박지원의 작품을 읽었던 경험을 견주어 표현하고 있다.
④ 책을 읽은 경험이 자신의 삶에 미친 영향을 구체적으로 밝히고 있다.
⑤ 책 읽기 활동이 제대로 이루어지지 않는 학교의 상황을 비판하고 있다.

02 🌟중요
이 글의 내용으로 미루어 볼 때, 글쓴이가 이 글의 제목을 '맛있는 책, 일생의 보약'으로 정한 이유로 적절한 것은?

① 책에 대한 관심과 흥미를 가져야 책이 맛있게 느껴지기 때문에
② 책 읽기는 보약처럼 비싼 비용이 들지만 그만큼 좋은 결과로 되돌아오기 때문에
③ 책을 읽으면 정신세계가 넓어지고 정신적으로 건강한 삶을 유지할 수 있기 때문에
④ 맛있게 책을 읽기 위해서는 책을 보약이라고 생각하며 고통을 참아야 하기 때문에
⑤ 보약이 오랫동안 복용해야 효과가 있는 것처럼, 책 읽기도 책을 꾸준하게 읽어야 효과적이기 때문에

03 이 글을 읽고 이해한 내용으로 적절하지 <u>않은</u> 것은?

① 글쓴이는 고전을 만나기 전에 무협지를 많이 읽었나 봐.

② 글쓴이는 산악반에서 몸을 많이 움직이는 활동을 했나 봐.

③ 깨끗한 책 표지를 보니 학생들이 고전 작품을 많이 읽지 않았나 봐.

④ 평소에 보약을 많이 먹어 몸이 튼튼해야 정신세계도 건강해지나 봐.

⑤ 도서반 담당 선생님은 학생들이 마음에 드는 책을 자유롭게 읽게 하고 싶었나 봐.

04 이 글을 통해 알 수 있는 '읽기의 가치'로 적절하지 <u>않은</u> 것은?

① 책 읽기는 폭넓은 지식과 정보를 제공하여 준다.

② 책 읽기는 인간다운 삶의 의미를 깨닫게 해 준다.

③ 책 읽기는 드높은 가치를 추구하는 길을 보여 준다.

④ 책 읽기는 독자가 수준 높은 생각을 하도록 돕는다.

⑤ 책 읽기는 높은 정신문화를 경험할 수 있는 기회를 준다.

05 글쓴이와 유사한 관점에서 공감하는 대화를 하기에 가장 적절한 학생은?

① 할아버지의 추천으로 문학 작품을 수십 권 읽게 된 명호

② 국어 수행 평가 때문에 학교 필독 도서를 모두 읽은 호경

③ 소설을 웹툰으로 표현한 작품을 보고 호기심을 가진 경희

④ 황순원의 「소나기」를 읽고 제목의 의미가 중요함을 깨달은 영수

⑤ 뇌 과학에 대한 책을 읽고, 뇌에 관심을 갖게 되어 관련 학과 진학을 결심한 용철

06 〈보기〉는 글쓴이가 자신이 경험한 도서반 활동의 의미를 요약적으로 쓴 것이다. 주어진 〈조건〉으로 미루어 빈칸에 들어갈 내용으로 적절한 것은?

◀ 보기 ▶
내가 1학기의 특별 활동 시간에 읽은 것은 박지원의 책이 전부였다.
하지만 내가 지금 소설을 쓰고 있는 것은 바로 그 책 때문이라고 생각한다. _____

◀ 조건 ▶
• 책이 글쓴이의 진로에 영향을 주었음을 밝힐 것.
• 모순된 표현을 활용하여 앞의 내용과 자연스럽게 이어지도록 쓸 것.

① 특별하지 않은 특별 활동 시간에 읽은 아주 특별한 그 책이 내 일생을 바꾸었다.

② 일주일에 단 한 시간 활동하는 그 '특별'한 '활동'이 나를 소설가의 길로 이끌었다.

③ 보잘것없는 책 하나가 내가 품위 있고 아름다운 문장을 쓸 수 있는 보약이 되었다.

④ 내가 재미를 들인 최초의 고전이 우리의 조상이 쓴 것이라는 데서 뿌듯함을 맛본 덕이다.

⑤ 몇백 년 전 글을 쓴 사람의 숨결이 글을 통해 느껴지는 경험을 다른 사람과 나누고 싶었다.

07 이 글을 통해 알 수 있는 '무협지'와 '박지원의 소설'의 공통점으로 적절한 것은?

① 읽을수록 새로운 맛이 우러난다.

② 문장의 품위와 아름다움이 느껴진다.

③ 읽고 나면 기억에 남는 것이 별로 없다.

④ 정신세계를 넓혀 주고 수준을 높여 준다.

⑤ 한문 문장을 번역한 예스러운 문체를 사용했다.

08 서술형
㉠에 담긴 의미를 〈조건〉에 맞게 쓰시오.

◀ 조건 ▶
• '중요성, 현실'이라는 말을 넣어 쓸 것.
• 하나의 완결된 문장으로 쓸 것.

[09~14] 다음 글을 읽고 물음에 답하시오.

㉮ 마루에 앉아 바깥 거리를 바라보다가 그것도 시시해져 방 안에 드러누워 뒹굴고 있는데 그 백과사전이 눈에 띄었다. 아마 초등학교 4학년쯤이었을 것이다. 그 책이 언제 어떻게 해서 책꽂이에 꽂히게 되었는지는 알 수 없다.

우연히 백과사전을 펼쳐 본 나는 그때부터 틈만 나면 그 책을 끼고 살았다. 어느 쪽을 펼쳐도 읽을거리가 그득했다. 몰랐던 사실을 알게 되는 재미가 생각지도 못한 즐거움을 선사했고, 총천연색 사진까지 실려 있어 더욱 흥미진진했다. 내가 자주 본 분야는 동물에 대한 것이었는데 사진을 통해 처음 본 신기한 동물들이 나의 호기심을 마구 자극했다.

백과사전의 장점은 처음부터 차근차근 읽을 필요 없이 아무 쪽이나 펼쳐도 재미있게 읽을 수 있다는 것이다. 그날그날 마음 내키는 대로 펼친 쪽을 읽다 보면 마당 가득 노을빛이 물들곤 했다. 그 백과사전이 거의 너덜너덜해지도록 읽었던 것 같다. 그러다가 백과사전을 밀치고 나를 사로잡은 책이 등장했다. 바로 세계 동화 전집이었다.

㉯ 이 세계 동화 전집은 중학교에 진학하여 새로운 소설을 접하기 전까지 나의 세계였다. 수없이 읽고 또 읽었다. 그 이야기들의 주인공이 되어 많은 경험을 하면서 생각 주머니를 키워 갔다. 세계 동화 전집을 만나기 전의 나와 만난 후의 나는 달라졌다. 간단히 말하면 그전까지 없었던 사유의 세계가 만들어지고, 상상력의 범위가 넓어졌다고 할까? 〈중략〉 초등학교 고학년이 되면 모두 성장의 시기를 겪게 마련인데, 나는 동화 덕분에 다른 아이들보다 성숙해지면서 나만의 특별한 색깔을 만들어 간 것 같다. 또래들보다 생각의 폭이 넓어지고 깊이가 깊어진 것도, 창의적으로 사고할 수 있는 밑바탕과 시인을 꿈꾸는 감성이 만들어진 것도 그 책들 덕분이었다.

㉰ 노벨 문학상 작품들은 내게 또 다른 세계를 열어 주었다. 그전까지의 책 읽기가 감성적인 부분을 건드리고 충족해 주었다면 노벨 문학상 전집은 그와 더불어 다른 나라의 역사를 비롯한 여러 가지 지식과 정보를 얻게 해 주었다. 그러는 동안 나의 정신세계도 훨씬 넓은 세계로 옮겨 간다.

㉱ 이후에도 해마다 노벨 문학상 수상집이 출간되면 한 권씩 사다가 그 전집에 끼워 넣곤 했다. 그중 하나가 솔제니친의 작품이었다. 〈중략〉 그는 1970년에 『이반 데니소비치의 하루』, 『암병동』 등으로 노벨 문학상을 받았다. 그의 작품을 읽는 내내 러시아의 침울한 분위기가 느껴졌다. 그런데 정작 내 관심을 끈 것은 소설보다 책 뒷부분에 실린 「모닥불과 개미」라는 수필이었다. 반 쪽짜리 그 짧은 수필이 내 머릿속에 이토록 강렬한 인상을 남길 줄은 미처 몰랐다.

동물학자가 된 이후에야 비로소 이해하게 되었지만, 당시에는 나도 솔제니친과 마찬가지로 개미들이 왜 그렇게 행동하는지 정말 궁금했다. 생물학자가 아니라 문학가인 솔제니친은 그 상황을 과학적으로 설명하지 못하고 철학적으로 받아들인 듯하다. 당시의 나 역시 개미의 행동을 설명할 길이 없었으나 그 작품은 묘하게 머릿속에 깊이 박혔다.

㉲ 그러다가 훗날 미국 유학을 가서 꽂혀 버린 학문, 사회 생물학을 접했을 때 순간적으로 솔제니친의 그 수필이 생각났다. 그간 수많은 문학 작품을 읽고 고독을 즐기는 속에서 점점 더 많은 수수께끼들을 껴안고 살았는데, 사회 생물학이라는 학문이 그것들을 가지런히 정리해서 대답해 주었다. 「모닥불과 개미」 속의 개미도 내가 가지고 있던 수수께끼 중 하나였다. 그 개미들을 이해하게 된 순간, 나는 이 학문을 평생 공부하겠다고 결정했다.

09 이 글을 읽고 파악한 내용으로 적절하지 <u>않은</u> 것은?

① 글쓴이의 직업은 동물학자이다.

② 글쓴이는 노벨 문학상 수상집이 출간되면 한 권씩 사다 모았다.

③ 글쓴이는 솔제니친과 같이 개미들의 행동을 철학적으로 받아들였다.

④ 글쓴이는 방 안에서 뒹굴 거리다가 우연히 백과사전을 보게 되었다.

⑤ 글쓴이는 백과사전, 동화책, 노벨 문학상 작품 등 다양한 책을 읽었다.

10 중요 이 글을 바탕으로 답할 수 있는 질문으로 적절한 것은?

① 좋은 책과 나쁜 책을 어떻게 선별할까?

② 책 읽기가 삶에 어떤 영향을 미치는가?

③ 계획적인 독서가 왜 진로 탐색에 중요한가?

④ 전공을 결정할 때 반드시 읽어야 하는 책은 무엇인가?

⑤ 학문과 삶에 영향을 미친 경험을 어떻게 소개해야 할까?

11 〈보기〉가 이 글을 쓰기 위한 글쓴이의 계획이라고 할 때, 이 글에서 확인할 수 없는 것은?

◀ 보기 ▶
• 백과사전 읽기가 나에게 준 즐거움을 구체적으로 써야겠어. ···································· ㄱ
• 세계 동화 전집을 읽으며 나에게 일어난 변화를 말해야겠어. ···································· ㄴ
• 노벨 문학상 작품들이 나에게 미친 영향을 설명해야겠어. ···································· ㄷ
• 나와 과학의 만남에 결정적 계기가 된 문학 작품을 소개해야겠어. ······················· ㄹ
• 내가 생각하는 좋은 책의 의미를 직접적으로 정의해야겠어. ···································· ㅁ

① ㄱ ② ㄴ ③ ㄷ ④ ㄹ ⑤ ㅁ

12 (가)~(마) 중, 〈보기〉와 유사한 경험을 소개하고 있는 것은?

◀ 보기 ▶
동아리 활동으로 바빠서 친구들과 갈등이 생겼을 때, 작년에 읽었던 「모모」라는 책에서 모모가 시간에 쫓긴 사람들에게 시간의 소중함을 알려 주던 장면이 생각났다.

① (가) ② (나) ③ (다) ④ (라) ⑤ (마)

13 서술형 중요 〈보기〉는 이 글의 내용을 바탕으로 책이 글쓴이에게 미친 영향을 정리한 표이다. ⓐ~ⓓ에 들어갈 적절한 내용을 쓰시오.

◀ 보기 ▶

	글쓴이에게 미친 영향
백과사전	• ⓐ _____ • 호기심을 자극함.
세계 동화 전집	• 생각과 상상력의 폭이 넓고 깊어짐. • ⓑ _____ • 시인을 꿈꾸는 감성이 만들어짐.
노벨 문학상 전집	• 감성적인 부분을 충족해 줌. • ⓒ _____
「모닥불과 개미」	• ⓓ _____ • 사회 생물학을 접했을 때 떠오름. 사회 생물학을 전공(공부)하는 데 영향을 미침.

14 〈보기〉는 글쓴이의 일화를 재구성한 것이다. 이 글의 글쓴이가 ㉮의 관점에서 자신의 꿈을 찾고 있는 중학생에게 조언할 내용으로 적절한 것은?

◀ 보기 ▶
미국의 한 대학에서 조교수로 있던 시절의 이야기이다. 어느 날 동료가 '마스터 키'를 건네주며 말했다.
"이 열쇠만 있으면 건물 안의 모든 문을 열 수 있어."
나는 말도 안 된다며 웃었다. 마스터 키는 복잡한 돌기 하나 없이 매끈했다. 이걸로 무슨 문을 열 수 있을까 싶었다. 하지만 이 키를 열쇠 구멍에 넣는 순간, 신기하게도 모든 문이 열렸다.
그때 나는 깨달았다.
㉮원래 열쇠는 뼈대만으로 모든 문을 열 수 있으며 여기에 여러 모양의 돌기를 붙이면 '특정한 문'만 열리는 열쇠가 된다는 것을. 열쇠의 돌기가 한정된 문만 열 수 있는 '스펙'이라면 열쇠의 골격은 전 분야를 아우르는 '소양'이라는 것을.

① 계획적 책 읽기의 필요성

② 수준에 맞는 책을 고르는 방법

③ 편중되지 않은 책 읽기의 중요성

④ 진로 선택에 결정적 영향을 미치는 책들

⑤ 목적에 따라 책 읽는 방법을 달리해야 하는 이유

2 설명 방법 파악하며 읽기

학습 목표
• 글에 사용된 다양한 설명 방법의 종류를 이해할 수 있다.
• 글에 사용된 다양한 설명 방법의 효과와 적절성을 판단하며 읽을 수 있다.

개념 압축 APP

1 설명하는 글의 뜻

독자가 쉽게 이해하도록 어떤 대상이나 현상에 대한 정보를 (   )(으)로 밝히는 글임.

2 설명 방법의 종류

( )	주로 '무엇은 무엇이다'의 형식으로 대상의 의미와 범위를 분명하게 밝혀 설명하는 방법
예시	어떤 사실이나 현상에 대해 구체적인 예를 들어 설명하는 방법
비교와 대조	둘 이상의 대상을 공통점을 중심으로 설명하거나( ), 차이점을 중심으로 설명하는 방법 ( )
구분과 분류	대상을 일정한 기준에 따라 나누거나( ), 종류별로 묶어서 설명하는 방법( )
인과	어떤 결과를 가져오게 한 ( )을/를 밝히거나 어떤 원인에 의해 초래된 결과를 설명하는 방법
( )	대상을 구성하는 요소나 부분으로 나누어 설명하는 방법

3 설명하는 글 읽기의 방법

• 글 속에 제시된 정보의 정확성과 객관성을 판단하며 읽음.
• 새롭게 알게 된 정보나 더 알고 싶은 내용 등을 메모하며 읽음.
• 글에 쓰인 (   )을/를 파악하여 대상을 효과적으로 설명하고 있는지 판단하며 읽음.
• 글의 구조를 고려하여 중요한 정보를 중심으로 내용을 종합하고 재구성하며 읽음.

4 글의 구조와 설명 방법을 파악하며 읽는 것의 효과

• 글의 내용을 좀 더 쉽고 정확하게 이해할 수 있음.
• 문장과 문장, 부분과 부분의 (   )을/를 좀 더 쉽게 파악할 수 있음.
• 글의 내용을 예측하며 읽을 수 있음.

필수 어휘 사전

● **초래(招來):** 어떤 결과를 가져오게 함.
● **객관성:** 주관에 좌우되지 않고 언제 누가 보아도 그러하다고 인정되는 성질.

확인 문제

1. 설명 방법에 대한 이해로 적절하지 않은 것은?

① 예시: 구체적인 예를 들어 설명하는 방법
② 분류: 대상을 일정한 기준에 따라 묶어서 설명하는 방법
③ 정의: 대상의 의미와 범위를 분명하게 밝혀 설명하는 방법
④ 비교: 둘 이상의 대상을 차이점을 중심으로 설명하는 방법
⑤ 분석: 대상을 구성하는 요소나 부분으로 나누어 설명하는 방법

2. 설명하는 글 읽기의 방법으로 적절하지 않은 것은?

① 글을 쓴 목적을 파악하며 읽는다.
② 어떤 구조로 정보를 전달하는지 파악하며 읽는다.
③ 글에 쓰인 다양한 설명 방법의 효과를 판단하며 읽는다.
④ 글 속에 제시된 정보의 정확성과 객관성을 판단하며 읽는다.
⑤ 글쓴이의 주장을 뒷받침하는 근거가 타당한지 판단하며 읽는다.

정답 개념학적, 정의, (비교), (대조), (구분), (분류), 원인, 분석, 설명 방법, 관계 1. ④ 2. ⑤

❶ 다음은 제품 설명서의 일부이다. 설명서에 쓰인 다양한 설명 방법을 파악하고 효과와 적절성을 평가해 보자.

정수 처리 과정
1단계 : 프리 카본 블록 필터
눈에 보이지 않는 찌꺼기와 잔류 염소, 휘발성 유기 화합물이 제거됩니다.
⇩
2단계 : 멤브레인 필터
멤브레인 필터를 거치면서 중금속, 이온성 물질, 미생물이 제거됩니다. 이 단계에서 생활용수가 배출됩니다.
⇩
3단계 : 포스트 카본 블록 필터
물속에 존재하는 냄새 유발 물질이 제거되어 물맛이 향상됩니다.

안전을 위한 주의 사항

사용자의 안전을 지키고 사고로 인한 재산상의 손해 및 불편을 막기 위한 내용이므로 반드시 지켜 주시기 바랍니다.

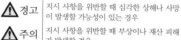

경고 / 주의 내용
⚠ 위험을 끼칠 우려가 있는 사항과 조작에 대하여 주의를 환기시키기 위한 기호입니다.
⚠ 경고 지시 사항을 위반할 때 심각한 상해나 사망이 발생할 가능성이 있는 경우
⚠ 주의 지시 사항을 위반할 때 부상이나 재산 피해가 발생할 경우

⚠ **경고**

 정수기 운전 중에는 제품을 이용하지 마세요.
고장이나 감전의 위험이 있습니다.

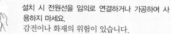 설치 시 전원선을 임의로 연결하거나 가공하여 사용하지 마세요.
감전이나 화재의 위험이 있습니다.

 멀티콘센트 사용 시 여러 기기를 동시에 사용하지 마세요.
과열로 인한 화재의 원인이 됩니다.

(1) 제품 설명서에 사용된 설명 방법을 아래에서 모두 찾아보자.

> 정의, 예시, 비교와 대조, 구분과 분류, 인과, 분석, 과정

(2) 제품 설명서에 사용된 설명 방법의 효과와 적절성을 평가해 보자.

❷ 주변에서 다양한 설명 방법이 쓰인 글을 찾아 읽고, 설명 방법을 파악하며 읽는 것의 효과를 평가해 보자.

(1) 주변에서 다양한 설명 방법이 쓰인 글을 찾아보자.

(2) 설명 방법을 파악하며 읽는 것이, 그냥 읽는 것보다 어떤 점이 좋은지 설명해 보자.

끌어 주기

❶ (1) 설명하는 글의 한 종류인 제품 설명서에 사용된 설명 방법을 파악해 본다.

`예시 답안` 과정, 정의, 예시, 인과

(2) 사용된 설명 방법이 제품의 특징을 설명하는 데 적합한지 판단한 후, 효과와 적절성을 평가해 본다.

`예시 답안` 정수기를 거치면서 물이 정수되는 단계를 과정의 방법으로 체계적으로 설명하고 있다. 그리고 안전을 위한 주의 사항을 제시할 때 먼저 '경고', '주의' 등의 개념을 정의의 방법으로 밝힌 후, 정수기를 사용하면서 일어날 수 있는 다양한 상황을 예시의 방법으로 제시하고, 설명대로 하지 않을 경우 어떤 결과가 발생할 수 있는지를 인과의 방법으로 제시함으로써 주의 사항을 명확하고 알기 쉽게 전달하고 있다.

❷ (1) 주변에서 다양한 설명 방법이 쓰인 글을 찾아 읽고, 설명 방법을 파악해 본다.

`예시 답안` 공연 안내문, 관광지 안내문, 약품 설명서 등

(2) 설명 방법을 파악하며 읽는 것의 효과를 이야기해 본다.

`예시 답안` 글의 내용을 예측하며 읽을 수 있고, 글을 좀 더 쉽고 정확하게 이해할 수 있다.

1 그림에서 들려오는 소리 | 이명옥

*다음 글을 읽고 물음에 답하시오.

(가) 소리를 들으면 모양이나 색깔을 보는 사람들이 있어요. 바로 공감각자들이지요. 공감각이란 하나의 자극에 의해 두 개 이상의 감각이 느껴지는 것을 말해요.

김호득, 〈아〉

(나) 한국 화가 김호득은 〈아〉에서 소리가 들리는 그림을 뛰어넘어 소리와 글자, 그림이 하나가 되는 공감각적인 작품을 창조했군요. 〈아〉라는 그림은 한글 '아' 자이면서 소리거든요.

(다) 그런데 왜 '아' 자를 거꾸로 썼을까요? 먼저 화가는 왼손잡이예요. 다음은 '아'를 바로 쓰면 글자로 읽히지만 거꾸로 쓰면 그림이 됩니다. 거꾸로 쓴 '아'는 더는 글자가 아니라 선이나 모양, 먹의 짙고 엷음 등이 아름다운 조화를 이루는 그림인 것이지요.

(라) '아' 자를 고른 데에도 이유가 있어요. 한 글자는 형태로 보이지만 두 글자는 단어가 되니까 상상력이 갇히게 되지요. 게다가 '아' 자는 글자 자체도 아름다운 데다 가장 강렬한 감정을 표현할 수 있기 때문이에요. 사람들은 감탄할 때도 '아!', 탄식할 때도 '아!' 하고 소리를 내잖아요.

(마) '아' 소리를 눈에 보이게 한 비결이 궁금하다고요? 'ㅇ'를 자세히 보세요. 허공에 떠 있는 데다 먹물이 짙거나 엷은 부분도 보이네요. '아'를 발음할 때 성대에서 울림이 생기는데, 그 떨림 현상을 'ㅇ'에 표현한 것이에요.

반면 'ㅏ'는 붓에 속도를 실어 단숨에 선을 그었네요. '아!' 소리를 낼 때의 강렬한 느낌, 그 기쁨과 슬픔의 감정을 'ㅏ'에 담은 것이지요.

(바) 김호득은 한글의 형태를 빌려 그림을 그리는 이유를 이렇게 말하고 있어요.

"내 그림은 단순히 문자가 지닌 추상적인 형태에 이끌려 조형성만을 빌려 온 그림들과는 다르다. 내가 한글에 매혹된 것은 조형성과 상징성, 시간성, 공간성, 소리까지도 모두 표현할 수 있다고 느꼈기 때문이다."

그래서 한글 하나로 시가 되고 그림이 되고 음악이 되는 공감각적인 작품을 창조하게 된 것입니다.

(사) 누구나 어릴 적에는 공감각을 가지고 있지만 자라면서 이런 특별한 능력을 잃어버린다고 하네요. 공감각을 되살리는 비결을 알려 드릴게요. 예술 작품과 가까워지는 것이지요. 『감각의 박물관(Natural History of the Senses)』을 쓴 다이앤 애커먼은 공감각이 일반인들에 비해 예술가들에게서 일곱 배나 많이 나타난다고 말했어요. 이번 기회에 공감각적인 예술 작품을 감상하는 취미를 가지면 어떨까요?

학습 목표 응용

01 이 글에 대한 설명으로 적절한 것은?

① 작품 감상 방법에 대한 글쓴이의 의견을 주장하고 있다.
② 스스로 묻고 답하는 형식으로 작품의 특징을 설명하고 있다.
③ 동일한 작품에 대한 작가들의 다양한 관점을 소개하고 있다.
④ 시간의 흐름에 따른 미술 기법의 변화 과정을 드러내고 있다.
⑤ 여러 전문가의 의견을 인용하여 작품의 역사적 의미를 밝히고 있다.

02 중요 이 글의 각 문단에 쓰인 설명 방법에 대한 설명으로 적절하지 **않은** 것은?

① (가): 공감각의 개념을 정의의 방법으로 설명한다.
② (나): 공감각적 작품의 구체적인 예를 들어 설명한다.
③ (다): '아' 자를 거꾸로 쓴 이유를 분석하여 설명한다.
④ (마): '아' 소리를 눈에 보이게 한 비결을 'ㅇ'와 'ㅏ'로 나누어 설명한다.
⑤ (바): 그림 〈아〉가 공감각적인 작품이 된 과정을 순서대로 설명한다.

03 이 글을 통해 알 수 있는 내용이 아닌 것은?

① 공감각 능력은 노력에 의해 길러질 수 있다.

② 김호득의 〈아〉는 한글의 매력을 잘 살려 표현한 작품이다.

③ 예술가는 일반인들에 비해 상상력을 많이 발휘한다고 할 수 있다.

④ 글자를 조형물로 다룰 때 글자의 의미는 상상력을 방해할 수 있다.

⑤ 김호득의 〈아〉는 문자를 다룬 다른 작품들과 달리 글자의 조형성만을 강조했다.

04 이 글의 구조를 다음과 같이 정리하였다. ㉠~㉢의 내용으로 적절하지 않은 것은?

(가)	화제 제시	㉠
(나)	구체적 작품 소개	㉡
(다)	작품의 특징 분석	㉢
(라)		
(마)		
(바)	작가의 말 인용	한글의 형태를 빌려 그림을 그리는 이유
(사)	화제 정리	공감각을 되살리는 비결

① ㉠: 공감각을 표현하는 사람들

② ㉡: 김호득의 〈아〉는 공감각을 표현한 작품이다.

③ ㉡: 김호득의 〈아〉는 그림에서 소리가 들리지는 않지만, 공감각적인 작품이다.

④ ㉢: '아' 자를 거꾸로 쓴 것은 글자가 아닌 그림으로 보이게 하기 위한 것이다.

⑤ ㉢: '아' 한 글자를 표현한 것은 강렬한 감정의 표현 효과를 고려한 것이다.

고난도 응용

01 이 글을 읽고 〈보기〉를 이해한 내용으로 적절하지 않은 것은?

◀ 보기 ▶
날카로운 고탑같이 언덕 위에 솟아 있는
퇴색한 성교당(聖敎堂)의 지붕 위에선 //
분수처럼 흩어지는 푸른 종소리

① 〈보기〉의 시인은 공감각자이다.

② 〈보기〉의 시인은 종소리에서 색깔까지 본다.

③ 〈보기〉의 시인은 청각보다 시각이 더 발달하였다.

④ 〈보기〉와 같은 예술 작품을 자주 접하면 공감각을 기를 수 있다.

⑤ 〈보기〉의 시인은 상상력을 발휘하여 공감각적인 작품을 창작하였음을 알 수 있다.

02 (중요) 이 글을 바탕으로 신문 기사를 쓴다고 할 때, 표제로 가장 적절한 것은?

① 공감각이 중요한 이유
　　– 다이앤 애커먼의 견해를 중심으로

② 글자가 그림이 된 이유
　　– '아' 자를 거꾸로 쓴 이유를 중심으로

③ 한글이 그림이 되는 과정
　　– 현대의 미술 기법을 중심으로

④ 한글이 공감각적 작품이 된 이유
　　– 한글의 제자 원리를 중심으로

⑤ 글자에서 그림이 보이고 소리가 들리는 이유
　　– 김호득의 작품 〈아〉를 중심으로

(서술형)

03 (마)의 내용을 다음과 같이 정리하였다. 빈칸에 들어갈 내용을 〈조건〉에 맞게 서술하시오.

'ㅇ'	허공에 떠 있음과 먹물의 짙고 옅음. → 소리 낼 때의 성대의 울림과 떨림을 표현함.
'ㅏ'	

◀ 조건 ▶
• 'ㅇ'의 설명처럼 표현 기법과 효과를 구분하여 서술할 것.

2 정전기가 겨울로 간 까닭은? | 김정훈

*다음 글을 읽고 물음에 답하시오.

(가) 겨울만 되면 정전기가 기승을 부린다. 자동차에 키를 꽂을 때마다 불꽃이 튀고, 스웨터를 벗으면 '찌지직' 소리와 함께 머리는 폭탄 맞은 것처럼 변한다. ㉠이 정전기는 왜 생기는 걸까? 정전기의 정체를 알면 이를 막을 대책도 세울 수 있을 것이다.

(나) 정전기가 생기는 이유는 '마찰' 때문이다. 물체를 이루는 원자의 주변에는 전자가 돌고 있는데, 원자핵으로부터 멀리 떨어진 전자들은 마찰을 통해 다른 물체로 쉽게 이동하기도 한다. 이때 전자를 잃은 쪽은 (+) 전하를 띠고, 전자를 얻은 쪽은 (−) 전하를 띠게 되어 두 물체 사이에 전위차가 생긴다.

생활하면서 주변의 물체와 접촉하면 마찰이 일어나기 마련인데, 그때마다 우리 몸과 물체가 전자를 주고받으며 몸과 물체에 조금씩 전기가 저장된다. 한도 이상 전기가 쌓였을 때 적절한 유도체가 닿으면 그동안 쌓였던 전기가 순식간에 불꽃을 튀며 이동하면서 정전기가 발생한다.

(다) 정전기는 건조할 때 잘 생긴다. 수증기는 전기 친화성이 있어 주변의 전하를 띠는 입자들을 전기적 중성 상태로 만든다. 따라서 습도가 높으면 정전기도 잘 생기지 않는다. 여름보다 겨울에 정전기가 기승을 부리는 이유다.

이 원리를 사람에게 적용하면 땀을 많이 흘리는 사람보다는 적게 흘리는 사람에게, 지성 피부를 가진 사람보다는 건성 피부를 가진 사람에게 정전기가 많이 생긴다. 정전기는 주로 물체의 표면에 존재하기 때문에 그 사람의 '피부'가 정전기를 결정한다.

(라) 만약 피부가 건조한 사람이 위의 충고를 무시하고 합성 섬유 스웨터를 입다 비명을 지른다 해도 그건 개인의 문제니 넘어갈 만하다. 하지만 산업체에서 정전기는 결코 간과할 수 없는 위협적인 존재다.

예를 들어 발화점이 낮은 유류를 운반하는 유조차는 작은 스파크에도 치명적이다. 이를 막기 위해 유조차의 뒤편에는 땅바닥으로 늘어뜨린 접지 장치가 달려 있다. 접지를 통해 유조차에 조금이라도 생길 수 있는 정전기를 땅으로 배출하는 것이다.

(마) 그렇다고 정전기가 마냥 해로운 것만은 아니다. 우리 생활에서 정전기는 의외로 많은 활약을 하고 있다. 복사기는 정전기를 이용한 대표적인 제품이다. 복사기는 정전기를 이용해 토너의 잉크 가루를 종이에 붙인다.

먼지를 제거하는 집진기도 정전기의 원리로 공중의 먼지를 붙여 제거한다. 식품을 포장하는 랩이 그릇에 달라붙는 이유도 정전기 때문이다.

(바) 이제 정전기의 원리를 알았으니 약간의 주의만 기울이면 정전기로 깜짝 놀랄 일을 줄일 수 있다. 구체적으로 어떻게 하면 좋을까?

우선 적절한 습도를 유지하자. 가습기나 어항 등으로 집안 습도를 높이고, 보습 로션 등으로 피부를 촉촉하게 유지하면 도움이 된다. 머리를 헤어드라이어로 말리면 습도가 낮아질 뿐 아니라 수건으로 머리를 비비는 과정에서 마찰 전기가 발생하므로 가급적 그냥 말린다.

(사) 평소에 전기를 중화시키는 습관을 들이는 것도 좋다. 자동차 문고리를 잡기 전에 손에 입김 한번 '하~' 하고 불어 주자. 입김으로 손에 생긴 습기가 정전기 확률을 낮춰 준다. 정전기가 튈 것 같은 물건이라면 덥석 잡지 말고, 손톱으로 살짝 건드렸다가 잡으면 손톱을 통해 전기가 방전돼 정전기를 예방할 수 있다.

학습 목표 응용

01 이 글에 대한 설명으로 적절한 것은?

① 정전기 현상을 소개한 후, 정전기의 특징을 설명하고 있다.
② 정전기 현상에 대한 연구 결과를 순서대로 제시하고 있다.
③ 정전기 현상의 원인을 분석한 후, 다양한 이론을 소개하고 있다.
④ 정전기의 개념을 정의한 후, 유사한 대상에 빗대어 특징을 설명하고 있다.
⑤ 정전기 발생 정도를 계절별로 분류하여 기온과의 관계를 분석하고 있다.

02 이 글의 내용과 일치하는 것은?

① 원자핵은 마찰로 인해 핵의 구조가 쉽게 바뀐다.
② 포장 랩이 그릇에 달라붙는 이유는 습기 때문이다.
③ 우리 몸은 주변 물체와 접촉하면서 전기를 저장한다.
④ 겨울에 정전기가 잘 생기는 가장 큰 이유는 낮은 기온 때문이다.
⑤ 지성 피부인 사람은 건성 피부인 사람보다 정전기가 잘 발생한다.

03 ⭐중요 이 글에 쓰인 설명 방법으로 적절한 것만을 골라 묶은 것은?

> ㄱ. 정전기의 종류를 분류의 방법으로 설명하고 있다.
> ㄴ. 정전기의 원리를 활용한 제품을 예시의 방법으로 설명하고 있다.
> ㄷ. 전기를 중화시키는 방법을 비교와 대조의 방법으로 설명하고 있다.
> ㄹ. 정전기가 습도가 높을 때 잘 생기지 않는 현상을 인과의 방법으로 설명하고 있다.

① ㄱ, ㄴ ② ㄱ, ㄷ ③ ㄴ, ㄷ
④ ㄴ, ㄹ ⑤ ㄷ, ㄹ

04 (가)~(바) 중, 다음 글이 들어가기에 가장 적절한 곳은?

> 우리 몸은 전자를 잘 잃는 편에 가까우니 나일론, 아크릴, 폴리에스테르 같은 합성 섬유를 입는 사람은 정전기와 친할 수밖에 없다. 정전기가 잘 발생하는 사람에게 천연 섬유를 입으라는 말에는 다 이유가 있다.

① (가)와 (나) 사이 ② (나)와 (다) 사이
③ (다)와 (라) 사이 ④ (라)와 (마) 사이
⑤ (마)와 (바) 사이

고난도 응용

01 이 글을 읽고 알 수 있는 정전기의 원리를 적용한 생활 모습으로 적절하지 <u>않은</u> 것은?

① 포장 랩을 뗄 때 강하게 떼어 접착력을 높인다.
② 정전기를 줄이기 위해 가습기로 집안 습도를 높인다.
③ 스웨터를 벗을 때 머리카락을 손으로 비비면 정전기를 줄일 수 있다.
④ 유조차를 방전 상태로 유지하기 위해 유조차의 접지 장치를 땅바닥에 늘어뜨려 놓는다.
⑤ 정전기가 튈 것 같은 물건을 잡을 때는 손에 입김을 불어 잡으면 정전기를 줄일 수 있다.

02 ⭐중요 이 글에 다음과 같은 소제목을 붙이려고 할 때, 적절하게 나눈 것은?

> 1. 정전기, 너의 정체는?
> 2. 사람 차별하는 정전기
> 3. 정전기, 야누스의 두 얼굴
> 4. 정전기를 중화하라

	1	2	3	4
①	(가)	(나)	(다), (라), (마)	(바), (사)
②	(가)	(나), (다)	(라), (마)	(바), (사)
③	(가), (나)	(다)	(라)	(마), (바), (사)
④	(가), (나)	(다)	(라), (마)	(바), (사)
⑤	(가), (나)	(다), (라)	(마), (바)	(사)

03 서술형 ㉠에 대한 답을 과정에 따라 다음과 같이 정리하였다. 빈칸에 들어갈 적절한 내용을 서술하시오.

> 우리 몸이 주변의 물체와 접촉하며 마찰을 일으킨다.
>
> ↓
>
>
>
> ↓
>
> 한도 이상 전기가 쌓였을 때 적절한 유도체에 닿으면 정전기가 발생한다.

[01~06] 다음 글을 읽고 물음에 답하시오.

가 소리를 들으면 모양이나 색깔을 보는 사람들이 있어요. 바로 공감각자들이지요. 공감각이란 하나의 자극에 의해 두 개 이상의 감각이 느껴지는 것을 말해요.

나 영국 화가 데이비드 호크니(David Hockney)의 〈풍덩(A Bigger Splash)〉을 감상하면 공감각을 이해하게 됩니다. 호크니는 수영장에서 다이빙할 때 들리는 '풍덩' 소리를 그림에 표현했거든요. 귀로 듣는 '풍덩' 소리를 어떻게 눈으로 보게 했을까요? 색채와 기법, 구도 등의 여러 요소가 조화를 이루고 있기 때문이지요.

다 먼저 색채를 살펴볼까요? 수영장의 파란색 물과 다이빙 보드의 노란색이 무척 선명하게 보이는군요. 유화 물감 대신 아크릴 물감을 사용했기 때문이지요. 아크릴 물감은 유화 물감보다 빨리 마르고 색채도 더 선명하고 강렬합니다.

다음은 기법입니다. 물보라가 일어나는 부분만 붓으로 흰색을 거칠게 칠하고 다른 부분은 롤러를 사용해 파란색으로 매끈하게 칠했네요. 선명한 아크릴 물감, 거칠고 매끈한 붓질의 대조가 다이빙할 때의 '풍덩' 소리와 물보라를 강조하고 있지요.

끝으로 구도인데요. 캘리포니아의 집, 수영장의 수평선, 다이빙 보드의 대각선이 야자수 줄기의 수직선과 대조를 이루네요. 거실 유리창에는 맞은편 건물이 비치고요. 한낮의 눈부신 햇살과 무더위, 정적(靜寂)을 나타낸 것이지요.

라 왜 다이빙하는 사람을 그리지 않았을까요? 만일 물에 뛰어드는 사람을 그렸다면 그 멋진 모습에 눈길을 빼앗기면서 '풍덩' 소리를 듣는 데 방해를 받았겠지요. 즉 '풍덩' 소리에만 모든 감각이 집중되도록 사람을 그리지 않았던 것입니다. 호크니는 우리가 상상의 귀로 '풍덩' 소리를 듣기를 바란 것입니다. 상상력은 공감각을 자극하는 촉매제 역할을 하거든요.

김호득, 〈아〉

마 한국 화가 김호득은 〈아〉에서 소리가 들리는 그림을 뛰어넘어 소리와 글자, 그림이 하나가 되는 공감각적인 작품을 창조했군요. 〈아〉라는 그림은 한글 '아' 자이면서 소리거든요. 그런데 왜 '아' 자를 거꾸로 썼을까요? 먼저 화가는 왼손잡이예요. 거꾸로 쓴 '아'는 더는 글자가 아니라 선이나 모양, 먹의 짙고 엷음 등이 아름다운 조화를 이루는 그림인 것이지요.

바 '아' 자를 고른 데에도 이유가 있어요. 한 글자는 형태로 보이지만 두 글자는 단어가 되니까 상상력이 갇히게 되지요. 게다가 '아' 자는 글자 자체도 아름다운 데다 가장 강렬한 감정을 표현할 수 있기 때문이에요. 사람들은 감탄할 때도 '아!', 탄식할 때도 '아!'하고 소리를 내잖아요.

'아' 소리를 눈에 보이게 한 비결이 궁금하다고요? 'ㅇ'를 자세히 보세요. 허공에 떠 있는 데다 먹물이 짙거나 엷은 부분도 보이네요. '아'를 발음할 때 성대에서 울림이 생기는데, 그 떨림 현상을 'ㅇ'에 표현한 것이에요.

반면 'ㅏ'는 붓에 속도를 실어 단숨에 선을 그렸네요. '아!' 소리를 낼 때의 강렬한 느낌, 그 기쁨과 슬픔의 감정을 'ㅏ'에 담은 것이지요.

사 김호득은 한글의 형태를 빌려 그림을 그리는 이유를 이렇게 말하고 있어요.

"내 그림은 단순히 문자가 지닌 추상적인 형태에 이끌려 조형성만을 빌려 온 그림들과는 다르다. 내가 한글에 매혹된 것은 조형성과 상징성, 시간성, 공간성, 소리까지도 모두 표현할 수 있다고 느꼈기 때문이다."

그래서 한글 하나로 시가 되고 그림이 되고 음악이 되는 공감각적인 작품을 창조하게 된 것입니다.

아 누구나 어릴 적에는 공감각을 가지고 있지만 자라면서 이런 특별한 능력을 잃어버린다고 하네요. ㉠공감각을 되살리는 비결을 알려 드릴게요. 예술 작품과 가까워지는 것이지요. 『감각의 박물관(Natural History of the Senses)』을 쓴 다이앤 애커먼은 공감각이 일반인들에 비해 예술가들에게서 일곱 배나 많이 나타난다고 말했어요. 이번 기회에 공감각적인 예술 작품을 감상하는 취미를 가지면 어떨까요?

01 이 글에 사용된 설명 방법으로 적절하지 <u>않은</u> 것은?

① 구체적인 사례를 통해 대상을 설명한다.
② 두 대상 간의 차이점을 드러내어 설명한다.
③ 대상의 의미와 범위를 분명하게 밝혀 설명한다.
④ 대상을 구성하는 요소나 부분으로 나누어 설명한다.
⑤ 대상을 일정한 기준에 따라 종류별로 묶어서 설명한다.

02 이 글의 구조를 다음과 같이 정리하여 이해한 내용으로 적절한 것은?

① (가), (나), (다)는 이 글의 '처음'에 해당하며 화제를 제시한 부분이다.
② (다), (라), (마)는 '중간 ①'에 해당하며, 구체적 사례를 제시한 부분이다.
③ (라), (마), (바)는 '중간 ②'에 해당하며, 작품의 특징을 설명한 부분이다.
④ (바), (사), (아)는 이 글의 끝에 해당하며 화제와 관련한 것을 제안하며 마무리한다.
⑤ '중간 ①'과 '중간 ②'는 '처음'에서 소개하는 대상의 구체적 사례에 해당한다.

03 이 글에서 설명하고 있는 작품 〈풍덩〉에 대한 이해로 적절한 것은?

① 붓의 매끄럽고 부드러운 질감을 효과적으로 활용하였다.
② 흰색과 파란색의 선명한 색채 대비를 효과적으로 표현하였다.
③ 유화 물감을 사용하여 강렬하고 선명한 색감을 효과적으로 표현하였다.
④ 그림에서 소리가 들리는 이유는 '풍덩'이라는 글자를 크게 적었기 때문이다.
⑤ 그림의 소재인 집, 수영장, 다이빙 보드, 야자수 줄기가 한낮의 분주함을 효과적으로 표현하였다.

04 다음은 김호득의 〈아〉를 감상한 학생의 감상문이다. 이 글의 내용과 <u>다른</u> 감상은?

> 오늘 미술 수업 시간에 선생님께서 김호득의 작품 〈아〉를 보여 주셨는데, 잊지 못할 경험이었다.
> 흰 광목에 먹으로 글자 '아'를 쓴 건데, ①어떻게 보면 글자 같기도 하고, 또 어떻게 보면 그림 같기도 하였다. 글자라는 틀에서 벗어나 그려진 그대로의 '아'를 보니 ②거꾸로 쓴 '아'는 마치 글자의 선, 모양, 먹의 짙고 엷음 등이 조화를 이룬 그림 같았다. 더 신기한 것은 ③〈아〉에서 정말 '아'라는 소리가 들리는 것 같았다. 허공에 떠 있는 듯한 'ㅇ' 자는 마치 소리 낼 때의 성대의 떨림을 들려주는 듯 했고, ④단숨에 그은 듯한 'ㅏ' 자는 마치 '아' 소리를 낼 때의 강렬한 느낌을 전해 주는 것 같았다. ⑤글자 수도 한 글자다 보니 단어의 의미도 쉽고 명확하게 전달되었다.
> 글자에서 그림도 보고 소리도 들은 공감각을 경험한 인상 깊은 시간이었다.

05 글쓴이가 ㉠의 방법으로 제시한 것은?

① 시를 읽을 때 묵독보다는 낭독을 한다.
② 미술 기법에 대한 정보를 많이 습득한다.
③ 상상력을 발휘하여 예술 작품을 감상한다.
④ 그림보다는 시나 소설 같은 문학 작품을 많이 읽는다.
⑤ 다양한 자극에서 하나의 감각에만 집중하는 훈련을 한다.

[서술형]

06 다음 질문에 대한 답을 (나)를 참고하여 〈조건〉에 맞게 서술하시오.

> 데이비드 호크니의 그림 〈풍덩〉에서 소리가 보이는 이유는 무엇인가요?

◀ 조건 ▶
• 원인과 결과가 분명히 드러나도록 서술할 것.
• 한 문장으로 서술할 것.

[07~13] 다음 글을 읽고 물음에 답하시오.

⑦ 겨울만 되면 정전기가 기승을 부린다. 자동차에 키를 꽂을 때마다 불꽃이 튀고, 스웨터를 벗으면 '찌지직' 소리와 함께 머리는 폭탄 맞은 것처럼 변한다. 이 정전기는 왜 생기는 걸까? 정전기의 정체를 알면 ⑤이를 막을 대책도 세울 수 있을 것이다.

⑭ 정전기는 그냥 머물러 있는 전기 및 그로 인해 나타나는 전기 현상을 말한다. 즉 흐르지 않고 그냥 머물러 있는 전기라고 해서 정전기라고 부르는 것이다. 우리가 콘센트에 꽂아 쓰는 전기가 흐르는 물이라면, 정전기는 높은 곳에 고여 있는 물이다. 정전기의 전압은 수만 볼트(V)에 달해 번개와 동급이지만, 전류는 거의 없어 치명적이지 않다. 어마어마하게 높은 곳에 고여 있는 물이지만 한두 방울뿐이라 떨어질 때 별 피해가 없다고나 할까.

정전기가 생기는 이유는 '마찰' 때문이다. 물체를 이루는 원자의 주변에는 전자가 돌고 있는데, 원자핵으로부터 멀리 떨어진 전자들은 마찰을 통해 다른 물체로 쉽게 이동하기도 한다. 이때 전자를 잃은 쪽은 (+) 전하를 띠고, 전자를 얻은 쪽은 (−) 전하를 띠게 되어 두 물체 사이에 전위차가 생긴다.

생활하면서 주변의 물체와 접촉하면 마찰이 일어나기 마련인데, 그때마다 우리 몸과 물체가 전자를 주고받으며 몸과 물체에 조금씩 전기가 저장된다. 한도 이상 전기가 쌓였을 때 적절한 유도체가 닿으면 그동안 쌓였던 전기가 순식간에 불꽃을 튀며 이동하면서 정전기가 발생한다.

⑭ 정전기는 건조할 때 잘 생긴다. 수증기는 전기 친화성이 있어 주변의 전하를 띠는 입자들을 전기적 중성 상태로 만든다. 따라서 습도가 높으면 정전기도 잘 생기지 않는다. 여름보다 겨울에 정전기가 기승을 부리는 이유다.

⑭ 정전기는 전자를 쉽게 주고받을 수 있는 마찰에 의해 잘 생긴다. 마찰 전기가 생길 때 전자를 쉽게 잃는 물체가 있고, 전자를 쉽게 얻는 물체가 있다. ⑥ 플라스틱 종류는 전자를 쉽게 얻고, 모피 종류는 전자를 쉽게 잃는다. 이를 순서대로 나열한 것을 '대전열'이라고 한다. 요즘 중학생들은 대전열을 이렇게 외운다고 한다.

"털이 유명한 나 고플에(털가죽−유리−명주−나무−고무−플라스틱−에보나이트)"

우리 몸은 전자를 잘 잃는 편에 가까우니 나일론, 아크릴, 폴리에스테르 같은 합성 섬유를 입는 사람은 정전기와 친할 수밖에 없다. 정전기가 잘 발생하는 사람에게 천연 섬유를 입으라는 말에는 다 이유가 있다.

⑭ 만약 피부가 건조한 사람이 위의 충고를 무시하고 합성 섬유 스웨터를 입다 비명을 지른다 해도 그건 개인의 문제니 넘어갈 만하다. 하지만 산업체에서 정전기는 결코 간과할 수 없는 위협적인 존재다.

⑥ 발화점이 낮은 유류를 운반하는 유조차는 작은 스파크에도 치명적이다. 이를 막기 위해 유조차의 뒤편에는 땅바닥으로 늘어뜨린 접지 장치가 달려 있다. 접지를 통해 유조차에 조금이라도 생길 수 있는 정전기를 땅으로 배출하는 것이다.

첨단 반도체 사업장은 정전기와의 전쟁터라고 불려도 손색이 없다. 반도체 부품은 정전기 방전에 쉽게 파손된다. 그래서 기술자들은 자기 주변에 정전기가 쌓일 만한 저항이 큰 물체를 일절 놓지 않는다. 소매와 양말에 접지선이 달린 특수한 옷을 입고 반도체를 다룬다. 이처럼 정전기를 없애는 것이 산업체에서는 중요한 과제다.

⑭ 그렇다고 정전기가 마냥 해로운 것만은 아니다. 우리 생활에서 정전기는 의외로 많은 활약을 하고 있다. 복사기는 정전기를 이용한 대표적인 제품이다. 복사기는 정전기를 이용해 토너의 잉크 가루를 종이에 붙인다. 먼지를 제거하는 집진기도 정전기의 원리로 공중의 먼지를 붙여 제거한다. 식품을 포장하는 랩이 그릇에 달라붙는 이유도 정전기 때문이다. 감겨 있던 랩을 '좍' 떼는 순간 마찰로 정전기가 발생하니, 랩의 접착력이 시원치 않다 생각하는 사람은 더 힘차게 떼자. 이처럼 정전기는 우리에게 득과 실을 동시에 주는 존재다.

⑭ 이제 정전기의 원리를 알았으니 약간의 주의만 기울이면 정전기로 깜짝 놀랄 일을 줄일 수 있다. 구체적으로 어떻게 하면 좋을까?

우선 적절한 습도를 유지하자. 가습기나 어항 등으로 집안 습도를 높이고, 보습 로션 등으로 피부를 촉촉하게 유지하면 도움이 된다.

⑭ 평소에 전기를 중화시키는 습관을 들이는 것도 좋다. 자동차 문고리를 잡기 전에 손에 입김 한번 '하~' 하고 불어 주자. 입김으로 손에 생긴 습기가 정전기 확률을 낮춰 준다. 정전기가 튈 것 같은 물건이라면 덥석 잡지 말고, 손톱으로 살짝 건드렸다가 잡으면 손톱을 통해 전기가 방전돼 정전기를 예방할 수 있다.

07 이와 같은 글을 읽는 방법으로 적절하지 <u>않은</u> 것은?

① 설명 방법이 적절한지 판단하며 읽는다.
② 글을 쓴 목적이 무엇인지 파악하며 읽는다.
③ 글 속에 제시된 정보가 정확한지 판단하며 읽는다.
④ 대상에 대한 정보를 알기 쉽게 전달하는지 평가하며 읽는다.
⑤ 글쓴이의 참신한 발상이 얼마나 함축적으로 표현되었는지를 평가하며 읽는다.

08 이 글에 대한 설명으로 적절한 것은?

① 잘못 알려진 과학적 상식의 오류를 지적한다.
② 기존의 관점을 비판하고 새로운 견해를 제시한다.
③ 최근의 연구 결과를 인용하여 생활 속 과학 현상을 증명한다.
④ 생활 속 과학 현상의 원인을 분석하고 해결 방안을 제시한다.
⑤ 동일한 현상에 대한 견해가 시대마다 어떻게 달라졌는지 변화 양상을 제시한다.

09 ⭐중요 이 글을 읽고 답할 수 있는 질문이 <u>아닌</u> 것은?

① 자동차에 키를 꽂을 때 불꽃이 튀는 이유는?
② 정전기를 성별에 따라 다르게 느끼는 이유는?
③ 정전기가 여름보다 겨울에 기승을 부리는 이유는?
④ 비 오는 날에는 정전기가 잘 발생하지 않는 이유는?
⑤ 천연 섬유보다 합성 섬유가 정전기가 더 잘 발생하는 이유는?

10 ⭐중요 이 글에 사용된 설명 방법에 해당하는 것을 골라 바르게 묶은 것은?

> ㄱ. 전류와 전압의 개념을 정의의 방법으로 설명한다.
> ㄴ. 정전기가 발생하는 원리를 과정의 방법으로 설명한다.
> ㄷ. 마찰 전기의 종류를 특징별로 분류하여 설명한다.
> ㄹ. 정전기의 위험성을 구체적 사례를 들어 설명한다.

① ㄱ, ㄴ   ② ㄱ, ㄷ   ③ ㄱ, ㄹ
④ ㄴ, ㄹ   ⑤ ㄷ, ㄹ

11 ㉠에 해당하는 사례로 적절하지 <u>않은</u> 것은?

① 보습제로 피부를 촉촉하게 유지한다.
② 여름에는 가급적 복사기 사용을 자제한다.
③ 플라스틱 빗보다는 나무로 만든 빗을 사용한다.
④ 반도체 산업 현장에서는 특수 옷을 입어 몸의 전기를 차단한다.
⑤ 전기가 쌓인 물건을 잡을 때 손톱 끝으로 살짝 건드려 방전시킨 후에 잡는다.

12 ⭐중요 ㉡, ㉢에 공통적으로 들어갈 말로 적절한 것은?

① 또한   ② 반면
③ 예를 들면   ④ 그러나
⑤ 따라서

13 서술형 이 글의 내용을 바탕으로 다음 밑줄 친 ⓐ, ⓑ 각각의 구체적인 사례를 서술하시오.

> 정전기는 우리에게 ⓐ득과 ⓑ실을 동시에 주는 존재다.

매체의 표현 방법과 효과

학습 목표 • 매체에 드러난 다양한 표현 방법과 의도를 평가하며 읽을 수 있다.

개념 압축 APP

1 매체의 개념과 역할

• 개념: 글이나 말하기에서 정보를 전달하는 매개체임.
• 역할: 음성이나 문자를 (   )함.

2 매체의 종류

구분	시각 매체	청각 매체	시청각 매체
특성	시각을 통해 제시함.	청각을 통해 제시함.	시각과 청각을 동시에 자극해 제시함.
매체의 예	그림, ( ), 그래프, 사진 등	음악, 녹음 자료 등	( ), 애니메이션 등

3 매체 활용의 유의점

• 말하고자 하는 내용에 맞는 매체를 선정함.
• 글의 내용에 적절한 (   )을/를 제시함.
• 활용한 매체의 (   )을/를 정확하게 밝힘.
• 다른 사람이 만든 자료를 과장하거나 (   )하지 않음.

4 매체 활용의 효과

• 독자나 청중의 (   )을/를 유발하고 주의를 집중시킬 수 있음.
• 내용에 대해 이해하고 오래 (   )하는 데 도움을 줌.
• 복잡한 내용을 (   )하게 제시할 수 있음.

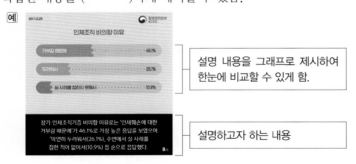

설명 내용을 그래프로 제시하여 한눈에 비교할 수 있게 함.

설명하고자 하는 내용

필수 어휘 사전

● **일목요연**: '한 번 보고 대번에 알 수 있을 만큼 분명하고 뚜렷함.'의 뜻을 가진 말로, 구체적이고 장황한 글로 표현할 내용을 매체 자료를 활용하면 명료하고 간단하게 표현할 수 있다는 의미이다.

확인 문제

1. 매체에 대한 설명으로 맞으면 ○표, 틀리면 ×표 하시오.
(1) 매체는 그 자체로 의미를 전달한다. (   )
(2) 매체는 주로 시각적 정보를 담고 있다. (   )
(3) 매체는 되도록 다양하게 많이 사용하는 것이 좋다. (   )

2. 다음 중 시각 매체는 '시', 청각 매체는 '청', 시청각 매체는 '시청'으로 구분하여 쓰시오.
(1) 전문가 인터뷰 화면 (   )
(2) 한라산 식물 분포도 (   )
(3) 수업 종료 종소리 (   )

3. 빈칸에 알맞은 말을 넣어 매체 활용의 효과에 대한 설명을 완성하시오.
(1) 매체를 활용하면 내용을 오래도록 (   )하는 데 도움이 된다.
(2) 도표나 (   )을/를 활용하면 복잡한 정보를 한눈에 파악할 수 있게 한다.

4. 매체 활용의 효과를 평가할 때 제기할 만한 질문이 아닌 것은?
① 글의 내용을 뒷받침하는가?
② 정확한 정보를 담고 있는가?
③ 글쓴이 자신이 만들어 낸 자료인가?
④ 글의 흐름에 맞는 위치에 제시하였는가?
⑤ 독자의 수준에 맞는 내용을 담고 있는가?

답 4. ③

답 3. (1) 정착 (2) 그래프 2. (1) 시청 (2) 시 (3) 청

답 1. (1) ○ (2) × (3) ×

답 표현, 도표, 관심(흥미), 인용, 출처, 예시, 그림, 기억, 원활유(원활하게)

❶ 다음 공익 광고에서 활용하는 매체와 그 효과를 알아보자.

(1) 이 광고에서 말하고자 하는 바가 무엇인지 써 보자.

(2) 이 광고에서 활용하고 있는 매체의 구성 요소를 분석하여 정리해 보자.

(3) 이 광고에서 활용하는 매체의 활용 효과를 평가해 보자.

끌어 주기

❶ (1) 인쇄 광고라는 점을 바탕으로 하여 광고에서 활용하는 다양한 시각 매체를 구분해 본다. 이 광고에서 '머그잔을 잡으면 모두가 좋아요'라는 제목과 엄지를 세우고 머그잔을 들고 있는 이미지 등을 통해 말하고자 하는 주제를 파악한다.

예시 답안 환경 보존을 위해 일회용 컵 대신 머그잔을 사용하자.

(2) 광고에 쓰인 문자와 사진, 그림을 구체적으로 분석해 본다.

예시 답안
– 엄지손가락을 들어 '최고', '좋아요'를 표현함.
– 머그잔 사진을 제시함.
– 머그잔 위에 나무 그림을 그려 넣음.
– 글자 크기를 다양하게 제시하고 글자 색을 달리함.

(3) 광고에 쓰인 각각의 매체가 하나의 주제를 표현하는 데 어떤 역할을 하고 있는지 파악하고, 그 적절성을 평가해 본다.

예시 답안 일회용 컵 대신 머그잔을 사용하여 자연을 살리자는 주제를 표현하는 데에 적절한 시각 자료를 제시함.

1 자기표현 수단으로서의 문자와 영상 | 주형일

*다음 글을 읽고 물음에 답하시오.

인터넷을 기반으로 한 디지털 미디어에서 가장 많이 쓰이는 커뮤니케이션 수단은 문자입니다. 휴대 전화 문자, 메신저, 채팅, 이메일, 토론방 댓글 등이 대부분 문자로 메시지를 전달합니다. 그런데 문자는 말과는 달리 미묘한 감정을 표현해 내기 어렵다는 단점을 갖고 있습니다. 일상적인 대화에서 우리는 (㉠) 등을 통해 다양한 감정을 담아 메시지를 전달합니다. 똑같은 말을 하더라도 어떤 식으로 표현하느냐에 따라 긍정적인 의미를 담을 수도 있고, 부정적인 의미를 전달할 수도 있습니다. 그런데 문자로는 그런 감정들을 담아내는 데 한계가 있죠. 이런 한계를 보완하기 위해 사용자들은 ㉡다양한 방법을 고안해 냅니다. 맞춤법에 따르지 않고 소리 나는 그대로 표기하거나 감정을 표시하는 간단한 이모티콘을 사용하기도 하고 '휘리릭, 꾸벅' 같은 의성어, 의태어를 쓰기도 하죠. 빠르게 의사를 전달하기 위해 다양한 축약어를 사용하기도 합니다.

요즘에는 음식에 대한 존중을 표현하기 위해 먹기 전에 사진으로 찍어 남긴다는 농담이 있을 정도로, 식당에서 음식이 나오면 사진부터 찍는 사람들이 많죠? 지구를 멸망시킬 커다란 행성이 지구를 행해 돌진하는 마지막 순간에도 사람들이 하는 일은 스마트폰으로 행성 사진을 찍는 일일 것이라는 우스갯소리도 있습니다. 이것은 그만큼 사진이 중요한 커뮤니케이션 수단이 됐다는 반증입니다. 사진을 촬영하고 인터넷을 통해 공유하는 일이 쉬워지면서 사진도 자신을 표현하는 중요한 수단이 됐죠. 사진은 문자로는 표현하기 힘든 감정이나 상황을 한눈에 알아볼 만큼 아주 간단히 표현할 수 있습니다. 또한 사용자의 시각적 경험을 즉각적으로 공유할 수 있도록 해 줍니다. 내가 지금 보고 있는 것, 먹고 있는 것 등을 바로바로 사진을 통해 전달하고 공유하는 것이죠. 이렇게 남들에게 보여 주고 싶은 자신의 이미지를 만들어 내는 데 사진이 유용하게 활용되는 이유는 우리가 원하는 대로 사진을 수정하고 정리해서 전달할 수 있기 때문입니다.

악기를 잘 연주한다거나 춤을 잘 춘다거나 또는 스포츠를 잘하는 사람들은 자신의 뛰어난 능력을 과시하기 위해 동영상을 이용하기도 합니다. 동영상 덕분에 세계적인 유명세를 타거나 프로 팀에 스카우트되는 사람들도 있죠. 그런데 일반인의 경우 동영상은 촬영의 손쉬움에도 불구하고 자신을 드러내는 수단으로는 잘 사용하지 않습니다. 그 이유는 사진과 달리 동영상은 수정하고 통제하기가 쉽지 않기 때문이죠. 그래서인지 동영상은 주로 남의 모습을 촬영해 전달하는 수단으로 활용됩니다. 길거리나 버스, 지하철 등 공공장소에서 ㉢우리 눈에 띄는 특이하거나 불쾌한 행동을 하는 사람들의 모습을 촬영해 인터넷에 올리는 일이 종종 있죠. 이것은 ㉣타인의 초상권을 침해하고 나아가 명예 훼손의 여지도 있다는 점에서 사회적 문제를 일으키는 행동입니다.

학습 목표 응용

01 이 글에 대한 설명으로 적절한 것은?

① 인터넷 환경에서의 올바른 언어 사용의 필요성을 강조하고 있다.
② 인터넷 환경에 대한 비판적 태도를 바탕으로 개선책을 요구하고 있다.
③ 인터넷 환경에 대한 글쓴이의 개인적 체험을 사실적으로 표현하고 있다.
④ 인터넷 환경에서의 의사소통의 수단에 대하여 세 가지로 나누어서 설명하고 있다.
⑤ 올바른 소통을 위하여 갖추어야 할 기술적 요소에 대한 전문적 정보를 제공하고 있다.

02 이 글에서 답을 찾을 수 있는 질문은?

① 사진을 편집하는 데에는 어떤 방법이 있을까?
② 타인의 초상권을 해치는 사람들은 어떤 처벌을 받게 될까?
③ 자기표현을 위해 동영상을 활용하는 예에는 어떤 것들이 있을까?
④ 디지털 미디어의 커뮤니케이션 수단 중 문자의 비중은 얼마나 될까?
⑤ 인터넷에서는 맞춤법에 맞지 않는 표현을 어느 정도나 사용하고 있을까?

03 이 글의 내용을 다음과 같이 요약할 때, 빈칸에 들어갈 가장 적절한 말은?

> 우리는 인터넷 기반 디지털 미디어에서 문자와 사진, 동영상 등을 (   )함으로써 자기를 표현하면서 새로운 자신의 이미지를 만들어 낸다.

① 전달   ② 공유   ③ 정리   ④ 과시   ⑤ 유출

04 중요

이 글로 보아 각 매체의 활용 방법에 대한 설명으로 적절하지 <u>않은</u> 것은?

① 상황에 대한 시각적 확인이 필요할 때에는 사진으로 보여 준다.
② 정보의 신속한 교류가 필요한 때에는 축약어를 사용하기도 한다.
③ 다른 사람의 모습을 촬영할 때에는 초상권을 적절히 보호해야 한다.
④ 동영상 촬영의 경우 전문가의 도움을 받아 수정하고 통제해야 한다.
⑤ 감정을 효과적으로 표현하기 위해 의성어, 의태어를 사용하기도 한다.

05 ㉠에 들어갈 내용으로 적절하지 <u>않은</u> 것은?

① 말의 속도   ② 말의 주제
③ 목소리의 크기   ④ 말하는 이의 억양
⑤ 말하는 이의 표정

06 ㉡의 구체적 예에 해당하지 <u>않는</u> 것은?

① 생일 추카추카
② 셤 망쳐 난림다
③ 정말 가? ㅠ.ㅠ
④ 나 오늘부터 잠수 탄다.
⑤ 나 감기 걸려쩌 ~ 비실비실 ~

고난도 응용

01 ㉢과 관련된 사회 현상을 다룬 신문 기사의 표제로 적절한 것은?

① 1인 1 스마트폰 시대, 누구나 영상 촬영 가능
② 평범한 사람도 작가가 되어, 자서전 바람 불어
③ 불법 행위 신고제로 사회 범죄 발생률 줄어들어
④ 지하철 몰래카메라 촬영 범죄 엄격하게 처벌해
⑤ 택시 기사 폭행 취객의 얼굴, 대중에게 그대로 노출돼

02 서술형

〈보기〉는 ㉣과 관련하여 생각해 볼 문제를 정리한 것이다. 〈보기〉에서 다루는 쟁점이 되는 것이 무엇인지 〈조건〉에 맞게 서술하시오.

> ◀ 보기 ▶
>
> 타인에 관련된 동영상 자료를 인터넷에 올리는 것에 대한 두 가지 입장이 있다.
> 먼저 표현의 자유나 국민의 알 권리를 보장해야 한다는 입장이다. 이는 해당 영상이 사회적으로 의미 있는 사실을 전달하거나 비판하려는 의도를 담은 경우 힘을 얻을 수 있다.
> 반대로 개인의 인권을 보호해야 한다는 입장이다. 자의와 상관없이 불특정의 사람들에게 자신의 얼굴이나 행위가 드러나게 되는 경우 사생활 침해나 개인 정보의 유출로 인한 어려움이 발생할 수 있다.
> 이것은 결국 (   )에 대한 입장의 차이라고 볼 수 있다.

> ◀ 조건 ▶
> • 상대적인 의미를 담은 구절을 활용할 것.
> • 의문형의 한 문장으로 쓸 것.

*다음을 읽고 물음에 답하시오.

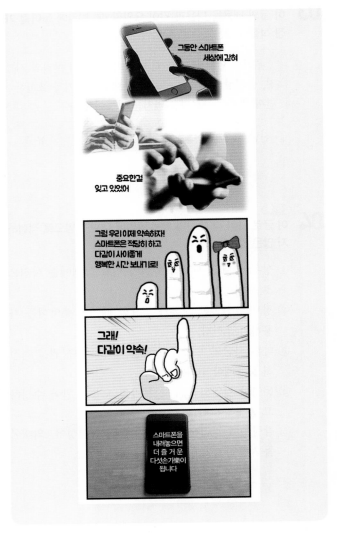

학습 목표 응용

01 이와 같은 웹툰에 대한 평가 기준으로 적절하지 <u>않은</u> 것은?

① 예상 독자의 수준에 맞는 내용 구성인가?

② 인물의 성격과 이야기 전개가 자연스러운가?

③ 표현하고자 하는 바를 충분히 드러내고 있는가?

④ 참신한 표현을 통해 독자의 흥미를 유발하는가?

⑤ 비유적이고 상징적인 어휘를 통해 주제를 강조하는가?

02 이 웹툰에 대한 설명으로 적절하지 <u>않은</u> 것은?

① 독자를 설득하려는 의도를 드러내고 있다.

② 사실적 표현을 통해 내용을 강조하고 있다.

③ 인물의 갈등과 화해의 과정을 보여 주고 있다.

④ 손가락을 의인화하여 이야기를 전개하고 있다.

⑤ 글자 크기를 달리하여 상황을 극적으로 표현하고 있다.

03 이 웹툰을 보고 깨달음을 얻기에 적절한 사람은?

① 스마트폰을 활용하여 수행 평가 과제를 하고 있는 중학생

② 출퇴근 시간에 전철에서 스마트폰으로 책을 읽고 있는 직장인

③ 가족들과의 식사 자리에서 스마트폰 게임에 빠져 있는 청소년

④ 새로운 스마트폰 기기를 가지고 싶어 부모님을 조르고 있는 청소년

⑤ 스마트폰을 처음 가지게 되어 아직 사용 방법을 익히지 못한 초등학생

04 [A]로 보아 알 수 있는 문제 상황으로 적절한 것은?

① 다른 사람을 위한 희생정신 부족

② 다른 사람들에 대한 무관심과 단절

③ 수단과 방법을 가리지 않는 경쟁 사회

④ 시대의 변화를 받아들이지 못하는 자세

⑤ 자신의 문제를 다른 사람에게 미루려는 태도

05 글의 흐름으로 보아 ㉮에 들어가기에 적절한 내용만 묶은 것은?

┥ 보기 ┝

ㄱ. 스마트폰 사용 시간을 미리 정해 둔다.

ㄴ. 일정한 시간에 친구들과 운동을 한다.

ㄷ. 메모를 위한 수첩이나 메모지를 소지한다.

ㄹ. 쉬는 시간에 친구들과 대화하며 시간을 보낸다.

ㅁ. 친구들과 놀이를 한다.

① ㄱ, ㄴ, ㄷ ② ㄱ, ㄷ, ㅁ ③ ㄱ, ㄹ, ㅁ

④ ㄴ, ㄷ, ㄹ ⑤ ㄴ, ㄹ, ㅁ

고난도 응용

01 〈보기〉는 글을 쓰기 위한 개요이다. 이 웹툰을 활용하기에 적절한 위치는? (정답 2개)

┥ 보기 ┝

처음	스마트폰만 하고 있는 교실 내 풍경	㉠
중간	소통이 없고 따돌림이 일어나는 모습	㉡
	따돌림의 원인 분석	㉢
	따돌림 해소 방안	㉣
끝	따돌림 없는 학급에서의 행복한 생활	㉤

① ㉠ ② ㉡ ③ ㉢ ④ ㉣ ⑤ ㉤

02 서술형 [B] 다음에 〈보기〉의 그래프를 활용하여 한 칸을 더 추가할 때, 적절한 문구를 〈조건〉에 맞게 서술하시오.

┥ 보기 ┝

연도별 스마트폰 과의존 위험군 현황(%)

■ 고위험군 ■ 잠재적 위험군

	2013	2014	2015	2016	2017
합계	11.8	14.2	16.2	17.8	18.6
고위험군	1.3	2.0	2.4	2.5	2.7
잠재적 위험군	10.5	12.2	13.8	15.3	15.9

┥ 조건 ┝

• 이야기의 흐름에 맞는 형식으로 쓸 것.

• 비유적 표현을 활용할 것.

• 한 문장으로 쓸 것.

* 다음을 읽고 물음에 답하시오.

(가)
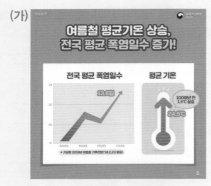

(나)
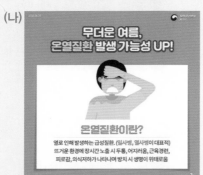

(다)
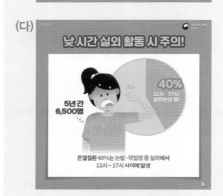

(라)
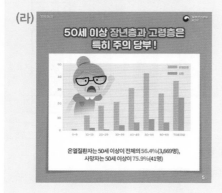

(마)

학습 목표 응용

01 이와 같은 카드 뉴스를 만들 때 유의할 점으로 적절하지 <u>않</u>은 것은?

① 활용 매체의 출처를 정확하게 표현한다.
② 글과 매체 자료를 효율적으로 배치한다.
③ 글의 내용에 어울리는 매체를 활용한다.
④ 글의 이해를 위해 매체를 되도록 많이 제시한다.
⑤ 말하고자 하는 바를 간결하고 명확하게 표현한다.

02 글쓴이가 이 카드 뉴스를 만든 의도를 바르게 설명한 것은?

① 폭염을 극복하기 위한 구체적인 방법을 설명하고자 한다.
② 건강한 삶을 위한 전문적인 정보를 쉽게 풀이하고자 한다.
③ 폭염으로 인한 사회적 문제를 함께 해결해 갈 것을 주장하고자 한다.
④ 건강한 삶을 위해 자연과 더불어 전통적인 생활 방식을 지켜야 한다는 점을 설명하고자 한다.
⑤ 폭염과 같은 자연 재해를 대비하기 위해 구체적인 대안을 찾아야 한다는 점을 설득하고자 한다.

03 이 카드 뉴스를 인터넷 매체를 활용하여 독자들에게 제시할 때, 더 추가하기에 적절하지 <u>않</u>은 것은?

① 온열 질환자를 진찰하는 의사 캐릭터
② 온열 질환의 증상에 대한 전문가 인터뷰
③ 온열 질환 경험자가 말하는 주의점 인터뷰
④ 폭염에도 지치지 않고 일하는 사람들 사진
⑤ 폭염으로 인한 온열 질환자 관련 보도 뉴스

04 (가)에서 제시한 매체에 대한 설명으로 적절하지 <u>않은</u> 것은?

① 화살표를 활용한 그래프로 폭염 일수의 증가를 표시하였다.

② 글자의 색을 달리하여 중심 내용과 뒷받침 내용을 구분하였다.

③ 구체적 수치를 활용하여 평균 기온의 상승의 정도를 표현하였다.

④ 함축적이고 상징적인 문장 표현을 통해 독자의 상상력을 자극하였다.

⑤ 그래프와 그림을 활용하여 폭염으로 인한 문제 상황을 요약적으로 제시하였다.

05 (다)의 장면에서 말하는 내용과 일치하지 <u>않는</u> 것은?

① 폭염으로 인한 온열 질환자의 수는 5년간 6,500명이었다.

② 낮 시간에 실외 활동을 피하면 온열 질환은 걸리지 않는다.

③ 폭염이 있을 때 낮 시간에 논밭에서 일하는 것은 위험하다.

④ 온열 질환의 40%는 12시에서 17시까지의 시간대에 발생했다.

⑤ 12시에서 17시까지 실외에 있을 때는 특히 온열 질환에 주의해야 한다.

06 (마)로 보아 [A]에 들어갈 그림으로 적절하지 <u>않은</u> 것은?

① 아저씨가 샤워를 하고 있다.

② 아주머니가 양산을 쓰고 있다.

③ 어린아이가 모자를 쓰고 있다.

④ 할머니가 하늘색 옷을 입고 있다.

⑤ 여중생이 몸에 꼭 끼는 교복을 입고 있다.

고난도 응용

01 (나)를 〈보기〉와 비교할 때, 차이점을 바르게 설명한 것은?

◀ 보기 ▶

온열 질환이란 폭염으로 인하여 발생하는 질병이다. 열사병이나 일사병이 대표적인 증상이며 몸이 열을 충분히 배출하지 못하여 생기는 병이다. 주로 햇볕이 뜨거운 낮 시간에 실외에서 긴 시간 동안 활동하는 경우에 발생하며, 두통이나 어지러움, 근육 경련, 피로감, 호흡 이상 등의 증상이 나타나는데, 계속 방치할 경우 사망에 이를 수도 있다.

① (나)가 〈보기〉에 비해 더 구체적으로 설명하고 있다.

② (나)가 〈보기〉에 비해 더 쉬운 용어를 활용하고 있다.

③ (나)가 〈보기〉에 비해 독자의 이해도를 더 높일 수 있다.

④ (나)가 〈보기〉에 비해 사회 상황을 더 사실적으로 반영한다.

⑤ (나)가 〈보기〉에 비해 글쓴이에 대한 정보가 더 잘 드러난다.

서술형

02 〈보기〉는 (라)의 그래프를 대체할 수 있는 표이다. 〈보기〉의 표와 비교할 때 (라)에서 그래프를 사용하여 얻는 효과가 무엇인지 〈조건〉에 맞게 서술하시오.

◀ 보기 ▶

연령	0~9	10~19	20~29	30~39	40~49	50~59	60~69	70~79
온열 질환	1	11	18	21	31	42	27	37
사망	0	2	1	4	6	9	6	24

◀ 조건 ▶

• 구체적인 내용을 언급할 것.

• 한 문장으로 쓸 것.

01 매체를 활용한 글을 읽을 때 유의 사항으로 적절하지 <u>않은</u> 것은?

① 매체를 제시한 글쓴이의 의도를 파악해야 한다.
② 매체의 형식과 내용의 적절성을 평가해야 한다.
③ 글의 흐름을 고려하여 매체의 내용을 해석해야 한다.
④ 매체의 내용을 중심으로 글의 주제를 파악해야 한다.
⑤ 매체를 통해 뒷받침하는 내용이 무엇인지 파악해야 한다.

02 다음 각각의 주제로 인터넷 블로그에 글을 쓰고자 할 때, 청각 매체를 제시하기에 가장 적절한 주제는?

① 권투의 공격 기술
② 올바른 걷기 자세
③ 소프라노 발성의 특징
④ 계단 오르기의 운동 효과
⑤ 8월과 9월 사이의 기온 변화

03 〔중요〕 다음은 에너지 절약 방법에 관한 글의 처음 부분이다. 이 부분에서 활용할 만한 매체로 가장 적절한 것은?

> 에너지는 우리 생활에 없어서는 안 될 요소이다. 우리가 생활 속에서 사용하는 에너지에는 전기 에너지, 가스 에너지, 석유 에너지, 물 에너지 등 다양한 종류가 있다. 최근 전 세계적으로 에너지 소비량이 급증해서 세계는 에너지 고갈 위기에 처해 있다. 2011년 9월 우리나라에도 여름철 전력 사용량 증가로 대규모 정전 사태가 벌어져 많은 피해가 발생했다. 이와 같은 피해를 예방하기 위해 우리가 에너지를 절약해야 하는 이유와 생활 속에서 에너지 절약을 실천할 수 있는 방법을 살펴보고자 한다.

① 석유 생산국의 분포를 보여 주는 지도
② 전기 에너지 생성 원리를 보여 주는 그림
③ 세계 각국의 에너지 생산량을 보여 주는 도표
④ 2011년 여름의 대규모 정전 사태를 보여 주는 사진
⑤ 우리나라 에너지 생산량의 변화를 보여 주는 그래프

04 〈보기〉의 빈칸에 들어갈 말로 적절한 것은?

> ◀ 보기 ▶
> 매체는 특정한 사람의 사상이나 감정이 담겨 있는 것이다. 매체에는 객관적 정보가 담기지만 그것을 만든 사람의 주관적인 해석이나 의도가 담기게 마련이다. 따라서 매체가 활용된 글을 읽을 때에는 매체가 전달하는 의미에 대한 (   ) 태도가 필요하다.

① 비판적   ② 주관적   ③ 우호적
④ 생산적   ⑤ 독립적

[05~08] 다음 글을 읽고 물음에 답하시오.

요즘에는 음식에 대한 존중을 표현하기 위해 먹기 전에 사진으로 찍어 남긴다는 농담이 있을 정도로, 식당에서 음식이 나오면 사진부터 찍는 사람들이 많죠? ㉠지구를 멸망시킬 커다란 행성이 지구를 행해 돌진하는 마지막 순간에도 사람들이 하는 일은 스마트폰으로 행성 사진을 찍는 일일 것이라는 우스갯소리도 있습니다. 이것은 그만큼 사진이 중요한 커뮤니케이션 수단이 됐다는 반증입니다. 사진을 촬영하고 인터넷을 통해 공유하는 일이 쉬워지면서 사진도 자신을 표현하는 중요한 수단이 됐죠. 사진은 문자로는 표현하기 힘든 감정이나 상황을 한눈에 알아볼 만큼 아주 간단히 표현할 수 있습니다. 또한 사용자의 시각적 경험을 즉각적으로 공유할 수 있도록 해 줍니다. 내가 지금 보고 있는 것, 먹고 있는 것 등을 바로바로 사진을 통해 전달하고 공유하는 것이죠. 이렇게 남들에게 보여 주고 싶은 자신의 이미지를 만들어 내는 데 사진이 유용하게 활용되는 이유는 우리가 원하는 대로 사진을 수정하고 정리해서 전달할 수 있기 때문입니다.

악기를 잘 연주한다거나 춤을 잘 춘다거나 또는 스포츠를 잘하는 사람들은 자신의 뛰어난 능력을 과시하기 위해 동영상을 이용하기도 합니다. 동영상 덕분에 세계적인 유명세를 타거나 프로 팀에 스카우트되는 사람들도 있죠. 그런데 일반인의 경우 동영상은 촬영의 손쉬움에도 불구하고 자신을 드러내는 수단으로는 잘 사용하지 않습니다. 그 이유는 사진과 달리 동영상은 (㉡   ) 때문이죠. 그래서인지 동영상은 주로 남의 모습을 촬영해 전달하는 수단으로 활용됩니다. 길거리나 버스, 지하철 등 공공장소

에서 우리 눈에 띄는 특이하거나 불쾌한 행동을 하는 사람들의 모습을 촬영해 인터넷에 올리는 일이 종종 있죠. 이것은 타인의 초상권을 침해하고 나아가 명예 훼손의 여지도 있다는 점에서 사회적 문제를 일으키는 행동입니다.

05 이 글의 표현 방법에 대한 설명으로 적절한 것은?

① 구체적 사례를 제시하여 내용을 쉽게 풀이하고 있다.
② 일상생활의 경험을 바탕으로 해결책을 제안하고 있다.
③ 권위자의 말을 인용하여 내용의 신뢰성을 확보하고 있다.
④ 일반적 상식에 대한 반론을 제기하여 독자의 관심을 끌고 있다.
⑤ 글쓴이의 개인적 체험을 바탕으로 독자의 공감을 유도하고 있다.

06 이 글의 내용과 일치하지 않는 것은?

① 동영상을 활용하여 세상에 자신을 알리는 사람들도 있다.
② 사진을 통해 자기를 표현하기 위해 사진을 편집하기도 한다.
③ 초상권 침해의 우려로 인해 타인에 대한 촬영이 점점 줄어들고 있다.
④ 사진은 문자로 표현하기 어려운 감정을 한눈에 표현할 수 있는 매체이다.
⑤ 인터넷 환경에서의 사진 공유를 통해 다른 사람들의 시각적 경험을 확인할 수 있다.

07 ㉠이 담고 있는 의미를 바르게 나타낸 것은?

① 지적 호기심이 커짐.
② 사진 촬영이 습관화됨.
③ 역사적 소명감을 가짐.
④ 사진의 예술성을 추구함.
⑤ 개인주의적 성향이 높아짐.

08 글의 흐름으로 보아 ㉡에 들어갈 말을 〈조건〉에 맞게 서술하시오.

조건
• '사진'의 특성과 비교하여 쓸 것.

[09~12] 다음을 읽고 물음에 답하시오.

라

09 중요
이와 같은 웹툰을 읽을 때 고려할 점으로 적절하지 <u>않은</u> 것은?

① 제목에 담겨 있는 작가의 의도를 파악한다.
② 선이나 화면색을 통해 장면의 분위기를 파악한다.
③ 칸과 칸 사이에 생략된 내용을 상상하여 파악한다.
④ 큰 글씨로 표현된 내용을 중심으로 주제를 파악한다.
⑤ 인물의 표정과 대사를 통해 이야기의 흐름을 파악한다.

10 이 웹툰이 말하고자 하는 바와 입장이 <u>다른</u> 하나는?

① 스마트폰 게임 때문에 가족 간의 대화가 줄어들고 있다.
② 스마트폰이 일상생활의 여러 가지 부문에서 활용되고 있다.
③ 스마트폰으로 인해 다른 사람과의 소통에 소홀해지고 있다.
④ 스마트폰에 중독되어 자기만의 세계에 빠져 있는 사람들이 있다.
⑤ 스마트폰이 인간적인 관계를 형성하는 데 부정적인 영향을 끼친다.

11 이 웹툰의 내용을 바탕으로 다음과 같이 개요를 작성하여 글로 쓰고자 한다. 처음 부분에 활용할 만한 매체로 가장 적절한 것은?

처음	스마트폰을 친구처럼 여김.
중간	직접적인 교류와 소통의 긍정적 효과
끝	스마트폰 사용을 줄이기

① 스마트폰 기기와 성능 변화의 과정 사진
② 사람들의 스마트폰 사용 시간 증가 그래프
③ 다양한 분야에서 스마트폰을 활용하는 사진
④ 최근 5년간 스마트폰 판매량의 변화 그래프
⑤ 사람들이 많이 이용하는 스마트폰 게임의 종류 도표

12 서술형 · 중요
(다)에서 사진을 활용함으로써 얻는 효과가 무엇인지 〈조건〉에 맞게 서술하시오.

◀ 조건 ▶
• 웹툰의 내용을 언급할 것.
• 한 문장으로 쓸 것.

[13~17] 다음을 읽고 물음에 답하시오.

가
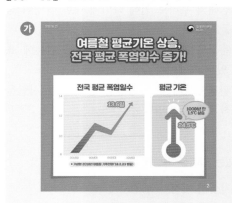

나

다

라

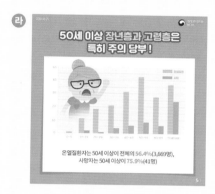

마

13 ^{🌟중요} 이 카드 뉴스의 특징으로 적절한 것은?

① 동영상 매체를 활용하여 생동감을 주었다.

② 독자의 상상력을 자극하는 그림을 활용하였다.

③ 대상을 사실적으로 담아낸 사진을 제시하였다.

④ 글의 내용을 한눈에 파악할 수 있게 그래프를 제시
하였다.

⑤ 동일한 인물을 그려 넣어 주제의 통일감을 느끼게
하였다.

14 이 카드 뉴스에 제목을 붙인다고 할 때, 적절한 것은?

① 지구 온난화, 폭염의 주범

② 온열 질환, 이렇게 극복합시다

③ 뜨거운 여름 노인들에게 치명적

④ 우리나라도 이제 아열대 기후입니다

⑤ 올여름 폭염 일수 사상 최장 기간 이어져

15 (가)~(마) 중, 〈보기〉의 설명과 가장 밀접한 관련이 있는
것은?

◀ 보기 ▶
• 제목을 크게 써서 중심 내용을 강조한다.
• 그림과 그래프를 활용하였다.
• 전체에서의 비율을 쉽게 파악하도록 하였다.

① (가)　② (나)　③ (다)　④ (라)　⑤ (마)

16 (마)를 바탕으로 글을 쓸 때, 내용이 일치하지 <u>않는</u> 것은?

① 샤워나 목욕을 통해 체온을 낮추는 것이 필요하다.

② 더운 시간대에는 햇볕이 없는 곳에 머무르는 게 좋다.

③ 갈증이 나지 않더라도 의도적으로 수분을 섭취해야
한다.

④ 스포츠 음료나 과일 주스도 온열 질환 예방에 도움
이 된다.

⑤ 건강이 안 좋을 때에는 되도록 기온이 높을 때에 외
출해야 한다.

17 〈보기〉는 이 카드 뉴스를 바탕으로 글쓰기 계획을 정리한
것이다. 빈칸에 들어갈 적절한 말을 〈조건〉에 맞게 차례대로
쓰시오.

◀ 보기 ▶

중심 소재	폭염 대비 건강 수칙
예상 독자	(　　　　　　　　　)
활용 자료	• 여름철 평균 기온 상승 그래프 • 온열 질환 발생 시간대 그래프 • (　　　　　　) 그래프
발표 시기	여름
발표 매체	인터넷

◀ 조건 ▶
• 글의 내용이 구체적으로 반영되도록 할 것.

넷째 마당

쓰기

다양하게 설명하고 참신하게 표현하기

학습 목표
• 대상의 특성에 맞는 설명 방법을 사용하여 글을 쓸 수 있다.
• 생각, 느낌, 경험을 드러내는 다양한 표현을 활용하여 글을 쓸 수 있다.

개념 압축 APP

1 설명하는 글을 쓰는 과정

( )	• 설명하고자 하는 대상과 목적 및 글의 주제를 정함. • 예상 독자를 분석함.

↓

내용 선정하기	• 글의 주제와 관련하여 다양한 매체에서 자료를 수집함. • 수집한 정보는 반드시 출처를 적고 이를 정리함. • 수집한 자료 중에서 적절한 세부 내용을 선정함.

↓

내용 조직하기	• 글의 ( )을/를 작성함. • 설명문의 구조에 맞도록 짜임새 있게 조직함.

↓

표현하기	• 개요를 바탕으로 통일성 있게 내용을 전개함. • 설명 내용에 맞는 적절한 ( )을/를 활용하여 표현함.

↓

고쳐쓰기	'글 → 문단 → 문장 → 단어' 수준에서 통일성을 고려하여 고쳐 씀.

2 관용 표현의 종류

관용어	뜻	둘 이상의 단어가 결합하여 특별한 의미를 나타내는 관습적인 말
	예	손이 크다: 씀씀이가 후하고 크다.
( )	뜻	예로부터 민간에 전하여 오는 말로, 오랜 생활 체험에서 얻은 생각과 교훈을 간결하게 나타낸 어구나 문장
	예	부뚜막의 소금도 넣어야 짜다.
명언/격언	뜻	오랜 역사적 생활 체험을 통해 이루어진 인생에 대한 교훈이나 경계 따위를 간결하게 표현한 짧은 글
	예	아는 것이 힘이다.

3 참신한 표현

참신한 표현	뜻	상투적인 표현에서 벗어난 개성적인 표현
	예	노래를 부르면 노래에 빠져든다. → 노래를 부르는 순간에는 정말 나 자신이 사라져 버리는 것 같다.

필수 어휘 사전

● **개요:** 간결하게 추려 낸 주요 내용. 글쓰기에서는 글을 쓸 내용과 순서를 정하는 것을 말한다.

확인 문제

1. 설명하는 글을 쓸 때 가장 먼저 해야 할 일로 적절한 것은?
① 통일성을 고려하면서 고쳐 쓴다.
② 설명하고자 하는 대상을 정한다.
③ 다양한 매체에서 자료를 수집한다.
④ 개요를 바탕으로 통일성 있게 내용을 전개한다.
⑤ 설명 내용에 알맞은 설명 방법을 활용하여 표현한다.

2. 다음에서 설명하는 글쓰기의 단계를 쓰시오.

• 글의 개요를 작성한다.
• 설명문의 구조에 맞도록 짜임새 있게 조직한다.

3. 다음에서 설명하는 관용 표현으로 적절한 것은?

• 예로부터 민간에 전해 오는 말이다.
• 하나의 문장으로 되어 있는 경우가 일반적이다.
• 교훈적 의미를 담고 있는 경우가 많다.

① 풍자　　② 속담
③ 명언　　④ 격언
⑤ 관용어

3. ②

정답 1. ② 2. 내용 조직하기

정답 계획하기, 개요, 적절한 표현, 수집 내용, 속담

끌어 주기

❶ ㉮ ～ ㉱ 중에서 하나의 대상을 골라 글쓰기 계획을 세워 보자.

㉮ 축구와 야구
㉯ 떡볶이 만드는 법
㉰ 자동차의 종류
㉱ 머리카락을 잘 관리하는 법

설명 대상	
목적	
예상 독자	
주제문	
활용할 설명 방법	

❶ 효과적인 글을 쓰기 위해서는 글쓰기 계획을 잘 세워야 한다. 글쓰기 계획을 통해 설명 대상, 글의 목적, 예상 독자를 분석한 후에 이를 바탕으로 주제문을 정하고 적절한 설명 방법을 찾는다.

예시 답안
· 설명 대상: ㉮ 축구와 야구
· 목적: 축구와 야구의 공통점과 차이점을 알리기 위해서
· 예상 독자: 중학교 2학년 학생
· 주제문: 축구와 야구는 많은 공통점과 차이점을 가지고 있다.
· 활용할 설명 방법: 비교와 대조

❷ 다음 상황을 바탕으로 (1)～(2)의 활동을 해 보자.

(가) 나는 컴퓨터 게임을 하면서 주말을 보내려고 했지만 아버지 때문에 억지로 공원에 산책을 가게 되었다.
(나) 이번 국어 시험에서 좋은 성적을 받기 위해 미리 공부를 시작했지만 해야 할 공부가 너무 많았다.
(다) 정민이는 이번 교내 글쓰기 대회에서 상을 받았다. 친구들이 부러워하자 그냥 운이 좋았을 뿐이라고 말했다.
(라) 담임 선생님께서 학생들에게 너무 공부만 열심히 하지 말고 운동장에서 열심히 뛰어 놀기도 하라고 말씀하셨다.

❷ (1) 관용 표현을 활용하면 생각과 느낌을 더욱 효과적으로 표현할 수 있다. 각 상황을 먼저 이해하고 상황에 알맞은 관용 표현을 찾아본다.

예시 답안
(가) 울며 겨자 먹기
(나) 갈 길이 멀다.
(다) 벼는 익을수록 고개를 숙인다.
(라) 건강한 몸에 건강한 정신이 깃든다.

(1) (가)～(라)의 상황에서 활용할 수 있는 관용 표현을 써 보자.

	활용할 수 있는 관용 표현
(가)	
(나)	
(다)	
(라)	

(2) 관용 표현을 사용했을 때와 사용하지 않았을 때 어떤 느낌의 차이가 있는지 생각해 본다.

예시 답안 관용 표현은 상황을 간결하면서 함축적으로 표현할 수 있고, 읽는 사람에게 깊은 인상을 줄 수 있다.

(2) 관용 표현을 활용하면 좋은 점이 무엇인지 써 보자.

*다음 글을 읽고 물음에 답하시오.

(가) 설명문을 쓰기 위해서는 설명하고자 하는 대상을 정한다. 설명하고자 하는 대상은 독자들의 수준과 관심사를 고려하여 독자들이 관심과 흥미를 가질 만한 새롭고 가치 있는 정보를 선택하는 것이 좋다. 설명할 대상을 정한 후에는 대상과 관련된 정보를 수집해야 한다. 정보를 수집할 때에는 손쉽게 접근할 수 있는 인터넷 매체만을 활용하지 말고 인쇄 매체나 방송 매체 등도 함께 활용하는 것이 바람직하다. 정보는 정확성과 신뢰성을 갖추어야 하므로 믿을 만한 매체에서 정보를 찾는 것이 좋다. 특히 설명 대상과 관련된 통계 자료나 도표, 사진 등을 수집하여 활용한다면 독자들에게 도움을 줄 수 있다.

(나) 설명 대상을 정하고 관련 정보를 모두 수집했으면 개요를 작성하는 활동을 통해 설명문의 내용을 조직한다. 개요는 설명문의 일반적인 구조인 처음-중간-끝으로 나누어 작성한다. 개요를 작성하면서 자신이 설명하고자 하는 항목을 구체적으로 기록한다. 개요가 다 작성되었으면 이를 바탕으로 글을 쓴다. 각 문단을 쓸 때 중심 문장을 명확하게 밝히고 이를 뒷받침하는 문장은 구체적이고 사실적인 내용을 바탕으로 쓴다. 이때 설명 대상에 맞는 적절한 설명 방법을 활용한다.

(다) 정의는 설명하고자 하는 대상의 의미를 분명하게 밝히는 것을 말한다. 대상을 설명할 때 의미를 정확하게 밝히지 않으면 독자가 대상을 잘못 이해할 수 있고 이어서 전개되는 내용을 이해하는 데 어려움을 겪을 수 있다. 예시는 예를 들어 설명하는 것을 말하는데 독자에게 구체적인 사례를 제시하여 설명 대상에 대한 이해를 돕는 방식이다. 이때 독자의 수준을 고려해야 하며 적절한 수의 예를 들도록 한다.

(라) 둘 이상의 대상이 지닌 공통점을 견주어 설명하는 방법을 (㉠), 차이점을 견주어 설명하는 방법을 (㉡)(이)라고 한다. 두 방법 모두 잘 알려진 대상이나 현상을 통해 잘 모르는 대상을 설명할 때 주로 활용하면 효과가 좋다.

(마) 대상을 일정한 기준에 따라 나누어 설명하는 방법을 구분, 종류별로 묶어서 설명하는 방법을 분류라고 한다. 두 방법 모두 일정한 기준에 따라 비슷한 성격을 가진 대상들을 정리한다는 공통점을 가지고 있다. 여러 가지 대상을 복잡하게 나열하는 것보다는 일정한 기준으로 나누거나 묶어서 제시하면 더욱 체계적으로 설명할 수 있다. 유의할 점은 기준이 명확해야 한다는 것이다. 기준 자체가 불분명하면 오히려 혼란스러울 수도 있다.

(바) 분석은 대상을 구성 성분으로 쪼개어 설명하는 방법이다. 분석은 복잡한 현상이나 대상을 설명할 때 적절한 방법이다. 구성 성분이나 기능 하나 하나에 대한 자세한 설명을 통해서 복잡한 대상 전체를 자세하게 설명할 수 있는 방법이다.

(사) 인과의 '인'은 원인을 말하고 '과'는 결과를 말한다. 즉 대상을 원인과 결과의 관계로 설명하는 방법을 인과라고 한다. 따라서 원인과 결과가 분명하게 드러나는 사회 현상이나 자연 현상, 과학의 원리와 같은 대상을 설명할 때 적절한 설명 방법이다.

학습 목표 응용

01 (가)~(사)에 대한 설명으로 적절하지 <u>않은</u> 것은?

① (가)~(사)는 모두 설명문 쓰기를 소재로 하고 있다.
② (가)~(사)는 글쓴이의 주장을 내세우지 않고 객관적으로 서술하였다.
③ (다)~(사)는 다양한 설명 방법을 소개하고 있다.
④ (가), (나)에는 글쓴이의 경험이 들어 있지 않지만, (다)~(사)에는 글쓴이의 경험이 들어 있다.
⑤ (사)는 이해를 돕기 위해 예를 적절하게 사용하였다.

02 이 글을 참고할 때, 〈보기〉와 같은 설명 대상에 공통적으로 활용할 설명 방법으로 적절한 것은?

┌─ 보기 ┐
• 청소년들의 한글 파괴 현상
• 왕따의 원인과 폐해
• 용오름 현상의 원인
└────┘

① 정의 ② 예시 ③ 분석 ④ 분류 ⑤ 인과

03 (마), (바)를 바탕으로 분류와 구분, 분석에 관해 설명한 것으로 적절하지 <u>않은</u> 것은?

① 구분은 일정한 기준에 따라 나누어 설명하는 방법이다.

② 분석은 대상을 구성 성분으로 쪼개어 설명하는 방법이다.

③ 분류와 구분과 분석은 대상을 작게 나눈다는 공통점을 가지고 있다.

④ 분류와 구분은 대상을 묶거나 나누는 일정한 기준을 필요로 한다는 공통점이 있다.

⑤ 분류는 종류별로 묶어서 설명하는 방법으로 대상을 체계적으로 설명할 수 있는 장점이 있다.

04 〈보기〉는 설명문 쓰기의 단계이다. (가)와 관련이 깊은 것을 모두 골라 올바르게 묶은 것은?

┤ 보기 ├

㉮ 계획하기 → ㉯ 내용 선정하기 → ㉰ 내용 조직하기 → ㉱ 표현하기 → ㉲ 고쳐쓰기

① ㉮　　　　② ㉮, ㉯　　　　③ ㉯, ㉱

④ ㉰, ㉲　　　　⑤ ㉮, ㉯, ㉰

05 (다)에서 설명하고 있는 방법을 모두 적용하여 글을 쓸 대상으로 가장 적절한 것은?

① 개미의 하루

② 공기 청정기의 구조

③ 학교 폭력의 원인과 결과

④ 미세 먼지가 생기는 이유와 폐해

⑤ 우리 주변에서 활용되고 있는 인공 지능

06 ㉠과 ㉡에 들어가기에 적절한 설명 방법을 쓰시오.

고난도 응용

01 〈중요〉

이 글을 바탕으로 설명 방법을 활용하여 글쓰기를 할 때, 방법별 유의 사항으로 적절하지 <u>않은</u> 것은?

① 정의: 정확하고 분명하게 자신만의 언어로 서술해야 한다.

② 예시: 독자의 수준을 고려해야 하며 구체적인 사례를 적절한 개수로 제시해야 한다.

③ 분석: 대상을 쪼개어 자세히 설명함으로써 복잡한 대상 전체를 설명할 때 활용한다.

④ 분류와 구분: 기준이 분명하지 않으면 혼란을 초래할 수 있으므로 기준을 명확히 한다.

⑤ 비교와 대조: 잘 아는 대상을 통해 잘 모르는 대상을 설명하는 경우에 활용하면 효과적이다.

02 〈서술형〉

(나)를 바탕으로 〈보기〉가 가진 문제점과 해결 방안을 한 문장으로 쓰시오.

┤ 보기 ├

주제: 학교 체육을 활성화하는 방법

Ⅰ. 처음: 학교 체육에 대한 학생들의 반응

Ⅱ. 중간

　1. 학교 체육이란 – 학교 체육의 정의와 종류

　2. 학교 체육을 활성화하는 방법

　　가. 조화로운 인성 발달을 위한 체육 시간 확대

　　나. 다양한 체육 수업 방법 개발

　　다. 낙후된 체육 시설과 체육 활동 공간 부족

　　라. 정부와 지자체의 예산 지원 확대

Ⅲ. 끝: 학교 체육 활성화 방법을 실천하자.

2 참신한 표현을 활용한 글 쓰기

*다음 글을 읽고 물음에 답하시오.

윤주에게

잘 지내고 있니? 내가 갑작스럽게 제주도로 전학 오는 바람에 믿는 도끼에 발등이 찍힌 기분이었지? 아버지 일 때문에 급하게 이사를 해야 한다는 소식은 나에게도 마른 하늘에 날벼락 같았어. 미안해.

처음 제주도에 왔을 때는 바다도 너무 가까이 있고 바람도 많이 불어서 놀랐었는데 이젠 나도 여기 생활에 많이 익숙해졌어. 내가 전학 온 학교 옆에는 민속 오일장도 열려. 오일장은 닷새에 한 번씩 서는 장인데 이곳 학교에 간 첫날이 마침 장이 서는 날이었어. 오일장에 가 보니 맛있는 음식을 파는 가게들이 즐비하고 볼거리도 많았어. 구경도 구경이지만 배가 너무 고파 두리번거리는데, 튀김 냄새가 나잖아? 그 냄새에 우리가 함께 다니던 분식집이 떠오르면서 입에 침이 고이더라. (㉠   ) 먼저 분식집부터 들러 너랑 먹을 때처럼 떡볶이 한 접시를 뚝딱 먹어 치웠어. 그리고 나서 시장을 돌아봤는데 사고 싶은 물건을 고르면 제주 토박이 분들과 흥정도 할 수 있어. 말만 잘하면 덤도 얻을 수 있고, 여러 가지로 정말 재밌었어. 〈중략〉

먼저 제주를 상징하는 꽃은 참꽃인데 먹는 꽃이라는 뜻이래. 별처럼 생긴 참꽃은 '진달래'를 개꽃에 상대하여 이르는 말이라는데 한라산에 가면 많은 참꽃들이 별무리처럼 흐드러지게 피어 있어. 제주 하면 흔히 '삼다, 삼무'를 떠올리잖아? 바로 이 참꽃의 잎도 세 잎이어서 제주를 상징하는 꽃이 되었대.

그리고 너도 알고 있듯이 제주도는 사면이 바다로 둘러싸인, 대한민국에서 가장 큰 섬으로 섬 중에서 인구도 가장 많대. 15세기만 해도 제주도의 인구가 6만이 조금 넘는 정도였다는데 지금은 68만 명이 넘는다니, 어마어마하지? 무엇보다 제주도에는 함덕 해수욕장, 협재 해수욕장, 중문 해수욕장, 송악산, 성산 일출봉, 한라산, 정방 폭포 등 관광 명소가 셀 수 없이 많아. 올레길이 개발되면서 입소문이 나서 도보 여행도 정말 많이들 오고 있어. 예전에는 고립된 유배지로 알려졌던 제주가 항공길, 뱃길이 열리면서 이제는 사람들이 찾고 싶은 관광지로 발돋움하고 있는 거지.

얼른 방학이 되어서 이렇게 볼거리 많은 제주도를 너랑 함께 놀러 다니고 싶다. ㉡방학 때 놀러 오면 제주도에 대해 더 많이 공부했다가 또 알려 줄게. 아리스토텔레스는

㉢"친구란 두 개의 몸에 깃든 하나의 영혼이다."라고 말했대. 몸은 떨어져 있지만 내 마음은 늘 너와 함께 있는 거 알지? 이번 방학에 만날 때까지 자주 편지하자. 안녕.

20○○년 ○월 ○○일
파도 소리가 들리는 제주도에서 사랑이가

추신 : 여기 오면 쓸 수 있는 제주 방언도 소개할게. '혼저 옵서', 이건 '어서 오세요'라는 말이고, '놀멍 놀멍'은 '천천히'라는 뜻이야. 윤주야, 건강하게 잘 지내고 공부는 놀멍 놀멍 하게 마씀.

■ 학습 목표 응용

01 이 글에 대한 설명으로 적절하지 않은 것은?

① '오일장', '참꽃'의 뜻을 정의의 방법으로 명확하게 제시하였다.

② '튀김 냄새'를 맡고 친구와의 추억을 떠올린 경험을 통하여 친구에 대한 그리움을 드러내고 있다.

③ '별무리처럼 흐드러지게 피어 있어.'라는 표현을 사용하여 참꽃이 핀 모습을 눈앞에 보듯이 생동감 있게 나타내었다.

④ '삼다', '삼무'에 대한 설명으로 제주도의 특징을 요약하여 소개하고 있다.

⑤ '혼저 옵서', '놀멍 놀멍' 등의 표현을 소개하여 제주도에 대한 관심을 불러일으키고 있다.

02 이 글을 통해 알 수 있는 내용이 아닌 것은?

① 제주도는 한국의 섬들 중 인구가 가장 많은 섬이다.

② 참꽃은 '진달래'의 다른 이름으로 개꽃에 상대하여 지어진 이름이다.

③ 제주 방언에는 다른 지역 방언과 다른 이질적인 형태의 단어들이 있다.

④ 제주도의 오일장에서는 현지인들이 주로 토속 음식과 현지 특산물을 판매한다.

⑤ 제주도가 관광지로 각광받게 된 데에는 항공, 항만 등의 교통 발달이 영향을 미쳤다.

03 앞뒤 문장의 내용을 고려할 때 ㉠에서 활용할 속담으로 적절한 것은?

① 공든 탑이 무너지랴
② 아니 땐 굴뚝에 연기 날까
③ 산 사람 입에 거미줄 치랴
④ 참새가 방앗간을 그저 지나랴
⑤ 배고픈 놈이 흰쌀밥 조밥 가리랴

04 ㉡을 위해 '사랑이'가 자료 수집 계획을 세운다고 할 때, 적절하지 않은 것은?

① 제주도의 사적지와 관련된 역사 자료를 찾아 그 가치와 의의를 알아본다.
② 제주 토박이 상인들과의 면담을 통해 각 지역별 흥정 문화의 특징을 알아본다.
③ 제주도민들이 즐겨 찾는 관광 명소가 어느 곳인지 제주 지역 신문을 찾아본다.
④ 제주어 사전을 찾아 제주 여행 시 알아 두면 좋을 다양한 제주 방언을 찾아본다.
⑤ 제주도청 홈페이지에서 '참꽃' 이외에도 제주도를 상징하는 것으로 어떤 것이 있는지 알아본다.

05 ㉢과 같은 표현을 활용한 이유로 적절한 것은? 〔중요〕

① 교훈적 의미가 담겨 있어 설득이나 조언에 효과적이기 때문에
② 자신만의 독특한 상상력을 발휘하여 다채롭게 표현할 수 있기 때문에
③ 자신의 생각이나 느낌을 함축적으로 간결하게 표현할 수 있기 때문에
④ 민족의 사고나 풍속, 사상 등의 문화를 사실적으로 잘 드러낼 수 있기 때문에
⑤ 관습적으로 굳어진 상징을 사용하여 보편적 의미를 함축적으로 전달할 수 있기 때문에

고난도 응용

[01~02] 〈보기〉는 이 글에 대한 답장이다. 〈보기〉와 이 글을 읽고 물음에 답하시오.

◀ 보기 ▶

사랑이에게
ⓐ푹푹 찌는 여름도 지나고 시원한 바람이 불기 시작했어. 네가 다른 학교로 전학 간다는 얘길 들었을 때 ㉮하늘이 노래졌었어. 옆 학교도 아니고 제주도로 간다니……. 중학교에 들어와서 단짝 친구인 네가 있어서 정말 좋았었거든. ⓑ네가 전학 가면 내가 외톨이가 되지나 않을까 많이 두려웠어.
아직도 네 마지막 모습이 기억나. 친구들과 인사를 나누고 나를 찾아 두리번거리던 네 모습이 잊히지가 않아. 나는 교실에 들어갈 수가 없어서 운동장에 있었어. ⓒ네가 간다고 하면 친구들 앞에서 울어 버릴 것만 같았거든.
그동안 ⓓ너한테 연락을 못한 건, 메신저를 하다 보면 목소리가 듣고 싶고 목소리를 듣다 보면 당장 너를 보러 달려가고 싶을 것 같아서였어. 미안해.
내 친구 ⓔ사랑아, 사랑해. 앞으로는 자주 연락하며 지내자.
20○○년 ○월 ○○일 / 친구 윤주가

01 〈보기〉의 ⓐ~ⓔ에 대한 설명으로 적절한 것은? 〔중요〕

① ⓐ: 서운한 마음을 감추기 위하여 날씨 이야기로 화제를 돌리고 있다.
② ⓑ: 사랑이가 전학을 가서 자기가 외톨이가 되었다고 사랑이를 원망하고 있다.
③ ⓒ: 사랑이와 함께 울면서 마지막 인사를 나누었던 장면을 추억하고 있다.
④ ⓓ: 연락을 못한 이유를 연쇄적 표현 방법을 사용하여 설명하고 있다.
⑤ ⓔ: 사랑이를 웃기려고 '사랑아, 사랑해.'라는 언어유희를 사용하고 있다.

02 〔서술형〕 이 글에서 〈보기〉의 ㉮와 의미가 통하는 속담을 찾고, 그 의미를 쓰시오.

• 속담:

• 의미:

[01~04] 다음 글을 읽고 물음에 답하시오.

⑦ 정의는 설명하고자 하는 대상의 의미를 분명하게 밝히는 것을 말한다. 대상을 설명할 때 의미를 정확하게 밝히지 않으면 독자가 대상을 잘못 이해할 수 있고 이어서 전개되는 내용을 이해하는 데 어려움을 겪을 수 있다. 예시는 예를 들어 설명하는 것을 말하는데 독자에게 구체적인 사례를 제시하여 설명 대상에 대한 이해를 돕는 방식이다. 이때 독자의 수준을 고려해야 하며 적절한 수의 예를 들도록 한다.

⑭ 둘 이상의 대상이 지닌 공통점을 견주어 설명하는 방법을 비교, 차이점을 견주어 설명하는 방법을 대조라고 한다. 두 방법 모두 잘 알려진 대상이나 현상을 통해 잘 모르는 대상을 설명할 때 주로 활용하면 효과가 좋다.

⑮ 대상을 일정한 기준에 따라 나누어 설명하는 방법을 구분, 종류별로 묶어서 설명하는 방법을 분류라고 한다. 두 방법 모두 일정한 기준에 따라 비슷한 성격을 가진 대상들을 정리한다는 공통점을 가지고 있다. 여러 가지 대상을 복잡하게 나열하는 것보다는 일정한 기준으로 나누거나 묶어서 제시하면 더욱 체계적으로 설명할 수 있다. 유의할 점은 기준이 명확해야 한다는 것이다. 기준 자체가 불분명하면 오히려 혼란스러울 수도 있다.

⑯ 분석은 대상을 구성 성분으로 쪼개어 설명하는 방법이다. 분석은 복잡한 현상이나 대상을 설명할 때 적절한 방법이다. 구성 성분이나 기능 하나 하나에 대한 자세한 설명을 통해서 복잡한 대상 전체를 자세하게 설명할 수 있는 방법이다.

⑰ 인과의 '인'은 원인을 말하고 '과'는 결과를 말한다. 즉, 대상을 원인과 결과의 관계로 설명하는 방법을 인과라고 한다. 따라서 원인과 결과가 분명하게 드러나는 사회 현상이나 자연 현상, 과학의 원리와 같은 대상을 설명할 때 적절한 설명 방법이다.

01 이 글에 쓰인 설명 방법으로 적절하지 <u>않은</u> 것은?

① 예를 들어 이해를 돕고 있다.
② 대상의 의미를 분명하게 밝히고 있다.
③ 일정한 기준으로 나누어 설명하고 있다.
④ 대상의 변화를 시간의 흐름에 따라 설명하고 있다.
⑤ 둘 이상의 대상이 가진 공통점과 차이점을 밝히고 있다.

02 (가), (나)에서 제시한 설명 방법에 대한 설명으로 적절하지 <u>않은</u> 것은?

① 정의는 의미를 정확하게 밝힐 때 사용한다.
② 정의는 설명 대상을 이해하는 바탕이 될 수 있다.
③ 예시를 활용할 때에는 되도록 많은 예를 제시한다.
④ 비교와 대조는 잘 모르는 대상을 잘 아는 대상으로 설명하기에 적합하다.
⑤ 예시를 활용할 때에는 독자가 잘 알고 있는 내용을 제시하는 것이 좋다.

중요

03 (라)에서 설명하고 있는 설명 방법을 적용하여 설명하기에 적절한 대상은?

① 온돌의 구조
② 간접세의 뜻
③ 국민 간식의 예
④ 꿀과 조청의 차이
⑤ 「옹고집 전」의 옹고집과 「흥부전」의 놀부의 공통점

서술형

04 (다)를 바탕으로 하여 〈보기〉와 같은 글이 가진 문제점이 무엇인지 서술하시오.

◀ 보기 ▶
 승용차는 고급차와 일반차로 나눌 수 있다. 고급차는 가격이 상대적으로 비싸기 때문에 여러 가지 편의 장치를 갖추고 있어서 인기가 높다. 일반차는 고급차에 비해 가격이 저렴해서 사람들의 관심을 받는다. 그러므로 승용차를 선택할 때에는 자신의 취향에 맞는 차를 선택하는 것이 적절하다.

[05~08] 다음 글을 읽고 물음에 답하시오.

가 윤주에게

　잘 지내고 있니? 내가 갑작스럽게 제주도로 전학 오는 바람에 ㉠믿는 도끼에 발등이 찍힌 기분이었지? 아버지 일 때문에 급하게 이사를 해야 한다는 소식은 나에게도 마른하늘에 날벼락 같았어. 미안해.

　처음 제주도에 왔을 때는 바다도 ㉡너무 가까이 있고 바람도 많이 불어서 놀랐었는데 이젠 나도 여기 생활에 많이 익숙해졌어. 내가 전학 온 학교 옆에는 민속 오일장도 열려. 오일장은 닷새에 한 번씩 서는 장인데 이곳 학교에 간 첫날이 마침 장이 서는 날이었어. 오일장에 가 보니 맛있는 음식을 파는 가게들이 즐비하고 볼거리도 많았어. ㉢구경도 구경이지만 배가 너무 고파 두리번거리는데, 튀김 냄새가 나잖아? 그 냄새에 우리가 함께 다니던 분식집이 떠오르면서 입에 침이 고이더라. ㉣참새가 방앗간을 어찌 그냥 지나가겠어? 먼저 분식집부터 들러 너랑 먹을 때처럼 떡볶이 한 접시를 ㉤뚝딱 먹어 치웠어. 그러고 나서 시장을 돌면서 사고 싶은 물건을 골라 제주 토박이 분들과 흥정도 했어. 말만 잘하면 덤도 얻을 수 있고, 정말 재밌었어.

나 속담은 예로부터 민간에 전하여 오는 말로 일상 속에서 자주 들으면서 자연스럽게 익히게 된다. 이런 속담을 글쓰기에 활용하면 어떤 점이 좋을까?

　속담은 오랜 세월을 거치면서 여러 사람들에 의해 잘 다듬어진 말이므로 속담을 활용하면 글의 내용을 분명하게 전달할 수 있다. 또한 속담은 일상적으로 벌어지는 반복적인 경험에서 얻은 교훈적인 의미를 압축적으로 표현하고 있으므로 어떤 상황을 속담으로 표현하면 길게 설명하지 않아도 간결하게 표현할 수 있다. 또한 속담은 비유적으로 표현된 경우가 많아 내용을 강조하고 인상 깊게 전달할 수 있다. 그래서 속담을 활용하면 평범한 표현도 개성 있는 표현이 되므로 표현 효과도 높아진다.

　요즘에는 ⓐ기존에 있던 속담을 변형시켜서 표현하는 경우도 있는데, 이는 상투적인 표현에서 벗어나 자신만의 독특한 생각이나 감성을 드러내는 참신한 표현이 될 수 있다.

05 (나)를 바탕으로 (가)를 설명한 것으로 적절하지 **않은** 것은?

① 속담을 활용하여 인상 깊게 전달하였다.
② 속담을 통해 상황을 간결하게 표현하였다.
③ 속담을 활용하여 내용을 더 분명하게 전달하였다.
④ 속담으로 인해 글 전체에 진지한 분위기가 조성되었다.
⑤ 속담을 통해 평범한 표현이 개성적 표현으로 바뀌었다.

06 (나)의 서술상 특징으로 적절한 것은?

① 예를 제시하여 설명하고 있다.
② 대상의 의미를 분명하게 밝히고 있다.
③ 대상이나 사건의 원인과 결과를 밝히고 있다.
④ 둘 이상의 대상이 가진 차이점을 밝히고 있다.
⑤ 대상을 일정한 기준으로 묶어서 설명하고 있다.

07 ⭐중요 ㉠~㉤에 대한 평가로 적절하지 **않은** 것은?

① ㉠: 속담을 활용하여 감정을 효과적으로 표현했군.
② ㉡: '손에 잡힐 듯'이라는 관용 표현을 활용하면 좋겠어.
③ ㉢: '금강산도 식후경'이라는 속담을 활용할 수 있겠군.
④ ㉣: 속담의 원래 문장에 변화를 주어 표현하고 있군.
⑤ ㉤: '뚝딱 먹다'라는 관용 표현을 적절히 활용했군.

08 서술형 ⓐ를 참고하여 〈보기〉의 속담을 변형하여 자신만의 속담을 만드시오.

◀ 보기 ▶
도랑 치고 가재 잡고 – 누이 좋고 매부 좋고 – 꿩 먹고 알 먹고 – 마당 쓸고 동전 줍고 – (　　　　　　)

[09~12] 다음 글을 읽고 물음에 답하시오.

㉮ 우리는 눈을 감고 있어도 냄새로 그것이 무엇인지를 짐작할 수 있다. 후각 기관인 코가 발달되어 있기 때문이다. 콧구멍이 맡은 가장 중요한 일은 공기를 들이마시고 내보내면서 숨을 쉬는 일이다. 또 냄새를 맡는 일이다. 오른쪽 콧구멍으로 냄새를 맡으면 유쾌한 느낌이 들고, 왼쪽으로는 냄새를 더 정확히 구분한다는 연구 결과도 있다.

㉯ 코는 한 개의 기관이지만, 코에 뚫린 구멍은 두 개다. 콧구멍이 두 개인 이유는 냄새를 잘 맡기 위해서다. 후각은 쉽게 피곤해지기 때문에 왼쪽, 오른쪽 콧구멍이 약 두 시간마다 교대로 냄새를 감지한다. 또한 왼쪽 콧구멍은 왼쪽 허파와, 오른쪽 콧구멍은 오른쪽 허파와 서로 짝을 이뤄 호흡 활동을 한다.

㉰ 인체에는 몸에서 일어나는 일들을 느낄 수 있는 수많은 감각 세포들이 있다. 콧구멍도 그중의 하나이다. ㉠콧속에는 잔털과 천장에 황갈색의 축축한 점막 조직, 즉 후각 상피가 자리 잡고 있다. 후각 상피는 최초로 냄새를 감지하는 곳이다. 후각 상피의 면적은 약 2.5 제곱센티미터에 불과하지만, 냄새를 감지하는 후각 세포들이 밀집하여 분포하고 있다. 사람은 약 5백만 개 후각이, 예민한 개는 2억 2천만 개로 인간보다 무려 44배나 많다.

㉱ 우리는 고약한 냄새를 맡으면 무의식적으로 숨을 멈추고, 반대로 좋은 냄새를 맡으면 숨을 깊이 들이쉰다. 또 무슨 냄새인지를 확인할 때에는 개가 코를 킁킁거리듯 짧게 숨을 들이쉰다. 사람의 코가 구별하여 맡을 수 있는 냄새는 1만 가지쯤 된다고 한다. 또한 ㉡냄새를 맡는 작용은 남자보다 여자가 더 예민하며, 어린이가 어른보다 더 예민하다. 한편 후각은 비교적 예민하지만 피로하기 쉬워 같은 냄새를 계속해서 오래 맡으면 그 냄새를 느끼지 못하게 된다. 냄새를 제대로 못 느끼면 맛도 제대로 느끼지 못한다. ㉢냄새와 맛은 화학 물질에 대한 감각이어서 서로 밀접하게 연관되어 있다. 감기에 걸려 코가 막힌 사람이 입맛을 잃는 것도 그 때문이다.

09 이와 같은 글을 쓰기 위해 유의할 점으로 적절하지 <u>않은</u> 것은?

① 객관적이고 정확한 정보를 바탕으로 한다.
② 대상을 간결하고 쉬운 문장으로 서술한다.
③ 설명 대상에 적절한 설명 방법을 활용한다.
④ 주장과 근거 사이에 논리적 타당성을 갖춘다.
⑤ 일반적으로 처음-중간-끝의 구조로 서술한다.

10 (가)~(라)를 통해 얻을 수 있는 정보로 적절하지 <u>않은</u> 것은?

① 각 콧구멍은 허파와 서로 짝을 이룬다.
② 콧구멍의 가장 중요한 역할은 공기를 호흡하는 것이다.
③ 개는 인간보다 후각 세포가 더 많아 냄새를 더 잘 맡는다.
④ 후각은 다른 감각에 비해 둔감해서 쉽게 피곤해지지 않는다.
⑤ 두 콧구멍 중에서 왼쪽이 냄새를 더 잘 구분한다는 연구 결과도 있다.

서술형
11 <보기>의 질문에 대한 적절한 답변을 (나)에서 찾아 한 문장으로 서술하시오.

◀ 보기 ▶
콧구멍은 왜 두 개일까요?

중요
12 ㉠~㉢에 활용된 설명 방법을 올바르게 나열한 것은?

	㉠	㉡	㉢
①	분석	예시	분석
②	분석	대조	인과
③	분류	대조	분석
④	분석	분류	인과
⑤	분류	예시	분석

[13~16] 다음 글을 읽고 물음에 답하시오.

가 옛날 중국의 곽휘원(郭暉遠)이란 사람이 떨어져 살고 있는 아내에게 편지를 보냈는데, 그 편지를 받은 아내의 답시는 이러했다.

> 벽사창에 기대어 당신의 글월을 받으니
> 처음부터 끝까지 흰 종이뿐이옵니다.
> 아마도 당신께서 이 몸을 그리워하심이
> 차라리 말 아니하려는 뜻임을 전하고자 하신 듯하여
> 이다.

이 답시를 받고 어리둥절해진 곽휘원이 그제야 주위를 둘러보니, 아내에게 쓴 의례적인 문안 편지는 책상 위에 그대로 있는 게 아닌가. 아마도 그 옆에 있던 흰 종이를 편지인 줄 알고 잘못 넣어 보낸 것인 듯했다. 백지로 된 편지를 전해 받은 아내는 처음엔 무슨 영문인가 싶었지만, ㉠꿈보다 해몽이 좋다고 자신에 대한 그리움이 말로 다할 수 없음에 대한 고백으로 그 여백을 읽어 내었다.

나 나는 그 빗으로 머리를 빗으면서 자꾸만 웃음이 나오는 것을 참을 수가 없었다. 절에서 빗을 찾은 나의 엉뚱함도 ㉡우물가에서 숭늉 찾는 격이려니와, 빗이라는 말 한마디에 그토록 당황하고 어리둥절해하던 노스님의 표정이 자꾸 생각나서였다. 그러나 그 순간 나는 보았다. 시간을 거슬러 올라가 검은 머리칼이 있던, 빗을 썼던 그 까마득한 시절을 더듬고 있는 그분의 눈빛을.

다 결국 실수는 삶과 정신의 여백에 해당한다. 그 여백마저 없다면 이 각박한 세상에서 어떻게 ㉢숨을 돌리며 살 수 있겠는가. 그리고 ㉣발 빠르게 돌아가는 세상에 어떻게 휩쓸려 가지 않고 남아 있을 수 있겠는가. 어쩌면 사람을 키우는 것은 능력이 아니라 실수의 힘일지도 모른다.

라 도대체 정신을 어디에 두고 사느냐는 말을 들을 때면 그 말에 무안해져 눈물이 핑 돌기도 하지만, 내 속의 ㉤어처구니는 머리를 디밀고 이렇게 소리치는 것이다. 정신과 마음은 내려놓고 살아야 한다고. 어디로 가는 줄도 모르고 뛰어가는 자신을 하루에도 몇 번씩 세워 두고 '우두커니' 있는 시간, 그 '우두커니' 속에 사는 '어처구니'를 많이 만들어 내면서 살아야 한다고. 바로 그 실수가 곽휘원의 아내로 하여금 백지의 편지를 꽉 찬 그리움으로 읽어 내도록 했으며, 산사의 노스님으로 하여금 기억의 어둠 속에서 빗 하나를 건져 내도록 해 주었다고 말이다.

13 이 글과 같이 관용 표현을 활용할 때 유의할 점으로 적절하지 **않은** 것은?

① 교훈적 의미를 전달하는 경우에만 사용한다.
② 독자가 이해하기 쉬운 관용 표현을 사용한다.
③ 관용 표현의 의미를 정확하게 알고 사용한다.
④ 너무 많은 수의 관용 표현을 사용하지 않는다.
⑤ 표현이 간결해지고 분명해지는 효과를 얻을 수 있는 경우에 사용한다.

[서술형]
14 (다)와 (라)를 바탕으로 할 때, 실수가 가지는 가치가 무엇인지 한 문장으로 서술하시오.

15 (가)에서 '곽휘원'의 상황에 대한 반응으로 적절한 것은?

① 아내의 슬픔에 대해 깊이 공감하게 되었군.
② 돌이킬 수 없는 상황에서 낭패를 보고 있군.
③ 한 가지 일이 여러 가지 좋은 일을 불러왔군.
④ 자신의 잘못이 오히려 좋은 결과로 연결되었군.
⑤ 자신의 잘못을 통해 새로운 깨달음을 얻고 있군.

[중요]
16 ㉠~㉤의 사전적 의미로 적절하지 **않은** 것은?

① ㉠: 하찮거나 언짢은 일을 그럴듯하게 돌려 생각하여 좋게 풀이함.
② ㉡: 모든 일에는 질서와 차례가 있는 법인데 일의 순서도 모르고 성급하게 덤빔.
③ ㉢: 잠시 여유를 얻어 휴식을 취함.
④ ㉣: 사귀어 아는 사람이 많아 활동하는 범위가 넓음.
⑤ ㉤: 엄청나게 큰 사람이나 사물.

2 고쳐쓰기의 원리와 실제

학습 목표
• 고쳐쓰기의 일반 원리와 과정을 이해할 수 있다.
• 초고를 다시 읽으며 부적절하거나 어색한 부분을 고쳐 쓸 수 있다.

개념 압축 APP

❶ 고쳐쓰기의 뜻과 목적

(1) 뜻: (　　　　)을/를 다시 읽으면서 내용과 표현에서 어색하거나 적절하지 않은 부분을 찾아 수정하는 것임.

(2) 목적
　① 처음의 계획대로 글의 (　　　　)와/과 목적이 드러나는지 확인함.
　② 내용이나 표현 면에서의 실수를 점검해 글의 완성도를 높임.
　③ 독자를 고려하면서 독자가 글을 이해하기 쉽게 개선함.

❷ 고쳐쓰기의 일반 원리

원리	내용
(　　　　)의 원리	설명이 부족하거나 불충분한 경우 내용을 보충함.
삭제의 원리	불필요하거나 참신하지 않은 내용은 삭제함.
대치의 원리	내용이나 표현이 잘못되거나 어색한 부분은 바꿈.
(　　　　)의 원리	문단의 배열이나 순서를 고침.

❸ 고쳐쓰기의 과정과 점검 내용

(　　　　) 수준	• 글의 주제는 잘 드러나고 제목은 적절한가? • 전체적인 구성은 자연스럽고 불필요한 내용은 없는가?
문단 수준	• 문단의 길이는 적절하며, 불필요한 내용은 없는가? • 문단의 중심 내용은 잘 드러나는가?
문장 수준	• 문장의 길이는 적절한가? • 어법에 맞지 않거나 어색한 문장은 없는가?
단어 수준	• 적절한 단어를 사용했는가? • 맞춤법이나 띄어쓰기는 잘 지켰는가?

❹ 통일성과 응집성을 고려한 고쳐쓰기

	뜻	방법
(　　　)	글의 모든 내용이 글의 중심 내용을 뒷받침하도록 구성되는 것	중심 내용과 관계없는 불필요한 내용 삭제
응집성	글을 구성하는 요소들이 서로 긴밀하게 연결되어 있는 것	적절한 지시어나 (　　　　) 사용

필수 어휘 사전

● **초고**: 고쳐쓰기를 하기 전의 원고.

● **대치**: 다른 것으로 바꾸어 놓음.

확인 문제

1. 〈보기〉의 활동과 관계있는 고쳐쓰기의 원리는?

> 초고를 읽다 보니 봉사 활동을 하고 난 뒤의 소감이 부족한 것 같아. 복지관에 대한 생각의 변화 같은 내용이 있으면 좋겠는걸?

① 추가의 원리
② 삭제의 원리
③ 대치의 원리
④ 재구성의 원리
⑤ 재배열의 원리

2. 다음 중 문단 수준의 고쳐쓰기에서 점검할 내용은?

① 글의 제목은 적절한가?
② 맞춤법은 잘 지켰는가?
③ 글의 구성은 체계적인가?
④ 호응 관계가 어색한 문장은 없는가?
⑤ 문단의 중심 내용은 잘 드러나는가?

3. 응집성을 고려해 고쳐쓰기를 하기 위한 질문은?

① 상투적인 표현은 없는가?
② 문장의 길이는 적절한가?
③ 상황에 적절한 단어를 사용했는가?
④ 문장을 이어 주는 접속어는 적절한가?
⑤ 중심 내용과 관계없는 내용은 없는가?

정답 초고, 주제, 추가, 재배열, 글, 통일성, 접속어

정답 1.① 2.⑤ 3.④

다음 글을 고쳐쓰기의 과정에 따라 점검해 보자.

떡볶이와 빙수

학교 수업을 마치고 집에 가는 길은 늘 즐겁다. 어제도 친구들과 어울려 수다를 떨면서 교문을 나섰다. 떡볶이와 빙수 중 무얼 사먹을지에 대한 행복한 토론을 하며 가는데 우연히 신발 가게에 열거된 굽 높은 구두가 눈에 띄었다. 구두를 보니 갑자기 할머니 생각이 났다.

초등학교 3학년 때 집안 사정으로 잠시 엄마, 아빠와 떨어져 할머니와 함께 지낸 적이 있었다. 예쁜 옷을 입고 잔뜩 멋을 부린 젊은 엄마들 사이에 끼어 앉은 초라한 할머니가 부끄러웠기 때문이었다. 그때 나는 학부모 참여 수업을 가장 싫어했다. 그래서 2학기 학부모 참여 수업 전날에 할머니에게 학교에 오지 말라고 말을 해 버렸는데, 다른 엄마들은 모두 굽 높은 구두도 신고 화장도 곱게 하는데, 굽도 없는 낡은 신발을 신고 화장도 안 한 할머니가 부끄럽다고 투정하는 나를 할머니는 슬픈 표정으로 바라만 보셨다.

다음 날 할머니는 학교에 오지 않으실 것이다. 나는 수업 도중 자꾸 뒤쪽을 보면서 할머니가 오셨는지 확인을 했다. 조금 서운하기도 했지만 다행이라는 생각이 더 컸다. 그런데 수업을 마치고 난 뒤에 갑짜기 담임 선생님께서 나를 부르셨다. 그래서 할머니께서 병원에 계시다는 말을 전해 주셨다. 굽이 높은 구두를 신고 학교에 오다가 넘어지셔서 허리를 크게 다치셨다는 것이었다.

〈이하 생략〉

❶ 글 수준의 고쳐쓰기에서 점검한 내용을 한 가지 써 보자.

❷ 문단 수준의 고쳐쓰기에서 점검한 내용을 한 가지 써 보자.

❸ 문장 수준의 고쳐쓰기에서 점검한 내용을 한 가지 써 보자.

❹ 단어 수준의 고쳐쓰기에서 점검한 내용을 한 가지 써 보자.

끌어 주기

❶ 글 수준의 고쳐쓰기에서는 제목이 적절한지, 글의 전체적인 구조는 짜임새가 있는지, 문단과 문단은 자연스럽게 연결되었는지 등을 검토한다.

예시 답안 제목이 글의 내용과 어울리지 않으므로 '할머니와 구두'로 고친다.

❷ 문단 수준의 고쳐쓰기에서는 각 문단의 중심 내용이 잘 드러나는지, 문장과 문장의 연결은 자연스러운지, 불필요한 내용은 없는지 등을 검토한다.

예시 답안
• 두 번째 문단의 '예쁜 옷을 ~ 때문이었다.'와 '그때 나는 ~ 싫어했다.'의 순서를 바꾼다.
• 세 번째 문단의 '할머니께서 병원에 ~' 앞에 있는 '그래서'를 '그리고'로 바꾼다.

❸ 문장 수준의 고쳐쓰기에서는 문장의 길이가 적절한지, 어법에 맞는 문장이 사용되었는지, 상투적인 표현은 없는지 등을 검토한다.

예시 답안
• 두 번째 문단의 마지막 문장을 '그래서 ~ 말을 해 버렸다.'와 '다른 엄마들은 ~ 바라만 보셨다.'로 나눈다.
• 세 번째 문단의 첫 번째 문장의 '않으실 것이다.'를 '않으셨다.'로 고친다.

❹ 단어 수준의 고쳐쓰기에서는 적절한 단어를 사용했는지, 띄어쓰기나 맞춤법은 잘 지켰는지 등을 검토한다.

예시 답안
• 첫 번째 문단의 '열거된'을 '진열된'으로 바꾼다.
• 세 번째 문단의 '갑짜기'를 '갑자기'로 바꾼다.

1. 고쳐쓰기의 기본 원리

*다음 글을 읽고 물음에 답하시오.

(가) 일반적으로 글을 쓸 때에는 '계획하기', '내용 생성하기', '내용 조직하기', '표현하기'의 과정을 거치게 되는데, 이 과정을 통해 만들어진 글을 '초고'라고 한다. 그런데 이 초고가 바로 완성된 글이 되는 것은 아니다. 글이 처음의 의도에 맞게 쓰였는지, 내용이나 표현 중에 부족하거나 잘못된 부분은 없는지를 검토하고 수정하는 '고쳐쓰기' 과정을 거쳐야 비로소 글이 완성되는 것이다.

(나) 글을 고쳐 쓸 때에는 몇 가지 기본 원리에 따른다. 먼저, '추가의 원리'는 설명이 부족하거나 불충분할 때 필요한 내용을 덧붙이는 것을 말한다. 다음으로 '삭제의 원리'는 중심 내용과 관계없는 불필요한 내용이나 상투적인 내용을 빼는 것이다. 또한, '대치의 원리'는 적절하지 않은 부분이나 잘못된 부분을 다른 내용으로 바꾸는 것을 말하며, '재구성의 원리'는 글의 순서를 바꾸고 내용을 줄이거나 늘이면서 내용을 조정하는 원리이다.

(다) 고쳐쓰기를 할 때에는 글의 전체적인 구조나 제목 등을 검토한 후에 점차 세부적인 내용으로 범위를 좁혀 가면서 수정하는 것이 좋다. 그래서 보통 고쳐쓰기는 ㉠글 수준에서 시작하여 문단 수준, 문장 수준, 단어 수준의 순서를 따른다.

(라) 글 수준에서는 처음에 계획한 의도를 생각하면서 주제가 잘 드러나는지, 불필요하거나 빠진 내용은 없는지, 제목은 글의 중심 내용을 잘 드러내는지 등을 확인한다. 또한 문단 간의 연결은 자연스러운지, 전체적인 구성은 짜임새가 있는지도 함께 살펴본다. 문단 수준에서는 각 문단의 중심 내용이 잘 드러나는지, 문단의 길이는 적절한지, 문단 내에 불필요한 내용은 없는지를 살펴볼 수 있다. 그리고 문장 수준에서는 문장의 길이가 적절한지, 어법에 맞는 정확한 문장을 사용하였는지, 상투적인 표현은 없는지 등을 점검하고, 마지막으로 단어 수준에서는 적절한 단어를 사용했는지, 띄어쓰기나 맞춤법은 잘 지켰는지 등을 살펴보아야 한다.

(마) 글을 쓸 때에는 독자를 염두에 두어야 한다. 독자들이 내용을 잘 이해하면서, 글쓴이의 의도를 정확하게 파악할 수 있는 글이 좋은 글이다. 따라서 고쳐쓰기를 할 때에는 단순히 글의 잘못된 부분을 찾기 위한 작업이라 생각하지 말고, (㉡   ) 과정이라는 생각을 해야 한다.

01 이 글에 대한 설명으로 적절한 것은?

① 글쓰기의 과정을 단계별로 자세하게 설명하고 있다.
② 글쓰기와 관련된 글쓴이의 구체적인 경험이 제시되어 있다.
③ 일상적인 상황에 비유하면서 글쓰기의 원리를 설명하고 있다.
④ 고쳐쓰기의 과정을 따라가며 세부 점검 내용을 안내하고 있다.
⑤ 구체적인 예를 제시하면서 글쓰기의 원리를 이해하기 쉽게 설명하고 있다.

02 이 글에서 알 수 있는 내용이 아닌 것은?

① 고쳐쓰기를 할 때에도 독자를 염두에 두어야 한다.
② 고쳐쓰기를 하는 과정에서 글의 순서를 바꿀 수도 있다.
③ 고쳐쓰기 과정까지 거쳐 최종적으로 완성된 글을 '초고'라고 한다.
④ 고쳐쓰기를 할 때 세부적인 내용의 점검에 앞서 전체적인 짜임을 확인하는 것이 좋다.
⑤ 고쳐쓰기 과정에서 처음 계획할 때의 의도가 글에 제대로 반영되었는지 확인할 수 있다.

03 🌟중요 고쳐쓰기 과정에서 한 질문 중 ㉠에 해당하지 않는 것은?

① 글의 제목은 나의 의도를 잘 나타내고 있나?
② 글의 전체적인 구성은 자연스럽고 짜임새가 있나?
③ 문단과 문단 사이에 적절한 접속어가 사용되었나?
④ 독자들이 글의 주제를 잘 파악할 수 있게 구성되었나?
⑤ 띄어쓰기나 맞춤법이 규정에 맞게 정확하게 쓰였는가?

04 ㉡에 들어갈 내용으로 적절한 것은?

① 어쩔 수 없이 거쳐야 하는
② 글을 쓸 때 가장 먼저 해야 하는
③ 글의 잘못된 부분을 고치기 위한
④ 독자가 글을 잘 읽도록 개선하는
⑤ 글쓴이의 의도를 쉽게 파악하지 못하게 하는

[05~06] 〈보기〉를 읽고 물음에 답하시오.

◀ 보기 ▶

〈고쳐쓰기 전〉

　어제 친구와 집에 가다가 서점 앞에 하차되어 있는 차 아래에 고양이 새끼 한 마리가 잠들어 있는 것을 본다. 그래서 종이 한 장을 꺼내서 '차 아래에 고양이가 잠들어 있어요.'라고 써서, 차 유리창에 끼워 놓았다. 고양이의 귀여운 모습을 보고 있다가 문득 자동차 주인이 고양이가 있는 것을 모르고 출발하다가 고양이가 다치지 않을까 걱정이 되었다.

〈1차 고쳐쓰기 후〉

　㉠어제 친구와 집에 가다가 서점 앞에 주차되어 있는 차 아래에 고양이 새끼 한 마리가 잠들어 있는 것을 본다. 고양이의 귀여운 모습을 보고 있다가 문득 자동차 주인이 고양이가 있는 것을 모르고 출발하다가 고양이가 다치지 않을까 걱정이 되었다. 그래서 종이 한 장을 꺼내서 '차 아래에 고양이가 잠들어 있어요.'라고 써서, 차 유리창에 끼워 놓았다. 자동차 주인이 차 아래에 잠들어 있는 고양이를 조심스럽게 깨우는 모습을 상상하며 집으로 갔다.

05 다음 중 〈보기〉의 고쳐쓰기 과정에서 적용한 고쳐쓰기의 원리를 모두 고른 것은?

ㄱ. 추가의 원리　　　　ㄴ. 삭제의 원리
ㄷ. 대치의 원리　　　　ㄹ. 재구성의 원리

① ㄱ, ㄴ　　　② ㄷ, ㄹ　　　③ ㄱ, ㄴ, ㄷ
④ ㄱ, ㄷ, ㄹ　　　⑤ ㄴ, ㄷ, ㄹ

06 〈보기〉의 ㉠에 대해 '문장 수준의 고쳐쓰기'를 추가로 할 때, 적용할 수 있는 것은?

① 띄어쓰기를 잘 지켰는지 점검한다.
② 문장의 길이가 너무 짧지 않은가 확인한다.
③ 상투적인 말을 인용하지 않았는지 점검한다.
④ 문장에 시제 표현이 정확하게 되었는지 확인한다.
⑤ 주어와 서술어의 호응이 제대로 되어 있는지 확인한다.

고난도 응용

01 중요

〈보기〉를 고쳐 쓰는 과정에 대해 나눈 대화로 적절하지 <u>않</u>은 것은?

◀ 보기 ▶

　둘째, 학교 안에 보안 카메라를 설치한다고 해도 사건이나 사고의 예방에 큰 도움이 되지는 못 한다. ⓐ요즘은 보안 카메라의 성능이 좋아지기는 했다. 보안 카메라는 사후 처리에 도움이 될 뿐이다. 사고가 이미 발생했는데 뒤늦게 녹화 테이프를 살펴보고 관련된 학생을 찾아서 처벌하는 것은 ⓑ*사후약방문에 지나지 않는다. ⓒ물론 보안 카메라 설치 후 처음 얼마간은 학생들이 카메라를 의식해 조심해서 행동할 수 있다. ⓓ카메라의 위치가 다 알려지고 나면 사고의 예방 효과는 줄어들 수밖에 없다.

* 사후약방문: 때가 지난 뒤에 어리석게 애를 쓰는 경우를 비유적으로 이르는 말.

① 연수: 〈보기〉가 전체 글 중 한 문단이라면 글쓴이는 이미 글의 전체적인 구조에 대한 점검은 마쳤을 거야.
② 진호: ⓐ와 관련해서는 '삭제의 원리'를 적용하는 것이 좋겠어.
③ 윤희: ⓑ를 상투적이라고 생각한다면 '대치의 원리'를 적용해 다른 표현으로 바꾸겠지?
④ 인철: ⓒ의 위치가 적절하지 않은 것 같아. '재구성의 원리'를 적용해야겠어.
⑤ 성미: ⓓ의 앞에 적절한 접속어를 넣어야 문장 간의 연결이 자연스러워지겠지?

서술형

02 〈보기〉를 '재구성의 원리'를 적용해서 고쳐 쓰시오.

◀ 보기 ▶

　나는 운동을 좋아한다. 그러다 보니 집에 늦게 들어가 부모님께 야단을 맞을 때가 종종 있다. 그런데 친구들과 운동을 할 때면 시간 가는 줄을 모른다. 그럴 때마다 시간을 자주 확인해야겠다는 생각을 하지만 운동에 열중하다 보면 똑같은 실수를 반복하게 된다.

◀ 조건 ▶

• 다른 원리는 적용하지 말 것.

2 고쳐쓰기의 실제

*다음 글을 읽고 물음에 답하시오.

행복한 우리 가족

(가) 한 달 전부터 나에게 동생이 생긴다. 내 동생의 이름은 몽실이. 복슬복슬한 하얀 털에 반짝거리는 까만 눈을 가진 <u>몰티즈인대</u>, 작년에 이모네 집에서 본 몰티즈가 너무 예뻐서 지나가는 말로 키우고 싶다고 중얼거린 것을 엄마가 기억하고 계셨다가 이모네 몰티즈가 새끼를 낳았다는 말을 듣고 특별히 <u>명령</u>을 해 몽실이를 데려온 것이다.

(나) 몽실이가 온 이후로 나의 생활은 이전과 완전히 달라졌다. 이전에는 학교 수업이 끝난 후에도 친구들과 어울리느라고 해가 진 뒤에야 집에 들어가곤 했지만, 지금은 몽실이를 보기 위해 학교부터 집까지 한숨에 달려간다. 방에 틀어박혀 게임만 하고 가족들과 대화 한 마디 없던 나였지만 지금은 엄마와 함께 몽실이의 재롱을 보며 많은 대화를 한다. 몰티즈는 추위에 약해 겨울에는 난방에 신경을 써주어야 한다.

(다) 몽실이는 성격이 매우 활발하고 애교가 많다. 언젠가는 내가 한눈을 파는 사이에 몰래 방에 들어와 실내화를 못 쓰게 만든 일도 있었다. 하지만 몽실이에게 화를 낼 수는 없었다. 잠시도 가만히 있으려 하고 하루 종일 부지런히 돌아다닌다. 호기심도 많아 처음 보는 물건은 일단 물어뜯고 본다. 너덜거리는 실내화를 들고 황당해하는 내 무릎 위로 재빨리 올라와 커다란 눈으로 내 얼굴을 무심코 쳐다보는 몽실이의 애교에 화가 가랑비에 옷 젖듯이 금새 사라졌다.

(라) 지난 일요일에는 몽실이를 데리고 산책을 나갔다가 웬 아저씨가 운동을 시키는 커다란 개를 만났다. ⓐ<u>아저씨가 운동을 시키는 큰 개는 목줄을 하지 않고 있었다.</u> 갑자기 큰 개가 몽실이에게 달려들어 큰 사고가 날 <u>뻔했다.</u> (㉠) 아저씨는 미안하다는 말도 하지 않고 개를 데리고 공원을 떠났다. 아저씨가 떠난 자리에는 개의 대변이 그대로 남아 있었다. 그날 나는 (㉡) 것을 깨달았다.

(마) 오늘도 집에 가면 몽실이가 가장 먼저 나를 반겨 주었다. 이제는 제법 친해졌다고 나를 친언니처럼 따르는 예쁜 내 동생. 몽실아, 네가 건강하게 잘 크도록 이 언니가 잘 돌봐줄게. 매일매일 행복한 추억만 만들며 오래오래 같이 살자.

01 〈보기〉를 참고할 때, 이 글을 고쳐 쓰기 위한 질문 중 가장 먼저 해야 할 것은?

> ◀ 보기 ▶
> 보통 고쳐쓰기는 글 수준에서 시작하여 문단 수준, 문장 수준, 단어 수준의 순서를 따른다.

① 접속어의 사용은 적절한가?
② 길이가 지나치게 긴 문장은 없는가?
③ 제목 '행복한 우리 가족'이 적절한가?
④ 문맥에 맞는 적절한 단어가 사용되었는가?
⑤ 문단의 중심 내용은 명확하게 드러나는가?

02 〈보기〉를 참고하여 이 글의 제목을 수정할 때, 적절한 것은?

> ◀ 보기 ▶
> 글을 쓸 때에 제목을 어떻게 붙이느냐도 매우 중요하다. 글쓴이가 글을 통해 전달하려는 중심 생각이 압축적으로 표현된 제목이 좋은 제목이다.

① 이모와 강아지
② 몰티즈 키우는 법
③ 몽실이가 달라졌어요.
④ 사랑스러운 동생, 몽실이
⑤ 공원에서 만난 개의 추억

03 〈보기〉에서 설명하는 원리를 적용해야 하는 문단은?

> ◀ 보기 ▶
> '재구성의 원리'는 글의 배열이 적절하게 되었는지 확인하면서, 글의 순서를 바꾸며 내용을 조정하는 원리이다.

① (가) ② (나) ③ (다) ④ (라) ⑤ (마)

04 '추가의 원리'에 따라 다음 문장을 추가하기에 적절한 문단은?

> 몽실이를 키우며 더불어 사는 삶에 대해 배우는 점도 많다.

① (가) ② (나) ③ (다) ④ (라) ⑤ (마)

05 (가)를 점검한 내용으로 적절하지 <u>않은</u> 것은?

① '명령'이라는 단어가 부적절해 보여. '부탁'으로 바꾸어야겠어.

② 마지막 문장이 지나치게 길어. 2~3개의 문장으로 나누어야겠어.

③ 시제 호응이 자연스럽지 않아. '생긴다'를 '생겼다'로 바꾸어야겠어.

④ 높임 표현이 잘못 사용되었어. '데려온' 대신에 '모셔온'으로 써야지.

⑤ 맞춤법에 맞지 않는 표현이 있어. '몰티즈인대'를 '몰티즈인데'로 수정해야지.

06 선생님의 조언에 따라 (마)를 〈보기〉와 같이 수정했다. 선생님의 조언으로 적절한 것은?

> ◀ 보기 ▶
> 오늘도 집에 가면 몽실이가 가장 먼저 나를 반겨 줄 것이다. 이제는 제법 친해졌다고 나를 친언니처럼 따르는 예쁜 내 동생. 몽실아, 네가 건강하게 잘 크도록 이 언니가 잘 돌봐줄게. 매일매일 행복한 추억만 만들며 오래오래 같이 살자.

① 불필요한 내용을 삭제해라.

② 시제를 고려하면서 문장을 써라.

③ 맞춤법에 맞는 정확한 단어를 사용해라.

④ 상투적인 표현은 참신한 표현으로 바꿔라.

⑤ 글의 흐름이 자연스럽게 문장을 재배열해라.

07 ㉠에 들어갈 접속어로 가장 적절한 것은?

① 그래서 ② 그리고 ③ 하지만
④ 그러므로 ⑤ 왜냐하면

08 ㉡에 들어갈 내용으로 가장 적절한 것은?

① 작은 개보다 큰 개를 키우는 게 더 어렵다는

② 개를 키우는 데에도 지켜야 할 예의가 있다는

③ 개를 데리고 공원에서 산책을 하면 안 된다는

④ 말로 하는 것보다 행동을 하는 것이 중요하다는

⑤ 몽실이를 보호하기 위해서는 언제나 목줄을 하고 다녀야 한다는

고난도 응용

01 〈보기〉를 참고하여 (나)를 고쳐 쓰기 위한 방안으로 적절한 것은?

> ◀ 보기 ▶
> 글은 모든 내용이 하나의 주제로 긴밀하게 연결되어야 하는데, 이런 특성을 '통일성'이라 한다. 통일성을 기준으로 고쳐쓰기를 할 때에는 하위 내용이 중심 내용을 뒷받침하는지 점검해야 하고, 불필요한 내용이 있으면 삭제를 해야 한다.

① 불필요한 마지막 문장을 삭제한다.

② 두 번째 문장 앞에 접속어를 넣는다.

③ 문단의 중심 내용을 분명하게 드러낸다.

④ 몰티즈가 추위에 약한 이유를 추가한다.

⑤ 글쓴이의 생활이 달라진 사례를 하나 더 추가한다.

02 〈보기〉는 (다)를 점검한 선생님의 조언이다. 빈칸에 들어갈 내용으로 적절하지 <u>않은</u> 것은?

> ◀ 보기 ▶
> 서연이의 글을 잘 읽었어. 예쁜 동생이 생겨 좋겠구나. 그런데 글을 조금 수정해야 할 것 같아. 아래의 사항을 고려하면서 (다)를 다시 한번 읽어 보렴.
>

① 접속어의 적절한 사용

② 관용구 사용의 적절성

③ 문장 성분 간의 호응 관계

④ 맞춤법에 맞는 올바른 표기

⑤ 문맥에 맞는 부사어의 사용 여부

서술형 **중요**

03 〈보기 2〉는 ⓐ를 〈보기 1〉과 같이 고칠 때 적용된 고쳐쓰기의 원리를 정리한 것이다. 빈칸에 들어갈 내용을 쓰시오.

> ◀ 보기 1 ▶
> 그 개는 목줄을 하지 않았는데, 갑자기 몽실이에게 달려들어 큰 사고가 날 뻔했다.

재구성의 원리	(1)
대치의 원리	(2)
삭제의 원리	중복되는 내용 중 하나를 삭제하였다.

[01~04] 다음 글을 읽고 물음에 답하시오.

㉠ 일반적으로 글을 쓸 때에는 '계획하기', '내용 생성하기', '내용 조직하기', '표현하기'의 과정을 거치게 되는데, 이 과정을 통해 만들어진 글을 '초고'라고 한다. 그런데 이 초고가 바로 완성된 글이 되는 것은 아니다. 글이 처음의 의도에 맞게 쓰였는지, 내용이나 표현 중에 부족하거나 잘못된 부분은 없는지를 검토하고 수정하는 '고쳐쓰기' 과정을 거쳐야 비로소 글이 완성되는 것이다.

㉡ 글을 고쳐 쓸 때에는 몇 가지 기본 원리에 따른다. 먼저, '추가의 원리'는 설명이 부족하거나 불충분할 때 필요한 내용을 덧붙이는 것을 말한다. 다음으로 '삭제의 원리'는 중심 내용과 관계없는 불필요한 내용이나 상투적인 내용을 빼는 것이다. 또한, '대치의 원리'는 적절하지 않은 부분이나 잘못된 부분을 다른 내용으로 바꾸는 것을 말하며, '재구성의 원리'는 글의 순서를 바꾸고 내용을 줄이거나 늘이면서 내용을 조정하는 원리이다.

㉢ 고쳐쓰기를 할 때에는 글의 전체적인 구조나 제목 등을 검토한 후에 점차 세부적인 내용으로 범위를 좁혀 가면서 수정하는 것이 좋다. 그래서 보통 고쳐쓰기는 글 수준에서 시작하여 문단 수준, 문장 수준, 단어 수준의 순서를 따른다.

㉣ 글 수준에서는 처음에 계획한 의도를 생각하면서 주제가 잘 드러나는지, 불필요하거나 빠진 내용은 없는지, 제목은 글의 중심 내용을 잘 드러내는지 등을 확인한다. 또한 문단 간의 연결은 자연스러운지, 전체적인 구성은 짜임새가 있는지도 함께 살펴본다. 문단 수준에서는 각 문단의 중심 내용이 잘 드러나는지, 문단의 길이는 적절한지, ㉠문단 내에 불필요한 내용은 없는지를 살펴볼 수 있다. 그리고 문장 수준에서는 문장의 길이가 적절한지, 어법에 맞는 정확한 문장을 사용하였는지, 상투적인 표현은 없는지 등을 점검하고, 마지막으로 단어 수준에서는 적절한 단어를 사용했는지, 띄어쓰기나 맞춤법은 잘 지켰는지 등을 살펴보아야 한다.

㉤ 글을 쓸 때에는 독자를 염두에 두어야 한다. 독자들이 내용을 잘 이해하면서, 글쓴이의 의도를 정확하게 파악할 수 있는 글이 좋은 글이다. 따라서 고쳐쓰기를 할 때에는 단순히 글의 잘못된 부분을 찾기 위한 작업이라 생각하지 말고, 독자가 글을 잘 읽을 수 있도록 개선하는 과정이라는 생각을 해야 한다.

01 이 글에서 알 수 있는 내용으로 적절한 것은?

① 초고는 글쓰기의 마지막 결과물이다.
② 고쳐쓰기 과정에서 글을 쓴 의도를 바꿀 수 있다.
③ 고쳐쓰기는 원리에 적용받지 않는 자유로운 활동이다.
④ 고쳐쓰기는 독자의 입장을 고려하며 진행하는 것이 바람직하다.
⑤ 고쳐쓰기는 세부적인 내용의 수정부터 시작하는 것이 일반적이다.

02 〔중요〕 고쳐쓰기의 기본 원리를 적용해야 하는 경우를 잘못 연결한 것은?

① 추가의 원리: 주제에서 벗어난 내용이 있는 경우
② 삭제의 원리: 참신하지 않거나 상투적으로 표현한 경우
③ 대치의 원리: 맥락에 어울리지 않는 단어를 사용한 경우
④ 대치의 원리: 지시어나 접속어를 부적절하게 사용한 경우
⑤ 재구성의 원리: 글의 순서가 뒤바뀌어 흐름이 자연스럽지 못한 경우

03 〈보기〉는 글을 고쳐 쓰는 과정에서의 사고 내용이다. 이에 대한 설명으로 적절하지 <u>않은</u> 것은?

〔 보기 〕
㉮ 원인을 먼저 제시하고 결과를 나중에 보여 주니 문단의 중심 내용이 선명하게 드러나지 않아. 결과를 먼저 써 주는 게 낫겠어.
㉯ 글의 제목이 나의 의도를 충분히 반영하지 못하는 것 같아. 글의 중심 내용을 고려하면서 제목을 정해야겠어.

① ㉮는 문단 수준의 고쳐쓰기이다.
② ㉮는 재구성의 원리를 적용한 것이다.
③ ㉯는 글 수준의 고쳐쓰기이다.
④ ㉯는 추가의 원리를 적용한 것이다.
⑤ 시간적으로 볼 때, ㉮보다 ㉯가 앞선 과정이다.

04 〔서술형〕 ㉠은 구체적으로 어떤 내용을 말하는지 '중심 내용'이라는 말을 넣어 쓰시오.

[05~08] 다음 글을 읽고 물음에 답하시오.

가 좋은 글은 글쓴이가 의도한 중심 내용이 독자들에게 명확하게 전달되는 글이다. 독자들이 글을 읽고 난 뒤에 글쓴이가 무슨 이야기를 하려 했는지를 파악하지 못한다면 글쓴이는 글의 목적을 달성하지 못한 것이 된다. 그렇기 때문에 초고를 완성하고 고쳐쓰기를 할 때 가장 먼저 글의 주제가 잘 드러나는지를 확인해야 하는 것이다.

나

몽실이가 온 이후로 나의 생활은 이전과 완전히 달라졌다. 이전에는 학교 수업이 끝난 후에도 친구들과 어울리느라고 해가 진 뒤에야 집에 들어가곤 했지만, 지금은 몽실이를 보기 위해 학교부터 집까지 한숨에 달려간다. 방에 틀어박혀 게임만 하고 가족들과 대화 한 마디 없던 나였지만 지금은 엄마와 함께 몽실이의 재롱을 보며 많은 대화를 한다. 몰티즈는 추위에 약해 겨울에는 난방에 신경을 써 주어야 한다.

다 글은 모든 내용이 하나의 주제로 긴밀하게 연결되어야 하는데, 이런 특성을 ㉠'통일성'이라 한다. 통일성을 기준으로 고쳐쓰기를 할 때에는 하위 내용이 중심 내용을 뒷받침하는지 점검해야 하고, 불필요한 내용이 있으면 삭제를 해야 한다.

라

몽실이를 데리고 산책을 나갔다. 웬 아저씨가 운동을 시키는 커다란 개를 만났다. 아저씨가 운동을 시키는 큰 개는 목줄을 하지 않고 있었다. 갑자기 큰 개가 몽실이에게 달려들어 큰 사고가 날 뻔했다. 아저씨는 미안하다는 말도 하지 않고 개를 데리고 공원을 떠났다.

마 '응집성'이란 문장과 문장이 긴밀하게 연결되어야 한다는 글의 특성을 말한다. 문단과 문단 사이에도 응집성은 필요하다. 고쳐쓰기를 하는 과정에서 응집성이 부족하다고 판단되면 지시 표현이나 접속 표현을 적절하게 사용하여 글의 문장과 문장, 또는 문단과 문단 사이를 긴밀하게 연결해 주어야 한다.

05 (나)의 중심 내용으로 적절한 것은?

① 몰티즈 종의 특성
② 대화가 부족한 가족
③ 몽실이로 인한 '나'의 변화
④ 몰티즈를 키울 때 유의할 점
⑤ 몽실이가 우리 집에 오게 된 계기

06 (나)의 문제점을 해결하기 위해 적용할 수 있는 고쳐쓰기의 원리는?

① 추가의 원리　　② 삭제의 원리
③ 대치의 원리　　④ 부가의 원리
⑤ 재구성의 원리

서술형

07 ㉠의 관점에서 (나)의 적절성을 평가하여 〈조건〉에 맞게 쓰시오.

조건
• 고쳐 써야 할 부분은 첫 어절과 끝 어절만 쓰고 '~'로 이어 줄 것.
• '통일성'이란 말을 넣어 한 문장으로 답을 작성할 것.

중요

08 〈보기〉는 응집성을 고려하여 (라)를 고쳐 쓴 것이다. 고쳐쓰기 과정에 대한 설명으로 적절하지 <u>않은</u> 것은?

보기

몽실이를 데리고 산책을 나갔는데, 웬 아저씨가 운동을 시키는 커다란 개를 만났다. 그 개는 목줄을 하지 않고 있었는데, 갑자기 몽실이에게 달려들어 큰 사고가 날 뻔했다. 하지만 아저씨는 미안하다는 말도 하지 않고 개를 데리고 공원을 떠났다.

① 한 문장 안에서 반복되는 부분 중 하나를 삭제하였다.
② 적절한 연결어를 사용하여 두 개의 문장을 하나로 묶었다.
③ 접속어를 사용하여 문장과 문장 사이를 긴밀하게 연결하였다.
④ 앞의 내용이 반복되는 부분은 지시 표현을 사용하여 반복을 피했다.
⑤ 적절하지 않은 접속어는 문장의 흐름을 자연스럽게 연결하는 것으로 교체하였다.

[09~10] 다음 글을 읽고 물음에 답하시오.

정상에 오른 것은 등산을 시작한 지 세 시간이 지나서였다. 올라올 때에는 너무 힘들어서 산에 온 것을 ⓐ후회되기도 하고 그냥 포기하고 내려갈까 하는 생각도 했다. (㉠) 정상에서 시원한 바람을 맞으며 탁 트인 주변 풍경을 보니 조금 전까지 느꼈던 감정은 한순간에 사라졌다. 대신 정말 잘 왔다는 생각을 하고 나 자신에 대한 대견한 마음이 ⓑ들 것이다. ⓒ산에 오르면서 힘들어 할 때마다 내 손을 잡아끌어 준 고마운 친구이다. 그때 저 앞에 선호의 모습이 보였다. ⓓ선호는 내 동생과 이름도 같다. 나는 선호에게 다가갔다. (㉡) 가방 속에 넣어온 음료수를 꺼내 ⓔ건네며 고맙다는 인사를 했다. 아무 말 없이 웃기만 하는 듬직한 나의 친구. (㉢) 나는 친구 선호가 참 좋다.

09 〈보기〉에서 ㉠~㉢에 들어갈 접속어를 각각 찾아 쓰시오.

┨ 보기 ┠
그리고, 그래서, 그러면, 하지만

- ㉠:
- ㉡:
- ㉢:

10 ⓐ~ⓔ를 고쳐 쓰기 위해 생각한 내용으로 적절하지 <u>않은</u> 것은?

① ⓐ: 불필요한 피동 표현이 사용되었으므로, '후회하기도'로 고친다.
② ⓑ: 시제가 적절하지 않게 사용되었으므로, '들었다.'로 고친다.
③ ⓒ: 글의 흐름이 자연스럽지 않으므로, 뒤의 문장과 순서를 바꾼다.
④ ⓓ: 전체 내용과 상관없는 불필요한 내용이므로, 삭제한다.
⑤ ⓔ: 맞춤법에 맞지 않는 표기이므로, '건내며'로 고친다.

[11~12] 다음 글을 읽고 물음에 답하시오.

㉮ 선생님, 희주입니다. 2학년 생활도 벌써 두 달이 지났습니다. 처음에는 조금은 낯설게 느껴지던 교실이 이제는 가장 익숙한 공간이 되었습니다. 단체 생활을 하는 공간인 교실에서 생활하기 위해서는 서로가 지켜야 할 예의가 있다고 생각합니다. 개성이 강한 저희들이 즐겁게 학교생활을 할 수 있도록 관심을 갖고 지도해 주시는 선생님께 감사드립니다.

㉯ 제가 선생님께 편지를 쓰는 것은 교실 좌석 문제로 건의를 드리기 위해서입니다. 지금 우리 반은 제비뽑기로 좌석을 정하고 있습니다. 모두가 똑같은 조건에서 좌석이 결정되기 때문에 가장 유리한 방법일 수 있으나, 몇 가지 문제점도 있습니다. 우선, 우리들 개개인의 특성이 반영되지 않고 있습니다. 시력이 좋지 않은 인철이와 수정이는 선생님의 판서가 잘 보이지 않아 어려움을 겪고 있습니다. 키가 작은 윤서는 키가 큰 진구가 앞에 있어 불편하다고 합니다. 이와 같은 이유들 때문에 저는 교실 좌석을 정하는 방법을 다음과 같이 바꾸었으면 합니다.

11 (가)에 대한 평가로 가장 적절한 것은?

① 불필요한 문장이 있어 통일성이 부족하다.
② 문장의 호응이 잘못돼 글이 부자연스럽다.
③ 문장 간의 연결이 어색해 응집성이 부족하다.
④ 말하고자 하는 내용이 분명하게 드러나지 않는다.
⑤ 높임 표현을 잘못 사용해 예의에 어긋나는 글이다.

12 〈보기〉에서 (나)를 고쳐 쓰기 위해 적용해야 할 원리들을 모두 고른 것은?

┨ 보기 ┠
㉠ 추가의 원리　　　　㉡ 삭제의 원리
㉢ 대치의 원리　　　　㉣ 재구성의 원리

① ㉠, ㉡　　　② ㉠, ㉢　　　③ ㉠, ㉣
④ ㉡, ㉢　　　⑤ ㉡, ㉣

13 〈보기 1〉은 고쳐쓰기를 위한 선생님의 조언이다. ㉠~㉣에 해당하는 말을 〈보기 2〉에서 찾아 쓰시오.

◀ 보기 1 ▶

　글을 읽어 보니, 문단의 중심 내용이 잘 드러나지 않는 것 같아. 마지막 문장을 삭제하면 (㉠)을/를 갖춘 글이 될 수 있을 것 같아. 그리고 결과를 강조하기 위해서는 (㉡)의 원리를 이용해 원인과 결과의 순서를 바꾸는 것이 낫지 않을까? 또 글 중간에 인용한 속담은 적절하지 않은 것 같아. 굳이 속담을 넣지 않아도 되는 부분인 것 같으니 (㉢)의 원리를 적용해 보자. 여기까지 다 됐으면 마지막으로 단어를 적절하게 사용했는지 점검해 봐. 맞춤법이 틀렸거나 부적절한 단어가 사용되었으면 (㉣)의 원리를 적용해 바꿔 주도록 해.

◀ 보기 2 ▶

추가, 삭제, 대치, 재구성
통일성, 응집성

서술형 **중요**

14 〈보기 1〉을 참고하여 〈보기 2〉를 〈조건〉에 맞게 고쳐 쓰시오.

◀ 보기 1 ▶

　'응집성'이란 문장과 문장이 긴밀하게 연결되어야 한다는 글의 특성을 말한다. 고쳐쓰기를 하는 과정에서 응집성이 부족하다고 판단되면 지시 표현이나 접속 표현을 적절하게 사용하여 글의 문장과 문장, 또는 문단과 문단 사이를 긴밀하게 연결해 주어야 한다.

◀ 보기 2 ▶

　집에 가다가 큰 가방을 들고 가시는 할머니 한 분을 보았다. 큰 가방을 들고 가시는 할머니는 무거운 가방이 힘에 부치시는지 많이 힘들어 하셨다. 할머니를 도와주려는 사람들이 한 명도 없었다. 나와 친구가 나서서 할머니의 가방을 들어드렸다.

◀ 조건 ▶

• 문장의 수는 그대로 유지할 것.
• 지시 표현 1개, 접속 표현 2개를 사용할 것.

15 다음 문장을 고쳐 쓴 것으로 적절하지 <u>않은</u> 것은?

① 예쁜 선생님의 딸이 학교에 놀러 왔다. (선생님의 딸이 예쁘다는 의미임.)
　→ 선생님의 예쁜 딸이 학교에 놀러 왔다.
② 모름지기 인간은 양심을 가지고 행동한다.
　→ 모름지기 인간은 양심을 가지고 행동해야 한다.
③ 서둘러 약속 장소에 도착했더니 12시가 넘겠다.
　→ 서둘러 약속 장소에 도착했더니 12시가 넘는다.
④ 인간은 자연을 지배하기도 하고, 복종하기도 한다.
　→ 인간은 자연을 지배하기도 하고, 자연에 복종하기도 한다.
⑤ 과제를 낸 사람은 별도의 자료를 따로 제출할 필요가 없다.
　→ 과제를 낸 사람은 별도의 자료를 제출할 필요가 없다.

16 다음 다섯 개의 문장을 순서대로 연결하여 하나의 문단을 만들 때, 사용할 수 있는 접속어가 <u>아닌</u> 것은?

사람은 사회적 동물이다.
다른 사람들과 관계를 맺으면서 살아야 한다.
가끔은 혼자만의 시간을 갖기를 원하기도 한다.
복잡한 인간관계에서 피로감을 느끼기 때문이다.
인간은 고독한 동물이기도 하다.

① 그리고　　　② 따라서　　　③ 하지만
④ 왜냐하면　　⑤ 그러므로

17 다음 글을 고쳐 쓸 때 사용할 교정 부호로 가장 적절한 것은?

　초등학교 3학년 때 집안 사정으로 잠시 엄마, 아빠와 떨어져 할머니와 함께 지낸 적이 있었다. 왜냐하면 예쁜 옷을 입고 잔뜩 멋을 부린 젊은 엄마들 사이에 끼어 앉은 초라한 할머니가 부끄러웠기 때문이었다. 그때 나는 학부모 참여 수업을 가장 싫어했다.

① ∨(사이 띄우기)　　② ⌒(연결하기)
③ ✎(삭제하기)　　　④ ∽(자리 바꾸기)
⑤ ⌒○(수정하기)

다섯째 마당

듣기·말하기

1 의미를 나누는 대화

[학습 목표] • 듣기·말하기는 의미 공유의 과정임을 이해하고 듣기·말하기 활동을 할 수 있다.

개념 압축 APP

1 듣기·말하기의 본질

| 화자(말하는 이) | → | **형식** ( ) | 음성 언어(말) | → | 청자(듣는 이) |
| | | | 생각과 감정 | | |

화자와 청자가 서로 말을 주고받으면서 함께 의미를 ( )해 가는 과정

2 듣기·말하기의 특성

• 음성 언어를 사용하여 이루어지는 언어 행위임.
• 의미를 주고받는 언어 행위임.
• 상황과 맥락을 고려하여 이루어져야 함.
• 사람들 사이에서 이루어진다는 점에서 사회적 활동임.
• 협동을 통해 이루어지는 ( )의 과정이기도 함.

3 효과적인 듣기·말하기의 방법

• 듣기와 말하기의 목적을 확인함.
• 대화 상대방의 상황, 감정, 태도, 지적 수준 등을 고려함.
• 말을 할 때는 말할 내용과 표현 방법을 적절하게 선정함.
• 들을 때는 상대방의 말에 주의 집중하면서 적절하게 반응함.
• 대화의 과정에서 듣기·말하기의 과정을 점검함.

4 듣기·말하기의 가치

• 의미를 공유할 수 있음.
• 상대와의 관계를 형성하고 발전시킴.

5 바람직한 듣기·말하기의 태도

상대방을 존중하고 배려하며 ( )(으)로 의미를 공유해야 함.

필수 어휘 사전

● **음성 언어**: 음성으로 나타내는 말, 즉 의미 있는 사람의 목소리로 표현된 언어.
● **공유**: 두 사람 이상이 한 물건을 공동으로 소유함.

확인 문제

1. 듣기·말하기의 특성에 대한 설명으로 적절하지 않은 것은?

① 음성 언어를 수단으로 한다.
② 의미를 주고받는 것을 목적으로 한다.
③ 여러 가지 상황을 고려하여 이루어진다.
④ 영구적이고 지속적인 특성을 가지고 있다.
⑤ 주로 협동을 통해 이루어지며 문제 해결의 과정이다.

2. 효과적으로 듣고 말하기 위한 방법으로 적절하지 않은 것은?

① 상대방의 상황이나 감정, 지적 수준을 고려한다.
② 듣기·말하기의 목적을 확인하면서 듣고 말한다.
③ 말할 때 내용과 어울리는 표현 방법을 활용한다.
④ 상대방과 대화가 되지 않을 때에는 즉시 중단한다.
⑤ 들을 때에는 상대방의 말에 집중하고 적절히 반응한다.

3. 다음 빈칸에 들어갈 적절한 내용을 3어절로 쓰시오.

듣기·말하기는 의미를 공유하는 목적을 달성함과 동시에 상대방과의 ( )은/는 가치를 가지고 있다.

유익한 관계 형성

정답 1. ④ 2. ④ 3. 관계를 형성하는

정답 공유, 성립, 문제 해결, 내용

끌어 주기

❶ 다음 대화를 읽고 이어지는 활동을 해 보자.

> 민희: 윤수야, 어제 개봉한 영화 봤어?
> 윤수: 민희야, 너 국어 수행 평가 다 했어?
> 민희: 너무 아름다운 영화였어. 아름다운 자연을 바탕으로 벌어지는 사랑의 대서사시. 너도 꼭 봤으면 좋겠다.
> 윤수: 정말 국어 수행 평가하느라 얼마나 고생을 했는지 몰라. 모일 시간이 없는 거야. 다들 너무 바쁘잖아.
> 민희: 그 영화는 배경 음악도 너무 좋았어. 너도 한번 들어 볼래?

(1) 두 학생의 대화에 대해 평가해 보자.

대화가 잘 이루어졌는가?	
그렇게 생각한 이유	

(2) 제대로 이루어진 듣기·말하기란 무엇인지 말해 보자.

(3) 바람직한 듣기·말하기가 되도록 윤수의 첫 번째 말을 고쳐 보자.

❷ 다음 상황을 보고 이어지는 활동을 해 보자.

> 지원: 오늘 저녁이 정말 맛있었어요. 그런데 엄마, 부탁이 있어요.
> 엄마: 고맙구나. 그런데 부탁이 있다는 건 뭐니?
> 지원: 엄마, 집에 있을 때, 휴대 전화를 제가 쓰고 싶을 때 마음대로 쓰면 안 될까요?
> 엄마: 휴대 전화를 마음대로 사용하면 공부에 방해가 되지 않을까?

(1) 대화의 상황에 대해 정리해 보자.

중심 화제	
대화 참여자의 생각	

(2) 바람직한 말하기 방식과 듣기 태도를 고려하면서 대화를 이어 가 보자.

지원:
엄마:

❶ (1) 민희와 윤수의 대화이다. 둘의 대화를 읽고 대화가 원활하게 이루어지지 않은 이유를 생각해 본다.

예시 답안
- 대화가 잘 이루어지지 않았다.
- 이유: 서로 자기가 하고 싶은 말만 했기 때문이다.

(2) 제대로 된 듣기·말하기는 대화 참여자 사이에 의미가 공유되는 듣기·말하기이다.

예시 답안
- 대화 참여자의 생각과 느낌이 교환되는 듣기·말하기이다.
- 의미가 공유되는 듣기·말하기이다.

(3) 민희가 공유하고 싶은 의미는 영화와 관련되어 있다.

예시 답안 어떤 영화인데?

❷ (1) 듣기·말하기는 문제 해결의 과정이기도 하다. 이 대화의 중심 화제를 찾아보고, 듣기·말하기가 제대로 되기 위해서 어떤 태도를 취해야 하는지 생각해 본다.

예시 답안
- 중심 화제: 휴대 전화 사용
- 대화 참여자의 생각
  지원: 집에서 휴대 전화를 자유롭게 사용하고 싶다.
  엄마: 휴대 전화를 자유롭게 사용하면 공부에 방해가 된다.

(2) 상대방을 존중하고 배려하면서 협력적으로 대화를 나누어 본다.

예시 답안 지원: 공부에 방해가 되지 않도록 할게요. 엄마가 걱정 안 하시게 할게요.
엄마: 네가 그렇게 말하니 믿어 볼게. 계획을 잘 세워서 사용해 보렴.

*다음 글을 읽고 물음에 답하시오.

(가) 선생님: 진호야, 요즘 민수하고는 잘 지내니?

진호: 어, 선생님께서 제가 민수랑 사이가 안 좋은 걸 어떻게 아셨어요?

선생님: 담임이 모르는 게 어디 있니?

진호: 선생님께서 항상 바쁘시니까, 저에게 신경을 안 쓰시는 줄 알았죠. 저번에 개인 상담할 때에도 별 말씀이 없으셔서 제가 민수 때문에 고민하는 걸 잘 모르실 줄 알았어요.

선생님: 진호가 그렇게 생각했다니, 좀 미안한 생각이 드는데. 선생님이 관심을 좀 표현했어야 진호가 오해하지 않았을 텐데.

진호: 아니에요. 선생님께서 관심을 가져 주셨다는 것이 너무 좋아요. 그리고 민수하고도 곧 좋아질 것 같아요. 고맙습니다.

(나) 이 대화에서 선생님과 진호가 말을 주고받고 있다. ㉠선생님은 말을 하기도 하고 말을 듣기도 한다. 진호도 마찬가지이다. 다시 말해서 선생님이 화자가 되었을 때에 진호는 청자가 되고 진호가 화자가 되었을 때 선생님이 청자가 된다. 대화에서는 대화에 참여하는 사람들이 화자가 되기도 하고 청자가 되기도 하면서 음성 언어라는 형식을 활용하여 내용인 의미를 공유한다.

(다) 그러면 이 대화에서 선생님과 진호가 공유한 의미는 무엇일까? 선생님은 평소에 진호에게 관심을 잘 표현하지 않아서 진호가 자신에 대해 오해하고 있었다는 것을 알게 되었다. 한편 진호는 선생님이 자신에게 관심이 있었다는 것을 알게 되었다. 아울러 선생님은 진호의 말을 통해서 진호와 민수의 관계가 곧 회복될 것 같음을 알았다.

(라) 좀 더 나아가 이 대화를 통해 선생님과 진호가 무엇을 얻었는지 생각해 보자. 대화를 통해 선생님은 학생에 대해 관심을 표현하는 것이 중요하다는 것을 알게 되었고 진호는 선생님이 무관심한 것 같아도 학생들에게 관심이 많다는 것을 알게 되었다. 선생님과 진호는 대화를 통해 서로를 더 잘 이해하게 되어 앞으로는 더 많은 대화를 나누는 관계가 되었으리라 생각한다. 이렇게 듣기와 말하기는 본래의 목적과 더불어 상대방과 좋은 관계를 유지하고 발전시키는 데 많은 도움을 줄 수도 있다.

01 이 글에 대한 설명으로 적절한 것은?

① 구체적인 사례를 활용하여 설명하고 있다.
② 대상을 다른 대상과 견주어 설명하고 있다.
③ 대상에서 받은 느낌을 섬세하게 묘사하고 있다.
④ 대상의 변화를 시간 순서에 따라 설명하고 있다.
⑤ 비유적 표현을 통해 대상을 생동감 있게 표현하고 있다.

중요

02 (가)의 대화를 분석한 표이다. 적절하지 **않은** 것은?

ⓐ 화자	선생님, 진호
ⓑ 청자	선생님, 진호
ⓒ 주고받은 내용	• 선생님의 진호에 대한 관심 • 진호와 민수의 관계 • 진호에 대한 선생님의 감정 • 민수에 대한 선생님의 감정
ⓓ 대화 상황	선생님과 진호의 개인 상담
ⓔ 대화 참여자의 태도	서로를 이해하려는 협력적인 태도

① ⓐ   ② ⓑ   ③ ⓒ   ④ ⓓ   ⑤ ⓔ

03 (가)와 같은 대화를 나누는 방법으로 적절하지 **않은** 것은?

① 상대방의 말에 집중하면서 상황에 맞추어 적절한 반응을 보여 준다.
② 상대방의 처지를 고려하면서 상대방을 존중하고 배려하는 태도를 가진다.
③ 말을 할 때에는 상황이나 분위기에 맞는 표정과 행동을 적절하게 활용한다.
④ 상대방의 감정을 파악하기보다는 주어진 문제의 해결책을 찾는 데 노력한다.
⑤ 대화의 분위기가 어색하지 않도록 상황에 맞는 말과 적절한 유머를 활용한다.

04 (가)에서 진호가 선생님이 관심을 가지고 있었다는 것을 잘 몰랐던 이유로 적절한 것은?

① 선생님이 진호에게 표현을 하지 않았으므로
② 선생님이 진호를 비판적으로 생각하고 있어서
③ 진호가 선생님의 행동을 유심히 관찰하지 않아서
④ 진호가 선생님에 대해 부정적으로 생각하고 있어서
⑤ 선생님이 모든 아이들에게 다 관심을 가지고 있어서

05 (나)에 나타난 듣기·말하기의 특징으로 적절하지 <u>않은</u> 것은?

① 의미를 공유한다.
② 화자와 청자가 존재한다.
③ 음성 언어를 매개체로 한다.
④ 대화 참여자의 역할이 변화된다.
⑤ 의사소통에서 큰 비중을 차지한다.

06 (다)로 볼 때, 선생님이 새롭게 알게 된 사실로 적절한 것은? (정답 2개)

① 진호와 민수의 관계가 안 좋다는 사실
② 진호가 자신을 오해하고 있었다는 사실
③ 자신이 진호와 민수에게 관심이 없었다는 사실
④ 진호와 민수의 관계가 좋아질 가능성이 있다는 사실
⑤ 진호와 민수가 모두 자신의 관심이 필요한 학생이라는 사실

서술형
07 (라)를 바탕으로 할 때, 듣기·말하기가 선생님과 진호의 관계에 미친 영향이 어떠한지 한 문장으로 서술하시오.

고난도 응용

01 (가)에 대한 독자의 반응으로 적절하지 <u>않은</u> 것은?

① 진호는 민수와의 관계에 대해서 긍정적인 정보를 선생님에게 전달하고 있어.
② 진호는 민수와의 관계를 묻는 선생님의 말을 듣고 전혀 의미를 공유하지 못했어.
③ 선생님의 미안한 마음이 진호와 공유되어서 두 사람의 관계가 더욱더 친밀해질 것 같구나.
④ 선생님은 진호에게 자신의 마음을 솔직하게 털어놓아서 진호의 마음의 변화가 일어나게 되었어.
⑤ 선생님과 진호는 평소에 깊은 대화를 하지 않았기 때문에 선생님이 진호의 오해를 받게 되었다고 할 수 있어.

02 다음 듣기·말하기에 대한 설명 중, ㉠과 관련이 깊은 것은?

① 듣기·말하기는 문제 해결의 과정이다.
② 듣기·말하기는 관계를 유지하고 발전시킨다.
③ 듣기·말하기는 상호 작용의 성격을 가지고 있다.
④ 듣기·말하기는 다양한 상황 속에서 이루어진다.
⑤ 듣기·말하기는 음성 언어를 매개로 한 활동이다.

서술형
03 (라)를 바탕으로 듣기·말하기의 목적과 가치를 정리한 것이다. ㉮, ㉯에 들어가기에 적절한 말을 넣으시오.

듣기·말하기의 목적
(㉮)
+
듣기·말하기의 가치
(㉯)

2 달걀은 달걀로 갚으렴 | 박완서

*다음 글을 읽고 물음에 답하시오.

(가) "한뫼야, 봄뫼가 암탉 기르는 일을 훼방 놓지 말고 도와주렴."

"선생님은 기어코 봄뫼까지 도시의 업신여김을 당하게 하실 셈이군요."

"아니지, 선생님은 다만 달걀을 달걀로 갚는 일을 도와주려는 것뿐이다."

문 선생님이 소년처럼 뽐내면서 말했습니다. 좋은 생각이 떠올랐나 봅니다.

"암탉을 잘 먹이고 잘 돌봐서 알을 많이 낳게 하는 거야. 아직 어리지만 다 자랐어. 곧 알을 낳기 시작할 거야. 형제간에 싸워 가면서라도 달걀을 잘 모았다가 팔아서 여비를 마련해야지. 숙박비는 언제나처럼 민박으로할 테니까 칠 것도 없고……."

"선생님까지 결국은 절 업신여기시는군요."

(나) 한뫼가 일어섰다. 어둠 때문일까, 한뫼는 의젓해 보이기보다는 오히려 퍽 쓸쓸해 보였다. 문 선생님도 따라 일어서서 한뫼의 어깨를 안아 토닥거리며 다시 앉았다.

"그렇지만 여행하는 사람이 바뀔 거야. 금년엔 우리 반 아이들이 도시로 여행하는 게 아니라 우리 반 아이들이 도시 아이들을 초청하는 거야. 우리가 여비까지 부담해 가면서 말야. 왜 진작 그런 생각을 못 했을까. 이건 진짜 기막힌 생각이야. ㉠네 덕이다. 한뫼야, 고맙다."

(다) "도시 아이들은 아마 토끼풀하고 괭이밥하고도 헷갈리는 애 천질걸. 한뫼야, 우리가 문명의 이기에 대해 모르는 건 무식한 거고, 도시 아이들이 밤나무와 떡갈나무와 참나무와 나도밤나무와 참피나무와 물푸레나무와 피나무와 가시나무와 측백나무에 대해 모르는 건 유식하다는 생각일랑 제발 버려야 한다. 그건 똑같이 무식한 거니까, 너희가 특별히 주눅 들 필요는 없지 않겠니. 그러나 너희들은 싫건 좋건 앞으로 문명과 만나고 길들여질 테지만, 도시 아이들에게 있는 그대로의 자연과 만나 가슴을 울렁거릴 기회는 좀처럼 없을걸. 그런 경험을 놓치고 어른이 되어 버리면 너무 불쌍하지 않니. 바로 그런 소중한 경험을 너희들은 도시 아이들한테 베풀 수 있어. 달걀로 말이다."

(라) 한뫼는 더 이상 말대답을 하지 않고 선생님의 얼굴을 물끄러미 바라보기만 했습니다. 선생님의 얼굴은 어둠 속에서도 달덩이처럼 환합니다.

"인석아, 왜 그렇게 쳐다봐? 선생님 얼굴에 뭐 묻었냐?"

"아뇨, 우리나라에서 제일가는 선생님의 얼굴을 마음속에 새겨 두려고요."

"인석아, 달걀을 달걀로 갚으려는 생각은 내가 한 게 아니라 네가 한 거야."

학습 목표 응용

01 이 글에 나타난 인물들의 듣기·말하기에 대한 설명으로 적절한 것은?

① 객관적 정보를 주고받는 데 주된 목적이 있다.
② 감정을 절제하며 객관적 사실만을 전달하고 있다.
③ 감정과 생각을 나누는 과정을 잘 보여 주고 있다.
④ 관계 형성을 위해 의례적인 내용을 주고받고 있다.
⑤ 비협력적인 듣기·말하기로 서로에게 상처를 주고 있다.

02 (가)를 바탕으로 할 때, 한뫼가 봄뫼의 닭 키우기를 방해하는 이유로 가장 적절한 것은?

① 봄뫼가 자신과 상의 없이 닭을 키우기로 결정했기 때문에
② 봄뫼가 힘든 닭 키우기를 하는 것이 안쓰럽게 느껴졌기 때문에
③ 선생님이 봄뫼에게 닭을 키우게 하는 것이 부정한 일이라고 생각해서
④ 자신이 하기 싫었던 것이므로 동생까지 경험할 필요는 없다고 생각해서
⑤ 봄뫼가 스스로 키운 닭과 달걀 때문에 도시의 업신여김을 받을 것 같아서

03 (가)에서 듣기·말하기가 잘 이루어지지 않은 이유로 적절한 것은?

① 선생님이 한뫼의 말에 협력적인 태도를 보이고 있지 않기 때문이다.

② 선생님과 한뫼가 서로를 존중하지 않고 배려하지 않고 있기 때문이다.

③ 선생님이 상황을 파악하지 않고 분위기에 맞지 않는 말을 하였기 때문이다.

④ 한뫼가 자신의 입장만 생각하고 상대방인 선생님의 말을 논리적으로 비판했기 때문이다.

⑤ 한뫼가 선생님의 생각을 정확하게 파악하지 못하여 의미 공유가 잘 이루어지지 않았기 때문이다.

04 (나)로 볼 때, 선생님이 아이들과 함께 닭을 열심히 키우려는 목적으로 적절한 것은?

① 자연의 소중함을 도시 아이들에게 알리는 것

② 도시와 산골의 조화로운 삶의 가치를 알리는 것

③ 달걀을 팔아서 도시 여행의 여비를 마련하는 것

④ 여비를 부담하여 도시 아이들을 산골로 초청하는 것

⑤ 달걀을 팔아서 더 많은 반 아이들이 여행에 참여하는 것

05 서술형

(다)에 드러나고 있는 '조화로운 인간'에 대한 작가의 생각이 어떠한지 〈조건〉에 맞게 한 문장으로 서술하시오.

◀ 조건 ▶
• '자연', '문명'이라는 단어를 활용할 것.

06 ㉠에 대한 반응으로 적절한 것은?

① 한뫼를 놀리며 마음을 풀어 주려고 하는군.

② 한뫼의 생각을 반어적 표현으로 비판하고 있어.

③ 자신의 생각에 대해 한뫼의 동의를 구하고 있군.

④ 한뫼에게 자신의 생각을 더욱 발전시킬 것을 바라고 있어.

⑤ 자신의 생각과 한뫼의 생각이 구별됨을 돌려서 말하고 있구나.

고난도 응용

01 중요

이 글에 대한 독자의 이해로 적절하지 <u>않은</u> 것은?

① 선생님과 한뫼 사이에는 문명보다 자연이 더 가치 있다는 의미가 공유되고 있다.

② 한뫼는 선생님의 의도를 이해하고 선생님의 말에 협력적인 태도를 보여 주고 있다.

③ 선생님이 '인석아'라고 비속어를 사용한 것은 친근감을 표현하는 말하기라고 할 수 있다.

④ 선생님과 한뫼는 처음에는 의미의 공유가 잘 이루어지지 않았지만 나중에는 잘 이루어졌다.

⑤ 선생님은 끝까지 자신의 생각을 한뫼의 공으로 돌리려고 하는 겸손한 말하기 태도를 가지셨다.

02 서술형

〈보기〉와 이 글을 바탕으로, '달걀은 달걀로 갚는다'의 의미를 서술하시오.

◀ 보기 ▶
"그리고 한 자리에서 달걀을 백서른 개나 먹는 아저씨도 보았어요. 그 아저씨는 어찌나 달걀을 빠르게 먹던지 옆에서 깨뜨려 주는 사람이 미처 못 당할 정도였어요. 그렇지만 그 뱃속 큰 아저씨도 백 개를 넘게 먹고 나서부터는 삼키기가 괴로운지 계란 흰자위는 입아귀로 줄줄 흘리면서 목을 괴롭게 빼고는 억지로 먹더군요. 민박한 집 아이들은 손뼉을 치며 재미나 하는데 저는 이상하게 울고 싶었어요." 〈중략〉

"그때 저에게 있어서 달걀은 무엇보다도 소중한 거였어요. 그런 달걀이 도시 사람한테 마구 천대받고 웃음거리가 되고 있는 걸 보니까, 꼭 제가 업신여김을 당하는 것처럼 분한 생각이 들었어요." 〈중략〉

"무지무지한 부자가 되든지, 무지무지한 권세를 잡든지, 무지무지하게 유명해지든지 해서 저는 도시 사람들을 업신여길 수 있고, 도시 사람들이 저를 우러르고 제 말 한 마디에 벌벌 떨게 하고 싶어요."

[01~04] 다음 글을 읽고 물음에 답하시오.

㉮ 선생님: 진호야, 요즘 민수하고는 잘 지내니?

진호: 어, 선생님께서 제가 민수랑 사이가 안 좋은 걸 어떻게 아셨어요?

선생님: 담임이 모르는 게 어디 있니?

진호: 선생님께서 항상 바쁘시니까, 저에게 신경을 안 쓰시는 줄 알았죠. 저번에 개인 상담할 때에도 별 말씀이 없으셔서 제가 민수 때문에 고민하는 걸 잘 모르실 줄 알았어요.

선생님: 진호가 그렇게 생각했다니, 좀 미안한 생각이 드는데. 선생님이 관심을 좀 표현했어야 진호가 오해하지 않았을 텐데.

진호: 아니에요. 선생님께서 관심을 가져 주셨다는 것이 너무 좋아요. 그리고 민수하고도 곧 좋아질 것 같아요. 고맙습니다.

㉯ 이 대화에서 선생님과 진호가 말을 주고받고 있다. 선생님은 말을 하기도 하고 말을 듣기도 한다. 진호도 마찬가지이다. 다시 말해서 선생님이 화자가 되었을 때에 진호는 청자가 되고 진호가 화자가 되었을 때 선생님이 청자가 된다. 대화에서는 대화에 참여하는 사람들이 화자가 되기도 하고 청자가 되기도 하면서 음성 언어라는 형식을 활용하여 내용인 의미를 공유한다.

㉰ 그러면 이 대화에서 선생님과 진호가 공유한 의미는 무엇일까? 선생님은 평소에 진호에게 관심을 잘 표현하지 않아서 진호가 자신에 대해 오해하고 있었다는 것을 알게 되었다. 한편 진호는 선생님이 자신에게 관심이 있었다는 것을 알게 되었다. 아울러 선생님은 진호의 말을 통해서 진호와 민수의 관계가 곧 회복될 것 같음을 알았다.

㉱ 좀 더 나아가 이 대화를 통해 선생님과 진호가 무엇을 얻었는지 생각해 보자. 대화를 통해 선생님은 학생에 대해 관심을 표현하는 것이 중요하다는 것을 알게 되었고, 진호는 선생님이 무관심한 것 같아도 학생들에게 관심이 많다는 것을 알게 되었다. 선생님과 진호는 대화를 통해 서로를 더 잘 이해하게 되어 앞으로는 더 많은 대화를 나누는 관계가 되었으리라 생각한다. 이렇게 듣기와 말하기는 본래의 목적과 더불어 상대방과 좋은 관계를 유지하고 발전시키는 데 많은 도움을 줄 수도 있다.

01 이 글을 바탕으로 다음 질문에 답한 것으로 적절한 것은?

> 듣기·말하기의 목적 중에서 가장 바탕이 되는 목적은 무엇인가요?

① 의미를 공유하는 것이다.
② 정보를 습득하는 것이다.
③ 정서를 순화하는 것이다.
④ 일상적인 문제를 해결하는 것이다.
⑤ 관계를 유지하고 발전시키는 것이다.

02 (나), (다)에서 설명하는 내용과 일치하지 <u>않는</u> 것은?

① 듣기·말하기에서 내용은 의미이다.
② 듣기·말하기에서 형식은 음성 언어이다.
③ 듣기·말하기를 통해 언어 능력을 향상할 수 있다.
④ 듣기·말하기에서 화자가 청자가 되고, 청자가 화자가 된다.
⑤ 듣기·말하기에서는 화자와 청자의 생각과 느낌이 교환된다.

03 ★중요 (가)의 선생님과 진호에 대한 평가로 적절한 것은?

① 선생님과 진호는 모두 협력적인 태도를 가지고 있다.
② 선생님과 진호는 모두 비협력적인 태도를 가지고 있다.
③ 선생님은 비협력적인 태도를 가지고 있고, 진호는 중립적인 태도를 가지고 있다.
④ 선생님은 협력적인 태도를 가지고 있고, 진호는 비협력적인 태도를 가지고 있다.
⑤ 선생님은 비협력적인 태도를 가지고 있고, 진호는 협력적인 태도를 가지고 있다.

04 서술형 (라)의 내용을 정리한 것이다. 빈칸에 들어가기에 적절한 내용을 한 문장으로 서술하시오.

(가)의 대화를 통해 선생님이 얻은 것	+	(가)의 대화를 통해 진호가 얻은 것
학생들에게 관심을 표현하는 것이 중요하다.		( )

[05~08] 다음 글을 읽고 물음에 답하시오.

㉮ "한뫼야, 봄뫼가 암탉 기르는 일을 훼방 놓지 말고 도와주렴."

"선생님은 기어코 봄뫼까지 도시의 업신여김을 당하게 하실 셈이군요."

"아니지, 선생님은 다만 @달걀을 달걀로 갚는 일을 도와주려는 것뿐이다."

문 선생님이 소년처럼 뽐내면서 말했습니다. 좋은 생각이 떠올랐나 봅니다.

"암탉을 잘 먹이고 잘 돌봐서 알을 많이 낳게 하는 거야. 아직 어리지만 다 자랐어. 곧 알을 낳기 시작할 거야. 형제간에 싸워 가면서라도 달걀을 잘 모았다가 팔아서 여비를 마련해야지. 숙박비는 언제나처럼 민박으로 할 테니까 칠 것도 없고……."

㉠"선생님까지 결국은 절 업신여기시는군요." 〈중략〉

"그렇지만 여행하는 사람이 바뀔 거야. 금년엔 우리 반 아이들이 도시로 여행하는 게 아니라 우리 반 아이들이 도시 아이들을 초청하는 거야. 우리가 여비까지 부담해 가면서 말야. 왜 진작 그런 생각을 못 했을까. 이건 진짜 기막힌 생각이야. 네 덕이다. 한뫼야, 고맙다."

㉯ "도시 아이들은 아마 토끼풀하고 괭이밥하고도 헷갈리는 애 천질걸. 한뫼야, 우리가 문명의 이기에 대해 모르는 건 무식한 거고, 도시 아이들이 밤나무와 떡갈나무와 참나무와 나도밤나무와 참피나무와 물푸레나무와 피나무와 가시나무와 측백나무에 대해 모르는 건 유식하다는 생각일랑 제발 버려야 한다. 그건 똑같이 무식한 거니까, 너희가 특별히 주눅 들 필요는 없지 않겠니. 그러나 너희들은 싫건 좋건 앞으로 문명과 만나고 길들여질 테지만, 도시 아이들에게 있는 그대로의 자연과 만나 가슴을 울렁거릴 기회는 좀처럼 없을걸. 그런 경험을 놓치고 어른이 되어 버리면 너무 불쌍하지 않니. 바로 그런 소중한 경험을 너희들은 도시 아이들한테 베풀 수 있어. 달걀로 말이다."

한뫼는 더 이상 말대답을 하지 않고 선생님의 얼굴을 물끄러미 바라보기만 했습니다. 선생님의 얼굴은 어둠 속에서도 달덩이처럼 환합니다.

"인석아, 왜 그렇게 쳐다봐? 선생님 얼굴에 뭐 묻었냐?"

"아뇨, ㉡우리나라에서 제일가는 선생님의 얼굴을 마음속에 새겨 두려고요."

"인석아, 달걀을 달걀로 갚으려는 생각은 내가 한 게 아니라 네가 한 거야."

05 이 글에 대한 설명으로 적절하지 <u>않은</u> 것은?

① 대화를 통해 사건이 전개되고 있다.
② 한 인물의 정신적인 성숙이 드러나고 있다.
③ 도시와 시골의 갈등이 두드러지게 드러나고 있다.
④ 달걀이라는 소재를 활용하여 주제를 전달하고 있다.
⑤ 한뫼와 선생님의 갈등과 갈등의 극복을 그리고 있다.

서술형
06 (가)를 통해 알 수 있는 @의 의미를 〈조건〉에 맞게 서술하시오.

◀ 조건 ▶
• 달걀을 모으는 이유의 변화를 포함하여 서술할 것.

07 (나)에서 선생님이 안타깝게 생각하고 있는 것으로 적절한 것은?

① 누구나 문명에 길들여질 수밖에 없다.
② 산골 아이들조차 자연에 대해 잘 모른다.
③ 산골에서의 답답한 삶에서 벗어날 수 없다.
④ 현대인들은 문명의 이기에 대해 잘 모른다.
⑤ 도시의 아이들이 자연에 대해 모르는 것을 유식하다고 한다.

중요
08 ㉠, ㉡에 드러나는 한뫼의 말하기 태도의 변화를 설명한 것으로 적절한 것은?

	㉠	㉡
①	긍정적	부정적
②	감정적	이성적
③	비협력적	협력적
④	간접적	직접적
⑤	감정적	냉소적

[09~12] 다음 글을 읽고 물음에 답하시오.

㉮ **S# 18. 차은이네 마당. 낮.**

뒷마루에 누워 만화책을 읽고 있는 차은, 새 운동화에 신이 난 동민이 차은이를 부르며 마당으로 들어온다. 동민을 따라 들어오는 엄마.

동민: 누나! 이것 좀 봐라! 새 운동화다!

차은이 별 관심을 보이지 않자, 동민은 '아빠!'를 부르며 쪼르륵 밖으로 나가고, 쇼핑 봉투를 들고 선 엄마가 차은 곁에 앉는다.

엄마: 차은아! 집에 있었어? 안 나갔어?

차은: (꿈적도 않는다.)

엄마: 엄마가 뭐 사 왔어. 맞춰 봐 봐!

엄마가 들고 있던 쇼핑백에서 신발을 꺼내 차은 앞에 자랑하듯 내 놓는다.

엄마: ㉠짜잔! 차은아! 이거 봐 봐!

차은: …….

엄마: 너 달리기 잘 한다며? 너 달리기 할 때 신으라고.

㉯ 차은, 읽던 만화책을 챙겨 들고 일어선다.

차은: ㉡달리기 할 때 그런 거 신는 거 아니거든!

엄마: 왜? 이거 마음에 안 들어?

차은, 엄마가 뽐내는 새 운동화를 쳐다보지도 않고, 제 신발을 챙겨 신는다.

엄마: 안 예뻐? 되게 비싼 건데. ㉢(새 운동화를 차은 앞에 내려놓으며) 그럼 남자 친구 만날 때 신어!

차은: 걔 남자 친구 아니거든. 내가 남자 친구 아니라고 몇 번이나 말해! 내 말 못 알아들어!

엄마: …….

차은: …….

엄마: ㉣(속상한 마음에 새 운동화를 차은이 앞에 던지듯 놓으며) 그래! 신지 마! 갖다 버려!

차은: ㉤그래! 버려!

차은, 새 운동화를 발로 차더니, 대문을 향해 걸어 나간다.

09 이 글의 내용에 대한 설명으로 적절하지 않은 것은?

① 운동화에 대한 차은의 감정이 잘 드러나고 있다.
② 동민은 누나의 상황을 잘 파악하지 못하고 있다.
③ 갈등의 표면적 원인은 엄마가 사 온 새 운동화이다.
④ 차은은 자신의 마음과 다른 대화 태도를 보이고 있다.
⑤ 엄마는 차은이 달리기를 잘하는 것에 대해 긍정적이다.

서술형

10 〈보기〉를 참고하여, 이 글에서 대화가 잘 이루어지지 않은 이유를 차은의 입장에서 〈조건〉에 맞게 서술하시오.

◀ 보기 ▶
'차은'의 엄마가 필리핀 출신인 것을 알게 된 친구 '영찬'은 학교 친구들에게 이 사실을 알리고, 몇몇 친구는 '차은'을 필리핀이라고 부르면서 놀린다.

◀ 조건 ▶
• 독백의 형식으로 쓸 것.

11 (가)에 드러나는 엄마의 말하기 태도로 가장 적절한 것은?

① 상대방의 상황을 고려하지 않았다.
② 자신의 의도를 모두 드러내지 않았다.
③ 상황에 맞게 말하기 방식을 바꾸고 있다.
④ 적극적으로 대화에 임하지 않고 비협력적이다.
⑤ 문제를 해결하기 위해 적극적으로 대처하였다.

중요

12 ㉠~㉤을 협력적인 듣기·말하기로 다시 쓴 것으로 적절하지 않은 것은?

① ㉠: 차은아, 무슨 일 있었어?
② ㉡: 달리기할 때 신는 신발은 따로 있어서 그건 평소에 신을게요.
③ ㉢: (새 운동화를 차은에게 보여 주며 친근하게) 남자 친구도 좋아하지 않을까?
④ ㉣: (슬며시 운동화를 차은에게 내밀며 다정한 목소리로) 그래도 이 운동화 좀 신어 봐.
⑤ ㉤: 네, 그런데 지금은 말고 나중에 필요할 때 신을게요. 고맙습니다.

[13~16] 다음 글을 읽고 물음에 답하시오.

가 아무것도 가진 것이 없는 거리의 아이가 기꺼이 나누 겠다고 하는데, 모든 것을 다 가지고 있는 우리는 어째서 그토록 인색할까요? 저는 이 아이들이 제 또래라는 사실 을 자꾸 생각하게 됩니다. 어디서 태어났는가 하는 사실이 굉장한 차이를 만든다는 것, 저도 리우의 빈민가 파벨라스 에 살고 있는 저 아이들 중 하나일 수도 있었음을 생각하 지 않을 수 없습니다. 저는 소말리아에서 굶주려 죽어 가 는 한 어린이일 수도 있었고, 중동의 전쟁 희생자, 또는 인 도의 거지일 수도 있었습니다.

나 저는 어린아이일 뿐입니다. 그렇지만 전쟁을 위해 쓰 이는 모든 돈이 빈곤을 해결하고, 환경 문제를 해결하는 데 쓰인다면, 이 지구가 얼마나 멋진 곳으로 바뀔지 알고 있습니다.

다 학교에서도, 유치원에서도, 어른들은 저희에게 착한 사람이 되라고 가르칩니다. 어른들은 서로 싸우지 말고 존 중하며, 자원을 절약하고, 몸과 주변을 청결히 하고, 다른 생물들을 해치지 말고 보호하며, 자원을 더불어 나누어야 한다고 가르칩니다. 그런데 어째서 여러분 어른들은 저희 에게 하지 말라고 한, 바로 그런 행동을 하십니까?

라 여러분이 이 회의에 참석하고 계신 이유가 무엇이며, 누구를 위해서 이런 회의를 열고 있는지 잊지 마십시오. 저희는 여러분의 아이들입니다. 여러분은 저희가 앞으로 어떤 세계에서 자라날지 결정하고 계신 겁니다.
"모든 일이 잘 될 거야. 우리는 최선을 다하고 있는 중 이고, 세상의 종말은 오지 않을 거야."라고 부모님들이 자 녀들을 안심시킬 수 있어야만 합니다. 그렇지만 여러분은 그런 말을 저희에게 더 이상 할 수 없을 것 같아 보입니다. 도대체 어린아이들이 여러분이 하고 있는 회의의 우선순 위에 올라 있기나 합니까?

마 저희 아빠는 항상 말씀하십니다.
"너의 말이 아니라 행동이 진짜 너를 만든단다."
하지만 여러분의 행동은 밤마다 저를 울게 합니다. 여러 분은 항상 저희를 사랑한다고 말합니다. 저는 이 자리에서 여러분에게 호소합니다. 제발 저희의 바람이 여러분의 행 동에 반영되도록 노력해 주십시오.

13 이와 같은 말하기의 특징으로 적절하지 않은 것은?

① 격식을 갖춘 정중한 말투를 사용한다.
② 공적인 자리에서 다수를 대상으로 한다.
③ 말하고자 하는 바를 구체적으로 분명하게 말한다.
④ 상황에 따라 주제를 효과적으로 변화시킬 수 있다.
⑤ 말의 내용도 중요하지만 효과적인 전달력도 중요하다.

14 (나)~(마)에서 설득력을 높이기 위해 연설자가 사용한 방 법으로 보기 어려운 것은?

① 청중들에게 질문을 던지고 있다.
② 부모님의 말을 직접적으로 인용하였다.
③ 자신이 어린아이일 뿐이라고 강조하였다.
④ 구체적 실천 방안을 적극적으로 제시하였다.
⑤ 회의 참석자들의 결정이 중요함을 강조하였다.

15 (가)에 드러나는 연설자의 문제의식으로 적절한 것은?

① 어른이나 아이나 모두 이기적이다.
② 어른들이 아이들의 마음을 몰라준다.
③ 아이들은 좋은 환경보다 사랑이 더 필요하다.
④ 부유한 사람들이 자원을 나누려고 하지 않는다.
⑤ 부유한 사람들이 너무 많은 쓰레기를 만들고 있다.

16 〈보기〉는 이 연설을 들은 청중의 반응이다. 이 연설과 〈보 기〉를 바탕으로 알 수 있는 듣기·말하기의 가치를 한 문장 으로 서술하시오.

보기
가난한 나라의 아동들을 돕기 위한 방법을 찾아보 고, 아이들에게 물려줄 지구의 자연환경을 보존하는 것에 더 많은 관심을 가져야겠어.

2 공감하는 대화

학습 목표 • 상대방의 감정에 공감하며 적절하게 반응하는 대화를 나눌 수 있다.

개념 압축 APP

① 공감하며 대화하기의 방법

- 상대방의 (   )을/를 이해하고 배려함.
- 상대방의 나이, 성별, 흥미, 성향 등을 고려하여 말함.
- 상대방에게 솔직하고 진정성 있는 자세를 보여 줌.
- 상대방을 (   )하는 태도로 상대방의 의견을 적극적으로 수용함.
- 친밀감을 이끌어 내는 인사말을 활용하고 적절한 유머로 분위기를 부드럽게 함.
- 상대방과 공통된 경험을 찾아 활용하여 동질감을 유도함.

② 공감하며 듣기의 방법

(1) 소극적으로 들어 주기

뜻	상대방이 이야기를 이어 갈 수 있도록 관심을 갖고 집중해서 들어 주는 것
방법	• 상대방을 향해 앉아 상대방의 눈을 바라봄. • 고개를 끄덕이고 대화의 맥락에 맞는 표정을 지음. • '그랬구나.', '정말?' 등의 반응을 하면서 상대방이 계속 말할 수 있도록 도움.

(2) (   )(으)로 들어 주기

뜻	상대방의 말을 요약하거나 재구성하여 상대방에게 전달하는 것
방법	• 상대방의 말을 요약함. 　– 특별히 다른 말을 준비할 필요 없이 상대방의 말을 요약하여 말함. 　– 상대방의 말을 분명히 이해했음을 알리고 화자의 현재 상태에 공감했다는 것을 드러냄. • 상대방의 말을 ( )하여 말해 줌. 　– 상대방의 생각을 이해하고 상대방의 관점에서 상대방이 한 말을 재구성하여 말함. 　– 상대방이 문제를 바라보는 객관적인 관점을 가질 수 있도록 논리적으로 말함. 　– 상대방이 느끼는 불안과 초조함 등의 감정을 알고 그 감정 상태를 자신의 말로 풀어서 말함.

필수 어휘 사전

- **공감**: 남의 감정, 의견, 주장 따위에 대하여 자기도 그렇다고 느낌. 또는 그렇게 느끼는 기분.

- **재구성하다**: 한 번 구성하였던 것을 다시 새롭게 구성하다.

目 처지(상황), 공감, 적극적, 재구성

확인 문제

1. 공감을 이끌어 내는 말하기의 방법으로 적절하지 않은 것은?

① 상대방의 처지를 이해하고 배려한다.
② 친밀감을 드러내는 인사말을 활용한다.
③ 상대방의 나이, 성별, 관심사를 고려하여 말한다.
④ 상대방과 공통된 경험을 적절히 활용하며 말한다.
⑤ 상대방이 마음에 상처를 받지 않도록 우회적으로 말한다.

2. 다음 공감하며 듣기의 방법 중 소극적으로 들어 주기의 방법이 아닌 것은?

① 상대방의 눈을 바라본다.
② 상대방의 말을 재구성해 말한다.
③ 대화의 맥락에 맞는 표정을 짓는다.
④ 상대방을 향해 앉아 고개를 끄덕인다.
⑤ '그랬구나.', '정말?' 등의 반응을 보인다.

3. 〈보기〉의 말에 대해 공감하며 듣기의 적극적 방법 중 요약의 방법을 활용하여 대답하시오.

▸ **보기** ◂
어제 독서실에 갔었는데, 그만 국어 공책을 놓고 왔어. 시험공부 해야 하는데 어떡하지?

왔나 봐.
국어 공책을 독서실에 놓고 와서 시험공부 하기가 곤란한 상황이
目 3. [예시 답안]

目 1. ⑤ 2. ②

❶ 다음 황희 정승의 일화를 읽고 물음에 답해 보자.

> 어느 날 한 사람이 황희 정승을 찾아와 물었다.
> "대감마님, 오늘이 제삿날인데 그만 아내가 아이를 낳았습니다. 제사를 지내야 할까요? 말아야 할까요?"
> 황희 정승이 대답하였다. / "당연히 제사를 지내야 하네."
> 다음 날 다른 사람이 황희 정승을 찾아와 물었다.
> "대감마님, 오늘이 제삿날인데 제가 키우는 개가 그만 새끼를 낳았습니다. 제사를 지내야 할까요? 말아야 할까요?"
> 황희 정승이 대답하였다. / "당연히 제사를 지낼 필요가 없다네."
> 옆에서 듣고 있던 아내가 말했다.
> "대감, 더 중한 일에는 제사를 지내라 하고 덜 중한 일에는 제사를 지내지 말라 하니, 왜 그렇게 대답을 하십니까?"
> "어제 온 사람은 제사를 지내고 싶은 마음이었고, 다음 사람은 제사를 지내기 싫은 마음이었소. 사람에게 법도보다 각자의 마음이 더 중요하다는 생각에 그렇게 대답한 것이오."

(1) 황희 정승이 대답을 하기 전에 고려한 점이 무엇인지 말해 보자.

(2) 이 일화를 통해 알 수 있는 공감하는 말하기의 기본 태도가 무엇인지 말해 보자.

❷ (가)를 참고하여 (나)의 상황에서 공감하며 대화하는 연습을 해 보자.

> (가) 공감하며 듣기의 방법
> ① 소극적으로 들어 주기: 상대방에게 집중하면서 맥락에 맞는 표정을 짓고 고개를 끄덕이며 '그랬구나.', '정말?' 같은 말을 한다.
> ② 적극적으로 들어 주기: 상대방이 한 말을 다시 요약하거나 재구성하여 말해 줌으로써 상대방이 자신의 말에 대해 다시 생각할 수 있게 해 준다.
> (나) A: ○○아, 무슨 일 있니?
> B: 사실, 며칠 전에 친구와 다투었는데, 사과를 해도 받아 주지 않는 거야.
> A: (㉮   )

(1) 소극적 들어 주기의 방법으로 ㉮에 들어갈 적절한 말을 해 보자.

(2) 적극적 들어 주기의 방법으로 ㉮에 들어갈 적절한 말을 해 보자.

❶ (1) 유사한 상황에 대해 서로 다르게 말한 황희 정승의 대답을 통해 공감하며 대화하기에서 고려할 점이 무엇인지 생각해 본다.
예시 답안 상대방의 마음을 고려하였다.
(2) 황희 정승의 공감하는 말하기를 통해 공감하는 대화에서 중요한 것이 무엇인지 알 수 있다.
예시 답안 상대방의 마음을 헤아려 말하는 것이다.

❷ (1) 공감하며 듣기의 두 가지 방법에 대한 이해를 바탕으로 친구의 상황에 대해 공감하는 대화를 해 본다. 공감하는 듣기 중 소극적 듣기는 상대방에 집중하고 표정과 간단한 맞장구를 통해 공감의 반응을 하는 것이다.
예시 답안 '정말? 그래서?'
(2) 공감하는 듣기 중 적극적 듣기는 상대방의 말을 요약하거나 재구성해 말해 주는 것을 말한다.
예시 답안 다툰 친구에게 사과를 했는데 안 받아 준다고? 속상했겠다.

1 효과적인 듣기의 방법 | 전영우

*다음 글을 읽고 물음에 답하시오.

(가) 이상적인 대화를 하는 데 도움이 되는 효과적인 듣기의 방법에 무엇이 있을까? 잘 듣기 위해서는 먼저 상대방의 이야기에 정신을 집중해야 한다. 남의 이야기를 건성으로 듣는 것이 아니고, 상대방의 처지가 되어 진지하게 듣는 자세를 가져야 한다. 이 생각 저 생각 하면서 남의 이야기를 듣는 사람이 상대방의 이야기를 제대로 이해할 수 있을까?

(나) 남의 말을 들을 때에는 화자와 시선을 맞추는 것이 매우 중요하다. 시선 맞추기는 상대방의 말을 잘 듣고 있음을 드러내는 효과적인 방법이다. 상대방을 바라보고 있다는 사실 하나가 무엇인가 경청해 보겠다는 무언의 의사 표시가 되는 것이다. 청자가 자신과 시선을 맞추며 열심히 듣고 있다고 생각하면 화자는 더욱 성의껏 말하게 될 것이다.

(다) ㉠남의 말을 들으면서 화자에게 질문을 하는 것은 상대방의 뜻을 정확히 파악하고자 노력하고 있다는 것을 보이는 것이고, 상대방과 상대방의 말을 존중하면서 겸허한 자세로 듣고 있다는 것을 드러내는 것이다. 어떤 사람의 말을 들을 때 적절한 질문을 해 보자. 상대방은 자신을 잘 알리기 위해서 성의껏 답변해 줄 것이다.

(라) 자신이 상대방의 말을 잘 듣고 있다는 것을 보여 주는 또 하나의 방법으로 ㉡맞장구가 있다. 맞장구는 말하는 내용을 긍정하고 동조하는 내용의 말이다. 화자의 입장에서 보면 아무런 반응이 없이 듣는 사람보다는 자신의 말에 맞장구를 치며 듣는 사람을 더 잘 들어 주는 사람으로 생각하게 된다. 남의 이야기를 들으면서 고개를 끄덕이거나 혹은 밝은 미소를 지어 보이면 화자는 신이 나서 이야기를 할 것이다. 여기에 맞장구가 더해지면 화자는 더욱 성의껏 말하게 될 것이다.

(마) 지금까지 효과적인 듣기의 방법 몇 가지를 살펴보았다. 잘 말하기 위해서는 잘 들어야 한다. 잘 듣는 사람이 잘 말하는 사람이다. 서로에게 마음을 여는 진정한 대화를 바란다면, ㉢우리는 효과적인 듣기의 방법에 대해 잘 알고, 이를 생활에서 즉각 실천해야 한다.

01 이 글에 대한 설명으로 적절한 것은?

① 이상적인 대화에 대한 글쓴이의 경험을 서술하고 있다.
② 현대인들의 대화 방식에 대한 비판적인 견해를 보여 주고 있다.
③ 의사소통에서 성공을 거둘 수 있는 듣기의 방법을 소개하고 있다.
④ 듣기·말하기가 가진 의미와 가치에 대해 예를 들어 설명하고 있다.
⑤ 듣기의 다양한 형태를 소개하여 의사소통에서 듣기·말하기의 비중을 설명하고 있다.

02 중요 (나)로 볼 때, 화자와 시선을 맞추는 행위의 의미로 적절한 것은?

① 화자 자체에 대한 관심을 가지고 있다는 의미이다.
② 화자가 하는 말에 대해 경청하겠다는 의사 표현이다.
③ 화자에게 더욱 성의 있게 말해 달라는 무언의 압력이다.
④ 상대방에게 자신에게도 관심을 보여 달라는 의사 표현이다.
⑤ 상대방의 말을 비판적으로 수용하겠다는 적극적인 의사 표시이다.

03 (다)에서 언급하고 있는 효과적인 듣기 방법으로 적절한 것은?

① 상대방에 대한 친밀감 드러내기
② 적절한 표정으로 경청의 태도 표현하기
③ 질문을 통해 상대방의 말에 관심 표현하기
④ 대화의 맥락을 파악하고 내용 요약해 말해 주기
⑤ 상대방의 말에 대한 비판적 수용 태도 드러내기

04 (라)에서 긍정적으로 보고 있는 듣기의 방법으로 적절하지 않은 것은?

① 밝은 미소를 지어 보이는 듣기
② 듣기 싫은 말도 묵묵히 참아 가며 듣기
③ 말하는 사람에게 고개를 끄덕여 주는 듣기
④ 말하는 사람의 말에 맞장구를 쳐 주는 듣기
⑤ 말하는 내용에 대해 긍정하고 동조하는 듣기

서술형

05 ㉠의 효과가 무엇인지 두 가지를 서술하시오.

06 〈보기〉를 참고할 때, ㉡의 예 중에서 성격이 다른 것은?

┌─ **보기** ─────────────────────┐
〈공감하며 듣기의 방법〉
• 소극적 들어 주기: 단순하게 대화를 이어 가기 위한 듣기 방법
• 적극적 들어 주기: 상대방의 말을 요약하거나 재구성하는 듣기 방법
└──────────────────────────────┘

① '그래?'
② '저런, 어쩌다가.'
③ '쯧쯧, 그런 일이 있네.'
④ '진짜? 그래서 어떻게 되었어?'
⑤ '내가 생각하기에 네가 선생님께 혼나서 기분이 썩 좋지 않구나.'

07 다음 대화의 ⓐ~ⓔ에서 ㉢의 예로 적절하지 않은 것은?

┌──────────────────────────────┐
기현: 나는 국어 선생님이 정말 좋아.
민희: ⓐ국어 선생님? 나도 정말 좋아하는데. ⓑ무슨 이유라도 있어?
기현: 항상 친절하시고 국어도 정말 잘 가르치시잖아. 그리고 저번에는 내 고민 상담도 해 주셨어.
민희: ⓒ정말? 좋았겠다.
기현: 선생님과 대화를 나누다 보니 기분이 좋아졌어.
민희: ⓓ그랬구나. 근데 고민이 뭐야?
기현: 그냥…… 너한테 얘기하기는 좀 그렇고.
민희: 야, 친구 사이에 그런 게 어디 있냐? ⓔ도대체 고민이 뭐야?
└──────────────────────────────┘

① ⓐ　　② ⓑ　　③ ⓒ　　④ ⓓ　　⑤ ⓔ

고난도 응용

01 〈보기〉는 효과적인 듣기에 대해 대화를 나눈 것이다. 이 글을 바탕으로 할 때, 적절하지 않은 말을 한 학생은?

┌─ **보기** ─────────────────────┐
민수: 효과적으로 듣는 것은 말을 잘하기 위해 기본이 되는 일이야.
수빈: 듣기의 기본은 말하는 사람에게 집중하는 거 아냐? 집중을 해야 무슨 말을 하는지 알아들을 수 있지. 안 그래?
영민: 맞장구를 치는 일도 중요해. 너희들도 다 경험해 보았겠지만 누군가 내 이야기에 맞장구를 쳐 주면 기분이 좋아지면서 열심히 얘기하게 되잖아.
윤수: 시선 처리도 중요하다고 할 수 있어. 말하는 사람의 눈을 직접 쳐다보면 좀 부담스러워할 수 있으니까 조심해 주는 게 좋지.
현호: 말을 듣다가 적절한 때 말하는 내용과 관련된 질문을 던지면 말하는 내용에 관심을 가지고 있는 표현이 되니까 효과적인 듣기의 방법이라고 할 수 있어.
└──────────────────────────────┘

① 민수　② 수빈　③ 영민　④ 윤수　⑤ 현호

서술형 **중요**

02 이 글을 바탕으로 〈보기〉의 대화에서 ㉮, ㉯, ㉰에 들어가기에 적절한 효과적인 대화의 예를 〈조건〉에 맞게 넣으시오.

┌─ **보기** ─────────────────────┐
지수: 이번엔 정말 열심히 공부했는데, 성적이 그대로야. 너무 속상해.
민희: (㉮). 그래? 속상하겠다.
지수: 엄마한테 얘기했는데, 아무 말도 안 하셔.
민희: (㉯). 그래서?
지수: 화가 나신 걸까? 포기하신 걸까?
민희: (　　　㉰　　　)
└──────────────────────────────┘

┌─ **조건** ─────────────────────┐
• ㉮ 비언어적 표현을 활용할 것.
• ㉯ 지수의 말을 요약하는 공감하는 듣기의 방법을 활용할 것.
• ㉰ 적절한 질문을 던지는 방법을 활용할 것.
└──────────────────────────────┘

*다음 글을 읽고 물음에 답하시오.

(가) 아우: 그럼요. 푸른 들판, 시냇물과 오솔길, 샛노랗게 피어 있는 민들레꽃, 한가롭게 풀을 뜯는 젖소들, ……. 참 아름답고 평화로운 풍경이군요.

형: 난 아직 집은 못 그렸어. 그런데 너는 벌써 우리가 사는 집까지 그렸구나. 들판 한가운데 빨간색 양철 지붕과 하얀 연기가 피어오르는 굴뚝……

┌ 아우: 난 이곳에서 평생토록 형님과 함께 살고 싶어요.
㉠ 형: 나도 너와 함께 아름다운 이곳에서 행복하게 살고
└   싶어.

(나) 형: 가만있자, 저건 ⓐ놀라운 사실인데! (아우를 향하여 소리 지른다.) 야, 저기 있는 우리 집을 봐!

아우: 우리 집?

형: 그래!

아우: 우리 집이 어때서요?

형: 난 지금까지 우리 집이 들판 한가운데 있는 줄 알았어! 그런데 그게 아냐! 측량 기사가 쳐 놓은 밧줄을 보라구. 우리 집은 한가운데가 아닌, 약간 오른쪽에 있잖아?

아우: 그렇군요. 우리 집이 오른쪽에 있는데요.

형: 오른쪽은 내 쪽이야.

아우: 형님 쪽에 있다고 우리 집을 형님이 독차지하려는 건 아니겠죠?

형: 너는 내 허락 없이는 내 집에 들어오면 안 돼!

(다) 측량 기사: 이상하게 조용한데요. 도대체 무슨 짓을 하고 있는 걸까요?

형: 나처럼 그림을 그리고 있겠죠.

측량 기사: 이렇게 조용한 게 의심스러워요. 혹시, 저쪽의 동생이 형님 집에 몰래 들어가려고 땅굴을 파는 건 아닐까요?

형: 땅굴을 파면 요란한 소리가 들릴 텐데요?

측량 기사: 땅속에서 파는데 무슨 소리가 들리겠어요? (형에게 다가간다.) 가만, 저쪽이 무슨 짓을 하는지 확인해 봐야 합니다.

측량 기사, 바지 주머니에서 호루라기를 꺼내 분다. 그러자 조수들이 기다리고 있었다는 듯이 등장한다. 그들은 바퀴가 달린 전망대를 밀면서 들어온다.

형: 이건 뭡니까?

측량 기사: 감시용 전망대입니다. 밑에는 이동하기 쉽게

바퀴를 달았고, 위에는 불빛이 강렬한 탐조등을 장치했죠. 올라가 보세요. 자동으로 탐조등이 켜지면, 벽 너머 저쪽을 샅샅이 볼 수가 있습니다.

(라) 아우: 형님, 내 말 들려요?

형: 들린다, 들려! 너도 내 말 들리냐?

아우: 들려요!

형: 우리, 벽을 허물기로 하자!

아우: 네, 그래요. 우리 함께 빨리 허물어요!

무대 조명, 서서히 꺼진다. 다만, 무대 뒤쪽의 들판 풍경을 그린 걸개그림만이 환하게 밝다. 막이 내린다.

학습 목표 응용

01 이 글을 읽고 이해한 내용으로 적절하지 <u>않은</u> 것은?

① 밧줄은 형제를 대립시키는 소재이다.
② 벽을 허무는 행위는 형제의 관계 회복을 뜻한다.
③ 측량 기사는 형제간의 갈등을 조장하는 인물이다.
④ 전망대는 아우에 대한 형의 불신과 의심이 심화됨을 보여 준다.
⑤ 형제간의 갈등이 최고조에 이르는 부분이 아우가 땅굴을 파는 부분이다.

02 〈보기〉를 참고하여 (나)의 '형'과 '아우'의 말하기 태도를 비판적으로 수용한 반응으로 적절한 것은?

┌─ 보기 ─────────────────────────
공감하며 대화하기: 상대방의 감정, 의견, 주장에 자기도 그렇다고 느끼면서 마주 대하여 이야기를 주고받음.
└──────────────────────────────

① 운동장에서 혼자 큰 소리로 외치니 속이 후련해졌어.
② 친구랑 대화할 때는 항상 예의를 갖춰야겠다고 생각했어.
③ 우울해하는 친구 기분을 바꿔 주려고 내가 시험 잘 본 이야기를 해 줬어.
④ 강한 힘에 맞서지 못하고 아무 말도 못했던 나의 모습이 나약하게 느껴졌어.
⑤ 순간적으로 화가 나서 친구의 마음을 헤아리지 않고 내 입장만 내세웠던 것이 후회스러워.

03 (다)의 '측량 기사'의 말하기에 대한 평가로 적절한 것은?

① 듣는 사람에게 자신이 말하려는 의도와 목적을 숨김없이 드러내고 있다.

② 상대방의 이야기에 주의를 기울이고 상대방의 처지를 고려하여 말하고 있다.

③ 자신의 목적을 달성하기 위하여 상대방에게 다른 이에 대한 의심을 불러일으키고 있다.

④ 상대방의 이야기를 듣는 척만 하고 명령형의 어조로 자신의 입장을 강력하게 주장하고 있다.

⑤ 상대방의 이야기를 요약정리해 줌으로써 상대방이 스스로 문제를 해결할 수 있도록 돕고 있다.

04 ⓐ중요
⊙에서 '형'과 '아우'는 공감적 대화를 나누고 있다. 이와 같은 공감적 대화의 장점으로 적절한 것은? (정답 2개)

① 상대방 말의 옳고 그름을 판단하고 들으면서 비판적 분석 능력을 기를 수 있다.

② 자기가 듣고 싶은 부분만 들어도 되므로 대화를 편안하게 이끌어 나갈 수 있다.

③ 상대방의 말을 집중해서 들어 줌으로써 상대방이 자신의 이야기를 더 많이 하게 한다.

④ 개인의 인격을 존중하는 정신에 토대를 두고 타인을 신뢰하고 수용하는 태도를 기를 수 있다.

⑤ 상대방이 전하는 내용을 정확히 이해하고 자신의 다른 견해를 반드시 덧보태어 이야기를 진행하므로 창의력을 기르기에 적합하다.

05 ⓐ의 구체적 내용으로 적절한 것은?

① 아우가 우리 집을 독차지하였다.

② 들판의 왼쪽은 내가 있는 쪽이다.

③ 우리 집이 들판의 오른쪽에 있다.

④ 측량 기사가 들판에 밧줄을 쳐 놓았다.

⑤ 들판에 나의 허락 없이 들어오면 안 된다.

고난도 응용

01 ⓐ중요
(라)의 장면을 공연할 때, 관객에게 인물의 감정을 효과적으로 전달하기 위하여 적절한 행동 지시문을 넣고자 한다. 〈보기〉의 ㉮~㉺에 들어갈 내용으로 적절하지 <u>않은</u> 것은?

┤ 보기 ├

아우: (㉮) 형님, 내 말 들려요?

형: (㉯) 들린다, 들려! 너도 내 말 들리냐?

아우: (㉰) 들려요!

형: (㉱) 우리, 벽을 허물기로 하자!

아우: (㉲) 네, 그래요. 우리 함께 빨리 허물어요!

① ㉮: 상대방의 눈을 응시하며

② ㉯: 벽에 귀를 가져가며

③ ㉰: 맞장구를 치듯 벽을 두드리며

④ ㉱: 단호하고 큰 목소리로

⑤ ㉲: 고개를 끄덕이며

02 서술형
〈보기〉를 참고하여 이 글에서 배경을 찾아 그 의미를 〈조건〉에 맞게 서술하시오.

┤ 보기 ├

배경은 간단히 말하여 뒤쪽의 경치로 무대 뒤에 그리거나 꾸며 놓은 장치를 말한다. 사건이나 환경, 인물 따위를 둘러싼 주위의 정경을 일컬으며 희곡에서는 무대 지시문에서 구체적으로 제시된다. 배경은 주제를 뒷받침하는 시대적·사회적 환경이나 장소를 통칭한다.

┤ 조건 ├

• 배경의 의미를 주제와 관련하여 쓸 것.

• '이 글의 배경인 ~ 공간이다.' 형식의 한 문장으로 쓸 것.

[01~04] 다음 글을 읽고 물음에 답하시오.

가 ㉠이상적인 대화를 하는 데 도움이 되는 효과적인 듣기의 방법에 무엇이 있을까? 잘 듣기 위해서는 먼저 상대방의 이야기에 정신을 집중해야 한다. 남의 이야기를 건성으로 듣는 것이 아니고, 상대방의 처지가 되어 진지하게 듣는 자세를 가져야 한다. 이 생각 저 생각 하면서 남의 이야기를 듣는 사람이 상대방의 이야기를 제대로 이해할 수 있을까?

나 남의 말을 들을 때에는 화자와 시선을 맞추는 것이 매우 중요하다. 시선 맞추기는 상대방의 말을 잘 듣고 있음을 드러내는 효과적인 방법이다. 상대방을 바라보고 있다는 사실 하나가 무엇인가 경청해 보겠다는 무언의 의사 표시가 되는 것이다. 청자가 자신과 시선을 맞추며 열심히 듣고 있다고 생각하면 화자는 더욱 성의껏 말하게 될 것이다.

다 남의 말을 들으면서 화자에게 질문을 하는 것은 상대방의 뜻을 정확히 파악하고자 노력하고 있다는 것을 보이는 것이고, 상대방과 상대방의 말을 존중하면서 겸허한 자세로 듣고 있다는 것을 드러내는 것이다. 어떤 사람의 말을 들을 때 적절한 질문을 해 보자. 상대방은 자신을 잘 알리기 위해서 성의껏 답변해 줄 것이다.

라 자신이 상대방의 말을 잘 듣고 있다는 것을 보여 주는 또 하나의 방법으로 (ⓐ)이/가 있다. (ⓐ)은/는 말하는 내용을 긍정하고 동조하는 내용의 말이다. 화자의 입장에서 보면 아무런 반응이 없이 듣는 사람보다는 자신의 말에 (ⓐ)을/를 치며 듣는 사람을 더 잘 들어 주는 사람으로 생각하게 된다. 남의 이야기를 들으면서 고개를 끄덕이거나 혹은 밝은 미소를 지어 보이면 화자는 신이 나서 이야기를 할 것이다. 여기에 (ⓐ)이/가 더해지면 화자는 더욱 성의껏 말하게 될 것이다.

마 지금까지 효과적인 듣기의 방법 몇 가지를 살펴보았다. 잘 말하기 위해서는 잘 들어야 한다. 잘 듣는 사람이 잘 말하는 사람이다. 서로에게 마음을 여는 진정한 대화를 바란다면, 우리는 효과적인 듣기의 방법에 대해 잘 알고, 이를 생활에서 즉각 실천해야 한다.

01 이와 같은 글을 효과적으로 읽는 방법으로 적절하지 <u>않은</u> 것은?

① 글의 구조를 파악하며 읽는다.
② 중요한 내용에 밑줄을 긋거나 메모하면서 읽는다.
③ 글의 중심 내용이 무엇인지 정확히 이해하며 읽는다.
④ 모르는 단어는 사전을 찾아 그 의미를 정확히 이해하며 읽는다.
⑤ 글쓴이의 주장과 근거를 찾아 자신의 주장과 비교하며 읽는다.

02 (가)~(마) 중, 글쓴이가 전하고자 하는 바를 종합적으로 제시하고 있는 것은?

① (가)   ② (나)   ③ (다)   ④ (라)   ⑤ (마)

03 이 글을 읽고 ㉠에 대해 답할 내용으로 적절하지 <u>않은</u> 것은?

① 궁금한 것을 상대방에게 질문하며 듣는다.
② 상대방의 이야기에 정신을 집중하며 듣는다.
③ 상대방을 바라보고 시선을 맞추면서 듣는다.
④ 상대방의 입장이 되어 상대방의 말을 모두 수용하며 듣는다.
⑤ 상대방의 이야기에 고개를 끄덕이는 등 반응을 하며 듣는다.

04 중요 ⓐ에 공통적으로 들어갈 내용으로 적절한 것은?

① 박수   ② 미소
③ 시선   ④ 맞장구
⑤ 고갯짓

[05~08] 다음 강연을 듣고 물음에 답하시오.

㉮ 오늘은 일상생활에서 중요한 '공감하며 듣기'와 관련된 이야기를 하고자 합니다. ㉠'공감'은 남의 감정, 의견, 주장 따위에 대하여 자기도 그렇다고 느끼는 기분을 말합니다. 공감은 상대방의 생각에 관심을 두고 서로 신뢰하면서 진심을 나누는 것이기에 공감하는 자세를 가지면 대화가 더욱 활발히 진행될 수 있습니다. 공감하며 대화하기의 바탕은 공감하며 듣기입니다.

㉯ 공감하며 듣기의 방법으로는 '소극적으로 들어 주기'와 '적극적으로 들어 주기'의 방법이 있습니다. '소극적으로 들어 주기'는 상대방이 이야기를 이어 갈 수 있도록 관심을 갖고 집중해서 들어 주는 것입니다. '소극적으로 들어 주기'의 구체적인 방법으로는 상대방을 향해 앉아 상대방의 눈을 바라보기, 고개를 끄덕이고 대화의 맥락에 맞는 표정 짓기, '그랬구나.', '정말?' 등의 반응을 하면서 상대방이 계속 말할 수 있도록 돕기 등이 있습니다.

㉰ '적극적으로 들어 주기'는 상대방의 말을 요약하거나 재구성하여 상대방에게 전달하는 것을 말합니다. 상대방의 말을 요약할 때에는 특별히 다른 말을 준비할 필요 없이 상대방의 말을 있는 그대로 요약하여 말하면 됩니다. 이를 통해 상대방의 말을 분명히 이해했음을 알리고, 상대방의 현재 상태에 공감했다는 것을 드러낼 수 있습니다. 한편 상대방의 말을 재구성하여 말할 때에는 상대방의 생각을 이해하고 상대방의 관점에서 상대방의 말을 재구성해야 합니다. 또한 상대방이 문제를 바라보는 객관적인 관점을 가질 수 있도록 논리적으로 말하여야 합니다. 상대방이 불안과 초조함 등을 느낀다면 그 감정 상태를 자신의 말로 풀어서 말하는 방법도 이에 해당합니다.

㉱ 공감하며 듣기를 바탕으로 공감하며 대화를 하면 다양한 효과를 기대할 수 있습니다. 우선 말하는 내용에 대해 비판하지 않으므로 편안한 분위기에서 대화를 이어 갈 수 있습니다. 상대방이 자신의 말을 집중해서 들어 주기 때문에 그 사람에게 신뢰감도 갖게 됩니다. 또 대화하는 과정에서 좋지 않은 감정이 해소되고 자연스럽게 문제를 해결하는 방법을 깨닫거나 문제를 해결할 수 있는 실마리를 얻기도 합니다. 이런 것들이 우리의 언어생활에서 '공감'이 중요하다고 말하는 이유입니다.

05 이 강연을 듣고 알 수 있는 내용이 <u>아닌</u> 것은?

① 공감하며 대화하기에는 친구와의 사적인 대화는 해당하지 않는다.
② 공감하며 듣고 말하기를 통해 상대방에 대한 신뢰감을 쌓을 수 있다.
③ 공감하며 대화를 하기 위해서는 공감하며 듣기가 바탕이 되어야 한다.
④ 공감하며 듣기의 방법은 크게 소극적으로 들어 주기와 적극적으로 들어 주기로 나눌 수 있다.
⑤ 소극적으로 들어 주기에는 상대의 눈을 보거나 고개를 끄덕이며 상대방이 말을 이어 나갈 수 있도록 돕는 방법 등이 있다.

06 이와 같은 강연을 들을 때 사용할 수 있는 '소극적으로 들어 주기'의 방법을 〈보기〉에서 모두 고른 것은?

〈보기〉
ㄱ. 눈을 바라보기　　　ㄴ. 요약하기
ㄷ. 고개 끄덕이기　　　ㄹ. 재구성하여 말하기
ㅁ. 맥락에 맞는 표정 짓기

① ㄱ, ㄴ　　② ㄴ, ㄹ　　③ ㄱ, ㄷ, ㅁ
④ ㄴ, ㄷ, ㅁ　　⑤ ㄷ, ㄹ, ㅁ

서술형 **중요**
07 하은이가 (다)의 방법을 사용하여 경진이에게 말하고자 할 때, 다음 빈칸에 들어갈 하은이의 말을 한 문장으로 쓰시오.

하은: 무슨 일이야? 얼굴이 안 좋아 보여.
경진: 별 일 아니야. 그냥 일이 좀 있었어.
하은: 그냥 일이 좀 있었다고? 혹시 아까 그 일 때문에 그래?
경진: 응. 사실 나는 수아한테 조언을 청하려고 했을 뿐인데, 수아가 그렇게 심하게 말할 줄은 정말 몰랐어.
하은: 하긴, 수아가 그렇게 말해서 나도 놀랐어.
경진: 수아랑 친한 은희도 내 책임이라면서 나만 비난하고. 아까는 정말 너무 속상했어.
하은: (　　　　　　　　)

08 ㉠과 같은 설명 방법을 사용한 예로 적절한 것은?

① 말하기는 표현 활동이고 듣기는 이해 활동이다.

② 듣기와 말하기는 모두 상호 의사소통을 기반으로 한다.

③ 공식적인 말하기의 예로는 강의, 연설, 토의, 토론 등을 들 수 있다.

④ 듣기는 국어 학습에서 남의 말을 올바르게 알아듣고 이해하는 일이다.

⑤ 말하기의 종류는 크게 공식적인 말하기와 비공식적 말하기로 나눌 수 있다.

[09~14] 다음 글을 읽고 물음에 답하시오.

가 형: 야, 멋진데! 아주 멋지게 그렸어!

아우: 경치가 좋으니까 그림이 잘 그려져요.

형: 넌 정말 솜씨가 훌륭해!

아우: 형님 솜씨가 더 훌륭하죠.

형: 아냐, 난 너만큼 잘 그리지 못하는걸.

아우: (형의 그림이 있는 곳으로 와서 감탄한다.) 형님 그림이 훨씬 멋있어요!

형: (기뻐하며) 오, 그래?

아우: 그럼요. 푸른 들판, 시냇물과 오솔길, 샛노랗게 피어 있는 민들레꽃, 한가롭게 풀을 뜯는 젖소들, ……. 참 아름답고 평화로운 풍경이군요.

형: 난 아직 집은 못 그렸어. 그런데 너는 벌써 우리가 사는 집까지 그렸구나. 들판 한가운데 빨간색 양철 지붕과 하얀 연기가 피어오르는 굴뚝…….

아우: 난 이곳에서 평생토록 형님과 함께 살고 싶어요.

형: 나도 너와 함께 아름다운 이곳에서 행복하게 살고 싶어.

(ⓐ   )

나 형과 아우, 밧줄을 사이에 두고 가위바위보를 한다. 아우

가 이긴다. 그는 형 쪽으로 껑충 뛰어넘어 가서 뽐내며 의기양양하게 다니다가 자기 쪽으로 되돌아온다. 아우는 세 번이나 형을 이기고, 똑같은 행동을 되풀이한다.

형: 그만하자, 그만해!

아우: 왜요?

형: 너는 나보다 늦게 낸다! 내가 가위를 내면 너는 기다렸다가 바위를 내놓고, 내가 보를 내면 너는 그걸 본 다음 가위를 내놓잖아?

아우: 아뇨! 난 형님과 동시에 냈어요!

형: 난 그림이나 그려야겠다. (뒤돌아서서 자신의 그림 앞으로 걸어가며) ㉠다시는 너하고는 놀이 안 해!

아우: ㉡형님, 나한테 지더니만 심통이 났군요?

형: 너는 날 속이고 이겼어!

아우: 아뇨! 형님이 지금 화를 내는 건 내가 이겼기 때문이에요. ㉢형님은 언제나 이겨야 하고, 동생인 나는 항상 져야 한다! 그게 바로 형님의 고정 관념이죠!

형: ㉣미리 경고해 두겠는데, 내 허락 없이는 이쪽으로 넘어오지 마라!

아우: ㉤그럼 형님도 내 땅에 넘어오지 마요!

다 조수들, 벽 공사를 시작한다. 그들은 칸막이 형태의 벽을 운반해 오더니 재빠르게 조립해서 밧줄을 따라 세워 놓는다. 형과 아우 사이에 벽이 가로놓인다.

형: 맙소사, 이런 벽이 생기다니!

아우: 형님 때문이야! 집도 가지겠다, 젖소들도 가지겠다는 형님의 그런 욕심만 아니었어도, 난 정말 벽 같은 건 만들지 않았을 거야.

형: 믿어지지 않아. 동생이 이럴 수가……!

라 형과 아우, 민들레꽃을 여러 송이 꺾는다. 그들은 벽으로 다가가서 민들레꽃을 벽 너머로 서로 던져 준다. ⓑ형은 아우가 던져 준 꽃들을 주워 들고 반색하고, 아우는 형이 던진 꽃들을 주워 들고 기뻐한다. 서로 벽을 두드리며 외친다.

아우: 형님, 내 말 들려요?

형: 들린다, 들려! 너도 내 말 들리냐?

아우: 들려요!

형: 우리, 벽을 허물기로 하자!

아우: 네, 그래요. 우리 함께 빨리 허물어요!

무대 조명, 서서히 꺼진다. 다만, 무대 뒤쪽의 들판 풍경을 그린 걸개그림만이 환하게 밝다. 막이 내린다.

09 〈보기〉를 참고하여 이 글에서 갈등의 심화를 보여 주는 소재와 갈등의 해소를 상징하는 소재를 찾아 바르게 짝지은 것은?

◀ 보기 ▶
갈등: 칡과 등나무가 서로 얽히는 것과 같이, 개인이나 집단 사이에 목표나 이해관계가 달라 서로 적대시하거나 충돌함을 뜻한다. 소설이나 희곡에서 등장인물 사이에 일어나는 대립과 충돌 또는 등장인물과 환경 사이의 모순과 대립을 이르는 말이다.

	갈등의 심화	갈등의 해소
①	벽	민들레꽃
②	젖소들	벽
③	시냇물	가위바위보
④	민들레꽃	그림
⑤	푸른 들판	벽

10 (나)의 대화가 (가)의 대화와 달리 진행된 이유로 적절한 것은?

① 형제가 서로 다른 화제에 대해 말하고 있기 때문이다.
② 형제가 목소리를 높여 대화에 집중할 수 없기 때문이다.
③ 형제가 서로의 문제에 공감하지 않고 자신의 주장만을 이야기하고 있기 때문이다.
④ 형의 강압적인 주장에 아우가 논리적으로 반박하고 있기 때문이다.
⑤ 형이 원하는 바를 직접적으로 드러내지 않고 돌려서 말하고 있기 때문이다.

11 (가)의 형제의 대화와 관련하여 독자가 보인 반응으로 적절하지 <u>않은</u> 것은?

① 형제는 서로의 감정을 이해하고 공감하는 말을 하고 있군.
② 형제는 칭찬하는 말하기를 통해 서로에 대한 호의를 드러내고 있군.
③ 형은 아우의 말에 적절하게 반응하며 동생이 말을 이어 가도록 하고 있군.
④ 아우는 형의 입장을 배려하여 문제점을 돌려 말하고 있군.
⑤ 아우는 자리를 옮겨 직접 그림을 보고 말함으로써 형이 신뢰하도록 하고 있군.

12 ㉠~㉤을 상대방을 고려한 말하기로 고친 것 중 적절하지 <u>않은</u> 것은?

① ㉠: 오늘은 내가 너한테 자꾸 지니 내가 많이 속상하구나.
② ㉡: 형님이 저한테 지니 속상하셨군요. 형님이 속상하니 저도 마음이 좋지 않아요.
③ ㉢: 오늘은 제가 형님을 이겨 버려서 정말 미안해요.
④ ㉣: 네가 이쪽에 넘어올 때는 나에게 이야기를 해 주면 좋겠구나.
⑤ ㉤: 형님 땅은 그쪽이고, 내 땅은 이쪽이니 절대 넘어오지 마세요.

13 (가)에 나타난 '형'과 '아우'의 태도로 볼 때, ⓐ에 들어갈 지시문으로 적절한 것은?

① 형과 아우, 다정하게 포옹한다.
② 형이 아우에게 명령하듯이 말한다.
③ 형은 아우를 외면하고 그림을 그린다.
④ 망설이는 태도로 아우가 형에게 다가온다.
⑤ 형과 아우는 아무 말 없이 먼 곳을 바라본다.

서술형
14 〈보기〉를 참고하여 ⓑ에서 형이 할 수 있는 언어적 표현과 준언어적 표현을 〈조건〉에 맞게 쓰시오.

◀ 보기 ▶
'언어적 표현'은 '언어(말)'를 사용하여 표현하는 것이고, '준언어적 표현'은 언어에 수반되는 음성적 요소로 '목소리의 억양, 어조, 강약, 높낮이' 등을 사용하여 표현하는 것이다.

◀ 조건 ▶
• 준언어적 표현을 (   )에 넣을 것.
• 현재의 감정 상태를 드러낼 것.

[01~03] 다음 시를 읽고 물음에 답하시오.

가 열무 삼십 단을 이고
시장에 간 우리 엄마
안 오시네, 해는 시든 지 오래
나는 찬밥처럼 방에 담겨
아무리 천천히 숙제를 해도
엄마 안 오시네, 배추 잎 같은 발소리 타박타박
안 들리네, 어둡고 무서워
금 간 창틈으로 고요히 빗소리
빈방에 혼자 엎드려 훌쩍거리던

아주 먼 옛날
지금도 내 눈시울을 뜨겁게 하는
그 시절, 내 유년의 ㉠윗목

— 기형도, 「엄마 걱정」

나 씹던 껌을 아무 데나 퉤, 뱉지 못하고
종이에 싸서 쓰레기통으로 달려가는
너는 참 바보다.
개구멍으로 쏙 빠져나가면 금방일 것을
비잉 돌아 교문으로 다니는
너는 참 바보다.
얼굴에 검댕칠을 한 연탄장수 아저씨한테
쓸데없이 꾸벅, 인사하는
너는 참 바보다.
호랑이 선생님이 전근 가신다고
아무도 흘리지 않는 눈물을 찔끔거리는
너는 참 바보다.
그까짓 게 뭐 그리 대단하다고
민들레 앞에 쪼그리고 앉아 한참 바라보는
너는 참 바보다.
내가 아무리 거짓으로 허풍을 떨어도
눈을 동그랗게 뜨고 머리를 끄덕여 주는
너는 참 바보다.
바보라고 불러도 화내지 않고
씩 웃어 버리고 마는 너는
정말 정말 바보다.

— 그럼, 난 뭐냐?
그런 네가 좋아서 그림자처럼
네 뒤를 졸졸 따라다니는
나는?

— 신형건, 「넌 바보다」

다 먼 훗날 당신이 찾으시면
그때에 내 말이 '잊었노라'

당신이 속으로 나무라면
'무척 그리다가 잊었노라'

그래도 당신이 나무라면
'믿기지 않아서 잊었노라'

오늘도 어제도 아니 잊고
먼 훗날 그때에 '잊었노라'

— 김소월, 「먼 후일」

01 이와 같은 글을 감상할 때 유의할 점으로 적절하지 <u>않은</u> 것은?

① 언어의 아름다움을 드러내는 운율적 요소를 바탕으로 시의 분위기나 정서를 파악한다.

② 시에 반영된 사회 현실을 바탕으로 작가의 개인적인 체험이나 객관적 정보를 파악한다.

③ 대상을 바라보는 개성적인 발상과 표현에 유의하여 시를 통해 말하고자 하는 바를 파악한다.

④ 시어가 가지는, 일상 언어와 다른 함축적 의미를 바르게 이해하고 시상 전개 과정을 파악한다.

⑤ 시인의 생각이나 감정을 전달하는 목소리의 성격이나 태도를 바탕으로 주제 전달의 효과를 파악한다.

02 (가)~(다)에 대한 설명으로 적절한 것은?

① (가)는 자연스러운 대화의 형식으로 말하고 있으며, (나), (다)는 화자의 독백으로 말하고 있다.

② (나)는 어린아이를 화자로 내세우고 있으며, (가), (다)는 성인 화자를 내세우고 있다.

③ (가), (다)는 시간 순서에 따라 시상이 전개되고 있으며, (나)는 현재에서 과거로 시간이 흐르고 있다.

④ (가)~(다)는 모두 반어적 표현을 통해 주제를 강조하고 있다.

⑤ (가)~(다)는 모두 화자의 안타깝고 애틋한 정서를 노래하고 있다.

03 ㉠과 〈보기〉의 밑줄 친 부분의 의미를 해석할 때, 공통적인 요소로 적절한 것은?

┤ 보기 ├

높은 가지를 흔드는 매미 소리에 묻혀
내 울음 아직은 노래 아니다.

차가운 바닥 위에 토하는 울음
풀잎 없고 이슬 한 방울 내리지 않는
지하도 콘크리트 벽 좁은 틈에서
숨 막힐 듯, 그러나 나 여기 살아 있다.
귀뚜르르 뚜르르 보내는 타전 소리가
누구의 마음 하나 울릴 수 있을까.

지금은 매미 떼가 하늘을 찌르는 시절
그 소리 걷히고 맑은 가을이
어린 풀숲 위에 내려와 뒤척이기도 하고
계단을 타고 이 땅 밑까지 내려오는 날
발길에 눌려 우는 내 울음도
누군가의 가슴에 실려 가는 노래일 수 있을까.

– 나희덕, 「귀뚜라미」

① 서럽고 힘겨운 공간
② 전통적인 삶의 공간
③ 분노와 원망의 공간
④ 동심이 살아 있는 공간
⑤ 고향의 정서가 담긴 공간

[04~06] 다음 글을 읽고 물음에 답하시오.

㉮ 어제까지도 저와 나는 이야기도 잘 않고 서로 만나도 본척만척하고 이렇게 점잖게 지내던 터이련만 오늘로 갑작스레 대견해졌음은 웬일인가. 항차 망아지만 한 계집애가 남 일하는 놈보구…….

"그럼 혼자 하지 뗴루 하듸?"

내가 이렇게 내뱉는 소리를 하니까,

"너 일하기 좋니?" / 또는,

"한여름이나 되거든 하지 벌써 울타리를 하니?"

잔소리를 두루 늘어놓다가 남이 들을까 봐 손으로 입을 틀어막고는 그 속에서 깔깔댄다. 별로 우스울 것도 없는데 날씨가 풀리더니 이놈의 계집애가 미쳤나 하고 의심하였다. 게다가 조금 뒤에는 즈 집께를 할금할금 돌아보더니 행주치마의 속으로 꼈던 바른손을 뽑아서 나의 턱 밑으로 불쑥 내미는 것이다. 언제 구웠는지 아직도 더운 김이 홱 끼치는 굵은 감자 세 개가 손에 뿌듯이 쥐였다.

"느 집엔 이거 없지?"

하고 생색 있는 큰소리를 하고는 제가 준 것을 남이 알면 큰일 날 테니 여기서 얼른 먹어 버리란다. 그리고 또 하는 소리가,

"너 봄 감자가 맛있단다."

"난 감자 안 먹는다, 니나 먹어라."

나는 고개도 돌리려 하지 않고 일하던 손으로 그 감자를 도로 어깨 너머로 쑥 밀어 버렸다. 그랬더니 그래도 가는 기색이 없고, 뿐만 아니라 쌔근쌔근하고 심상치 않게 숨소리가 점점 거칠어진다. 이건 또 뭐야, 싶어서 그때서야 비로소 돌아다보니 나는 참으로 놀랐다. 우리가 이 동리에 온 것은 근 삼 년째 되어 오지만 여태껏 가무잡잡한 점순이의 얼굴이 이렇게까지 홍당무처럼 새빨개진 법이 없었다. 게다 눈에 독을 올리고 한참 나를 요렇게 쏘아보더니 나중에는 눈물까지 어리는 것이 아니냐. 그리고 바구니를 다시 집어 들더니 이를 꼭 악물고는 엎더질 듯 자빠질 듯 논둑으로 힝 하게 달아나는 것이다.

– 김유정, 「동백꽃」

㉯ 이 문서는 천 섬으로 양반을 사고팔아서 환곡을 갚은 것을 증명한다.

양반이란 여러 가지로 일컬어진다. 글을 읽으면 선비라 하고, 벼슬을 하면 대부(大夫)라 하고, 덕이 뛰어나면 군자

라고 한다. 무관은 서쪽에 늘어서고 문관은 동쪽에 늘어서는데, 이것이 바로 양반이다. 따라서 선비, 대부, 군자, 무관, 문관 가운데에서 좋을 대로 부르면 된다.

더러운 일을 딱 끊고, 옛사람을 본받고 높은 뜻을 가져야 한다. 매일 새벽에 일어나 등잔을 켜고서, 눈은 가만히 코끝을 내려 보고 발꿈치는 궁둥이에 모으고 앉아, 얼음 위에 박 밀 듯이 『동래박의(東萊博議)』를 줄줄 외워야 한다. 배고픔과 추위를 참고 견디며, 가난 타령은 아예 하지 말아야 한다. 〈중략〉 『고문진보(古文眞寶)』나 『당시품휘(唐詩品彙)』를 깨알같이 베껴 쓰되, 한 줄에 백 자를 써야 한다.

손에 돈을 쥐지 말고, 쌀값을 묻지 말고, 더워도 버선을 벗지 말고, 맨상투로 밥상에 앉지 말고, 밥보다 국을 먼저 먹지 말고, 물을 후루룩 마시지 말고, 젓가락으로 방아를 찧지 말고, 생파를 먹지 말고, 막걸리를 들이켠 다음 수염을 쭈욱 빨지 말고, 담배를 피울 때에는 볼이 움푹 패도록 빨지 말아야 한다.

화가 난다고 아내를 때리지 말고, 그릇을 내던지지 말고, 아이들에게 주먹질을 하지 말고, 죽으라고 종놈을 야단치지 말아야 한다. 소나 말을 꾸짖되 그것을 판 주인까지 싸잡아 욕하지 말고, 아파도 무당을 부르지 말고, 제사 지낼 때 중을 부르지 말고, 추워도 화로에 곁불을 쬐지 말고, 말할 때 입에서 침을 튀기지 말고, 소 잡는 일을 하지 말고, 돈으로 노름을 하지 말아야 한다.

– 박지원, 「양반전」

중요

04 (가)와 (나)의 차이점을 바르게 설명한 것은?

① (가)의 사건은 비현실적인 상황으로, (나)의 사건은 사실적이고 구체적인 상황으로 전개되고 있다.

② (가)는 인물의 내면적 갈등을 중심으로, (나)는 인물의 외면적 갈등을 중심으로 서술하고 있다.

③ (가)에서는 시대적 상황을 사실적으로 반영하고 있고, (나)에서는 이상적 삶을 형상화하고 있다.

④ (가)의 작가는 대상에 대해 따뜻한 시선으로, (나)의 작가는 대상에 대해 비판적인 시선으로 사건을 다루고 있다.

⑤ (가)의 서술자는 반어적인 상황을 설정하여, (나)의 서술자는 역설적인 상황을 설정하여 주제를 강조하고 있다.

서술형

05 〈보기〉를 참고하여 (가)의 서술자의 특성에 따른 표현의 효과를 〈조건〉에 맞게 서술하시오.

■ 보기 ■

작가가 작품을 통해 형상화하는 세계는 누구의 눈을 통해 전달하는지에 따라 다양하게 표현될 수 있다. 소설의 서술자가 어떤 성격을 지녔는지, 어떤 태도로 말하는지에 따라 작품의 구조적 특징이나 분위기, 내용을 다르게 느끼도록 한다.

■ 조건 ■

• 서술자가 누구인지 쓰고 성격이 드러나도록 쓸 것.
• 독자에게 미치는 영향이 드러나도록 쓸 것.
• 한두 문장으로 서술할 것.

06 〈보기〉는 (나)의 작가가 쓴 글이다. 〈보기〉를 바탕으로 할 때, (나)를 통해 표현하고자 하는 양반의 면모로 가장 거리가 **먼** 것은?

■ 보기 ■

무릇 선비란 하늘이 내리는 법이므로 사(士)와 심(心)이 만나 뜻(志)이 된다. 그렇다면 그 뜻은 모름지기 어떠해야 할 것인가? 권세와 이익을 염두에 두지 않고 이름을 널리 알린다고 해도 선비의 입장을 떠나지 않고, 곤궁해도 선비의 지조를 잃지 말아야 할 것이다. 그럼에도 명분과 절의를 닦지 않고 부질없이 가문을 상품으로 삼아 남에게 팔았으니 장사치와 무엇이 다르리오. 이에 「양반전」을 쓴다.

① 공허한 관념을 추구한다.

② 규칙적이고 도덕적인 행실을 지향한다.

③ 실생활에 대한 직접적인 개입을 지양한다.

④ 신분을 지키기 위한 겉치레와 체면을 중시한다.

⑤ 학문을 통해 세상을 새롭게 개선하기를 희망한다.

[07~09] 다음 글을 읽고 물음에 답하시오.

며칠 뒤 궁궐의 정원사가 공주를 찾아냈어. 공주처럼 혼자 있기 좋아하고, 책과 꽃을 사랑하는 정원사였지. 정원사는 혹시나 하는 마음에 공주의 입술에 살짝 입맞춤을 해 보았어. 하지만 공주의 입술은 차디차기만 했지.

정원사는 공주가 읽다 만 책을 들여다보았어. 그러자 참았던 울음이 폭포처럼 쏟아져 나왔지. 눈물은 흘러 흘러 책장 위를 지나 공주의 입속으로 들어갔어. 그 순간 공주가 "아!" 하고 한숨을 쉬며 눈을 떴단다. ㉠정원사의 눈물에 공주의 몸속에 있던 독이 다 흘러 나간 거야. 공주는 정원사의 눈에 비친 제 모습을 바라보았지. ㉡세상에 태어나서 처음으로 공주는 자신이 아름답다고 생각했어. 공주가 미소를 짓자 숲속에 검은 태양이 뜬 것처럼 눈이 부셨지.

흑설 공주가 돌아오자 왕궁은 발칵 뒤집어졌어. 왕비가 한 사악한 짓도 다 드러났지. 아름답던 왕비의 모습은 이제 징그러운 껍질처럼 여겨졌어. ㉢왕은 불같이 화를 내며 왕비를 감옥에 가두었단다.

정원사와 공주의 결혼 축제는 사흘 낮 사흘 밤 동안 벌어졌어. 검게 빛나는 공주가 얼마나 아름다워 보였는지 여자들은 모두 얼굴에다 숯검정을 칠하기 시작했단다. 그러다 모두들 깨달았지. ㉣세상이 말하는 아름다움이란 얼마나 쉽게 바뀌는 것인지. 또한 누구에게나 자기만의 아름다움이 깃들어 있다는 것을.

진실의 거울도 그것을 깨달았어.

"거울아, 거울아, 세상에서 가장 아름다운 사람이 누구니?"

이제 이런 질문을 던지면 거울은 우물쭈물하다 대답했지.

"모르겠어요. ㉤저마다 다들 나름대로 아름다우니 누가 가장 아름다운지 도무지 알 수가 없어요."

그 대답에 공주는 환하게 웃으며 말했단다.

"그래, 정말 모두들 아름답지. 장미는 장미대로, 제비꽃은 제비꽃대로, 거미는 거미대로, 나비는 나비대로, 저녁은 저녁대로, 새벽은 새벽대로, 너는 너대로, 나는 나대로 말이야."

          – 이경혜, 「그림 동화로 읽는 흑설 공주」

07 이 글을 감상하는 방법에 대한 설명으로 적절하지 <u>않은</u> 것은?

① 원전과 비교하며 새롭게 창작된 작품의 가치관을 파악한다.

② 원전에서 다룬 주제를 있는 그대로 반영하고 있는지 확인한다.

③ 원작을 재구성하기 위한 작가의 새로운 관점이나 개성적인 발상을 추측한다.

④ 원작과 비교하여 내용, 표현, 갈래, 형식 등에서 어떠한 점이 달라졌는지 파악한다.

⑤ 재구성된 작품과 원작은 독립된 작품이므로 있는 그대로 각각의 작품을 감상하여 작품이 담고 있는 가치를 생각한다.

서술형   중요

08 〈보기〉는 이 글의 재구성 과정을 도식화한 것이다. 이 글의 내용으로 보아 빈칸에 들어갈 말을 〈조건〉에 맞게 서술하시오.

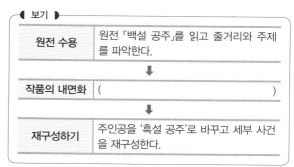

보기	
원전 수용	원전 「백설 공주」를 읽고 줄거리와 주제를 파악한다.
↓	
작품의 내면화	( )
↓	
재구성하기	주인공을 '흑설 공주'로 바꾸고 세부 사건을 재구성한다.

조건

• 원작과 비교하여 재구성된 작품의 주제를 중심으로 쓸 것.

• 한 문장으로 쓸 것.

09 ㉠~㉤에 대한 설명으로 적절하지 <u>않은</u> 것은?

① ㉠: '정원사'로 인해 공주가 위기를 극복했음을 표현하였다.

② ㉡: '공주'가 스스로에 대한 자신감을 갖게 되었음을 표현한다.

③ ㉢: '왕비'의 모습을 통해 인과응보의 사상을 강조한다.

④ ㉣: 외모의 아름다움의 기준이 절대적이라는 점에 대한 깨달음을 드러내고 있다.

⑤ ㉤: '거울'의 말을 통해 작가가 말하고자 하는 바를 드러내고 있다.

10 다음의 표준 발음법 규정을 참고할 때, 적절하지 <u>않은</u> 발음은?

> 제10항 겹받침 'ㄳ', 'ㄵ', 'ㄽ, ㄾ, ㄿ', 'ㅄ'은 어말 또는 자음 앞에서 각각 [ㄱ, ㄴ, ㄹ, ㅂ]으로 발음한다.
>
> 다만, '밟–'은 자음 앞에서 [밥]으로 발음하고, '넓–'은 다음과 같은 경우에 [넙]으로 발음한다.
>
> > 넓–죽하다[넙쭈카다]   넓–둥글다[넙뚱글다]
>
> 제11항 겹받침 'ㄻ, ㄿ, ㄾ'은 어말 또는 자음 앞에서 각각 [ㄱ, ㅁ, ㅂ]으로 발음한다.
>
> 다만, 용언의 어간 말음 'ㄻ'은 'ㄱ' 앞에서 [ㄹ]로 발음한다.

① 여덟[여덜] 더하기 하나면 아홉이 된다.
② 가려우면 긁지[글찌] 말고 약을 바르렴.
③ 그 꽃을 사뿐히 즈려 밟고[밥:꼬] 가시옵소서.
④ 고향의 흙과[흑꽈] 꽃씨를 소중히 품고 돌아왔다.
⑤ 수비수들이 넓게[널께] 자리를 잡고 지키고 있다.

11 〈보기〉에서 의사소통이 원활하게 이루어지지 않은 이유를 서술하시오.

> ◀ 보기 ▶
> 어머니: 차린 건 없지만 많이 먹어요.
> 외국인 친구: 네? 이렇게 음식이 많은데 차린 게 없다니요?
> 영호: 어머님, 상다리가 부러질 것 같아요.
> 외국인 친구: 상은 튼튼한 것 같은데……

> ◀ 조건 ▶
> • '문화'라는 말을 넣어 한 문장으로 쓸 것.

12 다음 학생의 맞춤법 시험 결과로 적절한 것은?

> (1) 우리가 만난 지 (며칠)/ 몇일)이나 지났지?
> (2) 지금 (어따 대고)/ 얻다 대고) 거짓말이야?
> (3) 오늘 엄마가 학교에 (오신대요)/ 오신데요.)
> (4) 밖에 (왠)/ 웬) 아이가 찾아 와서 널 찾고 있어.
> (5) 그런 말을 하다니 정말 (어의없다)/ 어이없다.)
> (6) 작년하고 올해는 상황이 (다르잖아)/ 틀리잖아.)
> (7) 손가락은 지문 인식기에 대기만 하면 (되)/ 돼.)
> (8) 네가 전학 가서도 생활을 잘하길 (바래)/ 바라.)

	맞은 개수	틀린 개수		맞은 개수	틀린 개수
①	6개	2개	②	5개	3개
③	4개	4개	④	3개	5개
⑤	2개	6개			

13 〈보기〉의 담화에 대한 이해로 적절하지 <u>않은</u> 것은?

> ◀ 보기 ▶
> 정호: ㉠시간이 지난 것 같은데 윤태가 왜 안 오지?
> 수철: ㉡너무 초조해하지 마. 곧 오겠지.
> 정호: ㉢지금 몇 시니?
> 수철: 1시 20분이야. 아, 저기 윤태가 온다.
>
> 　윤태, 수철과 정호에게로 천천히 걸어온다.
>
> 정호: ㉣지금 몇 시니?
> 윤태: ㉤1시 23분. 너, 시계 안 가지고 나왔어?
> 정호: 그걸 물어본 게 아니잖아.

① ㉡을 통해 정호를 진정시키려는 수철이의 의도도 함께 전달되고 있다.
② ㉤은 정호가 기대하지 않은 답변이다.
③ ㉢에 비해 ㉣은 질문의 성격이 약하다.
④ ㉠과 ㉡에서 화자와 청자가 서로 바뀌고 있다.
⑤ ㉢과 ㉣에서는 동일한 의도를 다른 형식의 발화로 표현하고 있다.

[14~15] 다음 글을 읽고 물음에 답하시오.

가 훈민정음 제자의 다른 한 원리는 가획의 원리다. 자음 글자에서 상형의 원리에 의거하여 만든 것은 앞의 다섯 자뿐이며 나머지는 이것을 기본자로 하여 다음처럼 획을 하나씩 더해 가는 방식을 취하였다.

```
ㄱ → ㅋ
ㄴ → ㄷ → ㅌ
ㅁ → ㅂ → ㅍ
ㅅ → ㅈ → ㅊ
ㅇ → ㆆ → ㅎ
```

이처럼 획을 더하여 글자를 만든 근거는 획이 더 있는 글자들의 소리가 더 거센소리들이라는 점이라고 하였다. 'ㅋ'은 'ㄱ'보다 거센소리이며 'ㅂ'은 'ㅁ'보다, 'ㅍ'은 'ㅂ'보다 소리가 거세고 이 거센 특성을 획을 더함으로써 나타냈다는 것이다. 그런데 다만 'ㄹ'과 'ㅿ'은 그러한 근거 없이 획을 더한 예외적인 글자라고 하였다. 그리고 'ㅇ'은 어금닛소리인데도 'ㄱ'과 관련시켜 글자를 만들지 않고 목구멍소리인 'ㅇ'에 꼭지를 달아 만들어 또 하나의 예외적인 글자가 되었는데 이는 'ㅇ'과 'ㅇ'이 음성적으로 유사한 데에 근거한 것이라 하였다.

나 한편 중성, 즉 모음 글자들의 제자 원리는 어떠한가? 여기에서도 먼저 기본자를 세 자 정하여 그것을 상형의 원리로 만들었다. '·'는 하늘의 둥근 모양, 'ㅡ'는 땅의 평평한 모양, 'ㅣ'는 사람의 서 있는 모양을 본떠서 만든 것이 그것이다. 그런데 상형의 원리라는 점에서는 같되 자음 글자에서처럼 발음 기관을 본뜬 것이 아니라 천지인(天地人) 삼재(三才)의 모양을 본뜬 것이 특이하다.

그리고 나머지 글자는 이 기본자를 합성하여 만들었다. 즉 '·'와 'ㅡ'를 합성하여 'ㅗ, ㅜ'를 만들고, '·'와 'ㅣ'를 합성하여 'ㅏ, ㅓ'를 만들었다. 이렇게 기본자인 '·'를 'ㅡ'와 'ㅣ'에 붙여 만든 'ㅗ, ㅜ, ㅏ, ㅓ'를 초출자라고 부른다. 그리고 이 초출자에 다시 '·'를 하나씩 더하여 재출자 'ㅛ, ㅠ, ㅑ, ㅕ'를 만들어 모두 11자를 완성하였다. 그리고 '·'가 하나 있는 것은 단모음임을 나타내고 '·'가 두 개 있는 것은 이중 모음임을 나타내었다.

14 ⓐ와 ⓑ는 국내에서 사용하는 휴대 전화 자판이다. 이 글을 바탕으로 ⓐ와 ⓑ를 이해한 것으로 적절하지 않은 것은?

ⓐ		
ㄱ	ㄴ	ㅏㅓ
ㄹ	ㅁ	ㅗㅜ
ㅅ	ㅇ	ㅣ
획 추가	ㅡ	쌍자음

ⓑ		
ㅣ	·	ㅡ
ㄱㅋ	ㄴㄹ	ㄷㅌ
ㅂㅍ	ㅅㅎ	ㅈㅊ
기호	ㅇㅁ	숫자

① ⓐ의 자판의 자음은 모두 기본자에 해당한다.
② ⓐ로 자음을 입력할 때에는 가획의 원리가 적용되는 경우가 있다.
③ ⓑ의 자판의 모음은 천지인 삼재에 해당한다.
④ ⓑ로 모음을 입력할 때에는 합성의 원리가 적용되는 경우가 있다.
⑤ ⓑ에서 이중 모음을 입력할 때에는 '·'를 두 번 누르면 된다.

15 이 글을 바탕으로 〈보기〉를 설명한 것으로 적절한 것은?

보기
ㄱ 소나기   ㄴ 주유소

① ㄱ에 사용된 모음은 모두 초출자이다.
② ㄱ에 사용한 자음 중 하나에 가획을 하면 'ㅂ'을 만들 수 있다.
③ ㄴ에 사용된 모음은 모두 단모음이다.
④ ㄴ에 사용한 자음 중에는 가획을 해서 만든 것이 있다.
⑤ ㄴ의 끝음절에 사용한 자음은 첫음절에 사용한 자음보다 거센소리이다.

[16~17] 다음 글을 읽고 물음에 답하시오.

㉮ 마루에 앉아 바깥 거리를 바라보다가 그것도 시시해져 방 안에 드러누워 뒹굴고 있는데 그 백과사전이 눈에 띄었다. 아마 초등학교 4학년쯤이었을 것이다. 그 책이 언제 어떻게 해서 책꽂이에 꽂히게 되었는지는 알 수 없다.

㉯ 우연히 백과사전을 펼쳐 본 나는 그때부터 틈만 나면 그 책을 끼고 살았다. 어느 쪽을 펼쳐도 읽을거리가 그득했다. 몰랐던 사실을 알게 되는 재미가 생각지도 못한 즐거움을 선사했고, 총천연색 사진까지 실려 있어 더욱 흥미진진했다. 내가 자주 본 분야는 동물에 대한 것이었는데 사진을 통해 처음 본 신기한 동물들이 나의 호기심을 마구 자극했다.

㉰ 노벨 문학상 작품들은 내게 또 다른 세계를 열어 주었다. 그전까지의 책 읽기가 감성적인 부분을 건드리고 충족해 주었다면 노벨 문학상 전집은 그와 더불어 다른 나라의 역사를 비롯한 여러 가지 지식과 정보를 얻게 해 주었다.

㉱ 이후에도 해마다 노벨 문학상 수상집이 출간되면 한 권씩 사다가 그 전집에 끼워 넣곤 했다. 그중 하나가 솔제니친의 작품이었다. 〈중략〉 그런데 정작 내 관심을 끈 것은 소설보다 책 뒷부분에 실린 「모닥불과 개미」라는 수필이었다. 반 쪽짜리 그 짧은 수필이 내 머릿속에 이토록 강렬한 인상을 남길 줄은 미처 몰랐다.

㉲ 그러다가 훗날 미국 유학을 가서 꽂혀 버린 학문, 사회 생물학을 접했을 때 순간적으로 솔제니친의 그 수필이 생각났다. 그간 수많은 문학 작품을 읽고 고독을 즐기는 속에서 점점 더 많은 수수께끼들을 껴안고 살았는데, 사회 생물학이라는 학문이 그것들을 가지런히 정리해서 대답해 주었다. 「모닥불과 개미」 속의 개미도 내가 가지고 있던 수수께끼 중 하나였다. 그 개미들을 이해하게 된 순간, 나는 이 학문을 평생 공부하겠다고 결정했다.

16 이 글에 대한 설명으로 적절하지 <u>않은</u> 것은?

① 글쓴이의 독서 경험을 다루고 있다.
② 특별한 형식 없이 자유롭게 쓴 글이다.
③ 시간의 경과에 따라 글을 전개하고 있다.
④ 글쓴이가 직접적으로 삶의 교훈을 제시하고 있다.
⑤ 회고적 어조로 글쓴이의 과거 체험을 서술하고 있다.

17 〈보기〉에서 글쓴이의 독서 경험에 해당하는 것만을 골라 묶은 것은?

┤ 보기 ├
㉠ 자신의 한계를 알고 절망감을 느낌.
㉡ 지적으로 성장하는 즐거움을 경험함.
㉢ 공동체 유지와 발전에 크게 기여하게 됨.
㉣ 문학 작품을 통해 과학을 만나게 됨.
㉤ 삶의 여러 가지 의문에 대한 답을 얻음.
㉥ 진로를 선택하는 데 결정적 도움을 받음.

① ㉠, ㉡, ㉣, ㉤
② ㉠, ㉣, ㉤, ㉥
③ ㉡, ㉢, ㉣, ㉥
④ ㉡, ㉣, ㉤, ㉥
⑤ ㉢, ㉣, ㉤, ㉥

[18~19] 다음 글을 읽고 물음에 답하시오.

㉮ 인터넷을 기반으로 한 디지털 미디어에서 가장 많이 쓰이는 커뮤니케이션 수단은 문자입니다. 휴대 전화 문자, 메신저, 채팅, 이메일, 토론방 댓글 등이 대부분 문자로 메시지를 전달합니다. 그런데 문자는 말과는 달리 미묘한 감정을 표현해 내기 어렵다는 단점을 갖고 있습니다. 일상적인 대화에서 우리는 말의 속도나 크기, 억양, 얼굴 표정 등을 통해 다양한 감정을 담아 메시지를 전달합니다. 똑같은 말을 하더라도 어떤 식으로 표현하느냐에 따라 긍정적인 의미를 담을 수도 있고, 부정적인 의미를 전달할 수도 있습니다. 그런데 문자로는 그런 감정들을 담아내는 데 한계가 있죠. 이런 한계를 보완하기 위해 사용자들은 다양한 방법을 고안해 냅니다. 맞춤법에 따르지 않고 소리 나는 그대로 표기하거나 감정을 표시하는 간단한 이모티콘을 사용하기도 하고 '휘리릭, 꾸벅' 같은 의성어, 의태어를 쓰기도 하죠. 빠르게 의사를 전달하기 위해 다양한 축약어를 사용하기도 합니다.

㉯ 사진도 자신을 표현하는 중요한 수단이 됐죠. 사진은 문자로는 표현하기 힘든 감정이나 상황을 한눈에 알아볼 만큼 아주 간단히 표현할 수 있습니다. 또한 사용자의 시각적 경험을 즉각적으로 공유할 수 있도록 해 줍니다. 내가 지금 보고 있는 것, 먹고 있는 것 등을 바로바로 사진을 통해 전달하고 공유하는 것이죠. 이렇게 남들에게 보여 주고 싶은 자신의 이미지를 만들어 내는 데 사진이 유용하게 활용되는 이유는 우리가 원하는 대로 사진을 수정하고 정리해서 전달할 수 있기 때문입니다.

중요

18 이 글을 바탕으로, 디지털 미디어 시대의 글 읽기를 이해한 것으로 적절하지 <u>않은</u> 것은?

① 다른 독자와의 활발한 상호 작용이 가능하다.
② 의사소통 수단으로서 문자가 차지하는 비중이 높다.
③ 사진은 편집에 용이하기 때문에 사실을 객관적으로 전달할 수 있다.
④ 문자와 이모티콘 등이 결합하면서 형성하는 의미를 파악할 수 있어야 한다.
⑤ 사진 자료를 읽을 때, 사용자가 어떤 목적으로 어떻게 표현했는가를 파악하고 읽어야 한다.

서술형

19 감정을 표현하는 측면에서 문자와 사진의 효과를 비교하여 서술하시오.

[20~21] 다음 글을 읽고 물음에 답하시오.

㉮ 정전기가 생기는 이유는 '마찰' 때문이다. 물체를 이루는 원자의 주변에는 전자가 돌고 있는데, 원자핵으로부터 멀리 떨어진 전자들은 마찰을 통해 다른 물체로 쉽게 이동하기도 한다. 이때 전자를 잃은 쪽은 (+) 전하를 띠고, 전자를 얻은 쪽은 (−) 전하를 띠게 되어 두 물체 사이에 전위차가 생긴다.

생활하면서 주변의 물체와 접촉하면 마찰이 일어나기 마련인데, 그때마다 우리 몸과 물체가 전자를 주고받으며 몸과 물체에 조금씩 전기가 저장된다. 한도 이상 전기가 쌓였을 때 적절한 유도체가 닿으면 그동안 쌓였던 전기가 순식간에 불꽃을 튀며 이동하면서 정전기가 발생한다.

㉯ 정전기는 건조할 때 잘 생긴다. 수증기는 전기 친화성이 있어 주변의 전하를 띠는 입자들을 전기적 중성 상태로 만든다. 따라서 습도가 높으면 정전기도 잘 생기지 않는다. 여름보다 겨울에 정전기가 기승을 부리는 이유다. 이 원리를 사람에게 적용하면 땀을 많이 흘리는 사람보다는 적게 흘리는 사람에게, 지성 피부를 가진 사람보다는 건성 피부를 가진 사람에게 정전기가 많이 생긴다.

정전기는 주로 물체의 표면에 존재하기 때문에 그 사람의 '피부'가 정전기를 결정한다.

㉰ 만약 피부가 건조한 사람이 위의 충고를 무시하고 합성 섬유 스웨터를 입다 비명을 지른다 해도 그건 개인의 문제니 넘어갈 만하다. 하지만 산업체에서 정전기는 결코 간과할 수 없는 위협적인 존재다.

예를 들어 발화점이 낮은 유류를 운반하는 유조차는 작은 스파크에도 치명적이다. 이를 막기 위해 유조차의 뒤편에는 땅바닥으로 늘어뜨린 접지 장치가 달려 있다. 접지를 통해 유조차에 조금이라도 생길 수 있는 정전기를 땅으로 배출하는 것이다.

㉱ 이제 정전기의 원리를 알았으니 약간의 주의만 기울이면 정전기로 깜짝 놀랄 일을 줄일 수 있다. 구체적으로 어떻게 하면 좋을까? 우선 적절한 습도를 유지하자. 가습기나 어항 등으로 집안 습도를 높이고, 보습 로션 등으로 피부를 촉촉하게 유지하면 도움이 된다. 머리를 헤어드라이어로 말리면 습도가 낮아질 뿐 아니라 수건으로 머리를 비비는 과정에서 마찰 전기가 발생하므로 가급적 그냥 말린다.

㉲ 평소에 전기를 중화시키는 습관을 들이는 것도 좋다. 자동차 문고리를 잡기 전에 손에 입김 한번 '하~' 하고 불어 주자. 입김으로 손에 생긴 습기가 정전기 확률을 낮춰 준다. 정전기가 튈 것 같은 물건이라면 덥석 잡지 말고, 손톱으로 살짝 건드렸다가 잡으면 손톱을 통해 전기가 방전돼 정전기를 예방할 수 있다.

20 이 글에 대한 설명으로 적절하지 <u>않은</u> 것은?

① 정전기 현상을 과학적으로 설명하고 있다.
② 정전기의 위험성과 유익함을 비교 설명하고 있다.
③ 정전기 현상의 원인과 해결 방안을 제시하고 있다.
④ 정전기가 겨울에 기승을 부리는 이유를 설명하고 있다.
⑤ 사람마다 정전기가 다르게 나타나는 이유를 설명하고 있다.

21 (가)~(마)에 쓰인 설명 방식으로 적절한 것은?

① (가): 과정
② (나): 정의
③ (다): 구분
④ (라): 대조
⑤ (마): 분류

22 〈보기〉의 ⓐ, ⓑ에 들어갈 설명 방법으로 적절한 것은?

◀ 보기 ▶

(ⓐ)은/는 설명하고자 하는 대상의 의미를 분명하게 밝히는 것을 말한다. 대상을 설명할 때 의미를 정확하게 밝히지 않으면 독자가 대상을 잘못 이해할 수 있고 이어서 전개되는 내용을 이해하는 데 어려움을 겪을 수 있다. (ⓑ)은/는 예를 들어 설명하는 것을 말하는데 독자에게 구체적인 사례를 제시하여 설명 대상에 대한 이해를 돕는 방식이다. 이때 독자의 수준을 고려해야 하며 적절한 수의 예를 들도록 한다.

	ⓐ	ⓑ		ⓐ	ⓑ
①	분석	예시	②	정의	예시
③	분석	정의	④	비교	대조
⑤	분류	구분			

23 설명하는 글을 쓰는 과정에 대한 설명으로 적절하지 <u>않은</u> 것은?

① 계획하기: 설명 대상을 정한다.

② 내용 선정하기: 다양한 매체에서 자료를 찾는다.

③ 내용 조직하기: 각 문단을 중심 문장과 뒷받침 문장으로 구성한다.

④ 표현하기: 다양한 설명 방법을 활용하여 글을 쓴다.

⑤ 고쳐쓰기: 문단, 문장, 단어 수준으로 범위를 좁혀 가면서 고쳐 쓴다.

24 〈보기〉의 (가)를 (나)로 바꾸어 표현하였을 때의 효과가 무엇인지 한 문장으로 서술하시오.

◀ 보기 ▶

(가) 결국 실수는 삶과 정신의 여백에 해당한다. 그 여백마저 없다면 이 각박한 세상에서 어떻게 잠시 여유를 얻어 휴식을 취하며 살 수 있겠는가.

⬇

(나) 결국 실수는 삶과 정신의 여백에 해당한다. 그 여백마저 없다면 이 각박한 세상에서 어떻게 숨을 돌리며 살 수 있겠는가.

25 〈보기〉의 빈칸에 들어갈 관용 표현으로 적절한 것은?

◀ 보기 ▶

윤주에게

잘 지내고 있니? 내가 갑작스럽게 제주도로 전학 오는 바람에 ( ) 기분이었지? 아버지 일 때문에 급하게 이사를 해야 한다는 소식은 나에게도 마른하늘에 날벼락 같았어. 미안해.

처음 제주도에 왔을 때는 바다도 너무 가까이 있고 바람도 많이 불어서 놀랐었는데 이젠 나도 여기 생활에 많이 익숙해졌어. 내가 전학 온 학교 옆에는 민속 오일장도 열려. 오일장은 닷새에 한 번씩 서는 장인데 이곳 학교에 간 첫날이 마침 장이 서는 날이었어. 오일장에 가 보니 맛있는 음식을 파는 가게들이 즐비하고 볼거리도 많았어. 구경도 구경이지만 배가 너무 고파 두리번거리는데, 튀김 냄새가 나잖아? 그 냄새에 우리가 함께 다니던 분식집이 떠오르면서 입에 침이 고이더라. 참새가 방앗간을 어찌 그냥 지나가겠어? 먼저 분식집부터 들러 너랑 먹을 때처럼 떡볶이 한 접시를 뚝딱 먹어 치웠어. 그리고 나서 시장을 돌아봤는데 사고 싶은 물건을 고르면 제주 토박이 분들과 흥정도 할 수 있어. 말만 잘하면 덤도 얻을 수 있고, 여러 가지로 정말 재밌었어.

① 울며 겨자 먹는

② 병 주고 약 주는

③ 다 된 죽에 코 푼

④ 믿는 도끼에 발등 찍힌

⑤ 가랑비에 옷 젖는 줄 모를

26 〈보기〉의 글을 고쳐 쓰려고 할 때, 적용할 수 있는 방법으로 적절한 것은?

◀ 보기 ▶

몽실이가 온 이후로 나의 생활은 이전과 완전히 달라졌다. 이전에는 학교 수업이 끝난 후에도 친구들과 어울리느라고 해가 진 뒤에야 집에 들어가곤 했지만, 지금은 몽실이를 보기 위해 학교가 끝나자마자 집까지 한숨에 달려간다. 방에 틀어박혀 게임만 하고 가족들과 대화 한 마디 없던 나였지만 지금은 엄마와 함께 몽실이의 재롱을 보며 많은 대화를 한다. 몰티즈는 추위에 약해 겨울에는 난방에 신경을 써 주어야 한다.

① 문단의 주제에서 어긋나는 내용이 없는지 살펴본다.
② 접속어나 지시어가 적절하게 사용되었는지 살펴본다.
③ 문장이 간결하면서도 분명하게 제시되어 있는지 살펴본다.
④ 중심 문장과 뒷받침 문장이 논리적으로 연결되었는지 살펴본다.
⑤ 내용을 표현하는 데 적합하지 않은 단어가 사용되지 않았는지 살펴본다.

27 〈보기〉의 밑줄 친 부분을 고쳐 쓸 때 적용할 수 있는 원리로 적절한 것은?

◀ 보기 ▶

훌륭한 공동체는 한 명 한 명의 구성원들이 뛰어난 공동체인 경우보다는 구성원들을 하나로 묶어 주는 연대감이 강한 경우가 많다. '부뚜막의 소금도 넣어야 짜다.'라는 말처럼 한 명 한 명을 묶어 주는 강한 힘이 그 공동체의 힘을 더욱 강하게 만들어 주는 것이다.

① 추가의 원리
② 삭제의 원리
③ 대치의 원리
④ 병합의 원리
⑤ 재구성의 원리

28 다음 글에서 (나)를 바탕으로 (가)를 이해한 것으로 적절하지 않은 것은?

(가) 선생님: 진호야, 요즘 민수하고는 잘 지내니?
진호: 어, 선생님께서 제가 민수랑 사이가 안 좋은 걸 어떻게 아셨어요?
선생님: 담임이 모르는 게 어디 있니?
진호: 선생님께서 항상 바쁘시니까, 저에게 신경을 안 쓰시는 줄 알았죠. 저번에 개인 상담할 때에도 별 말씀이 없으셔서 제가 민수 때문에 고민하는 걸 잘 모르실 줄 알았어요.
선생님: 진호가 그렇게 생각했다니, 좀 미안한 생각이 드는데. 선생님이 관심을 좀 표현했어야 진호가 오해하지 않았을 텐데.
진호: 아니에요. 선생님께서 관심을 가져 주셨다는 것이 너무 좋아요. 그리고 민수하고도 곧 좋아질 것 같아요. 고맙습니다.

(나) 이 대화에서 선생님과 진호가 말을 주고받고 있다. 선생님은 말을 하기도 하고 말을 듣기도 한다. 진호도 마찬가지이다. 다시 말해서 선생님이 화자가 되었을 때에 진호는 청자가 되고 진호가 화자가 되었을 때 선생님이 청자가 된다. 대화에서는 대화에 참여하는 사람들이 화자가 되기도 하고 청자가 되기도 하면서 음성 언어라는 형식을 활용하여 내용인 의미를 공유한다.

그러면 이 대화에서 선생님과 진호가 공유한 의미는 무엇일까? 선생님은 평소에 진호에게 관심을 잘 표현하지 않아서 진호가 자신에 대해 오해하고 있었다는 것을 알게 되었다. 한편 진호는 선생님이 자신에게 관심이 있었다는 것을 알게 되었다. 아울러 선생님은 진호의 말을 통해서 진호와 민수의 관계가 곧 회복될 것 같음을 알았다.

① 진호는 청자의 역할도 하고, 화자의 역할도 한다.
② 선생님은 진호와 민수의 관계에 대한 정보를 얻지 못했다.
③ 선생님과 진호는 음성 언어를 활용하여 의사소통하고 있다.
④ 진호는 선생님이 자신에게 관심이 있었다는 것을 알게 되었다.
⑤ 선생님과 진호의 대화는 의미가 공유되면서 원활하게 진행되고 있다.

[29~31] 다음 글을 읽고 물음에 답하시오.

㉮ "도시 아이들은 아마 토끼풀하고 괭이밥하고도 헛 갈리는 애 천질걸. 한뫼야, 우리가 문명의 이기에 대해 모르는 건 무식한 거고, 도시 아이들이 밤나무와 떡갈나무와 참나무와 나도밤나무와 참피나무와 물푸레나무와 피나무와 가시나무와 측백나무에 대해 모르는 건 유식하다는 생각일랑 제발 버려야 한다. 그건 똑같이 무식한 거니까, 너희가 특별히 주눅 들 필요는 없지 않겠니. 그러나 너희들은 싫건 좋건 앞으로 문명과 만나고 길들여질 테지만, 도시 아이들에게 있는 그대로의 자연과 만나 가슴을 울렁거릴 기회는 좀처럼 없을걸. 그런 경험을 놓치고 어른이 되어 버리면 너무 불쌍하지 않니. 바로 그런 소중한 경험을 너희들은 도시 아이들한테 베풀 수 있어. 달걀로 말이다." ─㉠

한뫼는 더 이상 말대답을 하지 않고 선생님의 얼굴을 물끄러미 바라보기만 했습니다. 선생님의 얼굴은 어둠 속에서도 달덩이처럼 환합니다.

"인석아, 왜 그렇게 쳐다봐? 선생님 얼굴에 뭐 묻었냐?" ─㉡

"아뇨, 우리나라에서 제일가는 선생님의 얼굴을 마음속에 새겨 두려고요."

"인석아, 달걀을 달걀로 갚으려는 생각은 내가 한 게 아니라 네가 한 거야."

㉯ 아무것도 가진 것이 없는 거리의 아이가 기꺼이 나누겠다고 하는데, 모든 것을 다 가지고 있는 우리는 어째서 그토록 인색할까요? 저는 이 아이들이 제 또래라는 사실을 자꾸 생각하게 됩니다. 어디서 태어났는가 하는 사실이 굉장한 차이를 만든다는 것, 저도 리우의 빈민가 파벨라스에 살고 있는 저 아이들 중 하나일 수도 있었음을 생각하지 않을 수 없습니다. 저는 소말리아에서 굶주려 죽어 가는 한 어린이일 수도 있었고, 중동의 전쟁 희생자, 또는 인도의 거지일 수도 있었습니다.

저는 어린아이일 뿐입니다. 그렇지만 전쟁을 위해 쓰이는 모든 돈이 빈곤을 해결하고, 환경 문제를 해결하는 데 쓰인다면, 이 지구가 얼마나 멋진 곳으로 바뀔지 알고 있습니다.

29 (가), (나)에 대한 설명으로 적절하지 <u>않은</u> 것은?

① (가)는 대화 참여자의 협력적인 태도가 드러난다.
② (가)에서는 갈등을 해소하기 위해 의도하지 않았던 말을 하고 있다.
③ (나)에서 말하는 이는 말하기 목적을 달성하기 위해 자신이 어리다는 것을 강조하였다.
④ (가)는 사적인 성격을 가지고 있으며, (나)는 공적인 성격을 가지고 있다.
⑤ (가)는 친근한 말투를, (나)는 격식 있는 말투를 사용하고 있다.

30 (나)와 ㉠의 공통된 말하기 목적으로 적절한 것은?

① 청자를 설득한다.
② 청자에게 중요한 정보를 전달한다.
③ 청자에게 자신의 감정을 전달한다.
④ 청자와 좋은 관계를 유지하려고 한다.
⑤ 청자의 현재 상황을 알아보려고 한다.

〔서술형〕

31 〈보기〉를 바탕으로 할 때, ㉡ 이후 선생님과 한뫼의 관계를 추측하여 조건에 맞게 서술하시오.

〔 보기 〕
들기·말하기가 원활하게 이루어지면 들기·말하기의 목적을 달성하는 것과 더불어 들기·말하기에 참여한 사람들 간의 관계가 더욱 발전할 수 있다.

〔 조건 〕
• 한 문장으로 쓸 것.
• 이유를 함께 쓸 것.

32 다음 글을 읽은 후 효과적인 듣기를 위한 계획을 세운 것으로 적절한 것은?

이상적인 대화를 하는 데 도움이 되는 효과적인 듣기의 방법에 무엇이 있을까? 잘 듣기 위해서는 먼저 상대방의 이야기에 정신을 집중해야 한다. 남의 이야기를 건성으로 듣는 것이 아니고, 상대방의 처지가 되어 진지하게 듣는 자세를 가져야 한다. 이 생각 저 생각 하면서 남의 이야기를 듣는 사람이 상대방의 이야기를 제대로 이해할 수 있을까?

남의 말을 들을 때에는 화자와 시선을 맞추는 것이 매우 중요하다. 시선 맞추기는 상대방의 말을 잘 듣고 있음을 드러내는 효과적인 방법이다. 상대방을 바라보고 있다는 사실 하나가 무엇인가 경청해 보겠다는 무언의 의사 표시가 되는 것이다. 청자가 자신과 시선을 맞추며 열심히 듣고 있다고 생각하면 화자는 더욱 성의껏 말하게 될 것이다.

① 말을 들으면서 적절한 맞장구를 쳐 주어야겠군.
② 내용에 관심이 있다는 뜻으로 질문을 던져야겠어.
③ 잘 들으려면 먼저 집중하고 상대방의 눈을 쳐다보아야겠군.
④ 때로는 상대방의 말을 반복하는 것만으로도 좋은 듣기가 될 수 있겠어.
⑤ 좀 긴 내용을 들을 때에는 중간에 내용을 요약해 반응하는 것이 좋겠어.

33 다음 글 속 대화에서 형의 대화 태도가 가지고 있는 문제점으로 적절한 것은?

형과 아우, 밧줄을 사이에 두고 가위바위보를 한다. 아우가 이긴다. 그는 형 쪽으로 껑충 뛰어넘어 가서 뽐내며 의기양양하게 다니다가 자기 쪽으로 되돌아온다. 아우는 세 번이나 형을 이기고, 똑같은 행동을 되풀이한다.

형: 그만하자, 그만해!
아우: 왜요?
형: 너는 나보다 늦게 낸다! 내가 가위를 내면 너는 기다렸다가 바위를 내놓고, 내가 보를 내면 너는 그걸 본 다음 가위를 내놓잖아?
아우: 아뇨! 난 형님과 동시에 냈어요!
형: 난 그림이나 그려야겠다. (뒤돌아서서 자신의 그림 앞으로 걸어가며) 다시는 너하고는 놀이 안 해!
아우: 형님, 나한테 지더니만 심통이 났군요?
형: 너는 날 속이고 이겼어!
아우: 아뇨! 형님이 지금 화를 내는 건 내가 이겼기 때문이에요. 형님은 언제나 이겨야 하고, 동생인 나는 항상 져야 한다! 그게 바로 형님의 고정 관념이죠!
형: 미리 경고해 두겠는데, 내 허락 없이는 이쪽으로 넘어오지 마라!
아우: 그럼 형님도 내 땅에 넘어오지 마요!

① 자신의 생각을 정확히 말하지 않는다.
② 아우의 상황과 처지를 고려하지 않았다.
③ 지나치게 아우에게 양보만 하려고 한다.
④ 비속어와 같은 거친 말을 사용하고 있다.
⑤ 아우의 말에 집중하지 않고 같은 말을 반복한다.

[01~03] 다음 시를 읽고 물음에 답하시오.

가 먼 훗날 당신이 찾으시면
그때에 내 말이 '잊었노라'

당신이 속으로 나무라면
'무척 그리다가 잊었노라'

그래도 당신이 나무라면
'믿기지 않아서 잊었노라'

오늘도 어제도 아니 잊고
먼 훗날 그때에 Ⓐ'잊었노라'

— 김소월, 「먼 후일」

나 높은 가지를 흔드는 매미 소리에 묻혀
내 울음 아직은 노래 아니다.

차가운 바닥 위에 토하는 ㉠울음
풀잎 없고 이슬 한 방울 내리지 않는
지하도 콘크리트 벽 좁은 틈에서
숨 막힐 듯, 그러나 나 여기 살아 있다.
귀뚜르르 뚜르르 보내는 타전 소리가
누구의 마음 하나 울릴 수 있을까.

지금은 매미 떼가 하늘을 찌르는 시절
그 소리 걷히고 맑은 가을이
어린 풀숲 위에 내려와 뒤척이기도 하고
계단을 타고 이 땅 밑까지 내려오는 날
발길에 눌려 우는 내 울음도
누군가의 가슴에 실려 가는 노래일 수 있을까.

— 나희덕, 「귀뚜라미」

다 씹던 껌을 아무 데나 퉤, 뱉지 못하고
종이에 싸서 쓰레기통으로 달려가는
너는 참 바보다.
개구멍으로 쏙 빠져나가면 금방일 것을

비잉 돌아 교문으로 다니는
너는 참 바보다.
얼굴에 검댕칠을 한 연탄장수 아저씨한테
쓸데없이 꾸벅, 인사하는
너는 참 바보다.
호랑이 선생님이 전근 가신다고
아무도 흘리지 않는 눈물을 찔끔거리는
너는 참 바보다.
그까짓 게 뭐 그리 대단하다고
민들레 앞에 쪼그리고 앉아 한참 바라보는
너는 참 바보다.
내가 아무리 거짓으로 허풍을 떨어도
눈을 동그랗게 뜨고 머리를 끄덕여 주는
너는 참 바보다.
바보라고 불러도 화내지 않고
씩 웃어 버리고 마는 너는
정말 정말 바보다.

— 그럼, 난 뭐냐?
그런 네가 좋아서 그림자처럼
네 뒤를 졸졸 따라다니는
나는?

— 신형건, 「넌 바보다」

01 (가)~(다)에 나타난 시의 화자의 공통점으로 적절한 것은?

① 작품에 직접 등장하여 자신의 심정을 이야기하고 있다.
② 질문하는 형식을 통해 주제 의식을 분명하게 드러내고 있다.
③ 미래 상황을 통해 화자의 현재 심리를 효과적으로 전달하고 있다.
④ 일상에서의 경험을 구체적으로 그려 내어 화자의 정서를 진솔하게 나타내고 있다.
⑤ 사람이 아닌 존재를 화자로 설정하여 시인이 말하고자 하는 바를 인상적으로 전달하고 있다.

02 ㉠과 〈보기〉의 ⓐ를 비교한 내용으로 가장 적절한 것은?

◀ 보기 ▶

열무 삼십 단을 이고
시장에 간 우리 엄마
안 오시네, 해는 시든 지 오래
나는 찬밥처럼 방에 담겨
아무리 천천히 숙제를 해도
엄마 안 오시네, 배추 잎 같은 발걸음 타박타박
안 들리네, 어둡고 무서워
금 간 창틈으로 고요히 빗소리
빈방에 혼자 엎드려 ⓐ훌쩍거리던

아주 먼 옛날
지금도 내 눈시울을 뜨겁게 하는
그 시절, 내 유년의 윗목

– 기형도, 「엄마 걱정」

① ㉠과 ⓐ는 모두 화자가 고달프고 힘겨운 현실에 처해 있음을 보여 준다.
② ㉠과 ⓐ는 모두 화자가 고난을 적극적으로 극복하고 있음을 보여 준다.
③ ㉠과 ⓐ는 모두 화자가 밝은 미래로 나아가기 위해 거쳐야 하는 삶의 시련을 의미한다.
④ ㉠은 '노래'와 대조를 이루는 부정적인 눈물이고, ⓐ는 '윗목'과 대조를 이루는 긍정적인 눈물이다.
⑤ ㉠은 과거에 흘린 눈물로 고통이 끝났음을 보여 주고, ⓐ는 현재 흘리고 있는 눈물로 고통이 지속되고 있음을 보여 준다.

03 서술형 ✿중요
ⓐ와 같은 표현 기법이 쓰인 시구를 (다)에서 찾아 쓰고, 그 표현 기법의 효과를 〈조건〉에 맞게 쓰시오.

◀ 조건 ▶

• 어떤 표현 기법이 쓰였는지 밝혀 쓸 것.
• 시구에 담긴 의미가 드러나게 쓸 것.

[04~05] 다음 글을 읽고 물음에 답하시오.

가 두꺼비 파리를 물고 두엄 위에 치달아 앉아
  건넛산 바라보니 백송골이 떠 있거늘 가슴이 끔찍하여 풀쩍 뛰어 내닫다가 두엄 아래 자빠졌구나.
  모쳐라 ㉠날랜 나이기 망정이지 피멍 들 뻔했구나.
– 작자 미상, 「두꺼비 파리를 물고 ~」

나 호장(戶長)이 증서를 다 읽고 나자, 부자는 어처구니가 없어서 한참이나 멍하니 있다가 말하였다.
  "양반이라는 게 겨우 요것뿐입니까? 저는 양반이 신선 같다고 들었는데, 정말 이렇다면 너무 재미가 없는걸요. 원하옵건대 제게 이익이 되도록 문서를 고쳐 주십시오."
  그래서 문서를 다시 작성하였다.
  ㉡하늘이 백성을 낳을 때 넷으로 구분하였다. 네 가지 백성 가운데 가장 높은 것이 선비이니, 이는 곧 양반이다. 양반의 이익은 막대하다. ㉢농사도 짓지 않고 장사도 하지 않는다. 글만 대충 읽어도 크게 되면 문과(文科)에 급제하고, 작아도 진사(進士)가 된다.
  ㉣문과의 홍패(紅牌)는 팔뚝만 하지만, 여기에 온갖 물건이 갖추어져 있으니, 그야말로 돈 자루다. 서른에야 진사가 되어 첫 벼슬을 얻더라도, 오히려 이름난 음관(蔭官)이 되어 높은 벼슬자리에 오를 수 있다. 언제나 종들이 양산을 받쳐 주므로 귀밑이 희어지고, 설렁줄만 당기면 종들이 '예이.' 하므로 뱃살이 처진다. 방에서는 귀걸이로 치장한 기생과 노닥거리고, 뜰에서는 남아도는 곡식으로 학(鶴)을 기른다.
  벼슬을 아니하고 시골에 묻혀 살더라도 모든 일을 제멋대로 할 수 있다. 강제로 이웃의 소를 끌어다 먼저 자기 땅을 갈고, 마을의 일꾼을 잡아다 먼저 자기 논의 김을 맨들, 누가 감히 나에게 대들겠느냐? 네놈들 코에 잿물을 들이붓고, 머리끄덩이를 잡아 휘휘 돌리고, 수염을 다 뽑아도 누가 감히 나를 원망하겠느냐?
  부자는 증서 내용을 듣고 있다가 혀를 내둘렀다.
  "그만두시오, 그만두시오. 참으로 맹랑하구먼. ㉤나를 도둑놈으로 만들 작정입니까?"
  부자는 머리를 흔들면서 떠나 버렸다. 그러고는 죽을 때까지 다시는 양반이 되고 싶다는 말을 입에 올리지 않았다.
– 박지원, 「양반전」

04 중요 (가)와 (나)의 공통점으로 적절한 것은?

① 반어적 표현을 통해 양반의 허례허식의 문제점을 강조하고 있다.

② 풍자적 표현을 통해 당시 지배 계층에 대한 부정적 인식을 드러내고 있다.

③ 역설적 표현을 통해 양반과 서민들 사이의 갈등을 압축하여 보여 주고 있다.

④ 비유적 표현을 통해 조선 시대 양반들의 생활상을 감각적으로 묘사하고 있다.

⑤ 직설적 표현을 통해 조선 후기 서민들의 삶의 모습을 적나라하게 그려 내고 있다.

05 ㉠~㉤에 대한 설명으로 적절하지 <u>않은</u> 것은?

① ㉠: 두꺼비의 독백을 통해 넘어지고도 잘난 체를 하는 두꺼비의 위선을 풍자하고 있다.

② ㉡: 엄격한 신분 제도를 바탕으로 양반 신분의 우월함을 강조하고 있다.

③ ㉢: 무위도식하는 당시 양반들의 행태를 사실적으로 보여 주고 있다.

④ ㉣: 양반 신분을 상징하는 홍패를 돈 자루에 빗대어 표현하여 양반의 특권 의식을 비판하고 있다.

⑤ ㉤: 부자는 자신에게 누명을 씌우려는 양반들의 파렴치함을 비난하고 있다.

[06~08] 다음 글을 읽고 물음에 답하시오.

㉮ 날이 갈수록 미안해 어쩔 줄 몰라 하는 흥부에게 어느 날 친구가 연락처 하나를 주었어요.

"아는 분 식당인데 열심히 일을 배울 사람을 구한대. 식당은 작지만 열심히 하면 주방 보조로 일하며 요리사 자격증도 딸 수 있게 지원해 주신다더라. 생각 있으면 가 봐."

흥부는 고맙다면서 그 식당을 찾아갔어요. 일은 생각보다 훨씬 힘들었어요. 하지만 형에게 복수하겠다는 생각에 흥부는 열심히 일했어요. 다리가 퉁퉁 붓고 손을 데거나 베이기도 일쑤였죠. 식당 사장님은 그런 흥부를 가족처럼 대하며 식당에서 잠도 자고 밥도 먹을 수 있도록 배려해 주었어요. 파스며 약도 발라 주었지요. 〈중략〉

2년여의 시간이 흘러 흥부는 요리사 자격증도 따고 음식 솜씨도 많이 늘었어요. 사장님은 흥부에게 새로운 메뉴를 개발해서 지역 음식 경연 대회에 참가해 보자고 했어요.

'나 같은 게 무슨 요리 경연 대회야?'

처음엔 망설였지만 흥부는 밤잠을 설치며 새 메뉴를 고민했어요.

하지만 어떤 음식을 만들어야 할지 방향조차 잡을 수가 없었어요. 경연 대회 참가를 포기하려던 순간, 흥부가 힘들어할 때면 부모님이 해 주시던 음식이 떠올랐어요. 이젠 자신도 그런 걸 만들 수 있겠다는 생각이 들었지요.

흥부는 부모님의 정성이 담겨 있던 '놀부네' 식당의 음식을 떠올리며 새 메뉴를 개발해 냈어요. 그 덕에 막강한 경쟁자들을 제치고 1등을 차지했지요.

– 「새로 쓰는 흥부전」

㉯ 정원사는 공주가 읽다 만 책을 들여다보았어. 그러자 참았던 울음이 폭포처럼 쏟아져 나왔지. 눈물은 흘러 흘러 책장 위를 지나 공주의 입속으로 들어갔어. 그 순간 공주가 "아!" 하고 한숨을 쉬며 눈을 떴단다. 정원사의 눈물에 공주의 몸속에 있던 독이 다 흘러 나간 거야. 공주는 정원사의 눈에 비친 제 모습을 바라보았지. 세상에 태어나서 처음으로 공주는 자신이 아름답다고 생각했어. 공주가 미소를 짓자 숲속에 검은 태양이 뜬 것처럼 눈이 부셨지.

흑설 공주가 돌아오자 왕궁은 발칵 뒤집어졌어. 왕비가 한 사악한 짓도 다 드러났지. 아름답던 왕비의 모습은 이제 징그러운 껍질처럼 여겨졌어. 왕은 불같이 화를 내며 왕비를 감옥에 가두었단다.

정원사와 공주의 결혼 축제는 사흘 낮 사흘 밤 동안 벌어졌어. 검게 빛나는 공주가 얼마나 아름다워 보였는지 여자들은 모두 얼굴에다 숯검정을 칠하기 시작했단다. 그러다 모두들 깨달았지. 세상이 말하는 아름다움이란 얼마나 쉽게 바뀌는 것인지. 또한 누구에게나 자기만의 아름다움이 깃들어 있다는 것을.

– 이경혜, 「그림 동화로 읽는 흑설 공주」

06 다음은 이와 같은 글을 읽을 때 유의할 점을 설명한 것이다. ⓐ~ⓔ 중, 적절하지 <u>않은</u> 것은?

> ⓐ재구성된 작품을 읽을 때에는 원작과 비교하는 과정이 필요하다. 특히, ⓑ재구성 과정에서 무엇이 달라졌는지 변화 양상을 살펴보아야 하는데, 내용, 갈래, 형식, 맥락, 매체 등에서 어떤 변화가 나타났는지를 파악한다. 그리고 ⓒ작품 재구성 과정에서 반영되는 글쓴이의 관점을 이해할 수 있어야 한다. 또한 ⓓ재구성된 작품에 담겨 있는 글쓴이의 실제 경험을 확인해 보고, ⓔ재구성된 작품을 통해 글쓴이가 전달하려는 가치를 파악하며 읽는다.

① ⓐ ② ⓑ ③ ⓒ ④ ⓓ ⑤ ⓔ

07 (가)에 등장하는 흥부를 통해 글쓴이가 전달하려는 가치를 보여 주는 말로 가장 적절한 것은?

① 아는 것이 힘이다.
② 정직은 최선의 정책이다.
③ 희망은 가난한 자의 빵이다.
④ 어린이는 어른의 어버이이다.
⑤ 승리는 노력하는 자의 것이다.

08 다음은 (나)의 작가가 원작을 재구성하는 과정에서 했을 법한 메모의 일부이다. ㉠~㉤ 중, 적절하지 <u>않은</u> 것은?

	〈원작〉	〈재구성〉
• 주인공:	하얀 피부의 백설 공주	→ ㉠검은 피부의 흑설 공주
• 주인공을 살리는 사람:	고귀한 신분의 왕자	→ ㉡궁궐에서 일하는 평범한 정원사
• 배경:	막연한 옛날	→ ㉢신분제가 사라진 현대 사회
• 사건:	공주는 남자의 입맞춤에 의해 깨어남.	→ ㉣공주는 자신을 사랑하는 남자의 진심 어린 눈물에 의해 깨어남.
• 결말:	공주가 세상에서 가장 아름다운 여자가 됨.	→ ㉤사람마다 나름의 아름다움을 지니고 있음을 알게 됨.

① ㉠ ② ㉡ ③ ㉢ ④ ㉣ ⑤ ㉤

서술형 **중요**

09 다음 글의 밑줄 친 부분에서 공통적으로 드러나는 서술자의 특징을 쓰고, 그런 특징을 지닌 서술자를 통해 얻을 수 있는 효과를 쓰시오.

> (가) 나흘 전 감자 쪼간만 하더라도 나는 저에게 조금도 잘못한 것은 없다.
> 계집애가 나물을 캐러 가면 갔지 남 울타리 엮는데 쌩이질을 하는 것은 다 뭐냐. 〈중략〉
> "너 일하기 좋니?"
> 또는,
> "한여름이나 되거든 하지 벌써 울타리를 하니?"
> 잔소리를 두루 늘어놓다가 남이 들을까 봐 손으로 입을 틀어막고는 그 속에서 깔깔댄다. 별로 우스울 것도 없는데 날씨가 풀리더니 이놈의 계집애가 미쳤나 하고 의심하였다. 게다가 조금 뒤에는 즈 집께를 할금할금 돌아다보더니 행주치마의 속으로 꼈던 바른손을 뽑아서 나의 턱 밑으로 불쑥 내미는 것이다. 언제 구웠는지 아직도 더운 김이 홱 끼치는 굵은 감자 세 개가 손에 뿌듯이 쥐였다.
>
> (나) "이놈아! 너 왜 남의 닭을 때려죽이니?"
> "그럼 어때?"
> 하고 일어나다가,
> "뭐 이 자식아! 누 집 닭인데?"
> 하고 복장을 떼미는 바람에 다시 벌렁 자빠졌다. 그러고 나서 가만히 생각하니 분하기도 하고 무안스럽고, 또 한편 일을 저질렀으니, 인젠 땅이 떨어지고 집도 내쫓기고 해야 될는지 모른다.
> 나는 비슬비슬 일어나며 소맷자락으로 눈을 가리고는, 얼김에 엉, 하고 울음을 놓았다. 그러다 점순이가 앞으로 다가와서,
> "그럼, 너 이담부턴 안 그럴 테냐?"
> 하고 물을 때에야 비로소 살 길을 찾은 듯싶었다. <u>나는 눈물을 우선 씻고 무엇을 안 그러는지 명색도 모르건만,</u>
> "그래!"
> 하고 무턱대고 대답했다.
>
> — 김유정, 「동백꽃」

[10~11] 다음 글을 읽고 물음에 답하시오.

가 승객 1: (버스 안에서 내리는 문을 가로막고 서 있는 승객 2를 향해) 내립시다.
승객 2: (움직임이 없다.) …….
승객 1: 아, 거 좀 내립시다.
승객 2: ㉠저는 안 내리는데요.
승객 1: 아니, 뭐라고요?

나 아버지: (밤 11시를 가리키는 시계를 바라보며) 얘가 너무 늦어서 걱정이네.
아들: (문을 열고 들어오며) 아버지, 아직 안 주무셨어요?
아버지: (나무라듯이) 지금이 몇 시니?
아들: ㉡(태연하게) 지금이요? 11시 조금 넘었는데요.
아버지: 뭐라고?

다 정민: 할아버지, 친구가 놀러왔어요.
민수: 안녕하세요? 할아버지.
할아버지: 그래, 민수 또 왔구나. 그래 ㉢춘부장께서는 무탈하시고?
민수: 네?

라 어머니: 차린 건 없지만 많이 먹어요.
외국인 친구: ㉣네? 이렇게 음식이 많은데 차린 게 없다니요?
영호: 어머님, 상다리가 부러질 것 같아요.
외국인 친구: 상은 튼튼한 것 같은데…….

마 의사: (치료받았던 부위를 살펴보며) 오늘은 좀 어떠세요?
환자: 기분이 아주 좋습니다.
의사: 아, 그게 아니라, 상태가 어떠신지요?
환자: ㉤오늘은 기분 아주 좋다니까요.
의사: (어이없는 표정으로) …….

서술형

10 담화에 대한 다음 설명을 읽고 (가)~(마)에 나타난 공통된 문제점을 한 문장으로 쓰시오.

> 발화는 구체적 의사소통 상황에서 생각이 문장 단위로 실현된 말을 뜻한다. 이러한 발화가 모여 이루어진 언어 단위가 담화이다. 담화의 구성 요소에는 화자, 청자, 발화, 맥락이 있다. 그중 맥락에는 화자와 청자가 처한 구체적 장면과 관련된 상황 맥락과 하나의 사회 집단이 구성하고 공유하는 사회·문화적 환경인 사회·문화적 맥락이 있다.

11 *중요* 원활한 의사소통을 위해 ㉠~㉤을 맥락에 맞게 고친 말로 적절하지 **않은** 것은?

① ㉠: 네, 비켜 드리겠습니다.
② ㉡: 걱정 끼쳐 드려 죄송합니다.
③ ㉢: 아버지께서는 별일 없으시고?
④ ㉣: 음식이 참 맛있어 보입니다. 잘 먹겠습니다.
⑤ ㉤: 아침에 기분 좋은 일이 생겨서 오늘은 하루 종일 즐거울 것 같습니다.

서술형 *중요*

12 〈보기〉의 표준 발음법 규정에 따라 ㉠~㉢의 정확한 발음과 그렇게 발음한 관련 조항을 쓰시오.

> **◀ 보기 ▶**
> 제14항 겹받침이 모음으로 시작된 조사나 어미, 접미사와 결합되는 경우에는, 뒤엣것만을 뒤 음절 첫소리로 옮겨 발음한다. (이 경우, 'ㅅ'은 된소리로 발음함.)
> 제15항 받침 뒤에 모음 'ㅏ, ㅓ, ㅗ, ㅜ, ㅟ'들로 시작되는 실질 형태소가 연결되는 경우에는, 대표음으로 바꾸어서 뒤 음절 첫소리로 옮겨 발음한다.

> 어린아이 둘이 ㉠닭 앞에 쪼그리고 ㉡앉아 ㉢닭을 구경하고 있었다.

13 ㉠~㉤을 바르게 고치고, 그 까닭을 설명한 내용으로 적절하지 **않은** 것은?

> ㉠오랫만에 푹 자고 일어났더니 기분이 한결 나은 것 같다. 사실 동아리 회장이 되고 난 이후부터 잠을 푹 자지 못할 정도로 부담이 많았다. 그런데 어제 발표회를 마치고 나니 홀가분한 기분보다는 만족감이 더 컸다. 아마 동아리 회장을 ㉡않 맡았으면 이 기분을 느끼지 못했을 것이다. 전화기를 확인해 보니 은주한테서 문자가 왔다. 어제 공연 포스터 밑에 '회장님과 동아리 친구들이 ㉢만듬. 은주가 씀.'이라는 글을 적어 넣은 사진과 함께 '회장님, 월요일에 ㉣뵈요'라는 인사를 보낸 것이다. 고생한 동아리 친구들에게 손 편지라도 ㉤붙여야겠다는 생각을 했다. 왠지 좋은 일이 생길 것 같은 토요일 아침이다.

① ㉠: '오래간만에'가 줄어서 된 말이므로 '오래만에'라고 고쳐야 한다.
② ㉡: '아니'의 준말이므로 '안'이라고 고쳐야 한다.
③ ㉢: '만들다'의 명사형이므로 원래 형태를 밝혀 '만들–'에 '–ㅁ'을 결합해 '만듦'이라고 고쳐야 한다.
④ ㉣: '뵈어요'로 풀어 쓸 수 있기 때문에 '뵈어'의 준말인 '봬–'를 사용하여 '봬요'로 고쳐야 한다.
⑤ ㉤: '편지나 물건 따위를 일정한 수단이나 방법을 써서 상대에게로 보내다.'라는 의미를 지니고 있으므로 '부쳐야겠다'로 고쳐야 한다.

[14~15] 다음 글을 읽고 물음에 답하시오.

㉮ 훈민정음 제자의 다른 한 원리는 가획의 원리다. 자음 글자에서 상형의 원리에 의거하여 만든 것은 앞의 다섯 자뿐이며 나머지는 이것을 기본자로 하여 다음처럼 획을 하나씩 더해 가는 방식을 취하였다.

> ㄱ → ㅋ
> ㄴ → ㄷ → ㅌ
> ㅁ → ㅂ → ㅍ
> ㅅ → ㅈ → ㅊ
> ㅇ → ㆆ → ㅎ

이처럼 획을 더하여 글자를 만든 근거는 획이 더 있는 글자들의 소리가 더 거센소리들이라는 점이라고 하였다.

'ㅋ'은 'ㄱ'보다 거센소리이며 'ㅂ'은 'ㅁ'보다, 'ㅍ'은 'ㅂ'보다 소리가 거세고 이 거센 특성을 획을 더함으로써 나타냈다는 것이다.

㉯ 중성, 즉 모음 글자들의 제자 원리는 어떠한가? 여기에서도 먼저 기본자를 세 자 정하여 그것을 상형의 원리로 만들었다. 'ㆍ'는 하늘의 둥근 모양, 'ㅡ'는 땅의 평평한 모양, 'ㅣ'는 사람의 서 있는 모양을 본떠서 만든 것이 그것이다. 그런데 상형의 원리라는 점에서는 같되 자음 글자에서처럼 발음 기관을 본뜬 것이 아니라 천지인(天地人) 삼재(三才)의 모양을 본뜬 것이 특이하다.

그리고 나머지 글자는 이 기본자를 합성하여 만들었다. 즉, 'ㆍ'와 'ㅡ'를 합성하여 'ㅗ, ㅜ'를 만들고, 'ㆍ'와 'ㅣ'를 합성하여 'ㅏ, ㅓ'를 만들었다. 이렇게 기본자인 'ㆍ'를 'ㅡ'와 'ㅣ'에 붙여 만든 'ㅗ, ㅜ, ㅏ, ㅓ'를 초출자라고 부른다. 그리고 이 초출자에 다시 'ㆍ'를 하나씩 더하여 재출자 'ㅛ, ㅠ, ㅑ, ㅕ'를 만들어 모두 11자를 완성하였다.

14 이 글을 읽고 선생님의 다음 질문에 학생이 답변한 내용으로 적절하지 **않은** 것은?

> 선생님: 한글을 창제한 원리와 관련지어 한글을 사용하면서 생각한 점을 이야기해 볼까요?

① 획이 추가되면 소리의 세기도 더 강해진다니 신기해요.
② 발음할 때의 발음 기관 모양을 본떠 글자를 만들었다니 한글은 대단해요.
③ 모음 글자의 경우, 창제 당시 이룩한 과학의 발전이 글자 모양에 숨어 있다니 놀라워요.
④ 제 휴대 전화 자판의 경우 'ㆍ, ㅡ, ㅣ'의 3개의 자판만으로 모든 모음자를 입력할 수 있어서 편리해요.
⑤ 자음 글자의 경우, 모양이 비슷한 글자들은 공통된 소리 특징을 가지고 있다니 한글은 정말 과학적이에요.

15 서술형 중요
이 글을 읽고 자음자와 모음자의 제자 원리를 〈조건〉에 맞게 쓰시오.

┤ 조건 ├
• 기본자를 만든 원리와 나머지 글자를 만든 원리를 구분하여 쓸 것.

[16~17] 다음 글을 읽고 물음에 답하시오.

㉮ 「허생전」 다음에는 「호질」, 「양반전」도 있었다. 책이 꽤 두꺼웠으니 ㉠박지원의 저작 가운데 상당 부분이 책에 들어 있었을 것이다. 그런데 그 책 속에 있는 주인공들은 내가 읽었던 수천 권의 무협지의 주인공과는 달라도 많이 달랐다. 무협지를 읽고 나면 주인공 이름 말고는 기억에 남는 게 없는데 박지원의 소설은 주인공이 다음에 어떻게 되었을지 궁금해지고 내가 주인공이 되었더라면 어떻게 했을지 자꾸만 생각을 하게 만들었다. 한두 번 씹으면 단맛이 다 빠져 버리는 무협지와는 달리 그 책의 내용은 읽을수록 새로운 맛이 우러나왔다. 보석처럼 단단하고 품위 있는 문장은 아름답기까지 했다. 책을 읽으면서 내 정신세계가 무슨 보약을 먹은 듯이 한층 더 넓어지고 수준이 높아지는 듯한 느낌이 들었다. 일주일에 단 한 시간, 도서관에서 단 한 권의 책을 거듭 펴서 읽었을 뿐인데도.

㉯ 누구에게나 그런 일이 일어날 수 있다. 모르고 지나갈 수도 있다. 어떤 책을 계기로 인간의 지극한 정신문화, 그 높고 그윽한 세계에 닿고 그의 일원이 되는 것은 겪어 보지 못한 사람은 알 수 없는 행복을 안겨 준다. 이 세상에 인간으로 나서 인간으로 살면서 인간다운 삶을 살고 드높은 가치를 추구하는 길을 책이 보여 준다. 책은 지구상에서 인간이라는 종만이 알고 있는, 진정한 인간으로 나아가는 통로이다. 그래서 사람들은 말하는지도 모른다. 책 속에 길이 있다고.

16 ㉠이 '나'에게 준 영향으로 적절하지 <u>않은</u> 것은?

① 주인공이 다음에 어떻게 되었을지 궁금하게 되었다.
② 단단하고 품위 있는 문장의 아름다움을 느끼게 되었다.
③ 한 번만 읽어도 책의 내용을 완벽하게 이해하게 되었다.
④ 자신이 주인공이라면 어떻게 했을지 자꾸만 생각하게 되었다.
⑤ 정신세계가 한층 더 넓어지고 수준이 높아졌다고 느끼게 되었다.

17 (나)에 제시된 독서의 가치를 〈조건〉에 맞게 쓰시오.

┌─ 조건 ─
• 본문에 나온 표현을 인용하여 제시할 것.
• 독서의 가치를 두 가지 제시할 것.
• 각각 한 문장으로 쓸 것.
└──────

[18~19] 다음 글을 읽고 물음에 답하시오.

㉮ 소리를 들으면 모양이나 색깔을 보는 사람들이 있어요. 바로 공감각자들이지요. ㉠공감각이란 하나의 자극에 의해 두 개 이상의 감각이 느껴지는 것을 말해요.

㉯ ㉡영국 화가 데이비드 호크니(David Hockney)의 〈풍덩(A Bigger Splash)〉을 감상하면 공감각을 이해하게 됩니다. 호크니는 수영장에서 다이빙할 때 들리는 '풍덩' 소리를 그림에 표현했거든요. 귀로 듣는 '풍덩' 소리를 어떻게 눈으로 보게 했을까요? 색채와 기법, 구도 등의 여러 요소가 조화를 이루고 있기 때문이지요.

㉰ 먼저 색채를 살펴볼까요? 수영장의 파란색 물과 다이빙 보드의 노란색이 무척 선명하게 보이는군요. 유화 물감 대신 아크릴 물감을 사용했기 때문이지요. ㉢아크릴 물감은 유화 물감보다 빨리 마르고 색채도 더 선명하고 강렬합니다.

㉱ 다음은 기법입니다. ㉣물보라가 일어나는 부분만 붓으로 흰색을 거칠게 칠하고 다른 부분은 롤러를 사용해 파란색으로 매끈하게 칠했네요. 선명한 아크릴 물감, 거칠고 매끈한 붓질의 대조가 다이빙할 때의 '풍덩' 소리와 물보라를 강조하고 있지요.

㉲ ㉤끝으로 구도인데요, 캘리포니아의 집, 수영장의 수평선, 다이빙 보드의 대각선이 야자수 줄기의 수직선과 대조를 이루네요. 거실 유리창에는 맞은편 건물이 비치고요. 한낮의 눈부신 햇살과 무더위, 정적(靜寂)을 나타낸 것이지요.

18 이 글의 내용을 도식화할 때, 가장 적절한 것은?

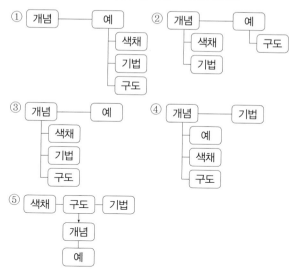

① 개념 — 예
     색채
     기법
     구도

② 개념 — 예
     색채 — 구도
     기법

③ 개념 — 예
     색채
     기법
     구도

④ 개념 — 기법
     예
     색채
     구도

⑤ 색채 — 구도 — 기법
     개념
     예

19 ⑦~⑩ 중, 〈보기〉에 활용된 설명 방법이 드러나 있는 것은?

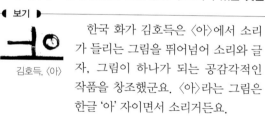

┌─ 보기 ─────────────────────┐
한국 화가 김호득은 〈아〉에서 소리
가 들리는 그림을 뛰어넘어 소리와 글
자, 그림이 하나가 되는 공감각적인
작품을 창조했군요. 〈아〉라는 그림은
한글 '아' 자이면서 소리거든요.

김호득, 〈아〉
└──────────────────────────┘

① ⑦   ② ⑥   ③ ⑥

④ ⑥   ⑤ ⑩

[20~21] 다음 글을 읽고 물음에 답하시오.

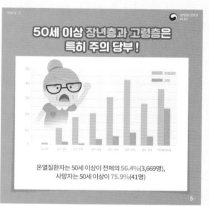

20 이 카드 뉴스에 대한 설명으로 적절하지 <u>않은</u> 것은?

① 간결한 문장 표현을 사용하였다.
② 비유적이고 상징적인 언어 표현을 사용하였다.
③ 다양한 시각 자료를 활용하여 정보를 전달하였다.
④ 글자 크기와 글자 색을 달리하여 내용을 강조하였다.
⑤ 주황색 배경을 통해 더운 여름의 분위기를 조성하였다.

21 다음 〈조건〉을 고려할 때, 카드 뉴스의 마지막에 제시될 문구로 가장 적절한 것은?

◀ 조건 ▶
• 전체 글의 내용을 포함할 것.
• 글의 주제를 고려할 것.
• 글에 사용된 정보를 떠올리도록 당부할 것.

① 죽음을 부르는 폭염을 대비합시다!
② 온열 질환에 필요한 약을 준비하세요.
③ 지구 온난화의 원인을 파악해 봅시다.
④ 폭염을 대비하기 위해 낮에 하는 활동을 자제해요!
⑤ 폭염 대비 건강 수칙과 함께 건강한 여름 보내세요!

[22~24] 다음 글을 읽고 물음에 답하시오.

㉮ (㉠)은/는 설명하고자 하는 대상의 의미를 분명하게 밝히는 것을 말한다. 대상을 설명할 때 의미를 정확하게 밝히지 않으면 독자가 대상을 잘못 이해할 수 있고 이어서 전개되는 내용을 이해하는 데 어려움을 겪을 수 있다. 예시는 예를 들어 설명하는 것을 말하는데 독자에게 구체적인 사례를 제시하여 설명 대상에 대한 이해를 돕는 방식이다. 이때 독자의 수준을 고려해야 하며 적절한 수의 예를 들도록 한다.

둘 이상의 대상이 지닌 공통점을 견주어 설명하는 방법을 (㉡), 차이점을 견주어 설명하는 방법을 (㉢)(이)라고 한다. 두 방법 모두 잘 알려진 대상이나 현상을 통해 잘 모르는 대상을 설명할 때 주로 활용하면 효과가 좋다.

대상을 일정한 기준에 따라 나누어 설명하는 방법을 (㉣), 종류별로 묶어서 설명하는 방법을 (㉤)(이)라고 한다. 두 방법 모두 일정한 기준에 따라 비슷한 성격을 가진 대상들을 정리한다는 공통점을 가지고 있다. 여러 가지 대상을 복잡하게 나열하는 것보다는 일정한 기준으로 나누거나 묶어서 제시하면 더욱 체계적으로 설명할 수 있다. 유의할 점은 기준이 명확해야 한다는 것이다. 기준 자체가 불분명하면 오히려 혼란스러울 수도 있다.

㉯ 너도 알고 있듯이 제주도는 사면이 바다로 둘러싸인, 대한민국에서 가장 큰 섬으로 섬 중에서 인구도 가장 많대. 15세기만 해도 제주도의 인구가 6만이 조금 넘는 정도였다는데 지금은 68만 명이 넘는다니, 어마어마하지? 무엇보다 제주도에는 ⓐ함덕 해수욕장, 협재 해수욕장, 중문 해수욕장, 송악산, 성산 일출봉, 한라산, 정방 폭포 등 관광 명소가 셀 수 없이 많아. 올레길이 개발되면서 입소문이 나서 도보 여행도 정말 많이들 오고 있어. 예전에는 고립된 유배지로 알려졌던 제주가 항공길, 뱃길이 열리면서 이제는 사람들이 찾고 싶은 관광지로 발돋움하고 있는 거지.

얼른 방학이 되어서 이렇게 볼거리 많은 제주도를 너랑 함께 놀러 다니고 싶다. 방학 때 놀러 오면 제주도에 대해 더 많이 공부했다가 또 알려 줄게. 아리스토텔레스는 "친구란 두 개의 몸에 깃든 하나의 영혼이다."라고 말했대. 몸은 떨어져 있지만 내 마음은 늘 너와 함께 있는 거 알지? 이번 방학에 만날 때까지 자주 편지하자. 안녕.

22 (가)의 ㉠~㉤에 들어갈 설명 방법이 바르게 제시된 것은?

① ㉠: 비교
② ㉡: 대조
③ ㉢: 정의
④ ㉣: 분석
⑤ ㉤: 분류

서술형
23 (가)를 참고하여 (나)의 ⓐ와 같은 설명 방법을 사용할 때 유의할 점 두 가지를 서술하시오.

◀ 조건 ▶
• (가)의 내용을 참고하여 답을 작성할 것.
• 각각 한 문장으로 쓸 것.

24 〈보기〉는 (나)의 편지를 쓰기 위해 준비하는 과정에서 나눈 대화이다. 빈칸에 들어갈 내용으로 적절하지 **않은** 것은?

◀ 보기 ▶
사랑이: 내가 이전에 다니던 학교 친구들에게 제주도를 소개하는 편지를 쓰려고 해.
희망이: 친구들의 관심을 끌면서 내용을 잘 전달하려면 준비를 많이 해야 할 텐데, 계획은 있어?
사랑이: (   )

① 과거와 현재를 비교하면서 제주도의 변화된 모습을 강조하려고 해.
② 제주도의 규모를 설명할 때 대략적인 통계 수치를 제시하면 효과적이겠지?
③ 편지를 마무리할 때 친구에 대한 애정과 만남에 대한 기대를 표현하려고 해.
④ 제주도에 대해 잘 알고 있는 분의 말을 인용하면 편지 내용에 신뢰감이 생기겠지?
⑤ 친구가 알고 있는 내용을 환기하면서 내용을 전달하면 공감대를 형성하는 데 도움이 될 거야.

25 〈보기 1〉의 ㉠~㉣ 중, 〈보기 2〉의 고쳐쓰기 과정에서 적용된 원리를 모두 모은 것은?

◀ 보기 1 ▶
글을 고쳐 쓸 때에는 몇 가지 기본 원리에 따른다. 먼저, ㉠추가의 원리는 설명이 부족하거나 불충분할 때 필요한 내용을 덧붙이는 것을 말한다. 다음으로, ㉡삭제의 원리는 중심 내용과 관계없는 불필요한 내용이나 상투적인 내용을 빼는 것이다. 또한, ㉢대치의 원리는 적절하지 않은 부분이나 잘못된 부분을 다른 내용으로 바꾸는 것을 말하며, ㉣재구성의 원리는 글의 순서를 바꾸고 내용을 줄이거나 늘이면서 내용을 조정하는 원리이다.

◀ 보기 2 ▶
〈고쳐쓰기 전〉
선생님, 희주입니다. 2학년 생활도 벌써 두 달이 지났습니다. 처음에는 조금은 낯설게 느껴지던 교실이 이제는 가장 어색한 공간이 되었습니다. 단체 생활을 하는 공간인 교실에서 생활하기 위해서는 서로가 지켜야 할 예의가 있다고 생각합니다. 개성이 강한 저희들이 즐겁게 학교생활을 할 수 있도록 관심을 갖고 지도해 주시는 선생님께 감사드립니다.

〈고쳐쓰기 후〉
선생님, 희주입니다. 2학년 생활도 벌써 두 달이 지났습니다. 처음에는 조금은 낯설게 느껴지던 교실이 이제는 가장 익숙한 공간이 되었습니다. 개성이 강한 저희들이 즐겁게 학교생활을 할 수 있도록 관심을 갖고 지도해 주시는 선생님께 감사드립니다.

① ㉠, ㉡
② ㉠, ㉢
③ ㉠, ㉣
④ ㉡, ㉢
⑤ ㉡, ㉣

26 〈보기 2〉의 ㉠~㉣ 중, 〈보기 1〉에 대한 평가로 적절한 것만을 바르게 묶은 것은?

◀보기 1▶
몽실이를 데리고 산책을 나갔다. 웬 아저씨가 운동을 시키는 커다란 개를 만났다. 아저씨가 운동을 시키는 큰 개는 목줄을 하지 않고 있었다. 갑자기 큰 개가 몽실이에게 달려들어 큰 사고가 날 뻔했다. 아저씨는 미안하다는 말도 하지 않고 개를 데리고 공원을 떠났다.

◀보기 2▶
㉠ 불필요하게 중복되는 내용이 있다.
㉡ 문장과 문장의 관계가 긴밀하지 못하다.
㉢ 중심 내용과 관련 없는 불필요한 내용이 있다.
㉣ 상황에 어울리지 않는 부적절한 단어를 사용하였다.

① ㉠, ㉡   ② ㉠, ㉢   ③ ㉠, ㉣
④ ㉡, ㉢   ⑤ ㉡, ㉣

27 어색한 문장을 고쳐 쓴 것으로 적절하지 <u>않은</u> 것은?

① 우리 반의 목표는 탈꼴찌를 벗어나는 거야.
　→ 우리 반의 목표는 꼴찌를 벗어나는 거야.
② 엄마는 엄마대로 여간 신경을 쓴 것이었다.
　→ 엄마는 엄마대로 여간 신경을 쓴 것이 아니었다.
③ 책장에는 재미있게 읽힐 만한 책이 별로 없었다.
　→ 책장에는 재미있게 읽혀질 만한 책이 별로 없었다.
④ 진호는 빵과 우유를 마시면서 독서를 하고 있어.
　→ 진호는 빵을 먹고 우유를 마시면서 독서를 하고 있어.
⑤ 우리가 경기에서 승리한 이유는 최선을 다해서 준비했다.
　→ 우리가 경기에서 승리한 이유는 최선을 다해서 준비했기 때문이다.

28 〈보기 1〉의 대화와 관련하여 〈보기 2〉의 질문에 대한 답으로 적절하지 <u>않은</u> 것은?

◀보기 1▶
선생님: 진호야, 요즘 민수하고는 잘 지내니?
진호: 어, 선생님께서 제가 민수랑 사이가 안 좋은 걸 어떻게 아셨어요?
선생님: 담임이 모르는 게 어디 있니?
진호: 선생님께서 항상 바쁘시니까, 저에게 신경을 안 쓰시는 줄 알았죠. 저번에 개인 상담할 때에도 별 말씀이 없으셔서 제가 민수 때문에 고민하는 걸 잘 모르실 줄 알았어요.
선생님: 진호가 그렇게 생각했다니, 좀 미안한 생각이 드는데. 선생님이 관심을 좀 표현했어야 진호가 오해하지 않았을 텐데.
진호: 아니에요. 선생님께서 관심을 가져 주셨다는 것이 너무 좋아요. 그리고 민수하고도 곧 좋아질 것 같아요. 고맙습니다.

◀보기 2▶
이 대화에서 선생님과 진호가 공유한 의미는 무엇일까?

① 진호와 민수가 사이가 안 좋다.
② 선생님은 진호에게 관심이 있었다.
③ 진호와 민수의 관계가 곧 좋아질 것이다.
④ 선생님이 진호와 민수가 다툰 이유를 알고 있다.
⑤ 선생님은 진호에게 관심을 표현하지 못한 것이 미안하다.

[29~31] 다음 글을 읽고 물음에 답하시오.

가 "한뫼야, 봄뫼가 암탉 기르는 일을 훼방 놓지 말고 도와주렴."

"선생님은 기어코 봄뫼까지 도시의 업신여김을 당하게 하실 셈이군요."

"아니, 선생님은 다만 달걀을 달걀로 갚는 일을 도와주려는 것뿐이다."

문 선생님이 소년처럼 뽐내면서 말했습니다. ㉠<u>좋은 생각</u>이 떠올랐나 봅니다.

"암탉을 잘 먹이고 잘 돌봐서 알을 많이 낳게 하는 거야. 아직 어리지만 다 자랐어. 곧 알을 낳기 시작할 거야. 형제간에 싸워 가면서라도 달걀을 잘 모았다가 팔아서 여비를 마련해야지. 숙박비는 언제나처럼 민박으로 할 테니까 칠 것도 없고……."

"선생님까지 결국은 절 업신여기시는군요."

한뫼가 일어섰다. 어둠 때문일까, 한뫼는 의젓해 보이기보다는 오히려 퍽 쓸쓸해 보였다. 문 선생님도 따라 일어서서 한뫼의 어깨를 안아 토닥거리며 다시 앉혔다.

"그렇지만 여행하는 사람이 바뀔 거야. 금년엔 우리 반 아이들이 도시로 여행하는 게 아니라 우리 반 아이들이 도시 아이들을 초청하는 거야. 우리가 여비까지 부담해 가면서 말야. 왜 진작 그런 생각을 못 했을까. 이건 진짜 기막힌 생각이야. 네 덕이다. 한뫼야, 고맙다."

나 차은, 읽던 만화책을 챙겨 들고 일어선다.

차은: 달리기 할 때 그런 거 신는 거 아니거든!

엄마: 왜? 이거 마음에 안 들어?

차은, 엄마가 뽐내는 새 운동화를 쳐다보지도 않고, 제 신발을 챙겨 신는다.

엄마: 안 예뻐? 되게 비싼 건데. (새 운동화를 차은 앞에 내려놓으며) 그럼 남자 친구 만날 때 신어!

차은: 걔 남자 친구 아니거든. 내가 남자 친구 아니라고 몇 번이나 말해! 내 말 못 알아들어!

엄마: …….

차은: …….

엄마: (속상한 마음에 새 운동화를 차은이 앞에 던지듯 놓으며) 그래! 신지 마! 갖다 버려!

차은: 그래! 버려!

차은, 새 운동화를 발로 차더니, 대문을 향해 걸어 나간다.

---

29 (가)의 대화와 (나)의 대화가 가진 공통점과 차이점으로 적절하지 않은 것은?

① (가)와 (나)에는 모두 대화가 원활하지 못한 장면이 나타난다.
② (가)와 (나)에는 모두 설득을 목적으로 한 말하기가 들어 있다.
③ (가)와 (나)에서 각각 대화 참여자 중 한 명이 대화의 장소에서 벗어나려는 모습을 보인다.
④ (가)에는 상대방을 배려한 말하기가 있지만, (나)에는 드러나지 않는다.
⑤ (가)에는 갈등 상황이 드러나지 않지만, (나)에는 갈등 상황이 잘 드러난다.

30 (가), (나)에서 대화에 비협력적인 인물을 모두 골라 묶은 것은?

	(가)	(나)
①	선생님	차은
②	한뫼, 선생님	엄마
③	한뫼	차은, 엄마
④	한뫼, 선생님	차은
⑤	한뫼, 선생님	차은, 엄마

서술형
31 ㉠의 구체적 내용이 무엇인지 한 문장으로 서술하시오.

32 다음 글에 드러난 공감하며 듣기의 방법으로 적절하지 <u>않</u>은 것은?

> 남의 말을 들으면서 화자에게 질문을 하는 것은 상대방의 뜻을 정확히 파악하고자 노력하고 있다는 것을 보이는 것이고, 상대방과 상대방의 말을 존중하면서 겸허한 자세로 듣고 있다는 것을 드러내는 것이다. 어떤 사람의 말을 들을 때 적절한 질문을 해 보자. 상대방은 자신을 잘 알리기 위해서 성의껏 답변해 줄 것이다.
>
> 자신이 상대방의 말을 잘 듣고 있다는 것을 보여 주는 또 하나의 방법으로 맞장구가 있다. 맞장구는 말하는 내용을 긍정하고 동조하는 내용의 말이다. 화자의 입장에서 보면 아무런 반응이 없이 듣는 사람보다는 자신의 말에 맞장구를 치며 듣는 사람을 더 잘 들어 주는 사람으로 생각하게 된다. 남의 이야기를 들으면서 고개를 끄덕이거나 혹은 밝은 미소를 지어 보이면 말하는 사람은 신이 나서 이야기를 할 것이다. 여기에 맞장구가 더해지면 말하는 사람은 더욱 성의껏 말하게 될 것이다.

① 화자에게 맞장구를 쳐 준다.
② 화자에게 적절한 질문을 던진다.
③ 화자에게 밝은 표정을 지어 준다.
④ 화자에게 자기 생각을 말해 준다.
⑤ 화자에게 고개를 끄덕이며 반응한다.

33 다음 대화의 '민들레꽃'이 지닌 의미를 듣기 · 말하기의 측면에서 파악한 것으로 적절한 것은?

> 아우: 햇빛이 비치니까 샛노란 민들레꽃이 더 예쁘게 보여.
> 형: 난 이 꽃을 꺾어서 벽 너머로 던져 주겠어. 동생이 이 민들레꽃을 보면, 진짜 내 마음을 알아줄 거야.
> 아우: 형님에게 이 꽃을 드려야겠어. 벽 너머의 형님이 이 꽃을 받으면, 동생인 나를 생각하겠죠.
>
> 형과 아우, 민들레꽃을 여러 송이 꺾는다. 그들은 벽으로 다가가서 민들레꽃을 벽 너머로 서로 던져 준다. 형은 아우가 던져 준 꽃들을 주워 들고 반색하고, 아우는 형이 던진 꽃들을 주워 들고 기뻐한다. 서로 벽을 두드리며 외친다.

① 화자와 청자의 관계
② 상대방에 대한 비판
③ 상대방에 대한 공감
④ 말하는 내용의 응집성
⑤ 말하는 내용의 통일성

세상에 없던 새로운 공부법

EBS 중학

뉴런

| 국어 2 |

실전책

EBS

중학도 역시 EBS

세상에 없던 새로운 공부법
EBS 중학

뉴런

전 단원 무료 강의

국어 2

무료 강의 제공

정답과 해설

EBS 중학

뉴런

| 국어 2 |

정답과 해설 <개념책>

1 문학 작품의 관점

1. 엄마 걱정
본문 10~11쪽

01 ③ **02** ④ **03** ② **04** ⑤ **05** [예시 답안] 자신의 어린 시절이 차가운 윗목처럼 서럽고 힘든 기억으로 남아 있다.

01 '해는 시든 지 오래', '금 간 창틈'과 같은 시각적 심상, '발소리', '빗소리'와 같은 청각적 심상, '찬밥', '눈시울을 뜨겁게 하는', '유년의 윗목'과 같은 촉각적 심상 등 다양한 종류의 심상을 사용하여 화자의 상황과 정서를 감각적·구체적으로 형상화하고 있다.

02 이 시는 어른이 된 '나'가 자신의 힘들었던 어린 시절을 회상하는 형식으로 이루어져 있다. 따라서 두 화자가 서로 대화를 주고받는다고 보는 것은 적절하지 않다.

> **오답 확인** ① 이 시의 화자는 1연에 제시된 어린 시절을 2연에서 '아주 먼 옛날'이라고 표현하며, 과거를 회상하고 있다.
> ②, ③ 화자가 자신의 과거를 떠올릴 때 눈시울이 뜨거워지는 모습에서 과거의 서글픔이 현재에도 남아 있으며, 유년 시절의 힘들었던 기억을 안타까워하고 있음을 느낄 수 있다.
> ⑤ 1연에는 과거 속의 '나'의 모습뿐만 아니라 '나'를 위해 힘들게 살았던 어머니의 삶도 함께 제시되어 있다.

03 1연의 '나'는 빈집에 혼자 남아 숙제를 하고 있다. 창밖에서 빗소리가 들리고 날은 어두워지는데도 엄마가 돌아오시지 않자, 어둡고 무서워서 혼자 훌쩍거리고 있다. 빈방에 홀로 남아 엄마를 기다리는 어린아이가 느끼는 외로움과 쓸쓸함이 주된 정서를 이루고 있다.

> **오답 확인** ① 어두운 밤에 고요히 빗소리를 들으며 빈집에 혼자 남은 아이가 울고 있다. 분위기가 어둡고 고요함을 알 수 있다.
> ③ 엄마 없이 혼자서 빈집을 지키고 있는 아이의 상황에서 따뜻하고 정감 있는 분위기를 발견하기는 어렵다.
> ④ 고요함은 느껴지지만, 아이 혼자 숙제를 하며 엄마를 기다리는 상황에서 엄숙한 분위기는 느껴지지 않는다.
> ⑤ 급박하다는 것은 사태가 조금도 여유가 없이 매우 급한 것을 말한다. 천천히 숙제를 하며 엄마를 기다리는 상황에서 급박한 분위기는 느껴지지 않는다.

04 이 시에서 화자는 엄마를 기다리다가 '빈방에 혼자 엎드려 훌쩍거'린다. 어린 시절의 '나'가 눈물을 흘리는 것이다. 엄

마는 시장에서 아직 돌아오지 못하고 있는 상황으로 엄마의 심정에 대한 묘사는 나타나 있지 않다.

05 '내 유년의 윗목'은 시의 화자가 '그 시절(자신의 유년)'을 '윗목'에 빗대어 표현한 시구이다. '윗목'이란 온돌방에서 아궁이로부터 먼 쪽의 방바닥을 말하는데, 불길이 잘 닿지 않아 아랫목보다 상대적으로 차가운 쪽이다. 어른이 된 화자가 자신의 유년 시절을 차가운 윗목에 빗대어 표현한 것은, 자신의 힘들었던 어린 시절이 그 윗목처럼 차갑고 시린 기억으로 남아 있다는 것을 말하기 위해서이다.

상	'차갑다'라는 단어를 사용해 ㉠의 의미를 적절하게 쓰고, '자신의 어린 시절이'로 시작하는 한 문장으로 쓴 경우
중	'차갑다'라는 단어를 쓰지는 못했지만, ㉠의 의미를 적절하게 쓰고 '자신의 어린 시절이'로 시작하는 한 문장으로 쓴 경우
하	'차갑다'라는 단어를 쓰거나 '자신의 어린 시절이'로 시작하는 한 문장으로 썼지만, ㉠의 의미를 적절하게 쓰지 못한 경우

2. 귀뚜라미
본문 12~13쪽

01 ③ **02** ① **03** ④ **04** ② **05** [예시 답안] 노래, 다른 사람들에게 감동을 주는 의미 있는 소리

01 이 시의 화자는 '나(귀뚜라미)'이다. 귀뚜라미를 의인화하여 자신의 울음소리가 누군가에게 감동을 주는 노래가 되길 바라는 간절한 소망을 효과적으로 표현하고 있다.

> **오답 확인** ① 수미 상관이란 시의 처음과 끝에 같거나 비슷한 내용을 반복하여 배치하는 방식을 말한다. 이 시에는 그러한 수미 상관이 나타나 있지 않다.
> ② 이 시에 쓰인 주된 심상은 청각적 심상과 시각적 심상이다. 이 시의 화자인 '나(귀뚜라미)'의 울음과 매미의 울음소리 같은 청각적 심상과, '지하도 콘크리트 벽 좁은 틈', '매미 떼가 하늘을 찌르는'과 같은 시각적 심상을 활용하여 감각적으로 표현하고 있다.
> ④ 이 시에 속담은 쓰이지 않았다.
> ⑤ 이 시에서 계절감을 드러내는 시어는 '매미 소리', '매미 떼가 하늘을 찌르는 시절', '맑은 가을' 등이다. '매미 소리'에서는 화려함이 느껴지고 '맑은 가을'은 화자가 기다리는 계절로 어둡고 우울한 분위기는 느껴지지 않는다.

02 한여름 귀뚜라미는 '차가운 바닥', '지하도 콘크리트 벽 좁은 틈'에서 숨 막힐 듯 울음을 토해 내고 있다. 하지만 '맑은 가을'이 오면 누군가에게 감동을 주는 '노래'를 부르고 싶다는 꿈을 안고 힘겨운 시간을 견뎌 내고 있다. 이러한

'나(귀뚜라미)'의 모습을 통해 힘든 환경에서도 꿈을 잃지 않는 삶의 자세를 이야기하고 있다.

03 '누구의 마음 하나 울릴 수 있을까.'는 누군가에게 감동을 주는 노래를 부르고 싶은 귀뚜라미의 소망이 담긴 표현이다. '누군가의 가슴에 실려 가는 노래일 수 있을까.' 역시 누군가에게 의미 있는 노래를 부르고 싶은 화자의 간절한 바람을 담고 있다. 따라서 ㉠, ㉡은 자신이 이루고 싶은 것에 대한 간절한 기대감이 드러난 표현이라고 할 수 있다.

04 '나 여기 살아 있다'는 '숨 막힐 듯' 열악한 환경에서도 자신의 울음이 노래가 되는 그날을 꿈꾸며 살아남고자 하는 화자의 강인한 생명력을 느끼게 하는 표현이다(ㄱ). 또한 살아남아서 누군가에게 감동을 주는 노래를 부르고 싶다는 강한 의지를 보여 준다(ㄹ).

오답 확인 ㄴ. '나 여기 살아 있다'는 어떻게든 살아남고자 하는 화자의 의지를 보여 주는 표현이므로, 반어적 표현이라고 보기는 어렵다.
ㄷ. '나 여기 살아 있다'에서 '여기'는 현재 화자가 처한 고달픈 현실을 표현하는 것이다. 미래의 모습을 직접 드러내고 있다고 보는 것은 적절하지 않다.

05 '내 울음 아직은 노래 아니다.'라는 표현을 통해 울음과 노래가 서로 대조적 의미를 지닌 시어임을 알 수 있다. 3연의 '누군가의 가슴에 실려 가는 노래'라는 표현을 통해 '노래'가 다른 사람들에게 감동을 주는 의미 있는 소리를 뜻한다는 것을 알 수 있다.

상	시어를 정확히 쓰고, 시어의 함축적 의미를 적절하게 서술하고, 명사로 끝낸 경우
중	시어를 정확히 쓰고 시어의 함축적 의미를 적절하게 서술했지만, 명사로 끝내지 못한 경우
하	시어만 정확히 쓴 경우

---

3. 동백꽃
본문 14~19쪽

01 ④ **02** ④ **03** ② **04** [예시 답안] ⓐ: 당신을 좋아하는 것 같아요 ⓑ: 당신에게 감자를 준 것, 거절당하자 얼굴이 새빨개져서 눈물까지 어린 것 **05** ② **06** ④ **07** ⑤ **08** ① **09** ④
10 ③ **11** ③ **12** ② **13** [예시 답안] 사랑을 전혀 몰랐던 '나'는 미묘하면서도 달콤한 사랑 비슷한 감정을 아찔하게 느낀다.

01 이 글은 농촌을 배경으로 순박한 '나'와 점순의 사랑을 해학적으로 그리고 있는 소설이다. '나'의 순박하고 어리숙한 성격과 '점순'의 적극적이고 영악한 성격이 그들의 대화와 행동을 통해 잘 드러나 있다.

오답 확인 ① 이 글은 현재 → 과거 → 현재의 순서로 사건이 전개되는 역순행적 구성 방식을 취하고 있다.
② 이 글은 평범하고 순박한 사춘기 산골 남녀의 사랑을 농촌의 향토적이고 서정적인 분위기로 그려 내고 있다.
③ 농촌을 배경으로 하지만 구체적 지명은 드러나 있지 않다.
⑤ 이 글의 시점은 1인칭 주인공 시점이다. '나'의 입장에서 이야기하기 때문에 점순의 내면 심리는 직접적으로 드러나지 않는다.

02 이 글은 작품의 주인공인 '나'가 감자 사건에 대한 자신의 이야기를 직접 전달하는 1인칭 주인공 시점으로 쓰였다. 1인칭 주인공 시점을 사용하면 '나'의 내면세계를 효과적으로 표현할 수 있고 독자는 '나'에게 친근감을 느낀다. 그러나 '나'의 입장에서만 이야기하기 때문에 전달하는 내용이 주관적이고 제한적일 수밖에 없다. 사건의 전모를 파악하려면 독자는 상상력을 발휘해야 한다.

03 '나'는 점순이 왜 갑자기 말을 걸고 감자를 주는지 알지 못한다. 점순이 감자를 거절당하자 '나'에게 눈을 흘기며 눈물까지 어리고 달아나는데도 눈치 못 챌 정도로 어리숙하다. 반면 점순은 '나'에 대한 호감을 표현하려고 먼저 말도 걸고 감자까지 구워다 줄 정도로 적극적이다.

오답 확인 ①, ③, ④, ⑤ '나'는 적극적이고, 영악한 것과는 거리가 멀고, '점순'은 조신하고, 어리숙하고, 소극적인 것과는 거리가 멀다.

04 점순이 '나'에게 말을 걸고 감자를 주는데 '나'가 그것을 거절하자 점순의 얼굴이 새빨개져서 눈물까지 어리는 것은 점순이 '나'를 좋아하기 때문이다.

상	'나'에 대한 점순의 호감과 근거 두 가지를 모두 〈조건〉에 맞게 서술한 경우
중	'나'에 대한 점순의 호감을 서술하였으나, 근거가 부족한 경우
하	'나'에 대한 점순의 호감을 대략적으로 서술하고 〈조건〉에 맞게 서술하지 못한 경우

05 이 글은 상황을 전혀 눈치채지 못하는 어리숙한 '나'를 서술자로 설정하여 웃음을 유발하고 있다. 방언과 비속어의 사용을 통해 인물의 순박함을 솔직하고 익살스럽게 표현하고 있으며, 현재형 문장을 섞어 행동을 서술함으로써 생생한 현장감을 주고 있다. 그러나 이 글은 '나'의 관점에서 '나'의 내면 심리를 드러내고 있으므로 인물과 사건의 외면을 객관적으로 서술한다는 내용은 적절하지 않다.

06 점순에게 괴롭힘을 당하면서도 계속해서 참는 이유는 점순네에게 잘못 보이면 땅도 빼앗기고 집에서도 쫓겨날 수 있기 때문이다. 감자를 거절한 것과는 관련이 없다.

오답 확인 ① (다)의 '이걸 보고서 이번에는 점순이가 깔깔거리고 되도록 이쪽에서 많이 들으라고 웃는 것이다.'에서 확인할 수 있다.

②, ⑤ 감자 사건 이후로 점순은 '나'를 괴롭히고 '나'의 관심을 끌기 위해 계속해서 닭싸움을 붙이고, '나'는 복수하기 위해 '나'의 수탉에게 고추장도 먹여 보지만 성공하지 못한다.

③ '나'는 소작인의 아들이고 점순은 마름의 딸이다. '나'의 어머니는 점순네 심기를 건드리면 안 되니까 열일곱이나 된 애들이 붙어 다니지 말라고 주의를 주었다. 그래서 '나'는 점순과 가까워지지 않으려고 조심한다.

07 이 글의 '감자'와 '닭싸움'은 '나'와 점순 사이의 애정과 갈등을 표현하는 소재이다. '감자'로 인해 둘의 갈등이 발생하였고 그 이후로 점순이 계속해서 '닭싸움'을 붙임으로써 둘의 갈등이 지속된다.

오답 확인 ① '나'가 거절한 '감자'에는 점순에 대한 '나'의 열등감이 드러나 있다.
② 점순이 준 '감자'에는 '나'에 대한 점순의 호감이 드러나 있다.
③ '나'가 붙인 '닭싸움'에는 점순에게 앙갚음하고자 하는 '나'의 마음이 드러나 있다.
④ 점순이 붙인 '닭싸움'에는 '나'에 대한 호감과 '나'를 괴롭히려는 점순의 마음이 함께 드러나 있다.

08 '땅을 부치다'는 논밭을 이용하여 농사를 짓는 것을 뜻한다. '부치다'는 '삼촌 집에 숙식을 부치다'처럼 '먹고 자는 일을 제집이 아닌 다른 집에서 한다'는 의미도 있는데, 여기서는 '농사를 짓다'라는 의미로 쓰였다.

09 (나)의 '나는 대뜸 달려들어서 나도 모르는 사이에 큰 수탉을 단매로 때려 엎었다. ~ 그리고 나는 멍하니 섰다가 점순이가 매섭게 눈을 흡뜨고 닥치는 바람에 뒤로 벌렁 나자빠졌다.'를 통해 '나'가 점순의 수탉을 계획적으로 때려서 죽인 것은 아님을 알 수 있다. '나도 모르게' 단매로 때렸고, 그래서 죽은 수탉을 보고 멍하니 정신을 놓게 된다.

오답 확인 ① (나)에서 '나'는 점순을 동리에서도 소문이 났거니와 일도 잘하고 얼굴 예쁜 계집애라고 생각했었다.
② (나)에서 '나'는 빈사지경인 수탉 앞에서 눈 하나 깜짝 안 하고 그대로 앉아서 호드기만 부는 점순의 그 꼴에 치가 떨릴 만큼 화가 났다.
③ (다)에서 '나'는 땅이 떨어지고 집도 내쫓게 되는지도 모른다며 두려워하는데, 이를 통해 알 수 있다.
⑤ (다)에서 '나'는 마름인 점순네 수탉을 죽였으니 이젠 땅도 떨어지고 집도 내쫓길지도 모른다며 두려워한다.

10 (다), (라)에서 '나'와 점순은 화해를 하고 노란 동백꽃 속에 함께 엎어지는데, 알싸하고 향긋한 냄새와 함께 '나'는 미묘한 감정을 느낀다. 제시된 글을 통해 점순이 둘의 사이를 동네에 자랑할 것이라는 내용은 확인할 수 없다.

11 (가)에서 '나'는 이번에 내려가면 망할 년 등줄기를 한번 되게 후려치겠다고 다짐한다. 속담 '지렁이도 밟으면 꿈틀댄다.'는 '아무리 눌려 지내는 미천한 사람이나, 순하고 좋은

사람이라도 너무 업신여기면 가만있지 아니한다.'라는 뜻으로, ㉠의 '나'의 심리와 잘 어울린다.

오답 확인 ① '달면 삼키고 쓰면 뱉는다.'는 옳고 그름이나 신의를 돌보지 않고 자기의 이익만 꾀함을 비유적으로 이르는 말이다. 점순의 부당한 처사에 자신의 손해를 생각하지 않고 점순을 혼내 주려는 상황과는 관계가 없다.
② '바늘 도둑이 소도둑 된다.'는 작은 나쁜 짓도 자꾸 하게 되면 큰 죄를 저지르게 됨을 비유적으로 이르는 말이다. '나'는 점순의 괴롭힘을 계속해서 참다가 폭발하는데, 나쁜 짓을 한 것과는 관련이 없다.
④ '원숭이도 나무에서 떨어질 때가 있다.'는 아무리 익숙하고 잘하는 사람이라도 간혹 실수할 때가 있음을 비유적으로 이르는 말이다. 화가 난 '나'의 심리와는 관계가 없다.
⑤ '종로에서 뺨 맞고 한강에 가 눈 흘긴다.'는 욕을 당한 자리에서는 아무 말도 못하고 뒤에 가서 불평함을 비유적으로 이르는 말이다. '나'가 산을 내려가면 점순을 혼내 주겠다고 다짐하는 상황과는 관계가 없다.

12 ㉡은 그동안 계속되어 왔던 점순네 수탉과 '나'의 수탉의 싸움의 결과에 해당한다. 점순네 수탉에게 당하기만 하던 '나'의 수탉이 빈사지경에 이르자 '나'는 이성을 잃고 점순네 수탉을 단매로 때려죽인 것이다. 이는 그동안의 점순과 '나'의 대립이 최고조에 이르렀음을 보여 주는(ㄷ) 동시에 (다), (라)의 내용으로 미루어 볼 때 그동안의 갈등이 해소되는 계기가 됨(ㄱ)을 알 수 있다.

오답 확인 ㄴ. 그동안의 갈등이 완전히 사라진 것은 (라)에서 확인할 수 있는 내용이다.
ㄹ. 점순과의 갈등이 진행되고 있는 것은 맞지만 다른 인물과의 대립이 새롭게 나타나지는 않는다.

13 사춘기에 접어든 '나'는 점순과 함께 동백꽃 속에 엎어진 후, 미묘한 사랑의 감정을 느낀다.

상	사랑의 감정을 '나'의 심리 변화를 포함하여 서술한 경우
중	사랑의 감정을 서술하였으나, '나'의 심리 변화가 잘 드러나지 않은 경우
하	사랑의 감정만을 대략적으로 서술한 경우

2 문학 작품의 재구성

1. 새로 쓰는 흥부전
본문 22~25쪽

01 ③ **02** ③ **03** ⑤ **04** [예시 답안] 놀부와 흥부의 부모님이 자식들을 동등하게 대했다. **05** ③ **06** ① **07** [예시 답안] 흥부가 노력하지 않고 부를 얻는 것은 현대 사회에 교훈을 줄 수 없기에 열심히 노력하는 흥부의 모습으로 바꾸어야 한다. **08** ①

01 연 씨 부부는 맏이인 놀부가 열심히 공부해서 좋은 학교에 가면 안정적인 직장에 취직할 것이라 생각했다. 이를 통해 연 씨 부부가 놀부가 가게를 이어받기를 바란 것은 아님을 알 수 있다.

02 원작 「흥부전」에서는 놀부의 성격은 심술궂고 욕심이 많고 흥부의 성격은 근면 성실하고 착하다. 하지만 원작과 달리 이 글에서 놀부는 열심히 노력하는 부지런한 인물로 그려지고, 흥부는 세상 물정 모르고 성격이 급한 인물로 그려진다.

03 ㉠은 놀부가 흥부에게 용돈을 더 이상 주지 않겠다고 말하자 흥부가 항의하는 내용이다. 흥부는 자신이 스스로 일을 하여 돈을 벌어 본 적이 없기에 용돈을 주지 않겠다는 형의 말에 깜짝 놀란다. 그래서 형에게 부모님과의 약속을 언급하고 '돈에 눈이 멀어'라는 모진 말을 하면서 형의 처사가 부당하다고 항변하고 있다.

오답 확인 ① 형은 흥부에게 용돈을 더 이상 주지 않겠다고 말하고 있기에 흥부가 용돈이 적다고 항의한다는 것은 타당하지 않다.
② '형이 무분별하게 돈을 버는 것'에 대한 내용은 이 글에 나타나 있지 않다.
③ 형과 동생이 사이좋게 지내야 하기 때문에 용돈을 달라고 한 것이 아니라, 용돈을 벌어 쓴다는 것을 상상도 해 본 적이 없기에 형이 계속 용돈을 주기를 바라는 마음에서 한 말이다.
④ 흥부는 부모님이 돌아가실 때, 형이 부모님께 자신을 돌봐 준다고 약속한 것을 알고 있기 때문에 ㉠과 같이 말한 것이지, 부모님이 흥부를 오냐오냐 키운 것과는 관련이 없다.

04 원작 「흥부전」의 배경은 옛날이나, 이 글은 현대 사회를 배경으로 쓰였다. 현대 사회는 평등 사회이므로 동생과 형을 차별한다는 내용을 비판적으로 볼 수 있다. 부모님이 동생은 늦둥이라 오냐오냐 키우고 형은 맏이라 엄격하게 키운 것은 자식들을 차별하며 키운 것이라 할 수 있기에 이를 비판할 수 있다.

상	놀부와 흥부의 부모님이 자식들을 동등하게 대했다는 내용을 바르게 서술한 경우
중	놀부와 흥부, 형제 등 구체적인 대상을 제시하지 않은 채 동등하다는 내용만을 간략하게 서술한 경우
하	놀부와 흥부를 동등하게 대했다는 내용을 제시하지 않고 놀부와 흥부에 관련된 다른 내용을 제시한 경우

05 이 글은 모둠 활동을 통해 「흥부전」을 재구성한 작품이다. 이 글에서 놀부가 지역 음식 경연 대회에 나타나기는 하나 흥부의 경쟁자로 나타난 것이 아니라 동생을 축하하기 위하여 나타난 것이므로 ③은 적절하지 않다.

오답 확인 ① 원작 「흥부전」에서 흥부는 마음이 착한 인물로 등장하여 긍정적인 인물로 그려지나, 이 글에서는 무능력하고 성급한 모습에서

성실하고 능력 있는 인물로 변화하는 모습을 보여 준다.
② 원작 「흥부전」에서 흥부와 놀부의 직업은 농부였으나, 이 글에서는 식당을 운영하는 요리사로 직업이 바뀌었다.
④ 흥부는 예전에 부모님이 해 주신 음식이 떠올라 이를 바탕으로 새 메뉴를 개발한다.
⑤ '일 년에 몇 번씩 지역의 어려운 분들을 식당으로 초대해 맛있는 음식을 나누면서'에서 확인할 수 있다.

06 원작 「흥부전」에서 흥부는 착하고 근면 성실하며 형을 생각하는 마음이 크기에 형을 이해하는 입장에서 말하는 것이 적절하다.

07 이 글에서는 원작 「흥부전」보다 흥부의 노력이 더욱 구체적으로 그려져 있다. 이는 현대 사회에서는 원작 「흥부전」의 흥부처럼 자신의 힘이 아니라 우연한 기회에 보물을 얻어 부자가 되는 것은 설득력이 없기 때문이다.

상	'노력'과 '교훈'이라는 단어를 사용하여 흥부가 우연히 부를 얻는 것에 대해 교훈을 줄 수 없다는 내용을 서술한 경우
중	'노력'과 '교훈'이라는 단어를 사용하지 않았으나, 흥부의 노력과 현대 사회에 교훈이 된다는 내용과 유사한 내용을 서술한 경우
하	이 글의 흥부의 성격만 간단히 제시한 경우

08 흥부의 친구와 식당 주인이 전하는 그동안의 놀부의 행적을 통해 놀부가 흥부에게 용돈을 주지 않겠다고 말한 이유가 흥부가 용돈을 받으면서 의존적으로 생활할까 염려하였기 때문임을 알 수 있다. 그러므로 형의 진심은 흥부가 자립할 수 있도록 도움을 준 것이다.

---

2. 그림 동화로 읽는 흑설 공주 본문 26~31쪽

01 ⑤ **02** ⑤ **03** ② **04** ③ **05** [예시 답안] 공주가 까만 피부로 태어나 다른 사람들과 어울리지 못하고 책과 작은 동물들만 가까이하며 성장하였다. **06** ② **07** ② **08** ① **09** ③ **10** ④ **11** [예시 답안] 흑설 공주를 자신만의 아름다움을 지닌 인물로 평가하면서 친근하게 대한다. **12** ④ **13** ③ **14** ⑤ **15** ① **16** [예시 답안] 자기만의 독특한 아름다움을 찾아내 자신감을 가지는 것이 중요하다

01 이 글은 원작 「백설 공주」를 재구성한 동화이다. 3인칭 전지적 시점의 글로, 서술자는 이야기 밖에 위치하며, 등장인물의 외면은 물론 내면까지도 모두 서술하고 있다. 인물의 외면만 관찰하여 객관적으로 전달하는 것은 3인칭 관찰자 시점이다.

오답 확인 ① 사건의 공간적 배경은 왕궁과 숲속이나, 시대적 배경은 드러나 있지 않다.
② 이 글의 서술자는 대화체의 말투를 통해 독자에게 말하듯이 서술하고 있다.
③ 이 글에서는 사건이 시간의 순서에 따라 전개되고 있다.
④ 원작을 재구성할 때에는 독자가 작가가 되어 자신의 가치관을 반영하게 된다.

02 사람들이 '임금님도 왕비님도 모두 고귀한 하얀 살갗을 지니셨는데, 어째서 공주님만 저렇게 온몸이 새까맣지?'라고 하며 흑설 공주를 손가락했다는 내용으로 보아, 당시에는 하얀 피부를 지닌 사람은 아름답고 까만 피부를 지닌 사람은 아름답지 않다는 편견을 가지고 있었음을 알 수 있다.
오답 확인 ① 이야기 속에서 경제적인 문제가 나타난 부분은 없다.
② 이 이야기는 한 왕국 내에서 일어난 사건을 다루고 있으며 다른 나라 사람에 대한 내용은 없다.
③ 공주가 책을 좋아하는 것은 외로운 성장 환경 때문일 뿐, 귀족들이 갖추어야 할 모습을 표현한 것은 아니다.
④ 남녀의 사랑 이야기는 언급되어 있지 않다.

03 이 글은 「백설 공주」를 재구성한 작품으로, 주인공을 백설 공주와는 다른 외모를 가진 '흑설 공주'로 설정하였다. ㉠은 흑설 공주가 태어난 순간의 외모를 묘사한 것으로, 이로 인해 갈등이 생길 것임을 암시하고 있다.
오답 확인 ① 백설 공주는 흑설 공주를 낳고 죽었으므로 더 이상 이야기 속에서 등장하기 힘든 상황이다.
③ 백설 공주는 흑설 공주를 낳고 소원이 이루어졌다며 기뻐하였다. 피부색의 차이에서 흑설 공주의 성격을 백설 공주와 다르다고 짐작하는 것은 무리가 있다.
④, ⑤ 흑설 공주가 피부색 때문에 외롭게 성장하기는 하였으나, 이 때문에 다른 사람을 힘들게 하거나 부정적 인물이 될 것이라고 짐작하는 것은 무리가 있다.

04 새 왕비는 겉으로는 흑설 공주를 잘 보살피는 것처럼 행동하지만 실제로는 검은 피부의 흑설 공주를 통해 자신의 아름다움을 자랑하고 싶은 마음을 가지고 있다. (다)에서 진실의 거울이 하는 말을 들은 왕비가 화를 내는 것은 자신이 가장 아름다운 사람이 되고 싶은 본심을 드러낸 것이다.
오답 확인 ① 새 왕비는 눈부신 외모를 가지고 있지만 자신만이 빛나는 존재이고 싶어 한다. 주변에 대한 관심이나 배려가 부족한 인물이다.
② 왕비가 거울을 부수려 했지만 그것은 자신의 실망감과 분노의 표현일 뿐, 사물의 소중함을 모르는 행위와는 별개의 문제이다.
④ 새 왕비가 흑설 공주를 데리고 다닌 것은 결국 자신을 돋보이게 하려는 의도였다.
⑤ 새 왕비는 공주의 의사와는 무관하게 어디에나 공주를 데리고 다니며 거울을 부수려고 하는 등 하고 싶은 대로 행동하는 모습을 보이지만, 자신의 잘못이 무엇인지 깨닫지 못하고 있다.

05 이 글은 원작 「백설 공주」를 바탕으로 주인공의 피부색을 다르게 재구성하였으며, 공주의 성장 과정에 대해서도 달리 이야기하고 있다. 공주가 검은색의 피부를 가지고 있다는 점, 그래서 공주가 다른 사람들과 어울리지 못하고 책과 작은 동물들만 가까이하며 성장했다는 점이 달라진 내용이다.

상	피부색, 책과 작은 동물들, 외로움에 대한 세 가지 내용을 포함하여 한 문장으로 적절하게 서술한 경우
중	피부색, 책과 작은 동물들, 외로움에 대한 세 가지 내용 중, 두 가지만 적절하게 서술한 경우
하	피부색, 책과 작은 동물들, 외로움에 대한 세 가지 내용 중, 한 가지만 적절하게 서술한 경우

06 이 글에서는 흑설 공주의 아름다움을 시기하고 질투하는 왕비로 인해 사건이 벌어지고 있다. 즉, 흑설 공주와 왕비의 외적 갈등이 드러나 있다.
오답 확인 ① 흑설 공주는 자신을 놀리는 사람들 때문에 외로움을 겪기는 하지만, 이 글에는 드러나 있지 않다.
③ 사냥꾼은 왕비의 지시에 따라 공주를 죽이려 했다가 살려 주지만, 그 이후의 상황에 대해 언급되어 있지 않다.
④, ⑤ 난쟁이들은 흑설 공주를 도와줄 뿐, 왕비와 대립하는 내용은 제시되어 있지 않다.

07 흑설 공주는 자신을 죽이려는 사냥꾼에게 백설 공주가 남긴 망토를 주면서 위기를 넘기고 있다(ㄱ). 한편 난쟁이들의 충고에도 불구하고 변장한 왕비의 말을 선뜻 믿고 책을 읽다가 죽음에 이르게 된다(ㄷ).
오답 확인 ㄴ. 공주는 책을 읽는 모습을 여러 번 보이는데, 왕비가 공주가 책을 좋아하는 점을 이용하여 공주를 해치려고 왔을 때도 책을 좋아하는 것을 숨기지 못하고 기뻐한다.
ㄹ. 공주는 잘못된 행동을 하고 있지 않으며, 순수한 마음에서 주변 사람의 말을 믿은 것뿐이다.

08 (가)에서 왕비는 사냥꾼에게 공주를 죽이라고 지시하는데 공주의 애원에 마음이 약해진 사냥꾼이 살려 주어 공주는 (나)에서 숲속의 난쟁이들과 함께 생활하고 있다. 그런데 (다)에서는 왕비가 난쟁이의 집을 찾아와 공주를 죽이려 하고 있다. 이러한 이야기의 흐름으로 보아 왕비가 죽었다고 믿었던 공주가 살아 있음을 알게 되는 사건이 (나)와 (다) 사이에서 전개되었음을 짐작할 수 있다.
오답 확인 ② 공주는 난쟁이들의 집에서 난쟁이들의 보살핌을 받다가 결국 왕비에 의해 죽임을 당하게 된다.
③ 왕비가 공주를 죽이려 직접 찾아온 것으로 미루어 보아, 왕비는 공주가 어떻게 살아났을까에 대한 궁금증보다는 공주를 죽일 방법에 대해 더 관심을 가졌을 것임을 짐작할 수 있다.
④ 난쟁이들이 신비한 힘을 가졌다고 볼 만한 내용은 나타나 있지 않다.
⑤ 난쟁이들은 공주의 조력자이므로 왕비를 만나 공주의 거처를 알려 주는 것은 개연성이 부족하다.

09 소설에서 사건이 전개될 때에는 그 사건이 일어날 수 있는 필연적인 상황이 확보되어야 한다. '필연성'은 '어떤 사건이나 사물이 그렇게 될 수밖에 없는 성질.'을 의미한다. 왕비는 공주가 책장을 넘기면 손에 독이 묻도록 책에 독을 묻혀 공주를 죽이는 방법을 사용한다. 이는 책을 좋아하는 공주가 숲속에 살고 있어 책을 구하기 힘든 환경이라는 점을 이용한 것으로, 앞에 제시된 내용과 필연성을 갖는다.

10 ⓔ은 공주의 죽음을 확인한 왕비의 웃음으로, 비정하고 잔인한 왕비의 성격을 구체적으로 드러내 준다.

오답 확인 ① '망토'는 흑설 공주의 어머니가 남긴 유산으로, 흑설 공주가 매우 소중하게 여기는 물건이다. 망토를 주면서 자신의 죽음을 증명하라고 한 것은 왕비가 이런 점을 알기 때문이다.
② 공주가 난쟁이의 집을 발견했음을 말한다.
③ 원작과의 연관성을 보여 주려는 의도가 담긴 부분으로, 공주를 걱정하는 난쟁이들의 마음을 드러낸다.
⑤ 공주가 동물들과 가까이 지냈음을 의미한다.

11 ⓐ는 흑설 공주의 외모에 대한 난쟁이들의 반응이다. 흑설 공주는 지금껏 외모 때문에 외롭고 쓸쓸하게 지내면서 자신감을 잃고 살아왔지만, 난쟁이들은 공주가 지닌 고유한 아름다움을 발견해 내고 있다. 외모에 대한 편견과 고정 관념이 없는 태도를 보여 준다.

상	흑설 공주에 대한 평가와 태도를 모두 바르게 서술한 경우
중	흑설 공주에 대한 평가를 바르게 서술하고 태도를 모호하게 서술한 경우
하	흑설 공주에 대한 태도만 서술한 경우 예 공주를 좋아한다.

12 이 글은 동화 「백설 공주」를 배경과 인물의 성격, 사건 등을 새로운 관점에서 재구성한 동화이다.

오답 확인 ① 동화는 어린이를 위한 소설로 볼 수 있다. 이 글은 소설로 재구성하였으므로 갈래를 바꾼 것은 아니다.
② 원작과 재구성 작품 모두 문자로 표현한 것으로, 매체를 바꾼 것이 아니다.
③ 원작은 권선징악을 강조하고 있으나, 이 글은 외모보다 내면의 아름다움의 중요성을 강조하고 있다.
⑤ 원작과 이 글의 독자의 연령대가 다르다고 볼 만한 근거는 없다.

13 이 글에서 정원사는 위기에 빠진 공주를 도와 공주가 행복한 삶에 이르도록 하는 인물이다. 쓰러져 있는 공주를 위해 진심으로 슬퍼하는 눈물을 흘려 공주를 깨어나게 한다. 깨어난 공주가 자신의 아름다움에 대한 새로운 시각을 갖게 되면서 자신이 겪는 어려움을 해결하게 된다.

오답 확인 ① 정원사는 공주를 다시 살리는 역할을 하지만 사건의 주인공으로 등장하지는 않는다.

② 이 글의 서술자는 이야기 밖에 있으며 사건에 직접 개입하기는 하지만, 정원사가 사건에 개입한 것은 아니다.
④ 반동 인물은 주인공과 대립되는 인물로, 이 글에서는 왕비에 해당한다.
⑤ 정원사가 주변 인물인 것은 맞지만, 정원사는 공주가 갈등을 겪게 하는 인물은 아니다.

14 공주는 죽음에서 깨어나 정원사의 눈에 비친 자신의 모습을 바라보면서 비로소 자신에 대해 긍정적으로 인식하게 된다. 그동안 까만 피부 때문에 소심하고 자신감 없게 지내다가 자기도 아름다움을 지닌 사람이라고 생각하게 되면서 자신만의 가치를 깨닫게 된 것이다.

오답 확인 ① 공주는 왕궁으로 돌아가 다른 사람들과 교류하면서 지냈다.
② 공주가 자신만의 아름다움을 인식하는 것으로, 이것은 작은 일에도 만족한다는 것과는 다르다.
③ 공주는 이전에 자신의 외모 때문에 외롭게 지냈다. 자신을 남보다 잘났다고 생각한 적이 없기에 겸손한 사람이 되었다는 내용은 적절하지 않다.
④ 공주는 정원사를 통해 자신을 재발견하지만, ㉠이 정원사에 대한 사랑을 드러내는 것은 아니다.

15 사람들이 그동안 하얀 피부가 아름답다고 생각했지만 흑설 공주를 보면서 까만 피부가 아름답다고 느끼고 그것을 따라하고자 한다. 이는 사람이 외모를 평가할 때의 기준은 고정된 것이 아니라 사람들의 생각에 따라 달라질 수 있음을 보여 준다.

오답 확인 ② 모든 여자들이 숯검정을 칠했다는 것으로 보아 외모에 대한 생각이 같았음을 알 수 있다.
③ 사람들은 흑설 공주와 같은 외모를 지니고 싶어서 숯검정을 칠하고 있다. 이는 여전히 외모를 중시하는 것으로 볼 수 있다.
④ 외모가 사람을 평가하는 데 중요한 가치라는 생각은 예전이나 지금이나 같은 상태이다.
⑤ 사람들은 숯검정을 칠하면서까지 외모를 가꾸고 있다. 내면의 아름다움에 대한 깨달음은 드러나 있지 않다.

16 이 글에서 작가는 원전을 재구성하여 외모의 아름다움은 사람이나 문화, 사회에 따라 달라질 수 있으므로 그 기준에 따르지 말고 자신만의 개성적인 아름다움을 갖출 필요가 있음을 강조하고 있다. 또한 스스로에 대한 자신감을 가질 때에 그 아름다움이 더욱 빛날 수 있음을 말하고 있다.

상	'자기만의 아름다움'과 '자신감'을 모두 활용하여 적절하게 서술한 경우
중	'자기만의 아름다움'과 '자신감' 중, 한 가지를 적절하게 서술했으나, 한 가지를 모호하게 서술한 경우
하	'자기만의 아름다움'과 '자신감' 중, 한 가지만 서술한 경우

3 개성적인 발상과 표현

1. 먼 후일
본문 34~35쪽

01 ③　02 ②　03 ①　04 ②　05 먼 훗날 ∨ 당신이 ∨ 찾으시면 / 그때에 ∨ 내 말이 ∨ '잊었노라'

01 '나'는 '먼 훗날 당신'이 돌아와 자신을 찾는 상황을 가정하여 시상을 전개하고 있으나, '나'와 '당신'이 함께했던 추억은 드러나 있지 않다.

오답 확인 ① '먼 훗날', '잊었노라' 등의 시어를 반복하여 운율을 형성하고 있다.
② '나'는 '먼 훗날 당신'이 돌아와 자신을 나무라는 상황을 가정한 뒤, 그에 대한 답변을 하고 있다.
④ '당신'을 잊지 않겠다는 마음을 '잊었노라'라고 하며 반어적으로 표현하고 있다.
⑤ 매 연마다 '잊었노라'라는 반어적 표현을 단정적인 어조로 반복함으로써 헤어짐을 받아들이지 못하는 '나'의 정서를 드러내고 있다.

02 이 글에 두드러지게 사용된 표현 방식은 가정법, 반어법, 반복법이다. ①, ③에서 반복되는 시구를 찾을 수 있고, ④, ⑤에서는 반어적인 표현을 찾을 수 있다. ②에서는 의문의 형식이 사용되었다.

오답 확인 ① '고향으로 돌아가자'라는 시구를 반복하고 있다.
③ '꽃이 피네'라는 시구를 반복하고 있다.
④ '배앓이를 하던 날 납작 엎드렸던 아랫목이 차디찬 물살에 갇힌다'라는 극한 상황에서 '서럽지 않다.'라고 반어적으로 표현하고 있다.
⑤ '한 줄의 시'나 '한 권의 소설도 읽은 바 없'는 '그'가 '훌륭한 비석을 남겼다'고 반어적으로 표현하고 있다.

03 이 시에서는 매 연마다 '잊었노라'가 반복되고 있는데, 이때 이 부분을 따옴표로 처리하여 화자가 직접 말하는 것 같은 느낌을 줌으로써 고백적 느낌이 들게 한다.

오답 확인 ② ㉠에서 '나'의 감정을 '당신'에 의탁한 비유적 표현은 찾기 어렵다.
③ '나'의 감정을 자연스럽게 드러내지 않고 반어적으로 표현하였다.
④ 이별의 슬픔을 과장되게 표현하지 않았으며, 해학적인 표현은 찾기 어렵다.
⑤ '당신'에 대한 그리움을 애틋하게 드러내고 있을 뿐, '나'의 처지로 인한 체념의 태도를 보이고 있지는 않다.

04 이 시의 주제는 '떠난 임에 대한 그리움'이다. 화자는 임을 잊지 못하는 마음을 '잊었노라'라고 반어적으로 표현하고 있으므로 화자의 이러한 마음이 솔직하게 직접 드러나는 발화는 ②이다.

오답 확인 ⑤ 당신이 나무라면 화자는 '잊었노라'라고 답하겠다고

말하지만 이는 화자의 마음과 반대되는 표현이다. 따라서 언젠가 잊을 것이라는 해석은 적절하지 않다.

05 3음보의 민요적 율조의 특징을 이해하고 적용해 본다.

상	3음보로 정확히 끊어 읽기를 한 경우
중	한두 군데를 제외하고 대체로 3음보의 율격으로 끊어 읽기를 한 경우
하	전체적으로 3음보의 율격을 파악하지 못한 경우

2. 나의 모국어는 침묵
본문 36~37쪽

01 ④　02 ⑤　03 ④　04 [예시 답안] '나'는 인디언 세계에 대해 많은 대화를 하리라 기대했는데, 인디언 노인들이 자신의 말에 아무런 반응을 보이지 않았기 때문입니다.

01 이 글은 여러 편의 일화가 나열되는 형식으로 구성되어 있다. 그중에서 배경이 드러난 곳은 (가)로, '인디언 천막 안'을 배경으로 한다. 하지만 인디언 천막 안의 모습을 자세히 묘사하고 있지 않으며, 배경을 통해 주제를 드러내고 있지도 않다.

오답 확인 ① 이 글에는 세 개의 이야기가 나열되어 있다. 첫째는 처음으로 인디언들의 세계를 만났을 때의 이야기이고, 둘째는 미국에서 돌아와 인디언 흉내를 낸 이야기이며, 셋째는 인디언에게서 인디언식 이름을 얻은 이야기이다.
② 이 글은 '처음으로 인디언 세계를 만났을 때'와 그 이후에 '나'가 경험한 내용을 바탕으로 하고 있다.
③ 마지막 문단에서 '우리의 모국어는 침묵입니다.'라는 인디언들의 말을 직접 인용하고 있다.
⑤ 글쓴이는 (라)에서 '너무 많이 말해'라는 인디언식 이름에 대해 이야기하면서 쓸데없는 말을 많이 하고 살아온 자신의 지난 삶을 성찰하고 있다.

02 인디언들은 대화보다는 침묵이 대상을 더 잘 이해할 수 있는 방법이라 생각하고 있다. 하지만 그렇다고 해서 그들이 대화를 불필요하게 생각한다거나 침묵만으로 의사소통을 할 수 있다는 생각을 한다고 볼 근거는 없다. (나)에는 '대화를 시작하기 전에' 침묵으로 상대방을 느낀다는 내용도 있다.

오답 확인 ① (나)에서 '자기 앞에 있는 존재를 가장 잘 느끼는 방법은 말을 통한 것이 아니라 침묵'이라고 말하고 있다.
②, ④ (다)에서 '침묵은 흉내가 아니라 존재의 평화로움에서 저절로 나오는 것'이라고 말하고 있다. 말을 하지 않는다고 해서 모두 침묵하는 것은 아니다.
③ (마)에서 인디언들은 질문과 대답보다는 '묵묵히 오래 만나' 보는 것을 중요하게 생각한다고 말하고 있다.

03 ㉠에서 '자기 나라의 언어'를 뜻하는 '모국어'와 '말을 하지 않음'을 뜻하는 '침묵'은 함께 쓰이기 어색한 모순의 관계이다. 그런데 이 두 말을 함께 사용하여 '대상을 잘 이해하는 방법으로서 침묵을 중요시하는 인디언 문화'라는 의미를 효과적으로 전달하고 있다. 즉, ㉠에는 역설적 표현이 사용된 것이다. ④에서는 '당신'과 '나'의 대조적인 태도가 대비되어 있을 뿐, 역설적 표현이 사용되지 않았다.

오답 확인 ① '결별이 이룩하는 축복'에 역설적 표현이 사용되었다.
② '고와서 서러워라'에 역설적 표현이 사용되었다.
③ '괴로웠던 사나이, / 행복한'에 역설적 표현이 사용되었다.
⑤ '구린내가 향기롭다'에 역설적 표현이 사용되었다.

04 '나'가 처음으로 인디언들의 세계를 만난 내용은 (가)에 나타나 있다. '나'는 인디언 노인들과 인디언 세계에 대한 흥미 있는 대화를 나눌 수 있으리라는 기대감을 가지고 인디언들을 만났다. 그래서 자신이 대화를 나눌 자격이 있는 사람임을 드러내기 위해 열심히 자신을 소개하고 있다. 그러나 정작 노인들은 '나'의 이야기에 반응을 보이지 않고 묵묵히 앉아 있기만 하였다. 이것이 인디언의 언어인 '침묵'이라는 것을 모르는 '나'는 예상하지 않은 상황에 당황할 수밖에 없었던 것이다.

상	'나가 인디언들과의 만남에서 기대한 것과 당황한 이유를 한 문장으로 적절하게 서술한 경우
중	'나가 인디언들과의 만남에서 기대한 것과 당황한 이유를 적절하게 서술하였으나, 한 문장으로 서술하지 않은 경우
하	'나가 인디언들과의 만남에서 기대한 것과 당황한 이유 중, 한 가지만 서술한 경우

3. 넌 바보다

본문 38~39쪽

01 ⑤ **02** ⑤ **03** ④ **04** ③

01 이 시의 화자는 '나'로 제시되어 있으며 2연에서 '너'를 좋아하는 화자 자신의 마음을 고백적으로 드러내고 있다.

오답 확인 ① 화자의 의지를 드러낸 시는 아니다.
② '너'를 바보라고 말하고 있지만, 이는 반어적 표현으로 '너'의 긍정적인 면을 오히려 강조하고 있다.
③ 이 시에서는 '너는 참 바보다.'라는 반복적 표현을 통해 반어적으로 의미를 강조하고 있다. 이 시에서 말하는 '너'의 모습은 과거 회상의 내용이 아니다.
④ 이 시에서는 행동들을 통해 '너'의 인물됨을 보여 주고 있다. 공간의 이동이나 이에 따라 달라진 화자의 태도는 드러나 있지 않다.

02 이 시는 반어적 표현을 통해 '너'의 바른 품성과 따뜻한 마음, 너그러움을 강조하여 드러내고 있다. ⑤는 화자의 사랑의 마음을 사소한 것이라고 표현하고 있는데, 해가 지고 바람이 부는 일은 매일 일어나는 일로 그 중요성을 못 느끼지만 사실은 우리 삶에 없어서는 안 되는 중요한 일이다. 즉, 중요한 일을 사소하다고 반어적으로 표현함으로써 화자의 사랑의 감정을 강조하고 있다.

오답 확인 ①, ③ 역설적 표현이 사용되었다.
② 직유법이 사용되었다.
④ 의인법과 점층법이 사용되었다.

03 이 시는 일상에서 쓰는 쉬운 말로 '너'를 좋아하는 마음을 직접적으로 드러내고 있다. 그러나 이 시에서는 상징성이 큰 소재를 사용하고 있지 않으며 주제를 암시적으로 드러내고 있지도 않다.

오답 확인 ① 이 시는 '난 뭐냐?', '나는?'이라는 물음의 형식을 통해 '너'를 좋아하는 '나'의 마음을 효과적으로 표현하고 있다.
② 이 시는 '너는 참 바보다.'라는 동일한 시구를 반복적으로 사용하여 운율을 형성하고 있다.
③ 이 시에서는 '너는 바보다.'라는 반어적 표현을 통해 '너'의 바른 품성과 따뜻한 마음, 너그러움을 강조하여 드러내고, 그런 '너'를 좋아하는 화자의 마음을 고백하고 있다.
⑤ 이 시는 시적 대상인 '너'의 여러 모습을 구체적으로 그려 내고 있다.

04 이 시에서 그리고 있는 '너'의 모습은 규칙을 잘 지키고, 예의가 바르고, 인정이 많고, 작고 사소한 것도 소중히 여기고, 아무리 놀려도 나를 이해해 주는 모습이다. 이를 통해 '너'는 품성이 바르고 마음이 따뜻하고 넓다는 것을 알 수 있다. 그리고 '나'는 이런 '너'를 좋아한다.

4. 양반전

본문 40~45쪽

01 ⑤ **02** ② **03** ③ **04** ② **05** ④ **06** [예시 답안] 개인적 욕구 충족을 위하여 신분 상승을 꾀하는 사람들을 비판한다. **07** ③ **08** ① **09** ① **10** ④ **11** ⑤ **12** 더러운 일을 딱 끊고, 옛사람을 본받고, 높은 뜻을 가져야 한다. **13** ② **14** 도둑놈 **15** ⑤ **16** ③ **17** ③ **18** [예시 답안] 양반을 대상으로 무능하면서도 부당한 특권을 누리고 있다는 점을 공격하고자 한다.

01 이 글은 신분 제도가 동요되던 조선 후기를 배경으로 하고 있다. 양반 계층의 무능함과 부정부패를 비판하고 있으며, 사건이 그러한 시대 상황을 비판적으로 드러내는 방향으로 전개되고 있다. 어느 한 개인을 중심으로 내면에서 일어나는 갈등이 드러나 있지는 않다.

오답 확인 ① 이 글은 조선 후기 박지원이 쓴 한문 소설이다.
② 양반의 가난과 무능함으로 인하여 벌어지는 사건을 순차적으로 제시하고 있다.
③ 이 글은 3인칭 전지적 시점으로 서술하고 있다.
④ 이 글에서는 당시 양반의 위선적 삶과 신분 매매 현상에 대해 비판하고 있다.

02 이 글에는 가난 구제를 위한 환곡 제도를 믿고 환곡을 꾸어다 먹지만 갚을 능력이 없어 빚을 진 양반 이야기(ㄷ)와 신분을 돈으로 사고파는 사회상을 바탕으로 가난한 양반과 부자 평민 사이의 신분 거래 이야기가 나타나 있다(ㄴ).
오답 확인 ㄱ. 양반의 아내가 남편을 비난하는 말을 하지만, 그것은 남편인 양반의 무능함을 비난하는 것일 뿐 여성 전체의 지위가 남성보다 높음을 나타내지는 않는다.
ㄹ. 감사와 군수가 등장하여 '부자'에게 어려움을 주지만, 이것을 백성들에 대한 횡포로 볼 수 없다.

03 (나)~(라)에서 양반은 많은 빚을 지고서도 갚을 능력이 없으며 어떻게 갚아야 할지 방법을 찾지 못해 눈물만 흘리고 있다. 즉, 현실적인 삶에 대해 적극적으로 대응하는 능력을 갖추지 못한 인물로 묘사되어 있다.
오답 확인 ① 양반은 자신의 현실에 순응하는 인물이다.
② 양반은 관청으로부터 환곡을 꾸어 먹을 수 있다는 점을 알고 있었으므로 당시 사회 제도에 대해 알고 있었다고 할 수 있다.
④ 양반이 다른 사람과의 관계를 중시하는지의 여부는 알 수 없다.
⑤ 양반은 자신의 생계를 위해 환곡을 빌렸으며, 다른 사람의 어려움에 대해 공감하는 내용은 제시되어 있지 않다.

04 양반의 아내는 남편이 늘 양반으로서의 도리를 다하고 있지만 정작 실생활에는 도움이 되지 못하고 오히려 옥에 갇힐 처지에 이르게 되자 그 무능함을 들어 양반이라는 신분 자체에 대해 부정적인 입장을 드러내어 말하고 있다.
오답 확인 ① 남편에 대해 비판적인 입장이다.
③ 다른 양반들과의 경쟁을 다루는 내용은 찾을 수 없다.
④ 아내는 남편 개인을 통해 양반 사회의 무능함을 지적하는 것일 뿐, 양반 사회의 비인간성에 대해 판단하고 있지는 않다.
⑤ 아내는 양반에 대해 현실적으로 무능력한 집단이라고 이해하고 있다.

05 ㉠은 당시 양반들과 평민들 사이의 차별로 인해 평민들이 받는 대접을 의미한다. 특별한 이유 없이 신분 때문에 양반 앞에서 행동거지를 조심하고 굽실거리면서 예의를 표해야 하는 평민들의 처지를 알 수 있지만, 평민이 양반의 환곡을 대신 갚아야 할 의무에 대한 내용은 제시되어 있지 않다.

06 이 글은 조선 후기 신분 제도가 동요되던 상황을 반영하고 있다. 특히 작가는 '부자'를 통해 신분 상승을 꿈꾸던 평민들의 신분 매매, 족보 매매·위조 등의 행위가 만연한 당시의 사회상을 비판하고 있다.

상	'개인적 욕구에 의한 행위'라는 점과 작가의 비판적 입장을 모두 바르게 서술한 경우
중	'개인적 욕구에 의한 행위'라는 점을 바르게 밝히고 작가의 입장을 모호하게 표현한 경우
하	작가의 비판적 입장만 바르게 서술한 경우

07 이 글에서는 양반의 의미를 설명하면서 문반과 무반을 나누어 말하고 있다. 문반과 무반이 서는 자리가 다르다는 내용은 언급되어 있으나 구체적인 차별의 내용이 드러나 있지는 않다.
오답 확인 ① 이 글에 등장하는 양반은 경제적으로 매우 가난한 인물이다.
② 양반이 평민이 되었을 때 복장과 언행이 달라지고 있다.
④ 양반은 일상생활을 할 때 행동 방식에 대한 까다로운 규칙을 지켜야 했다.
⑤ 군수는 양반과 부자 사이의 매매를 증서로 만들어 증명하고자 한다.

08 이 글에서는 당시 양반들이 지켜야 하는 도리와 의무를 과장하면서 비꼬아 표현하고 있다. 이를 통해 웃음을 유발하면서 양반의 삶을 비판적으로 인식하게 한다. 이와 같은 표현 방식을 풍자라 한다.
오답 확인 ②는 묘사, ③은 역설, ④는 비유, ⑤는 반어에 대한 설명이다.

09 (다)는 첫 번째 매매 증서로, 양반이 지켜야 할 생활 규칙들을 나열하고 있다. 양반이 현실과 무관한 공부를 하고, 체면과 명분을 중시하며 겉치레만 중시하는 의무를 지켜야 함을 보여 주고 있다.
오답 확인 ② 양반은 출생에 따라 정해지는 신분으로, (다)에서는 이미 양반인 사람들이 지켜야 할 바를 말하고 있다.
③ 양반은 이미 우대되어 있는 신분으로, (다)에서는 우대받는 신분으로서 지켜야 할 의무를 말하고 있다.
④ 양반이 평민에 비해 높은 신분이기는 하지만, (다)에서는 양반을 존경받을 만한 모습으로 그리고 있지 않다.
⑤ (다)에서는 양반 신분을 유지하기 위해 지켜야 할 규칙만 제시하여 양반으로서 누리는 혜택을 알 수 없다.

10 (다)에서 양반은 양반의 체통을 지키기 위해 여러 가지 어려움을 감수해야 한다고 말하고 있다. 현실적인 어려움 때문에 함부로 행동하는 것을 '더러운 일'로 규정하고 이런 행동을 하지 않아야 한다고 설명하고 있다. 배고픔과 추위가 있을 때에도 참고 견디며 겉으로 드러내지 말아야 한다고

말하고 있다. 즉, 배고픔과 추위를 현실적으로 해결하려는 노력을 하지 말라는 것이다.

11 '손에 돈을 쥐는 것', '쌀값을 묻는 것'은 모두 실생활에서의 물질적인 관심을 나타내는 것으로, 양반이 체통을 지키기 위해서는 실제 생활에 관련된 사소한 것들을 무시할 수 있어야 한다는 것이다. 그리고 생활에 어려움이 있더라도 스스로 나서서 해결하려고 하지 말고 묵묵히 견뎌야 한다는 것이다.

> **오답 확인** ① 돈과 관련된 말이나 행동 자체를 양반의 신분에 맞지 않는다고 보았다.
> ② ㉢은 신체의 건강보다 다른 사람에게 점잖게 보이는 것에 더 관심이 있음을 강조하고 있다.
> ③ ㉢은 생계에 대한 관심을 금하도록 하는 것으로, 양반은 스스로 생계를 잇기 위한 일을 하지 않아야 했다.
> ④ 경제적으로 넉넉한 삶이 필요하지만, ㉢에서는 양반이 부유함을 유지해야 한다는 의미를 담고 있지는 않다.

12 군수는 첫 번째 매매 증서를 통해 부자에게 양반이 되었을 때 마땅히 따라야 하는 까다로운 생활 규칙을 제시하면서 그것을 제대로 지킬 때에 양반 신분이 유지된다는 점을 강조하고 있다. ㉢은 양반이 해야 할 일과 하지 말아야 할 일을 의미한다.

13 이 글은 대상에 대한 풍자의 기법으로 내용을 전개하고 있다. 양반들의 삶에 대해 비판적이고 부정적인 작가의 인식을 바탕으로 사건을 과장하고 확대하며 비꼬아 표현함으로써 독자로 하여금 웃음을 머금으면서도 대상에 대해 비판하도록 이끄는 방식이다.

> **오답 확인** ① 이 글에서는 양반들의 삶에 대한 일반적 인식을 비판적인 태도로 서술하고 있다.
> ③ 양반들의 삶을 통해 그들의 삶이 잘못된 것임을 지적하고 있다.
> ④ 이 글은 한 명의 양반과 한 명의 부자를 통해 당대 사회의 모습을 전하고 있다.
> ⑤ 웃음을 유발하는 표현이 드러나지만, 이는 대상에 대한 부정적 인식을 유도하기 위한 풍자이다.

14 이 글에서 부자는 증서를 통해 양반의 실상에 대해 알게 된 후 자신이 되고자 했던 양반을 '도둑놈'이라고 표현하고 있다. 당시 양반의 생활 방식이 비윤리적이고 반사회적인 존재인 '도둑놈'으로 비유될 만큼 바람직하지 않음을 강조하려는 작가의 의도가 드러난다.

15 부자는 양반의 실상을 알게 된 후 양반 되기를 포기하고 다시는 그 말을 꺼내지 않았다. 그러나 사회 전반에 대한 비판으로 나아가지 않았으며, 현실을 도피하여 살았다는 판단을 내릴 만한 근거는 제시되어 있지 않다.

> **오답 확인** ①, ② 부자는 첫 번째 증서의 내용에 대한 불만을 구체적으로 표현하고 새롭게 고쳐 줄 것을 분명하게 요구한다.
> ③ 부자는 첫 번째 증서가 자신에게 손해가 많음을 알고 이익이 될 수 있도록 바꾸어 달라고 말한다.
> ④ 부자는 양반이 다른 사람에게 함부로 행동한다는 점을 알고 '도둑놈'이라고 말하며 양반 되기를 포기하므로, 다른 사람에 대한 도리를 중시하는 인물이라 할 수 있다.

16 부자는 자신이 양반이 되면 신선과 같이 존중받으면서 고귀하게 살 것이라는 기대를 가졌으나 첫 번째 증서를 듣고 자신에게 손해가 많다는 점을 깨닫고 몹시 실망하고 있다.

> **오답 확인** ① 부자는 천 섬의 곡식을 주고 신분을 샀고 그것을 증명하는 증서를 작성하는 자리에서 증서의 내용을 듣고 있다. 증서의 내용에서 부자에게 위협을 가하는 부분은 없으므로 부자가 두려움을 느낄 이유는 없다.
> ② 부자가 양반으로서 고귀한 대접을 받기를 원했으나 그것이 충족되지 않아서 실망할 뿐 자신의 태도에 대해 부끄럽게 여기지 않고 고쳐 줄 것을 요구하고 있다.
> ④ 부자는 증서의 내용을 듣기 전 긴장감을 느낄 수 있으나 증서의 내용을 듣고 나서는 실망을 한다.
> ⑤ 부자는 자신이 양반이 되기 위해 천 섬의 곡식을 내주었고 당당히 신분을 샀으므로 굴욕감을 느낄 이유가 없다.

17 ㉢은 사람이 태어나면서부터 네 가지 신분에 속하게 되어 있으며 이것은 고정된 사회 질서라는 가치관을 담고 있다. 그중에서도 양반은 특권을 누릴 수 있는 가장 높은 신분이라는 것이다.

> **오답 확인** ① '하늘이 백성을 낳을 때'라고 하여 네 가지 신분은 태생적으로 고정되어 있다는 생각을 드러내고 있다.
> ② 신분에 따라 대우가 정해져 있는 것일 뿐 능력이 고정되어 있다는 생각은 드러나 있지 않다.
> ④ 능력에 따라 신분이 달라지는 사회는 신분 사회가 아니다.
> ⑤ 사람이 태어나면서 네 가지 신분 중 하나에 속한다는 생각이 드러나 있다.

18 이 글은 가난한 한 양반을 내세워 당시 양반 사회가 가지고 있던 모순을 풍자하고 있다. 천 섬이나 되는 환곡을 갚지 못하고 양반을 팔 수밖에 없는 무능함과, 그럼에도 불구하고 온갖 허례허식과 관념적 학문에만 매달려 있는 비생산적 모습을 웃음을 통해 공격하고 있다.

대단원 평가
본문 46~53쪽

01 ⑤　　**02** ①　　**03** ⑤　　**04** [예시 답안] (나)의 화자는 시 속의 '나(귀뚜라미)'로, 귀뚜라미를 화자로 내세움으로써 가을에 대한 기다림을 더 간절하게 표현할 수 있다.　　**05** ③　　**06** ⑤
07 ⑤　　**08** [예시 답안] 너는 참 바보다. 너는 아주 다정하고 규칙을 잘 지키는 착한 아이이다.　　**09** ②　　**10** ②　　**11** ②　　**12** ⑤
13 ④　　**14** [예시 답안] 서정적, 향토적 분위기 속에서 두 남녀가 순박한 사랑을 하게 된다.　　**15** ①　　**16** [예시 답안] 점순이 땅을 빼앗길 것을 두려워하는 '나'의 처지를 알고 있기 때문이다.　　**17** ③
18 [예시 답안] 상대를 이해할 때 말을 주고받으면 말 속에 담긴 내용만으로 상대를 판단하는데, 침묵은 상대의 내면적 면모까지 이해할 수 있으므로 침묵을 중시한다.　　**19** ②　　**20** ⑤　　**21** ⑤　　**22** ①
23 ①　　**24** [예시 답안] 양반의 허례허식과 부당한 행위를 나열하여 부자가 양반 되기를 포기하도록 한다.　　**25** ③　　**26** ⑤
27 [예시 답안] 아름다움의 기준이 일정하다고 생각하다가 그 기준은 변하는 것이며 누구나 자기만의 아름다움이 있다는 것을 알게 되었다.　　**28** ⑤　　**29** ②　　**30** [예시 답안] 흥부의 말에 아랑곳하지 않고 모질게

01 시는 시인의 감정이나 사상을 압축하여 운율이 있는 언어로 표현하는 글이다. 사건 전개 과정에 따라 갈등이 드러나는 글은 서사 문학인 소설이나 희곡에 해당한다.
오답 확인 ① 시인은 시를 통해 대상에 대한 자신의 개성적인 감성이나 사상, 가치관을 담아낸다.
② 시에서는 비유나 상징 등의 문학적 기법을 활용하여 주제를 효과적으로 표현한다.
③ 시는 운문 문학으로, 운율을 통해 언어의 아름다움을 잘 드러낸다.
④ 시에서는 시각, 청각, 후각, 미각, 촉각과 공감각적 심상을 활용하여 내용을 생생하게 표현한다.

02 (가), (나), (다)의 화자는 모두 시 속에 등장하는 '나'이다.
오답 확인 ② (가)는 미래를 가정하여 말하고 있으며, (나)는 현재 상황에서, (다)는 과거 회상의 입장에서 말하고 있다.
③ (가)는 임이 떠난 현실을 부정하고 싶어 하며, (나)는 부정적인 현실을 담담한 어조로 받아들이고 있다. (다)는 과거를 안타깝게 회상하고 있으나, 현실에 대한 태도가 뚜렷이 드러나 있지 않다.
④ (가)는 3음보로 읽혀지고 있어 외형률적 요소를 지니고 있지만, (나)와 (다)는 겉으로 명확히 운율이 드러나지 않는 내재율에 해당한다.
⑤ (가)와 (나), (다) 모두 성인의 목소리로 말하고 있다.

03 (가)는 떠난 당신을 잊을 수 없음을 '잊었노라'라고 하며 말하고 싶은 바와 반대로 표현함으로써 임에 대한 그리움을 강조하고 있다. ⑤는 임과의 이별이 몹시 슬프지만 눈물을 흘리지 않겠다, 즉 슬퍼하지 않겠다고 화자의 속마음과 반대로 표현하고 있으므로 (가)와 같이 반어적 표현을 사용하고 있다.

오답 확인 ① '대낮'인데 '어둡다'는 모순된 표현을 활용하여 깊은 의미를 전하고 있다. 역설법에 해당한다.
② '가시'의 날카로움과 '너그러움'이라는 모순된 표현된 표현을 활용하여 심오한 의미를 담아내고 있으므로 역설적 표현에 해당한다.
③ '눈물이 마르다'와 '눈물이 맺히다'라는 모순된 표현을 사용하여 슬픈 마음을 강조하고 있다. 역설적 표현에 해당한다.
④ '찬란하다'라는 긍정적 느낌과 '슬픔'이라는 부정적 느낌을 나란히 배열하여 '비극성'을 강조하고 있다. 역설적 표현에 해당한다.

04 〈보기〉에서는 시인이 자신의 목소리를 전달하는 방식을 설명하고 있다. (나)의 화자는 시 속에 등장하는 '나'로, 자연물인 귀뚜라미이다. 귀뚜라미를 화자로 내세우면 가을이라는 계절과 관련지어 시상을 전개하는 데 효과적이다.

상	화자와 효과를 모두 바르게 서술한 경우
중	• 화자를 바르게 쓰고 효과를 모호하게 표현한 경우 • 화자를 쓰지 못했으나 효과를 바르게 서술한 경우
하	화자만 바르게 쓰고 효과를 서술하지 못한 경우

05 (나)의 화자는 자신이 내는 소리가 다른 사람에게 위안이 되고 감동이 되는 삶을 추구하고 있다. 여름인 현재 자신의 소리는 힘겨운 환경 속에서 살아 있음을 유지해 가는 생존의 소리로 들릴 뿐 다른 사람에게 큰 위안이 될 수 없음을 알고 있다. ㉠은 미래를 향한 기대를 안고 힘겹게 살아가고 있는 생존의 소리이며, ㉡은 자신의 아름다움을 한껏 살릴 수 있는 가을이 되어 다른 사람에게 감동을 주는 소리이다.

06 ㉢은 열무 삼십 단을 이고 시장에 가신 어머니의 발자국 소리를 직유법으로 표현한 것이다. 해가 지고 난 후 늦은 시간까지 돌아오시지 않는 엄마를 기다리며 화자는 하루 동안의 피로에 힘없이 타박타박 걸어오실 어머니의 발자국 소리를 '배추 잎' 같다고 표현한 것이다.

07 이 시는 화자 '나'가 시 속에 등장하여 '너'에 대해 이야기하고 있다. '나'는 '너'를 그림자처럼 따라다니면서 '너'의 따뜻하고 품성이 바른 모습을 노래하고 있다. '너'는 상상의 인물이 아니라 '나'의 주변에 있는 인물로 볼 수 있다.
오답 확인 ① '나'는 '너'가 '껌을 종이에 싸서 쓰레기통에 버리고, 멀리 비잉 돌아 교문으로 다니고, 연탄장수 아저씨께 꾸벅 인사하는' 아이임을 관찰하고 있다.
② '나'는 '그림자처럼 / 네 뒤를 졸졸 따라다니'며 '네가 좋아서'라고 자신의 마음을 고백하고 있다.
③ '너'가 하는 여러 가지 행동을 제시하여 '너'의 성품을 형상화하고 있다.
④ 1연에서는 '너'의 여러 가지 면모를 '~는 너는 참 바보다.'라는 문장을 반복하여 전하고 있다.

08 〈보기〉에서는 반어법에 대해 설명하고 있다. 이 시에서는 부정적인 의미로 쓰이는 '바보'라는 표현을 '어리숙해 보이지만 따뜻하고 인정 많은 '너'의 모습을 나타내는 긍정적인 의미로 사용하고 있다. 따라서 '너는 참 바보다.'는 반어적 표현에 해당한다.

상	시행과 의미를 모두 바르게 서술한 경우
중	• 시행을 찾아 쓰고 의미를 모호하게 서술한 경우 예 너는 참 바보다. 실제로 바보라는 의미는 아니다. • 의미를 바르게 서술하였으나, 시행을 찾아 쓰지 못한 경우
하	시행만 찾아 쓴 경우

09 ㉠에 대해 '나'는 '그까짓 게 뭐 그리 대단하다고'라고 표현하여 '중요하지 않은 것, 특별한 관심을 가질 필요가 없는 것, 사소한 것'으로 바라보고 있다.

오답 확인 ① 자연물이지만 대상의 자연스러움을 말하는 것은 아니다.
③ '값어치가 없는 것'의 의미이다.
④ '민들레'가 강한 생명력을 가진 식물이지만, 이 시에서는 그런 점을 다 말하고 있는 것이 아니다.
⑤ '민들레'가 봄을 의미하지만 이 시에서는 계절이 중요한 의미를 지니지 않는다.

10 ㉡은 '너'를 '바보'라고 말하면서도 '나'가 그런 '너'를 좋아해서 졸졸 따라다니는 것을 표현하고 있다. 이에는 '나'도 '너'처럼 따뜻하고 도덕적으로 올바른 삶을 추구하는 마음이 담겨 있다.

오답 확인 ① '너'를 좋아하는 마음이 있지만, '너'를 위해 살고 싶은 마음까지 드러내고 있지는 않다.
③ '너'를 닮아 가는 삶을 원하는 것이며, '너'보다 더 나은 삶을 바라는 것은 아니다.
④ '나'는 '너'가 올바른 삶을 살고 있다고 생각하기에 '너'와 같은 삶을 살고자 하는 것이다.
⑤ '나'는 '너'가 다른 사람의 칭찬을 듣고 있다고 생각하지 않는다.

11 ⓑ는 약삭빠른 사람들의 행동 방식이나 가치관을 대변하는 것이며, ⓐ, ⓒ, ⓓ, ⓔ는 '너'의 행동 방식을 드러내는 것이다. '나'는 '너'의 행동 방식에 대해서는 긍정적인 태도를 보이고 있다.

12 이 글은 서술자가 작품 속의 '나'인 1인칭 주인공 시점으로 사건이 서술되고 있다. 주인공인 '나'는 점순과 미묘한 감정을 주고받는 관계로, 자신의 내면세계를 드러내지만 점순의 마음을 정확하게 이해하지 못하고 점순의 외면적인 모습만 전달할 뿐이다.

오답 확인 ① 서술자 '나'는 사건에 대해 주관적으로 해석하여 전하고 있다.
② '나'는 점순의 내면을 제대로 이해하지 못한다.

③ '나'는 자신의 심리를 바르게 이해하고 전하고 있다.
④ '나'는 점순의 외면만 서술하고 내면은 바르게 이해하지 못한다.

13 (가)~(라)에서는 감자로 인해 일어난 사건을 서술하고 있다. 점순은 '나'가 감자를 거절하자 그에 대한 원망으로 '나'의 씨암탉을 괴롭힌다. 암팡스레 때리는 모습으로 보아 점순이 '나'의 씨암탉을 안타까워하는 것이 아니라, '나'가 자신에 대해 관심을 갖게 되기를 바라는 마음도 함께 가지고 있는 것이다.

오답 확인 ① 점순은 '나'가 자신의 호의를 무시하고 무관심한 태도를 보이는 것에 대해 서운해하고 있다.
② 점순은 '나'에 대한 호감을 표현하기 위해 감자를 주고자 하였다.
③ '나'는 화가 나서 점순네 닭을 죽이고 '뒤로 벌렁 나자빠'지고, '엉,' 하고 울음을 놓을 만큼 놀라고 당황하였다.
⑤ '나'는 점순이 자신의 닭을 괴롭히기 전까지 '걱실걱실히 일 잘하고 얼굴 예쁜 계집아이'라고 생각하였다.

14 (마)에서 '알싸하고 향긋한 노란 동백꽃'은 두 남녀 사이의 순수한 사랑을 의미한다. '나'와 점순이 '동백꽃' 속으로 파묻히면서 '동백꽃'의 '알싸하고 향긋함'을 느끼는 것은 두 사람이 이성으로서의 감정을 느끼면서 사랑에 빠지게 됨을 의미한다. 이는 봄날의 서정적인 분위기와 향토적인 분위기를 통해 표현되고 있다.

상	분위기와 의미를 모두 바르게 서술한 경우
중	분위기와 의미 중, 한 가지를 모호하게 서술한 경우 예 서정적인 분위기 속에서 두 사람이 화해한다.
하	분위기와 의미 중, 한 가지만 서술한 경우

15 〈보기〉는 3인칭 관찰자 시점을 설명한다. ㉠은 1인칭 주인공 시점의 문장으로, 이것을 3인칭으로 바꾸기 위해서는 '나'를 '그' 또는 인물의 이름으로 바꾸어야 한다. 또 '나'의 내면 심리가 직접 드러나 있는 부분이 있다면 외면에 대한 관찰을 서술하는 것으로 바꾸어야 한다. ㉠에서 '나'의 심리가 직접 드러나는 부분은 없다. 따라서 ㉠의 '나'만 바꾸면 3인칭 관찰자 시점의 문장이 성립한다.

16 〈보기〉에서 '나'는 점순에 비해 경제적으로 지위가 낮은 입장이다. 점순네의 호의로 농사지을 땅을 빌려 쓰고 있어 점순의 마음을 상하게 하는 언행을 할 경우 점순네로부터 그에 대한 보복으로 땅을 빼앗길 것을 두려워해야 하는 입장이다.

상	점순의 우월한 입장과 '나'의 위축의 이유를 바르게 서술한 경우
중	점순의 우월한 입장과 '나'의 위축의 이유 중, 하나를 모호하게 서술한 경우
하	점순의 우월한 입장과 '나'의 위축의 이유 중, 하나만 바르게 서술한 경우

17 이 글은 글쓴이가 인디언 부족을 만나 경험했던 일을 바탕으로 새로운 사람을 만났을 때 여러 가지 말보다 침묵을 통해 상대를 느끼고 이해하려고 하는 침묵의 가치에 대해 말하고 있다.

오답 확인 ① 인디언 부족들은 상대에 대해 내면적 교감을 통해 이해하고자 한다. 극적인 사건을 제시하고 있지는 않다.
② 이 글에서 인디언 부족의 풍습이 사라져 가는지에 대한 정보는 나타나 있지 않다.
④ 글쓴이의 실제 경험을 다루고 있지만 장면에 대한 구체적인 묘사보다 장면에 대한 글쓴이의 생각을 담담하게 서술하고 있다.
⑤ 글쓴이의 여행 경험이 시간 순서대로 드러나 있지는 않다.

18 인디언들이 사람을 만나 교감할 때 말을 많이 하지 않고 침묵하는 것은 말을 통해 이해하는 면은 말 속에 담긴 내용에 한정되기 때문이다. 말로 표현되지 않는 면까지 바르게 이해하기 위해서는 침묵하면서 상대의 내면적 모습을 파악하려고 노력해야 한다고 보고 있다.

상	'말'과 '침묵'의 효과나 의미를 모두 바르게 서술한 경우
중	'말'과 '침묵'의 효과나 의미 중, 한 가지를 모호하게 서술한 경우 예 말을 주고받으면 말의 내용을 통해 상대를 파악할 수 있으나 침묵은 더 많이 파악할 수 있다.
하	'말'과 '침묵'의 효과나 의미 중, 한 가지만 바르게 서술한 경우

19 이 글의 흐름으로 보아 인디언들의 관점에서 볼 때 글쓴이는 '말이 너무 많은' 사람이다.

오답 확인 ① 상대의 말을 듣지 않는다는 의미이다.
③ 올바른 말을 하지 않는다는 의미도 있고, 말을 할 때 적절하게 표현하는 방법을 모른다는 의미도 있다.
④ 다른 사람의 말을 제대로 듣지 않는다는 의미이다.
⑤ 상황에 맞게 제대로 말을 할 줄 안다는 의미이다.

20 이 글은 조선 후기를 시대적 배경으로 삼고 있는데, 당시는 조선 사회의 신분 제도가 유지되면서도 동요가 일어나는 시기였다. 지배층에 대한 불신이 커지고 상공업이 발달하면서 경제적으로 넉넉한 평민들이 생겨나기도 했다. 이에 따라 돈을 주고 양반 신분을 사기 위해 족보를 사거나 만드는 현상도 나타나면서 가짜 양반이 나타났다. 조선 사회에서 제도적으로 평민의 신분 상승을 보장하는 일은 없었다.

오답 확인 ① 이 글에서 평민 부자는 양반의 환곡을 대신 갚아 주고 양반 신분을 사고자 한다.
② 이 글에서 양반은 자신의 신분을 팔고 난 후 자신을 '소인'이라 칭하고 '벙거지에 잠방이를 입어' 평민 신분을 나타냈다.
③ '음관'은 '고려와 조선 시대에 공신 및 고위 관리의 자제로서 벼슬에 오른 자'로서 자신의 능력이 아니라 조상의 덕으로 출세한 사람들이다.
④ (마)를 보면 양반으로서 지켜야 할 규칙이 엄했음을 알 수 있다.

21 이 글에서는 양반이 가난해서 자신의 신분을 팔아 평민이 되어 굽실거리는 모습과 양반 계층이 지켜야 할 허례허식, 양반의 부당한 특권 등을 과장하여 표현함으로써 양반 신분에 대해 간접적인 비판의 의미를 강조하고 있다. 독자는 글을 읽으면서 작가가 비꼬아 말하는 내용을 통해 흥미로움을 느끼면서 동시에 작가의 비판적 의도를 파악하게 된다. 이러한 성격을 띤 소설을 풍자 소설이라 한다.

오답 확인 ① 비유법에 대한 설명이다.
② 반어법에 대한 설명이다.
③ 역설법에 대한 설명이다.
④ 대조법에 대한 설명이다.

22 ㉠은 양반의 아내가 천 석이나 되는 빚을 지고도 갚을 엄두도 못 내고 눈물만 흘리는 양반을 보고 비난하는 말이다. 아내가 남편을 비난하는 말이지만, 실제 생활에 도움이 되는 생산적인 활동에는 무능한 양반 신분의 위선을 고발하고자 하는 것이다.

오답 확인 ② 이 글에서의 '양반'은 세속적인 욕심을 차리며 지낸 인물이 아니다.
③ 이 글에서의 '양반'은 다른 사람에게 횡포를 부리는 모습으로 묘사되지 않았다.
④ 이 글에서의 '양반'은 환곡을 빌리고 갚아야 하는 처지라는 점에서 특권을 누리는 모습으로 그려지지 않았다.
⑤ '양반'은 예의를 지키고 학문을 열심히 하며 양반의 규칙을 따랐지만 아내는 그에 대하여 비판적인 태도를 보인다.

23 ㉡은 양반의 '홍패'를 '돈 자루'에 빗대어 표현하고 있다. '홍패'를 가지면 여러 가지 특권을 누릴 수 있다는 점에서 많은 부귀영화를 보장하는 '돈 자루'로 표현한 것이다. 은유법에 해당한다. ①은 '구름'을 '보랏빛 색지'에 빗대어 나타낸 은유법이 사용된 표현이다.

24 이 글에서 '군수'는 겉으로는 평민이 돈으로 양반 신분을 사는 것에 증서를 써서 증명하고자 한다. 그러나 증서의 내용으로 양반의 허례허식과 부당한 특권을 과장하여 표현함으로써 평민으로 하여금 양반 신분에 대한 부정적 입장을 갖게 만든다.

상	양반의 허례허식과 부당한 특권이라는 내용적 측면과 부자가 양반 되기를 포기하도록 하는 의도를 모두 바르게 서술한 경우
중	양반의 허례허식과 부당한 특권이라는 내용적 측면과 부자가 양반 되기를 포기하도록 하는 의도 중, 한 가지를 모호하게 서술한 경우
하	양반의 허례허식과 부당한 특권이라는 내용적 측면과 부자가 양반 되기를 포기하도록 하는 의도 중, 한 가지만 바르게 서술한 경우

25 문학 작품을 재구성하는 것은 원작을 읽고 독자가 작품을 창조적으로 감상하는 활동이라고 할 수 있다.

오답 확인 ① 작품의 재구성은 작가보다 작품에 집중하여 평가하는 활동이다.

② 원작의 주제를 그대로 확인하는 것은 원작에 대한 감상 활동이다.

④ 작품의 재구성은 작품에 대한 독자의 적극적인 해석을 바탕으로 하는 감상 활동으로, 작품과 독자 사이의 교류 활동이라 할 수 있다.

⑤ 원작의 재구성은 감상의 방향을 다양하게 이끌어 주는 활동이다.

26 이 글은 원작인 「백설 공주」의 주제 의식을 독자가 새롭게 해석하여 재구성한 작품이다. 「백설 공주」의 주제인 '권선징악'을 '개성적인 아름다움'으로 바꾸어 새로운 작품으로 만들었다.

오답 확인 ① 이 글의 시대적 상황은 백설 공주의 다음 세대 즈음으로 설정하여 크게 바뀌지 않았다.

② 이 글이 원작보다 등장인물의 수가 많아졌는지의 여부는 알 수 없다.

③ 이 글의 공간은 원작과 같이 왕궁과 숲속이다.

④ 원작에서는 '백설 공주'가, 이 글에서는 '흑설 공주'가 주인공으로 모두 선인으로 설정되어 있다.

27 거울은 사람의 외모로 아름다움을 평가하다가 흑설 공주가 위기에서 살아 돌아온 후 '누구나 자기만의 아름다움을 지닌 존재'임을 깨닫고 있다.

상	아름다움의 기준에 대한 생각의 변화 과정을 바르게 서술한 경우
중	아름다움의 기준에 대한 생각의 변화를 모호하게 서술한 경우 예 아름다움의 기준을 가지고 있다가 기준이 사라졌다.
하	생각의 변화만 서술한 경우 예 아름다움에 대해 다르게 생각하게 되었다.

28 이 글은 원작 「흥부전」을 재구성한 것으로, 시대적 상황을 현대로 바꾸었으며, 흥부와 놀부의 인물 유형이 변화되어 부지런하고 열심히 사는 놀부가 게으른 흥부를 바른 길로 이끌어 흥부가 요리 경연 대회에 나가 1등을 하고 식당을 경영하는 사건으로 바뀌었다.

오답 확인 ① 원작을 재구성한 것으로, 글의 갈래는 모두 소설이다.

② 전달 매체는 문자이다.

③ 흥부와 놀부의 성격을 달리하여 이야기를 재구성하였으나 주제는 '형제간의 우애'로 동일하다.

④ 서술 시점은 원작과 재구성 작품 모두 3인칭 시점이다.

29 이 글은 형 놀부가 아우인 흥부로 하여금 어려움을 겪게 하고 흥부 스스로 극복하는 과정에서 발전한다는 내용이 담긴 작품으로, 형제간의 진정한 우애를 주제로 하고 있다. '수족지애(手足之愛)'는 '형제 사이의 끈끈한 우애와 사랑'을 의미하는 말이다.

오답 확인 ① '수어지교(水魚之交)'는 '물과 물고기의 관계라는 뜻으로, 서로 떨어질 수 없는 매우 친밀한 사이'를 비유적으로 이르는 말이다.

③ '동고동락(同苦同樂)'은 '괴로울 때나 즐거울 때나 항상 함께함'을 의미한다.

④ '대기만성(大器晩成)'은 '큰 그릇을 만드는 데는 시간이 오래 걸린다는 뜻으로, 크게 될 사람은 늦게 이루어짐'을 이르는 말이다.

⑤ '십시일반(十匙一飯)'은 '열 사람이 한 술씩 보태면 한 사람 먹을 분량이 된다는 뜻, 여러 사람이 힘을 합하면 한사람을 돕기는 쉽다'는 말이다.

30 재구성한 작품은 또 다른 작품을 재구성하는 데 매개체가 되기도 한다. 이 글에서 흥부는 갑자기 자신을 쫓아내려는 형의 의도를 제대로 파악하지 못하여 놀란 마음에 화를 내고 있으며, 놀부는 그런 흥부에게 냉정하고 매몰찬 태도로 흥부를 쫓아내고자 한다.

상	글의 내용과 분위기를 그래로 살려 맞게 서술한 경우
중	글의 내용이나 분위기를 일부 누락한 경우 예 더 크게 화를 내어
하	글의 내용이나 분위기를 모호하게 서술한 경우 예 목소리를 높여

둘째 마당 문법

1 단어의 정확한 발음과 표기

1. '민주주의의 의의'는 어떻게 발음할까? 본문 58~61쪽

01 ③　　**02** ①　　**03** [나에게는 아직 비치 나마 읻내]　　**04** ③
05 [예시 답안] 'ㅕ'는 이중 모음으로 발음하는 것이 원칙이지만 '져, 쪄, 쪄'에서는 단모음으로 발음한다는 예외를 인정하고 있다.　　**06** ③
07 ③　　**08** [네가 익찌 말고 동생이 일께 해라]　　**09** ④　　**10** [예시 답안] '옷을'의 '을'은 형식 형태소이므로 'ㅅ'이 그대로 발음되었으나, '옷 안'의 '안'은 실질 형태소이므로 'ㅅ'이 [ㄷ]으로 바뀌어 발음되었다.

01 표준 발음은 '교양 있는 사람들이 쓰는' 표준어를 바탕으로 한다. 그런데 비속어나 은어 등은 이에 해당하는 말이 아니기에 규정상 표준 발음의 기준이 되지 않는다.
오답 확인 ① '현대 서울말'의 발음을 실제 발음으로 여긴다.
② '합리성'을 고려한다는 것은 기본적으로 국어의 법칙이나 규칙에 따른다는 의미이다.
④ '맛있다[마싣따]'가 표준 발음으로 인정받은 것은 실제 생활에서 많이 사용되기 때문이다.
⑤ 의사소통을 원활히 하기 위해 표준 발음법이 필요한 것이다.

02 표준 발음법에서는 'ㅢ'가 자음을 첫소리로 가진 경우에는 [ㅣ]로 발음하도록 규정하고 있다. 따라서 '희망'은 [히망]으로 발음해야 한다.
오답 확인 ② 첫음절의 '의'는 이중 모음으로 발음해야 한다.
③, ⑤ 첫음절 이외의 'ㅢ'는 [ㅢ] 또는 [ㅣ]로 발음한다.
④ 조사로 쓰인 '의'는 [ㅢ] 또는 [ㅔ]로 발음한다.

03 '빛이'는 앞 음절의 받침소리인 'ㅊ'이 그대로 다음 음절의 첫소리로 이동해 발음된다. 따라서 [비치]로 발음해야 한다. [비시]는 '빗이', [비지]는 '빚이'의 발음이다.

상	[비치]를 포함한 모든 문장을 소리 나는 대로 썼으며, '[　]'를 사용하여 작성한 경우
중	[비치]를 포함한 모든 문장을 소리 나는 대로 썼으나, '[　]'를 사용하지 않은 경우
하	[비치]를 제외한 모든 문장을 소리 나는 대로 썼으며, '[　]'를 사용하여 작성한 경우

04 '멋있다'는 합리성을 고려하면 [머딛따]로 발음해야 하지만, [머싣따]로 발음하는 사람들이 많아지면서 둘 다 표준 발음으로 인정받은 경우이다.
오답 확인 ① [고:맙따]로만 발음된다.
② [마덥따]로만 발음된다.

④ [소기다]로만 발음된다.
⑤ [재미읻따]로만 발음된다.

05 (나)에서 '규정에 벗어나는 경우는 '다만'을 추가해 예외적으로 규정'한다는 설명이 있다. 이를 통해 볼 때, '제5항'을 원칙으로 하되, ㉮는 예외적인 규정임을 알 수 있다. [ㅓ]는 단모음으로 발음한 것이다.

상	'이중 모음', '단모음', '예외'라는 말을 모두 사용해 정확하게 답을 작성한 경우
중	'이중 모음', '단모음', '예외'라는 말이 모두 들어갔으나 내용이 미흡한 경우
하	'이중 모음', '단모음', '예외'라는 말 중, 하나를 사용하지 않은 경우

06 받침이 포함된 음절의 첫소리는 받침소리의 발음에 영향을 주지 않는다.
오답 확인 ① 받침으로 오는 자음이 대표음이 아닐 경우에는 대표음으로 바뀌어 발음된다.
② 받침으로 오는 자음이 홑받침이거나 쌍받침일 때와 겹받침일 때의 발음 규칙은 다르기 때문에 다른 항목에서 발음을 설명하고 있다.
④ 어말 또는 자음 앞에서의 발음은 제9항 ~ 제11항에서 규정하고 있고, 모음 앞에서의 발음은 제13항 ~제15항에서 규정하고 있다.
⑤ 뒤에 모음으로 시작하는 형식 형태소가 오는 경우의 발음은 제13항에서 규정하고 있고, 뒤에 모음으로 시작하는 실질 형태소가 올 경우는 제14항 ~ 제15항에서 규정하고 있다.

07 표준 발음법 제8항에서는 '받침소리로는 'ㄱ, ㄴ, ㄷ, ㄹ, ㅁ, ㅂ, ㅇ'의 7개 자음만 발음한다.'라고 규정하고 있다. 'ㅅ'은 대표음인 [ㄷ]으로 발음하기 때문에 '붓'은 [붇]으로 발음한다.

08 표준 발음법 제11항에 의하면 원칙적으로 'ㄹ'은 [ㄱ]으로 발음한다. 그런데, '다만'의 규정을 추가하여 용언의 어간 말음 'ㄹ'은 'ㄱ' 앞에서 [ㄹ]로 발음함을 예외적으로 규정하고 있다. 따라서 '읽지'는 [익찌]로, '읽게'는 [일께]로 발음해야 한다.

상	[익찌]와 [일께]를 비롯한 모든 부분을 정확하게 쓴 경우
중	[익찌]와 [일께]를 정확하게 썼으나 다른 부분에서 하나를 틀린 경우
하	[익찌]와 [일께] 중에서 하나만 틀리고 다른 부분에서 하나 이하를 틀린 경우

09 표준 발음법 제10항에 의하면 'ㄼ'은 원칙적으로 [ㄹ]로 발음하도록 규정하고 있다. 따라서 '여덟'은 [여덜]로 발음한다.
오답 확인 ① 표준 발음법 제8항에 의하면 'ㅂ'은 받침소리로 발음하는 자음이다. 따라서 [곱]으로 발음하게 된다.

② 제9항에 의하면 'ㅍ'은 대표음인 [ㅂ]으로 발음한다. 따라서 [압]으로 발음하게 된다.

③ 제10항에 의하면 'ㅄ'은 [ㅂ]으로 발음한다. 따라서 [갑]으로 발음하게 된다.

⑤ 제11항에 의하면 'ㄿ'은 [ㅂ]으로 발음한다. 따라서 [읍꼬]로 발음하게 된다.

10 (라)에 따르면, 대표음이 아닌 홑받침은 모음으로 시작하는 형식 형태소 앞에서는 제 음가대로 그대로 뒤 음절 첫 소리로 옮겨 발음한다. 또한 (마)에서는 같은 소리가 모음으로 시작하는 실질 형태소 앞에서는 대표음으로 바뀌어 뒤 음절의 첫소리로 옮겨 발음한다고 설명하고 있다. 'ㅅ'의 대표음은 [ㄷ]이다.

상	[예시 답안]과 유사하게 대조의 방법으로 한 문장으로 서술한 경우
중	[예시 답안]과 유사하나 대조가 정확히 이루어지지 않은 경우
하	㉮와 ㉯ 중, 하나만 바르게 서술한 경우

2. 단어의 올바른 표기   본문 62~65쪽

01 ①   **02** ④   **03** ⑤   **04** 꼰나무   **05** [예시 답안] ⓐ: 얼음, ⓑ: '얼다'에서 비롯된 말이기 때문에 원래의 형태를 살려 표기해야 한다.   **06** ②   **07** ④   **08** ⑤   **09** [예시 답안] ⓐ: 쐈어요, ⓑ: '쐬었어요'의 준말이기 때문에 '쐈어요'로 써야 한다.

01 '학생 글'에는 표기가 정확하지 않은 말들이 많이 쓰였다. 이와 같이 맞춤법에 맞지 않는 표현을 자주 쓰면 내용 전달이 쉽지 않고, 글을 읽는 데 방해가 될 수 있다.

오답 확인 ② '학생 글'에는 글쓰기 윤리를 지키지 않는 표현은 사용되지 않았다.

③ '학생 글'에는 지역 방언이 사용되지 않았다.

④ '학생 글'에는 문장과 문장 사이에 적절한 접속어가 사용되었다.

⑤ '학생 글'에는 중심 내용과 관계없는 불필요한 문장이 사용되지 않았다.

02 한글 맞춤법 제1항의 내용 중에서 '원칙으로 한다'는 어법에 맞도록 하지만 예외적인 규정을 인정한다는 것이다. 따라서 예외가 없다는 설명은 잘못된 것이다.

오답 확인 ① 한글 맞춤법은 한글의 표기 원리를 제시하는 규정이다.

② 한글 맞춤법은 '표준어를 소리대로' 적는 것을 기본 원칙으로 하고 있다.

③ '표준어를 소리대로 적되'는 발음 나는 대로 적는다는 '표음주의' 규정이다.

⑤ '어법에 맞도록'은 본래의 형태를 밝히어 적으라는 규정이다.

03 '하늘'은 '표준어를 소리대로 적되'라는 규정의 예로 제시한 것이다. [하늘]이라고 소리 나기 때문에 이를 그대로 적어

'하늘'이라 표기하고 있다. 그런데 '손가락'은 [손까락]으로 소리 나기 때문에 이 규정대로라면 '손까락'으로 표기해야 한다. 하지만 이를 '손가락'으로 표기한 것은 '어법에 맞도록' 원래의 형태인 '손'과 '가락'을 살린 것이다.

오답 확인 ① 사과[사과], ② 구름[구름], ③ 달리다[달리다], ④ 나무[나무]는 모두 소리대로 표기한 것이다.

04 ㉡에는 소리대로 적는 표기가 들어가야 한다. 그리고 이것의 바른 표기는 ㉢에 나와 있다. 이 둘을 비교해 보면, ㉡에는 ㉢ 중 '꽃나무'의 발음 표기가 들어가야 함을 알 수 있다. '꽃나무'는 [꼰나무]로 발음된다.

05 '얼음'은 '얼다'의 어간 '얼-'에 명사형 접미사 '-음'을 결합해 만든 파생 명사이다. 이 말을 소리대로 '어름'으로 쓴다면 '얼다'에서 비롯된 말이라는 것이 잘 드러나지 않게 된다. 그렇기 때문에 원래의 형태를 살려 '얼음'으로 표기해야 한다.

상	ⓐ와 ⓑ를 모두 〈조건〉에 맞게 정확하게 쓴 경우
중	ⓐ와 ⓑ를 모두 〈조건〉에 맞게 썼지만, ⓑ의 내용이 미흡한 경우
하	ⓐ와 ⓑ를 [예시 답안]과 비슷하게 썼지만, 〈조건〉에 맞지 않는 경우

06 '붙이다'는 '맞닿아 떨어지지 않게 하다.'라는 뜻이고, '부치다'는 '편지나 물건 따위를 일정한 수단이나 방법을 써서 상대에게로 보내다.'라는 뜻이다. 따라서 '우표를 붙이다.'와 '편지를 부치다.'는 모두 올바른 표기이다.

오답 확인 ① '웬지'는 표준어가 아니다. '왜인지'의 준말인 '왠지'를 써야 한다.

③ 어떤 행동을 일으킨 대상임을 나타내는 격 조사는 '한테서'이다. 따라서 '친구한테서'로 써야 한다.

④ '오랫만에'는 표준어가 아니다. '오래간만에'의 준말인 '오랜만에'로 써야 한다.

⑤ '배 속의 아이, 새끼, 알을 몸 밖으로 내놓다.'의 뜻을 가진 말은 '낳다'이다. 따라서 '나은'을 '낳은'으로 바꿔야 한다.

07 〈보기〉에서 맞춤법에 어긋나는 표현은 '반듯이'이다. '반듯이'는 '작은 물체, 또는 생각이나 행동 따위가 비뚤어지거나 기울거나 굽지 아니하고 바르게.'라는 뜻의 단어로 〈보기〉 상황에는 어울리지 않는다. 대신 '틀림없이 꼭.'이라는 뜻을 가진 부사인 '반드시'가 와야 한다. '반듯이'와 '반드시'가 발음이 같기 때문에 발생할 수 있는 실수로, 이와 관련한 내용은 (라)에 제시되어 있다.

08 '놂'은 '놀음'의 잘못된 표현이다. '놀음'은 '놀다'의 어간 '놀-'에 '-ㅁ'이 결합해 만들어진 말로, '놀다'라는 원래의 형태를

밝혀 쓴 말이다. 만약 '놈'이라고 쓰면 원래 형태는 '노다'가 되므로 적절하지 않다.

오답 확인 ①은 '사다', ②는 '주다', ③은 '먹다', ④는 '달리다'에서 비롯된 말로 모두 단어의 원래 형태를 밝히어 적고 있다.

09 어머니의 말을 통해 '쐬고'의 기본형은 '쐬다'임을 알 수 있다. 따라서 아들의 말 중 '쐤어요'는 '쐬요'의 과거형인 '쐬었어요'의 준말임을 알 수 있다. 이와 관련된 설명은 (나)에서 하고 있는데, 이에 따르면 '쐬었어요'의 준말은 '쐤어요'가 되어야 한다.

상	ⓐ와 ⓑ를 모두 〈조건〉에 맞게 정확하게 쓴 경우
중	ⓐ와 ⓑ를 모두 〈조건〉에 맞게 썼지만, (나)의 내용이 미흡한 경우
하	ⓐ와 ⓑ를 [예시 답안]과 비슷하게 썼지만, 〈조건〉에 맞지 않는 경우

② 담화의 개념과 특성

1. 담화의 개념과 구성 요소
본문 68~69쪽

01 ① **02** ⑤ **03** ② **04** ③ **05** 에어컨을 틀어 줄까? / 에어컨을 틀어 줄게.

01 (가)에서 '생각이 실제 문장으로 실현된 것을 발화라고 하며, 이러한 발화가 모여 담화를 이룬다.'라고 설명하고 있다.

오답 확인 ② (나)에서 독백은 청자가 없는 것이 아니라 '화자와 청자가 일치하는 것으로 보아야 한다.'라고 했으니 독백도 화자와 청자를 필수 요소로 갖춘 담화에 해당한다고 볼 수 있다.
③ (다)에서 '담화에 참여하는 인물만 있다고 하여 담화가 성립되는 것은 아니다.'라고 하였다.
④ (가)에서 담화는 발화가 모여 이루어진 것이며, 발화는 생각이 하나의 단어가 아니라 문장으로 실현된 것이라고 설명하고 있다.
⑤ (라)에서 '동일한 발화라도 맥락에 따라서 다른 뜻으로 전달되기도 한다.'라고 설명하고 있다.

02 담화의 구성 요소는 (나)~(라)에 드러나 있다. (나)에서 화자와 청자, (다)에서 발화, (라)에서 맥락이 담화의 구성 요소임을 알 수 있다. 따라서 ⓐ에 들어갈 구성 요소는 발화이다. ⑤는 맥락에 대한 설명이다.

오답 확인 ①, ④는 (다)에서, ②, ③은 (가)에서 설명하고 있는 발화의 내용이다.

03 발화는 생각이 실제 문장으로 실현된 것이고, 담화는 이 발화가 모여 하나의 의미를 이룬 것이다. 그런데 아기의 옹

알이는 일정한 내용이 구체적 말소리로 실현된 것이라거나 어떤 생각이 문장 단위로 실현된 발화라고 보기 어렵다. 따라서 아기의 옹알이는 담화라고 보기 어렵다.

04 청유는 어떤 행동을 함께할 것을 요청하는 것이고, 명령은 상대방에게 어떤 행동을 하도록 요구하는 것이다. ㉠은 선생님이 학생들에게 버스에서 함께 내리자고 요청하는 상황이므로 청유에 해당하고, ㉡은 상대방에게 길 좀 비켜 줄 것을 요구하는 상황이므로 명령에 해당한다.

05 보미는 무척 더워하며 에어컨이 꺼져 있다고 말하고 있다. (라), (마)에서 설명하는 담화의 구체적인 맥락을 고려할 때, 보미의 발화는 에어컨이 꺼져 있다는 사실을 전달하려는 것이 아니라 더우니까 꺼진 에어컨을 켜 달라는 의미를 전달하는 것이다.

상	(라), (마)에서 설명한 맥락을 고려하여 밑줄 친 말을 '에어컨을 틀어 주겠다'는 의도가 드러나도록 적절하게 고쳐 쓴 경우
중	(라), (마)에서 설명한 맥락을 고려하였으나 밑줄 친 말을 '어떡하지?', '더운가 보구나.' 등과 같이 막연하게 고쳐 쓴 경우
하	(라), (마)에서 설명한 맥락을 고려하지 못하고 밑줄 친 말을 바르게 고쳐 쓰지 못한 경우

2. 담화의 맥락
본문 70~73쪽

01 ⑤ **02** ① **03** ② **04** ⑤ **05** [예시 답안] 정호가 어떤 책을 보고 있는지 궁금해한다. **06** ⑤ **07** ④ **08** ① **09** ①
10 [예시 답안] 유행어나 인터넷 언어, 줄임말, 은어 등을 사용하지 않는다.

01 담화는 화자, 청자, 발화(내용)와 맥락으로 구성된다. 이 중에서 맥락은 담화를 통해 교환되는 내용을 더욱 분명하게 만들어 주는 역할을 한다. 맥락을 고려하지 않으면 화자의 의도와는 다른 엉뚱한 의미로 해석될 수 있다.

02 담화의 주제는 상황 맥락이 아니라 담화를 구성하는 발화의 내용에 해당한다. 상황 맥락에는 담화의 분위기, 화자와 청자의 관계, 담화의 목적과 의도, 시간과 공간적 배경 등이 있다.

03 (다)에서 아들은 늦게 귀가한 것을 나무라는 의미로 '지금이 몇 시니?'라고 말한 아버지의 의도를 파악하지 못하고 시각을 말하고 있다.

오답 확인 ③ '지금이 몇 시니?'라는 말의 의미를 몰라서 엉뚱한 대답을 한 것이 아니라 상황 맥락을 고려하지 않았기 때문에 그런 대답을 한 것이다.

04 같은 '어떠세요?'라는 말도 상황에 따라 다르게 해석될 수 있다. 음식점에서 점원이 '어떠세요?'라고 하는 것은 감사의 의미라기보다는 음식의 맛에 대한 평가나 서비스에 대한 평가를 요구하는 것을 의미한다고 할 수 있다.

05 담화의 의미를 분명하게 하기 위해서는 상황 맥락을 고려해야 한다. 장소가 서점이고 정호의 예상 답변이 시인에 관한 책을 보고 있다는 것이므로 '뭐 하니?'라고 말한 의도는 정호가 어떤 책을 보고 있는지 궁금하다는 것이다.

상	민수의 의도를 자연스러운 문장으로 제시한 경우
중	민수의 의도를 제시하였으나 자연스럽지 못한 경우
하	민수의 의도를 제대로 제시하지 못한 경우

06 사회 · 문화적 맥락은 하나의 사회 집단이 구성하고 공유하는 지식으로, 지역, 세대, 성별, 문화 등과 같은 사회 · 문화적 환경을 의미한다.

오답 확인 ① 대화 장면 그 자체에 관련된 맥락은 상황 맥락이라고 한다.
② 언어권이 같더라도 세대나 직업, 성별 등이 사회 · 문화적 맥락이 될 수 있다.
③ 화자와 청자의 관계, 시간과 장소는 상황 맥락에 속한다.
④ 사회 · 문화적 맥락은 모든 담화의 상황에 영향을 주는 것은 아니다.

07 (가)에서 할아버지는 민수 세대가 사용하는 말을 고려하지 않고 '춘부장', '무탈' 등의 단어를 사용하여 의사소통이 원활하게 이루어지지 않았다.

08 (다)에는 외국인이 우리나라의 말하기 문화를 잘 이해하지 못해서 의사소통에 어려움을 겪는 사례가 제시되어 있다. 음식을 대접할 때, '차린 것이 없다'고 겸손하게 말하거나 음식을 대접받을 때 '상다리가 부러질 것 같다'고 상대방을 존중하여 말하는 태도가 그것이다.

09 〈보기〉에서 아들은 아버지의 '시원하다'는 표현을 제대로 이해하지 못하였다. 이는 아들이 아버지 세대의 표현 방식을 잘 이해하지 못한 것으로 사회 · 문화적 맥락 중에서 세대를 고려하지 못한 것이다.

10 중학생이 자신들만의 유행어나 인터넷 언어, 줄임말, 은어 등을 사용할 경우 이를 잘 이해하지 못하는 세대와는 의사소통에 어려움을 겪을 수 있다.

상	청소년의 특징이 드러나는 언어의 유형을 두 가지 이상 포함하여 하나의 문장으로 적절하게 서술한 경우
중	청소년의 특징이 드러나는 언어의 유형을 두 가지 이상 포함하였으나, 하나의 문장으로 쓰지 않은 경우
하	청소년의 특징이 드러나는 언어의 유형을 두 가지 이상 포함하여 서술하지 못한 경우

3 한글의 창제 원리

1. 한글의 제자 원리
본문 76~79쪽

01 ③ **02** ① **03** ① **04** ① **05** [예시 답안] 발음할 때 발음 기관의 모양을 본떠 상형의 원리에 따라 만들었다. **06** ① **07** ② **08** ① **09** ④ **10** [예시 답안] 모음 기본자인 'ㅣ'와 'ㆍ'를 합성하여 만든 초출자 'ㅏ'에 다시 'ㆍ'를 하나 더하여 재출자인 'ㅑ'를 만들었다.

01 훈민정음 창제 당시 자음의 수는 총 17자이다. (가)와 (나)에서 기본자로 'ㄱ, ㄴ, ㅁ, ㅅ, ㅇ'의 5자가 있었음을 알 수 있다. (다)와 (라)에서 기본자에 획을 더한 가획자로 'ㅋ, ㄷ, ㅌ, ㅂ, ㅍ, ㅈ, ㅊ, ㆆ, ㅎ'의 9자가 있었음을 알 수 있다. (라)에서 획을 더했지만 소리의 세기와 관련이 없는 이체자로 'ㄹ, ㅿ, ㆁ'의 3자가 있었음을 알 수 있다.

02 (다)의 표에 제시된 'ㅅ → ㅈ → ㅊ'의 체계를 통해, 'ㅈ'은 'ㅅ'에 획을 하나 더하여 만들었음을 알 수 있다.
오답 확인 ② (다)에서 'ㅎ'은 'ㅇ'이 아닌 'ㆆ(여린히읗)'에 획을 하나 더하여 만들었음을 알 수 있다.
③ (다)에서 'ㅂ'은 'ㅁ'에 획을 더해 만들었음을 알 수 있다.
④ (가)와 (나)에서 'ㅅ'은 이의 뾰족한 모양을 본떠 만들었음을 알 수 있다.
⑤ (다)에서 'ㅌ'은 'ㄷ'에 획을 더해 만들었음을 알 수 있다.

03 (가)와 (나)에서 기본자에 해당하는 'ㄱ'은 혀뿌리가 목구멍을 막는 모양을 본떠 만들었다고 하였다. 따라서 가획이 아니라 상형의 원리로 만든 글자이다.

04 기본자에 획을 더하여 글자를 만든 것은 획을 더한 만큼 소리가 더 거세졌기 때문임을 보여 주기 위해서이다. 따라서 한글은 소리의 특성을 글자의 모양에 반영한 과학적인 글자라고 할 수 있다.

05 (가)와 (나)에서는 자음자를 만든 원리 중 상형의 원리에 대해 설명하고 있다. 자음의 기본자인 'ㄱ, ㄴ, ㅁ, ㅅ, ㅇ'의 5자는 발음할 때 발음 기관의 모양을 본떠 상형의 원리에 따라 만들어졌다.

상	발음 기관의 모양을 본떴다는 구체적인 내용을 쓰고, '상형'의 원리를 밝혀 쓴 경우
중	발음 기관의 모양을 본떴다는 구체적인 내용을 썼으나, '상형'의 원리를 밝혀 쓰지 않은 경우
하	막연하게 모양을 본떴다는 내용만 쓴 경우

06 (가)에는 상형의 원리가, (나)에는 합성의 원리가, (다)에는 연서의 원리가, (라)에는 병서의 원리가 설명되어 있다.

정답과 해설 • **19**

07 (나)의 설명에 의하면, 'ㆍ'와 'ㅡ'를 합성하여 초출자 'ㅗ, ㅜ'를 만든 후, 이 초출자에 다시 'ㆍ'를 더하면 재출자인 'ㅛ, ㅠ'가 만들어진다.

08 (다)는 두 자음을 위아래로 이어서 한 글자로 만드는 방식인 연서, (라)는 두 자음을 나란히 가로로 붙여 써서 만드는 방식인 병서에 대해 설명하고 있다. 'ㅊ'은 'ㅈ'에 획을 하나 더하여 가획의 원리로 만들어진 글자이다.

> **오답 확인** 'ㄸ, ㅆ'은 각자 병서의 원리로, 'ㅶ'은 합용 병서의 원리로 만들어진 글자이다. 'ㅸ'은 연서의 원리로 만들어진 글자이다.

09 'ㅣ'와 'ㆍ'를 합하여 만든 'ㅏ'에 다시 'ㅣ'를 더하면 'ㅐ'가 만들어진다. 합성의 방법으로 만든 모음자들을 서로 합하여 새로운 모음자를 만드는 방법은 합용의 원리라고 부르기도 한다.

10 (나)에서는 기본자인 'ㆍ'를 'ㅡ'와 'ㅣ'에 붙여 만든 'ㅗ, ㅜ, ㅏ, ㅓ'를 초출자라고 부르고, 이 초출자에 다시 'ㆍ'를 하나씩 더하여 재출자 'ㅛ, ㅠ, ㅑ, ㅕ'를 만들었다고 하였다. 따라서 'ㅑ'는 모음 기본자인 'ㅣ'와 'ㆍ'를 합하여 만든 초출자 'ㅏ'에 다시 'ㆍ'를 하나 더하여 재출자인 'ㅑ'를 만들었음을 알 수 있다.

상	'기본자, 초출자, 재출자'라는 단어를 쓰고, 'ㅑ'를 만들 때 관여한 모든 모음자를 사용하여 'ㅑ'를 만든 원리를 적절하게 설명한 경우
중	'기본자, 초출자, 재출자'라는 단어를 쓰지 않았으나, 'ㅑ'를 만들 때 관여한 모든 모음자를 사용하여 'ㅑ'를 만든 원리를 적절하게 설명한 경우
하	'기본자, 초출자, 재출자'라는 단어와 'ㅑ'를 만들 때 관여한 모든 모음자를 쓰지 않고, 'ㅑ'를 만든 원리만 막연하게 설명한 경우

2. 한글의 우수성 본문 80~81쪽

01 ⑤ **02** ② **03** ④ **04** [예시 답안] (바), 한글은 컴퓨터상에서 입력이나 출력이 쉽고 빠르며, 문자의 입력이 간단하여 휴대 전화 문자 메시지를 전송할 때 편리하다.

01 한글 창제의 이유는 (라)에 제시되어 있다. 세종 대왕은 '어리석은 백성의 까막눈의 설움을 불쌍히 여겨 한글, 곧 훈민정음을 만드신 것'이라고 하였다. 따라서 백성들의 탄원이 아니라, 세종 대왕의 애민 정신이 한글을 창제한 계기라고 할 수 있다.

02 음절 문자의 대표적 예는 (나)에 소개된 일본 문자 '가나'이다. (마)에서 한글은 말소리의 가장 작은 단위인 음운을 문자 단위로 삼았다고 하였으므로 음소 문자에 해당한다.

> **오답 확인** ①, ③ 한글의 과학성과 체계성은 (다)에 제시되어 있다.
> ④ 한글의 정확성과 편리성은 (마)에 제시되어 있다.
> ⑤ 한글의 독창성은 (나)에 제시되어 있다.

03 『훈민정음 언해본』 서문에 나오는 훈민정음의 창제 목적은 말하고자 하는 바를 제대로 표현하지 못하는 백성들을 가엾게 여긴 세종 대왕의 애민 정신과 관련이 있다.

04 (바)에서 한글의 우수성은 오늘날에 그 진면목을 확인할 수 있다고 했다. 컴퓨터에서 입력이나 출력이 쉽고 빠르며, 휴대 전화에서 적은 수의 자판을 사용하여 문자의 입력을 간단하게 할 수 있다는 점에서 한글은 정보화 시대에 유리한 문자라고 할 수 있다.

상	문단 기호 (바)를 밝히고, 컴퓨터와 휴대 전화 모두와 관련지어 문자 입출력의 편의성과 신속성을 언급하며 한글의 특징을 서술한 경우
중	문단 기호 (바)를 밝히고, 컴퓨터와 휴대 전화 중 하나만 관련지어 문자 입출력의 편의성과 신속성을 언급하며 한글의 특징을 서술한 경우
하	문단 기호 (바)를 밝혔지만, 문자 입출력의 편의성과 신속성을 언급하지 못하고 정보화 시대와 상관없는 한글의 특징을 서술한 경우

대단원 평가 본문 82~87쪽

01 ② **02** ③ **03** ③ **04** ⑤ **05** ③ **06** ④ **07** [예시 답안] ⓐ: [발바] ⓑ: [밥:께], ⓐ '밟아'는 (라)에서 겹받침은 첫째 받침은 그대로 받침의 소리로 발음하고 둘째 받침만 다음 음절의 첫소리로 옮겨 발음하라고 했으므로 [발바]로 발음한다. 하지만 ⓑ '밟게'는 (다)에서 '밟다[밥:따]', '밟고[밥:꼬]', '밟지[밥:찌]'처럼 '밟-'은 [밥]으로 발음해야 한다고 했으므로 [밥:께]로 발음한다. **08** [예시 답안] 빛이 비치자 집이 금세 밝아진다. '어법에 맞게 쓴다.'라는 규정에 따라 본래의 형태를 그대로 밝혀 '빛', '이', '집', '밝-', '-아지다' 등의 형태가 드러나게 표기해야 하기 때문이다. **09** ④ **10** ③ **11** [예시 답안] '않을'을 '안'으로 고쳐야 한다. 왜냐하면 '않'은 '아니하-'의 준말이고 '안'은 '아니'의 준말인데, 이 문장에서는 '아니'의 의미로 쓰였기 때문이다. 또 '되'를 '돼'로 고쳐야 한다. 왜냐하면 이 문장에서는 '되어'로 풀어 쓸 수 있기 때문에 '되어'의 준말인 '돼'로 고쳐야 한다. **12** ② **13** ① **14** [예시 답안] '지금이 몇 시니?'는 시간을 묻는 것이 아니라 집에 늦게 들어온 아들을 나무라는 의도를 담고 있는데, 아들은 이러한 상황 맥락을 파악하지 못하고 '11시 조금 넘었는데요.'라고 대답했기 때문에 아버지와 원활한 의사소통을 하지 못했다. **15** ③ **16** ③ **17** ② **18** ② **19** ⑤ **20** [예시 답안] 'ㅏ'를 입력할 때에는 기본자인 'ㅣ'를 입력한 후 여기에 기본자인 'ㆍ'를 결합시켰고, 'ㅜ'를 입력할 때에는 기본자인 'ㅡ'를 입력한 후 여기에 기본자인 'ㆍ'를 결합시켰다. 따라서 기본자를 합성하여 모음자를 만드는 합성의 원리가 적용되었다. **21** ②

01 한글 표기는 한글 맞춤법 규정을 따르고 발음은 표준 발음법 규정을 따른다. 따라서 표준어를 어법에 맞게 표기한 그대로 발음해야 한다는 것은 적절하지 않은 설명이다. 표기와 발음은 일치할 수도 있지만 일치하지 않을 수도 있기 때문이다. 예를 들어, '사람'은 표기와 발음이 일치하지만, '독립'은 [동닙]으로 발음되므로 표기와 발음이 일치하지 않는다.

02 '협의'는 예외 규정의 (2)번에 해당하는 예로, '의'는 조사가 아니다. 따라서 [혀븨] 또는 [혀비]로 발음해야 한다.

오답 확인 ① '희다'는 예외 규정의 (1)번에 해당하는 예이므로, [히다]로 발음해야 한다.
② '나의'는 예외 규정의 (2)번에 해당하는 예로, '의'는 조사이다. 따라서 [나의] 또는 [나에]로 발음해야 한다.
④ '의사'는 예외 규정에 해당하지 않기 때문에 원칙에 따라 [의사]로 발음해야 한다.
⑤ '띄다'는 예외 규정의 (1)번에 해당하는 예이므로, [띠:다]로 발음해야 한다.

03 제11항의 겹받침 'ㄻ'이 어말에서 [ㅁ]으로 소리 나는 예는 (나)의 '삶'[삼:]이다. 제11항의 겹받침 'ㄺ'이 어말이나 자음 앞에서 [ㄱ]으로 소리 나는 예는 (다)의 '닭[닥]'과 '맑다[막따]'이다. 또한 제11항의 '다만, 용언의 어간 말음 'ㄺ'은 'ㄱ' 앞에서 [ㄹ]로 발음한다'라는 내용은 (다)의 마지막 문장 속에 그대로 제시되어 있다. 제15항의 예는 (마)에 제시되어 있다. '밭 아래'의 경우, '밭' 뒤에 'ㅏ'로 시작되는 실질 형태소가 연결되었으므로 '밭'의 받침을 대표음으로 바꿔 '밭'을 [받]으로 발음한 후, 받침 'ㄷ'을 뒤 음절 첫소리로 옮겨 [바다래]로 발음해야 한다.

04 '값이'는 (라)에서 설명한 것처럼, '값' 뒤에 형식 형태소인 조사 '이'가 왔으므로 둘째 받침 ㅅ을 다음 음절의 첫소리로 옮겨 발음해야 한다. 이후에 된소리되기가 추가로 일어나 [갑씨]로 발음된다.

오답 확인 ① '읽던'은 (다)의 설명에 따라 'ㄺ'은 [ㄱ]으로 발음해야 하므로 [익떤]으로 발음해야 한다.
② '벚꽃'은 (가)에 제시된 표준 발음법 제9항에 따라 [벋꼳]으로 발음해야 한다.
③ '꽃이'는 (라)의 설명에 따라 받침을 뒤 음절 첫소리로 옮겨 [꼬치]라고 발음해야 한다.
④ '옷 위'는 (마)의 설명에 따라 '옷'을 [옫]으로 발음한 후, 그 대표음인 받침소리 'ㄷ'을 뒤 음절 첫소리로 옮겨 [오뒤]로 발음해야 한다.

05 (라)의 설명에 따르면, '밭에'는 홑받침인 'ㅌ'을 제 음가대로 뒤 음절 첫소리로 옮겨 발음해야 하므로 [바테]로 발음해야 한다.

06 (다)에서 'ㄺ'은 [ㄱ]으로 발음해야 하지만, 'ㄱ' 앞에 쓰이는 용언 어간의 'ㄺ'은 [ㄹ]로 발음해야 한다고 설명하고 있다. 또한 (가)에 제시된 표준 발음법 제9항에 따라 '–겠습니다'에서 받침 'ㅆ'은 대표음 [ㄷ]으로 바꿔 발음해야 한다.

07 ⓐ '밟아'는 '밟–' 뒤에 모음으로 시작하는 형식 형태소 '–아'가 왔으므로 (라)의 설명에 따라 둘째 받침을 다음 음절의 첫소리로 옮겨 [발바]로 발음하고, ⓑ '밟게'는 '밟–' 뒤에 자음으로 시작하는 말이 왔으므로 (다)의 설명에 따라 '밟–'을 [밥]으로 발음하여 [밥:께]로 발음해야 한다.

상	'밟아'와 '밟게'의 발음을 모두 정확히 쓰고, 그 까닭을 모두 적절하게 서술한 경우
중	'밟아'와 '밟게'의 발음을 모두 정확히 썼으나, 그 까닭을 하나만 적절하게 서술한 경우
하	'밟아'와 '밟게'의 발음 중 하나만 정확히 쓰고, 그 까닭을 하나만 적절하게 서술한 경우

08 한글 맞춤법 규정에 대한 해설에서는 표준어를 소리대로 적되 어법에 맞도록 써야 한다고 했다. 어법에 맞게 쓴다는 것은 소리 나는 대로 적는 것이 아니라 본래의 형태를 그대로 밝혀 적는 것이다. 따라서 이 규정에 따라 실질 형태소인 '빛', '집', '밝–', 그리고 형식 형태소인 '이', '–아지다' 등의 형태를 밝혀 적어야 한다.

상	〈보기〉의 문장을 맞춤법에 맞게 표기하고, 그렇게 표기한 까닭을 적절하게 서술한 경우
중	〈보기〉의 문장을 맞춤법에 맞게 표기하였으나, 그렇게 표기한 까닭을 적절하게 서술하지 못한 경우
하	〈보기〉의 문장을 맞춤법에 맞게 표기하지 못하고, 그렇게 표기한 까닭을 막연하게 서술한 경우

09 '맞추다'는 '둘 이상의 일정한 대상들을 나란히 놓고 비교하여 살피다.'라는 뜻을 지닌다. 따라서 '친구와 답을 맞추어 보았다.'라고 쓰는 것은 적절하다. 하지만 (라)에서 설명하는 것처럼, 정답을 '맞히는'은 '적중하다'의 의미가 있어서 정답을 골라낸다는 뜻을 가지므로 '맞추다'가 아니라 '맞히다'라고 써야 한다.

10 '돼'는 '되어'의 준말이고, '봬'는 '뵈어'의 준말이다. 따라서 ㄱ은 (나)의 또 다른 예에 해당한다. ㄴ의 '붙이다[부치다]'와 '부치다[부치다]'는 발음이 같다. 따라서 발음이 같아서 잘못 사용하는 경우인 (라)의 예에 해당한다. ㄷ의 '삼'과 '삶'은 명사형 표기에 관한 것이므로 ㄷ은 (마)의 예에 해당한다.

11 (다)에서는 '안'과 '않–'의 차이를 설명하고 있다. (다)에 따르면 '않 해도'는 '아니 해도'의 의미를 지니고 있으므로, '아니'

의 준말인 '안'을 써야 한다. (나)에서는 '되-'와 '돼'의 구분에 대해 설명하고 있다. '돼'는 '되어'의 준말인데, '해도 되는'는 '해도 되어'로 써야 하므로 '해도 돼'가 맞는 표현이다.

상	표기가 잘못된 부분 두 가지를 모두 찾아 바르게 고치고, 그 까닭을 두 가지 모두 적절하게 서술한 경우
중	표기가 잘못된 부분 두 가지를 모두 찾아 바르게 고쳤으나, 그 까닭을 하나만 적절하게 서술한 경우
하	표기가 잘못된 부분을 한 가지만 찾아 바르게 고치고, 그 까닭을 하나만 적절하게 서술한 경우

12 담화의 구성 요소는 (가)에 제시되어 있다. 담화가 성립되기 위해서는 화자(말하는 이)와 청자(듣는 이)가 있어야 하고, 이 인물들이 주고받는 발화가 있어야 하며, 담화에는 맥락이 요구된다고 설명하고 있다. 따라서 담화의 구성 요소는 화자, 청자, 발화, 맥락이다. 담화를 구성하는 요소 중 '분위기'는 언급하지 않았다.

13 (나)에서는 할아버지와 민수의 대화의 문제점을 사회·문화적 맥락과 관련지어 설명하고 있다. 즉, 할아버지는 '춘부장'이나 '무탈하다'와 같은 말을 사용하지 않는 민수 세대의 문화를 고려하지 않고 말해서 대화가 원활하지 못했다고 지적하고 있다.

14 아들은 자신이 너무 늦게 들어온 상황에서 아버지가 자신을 나무라는 의도로 말을 하고 있음을 파악하지 못하여 대화가 원활하게 이루어지지 못하고 있다.

상	상황 맥락을 파악하지 못했다는 점을 정확히 쓰고, 대화의 발화 두 가지를 근거로 들어 까닭을 적절하게 서술한 경우
중	상황 맥락을 파악하지 못했다는 점을 정확히 쓰고, 대화의 발화를 근거로 들지 못했지만 까닭을 적절하게 서술한 경우
하	상황 맥락을 파악하지 못했다는 점을 정확히 쓰지 못하고, 대화의 발화를 근거로 들지 못했지만 까닭을 적절하게 서술한 경우

15 기본 자음자는 'ㄱ, ㄴ, ㅁ, ㅅ, ㅇ'의 5자인데, 이 5자를 쪼개거나 나누어 글자를 만드는 원리는 제시되어 있지 않다.
오답 확인 ①은 (가)에서, ②는 (나)에서, ④는 (라)에서, ⑤는 (다)에서 설명하고 있다.

16 혀뿌리가 목구멍을 막는 모양을 본뜬 글자는 'ㄱ'이고, 'ㄱ'을 가로로 나란히 붙여 써서 만든 글자는 'ㄲ'이다. 그리고 혀가 윗잇몸에 닿는 모양을 본뜬 글자는 'ㄴ'이고, 'ㄴ'에 획을 두 번 더한 글자는 'ㅌ'이다. 따라서 'ㄲ'과 'ㅌ'이 들어간 글자를 찾아야 하므로 '끝'이 정답이다.

17 (가)에 따르면, 'ㅅ'은 이의 뾰족한 모양을 본떠 만들었기 때문에 상형의 원리로 만들어진 글자이다. 하지만 (나)에

따르면, 'ㅂ, ㅊ, ㅌ, ㅎ'은 각각 'ㅁ, ㅅ, ㄴ, ㅇ'의 기본자에 획을 하나 혹은 둘을 더해 만들었기 때문에 가획의 원리로 만들어진 글자이다.

18 (다)에서 '오늘날에 쓰이지 않는, 또 당시에도 국어의 표기에 쓰이는 일이 없었던 'ㅚ, ㅟ, ㆅ, ㆊ, ㅙ, ㆎ' 등의 글자도 만들어 놓았다.'라고 하였다. 따라서 훈민정음 창제 당시 만들어진 모음자 중 오늘날에는 쓰이지 않는 글자들이 있다.
오답 확인 ① (가)에서 모음의 기본자는 천지인(天地人) 삼재(三才)의 모양을 본뜬 것이 특이하다고 하였다.
③ (가)에서 상형의 원리로 만들어진 모음 기본자는 3자이고, (나)에서 이 기본자를 합성하여 만든 초출자와 재출자가 각각 4자씩이므로 모음의 경우 총 11자의 창제 글자가 있음을 알 수 있다.
④ (나)에서 '·'가 하나 있는 것(초출자)은 단모음임을 나타내고 '·'가 두 개 있는 것(재출자)은 이중 모음임을 나타내었다고 하였다.
⑤ (나)에서 기본인 '·'를 'ㅡ'와 'ㅣ'에 붙여 만든 'ㅗ, ㅜ, ㅏ, ㅓ'를 초출자라고 부른다고 했고, 이 초출자에 다시 '·'를 하나씩 더하여 재출자 'ㅛ, ㅠ, ㅑ, ㅕ'를 만들었다고 하였다.

19 'ㅐ'는 'ㅏ'와 'ㅣ'를 합하여 만든 글자이다. 'ㅓ'와 'ㅣ'를 합하여 만든 글자는 'ㅔ'이다.

20 문제에 제시된 자판에는 모음의 기본자인 'ㅣ, ·, ㅡ' 세 자만 표시되어 있다. 따라서 '바둑'을 구성하는 모음 중 'ㅏ'를 입력할 때에는 기본자인 'ㅣ'와 '·'를 결합하는 합성의 원리를, 'ㅜ'를 입력할 때에는 기본자인 'ㅡ'와 '·'를 결합하는 합성의 원리를 활용할 수 있다.

상	'ㅏ'와 'ㅜ'의 입력 과정과 모음자의 제자 원리를 모두 정확히 서술한 경우
중	'ㅏ'와 'ㅜ'의 입력 과정 중 하나만 정확히 쓰고, 모음자의 제자 원리를 정확히 서술한 경우
하	'ㅏ'와 'ㅜ'의 입력 과정 중 하나만 정확히 쓰고, 모음자의 제자 원리를 서술하지 못한 경우

21 제시된 글에서는 한글이 '가나'나 로마자와 같이 오랜 기간에 걸쳐 진화하고 발전해 온 문자가 아니라, 세종 대왕이 어느 한 시기에 독창적으로 만들어 낸 문자임을 설명하고 있으므로 '독창적'이 들어가는 것이 적절하다.

1 읽기의 가치와 중요성

1. 맛있는 책, 일생의 보약
본문 92~93쪽

01 ④ **02** ④ **03** ② **04** [예시 답안] 책을 읽으면 정신세계가 넓어지고 수준이 높아져서 정신적으로 건강한 삶을 유지할 수 있다.

01 선생님이 고전 작품의 가치에 대해 직접적으로 이야기했다는 내용은 제시되어 있지 않다.

오답 확인 ① (가)에 글쓴이가 몸을 많이 움직이지 않는 특별 활동반으로 도서반에 들어갔다는 내용이 제시되었다.
② (가)에서 선생님은 학생들에게 자기 마음에 드는 책을 골라서 읽고 수업이 끝나는 종소리가 울리면 가도 된다고 하셨다.
③ (나)에서 글쓴이가 박지원의 「허생전」을 처음으로 펴 들었다는 내용을 확인할 수 있다.
⑤ (다)에서 글쓴이는 박지원의 소설은 무협지와 달리 읽을수록 새로운 맛이 우러나왔다고 하였다.

02 (라)에서 글쓴이는 어떤 책을 계기로 인간의 지극한 정신문화를 경험하고 그 일원이 됨으로써 행복을 느낄 수 있다고 하였다. 이는 정신적인 성숙을 통해 올바른 삶에 대한 이해와 실천의 폭을 넓힌다는 읽기의 가치와 관련이 깊다.

오답 확인 ① (다)에서 책 읽기를 통해 정신세계가 더 넓어지고 수준이 높아지는 듯한 느낌을 받았다고 하였다. 이는 책 읽기가 정신적으로 건강한 삶을 유지하는 데 도움을 준다는 의미이다. 육체적 건강을 좋게 한다는 것은 거리가 멀다.
② (다)에서 일주일에 단 한 시간이지만 단 한 권의 책을 거듭 읽은 것만으로도 정신세계가 넓어진 느낌이 들었다고 하였다. 한 번만 읽어도 정신세계가 넓어진다는 의미는 아니다.
③ 이 글에서 확인할 수 없는 내용이며, 독서가 간접 경험이라는 측면에서도 적절하지 않다.
⑤ 이 글에서 확인할 수 없는 내용이며, 바람직한 독서 태도는 자신에게 필요한 정보를 선별적으로 받아들이는 자세라 할 수 있다.

03 글쓴이는 박지원의 소설을 읽고 다음에 이어질 내용이 궁금해지고 내용과 관련하여 '내가 주인공이 되었더라면 어떻게 했을지' 자꾸 생각하게 되었다고 하였다. 읽을수록 새로운 맛이 우러나오고, 문장의 품위와 아름다움을 느꼈다고 했다. '일주일에 단 한 시간, 도서관에서 단 한 권의 책을 거듭 펴서 읽었을 뿐'이라고 했으므로 책 읽는 시간이 늘어났다는 내용은 적절하지 않다.

04 (다)에서 책을 읽으면 정신세계가 보약을 먹은 듯이 한층 더 넓어지고 수준이 높아지는 느낌이 들었다고 하였다. 이는

보약이 신체적인 건강을 유지하도록 도와주듯이, 읽기가 정신적으로 건강한 삶을 유지하게 도와준다는 의미이다.

상	읽기가 정신세계를 넓어지게 한다는 (다)의 표현을 이용하고, 정신적으로 건강한 삶을 산다는 의미를 제시한 경우
중	(다)에 나온 표현만 단순히 이용하고, '정신적 건강'이라는 표현을 넣지 않은 경우
하	'정신적인 건강'의 의미와 거리가 멀고, 〈조건〉을 지키지 못한 경우

2. 과학자의 서재
본문 94~95쪽

01 ④ **02** ② **03** ⑤ **04** ③ **05** [예시 답안] 「모닥불과 개미」는 글쓴이에게 개미들의 행동에 대해 궁금증을 갖게 하였다. 또한 사회 생물학을 접했을 때 순간적으로 떠올랐으며, 사회 생물학을 전공하는 데 영향을 미쳤다.

01 글쓴이가 성장 과정에서 읽은 책과 작품에 대해 소개한 글로, 읽기 습관의 문제와 해결책에 대해서는 나와 있지 않다.

오답 확인 ① 이 글은 체험적, 고백적, 회고적, 자전적 성격의 수필이다.
② 글쓴이가 성장 과정에서 영향을 받은 다양한 책을 소개하였다.
③ 초등학교 4학년 때쯤부터의 경험을 시간의 흐름에 따라 서술하였다.
⑤ 책 읽기가 자신에게 미친 영향에 초점을 맞추고 있다.

02 (사)에서 글쓴이는 미국 유학을 가서 자신이 '꽂혀 버린 학문', 즉 그 매력에 빠진 학문이 사회 생물학이라고 소개하였다. 또한 (바)의 '동물학자가 된 이후에야'에서 글쓴이가 동물학자임을 확인할 수 있다.

오답 확인 ① (나)에서 글쓴이가 백과사전을 우연히 펼쳐 보았다는 점을 알 수 있다.
③ (나)에서 글쓴이는 백과사전에서 동물에 대한 분야를 자주 보았음을 알 수 있다.
④ (바)에서 「모닥불과 개미」라는 수필을 철학적으로 받아들인 것은 솔제니친임을 알 수 있다.
⑤ (라)에서 글쓴이는 노벨 문학상 전집을 통해 감성적인 부분과 더불어 여러 나라의 지식과 정보를 얻었음을 알 수 있다.

03 과거에 읽은 「모닥불과 개미」라는 수필이 사회 생물학을 접했을 때 떠오른 것은 과거의 독서 경험이 현재의 상황에 연결된 것이라고 할 수 있다. 이와 비슷한 경험과 읽기의 가치를 보여 주는 사례는 미술사라는 학문을 알게 되었을 때 과거 읽기 경험을 떠올린 경우라 할 수 있다.

04 (라)에서 '노벨 문학상 전집(작품)'이 다른 나라의 역사와 정보를 얻게 해 주었다고 하였다. 백과사전을 읽으며 글쓴이가 다른 나라 역사에 호기심을 느꼈는지 여부는 알 수 없다.

05 「모닥불과 개미」는 글쓴이에게 개미들의 행동에 대한 궁금증을 갖게 하였으며, 글쓴이의 머릿속에 깊이 박혔다. 또한 사회 생물학을 접했을 때 순간적으로 떠올랐으며, 글쓴이가 사회 생물학을 평생 공부하겠다고 결정하는 데 영향을 미치기도 하였다.

상	(바)에서 개미들의 행동에 대해 궁금증을 갖게 되었다는 점과 (사)에서 사회 생물학을 접했을 때 생각났다는 점(사회 생물학을 전공하는 데 영향을 미쳤다는 점)을 제시한 경우
중	'상'의 답안과 유사하나 (바)에서 단순히 글쓴이의 머릿속에 깊이 박혔다는 내용이나 (사)에서 미국 유학을 가서 생각났다는 내용이 포함되어 있는 경우
하	글쓴이에게 미친 두 가지 영향을 정확히 제시하지 못하고, 〈조건〉을 지키지 못한 경우

② 설명 방법 파악하며 읽기

1. 그림에서 들려오는 소리
본문 98~101쪽

01 ② **02** ③ **03** ① **04** ④ **05** ① **06** ③ **07** ④
08 [예시 답안] • 형태 면: 한 글자는 형태로 보여 상상력을 발휘할 수 있고, 글자의 형태가 아름답기 때문이다. • 내용 면: 강렬한 감정을 표현할 수 있기 때문이다.

01 이 글에서는 그림에서 소리가 들리게 한 비결을 작품의 색채, 기법, 구도와 관련하여 분석적으로 설명하고 있다.

02 '공감각'은 '하나의 자극에 의해 두 개 이상의 감각이 느껴지는 것'을 의미하며, 대상을 단순히 다양한 감각으로 표현할 수 있는 능력과는 관계가 없다.

03 (가)의 '공감각이란 하나의 자극에 의해 두 개 이상의 감각이 느껴지는 것을 말해요.'에서 공감각의 개념을 정의의 방법으로 설명하고 있다.
오답 확인 ② (나)에는 호크니의 작품에 대한 설명만 나와 있다. 다른 화가의 작품은 언급되어 있지 않다.
③ (다)에서는 아크릴 물감과 유화 물감의 차이점을 설명하고 있다. 아크릴 물감의 성분 분석에 대한 내용은 나와 있지 않다.
④ (라)에서는 붓질의 거친 느낌과 롤러의 매끈한 느낌을 대조하여 설명하고 있다. 붓의 종류에 대한 설명은 나와 있지 않다.
⑤ (마)는 작품의 구도에 대해 설명하고 있다. 과정은 어떤 결과를 가져오게 하는 단계를 순서에 따라 설명하는 방법으로 (마)에서는 찾아볼 수 없다.

04 〈풍덩〉은 수평선, 대각선과 수직선의 대조를 통해 한낮의 정적을 표현하였고, 여기에 선명한 색채와 거칠고 매끈한 붓질의 대조를 통해 다이빙할 때의 '풍덩' 소리와 물보라를 강조하였다. 한여름의 정적을 깨는 '풍덩' 소리와 튀어 오르는 물보라는 작품의 동적인 분위기를 형성한다고 볼 수 있다.
오답 확인 ① (라)의 '물보라가 일어나는 부분만 붓으로 흰색을 거칠게 칠하고'에서 확인할 수 있다.
② (다)의 '유화 물감 대신 아크릴 물감을 사용했기 때문이지요. 아크릴 물감은 유화 물감보다 빨리 마르고 색채를 더 선명하고 강렬합니다.'에서 확인할 수 있다.
③ (마)의 '캘리포니아의 집, 수영장의 수평선, 다이빙 보드의 대각선이 야자수 줄기의 수직선과 대조를 이루네요.'에서 확인할 수 있다.
⑤ (마)의 '거실 유리창에는 맞은편 건물이 비치고요. 한낮의 눈부신 햇살과 무더위, 정적을 나타낸 것이지요.'에서 확인할 수 있다.

05 (마)에서 공감각 능력은 누구나 어릴 적에는 갖고 있지만 자라면서 그 능력을 잃어버린다고 설명하고 있다. 따라서 공감각 능력이 부모로부터 물려받는 유전적인 것이라는 진술은 적절하지 않다.

06 이 글은 김호득의 작품 〈아〉를 예로 들어 그 그림이 공감각적인 작품인 이유에 대해 분석하고 있다(ㄴ). 그리고 (마)에서 다이앤 애커먼의 말을 인용해서 독자들에게 공감각을 되살리기 위해 공감각적인 예술 작품을 감상하는 취미를 가져볼 것을 권유하고 있다(ㄷ).

07 [A]에 쓰인 설명 방법은 '대조'이다. 김호득은 자신의 그림이 단순히 문자가 지닌 추상적인 형태에 이끌려 조형성만을 빌려 온 다른 그림들과는 다르다며 자신의 그림의 차이점을 밝히고 있다.
오답 확인 ① 효용의 개념을 정의의 방법으로 설명하고 있다.
② 민화의 종류를 구분하여 설명하고 있다.
③ 우연성 음악을 대표하는 음악가의 예를 제시하고 있다.
⑤ 혈액이 순환하는 과정을 설명하고 있다.

08 (나)의 내용으로 미루어 김호득이 '아' 자를 선택한 이유는 한 글자가 열어 주는 상상력과 글자 자체의 형태적 아름다움, 그리고 강렬한 느낌의 표현 효과 때문이다.

상	'아' 자를 선택한 이유로 형태 면의 상상력, 글자 자체의 아름다움, 내용 면의 강렬한 느낌의 표현 효과를 모두 포함하여 서술한 경우
중	'아' 자를 선택한 이유로 상상력, 글자 자체의 아름다움, 강렬한 느낌의 표현 효과 중, 두 가지를 들어 서술한 경우
하	'아' 자를 선택한 이유를 형태 면, 내용 면으로 제대로 나누지 못하고 대략적으로 서술한 경우

2. 정전기가 겨울로 간 까닭은?

본문 102~105쪽

01 ③　　02 ③　　03 ④　　04 ⑤　　05 [예시 답안] 정전기는 전압은 높지만 전류가 거의 없기 때문이다.　　06 ④　　07 ③
08 ③　　09 [예시 답안] 정전기는 건조할 때나 마찰에 의해 잘 생기는데, 헤어드라이어를 사용해 말리면 습도가 낮아지고, 비벼 말리면 비빌 때 마찰 전기가 생기기 때문이야.

01 (다)에서 물체를 이루는 원자의 주변에는 전자가 돌고 있는데, 원자핵으로부터 멀리 떨어진 전자들은 마찰을 통해 다른 물체로 쉽게 이동한다고 설명하고 있다. 즉 마찰을 통해 다른 물체로 이동하는 것은 원자핵이 아니라 전자이다.

오답 확인 ① (가)의 '겨울만 되면 정전기가 기승을 부린다.'에서 확인할 수 있다.
② 대전열은 어떤 물체가 전자를 쉽게 얻고 쉽게 잃는지를 순서대로 배열한 것이다. '털가죽-유리-명주-나무-고무-플라스틱-에보나이트'의 대전열 순서에 따르면 전자를 잘 잃는 우리 몸은 같은 (+) 전하를 띠는 천연 재료의 옷을 입는 것이 정전기를 줄이는 방법이 된다. 즉 대전열에 대한 정보는 정전기 발생을 줄이는 데 활용될 수 있다.
④ (라)의 '지성 피부를 가진 사람보다는 건성 피부를 가진 사람에게 정전기가 많이 생긴다.'에서 확인할 수 있다.
⑤ (마)의 '우리 몸은 전자를 잘 잃는 편에 가까우니 나일론, 아크릴, 폴리에스테르 같은 합성 섬유를 입는 사람은 정전기와 친할 수밖에 없다.'에서 확인할 수 있다.

02 (나)의 '정전기는 그냥 머물러 있는 전기 ~ 정전기라고 부르는 것이다.'에서 정전기의 개념을 정의의 방법으로 설명하고 있다.

오답 확인 ① 이 글에는 정전기의 종류에 대한 내용은 나와 있지 않다.
② (다)와 (마)에서 마찰 전기의 내용을 다루고 있지만, 마찰 전기의 종류를 제시하고 있지는 않다.
④ (라)에서 수증기의 전기 친화성을 설명하고 있고, (마)에서 대전열을 설명하고 있지만 둘의 비슷한 점은 제시되어 있지 않다.
⑤ 정전기와 마찰 전기의 차이점을 설명하고 있지 않다.

03 (라)에서 다루고 있는 내용은 정전기가 잘 생기는 조건이다. (라)에는 정전기가 발생하는 최적의 거리에 대한 내용은 나와 있지 않다.

04 (마)의 '정전기는 전자를 쉽게 주고받을 수 있는 마찰에 의해 잘 생긴다.'에서 확인할 수 있다. 전자를 쉽게 잃는 물체와 전자를 쉽게 얻는 물체가 마찰할 때 그동안 쌓였던 전기가 순식간에 이동하면서 정전기가 발생한다.

05 (나)에서 '정전기의 전압은 수만 볼트(V)에 달해 번개와 동

급이지만, 전류는 거의 없어 치명적이지 않다.'라고 정전기 현상이 위험하지 않은 이유를 설명하고 있다.

상	전압은 높지만 전류가 거의 없다는 내용을 모두 포함하여 한 문장으로 서술한 경우
중	전류가 거의 없다는 내용만을 한 문장으로 서술한 경우
하	전류가 거의 없다는 내용만 포함하고, 한 문장으로 서술하지 못한 경우

06 이 글에서는 정전기의 위험성과 이로움을 다양한 예를 들어 설명하고 있으며, 일상생활 속에서 정전기를 줄일 수 있는 방안으로 적절한 습도를 유지할 것과 평소 전기를 중화시키는 습관을 들일 것을 제시하고 있다.

오답 확인 ① (라)에서 정전기의 원리를 적용한 제품을 설명하고 있지만, 제품을 홍보하기 위한 목적으로 제시한 것은 아니다.
② 정전기는 산업체에서 결코 간과할 수 없는 위협적 존재라고 하였다. 그러나 무해함을 과학적으로 증명한 내용은 나와 있지 않다.
③ (라)에서 정전기 원리를 활용한 제품을 설명하고 있지만, 이것이 정전기 원리를 활용한 산업의 위험성을 경고하기 위해서 제시된 것은 아니다.
⑤ 정전기 현상의 이로움과 해로움에 대한 내용은 (나), (다), (라)에 나와 있지만, 학계의 논쟁을 알려 주기 위한 것은 아니다.

07 (라)에 "감겨 있던 랩을 '좍' 떼는 순간 마찰로 정전기가 발생하니, 랩의 접착력이 시원치 않다 생각하는 사람은 더 힘차게 떼자."라는 내용이 나와 있다. 따라서 '포장 랩의 접착력을 높이려면 비닐을 떼는 순간의 마찰을 줄여야 한다.'라는 진술은 이 글의 내용과 일치하지 않는다.

오답 확인 ① (라)에서 '복사기는 정전기를 이용해 토너의 잉크 가루를 종이에 붙인다. 먼지를 제거하는 집진기도 정전기의 원리로 공중의 먼지를 붙여 제거한다.'라고 하였다.
② (나)에서 '발화점이 낮은 유류를 운반하는 유조차는 작은 스파크에도 치명적이다.'라고 하였다.
④ (바)에서 "자동차 문고리를 잡기 전에 손에 입김 한번 '하~' 하고 불어 주자. 입김으로 손에 생긴 습기가 정전기 확률을 낮춰 준다."라고 하였다.
⑤ (다)에서 '반도체 부품은 정전기 방전에 쉽게 파손된다. 그래서 기술자들은 자기 주변에 정전기가 쌓일 만한 저항이 큰 물체를 일절 놓지 않는다. 소매와 양말에 접지선이 달린 특수한 옷을 입고 반도체를 다룬다.'라고 하였다.

08 (나), (다)에서는 정전기의 위험한 사례를, (라)에서는 정전기의 원리를 활용한 제품의 사례를, (마), (바)에서는 정전기를 줄이는 방안의 구체적 사례를 제시하고 있다. 그리고 (라)에서는 포장 랩이 그릇에 달라붙는 이유를 인과의 방법으로 설명하고 있다. 따라서 (가)~(바)에 쓰인 설명 방법은 ㄱ과 ㄹ이다.

09 (마)에서 '머리를 헤어드라이어로 말리면 습도가 낮아질 뿐 아니라 수건으로 머리를 비비는 과정에서 마찰 전기가 발

생하므로 가급적 그냥 말린다.'라고 설명하고 있다. 이를 통해 정전기는 건조할 때와 마찰 전기가 발생할 때 잘 생긴다는 것을 알 수 있다.

상	정전기가 잘 생기는 조건(건조할 때, 마찰 전기가 발생할 때)을 모두 포함하여 서술한 경우
중	정전기가 잘 생기는 조건을 둘 중 하나만 밝힌 경우
하	정전기가 잘 생기는 조건을 제대로 밝히지 못한 경우

3 매체의 표현 방법과 효과

1. 자기표현 수단으로서의 문자와 영상 본문 108~109쪽

01 ① **02** ③ **03** ④ **04** ④ **05** ④ **06** [예시 답안] 동영상의 제작이나 공유에 대하여 사전에 해당 인물의 허락을 구한다.

01 이 글에서는 디지털 미디어에서 의사를 전달하는 수단인 문자와 영상의 특성에 대해 설명하고 있다. 동영상을 자료로 활용한 경우 글쓴이가 전하고자 하는 바와의 관련성이나 전하고자 하는 메시지에 대해 판단하는 것이 바람직하다. 동영상 편집 기술에 대한 이해는 글 읽기와는 무관하다.

오답 확인 ② 사진은 주로 시각적 이미지를 전달하는 매체이므로 글쓴이가 전하고자 하는 시각적 경험을 파악해야 한다.
③ 사진은 수정과 정리 등 편집이 용이한 매체로, 글쓴이의 의도에 맞게 편집된 것임을 알아 두어야 한다.
④ 다양한 문자 활용의 의도를 파악해야 글쓴이가 전하고자 하는 미묘한 감정을 이해할 수 있다.
⑤ 동영상의 내용은 글쓴이 자신과 관련된 것보다 다른 사람을 촬영하는 경우가 많다고 설명하고 있으므로 다른 사람의 초상권을 해치는 요소가 없는지 판단해야 한다.

02 이 글에서는 '문자', '사진', '동영상'이 디지털 미디어에서의 의사 전달 매체로 활용된다는 점을 바탕으로 각각의 특징을 설명하고 있다. 즉 이들 매체는 모두 글쓴이가 전하고자 하는 바를 다른 형식으로 전달해 주는 역할을 하는 것이다.

오답 확인 ① 복잡한 내용을 한눈에 표현하는 것은 사진이나 동영상에 해당한다.
② 문자와 사진은 시각적, 동영상은 시청각적 자극을 준다.

④ 매체는 특별한 경우가 아니면 사용자에 대한 정보를 드러내지 않고 글을 보충하는 자료로 사용된다.
⑤ 동영상은 편집이 용이하지 않은 매체라고 설명하고 있다.

03 (나)에서는 사진이 상황을 한눈에 표현해 주면서 시각적 경험을 즉각적으로 공유하게 해 주는 매체라고 말하고 있다. 즉 시각적 경험을 통해 내용을 확인하게 하는 매체로서, ④의 경우 사진을 통해 차이를 인식하기 쉽다.

오답 확인 ① 수학여행 참가 비용은 세부 항목에 따라 내용을 정리한 표를 제시하는 것이 적절하다.
② 독감 예방의 방법을 그림으로 제시하거나 인터뷰와 같은 동영상을 제시하는 것이 적절하다.
③ 점수를 도표로 정리하여 제시하는 것이 적절하다.
⑤ 수치의 변화를 드러내는 것이므로 그래프를 제시하는 것이 적절하다.

04 ㉠은 인터넷 매체로서, 다양한 매체 활용과 쌍방향 소통이 가능한 환경이다. 글쓴이는 대체로 다양한 매체를 활용하여 자신의 의도를 강조하는데, 이런 경우 독자는 글쓴이의 감정적 요소보다 글쓴이가 말하고자 하는 바를 중심으로 내용을 파악해야 한다.

오답 확인 ① 다양한 매체에 담긴 내용과 글쓴이의 의도를 파악하면서 매체가 적절한지 판단해야 한다.
② 인터넷 매체의 경우 쌍방향 소통이 가능하기 때문에 댓글을 통해 다른 사람의 반응을 살필 수 있다.
③ 매체가 일정한 의미를 담고 있으므로 그 의미를 파악해 보아야 한다.
⑤ 인터넷 매체에서의 문자 표현의 특성을 바탕으로 독특한 문자 의미를 파악해야 한다.

05 디지털 미디어에서 문자를 활용하여 글을 쓸 때 빠른 소통을 위하여 말을 줄여 쓰는 경우가 많다.

오답 확인 ① 비속어는 저속한 말이나 욕설로, 소통 속도의 개선과는 무관하다.
② 표준어는 공통어로서 지역 간, 계층 간의 원활한 소통에 도움이 되는 말이다.
③ 외래어는 외국에서 들어와 국어로 토착화된 말이다.
⑤ 전문어는 특정 전문 직업군에서 직무를 수행하는 데 필요한 말로, 같은 집단의 사람들의 의사소통에 도움이 되지만 다른 집단의 사람들에게는 소통의 어려움을 초래할 수 있다.

06 다른 사람의 모습을 촬영하여 인터넷으로 유포할 경우 초상권을 침해하거나 명예를 훼손할 수 있으므로 사전에 촬영 대상에게 촬영과 유포에 대한 허락을 받아야 한다.

상	촬영과 유포(제작과 공유)의 상황과 사전 허가의 상황을 모두 바르게 서술한 경우
중	사전 허가에 대한 내용만 서술한 경우 예 사전에 허락을 받는다.
하	타인과 무관하게 서술한 경우 예 자기의 모습만 촬영한다.

2. 다섯손가樂

본문 110~111쪽

01 ④ **02** ④ **03** ① **04** ⑤ **05** ③ **06** [예시 답안] 말하고자 하는 내용을 친숙하게 표현하여 쉽게 이해할 수 있게 한다.

01 웹툰은 글과 그림을 통해 내용을 전달하며 대체로 인물의 특성을 살려 단순화하여 그려 내며, 말풍선을 활용하여 인물의 대사를 처리하면서 대사의 연결을 통해 이야기를 전달한다. 인물의 감정이나 내용의 중요도 등에 따라 글자의 크기나 모양, 색 등을 달리하기도 한다.

02 이 웹툰에서는 일상적인 말투를 사용하여 내용을 전개하고 있다. 손가락을 사람처럼 의인화하여 친숙하게 그려 사건을 전개하고 있으며, 하늘색, 주황색, 빨간색, 분홍색 등 다양한 색상을 활용하였다. 그러나 스마트폰으로 인한 갈등과 스마트폰에 얽매여 사는 상황을 표현하고 있어 분위기가 밝고 명랑한 것은 아니다.

03 이 웹툰에서는 스마트폰에 의존하며 다른 사람들과의 소통이나 교류에 무관심한 현대인들의 삶을 비판적으로 다루고 있다. ①에서는 스마트폰을 끄고 서로에 대한 관심을 가지고 대면하여 소통을 하다 보면 행복감이 온다는 점을 강조하고 있다.

오답 확인 ② 안전 운전을 위하여 운전 중 스마트폰을 사용하지 말자는 뜻을 담고 있다.
③ SNS 등의 어플리케이션을 통한 사이버 교류의 확대로 스마트폰이 사람들 사이의 소통을 확대해 준다는 의미를 담고 있다.
④ 스마트폰에서 다루는 정보들에 오류가 있을 수 있다는 점을 강조하고 있다.
⑤ 스마트폰 사용으로 인하여 다른 사람에게 피해를 줄 수 있음을 강조하고 있다.

04 이 웹툰은 스마트폰에 매여 서로에 대한 관심과 교류를 단절하며 사는 우리의 모습을 반성하도록 촉구하는 공익 광고이다. ⑤와 같이 스마트폰 사용의 문제점을 지적하고 개선 방안에 대한 주장을 제시할 때 이 웹툰을 자료로 활용한다면 독자의 흥미를 끌고 주제를 강조하는 효과를 얻을 수 있다.

오답 확인 ① 이 웹툰에서 서로 대면하여 하는 활동이 언급되고 있으나 전통적인 놀이 문화에 대한 내용은 다루지 않고 있다.
② 스마트폰 사용 방법을 설명할 때에는 스마트폰의 다양한 버튼과 그에 따른 기능을 보여 주는 것이 적절하다.
③ 우정의 소중함을 주장하는 글에서는 우정을 소중하게 여긴 역사적 사례나 인물들의 그림 등을 활용하는 것이 적절하다.
④ 스마트폰 보급 실태 조사 보고서에서는 스마트폰을 얼마나 사용하는지에 대한 내용이 중점을 이루게 되므로 도표나 그래프 등의 자료가 적절하다.

05 (가)에서는 스마트폰에 의존적인 모습을, (나)에서는 스마트폰을 끄고 몸을 접촉하며 하는 놀이를 보여 주고 있다. 스마트폰을 사용할 때와 사용하지 않을 때를 대조적으로 보여 준다.

06 웹툰의 경우 일반적인 글에 비해 그림이 많이 활용되므로 친숙함을 느끼게 한다. 대상을 단순화하여 그림으로 제시함으로써 독자는 내용을 좀 더 쉽게 이해할 수 있다.

상	그림 활용(친숙한 표현)과 내용 이해의 용이성에 대해 모두 바르게 서술한 경우
중	그림 활용(친숙한 표현)과 내용 이해의 용이성 중 한 가지는 바르게 서술했으나 한 가지를 모호하게 쓴 경우
하	그림 활용(친숙한 표현)과 내용 이해의 용이성 중 한 가지만 바르게 쓴 경우

3. 온열 질환 카드 뉴스

본문 112~113쪽

01 ④ **02** ④ **03** ⑤ **04** ④ **05** ① **06** [예시 답안] 한여름 낮 시간 외부 활동 자제 필요

01 이 카드 뉴스는 폭염으로 온열 질환자가 다수 발생할 위험이 커지는 데 대해 온열 질환을 예방하기 위한 방법을 설명하고 있다. 독자에게 정보를 제공하기 위한 목적으로 만들어진 카드 뉴스이다.

02 이 카드 뉴스는 문자와 그림, 그래프 등의 다양한 매체를 활용하여 내용을 전달하고 있다. 명사형의 문장 종결을 통해 내용을 간결하게 표현하면서 의미를 명료하고 정확하게 전달하고 있다. 함축적이고 암시적인 문장 표현보다 일상적인 문장 표현을 주로 활용하고 있다.

오답 확인 ① 친숙한 느낌을 주는 다양한 연령층의 인물 이미지를 활용하고 있다.
② 그래프에서 구체적인 숫자를 표시하여 통계 자료임을 표현하고 있다.
③ 색채와 문자 크기, 그림 등 다양한 자료를 활용하고 있다.
⑤ 배경색을 모두 주황색으로 처리하여 통일감을 주고 있다.

03 글쓴이는 이 카드 뉴스를 통해 독자가 온열 질환을 예방할 수 있는 건강 수칙에 따라 생활하기를 기대하고 있다. 건강 수칙을 보면 연령층에 관계없이 되도록 밝은 색의 옷을 입도록 설명하고 있다.

오답 확인 ① 시원한 물로 목욕이나 샤워하기를 권하고 있다.
② 모자나 양산으로 햇볕 차단하기를 권하고 있다.
③ 규칙적으로 자주 물 마시기를 권하고 있다.
④ 12시에서 17시 사이에 온열 질환 발생률이 높다는 점을 지적하고 있다.

04 ㉠은 여름철 폭염 일수에 대한 통계 자료이다. 공인된 기관의 통계 자료는 내용에 대한 신뢰도를 높이는 데 기여한다. 또한 내용을 일목요연하게 보여 준다.

05 ㉡의 아랫부분에 적힌 내용들은 모두 더위를 식히기 위해 몸을 시원하게 하는 방법들이다.

06 제시된 기사에는 한낮 시간에 일하다가 온열 질환을 갖게 된 사람들에 대해 말하고 있다. 이 카드 뉴스에서는 12시에서 17시까지 햇볕이 뜨겁기 때문에 휴식하기를 권하고 있다.

상	한낮 시간대와 휴식(외부 활동 자제)의 내용을 모두 바르게 서술한 경우
중	시간대만 서술한 경우 예 한낮을 피하라.
하	휴식(외부 활동 자제)의 내용만 서술한 경우 예 무조건 쉬어라.

대단원 평가
본문 114~119쪽

01 ④ **02** ③ **03** ⑤ **04** ① **05** ③ **06** ⑤ **07** [예시 답안] ⓐ 도서반 담당 선생님께서 자기 마음에 드는 책을 골라서 자유롭게 읽게 하셨다. ⓑ 우연히 백과사전을 발견하게 되었다. **08** ① **09** ② **10** ③ **11** ① **12** ② **13** [예시 답안] 마찰에 의해 물체 간에 전자를 주고받으면서 전기가 쌓이고 한도 이상 전기가 쌓였을 때 적절한 유도체가 닿으면 이 전기가 순식간에 불꽃을 튀며 이동하는 정전기가 발생한다. **14** ④ **15** ⑤ **16** ④ **17** ②

01 (가)와 (나)는 모두 글쓴이가 경험한 일을 진술하게 쓴 수필이다.

오답 확인 ① 논설문, ② 비평문, ③ 설명문, ⑤ 소설에 대한 설명이다.

02 (가)는 읽기의 가치와 중요성을, (나)는 자신의 삶과 학문에 영향을 미친 읽기 경험에 대해 이야기하고 있다.

오답 확인 ① (가)의 글쓴이가 박지원의 소설을 읽고 느낀 바와 관계 있는 것이다.
② (가), (나) 모두 도서관 활용 방법에 대한 내용은 나와 있지 않다.
④ (나)에 노벨 문학상 작품이 글쓴이에게 미친 영향이 제시되어 있으나, 두 작품의 공통된 주제라고 하기 어렵다.
⑤ (가)에 무협지와 박지원 작품의 차이점에 대해 제시되어 있으나, 두 작품의 공통된 주제라고 하기 어렵다.

03 「모닥불과 개미」가 글쓴이의 머릿속에 강렬한 인상을 남겼으며 훗날 글쓴이가 사회 생물학을 공부하는 데 이 글이 영

향을 미쳤다는 것은 (나)에서 확인할 수 있다. 하지만 이 글이 과학자에게 필요한 자질과 능력에 대해 생각하게 한 것은 아니다.

오답 확인 ① (나)에서 백과사전을 통해 몰랐던 사실을 알게 되는 재미를 느꼈음을 알 수 있다.
② (나)에서 노벨 문학상 전집이 감성적인 부분을 충족해 주고 다른 나라에 대한 지식과 정보를 얻게 해 주었다는 점을 알 수 있다.
③ (가)에서 박지원의 소설을 읽고 글쓴이가 주인공이 다음에 어떻게 되었을지 궁금증을 가졌다는 것을 확인할 수 있다.
④ (가)에서 '나'가 주인공이 되었다면 어떻게 했을지 생각했다는 내용을 확인할 수 있다.

04 글의 내용을 다른 매체로 만들 때 나올 수 있는 장면을 연상해야 한다. 글쓴이가 솔제니친을 직접 만난 것이 아니라 솔제니친의 작품을 읽은 것이기 때문에, 직접 솔제니친을 만나서 대화하는 장면은 제시될 수 없다.

05 ㉠은 대조의 방법으로 무협지와 박지원의 소설에 대한 차이점을 서술하고 있다.

06 ㉡은 글쓴이가 도서반에서 박지원의 소설을 읽고 느낀 고전 읽기의 의미와 가치를 말한 것이다. 따라서 '좋은 책과 고전 읽기의 가치'를 말한 ⑤와 의미가 통한다.

오답 확인 ① 책이 가진 장점을 소개한 명언이다.
② 습관화된 독서, 지속적인 독서를 강조한 명언이다.
③ 독서의 가치와 효용성에 대한 명언이다.
④ 도서관과 독서의 가치에 대한 명언이다.

07 (가)에서 도서반 담당 선생님이 학생들이 마음에 드는 책을 골라서 자유롭게 읽게 하셨음을 확인할 수 있다. (나)에서 '나'는 방 안에서 뒹굴고 있다가 우연히 백과사전을 발견했음을 알 수 있다.

상	ⓐ는 '자기 마음에 드는 책', '자유롭게 읽게 했다', ⓑ는 '우연히 봤다'는 내용을 포함해 각각 완결된 문장으로 작성한 경우
중	ⓐ나 ⓑ 모두 완결된 문장으로 작성하였으나, 한 가지만 정확한 내용으로 작성한 경우
하	ⓐ나 ⓑ 중에서 한 가지만 작성하고 완결된 문장으로도 작성하지 못한 경우

08 이 글은 데이비드 호크니의 〈풍덩〉을 예로 들어 '공감각'을 설명하고 있다. 1문단에서 공감각의 개념을 정의하고 있으며, 3, 4, 5문단에서는 〈풍덩〉을 부분으로 나누어 색채, 기법, 구도 면에서 분석하고 있다. 또한 수영장의 파란색 물과 다이빙 보드의 노란색이 선명하게 보이는 이유를 유화 물감이 아니라 아크릴 물감을 사용했기 때문이라고 인과 관계로 설명하고 있다. 이 글에서 대상을 종류별로 묶어서

설명하는 분류나 구분, 대상의 공통점을 설명하는 비교에
해당하는 설명 방법은 사용되지 않았다.

오답 확인 ① 분류·구분과 비교에 해당하는 설명이다.
② 정의에 해당하는 설명이다.
③ 예시에 해당하는 설명이다.
④ 분석에 해당하는 설명이다.
⑤ 인과에 해당하는 설명이다.

09 ②는 '금으로 타는 태양'이라는 시각적 이미지를 '울림'이라
는 청각적 이미지로 표현한 공감각적 표현이다.

10 ㉡은 대상의 차이점을 중심으로 설명하는 대조의 설명 방
법이 사용되었다. ③도 전설과 민담의 차이점을 견주는 대
조의 방법을 사용하였다.

오답 확인 ① 표준어의 개념과 뜻을 설명하는 정의의 방법이 사용되
었다.
② 한 대상을 여러 요소로 나누어 설명하는 분석의 방법이 사용되었다.
④ 두 대상의 공통점을 중심으로 설명하는 비교의 방법이 사용되었다.
⑤ 일정한 기준에 따라 대상을 나누어 설명하는 구분의 방법이 사용되었다.

11 우리 몸은 전자를 잘 잃는 편이므로 전자를 쉽게 얻는 소재
의 합성 섬유를 입을 때 정전기가 더 잘 발생한다.

오답 확인 ① 정전기가 전압은 높지만 위험하지 않은 이유는 전류가
거의 없기 때문이다.
② 우리 몸은 주변 물체와 접촉하여 마찰을 일으킬 때 물체와 전자를 주
고받는다.
③ 전기 친화성을 가진 수증기가 주변의 전하를 띠는 입자들을 전기적 중
성 상태로 만들기 때문에 습도가 높으면 정전기가 잘 발생하지 않는다.
④ 자동차에 키를 꽂을 때 불꽃이 튀고, 스웨터를 벗으면 '찌지직' 소리와
함께 머리가 변하는 것 등이 생활 속에서 경험할 수 있는 정전기의 예이다.

12 ㉠은 예시, ㉡은 정의, ㉢은 대조, ㉣은 인과, ㉤은 예시의
설명 방법이 사용되었다. 같은 설명 방법을 사용한 것은 ㉠
과 ㉤이다.

13 4문단의 내용을 바탕으로 정전기가 어떻게 발생하는지 원
리를 정리해 본다. '전자를 주고받음. – 축적된 전기가 유
도체와 접촉함. – 전기가 순간적으로 이동함.' 정도로 정전
기가 발생하는 과정을 단계별로 정리해 본다.

상	'전자, 전기, 유도체'라는 단어를 단계별로 사용하여 정전기의 발생 과정을 정리하고, 완결된 하나의 문장으로 쓴 경우
중	'전자, 전기, 유도체'라는 단어를 정전기의 발생 과정에 따라 적 절하게 사용하지 못했거나, 그중 한 개가 누락된 경우
하	정전기의 발생 과정을 단계별로 정리하지 못하고, '전자, 전기, 유도체'라는 단어 중 두 개 이상 누락된 경우

14 (나)는 문자가 주된 소통 수단이 되는 디지털 미디어에서

말과 달리 감정을 표현해 내기 어려운 문자의 한계를 보완
하기 위해 고안된 다양한 방법을 소개하고 있다. (가)는 웹
툰 공익 광고로 그림(만화)과 의성어, 그 밖에 말풍선의 모
양이나 글자의 크기 같은 시각적 장치 등을 이용하여 다양
한 감정을 담아 메시지를 전달하고 있다. 그러나 (가)의 사
진 컷은 손가락으로 의인화해 보여 준 문제적 사회 현상을
독자에게 직접적으로 전달하고자 하는 의도를 담은 것으로
문자의 한계를 보완해 감정을 표현하는 방법과는 관계가
없다.

오답 확인 ①, ③ 웹툰은 인터넷을 뜻하는 '웹(web)'과 만화를 뜻하
는 '카툰(cartoon)'의 합성어로 '인터넷을 매개로 배포하는 만화'를 의미
한다. (가)의 손가락들의 표정이나 묘사된 장면을 통해 미묘한 감정을 전
달한다는 점에서 문자의 한계를 보완하는 방법으로 볼 수 있다.
② (나)에서 문자의 한계를 보완하기 위한 방법의 하나로 의성어, 의태어
의 사용을 소개하였다.
⑤ 소리를 지를 때는 말풍선의 모양을 뾰족뾰족하게 그린 것이나, '맞아!!
우리가 바보 같았어.'처럼 글자를 크게 한 것은 깨달음을 강조하여 시각
적으로 표현한 것으로 볼 수 있다.

15 (가)는 스마트폰에 빠져 사는 오늘날 현대인의 모습을 의인
화된 손가락들의 갈등으로 제시하여 스마트폰의 사용 자제
와 서로 이해하고 관심을 가지는 삶에 대해 강조하고 있는
공익 광고이다. 새로운 정보와 지식을 주는 내용으로 보기
어렵다.

16 (가)는 스마트폰 사용을 절제하고 서로에 대해 이해하고 관
심을 갖자는 주제를 담고 있다. ④는 스마트폰으로 대화하
여 얼굴을 맞대고 하는 대화가 줄어드는 현실을 지적한 신
문 기사의 표제로 웹툰 광고와 유사한 문제의식을 담기에
적절하다.

오답 확인 ① 스마트폰 과다 사용의 문제점으로 손 건강의 문제를
지적하는 표제이다.
② 휴대 전화의 기술 발전을 보여 주는 표제이다.
③ 고가의 스마트폰으로 빈부 격차가 발생하는 상황을 보여 주는 표제이다.
⑤ 사이버 언어폭력의 문제를 지적한 표제이다.

17 (나)는 디지털 미디어에서 가장 많이 쓰이는 소통 수단인
문자의 한계를 보완하기 위해 고안된 다양한 방법들을 소
개하고 있다. ②는 보행 시 휴대 전화를 사용하다가 발생할
수 있는 안전사고의 위험성을 경고하는 발표에서 활용하기
에 적절한 자료이다.

오답 확인 ① 문자의 한계를 보완하는 다양한 방법들을 소개한 마지
막 부분에서 활용하기에 적절하다.
③ 문자로 메시지를 전달하는 경우의 사례로 '휴대 전화 문자, 메신저, 채
팅, 이메일, 토론방 댓글 등'을 소개하면서 활용하기에 적절하다.
④ 일상 대화와 대비하여 문자의 한계를 말할 때 활용할 수 있다.
⑤ 발표 내용을 요약하여 정리할 때 활용할 수 있다.

`넷째 마당` **쓰기**

① 다양하게 설명하고 참신하게 표현하기

1. 설명 방법을 활용한 글 쓰기   본문 124~127쪽

01 ③   **02** ①   **03** ⑤   **04** [예시 답안] 다양한 매체를 활용하지 않고 인터넷에만 의존하여 정보를 찾았고, 신뢰성 있는 정보인지 확인하지 않았다.   **05** ②   **06** ④   **07** ④   **08** ⑤   **09** ①   **10** ③   **11** [예시 답안] • 설명 대상: 이순신 장군의 승리 비결   • 짧은 글: 이순신 장군은 전투를 하기 전에 완벽한 준비를 갖추고 승리할 가능성이 높은 경우에만 전투를 했기 때문에 승리할 수 있었다.

01 설명문은 정보 전달을 목적으로 하는 글로, 글쓴이의 주관적인 견해보다는 객관적 정보를 중심으로 하는 글이다.
> **오답 확인**   ① 정확하고 다양한 정보를 전달하기 위해 다양한 매체에서 정보를 수집한다.
② 설명문은 정보를 효과적으로 전달하기 위해서 쉬운 언어로 자세히 풀어서 쓴 글이다.
④ 설명문의 목적은 정보 전달과 이해이다.

02 설명문은 정보를 이해하기 쉽도록 전달하는 것을 목적으로 하므로 문단을 쓸 때 중심 문장을 분명하게 제시하는 것이 좋다.
> **오답 확인**   ② 설명 방법은 다양하게 활용하는 것을 생각하기보다는 설명 대상에 맞는 설명 방법을 활용하는 것을 고려해야 한다.
③ 뒷받침 문장은 구체적이고 정확하게 쓰는 것이 좋다.
④ 매체 자료도 적절성을 반드시 검토하여 필요하면 다른 자료로 대체해야 한다.
⑤ 고쳐쓰기는 글 수준에서부터 문단, 문장, 단어 수준으로 점점 좁혀 가며 해야 한다.

03 대상이 많이 알려져 있는지의 여부는 설명 대상을 정할 때 고려할 점이 아니다. 많이 알려져 있더라도 더 자세하고 최신의 정보를 전달할 수도 있고, 잘못 알려진 정보를 바로잡을 수도 있기 때문이다. 그리고 알려져 있지 않더라도 알릴 만한 가치가 있는 대상은 설명 대상으로 삼을 수 있다.

04 〈보기〉를 보면 자료를 수집하는 단계에서 다양한 매체를 활용하지 못하고 인터넷에만 의존했으며, 인터넷의 자료를 검색할 때에도 신뢰성이 있는 정보인가를 고려한 것이 아니라 검색 순위에 따라 정보를 수집했음을 알 수 있다.

상	다양한 매체를 활용하지 못했다는 것과 신뢰성을 고려하지 않았다는 점을 모두 적절히 서술한 경우
중	다양한 매체를 활용하지 못했다는 것과 신뢰성을 고려하지 않았다는 점 중에서 한 가지만 서술한 경우
하	다양한 매체를 활용하지 못했다는 것과 신뢰성을 고려하지 않았다는 점을 모두 서술하지 않은 경우

05 개요를 보면 글의 제목이 '태블릿 컴퓨터 활용의 모든 것'이고 주제가 '태블릿 컴퓨터의 다양한 활용법'이므로 태블릿 컴퓨터의 역사는 전체 내용과 관련이 없다.

06 〈보기〉와 같이 '자동차의 종류'에 대해 소개하는 글은 대상을 일정한 기준에 따라 묶어서 설명하는 방법인 분류의 설명 방법을 활용하는 것이 효율적이다.

07 '정의'는 대상의 의미를 정확하게 밝힐 때 사용하는 설명 방법이다. '정의'를 통해 대상의 의미를 분명하게 밝히는 것이 대상을 설명하는 기초가 된다.
> **오답 확인**   ① 분석, ② 예시, ④ 구분, ⑤ 인과에 대한 설명이다.

08 비교와 대조의 방법으로 대상을 설명할 때에는 독자가 두 대상을 모두 잘 알고 있어야 하는 것은 아니다. 경우에 따라 두 대상을 잘 알고 있는 경우도 있을 수 있고, 두 대상 중에서 한 대상만 잘 알고 있는 경우가 있을 수도 있다. 후자의 경우 비교와 대조를 활용하면 잘 알지 못하는 대상을 설명하는 데 더 효과적이다.

09 분류나 구분을 통해 대상을 설명할 때에는 분류나 구분의 기준이 명확해야 한다. 기준이 명확하지 않으면 대상을 제대로 나눌 수 없어 독자를 더 혼란스럽게 할 수 있다.

10 분석의 방법은 대상을 구성 요소로 나누어 설명하는 방법이다. '나무'를 구성 요소로 나누면 '줄기, 잎, 뿌리'로 나눌 수 있으므로 분석에 의한 방법이라고 할 수 있다.
> **오답 확인**   ① 분류, ② 구분, ④ 대조, ⑤ 정의에 의한 설명이다.

11 인과의 방법을 활용하여 쓰기에 적합한 소재는 원인과 결과가 분명한 설명 대상이다. 이순신 장군의 승리 비결은 '이순신 장군의 승리'라는 결과를 도출한 원인이 분명하므로 인과로 글을 쓰기에 적절하다.

상	인과의 방법으로 글을 쓰기에 적절한 설명 대상과 짧은 글을 적절하게 서술한 경우
중	인과의 방법으로 글을 쓰기에 적절한 설명 대상과 짧은 글 중에서 한 가지를 적절하게 서술하지 못한 경우
하	인과의 방법으로 글을 쓰기에 적절한 설명 대상과 짧은 글을 모두 적절하게 서술하지 못한 경우

2. 참신한 표현을 활용한 글 쓰기 본문 128~129쪽

01 ③ **02** ⑤ **03** ③ **04** [예시 답안] '참꽃'과 '별'이 '많다'
는 공통적 속성을 가지고 있으므로 참꽃을 별무리에 빗대어 생생하
게 표현하였다.

01 이 글은 친교를 목적으로 하는 편지글로, 갑작스럽게 전학
간 사랑이가 친구에게 자신의 안부를 전하고 제주도를 소
개하기 위하여 쓴 글이다.

> **오답 확인** ①, ② 제주도로 전학을 온 이유와 제주도 생활의 즐거움
> 에 대해서도 부분적으로 드러나 있으나 이 글을 쓴 주된 목적으로 볼 수
> 없다.

02 '기가 차다'는 '하도 어이가 없어 말이 나오지 않다.'라는 뜻
의 관용어이므로 ㉤을 대신하여 쓰기 어렵다.

> **오답 확인** ① '손에 잡힐 듯하다'는 매우 가깝게 또는 또렷하게 보인
> 다는 뜻이다.
> ② '금강산도 식후경'은 아무리 재미있는 일이라도 배가 불러야 흥이 나
> 지 배가 고파서는 아무 일도 할 수 없음을 비유적으로 이르는 말이다.
> ③ '게 눈 감추듯'은 음식을 허겁지겁 빨리 먹어 치움을 비유적으로 이르
> 는 말이다.
> ④ '눈 오는 날 개 싸다니듯'은 눈이 오면 개들이 좋아하고 달려 나와서
> 돌아다닌다는 뜻으로, 쓸데없이 돌아다니기 좋아함을 비유적으로 이르는
> 말이다.

03 ⓐ의 의미를 강조하고 인상 깊게 전달하기 위해서는 '말만
잘하면 어려운 일이나 불가능해 보이는 일도 해결할 수 있
다.'라는 뜻을 가지고 있는 ③의 속담을 활용하는 것이 적
절하다.

> **오답 확인** ① 음식이나 물건으로는 힘이 벅차서 많은 사람을 다 대
> 접하지 못하므로 언변으로나마 잘 대접한다는 뜻이다.
> ② 하지 않아도 될 말을 이것저것 많이 늘어놓으면 그만큼 쓸 말은 적어
> 진다는 뜻으로 말을 삼가라는 의미이다.
> ④ 말이란 같은 내용이라도 표현하는 데 따라서 아주 다르게 들린다는
> 뜻이다.
> ⑤ 하고 싶은 말이나 해야 할 말은 시원히 다 해 버려야 좋다는 뜻이다.

04 참꽃의 모양이 별의 모양과 유사하다는 점에서 참꽃이 피
어 있는 모습을 별 무리에 빗대어 표현하였다. 이를 통해
대상을 생생하게 표현하는 효과를 얻을 수 있다.

상	'참꽃(들)'과 '별(무리)'이라는 두 대상의 공통적 속성을 밝히고, 참꽃들이 별 무리에 빗대어 표현되었다는 내용과 이를 통해 생생한 표현 효과를 얻을 수 있다는 내용을 명확하게 서술한 경우
중	'참꽃(들)'과 '별(무리)'이라는 두 대상을 밝히지 않은 채 공통적 속성만 한 문장으로 드러낸 경우
하	'참꽃(들)'과 '별(무리)'이라고 하여 간단히 두 대상만 밝힌 경우

고쳐쓰기의 원리와 실제

1. 고쳐쓰기의 기본 원리 본문 132~133쪽

01 ⑤ **02** ① – ㉣, ② – ㉡, ③ – ㉢, ④ – ㉠ **03** ④ **04**
[예시 답안] • 순서: ⓑ – ⓒ – ⓓ – ⓐ • 이유: 고쳐쓰기는 '글 수준
– 문단 수준 – 문장 수준 – 단어 수준'으로 진행해야 하는데, ⓑ가
글 수준, ⓒ가 문단 수준, ⓓ가 문장 수준, ⓐ가 단어 수준의 고쳐쓰
기 내용이다.

01 (가)에서는 글쓰기의 과정을 간단하게 안내하고 있다. 하지
만 각 단계에서 유의할 점에 대한 설명은 하고 있지 않다.

> **오답 확인** ① (가)에서 초고를 '이(일반적인 글쓰기) 과정을 통해 만
> 들어진 글'이라고 설명하고 있다.
> ② (나)에서 고쳐쓰기의 기본 원리를 '추가의 원리', '삭제의 원리', '대치
> 의 원리', '재구성의 원리'로 구분하고 이에 대해 설명하고 있다.
> ③ (가)에서 글쓰기의 일반적 과정인 '계획하기–내용 생성하기–내용 조
> 직하기–표현하기'에 대해 이야기하고 있다.
> ④ (라)에서 각 수준별로 고쳐쓰기를 하면서 점검해야 할 사항을 나열하
> 고 있다.

02 ㉠는 '의의'와 '해결 방안'이라는 두 내용의 순서를 다시 정하
고 있다. 이는 '재구성의 원리'에 해당하는 활동이다. ㉡는
초고에 사용한 속담의 적절성을 판단하며 이를 교체하려고
생각하고 있다. 이는 '대치의 원리'에 해당한다. ㉢는 글의
전체 내용과 관계없는 내용에 대해 생각하고 있다. 이는 '삭
제의 원리'에 해당한다. ㉣는 글의 내용을 뒷받침하기 위한
추가 자료를 생각하고 있다. 이는 '추가의 원리'에 해당한다.

03 (마)에서 고쳐쓰기를 할 때에는 단순히 글의 잘못된 부분
을 찾아야겠다는 생각을 할 것이 아니라 독자가 글을 잘 읽
을 수 있도록 개선하는 과정이라는 생각을 해야 한다고 말
하고 있다. 글의 목적이 독자에게 자신의 의도를 문자로 전
달하는 것이라고 볼 때, 글을 쓸 때나 고쳐쓰기를 할 때 가
장 염두에 두어야 할 것은 '어떻게 독자를 이해시킬 수 있
을까?'이다.

> **오답 확인** ① (마)에서 고쳐쓰기에 대해 단순히 글의 잘못을 찾기 위
> 한 작업이라 생각하지 말라고 나와 있다.
> ②, ③ 고쳐쓰기를 하면서 고려해야 할 사항은 맞지만 가장 염두에 두어
> 야 할 내용이라고 볼 수는 없다.
> ⑤ 고쳐쓰기는 초고를 점검하고 개선하는 작업이기 때문에 초고를 훼손
> 하지 않으려 노력하는 것은 올바른 태도가 아니다.

04 고쳐쓰기를 하는 과정은 법칙처럼 정해진 것은 아니다. 하
지만 일반적으로 전체 수준에서 부분으로 이동하며 점검하
는 것이 적절하다고 본다. 이에 대한 내용은 (다)에서 언급
하고 있다. 그리고 각 수준의 세부 점검 내용은 (라)에 제시

되어 있다. ⓑ '제목과 주제' 관련 점검은 '글 수준'에 해당하는 것으로 가장 먼저 해야 할 일이다. ⓒ '문단의 중심 내용' 관련은 문단 수준의 점검 내용이며, ⓓ '문장의 호응'은 문장 수준의 점검 내용이다. 마지막으로 단어 수준의 점검을 해야 하는데, '맞춤법'은 이 수준의 대표적인 점검 사항이다.

상	'순서'와 '이유'를 모두 정확하게 작성한 경우
중	'순서'와 '이유'를 모두 작성했으나, '이유'가 미흡한 경우
하	'순서'는 맞았지만, '이유'가 틀린 경우

2. 고쳐쓰기의 실제
본문 134~135쪽

01 ②　　**02** ④　　**03** ④　　**04** [예시 답안] 대치의 원리를 적용하여 '그래서'를 '그런데'로 바꿔야 한다.

01 '통일성'은 글의 모든 내용이 하나의 주제로 긴밀하게 연결되어 있어야 한다는 특성이다. 여기에서 '하나의 주제'가 바로 글의 중심 내용이 된다. 글은 중심 내용만으로 구성될 수 없으며, 많은 하위 내용들이 중심 내용을 뒷받침해야 한다.
오답 확인 ① 첫 문단의 '글쓴이가 의도한 중심 내용'이라는 설명에서 알 수 있다.
③ '통일성'에 대해 설명한 세 번째 문단의 '불필요한 내용이 있으면 삭제를 해야 한다.'라는 내용을 통해 알 수 있다.
④ 마지막 문단의 '물론 문단과 문단 사이에도 응집성은 필요하다.'라는 내용을 통해 알 수 있다.
⑤ 마지막 문장의 '응집성이 부족하다고 판단되면 지시어나 접속어를 적절하게 사용하여~'라는 내용을 통해 알 수 있다.

02 학생 글 ㉮는 통일성이 부족한 글의 예로 제시된 글이다. 통일성이 부족하다는 것은 글 안에 중심 내용과 관계없는 불필요한 내용이 있다는 의미이다. 이런 불필요한 내용을 삭제해야 글이 통일성을 갖추게 된다. 학생 글 ㉮는 '몽실이가 온 이후의 글쓴이의 변화'가 중심 내용이다. 그런데 마지막 문장인 '몰티즈는 추위에 약해 겨울에는 난방에 신경을 써 주어야 한다.'는 위에서 말한 중심 내용과 아무런 관계가 없는 문장이다. 따라서 이 부분을 삭제하는 것이 좋다.
오답 확인 ① 학생 글 ㉮에 문장의 순서가 뒤바뀌어 글의 흐름이 어색한 부분은 없다.
② '몽실이를 만나게 된 계기'는 학생 글 ㉮의 중심 내용과 관계가 없다. 따라서 이 내용을 추가하면 오히려 통일성을 더 해칠 수 있다.
③ 학생 글 ㉮에 접속어를 사용하지 않아 어색해진 부분은 없다. 일반적으로 접속어는 응집성과 관계가 있다.
⑤ 학생 글 ㉮에는 상황에 부적절한 단어가 사용되지 않았다.

03 '-지만'이라는 어미는 서로 상반된 내용을 연결해 줄 때 사용한다. 학생 글 ㉯의 세 번째 문장은 개가 목줄을 하지 않

았다는 내용이고, 네 번째 문장은 그 개가 몽실이에게 달려들었다는 내용이다. 따라서 '-지만'이라는 어미를 사용하기에 적절하지 않다. 두 문장은 '있었는데'로 연결해 주는 것이 자연스럽다.
오답 확인 ① 어떤 일을 하는 과정이 다른 일이 이루어지는 원인이나 근거 따위가 됨을 나타내는 연결 어미인 '-다가'를 사용해 두 문장을 연결한 것은 자연스럽다.
② 화제를 전환시키는 접속어 '그런데'를 사용한 것은 적절하다.
③ 불필요하게 반복되는 내용은 지시어로 대치할 수 있다.
⑤ 마지막 문장 앞에 '하지만'을 넣은 것은 적절하다.

04 '그래서'는 앞뒤 내용이 인과 관계로 연결될 때 사용하는 접속어이다. 그런데 제시된 글의 첫 번째 문장과 두 번째 문장은 인과 관계가 아니다. 이 상황에서는 화제를 앞의 내용과 관련시키면서 다른 방향으로 이끌어 나갈 때 쓰는 접속 부사인 '그런데'를 사용하는 것이 적절하다.

상	'대치의 원리를 적용한다.', '그래서를 그런데로 바꾼다.' 등 두 가지 내용이 모두 정확하게 들어간 경우
중	'대치의 원리를 적용한다.', '그래서를 그런데로 바꾼다.' 등 두 가지 내용이 들어갔으나 내용이 다소 미흡한 경우
하	'대치의 원리를 적용한다.', '그래서를 그런데로 바꾼다.' 등 두 가지 내용 중 한 가지만 정확하게 들어간 경우

대단원 평가
본문 136~141쪽

01 ③　　**02** ㉯-㉣-㉮-㉰　　**03** ④　　**04** [예시 답안] 중심 문장을 뒷받침해야 한다. 구체적이고 사실적인 내용을 바탕으로 써야 한다. 설명 대상에 맞는 적절한 설명 방법을 사용한다.　　**05** ②
06 ③　　**07** ③　　**08** [예시 답안] 문학을 구분하는 기준이 명확하지 않기 때문이다.　　**09** ⑤　　**10** ①　　**11** [예시 답안] ㉠ 믿는 도끼에 발등 찍힌다. ㉡ 마른하늘에 날벼락 ㉢ 참새가 방앗간을 그저 지나랴?　　**12** ⑤　　**13** ④　　**14** [예시 답안] 글 수준의 고쳐쓰기가 이루어졌으며, 재구성의 원리를 적용하였다.　　**15** ①　　**16** ③
17 [예시 답안] ㄱ. '봄눈 녹듯이'가 추가되었다. ㄴ. '잠시도 ~ 돌아다닌다.'가 삭제되었다. ㄷ. '무심코'를 '빤히'로 바꾸었다. ㄹ. '호기심이 많아 ~ 물어뜯고 본다.'의 위치를 바꾸었다.　　**18** ④　　**19.**
[예시 답안] 지난 일요일에는 몽실이를 데리고 산책을 나갔다가 웬 아저씨가 운동을 시키는 커다란 개를 만났다. 그 개는 목줄을 하지 않고 있었는데, 갑자기 몽실이에게 달려들어 큰 사고가 날 뻔했다.
20 ④　　**21** ④　　**22** [예시 답안] '선호는 내 동생과 이름도 같다.'를 삭제했다.　　**23** ②　　**24** [예시 답안] (1) 어제는 비가 오고 바람이 불었다. (2) 제주도는 대한민국의 아름다운 섬이다. (3) 내일은 아마 눈이 올 것이다.

01 (가)에서 설명문에 대해 '정보를 전달하여 독자를 이해시키는 것을 목적으로 하는 글'이라고 정의하고 있다.

오답 확인 ① (다)에서 설명문의 구조에 대해 안내하고 있다.
② (가)에서 '설명문에서는 어떤 대상에 대한 정보나 사실, 지식, 원리 등을 쉽게 ~'라고 진술하면서 설명문의 내용을 제시하고 있다.
④ 설명문의 대상이 되는 정보에 대한 내용은 (나)에 나와 있다.
⑤ (나)~(라)에서는 설명문을 쓰는 과정을 단계에 따라 설명하고 있다.

02 이 글에 의하면 설명문을 쓰는 과정은 '대상 정하기 – 정보 수집하기 – 개요 작성하기 – 글쓰기 – 고쳐쓰기'의 순서를 따른다.
㉯ 독자의 관심사를 고려하며 설명의 대상을 결정하고 있다.
㉺ '독도' 누리집에서 정보를 수집하고 있다.
㉮ 개요를 작성하며 글의 배치에 대해 고민하고 있다.
㉱ 글을 쓰면서 구체적인 설명 방법을 생각하고 있다.

03 (나)에서 '정보를 수집할 때에는 손쉽게 접근할 수 있는 인터넷 매체만을 활용하지 말고 ~'라고 말하고 있다. 이를 통해 글쓴이는 얼마나 손쉽게 정보에 접근할 수 있는지가 정보 선택의 기준이 되지 않는다고 생각함을 알 수 있다.

04 〈보기〉의 중심 문장은 '독도 주변 바다에는 다양한 해양 생물이 산다.'이며, ㉠은 세부 내용이다. 세부 내용에 대해서는 (다)에서 '뒷받침하는 문장은 구체적이고 사실적인 내용을 바탕으로 쓴다. 이때 설명 대상에 맞는 적절한 설명 방법을 활용한다.'라고 안내하고 있다. 답을 작성할 때 한 문장으로 쓴 것은 하나의 답으로 간주한다.

상	세 가지 내용 모두를 정확하게 쓴 경우
중	세 가지 중 두 가지를 정확하게 쓴 경우
하	세 가지 중 한 가지를 정확하게 쓴 경우

05 (다)에서는 비교와 대조의 개념을 밝히고, 두 방법을 활용하기에 적절한 경우에 대해 설명하고 있지만, 두 방법을 활용할 때 어떤 점에 유의해야 할지에 대해서는 말하지 않고 있다.

오답 확인 ① (라)에서 찾을 수 있는 정보이다.
③ (나)에서 찾을 수 있는 정보이다.
④ (가)에서 전체적으로 안내하고 있으며, (나)~(바)에서 각각의 설명 방법에 대해 구체적으로 설명하고 있다.
⑤ (바)에서 찾을 수 있는 정보이다.

06 '희곡은 ~ 대본이다.'에서는 희곡의 뜻을 밝히는 정의의 방법이 사용되었다. 또한 '희곡은 영화 대본인 ~ 많이 받는다.'에서는 희곡과 시나리오의 차이점을 대조하고 있다. '대사는 다시 ~ 나눌 수 있다.'에서는 대사를 일정 기준에 따라 쪼개어 설명하는 구분의 방법이 사용되었고, '독백으로는 ~ 유명하다.'에서는 예를 들어 독백을 설명하고 있다.

07 한 대상의 구조에 대한 글은 분석의 방법을 사용하여 쓸 수 있다. 분석은 대상을 구성 성분으로 쪼개어 설명하는 방법이다. 시계의 구조를 설명할 때에는 시계를 초침, 분침, 시침, 숫자판, 태엽 등으로 나누어 설명하는 것이 효과적이다.

08 (라)에서 구분이나 분류의 방법을 사용할 때에는 기준을 명확하게 해야 한다고 설명하고 있다. 기준이 불분명하면 혼란스러울 수 있기 때문이다. 〈보기〉에서는 문학의 종류를 나누고 있는데, 서정 문학, 서사 문학, 극 문학, 교술 문학은 형태에 따른 문학의 갈래이다. 하지만 현대 소설은 서사 문학인 소설을 다시 시대에 따라 나눈 것이고, 역사 소설은 소설을 내용에 따라 나눈 것이다. 이처럼 〈보기〉는 구분의 기준이 명확하지 않기 때문에 내용을 명확하게 전달하지 못하고 있다.

상	'기준이 명확하지 않다.'라는 내용이 분명히 드러나며, 정확한 문장으로 답을 작성한 경우
중	'기준이 명확하지 않다.'라는 내용이 분명히 드러났으나, 문장의 정확성이 미흡한 경우
하	'기준이 명확하지 않다.'라는 내용이 명확하게 드러나지 않는 경우

09 이 글은 제주도로 이사를 온 사랑이가 친구 윤주에게 쓴 편지글로, 갑자기 전학을 오게 된 것에 대한 미안함을 드러내면서 제주도에서의 생활을 알리고, 제주도에 대한 여러 가지 정보를 소개하는 글이다. 하지만 사랑이는 제주도에서의 생활을 설명하기 위해 전학을 오기 전의 생활과 제주도에서의 생활을 대조하고 있지는 않다.

오답 확인 ① 편지글 뒷부분에서는 제주도의 상징, 규모, 유명 관광지 등 제주도에 대해 알게 된 여러 가지 정보를 전달하고 있다.
② 아리스토텔레스의 격언을 인용하면서 친구가 소중한 존재이며 마음만은 늘 친구와 함께 하고 있다는 사실을 압축적으로 전달하고 있다.
③ 제주도의 분식집에서 떡볶이를 먹은 이야기를 하면서 과거에 윤주와 분식집에서 함께 떡볶이를 먹었던 추억을 떠올리고 있다.
④ 제주도에서의 생활을 알려 주기 위해 제주 오일장에 갔던 경험을 이야기하고 있다.

10 이 글에서는 참꽃의 잎이 세 개인 것이 제주의 삼다, 삼무를 떠올리게 한다고 설명하고 있다. 하지만 삼다와 삼무에 어떤 것이 있는지에 대한 정보는 나와 있지 않다. 따라서 이 글을 읽으면서 삼다와 삼무가 무엇인지에 대한 궁금증을 해소할 수는 없다.

오답 확인 ② 참꽃은 잎이 세 개라서 삼다와 삼무를 떠올리게 하고, 이 때문에 제주도를 상징한다고 설명하고 있다.
③ 제주도에 올레길이 개발되면서 도보 여행이 성행하게 되었다고 설명하고 있다.
④ 제주도의 관광 명소로는 함덕 해수욕장, 협재 해수욕장, 중문 해수욕장, 송악산, 성산 일출봉, 한라산, 정방 폭포 등이 있다고 설명하고 있다.

⑤ 지금의 제주도 인구를 15세기의 제주도 인구와 대조하면서 제주도의 성장을 이야기하고 있다.

11 ㉠에서는 가까운 친구에게 배신당한 것 같은 서운한 마음을 표현해야 하기 때문에 '믿는 도끼에 발등 찍힌다.'가 와야 한다. ㉡에는 예상하지 않은 나쁜 소식과 관련된 내용이 와야 하기 때문에 '마른하늘에 날벼락'이 적절하다. 그리고 ㉢에는 좋아하는 분식집을 그냥 지나치지 못했다는 말을 뒷받침하는 '참새가 방앗간을 그저 지나랴?'가 들어가야 한다.

상	세 가지 모두를 정확하게 찾아 쓴 경우
중	세 가지 중 두 가지만 정확하게 찾아 쓴 경우
하	세 가지 중 한 가지만 정확하게 찾아 쓴 경우

12 ⓐ에서는 '오일장은 닷새에 한 번씩 서는 장'이라고 하면서 정의의 방법으로 오일장의 뜻을 설명하고 있다. 또한 ⓑ에서는 '먹는 꽃이라는 뜻이래.'라고 하면서 역시 정의의 방법으로 참꽃의 뜻을 설명하고 있다. 따라서 ⓐ와 ⓑ에 공통으로 쓰인 설명 방법은 정의이다. ⑤에서도 정의의 방법으로 '토박이'의 뜻을 풀어서 설명하고 있다.

오답 확인 ① 분석, ② 비교, ③ 인과, ④ 구분의 방법이 사용되었다.

13 (가)에서는 '글쓰기의 과정을 통해 만들어진 글'을 초고라고 설명하는 정의의 방법을 사용하였다. 그리고 (나)에서는 고쳐쓰기의 원리를 네 가지로 나누어 설명하는 구분의 방법을 사용하였다. (마)에서는 독자를 고려한 고쳐쓰기의 필요성을 설명하는 과정에서 인과의 방법을 사용하였다. 이 글에서는 둘 이상의 대상 사이의 공통점을 밝히는 비교의 방법은 사용하지 않았다.

14 〈보기〉에서는 '기대 효과 – 개선 방안'의 순서로 쓴 글을 읽으며, '개선 방안 – 기대 효과'의 순서로 바꾸는 것이 적절하다고 판단하고 있다. 문단 사이의 관계를 검토하는 것은 '글 수준의 고쳐쓰기'이며, 글의 순서를 재배열하는 것은 '재구성의 원리'를 적용한 것이다.

상	'글 수준의 고쳐쓰기'와 '재구성의 방법'을 모두 밝히며, 한 문장으로 정확하게 쓴 경우
중	'글 수준의 고쳐쓰기'와 '재구성의 방법'을 모두 밝혔으나, 한 문장으로 쓰지 않은 경우
하	'글 수준의 고쳐쓰기'와 '재구성의 방법' 중 한 가지만 쓴 경우

15 ㉠에서는 문단 내에서 불필요한 내용을 살펴보라고 했는데, 이때 불필요한 내용은 중심 내용을 뒷받침하지 못하는 내용이다. 이와 같이 주제와 관련이 적은 내용을 없애 모든 내용이 주제와 밀접한 관련이 있게 만드는 특성을 '통일성'이라 한다.

오답 확인 ② 문장과 문장, 또는 문단과 문단이 밀접하게 연결되어야 한다는 특성이다.
③ 믿을 만한 특성을 말하며 일반적으로 좋은 정보의 조건에 해당한다.
④ 글쓴이의 생각보다는 사실 위주로 쓴 글에서 나타나는 특성이다.
⑤ 새로운 것을 생각해 내는 특성이다.

16 〈보기〉는 글쓰기의 과정 중 개요를 작성하는 과정에 대해 설명하고 있다. 개요를 작성하는 것은 '내용 조직하기'에서 수행하는 작업이다.

17 추가의 원리는 고쳐 쓰는 과정에서 새로운 내용을 더하는 원리이다. 〈보기〉에서는 (나)에 없는 '봄눈 녹듯이'라는 관용 표현이 추가되었다. 삭제의 원리는 불필요한 내용을 빼는 원리이다. (나)의 '잠시도 ~ 돌아다닌다.'는 고쳐 쓰는 과정에서 빠졌다. 대치의 원리는 잘못된 내용을 다른 것으로 바꾸는 원리이다. (나)의 '무심코'는 적절하지 않은 단어로, 〈보기〉에서 '빤히'로 바뀌었다. 재구성의 원리는 글의 순서를 바꾸거나 길이를 조절하는 원리이다. 〈보기〉에서는 '호기심도 많아 ~ 물어뜯고 본다.'라는 문장의 순서가 (나)와는 다르게 바뀌어 있다.

상	네 가지를 모두 정확하게 쓴 경우
중	네 가지 중 세 가지를 정확하게 쓴 경우
하	네 가지 중 두 가지를 정확하게 쓴 경우

18 (다)의 중심 내용은 '몽실이가 오고 난 후의 글쓴이의 변화'이다. 그런데 ㉠은 글의 중심 내용과 관계없는 '몰티즈의 특성'이다. 이처럼 중심 내용을 뒷받침하지 못하는 내용은 삭제해서 글이 하나의 중심 내용에 집중하게 해야 하는데, 이를 '통일성'이라 한다. 한편 '문장과 문장을 긴밀하게 연결되도록 하는 특성'은 '응집성'에 대한 설명으로, 주로 접속어나 지시어를 통해 응집성의 문제를 해결할 수 있다.

19 ㉡은 네 개의 문장으로 구성되었는데, 각 문장을 두 개씩 묶어서 두 문장으로 고칠 수 있다. 그리고 세 번째 문장의 '아저씨가 운동을 시키는 큰 개'는 앞의 내용이 반복되기 때문에 지시어를 사용하여 '그 개'로 고칠 수 있다. 한편 같은 문장에서 동일한 말이 반복될 때에는 상황에 따라 생략하는 것이 자연스러울 수 있다.

상	'두 문장으로 쓰기', "그'라는 지시어 사용하기", "큰 개'를 삭제하기' 등 세 가지를 모두 정확하게 적용한 경우
중	'두 문장으로 쓰기', "그'라는 지시어 사용하기", "큰 개'를 삭제하기' 중 두 가지를 정확하게 적용한 경우
하	'두 문장으로 쓰기', "그'라는 지시어 사용하기", "큰 개'를 삭제하기' 중 한 가지를 정확하게 적용한 경우

20 ㉣의 앞과 뒤는 원인과 결과 관계가 아니기 때문에 인과 관계를 연결하는 접속어인 '그래서'가 올 수 없다. 아저씨의 행동이 예상하지 못한 행동이기 때문에 '하지만'이나 '그런데' 등을 사용할 수 있다.

21 고쳐 쓴 (나)의 내용 중에서 (가)의 문장을 늘이거나 줄인 것은 없다.

> **오답 확인** ① '대신 ~ 마음이 들 것이다.'는 과거의 사건에 '들 것이다'라는 미래를 추측하는 서술어를 연결하여 부자연스러웠다. 이것을 '들었다.'라는 과거형으로 바꾸어 자연스러워졌다.
> ② '산에 오르면서 ~ 고마운 친구이다.'와 '그때 ~ 보였다.'는 문장의 순서가 뒤바뀌어 어색한 경우였다. 그래서 두 문장의 순서를 바꾸었다.
> ③ '후회되기도 하고'에서 부적절한 피동 표현을 사용해 능동 표현인 '후회하기도 하고'로 고쳤다.
> ⑤ 마지막 문장의 접속어인 '그러나'가 어색해 '그래서'로 고쳤다.

22 통일성 있는 글로 고치기 위해서는 중심 내용과 관계없는 세부 내용을 삭제해야 한다. (가)의 '선호는 내 동생과 이름도 같다.'는 전체 내용과 어울리지 않기 때문에 통일성 있는 글을 만들기 위해 삭제해야 한다.

상	'선호는 내 동생과 이름도 같다.'를 포함하여 삭제해야 한다는 내용을 정확히 작성한 경우
중	[예시 답안]과 유사하게 작성했으나, 삭제해야 할 부분을 정확히 옮겨 쓰지 못한 경우
하	삭제해야 한다는 내용만 쓰고 해당 부분은 제시하지 못한 경우

23 (가)에서는 '나는 선호에게 다가갔다.'와 '가방 속에 넣어온 ~ 인사를 했다.' 사이에 접속어를 생략하여 글의 응집성이 떨어진다. 이런 경우에는 연속된 행동을 연결해 주는 접속어인 '그리고'를 넣어 주어야 한다.

24 (1)에서는 '비'를 주어로 하는 서술어가 생략되어 '비가 불고 바람이 불었다.'와 같은 문장이 되었다. 따라서 '비가'에 해당하는 서술어를 넣어 주어야 한다. (2)에서는 '아름다운'이 꾸며 주는 것이 '대한민국'인지 '섬'인지가 분명하지 않다. 따라서 '아름다운'을 '섬' 앞으로 이동하여 아름다운 것이 섬이라는 의미를 분명히 해야 한다. (3)에서 '아마'는 추측을 나타내는 부사이기 때문에 '-ㄹ 것이다' 형태의 서술어와 함께 써야 한다.

상	세 가지를 모두 정확하게 고쳐 쓴 경우
중	두 가지를 정확하게 고쳐 쓴 경우
하	한 가지만 정확하게 고쳐 쓴 경우

다섯째 마당 # 듣기 · 말하기

① 의미를 나누는 대화

1. 듣기 · 말하기의 의미와 가치   본문 146~147쪽

01 ⑤　**02** ④　**03** [예시 답안] 화자가 청자가 되고, 청자가 화자가 된다.　**04** ①　**05** ⑤

01 듣기 · 말하기는 기본적인 의사소통 과정이므로 처음 만나는 사람과도 할 수 있는 활동이다. 그러므로 상대방에 대한 깊이 있는 이해를 전제로 한 활동은 아니다.

> **오답 확인** ① 듣기 · 말하기에서는 화자와 청자가 서로 역할을 바꾸어 가면서 의사소통한다.
> ②, ③ 듣기 · 말하기는 음성 언어를 형식으로 하여 의미를 공유한다.
> ④ 듣기 · 말하기는 음성 언어를 바탕으로 한 의사소통 행위이다.

02 선생님이 진호에 대해 오해한 것이 아니라 진호가 선생님에 대해 오해했다는 것이 두 사람의 대화를 통해 드러나고 있다.

03 (나)를 보면 대화를 하면서 화자와 청자가 고정되어 있는 것이 아니라, 화자가 청자가 되기도 하고 청자가 화자가 되기도 하면서 자연스럽게 역할이 바뀌고 있음을 알 수 있다.

상	화자와 청자의 역할 교체를 한 문장으로 서술한 경우
중	화자와 청자의 역할 교체를 서술하였으나, 한 문장으로 서술하지 못한 경우
하	화자와 청자의 역할 교체를 제대로 서술하지 못한 경우

04 민정과 영준은 함께 영화를 보고 나와서 대화를 나누고 있지만 둘 사이에는 공유되는 의미가 없으므로 진정한 의미의 대화를 나누었다고 말할 수는 없다.

05 (라)에서는 듣기 · 말하기를 통해 본래의 목적을 달성하는 것 외에도 대화 참여자의 관계가 유지되고 발전될 수 있다는 것을 강조하고 있다.

> **오답 확인** ①, ②, ③, ④ 듣기 · 말하기가 가지고 있는 본래의 목적이라고 할 수 있지만, (라)에서 강조하고 있지는 않다.

2. 달걀은 달걀로 갚으렴   본문 148~149쪽

01 ⑤　**02** ⑤　**03** [예시 답안] 두 사람의 친밀감이 더욱 높아질 것이다.　**04** ②　**05** ①　**06** [예시 답안] 시골 아이들이 문명에 대해 무식한 것처럼 도시 아이들은 자연에 대해 무식하기 때문이다.

01 이 소설은 문명에 대해 예찬적인 태도보다는 비판적인 태도를 지니고 있다.

> **오답 확인** ① 한뫼의 정신적인 성숙이 잘 드러나고 있다.
> ② 선생님이 한뫼를 설득하는 과정을 찾을 수 있다.
> ③ 도시의 삶과 자연의 삶을 대비하고 있다.
> ④ 선생님과 한뫼의 갈등과 화해가 중심을 이루고 있다.

02 선생님은 '달걀을 달걀로 갚는 일'은 달걀을 판 돈으로 도시 아이들을 초청하는 것이라고 자신의 생각을 말하고 있다. 한뫼는 달걀을 모으는 것이 도시의 업신여김을 당하는 것이라고 말하고 있지만, 선생님은 달걀을 통해 도시의 아이들에게 도움을 줌으로써 달걀로 인해 받은 업신여김을 갚아 줄 수 있다고 생각하는 것이다.

03 (가)에서 한뫼는 선생님에게 비협력적인 대화 태도를 보이고 있었지만, (나)에서는 선생님을 존경하는 마음을 표현하고 있다. 선생님도 한뫼의 생각을 존중하면서 대화를 마무리하고 있다. 이를 바탕으로 할 때 두 사람의 관계는 더욱 친밀해질 것이라고 예측할 수 있다.

상	대화가 미치는 영향을 한 문장으로 적절하게 서술한 경우
중	대화가 미치는 영향을 서술하였으나, 한 문장으로 쓰지 못한 경우
하	대화가 미치는 영향을 제대로 서술하지 못한 경우

04 한뫼는 봄뫼가 닭을 키우는 것에 대해 부정적인 태도를 보였다. 그럼에도 불구하고 선생님이 자신의 태도에 대해 지적하자 선생님이 자신을 업신여기기 때문이라고 생각했다.

05 선생님은 자신의 생각을 말하면서 그 생각을 하게 된 계기를 마련해 준 한뫼에게 고마움을 표현하고 있다. 이는 상대방을 존중하는 태도라고 할 수 있다. 선생님은 한뫼의 성격이나 지금의 심정을 이해하고 한뫼와의 대화를 이어 가기 위해 노력하는 것이다.

06 선생님은 산골 아이들이 주눅 들 필요가 없다고 말했다. 이는 도시의 아이들이 가진 문명을 산골 아이들이 가지지 못했지만, 산골 아이들은 도시 아이들이 가지지 못한 자연을 가지고 있기 때문이다.

상	주눅 들 필요가 없는 이유를 구체적으로 서술한 경우
중	주눅 들 필요가 없는 이유를 서술하였으나, 구체적이지 못한 경우
하	주눅 들 필요가 없는 이유를 제대로 서술하지 못한 경우

2 공감하는 대화

1. 효과적인 듣기의 방법
본문 152~153쪽

01 ① **02** [예시 답안] 31 대 29? 정말 아슬아슬하게 이겼네. 그만큼 기분이 더 좋았겠다. **03** ④ **04** ③

01 이 글은 성공적인 대화를 하기 위해서 어떻게 하면 효과적으로 들을 수 있는지 설명하고 있는 글이다. 그러므로 대화할 때 다른 사람의 말을 듣지 않고 자기 말만 하는 사람이 읽으면 도움이 될 수 있다.

02 (라)에 드러나는 효과적인 듣기의 방법은 맞장구를 쳐 주는 것이다. 민정이는 지금 반 대항 농구 경기에서 31 대 29로 아슬아슬하게 이겨서 기분이 좋은 상태이므로 이와 관련해 적절한 말을 해 주면 좋다. 공감하는 말하기이므로 민정이를 비판하는 내용은 적절하지 않다.

상	민정이의 발화 내용과 관련하여 맞장구를 세 문장으로 적절히 제시한 경우
중	민정이의 발화 내용과 관련하여 맞장구를 두 문장으로 적절히 제시한 경우
하	민정이의 발화 내용과 관련하여 맞장구를 한 문장으로 적절히 제시한 경우

03 (가)에서는 효과적인 듣기 방법 중에서 정신을 집중하여 듣기를 제시하였고, (나)에서는 상대방의 말을 들을 때 상대방과 시선을 맞추는 것이 중요하다고 강조하고 있다. (다)에서는 상대방의 말이 가진 뜻을 정확히 파악하기 위해 노력하고 있으며 상대방의 말을 존중하며 겸허한 자세로 듣고 있다는 것을 드러내기 위해 질문을 하는 듣기 방법을 언급하였다. (라)에서는 말하는 내용을 긍정하고 동조하고 있다는 표현인 맞장구를 적절히 활용할 것을 말하고 있다. 〈보기〉의 대화에는 상대방의 말을 요약하며 반복하여 관심을 표현하는 듣기 방법은 제시되지 않았다.

> **오답 확인** ① '고개를 끄덕이며'라는 지시문을 통해 드러난다.
> ② '도대체 어떤 일이 있었던 거야?'에 드러난다.
> ③ '지원이의 눈을 쳐다보며'라는 지시문에 드러난다.
> ⑤ '정말?'이라는 말에 드러난다.

04 (마)에서 글쓴이는 잘 말하기 위해서는 먼저 잘 들어야 한다고 말하고 있다. 그리고 서로에게 마음을 여는 진정한 대화를 위해서도 효과적인 듣기의 방법을 잘 알고 즉시 실천해야 한다고 말하고 있다.

2. 들판에서
본문 154~155쪽

01 ③ **02** ③ **03** ① **04** [예시 답안] 사이좋게 지내기로 맹세한 민들레꽃을 받으니 형님의 마음을 알겠어요.

01 〈보기〉는 6·25 전쟁이 발발하고 휴전 협정을 맺을 때까지의 역사적 상황을 정리한 것이다. 이를 통해 작품을 이해하면 형제간에 벽을 쌓고 소통을 하지 못하는 작품 세계를 남북이 분단되어 소통을 하지 못하는 상황과 관련지어 생각할 수 있다.

02 (나)에서 형과 아우는 평화로운 들판을 배경으로 하여 공감하는 대화를 하고 있다. 형이 민들레꽃을 내밀며 동생에게 사이좋게 지내기를 제안하자 아우도 형의 말을 수용하고 있다. 형은 청유형 어조를 사용하여 자신과 아우가 함께 사이좋게 지내자고 제안하고 있다.

오답 확인 ① 언어뿐만 아니라 행동 역시 의미를 담을 수 있기에 민들레꽃을 주고받는 행동은 서로가 동의한다는 의미이다.
② 형과 아우가 짓는 흐뭇한 표정은 비언어적 표현에 해당한다. 얼굴 표정, 몸짓, 눈 맞춤, 옷차림 등이 이에 해당한다.
④ 아우는 형의 말에 '그래요.'라고 대답하고 있으므로 형의 의견을 수용한다고 볼 수 있다.
⑤ '민들레꽃'을 '증표'라고 하여 비유적 표현을 사용하고 있다.

03 (나)에서 민들레꽃을 주고받으며 형제간의 우애를 다짐했기에 (마)에서 민들레꽃은 형과 아우가 서로가 사이가 좋았던 때를 회상하게 하고 우애를 회복하게 하는 매개체 역할을 한다.

04 벽이 생김으로써 형과 아우는 서로를 볼 수 없는 상황에 처한다. '민들레꽃'은 형제간의 우애의 증표이므로 형이 민들레꽃을 던지며 자신의 마음을 알아 달라고 말한 것은 예전처럼 사이좋게 지내자는 의미를 담고 있다.

상	'형제간의 우애'라는 민들레꽃의 의미를 포함하고, 형의 말을 수용하는 내용을 서술한 경우
중	'형제간의 우애'라는 민들레꽃의 의미만 서술한 경우
하	민들레꽃의 의미를 서술하지 않은 채, 형의 말을 수용하는 내용을 간략히 서술한 경우

대단원 평가
본문 156~159쪽

01 ① **02** ② **03** ① **04** ① **05** [예시 답안] 화자와 청자 간의 좋은 관계를 유지하고 발전시키는 데 도움이 된다. **06** ②
07 ④ **08** ⑤ **09** [예시 답안] 달걀을 팔아 마련한 돈으로 도시의 아이들을 초청하여 산골의 자연을 경험하게 해 주는 것을 말한다.
10 ② **11** ③ **12** [예시 답안] 정민이가 어머니와의 대화에 집중하지 않았다. **13** ③ **14** ④ **15** ② **16** ⑤ **17** [예시 답안] 형과의 대화를 거부하고 자신의 생각대로 말하고 있다.

01 이 글은 구체적인 사례를 바탕으로 듣기·말하기가 가진 의미와 본래의 목적을 넘어서는 가치에 대해 설명하고 있는 글이다.

오답 확인 ② 듣기·말하기의 의미를 설명하고 있기는 하지만, 어떻게 듣고 말하는 것이 올바른 방법인지를 설명한다고는 할 수 없다.
⑤ 듣기·말하기를 할 때 가져야 할 태도와 듣기·말하기를 어떻게 볼 것인가를 설명하고 있지는 않다.

02 (가)에 개인 상담에 대한 언급은 있었지만 개인 상담 제도가 문제가 있다는 언급은 없었다. (가)에 공유된 의미는 '선생님의 진호에 대한 관심', '진호와 민수의 관계', '선생님의 진호에 대한 미안함' 외에 '선생님에 대한 민호의 오해'가 있다.

03 (나)에서는 대화를 할 때 화자와 청자가 고정되어 있지 않고, 서로 역할을 바꾼다는 것을 설명하고 있다.

오답 확인 ② 대화는 두 사람 이상이 참여하여 말하는 사람이 화자가 되고 듣는 사람이 청자가 된다.
③ 듣기·말하기는 화자와 청자가 내용을 주고받는데, 이를 의미 공유라고 한다.
④ 듣기·말하기는 음성 언어를 형식으로 하고 의미를 내용으로 한다.
⑤ 대화 참여자는 화자와 청자를 말한다.

04 (다)에서는 선생님과 진호가 대화를 통해 의미를 공유했으며, 원활하게 의사소통이 되었음을 강조하고 있다. 그러므로 (다)에 드러나 있는 듣기·말하기의 목적은 의미의 공유라고 할 수 있다.

05 (라)에서 글쓴이는 듣기·말하기를 통해 의사소통이라는 본래의 목적을 달성함과 동시에 상대방과 좋은 관계를 유지하고 더욱 발전시키는 데 많은 도움을 얻을 수 있음을 말하고 있다.

상	좋은 관계의 유지, 발전을 적절히 서술한 경우
중	좋은 관계의 유지, 발전 중에서 한 가지만 서술한 경우
하	듣기·말하기의 가치를 관계 측면에서 서술하지 않은 경우

06 이 소설에는 문명과 자연이 서로 조화를 이루어 살아야 한

다는 생각이 들어 있다. 도시 사람들이 시골 사람들의 문화나 가치관을 존중하고, 시골 사람들도 도시의 문화를 이해하도록 노력하자는 의미를 담고 있다.

오답 확인 ① 문명에 대한 비판적 의식이 담겨 있지만 불신하고 있다고는 볼 수 없다.
③ 작가의 목소리는 선생님을 통해 드러나고 있다.
④ 인물의 대화를 중심으로 사건이 전개되고 있다.
⑤ 한뫼와 선생님의 갈등이 드러나지만, 세대 간의 갈등이라고 보기 어렵다.

07 이 글에서 선생님과 한뫼는 달걀을 모아 판 돈으로 도시 아이들을 초청해 자연을 경험하게 해 주는 것에 생각을 모았다. 그러므로 도시의 아이들에게 자연의 소중함을 알려 주어야 한다는 의미를 공유했다고 할 수 있다.

08 이 글에서 한뫼는 (가)에서는 협력적이지 않은 대화 태도를 보이고 있지만, (나)에서는 협력적인 태도를 보이고 있다. 선생님은 (가)와 (나)에서 지속적으로 한뫼를 존중하면서 협력적인 태도를 보이고 있다.

09 ㉠은 한뫼가 선생님의 말에 동의한 후에 선생님이 한 말이다. 선생님은 자신의 생각이 '달걀을 달걀로 갚는 것'이라고 말하고, 그 생각은 한뫼에게서 나온 것이라고 말하고 있다. 그 생각은 달걀을 모아 팔아 여비를 마련하고 이것으로 도시 아이들을 초청하여 자연의 소중함을 알려 주는 것이다.

상	달걀 판 돈으로 여비를 마련함과 도시 아이들을 초청해 자연을 경험하게 함을 모두 포함해 자연스럽게 표현한 경우
중	도시 아이들을 초청해 자연을 경험하게 함을 서술했지만, 달걀 판 돈으로 여비를 마련한다는 점을 적절히 서술하지 못한 경우
하	달걀 판 돈으로 여비를 마련함과 도시 아이들을 초청해 자연을 경험하게 함을 모두 적절하게 서술하지 못한 경우

10 이 글은 이상적인 대화를 위해 어떻게 듣는 것이 효과적인 듣기인지를 설명하고 있는 글이다. 그러므로 '어떻게 하면 잘 들을 수 있을까?'라는 제목이 이 글과 가장 잘 어울린다.

오답 확인 ⑤ 이상적인 대화를 위해 듣기에 대해 설명하고 있지만, 말하기에 대해서는 설명하지 않고 있다.

11 이 글에서는 화자에게 적극적으로 조언하는 듣기는 언급하고 있지 않으며, 이런 방법은 효과적인 듣기 방법이라고 보기 어렵다.

오답 확인 ① (나)에서 시선을 맞추는 것이 중요하다고 설명하고 있다.
② (라)에서 맞장구를 쳐 주라고 설명하고 있다.
④ (다)에서 적절한 질문을 통해 상대방의 뜻을 파악하기 위해 노력하고 있다는 점과 상대방을 존중하는 태도를 보여 주라고 언급하고 있다.
⑤ (라)에서 맞장구치는 것과 관련하여 적절한 반응으로 소개하고 있다.

12 정민이는 어머니의 말에 대답을 하고 있기는 하지만, 게임을 하느라고 어머니가 나가시면서 하시는 말씀에 정신을 집중하지 않고 건성으로 들었다.

상	정민이가 집중하지 못했음을 한 문장으로 자연스럽게 서술한 경우
중	정민이가 집중하지 못했음을 서술하였으나, 한 문장이 아니거나 자연스럽지 못한 경우
하	정민이가 집중하지 못했음을 적절히 서술하지 못한 경우

13 (마)에서는 효과적인 듣기의 필요성을 말하고 있다. 글쓴이는 효과적인 듣기가 말을 잘하기 위해서 서로 마음을 나누는 진정한 대화를 위해서 필요하다고 말하고 있다.

14 이 글에서는 형과 아우의 감정이 인물 간의 대화와 인물의 행동을 지시하는 내용을 통해 잘 드러나고 있다.

오답 확인 ①, ③ 들판을 둘러싼 형과 아우의 갈등이 사건의 중심이 되고 있다.
② 중심인물은 형과 아우이고, 둘의 대화를 중심으로 사건이 전개되고 있다.
⑤ 형과 아우 사이의 단절을 상징하는 '벽'이 등장한다.

15 형은 아우의 칭찬에 긍정적인 반응을 보이기는 하지만 우쭐해하지는 않는다.

오답 확인 ① 아우의 그림을 보며 '멋지다'고 관심을 보여 준다.
③ 아우에게 '넌 정말 솜씨가 훌륭해!'라고 말해 준다.
④, ⑤ 아우는 '형님 솜씨가 더 훌륭하다', '형님 그림이 훨씬 멋있다'고 말했다.

16 (나)에서 갈등이 일어난 이유는 형과 아우가 자신의 입장에서 일방적으로 상대방을 비난했기 때문이다.

오답 확인 ① 가위바위보를 중지한 이유에 대해 함께 얘기를 나누고 있다.
② 원칙만을 강조한다기보다는 자신의 입장을 굽히지 않고 말하고 있다.
③ 상대방을 배려하지 않고 말해서 형과 아우가 갈등하고 있다.
④ 두 사람은 상황을 고려하지 않고 말의 의미만을 있는 그대로 받아들인 것이 아니라, 모두 상황을 고려하여 상대방의 말을 받아들이고 있다.

17 (다)에서 아우는 형의 말을 들으려고 하지 않고 있다. '형님은 내 일에 상관하지 마세요!'라고 하면서 자기 뜻대로 벽을 설치하고 있다.

상	형과의 대화를 거부함과 자기 생각대로만 말함을 모두 적절하게 서술한 경우
중	형과의 대화를 거부함과 자기 생각대로만 말함 중에서 한 가지만 적절하게 서술한 경우
하	형과의 대화를 거부함과 자기 생각대로만 말함을 모두 적절하게 서술하지 못한 경우

EBS 중학

뉴런

| 국어 2 |

정답과 해설 <실전책>

정답과 해설 실전책

 첫째 마당 문학

① 문학 작품의 관점

1. 엄마 걱정
본문 8~9쪽

[학습 목표 응용] 01 ③ 02 ① 03 ④ 04 ⑤ 05 ④
06 ② 07 ②
[고난도 응용] 01 ④ 02 [예시 답안] ⓐ: 외롭고 무섭고 서글픈 마음이 느껴져요. ⓑ: 어둡고 차갑고 쓸쓸해요. ⓒ: 엄마를 기다리는 동안 느꼈던 외롭고 쓸쓸하고 무서운 감정을 생생하게 전달할 수 있어서요.

[학습 목표 응용]

01 2연의 어른이 된 '나'는 1연의 유년 시절을 떠올리며 눈시울이 뜨거워지고 있다. 자신의 힘들었던 과거를 회상하며 눈물짓는 화자의 모습에서 안타까움과 애틋함이 느껴진다.
오답 확인 ① 1연의 어둡고 차가운 분위기는 2연에도 이어져 '내 유년의 윗목'이라는 표현으로 압축되고 있다.
② 1연에서는 빗소리를 들으며 무서움과 쓸쓸함을 느끼는 화자의 심정이 그려져 있다. 낭만적인 분위기는 찾을 수 없다.
④ 1연에 나오는 유년 시절이 화자에게는 힘든 시절이었다. 하지만 그 시절을 극복하여 현재 행복한 삶을 살고 있다는 내용은 나타나 있지 않다.
⑤ 1연에서 '나'가 천천히 숙제를 하는 것은 엄마를 기다리는 힘겨움을 잊기 위한 것이다. 학교 공부의 힘겨움과는 관련이 없다.

02 1연에는 과거 어린 시절 '나'의 이야기가 제시되어 있고, 2연에는 그 과거를 떠올리고 있는 어른이 된 현재의 '나'의 모습이 그려져 있다.

03 '금 간 창틈으로 고요히 빗소리'는 비유적 표현이 아니며, 화자의 외로움을 고조시키는 역할을 하지만 화자에게 여유가 있음을 보여 주는 표현은 아니다.

04 이 시의 화자는 빈방에 혼자 남아 엄마를 기다리다가 결국 훌쩍이고 만다. 화자가 집 밖으로 나가는 모습은 그려져 있지 않다.

05 이 시의 주된 정서와 분위기는 외로움과 쓸쓸함, 어둠과 무서움 등이다. 이러한 정서와 분위기는 엄마가 계신 '시장'이 아니라 화자가 있는 '빈방'과 관련이 된다.

오답 확인 ①, ②, ③ '빈방'에 '찬밥'처럼 버려진 화자의 모습에서 외로움과 쓸쓸함이 느껴진다. 또한 차가운 '윗목'과 다 식은 '찬밥'에서 차가운 분위기가 느껴진다.
⑤ '시든 해'는 어두운 분위기를 조성하는 소재로, 밤이라는 시간대를 알 수 있으며, 엄마를 기다리다 지친 화자의 모습 혹은 가난한 삶에 지친 엄마의 모습을 연상할 수 있다.

06 '내 눈시울을 뜨겁게 하는'과 '윗목'에서 촉각적 심상이 사용되었다. '내 눈시울을 뜨겁게 하는'에서 유년 시절을 떠올리며 느끼는 화자의 서글픔을 짐작할 수 있고, '내 유년의 윗목'에서 화자가 유년 시절을 윗목처럼 차갑게 느껴지는 힘들었던 시절로 기억하고 있음을 알 수 있다. 이렇게 ㉠는 촉각적 심상을 사용하여 힘들었던 유년 시절에 대한 화자의 감정을 효과적으로 보여 주고 있다.

07 '안 오시네', '엄마 안 오시네', '안 들리네'는 모두 엄마가 돌아오시지 않고 있다는 것을 반복해 이야기하는 것으로 엄마의 부재를 강조하고 있다(ㄱ). 또한 약간의 변화가 있지만 '안 오시네', '안 들리네'와 같이 비슷한 시구를 반복하여 운율을 만들어 내고 있다(ㄹ).

[고난도 응용]

01 시의 화자가 '엄마'로 바뀌게 되면, 엄마가 처한 상황과 엄마가 느끼고 생각하는 것들이 구체적으로 표현될 수 있다. 따라서 아들의 상황을 더 상세하게 보여 준다는 추측은 적절하지 않다. 빈방에 혼자 남아 엄마를 기다리는 아들의 상황은 아들을 화자로 설정한 이 시에 잘 드러나 있다.

02 ⓐ에는 화자의 주된 정서인 빈방에 혼자 남아 엄마를 기다리는 화자가 느끼는 외로움과 쓸쓸함, 무서움과 서글픔 등의 내용이 들어가야 한다. ⓑ에는 그런 정서를 잘 드러내기 위한 분위기인 '찬밥', '윗목' 등의 단어에서 느껴지는 차가움과 '해는 시든 지 오래', '어둡고 무서워'에서 알 수 있는 밤의 어두움, '금 간 창틈'으로 들리는 '빗소리'에서 느껴지는 쓸쓸함 등의 내용이 들어가야 한다. ⓒ에는 화자인 '나'가 스스로 자신의 이야기를 들려주니 어린 시절에 느낀 심정이 고스란히 생생하게 전달될 수 있다는 내용이 들어가야 한다.

상	ⓐ, ⓑ, ⓒ 세 가지를 모두 적절하게 쓴 경우
중	ⓐ, ⓑ, ⓒ 중, 두 가지를 적절하게 쓴 경우
하	ⓐ, ⓑ, ⓒ 중, 한 가지만 적절하게 쓴 경우

2. 귀뚜라미

본문 10~11쪽

[학습 목표 응용] 01 ② 02 ③ 03 ① 04 ⑤ 05 ⑤
06 ① 07 ①
[고난도 응용] 01 ③ 02 [예시 답안] • 행: 누군가의 가슴에 실려 가는 노래일 수 있을까. • 의미: 누군가에게 감동을 주는 노래를 부르고 싶은 소망 03 [예시 답안] ⓐ: 사람들에게 감동을 주지 못하는 시 ⓑ: 사람들에게 감동을 주는 시

[학습 목표 응용]

01 '울음'과 '노래', '매미 떼가 하늘을 찌르는 시절'과 '맑은 가을', '나(귀뚜라미)'와 '매미'가 각각 서로 의미상 대조되고 있다. 이러한 대조적 시어를 사용하여 현재 울음에 불과한 소리가 나중에 누군가에게 감동을 주는 의미 있는 노래가 되길 바라는 귀뚜라미의 소망을 효과적으로 전달하고 있다.

오답 확인 ① 풍자적 표현은 개인이나 사회의 부조리나 어리석음 등을 간접적으로 비판하며 웃음을 유발하는 표현으로, 이 시에는 사용되지 않았다.
③ 이 시에는 과거는 제시되어 있지 않다. 화자의 현재 상황과 화자가 꿈꾸는 미래의 모습이 그려지고 있다.
④ 이 시의 화자는 차가운 바닥, 지하도 콘크리트 벽 좁은 틈에서 울고 있다. 그 속에서 힘든 상황을 견디고 있으며, 그 속에서 자신의 울음이 노래가 될 날을 꿈꾸고 있다. 따라서 공간의 이동에 따라 시상을 전개하고 있다고 보기는 어렵다.
⑤ 이 시의 화자는 사람이 아닌 귀뚜라미이다.

02 이 시의 화자인 '나(귀뚜라미)'는 2연에서 지금은 '타전 소리'에 불과한 자신의 울음이 미래에 '누구의 마음 하나 울릴 수 있'기를 소망하고 있고, 3연에서 지금은 '발길에 눌려 우는' 자신의 울음이 미래에 '누군가의 가슴에 실려 가는 노래'가 될 수 있기를 기대하고 있다.

03 이 시의 운율은 '울음', '노래' 같은 시어의 반복이나 '~ 수 있을까.'라는 문장 구조의 반복을 통해 형성되고 있다.

오답 확인 ㄷ. 처음과 끝에 비슷한 구절을 배치하는 수미 상관의 방식은 쓰이지 않았다.
ㄹ. 각 행의 길이가 다르기 때문에 각 행을 네 부분으로 규칙적으로 끊어 읽기는 어렵다.

04 '나(귀뚜라미)'의 울음은 절망적인 울음이 아니다. 남을 감동시키고 싶은 화자의 소망이 담겨 있는 울음이기 때문이다.

05 이 시의 제목인 '귀뚜라미'는 이 시의 화자인 '나'로, 시 전반에서 의인화되어 표현되어 있다. '귀뚜라미'는 현재 '지하도 콘크리트 벽 좁은 틈'과 같은 열악한 환경에 처해 있어 아

무도 눈여겨보지 않는 신세이지만, 자신의 '울음'이 언젠가 '노래'가 될 날을 꿈꾸며 힘든 현실을 참으며 견디고 있다.

06 ㉮에는 무생물인 '가을'이 살아 있는 생물처럼 '어린 풀숲 위에 내려와 뒤척'인다고 표현하였으므로 활유법이 사용되었다. '목이 긴 메아리' 역시 무생물인 '메아리'가 목이 길다고 표현하였으므로 활유법이 사용된 예이다.

오답 확인 ②, ④, ⑤ 표현하고자 하는 대상을 다른 대상에 직접 빗대어 표현하는 직유법이 쓰였다.
③ 표현하고자 하는 대상을 다른 대상과 동일 관계로 표현하는 은유법이 쓰였다.

07 '높은 가지를 흔드는 매미 소리'는 '나'에게 도움이 되거나 힘을 주는 소리가 아니라, '나'의 울음이 들리지 않도록 방해하는 역할을 하고 있다.

[고난도 응용]

01 이 시의 화자인 '나'는 '귀뚜라미'로, '귀뚜르르 뚜르르 보내는 타전 소리', 귀뚜라미의 '울음', '노래' 등은 모두 청각적 심상에 해당한다. ③에는 '불타는 소리', '물 끓는 소리', '도마질 소리' 등에 청각적 심상이 드러나 있다.

오답 확인 ①, ④에는 시각적 심상이 사용되었다.
②에는 후각적 심상이 사용되었다.
⑤에는 촉각적 심상이 사용되었다.

02 이 시의 주제는 '자신의 울음이 누군가의 마음에 감동을 주는 노래가 되기를 바라는 귀뚜라미의 소망'이라고 할 수 있다. 이러한 소망은 의문문 형식으로 이루어진, 3연의 마지막 행에 드러나 있다.

상	행을 정확히 찾아 쓰고, 그 안에 담긴 의미를 적절하게 쓴 경우
중	행만 정확히 찾아 쓰고, 그 안에 담긴 의미를 적절하게 쓰지 못한 경우
하	행의 일부나 관련된 시어만 찾아 쓰고, 그 안에 담긴 의미도 적절하게 쓰지 못한 경우

03 이 시의 화자인 '나(귀뚜라미)'가 시인을 대변한다고 보고 시의 의미를 해석한 내용이다. 이때 '울음'은 의미 없는 소리가 아니라 사람들에게 감동을 주지 못하는, 인정받지 못하는 시라고 할 수 있고, '노래'는 사람들에게 감동을 주는, 많은 사람들에게 인정받는 시라고 할 수 있다.

상	ⓐ, ⓑ 모두의 의미를 적절하게 서술한 경우
중	ⓐ, ⓑ 중, 하나의 의미만 적절하게 서술한 경우
하	ⓐ, ⓑ 모두의 의미를 적절하게 서술하지 못한 경우

정답과 해설 • **41**

3. 동백꽃
본문 12~13쪽

[학습 목표 응용] 01 ③ 　02 ④ 　03 ④ 　04 ⑤
[고난도 응용] 01 ③ 　02 ② 　03 [예시 답안] 나흘 전, 나는 그에게 말을 걸고 감자를 줬다. 그는 쳐다보지도 않고 바로 거절해 버렸다. 용기를 내서 표현한 건데, 얼마나 무안한지 화가 났다.

[학습 목표 응용]

01 (나)에서 점순은 용기를 내어 '나'에게 말을 붙이면서 호감을 드러낸다. 그러다가 (다)에서 감자를 주면서 관심을 표현하는데, 눈치 없는 '나'가 이를 거절하자 숨소리가 거칠어질 정도로 무안함을 느끼며 화를 낸다. (라)에서 '나'는 점순의 수탉을 얼떨결에 죽이고 나서 그동안 당한 일이 억울하기도 하고 서럽기도 하다고 느끼면서 이제 점순네 심기를 건드렸으니 땅도 빼앗기고 집에서도 쫓겨날 것이라며 걱정한다. 그러다가 (마)에서 '나'는 점순이 자신에게 다음부터 그러지 말 것을 다짐을 받자 무슨 뜻인지도 모르고 대답부터 한 채 안도감을 느낀다.

02 이 글은 주인공인 '나'가 사건에 대한 자신의 입장을 직접 서술하는 1인칭 주인공 시점이다. '나'의 입장을 직접 서술하므로 '나'의 내면 심리를 드러내는 데는 효과적이나 '나'가 경험한 것만 이야기한다는 점에서는 한계가 있다. 또한 사건의 전모를 파악하기 힘들고 사건에 대한 관점이 주관적이다.

오답 확인 ① 주인공 '나'는 사건의 전모를 파악하지 못한다. 독자들도 알 수 있는 상황을 알지 못하는 인물로 그려져 있다.
② 이야기 밖의 서술자가 인물과 사건의 외면만을 서술하는 시점은 3인칭 관찰자 시점이다.
③ 이야기 속 인물인 '나'가 관찰한 것을 객관적인 태도로 서술하는 시점은 1인칭 관찰자 시점이다.
⑤ 모든 것을 알고 있는 이야기 밖의 서술자가 등장인물의 내면까지 서술하는 시점은 3인칭 전지적 시점이다.

03 '나'는 점순네 수탉을 죽이고 나서 겁에 질려 있는데, 점순이 '너 이담부터 안 그럴 테냐?'라는 말이 무슨 뜻인지도 모르면서 그러겠다고 대답부터 하고 안도감을 느낀다. 이는 점순의 말을 의심하는 태도와는 거리가 멀다.

04 이 글에는 '나'의 어리석음을 비판적으로 공격하는 내용은 나타나 있지 않다. 상황을 눈치채지 못하는 '나'의 어리숙함을 웃음을 동반하여 서술할 뿐, '나'의 잘못을 지적하거나 비판하지는 않는다.

[고난도 응용]

01 (라)~(바)에는 점순과 '나'의 갈등이 해결되는 과정이 그려져 있다. 점순의 마음을 눈치채지 못한 '나'가 점순이 요구하는 것을 들어주면서 둘의 갈등은 해결되는데, 이를 통해 '나'가 점순을 더 좋아하게 되었다는 것을 확인하기는 어렵다.

오답 확인 ① (다)에서 '나'가 감자를 거절한 후의 점순의 반응을 통해 확인할 수 있다.
② (바)의 '알싸한 그리고 향긋한 그 냄새에 ~ 정신이 고만 아찔하였다.'를 통해 알 수 있다.
④ (마)에 그려진 둘의 화해와 (바)의 '뭣에 떠다밀렸는지 나의 어깨를 짚은 채 그대로 퍽 쓰러진다.'를 통해 짐작할 수 있다.
⑤ '나'는 점순네 닭을 죽이고 나서 겁을 먹고 울음을 터뜨린다. 이때 점순이 '나'에게 다음부터 그러지 말 것을 다짐 받고 '나'를 달래 준다. 이는 '나'와 점순이 화해하게 되는 계기가 된다.

02 ㉠은 점순이 '나'가 저지른 일을 봐주는 대신 다음부터는 자신의 호의를 거절하지 말 것을 요구하는 것이다. ㉡은 잔뜩 겁을 먹고 점순이 말하는 것이 무엇인지도 모르는 '나'가 우선은 마름의 딸인 점순의 요구를 들어줘야 자기네가 집도 내쫓기지 않고 땅도 빼앗기지 않을 거라고 생각하는 것이다.

03 나흘 전의 객관적인 사건은 점순이 '나'에게 말을 걸면서 준 감자를 '나'가 거절한 사건이다. 점순은 자신의 호의가 거절당했다고 생각하고 무안함과 분노감을 표출하였다.

상	사건의 객관적 내용을 제시한 후, 점순의 입장에서 심리를 잘 서술한 경우
중	사건의 객관적 내용과 점순의 심리 중, 한 가지를 다소 부족하게 서술한 경우
하	감자 사건에 대한 내용을 대략적으로 서술한 경우

단원 평가
본문 14~17쪽

01 ② 　02 ④ 　03 ① 　04 ② 　05 ① 　06 ⑤ 　07 ②
08 ① 　09 [예시 답안] (나)와 〈보기〉의 화자는 귀뚜라미로, 모두 의인화된 존재라는 공통점이 있다. (나)는 귀뚜라미를 화자로 설정함으로써 자신의 울음이 누군가에게 감동을 주는 노래가 되기를 바라는 마음을 효과적으로 표현하고 있고, 〈보기〉는 귀뚜라미를 화자로 설정함으로써 돌아가신 엄마를 그리워하는 아이의 마음(혹은 엄마를 잃고 슬퍼하는 아이를 위로하고자 하는 마음)을 효과적으로 표현하고 있다. 　10 ② 　11 ③ 　12 ① 　13 ① 　14 ①
15 [예시 답안] 감자, 상대방에 대한 관심과 애정이 담겨 있다.
16 [예시 답안] 점순과 '나'의 입장 차이를 떠올리게 하여 '나'가 자기네 닭을 죽인 것이 얼마나 큰일인지를 인식하게 하고, '나'에게 겁을 주기 위한 것이다.

01 (가)에서는 '안 오시네', '안 들리네'에서 비슷한 문장 구조를 반복하여 운율을 형성하고 있고, (나)에서는 '누구의 마음 하나 울릴 수 있을까.', '누군가의 가슴에 실려 가는 노래일 수 있을까.'에서 비슷한 문장 구조를 반복하여 운율을 형성하고 있다.

02 (가)의 화자는 어린 시절의 서글픈 추억을 회상하고 있고, (나)의 화자는 자신의 울음이 노래가 되는 그날을 간절히 소망하며 기대하고 있다.

03 (가)에서는 가난으로 인해 고된 삶을 살아야 했던 어머니에 대한 안타까움이 느껴진다. 하지만 (가)의 주제는 화자가 겪어야 했던 외롭고 쓸쓸했던 어린 시절에 대한 안타까움으로, 어머니에 대한 그리움을 노래하고 있지는 않다.

04 (가)는 가난했던 어린 시절을 제재로, 시장에 간 엄마를 기다리던 어린 시절의 외로움과 쓸쓸함을 노래하고 있는 작품이다.

05 (나)에서 '나'는 열악한 상황에 처해 있지만, 가을이 오면 누군가에게 감동을 주는 노래를 부를 수 있기를 바라며 그 고달픈 현실을 잘 견뎌 내고 있다. 따라서 현실을 회피하고 있다고 보기는 어렵다.

06 '아주 먼 옛날'은 1연의 내용이 과거임을 알게 해 준다. 즉, 어른이 된 화자가 1연의 어린 시절 기억을 회상하고 있음을 보여 주는 시구이다. 화자가 어린 시절 경험한 안타까운 상황이나 어둡고 차가운 분위기와는 관련이 없다.

07 '내 유년의 윗목'은 가난하고 힘들었던 유년 시절에 대한 화자의 기억을 차가운 윗목에 빗대어 효과적으로 표현한 것이다. '윗목'이라는 시어를 사용하여 화자의 어린 시절이 따뜻하고 훈훈한 기억이 아니라 차갑고 서글픈 기억으로 남아 있음을 인상적으로 보여 주고 있다.

08 (나)에서는 ⓐ '매미'는 지금 현재 주목받고 있는 화려한 존재를 의미하는 반면, ⓒ '나(귀뚜라미)'는 그런 매미와 대조되는 존재로 아무도 눈여겨보지 않는 어두운 곳에서 자신의 꿈을 펼칠 날을 기다리는 존재를 의미한다.

09 〈보기〉의 화자는 제목에서 짐작할 수 있듯이 '귀뚜라미'로, (나)의 화자와 같이 의인화되어 있다. 그런데 〈보기〉의 화자는 가을날 아이 대신 울면서 돌아가신 엄마를 그리워하는 아이를 위로하고 있다. 이를 통해 엄마에 대한 아이의 그리움 혹은 그런 아이를 위로하고자 하는 화자의 마음을 효과적으로 형상화하고 있다. (나)에서도 귀뚜라미를 화자로 내세워 자신의 울음소리가 누군가에게 감동을 주는 노래가 되기를 바라는 마음 혹은 어려운 환경에서도 꿈을 잃지 않는 삶의 태도를 드러내고 있다.

상	(나)와 〈보기〉의 화자의 공통점을 쓰고, (나)와 〈보기〉의 화자 설정 의도를 각각의 주제와 관련지어 적절하게 서술한 경우
중	(나)와 〈보기〉의 화자의 공통점만 쓰고, (나)와 〈보기〉의 화자 설정 의도를 각각의 주제와 관련지어 서술하지 못한 경우
하	(나)와 〈보기〉의 화자의 공통점을 쓰지 못하고, (나)와 〈보기〉의 화자 설정 의도를 막연하게 서술한 경우
예 (나)와 〈보기〉의 화자는 모두 주제를 효과적으로 드러내기 위해 설정되었다.

10 이 글의 해학적 분위기를 조성하는 요소는 '나'의 어수룩한 말과 행동, 사투리와 비속어의 사용 등이다. '나'와 점순이 재치나 유머를 발휘하여 웃음을 유발하는 내용은 찾을 수 없다.

11 이 소설의 서술자인 '나'는 어수룩하고 순박한 산골 소년으로 그려져 있다. (나)와 (다)에서 독자들은 충분히 짐작할 수 있는 점순의 마음을 정작 자신은 알아차리지 못함으로써 독자들에게 웃음을 주고 있다.

12 (다)에서 점순은 '나'에 대한 관심과 애정의 표현으로 감자를 주었으나 '나'에게 거절당한다. 그 후 (라)에서 점순은 '나'의 씨암탉을 괴롭히는데, 이는 점순이 '나'의 관심을 유도하기 위한 행동이라고 볼 수 있다.

오답 확인 ②, ③ (라)에서 점순은 '나'의 씨암탉을 괴롭힘으로써 자기 마음을 몰라주는 '나'에 대한 원망을 드러내고, 자신의 호의를 거절한 '나'에게 분풀이를 하고 있다.

④ (다)에서 점순은 자신의 호의가 거절당하자 속상해서 눈물까지 어리었다.

⑤ (라)에서 점순이 '나'의 씨암탉을 괴롭히는 것은 감자를 거절한 '나'에게 서운함과 노여움을 느껴 앙갚음을 하려는 것으로 볼 수 있다.

13 이 글의 시점은 1인칭 주인공 시점이고, 제시된 시점은 3인칭 관찰자 시점이다. 따라서 서술자인 1인칭 '나'는 3인칭 '그'로 바꾸고 인물의 행동과 사건을 관찰하여 보여 주는 방식으로 서술해야 한다. 그러므로 ①에서 '나'를 '그'로 바꾸고 그의 놀란 심리를 '눈이 휘둥그레졌다'라는 표현으로 바꾼 것이 적절하다.

오답 확인 ② 1인칭 주인공 시점으로 서술자도 이 글의 '나'와 일치한다.

③, ④ 3인칭 전지적 시점이 쓰였다.

⑤ 1인칭 주인공 시점이지만, 점순이 서술자 '나'이고 이 글의 '나'가 '그'이다.

14 '오늘도 또'라는 표현에서 닭싸움이 이미 몇 차례 진행되었음을 알 수 있다. 나흘 전 감자 사건으로 인해 갈등이 시작된 후 닭싸움을 통해 점순의 앙갚음이 진행되고 있는 시점이기 때문에 갈등이 이제 막 시작되었다고 보기는 어렵다.

오답 확인 ② (가)에서는 '오늘'의 이야기를 (나)에서는 '나흘 전' 이야기를 하고 있으므로 현재에서 과거로 거슬러 올라가는 역순행적 구성을 취하고 있음을 알 수 있다.

③ '나'가 자신에 대한 점순의 관심을 전혀 눈치채지 못하고 있음을 보여 준다.

④ (마)에서 '무엇을 안 그러는지 명색도 모르건만, / "그래!" / 하고 무턱대고 대답하였다.'라는 서술에서 '나'가 점순의 말의 의도를 알아차리지 못한 채 위기를 모면하기 위해 무조건 점순의 말을 받아들이고 있음을 알 수 있다.

⑤ '나'와 점순 사이에 생겨난 사랑의 감정을 감각적으로 아름답게 표현한 부분이다.

15 〈보기〉에서 소년은 '근동에서 제일 가는 이 덕쇠 할아버지네 호두를 어서 소녀에게 맛보여야 한다는 생각'에 옴이 오를 수 있음에도 불구하고 호두송이를 맨손으로 까서 호두를 주머니에 넣어 가고 있음을 알 수 있다. 따라서 '호두'는 소녀를 위하는 소년의 마음이 담긴 소재이다. 이 글에서는 점순이 '나'에 대한 관심과 호의의 표시로 '감자'를 '나'에게 내민다.

상	소재를 정확히 찾고, 그 의미를 적절하게 서술한 경우
중	소재를 찾지 못했으나, 그 의미를 적절하게 서술한 경우
하	소재를 정확히 찾았으나, 그 의미를 적절하게 서술하지 못한 경우

16 '나'가 점순네 닭을 단매로 때려죽이는 사건이 벌어지자, 점순은 왜 자기네 닭을 죽이냐고 화를 낸다. '나'가 그럼 어떠냐고 대들자, 점순은 '누 집 닭인데?'라고 이야기한다. 〈보기〉의 내용을 보면, 점순네와 '나'의 집안은 마름과 소작농으로 입장이나 처지에 있어 차이가 있음을 알 수 있다. 즉, 점순은 이러한 사실을 '나'에게 다시 한번 일깨우고, 마름집 닭을 죽였으니 소작농인 '나'의 가족은 땅과 집을 모두 잃을 수도 있다는 것을 인식하게 하여 '나'에게 겁을 주려는 의도로 이 말을 하였음을 알 수 있다.

상	〈보기〉의 내용을 근거로 점순의 의도를 적절하게 서술한 경우
중	〈보기〉의 내용을 근거로 들지 못하고, 점순의 의도만 적절하게 서술한 경우
하	〈보기〉의 내용을 근거로 들지 못하고, 점순의 의도를 막연하게 서술한 경우

---

2 문학 작품의 재구성

1. 새로 쓰는 흥부전 본문 20~21쪽

[학습 목표 응용] 01 ④   02 ③   03 ①   04 [예시 답안]
형제의 우애가 넘치는
[고난도 응용] 01 ④   02 ③

[학습 목표 응용]

01 재구성된 작품을 읽을 때에 원작을 정확히 이해하고 원작과 비교하여 갈래, 내용, 표현, 형식 등에서 어떤 점이 달라졌는지 파악해야 한다. 이때 원작에 대한 비판적 견해를 두루 살펴보고 참고할 수도 있다. 그러나 원작을 읽을 때뿐만 아니라 재구성된 작품을 읽을 때에도 자신의 가치관과 다른 부분을 그대로 받아들이는 것은 적절하지 않다.

02 이 글은 원작인 고전 소설 「흥부전」을 현대적 시각으로 재구성한 작품이다. 놀부의 부의 축적 과정에 대한 풍자와 해학은 원작인 고전 소설 「흥부전」에 해당하는 내용으로, 이 글에서는 그러한 모습이 드러나지 않는다.

오답 확인 ① 놀부가 흥부에게 용돈을 주지 않겠다고 하자 흥부는 이를 받아들이지 못하여 갈등이 빚어진다.

② 흥부가 처음에는 게으른 성격으로 그려지지만 집을 나오고 난 뒤부터는 부지런한 성격으로 그려진다.

④ '이웃들과 나누는 것', 구체적으로 '일 년에 몇 번씩 지역의 어려운 분들을 초대해 맛있는 음식을 나누'는 행위를 통해 현대 사회에 부족한 공동체에 대한 인식을 환기하고 있다.

⑤ 한쪽이 다른 한쪽을 일방적으로 도와주거나 우연에 의한 부의 축적은 현대 사회에서는 받아들이기 어려운 내용이다. 흥부가 자립할 수 있도록 놀부가 도와줌으로써 형제간의 진정한 우애가 무엇인지에 대해 생각하게 한다.

03 놀부는 자신에게만 의지해 무위도식하는 흥부를 변화시키기 위하여 용돈을 주지 않겠다고 말했지만 집을 나간 흥부를 위해 식당에 자리를 마련하여 흥부가 스스로 독립할 수 있도록 하였다. 따라서 식당 사장님이 놀부가 흥부를 도와준 이야기를 한 뒤에는 흥부가 형에게 고마움을 느끼는 내용이 적절하다.

04 (마)의 내용을 참고하여 광고를 완성시켜 보는 활동이다. 이 글은 형제간의 진정한 우애란 무엇인가를 말하고 있다. 따라서 (마)에 제시된 내용 중 '형제의 우애로 만든 맛있는 음식'이라는 내용을 활용할 수 있다.

상	(마)에서 '형제의 우애'라는 내용을 포함하면서, 꾸며 주는 문장 형식의 3어절로 적절하게 표현한 경우
중	(마)에서 '형제의 우애'라는 내용을 포함하였으나, 꾸며 주는 문장 형식으로 서술하지 못하거나 3어절로 표현하지 못한 경우
하	(마)의 내용을 제시하였으나, 주제에서 벗어난 내용을 제시한 경우

[고난도 응용]

01 (다)의 '~ 말했어요', '~ 놀랐어요' 등을 보면 말하는 듯한 구어체 문장을 사용하고 있음을 알 수 있고, 〈보기〉의 '~ 엎드렸다', '~ 하직을 고했다' 등을 보면 문어체 문장을 사용하고 있음을 알 수 있다.

오답 확인 ① (다)에서 흥부와 놀부가 갈등하는 모습이 나타나고, 〈보기〉에서는 흥부가 놀부에게 사정을 해도 들어주지 않는 놀부의 매몰찬 모습을 볼 수 있다.
② (다)와 〈보기〉 모두 과거 시제로 사건을 서술하고 있다.
③ (다)의 흥부는 놀부가 용돈을 주지 않겠다고 하자 그에 대해 반항적인 태도를 보이고 있고, 〈보기〉의 흥부는 놀부에게 사정을 하다가 결국 '하릴없이 물러나 하직을 고했다'는 것으로 보아 형의 의견에 반대하는 태도를 보이다가 결국은 순응적 태도를 보인다고 할 수 있다.
⑤ 〈보기〉의 놀부는 흥부가 잘못해서가 아니라 위력으로 동생을 쫓아내고 있다. 따라서 흥부가 자신의 잘못을 인정했다는 내용은 적절하지 않다.

02 이 글의 주제는 '형제간의 진정한 우애'이다. 재구성된 작품에서는 원작 「흥부전」과는 달리 흥부가 독립적으로 살아갈 수 있도록 놀부가 흥부에게 도움을 준다. 놀부는 흥부가 자립할 수 있기를 바라서 흥부에게 용돈을 주지 않은 것이다.

오답 확인 ① (가)에서 흥부가 부모님의 사랑을 받고 자란 것을 알 수 있다. 이는 '형제간의 우애'라는 주제와 관련이 없고 흥부에게 필요한 것이 무엇인지에 대한 고민과도 관련이 없다.
② (나)는 놀부의 성격이 드러나는 부분이다. 흥부에게 가르치려고 놀부가 이러한 모습을 보였다는 것은 알기 어렵다.
④ 흥부를 도와준 이는 결국 놀부였다. 흥부처럼 열심히 살다 보면 누군가 도와주는 사람이 반드시 나타난다고 판단할 근거는 없다.
⑤ 흥부가 놀부에게 더불어 사는 삶의 가치를 깨우쳐 준 것이 아니라 흥부와 놀부가 함께 이러한 가치를 실천한 것이다.

오답 확인 **2. 그림 동화로 읽는 흑설 공주** 본문 22~23쪽

[학습 목표 응용] **01** ④ **02** ② **03** ② **04** ④ **05** ⑤
[고난도 응용] **01** ③ **02** [예시 답안] 진정한 아름다움은 외모에 있지 않고 진실한 마음에 있다.

[학습 목표 응용]

01 이 글은 동화 「백설 공주」를 재구성한 작품으로, 백설 공주가 낳은 흑설 공주를 주인공으로 내세워 아름다움의 기준에 대한 주제 의식을 표현하고 있다. 사건의 공간적 배경은 원작과 동일하게 왕궁과 숲속으로 설정되어 있다.

오답 확인 ① 시간적 배경은 백설 공주가 죽은 이후로 설정되어 있다.
② 주인공은 백설 공주와 달리 검은색 피부를 가진 흑설 공주이다.
③ 흑설 공주의 망토, 책에 묻은 독, 흑설 공주를 구하는 정원사의 눈물 등 일부 소재를 원작과 달리 설정하고 있다.
⑤ 흑설 공주가 새 왕비의 미움을 받고 쫓겨나, 난쟁이들과 살다가 다시 독살당하는 사건 전개는 원작과 유사하다.

02 이 글에서는 아름다움을 평가하는 기준이 고정불변이 아니라 사회·문화나 시간의 변화에 따라 달라질 수 있음을 강조하고 있다. '상대적'은 '서로 맞서거나 비교되는 관계에 있는. 또는 그런 것.'을 의미한다.

오답 확인 ① '보편적'은 '모든 것에 공통되거나 들어맞는. 또는 그런 것.'을 의미한다.
④ '객관적'은 '자기와의 관계에서 벗어나 제삼자의 입장에서 사물을 보거나 생각하는. 또는 그런 것.'을 의미한다.

03 (가), (나)에서 흑설 공주는 자신의 외모로 인해 자신감을 잃고 사람들에게서 소외되어 성장한다. 따라서 이런 상황에서 흑설 공주에게 외모에 대한 자신감을 갖도록 격려하는 말을 하는 것이 적절하다.

오답 확인 ① 피부색을 바꿀 수 있다는 헛된 희망을 심어 주는 것은 바람직하지 않다.
③ 공주는 홀로 지내는 상황에서 책과 작은 동물을 가까이한 것일 뿐, 충분한 위로를 받았는지에 대해서는 판단하기 어렵다.

④ 사람들이 공주의 피부색을 두고 수군거리는 것은 부러움의 표현이 아니다.

⑤ 사람들이 흑설 공주가 공주라는 사실 자체를 모르고 있는 것은 아니다. 다만 외모에 대한 고정 관념을 가지고 흑설 공주를 흉보고 있는 것이다.

04 ㉠은 왕비가 흑설 공주를 죽이기 위해 준비한 도구이다. 흑설 공주의 성격 변화와는 아무런 관련이 없다.

오답 확인 ① 독자는 공주가 독이 묻은 책을 읽는 과정이 곧 죽음에 이르는 과정임을 알기에 긴장감을 느끼게 된다.
② 흑설 공주는 책에 묻은 독으로 인하여 죽음을 맞는다. 공주가 겪는 가장 큰 위기이다.
③ 왕비가 공주를 끝내 죽이고 말겠다는 의지를 가졌음을 보여 준다.
⑤ 흑설 공주는 책을 좋아하는 인물이며, 왕비가 책을 들고 왔을 때 책을 보고 '너무 기뻐'하여 왕비를 의심하지 않고 독이 묻은 책을 펼쳐 보다가 쓰러지게 된다.

05 ㉡은 누구나 자기만의 아름다움을 가지고 있으며, 그것을 획일적으로 평가할 필요가 없다는 것을 강조하고 있다. ⑤는 개성적인 인간의 가치와 소중함을 강조하는 명언이다.

오답 확인 ① 다른 사람의 칭찬을 너무 좋아하지 말 것을 강조하고 있다.
② 긍정적인 생각의 중요성을 강조하고 있다.
③ 한 번 실패한 것에 대해 절망하지 말 것을 강조하고 있다.
④ 행복은 우리 주변의 사소한 것에 있음을 강조하고 있다.

[고난도 응용]

01 이 글에서는 아름다움의 기준이 시대나 사회·문화적 상황에 따라 달라질 수 있으므로 외모에 대해 연연하기보다는 자신만의 아름다움을 갖출 것을 말하고 있다. '주영'은 외모를 평가하는 기준이 예나 지금이나 똑같다고 말하고 있다.

오답 확인 ① 효림은 외면적인 기준보다 내면적 기준으로 아름다움을 인정받을 수 있다고 말하고 있다.
② 도성은 '날씬한 몸매'라는 일관된 기준으로 사람의 아름다움을 판단하는 것이 잘못된 것이라고 말하고 있다.
④ 원우는 아름다움을 평가하는 기준이 나라마다 다를 수 있다고 보고 있다.
⑤ 윤재는 시대에 따라 아름다움의 기준이 달라진다고 보고 있다.

02 〈보기〉에서는 결국 가장 아름다운 사람이 '난쟁이들'이었다고 말하고 있다. 여기서 아름다움이란 공주를 진심으로 사랑하고 공주의 죽음을 안타까워하는 마음을 의미한다. 즉, 외모의 측면이 아니라 내면적인 아름다움을 중시하고 있다.

상	'아름다움'이라는 말을 사용하여 내면의 아름다움에 대해 적절하게 서술한 경우
중	내면의 아름다움에 대해 서술하였으나, '아름다움'이라는 말을 사용하지 않은 경우
하	'아름다움'이라는 말을 사용했으나, 내면의 아름다움에 대해 모호하게 서술한 경우 예 아름다움은 겉으로 드러나지 않는다.

단원 평가 본문 24~27쪽

01 ⑤ **02** ② **03** ④ **04** ① **05** [예시 답안] 흥부는 형에게 의존해 살아가는 무능력한 인물로 악인에 가까운 인물이었다가 성실하게 일하며 자신의 삶을 스스로 개척해 가는 선인으로 바뀐다. 놀부는 동생을 바르게 이끌어 주는 인물로서 처음부터 끝까지 선인의 모습을 유지하는 인물이다. **06** [예시 답안] 자신의 삶을 스스로 개척할 줄 아는 사람이 되어야 한다. **07** ⑤ **08** ④ **09** ② **10** ⑤ **11** [예시 답안] 외모를 기준으로 사람을 평가하는 것을 비판해야 한다. **12** ②, ③ **13** ① **14** ④ **15** [예시 답안] 하얀 피부를 가진 사람이 아름답다.

01 문학 작품의 재구성은 한 사람의 독자가 문학 작품을 읽은 후에 자신의 가치관을 반영하여 새로운 작품으로 만들어 내는 것이다. 따라서 독자는 또 다른 작가의 입장이 되어 새로운 작품을 창조해 내는 것이다. 이와 같은 재구성의 과정을 거친 작품은 또 다시 다른 독자에게 원작을 새롭게 해석하도록 하는 매개체가 된다.

02 이 글의 서술자는 이야기 밖에 있는 3인칭 서술자이다.

오답 확인 ① 놀부와 흥부가 서로 갈등을 겪다가 마지막에 화해하는 장면으로 이야기를 끝맺는다.
③ 이 글에서는 흥부와 놀부 사이의 외적 갈등을 바탕으로 사건이 전개되고 있다.
④ 두 형제가 한집에 살다가 흥부가 놀부와 갈등하다가 집을 나가고 다시 화해하기까지의 과정이 시간 순서대로 전개되고 있다.
⑤ 원작에서 조선 시대의 상황을 현대적인 상황으로 시대적 배경으로 바꾸어 사건을 전개하고 있다.

03 이 글에서 흥부는 놀부에게 의존하여 살다가 자신의 삶을 개척하는 모습을 보여 주고 있다. 놀부는 아우 흥부가 어려움을 겪어 보고 스스로 극복해 가는 힘을 기르도록 하기 위해 흥부에게 용돈을 주지 않겠다고 모질게 말했다. '예쁜 자식 매로 키운다.'라는 말은 '사랑하는 자식일수록 바르게 자라길 바라는 마음으로 엄하게 키워야 한다.'는 의미이다.

오답 확인 ① '자기와 가까운 사람에게 정이 쏠림은 일반적인 것.'이라는 말이다.
② '어릴 때 몸에 밴 버릇은 나이 들어서까지 고치기 힘드니 어릴 때부터 나쁜 버릇이 들지 않도록 조심하라.'는 뜻이다.
③ '찬물을 먹더라도 어른부터 차례로 대접해야 한다.'는 말로, '무슨 일이든 나름의 순서가 있으니, 차례를 따라야 한다.'는 뜻이다.
⑤ '자신은 잘못된 언행을 하면서 상대에게는 올바르게 행동하라고 한다.'는 것으로, '처음부터 가르침이 잘못되면 올바른 교정이 불가능함.'을 나타낸다.

04 이 글은 원작에 비해 다양한 요소가 재구성되었지만, 흥부

가 놀부의 집에서 쫓겨나는 사건은 흥부가 놀부에 대한 불만으로 집을 나오는 사건으로 유사한 양상을 보이고 있다.

05 흥부는 형에게 의존하며 소비적인 삶을 살기만 하다가 형의 깊은 뜻으로 인해 스스로 삶을 개척하는 인물로 바뀌었다. 놀부는 동생에게 모범적인 모습을 보이면서도 동생을 바르게 이끌어 주고자 애쓰는 인물로 묘사되고 있다.

상	두 인물의 변화 과정을 모두 바르게 서술한 경우
중	두 인물 중, 한 인물의 변화 과정은 바르게 서술하였으나 다른 인물의 변화 과정을 모호하게 서술한 경우
하	두 인물 중, 한 인물의 변화 과정만 바르게 서술한 경우

06 놀부는 흥부가 자신에게 용돈을 타서 쓰는 무능력한 생활을 하는 것을 보고 흥부를 모질게 대한다. 이는 흥부가 시련을 겪으면서 스스로 일어서려는 노력을 하고, 그 과정에서 성실한 삶의 태도와 생활 능력을 갖출 것을 기대한 행동이다.

상	놀부가 기대하는 바를 바르게 서술한 경우
중	놀부가 기대하는 바를 다소 모호하게 서술한 경우 예 자신에게 기대지 않고 살아가야 한다.
하	놀부가 기대하는 바를 지나치게 일반화하여 서술한 경우 예 흥부가 잘 살기를 바란다.

07 이 글은 원작 「백설 공주」를 재구성한 것으로, 권선징악을 주제로 내세웠던 원작과는 달리 외모를 기준으로 사람을 평가하는 것에 대한 비판적 태도를 다루고 있다. 원작을 읽은 독자가 자기만의 관점에서 주제를 새롭게 재구성한 것이다.

오답 확인 ① 작품의 재구성은 단순한 흉내나 모방이 아니다.
② 서술 시점은 원작과 이 글 모두 3인칭 전지적 시점이다.
③ 백설 공주가 죽고 딸인 흑설 공주가 주인공이지만, 사건이 전개되는 시대적 배경은 원작과 유사하다.
④ 주인공은 모두 여성인 공주로 나타나 있다.

08 이 글에서 새 왕비는 공주를 힘들게 하는 인물로, (라)에서 결국 그에 대한 벌을 받는다. 원작과 같은 권선징악의 주제를 강조하는 부분이다.

09 이 글에서는 사람마다 개성적인 아름다움을 가지고 있다는 점을 강조하고 있다. '십인십색(十人十色)'은 '열 사람이면 열 사람의 성격이나 사람됨이 제각기 다름.'을 의미하는 것으로 사람들의 다양한 개성을 존중하는 뜻을 지닌 한자 성어이다.

오답 확인 ① 동가홍상(同價紅裳)은 '같은 값이면 다홍치마'라는 말로, '같은 조건이라면 좀 더 낫고 편리한 것을 택함.'을 뜻한다.
③ 다다익선(多多益善)은 '많으면 많을수록 좋음.'을 뜻한다.
④ 동상이몽(同床異夢)은 '겉으로는 같이 행동하면서 속으로는 각기 딴

생각을 함.'을 이르는 말이다.
⑤ 경국지색(傾國之色)은 '첫눈에 반할 만큼 매우 아름다운 여자. 나라를 위태롭게 할 만큼 뛰어난 미모'를 일컫는 말이다.

10 ⑩ '거울'은 사람들의 개성적인 아름다움을 인정하고 있다. 즉, 작가의 말을 대신하는 역할을 한다.

오답 확인 ① ㉠은 흑설 공주가 사냥꾼에게 죽임을 당한 뻔한 위기에서 기지를 발휘하게 하여 위기를 모면하게 해 주는 소재이다.
② ㉡에서 공주의 피부를 까맣게 하여 원작과 다르게 재구성하였다.
③ ㉢은 흑설 공주를 죽음에 빠뜨리는 소재로, 책을 좋아하는 공주가 책에 독이 묻은 줄 모르고 책을 보다가 쓰러지게 된다.
④ ㉣은 공주에게 위험이 닥쳤음을 짐작하게 하는 부분으로, 독자로 하여금 긴장감을 느끼게 한다.

11 이 글은 권선징악을 주제로 하여 하얀 피부색으로 백설 공주의 외모의 아름다움이 강조된 원작과는 달리, 외모에 대한 다른 시각을 제시하고 있다. 작가는 원작을 읽고 이런 부분에 대해 자신의 주관적 가치관을 반영하고 있다.

상	'외모'에 관한 내용과 작가의 비판적 태도를 모두 바르게 서술한 경우
중	'외모'에 관한 내용과 작가의 비판적 태도 중, 한 가지를 모호하게 서술한 경우
하	작가의 비판적 태도만 바르게 서술한 경우

12 이 글에서 '난쟁이들'은 처음부터 끝까지 인물의 외모와 무관하게 공주에 대해 긍정적인 태도를 보이고 있다. '새 왕비'는 이야기의 초반부터 부정적 인물로 등장했다가 악인으로서 최후를 맞게 되는 악인의 전형적 인물이다.

오답 확인 ① '흑설 공주'는 자존감이 부족한 인물이었다가 자신만의 아름다움을 찾고 자신감을 가지게 된다.
④ '사람들'은 아름다운 외모에 대한 고정 관념을 가지고 있다가 개성적 아름다움에 대해 깨닫고 있다.
⑤ '거울'은 '우물쭈물하다 대답'하는 것으로 보아 외모로만 아름다움을 판단하다가 사람마다 가지고 있는 개성의 아름다움을 깨우쳤음을 알 수 있다.

13 (가)에서 공주는 사람들의 비웃음을 피해 혼자만의 시간을 가지는 것을 좋아한다. 사람들로부터 소외된 상태이며, 자존감이 부족한 상태이다.

14 '사람들'은 아름다움을 위해서는 하얀 피부를 가져야 한다는 고정 관념을 가지고 있다가 흑설 공주를 보고 까만색 피부를 아름답다고 여기면서 숯검정을 칠하게 된다. 이런 과정을 통해 아름다움의 기준이 고정되어 있는 것이 아니라 바뀔 수 있다는 점을 깨닫게 된다.

오답 확인 ① 공주가 고난과 시련을 겪지만 그것은 자신을 발견하게 되는 과정으로, 아름다움을 얻으려는 노력이라고 볼 수 없다.

② 공주가 가진 아름다움이 금세 사라진 것은 아니다.

③ 사람들이 공주를 축복하는 것은 공주의 개성적인 아름다움을 인정했기 때문이지 시기나 질투로 인한 것은 아니다.

⑤ 사람들이 공주를 만나기 어려웠던 것은 아니다.

15 이 글의 원작 「백설 공주」에서는 주인공 백설 공주가 하얀 피부를 가진 착한 인물이기 때문에 결국 행복을 쟁취한 것으로 그려 내고 있다. 아름다움의 기준이 외모에 있다는 것이며, 그것도 하얀색의 피부가 중요한 기준인 것이다. 이 글에서 사람들은 까만 피부를 가진 공주를 손가락질하였다. 그렇지만 나중에는 공주와 같이 까만 피부를 가지려고 숯검정을 칠하기도 하는 등 외모에 대한 인식을 바꾸게 된다. 이런 과정을 통해 외모에 대한 고정 관념이 달라질 수 있음을 보여 주고 있다.

상	'아름다움'과 '피부색'과의 관계를 바르게 서술한 경우
중	'아름다움'과 '피부색'과의 관계를 서술하되, 모호한 경우 예 아름다우려면 피부가 좋아야 한다.
하	'아름다움'에 대해서만 언급한 경우 예 아름다움을 추구한다.

③ 개성적인 발상과 표현

1. 먼 후일
본문 30~31쪽

[학습 목표 응용] 01 ③　02 ①　03 ①　04 ⑤　05 [예시 답안] 떠나는 임을 축복한다
[고난도 응용] 01 ⑤　02 ④

[학습 목표 응용]

01 (가)와 (나) 모두 반어적 표현을 통하여 의미를 강조하고 있다. (가)는 화자가 '당신'을 잊지 못하는 마음을 '잊었노라'라고 표현하였고, (나)는 화자가 슬퍼서 눈물을 흘리겠다는 것을 '죽어도 아니 눈물 흘리오리다'라고 표현하였다.

02 (가)의 화자는 반어적 표현을 사용하여 말하고 있다. 당신을 절대로 잊지 못한다는 자신의 마음을 '잊었노라'라고 반대로 표현하고 있다. 〈보기〉에서 시험을 못 본 아들에게 시험을 잘 봤다고 한 ⓐ가 반어적 표현에 해당한다.

　오답 확인　② ⓑ에서 '미역국 먹다'는 관용적 표현으로 시험에서 떨어졌다는 의미이다.

③ ⓒ는 직설적 표현이다.

④ ⓓ는 시험지를 사람인 것처럼 표현한 의인법이 사용되었다.

⑤ ⓔ는 '~같은'을 사용하여 자식을 토끼에 직접 비유한 직유법이 사용되었다.

03 (가)는 가정법, 반복법, 반어법 등의 표현 방법을 사용하여 임을 그리워하는 마음을 드러내고 있다.

　오답 확인　② 화자가 떠난 임에 대한 행복을 빌어 주는 태도는 찾을 수 없다.

③ 화자가 임에 대한 잘못이나 부족함이 없는지 살펴보는 태도는 찾을 수 없다.

④ 임과의 이별을 '먼 훗날'이라고 가정하였으나, 그때에 임을 다시 만날 것을 확신하고 있지는 않다.

⑤ '먼 훗날'에는 임을 잊겠다고 말하고 있으나 이것은 표면적 의미에 불과할 뿐이며, 실질적으로 임을 잊을 수 없다는 의미이다.

04 〈보기〉는 이별을 통한 영혼의 성숙을 말하고 있고, (나)는 승화된 이별의 슬픔을 말하고 있다. (나)의 화자가 '죽어도 아니 눈물 흘리오리다'라고 표면적으로 이야기하고 있으나 이는 슬픈 화자의 심리를 반어적으로 표현한 것이다. 임과 이별할 때 울지 않을 것 같다는 의미가 아니다.

05 임과의 이별 상황에서 꽃을 뿌리는 행동은 떠나는 임을 축복하기 위해서이다.

상	'임이 떠나는 상황'이라는 의미와 '축복'한다는 의미가 모두 포함된 경우
중	'축복'한다는 의미가 포함된 경우
하	'이별', '슬픔' 등의 내용만 포함된 경우

[고난도 응용]

01 (가)의 화자는 떠난 임을 그리워하고 있다. ⑤는 '임을 기다리는 절실한 그리움'을 노래한 시조로, (가)와 시적 상황 및 정서가 유사하다.

　오답 확인　① 낳고 길러 주신 부모의 은혜를 예찬하고 있다.

② 혼탁한 정치 상황에 대한 안타까움이 드러나 있다.

③ 자연을 벗 삼는 즐거움이 드러나 있다.

④ 세상의 형편에 영합하기를 권유하는 노래이다.

02 〈보기〉는 반어적 표현에 대한 설명이다. ④에서 폐수는 오염된 물을 뜻하는데 이것이 '너무 깨끗'해서 '숨을 쉴 수가 없어 움직이지 못'한다고 하였기에 '너무 깨끗한'은 반어적으로 쓰인 표현임을 알 수 있다.

　오답 확인　①, ②, ③, ⑤ 역설적 표현이 쓰였다. 역설적 표현이라는 것은 표면적으로는 모순되는 것 같으나 그 속에 심오한 의미가 함축되어 있는 것을 말한다. ①에서는 '아름다운'과 '상처'가, ②에서는 '고와서'와 '서러워라'가, ③에서는 '님은 갔지만'과 '님을 보내지 아니하였다'가, ⑤에서는 '찬란한'과 '슬픔'이 서로 모순되는 표현이나 그 안에 중요한 의미가 함축되어 있다고 할 수 있다.

[학습 목표 응용] 01 ① 　02 ① 　03 ④ 　04 ② 　05 ②
06 ③ 　07 [예시 답안] 너무 많이 물어봐.(너무 많이 물어.. 너무 많이 질문해.)
[고난도 응용] 01 ② 　02 [예시 답안] ⓐ: 자기 나라의 말 ⓑ: 아무 말도 하지 않는 상태 ⓒ: 모순 ⓓ: 인디언들은 말보다는 침묵으로 상대방을 이해하는 것을 중요하게 생각한다. ⓔ: 역설적

[학습 목표 응용]

01 이 글은 수필이다. 수필은 글쓴이의 경험이나 사색을 통해 얻은 깨달음을 솔직히 고백하는 글이다. 이 글에서도 글쓴이는 인디언들과의 만남을 통해 쓸데없는 말이 많았던 자신의 삶을 성찰하고, 인디언 문화에서의 '침묵'의 가치에 대한 깨달음에 대해 이야기하고 있다.

오답 확인 ② 희곡, 시나리오와 같은 극문학에 대한 설명이다.
③ 소설에 대한 설명이다.
④ 시에 대한 설명이다.
⑤ 논설문과 같은 주장하는 글에 대한 설명이다.

02 '나'는 인디언 세계에 무척 많은 관심을 보이고 있다. 인디언 천막 안으로 들어간 것도 인디언 세계에 대한 흥미 있는 이야기를 나누기 위함이었으며, 그 이후에도 많은 인디언들과 만나면서 인디언 문화에 대해 이해하기 위해 노력하고 있다.

오답 확인 ② 이 글에서 자신의 문화에 대한 자부심을 보이는 것은 인디언들이다.
③ '나'는 인디언 문화에 관심이 많을 뿐, 자연 속에서의 삶을 추구하는 모습은 보이지 않는다.
④ 침묵의 가치를 깨닫고 대상을 깊이 이해하려면 묵묵히 오래 만나야 한다는 내용은 드러나 있지만, 인정이 많거나 배려심이 있는 모습은 나타나 있지 않다.
⑤ '나'는 적극적으로 인디언 문화를 이해하려고 노력하고 있다.

03 인디언들이 '우리의 모국어는 침묵입니다.'라고 말하는 것이 모든 인디언들이 같은 모국어를 사용한다는 의미는 아니다. 인디언들은 부족마다 언어가 다르다. 다만 그들은 다른 언어를 사용하지만 모두 '침묵'을 중요하게 생각한다는 공통점이 있는 것이다.

오답 확인 ① (마)에서 인디언들은 질문과 대답으로 상대방을 알 수 없다고 생각하고 있다.
② (마)에서 대상을 깊이 이해하기 위해서는 묵묵히 오래 만나 봐야 한다고 말하고 있다.
③ (다)에서 침묵은 흉내가 아니라고 말하고 있다.
⑤ (나)에서 인디언들은 누군가와 대화를 시작하기 전에 침묵으로 상대방을 느낀다고 말하고 있다.

04 글쓴이의 두 번째 경험은 (다)에 나타나 있다. 미국에서 돌아온 '나'는 인디언의 흉내를 내며 침묵하는 척하다가 사람들에게 좋지 않은 평을 듣게 된다. 이는 마음속에서 우러나오는 침묵이 아닌 흉내를 내는 침묵을 했기 때문이다. 따라서 진정한 침묵을 실천했다는 설명은 적절하지 않다.

05 (가)에서 '나'는 인디언 세계에 대한 흥미 있는 대화를 하기 위해 인디언들을 만났다고 말하고 있다. 따라서 ㉠의 '부탁'은 많은 대화에 대한 부탁으로 보아야 한다.

오답 확인 ① 이미 천막 안에 들어와 있으므로 다시 허락을 받을 필요가 없다.
③ 자신이 인디언 문화에 관심이 많다고 소개하고 있다.
④ 인디언 세계에 관심이 많은 것이지, 다양한 인디언 부족을 만나고 싶은 것은 아니다.
⑤ 이 상황은 인디언의 '침묵'에 대해 알기 전의 상황이다.

06 (나)의 내용으로 볼 때, 인디언들은 상대방을 보다 잘 느끼기 위해 침묵을 한다. 따라서 인디언 노인들이 아무런 반응을 하지 않고 침묵하는 것은 처음 보는 '나'를 보다 잘 느끼기 위한 행동으로 볼 수 있다.

07 인디언들은 상대방의 행동이나 외모의 특성을 바탕으로 이름을 짓는다. 이는 (라)에서 '나'가 말이 많아서 '너무 많이 말해'라는 이름을 얻은 것을 통해서도 확인할 수 있다. ㉡의 뒤에는 궁금한 점에 대한 질문이 너무 많은 '나'의 특성에 대해 이야기하고 있다. 따라서 ㉡에는 이와 관련된 이름이 들어가야 한다.

상	[예시 답안]과 유사한 내용으로 3~4어절로 표현한 경우
중	[예시 답안]과 유사한 내용이나 3~4어절이 아닌 경우
하	[예시 답안]과 유사한 내용이나 형식이 다른 경우

[고난도 응용]

01 〈보기〉에서는 라코타족의 '서 있는 곰'이 생각하는 침묵의 가치와 의미를 직접 인용하고 있다. '서 있는 곰'은 '라코타족은 대화를 시작함에 있어서 잠시 침묵의 시간을 갖는 것을 진정한 예의로 알았다.'라고 말하고 있다. 이를 통해 볼 때, '서 있는 곰'의 입장에서는 침묵하지 않고 열심히 자기소개를 하는 '나'의 모습은 예의 없는 모습으로 보일 수 있다.

오답 확인 ① '서 있는 곰'은 대화 상황에서의 침묵의 가치에 대해 이야기하고 있다. 따라서 '서 있는 곰'이 침묵의 가치를 부정하고 있다는 진술은 잘못된 것이다.
③ '서 있는 곰'은 라코타족은 대화를 하기 전에 잠시 침묵의 시간을 갖는 것을 중요하게 생각하며, 심지어는 불행 속에서도 침묵하는 마음을 잃지 않는다고 이야기하고 있다. 이는 그만큼 침묵이 중요하다는 말을 하기 위함이지, 불행할 때에만 침묵한다는 의미로 말을 한 것은 아니다. (가)의

'그들', 즉 인디언 노인들이 침묵하는 것은 '나'를 잘 알려 하기 위함이지 불행하기 때문은 아니다.

④ (다)의 '나'는 미국에서 돌아온 이후에 사람들을 만날 때 말을 하지 않았다. 이는 마음속에서 저절로 나오는 침묵이 아니고 단순히 인디언들의 침묵은 흉내만 낸 것이기에 다른 사람들에게 좋지 않은 평가를 받았다. (다)에서 '나'가 말을 너무 많이 한 것은 아니다.

⑤ (라)에서 자신을 성찰하는 '나'를 보며 '서 있는 곰'이 긍정적인 평가를 내릴 수는 있다. 하지만 〈보기〉에서 '서 있는 곰'은 침묵하지 않는 것을 예의의 문제라고 말하고 있을 뿐 인간의 삶이 아니라고 말을 하고 있지는 않다. 따라서 '서 있는 곰'이 '나'를 보며 인간의 삶과 관련지어 평가를 할 것이라고 볼 근거가 없다.

02 '역설적 표현'에 대해 탐구하는 문제이다. 역설적 표현은 표면적으로 모순되는 관계의 단어가 함께 쓰이면서 다른 의미를 강조하려는 표현 방법이다. 따라서 역설적 표현을 탐구하기 위해서는 문장에 사용한 단어들의 관계가 모순적인지를 확인한 후, 그 단어를 함께 사용함으로써 기대한 새로운 의미를 파악해 보아야 한다.

상	ⓐ~ⓔ를 모두 정확하게 쓴 경우
중	ⓐ~ⓔ 중, 3~4개를 정확하게 쓴 경우
하	ⓐ~ⓔ 중, 1~2개를 정확하게 쓴 경우

3. 넌 바보다
본문 34~35쪽

[학습 목표 응용] 01 ④   02 ⑤   03 ③   04 ③   05 ⑤
[고난도 응용] 01 ④   02 ④   03 [예시 답안] (1) '너는 참 바보다.'(또는 '정말 정말 바보다.')에서 반어적 표현을 사용하여 '너'가 좋은 사람이라는 것을 강조하고 있다. (2) '나'는 '너'의 뒤를 그림자처럼 따라다닐 만큼 '너'를 좋아한다.

[학습 목표 응용]

01 이 시는 1연에서 '너'의 모습을 구체적인 행동들을 통해 보여 줌으로써 화자가 말하는 '바보'가 반어적 의미임을 드러내고 있다.

오답 확인 ① 이 시는 바보 같은 '너'와 그런 '너'를 좋아하는 '나'를 그리고 있다. '너'와 '나'의 모습이 대조적으로 그려져 있는 것은 아니다.
② '나'의 독백으로 시상이 전개되고 있다.
③ 2연의 물음은 '너'를 좋아하는 마음을 표현하기 위한 것으로, 비판적 태도를 드러내는 것은 아니다.
⑤ 이 시는 앞부분과 마지막 부분에 같은 표현이 반복되어 있지 않으므로 수미 상관의 구조를 취하고 있지 않다.

02 이 시는 '퉤'라는 의성어와 '쏙', '비잉', '꾸벅', '씩' 등의 의태어를 사용하여 시적 대상인 '너'의 행동을 실감 나게 표현하고 있다.

오답 확인 ① 이 시의 어조를 여성적인 어조로 볼 만한 근거가 없으며, '너'에 대한 태도는 긍정적이기는 하지만 직접적으로 예찬하고 있지는 않다.
② 이 시에는 촉각적 이미지가 사용되지 않았다.
③ '검댕칠'이나 '민들레'에 색채 이미지가 드러나 있다고 볼 수 있으나, 이 색채 이미지들이 서로 대조를 이루고 있지는 않다.
④ 민들레를 한참 바라보는 '너'의 모습을 그리고는 있지만, 화자인 '나'의 정서를 자연물을 통해 간접적으로 드러내고 있지는 않다.

03 ⓒ '얼굴에 검댕칠을 한 연탄장수 아저씨'는 모두에게 마음을 열고 다가가는 '너'의 예의 바른 품성을 드러내 주는 소재이다.

04 이 시에서 그리고 있는 '바보'의 모습은 규칙을 잘 지키고, 예의가 바르고, 인정이 많고, 사소한 것도 소중히 여기고, 마음이 넓은 모습이다. 이를 종합하면 '너'는 '품성이 바르고 마음이 따뜻하며 너그러운 사람'이다.

05 '바보라고 불러도 화내지 않고 / 씩 웃어 버리고 마는' 것은 '나'가 아니라 '너'이다.

오답 확인 ① 1연에서 '나'는 규칙을 잘 지키고, 따뜻한 마음을 지니고 있으며, 작고 사소한 것도 소중히 여기는 너그러운 '너'의 모습을 관찰해 말하고 있다.
② 1연의 '바보라고 불러도 화내지 않고'에서 '나'가 '너'를 '바보'라고 놀린 적이 있음을 짐작할 수 있다.
③ 2연에서 '나'는 바보 같은 '너'를 좋아해서 쫓아다님을 확인할 수 있다.
④ 1연의 '내가 아무리 거짓으로 허풍을 떨어도'에서 확인할 수 있다.

[고난도 응용]

01 '너는 참 바보다'라고 표현했지만 1연에 나열된 '너'의 행동들은 사실은 '너'의 바른 품성과 따뜻한 마음, 너그러움을 보여 준다. 이를 통해 '너'의 긍정적인 면이 강조되고 있다.

오답 확인 ①, ② 이 시는 '너'를 긍정적으로 그리고 있으므로 대상의 부정적인 면을 비판하는 풍자나 웃음을 자아내는 해학과 거리가 멀다.
③ 시인이 그리고 있는 '너'는 소중한 가치를 지키는 인물이다.
⑤ 이 시는 효율과 편리함의 가치가 더 중요하다고 강조하고 있지 않다.

02 〈보기〉의 화자는 동해 바다를 내려다보며 바다처럼 너그러워지기를 소망하고 있다. '맵고 모진 매로 채찍질하면서'까지 엄격한 자아 성찰의 태도로 포용력과 너그러움을 갖추려고 한다. 반면 이 시에서 '나'는 2연에서 '그럼 난 뭐냐? / 그런 네가 좋아서 그림자처럼 / 네 뒤를 졸졸 따라다니는 / 나는?'이라고 하며 자신의 감정을 드러낼 뿐, 엄격한 자아 성찰의 태도를 보이지는 않는다.

오답 확인 ① 이 시의 '너'는 〈보기〉의 너그러운 동해 바다처럼 '내가 아무리 거짓으로 허풍을 떨어도 ~ 머리를 끄덕여 주는', '바보라고 불러도 ~ 씩 웃어 버리고 마는' 너그러운 품성을 지니고 있다.

② 이 시는 '너는 참 바보다.', '정말 정말 바보다.'에 점층법이 사용되었
고, 〈보기〉는 '너그러워질 수는 없을까', '감싸고 끌어안고 받아들일 수는
없을까'와 '억센 파도를 다스리면서', '맵고 모진 매로 채찍질하면서'에 점
층법이 사용되었다.

③ 이 시는 '그림자처럼 / 네 뒤를 졸졸 따라다니는'에서, 〈보기〉는 '널따
란 바다처럼 너그러워질 수는 없을까', '깊고 짙푸른 바다처럼 / 감싸고
끌어안고 받아들일 수 없을까'에서 직유법이 사용되었다.

⑤ 이 시는 '~는 너는 참 바보다.'를, 〈보기〉는 '~ 수는 없을까'를 반복적
으로 사용하여 리듬감을 형성하고 있다.

03 이 시는 1연에서 '나'가 관찰한 '너'의 좋은 모습을 구체적으
로 그려 내고 있고, 그런 '너'를 '바보'라고 반어적으로 표현
함으로써 '너'가 좋은 사람이라는 것을 오히려 강조하여 드
러내고 있다. 2연에서는 그런 '너'가 좋아서 그림자처럼 졸
졸 따라다니고 있다고 '나'의 마음을 고백하고 있다.

상	(1), (2)의 내용을 모두 포함하여 서술한 경우 • (1) '너는 참 바보다.' 또는 '정말 정말 바보다.'의 시구를 쓰고, 반어법을 밝히고, 그 효과를 적절하게 서술한 경우 • (2) '그런 네가 좋아서' 또는 '그림자처럼 / 네 뒤를 졸졸 쫓아 다니는'을 활용해서 '너'를 좋아한다는 내용을 서술한 경우
중	(1)에서 반어법의 효과를 다소 미흡하게 서술하였거나, (2)에서 이 시에 쓰인 시구를 활용하지 않은 경우
하	(1), (2) 중, 어느 하나만 서술한 경우

4. 양반전

본문 36~37쪽

[학습 목표 응용] 01 ⑤ 02 ④ 03 ③ 04 ③ 05 ④
[고난도 응용] 01 ⑤ 02 [예시 답안] 위선적이고 무능한 양반에
대한 비판을 통해 양반다운 양반이 사라지고 있는 세태를 안타까워
한다.

[학습 목표 응용]

01 이 글은 양반으로 살면서 양반으로서의 명분과 지조를 저
버리거나 도리를 제대로 행하지 않는 양반이 많아진 세태
를 바탕으로 하고 있다. 이런 사회적 상황을 배경으로 하여
작가는 양반 신분을 매매하는 시대 현실과 양반의 무능함
과 위선적인 삶의 태도를 구체적으로 제시하고, 이를 신랄
하게 풍자하고 있다.

오답 확인 ① 이 글은 한문으로 쓰였으며, 강원도를 배경으로 하
지만 지역의 특성이 드러나는 어휘를 찾아보기는 어렵다.

② 이 글의 주인공은 무능한 양반과 부자 평민이라고 볼 수 있으나 모두
비극적 삶의 주인공으로 보기 어렵다.

③ 부자가 잠시 양반이 되려는 마음을 가지지만 곧바로 자신의 잘못을
깨닫고 양반 되기를 포기한다는 점에서 이기적인 태도로 보기 어렵다.

④ 일반적인 선(善)을 권하기보다 양반으로서의 올바른 삶의 태도를 촉
구하기 위해 쓴 글이다.

02 이 글에서 '양반'은 처음부터 끝까지 어진 성품을 지녔으나
현실적으로 무능한 인물로 그려져 있다. 당대 사회의 무능
한 양반의 전형으로 등장한 인물로, 성격의 변화가 드러나
있지 않다.

오답 확인 ① 이 글에서의 중심 사건은 신분 매매이며, 그 근본 원인
은 '양반'의 무능함이다.

② 이 이야기는 강원도 정선군에 사는 한 양반에 얽힌 이야기이다.

③ 이 이야기에서 '양반'은 자신이 진 빚 때문에 잠시 갈등을 겪지만 부자
에게 신분을 파는 것으로 갈등을 해결하려 하고 있다. 그러나 성격 변화
는 보이지 않는다.

⑤ 중심 사건인 신분 매매 과정을 순차적으로 전개하고 있다.

03 이 글에서 '군수'는 부자로 하여금 양반 되기를 포기하도록
하는 것으로 볼 때, 당시 사회에 허용되던 신분 매매에 대
해 부정적인 태도를 가지고 있음을 알 수 있다. 동시에 '군
수'는 신분 매매 증서를 통해 당대 양반 집단이 보여 준 위
선적이고 모순된 삶의 태도에 대해 비판적으로 인식하고
있다는 것을 알 수 있다.

오답 확인 ① 군수는 가난한 양반이 환곡을 갚게 된 것에 대해 부정
적인 입장을 보이지는 않는다.

② 군수는 겉으로는 평민의 양반 신분을 보장하기 위해 증서를 썼지만
그 내용을 과장되게 함으로써 부자가 양반 되기를 포기하게 한다.

④ 군수는 양반이 부당한 특권을 누린다고 생각하고 있으나 양반이라는
신분이 완전히 사라지기를 바라고 있지 않다.

⑤ 군수는 양반의 관념적이고 비생산적인 생활 방식에 대해 증서를 통해
간접적으로 비판하고 있다.

04 (라)는 양반이 양반 신분을 유지하기 위해 지켜야 할 덕목과
의무, 생활 규칙, 도리, 올바른 품행 등을 설명하고 있다.
(마)는 양반이 누릴 수 있는 권리, 특권을 설명하고 있다.

05 ㉣은 양반이 어느 정도 공부를 하여 '홍패'를 가지게 되면
그것을 활용하여 백성들을 수탈하고 이로 인한 경제적 여
유를 누릴 수 있음을 나타낸다. 양반이 스스로 경제 활동을
하여 부유하게 될 수 있다는 것을 의미하지는 않는다.

오답 확인 ① ㉠은 양반이 스스로 노력하여 빚을 갚을 생각을 하지
않고 해마다 환곡을 빌려 그 누적액이 천 섬이나 된다는 것으로, 양반의
경제적 무능함을 강조하고 있다.

② ㉡은 부자가 양반의 빚을 갚아 주는 대신 양반이라는 신분을 가지고
싶어 하는 것으로, 당시 사회에서 신분 매매가 허용되었음을 알 수 있다.

③ ㉢은 양반이 지켜야 할 행동 규칙의 하나로, 체통과 겉치레를 중시하
여 자신의 사소한 어려움을 참아 내야 한다는 것을 말하고 있다.

⑤ ㉤은 양반이 여러 가지 겉치레를 따지며 백성들에게 횡포를 부리는
면이 있음을 들어 '도둑놈'이라는 말로 양반을 비판하는 말이다.

[고난도 응용]

01 이 글에서 '부자'는 양반으로서의 삶에 대해 막연한 동경을 품고 있다가 양반의 실체를 알게 되자 양반이 되는 것을 거부한다. 작가는 이러한 과정을 통해 양반 계층의 실상을 고발하고 비판하려는 의도를 드러내고 있다.

02 이 글의 작가 박지원은 『방경각외전』에서 「양반전」 집필 의도를 밝히고 있다. 작가는 실학자의 한 사람으로 실사구시를 바탕으로 백성의 생활을 향상시키고자 하면서 실생활과 무관한 비생산적 계층인 당대의 부패한 지배 계층에 대해 비판하였다. 그리고 신흥 상인 계층에게 돈을 받고 양반 신분을 파는 사람들이 생겨나면서 양반은 늘어났지만 진정한 양반으로서의 면모를 갖춘 사람이 줄어들고 있다는 인식을 하고 있었다. 이러한 생각을 바탕으로 작품을 창작한 것이다.

상	작품의 주제와 사회적 상황에 대한 작가의 생각을 모두 바르게 서술한 경우
중	작품의 주제와 사회적 상황에 대한 작가의 생각 중 하나는 바르게 썼으나 하나를 모호하게 서술한 경우
하	작품의 주제와 사회적 상황에 대한 작가의 생각 중 하나만 바르게 서술한 경우

단원 평가   본문 38~41쪽

01 ② **02** ② **03** ⑤ **04** ④ **05** ① **06** [예시 답안] ⓐ: 먼 훗날이 되면 그대를 잊을 것이다. • ⓑ: 먼 훗날이 되어도 그대를 잊을 수 없을 것이다. **07** ② **08** ② **09** ⑤ **10** ② **11** [예시 답안] 대상을 깊이 이해하려면 묵묵히 오래 만나 봐야 한다 **12** ③ **13** ④ **14** ② **15** ① **16** [예시 답안] 체통을 앞세우며 허례허식만 추구하는 양반의 모습을 풍자한다. **17** [예시 답안] '돌담, 샘물' 등 'ㄹ, ㅁ' 등의 음운을 반복하여 사용한다.

01 작가는 대상에 대해 참신한 발상을 통해 작품 창작의 동기를 얻고 자신의 가치관을 개성적으로 표현함으로써 자기만의 문학 세계를 구축한다.
오답 확인 ① 작가는 독자의 수준에 맞추기보다는 자신의 의도를 효과적으로 드러낼 수 있는 표현 방법을 활용한다.
③ 문학 작품에서는 대체로 함축적 의미의 어휘를 통해 주제를 전달한다.
④ 문학 작품에서는 일상 언어를 바탕으로 하여 새로운 의미를 추가하는 방법으로 주제를 전달한다.
⑤ 문학 작품에서는 일상적이고 상투적인 표현보다 참신한 표현이 필요하다.

02 (가)와 (나)는 반어적 표현을 통해 주제를 강조하고 있다. 독자는 시의 표면에 드러난 의미를 반대로 해석하면서 작가가 전하는 주제를 파악해야 한다.
오답 확인 ①은 역설적 표현, ③은 설의법이 쓰인 시구를, ④는 상징적·비유적 표현을, ⑤는 비교나 대조를 활용한 표현을 감상하는 방법이다.

03 (가)는 '먼 훗날', '잊었노라' 등의 시어를 반복하고 있으며, '~면 ~ 잊었노라'라는 문장 구조를 반복하고 있다. 또한 각 연은 3음보, 2행을 일정하게 반복하고 있다. 그러나 각 행의 첫 부분은 다른 음운으로 시작되고 있다.

04 (가)의 화자는 사랑하는 사람과 이별하였지만 임을 잊지 못하고 그리워하고 있다.
오답 확인 ① 당신을 그리워하며 기다리고 있으나 희생과 헌신의 태도를 보이는 것은 아니다.
② 당신과의 이별로 안타깝고 슬프지만 당신을 원망하지 않고 그리워한다.
③ 당신과의 추억에 연연하지 않고 떠난 당신을 그리워하는 것이다.
⑤ 당신을 잊지 못하고 있다.

05 (나)에서 '너'는 마음이 따뜻하고 순수하며 다른 사람에 대한 애정이 넘치는 사람이다. 위생적이고 건강한 삶의 모습을 표현하는 구절은 나타나 있지 않다.
오답 확인 ② 연탄장수 아저씨께 인사하고 선생님을 위한 눈물을 흘리는 모습과 관련이 있다.
③ 쓰레기를 함부로 버리지 않고 개구멍으로 다니지 않는 모습과 관련이 있다.
④ '나'의 이야기를 들어 주고 고개를 끄덕여 주는 모습과 관련이 있다.
⑤ 민들레를 한참 바라보는 모습과 관련이 있다.

06 (가)는 사랑하는 당신과 이별했지만 당신에 대한 사랑과 그리움이 너무 커서 시간이 많이 흐른 뒤에도 당신을 잊지 못할 것임을 반어적으로 표현하고 있다. 겉으로는 '잊었노라'라고 말하고 있지만 그 이면에는 '잊지 못할 만큼 그립다'는 뜻을 담고 있다.

상	표면적 의미와 이면적 의미를 모두 바르게 서술한 경우
중	표면적 의미와 이면적 의미 중 하나를 모호하게 서술한 경우
하	표면적 의미와 이면적 의미 중 하나만 서술한 경우

07 이 글은 글쓴이가 인디언과의 만남을 통해 깨달은 바를 담담한 어조로 서술하는 수필이다.
오답 확인 ① 이 글에서는 글쓴이의 주관적 생각이 중심을 이루며, 전문적인 정보에 해당하는 내용은 찾을 수 없다.
③ 이 글은 실제로 있었던 사건을 다루고 있다.
④ 이 글은 인디언들의 삶의 방식을 다루고 있을 뿐, 시대적 상황이 구체적으로 드러나 있지 않다.

⑤ 이 글에서는 쟁점이 될 만한 문제에 대한 대립된 입장이 드러나 있지 않다.

08 이 글에서는 인디언들의 생활 방식을 통해 말보다 침묵이 더 큰 가치가 있다는 점을 강조하고 있다.

오답 확인 ① '말 속에 겉에 드러나지 아니한 숨은 뜻이 있다.'는 의미이다.
③ '말만 잘하면 어려운 일이나 불가능한 일도 해결할 수 있다.'는 의미이다.
④ '아무리 상황이 안 좋아도 진실은 바로 밝혀야 한다.'는 의미이다.
⑤ '아무도 안 듣는 데서라도 말조심해야 한다.'는 의미이다.

09 이 글의 '나'는 인디언들의 전통에 대해 궁금한 점을 질문을 통해 해결하고자 했으나 그들의 침묵의 전통을 알게 되면서 침묵의 가치를 깨닫게 된다. 그리고 인디언들의 침묵이 다른 사람을 마음으로 이해하고자 하는 노력임을 알게 된다. 다른 사람에 대한 관심을 무의미하게 보는 것은 아니다.

10 ㉡은 침묵의 속성을 설명하는 문장으로, '침묵이 존재의 평화로움에서 나온다'는 추상적인 의미를 담고 있다. 구체적인 대상에 빗대어 표현한 것은 아니다.

오답 확인 ① ㉠은 자신이 인디언들에 대해 말한 여러 가지 내용을 나열하고 있으므로 열거법이 쓰였다.
③ ㉢은 '침묵'과 '말', '턱없이 모자람'과 '더없이 넘쳐 남'이라는 상대적인 의미의 구절을 통해 내용을 강조하고 있으므로 대조법이 쓰였다.
④ ㉣은 상대에게 계속 많은 질문을 했다는 것을 '눈만 뜨면' 질문을 '퍼부어' 댄 것으로 과장하고 있으므로 과장법이 쓰였다.
⑤ ㉤은 소통의 상황에서 가장 친숙하게 쓰는 언어인 '모국어'가 아무 말도 하지 않는 상태인 '침묵'이라고 하여 서로 모순된 의미를 가진 말을 활용하여 침묵의 가치를 강조하고 있으므로 역설법이 쓰였다.

11 글쓴이는 인디언들에 대해 알기 위해 질문을 자주 하였는데, 그로 인하여 '너무 많이 물어봐'라는 이름을 얻었다. 인디언들은 다른 사람을 제대로 이해하기 위해서는 몇 가지 질문보다 직접 겪어 보는 것이 더 중요하다고 생각하고 있다.

상	'상대에 대한 이해'와 '말보다 오래 겪어 보는 것'을 모두 바르게 서술한 경우
중	'상대에 대한 이해'와 '말보다 오래 겪어 보는 것' 중 한 가지를 모호하게 서술한 경우 ⑩ 상대를 잘 알려면 가까이 지내야 한다.
하	'상대에 대한 이해'와 '말보다 오래 겪어 보는 것' 중 한 가지만 서술한 경우

12 이 글은 양반의 허위의식과 횡포를 간접적으로 비판하고 있다. 개인이나 사회의 모순에 대한 비판 의식을 직접적으로 드러내지 않고 우회적으로 표현하면서 웃음을 자아내는 방식을 풍자라고 한다.

13 이 글의 시대적 배경은 조선 후기로, 평민이 돈으로 양반 신분을 사게 되면서 양반의 위선적인 모습과 부당한 특권 등을 드러내고 있다. ⑩의 경우 사건의 발단이 되는 신분 매매의 실상을 다루는 단원이다.

14 (마)에서는 양반이 누리는 특권을 나열하고 있다. 양반은 다른 신분에 비해 높은 지위를 누리면서 공부를 하여 벼슬 자리에 오르는 길이 보장되어 있고, 음관으로도 벼슬을 할 수 있다. 또 종들의 보살핌을 받으며 실생활에서 생산적인 활동을 거의 하지 않는다. 그러면서도 평민들에게 부당하게 횡포를 부릴 수도 있다. 이는 모두 양반이 특별한 이유 없이 특권을 누리고 있음을 풍자하는 것이다.

15 이 글의 작가 박지원은 당시 양반 사회가 권세와 이익만을 추구하는 경향이 있음을 지적하면서 양반 신분을 사고파는 사람들에게 경종을 울리기 위해 이 글을 썼다고 밝히고 있다. 작가는 이러한 비판 의식을 평민의 입을 빌려 드러내고 있다. 특히 '도둑놈'이라는 말을 통해 양반들의 허위의식을 지적하고 있다.

오답 확인 ② 부자가 자신에게 이익이 없음을 계산하고 있지만 당대의 백성들의 전형적인 모습은 아니다.
③ 평민인 부자의 말이지만 부자는 스스로 지배층에 속하고 싶어 했던 사람으로, 저항 의식을 가졌다고 보기 어렵다.
④ 부자는 우대받는 신분이 되고자 했던 사람이지만 양반의 실체를 알고 자신의 생각이 잘못되었음을 깨닫는다. 위선적 태도를 보이는 것은 아니다.
⑤ 부자는 당대의 새로운 계층으로 떠오른 평민 부자이지만, 당시의 신분 질서에서 자유로운 사람은 아니다.

16 (라)에서는 양반이 지켜야 할 덕목을 나열하고 있다. 생활의 편리함을 추구할 수 없고 실질적인 생계에 대해서도 무관심해야 하며, 체통과 체면만을 중시하는 삶을 살아야 한다. 이는 당대의 양반 계층이 실생활에서 생산성이 없으며 허례허식만 추구하는 부정적인 집단이었음을 보여준다.

상	체통이나 허례허식, 풍자나 비판을 모두 바르게 서술한 경우
중	풍자나 비판은 바르게 썼으나 체통이나 허례허식에 대해 모호하게 서술한 경우 ⑩ 양반의 나쁜 면을 풍자한다.
하	체통이나 허례허식, 풍자나 비판 중 하나만 서술한 경우

17 「돌담에 속삭이는 햇발」은 동일한 음보의 반복, 동일한 문장 구조의 반복, 울림소리의 반복을 통해 운율을 형성하고 밝고 경쾌한 분위기를 형성한다.

상	시어의 예를 들어서 운율을 형성하는 요소를 바르게 서술한 경우
중	운율을 형성한 요소만 바르게 서술한 경우
하	시어의 예만 바르게 서술한 경우

둘째 마당 문법

1 단어의 정확한 발음과 표기

1. '민주주의의 의의'는 어떻게 발음할까? 본문 46~47쪽

[학습 목표 응용] 01 ④   02 ⑤   03 ②   04 ⑤   05 ⑤
[고난도 응용] 01 ④   02 ⑤   03 [예시 답안] 현대 서울말의 발음이 서로 다른 경우에는 전통성을 고려해서 표준 발음을 정했기 때문이다.

[학습 목표 응용]

01 (나)에서 원칙적으로 'ㅢ'는 이중 모음으로 발음해야 한다고 설명하고 있지만, 그 이유가 구체적으로 제시되지는 않았다.
오답 확인 ① (가)에서 우리나라 표준어는 '교양 있는 사람들이 두루 쓰는 서울말'임을 알 수 있다.
② '밭 아래'를 [바타래]가 아닌 [바다래]로 발음하는 이유는 (마)에서 설명하고 있다.
③ '낮'과 '낯'은 모두 [낟]이라고 발음한다는 내용은 (다)에 제시되어 있다.
⑤ (라)와 (마)의 뒷부분은 겹받침이 받침소리로 올 경우의 발음에 대해 설명하고 있다.

02 (마)에 의하면 뒤에 조사가 올 경우에는 겹받침의 첫째 받침은 그대로 받침의 소리로 발음되고, 둘째 받침만 다음 음절의 첫소리로 올라간다. 따라서 '수탉이'는 [수탈기]로 발음한다.
오답 확인 ① (다)에 의하면 받침 'ㄲ'은 끝소리에서 [ㄱ]으로 발음한다.
② '넋'이 [넉]으로 발음되는 것으로 보아 '삯'은 [삭]으로 발음됨을 알 수 있다.
③ (다)에 의하면 받침 'ㅋ'은 끝소리에서 [ㄱ]으로 발음한다.
④ '기역'은 그대로 [기역]으로 발음한다.

03 'ㅊ'이 받침소리로 올 경우 뒤에 자음이 붙으면 대표음인 [ㄷ]으로 바뀌어 발음된다. 따라서 '꽃도'는 [꼳또]로 발음한다(ㄴ). 한편 '꽃 앞'에서 '앞'이 실질 형태소이므로 (마)의 뒷부분에서 설명한 것처럼 'ㅊ'이 [ㄷ]으로 바뀌어 [꼬답]으로 발음한다(ㄹ).
오답 확인 ㄱ. 'ㅊ'이 음절의 끝에 오면 [ㄷ]으로 바꿔 발음하므로, [꼳]으로 발음한다.
ㄷ. 뒤에 모음으로 시작되는 조사가 오기 때문에 (마)의 앞부분의 설명에 따라 [꼬치]로 발음한다.

04 (다)는 받침소리의 발음에 대한 규정이다. (다)의 내용에 따르면 자음 'ㄲ, ㅋ', 'ㅅ, ㅆ, ㅈ, ㅊ, ㅌ', 'ㅍ'은 음절의 끝소

리로 발음되지 않고, [ㄱ]이나 [ㄷ], [ㅂ] 등으로 바뀌어 발음된다. 이와 같은 내용을 포함하는 설명은 ⑤이다.
오답 확인 ① 받침소리로 발음할 수 없는 자음이 있음을 알 수 있다.
② 받침소리로 발음될 수 있는 자음을 규정한 규칙이다.
③ 'ㅅ'은 [ㄷ]으로 바뀌어 발음된다.
④ ㉠은 음절의 끝소리 발음에 대한 규칙이다.

05 겹받침 'ㄼ'은 어말 또는 자음 앞에서 [ㅂ]으로 발음한다. 따라서 '읊고'는 [읍꼬]로 발음해야 한다.
오답 확인 ① [여덜], ② [업:따], ③ [목], ④ [할꼬]로 모두 앞의 자음이 발음되는 경우이다.

[고난도 응용]

01 (나)의 설명에 의하면 조사 'ㅢ'는 [ㅢ]나 [ㅔ]로 발음할 수 있다. 하지만 [ㅣ]로는 발음하지 않기 때문에 ④처럼 발음하는 것은 허용되지 않는다. 이 글을 통해 볼 때, '민주주의의 의의'는 [민주주의의 의:의], [민주주의의 의:이], [민주주의에 의:의], [민주주의에 의:이], [민주주이의 의:의], [민주주이의 의:이], [민주주이에 의:의], [민주주이에 의:이] 등으로 발음된다.

02 'ㄺ'은 용언의 어간 말음일 경우 'ㄱ' 앞에서만 [ㄹ]로 발음된다. 그런데 '흙과'의 '흙'은 명사이기 때문에 여기에 해당이 되지 않으므로 받침을 [ㄱ]으로 발음해야 한다. 따라서 [흑꽈]가 올바른 발음이다.
오답 확인 ① 뒤에 'ㄱ'이 오는 용언의 어간 말음은 [ㄹ]로 발음해야 하므로 [물께]로 발음한다.
② 용언의 어간 말음으로 오지만 뒤에 'ㅈ'이 오기 때문에 [막찌]로 발음한다.
③ '밟-'은 자음 앞에서 [밥]으로 발음하므로 [밥:찌]라고 해야 한다.
④ 'ㄼ'은 원칙적으로 [ㄹ]로 발음하므로 [알:께]라고 발음해야 한다.

03 〈보기〉에서는 같은 단어에 대해 서울에 사는 20~30대와 70대의 발음이 다른 상황을 보여 주고 있다. 표준 발음은 서울에 사는 사람들의 발음을 대상으로 하는데, 이처럼 서울 사람들끼리도 발음이 다른 경우가 있을 수 있다. 〈보기〉에서는 '옛 기록'을 바탕으로 표준 발음을 정하고 있다. 즉, 전통성을 고려하는 규정의 예로 들 수 있는 상황이다.

상	'전통성'이라는 말이 들어가며, 문제 상황을 정확하게 정리한 경우
중	'전통성'이라는 말이 들어갔지만, 문제 상황의 정리가 미흡한 경우
하	'전통성'이라는 말이 들어가지 않았지만, 문제 상황을 정확하게 정리한 경우

2. 단어의 올바른 표기

[학습 목표 응용] 01 ⑤　　02 ②　　03 ④　　04 ③　　05 맞지 않았으면　06 ⑤

[고난도 응용] 01 ②　02 오랜만에 푹 자고 일어났더니 기분이 한결 나은 것 같다. 사실 동아리 회장이 되고 난 이후부터 잠을 푹 자지 못할 정도로 부담이 많았다. 그런데 어제 발표회를 마치고 나니 홀가분한 기분보다는 만족감이 더 컸다. 아마 동아리 회장을 안 맡았으면 이 기분을 느끼지 못했을 것이다.　03 떡복기 → 떡볶이, 만두국 → 만둣국, 수재비 → 수제비, 떡꾹 → 떡국, 육계장 → 육개장, 숫가락 → 숟가락

[학습 목표 응용]

01 (가)에서는 지방의 언어, 즉 사투리가 사용되지 않았다. 따라서 이 학생에게 지역 방언을 사용하지 말라는 조언을 해 줄 필요는 없다.

오답 확인 ① (나)를 통해 알 수 있다.
② (마)를 통해 알 수 있다.
③ (바)를 통해 알 수 있다.
④ (바)를 통해 알 수 있다.

02 (바)에서 '만듦'은 '만들다'에서 온 말이기 때문에 '만들-'이라는 본래의 형태를 살려 '만듦'으로 표기해야 한다고 설명하고 있다. 따라서 '갈다'에서 온 명사형은 '감'이 아니라 '갊'으로 써야 한다. '감'은 '가다'의 명사형이다.

오답 확인 ① '왠지'의 표기는 (나)에서 설명하고 있다.
③ '맞히고'는 (마)에서 설명하고 있다.
④ '부쳐'는 (마)에서 설명하고 있다.
⑤ '봤어'는 '뵈었어'의 준말이다. 이와 관련해서는 (다)에서 설명하고 있다.

03 '낳은'은 '배 속의 아이, 새끼, 알을 몸 밖으로 내놓다.'라는 의미의 '낳다'에서 온 말로 표준어이다. (마)에서는 '낳은'이 표준어가 아니라는 내용은 제시되어 있지 않다.

오답 확인 ① '오랫동안'은 '오래'와 '동안'이 결합해서 만들어진 말이므로 '오랜동안'이라 쓸 이유가 없다.
② '뵈요'는 '봬요'로 고쳐야 한다.
③ '안'과 '않-'을 구분할 때 줄이기 전의 형태를 고려하라고 안내하고 있다.
⑤ '자다'에는 'ㄹ'이 없기 때문에 '잠'이라고 하면 된다.

04 '돼'는 '되다'의 어간 '되-'에 '-어'가 붙어 만들어진 '되어'의 준말이다. 이와 관련한 설명은 ③이다.

오답 확인 ① '지어'의 준말을 '져'로 적는 경우이다.
② '그것은'을 '그건'으로 적는 경우이다.
④ '어제저녁'을 '엊저녁'으로 적는 경우이다.
⑤ '가아'를 '가'로 적는 경우이다.

05 '아니하-'의 준말이 '않-'이기 때문에 '아니하-'를 '않-'으로 대치하면 된다.

06 뜻이 다르면서 발음만 같은 단어들을 동음이의어라고 한다. 동음이의어는 소리가 같기 때문에 표기에서 실수를 할 수 있으므로, 동음이의어를 쓸 때에는 주의해야 한다. '부치다'는 '번철이나 프라이팬 따위에 기름을 바르고 빈대떡, 전병(煎餅) 따위의 음식을 익혀서 만들다.'의 의미이므로 맞게 표기한 것이다.

오답 확인 ① '무치셨어요.'라고 써야 한다.
② '졸이고'로 써야 한다.
③ '다치다니'라고 써야 한다.
④ '반듯이'로 써야 한다.

[고난도 응용]

01 '오뚜기'는 '오똑하다'에서 온 말이다. 이러한 점을 드러내기 위해 '오똑하다'의 형태를 살려 '오똑이'로 적어야 한다. 이처럼 본래의 형태를 밝혀 적으라는 규정이 '어법에 맞도록'이다. '구지'는 '굳다'에서 온 말이므로 본래의 형태를 살려 '굳이'로 써야 한다.

오답 확인 ① '아니'의 준말이 와야 하기 때문에 '안'으로 써야 한다.
③ '하여서'의 준말인 '해서'가 올바른 표기이다.
④ [소나무]로 발음되기 때문에 발음대로 '소나무'로 써야 한다.
⑤ '어이없어'가 맞는 말로 특별한 이유 없이 유사한 발음 때문에 틀리는 말이다.

02 (나)를 통해 '오랫만에'를 '오랜만에'로 고쳐야 함을 알 수 있다. 또한 (다)를 통해 볼 때, '돼고'를 '되고'로 써야 하며, (라)를 통해 볼 때, '않 맡았으면'은 '안 맡았으면'으로 고쳐야 한다. 그리고 (마)를 통해 볼 때, '낳은'을 '나은'으로, '맞히고'를 '마치고'로 고쳐야 함을 알 수 있다.

상	5개 항목을 모두 고친 경우
중	3~4개 항목을 고친 경우
하	1~2개 항목을 고친 경우

03 일상에서 볼 수 있는 잘못된 표기이다. 각각의 단어가 틀린 이유는 자세히 서술하지 않았지만, 정확한 표기를 알아 두고 바르게 사용해야 할 단어들이다.

상	5~6개 항목을 고친 경우
중	3~4개 항목을 고친 경우
하	1~2개 항목을 고친 경우

단원 평가
본문 50~53쪽

01 ④　　**02** ①　　**03** ④　　**04** [민주주의의 의의], [민주주의의 의이], [민주주의에 의의], [민주주의에 의이], [민주주이의 의의], [민주주이의 의이], [민주주이에 의의], [민주주이에 의이] 중 4개

05 ④　　**06** ⑤　　**07** [예시 답안] (1) 표준 발음법 제8항에 따르면 'ㅅ'은 받침소리로 발음할 수 없다. (2) 표준 발음법 제9항에 따르면 'ㅋ'은 대표음 [ㄱ]으로 발음해야 한다.　　**08** ㉠: 삼ː, ㉡: 막따, ㉢: 까까, ㉣: 다가페　　**09** ②　　**10** ②　　**11** [예시 답안] 한글 맞춤법에서 어법에 맞도록 쓰라고 하면서 본래의 형태를 그대로 밝혀 적으라고 했기 때문에 '오뚜기'는 '오뚝하다'의 형태를 살려 '오뚝이'로 써야 한다.　　**12** ㉠: 오랫만에, ㉡: 오랜만에, ㉢: 웬지, ㉣: 왠지　　**13** ④

14 ③　　**15** 함깨 → 함께, 돼고 → 되고, 낳아 → 나아　　**16** [예시 답안] 어법에 맞게 써서 '만들다'의 원래 형태를 밝혀 적어야 하기 때문이다.

---

01 이 글에서는 표준 발음 규정에 대해 설명하고 있지만, 표준 발음 규정이 어떻게 변해 왔는지에 대해 안내하고 있지는 않다.

오답 확인 ① (다)에서 제시하고 있다.
② (나)에서 표준 발음법 제1항을 제시하고 있다.
③ (가)에서 다른 사람과 의사소통에 어려움을 겪지 않기 위해 필요하다고 말하고 있다.
⑤ (나)에서 '교양 있는 사람들이 두루 쓰는 현대 서울말'이라고 소개하고 있다.

02 표준 발음법에서 '전통성'을 고려한다는 것은 현대 서울말 중 사람들에 따른 발음 차이가 존재할 때에는 예로부터 지켜 온 우리말의 전통에 따라 표준 발음을 정한다는 의미이다. 〈보기〉에서는 서울 사람들이 세대에 따라 장단음을 다르게 발음하는 경우가 있음을 이야기하고 있다. 이런 상황에서는 예로부터 지켜 온 우리말의 전통을 살펴봐야 하는데, '이전부터 장단음을 구별하여 발음하였다'는 것이 우리말의 전통이 된다. 그렇기 때문에 표준 발음법에서는 소리의 길이를 구별하고 있는 것이다.

03 [마싣따]는 '맛있다'의 규정에 맞는 발음은 아니지만 많은 사람들이 실제 사용하는 발음이다. 하지만 이것이 우리말의 전통적인 발음이라는 것은 이 글의 내용으로는 알 수 없다.

오답 확인 ①, ② '맛있다'는 규정에 따르면 [마딛따]로 발음해야 한다. 규정이나 규칙에 따라 표준 발음을 정하는 것은 '합리성'을 고려한 것이다.
③ [마싣따]로 발음하는 경우가 더 많다고 설명하고 있다.
⑤ '맛있다'는 두 개의 발음을 표준 발음으로 인정하는 특수한 경우이다.

04 (다)에 의하면 'ㅢ'는 이중 모음으로 발음하는 것이 원칙이

다. 하지만 'ㅢ'의 발음이 어려워 첫음절 외에 사용될 경우에는 [ㅢ]와 [ㅣ]로 발음하는 것을 허용하고 있고, 조사로 올 경우에는 [ㅔ]와 [ㅢ]로 발음하는 것을 허용하고 있다. 하지만 모음으로 시작하는 첫음절의 '의'는 반드시 [ㅢ]로만 발음해야 한다. 따라서 '민주주의의 의의'에서 처음 나오는 '의'는 [ㅢ]와 [ㅣ]로 발음이 가능하고, 두 번째 '의'는 조사이므로 [ㅢ]와 [ㅔ]로 발음할 수 있다. 세 번째 '의'는 첫음절의 '의'이므로 [ㅢ]로만 발음되고, 마지막 '의'는 [ㅢ]와 [ㅣ]로 발음할 수 있다.

상	8개의 발음 중, 4개를 정확히 쓴 경우
중	8개의 발음 중, 3개를 정확히 쓴 경우
하	8개의 발음 중, 2개를 정확히 쓴 경우

05 (라)에 따르면 뒤에 조사가 올 때 겹받침은 첫째 받침은 그대로 받침의 소리로 발음하고, 둘째 받침은 다음 음절의 첫소리로 옮겨 발음한다. 따라서 '닭을'은 [달글]로 발음하는 것이 맞다.

오답 확인 ① (가)에 따르면 끝소리에서 'ㅅ'은 발음되지 않는다. 따라서 [끋]으로 발음해야 한다.
② (다)에 따르면 'ㄱ' 앞에 쓰이는 용언 어간의 'ㄺ'은 [ㄹ]로 발음된다. 따라서 [일꼬]로 발음해야 한다.
③ (다)에 따르면 대부분의 'ㄼ'은 [ㄹ]로 발음된다. 따라서 [열ː따는]으로 발음해야 한다.
⑤ (마)에 따르면 실질 형태소 앞에 홑받침이 올 경우에는 대표음으로 바뀌어 뒤 음절의 첫소리로 옮겨 발음된다. 따라서 [우더른]으로 발음해야 한다.

06 (라)에서는 '밭', '깎다', '흙'이 각각 조사 '에', 어미 '-아', 조사 '이'와 결합하는 경우의 예이다. 이들은 모두 모음으로 시작하는 형식 형태소라는 공통점이 있다. 반면에 (마)에서는 '아래', '위'라는 실질 형태소와 결합했음을 알 수 있다.

07 제8항에 따르면 'ㅅ'은 받침소리로 발음되지 않는다. 따라서 '곧'은 [곧]으로 그대로 발음해야 한다. 또한 제9항에 따르면 'ㅋ'은 어말에서 대표음 [ㄱ]으로 발음해야 한다. 따라서 '부엌'은 [부억]으로 발음해야 한다.

상	(1)과 (2)를 모두 조건에 맞게 정확하게 쓴 경우
중	(1)과 (2)를 모두 썼으나 미흡한 경우
하	(1)과 (2) 중, 하나만 조건에 맞게 정확하게 쓴 경우

08 ㉠에서 '삶'은 뒤의 자음을 발음하기 때문에 [삼ː]으로 발음한다. ㉡에서 'ㄺ'은 [ㄱ]으로 발음해야 하기 때문에 [막따]로 발음한다. ㉢에서 '깎아'는 받침을 제 음가대로 뒤 음절 첫소리로 옮겨 발음하기 때문에 [까까]로 발음한다. ㉣에서 '닭 앞에'는 '닭'이 실질 형태소 앞에 있기 때문에 '닭[닥]'의 받침소리를 뒤 음절 첫소리로 옮겨서 [다가페]로 발음한다.

상	4개를 모두 정확하게 쓴 경우
중	3개만 정확하게 쓴 경우
하	2개만 정확하게 쓴 경우

09 한글 맞춤법에서 '표준어를 소리대로 적되'는 '표음주의'에 따른 것이며, '어법에 맞도록 함'은 '표의주의'에 따른 것이다. 따라서 한글 맞춤법은 표음주의와 표의주의를 모두 적용하고 있음을 알 수 있다.

10 ㉠ 받침이 있는 말에는 '-에요'라고 쓰고, 받침이 없는 말에는 '-이에요'의 준말인 '-예요'를 써야 한다. 따라서 '책'이라는 단어는 받침이 있으므로, '책이에요'가 맞는 표기이다. ㉡ 자격을 나타낼 때는 '-로서'를, 도구를 나타낼 때는 '-로써'를 쓴다. 따라서 '회장으로서'가 맞는 표기이다. ㉢ '되어'의 준말이기 때문에 '돼'로 써야 한다. ㉣ 과거에 직접 경험한 일을 회상하여 표현할 때에는 '-데'를 써야 하므로, '하데'가 맞는 표기이다. ㉤ '함'이라는 명사형에 '-으로써'가 붙은 형태이므로, 본래 형태를 살려 '함으로써'로 써야 한다. ㉥ 어미는 '-ㄹ게'가 맞는 표현이며 '-ㄹ께'라는 표현은 없다. 따라서 '할게'가 맞는 표기이다. ㉦ '뜻밖이거나 한심해서 기가 막힘을 이르는 말은 '어이없다'이며, '어의없다'는 잘못된 표기이다. ㉧ '어떻게 해'의 준말은 '어떡해'이다. ㉠, ㉡, ㉢, ㉥번 문제만 정답을 맞추었다.

11 (나)에서 '어법에 맞게 쓴다'에 대해 설명하면서, 이는 본래의 형태를 그대로 밝혀 적는 것이라고 말하고 있다. '오뚝이'는 '오뚝하다'라는 형용사에서 온 말이다. 따라서 '오뚝하다'의 형태를 살려 '오뚝이'라고 적어야 한다.

상	〈조건〉에 맞게 정확하게 쓴 경우
중	〈조건〉에 맞게 썼으나 내용이 미흡한 경우
하	내용은 맞으나 〈조건〉 중 하나만 충족한 경우

12 '오래간만에'가 줄어서 된 말이라면 'ㄴ'이 살아 있어야 하므로, '오랫만에'가 아닌 '오랜만에'가 정확한 표기이다. 또한 '왜인지'가 줄어서 된 말이라면 '왜'의 형태가 남아 있는 '왠지'라고 써야 한다.

상	4개를 모두 정확하게 쓴 경우
중	3개만 정확하게 쓴 경우
하	2개만 정확하게 쓴 경우

13 (라)에서 '표기를 정확하게 하지 않으면 의사를 잘못 전달하거나 오해를 불러일으킬 수 있다'고 말하고 있다. 따라서 윤희는 맞춤법에 맞게 써야 글을 쓴 사람의 의도가 잘 전달돼 의사소통을 원활히 할 수 있다는 대답을 할 수 있다.

14 '말이나 글 따위를 잊지 않고 기억하여 두다.'라는 뜻의 말은 '외우다'이다. 따라서 '외우어'의 준말을 쓰게 되면 '왜'가 아닌 '외워'가 되어야 한다.

오답 확인 ① (나)에 따르면 '문제의 답을 틀리지 않게 하다.'라는 의미일 때에는 '맞히다'를 써야 한다.
② '쌨다'는 '쐬었다'의 준말이다. 이는 (가)의 내용과 관련 있다.
④ (나)에 따르면 '물건 따위를 상대에게로 보내다.'라는 의미의 단어는 '부치다'이므로 적절하게 표기하였다.
⑤ '베풀다'에서 비롯된 말이기 때문에 '베풀-'에 '-ㅁ'을 붙인 '베풂'이 적절한 표기이다. 이와 관련된 내용은 (다)이다.

15 (다)에서 '함께'는 특별한 이유 없이 습관적으로 잘못 쓰는 말로, '함께'가 맞는 표기라고 말하고 있다. 또한 (가)에서 '되고'는 '되어고'의 형태로 사용할 수 없기 때문에 '돼고'라고 쓸 수 없다고 설명하고 있다. 그리고 (나)에서는 '이전보다 더 좋다.'라는 의미로 쓸 때에는 '낳아'가 아닌 '나아'로 써야 한다고 설명하고 있다.

상	3개를 모두 정확하게 쓴 경우
중	2개만 정확하게 쓴 경우
하	1개만 정확하게 쓴 경우

16 '만듦'은 '만들다'의 어간 '만들-'에 명사형 어미 '-ㅁ'이 결합해 만들어진 말이다. 이것을 '만듬'이라 쓰지 않고 '만듦'이라 쓴 것은 이 말이 '만들다'에서 온 것임을 명확히 드러내기 위함이다. 맞춤법 규정에서는 이에 대해 '어법에 맞게'라고 설명하고 있다.

상	'어법에 맞다', '본래 형태를 밝힌다'라는 내용이 모두 들어가면서 정확하게 답을 작성한 경우
중	'어법에 맞다', '본래 형태를 밝힌다'라는 내용이 모두 들어갔으나 내용이 미흡한 경우
하	'어법에 맞다', '본래 형태를 밝힌다'라는 내용 중, 한 가지 내용만 들어간 경우

② 담화의 개념과 특성

1. 담화의 개념과 구성 요소
본문 56~57쪽

[학습 목표 응용] 01 ④   02 ⑤   03 ⑤   04 ③   05 ②
06 ③
[고난도 응용] 01 ③   02 ①   03 [예시 답안] 어머, 창문이 닫혀 있었네. 창문을 열어 달라는 명령의 의도를 담고 있다.

[학습 목표 응용]

01 (가)는 담화의 뜻을, (나)~(마)는 담화의 구성 요소를 설명하고 있다. 담화의 구성 요소는 (나)의 화자와 청자, (다)의 발화, (라)~(마)의 맥락이다.

02 화자와 청자가 주고받는 일정한 내용으로 화자의 느낌, 생각, 믿음 등을 담고 있는 것은 '발화'이다. '맥락'은 화자와 청자가 주고받는 발화를 둘러싼 구체적인 상황을 말한다.

03 윤서가 창문이 열린 병실에서 몸을 떨며 '병실이 너무 추운 것 같아.'라는 발화를 하였다면, 이는 창문을 닫아 달라는 요청의 의미를 담고 있다고 해석하는 것이 적절하다. 따라서 동석이 자리에서 일어나 '창문을 닫아 줄게.'라는 발화를 한 것은 윤서의 발화 의미를 제대로 파악한 것임을 알 수 있다.

오답 확인 ① 화자와 청자는 윤서와 동석으로, 서로 화자이면서 청자이다.
② 맥락은 담화가 이루어지는 구체적인 상황을 말하는데, 장소는 창문이 열린 병실이며, 윤서가 추워하고 있는 상황에서 말을 시작하고 있다.
③ 발화는 생각이 문장 단위의 구체적인 말소리로 실현된 것이므로, 윤서의 발화는 '병실이 너무 추운 것 같아.'이다.
④ 맥락을 고려할 때 윤서의 춥다는 발화는 동석에게 창문을 닫아 달라는 요청의 의미를 담고 있다고 해석할 수 있다.

04 이 담화에서는 남자의 발화가 적절하지 않다. 여자가 자리에서 일어나 내릴 준비를 하고 있으며, 남자가 출입문을 막고 있는 상황임을 고려했다면 남자는 자신이 길을 비켜 주어야 한다는 것을 알 수 있었을 것이다. 담화가 이루어지는 구체적인 맥락을 고려하지 않았기 때문에 의사소통이 원활하게 이루어지지 않은 것이다.

05 ㄱ과 같이 약속 장소에 도착한 후 늦었을까 봐 미안해하는 친구에게 "5분 남았어."라고 말한다면, 아직 시간이 남아 여유가 있으니 늦지 않았고 그러니 미안해하지 말라는 뜻으로 해석될 수 있다. ㄹ과 같이 지각할까 봐 헐레벌떡 교문으로 뛰어 들어오는 친구에게 "5분 남았어."라는 말도 아직 늦지 않았으니 걱정하지 말라는 뜻으로 해석될 수 있다.

오답 확인 ㄴ의 상황에서는 5분밖에 남지 않았으니 그만 떠들고 서둘러 과제를 하라는 뜻으로 해석될 수 있고, ㄷ의 상황에서는 수업 시작 시간이 5분밖에 남지 않았으니 축구를 하러 나갈 수 없다는 완곡한 거절의 뜻으로 해석될 수 있다.

06 담화의 맥락을 고려하지 않으면 말의 진정한 뜻을 알기 어렵다는 말은, 담화의 맥락에 따라 말의 의미가 달라질 수 있다는 것을 의미한다. 따라서 담화의 의미를 정확히 파악하기 위해서는 맥락을 고려하는 것이 중요함을 이야기하고 있다.

오답 확인 ① 맥락이 달라짐에 따라 말의 의미가 달라지는 것이지, 말의 의미가 달라짐에 따라 맥락이 변하는 것은 아니다.
② 맥락을 고려할 때 말의 진정한 뜻을 알 수 있다고 했으니, 맥락이 발화의 의미에 영향을 미친다고 볼 수 있다.
④ 맥락을 파악하기 위해 발화의 의미를 이해하는 것이 아니라 발화의 의미를 정확히 이해하기 위해 발화가 이루어지는 구체적인 상황인 맥락을 파악해야 한다.
⑤ 맥락과 관련된 설명이 아니다. 또한 발화의 의미는 그것을 구성하는 단어들의 뜻과 관련이 있다.

[고난도 응용]

01 생각이나 느낌이 문장으로 실현된 것은 담화가 아니라 발화이다. 그리고 이 발화가 모여 담화를 이루게 된다.

오답 확인 ①은 (가)와 (다)에서, ②는 (가)에서, ④는 (나)에서, ⑤는 (라), (마)에서 설명하고 있다.

02 교실에서 아침 조회를 하던 선생님이 교실에 늦게 들어온 학생에게 이야기를 하는 상황이므로, 선생님이 지각생을 혼내는 상황임을 알 수 있다.

오답 확인 ② 선생님이 '참 빨리도 왔구나.'라고 말한 것은 늦게 온 것을 반대로 표현한 것으로, 지각한 학생을 나무라는 의도의 말이다. 그러나 학생은 선생님의 말의 의도를 파악하지 못하고 엉뚱한 대답을 하고 있다.
③, ⑤ 선생님은 학생이 상황을 파악하지 못하고 엉뚱한 대답을 하자 화를 내고 있다. 따라서 선생님이 학생의 발화 내용을 이해하지 못했다고 볼 수 없으며, 선생님의 반응이 잘못된 것이라고도 볼 수 없다.
④ 선생님은 맥락에 맞게 말을 하고 있으나, 학생은 담화가 이루어지는 맥락과 선생님의 의도를 파악하지 못해 부적절한 말을 하고 있다.

03 문장의 유형은 종결 방법에 따라 평서문, 의문문, 명령문, 청유문, 감탄문으로 나뉜다. ⓒ인 '완곡한 명령'은 명령문의 형식을 사용하지 않지만 명령의 의도를 전달하는 것을 말한다. 문제의 담화에서 엄마가 닫힌 창문을 바라보며 창문이 닫혀 있다고 말한 것은, 단순히 창문이 닫혀 있다는 사실을 전달하는 것이 아니라 더우니 창문을 열어 달라는 요구를 담고 있다. 따라서 "어머, 창문이 닫혀 있었네."라는 발화는 완곡한 명령의 의도를 전달한다고 할 수 있다.

상	ⓒ에 해당하는 말을 찾고, 화자의 의도를 '창문을 열어 달라'는 내용을 바탕으로 구체적으로 서술한 경우
중	ⓒ에 해당하는 말을 찾았으나, 화자의 의도를 서술하지 못한 경우
하	ⓒ에 해당하는 말을 찾지 못하고, 화자의 의도를 서술하지 못한 경우

2. 담화의 맥락

[학습 목표 응용] 01 ④ **02** [예시 답안] 하나의 사회 집단이 구성하고 공유하는 지식으로 사회·문화적 환경과 관련된 맥락 **03** ② **04** ③ **05** ⑤ **06** ⑤

[고난도 응용] 01 ② **02** [예시 답안] ㉮: 옷이 마음에 드니? ㉯: 얼마나 아프냐? 견딜 수 있겠니? ㉰: 발표를 앞둔 마음이 어떠냐? 떨리지 않아?

[학습 목표 응용]

01 이 글에서는 담화의 의미를 제대로 파악하기 위해서는 담화의 맥락을 고려해야 함을 설명하고 있다. 따라서 담화에 담긴 의미를 해석할 때 맥락을 파악할 필요가 있다고 이해한 것은 적절하다.

오답 확인 ③ 담화에서 중심이 되는 것은 화자와 청자의 관계보다는 화자와 청자가 의미를 주고받는 의미이며, 이 글에서는 의미를 형성하는 맥락에 대해 설명하고 있다.

02 맥락은 상황 맥락과 사회·문화적 맥락으로 나누어진다. 담화가 이루어지는 장면 그 자체와 관련된 맥락은 상황 맥락이라고 하며, 하나의 사회 집단이 구성하고 공유하는 지식으로 사회·문화적 환경과 관련된 맥락은 사회·문화적 맥락이라고 한다.

상	하나의 사회 집단, 사회·문화적 환경 등의 구절을 활용하여 설명한 경우
중	하나의 사회 집단, 사회·문화적 환경 등의 구절을 적절히 활용하지 않고 설명한 경우
하	사회·문화적 맥락의 개념을 제대로 설명하지 못한 경우

03 (나)에서 의사소통이 잘 되지 않은 이유는 아들 때문이다. 아들은 아버지가 한 말의 뜻을 모른 것이 아니라 아버지가 말을 한 의도를 파악하지 못한 것이다. 말의 의미 자체는 알았지만 상황 맥락을 파악하지 못한 것이다.

04 (다)에서는 화자와 청자의 관계에 따라 같은 말이라도 의미가 달라질 수 있고, 대화가 이루어지는 장소에 따라서도 의미가 달라질 수 있다는 것을 설명하고 있다. 대화가 이루어지는 시간과 화자의 의도도 상황 맥락에 속하지만 (다)에서는 언급하지 않았다.

05 (라)에서 할아버지는 민수에게 '춘부장', '무탈'과 같은 한자어를 사용하여 말을 건네고 있다. 이와 같이 세대에 맞지 않는 언어, 즉 사회·문화적 맥락을 고려하지 않은 말을 사용할 때 의사소통에 문제가 생길 수 있다.

06 외국인이 대화의 의미를 잘 이해하지 못한 것은 말 자체를 이해하지 못했다기보다는 우리나라의 문화를 잘 이해하지 못했기 때문이다.

[고난도 응용]

01 〈보기〉에서 영수는 선생님이 하시는 말씀의 의도를 잘 파악하지 못해서 유치원이 끝난 후에 천국에 가는 줄 알고 있었던 것이다.

오답 확인 ① 영수가 선생님의 말에 집중하지 않은 것은 아니다. 다만 천국에 가는 때를 잘 파악하지 못한 것으로 상황 맥락을 고려하지 않은 것이다.
④ 천국은 선생님 세대만 이해하는 단어라고는 할 수 없다.

02 ㉮는 옷가게에서 엄마가 딸에게 옷이 마음에 드느냐고 묻는 것이다. ㉯는 아파하는 친구에게 안부를 묻는 것이다. ㉰에서 정수는 국어 시간 발표에 대해 응원을 받고 있다.

상	㉮, ㉯, ㉰를 모두 적절하게 서술한 경우
중	㉮, ㉯, ㉰ 중에서 두 가지를 적절하게 서술한 경우
하	㉮, ㉯, ㉰ 중에서 한 가지를 적절하게 서술한 경우

단원 평가

01 ③ **02** ② **03** ② **04** [예시 답안] 담화에는 화자와 청자가 존재해야 한다. 독백의 경우 청자가 없는 것이 아니라 화자와 청자가 일치한다고 볼 수 있으므로 담화라고 할 수 있다. **05** ④ **06** ⑤ **07** ⑤ **08** [예시 답안] 두 대화 모두 사회·문화적 맥락을 고려하지 않고 대화했기 때문에 대화가 원활하지 않았다. (라)에서 할아버지는 민수 세대의 문화를 고려하지 않았다. (마)에서 어머니와 영호는 외국인 친구가 한국의 문화를 잘 이해하지 못한다는 것을 고려하지 않았다. **09** ⑤ **10** 강아지, 주전부리 **11** ② **12** ⑤ **13** [예시 답안] 그런 사정이 있으신 줄 몰랐습니다. 미리 말씀하셨으면 그렇게 전화드리지는 않았을 겁니다. **14** ③ **15** [예시 답안] 우리 민족은 상대방을 비판할 때에 돌려 말해서 상대방의 기분이 상하지 않게 말하는 문화를 가지고 있다. **16** ⑤ **17** ㉠: 그래서 ㉡: 그것

01 이 글은 담화의 개념과 담화가 성립되기 위해 필요한 요소에 대해 설명하고 있다. 담화는 생각이 문장으로 실현된 것인 발화가 모여 되는 것으로, 화자와 청자, 의미, 맥락으로 구성된다.

02 담화를 통해 좋은 관계를 유지·발전시킬 수는 있지만, (가)
~(다)에서는 담화를 통해 사람들과의 관계가 어떻게 되는
지에 대한 내용은 제시되어 있지 않다.

오답 확인 ①, ④ 발화가 모여 담화가 되지만 (가)를 통해 볼 때 간단
한 대화도 담화가 될 수도 있다.
③ 담화에는 기본적으로 화자와 청자가 있어야 한다.
⑤ 발화에서 전달되는 것은 발화가 모여 이루어지는 담화에서도 함께 전
달된다.

03 (라)와 (마)에서 중점적으로 설명하고 있는 것은 맥락이다.
담화의 맥락은 담화의 흐름이나 의미 해석에 매우 중요한
역할을 한다. 동일한 발화라고 하더라도 맥락에 의해 다른
뜻으로 전달되기도 한다. 발화의 의미는 각각의 단어들의
뜻이 결합하여 이루어지지만 맥락을 고려하여 의미를 해석
해야 더욱 올바른 해석이 가능하다.

04 독백은 화자만 있고 청자는 없다고 생각하기 쉽지만 화자
와 청자가 일치하는 말하기로, 담화의 성립 조건을 만족시
킨다고 할 수 있다.

상	담화의 성립 조건과 독백이 담화가 되는 이유를 적절하게 서술한 경우
중	담화의 성립 조건과 독백이 담화가 되는 이유 중, 한 가지만 적절하게 서술한 경우
하	담화의 성립 조건과 독백이 담화가 되는 이유를 모두 적절하게 서술하지 못한 경우

05 이 글은 담화의 맥락을 '상황 맥락'과 '사회·문화적 맥락'으
로 나누고 각각의 맥락이 어떤 역할을 하는지에 대해 설명
하고 있다.

오답 확인 ①, ③ 담화의 여러 요소에 대해 설명하는 것이 아니라 맥
락에 대해서만 설명하고 있다.
②, ⑤ 상황 맥락과 사회·문화적 맥락을 중점적으로 설명하고 있다.

06 장면 그 자체와 관련된 맥락은 사회·문화적 맥락이 아니라
상황 맥락이라고 한다.

07 ⓒ은 아들이 아버지의 마음을 풀어 주려고 한 말이 아니라
아버지가 말한 의도를 알지 못하고 엉뚱한 대답을 한 경우
로, 상황 맥락을 고려하지 않고 말한 것이다.

08 (라)와 (마)의 대화는 원활하지 않다. 그 이유는 사회·문화
적 맥락을 고려하지 않았기 때문이다. (라)에서는 할아버지
가 민수 세대의 언어를 고려하지 않았고, (마)에서는 외국
인 친구가 우리나라의 문화를 이해하지 못한다는 것을 어
머니와 영호가 고려하지 않았다.

상	공통적 이유와 구체적 이유를 모두 적절하게 서술한 경우
중	공통적 이유와 구체적 이유 중, 한 가지만 적절하게 서술한 경우
하	공통적 이유와 구체적 이유를 모두 적절하게 제시하지 못한 경우

09 손녀는 할머니가 잘 알아들을 수 없는 '게임 아이템', '문상'
과 같은 말을 사용하여 의사소통이 원활하게 진행되지 않
았다. 대화를 할 때에는 상대방의 세대에 맞는 어휘를 사용
해야 한다.

10 손녀는 할머니의 말 중에서 '강아지'라고 자신을 부르는 이유
와 '주전부리'라는 말의 의미를 이해하지 못하였다. '주전부
리'는 '맛이나 재미, 심심풀이로 먹는 음식.'을 뜻하는 말이다.

11 손녀는 할머니에게 '어깨 좀 주물러 드릴까요?'라고 말했지
만 그 말 속에는 용돈이 필요하다는 의도가 담겨 있다. 따
라서 할머니는 손녀의 의도를 알아차리고 적절한 반응을
보였다. 할머니는 상황 맥락을 잘 고려했다고 볼 수 있다.

[12~13] 오정희, 「소음 공해」
• 해제: 이 작품은 이웃 간에 벌어지는 층간 소음을 둘러싼 갈등을 통
해 이웃에 무관심한 태도에 대한 반성을 촉구하면서 동시에 더불어
사는 삶에 대한 진정한 의미를 드러내고 있는 소설이다. 위층에서
'나'는 시끄러운 소리에 불쾌해하다가 소음이 덜 날 방법으로 슬리퍼
를 선물하자는 생각으로 위층으로 올라가는데, 윗집 사람은 휠체어
를 타는 장애인으로 바퀴 소리 때문에 소리가 난 것을 알게 된다는
내용이다. '슬리퍼'라는 소재를 통해 교양과 상식을 중시하는 여성인
'나'가 이웃과 함께 살아가는 삶의 가치를 도외시한 모습을 드러내는
극적 반전이 특징적이다.
• 주제: 이웃에 대한 진정한 관심과 배려의 필요성

---

12 (가)와 (나)에서 화자와 청자는 같은 아파트에 사는 이웃 관
계이다. (가)에서 두 사람은 상황 맥락을 이해하지 못하고
있어 대화가 제대로 이루어지지 않고 있다. (나)에서 주인
공인 '나'는 자신이 준비해 간 말이 있었지만 상황 맥락을
고려해서 그 말을 하지 못하고 있다.

13 (나)에서 '나'는 이웃에 무관심했던 자신을 부끄러워하고 있
다. 따라서 사과의 말을 전달하는 것이 자연스럽다.

상	사과의 말을 두 문장으로 자연스럽게 서술한 경우
중	사과의 말을 자연스럽게 서술하였으나 두 문장으로 서술하지 못한 경우
하	사과의 말만 단어로 제시한 경우

14 '혼자 옵서예'는 '어서 오십시오'라는 의미의 제주도 방언이
다. 손님과 주인의 대화를 보면 주인의 제주도 말을 손님들
이 잘 알아듣지 못해서 의사소통에 문제가 생긴 것이다. 이

는 사회·문화적 맥락 중에서 지역의 요인과 관련된 것으로, 지역에 따라 사용하는 언어(방언)의 차이를 고려하지 않은 것이다.

15 선생님이 들려준 이야기에는 김 선생이 돌려 말하기를 통해 친구를 비판하는 풍자와 해학이 잘 드러나 있다. 외국인이 이와 같은 이야기를 완전하게 이해하기 위해서는 우리 민족의 풍자와 해학의 말 문화를 이해해야 한다.

상	상대방을 비판할 때 돌려서 비판하는 문화를 이해해야 함을 한 문장으로 자연스럽게 서술한 경우
중	상대방을 비판할 때 돌려서 비판하는 문화를 이해해야 함을 언급하였으나 한 문장으로 자연스럽게 서술하지 못한 경우
하	상대방을 비판할 때 돌려서 비판하는 문화를 이해해야 함을 적절하게 서술하지 못한 경우

16 제시된 담화는 다양한 발화로 이루어져 있지만 각각의 발화들이 하나의 주제로 통일되어 있지 않다.

17 ㉠은 앞의 내용과 관련된 내용을 첨가하는 '그리고'라는 접속어보다는 앞의 내용이 원인임을 나타내는 '그래서'가 더 적합하다. ㉡은 현재 일어나고 있는 사건을 지시하는 '이것'보다 막연하게 앞에서 일어난 사건을 지시하는 '그것'이 더 적절하다.

---

3 한글의 창제 원리

1. 한글의 제자 원리　　　　　　본문 66~67쪽

[학습 목표 응용] 01 ③　　02 ④　　03 ③　　04 ④　　05 ⑤
[고난도 응용] 01 ①　　02 ③　　03 [예시 답안] 서로 다른 둘 이상의 자음을 가로로 나란히 결합하여(붙여 써서) 만든

[학습 목표 응용]

01 (가)~(다)에서 자음자는 상형과 가획의 원리로 만들어졌음을 알 수 있다.
　오답 확인　① (가)와 (나)에서 자음의 기본자인 'ㄱ, ㄴ, ㅁ, ㅅ, ㅇ'의 다섯 자는 상형의 원리로 만들었음을 알 수 있다.
② (바)에는 28자 이외의 글자들 중 자음을 만드는 원리로 병서의 원리가 제시되어 있다. 28자 이외의 모음자들의 제자 원리는 이 글에는 나와 있지 않다.
④ (나)~(다)에서 가획의 방식으로 글자를 만든 것은 자음자임을 알 수 있다.

---

⑤ (마)에서 이중 모음을 나타내는 글자인 'ㅛ, ㅠ, ㅑ, ㅕ'는 'ㆍ'가 두 개 있는 글자들로, 재출자라고 설명하고 있고, 이 역시 합성의 원리로 만든 것이다.

02 (마)에서 'ㅕ'는 초출자인 'ㅓ'에 다시 'ㆍ'를 하나 더하여 만든 재출자라고 설명하고 있다. 즉, 'ㅕ'는 'ㅓ'와 'ㆍ'를 합성하여 만든 글자이다.

03 이 글에는 초성으로 쓰이는 자음과 중성으로 쓰이는 모음의 제자 원리만 설명되어 있다. 종성으로 쓰이는 글자에 대한 설명은 나와 있지 않은데, 초성으로 쓰인 자음이 종성에서 받침으로 사용되었기 때문이다. 그리고 (바)에서 오늘날에는 합용 병서가 받침(종성)에서만 쓰이는데 그 당시에는 초성에서도 쓰였다는 내용이 있는 것으로 보아, 당시 대부분 자음자는 초성과 종성 모두에서 쓰였음을 알 수 있다.

04 ⓓ에는 초출자로 'ㆍ'와 'ㅣ'를 합성하여 만든 'ㅏ, ㅓ' 중 'ㅓ'가 들어가야 한다. 이렇게 기본자인 'ㆍ'를 'ㅡ'와 'ㅣ'에 붙여 만든 'ㅗ, ㅜ, ㅏ, ㅓ'를 초출자라고 부른다.
　오답 확인　ⓐ에는 하늘(천)의 둥근 모양을 본뜬 'ㆍ'가, ⓑ에는 사람의 서 있는 모양을 본뜬 'ㅣ'가 들어가야 한다. ⓒ에는 초출자로 'ㆍ'와 'ㅡ'를 합성하여 만든 'ㅗ, ㅜ' 중 'ㅜ'가 들어가야 하고, ⓔ에는 재출자로 초출자 'ㅗ'에 다시 'ㆍ'를 하나 더한 'ㅛ'가 들어가야 한다.

05 ㉠에는 가획의 방식으로 만들어지는 글자들이 제시되어야 한다. 자음의 기본자에 획을 하나씩 더해 가는 방식으로 글자를 만들었다고 했으므로, 'ㅇ → ㆆ → ㅎ'의 순서로 제시되어야 한다.

[고난도 응용]

01 '한글'에 쓰인 자음은 'ㅎ', 'ㄴ', 'ㄱ'이고, 모음은 'ㅏ', 'ㅡ'이다. 병서는 같은 자음 두 글자를 나란히 가로로 붙여 써서 만드는 것으로 'ㄲ, ㄸ, ㅃ, ㅆ, ㅉ' 같은 된소리를 말한다. '한글'에는 된소리가 쓰이지 않았다.
　오답 확인　② 'ㄱ'과 'ㄴ'은 발음 기관의 모양을 본뜬 것이다.
③ 'ㅎ'은 기본자인 'ㅇ'에 획을 더한 글자인 'ㆆ'에 다시 획을 더하여 만든 글자로 가획의 원리로 만들어졌다.
④ 'ㅡ'는 땅의 평평한 모양을 본뜬 모음의 기본자이다.
⑤ 'ㅏ'는 기본자인 'ㅣ'와 'ㆍ'를 합성하여 만든 초출자이다.

02 (다)는 가획의 원리를 설명하고 있는 부분으로, 소리의 거센 특성을 획을 더함으로써 나타냈다고 하였다. 따라서 소리의 특성을 글자에 반영한 '자질 문자'의 특성에 대해 설명한 〈보기〉와 관련 있는 문단은 (다)이다.

03 ㉡의 뒤에 이어지는 문장에는 합용 병서의 예로, 'ㄺ, ㄻ, ㄼ, ㄾ, ㄵ, ㄶ, ㅄ'과 'ㅺ, ㅼ, ㅽ, ㅄ, ㅴ' 등이 제시되어 있다. 이 예를 보면, 합용 병서는 서로 다른 둘 이상의 자음을 가로로 나란히 결합하여(붙여 써서) 만드는 방식을 말한다는 것을 알 수 있다.

상	〈조건〉에 제시된 문장 형식을 지키고, 합용 병서의 뜻을 적절하게 서술한 경우
중	〈조건〉에 제시된 문장 형식을 지키지 않았으나, 합용 병서의 뜻을 적절하게 서술한 경우
하	〈조건〉에 제시된 문장 형식을 지키지 않았고, 합용 병서의 뜻을 서술하지 못하고 '글자를 옆으로 나란히 붙여 쓴다'라고 병서의 일반적인 의미만 서술한 경우

2. 한글의 우수성

본문 68~69쪽

[학습 목표 응용] 01 ④ 02 ① 03 ④ 04 ③ 05 ⑤

[고난도 응용] 01 ⑤ 02 ② 03 [예시 답안] 첫째, 우리나라의 말이 중국과 달라 한자를 문자로 사용하는 데 어려움이 있어서 세종 대왕이 새로 스물여덟 글자를 만들었다는 점에서 한글은 독창적인 문자이다. 둘째, 어리석은 백성이 말하고자 하는 바를 제대로 표현하지 못하는 것을 가엾게 여겨 한글을 만들었다는 점에서 한글은 애민 정신이 반영된 문자이다. 셋째, 한글은 누구나 쉽게 배워 쓸 수 있는 글자라는 점에서 편리성이 있는 문자이다.

[학습 목표 응용]

01 (나)에서 한글은, 오랜 세월에 걸쳐 진화하고 발전해 온 다른 문자들과 달리 세종 대왕이 독창적으로 만들어 냈기 때문에 우수한 문자라고 하였다.

02 (가)에서 한글은 '이 세상에 존재하는 수많은 문자 가운데서 만든 사람과 만든 시기, 만든 동기와 원리 등이 밝혀진 유일한 문자'라고 하였다. 따라서 한글은 창제자와 창제 시기를 알 수 있는 유일한 문자이다.

03 한글의 창제 정신은 (라)에, 컴퓨터와 휴대 전화에서 한글 활용의 우수성은 (바)에 제시되어 있다.

오답 확인 ㄱ. (가)에서 한글을 만든 시기가 밝혀져 있다고는 했지만, 창제 연도가 언제인지는 언급하지 않았다.
ㄷ. (라)에서 한글은 백성을 위해 만든 문자라고 하였지만 백성들이 한글을 언제부터 본격적으로 사용하게 되었는지 그 시기는 제시되어 있지 않다.

04 『훈민정음 해례본』 제자해에서 인용한 내용은 자음의 기본자의 제자 원리를 설명하는 부분으로, 자음의 기본자가 발음 기관의 모양을 그대로 본떴음을 보여 주는 내용이다. 이렇게 '자음은 발음 기관을 본떠서 기본 문자를 만들'었다는 설명은 (다)에 제시되어 있다.

05 (마)는 한글이 음성 언어를 가장 정확하고 쉽게 적을 수 있기 때문에 우수한 문자라는 내용을 담고 있다. 〈보기〉의 ㅁ은 소리의 특성이 글자의 모양에 체계적으로 반영되어 있음을 설명하고 있어서 한글의 과학성과 관련 지을 수 있다. 따라서 ㅁ은 (다)와 연결해야 한다.

오답 확인 ① (가)에서는 한글이 창제 시기가 밝혀진 유일한 문자라고 언급하고 있다. 따라서 한글의 창제 시기가 언급된 ㄱ과 관련이 있다.
② (나)에서는 한글은 오랜 세월에 걸쳐 진화하고 발전해 온 것이 아니라 세종 대왕이 독창적으로 만든 문자라고 했으므로 ㄴ과 관련이 있다.
③ (다)에서는 모음은 우주의 근본이 되는 하늘, 땅, 사람을 본떠서 만든 문자라고 했으므로 ㄷ과 관련이 있다.
④ (라)에서 세종 대왕은 백성의 까막눈의 설움을 불쌍히 여겨 한글을 만들었다고 했으므로 ㄹ과 관련이 있다.

[고난도 응용]

01 (마)는 한글이 음성 언어를 적는 데 있어서 매우 정확하고 편리하다는 점을 들어 한글의 우수성을 설명하고 있다. 〈보기〉에서도 표기의 정확성과 사용의 편리성을 들어 한글의 우수성을 설명하고 있으므로, (마)와 관련이 있다고 할 수 있다.

02 ㉠은 한글이 각 문자와 그것이 표시하는 음운 사이에 존재하는 관련성을 체계적으로 반영시킨 글자라는 내용으로, ㉠을 통해 한글의 체계성과 과학성을 알 수 있다. 따라서 'ㅁ, ㅂ, ㅍ'은 모두 입술소리로 발음 위치가 유사하다는 음운상 특징을 글자 모양에 반영하여 비슷하게 만든 것이므로 ㉠을 뒷받침하는 근거로 적절하다.

03 이 글에서 설명하는 한글의 우수성은 독창성, 과학성, 세종 대왕의 애민 정신, 정확성과 편리성 등이다. 그중 〈보기〉에는 세종 대왕이 한글을 직접 만들었다는 독창성, 백성이 말하고자 하는 바가 있어도 제 뜻을 펴지 못하는 것을 가엾게 여겨 한글을 만들었다는 세종 대왕의 애민 정신, 그리고 스물여덟 글자로 쉽게 익혀 쓸 수 있다는 편리성의 특징이 드러나 있다.

상	한글의 우수성 세 가지를 〈보기〉의 내용을 근거로 들어 적절하게 설명하고, 각각 한 문장으로 서술한 경우
중	한글의 우수성 두 가지를 〈보기〉의 내용을 근거로 들어 적절하게 설명한 경우
하	한글의 우수성 한 가지를 〈보기〉의 내용을 근거로 들어 적절하게 설명한 경우

01 ①   **02** ④   **03** ③   **04** ⑤   **05** ①   **06** ②

07 [예시 답안] 기본자는 상형의 원리에 따라 발음 기관의 모양을 본떠 만들고, 나머지 글자는 가획의 원리에 따라 기본자에 획을 더해 만들었다.   **08** [예시 답안] 'ㆍ'는 하늘의 둥근 모양을, 'ㅡ'는 땅의 평평한 모양을, 'ㅣ'는 사람이 서 있는 모양을 본떠 만들었으므로, 모두 상형의 원리에 따라 만들어졌다는 공통점이 있다.   **09** ①

10 ④   **11** ④   **12** [예시 답안] 자음 'ㄲ'은 각자 병서의 원리에 따라 'ㄱ'을 가로로 나란히 붙여 써서 만들었다. 모음 'ㅚ'는 (합용의 원리에 따라) 이미 만들어진 모음인 'ㅗ'와 'ㅣ'를 합하여 만들었다.

13 ④   **14** ②   **15** [예시 답안] 적은 수의 자판으로 무수히 많은 글자를 빠르고 편리하게 입력할 수 있어서 정보화 시대의 의사소통에 효과적이다.

01 (가)와 (나)에서 자음의 기본자는 발음 기관의 모양을 본떠 만들었고, (마)에서 모음의 기본자는 천지인 삼재(三才)의 모양을 본떠 만들었다고 설명하고 있다. 따라서 자음과 모음의 기본자는 모두 상형의 원리에 따라 만들었다는 공통점이 있다.

> **오답 확인** ② (바)에 제시된 합성의 원리로, 모음의 제자 원리이다.
> ③ (가)와 (나)에 제시된 내용으로, 자음 기본자의 제자 원리이다.
> ④ (다)와 (라)에 제시된 가획의 원리로, 자음의 가획자의 제자 원리이다.
> ⑤ (마)에 제시된 내용으로, 모음 기본자의 제자 원리와 관련이 있다.

02 ㄴ의 답은 (가)~(바)에서 찾을 수 있다. 한글 자음의 기본자는 'ㄱ, ㄴ, ㅁ, ㅅ, ㅇ'이고, 모음의 기본자는 'ㆍ, ㅡ, ㅣ'이다. ㄹ의 답은 (가)에서 찾을 수 있다. 해례본의 제자해에 한글의 제자 원리가 밝혀져 있다. ㅁ의 답은 (가)~(바)의 내용을 종합하면 자음 17자, 모음 11자로 총 28자임을 알 수 있다.

03 (라)에서 'ㄹ'은 'ㄷ'에 획을 더한 글자는 맞지만, 획을 더함으로써 거센 특성을 나타낸 다른 가획자와 달리 '그러한 근거 없이 획을 더한 예외적인 글자'라고 하였다. 'ㅿ'과 'ㆁ'도 획을 더한 것이 소리의 세기와 상관이 없기 때문에 이 셋을 묶어 이체자라고 부른다.

04 (다)를 보면, 'ㅋ, ㄷ, ㅌ, ㅂ, ㅍ, ㅈ, ㅊ, ㆆ, ㅎ'의 9자가 가획자임을 알 수 있다. 따라서 'ㅋ, ㅌ, ㅍ, ㅎ'은 모두 가획의 원리에 의해 만들어진 글자이다.

> **오답 확인** ① 'ㄱ, ㅁ'은 상형의 원리로, 'ㄷ, ㅂ'은 가획의 원리로 만든 글자이다.
> ② 'ㄱ, ㅁ, ㅅ'은 상형의 원리로 만든 글자이고, 'ㄹ'은 이체자이다.

③ 'ㄴ'은 상형의 원리로, 'ㄷ, ㅌ'은 가획의 원리로 만든 글자이고, 'ㄹ'은 이체자이다.
④ 'ㅇ'은 상형의 원리로, 'ㆆ, ㅎ'은 가획의 원리로 만든 글자이고, 'ㆁ'은 이체자이다.

05 ⓐ에는 기본자로 'ㅣ'가 들어가야 한다. 'ㅏ'가 만들어지기 위해서는 제시된 'ㆍ'에 'ㅣ'가 결합해야 하기 때문이다.

> **오답 확인** ⓑ와 ⓒ는 초출자로, 각각 'ㅜ'와 'ㅓ'가 들어가야 한다. ⓓ와 ⓔ는 재출자로, 각각 'ㅛ'와 'ㅑ'가 들어가야 한다.

06 (라)에서 [A]를 설명할 때, '획을 더하여 글자를 만든 근거는 획이 더 있는 글자들의 소리가 더 거센소리들이라는 점'이라고 하였으니 〈보기〉의 ㄱ은 맞는 내용이다. 또한 'ㅋ'을 만들 때 'ㄱ'에 획을 더한 이유는 'ㄱ'과 'ㅋ'이 모두 어금닛소리로, 발음할 때 입 모양이 비슷하기 때문이다. 다른 글자들도 비슷한 위치에서 발음 나는 자음을 기본자로 하여 획을 더함으로써 소리의 특징을 글자의 모양에 반영하였음을 알 수 있다. 따라서 〈보기〉의 ㄷ도 맞는 내용이다.

07 자음자의 제자 원리는 (가)~(라)에 제시되어 있다. (가)와 (나)에서 자음의 기본자는 발음 기관의 모양을 본뜬 상형의 원리에 따라 창제되었음을, (다)와 (라)에서 'ㄹ, ㅿ, ㆁ'을 제외한 나머지 글자는 기본자에 획을 더하는 방식인 가획의 원리에 따라 창제되었음을 알 수 있다.

상	기본자와 나머지 글자의 제자 원리와 그 내용을 모두 정확히 서술한 경우
중	기본자와 나머지 글자의 제자 원리를 모두 정확히 서술하였지만, 그 내용은 기본자와 나머지 글자 중 하나만 정확히 서술한 경우
하	기본자와 나머지 글자의 제자 원리만 모두 정확히 서술하고, 그 내용은 정확히 서술하지 못한 경우

08 'ㆍ, ㅡ, ㅣ'는 모음의 기본자로, 이 세 글자의 제자 원리는 (마)에 나타나 있다.

상	세 글자의 제자 원리를 각각 정확히 쓰고, 그 제자 원리의 공통점을 적절하게 서술한 경우
중	세 글자의 제자 원리를 각각 정확히 썼으나, 그 제자 원리의 공통점을 적절하게 서술하지 못한 경우
하	세 글자의 제자 원리를 각각 정확히 쓰지 못하였으나, 그 제자 원리의 공통점을 서술한 경우

09 (가)와 (나)는 28자 이외 자음자의 제자 원리로 각각 연서와 병서의 원리를 설명하고 있고, (다)는 28자 이외 모음자의 제자 원리를 설명하고 있다. 따라서 이 글의 중심 내용

은 '훈민정음 28자 이외의 글자를 만든 방식'이라고 할 수 있다.

10 (나)에서 합용 병서로 만든 자음은 오늘날에는 받침에서만 쓰지만 창제 당시는 초성에서도 쓰였다고 하였다. 또한 각자 병서의 경우는 특별한 언급이 없어서 초성과 종성(받침)에 모두 쓰였으리라 추측할 수 있다. 실제로 각자 병서의 원리로 만든 된소리는 오늘날에도 초성에서 쓰이고 있다.

11 'ㅓ'와 'ㆍ'를 합성하여 만든 글자는 합성의 원리에 따라 만들어진 재출자 'ㅕ'이다. 'ㅔ'는 'ㅓ'와 'ㅣ'가 결합하여 만들어진 글자이다.

12 '꾀'는 'ㄲ'이라는 자음과 'ㅚ'라는 모음으로 이루어진 글자이다. 'ㄲ'은 (나)에서 설명하는 각자 병서의 원리에 따라 만들어진 된소리이고, 'ㅚ'는 (다)에서 설명하는 합용의 원리에 따라 만들어진 글자이다.

상	자음자 'ㄲ'과 모음자 'ㅚ'가 만들어진 원리를 각각 정확히 서술한 경우
중	자음자 'ㄲ'과 모음자 'ㅚ'가 만들어진 원리 중, 하나만 정확히 서술한 경우
하	자음자 'ㄲ'과 모음자 'ㅚ'가 만들어진 원리 중, 하나만 서술하였으나 그 내용이 막연한 경우 예 'ㄲ'은 두 자음을 이어 썼다. / 'ㅚ'는 두 모음을 합쳤다.

13 (라)에서 한글의 정확성과 편리성에 대해 설명하고 있으나, 한글이 세계에서 가장 많이 사용되는 문자라는 설명은 나와 있지 않다.

오답 확인 ①은 (다)에, ②, ③, ⑤는 (가)에 서술되어 있다.

14 〈보기〉에서 '기본자를 만들고 나머지 글자는 기본자에서 파생시켜 가는 이원적인 구성을 취하고 있다'는 (나)에서 '자음은 발음 기관을 본떠서 기본 문자를 만들고 이에 가획의 원리를 적용한 것'이라는 내용과 관련된다. 또한 '음성적으로 같은 계열에 속하는 것이면 그 글자 모양에 있어서도 유사성을 드러내었다'는 내용은 (나)에서 한글이 '각 문자와 그것이 표시하는 음운 사이에 존재하는 관련성을 체계적으로 반영시킨 것'과 관련된다.

15 (마)에서는 컴퓨터나 휴대 전화의 문자 입력 방식이 간단하여 쉽고 빠르게 문자 생활을 할 수 있음을 이야기하고 있다. 따라서 컴퓨터와 휴대 전화를 활용하는 정보화 시대에 한글이 유리한 문자임을 알 수 있다.

상	한글의 경제성, 신속성, 편리성 등을 근거로 들어 한글의 우수성을 서술하고, 한글이 정보화 시대의 의사소통에 효과적임을 밝혀 서술한 경우
중	한글의 경제성, 신속성, 편리성 등을 근거로 들어 한글의 우수성을 서술하였으나, 한글이 정보화 시대의 의사소통에 효과적임을 밝히지 못한 경우
하	한글의 경제성, 신속성, 편리성 등을 근거로 들어 한글의 우수성을 서술하지 못하였으나, 한글이 정보화 시대의 의사소통에 효과적임을 언급한 경우

셋째 마당 읽기

1 읽기의 가치와 중요성

1. 맛있는 책, 일생의 보약
본문 78~79쪽

[학습 목표 응용] 01 ④ **02** ③ **03** ④ **04** ④ **05** ④
[고난도 응용] 01 ④ **02** [예시 답안] ㉮ 책에 담긴 깊은 뜻을 음미하게 된다. ㉯ 정신세계가 넓어지고 단단해져서 정신적으로 건강한 삶을 유지할 수 있다.

[학습 목표 응용]

01 이 글은 글쓴이가 중학교 3학년 시절 도서반에서 고전을 읽었던 경험을 토대로 읽기의 가치와 중요성을 역설하고 있는 수필이다.
오답 확인 ① 다양한 읽기 방법이나 독서 전략은 소개하지 않았다.
② 고전을 읽지 않는 현실이 나와 있을 뿐, 현대인들이 독서하지 않는 문제 상황을 고발하는 내용은 찾아볼 수 없다.
③ 학교에서 체계적인 읽기 교육을 해야 한다는 내용은 제시되어 있지 않다.
⑤ 글쓴이의 경험을 바탕으로 쓴 글로, 두 인물의 읽기 방법을 견준 내용은 나오지 않았다.

02 (마)에서 '어떤 책을 계기로 인간의 지극한 정신문화, 그 높고 그윽한 세계에 닿고 그의 일원이 되는 것'은 사람에게 행복을 안겨 주는 일이라고 강조하고 있다. 또한 인간다운 삶을 살고 드높은 가치를 추구하는 길을 책이 보여 준다고 하였다.
오답 확인 ①, ② 읽기의 가치에 해당될 수 있으나, 글에 제시된 읽기의 가치와는 거리가 멀다.
④ 읽기와 관련한 토의, 토론 활동에서 얻을 수 있는 장점이다.
⑤ 글쓴이가 처음 도서반을 선택한 이유일 뿐이다. 글쓴이는 도서반 활동을 통해 읽기의 가치와 중요성을 깨달았음을 (마)에서 확인할 수 있다.

03 한두 번 씹으면 단맛이 다 빠져 버리는 무협지와 달리 박지원의 소설은 읽을수록 새로운 맛이 우러나온다고 하였다.

04 '자기 마음에 드는 책'은 자신의 수준에 맞는 책, 자신의 흥미와 관심을 반영한 책이라고 할 수 있다. 도서반 담당 선생님 말씀으로 미루어 볼 때 도서반 활동은 목적을 가지고 특별한 책을 읽는 것이 아니라 책 읽기 자체를 즐기고 생활화하는 데 있으므로 ④와 같은 목적을 가진 책 읽기와는 관계가 없다.

05 ㉡은 고전 읽기의 중요성을 강조하지만, 고전을 읽는 사람들이 많지 않다는 현실을 보여 준다.
오답 확인 ① 추천 도서에서 고전의 비율이 높아졌다는 기사의 제목으로 적절하다.
② 공공 도서관의 책 훼손 문제의 심각성을 알리는 기사의 제목으로 적절하다.
③ 책과 관련된 새로운 직업을 소개하는 기사의 제목으로 적절하다.
⑤ 청소년 독서율과 국민 독서율에 대한 기사의 제목으로 적절하다.

[고난도 응용]

01 (라)에서 박지원의 소설 작품들이 글쓴이의 진로 결정에 영향을 주었음을 알 수 있다. 그러나 (마)에서 '어떤 책을 계기로 인간의 지극한 정신문화, 그 높고 그윽한 세계에 닿고 그의 일원이 되는 것은 겪어 보지 못한 사람은 알 수 없는 행복을 안겨 준다.'라고 한 데서 알 수 있듯이 글쓴이는 책 읽기 자체의 가치와 중요성을 말하고 있을 뿐, 박지원의 소설과 같은 고전 작품들을 현대 작품들보다 더 많이 읽어야 한다고 말하고자 한 것은 아니다.

02 ㉮는 〈조건〉에 유의하여 '깊은 뜻, 의미'를 '음미'하게 된다는 내용을 포함하여 작성해야 한다. ㉯는 '신체적 건강'과 대비되는 개념으로 '정신적 건강'이라는 용어를 사용하여 작성해야 한다.

상	㉮에서 책에 담긴 깊은 뜻과 의미를 음미한다는 내용을 작성하였고, ㉯에서 정신적 건강이라는 용어를 넣어 서술한 경우
중	㉮에서 책을 깊이 있게 이해한다는 표현으로 '음미'라는 단어를 사용하지 않은 경우. ㉯에서 정신적 건강 또는 정신세계의 단단함을 제대로 작성하지 못한 경우
하	㉮, ㉯의 내용을 제대로 작성하지 못하고, 한 문장으로도 못 쓴 경우

2. 과학자의 서재
본문 80~81쪽

[학습 목표 응용] 01 ⑤ **02** ② **03** ② **04** ① **05** ①
[고난도 응용] 01 [예시 답안] 개미들은 왜 불길을 피해 달아나지 않고 다시 통나무 주위로 모여들어 그대로 죽어 가는 것일까? / 개미들은 죽을 수도 있는 고향으로 왜 다시 돌아오는가? **02** [예시 답안] ⓐ 과거의 읽기 경험이 현재의 상황과 연결되고 있다. ⓑ 수학여행을 가서 문화재를 보니, 초등학교 때 읽은 역사책의 내용이 갑자기 떠올랐다.

[학습 목표 응용]

01 글쓴이는 (마)에서 훗날 미국 유학을 가서 사회 생물학을 접했을 때 「모닥불과 개미」가 떠올랐다고 하였다. 따라서 이 작품이 미국 유학의 계기가 된 것은 아니다.

오답 확인 ①, ② 글쓴이는 백과사전에서 몰랐던 사실을 알게 되는 재미와 즐거움을 느꼈고, 흥미와 호기심을 갖게 되었다.
③ 글쓴이는 노벨 문학상 전집에서 감성적인 충족과 더불어 다른 나라의 역사를 비롯한 여러 가지 지식과 정보를 얻었다고 하였다.
④ 글쓴이는 「모닥불과 개미」를 읽고 솔제니친과 마찬가지로 개미가 왜 그렇게 행동하는지 정말 궁금했다고 하였다.

02 글쓴이는 동물학자로 어린 시절 백과사전, 세계 동화 전집, 노벨 문학상 전집 등 다양한 분야의 책을 읽고 그 책들의 영향을 받았다.

오답 확인 ③ (나)에서 백과사전의 장점이 아무 쪽이나 펼쳐도 재미있게 읽을 수 있는 것이라고 한 내용으로 미루어 보일 수 있는 반응이다.
⑤ (가)에서 백과사전이 몰랐던 사실을 알게 되는 생각지도 못한 즐거움을 주었다고 하였다.

03 글쓴이가 백과사전을 접하게 된 것은 초등학교 4학년쯤이었다고 했고, 〈보기〉의 내용은 초등학교 고학년 시기에 읽은 책이 글쓴이에게 미친 영향에 대한 것이므로 백과사전과 관련된 경험의 뒤에 연결되는 것이 자연스럽다. 또한 (나)의 뒷부분에서 '백과사전을 밀치고 나를 사로잡은'이라고 하여 '세계 동화 전집'을 소개하고 있으며, (다)에서 '그 전까지의 책 읽기가 감성적인 부분을 건드리고 충족해 주었다면'이라고 한 것으로 미루어 '창의적으로 사고할 수 있는 밑바탕과 시인을 꿈꾸는 감성'을 키워 준 책(동화)에 대한 경험을 소개한 〈보기〉의 내용은 (나)와 (다) 사이에 들어가는 것이 적절하다.

04 (가), (나)는 방 안에 드러누워 뒹굴다가 만난 백과사전에서 받은 영향을 소개하고 있다. 따라서 (가)의 소제목으로 '우연히 만난 보물, 빈둥거리다 만난 보물' 정도가 적절하다.

05 글쓴이는 성장 과정에서 백과사전, 세계 동화 전집, 노벨 문학상 전집 등 다양한 책들을 읽었다.

[고난도 응용]

01 제시된 글의 〈중략〉 뒷부분을 보면 '그러나 이상한 일이다.'라고 말하면서 개미들이 죽을 수도 있는 상황에서 통나무(고향)로 다시 돌아오게 한 힘이 무엇일까를 묻고 있다. 따라서 이 내용을 정리하여 물음의 형식으로 제시해야 한다.

상	개미들이 죽을 수도 있는 통나무(고향)로 왜 돌아왔을까 하는 궁금증을 물음의 형식으로 제시한 경우
중	개미들이 돌아온다는 행동을 제시하였으나, 평서문으로 표현한 경우
하	개미들의 행동을 구체적으로 표현하지 못하고, 평서문으로 표현한 경우

02 사회 생물학이란 학문을 접하고 과거에 읽은 수필의 내용이 떠오르는 상황이다. 따라서 과거의 독서 경험이 현재의 상황과 연결된다거나 현재의 상황을 떠올리게 했다는 등의 내용을 제시해야 한다.

상	ⓐ에서는 과거의 읽기 경험이 현재의 상황과 연결된다는 점을, ⓑ에서는 이와 유사한 경험을 각각 완결된 한 문장으로 작성한 경우
중	ⓐ, ⓑ 각각 완결된 한 문장으로 제시하였으나, 둘 중 하나의 내용이 부적절한 경우
하	제시된 〈조건〉을 모두 지키지 못한 경우

단원 평가
본문 82~85쪽

01 ⑤ **02** ③ **03** ④ **04** ① **05** ⑤ **06** ① **07** ⑤
08 [예시 답안] 고전 읽기의 중요성을 강조하지만, 고전을 읽는 사람들이 많지 않은 것이 현실이다. **09** ③ **10** ② **11** ⑤ **12** ⑤
13 [예시 답안] ⓐ 몰랐던 사실을 알게 되는 즐거움을 선사함. ⓑ 창의적인 사고의 밑바탕이 만들어짐. ⓒ 여러 나라의 지식과 정보를 얻게 해 줌. ⓓ 개미들의 행동에 대해 궁금증을 갖게 함. **14** ③

01 글쓴이가 학교에서의 책 읽기 활동에 대해 비판한 내용은 확인할 수 없다. 오히려 자신이 도서반 활동을 통해 얻은 깨달음을 말하고 있다.

오답 확인 ① 이 글은 체험적, 고백적, 회상적 성격의 수필이다.
② 학창 시절에 도서반에서 경험한 일을 중심으로 읽기의 가치와 중요성을 말하고 있다.
③ 박지원의 고전 작품과 무협지를 읽었던 경험을 비교하여 고전 작품의 가치를 이야기하였다.
④ 박지원의 소설이 자신의 삶에 어떠한 영향을 미쳤는지를 구체적으로 밝히고 있다.

02 '맛있는 책, 일생의 보약'이라는 제목에서 책이 맛이 있다는 것은 책에 담긴 깊은 뜻을 음미하게 된다는 의미이다. 또한 책이 '일생의 보약'이라는 것은 보약이 우리 몸의 전체적인 기능을 조절하고 신체적인 건강을 유지하도록 도와주듯이, 책 읽기가 정신세계를 넓게 하고 정신적으로 건강하도록 돕는다는 의미이다.

오답 확인 ① 책에 대한 흥미와 관심을 갖는 것은 중요하지만 책의 깊은 의미를 이해하여 정신적으로 건강한 삶을 유지한다는 의미를 충족하지 못하였다.
② 책을 읽기 위해 비싼 비용이 든다는 내용은 이 글에서 확인할 수 없으며, 글쓴이가 말하고자 하는 바도 아니다.
④ 책을 읽으며 고통스러워한 내용은 찾을 수 없다.
⑤ 책을 '보약'에 비유한 것은 정신적 건강과 관련된 것으로, 책을 꾸준하게 읽어야 효과가 있다는 것과는 거리가 멀다.

03 보약을 먹어서 신체적으로 튼튼해졌다고 해서 정신세계까지 건강해지는 것은 아니다.

오답 확인 ① '국내에서 출간된 대부분의 무협지를 읽었다'고 한 데서 확인할 수 있다.
② 1문단의 '산악반의 경험에 비추어 되도록 몸을 많이 움직이지 않는'에서 확인할 수 있다.
③ ⓘ 부분의 '고전 대부분이 그렇듯 책 표지는 사람의 손을 거의 거치지 않아서 깨끗했다.'에서 확인할 수 있다.
⑤ 1문단의 '자기 마음에 드는 책을 골라서'에서 확인할 수 있다.

04 지식과 정보를 제공해 주는 점은 '읽기의 가치'에 해당하나, 이 글에서는 확인할 수 없다.

오답 확인 ②, ③, ④, ⑤ 이 글의 마지막에 제시된 두 개의 문단에서 확인할 수 있는 내용이다.

05 글쓴이는 책을 스스로 선택해서 읽고, 책을 통해 흥미와 관심을 가졌던 경험을 통해 읽기의 가치를 말하고 있다.

06 〈보기〉의 글은 이 글의 〈중략〉 부분에 들어간 내용이다. 모순된 표현이란 표면적으로는 논리에 맞지 않는 표현을 사용하여 오히려 의미를 강조하는 효과를 주는 표현이다. ⓘ의 '특별하지 않은 특별 활동'이 이에 해당한다. 그저 몸을 많이 안 움직인다는 이유에서 선택하였기에 처음에는 특별하지 않은 특별 활동이었던 도서반 활동이 글쓴이가 소설가의 길을 걷는 계기가 되었다는 점에서 진정한 특별 활동이었다는 의미를 전달할 수 있다. 또한 '그 책이 내 일생을 바꾸었다'고 하여 박지원의 책이 글쓴이의 진로에 영향을 주었음을 명확히 밝히고 있다.

07 한문 문장을 번역한 예스러운 문체에 거부감이 없다는 점, 「허생전」의 내용 전개 방식이 무협지에서 흔히 볼 수 있는 방식이어서 익숙했다는 점에서 무협지와 박지원 소설의 공통점을 알 수 있다.

오답 확인 ①, ②, ④ 박지원의 소설에서 느낀 매력이다.
③ 무협지에 대한 글쓴이의 생각이다.

08 '반드시 읽어야 한다는 것을 강조'한다는 내용에서 고전 읽기의 중요성을 강조한다는 점을 알 수 있다. 그러나 책 표지가 깨끗하다는 내용에서 현실적으로 고전 읽기를 즐기는 사람들이 많지 않음을 알 수 있다.

상	'고전 읽기의 중요성 강조', '고전을 잘 읽지 않는 현실'이라는 표현을 넣어 완결된 한 문장으로 작성한 경우
중	위의 표현을 넣었으나, 완결된 하나의 문장으로 제시하지 못한 경우
하	완결된 한 문장으로 작성하였으나, 단순히 고전을 보지 않는다는 내용 또는 고전이 중요하다는 정도의 내용으로만 작성한 경우

09 글쓴이는 사회 생물학이라는 학문을 통해 「모닥불과 개미」를 읽고 궁금증을 가졌던 개미들의 행동에 대해 이해하게 되었다. (마)를 통해 개미의 행동이 사회 생물학에서 다루는 영역과 관련이 있음을 추측할 수 있다. 개미들의 행동을 철학적으로 받아들인 것은 솔제니친이다.

10 이 글은 글쓴이가 성장 과정에서 읽은 작품과 읽기가 글쓴이에게 미친 영향에 대해 쓴 고백적 성격의 수필이다. 따라서 글쓴이의 경험을 바탕으로 책 읽기가 우리의 삶에 미치는 영향에 대해 설명할 수 있다.

오답 확인 ③, ④ 글쓴이가 읽은 책들은 진로를 결정하려는 목적으로 읽은 것은 아니다.

11 글쓴이는 특별히 좋은 책과 나쁜 책이 따로 있다고 말하지 않았다. 자신이 책을 통해 얻게 된 것들을 말하고 있다. 즉 읽기의 중요성과 가치에 대해 깨닫도록 하고 있다. 따라서 자신이 생각하는 좋은 책의 의미를 정의하는 내용은 이 글에서 찾을 수 없다.

오답 확인 ① (가)에서 확인할 수 있다.
② (나)에서 확인할 수 있다.
③ (다)에서 확인할 수 있다.
④ (라), (마)를 통해 확인할 수 있다.

12 〈보기〉는 특정한 상황에서 과거에 읽은 책의 한 장면을 떠올린 경우이므로 (마)의 사회 생물학을 접하고 솔제니친의 「모닥불과 개미」를 떠올린 글쓴이의 경험과 유사한 사례이다.

13 ⓐ는 (가)에서, ⓑ는 (나)에서, ⓒ는 (다)에서, ⓓ는 (라)에서 찾을 수 있다.

상	ⓐ~ⓓ의 내용을 모두 적절하게 제시한 경우
중	ⓐ~ⓓ 중 세 개를 적절하게 제시한 경우
하	ⓐ~ⓓ 중 두 개 이하를 적절하게 제시한 경우

14 ㉮에서 말한 "'특정한 문'만 열리는 열쇠"는 책 읽기에 비추어 보면 어느 한 분야에만 치우친 책 읽기에 해당하며, 모든 문을 열 수 있는 열쇠란 전 분야를 아우르는 소양이 되는 책 읽기에 해당한다. 이 글에서 글쓴이는 다양한 분야의 책 읽기 경험을 소개하였으며, 이를 통해 자신의 진로를 결정짓는 계기가 된 작품을 만나게 되었다고 하였다. 따라서 ㉮의 관점에서 글쓴이가 자신의 꿈을 찾고 있는 중학생에게 책 읽기와 관련해 조언한다면 특정 분야에 편중되지 않고 폭넓게 책을 읽다 보면 진심으로 자신이 관심을 가지고 흥미를 느끼는 것을 만날 수 있다는 내용일 것임을 짐작할 수 있다.

설명 방법 파악하며 읽기

1. 그림에서 들려오는 소리
본문 88~89쪽

[학습 목표 응용] 01 ②　　02 ⑤　　03 ⑤　　04 ③
[고난도 응용] 01 ③　　02 ⑤　　03 [예시 답안] 붓에 속도를 실어 단숨에 선을 그음. → 소리 낼 때의 강렬한 느낌을 표현함.

[학습 목표 응용]

01 이 글은 김호득의 작품 〈아〉의 특징에 대해 설명하고 있는데, (다)의 '그런데 왜 '아' 자를 거꾸로 썼을까요? 먼저 화가는 왼손잡이예요. ~'와 (마)의 "아" 소리를 눈에 보이게 한 비결이 궁금하다고요? 'ㅇ'를 자세히 보세요. ~'처럼 스스로 묻고 답하는 형식으로 작품의 특징을 설명하고 있다.

오답 확인 ① 이 글은 설명문으로 글쓴이의 의견이나 주장이 드러나는 글이 아니다.
③ 이 글은 김호득의 작품이 왜 공감각적인지를 분석하여 설명하고 있는 글이다. 작가들의 다양한 관점이 소개되어 있지는 않다.
④, ⑤ 이 글은 미술 기법의 변화 과정이나 작품의 역사적 의미를 다루고 있지 않다.

02 (바)는 김호득의 말을 인용하여 김호득의 그림이 다른 그림과 어떤 점에서 다른지를 설명하고 있다. 과정은 '어떤 결과를 가져오게 하는 단계를 순서에 따라 설명하는 방법'으로 (바)에는 과정의 설명 방법이 사용되지 않았다.

오답 확인 ① (가)의 '공감각이란 하나의 자극에 의해 두 개 이상의 감각이 느껴지는 것을 말해요.'에서 공감각의 개념을 정의의 방법으로 설명하고 있다.
② (나)에서는 공감각적 작품으로 김호득의 〈아〉를 예로 들어 설명하고 있다.
③ (다)에서는 '아' 자를 거꾸로 쓴 이유로, 작가가 왼손잡이라는 점, 글자를 거꾸로 쓰면 그림으로 보인다는 점 등을 분석하여 설명하고 있다.
④ (마)에서는 '아' 소리를 눈에 보이게 한 비결을 'ㅇ'에 성대의 떨림 현상을 'ㅏ'에 소리 낼 때의 강렬한 느낌을 담았기 때문이라고 나누어서 설명하고 있다.

03 (바)에 인용된 김호득의 말을 통해 김호득의 그림은 문자가 지닌 조형성만을 빌려 온 그림들과는 달리 조형성, 상징성, 시간성, 공간성, 소리까지 모두 표현했다는 것을 알 수 있다. 따라서 ⑤의 내용은 적절하지 않다.

04 (나)의 '김호득은 〈아〉에서 소리가 들리는 그림을 뛰어넘어 소리와 글자, 그림이 하나가 되는 공감각적인 작품을 창조했군요.'에서 김호득의 〈아〉는 그림에서 소리가 들리는(느껴지는) 작품임을 알 수 있다.

[고난도 응용]

01 〈보기〉의 시에서 '분수처럼 흩어지는 푸른 종소리'는 청각을 시각화하여 표현한 공감각적 표현이다. 이 글에 따르면 〈보기〉의 시인은 종소리에서 분수처럼 흩어지는 푸른 물보라를 보는 상상력과 공감각 능력이 발달한 사람이다. 〈보기〉의 시인이 청각보다 시각이 더 발달한 사람이라고 판단할 근거는 없다.

02 이 글은 공감각적인 작품으로 김호득의 〈아〉를 예로 들어 글자가 그림이 되고 소리가 되는 이유를 분석적으로 설명하고 있는 글이다. 그러므로 '글자에서 그림이 보이고 소리가 들리는 이유 – 김호득의 작품 〈아〉를 중심으로'가 제목으로 적절하다.

03 (마)의 내용을 바탕으로 'ㅏ'의 표현 기법과 그 안에 담긴 의미를 정리해 본다. (마)에서 '아' 소리를 눈에 보이게 한 비결을 'ㅇ'와 'ㅏ'로 나누어 설명하고 있다. 허공에 떠 있음과 먹물의 짙고 엷음으로 성대의 떨림 현상을 표현한 'ㅇ'와 달리 'ㅏ'는 단숨에 선을 그어 '아'소리를 낼 때의 강렬한 느낌을 표현하였다.

상	표현 기법과 효과가 명확히 드러나게 서술한 경우
중	'ㅏ'에 드러난 특징을 서술했으나, 표현 기법과 효과를 명확하게 나누어 설명하지 못한 경우
하	'ㅏ'에 드러난 표현 기법과 효과 중 하나만 서술한 경우

2. 정전기가 겨울로 간 까닭은?
본문 90~91쪽

[학습 목표 응용] 01 ①　　02 ③　　03 ④　　04 ③
[고난도 응용] 01 ③　　02 ④　　03 [예시 답안] 우리 몸과 물체가 전자를 주고받으며 몸과 물체에 전기가 조금씩 저장된다.

[학습 목표 응용]

01 이 글은 설명 대상인 '정전기'를 소개한 후, 정전기 현상이 일어나는 이유와 조건, 정전기를 줄이는 방법 등을 제시하고 있는 글이다.

오답 확인 ② 이 글에 정전기 현상에 대한 연구 결과를 순서대로 제시한 내용은 없다.
③ (나)에서 정전기 현상이 일어나는 원리를 설명하고 있으나, 다양한 이론을 소개하고 있지는 않다.
④ 이 글에 정전기의 개념에 대한 정의나 유사한 대상에 빗댄 표현은 제시되어 있지 않다.

⑤ (다)에 여름보다 습도가 낮은 겨울철에 정전기가 더 잘 발생한다는 내용은 나와 있으나, 정전기 발생과 기온과의 관계를 분석하고 있는 것은 아니다.

02 우리 몸은 주변 물체와 접촉하면서 마찰을 일으키고 그 과정에서 전자를 주고받으면서 몸에 전기를 저장한다. 한도 이상 전기가 쌓였을 때 적절한 유도체가 우리 몸에 닿으면 순식간에 전자가 이동하면서 정전기가 발생한다.

오답 확인 ① 마찰로 인해 전자가 이동하므로 바뀌는 것은 핵의 구조가 아니라 원자의 구조이다.
② 포장 랩은 정전기의 원리를 활용해서 만든 제품이다. 포장 랩을 뗄 때 발생하는 마찰력에 의해 접착력이 생긴다. 습기는 전하를 띠는 물체들을 전기적 중성 상태로 만들어 정전기 현상을 줄여 준다.
④ 겨울에 정전기가 잘 생기는 이유는 낮은 습도 때문이다. 습도가 높으면 전기 친화성을 지닌 수증기가 주변의 물체를 전기적 중성 상태로 만들어 정전기 현상을 줄여 준다.
⑤ 정전기는 건조할 때 잘 생기므로, 지성 피부인 사람보다 건성 피부인 사람에게서 정전기 현상이 더 잘 발생한다.

03 (다)의 '수증기는 전기 친화성이 있어 주변의 전하를 띠는 입자들을 전기적 중성 상태로 만든다. 따라서 습도가 높으면 정전기도 잘 생기지 않는다.'에서 습도가 높을 때 정전기가 잘 생기지 않는 현상을 인과의 방법으로 설명하고 있다(ㄹ). (마)에서 정전기의 원리를 활용한 제품으로 복사기, 집진기, 포장 랩을 예로 들어 설명하고 있다(ㄴ).

04 (라)의 첫 문장 '만약 피부가 건조한 사람이 위의 충고를 무시하고 합성 섬유 스웨터를 입다 비명을 지른다 해도 그건 개인의 문제니 넘어갈 만하다.'로 미루어 볼 때 (라) 앞에 '위의 충고'에 해당하는 내용이 제시되어야 한다. 제시된 글이 바로 '위의 충고'에 해당한다. (다)는 정전기가 잘 생기는 조건을 설명한 부분으로, 제시된 글은 (다)와 (라) 사이에 들어가는 것이 적절하다.

[고난도 응용]

01 (나)에서 정전기가 생기는 이유는 마찰 때문이라고 설명하고 있다. 머리카락을 손으로 비비면 마찰이 일어나 정전기가 더 잘 생긴다.

오답 확인 ① 포장 랩은 마찰 때문에 생기는 정전기의 원리를 활용한 제품이다.
②, ⑤ 정전기는 적절한 습도 유지를 통해 예방할 수 있다.
④ 유조차는 작은 스파크에도 치명적이므로 늘 방전 상태를 유지하는 것이 중요하다.

02 각 문단의 중심 내용은 (가) 정전기 현상 제시, (나) 정전기 발생 이유 분석, (다) 정전기가 잘 생기는 조건, (라) 정전

기의 위험성, (마) 정전기의 활용, (바), (사) 정전기를 줄이는 방안이다. 따라서 (가)와 (나)는 1, (다)는 2, (라)와 (마)는 3, (바)와 (사)는 4로 묶는 것이 적절하다.

03 정전기가 발생하는 과정은 (나)의 '생활하면서 주변의 ~ 정전기가 발생한다.'에 제시되어 있다.

상	'우리 몸과 물체가 전자를 주고받으며 몸과 물체에 전기가 조금씩 저장된다.'의 내용을 모두 포함하여 서술한 경우
중	'몸과 물체에 전기가 조금씩 저장된다.'의 내용만을 서술한 경우
하	앞뒤의 단계를 포함하여 대략적으로 서술한 경우

단원 평가   본문 92~95쪽

01 ⑤   **02** ⑤   **03** ②   **04** ⑤   **05** ③   **06** [예시 답안] 색채와 기법, 구도 등의 여러 요소가 조화를 이루고 있기 때문에 그림에서 '풍덩' 소리가 보이는 것이다.   **07** ⑤   **08** ④   **09** ②
10 ④   **11** ②   **12** ③   **13** [예시 답안] • ⓐ 득: 정전기 원리를 적용해서 제품을 만들어 생활에 도움을 받을 수 있다. 복사기, 집진기, 포장 랩 등이 그 예이다. • ⓑ 실: 정전기 현상은 유조차나 반도체 산업 현장에서는 매우 위험할 수 있다. 작은 정전기에도 기름에 불이 붙거나 반도체 부품이 파손될 수 있다.

01 이 글에서는 대상을 일정한 기준에 따라 종류별로 묶어서 설명하는 분류의 설명 방법은 사용되지 않았다.

오답 확인 ① (나)와 (마)에서 데이비드 호크니의 〈풍덩〉과 김호득의 〈아〉를 예로 들어 공감각적 작품을 설명하고 있다.
② (다)에서는 아크릴 물감과 유화 물감의 차이점, 붓과 롤러의 붓질 느낌의 차이점을 설명하였고, (사)에서는 김호득의 말을 인용해 〈아〉와 문자를 소재로 한 다른 그림들의 차이점을 밝혀 설명하고 있다.
③ (가)에서 공감각의 개념을 정의의 방법으로 설명하고 있다.
④ (다)에서 〈풍덩〉의 특징을 색채, 기법, 구도 면으로 나누어 설명하고 있다.

02 이 글은 공감각적인 작품의 예로 호크니의 〈풍덩〉과 김호득의 〈아〉를 제시하고 각 작품의 특징을 설명하고 있다. (나), (다), (라)는 '중간 ①'에 해당하는 부분으로, 호크니의 〈풍덩〉을 예로 들어 설명하고 있고, (마), (바), (사)는 '중간 ②'에 해당하는 부분으로, 김호득의 〈아〉를 예로 들어 설명하고 있다. '중간 ①'과 '중간 ②'는 '처음'에서 소개하는 공감각이 느껴지는 구체적 작품 사례에 해당한다.

03 (다)에서 작품 〈풍덩〉이 다이빙할 때의 '풍덩' 소리와 물보라를 강조한 기법으로 아크릴 물감을 사용하여 흰색과 파란색의 색감을 강렬하게 표현한 것과 '거칠고 매끈한 붓질의 대조'를 제시하고 있다.

오답 확인 ① (다)에서 '물보라가 일어나는 부분만 붓으로 흰색을 거칠게 칠하고 다른 부분은 롤러를 사용해 파란색으로 매끈하게 칠했네요.'라고 설명하고 있다.

③ (다)에서 〈풍덩〉은 아크릴 물감을 사용하여 강렬하고 선명한 색감을 효과적으로 표현하였다고 설명하고 있다.

④ (나)에서 색채와 기법, 구도 등이 조화를 이루고 있기 때문에 소리를 눈으로 볼 수 있다고 설명하고 있다. 또한 (라)에서 〈풍덩〉은 다이빙하는 사람을 생략함으로써 소리에 집중하게 했다고 설명하고 있다.

⑤ (다)에서 〈풍덩〉은 수직선, 수평선, 대각선의 구도로 한낮의 무더위와 정적을 표현했다고 설명하고 있다.

04 (바)에서 김호득이 '아' 한 글자를 선택한 이유를 확인할 수 있다. 김호득은 단어의 의미에 상상력이 갇히는 것을 막기 위해 한 글자를 선택하였다. 따라서 '글자 수도 한 글자다 보니 단어의 의미도 쉽고 명확하게 전달되었다.'라는 내용은 이 글의 내용과는 일치하지 않는다.

05 글쓴이는 (아)에서 공감각을 되살리는 비결로 공감각적인 예술 작품을 많이 감상할 것을 제안하고 있다.

오답 확인 ① 시를 읽을 때 묵독보다는 낭독을 하는 것은 이 글에서 제시한 공감각을 되살리는 비결과 관련이 없다.

② 미술 기법에 대한 정보를 많이 습득하는 것보다 미술 작품을 직접 많이 보는 것이 공감각을 되살리는 비결이다.

④ 시든, 소설이든, 그림이든 예술 작품과 가까워지는 것이 공감각을 되살리는 비결이다.

⑤ 공감각은 하나의 자극에서 여러 감각을 느끼는 것을 말한다.

06 (나)에 그림 〈풍덩〉에서 소리가 보이는 이유가 제시되어 있다. "귀로 듣는 '풍덩' 소리를 어떻게 눈으로 보게 했을까요? 색채와 기법, 구도 등의 여러 요소가 조화를 이루고 있기 때문이지요."를 원인과 결과가 분명히 드러나도록 한 문장으로 서술한다.

상	소리가 보이는 이유를 원인과 결과가 분명히 드러나도록 서술한 경우
중	소리가 보이는 이유를 서술했으나, 원인과 결과가 분명하게 드러나지 않은 경우
하	소리가 보이는 이유만 대략적으로 서술한 경우

07 이 글은 정전기에 대해 독자가 쉽게 이해하도록 객관적으로 설명하는 글이다. 설명하는 글은 분명하고 명확한 내용 전달이 중요하다. 따라서 글쓴이의 참신한 발상이 얼마나 함축적으로 표현되었는지를 평가하며 읽는다는 ⑤의 진술은 적절하지 않다.

08 이 글은 정전기 현상의 원인을 분석하고 정전기를 줄일 수 있는 방안을 제시하고 있는 글이다. 생활 속 과학 현상인 정전기에 대해 다양한 설명 방법을 사용하여 알기 쉽게 설명하고 있다.

오답 확인 ① 이 글에는 잘못 알려진 과학적 상식의 오류에 대한 내용은 나와 있지 않다.

② 이 글은 정전기 현상을 과학적으로 분석하고 있는 글로, 기존의 관점에 대한 내용은 나와 있지 않다.

③ 이 글은 생활 속 과학 현상을 알기 쉽게 분석하여 설명하고 있으나, 최근의 연구 결과를 인용하고 있지는 않다.

⑤ 이 글은 정전기 현상에 대한 견해가 시대마다 어떻게 달라졌는지에 대한 내용은 다루고 있지 않다.

09 이 글에 정전기를 성별에 따라 다르게 느끼는 이유에 대한 내용은 나타나 있지 않다.

오답 확인 ① 자동차에 키를 꽂을 때 불꽃이 튀는 이유는 (가)와 (나)에 제시되어 있다. 정전기는 마찰에 의해 생기는데 자동차에 쌓여 있던 전기가 유도체인 키에 닿으면 그동안 쌓였던 전기가 순식간에 불꽃을 튀며 이동하면서 정전기가 발생한다.

③ 정전기가 여름보다 겨울에 기승을 부리는 이유는 겨울이 건조하기 때문이다. 이에 대한 구체적인 설명이 (다)에 제시되어 있다.

④ 비 오는 날에 정전기가 잘 발생하지 않는 이유도 (다)에 제시되어 있다. 수증기는 전기 친화성이 있어 주변의 전하를 띠는 입자들을 전기적 중성 상태로 만든다.

⑤ 천연 섬유보다 합성 섬유가 정전기가 더 잘 발생하는 이유는 (라)에 제시되어 있다. 우리 몸은 전자를 잘 잃는 편에 가까워 전자를 쉽게 얻는 나일론, 아크릴, 폴리에스테르 같은 합성 섬유를 입으면 서로 전기를 끌어당기는 힘이 작용해 정전기가 발생한다.

10 이 글은 (나)에서 정전기가 생기는 원리를 과정의 방법으로 설명하고 있다(ㄴ). 그리고 (마)에서 정전기의 위험성을 유조차, 반도체 부품 등의 구체적 사례를 들어 설명하고 있다(ㄹ).

오답 확인 ㄱ. (나)에서 정전기의 개념을 설명할 때, 전류와 전압의 개념을 사용하기는 하지만 전류와 전압의 개념을 정의하고 있지는 않다.

ㄷ. (나)와 (라)에서 정전기가 생기는 이유를 설명할 때 마찰 전기의 개념을 사용하기는 하지만 특징별로 분류하여 설명하고 있지는 않다.

11 이 글에 따르면 정전기는 건조할 때 잘 생기고, 전자를 쉽게 주고받을 수 있는 마찰에 의해 잘 생긴다. 이 원리를 알면 정전기를 막을 대책도 세울 수 있을 것이다. 즉 적절한 습도를 유지하고, 마찰에 의한 전기 발생을 줄이도록 노력하는 것이다. 보습제를 바르고, 플라스틱보다는 전자를 덜 쉽게 얻는 나무로 만든 빗을 사용하고, 유조차나 반도체 산업 현장에서는 정전기 발생을 차단하는 것 등이 그 구체적인 방법이다. ②의 여름에는 가급적 복사기 사용을 자제한다는 내용은 정전기를 줄이는 방법과 거리가 멀다.

12 (라)에서는 전자를 쉽게 잃고 쉽게 얻는 물체에 대해 설명하면서 플라스틱, 모피를 예로 들고 있다. (마)에서는 정전기의 위험성에 대해 설명하고 있고 유조차의 위험성을 제시하고 있다. 따라서 ⓒ, ⓒ 모두 '예를 들면'이라는 접속어가 들어가는 것이 적절하다.

13 정전기의 득(이로운 점)과 실(해로운 점)은 (마)와 (바)에 제시되어 있다. (마)에서는 정전기가 유류나 반도체와 관련된 산업 현장에서는 잘못하면 크게 위험할 수 있다는 점을 설명하고 있고, (바)에서는 정전기의 원리를 활용해서 만든 생활 제품에 대해 설명하고 있다.

상	정전기 현상의 득(유용성)과 실(위험성)을 구체적 사례와 함께 모두 제시한 경우
중	정전기 현상의 득(유용성)과 실(위험성)을 구체적 사례와 함께 제시했으나, 둘 중 하나가 다소 부족한 경우
하	정전기 현상의 득(유용성)과 실(위험성)을 대략적으로 서술한 경우

③ 매체의 표현 방법과 효과

1. 자기표현 수단으로서의 문자와 영상 본문 98~99쪽

[학습 목표 응용] 01 ④　　02 ③　　03 ②　　04 ④　　05 ②
06 ④
[고난도 응용] 01 ⑤　　02 [예시 답안] 개인의 인권과 공공의 이익 중 어떤 것을 중시할 것인가?

[학습 목표 응용]

01 이 글에서는 인터넷을 기반으로 한 디지털 미디어에서 의사를 전달하는 수단인 문자, 사진, 동영상의 특성에 대해 설명하고 있다. 각각의 의사 전달 수단에 대해 대등한 비중으로 설명하고 있다.

오답 확인 ① 인터넷 환경에서 언어 사용이 일상생활과 다른 면이 있음을 설명하지만, 그에 대한 문제의식을 드러내는 것은 아니다.
② 인터넷 환경에 대한 태도는 중립적이다.

③ 글쓴이는 객관적인 입장에서 정보를 전달하고 있다.
⑤ 글쓴이는 일반적인 수준에서 정보를 제공하고 있다.

02 3문단에서 '악기를 잘 연주한다거나 춤을 잘 춘다거나 또는 스포츠를 잘하는 사람들'은 동영상을 활용하여 자신을 알리기도 함을 예시로 들고 있다.

오답 확인 ① 사진의 편집이 비교적 쉽다는 점만 설명하고 있다.
② 동영상이 자칫 타인의 초상권을 침해할 수 있음만 설명하고 있다.
④ 디지털 미디어에서 사용되는 문자의 비중에 대한 구체적 정보는 없다.
⑤ 인터넷에서의 언어 사용 중 맞춤법에 어긋난 것들의 비율에 대한 정보는 없다.

03 이 글에서는 디지털 미디어에서 활용되는 매체로서 문자와 사진, 동영상에 대해 설명하고 있다. 이들 매체는 인터넷이라는 특수한 환경에서 다른 사람에게 자기를 표현하는 수단이 된다는 점을 설명하는데, 사용자가 이런 매체를 활용하여 글을 쓰고, 독자가 이들 매체에 접근하고 확인하는 과정이 필요하다. 이런 과정은 공유라는 말로 표현할 수 있다.

오답 확인 ① '전달'은 '지시, 명령, 물품 따위를 다른 사람이나 기관에 전하여 이르게 함.'으로, 일방성이 드러나는 말이다.
③ '정리'는 '흐트러지거나 혼란스러운 상태에 있는 것을 한데 모으거나 치워서 질서 있는 상태가 되게 함.'으로, 글을 올리기 전의 과정에 해당한다.
④ '과시'는 '자랑하여 보임.'의 의미로, 자기표현의 행위를 다르게 해석하게 하는 말이다.
⑤ '유출'은 '밖으로 흘러 나가거나 흘려 내보냄.'의 의미로, 자기를 표현하는 행위를 표현하는 말로는 부적절하다.

04 이 글에서 동영상은 수정하거나 통제하는 일이 어렵다고 말하고 있다. 스마트폰의 보급으로 촬영은 쉬워졌으나 촬영한 영상을 적절히 편집하는 데에는 어려움이 있다는 것이다.

오답 확인 ① 사진은 시각적 경험을 공유하는 데 도움이 된다.
② 축약어는 빠른 소통에 도움이 된다.
③ 동영상 촬영의 대상이 다른 사람인 경우 초상권에 대한 조치를 취해야 한다.
⑤ 의성어, 의태어는 글쓴이의 미묘한 감정을 드러내는 데 도움이 된다.

05 일상적인 대화에서는 음성 언어의 한계를 보완하기 위해서 다양한 준언어적, 비언어적 표현 방법을 활용한다.

준언어적 표현	비언어적 표현
말의 속도, 목소리의 크기, 억양, 어조 등	표정, 몸짓, 손짓 등

06 디지털 미디어에서 사용하는 문자는 미묘한 감정을 표현하기 어렵다는 한계를 극복하기 위하여 다양한 방법을 사용한다. 1문단에서 '맞춤법에 따르지 않고 소리 나는 그대

로 표기하거나 감정을 표시하는 간단한 이모티콘을 사용하기도 하고 '휘리릭, 꾸벅' 같은 의성어, 의태어를 쓰기도 하죠. 빠르게 의사를 전달하기 위해 다양한 축약어를 사용하기도 합니다.'라고 하였다. ④는 '나 오늘부터 종적을 감춘다.'라는 의미를 은어로 표현한 것이다.

오답 확인 ① 소리 나는 대로 표현한 것이다.
② 축약어이다.
③ 이모티콘을 통해 감정을 표현한 것이다.
⑤ 의태어를 활용한 예이다.

[고난도 응용]

01 ⓒ의 경우 우리 사회에서 일어나는 특별한 일을 촬영해서 인터넷에 올리는 일을 가리키는데, ⑤에서는 택시 기사를 폭행하는 행위를 촬영한 동영상이 인터넷에 노출되면서 취객의 얼굴이 대중에게 그대로 알려져 개인의 초상권이 침해된 사례를 말하고 있다.

오답 확인 ① 스마트폰이 널리 보급되면서 영상 촬영이 어렵지 않은 일이 되었다는 점을 강조한다.
② 자서전이라는 특정 글쓰기 활동에 대한 관심이 커졌음을 강조한다.
③ 범죄 신고를 통해 범죄 발생률이 낮아졌다는 사실을 전달한다.
④ 몰래카메라 촬영에 대한 처벌 강도가 높아졌음을 강조한다.

02 특정 영상을 인터넷에 올리는 경우 개인의 초상권이나 명예를 훼손할 수 있다는 입장은 개인의 인권 보호를 우선시하는 입장이다. 사회적으로 중요한 의미가 있는 경우 특정 영상을 올려 대중에게 알릴 수 있다고 보는 입장은 국민의 알 권리를 중시하는 입장이다. 두 입장은 개인의 입장과 사회적 입장 중 어떤 것을 중시하느냐에 따라 달라진다.

상	개인의 인권(초상권, 명예)과 공공의 이익(사회적 의미) 두 가지를 활용하여 의문형으로 바르게 서술한 경우
중	개인의 인권(초상권, 명예)과 공공의 이익(사회적 의미) 두 가지를 활용했지만, 의문형으로 표현하지 못한 경우 예 개인의 인권과 공공의 이익을 모두 취하기는 어렵다.
하	개인의 인권(초상권, 명예)과 공공의 이익(사회적 의미) 두 가지 중 한 가지만을 활용하여 서술한 경우 예 개인의 인권을 존중할 것인가?

2. 다섯손가樂   본문 100~101쪽

[학습 목표 응용] **01** ⑤   **02** ②   **03** ③   **04** ②   **05** ⑤
[고난도 응용] **01** ③, ④   **02** [예시 답안] 우리는 점점 스마트폰의 노예가 되어 가고 있었어.

[학습 목표 응용]

01 웹툰은 글과 그림을 활용하여 주제를 전달하는 글로, 내용

을 쉽게 이해하게 한다. 독자의 수준을 고려하여 내용을 선정하고 자연스러운 한 편의 이야기로 내용을 전개한다. 대상을 참신하게 표현하며, 대체로 간결한 말을 활용하는데, 웹툰의 주제나 이야기의 흐름에 따라 비유적이고 상징적인 어휘를 쓰기도 하고 직설적으로 말하기도 한다.

02 이 웹툰에서는 손가락을 의인화하여 표현하고 있다. 이미지 표현에서도 대상의 세부적인 부분을 생략하여 단순화하였다.

오답 확인 ① 스마트폰 사용을 줄이자는 점을 설득하고 있다.
③ 손가락들 간의 갈등과 대립으로 이야기가 시작되었다가 화해로 마무리 짓고 있다.
④ 다섯 손가락이 서로 대화를 주고받고 있다.
⑤ 내용의 중요도와 인물의 감정 상황에 따라 글자 크기를 달리하고 있다.

03 이 웹툰은 스마트폰이 사람들 간에 단절을 초래할 수 있다는 것을 바탕으로 스마트폰 사용을 줄일 것을 강조한다. ③의 경우 가족들과 즐거운 대화가 필요한 시간에 스마트폰 게임만 하고 있는 청소년이 등장하므로 이 웹툰을 통해 행동의 개선을 기대할 수 있다.

오답 확인 ①, ② 스마트폰의 긍정적 활용이다.
④ 스마트폰으로 인한 문제 상황이지만 이 웹툰의 내용과는 거리가 있다.
⑤ 스마트폰 사용 방법을 알려 주어야 할 상황이므로 이 웹툰과는 거리가 있다.

04 [A]에서는 스마트폰을 사용하면서 다른 사람들에 대한 관심이 부족해지고 교류가 줄어들면서 자신의 입장만 내세우는 현상이 발생하고 있음을 보여 준다.

05 ㉮의 뒤에 이어지는 장면에서 스마트폰에 빠져 있던 모습을 반성하면서 스마트폰을 내려놓고 함께 있으면 더 행복하다는 깨달음을 말하고 있다. 따라서 ㉮에서는 스마트폰을 사용하지 않고 서로 대면하여 함께 활동을 하면서 인간관계를 회복하는 내용이 들어갈 수 있다. 혼자만의 시간이 아니라 함께하는 시간을 가지는 방법으로는 ㄴ, ㄹ, ㅁ이 있다.

오답 확인 ㄱ은 스마트폰 사용 시간을 줄이는 방법이지만 다른 사람과의 교류나 소통을 직접 설명하지는 않는다. ㄷ은 스마트폰 대신 메모할 수 있는 도구를 준비하는 것으로, 친구들과의 시간을 갖자는 깨달음과는 거리가 있다.

[고난도 응용]

01 이 글에서는 궁극적으로 스마트폰 사용 시간을 줄이고 사람들과 어울려 사는 삶이 더 행복하다는 것을 강조한다. 〈보기〉에서는 따돌림 문제에 대해 관심을 가지고 친구들과

의 관계를 회복하기 위한 방안을 제시하고 있다. 이 글에서 스마트폰이 친구들 간의 올바른 소통을 방해하는 원인으로 제시될 수 있고, 스마트폰 사용 시간을 줄이는 것이 그 대안이 될 수 있다. 따라서 ⓒ, ⓔ과 관련된 매체로 제시할 수 있다.

02 [B]에서는 스마트폰을 과다하게 사용하던 사람들의 깨달음을 밝히고 있다. 그 다음에 스마트폰 과의존 비중이 점점 높아지고 있다는 것을 통계 자료로 제시하여 자신들의 과의존에 대해 문제를 개선해야겠다는 인식을 이끌어 낼 수 있다. 웹툰의 한 장면이므로 그래프를 제시하면서 그에 대한 해설을 줄글로 제시할 수 있다.

상	스마트폰 의존 비율이 점점 높아짐을 적절한 비유를 활용하여 서술한 경우
중	스마트폰 의존 비율이 점점 높아짐에 대해 직설적으로 표현한 경우
하	스마트폰 의존 비율의 현재 상황만을 서술한 경우

---

3. 온열 질환 카드 뉴스   본문 102~103쪽

[학습 목표 응용] **01** ④ **02** ① **03** ④ **04** ④ **05** ②
06 ⑤

[고난도 응용] **01** ③   **02** [예시 답안] 연령대별 온열 질환의 발생 정도가 다르다는 것을 한눈에 파악하게 한다.

[학습 목표 응용]

01 카드 뉴스는 그림, 그래프, 도표 등의 다양한 시각 매체를 활용하여 간결하고 명확한 문장으로 메시지를 전달한다. 대체로 짧게 구성되기 때문에 매체의 분량을 많이 제시하는 것보다 적절하게 조절할 필요가 있다.

오답 확인 ① 다른 사람의 자료를 활용할 때에는 반드시 출처를 밝혀야 한다.
② 글의 내용을 고려하여 적절한 위치에 배치해야 한다.
③ 글의 내용과 관련되는 매체의 형식과 내용을 고려해야 한다.
⑤ 카드 뉴스는 주로 인터넷 매체를 통해 전달되기 때문에 장황하게 표현하지 않는다.

02 이 카드 뉴스는 폭염으로 인한 온열 질환 발생의 위험성을 경고하면서 건강을 지킬 수 있는 생활 방법에 대한 정보를 제공하고 있다.

오답 확인 ② 건강한 생활에 대한 정보가 있지만 일반적인 수준의 정보를 제시하고 있다.
③ 폭염으로 인한 질환자가 발생할 수 있다는 점은 사회적 문제와 관련이 있으나 개인적인 노력을 통해 해결하도록 제안하고 있다.

④ 건강한 삶을 위한 방안을 설명하지만 전통적 생활 방식과는 다른 내용이다.
⑤ 폭염은 자연 재해이지만 그에 대한 대안을 제시하고 있다.

03 이 카드 뉴스에서는 폭염이 있는 경우 낮 시간에 적절한 휴식을 취할 것을 권하고 있으므로 ④와 같은 자료는 적절하지 않다.

오답 확인 ① 의사 캐릭터는 실제로 온열 질환을 치료하는 모습이므로 치료를 필요로 하는 환자가 발생하고 있다는 것을 보여 줄 수 있는 적절한 자료이다.
② 전문가 인터뷰는 온열 질환에 대한 구체적인 정보를 제공할 수 있는 적절한 자료이다.
③ 온열 질환 경험자가 직접적 경험을 바탕으로 온열 질환을 예방할 수 있는 주의점을 제시하면 더 효과적이다.
⑤ 폭염으로 인한 온열 질환자 발생을 공신력 있는 뉴스로 보도하면 내용의 신뢰성을 높인다.

04 (가)에서는 문자, 그래프, 그림을 통해 메시지를 전달하고 있다. 지시적인 어휘와 명료한 문장을 활용하여 내용을 분명하고 정확하게 표현하였다.

오답 확인 ① 위로 향하는 화살표 두 개를 활용하고 있다.
② 전달하려는 핵심 내용은 노란색과 주황색을 활용하여 강조하고 있다.
③ '13.6일', '24.5℃' 등 숫자를 제시하고 있다.
⑤ 그래프와 그림이 자료로 제시되어 있다.

05 (다)에서는 낮 시간 실외 활동이 온열 질환의 위험성이 높다는 점을 문자와 그래프로 제시하고 있다. 5년간 발생한 온열 질환자는 6,500명이며 그중 12시에서 17시 사이의 환자가 40%를 차지한다는 것이다. 그리고 그 40%는 그 시간대에 실외에서 활동을 했다는 것이다. 이런 내용으로 보아 낮 시간이 더 위험하다는 것일 뿐 낮에만 온열 질환이 걸린다는 것은 아니다.

06 (마)에서는 건강 수칙을 그림과 글로 설명하고 있다. 체온을 낮추어 시원하게 생활하기 위해 헐렁한 옷을 입도록 권하고 있다.

[고난도 응용]

01 (나)는 글과 함께 매체를 활용함으로써 독자에게 전달하고자 하는 내용을 분명하게 드러낸다. 제목과 본문을 통해 중요 내용을 한 번 더 보여 주는 것도 중심 내용 이해에 도움이 된다. 이에 비해 〈보기〉는 글로만 제시하고 있어 내용을 이해하기가 더 어려울 수 있다.

02 (라)의 그래프는 연령대별 온열 질환의 발생 정도의 차이를 한눈에 비교할 수 있게 한다. 그에 비해 〈보기〉의 도표는

발생률에 대해 숫자를 통해 해석해야 하므로 그래프에 비해 내용 파악이 어렵다.

상	'연령대별 발생의 차이'라는 내용과 '한눈에 파악한다'는 효과를 모두 바르게 서술한 경우
중	'연령대별 발생의 차이'라는 내용과 '한눈에 파악한다'는 효과 중 한 가지를 모호하게 서술한 경우
하	'연령대별 발생의 차이'라는 내용과 '한눈에 파악한다'는 효과 중 한 가지만 서술한 경우

단원 평가
본문 104~107쪽

01 ④　**02** ③　**03** ④　**04** ①　**05** ①　**06** ③　**07** ②
08 [예시 답안] 수정하고 통제하기가 어렵기(쉽지 않기)　**09** ④
10 ②　**11** ②　**12** [예시 답안] 스마트폰에 지나치게 의존하고 있는 점을 실감 나게 확인시켜 준다.　**13** ④　**14** ②　**15** ③
16 ⑤　**17** [예시 답안] 모든 사람들(특히 장년층과 고령층), 연령대별 발생 빈도

01 매체를 활용한 글에서 매체는 글의 내용을 보완하는 역할을 한다. 매체를 활용한 글에서 중심 내용을 담고 있는 부분은 글 자체이며, 매체는 중심 내용을 보충하는 세부적인 내용을 담는다. 따라서 글의 주제를 파악하기 위해서는 매체보다 글의 내용을 읽고 이해해야 한다.

▶오답 확인◀　① 글쓴이는 주제를 효과적으로 잘 드러내기 위해 매체를 활용하는 것이다.
② 매체는 글의 내용에 맞는 형식이어야 하며 글의 내용과 관련된 적절한 내용을 담고 있어야 한다.
③, ⑤ 글의 내용 중 매체와 관련된 부분이 어디인지 판단하며 매체의 의미를 해석해야 한다.

02 청각 자료는 소리나 노래, 녹음 자료 등으로, 음성 언어를 활용한 언어활동, 즉 발표나 강연, 연설 등에서 활용할 수 있다. 소프라노 발성의 특징은 실제 소프라노 발성을 청각 자료로 들려주면서 설명하는 것이 적절하다.

▶오답 확인◀　①, ② 각각의 자세나 과정을 보여 주는 그림이나 사진, 동영상이 적절하다.
④ 계단 층수에 따른 운동 효과를 그래프나 도표로 제시할 수 있다.
⑤ 기온의 변화를 그래프로 나타낼 수 있다.

03 제시된 글에서는 일상생활 속에서 에너지를 절약하는 방법을 말하고자 한다. 처음 부분에서는 에너지 절약에 대한 관심을 끌기 위한 매체를 활용하는 것이 바람직하다. 글에서

대규모 정전 사태를 언급하고 있으므로 관련 사진을 제시하여 정전이 되었을 때의 상황을 상상해 보도록 하고 에너지 절약에 대해 관심을 갖도록 할 수 있다.

04 매체도 누군가 만들어 낸 저작물이며, 만든 사람의 주관이 반영되어 있다. 따라서 매체를 활용한 글을 읽을 때 그 매체가 전달하는 내용을 무조건 수용하기보다 자신의 입장에서 비판적으로 평가하면서 매체의 내용과 형식, 표현 효과 등을 판단해야 한다.

▶오답 확인◀　② 자기의 견해나 관점을 기초로 하는. 또는 그런 것.
③ 어느 한쪽에 대해 더 긍정적으로 치우치는. 또는 그런 것.
④ 스스로 무언가를 만들어 내는. 또는 그런 것.
⑤ 다른 사람과 무관하게 홀로 활동하는. 또는 그런 것.

05 이 글에서는 사진의 경우 음식 사진 촬영을 사례로 제시하고 있으며, 동영상의 경우 악기를 잘 연주하는 사람이나 기타 뛰어난 능력을 가진 사람의 사례를 제시하고 있다. 이러한 사례들을 통해 말하고자 하는 바를 쉽게 풀이하고 있다.

▶오답 확인◀　② 이 글은 정보를 전달하는 글이며 특별한 문제 상황을 제시하고 있지 않으므로 해결책이라고 볼 만한 내용이 없다.
③ 이 글에서 권위자의 말은 드러나 있지 않다.
④ 이 글에서는 사진이나 동영상에 대한 일반적 정보를 설명하고 있으며, 그에 대한 반론을 제기하지는 않았다.
⑤ 이 글은 글쓴이가 객관적 입장에서 정보를 전달하고 있다. 글쓴이의 개인적이고 주관적인 체험을 다루지는 않았다.

06 이 글에서는 스마트폰의 보급으로 동영상 촬영이 더 쉬워졌으며 많은 사람들이 동영상 촬영에 참여하지만 정작 자기 자신에 대한 것보다 다른 사람을 촬영하는 경우가 많다고 말하고 있다. 이런 행위가 다른 사람의 초상권을 침해하고 명예를 훼손할 수도 있다고 하였을 뿐, 촬영이 점점 줄어들고 있다고 언급하지 않았다.

▶오답 확인◀　① 악기 연주나 스포츠 실력이 뛰어난 사람들이 동영상을 통해 실력을 입증하여 스카우트된 사례를 밝히고 있다.
② 사진은 수정, 정리하기가 용이하며 사진을 통해 자기를 표현하는 사람들도 많다.
④ 사진은 자신이 표현하고자 하는 장면을 순간적으로 포착하여 보관할 수 있는 매체로, 표현하고 싶은 감정을 쉽게 표현할 수 있다.
⑤ 사진을 공유하는 것은 자신의 시각적 경험을 다른 사람과 나누고자 하는 것이다.

07 ㉠은 스마트폰의 보급으로 누구나 사진 촬영을 할 수 있으며 실제로 일상생활에서 사진을 촬영하는 일이 습관적으로 이루어지고 있음을 과장하여 표현하고 있다.

08 사람들은 쉽게 동영상을 촬영하지만, 촬영한 영상을 자기

표현을 위해 편집하는 데에는 익숙하지 않다. 특히 사진과 비교할 때 자신의 새로운 이미지를 만들어 내기 위하여 내용을 수정하거나 편집하는 일은 어려운 편이다.

상	'수정이나 편집', '어렵다'는 내용을 모두 바르게 서술한 경우
중	'수정이나 편집', '어렵다'는 내용이 서술되었으나 문맥에 맞지 않는 경우
하	'어렵다'는 내용만 서술한 경우

09 웹툰에서는 다양한 시각적 자극을 통해 주제를 효과적으로 전달하고자 한다. 글자의 크기는 각 장면에서의 중요한 점을 강조하기 위해 사용하는 표현 기법 중의 하나이다. 사건의 반전이나 인물의 감정 등 상황에 따라 크기를 달리할 수 있다. 그러나 주제를 파악할 때 글자의 크기만을 고려하는 것은 내용 전개를 다르게 받아들이게 할 수 있다.

오답 확인 ① 제목은 웹툰의 내용에 담긴 작가의 의도를 담아내는 핵심 요소이다.
② 인물의 감정이나 사건의 분위기 등을 다양한 선이나 색으로 표현한다.
③ 칸을 활용하여 각 장면을 담아내고 있으며, 칸과 칸 사이에는 생략된 이야기가 있다.
⑤ 이야기를 모두 서술하지 못하기 때문에 인물의 표정과 대사를 활용하여 이야기를 전개한다.

10 이 웹툰에서는 스마트폰을 과다하게 사용하는 것에 대해 부정적인 입장을 보이고 있다. ②는 긍정적 시각이 드러난다.

11 이 웹툰에서는 스마트폰에 의존하는 삶의 방식이 다른 사람과의 교류나 소통을 방해할 수 있다는 점을 강조하고 있다. 이런 내용으로 글을 쓸 때 ②의 자료를 제시하여 우리가 실제로 스마트폰을 쓰는 데 사용하는 시간이 점점 늘어나고 있음을 보여 줄 수 있다. 제시된 개요표의 처음 부분에서는 사람들의 스마트폰 사용 시간이 증가하고 있다는 자료를 바탕으로, 오늘날 스마트폰을 가까이하고 있는 실상에 대하여 문제의식을 제기할 수 있다.

오답 확인 ① 스마트폰의 변화 과정을 보여 주는 것으로, 글의 흐름과는 직접적인 관련이 없다.
③ 스마트폰 의존도를 보여 주지만 글의 흐름과 달리 대상에 대한 긍정적 입장을 드러내는 자료이다.
④ 스마트폰의 보급 정도를 보여 주는 것으로, 글의 흐름과는 직접적인 관련이 없다.
⑤ 스마트폰 게임에 대한 자료를 보여 주는 것으로, 글의 흐름과는 직접적인 관련이 없다.

12 웹툰에서의 그림은 대체로 대상의 세부적인 부분을 생략하고 단순화하거나 과장하는 방법을 활용한다. 따라서 작가의 주관적인 해석이 반영된다. 이에 비해 사진은 편집의 과정을 거치더라도 대상의 특성을 있는 그대로 보여 주는

면이 강하다. 이 웹툰에서 스마트폰을 사용하고 있는 손가락을 사진으로 제시한 것은 실제 우리가 생활 속에서 스마트폰을 잡고 있는 시간이 길다는 점을 확인시켜 주고자 하는 것이다.

상	'스마트폰 의존'이라는 내용과 '실감 나는 표현'의 효과를 모두 바르게 서술한 경우
중	'스마트폰 의존'이라는 내용과 '실감 나는 표현'의 효과 중 하나를 모호하게 서술한 경우 예 스마트폰 의존에 대해 더 잘 표현한다.
하	'스마트폰 의존'이라는 내용과 '실감 나는 표현'의 효과 중 한 가지만 서술한 경우

13 이 카드 뉴스는 글과 그림, 그래프를 활용하여 주제를 전하고 있다. 내용과 관련된 통계 자료를 그래프로 제시하여 내용의 신뢰성을 높이고 있다.

14 이 카드 뉴스는 폭염에 대비하여 온열 질환 예방을 위한 건강 수칙을 전달하고 있다.

오답 확인 ① 폭염에 대한 언급은 있으나, 그 원인에 대한 내용을 다루지는 않았다.
③ 폭염이 노인들에게 더 큰 위험이 있다는 내용은 있으나, 노인들의 문제로만 다루지는 않았다.
④ 우리나라 폭염 일수가 늘었다는 내용은 있으나, 전반적인 기후의 문제로 다루지는 않았다.
⑤ 폭염 일수가 늘었다는 내용은 있으나, 중심 내용을 뒷받침하기 위해 언급한 것이다.

15 이 카드 뉴스의 각 장면에서는 제목을 크게 써서 중심 내용을 드러내고 있다. 각각 글과 그림, 그래프를 활용하였는데, 그중 그래프가 있는 장면은 (가), (다), (라)이다. (다)에서는 원그래프를 통해 온열 질환자의 40%가 낮 시간대에 실외 활동을 한 사람임을 보여 주어 시간대별 발생 비율을 쉽게 확인할 수 있게 한다.

16 (마)에서는 기온이 높을 때에 실외 활동을 자제할 것을 권하고 있으며, 특히 그 시간대가 12시에서 17시 사이라고 말하고 있다. 그리고 건강이 안 좋은 경우에는 스스로 외출 시간을 조절해야 한다고 말하고 있다.

17 이 카드 뉴스는 폭염이 특히 장년층과 고령층에게 많이 발생한다는 내용을 강조하기 위하여 연령대별 온열 질환 발생 빈도를 그래프로 제시하고 있다.

상	두 가지 내용을 모두 바르게 서술한 경우
중	예상 독자를 '모든 사람들'로만 서술하고 그래프 내용을 바르게 서술한 경우
하	두 가지 중 한 가지만 서술한 경우

넷째 마당 **쓰기**

① 다양하게 설명하고 참신하게 표현하기

1. 설명 방법을 활용한 글 쓰기　본문 112~113쪽

[학습 목표 응용] **01** ④　**02** ⑤　**03** ③　**04** ②　**05** ⑤
06 ㉠ 비교, ㉡ 대조
[고난도 응용] **01** ①　**02** [예시 답안] '중간 2'의 '다' 항목은 학교 체육 활성화 방법과 관련이 없으므로 삭제한다.

[학습 목표 응용]

01 (가)~(사)는 설명문을 쓰는 과정과 다양한 설명 방법을 설명하고 있는 글이다. (가)~(사)에는 글쓴이의 경험이 제시되지 않았다.

　오답 확인 ② 이 글은 설명문으로 글쓴이의 의견보다는 정보를 중점적으로 다루고 있다.
③ (다)~(사)에 소개된 설명 방법은 정의, 예시, 비교, 대조, 구분, 분류, 분석, 인과이다.
⑤ (사)에 '사회 현상, 자연 현상, 과학의 원리'와 같은 예를 제시하였다.

02 〈보기〉에 제시된 설명 대상은 모두 원인과 결과가 분명한 주제들이다. 따라서 인과의 방법으로 설명하는 것이 가장 효과적이다.

03 구분과 분석은 대상을 작은 항목으로 나누어 설명한다는 공통점이 있지만, 분류는 일정한 기준에 따라 대상을 종류별로 묶어서 설명하는 것이다. 그러므로 분류, 구분, 분석이 대상을 작게 나눈다는 공통점이 있다는 설명은 잘못된 것이다.

04 (가)는 설명문을 쓰기 위해 계획하고 계획에 따라 자료를 수집하는 활동에 대해 설명하고 있다. 따라서 (가)와 관련이 있는 쓰기 단계는 계획하기 단계와 내용 선정하기 단계이다.

05 (다)에서 설명하고 있는 설명 방법은 정의와 예시이다. 이 두 방법을 모두 적용하기에 적합한 글은 대상의 개념을 분명히 설명한 후에 그 사례를 제시해야 하는 글이다. '우리 주변에서 활용되고 있는 인공 지능'은 '인공 지능'의 개념을 밝힌 후 사례를 제시하기에 적합하다.

06 둘 이상의 대상이 지닌 공통점을 견주어 설명하는 방법을 비교, 차이점을 견주어 설명하는 방법을 대조라고 한다. 비교와 대조는 둘 이상의 대상이 있어야 하며 두 대상을 모두 잘 알고 있어도 되지만 잘 아는 대상을 통해 잘 모르는 대상을 설명할 수 있는 장점이 있는 설명 방법이다.

[고난도 응용]

01 정의는 대상의 의미를 정확하게 밝히는 설명 방법이므로 특히 객관성이 더욱 요구된다. 그러므로 자신만의 언어로 서술하는 것은 적절하지 않다.

　오답 확인 ② 제시된 예가 이해하기 어렵거나 너무 많으면 글의 중심 내용을 파악하기 어려워질 수 있다.

02 이 글은 학교 체육을 활성화하는 방법을 설명하는 글의 개요이다. '중간'의 학교 체육을 활성화하는 방법에서 제시된 '낙후된 체육 시설과 체육 활동 공간 부족'은 학교 체육의 문제점을 지적한 것이므로 삭제하는 것이 좋다.

상	'중간 2'의 '다' 항목을 삭제할 것을 서술한 경우
중	'중간 2' 부분을 고쳐 쓸 것을 서술한 경우
하	고쳐 써야 할 부분을 구체적으로 제시하지 못한 경우

2. 참신한 표현을 활용한 글 쓰기　본문 114~115쪽

[학습 목표 응용] **01** ④　**02** ④　**03** ④　**04** ②　**05** ③
[고난도 응용] **01** ④　**02** [예시 답안] ・속담: 마른하늘에 날벼락 ・의미: 뜻하지 않은 상황에서 뜻밖에 일(재난)을 당함을 이르는 말이다.

[학습 목표 응용]

01 제주 하면 흔히 '삼다', '삼무'를 떠올리고 참꽃의 잎도 세 잎이어서 제주를 상징하는 꽃이 되었다고 이야기하고 있다. 하지만 '삼다', '삼무'가 무엇을 뜻하는지에 대해서는 구체적으로 제시하고 있지 않다.

　오답 확인 ① '오일장'은 '닷새에 한 번씩 서는 장', '참꽃'은 '먹는 꽃'이라고 정의의 방법으로 '오일장'과 '참꽃'에 대하여 소개하고 있다.
② '튀김 냄새'를 통하여 친구와의 추억이 떠오름을 알 수 있다.
③ 비유적인 표현을 사용하여 참꽃의 모습을 생동감 있게 제시하고 있다.
⑤ 익숙지 않은 제주 방언을 사용함으로써 제주도에 대한 관심을 불러일으키고 있다.

02 제주도의 오일장에 대해 '음식을 파는 가게들이 즐비하고 볼거리도 많다'고 제시되어 있을 뿐, 토속 음식과 현지 특산물을 판매한다는 내용은 제시되어 있지 않다.

03 ㉠의 앞에는 '입에 침이 고'인다는 내용이 제시되어 있고, ㉠의 뒤에는 '떡볶이 한 접시를 뚝딱 먹어 치웠'다는 내용이 제시되어 있다. 따라서 ㉠에는 자기가 좋아하는 곳은 그대로 지나치지 못함을 비유적으로 이르는 말인 '참새가 방앗간을 그저 지나랴'가 들어가는 것이 적절하다.

오답 확인 ① 힘을 다하고 정성을 다하여 한 일은 그 결과가 반드시 헛되지 아니함을 비유적으로 이르는 말이므로 적절하지 않다.

② 원인이 없으면 결과가 있을 수 없음을 비유적으로 이르는 말이므로 적절하지 않다.

③ 아무리 살림이 어려워 식량이 떨어져도 사람은 그럭저럭 죽지 않고 먹고 살아가기 마련임을 비유적으로 이르는 말이므로 적절하지 않다.

⑤ 사정이 급할 때는 좋고 나쁜 것을 가리지 아니하고 덤벼듦을 비유적으로 이르는 말이므로 적절하지 않다.

상	㉮와 의미가 통하는 속담을 적절하게 찾고, 그 의미를 명확하게 서술한 경우
중	㉮와 의미가 통하는 속담을 찾았으나, 그 의미를 명확하게 서술하지 못한 경우
하	㉮와 의미가 통하는 속담을 찾지 못하고, 그 의미를 막연하게 서술한 경우

04 ㉡은 사랑이가 친구인 윤주가 관심 있어 할 내용을 공부해서 알려 주겠다는 의도이므로 ②는 적절하지 않다.

05 ㉢은 아리스토텔레스의 명언이다. 이를 통하여 사랑이가 윤주와 몸은 떨어져 있어도 마음은 함께 있다는 내용을 함축적으로 전달할 수 있다.

오답 확인 ① 명언은 설득이나 조언에 효과적이나 여기에서 사랑이는 윤주에게 교훈을 주기 위하여 이러한 명언을 이용한 것은 아니다.

② 명언은 말한 사람이 누구인지 알 수 있어 신뢰성이 높은 특징을 지니고 있는데, 이 명언은 아리스토텔레스가 말한 것이므로 '자신만의 독특한 상상력을 발휘'하였다는 것은 적절하지 않다.

④ 민족의 문화를 사실적으로 드러내기 위한 것이 아니라 친구에 대한 그리움을 전달하기 위하여 사용한 것이다.

⑤ 관습적으로 굳어진 상징이라 하면 문화적 전통 속에서 자연스럽게 만들어진 것으로 '비둘기'는 '평화'를 의미하고, '소나무'는 '절개'를 의미하는 것을 예로 들 수 있다.

[고난도 응용]

01 ⓓ에서 연락을 못한 이유를 '메신저를 하다 보면 목소리가 듣고 싶고', '목소리를 듣다 보면 당장 너를 보러 달려가고 싶을 것 같아서'라고 하였으므로 연쇄적으로 표현하였음을 알 수 있다.

오답 확인 ① 편지글에서는 글의 서두에 날씨에 대하여 이야기를 하며 인사말을 전하기도 한다.

② 사랑이가 전학을 가게 되면 자기가 외톨이가 될까 봐 두려움을 느낀 것이지, 실제로 외톨이가 되었는지는 알 수 없다.

③ 윤주는 사랑이 앞에 가면 울어 버릴까 봐 교실에 들어가지 못하고 운동장에 있었다. 그러므로 윤주와 사랑이가 함께 울면서 마지막 인사를 나눌 수는 없었다.

⑤ 윤주는 사랑이에게 사랑하는 마음을 전하려고 한 것이지, 사랑이를 웃기려고 이러한 말을 사용한 것은 아니다.

02 ㉮는 갑자기 기력이 다하거나 큰 충격을 받아 정신이 아찔하다는 뜻이다. 그러므로 뜻하지 아니한 상황에서 뜻밖에 입는 재난을 이르는 말인 '마른하늘에 날벼락'이 ㉮의 의미와 통한다.

단원 평가

본문 116~119쪽

01 ④ **02** ③ **03** ① **04** [예시 답안] 고급차와 일반차를 나누는 기준이 분명하지 않기 때문에 글을 통해 얻을 수 있는 정보가 정확하지 않다. **05** ④ **06** ② **07** ⑤ **08** [예시 답안] 해수욕하고 선탠하고 / 만화도 보고 지식도 쌓고(학습 만화) / 게임도 하고 돈도 벌고(프로 게이머) 등 **09** ④ **10** ④ **11** [예시 답안] 냄새를 더 잘 맡기 위해서 콧구멍이 두 개이다. **12** ② **13** ① **14** [예시 답안] 실수는 삶을 돌아보게 하는 여유와 휴식을 준다. **15** ④ **16** ④

01 이 글에는 다양한 설명 방법이 사용되고 있다. 하지만 대상의 변화를 시간의 흐름에 따라 설명하는 방법은 사용하지 않았다.

오답 확인 ① (마)에 예가 제시되고 있다.

② 여러 설명 방법의 개념을 설명하고 있다.

③ 이 글은 서술하는 방식을 기준으로 하여 설명 방법을 나누어 설명하고 있다.

⑤ (나)에서 비교와 대조를, (다)에서 구분과 분류를 대상으로 공통점과 차이점을 밝히고 있다.

02 (가)와 (나)에서는 정의와 예시, 비교와 대조의 설명 방법을 설명하고 있다. 예시를 활용할 때에는 적절한 수의 예를 제시하는 것이 글의 전개에 있어 자연스럽다.

03 (라)에서 설명하고 있는 설명 방법은 분석의 방법이다. 이 방법은 대상을 구성 요소로 나누어 설명하는 방법이다. 온돌의 구조도 온돌을 구성하는 요소로 나누어 설명하기에 적절하다.

오답 확인 ② 정의. ③ 예시. ④ 대조. ⑤ 비교의 방법이 적합하다.

04 승용차를 고급차와 일반차로 나누는 것은 기준이 불분명하기 때문에 적절하지 않다. 사람에 따라 고급이냐 일반이냐를 나누는 기준이 다를 수 있기 때문이다. 배기량과 같은 기준은 좀 더 분명한 기준이 될 수 있다.

상	기준이 분명하지 않음을 자연스럽게 서술한 경우
중	기준이 분명하지 않음을 서술하였으나, 자연스럽지 않은 경우
하	기준이 분명하지 않음을 제대로 서술하지 못한 경우

[05~08] (나) 「속담을 활용한 글 쓰기」
• 해제: 속담은 예로부터 전해 온 말로, 글쓰기에 활용하면 글을 간결하고 개성적으로 표현할 수 있다.
• 주제: 속담을 글쓰기에 활용하면 좋은 점

05 (나)는 속담을 활용하여 글을 쓰면 좋은 점을 알려 주고 있다. 속담을 활용하여 글을 쓰면 내용을 분명하고 간결하게 전달할 수 있는 장점이 있다. 그리고 속담은 비유적 표현을 통해 내용을 함축적이고 인상 깊게 전달할 수 있다. 평범한 표현이 개성적 표현이 되는 것이다. 하지만 속담을 활용한다고 해서 진지한 분위기가 조성되었다고는 보기 어렵다. 오히려 글의 분위기가 가볍고 친근감 있게 느껴지고 있다.

06 '속담은 예부터 민간에 전하여 오는 말'이라고 속담의 뜻을 분명하게 제시하고 있다. 이와 같이 대상의 뜻을 분명하게 제시하는 설명 방법을 정의라고 한다.
> **오답 확인** ① 예시, ③ 인과, ④ 대조, ⑤ 분류에 대한 설명이다.

07 '뚝딱 먹다.'라는 관용 표현은 존재하지 않는다. '뚝딱'은 '일을 거침없이 손쉽게 해치우는 모양.'을 나타내는 부사이다.
> **오답 확인** ① '믿는 도끼에 발등 찍힌다.'라는 속담을 활용하여 윤주의 감정을 표현하였다.
> ② '손에 잡힐 듯'은 매우 가깝게 또는 또렷하게 보인다는 뜻이다.
> ③ '금강산도 식후경'은 아무리 재미있는 일이라도 배가 불러야 흥이 나지 배가 고파서는 아무 일도 할 수 없음을 비유적으로 이르는 말이다.
> ④ '참새가 방앗간을 그저 지나랴.'라는 속담을 글의 상황과 분위기에 맞게 변형하여 활용하고 있다.

08 〈보기〉에 제시된 속담들은 모두 '한 가지 일로 두 가지 이익을 봄.'을 뜻하는 속담들이다. 이와 같은 형식을 가진 새로운 속담을 만들어 보자.

상	〈보기〉의 속담과 유사한 형식과 의미를 지닌 속담을 적절하게 제시한 경우
중	〈보기〉의 속담과 유사한 형식과 의미를 지닌 속담을 제시했으나, 형식이나 의미의 유사성이 미흡한 경우
하	〈보기〉의 속담과 유사한 형식과 의미를 지닌 속담을 적절히 제시하지 못한 경우

[09~12] 김형자, 「코는 한 개인데, 콧구멍은 왜 두 개일까?」
• 해제: 코는 한 개의 기관이지만 코에 뚫린 구멍은 왜 두 개인지 설명하고 있는 글이다. 코의 구조와 역할, 냄새를 맡는 과정을 자세히 설명하고 있다.
• 주제: 콧구멍이 두 개인 이유

09 이 글은 설명문이다. 설명문은 객관적이고 정확한 정보를 간결하고 쉬운 문장으로 전달한다. 이때 대상에 알맞은 설

명 방법을 활용한다. 주장과 근거 사이에 논리적 타당성을 갖추어야 하는 글은 주장하는 글인 논설문이다.

10 후각은 다른 감각에 비해 비교적 예민하여 쉽게 피곤해진다.
> **오답 확인** ① (나)에 설명되어 있다.
> ② (가)에 설명되어 있다.
> ③ (다)에 정확한 수치와 함께 제시되어 있다.
> ⑤ (가)에 제시된 내용이다.

11 (나)에서 콧구멍이 두 개인 이유를 제시하고 있다. 콧구멍이 다른 기관에 비해 두 개인 이유는 냄새를 더 잘 맡기 위해서이다.

상	냄새를 잘 맡기 위해서임을 한 문장으로 자연스럽게 서술한 경우
중	냄새를 잘 맡기 위해서임을 서술했으나, 한 문장이 아니거나 자연스럽지 않은 경우
하	냄새를 잘 맡기 위해서임을 적절히 제시하지 못한 경우

12 ㉠은 콧속을 잔털과 천장의 점막 조직으로 나누어 설명하였으므로 분석이 사용되었고, ㉡은 냄새를 맡는 작용을 남자와 여자, 어른과 아이를 대조하고 있으며, ㉢은 감기에 걸려 코가 막힌 사람이 입맛을 잃는 원인을 설명하고 있다.

[13~16] 나희덕, 「실수」
• 해제: 살아가면서 알게 모르게 하는 실수는 단순히 비난받아야만 하는 것이 아니라 삶에 여유를 주고 삶을 돌아보게 하는 역할을 한다는 글이다. 빠르게 돌아가는 세상에서 실수가 가진 힘을 독특한 시선으로 바라보고 있는 글이다.
• 주제: 실수가 가진 진정한 의미

13 관용 표현은 꼭 교훈적인 의미를 전달할 때에만 사용하는 것이 아니다.
> **오답 확인** ② 관용 표현은 독자들이 쉽게 이해할 수 있어야 한다.
> ③ 글 쓰는 사람도 활용하고자 하는 관용 표현을 정확히 알고 있어야 한다.
> ④ 관용 표현을 지나치게 많이 사용하면 글에 대한 이해를 방해할 수도 있다.
> ⑤ 표현 효과를 얻을 수 없는 경우에는 사용하지 않는다.

14 (다)와 (라)를 보면 글쓴이는 실수는 '삶과 정신의 여백'에 해당한다고 말하고 있다. 실수를 통해 삶을 돌아보게 되었다는 것이다.

상	실수의 가치를 한 문장으로 자연스럽게 서술한 경우
중	실수의 가치를 서술하였으나, 한 문장이 아니거나 자연스럽지 못한 경우
하	실수의 가치를 제대로 서술하지 못한 경우

15 (가)에서 곽휘원은 실수를 했지만 오히려 그 실수 덕분에 아내의 마음을 얻을 수 있었다.

> **오답 확인** ① 곽휘원이 아내의 편지를 받고 아내의 슬픔에 공감했다는 내용은 제시되지 않았다.
> ② 곽휘원은 낭패를 볼 상황이었지만, 아내에 의해 더 좋은 결과를 얻게 되었다.
> ③ 하나의 일이 여러 일과 연관되어 나타나지는 않았다.
> ⑤ 곽휘원이 어떤 깨달음을 얻었는지는 알 수 없다.

16 '발이 빠르다'는 '알맞은 조치를 신속히 취하다.'라는 의미이다. '사귀어 아는 사람이 많아 활동하는 범위가 넓다.'는 '발이 넓다'의 뜻이다.

② 고쳐쓰기의 원리와 실제

1. 고쳐쓰기의 기본 원리   본문 122~123쪽

[학습 목표 응용] **01** ④ **02** ③ **03** ⑤ **04** ④ **05** ④
06 ④

[고난도 응용] **01** ④   **02** [예시 답안] 나는 운동을 좋아한다. 그런데 친구들과 운동을 할 때면 시간 가는 줄 모른다. 그러다 보니 집에 늦게 들어가 부모님께 야단을 맞을 때가 종종 있다. 그럴 때마다 시간을 자주 확인해야겠다는 생각을 하지만 운동에 열중하다 보면 똑같은 실수를 반복하게 된다.

[학습 목표 응용]

01 이 글은 고쳐쓰기의 과정을 '글 수준 – 문단 수준 – 문장 수준 – 단어 수준'으로 정리한 후, 각 수준의 세부 점검 사항을 안내하는 글이다.

> **오답 확인** ① 글쓰기의 과정이 간단히 설명되고 있지만 과정을 단계별로 안내하고 있다고 볼 수는 없다.
> ② 이 글에서는 글쓴이의 구체적 경험이 제시되지 않았다.
> ③ 글쓰기의 원리를 직접 설명하고 있으며, 비유적으로 설명하지 않는다.
> ⑤ 이 글은 고쳐쓰기의 원리에 대한 글이지 글쓰기의 원리에 대한 글이 아니다.

02 '초고'는 고쳐쓰기 이전의 원고를 말하며, 초고가 고쳐쓰기를 거쳐 다듬어져야 비로소 완성된 한 편의 글이 된다.

03 글 수준에서 고쳐 쓸 때에는 제목의 적절성이나, 전체적인 구조, 문단 간의 연결 등을 점검한다. 띄어쓰기나 맞춤법을 점검하는 것은 단어 수준의 고쳐쓰기에서 할 일이다.

04 (마)에서는 글을 쓸 때에는 독자를 고려해야 하듯이 고쳐쓰기를 할 때에도 독자를 고려해야 한다고 말하고 있다. 즉 독자가 글의 내용을 잘 이해하고 글쓴이의 의도를 정확하게 파악할 수 있는 글이 좋은 글임을 강조하고 있다. 따라서 고쳐쓰기도 이러한 방향으로 진행되어야 한다.

05 〈고쳐쓰기 전〉과 〈1차 고쳐쓰기 후〉를 비교해 보면 '하차'라는 단어가 '주차'로 바뀌었으며, '고양이의 귀여운 모습을 ~ 걱정이 되었다.'라는 문장이 앞 문장과 위치가 바뀌었음을 알 수 있다. 그리고 마지막 문장이 추가된 것도 확인할 수 있다. 여기에 적용된 고쳐쓰기의 원리는 순서대로 각각 대치의 원리, 재구성의 원리, 추가의 원리이다.

06 ㉮에서 고양이 새끼를 본 것은 '어제', 즉 과거에 일어난 사건이다. 그런데 서술어는 '본다'로 현재형을 사용하였다. 이처럼 시제 표현을 정확하게 사용하지 못했기 때문에 문장이 어색해진 것이다. 따라서 고쳐쓰기 과정에서 '본다'를 '보았다'로 바꾸어야 한다.

[고난도 응용]

01 '재구성의 원리'는 문장이나 문단의 순서를 바꾸거나 글의 길이를 조정하는 원리이다. 그런데 ⓒ는 앞뒤 문장과 순서나 흐름이 자연스럽기 때문에 굳이 순서를 바꿀 필요가 없다.

> **오답 확인** ① 〈보기〉는 문단이다. 고쳐쓰기는 글 수준부터 시작하므로, 이미 글 수준의 고쳐쓰기가 완료된 상태라고 짐작할 수 있다.
> ② ⓐ는 글의 내용과 관련이 없는 불필요한 문장이다. 따라서 삭제하는 것이 옳다.
> ③ 고쳐쓰기 과정에서 상투적인 표현을 삭제하거나 교체할 수 있다.
> ⑤ ⓓ의 앞뒤 문장이 긴밀하게 연결되지 못한 느낌을 받는데, 이는 적절한 접속어를 사용하지 않았기 때문이다. '하지만'을 넣으면 자연스럽게 응집성을 키울 수 있다.

02 '재구성의 원리'는 글의 순서를 바꾸거나 길이를 조정하는 것이다. 〈보기〉에서는 운동을 하다 보면 시간 가는 줄 모르기 때문에 야단을 맞을 때가 종종 있다는 이야기를 하고 있으므로 두 번째 문장과 세 번째 문장의 순서를 바꿔 주는 것이 좋다.

상	재구성의 원리만 적용하고 다른 원리는 적용하지 않은 답을 정확하게 작성한 경우
중	재구성의 원리만 적용하고 다른 원리는 적용하지 않은 답을 작성했으나 내용이 미흡한 경우
하	재구성의 원리 외에 다른 원리도 적용하여 답을 작성한 경우

2. 고쳐쓰기의 실제 　　　본문 124~125쪽

[학습 목표 응용] 01 ③ 　02 ④ 　03 ③ 　04 ④ 　05 ④
06 ② 　07 ③ 　08 ②
[고난도 응용] 01 ① 　02 ① 　03 [예시 답안] (1) 두 문장을 한 문장으로 줄였다. (2) 불필요하게 중복되는 내용을 지시어로 바꿨다.

[학습 목표 응용]

01 〈보기〉에 따르면 고쳐쓰기는 글 수준부터 하는 것이 일반적이다. 제목의 적절성을 점검하는 것은 글 수준의 고쳐쓰기이다.
　오답 확인　① 문단 수준 또는 문장 수준의 고쳐쓰기이다.
② 문장 수준의 고쳐쓰기이다.
④ 단어 수준의 고쳐쓰기이다.
⑤ 문단 수준의 고쳐쓰기이다.

02 〈보기〉에 따르면 제목은 글의 중심 생각을 압축적으로 표현하는 것이 좋다. 이 글은 글쓴이에게 새로 생긴 동생인 몰티즈 강아지 몽실이에 대한 글이다. 따라서 글의 중심 생각을 압축적으로 드러내는 제목으로 ④가 가장 적절하다.

03 〈보기〉에서 설명하는 재구성의 원리는 글의 배열 순서를 조정하는 것이다. (다)에서는 '언젠가는 ~ 없었다.'의 위치가 어색하다. 이 부분은 실제로 물건을 물어뜯었던 경험의 예를 든 것이기 때문에 '호기심도 많아 처음 보는 물건은 일단 물어뜯고 본다.'의 뒤에 오는 것이 자연스럽다.

04 (라)에서는 몽실이와 공원 산책을 하는 도중에 만난 큰 개와 개의 주인인 아저씨를 보면서 깨달은 점에 대해 이야기하고 있다. 따라서 '몽실이를 키우며 더불어 사는 삶에 대해 배우는 점도 많다.'라는 문장은 (라)에 들어가는 것이 적절하다.

05 (가)에서 '데려온'의 주체는 엄마이기 때문에 높임 표현을 사용하는 것이 맞다. 하지만 '모셔온'이라고 하면 강아지인 몽실이를 높이는 표현이 되어 버린다. 따라서 어머니를 높이는 '데려오신' 정도로 고치는 것이 자연스럽다.
　오답 확인　① 글의 흐름으로 보아 강아지를 달라고 '부탁'하는 것이 자연스럽다.
② '작년에 ~ 것이다.'가 다른 문장에 비해 지나치게 길어 어색하다. 따라서 '계셨다가'를 '계셨던 것이다. 그래서'로 바꿔 두 문장으로 나누는 것이 자연스럽다.
③ 과거의 일이기 때문에 '생겼다'로 써야 한다.

⑤ 어떤 일을 설명하거나 묻거나 시키거나 제안하기 위하여 그 대상과 상관되는 상황을 미리 말할 때에 쓰는 연결 어미는 '-ㄴ데'이다.

06 (마)와 〈보기〉를 비교해 보면 '반겨 주었다.'를 '반겨 줄 것이다.'로 수정하였음을 알 수 있다. '집에 가면'이라는 말로 보아 이 문장은 미래 상황을 예측하는 부분이다. 따라서 과거형을 사용하면 어색해지므로 시제를 고려해 고쳐야 한다.

07 ㉠의 앞에서 아저씨와 아저씨의 개는 '나'와 몽실이에게 큰 실수를 했다. 그렇기 때문에 사과를 해야 할 상황인데 아저씨는 아무런 말도 없이 떠나 버린다. 따라서 서로 일치하지 아니하거나 상반되는 사실을 나타내는 두 문장을 이어 줄 때 쓰는 접속 부사인 '하지만'을 써야 한다.

08 (라)에서 '나'는 개와 산책을 할 때에는 목줄을 하고 다니고, 반드시 개의 대변을 처리해야 한다는 것을 깨달았다. 즉 개를 키우는 사람이 지켜야 할 예의에 대해 배운 것이다.

[고난도 응용]

01 〈보기〉에서는 통일성에 대해 설명하고 있다. 통일성은 중심 내용을 뒷받침하지 못하는 내용은 삭제해서 중심 내용을 명확하게 드러내야 한다는 원칙이다. (나)에서는 몽실이로 인해 달라진 '나'의 생활에 대해 이야기하고 있다. 따라서 몰티즈를 키울 때 유의할 점을 설명하는 마지막 문장은 불필요한 내용이므로 삭제해야 한다.
　오답 확인　② 접속어를 사용하는 것은 응집성과 관계있다. 또한 두 번째 문장 앞에는 접속어를 넣을 필요가 없다.
③ (나)에는 문단의 중심 내용이 명확히 드러나고 있다.
④ 몰티즈가 추위에 약한 이유는 중심 내용과 관계없다.
⑤ 또 다른 사례를 추가하는 것은 통일성과 관계없다.

02 (다)에는 접속어가 부적절하게 사용된 부분이 없다. 따라서 접속어의 적절한 사용을 조언할 필요가 없다.
　오답 확인　② '가랑비에 옷 젖듯이'가 적절하지 않게 사용되었다. 이 부분에는 '봄눈 녹듯이' 정도가 적당하다.
③ '잠시도'는 부정의 의미를 지닌 서술어와 호응하는 부사어이다. 따라서 '가만히 있으려 하고'를 '가만히 있으려 하지 않고'로 고쳐야 한다.
④ '금새'는 '금세'의 잘못된 표기이다.
⑤ '무심코'가 문맥의 흐름에 맞지 않다. '빤히' 정도가 자연스럽다.

03 두 문장을 '-는데'라는 연결어를 이용해 한 문장으로 줄인 것에는 '재구성의 원리'가 적용되었다. 또한 '아저씨가 운동을 시키는 큰 개'가 문장에 나오기 때문에 '그 개'로 바꾼 것에는 '대치의 원리'가 적용되었다. 마지막으로 반복되는 '큰 개' 중 하나를 삭제한 것에는 '삭제의 원리'가 적용되었다.

상	(1)과 (2)를 [예시 답안]과 유사한 내용으로 정확하게 작성한 경우
중	(1)과 (2)를 [예시 답안]과 유사하게 작성했으나, 하나의 답이 미흡한 경우
하	(1)과 (2) 중 하나만 [예시 답안]과 유사하게 작성한 경우

단원 평가

01 ④   **02** ①   **03** ④   **04** [예시 답안] 중심 내용을 뒷받침하지 못하는 내용(중심 내용과 관계없는 내용)   **05** ③   **06** ②   **07** [예시 답안] '몰티즈는 ~ 한다.'는 중심 내용과 관계가 적으므로 통일성이 부족하다.   **08** ⑤   **09** [예시 답안] ⊙ 하지만, ⓒ 그리고, ⓒ 그래서   **10** ⑤   **11** ①   **12** ②   **13** [예시 답안] ⊙ 통일성, ⓒ 재구성, ⓒ 삭제, ⓔ 대치   **14** [예시 답안] 집에 가다가 큰 가방을 들고 가시는 할머니 한 분을 보았다. 그 할머니는 무거운 가방이 힘에 부치시는지 많이 힘들어하셨다. 하지만 할머니를 도와주려는 사람들이 한 명도 없었다. 그래서 나와 친구가 나서서 할머니의 가방을 들어드렸다.   **15** ③   **16** ①   **17** ④

01 (마)에서 고쳐쓰기를 할 때에는 독자가 글을 잘 읽을 수 있도록 개선하는 과정이라는 생각을 하라고 설명하고 있다. 즉 고쳐쓰기 과정에서는 독자를 염두에 두어야 하는 것이다.

오답 확인 ① (가)에서 초고가 바로 완성된 글이 되는 것은 아니라고 하였다.
② (라)에서 처음에 계획한 의도를 생각하면서 고쳐쓰기를 하라고 하였다.
③ (나)에서 고쳐쓰기는 몇 가지 기본 원리에 따른다고 하였다.
⑤ (다)에서 고쳐쓰기는 점차 세부적인 내용으로 범위를 좁혀 가는 것이 좋다고 하였다.

02 주제에서 벗어난 내용이 있는 경우에는 삭제를 해야 한다. 따라서 삭제의 원리를 적용해야 하는 경우이다.

오답 확인 ② 참신하지 않거나 상투적인 내용은 불필요하므로 삭제해야 한다.
③ 맥락에 어울리지 않는 단어는 적절한 것으로 대치해야 한다.
④ 부적절한 내용은 적절한 것으로 대치해야 한다.
⑤ 글의 순서를 제대로 잡는 것은 재구성의 원리이다.

03 ④는 제목이 부적절하기 때문에 적절한 것으로 바꿔야 한다는 내용이다. 대치의 원리가 적용된 경우이다.

오답 확인 ①, ② 문장의 순서를 바꾸는 것은 문단 수준의 고쳐쓰기로 재구성의 원리를 적용한 것이다.
③ 제목의 점검은 글 수준의 고쳐쓰기이다.
⑤ 글 수준의 고쳐쓰기를 먼저 하고 문단 수준의 고쳐쓰기를 하는 것이 일반적인 과정이다.

04 문단 내의 모든 내용은 문단의 중심 내용을 뒷받침해야 한다. 그렇지 못한 내용은 내용 전달에 방해가 될 뿐이다. 따라서 불필요한 내용은 중심 내용을 뒷받침하지 못하는 내용이라 할 수 있다.

상	[예시 답안]이 의도한 내용을 담아 답을 작성한 경우
중	[예시 답안]과 비슷하지만 내용이 미흡한 경우
하	[예시 답안]과 비슷하지만 '중심 내용'이라는 말이 빠진 경우

05 (나)는 몽실이가 온 이후로 변한 '나'의 생활에 대한 글이다. 글쓴이는 구체적인 변화를 제시하며 중심 내용을 뒷받침하고 있다.

06 글의 내용을 통일성 있게 하기 위해서는 중심 내용과 관계가 적은 부분을 삭제해야 한다. 따라서 이 경우에는 삭제의 원리를 적용해야 한다.

07 (다)에서 '통일성'은 모든 내용이 하나의 주제로 연결되는 특성이라고 설명하고 있다. (나)는 몽실이로 인한 '나'의 변화에 대해 쓴 글이다. 그런데 마지막 문장은 이 중심 내용과 관련이 없다. 이 때문에 이 글은 통일성이 부족한 글이 된 것이다.

상	내용을 정확히 쓰고, 〈조건〉을 모두 만족한 경우
중	내용이 다소 미흡하나, 〈조건〉을 만족한 경우
하	내용은 정확하나, 〈조건〉 중 하나를 충족하지 못한 경우

08 (라)에는 접속어가 사용되지 않았다. 따라서 〈보기〉에서 접속어를 교체했다는 내용은 적절하지 않다.

오답 확인 ① 〈보기〉의 두 번째 문장에서 '큰 개'를 삭제하였다.
② 〈보기〉의 첫 번째 문장은 (라)의 두 문장을 하나로 묶은 것이다.
③ 〈보기〉의 두 번째 문장과 세 번째 문장 사이에 접속어를 추가하였다.
④ 〈보기〉의 두 번째 문장에서 '아저씨가 운동을 시키는 큰'을 '그'라는 지시 표현으로 바꾸었다.

09 ⊙의 앞과 뒤에는 정상에 오르기 전과 후의 상반된 감정이 제시되었다. 따라서 상반된 내용을 이끄는 '하지만'이 들어가야 한다. ⓒ에는 행동의 연속을 드러내야 하기 때문에 '그리고'를 넣어야 한다. ⓒ의 앞과 뒤는 원인과 결과로 묶여 있다. 따라서 '그래서'가 들어가야 한다.

상	세 가지를 모두 정확하게 쓴 경우
중	두 가지를 정확하게 쓴 경우
하	한 가지만 정확하게 쓴 경우

10 '돈이나 물건 따위를 남에게 옮기다.'라는 뜻을 가진 말은 '건네다'이다. ⓔ는 맞춤법에 맞게 정확하게 썼기 때문에

정답과 해설 • **81**

고쳐 쓸 필요가 없다.

오답 확인 ① 글쓴이 스스로 후회하는 것이므로 '후회하기도'를 써야 한다.
② 과거의 이야기를 진술한 것이므로 '들었다'를 써야 한다.
③ 뒤의 문장과 순서를 바꾸어야 글의 흐름이 자연스럽다.
④ 통일성을 갖추기 위해 삭제해야 하는 문장이다.

11 (가)에서는 건의하기 전의 인사말과 선생님에 대한 감사의 말을 하고 있다. 그런데 '단체 생활을 ~ 생각합니다.'는 이러한 문단의 내용과 관계가 없는 내용이다. 따라서 이 부분을 삭제해야 글이 자연스러워진다.

12 (나)의 넷째 줄의 '유리한'은 글의 흐름상 적절하지 않다. '공정한'으로 바꾸어야 하므로 '대치의 원리'를 적용할 수 있다. 또한 '몇 가지 문제점'이라 말을 하고 '우선' 한 가지만 제시했으므로 다른 문제점을 추가해야 하므로 '추가의 원리'도 적용할 수 있다.

13 ㉠에는 불필요한 문장을 삭제해야 한다는 특성이 들어가야 하므로 '통일성'이 들어가야 한다. 문장의 순서를 바꾸는 것은 재구성의 원리이므로 ㉡에는 '재구성'이 들어가야 한다. 불필요한 속담을 빼야 하는 ㉢에는 '삭제'의 원리가 들어가야 하고, 부적절한 단어를 바꾸어야 하는 ㉣에는 '대치'의 원리가 들어가야 한다.

상	네 가지를 모두 정확하게 쓴 경우
중	세 가지를 정확하게 쓴 경우
하	두 가지만 정확하게 쓴 경우

14 〈보기 2〉의 첫 번째 문장과 두 번째 문장에서 '큰 가방을 들고 가시는'이 불필요하게 반복되므로 뒤의 것을 '그'라는 지시 표현으로 바꿔 줘야 한다. 세 번째 문장에는 정상적인 상황과 상반되는 사람들의 반응이 제시되었으므로 앞에 '하지만'이라는 접속어를 넣어 주는 것이 적절하다. 그리고 마지막 문장에서는 앞 문장에 나타난 사람들의 반응에 대한 결과가 제시되므로 앞에 '그래서'가 들어가야 한다. '하지만'과 '그래서'는 유사한 역할의 다른 접속어로 대체할 수 있다.

상	세 가지 내용을 모두 정확하게 쓴 경우
중	두 가지 내용을 정확하게 쓴 경우
하	한 가지 내용만 정확하게 쓴 경우

15 '도착했더니'로 미루어 보아 과거의 상황임을 알 수 있다. 따라서 서술어로는 과거형인 '넘었다'가 적절하다.

오답 확인 ① '예쁜'이 선생님을 수식하는지, 딸을 수식하는지 정확

하게 해 주어야 한다. 딸이 예쁘다는 의미의 문장을 만들기 위해 '예쁜'을 '딸'의 앞으로 이동한 것은 적절하다.
② '모름지기'는 '해야 한다'와 호응한다.
④ '자연에'라는 말을 불필요하게 생략하면 '인간은 자연을 지배하기도 하고 자연을 복종하기도 한다.'가 된다.
⑤ '별도'와 '따로'가 중복되기 때문에 하나를 빼 준다.

16 첫 번째 문장과 두 번째 문장 사이에는 인과 관계를 연결하는 '따라서'가 들어가야 하고, 두 번째 문장과 세 번째 문장 사이에는 대립되는 내용을 연결하는 '하지만'이 들어가야 한다. 또한 세 번째 문장과 네 번째 문장 사이에는 결과와 원인을 연결하는 '왜냐하면'이 들어가야 자연스럽고, 마지막 문장 앞에는 역시 인과 관계를 연결하는 '그러므로'가 들어가야 한다.

17 제시된 글에서 두 번째 문장은 세 번째 문장의 원인이 되는데, '왜냐하면'이라는 부사와 같이 쓰였기 때문에 세 번째 문장의 뒤로 가야 한다. 따라서 자리 바꾸기를 표시하는 교정 부호를 사용하는 것이 적절하다.

다섯째 마당 **듣기·말하기**

1 의미를 나누는 대화

1. 듣기·말하기의 의미와 가치   본문 134~135쪽

[학습 목표 응용] 01 ①   02 ③   03 ④   04 ①   05 ⑤
06 ②, ④   07 [예시 답안] 선생님과 진호가 친밀한 관계를 유지
하고 발전시키게 되었다.
[고난도 응용] 01 ②   02 ③   03 [예시 답안] ㉮ 의미의 공유
㉯ 좋은 관계의 유지 발전

[학습 목표 응용]

01 이 글은 선생님과 진호의 대화라는 구체적인 사례를 제시
하고 대화를 분석함으로써 듣기·말하기에 대한 독자들의
이해를 돕고 있다.

02 (가)의 대화에서 민수에 대한 선생님의 감정은 드러나지 않
았으므로 의미가 공유되었다고 보기 어렵다.

03 대화를 나눌 때 우선되어야 할 것은 명확한 의미의 전달이
지만 기본적으로 갖추어야 할 태도는 상대방을 존중하고
배려하는 것이다. 그리고 대화 상황에 맞추어 상대방의 입
장에서 대화를 할 필요가 있다. 특히 이와 같은 상담의 상
황에서는 이해와 공감이 더 필요하므로 상대방의 감정을
헤아리지 않고 당장 문제를 해결하기 위해서 적극적으로
해결책을 제시하는 것은 적절하지 않다. 상대방의 상황을
완전히 알 수 없기 때문에 섣부르게 해결책을 늘어놓으면
상대방이 당황스러워할 수 있다.

04 선생님은 진호의 오해를 풀어 주기 위해서 자신의 상황을
솔직하게 말하고 이해를 구하고 있다. 선생님은 평소에 진
호에게 관심을 표현하지 않았기 때문에 진호는 선생님이
자신에게 관심이 없다고 생각했던 것이다.

05 (나)는 듣기·말하기의 기본적인 특징을 잘 전달하고 있다.
화자와 청자는 역할을 바꾸어 가면서 의사소통을 하고 음
성 언어를 형식으로 하여 내용인 의미를 공유한다고 말하
고 있다.

06 (다)를 보면 선생님은 진호가 자신에 대해 오해하고 있다는
것을 알게 되었고, 진호와 민수의 관계가 좋아질 수 있다는
것을 알게 되었다.
오답 확인 ① 진호와 민수의 관계가 안 좋다는 사실은 이미 알고 있

는 사실이다.
③ 진호에 대한 관심이 있었으므로 사실과 다르다.
⑤ 선생님은 이미 진호와 민수에게 관심을 가지고 있다.

07 선생님과 진호는 대화를 통해서 서로에 대해 더 많이 알게
되었고 오해도 풀었다. 이것으로 볼 때 선생님과 진호는 친
밀한 관계를 유지하게 되었고 더 발전시키게 되었다고 할
수 있다.

상	선생님과 진호의 관계가 유지 발전되었음을 한 문장으로 자연스럽게 서술한 경우
중	선생님과 진호의 관계가 유지 발전되었음을 서술하였으나, 한 문장이 아니거나 자연스럽지 못한 문장으로 서술한 경우
하	선생님과 진호의 관계가 유지 발전되었음을 서술하지 못한 경우

[고난도 응용]

01 진호는 선생님이 민수와의 관계를 묻는 말을 듣고 선생님
이 그것을 어떻게 알고 있는지 놀랐지만, 선생님의 말을 이
해하고 있으므로 의미를 전혀 공유하지 못했다고 보기는
어렵다.
오답 확인 ④ 선생님은 진호에게 평소 관심을 표현하지 못해서 미안
하다고 솔직하게 털어놓고 있다.

02 ㉠은 화자가 청자가 되기도 하고, 청자가 화자가 되기도 하
는 듣기·말하기의 과정을 보여 준다. 그만큼 듣기·말하기
는 화자와 청자가 협력적으로 의미를 주고받는 상호 작용이
이루어진다고 할 수 있다.

03 듣기·말하기의 목적은 의미의 공유이고, 이와 더불어 대화
참여자들의 관계도 좋게 유지되거나 더욱 발전하게 되므로
매우 가치 있는 활동이라고 할 수 있다.

상	㉮와 ㉯의 내용을 적절하게 제시한 경우
중	㉮와 ㉯의 내용 중에서 한 가지만 적절하게 제시한 경우
하	㉮와 ㉯를 모두 적절히 서술하지 못한 경우

2. 달걀은 달걀로 갚으렴   본문 136~137쪽

[학습 목표 응용] 01 ③   02 ⑤   03 ⑤   04 ④   05 [예시
답안] 문명의 이기를 활용하는 것도 좋지만, 자연을 경험하고 마음
으로 느끼는 사람이 조화로운 사람이라고 생각한다.   06 ③
[고난도 응용] 01 ①   02 [예시 답안] 달걀을 업신여기는 도시의
문명에 대한 되갚음으로 달걀을 판 돈으로 도시 아이들을 초청하여
자연의 소중함을 알려 주는 것을 말한다.

[학습 목표 응용]

01 이 글에서 선생님과 한뫼는 대화를 통해 서로의 생각과 감정을 나누면서 갈등을 해소하고 더 나은 관계로 나아가고 있다.

오답 확인 ① 선생님의 생각이 넓은 의미에서 보면 정보가 될 수는 있지만, 이 대화 자체는 정보의 전달을 목적으로 한다고는 할 수 없다.

02 한뫼는 봄뫼가 닭을 키우는 것이 자신처럼 도시의 업신여김을 당하게 되는 원인이 될 것이어서 반대하고 있다고 말하고 있다.

03 (가)의 상황에서 한뫼는 선생님이 자신을 무시한다고 생각하고 있다. 그 이유는 선생님이 닭을 키우도록 하겠다는 것에 대해 한뫼가 아직 선생님의 의도를 완전하게 파악하지 못하고 있기 때문이다.

04 (나)에서 보면 선생님이 아이들에게 닭을 키우게 하는 목적이 변했음을 알 수 있다. 한뫼 때와 달리 이제는 닭을 키워 달걀을 모아서 판 돈으로 도시 아이들을 초청하는 여비를 마련하는 것임을 알 수 있다.

05 (다)에서 선생님은 도시의 아이들이 문명을 충분하게 누리고 있다고는 하지만, 조화로운 인간으로 성숙하게 발전하고 있다고 생각하지 않는다. 선생님은 문명의 이기를 사용하면서도 자연을 경험하고 마음으로 느낄 수 있는 사람이 조화로운 사람이라고 생각한다.

상	문명의 이기를 누리는 것과 자연을 마음으로 느끼는 것의 조화를 한 문장으로 자연스럽게 서술한 경우
중	문명의 이기를 누리는 것과 자연을 마음으로 느끼는 것의 조화를 서술하였으나, 한 문장이 아니거나 자연스럽지 못한 경우
하	문명의 이기를 누리는 것과 자연을 마음으로 느끼는 것의 조화를 서술하지 못한 경우

06 ㉠을 통해 선생님은 한뫼가 가진 도시에 대한 반감을 존중하면서도 이를 긍정적인 방향으로 전환시키려는 의도를 보여 주고 있다. 선생님은 자신의 생각이 한뫼로부터 비롯되었음을 강조해 한뫼가 자신의 생각에 동의하게 하려는 의도를 가지고 있다.

[고난도 응용]

01 선생님과 한뫼는 문명보다 자연이 더 가치 있다고 의미를 공유한 것이 아니라, 문명만큼 자연도 가치 있다는 것이고, 더 나아가 문명과 자연이 조화를 이루어야 한다는 것에 공감하고 있다.

오답 확인 ③ '인석'은 '이 녀석'과 같은 말로 비속어에 해당하지만, 상대방을 비방하는 말이 아니라 친근감을 표현하는 말이라고 할 수 있다.
④ 한뫼는 (가)에서는 선생님의 말을 잘 이해하지 못했지만, (나)에서는 이해하고 선생님의 의견에 동의를 표하고 있다.

02 〈보기〉는 한뫼가 달걀을 한 자리에서 백서른 개를 먹는 아저씨를 보고 업신여김을 당했다고 느꼈던 경험을 보여 준다. 그리고 한뫼가 그 되갚음을 어떻게 하려는지도 드러난다. 이를 바탕으로 달걀을 업신여기는 도시의 문명에 대한 되갚음으로 선생님이 하고자 하는 일, 즉 도시 아이들을 초청하여 자연을 경험하게 해 주는 일을 통해 갚겠다는 것을 의미한다.

상	도시의 모습과 선생님이 하려는 일을 모두 적절하게 서술한 경우
중	도시의 모습과 선생님이 하려는 일 중 한 가지만 적절하게 서술한 경우
하	도시의 모습과 선생님이 하려는 일을 모두 적절하게 서술하지 못한 경우

단원 평가
본문 138~141쪽

01 ① **02** ③ **03** ① **04** [예시 답안] 선생님이 무관심한 듯하지만 학생들에게 관심이 많다. **05** ③ **06** [예시 답안] 달걀을 모아 산골 아이들이 도시로 여행을 가는 것이 아니라, 이제는 달걀을 판 돈으로 도시 아이들을 산골로 초청하는 것을 의미한다. **07** ⑤ **08** ③ **09** ④ **10** [예시 답안] 내가 지금 얼마나 기분이 상했는지 알지도 못하면서 신발 얘기만 해서 속상해. **11** ① **12** ③ **13** ④ **14** ④ **15** ④ **16** [예시 답안] 듣기·말하기를 통해 생각과 태도, 행동을 변화시킬 수 있다.

01 이 글에서는 듣기·말하기가 의미를 공유하는 데 목적이 있음을 잘 보여 준다. 듣기·말하기는 의미를 공유하는 것을 기본으로 하여 생각, 느낌, 정보 등을 교환할 수 있으며, 더 나아가 관계를 유지하고 더욱 발전시킨다.

02 듣기·말하기를 통해 언어 능력이 향상될 수는 있지만, (나), (다)에서는 이에 대해 언급하지 않았다.

오답 확인 ①, ② (나)에 음성 언어라는 형식을 활용하여 내용인 의미를 공유한다고 언급되어 있다.
④, ⑤ 듣기·말하기에서는 화자와 청자가 서로 역할을 바꾸어 가면서 생각과 느낌을 교환한다.

03 (가)의 대화에서 선생님과 진호는 협력적인 태도로 성공적

인 대화를 나누고 있다. 협력적인 대화 태도는 상대방의 말에 긍정적이고 적극적으로 임하는 태도를 말한다.

04 선생님은 진호가 자신에 대해 오해하고 있었던 것을 통해서 학생들에게 관심을 표현하는 것이 중요하다는 것을 알게 되었다. 진호는 선생님이 표현을 하지는 않았지만 학생들에게 관심이 많았음을 알 수 있게 되었다.

상	진호가 얻은 것을 한 문장으로 적절하게 서술한 경우
중	진호가 얻은 것을 서술했으나 한 문장이 아닌 경우
하	진호가 얻은 것을 제대로 서술하지 못한 경우

05 이 글은 한뫼와 선생님의 대화를 통해 문명과 자연의 조화에 대해 말하고 있지만, 이것이 도시와 시골의 갈등을 두드러지게 드러내는 것까지 연결되지는 않고 있다.

06 예전에는 달걀을 모아 팔아서 여비를 마련하여 산골 아이들이 도시로 여행을 갔지만, 이제는 도시의 아이들을 산골로 초청하는 것을 말한다.

상	달걀을 모으는 이유의 변화가 드러나도록 @의 의미를 적절히 서술한 경우
중	@의 의미를 적절히 서술했으나, 달걀을 모으는 이유의 변화를 적절히 서술하지 못한 경우
하	@의 의미를 제대로 서술하지 못한 경우

07 (나)를 보면 선생님이 도시 아이들이 자연에 대해서 모르는 것을 유식하다고 여긴다는 것을 안타까워하고 있다. 선생님은 문명에 대해 잘 모르는 것만 무식한 것이 아니라 자연에 대해 잘 모르는 것도 무식하다고 생각한다.

08 ㉠에서 한뫼는 선생님의 말에 대해 부정적인 반응을 보이며 대화를 이어 가기 어려워 보이지만, ㉡에서는 선생님의 생각에 동의의 의미를 전달하며 대화에 긍정적으로 임하고 있다.

[09~12] 민예지 외, 「달리는 차은」
• 해제: 국가 인권 위원회가 제작한 옴니버스 영화인 〈시선 1318〉에 실린 단편 영화로, 새만금 바다를 끼고 있는 동네를 공간적 배경으로 한다. 육상을 하는 차은은 육상부가 해체되어 다른 학교로 전학을 가야 하지만 아버지의 반대에 부딪힌다. 방황하던 차은은 필리핀 출신의 엄마와도 갈등을 겪는다. 필리핀 출신의 엄마는 차은의 마음을 풀어 주기 위해 차은과 나들이를 가고 두 사람은 서로의 마음을 확인하게 된다. 시간이 지나 차은은 육상 선수의 꿈을 이루게 된다.
• 주제: 청소년기 꿈의 좌절과 극복

---

09 이 글에서 차은은 자신의 마음을 몰라주는 엄마와 동민에게 화가 나서 부정적인 반응을 보이며 급기야 대화의 자리

를 피하게 된다. 자신의 마음이 대화 태도로 표출된 것이라고 할 수 있다.

오답 확인 ① 차은은 운동화에 대해 부정적인 반응을 보인다.
② 동민은 어린아이로 차은의 상황을 잘 이해하지 못한다.
③ 차은의 내적 갈등이 있지만 표면적으로 드러나는 갈등의 원인은 운동화이다.
⑤ 차은이 달리기를 할 때 신으라고 운동화를 사 온 것으로 보아, 엄마는 차은이 달리기를 하는 것에 대해 긍정적임을 알 수 있다.

10 〈보기〉를 보면 차은의 기분이 좋지 않은 상황이라는 것을 알 수 있다. 그러므로 차은의 입장에서 보면 가족들이 자신의 마음을 잘 이해해 주지 못해서 섭섭한 상황이라고 볼 수 있다. 그래서 가족들과의 대화에 협력적이지 못하다.

상	차은의 심정을 독백의 형식으로 서술한 경우
중	차은의 심정을 서술하였으나, 독백의 형식을 갖추지 못한 경우
하	차은의 심정을 제대로 서술하지 못한 경우

11 엄마는 차은의 상황을 고려하지 않고 자신이 신발을 사 왔다는 것만을 생각하고, 차은이 신발에 관심을 가져주기만을 바라고 있다. 이와 같은 태도로 인해 차은과 엄마는 의사소통이 잘 되지 않고 있다.

12 ㉢에 남자 친구의 이야기를 하는 것은 적절하지 않다. 차은이 이미 남자 친구가 아니라고 밝혔기 때문이다.

[13~16] 세번 컬리스 스즈키, 「세상의 모든 어버이들께」
• 해제: 캐나다의 어린이 세번 컬리스 스즈키가 1992년 리우 환경 회의에서 한 연설이다. 이 연설을 통해 스즈키는 지구 환경을 보존하고 빈곤 문제를 해결하기 위해 어른들의 삶이 변화해야 한다고 주장하였다. 스즈키는 자신이 어린아이임을 강조하며 자신과 같은 어린이들을 위해 어른들이 지구의 환경을 보호할 필요가 있으며, 빈곤의 문제도 해결해야 함을 강조하였다.
• 주제: 어린이들의 미래를 위한 지구 환경 보존과 빈곤 문제 해결의 필요성

---

13 이와 같은 말하기를 연설이라고 한다. 연설은 공식적인 자리에서 여러 명의 청중을 대상으로 하는 말하기이기 때문에 상황에 따라 효과적으로 주제를 변화시키기는 어렵다.

오답 확인 ①, ② 다수의 청중을 대상으로 하므로 격식을 갖춘 정중한 말투를 사용하는 것이 좋다.
③, ⑤ 사적인 말하기에 비해 내용을 전달하는 데 더욱 신경을 써야 한다.

14 연설자는 구체적으로 어떻게 하자는 실천 방안을 제시하고 있지는 않다.

오답 확인 ① (다)에서 '바로 그런 행동을 하십니까?'라고 말하고 있다.
② (마)에서 부모님의 말을 직접 인용하고 있다.
③ 자신이 어린아이일 뿐이라고 말하며, 어른들의 각성을 촉구하고 있다.

⑤ (라)에서 회의 참석자의 결정으로 자신의 삶이 결정된다고 강조하고 있다.

15 (가)에서는 아무것도 가진 것이 없는 거리의 아이조차 자신의 것을 기꺼이 나누고자 하는데 많이 가진 사람들이 나누려고 하지 않는 것에 대해 비판적인 태도를 취하고 있다.

16 〈보기〉를 보면 청중이 연설자의 말을 듣고 연설자의 의견대로 지구 환경을 보존하는 일에 힘쓰고자 한다. 이렇게 듣기·말하기는 생각과 태도, 행동을 변화시킬 수 있는 힘이 있다고 볼 수 있다.

상	듣기·말하기의 생각, 태도, 행동 변화의 가치를 적절하게 제시한 경우
중	듣기·말하기의 생각, 태도, 행동 변화의 가치를 제시하였으나, 한 문장으로 자연스럽게 제시하지 못한 경우
하	듣기·말하기의 생각, 태도, 행동 변화의 가치를 적절하게 제시하지 못한 경우

② 공감하는 대화

1. 효과적인 듣기의 방법
본문 144~145쪽

[학습 목표 응용] **01** ③ **02** ② **03** ③ **04** ② **05** [예시 답안] ① 상대방의 뜻을 정확히 파악하고자 노력하고 있다는 것을 보이는 것이다. ② 상대방과 상대방의 말을 존중하면서 겸허한 자세로 듣고 있다는 것을 드러내는 것이다. **06** ⑤ **07** ⑤
[고난도 응용] **01** ④ **02** ㉮ 안쓰러운 표정을 지으며 ㉯ 엄마가 아무 말도 안 하셨구나. ㉰ 네 생각은 어떤데?

[학습 목표 응용]

01 이 글은 이상적인 대화를 할 때 도움이 되는 효과적인 듣기의 방법을 설명하고 있다.

오답 확인 ① 이 글에는 글쓴이의 경험이 드러나지 않고 있다.
② 성공적 대화를 위한 듣기 방법을 소개하고 있지만, 현실의 대화 방식을 비판하고 있지는 않다.
④ 듣기·말하기의 가치에 대해 설명한 글이 아니다.
⑤ 듣기의 다양한 형태를 소개하고 있지만, 듣기·말하기가 의사소통에서 차지하는 비중을 설명하고 있지는 않다.

02 (나)에서 화자와 시선을 맞추는 것은 화자가 하는 말을 경청하겠다는 의사 표현이라고 설명하고 있다. 이와 같은 듣기는 화자로 하여금 더욱 성의껏 말하게 한다고 설명하였다.

03 (다)에서는 화자에게 질문을 함으로써 상대방에게 관심을 보여 주는 듣기 방법을 소개하고 있다. 이런 질문은 상대방이 자신의 말을 잘 듣고 있다는 믿음을 주는 효과가 있다.

04 (라)에서는 효과적인 듣기 방법으로 맞장구치기를 설명하고 있다. 글쓴이는 밝은 미소, 고개 끄덕여 주기도 좋지만 맞장구는 더욱 큰 효과를 낸다고 말하고 있다. 듣기 싫은 말도 묵묵히 참아 가며 듣기를 제시하지는 않았다.

05 효과적인 듣기 방법 중에서 질문하기의 효과는 두 가지이다. 첫째는 상대방의 뜻을 정확히 파악하려고 노력하고 있다는 것을 보여 주는 것이고, 둘째는 상대방의 말을 존중하면서 겸허한 자세로 듣고 있다는 것을 드러내는 것이다.

상	질문하기의 효과를 모두 적절하게 제시한 경우
중	질문하기의 효과 중에서 하나만 적절하게 제시한 경우
하	질문하기의 효과를 모두 적절하게 제시하지 못한 경우

06 〈보기〉에서 공감하며 듣기에는 두 종류가 있다고 설명하고 있다. 단순하게 대화를 이어 가기 위해 하는 소극적 들어 주기와 상대방의 말을 요약하고 때로는 재구성하여 대화의 방향을 잡아 가는 적극적 들어 주기이다. ⑤는 상대방의 말을 요약하는 것으로 적극적인 맞장구로 볼 수 있다.

07 고민을 말하기 싫어하는 친구에게 계속 질문을 하는 것은 상대방의 공감을 이끌어 내는 효과적인 듣기의 방법이라고 보기 어렵다.

오답 확인 ①, ② 상대방의 말에 대한 관심을 보여 주고 말을 계속 이어 갈 수 있도록 던진 적절한 질문이다.
③, ④ 상대방의 말에 대한 긍정이나 동조의 맞장구라고 할 수 있다.

[고난도 응용]

01 윤수는 화자의 눈을 직접 쳐다보는 것은 상대방이 부담스러워해서 적절하지 않다고 했지만, 이 글에서는 상대방과 시선을 맞추라고 말하고 있다.

02 비언어적 표현이란 표정이나 몸짓을 의미한다. 이런 비언어적 표현은 효과적인 듣기를 위해 꼭 필요하다. 요약이나 질문하기와 같은 적극적인 듣기의 방법도 효과적인 듣기를 위해 꼭 필요하다. ㉮에는 '속상하겠다.'와 어울리는 비언어적 표현인 '안쓰러운 표정을 지으며'와 같은 표현이 적절하며, ㉯에는 지수의 '엄마한테 얘기했는데, 아무 말도 안 하셔.'를 요약할 수 있는 말인 '엄마가 아무 말도 안 하셨구나.'와 같은 표현이 적절하다. ㉰에는 지수의 상황에 맞게

지수의 생각을 묻는 '네 생각은 어떤데?'와 같은 질문이 적절하다.

상	㉮, ㉯, ㉰를 모두 적절하게 제시한 경우
중	㉮, ㉯, ㉰ 중에서 두 가지만 적절하게 제시한 경우
하	㉮, ㉯, ㉰ 중에서 한 가지만 적절하게 제시한 경우

2. 들판에서
본문 146~147쪽

[학습 목표 응용] **01** ⑤ **02** ⑤ **03** ③ **04** ③, ④ **05** ③
[고난도 응용] **01** ① **02** [예시 답안] 이 글의 배경인 들판은 형제간의 우애를 회복하는 공간이다.

[학습 목표 응용]

01 (다)에서 측량 기사가 형의 의심을 불러일으키기 위하여 동생이 형님 집에 몰래 들어가려고 땅굴을 파는 것이 아니냐고 묻는 것이지 실제로 동생이 땅굴을 판 것은 아니다.

02 (나)에서 형과 아우는 서로에게 공감하지 못한 채 각자의 주장만을 제기하고 있으므로, 순간적인 화로 인해 자신의 입장만 내세워 후회하는 것과 관련된다.
> **오답 확인** ① 혼자 외치는 것이므로 공감하며 대화하기와 관련된 내용이 아니다.
② 예의를 갖추지 않았다기보다는 상대방의 말에 공감하지 못했기 때문에 (나)의 모습이 나타난 것이다.
③ 친구의 감정에 공감해 주어야 하지 자신의 이야기만 해서는 안 된다.
④ 자신의 주장을 어떠한 상황에서도 힘주어 말할 수 있는 능력과 관련된 반응이다.

03 측량 기사는 형제간의 갈등을 부추기기 위해 형에게 동생이 있는 쪽이 이상하게 조용하고, 조용한 건 의심스러운 것이라고 말하고 있다. 이는 동생에 대한 의심을 불러일으켜서 전망대를 형에게 팔려는 의도를 담은 말하기이다.

04 상대방과 공감하며 대화할 때에는 상대방의 말을 집중하여 들어야 한다. 그렇게 되면 상대방은 자신의 이야기를 더욱 많이 하게 되고, 자신의 말을 들어 주는 사람을 신뢰하게 된다.
> **오답 확인** ① 비판적 듣기 태도와 관련된 내용이다.
② 공감하며 대화할 때에는 상대방의 말하기를 전체적으로 집중하여 들어야 한다.
⑤ 상대방의 의견과 다른 의견을 제시하는 것이 아니라 상대방의 의견에 공감하는 자신의 생각을 덧보태는 것이다.

05 들판이 밧줄로 나누어지면서 형은 자신이 있는 오른쪽과

아우가 있는 왼쪽을 구별하기 시작하였고, 이에 따라 자신들의 집이 오른쪽에 치우쳐 있다는 것을 알게 된다.

[고난도 응용]

01 (라)는 형제간의 갈등이 해소되는 부분으로, 서로의 이야기에 귀 기울여 공감하는 대화의 모습을 보여 준다. 형과 아우의 사이에 벽이 존재하기에 상대방의 눈을 응시할 수는 없다.

02 희곡에서 배경은 주제를 뒷받침하므로 유의하며 살펴야 한다. (가)~(라)에 공통적으로 들판이 등장한다. 평화로운 들판에 밧줄과 말뚝, 전망대, 벽 등이 설치되어 흉물스러운 들판으로 변모된다.

상	'들판'을 배경으로 제시하고, '형제간의 우애를 회복함.'이라는 주제를 명확히 포함한 경우
중	'형제간의 우애를 회복함.'이라는 주제는 명확히 인지하고 있으나, 배경을 구체적으로 제시하지 않은 경우
하	'들판'이라는 배경만 제시한 경우

단원 평가
본문 148~151쪽

01 ⑤ **02** ⑤ **03** ④ **04** ④ **05** ① **06** ③ **07** [예시 답안] 수아의 조언을 청하려다가 예상과는 다른 말을 들었고, 그래서 은희도 너를 비난하는 상황이어서 속상했구나. **08** ④
09 ① **10** ③ **11** ④ **12** ⑤ **13** ① **14** [예시 답안] 형: (기쁨에 찬 큰 목소리로/들뜬 목소리로) 아우야! 민들레꽃을 보니 기뻐서 눈물이 나는구나.

01 이 글은 효과적인 듣기의 방법을 알기 쉽게 풀어 쓴 설명문이다. ⑤는 논설문에 대한 설명이다.

02 (가)~(라)는 효과적인 듣기를 위한 구체적인 내용을 제시하고 있고, (마)는 효과적인 듣기를 위한 방법을 알고 실천해야 하는 필요성에 대하여 제시하고 있으므로 글쓴이가 전하고자 하는 바를 종합적으로 제시한 문단은 (마)이다.

03 이 글은 이상적인 대화를 하기 위해 도움이 되는 효과적인 듣기 방법을 설명한 글이다. (가)에서는 상대방의 이야기에 정신을 집중하여 상대방의 처지가 되어 진지하게 듣는 자세를 갖는 것을, (나)에서는 화자와 시선을 맞추는 것을, (다)에서는 화자에게 질문을 하는 것을, (라)에서는 고개를 끄덕이거나 밝은 미소를 지어 보이는 것을 효과적인 듣기

의 방법이라고 제시하고 있다. (가)에서 상대방의 처지가 되어 진지하게 듣는 자세를 가져야 한다는 내용은 확인할 수 있으나 이것이 상대방의 말을 모두 수용해야 한다는 의미는 아니다.

04 (라)에서는 ⓐ에 대해 '말하는 내용을 긍정하고 동조하는 내용의 말'이라고 설명하고 있다. 이에 해당하는 용어는 '맞장구'이다.

오답 확인 ①, ②, ③, ⑤ 말하는 내용을 긍정하고 동조하는 비언어적 표현으로 언어적 표현인 '말'에 해당하지 않는다.

05 공감하며 대화하기가 공적인 영역인지 사적인 영역인지 이 글을 통해서 알 수 없다.

오답 확인 ② (라)에서 '상대방이 자신의 말을 집중해서 들어 주기 때문에 그 사람에게 신뢰감도 갖게 됩니다.'라는 부분에서 알 수 있다.
③ (가)에서 '공감하며 대화하기의 바탕은 공감하며 듣기입니다.'에서 알 수 있다.
④ (나)에서 '공감하며 듣기의 방법으로는 '소극적으로 들어 주기'와 '적극적으로 들어 주기'의 방법이 있습니다.'에서 알 수 있다.
⑤ (나)에서 소극적으로 들어 주기의 구체적인 방법을 알 수 있다.

06 '소극적으로 들어 주기'의 구체적인 방법은 (나)에 제시되어 있다. '상대방을 향해 앉아 상대방의 눈을 바라보기, 고개를 끄덕이고 대화의 맥락에 맞는 표정 짓기, '그랬구나.', '정말?' 등의 반응을 하면서 상대방이 계속 말할 수 있도록 돕기'이다. 이는 ㄱ, ㄷ, ㅁ에 해당한다. ㄴ, ㄹ은 '적극적으로 들어 주기'의 방법이다.

07 경진이가 말한 내용을 요약하여 하은이의 발화를 채워 넣는 활동이다. 경진이는 수아와 은희의 말로 인해 너무 속상하다는 내용을 하은이에게 이야기하고 있다.

상	'수아의 조언을 청하려다가 예상과는 다른 말을 들었다.'는 내용과 '은희도 비난하는 상황이어서 속상하다.'는 내용을 모두 포함하여 한 문장으로 서술한 경우
중	'수아의 조언을 청하려다가 예상과는 다른 말을 들었다.'는 내용과 '은희도 비난하는 상황이어서 속상하다.' 중 하나의 내용만 서술한 경우
하	'수아의 조언을 청하려다가 예상과는 다른 말을 들었다.'는 내용과 '은희도 비난하는 상황이어서 속상하다.'는 내용과 관련 없는 경진이의 발언을 서술한 경우

08 ㉠은 '공감'의 뜻을 정의의 설명 방법을 사용하여 진술하고 있으므로 '듣기'가 무엇인지 정의의 방법으로 설명한 ④가 같은 설명 방법이라 할 수 있다.

오답 확인 ① 말하기와 듣기의 차이점을 드러내는 대조의 방법을 사용하였다.
② 말하기와 듣기의 공통점을 드러내는 비교의 방법을 사용하였다.

③ 공식적인 말하기가 무엇인지 예를 들어 설명하고 있다.
⑤ 말하기의 종류를 '공식적인 상황'을 기준으로 공식적 말하기와 비공식적 말하기로 구분하였다.

09 희곡은 인물의 대사와 행동을 통하여 주제를 드러내야 하기에 상징적인 소재가 많이 사용된다. 이 글에서 '벽'은 형제가 서로 볼 수 없도록 단절된 상태를 만들고 있는 장애물이다. 이 벽 너머로 '민들레꽃'을 형과 아우가 서로 던지면서 사이좋았던 때를 생각하며 벽을 허물자고 말하고 있으므로 '민들레꽃'은 갈등 해소의 매개체로 갈등이 해소됨을 보여 주는 소재라 할 수 있다.

10 (가)에서 형과 아우는 상대의 처지를 고려하며 공감적 대화를 하고 있고, (나)에서는 형과 아우가 상대방의 처지를 고려하지 못한 채 서로를 공격하며 일방적으로 자신의 주장만을 펼치고 있다. (나)에서 이러한 말하기가 진행된 이유는 형과 아우가 서로를 배려하거나 서로의 문제에 공감하지 못한 채 자신의 주장만 말하고 있기 때문이다.

11 (가)에서 형과 아우는 공감하며 대화하고 있다. 아우는 형의 그림을 칭찬하고 형과 함께 살고 싶다고 말하는 것이지, 형의 문제점을 지적하기 위해 돌려 말하는 것이 아니다.

12 ㉠~㉤에서는 형과 아우가 서로의 이야기에 귀 기울이지 못한 채 갈등하는 모습을 보여 주고 있다. ⑤는 형에게 일방적으로 자신의 의견을 내세우는 말이므로 상대방을 고려한 말하기로 볼 수 없다.

오답 확인 ① '다시는 너하고는 놀이 안 해!'라고 단정적으로 말을 하면 갈등을 유발하기 쉽다. 자신의 마음을 진솔하게 말했을 때 오해가 생기지 않는다.
② 형이 속상해하는 모습을 보고 형의 처지를 고려하며 자신의 미안한 마음을 진솔하게 말하였다.
③ 형의 고정 관념이라고 일방적으로 이야기하지 않고 자기가 이겨서 미안하다고 이야기하여 상대방에 대한 공격적 표현을 제거하였다.
④ 상대방의 행동을 일방적으로 요구하는 명령형의 어조는 상대방에게 반감을 불러일으키므로 가정형의 문장을 사용하여 완곡하게 표현하였다.

13 (가)에서 형과 아우는 평화로운 들판을 배경으로 공감적 대화를 나누고 있으므로 ①의 내용이 적절하다.

오답 확인 ② 명령조로 말하는 대사는 (나)에서 찾을 수 있으나, (나)는 (가)에 바로 이어지는 내용이 아니므로 (나)와 관련하여 지시문을 넣는 것은 적절하지 않다.
③ 형과 아우가 사이좋은 대화를 나눈 다음이므로 외면할 이유가 없다.
④ 아우는 이미 형의 그림이 있는 곳에 와 있으며, 망설이는 태도도 보이지 않는다.
⑤ 형과 아우는 서로 칭찬을 하며 함께 살고 싶은 소망을 이야기하고 있으므로 아무 말없이 먼 곳을 바라보는 것은 부자연스럽다.

14 ⓑ는 형이 아우가 던진 '민들레꽃'을 보고 형제간의 우애를 떠올리는 부분이다. 이 장면에서는 기쁨에 들떠 형의 목소리가 높아지거나 커지는 준언어적 표현과 자신의 기쁨을 드러내는 언어적 표현이 들어가는 것이 적절하다.

상	준언어적 표현과 그에 따른 언어적 표현을 적절히 나타낸 경우
중	준언어적 표현이 아닌 상황에 맞는 비언어적 표현을 사용하였으나, 그에 따른 언어적 표현은 적절히 나타낸 경우
하	준언어적 표현을 사용하지 않고 언어적 표현만 사용한 경우

01 ②   **02** ②   **03** ①   **04** ④   **05** [예시 답안] 서술자 '나'는 어리숙하고 순박하여 점순이가 자신을 대하는 태도의 이유를 제대로 이해하지 못하고 있다. 따라서 독자는 사건 전개 과정을 흥미롭게 바라보면서 웃음을 띠게 된다.   **06** ⑤   **07** ②   **08** [예시 답안] 아름다움에 대한 고정 관념을 바꾸어 준다.   **09** ④   **10** ②   **11** [예시 답안] 외국인 친구가 우리나라의 말 문화를 이해하지 못하기 때문이다.   **12** ④   **13** ⑤   **14** ①   **15** ④   **16** ④   **17** ④   **18** ③   **19** [예시 답안] 문자는 언어 이면의 미묘한 감정까지 표현해 내기 어려운 반면, 사진은 문자로는 표현하기 힘든 감정이나 상황을 한눈에 알아볼 만큼 간단하게 즉각적으로 표현할 수 있다.   **20** ②   **21** ①   **22** ②   **23** ③   **24** [예시 답안] 대상을 더 인상적으로 표현할 수 있다. 대상을 간결하게 표현할 수 있다.   **25** ④   **26** ①   **27** ③   **28** ②   **29** ②   **30** ①   **31** [예시 답안] 선생님과 한뫼가 대화를 통해 같은 생각을 하게 되었으므로 둘의 관계가 더욱 친밀해질 것이다.   **32** ③   **33** ②

01 시는 작가의 감정이나 생각을 운율이 있는 언어에 담아 압축적으로 표현하는 글이다. 시인은 자신의 삶의 경험이나 사회 현실에 대한 생각을 다양한 표현 방법을 활용하여 표현하는데, 작품을 통해 개인적 체험이나 객관적 정보를 드러내지는 않는다.

오답 확인 ① 시는 운문 문학으로, 다양한 요소를 활용하여 운율을 형성하고 이를 통해 시의 분위기를 조성한다.
③ 시에서는 시인의 개성적인 발상을 참신한 표현 방법을 활용하여 표현한다.
④ 시어는 일상 언어를 바탕으로 하되, 비유나 상징 등을 통하여 함축적 의미를 담아 시상을 드러낸다.
⑤ 시인은 시 속에 화자를 설정하여 자신의 생각을 전달한다.

02 (가)에서는 어른이 된 화자가 어린 시절을 회상하며 이야기하고 있고, (다)에서도 성인의 입장에서 사랑하는 사람과의 이별의 아픔과 그리움을 노래하고 있다. (나)에서는 학교를 다니고 있는 친구를 둔 아이의 목소리로 말하고 있다.

03 ㉠은 차가운 공간으로, 어린 시절에 느낀 안타까움과 서러움을 느끼게 하는 공간이다. 〈보기〉의 '지하도 콘크리트 좁은 틈'은 귀뚜라미가 현재 살아가는 공간으로, 아무도 존재를 알아주지 않는, 서러운 삶의 공간이다.

오답 확인 ② '윗목'은 전통적인 구들방을 떠오르게 하지만 긍정적 정서를 유발하지는 않으며, 〈보기〉의 '콘크리트 틈'은 삭막한 현대의 공간이다.
③ '윗목'과 '콘크리트 틈'은 모두 분노와 같은 적대적 감정을 드러내지는 않는다.
④, ⑤ 두 시어 모두 부정적인 정서를 불러오는 공간이다.

04 (가)는 산골의 사춘기 소년과 소녀의 풋풋한 사랑을 토속적 말투를 사용하여 해학적으로 그려 낸 작품이며, (나)는 양반이 지켜야 할 덕목을 과장되게 나열하면서 풍자하고 있는 작품이다. (가)와 (나) 모두 웃음을 자아내는 표현이지만 대상에 대한 공격적 의도의 유무를 기준으로 할 때 (가)는 해학적이며, (나)는 풍자적이다.

오답 확인 ① (가)의 사건이 (나)에 비해 더 구체적으로 드러나 있다. ② (가)에는 외적 갈등이 드러난다. ③ (나)에서는 당대 양반 사회의 모습을 풍자적으로 제시하고 있다. ⑤ (가)의 서술자 '나'는 자신이 말하려는 바를 직설적으로 솔직하게 표현하고 있다.

05 소설의 서술자는 작가를 대신하여 사건을 전달하는데, 서술자의 위치와 태도에 따라 사건의 전개 속도나 분위기, 사건에 대한 정보의 양이나 신뢰도가 달라진다. (가)에서는 서술자를 작품 속의 '나'로 설정하여 '나'와 점순 사이의 이야기를 전달하고 있다. '나'는 점순이 자신에 대해 호의를 가지고 있다는 생각을 하지 못하고 아무 이유 없이 자신을 괴롭히려 한다는 생각을 하고 있다. 독자가 알고 있는 사실을 서술자만 모르는 상황을 통해 독자는 해학성을 느끼게 된다.

상	서술자의 특성과 효과를 모두 바르게 서술한 경우
중	서술자의 특성과 효과 중 하나만 바르게 서술한 경우
하	서술자가 누구인지만 밝힌 경우

06 (나)는 조선 사회의 양반 신분을 지켜 가기 위한 규칙과 덕목이다. 주로 관념적인 것을 추구하면서 실생활의 생산 활동을 하찮은 것으로 여기는 태도가 드러난다. 체면치레를 중시하여 허례허식을 따지는 태도를 과장되게 나열하여 양반에 대한 비판 의식을 유발한다. 학문을 중시하는 태도가 드러나지만, 그것은 현실의 개선을 목적으로 하는 것이 아니다.

07 문학 작품을 읽고 재구성하는 활동은 원전을 바탕으로 한 새로운 창작 활동이다. 따라서 작가의 개성적 가치관에 따라 주제가 달라질 수도 있다. 원전의 주제를 그대로 반영해야 하는 것은 아니다.

오답 확인 ① 재구성 작품은 원전에 대한 작가의 개성적 해석을 바탕으로 이루어지므로 참신한 가치관을 반영하게 된다. ③ 재구성 작품은 원전을 읽은 작가가 자기만의 발상을 통해 구조나 구성 요소 등을 바꾸어 만들어 낸다. ④ 재구성 작품은 내용, 표현, 갈래, 형식 등 다양한 요소를 적절히 바꾸어 쓴 것이다. ⑤ 재구성 작품은 새로운 작품이라 할 수 있다.

08 이 글은 「백설 공주」를 재구성한 작품이다. 작가는 원전에서 드러난 고정 관념을 버리고, 아름다움의 기준은 달라지는 것이며, 누구에게나 자기만의 아름다움이 있다는 점을 강조하고자 한다.

상	아름다움과 인식의 변화에 대한 내용으로 바르게 서술한 경우
중	인식의 변화에 대해서만 서술한 경우 예 고정 관념을 버려야 한다.
하	아름다움과 인식의 변화를 모호하게 서술한 경우 예 외모의 기준은 시대에 따라 달라진다.

09 ㄹ은 사람들이 그동안 생각했던 아름다움의 기준이 달라질 수 있는 것임을 깨달았다는 내용이다. 아름다움이 늘 같은 기준으로 평가될 수 없다는 것은 결국 획일적인 아름다움이란 없다는 의미이다. 즉 아름다움은 절대적인 것이 아니라 상대적인 것임을 깨달은 것이다.

10 제11항에서 'ㄺ'은 [ㄱ]으로 발음하는 것을 원칙으로 하되, 용언의 어간 말음의 'ㄺ'은 'ㄱ' 앞에서 [ㄹ]로 발음한다고 하였다. '읽지'는 어간의 말음에 'ㄺ'이 오는 용언은 맞지만, 뒤에 'ㄱ'이 아닌 'ㅈ'이 오기 때문에 [익찌]로 발음해야 한다.

오답 확인 ① 제10항에서 'ㄼ'은 어말 또는 자음 앞에서 [ㄹ]로 발음한다고 했으니 [여덜]이 맞다. ③ 제10항의 '다만'에서 '밟-'은 자음 앞에서 [밥]으로 발음한다고 했으니 [밥:꼬]가 맞다. ④ '흙'은 명사이므로, 제11항의 '다만'에 해당하지 않는다. 따라서 [흑꽈]가 맞다. ⑤ '넓게'는 제10항의 '다만'에 해당하지 않으므로 [널께]가 맞다.

11 우리나라 말 문화에는 '겸손'이라는 것이 있다. 〈보기〉의 상황에서 준비한 것이 충분해도 부족하다고 말하며 자신을 낮추는 것이 '겸손'이다. 어머니의 말에 외국인 친구가 당황하는 것은 이와 같은 우리나라의 말 문화 중 하나인 '겸손'을 모르기 때문이다. 또한 외국인 친구는 '상다리가 부러지다.'라는 관용어를 모르기 때문에 영호의 말에 놀라기도 하는데, 이는 모두 우리의 말 문화나 관습을 잘 모르기 때문에 일어난 것이다.

상	[예시 답안]과 유사한 내용의 답을 정확하게 작성한 경우
중	[예시 답안]과 유사한 내용의 답을 작성했으나, 내용이 다소 미흡한 경우
하	[예시 답안]과 유사한 내용의 답을 작성했으나, '문화'라는 말을 넣지 않은 경우

12 앞의 문제부터 확인하면 다음과 같다.
(1) '그달의 몇째 되는 날.'이라는 의미의 단어는 '며칠'이다. 우리말에 '몇일'이라는 단어는 없다. (○)
(2) '어디에다'의 준말이 '얻다'이다. '어따'는 못마땅할 때의

감탄사로만 쓰인다. (×)

(3) '오신다고 해요.'의 준말이므로 '오신대요.'가 맞다. '데요'는 '제가 갔는데요, ~'처럼 직접 경험한 내용을 진술할 때 사용한다. (○)

(4) '어찌 된'의 의미를 갖는 말은 '웬'이다. 우리말 표준어에 '왠'은 없다. (×)

(5) '어처구니가 없다.'라는 의미의 말은 '어이없다.'이다. '어의없다.'는 잘못된 표기이다. (×)

(6) '같지 않다.'의 의미일 때에는 '다르다.', '맞지 않다.'의 의미일 때에는 '틀리다.'이다. (○)

(7) '되어'의 준말이 들어가야 하기 때문에 '돼'라고 써야 한다. (×)

(8) '바라다'에 '아'가 붙어 탈락된 형태로 '바라'가 맞다. '바래'는 잘못된 표현이다. (×)

13 정호는 ⓒ과 ⓔ에서 똑같은 '지금 몇 시니?'라는 질문을 하고 있다. 하지만 이 두 질문의 의도는 다르다. ⓒ은 순수하게 시간을 묻는 의도이지만, ⓔ은 약속 시간에 늦은 윤태를 질책하려는 의도이다. 그런데 윤태는 정호의 의도를 정확하게 파악하지 못하여 의사소통이 원활하게 이루어지지 못했다.

오답 확인 ④ ㉠에서 화자는 정호, 청자는 수철이다. 하지만 ㉡에서 화자는 수철, 청자는 정호이다. 이처럼 대화에서는 화자와 청자가 수시로 바뀐다.

14 ⓐ의 자판에 있는 자음 중 'ㄱ, ㄴ, ㅁ, ㅅ, ㅇ'은 기본자이지만, 'ㄹ'은 이체자로, 근거 없이 획을 더해 만든 예외적인 글자이다.

오답 확인 ② ⓐ의 자판은 자음에 훈민정음의 제자 원리를 적용했다.
③ ⓑ의 자판에 있는 모음인 ' · , ㅡ, ㅣ'는 각각 하늘, 땅, 인간의 모양을 본떠 만든 것이다.
④ ⓑ의 자판은 모음에 훈민정음의 제자 원리를 적용했다.
⑤ (나)의 마지막 문장을 통해 알 수 있다.

15 ㉡에 사용한 자음은 'ㅈ, ㅅ'이다. 이 중 'ㅈ'은 'ㅅ'에 획을 가하여 만든 자음이다.

오답 확인 ① 'ㅗ'와 'ㅏ'는 초출자이지만, 'ㅣ'는 기본자이다.
② 'ㅂ'의 기본자는 'ㅁ'인데, ㉠에 쓰이지 않았다.
③ 'ㅜ'와 'ㅗ'는 단모음이지만, 'ㅠ'는 이중 모음이다.
⑤ 기본자인 'ㅅ'보다 가획자인 'ㅈ'이 거센소리이다.

16 이 글은 글쓴이의 독서 경험을 특별한 형식 없이 자유롭게 쓴 수필이다. 과거의 체험을 서술하고 있을 뿐, 삶의 교훈을 직접적으로 제시하고 있지는 않다.

17 글쓴이는 백과사전과 노벨 문학상 전집을 읽으며 여러 가

지 지식과 정보를 얻는 즐거움을 경험했고(ⓒ), 「모닥불과 개미」라는 수필을 통해 사회 생물학을 평생 공부하겠다는 결심을 하였다(ⓔ, ⓑ). 그리고 사회 생물학을 통해 삶의 여러 가지 수수께끼에 대한 답을 얻었다(ⓜ).

18 사진은 편집이 용이하기 때문에 글쓴이의 의도대로 변형되어 사용된다. 사실을 객관적으로 전달하는 수단이라는 진술은 맞지 않다.

오답 확인 ① 토론방 댓글 등을 통해 다른 독자와의 활발한 상호 작용이 가능하다.
② (가)의 '인터넷을 기반으로 한 디지털 미디어에서 가장 많이 쓰이는 커뮤니케이션 수단은 문자입니다.'에서 확인할 수 있다.
④ 문자는 감정을 표현하기 어려운 단점을 보완하기 위해 이모티콘을 사용한다. 따라서 원활한 의사소통을 위해서는 문자와 이모티콘 등이 결합하면서 형성하는 의미를 파악할 수 있어야 한다.
⑤ 사진은 글쓴이가 원하는 대로 수정하고 정리해서 전달할 수 있으므로 사용자가 어떤 목적으로 어떻게 표현했는가를 파악해야 한다.

19 (가)에서 문자는 말과는 달리 미묘한 감정을 표현해 내기 어렵다는 단점을 갖고 있다고 설명하고 있고, (나)에서 사진은 문자로는 표현하기 힘든 감정이나 상황을 한눈에 알아볼 만큼 아주 간단히 즉각적으로 표현할 수 있다고 설명하고 있다.

상	감정 표현의 측면에서 문자의 단점과 사진의 장점을 모두 포함하여 서술한 경우
중	감정 표현의 측면에서 문자의 단점과 사진의 장점을 서술하였으나, 내용이 다소 부족한 경우
하	문자와 사진의 효과를 대략적으로 서술한 경우

20 제시된 글에는 정전기의 유익함에 대한 설명은 나와 있지 않다.

21 (가)의 '생활하면서 주변의 물체와 접촉하면 마찰이 일어나기 마련인데, 그때마다 우리 몸과 물체가 전자를 주고받으며 몸과 물체에 조금씩 전기가 저장된다. 한도 이상 전기가 쌓였을 때 적절한 유도체가 닿으면 그동안 쌓였던 전기가 순식간에 불꽃을 튀며 이동하면서 정전기가 발생한다.'에서 과정의 방법으로 정전기 현상을 설명하고 있다.

오답 확인 ② (나)에서는 정전기가 잘 발생하는 현상을 인과의 방법으로 설명하고 있다.
③ (다)에서는 정전기의 위험성을 예시의 방법으로 설명하고 있다.
④, ⑤ (라)와 (마)에서는 정전기를 줄이는 방안을 예시의 방법으로 설명하고 있다.

22 정의는 대상의 의미를 분명하게 밝히는 방법으로 대상을 설명하는 기본이 된다(ⓐ). 예시는 예를 들어 설명하는 방

법으로 독자의 수준을 생각하여 적절한 예를 제시하여야 한다(ⓑ).

23 각 문단을 중심 문장과 뒷받침 문장으로 쓰는 것은 표현하기 단계에서 할 일이다.

24 (가)는 관용 표현을 활용하지 않은 글이고, (나)는 '숨을 돌리다.'라는 관용 표현을 사용한 글이다. 이렇게 관용 표현을 사용하면 간결하게 표현하면서도 인상적으로 표현할 수 있다.

상	관용 표현의 효과를 한 문장으로 적절하게 서술한 경우
중	관용 표현의 효과를 서술하였으나, 한 문장으로 표현하지 못한 경우
하	관용 표현의 효과를 적절하게 서술하지 못한 경우

25 자신이 갑작스레 제주도로 전학 온 것이 윤주에게는 배신감을 줄 수도 있다는 의미로 쓴 관용 표현이므로 '믿는 도끼에 발등 찍힌다.'가 적절하다. 이 말은 잘되리라고 믿고 있던 일이 어긋나거나 믿고 있던 사람이 배반하여 오히려 해를 입음을 비유적으로 이르는 말이다.

오답 확인 ① 울며 겨자 먹기: 맵다고 울면서도 겨자를 먹는다는 뜻으로, 싫은 일을 억지로 마지못하여 함을 비유적으로 이르는 말이다.
② 병 주고 약 준다.: 남을 해치고 나서 약을 주며 그를 구원하는 체한다는 뜻으로, 교활하고 음흉한 자의 행동을 비유적으로 이르는 말이다.
③ 다 된 죽에 코 풀기: 거의 다 된 일을 망쳐 버리는 주책없는 행동을 비유적으로 이르는 말이다.
⑤ 가랑비에 옷 젖는 줄 모른다.: 가늘게 내리는 비는 조금씩 젖어 들기 때문에 여간해서도 옷 젖는 줄을 깨닫지 못한다는 뜻으로, 아무리 사소한 것이라도 그것이 거듭되면 무시하지 못할 정도로 크게 됨을 비유적으로 이르는 말이다.

26 〈보기〉의 글은 통일성이 없는 글이다. 마지막 문장 '몰티즈는 ~ 써 주어야 한다.'는 전체의 주제에 어긋나는 문장이다. 그러므로 문단의 주제와 어긋나는 내용이 없는지 살펴보는 고쳐쓰기 방법이 유효하다.

27 '부뚜막의 소금도 넣어야 짜다.'는 가까운 부뚜막에 있는 소금도 넣지 아니하면 음식이 짠맛이 날 수 없다는 뜻이다. 즉 아무리 좋은 조건이 마련되었거나 손쉬운 일이라도 힘을 들여 이용하거나 하지 아니하면 안 됨을 비유적으로 이르는 말로 글의 내용과 어울리지 않는다. 이 글에는 아무리 훌륭하고 좋은 것이라도 다듬고 정리하여 쓸모 있게 만들어 놓아야 값어치가 있음을 비유적으로 이르는 말인 '구슬이 서 말이라도 꿰어야 보배.'라는 속담이 더 적당하다.

28 진호는 선생님에게 민수와의 관계가 곧 좋아질 것이라는 말을 했으므로 선생님이 진호와 민수의 관계에 대한 정보를 얻지 못했다는 것은 적절하지 않은 설명이다.

29 (가)에서는 한뫼와 선생님이 의미를 공유하면서 협력적으로 듣기·말하기를 전개하고 있다. 의도하지 않았던 말로 갈등을 해소하려고 노력한다고 볼 수 없다.

30 (나)는 강연으로 '나'가 어른들을 설득하기 위해 하는 말이고, ㉠은 선생님이 한뫼를 설득하기 위해 하는 말이다.

31 ㉡의 분위기를 볼 때 선생님과 한뫼가 달걀을 달걀로 갚는 것에 생각을 같이 하고 있음을 알 수 있다. 이와 같이 성공적인 듣기·말하기는 좋은 관계의 유지와 발전을 가져오는 훌륭한 가치를 지닌다.

상	관계가 친밀해짐을 이유를 들어 한 문장으로 서술한 경우
중	관계가 친밀해짐을 서술하였으나, 이유를 적절하게 제시하지 못한 경우
하	관계가 친밀해짐을 적절하게 제시하지 못한 경우

32 이 글에서는 대화할 때 상대방의 말에 집중하고 시선을 맞추며 들어야 한다는 듣기 방법을 제시하고 있다.

오답 확인 ①, ②, ④, ⑤ 모두 듣기 방법으로 효과적인 방법이기는 하지만, 이 글의 내용과 관련이 없다.

33 이 글에서 형은 아우에게 가위바위보를 계속 지자 일방적으로 그만하자며 대화를 단절하고 있다. 이는 자신이 형이라는 점을 내세우는 태도라고 할 수 있다. 즉 자신이 형이라는 점을 강조하면서 아우의 상황과 처지를 고려하지 않고 말하기 때문에 보이는 태도이다.

01 ①   **02** ①   **03** [예시 답안] • Ⓐ와 같은 표현 기법이 쓰인 시구: '너는 참 바보다.' 또는 '정말 정말 바보다.' • 표현 기법의 효과: 반어적 표현을 활용하여 '너'가 지닌 바보 같지 않은 면, 즉 품성이 바르고 마음이 따뜻하고 너그러운 성품을 지녔음을 강조하고 있다.   **04** ②   **05** ⑤   **06** ④   **07** ⑤   **08** ③   **09** [예시 답안] 서술자는 어수룩하고 눈치가 없어 점순의 의도를 제대로 파악하지 못한다. 이를 통해 작가는 독자의 웃음을 유발하고 작품의 분위기를 해학적으로 만들고 있다.   **10** [예시 답안] 맥락에 대한 이해가 부족하여 대화가 원활하게 이루어지지 못했다. / 맥락을 고려하지 않고 말을 하여 의미 전달이 제대로 이루어지지 못했다.   **11** ⑤   **12** [예시 답안] ㉠은 제15항에 따라 [다가페]로, ㉡과 ㉢은 제14항에 따라 각각 [안자], [달글]로 발음해야 한다.   **13** ①   **14** ③   **15** [예시 답안] 자음자는 상형의 원리로 기본자를 만든 후 기본자에 획을 더하는 가획의 원리로 나머지 글자를 만들었고, 모음자는 상형의 원리로 기본자를 만든 후 기본자를 서로 조합하는 합성의 원리로 나머지 글자를 만들었다.   **16** ③   **17** [예시 답안] 인간의 지극한 정신문화, 그 높고 그윽한 세계에 닿고 그의 일원이 되는 것이다. 인간다운 삶을 살고 드높은 가치를 추구하는 길을 보여 준다.   **18** ①   **19** ②   **20** ②   **21** ⑤   **22** ⑤   **23** [예시 답안] 독자의 수준을 고려해야 한다. 적절한 수의 예를 들어야 한다.   **24** ④   **25** ④   **26** ①   **27** ③   **28** ④   **29** ⑤   **30** ③   **31** [예시 답안] 암탉을 잘 먹이고 돌봐서 알을 많이 낳도록 하고 달걀을 팔아 여비를 마련하여 도시 아이들을 초청하는 생각을 말한다.   **32** ④   **33** ③

01 (가)의 '내 말', (나)의 '내 울음', '나 여기 살아 있다.', (다)의 '내가 아무리 거짓으로 허풍을 떨어도', '난 뭐냐', '나는?'의 시어를 통해 (가)~(다)의 화자가 작품 속에 '나'로 등장하여 자신의 심정을 이야기하고 있음을 알 수 있다.

오답 확인 ② (나)에서 '누구의 마음 하나 울릴 수 있을까.', '누군가의 가슴에 실려 가는 노래일 수 있을까.'라는 질문의 형식을 통해 화자의 바람을 드러내고 있고, (다)에서 '그럼. 난 뭐냐? / 그런 네가 좋아서 그림자처럼 / 네 뒤를 졸졸 따라다니는 / 나는?'이라는 질문의 형식을 통해 바른 품성과 따뜻한 마음을 지닌 '너'를 좋아하는 화자의 마음을 표현하고 있다. 하지만 (가)에는 질문의 형식이 쓰이지 않았다.
③ (가)에서는 먼 훗날이라는 미래 상황을 가정하여 '당신'에 대한 그리움을 노래하고 있고, (나)에서는 맑은 가을이 오는 미래에 자신의 소망을 이룰 수 있으리라는 바람을 노래하고 있다. 하지만 (다)에는 미래 상황이 나와 있지 않다.
④ (다)에는 '너'가 지닌 바른 품성과 따뜻한 마음을 보여 주기 위한 일상에서의 경험이 구체적으로 드러나 있다.
⑤ (나)의 화자는 귀뚜라미로, (나)에서 시인은 사람이 아닌 존재를 화자로 설정하여 주제를 효과적으로 전달하고 있다. (가)와 (다)의 화자는 사람이다.

02 ㉠은 '풀잎 없고 이슬 한 방울 내리지 않는 / 지하도 콘크리트 벽 좁은 틈'으로 표현되는 열악한 환경과 고달픈 현실에서 흘리는 눈물이다. ⓐ도 빈방에서 혼자 엄마를 기다리며 어둡고 무서워 흘리는 눈물이다. 따라서 둘 다 화자가 고달프고 힘겨운 현실에 처해 있음을 보여 준다.

03 (가)에서 '잊었노라'는 자신의 속마음을 반대로 말하면서 임을 결코 잊을 수 없음을 강조하는 반어적 표현으로, 임에 대한 간절한 그리움을 드러낸다. (다)에서 '너'를 '바보'라고 표현하는 것 역시 '너'의 바보 같지 않은 면을 강조하는 반어적 표현으로, '너'의 바른 품성과 너그러움, 따뜻한 마음을 드러낸다.

상	시구를 정확히 찾아 쓰고, 반어적 표현의 효과, 시구에 담긴 의미를 모두 적절하게 서술한 경우
중	시구를 정확히 찾아 쓰고, 반어적 표현의 효과를 밝혔으나, 시구에 담긴 의미를 서술하지 못한 경우
하	시구를 정확히 찾아 썼으나, 반어적 표현의 효과와 시구에 담긴 의미를 서술하지 못한 경우

[04~05] (가) 작자 미상, 「두꺼비 파리를 물고 ~」
• 해제: 이 작품은 두꺼비 한 마리가 파리를 물고 의기양양하게 두엄 위에 앉아 있다가 백송골을 보고 깜짝 놀라 두엄 아래로 자빠지는 모습을 그린 사설시조이다. 파리, 두꺼비, 백송골에 빗대어 백성을 괴롭히던 관리들의 횡포와 양반의 위선적 모습을 간접적으로 비판하고 있다.
• 주제: 약자 앞에서 강하고 강자 앞에서 비굴한 지배 계층에 대한 풍자와 조롱

04 (가)는 힘없는 백성을 '파리'에, 지방 관리를 '두꺼비'에, 중앙 관리를 '백송골'에 빗대어 백성을 괴롭히는 지배 계층의 횡포와 약육강식의 세태를 풍자하고 양반의 위선적 모습을 고발하고 있다. (나)는 양반 매매 증서의 내용을 통해 무위도식하며 백성을 수탈하는 양반의 모습을 풍자하고 있다. 백성을 괴롭히는 양반의 횡포는 '강제로 이웃의 소를 끌어다 ~ 누가 감히 나를 원망하겠느냐?'에 잘 드러나 있다.

05 ㉤은 백성을 수탈하는 양반에 대한 부자의 부정적 생각이 노골적으로 표현된 말로, 양반에 대한 비판과 풍자가 절정에 이르렀음을 보여 준다.

06 재구성된 작품에는 글쓴이의 실제 경험이 담겨 있을 수도 있고 그렇지 않을 수도 있다. (가)와 (나)의 경우, 글쓴이가 나름의 가치관과 주제 의식을 보여 주기 위해 원전이 되는 소설을 재구성하여 새로운 이야기를 창작한 것으로, 글쓴이의 실제 경험이 들어 있다고 보기는 어렵다.

07 (가)에서 흥부는 '다리가 퉁퉁 붓고 손을 데거나 베기도 일쑤'일 정도로 '열심히 일'을 한다. 게다가 '밤잠을 설치며 새 메뉴를 고민'하여 음식 경연 대회에서 우승을 한다. 원작의 흥부가 우연히 제비 다리를 고쳐 주어 부자가 된 것과 달리 이 재구성된 작품에서 흥부는 열심히 노력하여 음식 경연 대회 우승이라는 성공을 거두게 된다. 이렇게 흥부가 성공하는 방식을 바꾸어 작품을 재구성함으로써 노력의 가치를 독자에게 전달하고 있다.

08 (나)의 배경은 원작과 크게 달라지지 않았다. 왕궁을 배경으로 왕과 왕비, 공주가 등장하는 것으로 보아 원작 「백설 공주」와 비교할 때 시간적, 공간적 배경의 변화는 나타나지 않는다.

`오답 확인` ① '흑설 공주'가 등장하고 '검게 빛나는 공주'라는 표현에서 피부가 검다는 것을 알 수 있다.
②, ④ '정원사'가 '참았던 울음'을 '폭포처럼 쏟아' 내자 그 눈물이 공주의 입속으로 들어가 공주는 살아난다.
⑤ 정원사와 결혼한 흑설 공주의 아름다운 모습을 보면서 사람들은 '누구에게나 자기만의 아름다움이 깃들어 있다는 것'을 깨닫게 된다.

09 (가)와 (나)의 밑줄 친 부분은 서술자인 '나'가 자신이 겪은 이야기를 전달하면서 독자들은 충분히 짐작할 수 있는 점순의 마음이나 의도를 정작 자신은 알아차리지 못하고 있음을 보여 준다. 서술자의 이러한 어수룩함은 독자들에게 웃음을 유발하고 해학적 분위기를 조성한다.

상	서술자의 어수룩한 특징과 그런 특징을 설정한 효과를 모두 적절하게 서술한 경우
중	서술자의 어수룩한 특징은 서술하였으나, 그런 특징을 설정한 효과를 적절하게 서술하지 못한 경우
하	서술자의 어수룩한 특징을 서술하지 못하고, 작품의 해학적 분위기에 대한 내용만 서술한 경우

10 (가), (나), (마)는 화자와 청자가 처한 구체적 장면과 관련된 상황 맥락을 고려하지 않았고, (다), (라)는 각각 세대와 문화의 차이라는 사회·문화적 맥락을 고려하지 않아 대화에 어려움을 겪고 있다.

상	맥락을 고려하지 않은 점 때문에 원활한 의사소통이 이루어지지 않았다는 것을 서술한 경우
중	맥락을 고려하지 않은 점만 서술한 경우
하	원활한 의사소통이 이루어지지 않았다는 것만 막연하게 서술한 경우

11 (마)의 경우, 환자가 '어떠세요?'라는 의사의 말에 담긴 의도를 제대로 파악하지 못해 문제가 생겼다. 의사는 환자가 치료받았던 부위의 상태가 호전되었는지를 묻고 있으므로,

환자는 ㉤을 '통증도 없어지고 한결 나아졌습니다.'와 같이 바꿔 말해야 한다.

`오답 확인` ① (가)의 경우, 승객 1이 다음 정류장에서 내려야 하는 상황이라는 것을 승객 2가 파악하지 못해 문제가 생겼다. 따라서 승객 2의 발화인 ㉠을 비켜 주겠다는 말로 고쳐야 한다.
② (나)의 경우, 아버지가 집에 늦게 들어온 아들을 나무라고 있는 상황임을 아들이 파악하지 못해 문제가 생겼다. 따라서 아들은 ㉡ 대신 아버지의 의도를 파악하여 죄송하다는 말을 해야 한다.
③ (다)의 경우, 할아버지가 민수 세대의 문화를 고려하지 않고 어려운 어휘를 사용하여 문제가 생겼다. 따라서 할아버지는 ㉢을 민수가 이해할 수 있는 어휘를 사용한 쉬운 말로 고쳐야 한다.
④ (라)의 경우, 외국인 친구가 손님을 대접할 때 겸손하게 표현하는 우리나라의 문화를 이해하지 못해 문제가 생겼다. 따라서 외국인 친구는 이러한 문화에 대한 이해를 바탕으로 ㉣을 격식에 맞는 말로 고쳐야 한다.

12 ㉠은 '닭' 뒤에 모음 'ㅏ'로 시작하는 실질 형태소 '앞'이 연결되었으므로 제15항에 따라 닭의 받침 'ㄹ'을 대표음 'ㄱ'으로 바꾸어 [닥]으로 발음한 뒤 'ㄱ'을 뒤 음절 첫소리로 옮겨 [다가페]로 발음해야 한다. ㉡은 겹받침이 있는 '앉-'이 모음으로 시작하는 어미 '-아'와 결합하고 있으므로 제14항에 따라 겹받침 'ㄵ'의 뒤엣것인 'ㅈ'을 뒤 음절 첫소리로 옮겨 [안자]로 발음해야 한다. ㉢도 겹받침이 있는 '닭'이 모음으로 시작하는 조사 '을'과 결합하고 있으므로 제14항에 따라 겹받침 'ㄹ'의 뒤엣것인 'ㄱ'을 뒤 음절 첫소리로 옮겨 [달글]로 발음해야 한다.

상	㉠, ㉡, ㉢ 모두의 정확한 발음과 관련 조항을 맞게 서술한 경우
중	㉠, ㉡, ㉢ 중 두 가지의 정확한 발음과 관련 조항을 맞게 서술한 경우
하	㉠, ㉡, ㉢ 중 한 가지의 정확한 발음과 관련 조항을 맞게 서술한 경우

13 ㉠은 어떤 말이 줄어서 만들어진 것인가를 생각해 보면 올바른 표기를 쉽게 알 수 있다. '오래간만에'가 줄어서 된 말이므로 '오랫만에'가 아니라 '오랜만에'라고 써야 한다.

14 모음의 기본자는 천지인(天地人) 삼재(三才)의 모양을 본떠 만들었는데, 천지인은 하늘과 땅, 인간을 의미한다. 따라서 모음의 기본자를 통해 세상의 근원인 하늘과 땅, 인간에 대한 철학적 의미를 글자에 담고자 한 창제자의 마음을 알 수 있다. 과학의 발전과는 관련이 없다.

`오답 확인` ① (가)에서 기본자에 획을 하나씩 더함으로써 소리의 거센 특성을 나타냈다고 했다.
② (나)에서 자음 글자는 발음 기관을 본떠 만들었다고 했다.
④ (나)에서 모음의 경우 기본자 'ㆍ, ㅡ, ㅣ' 3자를 합성하여 나머지 글자를 만들었다고 했다.
⑤ (가)에서 어금닛소리인 'ㄱ, ㅋ'은 비슷한 모양을 하고 있으며 공통된 소리 특징을 드러낸다. 'ㄴ, ㄷ, ㅌ'은 혓소리이고, 'ㅁ, ㅂ, ㅍ'은 입술소리

이고, 'ㅅ, ㅈ, ㅊ'은 잇소리이고, 'ㅇ, ㆆ, ㅎ'은 목구멍소리인데. 이렇게 각각 비슷한 모양을 취하여 소리의 유사성을 표시하고 있다.

15 (가)에서 자음자는 '자음 글자에서 상형의 원리에 의거하여 만든 것은 앞의 다섯 자뿐이며 나머지는 이것을 기본자로 하여 다음처럼 획을 하나씩 더해 가는 방식을 취하였다.'라고 하였다. (나)에서 모음자는 '먼저 기본자를 세 자 정하여 그것을 상형의 원리로 만들었'고, '나머지 글자는 이 기본자를 합성하여 만들었다.'라고 하였다.

상	자음자의 상형과 가획의 원리. 모음자의 상형과 합성의 원리를 모두 정확히 서술한 경우
중	자음자의 상형과 가획의 원리와 모음자의 상형과 합성의 원리 중 하나만 정확히 서술한 경우
하	자음자의 상형과 가획의 원리 중 하나만 서술하거나, 모음자의 상형과 합성의 원리 중 하나만 서술한 경우

16 박지원의 저작은 '나'에게 주인공이 다음에 어떻게 되었을지 궁금하게 하였고, 자신이 주인공이라면 어떻게 했을지 생각하게 하였다. 또한 단단하고 품위 있는 문장의 아름다움을 느끼게 하였으며, 정신세계가 한층 더 넓어지고 수준이 높아졌다고 느끼게 하였다. 한 번만 읽어도 책의 내용을 완벽하게 이해하게 되었다는 것은 이 글에서 확인하기 어렵다.

17 글쓴이는 인간의 지극한 정신문화, 그 높고 그윽한 세계에 닿고 그의 일원이 되는 것, 인간다운 삶을 살고 드높은 가치를 추구하는 길을 보여 주는 것이 독서의 가치라고 하였다.

상	두 가지 가치를 모두 정확하게 작성한 경우
중	두 가지 가치 중에서 한 가지만 맞은 경우
하	두 가지 가치를 모두 제대로 작성하지 못한 경우

18 (가)는 공감각의 개념을 정의하였고, (나)에서 그 예로 데이비드 호크니의 〈풍덩〉을 제시하였다. (다)~(마)는 〈풍덩〉의 특징을 색채, 기법, 구도로 나누어 설명하고 있다. 즉 (다)~(마)는 그림의 특징을 하나씩 나열해 가며 설명하는 열거의 구조이다.

19 〈보기〉는 공감각적인 작품의 예로 김호득의 〈아〉를 제시하고 있다. 예시의 설명 방법을 사용하였다.

오답 확인 ① 정의, ③ 대조, ④ 대조, ⑤ 분석이다.

20 이 글은 다양한 시각 자료를 활용하여 정보를 전달한 카드 뉴스이다. 간결한 문장 표현을 사용하였고 정확한 의미의 어휘를 사용하였다. 그래프나 그림과 같은 다양한 시각 자료를 사용하였으며, 글자의 크기와 색깔을 달리하여 가독

성을 높이고 내용을 강조하였다. 전체적으로 주황색 배경을 통해 더운 분위기를 조성하였다. 그러나 비유적이고 상징적인 표현은 찾기 어렵다.

21 온열 질환 발생의 가능성이 높아졌다는 점, 폭염 대비 건강 수칙 3가지를 기억해야 한다는 점을 고려하여, 폭염을 대비하기 위한 건강 수칙을 염두에 두고 여름을 건강하게 보내자는 내용의 결론을 제시하는 것이 적절하다.

22 대상을 일정한 기준에 따라 종류별로 묶어서 설명하는 방법을 '분류'라고 한다.

오답 확인 ㉠에는 '정의', ㉡에는 '비교', ㉢에는 '대조', ㉣에는 '구분'이 들어가야 한다.

23 (나)에서는 제주도의 관광 명소의 다양함에 대해 설명하면서, ⓐ에서 함덕 해수욕장, 협재 해수욕장 등의 관광지를 예로 제시하고 있다. (가)에서 '예시'에 대해 설명한 부분은 첫 문단인데, 특히 마지막 문장에서 예시의 설명 방법을 사용할 때 유의할 점에 대해 말하고 있다.

상	두 가지를 각각 정확한 문장으로 작성한 경우
중	두 가지의 답을 작성했으나, 정확한 문장으로 작성하지 못한 경우
하	한 가지의 답만 정확한 문장으로 작성한 경우

24 (나)는 제주도를 소개하는 편지글이다. 글쓴이는 독자의 관심을 유도하면서 내용을 효과적으로 전달하기 위해 다양한 방법을 사용하고 있다. 특히 글의 마지막 부분에서 아리스토텔레스의 말을 인용하면서 친구의 소중함을 이야기하고 있다. 하지만 제주도에 대해 잘 알고 있는 전문가의 말을 인용하고 있지는 않다.

오답 확인 ① 첫 문단에 예전에는 유배지였던 제주도가 지금은 관광지로 발돋움했다는 내용이 있다.
② 첫 문단에서 제주도의 인구에 대한 통계 수치를 제시하고 있다.
③ 마지막 부분에서 방학 때 함께 제주도를 놀러 다니자는 말을 하면서 만남에 대한 기대를 표현하는 한편, 마음은 늘 함께 하고 있다는 말로 친구에게 애정을 표현하고 있다.
⑤ 첫 문단에서 '너도 알고 있듯이'라고 제시하면서 제주도에 대한 친구의 배경지식을 환기하고 있다.

25 〈보기 2〉의 '고쳐쓰기 전'과 '고쳐쓰기 후'를 비교해 보면 두 가지 달라진 점을 찾을 수 있다. 먼저, 셋째 줄의 '어색한'이 '익숙한'으로 바뀌었다. 이는 처음에는 다소 낯설었던 교실에 적응이 되었다는 의미이므로 '익숙한'이 더 적절하다. 이 부분에서는 단어를 교체한 '대치의 원리'가 사용되었다. 또한 '고쳐쓰기 전'에 있던 '단체 생활을 하는 ~ 생각합니다.'는 고쳐 쓰고 난 후에 삭제되었다. 이는 중심 내용

과 관계없는 불필요한 내용이기 때문이다. 이 부분에서는 '삭제의 원리'가 적용되었다.

26 〈보기 1〉에서 두 번째 문장의 '아저씨가 운동을 시키는 커다란 개'는 다음 문장에서 반복되고 있다. 이처럼 불필요하게 반복되는 부분은 지시어를 사용하여 정리할 수 있다. 이 글에서는 뒷부분을 '그 개는' 정도로 정리하면 적절하다. 또한 문장 사이에 접속어를 사용하지 않았기 때문에 긴밀성이 떨어진다.

오답 확인 ⓒ 이 글에 사용된 문장은 모두 '몽실이와 산책 나가서 겪은 일'에 해당하므로 굳이 빼야 할 문장은 없다.
ⓔ 상황에 맞지 않는 부적절한 단어의 사용은 보이지 않는다.

27 ③은 책을 읽는 것은 '나'이기 때문에 주동사를 사용해 '재미있게 읽을 만한'으로 고쳐야 한다. 한편 '읽혀질'은 피동이 중복되어 쓰인 것으로 피동 표현에서도 사용하지 말아야 할 표현이다.

오답 확인 ① '탈꼴찌'의 '탈'에 이미 '벗어나다'라는 의미가 담겨 있다. 따라서 불필요한 중복을 피하기 위해 '탈꼴찌를 하다'나 '꼴찌를 벗어나다'라고 해야 한다.
② '여간'은 부정 표현과 호응하는 부사어이다.
④ 불필요하게 성분을 생략해 어색해진 경우이다. 그대로 이해하면 '빵을 마시고 우유도 마시다'가 된다. 따라서 '빵을'에 해당하는 서술어인 '먹고'를 넣어 주어야 한다.
⑤ 주어가 '이유는'이기 때문에 서술어는 '때문이다.'가 되어야 한다.

28 선생님과 진호의 대화를 보면, 선생님이 진호와 민수의 관계가 좋지 않다는 것을 알고 있지만 진호와 민수가 다툰 이유는 알지 못한다는 것을 알 수 있다.

29 (가)와 (나)는 모두 갈등 상황이 드러난다. (가)에서는 선생님과 한뫼, (나)에서는 차은과 엄마의 갈등이 드러난다.

오답 확인 ① (가)에서는 한뫼가 선생님과의 대화를 거부하고 자리를 피하려 하고, (나)에서는 차은과 엄마가 상대방을 존중하지 않고 대화한다.
② (가)에서는 선생님, (나)에서는 엄마가 설득적인 말하기를 하고 있다.
③ (가)에서는 한뫼가, (나)에서는 차은이 대화의 장소에서 벗어나려는 모습을 보이고 있다.
④ (가)에서는 선생님이 한뫼를 배려하며 존중하는 태도를 보인다. (나)에는 그렇게 말하는 인물이 없다.

30 (가)에서는 한뫼, (나)에서는 엄마와 차은이 비협력적으로 대화에 임하고 있다. 선생님만 끝까지 협력적인 태도를 유지하고 있다.

31 선생님은 한뫼의 경우를 생각하고 도시의 아이들을 초청하는 생각을 떠올리게 되었다. 달걀을 팔아 모은 돈으로 여비를 마련하여 도시 아이들을 산골로 초청하는 것이 선생님이 생각한 '좋은 생각'인 것이다.

상	도시 아이들을 초청하는 생각임을 한 문장으로 적절하게 서술한 경우
중	도시 아이들을 초청하는 생각임을 서술하였으나, 한 문장으로 자연스럽게 서술하지 못한 경우
하	도시 아이들을 초청하는 생각임을 적절하게 서술하지 못한 경우

32 이 글에서는 효과적인 듣기 방법으로 질문하기와 맞장구치기를 제시하고 있다. 맞장구치기를 설명하면서 고개를 끄덕이기, 밝은 미소 짓기 등도 제시하였다. 하지만 자기 생각 말해 주기는 제시하지 않았다.

33 민들레꽃은 형제간의 화해를 상징하는 소재이다. 이를 듣기·말하기에 적용하면 상대방에 대한 이해, 즉 상대방에 대한 공감이라고 할 수 있을 것이다.

EBS 중학

뉴런

| 국어 2 |

미니북

• 천재(노)

나는 *북관(北關)에 혼자 앓아누워서
어느 아침 의원(醫員)을 뵈이었다
의원은 *여래(如來) 같은 상을 하고 *관공(關公)의 수염을 드리워서
먼 옛적 어느 나라 신선 같은데
새끼손톱 길게 돋은 손을 내어
묵묵하니 한참 맥을 짚더니
문득 물어 고향이 어데냐 한다
평안도 정주라는 곳이라 한즉
그러면 아무개 씨 고향이란다
그러면 아무개 씰 아느냐 한즉
의원은 빙긋이 웃음을 띠고
*막역지간(莫逆之間)이라며 수염을 쓴다
나는 아버지로 섬기는 이라 한즉
의원은 또 다시 넌즈시 웃고
말없이 팔을 잡어 맥을 보는데
손길은 따스하고 부드러워
고향도 아버지도 아버지의 친구도 다 있었다

* 북관: '함경도'의 다른 이름.   * 여래: '부처'를 달리 이르는 말.
* 관공: 중국 소설 「삼국지」에 등장하는 '관우'를 이르는 말.
* 막역지간: 허물이 없는 아주 친한 사이를 이르는 말.

핵심 정리

갈래	자유시, 서정시	성격	서사적, 회고적
화자	고향을 떠나 타지에 와 있는 '나'	제재	북관에서 만난 의원
주제	아버지와 고향에 대한 그리움		
특징	• 구체적인 사건과 인물간의 대화 형식을 통해 시상을 전개함. • 비유를 활용한 묘사로 인물에 대한 구체적인 인상을 전달함. • 촉각적 심상을 사용하여 고향에 대한 그리움을 불러일으킴.		

100점 특강

■ 시의 화자의 처지와 정서

이 시를 쓴 시인 백석은 평안북도 정주 출생이다. 일본에서 대학을 졸업한 후 서울에서 기자 생활을 하다가 함경도로 가서 영어교사로 재직하였다. 이후 경성, 서울, 만주, 신의주 등을 떠돌며 많은 시를 썼다. 이로 미루어 볼 때, 이 시는 시인의 경험을 바탕으로 썼다고 볼 수 있으며, 시의 화자인 '나' 또한 시인 자신이라고 볼 수 있을 것이다.

화자의 처지	고향인 평안도 정주를 떠나 함경도에서 외롭게 생활하고 있음. • 병에 걸려 의원을 찾아감. • 의원이 아버지로 섬기는 분(또는 아버지)의 친구임을 알게 됨.
화자의 정서	의원의 손길에서 따스함을 느끼면서, 아버지와 고향, 고향 사람들을 생각함.

■ 시의 화자의 정서 변화 과정

타향에서 혼자 앓아누워 외롭고 서글픈 마음	⇒	의원과의 만남	⇒	따스한 정과 고향에 대한 그리움을 느낌.

■ '의원'의 외모 묘사

이 시에서는 비유적인 표현을 사용하여 의원의 외모를 묘사하고 있다. 화자는 의원에 대해 여래 같으며, 관공 같기도 하고, 신선 같은 면모도 있다고 표현하고 있다. 이러한 비유를 통해 인자하고 너그러우면서도 화자의 몸과 마음의 병을 치유해 줄 능력을 지닌 절대적인 존재로 의원을 묘사하고 있다.

서술형 체크 ✓

1 이 시의 화자의 현재 처지를 쓰시오.

답 타향에서 외롭게 생활하면서 병이 들었다.

해설 화자의 고향은 평안북도 정주인데 지금은 북관(함경도)에 있다. '혼자 앓아누워서'라는 표현에서 화자의 외로운 처지를 알 수 있다.

2 화자에게 고향에 대한 그리움을 느끼게 하는 매개체를 쓰시오.

답 의원의 따스하고 부드러운 손길

해설 화자는 자신의 고향 사람을 알고 있다는 의원의 손길에서 따스함을 느끼면서 아버지와 고향, 고향 사람들을 떠올리며 그리워하고 있다.

2 귀뚜라미 | 나희덕

• 미래엔

높은 가지를 흔드는 매미 소리에 묻혀
내 울음 아직은 노래 아니다.

차가운 바닥 위에 토하는 울음
풀잎 없고 이슬 한 방울 내리지 않는
지하도 콘크리트 벽 좁은 틈에서
숨 막힐 듯, 그러나 나 여기 살아 있다.
귀뚜르르 뚜르르 보내는 *타전 소리가
누구의 마음 하나 울릴 수 있을까.

지금은 매미 떼가 하늘을 찌르는 시절
그 소리 걷히고 맑은 가을이
어린 풀숲 위에 내려와 뒤척이기도 하고
계단을 타고 이 땅 밑까지 내려오는 날
발길에 눌려 우는 내 울음도
누군가의 가슴에 실려 가는 노래일 수 있을까.

* 타전: 전보나 무전을 침.

핵심 정리

갈래	자유시, 서정시	성격	감각적, 의지적
화자	'나(여름날의 귀뚜라미)'	제재	귀뚜라미의 울음
주제	누군가에게 감동을 주는 노래를 부르고 싶은 소망		
특징	• 곤충인 귀뚜라미를 시의 화자로 내세워 시인의 소망을 우회적으로 전달함. • 대조적인 의미의 시어를 통해 화자의 처지 및 주제를 효과적으로 드러냄. • 청각적 심상과 시각적 심상을 사용해 시적 상황을 전달함. • 2, 3연을 의문형으로 마무리하면서 화자의 소망을 제시하고 시적 여운을 줌.		

100점 특강

▦ 시의 화자

시의 화자	특징
'나' (귀뚜라미)	▶ • 시인이 직접 화자로 등장하지 않고 곤충인 귀뚜라미를 '나'로 내세움. • 귀뚜라미를 통해 시인의 처지와 정서, 소망 등을 드러냄. • 가을을 기다리며 여름을 참고 견디는 귀뚜라미의 특성이 시의 주제를 드러내기에 효과적임.

이 시에서 '귀뚜라미'는 시인의 정서와 소망을 대신 드러내는 역할을 한다. 귀뚜라미의 소리는 시인의 입장에서 보면 '시'라고 할 수 있다. 여름날 귀뚜라미 소리가 울음에 그치고 자신이 있음을 알리는 신호에 불과한 것처럼, 현재의 시인은 본인이 감동 없는 시만 쓰고 있다고 생각하고 있다. 그리고 귀뚜라미가 누군가의 마음을 울리는 노래를 부를 가을을 기다리듯이, 자신도 다른 사람에게 감동을 주는 시를 쓸 날을 소망하고 있음을 이야기하고 있다.

▦ '귀뚜라미'의 현재와 미래

	현재	미래
계절	여름	가을
계절의 특성	매미의 계절	귀뚜라미의 계절
귀뚜라미 처지	고달픈 현실을 견딤.	울림을 주는 노래를 부름.
귀뚜라미 소리	울음, 타전 소리 (다른 사람에게 감동을 주지 못함.)	노래 (누군가에게 감동을 줌.)

서술형 체크 ✔

1 이 시에서 '노래'와 대조적인 의미로 쓰인 시어 두 개를 찾아 쓰시오.

답 울음, 타전 소리

해설 '노래'는 다른 사람에게 감동을 주는 소리이지만, '울음'과 '타전 소리'는 자신의 존재를 알리기만 하는 울림이 없는 소리이다.

2 이 시의 화자가 소망하는 삶을 쓰시오.

답 누군가의 가슴(삶)에 울림을 주는 노래를 부르는 것함.

해설 이 시의 화자인 '귀뚜라미'가 소망하는 삶은 2연과 3연의 마지막 행에 의문형으로 제시되어 있다.

• 교학사, 천재(박)

나는 나룻배
당신은 행인.

당신은 흙발로 나를 짓밟습니다.
나는 당신을 안고 물을 건너갑니다.
나는 당신을 안으면 깊으나 옅으나 급한 여울이나 건너갑니다.

만일 당신이 아니 오시면 나는 바람을 쐬고 눈비를 맞으며 밤에서 낮
까지 당신을 기다리고 있습니다.
당신은 물만 건너면 나를 돌아보지도 않고 가십니다그려.
그러나 당신이 언제든지 오실 줄만은 알아요.
나는 당신을 기다리면서 날마다 날마다 낡아 갑니다.

나는 나룻배
당신은 행인.

┃핵심 정리

갈래	자유시, 서정시	성격	상징적, 명상적
화자	'당신'을 사랑하고 기다리는 '나'	제재	나룻배와 행인
주제	'당신'을 향한 헌신적인 사랑과 간절한 기다림		
특징	• '나'와 '당신'을 '나룻배'와 '행인'에 비유하며 시상을 전개함. • '나'의 태도가 '당신'의 태도와 대조를 이루며 강조됨. • 수미 상관의 방법을 사용하고, '-ㅂ니다'와 같은 종결형을 반복하며 운율을 형성함. • 쉬운 우리말과 경어체를 사용하여 화자의 태도를 드러냄.		

■ 시의 화자와 시적 대상

	인물	비유적 표현
화자	사랑하는 사람을 위해 자신을 희생하며 기다리는 '나'	나룻배
시적 대상	이기적이며 무심한 '당신'	행인

■ '나'와 '당신'의 태도

이 시에서 '나'와 '당신'의 태도는 대조적으로 드러난다. '나'는 당신에게 희생적인 태도를 보이지만, '당신'은 '나'에게 무심한 태도를 보이고 있다.

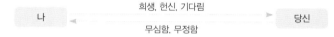

희생, 헌신, 기다림
나 ◀─────────────────────────▶ 당신
무심함, 무정함

■ 소재의 상징적 의미

나룻배	'나'의 희생적 사랑과 간절한 기다림을 드러냄.
흙발	'나'에 대한 '당신'의 무심함을 드러냄.
바람, 눈비	'당신'을 기다리며 '나'가 겪어야 할 시련과 고난
밤, 낮	'당신'에 대한 '나'의 간절한 기다림의 시간

서술형 체크 ✔

1 '당신'과 '나'의 태도를 비교하여 설명하시오.

답 '나'는 '당신'에게 희생적, 헌신적인 태도를 보이지만, '당신'은 '나'에게 무심한 태도를 보인다.

해설 '당신'은 흙발로 '나'를 짓밟고 물만 건너면 '나'를 돌아보지도 않지만, '나'는 '당신'을 안고 물을 건너가고 바람과 눈비를 맞으면서도 '당신'을 기다린다.

2 다시 만날 것에 대한 화자의 믿음이 드러나는 시행을 찾아 쓰시오.

답 그러나 당신이 언제든지 오실 줄만은 알아요.

해설 3연에는 당신이 돌아올 것에 대한 '나'의 믿음이 드러나 있다.

4 낙화 | 이형기

• 천재(노)

가야 할 때가 언제인가를
분명히 알고 가는 이의
뒷모습은 얼마나 아름다운가

봄 한철 / 격정을 인내한
나의 사랑은 지고 있다

분분한 낙화(落花)
결별이 이룩하는 축복에 싸여
지금은 가야 할 때

무성한 녹음과 그리고 / 머지않아 열매 맺는
가을을 향하여 / 나의 청춘은 꽃답게 죽는다

헤어지자 / 섬세한 손길을 흔들며
하롱하롱 꽃잎이 지는 어느 날

나의 사랑, 나의 결별
샘터에 물 고이듯 성숙하는
내 영혼의 슬픈 눈

▌핵심 정리

갈래	자유시, 서정시	성격	관조적, 의지적
화자	낙화를 통해 이별의 의미를 발견하는 '나'	제재	낙화
주제	이별을 통한 내적 성숙		
특징	• 자연 현상으로부터 인생의 의미를 발견함. • 이별에 대한 긍정적 인식과 극복의 과정을 다룸. • 역설적 표현을 통해 화자의 깨달음을 강조함.		

100점 특강

시어의 함축적 의미

꽃	▶	사랑, 청춘, 젊음
낙화	▶	이별, 죽음
녹음과 열매	▶	성장, 성숙

자연 현상과 인간사의 관계

| 자연 현상 | 개화(봄) | ⇒ | 낙화 | ⇒ | 결실(가을) |

| 인간사 | 만남(사랑) | ⇒ | 헤어짐(결별) | ⇒ | 정신적 성숙 |

시에 쓰인 표현 방법과 효과

뒷모습은 얼마나 아름다운가	영탄법	적절한 시기의 이별을 아는 사람의 아름다움을 강조함.
결별이 이룩하는 축복	역설법	모순된 표현을 통해 헤어짐은 성숙한 만남을 위한 것임을 드러냄.
섬세한 손길을 흔들며	의인법	꽃잎이 떨어지는 모습을 의인화하여 이별의 모습을 형상화함.
하롱하롱 꽃잎이 지는	의태법	꽃잎이 가볍게 흩날리는 모습을 의태어를 사용하여 나타냄.
샘터에 물 고이듯	직유법	이별로 인한 슬픔과 그 아픔으로 인해 성숙해지는 영혼을 표현함.

서술형 체크 ✔

1 이 시에 쓰인 시어 '낙화'의 사전적 의미와 함축적 의미를 쓰시오.

답 사전적 의미: 꽃이 떨어짐
함축적 의미: 이별, 결별

해설 이 시에서는 꽃이 피었다가 떨어지는 모습을 인간사에서의 만남이나 헤어짐에 빗대어 표현하고 있다.

2 이 시에서 역설적 표현에 해당하는 시구를 찾아 쓰시오.

답 결별이 이룩하는 축복

해설 '결별'이라는 부정적 상황을 '축복'이라는 긍정적 시어로 모순되게 표현하여 낙화를 통해 열매를 얻음. 즉 이별을 통해 내적인 성숙을 얻을 수 있다는 의미를 강조하고 있다.

• 미래엔

씹던 껌을 아무데나 퉤, 뱉지 못하고
종이에 싸서 쓰레기통으로 달려가는
너는 참 바보다.
개구멍으로 쏙 빠져나가면 금방일 것을
비잉 돌아 교문으로 다니는 / 너는 참 바보다.
얼굴에 검댕칠을 한 연탄장수 아저씨한테
쓸데없이 꾸벅, 인사하는 / 너는 참 바보다.
호랑이 선생님이 전근 가신다고
아무도 흘리지 않는 눈물을 찔끔거리는 / 너는 참 바보다.
그까짓 게 뭐 그리 대단하다고
민들레 앞에 쪼그리고 앉아 한참 바라보는 / 너는 참 바보다.
내가 아무리 거짓으로 허풍을 떨어도
눈을 동그랗게 뜨고 머리를 끄덕여 주는 / 너는 참 바보다.
바보라고 불러도 화내지 않고
씨익 웃어 버리고 마는 너는 / 정말 정말 바보다.

– 그럼 난 뭐냐?
그런 네가 좋아서 그림자처럼
너 뒤를 졸졸 따라다니는
나는?

▌핵심 정리

갈래	자유시, 서정시	성격	반어적, 예찬적
화자	바보 같은 '너'를 좋아하는 '나'	제재	착하고 따뜻한 '너(친구)'
주제	착하고 따뜻한 '너'를 좋아함.		
특징	• 반어적인 표현을 통해 주제를 강조함. • 같거나 비슷한 문장을 반복하여 의미를 강조함. • 질문의 형식으로 화자의 마음을 표현함.		

100점 특강

■ 시적 대상과 화자의 태도

시적 대상(1연)		화자의 태도(2연)
바보같이 착하기만 한 '너'	▶	'나'는 그런 '너'를 좋아함.

■ '너는 참 바보다.'의 의미와 표현상 특징

표면적 의미		이면적 의미
'너'는 어리석은 바보다.	◀▶	'너'는 품성이 바르고 마음이 따뜻한 친구다.

'너'를 '바보'라고 말하고 있지만 '너'의 바른 품성과 따뜻하고 넓은 마음을 말함으로써
'너'의 바보 같지 않은 면을 반어적으로 강조하고 있음.

■ '너'의 인물됨

- 규칙을 잘 지킴.
- 예의 바름.
- 마음이 따뜻함.
- 사소한 것을 소중히 여김.
- 너그러움.

➡ 순진하면서도 바르고 마음이 따뜻한 친구

서술형 체크 ✓

1 이 시에서 '너'는 어떤 사람인지 쓰시오.

답 품성이 바르고 다정다감한 친구이다.

해설 '너'는 규칙을 잘 지키면서 어려운 이웃
과 사소한 것에 대해서도 애정과 관심을 보이
는 마음이 따뜻한 친구이다.

2 이 시에서 반어적 표현이 쓰인 구절을 쓰시오.

답 너는 참 바보다.

해설 이 시에서 화자인 '나'는 '너'를 바보라고
말하면서도 '너'의 착하고 따뜻한 점을 좋아하
는 마음을 드러내고 있다. 따라서 '너는 참 바
보다.'는 반어적 표현으로 볼 수 있다.

독은 아름답다 | 함민복

• 천재(박)

은행나무 열매에서 구린내가 난다
주의해 주세요 구린내가 향기롭다

밤톨이 여물면서 밤송이가 따가워진다
날카롭게 찌르는 가시가 너그럽다

복어알을 먹으면 죽는다
복어의 독이 복어의 사랑이다

자식을 낳고 술을 끊은 친구가 있다
친구의 독한 마음이 아름답다

▌핵심 정리

갈래	자유시, 서정시	성격	감각적, 역설적
화자	겉으로 드러나지 않음.	제재	친구의 독한 마음
주제	자식을 위해 희생을 감내하는 친구의 아름다운 마음		
특징	• 사물의 외면적인 속성에서 역설적인 의미를 읽어 냄. • 후각적·촉각적 심상을 활용하여 대상을 구체적으로 형상화함. • 여러 대상들의 속성과 대상들을 바라보는 시선을 유사한 방식으로 연결하여 구조적 안정감과 통일감을 줌.		

■ 소재에 대한 개성적 발상

소재	일반적 인식		화자의 개성적 발상
은행나무 열매의 냄새 ·····	구린내가 난다.	⇒	열매를 지키기 위한 것이므로 향기롭다.
밤송이의 가시 ·····	날카롭다, 따갑다	⇒	밤톨을 지키기 위한 것이므로 너그럽다.
복어의 독 ·····	생명이 위험하다.	⇒	복어알을 지키기 위한 것이므로 사랑이다.
친구의 금주 결심 ·····	독하다	⇒	자식을 지키기 위한 것이므로 아름답다.

■ 표현상 특징과 효과

- 구린내의 향기로움
- 독에 담긴 사랑
- 가시의 너그러움
- 독한 마음의 아름다움

겉으로 보면 모순되고 이치에 맞지 않은 표현이지만 그 속에 더 깊은 의미를 담고 있는 역설적 표현

⇒
- 말하고자 하는 바를 강조함.
- 참신한 느낌을 줌.

■ 시에 쓰인 심상과 표현 효과

후각적 심상	구린내, 향기로움
촉각적 심상	따가움, 날카롭게 찌름.

⇒ 대상을 구체적으로 형상화함.

서술형 체크 ✔

1 이 시에 주로 쓰인 표현법을 쓰시오.

답 역설법

해설 이 시에서는 서로 모순된 표현을 통해 깊은 의미를 전달하는 역설적 표현이 주를 이루고 있다.

2 이 시의 화자가 친구의 독한 마음을 은행 냄새, 밤 가시, 복어의 독과 견주어 아름답다고 생각한 이유를 쓰시오.

답 열매나 씨앗, 자식을 보호하기 위한 것이므로

해설 이 시에서는 우리가 평소 부정적으로 바라보던 은행의 냄새, 밤 가시, 복어의 독과 같이 친구가 술을 끊은 것도 자식을 지켜 내려는 본능적 사랑의 표현이라고 보고 있다.

• 교학사, 비상, 천재(노), 천재(박)

먼 훗날 당신이 찾으시면
그때에 내 말이 '잊었노라'

당신이 속으로 나무라면
'무척 그리다가 잊었노라'

그래도 당신이 나무라면
'믿기지 않아서 잊었노라'

오늘도 어제도 아니 잊고
먼 훗날 그때에 '잊었노라'

▌핵심 정리

갈래	자유시, 서정시	성격	애상적, 반어적
화자	떠난 임을 잊지 못하는 '나'	제재	임과의 이별
주제	떠난 임에 대한 그리움		
특징	• 말하려는 바를 정반대로 표현하여 주제를 강조함. • 시어를 반복하여 운율을 형성하고 의미를 강조함. • 한 행을 일정한 음보로 구성하여 운율을 형성함.		

100점 특강

시의 화자가 처한 상황

시간적 상황		심리적 상황
임과 이별한 직후		임과의 이별로 인해 슬프고 안타까움

표현상 특징과 효과

화자의 말		화자의 마음
나는 당신을 잊었습니다.	⟷	나는 당신을 잊을 수 없습니다.

• 화자의 마음을 반대로 표현하여 이별로 인한 슬픔과 '당신'에 대한 그리움을 강조함.
• 직접적인 표현보다 화자의 정서와 의도를 드러내는 데 효과적임.

운율 형성 방법

시어의 반복	'먼 훗날', '당신이', '잊었노라'라는 시어를 반복함.
문장 구조의 반복	'당신이 ~면 잊었노라'라는 문장 구조를 반복함.
3음보의 반복	'먼 훗날 ∨ 당신이 ∨ 찾으시면'과 같이 각 행을 3음보로 끊어 읽음.

서술형 체크 ✔

1 이 시에서 '잊었노라'에 담겨 있는 이면적 의미를 쓰시오.

답 당신을 잊을 수 없다.

해설 이 시의 화자는 떠나간 임에 대한 그리움으로 임을 절대로 잊을 수 없다는 점을 반어적으로 표현하고 있다.

2 이 시에서 화자가 말하고자 하는 바를 중심으로 감상할 때, 표현상 특징과 그 효과를 쓰시오.

답 반어적 표현, 화자의 그리움을 강조할 수 있다.

해설 반어법은 실제로 말하려는 바를 반대로 표현하여 더욱 강한 인상을 주면서 의도를 강조한다.

[*]모진 소리를 들으면
내 입에서 나온 소리가 아니더라도
내 귀를 겨냥한 소리가 아니더라도
모진 소리를 들으면
가슴이 쩌엉한다.
온몸이 쿡쿡 아파 온다
누군가의 온몸을
가슴속부터 쩡 금 가게 했을
모진 소리

나와 헤어져
덜컹거리는 지하철에서
고개를 수그리고
내 모진 소리를 자꾸 생각했을
내 모진 소리에 무수히 [*]정 맞았을
누군가를 생각하면
모진 소리,
[*]늑골에 정을 친다
쩌어엉 세상에 금이 간다.

* **모진**: 괴로움이나 아픔 따위의 정도가 지나치게 심한.
* **정**: 구멍을 뚫거나 돌을 쪼아서 다듬는, 쇠로 만든 연장.
* **늑골**: 가슴을 구성하는 뼈. 가슴뼈.

█핵심 정리

갈래	자유시, 서정시	성격	감각적, 성찰적
화자	모진 소리를 들으며 자신을 성찰하는 '나'	제재	모진 소리
주제	다른 사람의 마음을 아프게 한 말에 대한 성찰		
특징	• 시의 화자가 일상의 경험을 바탕으로 자신의 지난 행동을 성찰함. • 다양한 심상을 사용해 주제를 감각적으로 드러냄. • 동일한 시구나 유사한 시구의 반복을 통해 운율을 형성함.		

100점 특강

▦ 시적 상황과 화자의 정서

이 시의 화자는 모진 소리를 들었을 때 그것이 자신이 한 소리도 아니고 다른 사람이 자신에게 한 소리도 아님에도 몸과 마음이 아파 오는 경험을 통해 자신의 모진 소리에 상처받았을 누군가를 생각하며 지난 행동을 성찰한다. 이 시에서 1연의 '모진 소리'는 화자가 자신을 성찰하게 되는 계기가 되는데, 이와 같은 역할을 하는 소재를 '성찰의 매개체'라고 한다.

1연		2연
화자가 다른 사람이 하는 모진 소리를 들음.	···· 시적 상황 ····	화자가 자신이 과거에 한 모진 소리를 생각함.
자신과 관계없는 소리이지만 몸과 마음이 아픔을 느낌.	···· 정서 ····	자신의 모진 소리에 상처받았을 누군가를 생각하며 마음 아파함.
성찰의 계기		성찰

▦ '모진 소리'의 영향

모진 소리	⇒	듣는 사람의 마음을 아프게 함.	⇒	주변 사람들에게도 상처를 줌.	⇒	세상에 금이 가게 함.

▦ 다양한 심상의 표현 효과

시각적 심상	고개를 수그리고	
청각적 심상	모진 소리	⇒ 모진 소리로 인한 사람들의 상처를 효과적으로 드러냄.
촉각적 심상	온몸이 쿡쿡 아파 온다	

서술형 체크 ✓

1 이 시에서 '자아 성찰의 매개체' 역할을 하는 소재를 쓰시오.

답 모진 소리

해설 화자는 '모진 소리'를 들으며 느낀 아픔을 통해 자신의 모진 소리에 상처받았을 누군가를 생각하며 과거 행동을 반성하고 있다.

2 이 시에 쓰인 심상 세 가지를 쓰시오.

답 시각적 심상, 청각적 심상, 촉각적 심상

해설 이 시에서는 다양한 심상을 사용하여 모진 소리로 인한 사람들의 상처를 구체적으로 드러내고 있다.

9 물, 수, 제, 비 | 정완영

• 금성

우리 마을, 고향 마을 시냇가에 자갈밭엔
별보다 고운 자갈이 *지천으로 깔렸는데
던지면 도마뱀처럼 물길 찰찰 건너갔지.

공부도 하기 싫고, 노는 것도 시시한 날
나는 냇가로 나가 물수제비 떠먹었지.
자갈이 수제비 되어 퐁당퐁당 나를 달랬지.

* **지천**: 매우 흔함.

핵심 정리

갈래	현대 시조, 연시조(정형시, 서정시)	성격	회상적, 향토적, 자연 친화적
화자	어린 시절 물수제비를 통해 위로를 받던 '나'	제재	물수제비 놀이
주제	고향과 자연에 대한 그리움		
특징	• 어린 시절에 대한 회상을 바탕으로 시상을 전개함. • 순수한 동심과 자연이 아름답게 조화를 이룸. • 4음보의 규칙적인 운율을 형성함. • 의태어와 의성어를 사용하여 대상을 생동감 있게 표현함.		

100점 특강

■ 표현 대상

1연
'나'의 외적 상황
⋮
강가에서 물수제비를 뜸.

▶

2연
'나'의 내적 상황
⋮
물수제비를 통해 외로움과 무료함을 달램.

■ 시어의 함축적 의미

물수제비	어린 화자('나')의 외로움을 달래 주는 대상

■ 화자의 정서 변화

물수제비 뜨기 전
공부도 하기 싫고, 노는 것도 시시함.
⋮
무료함

▶

물수제비 뜬 후
• 자갈을 던지면 도마뱀처럼 물길 찰찰 건너감. • 자갈이 수제비 되어 퐁당퐁당 '나'를 달램.
⋮
즐거움

서술형 체크 ✔

1 이 시에 드러난 운율을 바탕으로 각 연의 3행을 끊어 읽어 보시오.

답 던지면 ∨ 도마뱀처럼 ∨ 물길 찰찰 ∨ 건너갔지

자갈이 ∨ 수제비 되어 ∨ 퐁당퐁당 ∨ 나를 달랬지

해설 이 시는 2연으로 이루어진 연시조로, 각 연은 3장 6구 45자 내외의 형식을, 각 행은 4음보의 율격을 갖추고 있다.

2 이 시의 화자가 자연을 대하는 태도를 쓰시오.

답 자연 친화적

해설 이 시의 화자는 어린 시절 무료함을 달래기 위해 고향 마을의 시냇가에서 물수제비를 뜨고 있다. 순수한 동심과 함께 자연을 친밀하게 대하는 태도를 드러내고 있다.

• 금성

인당수에 빠질 수는 없습니다
어머니, / 저는 살아서 시를 짓겠습니다

공양미 삼백 석을 구하지 못하여
당신이 평생 어둡더라도
결코 인당수에는 빠지지는 않겠습니다
어머니, / 저는 여기 남아 책을 보겠습니다

나비여, / 나비여,
애벌레가 나비로 날기 위하여
누에고치를 버리는 것이 / 죄입니까?
하나의 알이 새가 되기 위하여
껍질을 부수는 것이 / 죄일까요?
그 대신 점자책을 사 드리겠습니다
어머니, / 점자 읽는 법도 가르쳐 드리지요

우리의 삶은 모두 이와 같습니다
우리들 각자가 배우지 않으면 안 되는
외국어와 같은 것- / 어디에도 인당수는 없습니다
어머니, / 우리는 스스로 눈을 떠야 합니다

▌핵심 정리

갈래	자유시, 서정시	성격	의지적, 설득적
화자	어머니가 눈을 뜨기를 바라는 '나'	제재	「심청전」의 내용
주제	삶의 문제를 스스로 해결하는 주체적인 태도의 필요성		
특징	• 고전 소설 「심청전」을 재구성한 작품임. • 소설 속 '심청'의 행동을 비판적으로 보면서 주체적인 삶을 강조함. • 어머니에게 말을 건네는 말투를 사용함.		

100점 특강

■ 원작(「심청전」)과 시의 비교

공통점		「심청전」	「배꼽을 위한 연가 5」
공통점		• 소재: 인당수, 공양미 삼백 석	• 상황: 부모가 눈이 보이지 않음.
차이점	갈래	소설	시
차이점	대상의 상황	눈이 보이지 않는 사람이 아버지임. → 눈이 보이지 않는다는 것은 앞을 보지 못한다는 것을 의미함.	눈이 보이지 않는 사람이 어머니임. → 눈이 보이지 않는다는 것은 삶을 정확하게 파악하지 못한다는 것을 의미함.
차이점	문제 해결 방법	심청의 무조건적인 희생(공양미 삼백 석을 위해 인당수에 빠짐.)	화자가 자신은 책을 읽고, 어머니에게는 점자책을 사 드림.

■ 시의 화자의 태도

　이 시의 화자는 「심청전」에 나오는 '심청'의 행동에 대해 부정적으로 생각하고 있다. 이는 심청을 효녀로 보며 긍정적으로 생각하는 일반적인 해석과 다른 개성적인 관점이다.

「심청전」의 심청	이 시의 화자
아버지를 위해 인당수에 빠지고 부처님의 도움을 바람.	자신은 책을 보고 어머니께는 점자 읽는 법을 가르쳐 드리겠다며 스스로 눈을 떠야 한다고 강조함.
▼	▼
타인의 도움으로 문제 해결	스스로의 힘으로 문제 해결

서술형 체크 ✔

1 이 시가 「심청전」을 재구성했음을 알게 해 주는 소재 두 가지를 쓰시오.

답 인당수, 공양미 삼백 석

해설 고전 소설 「심청전」에서 심청이는 아버지의 눈을 뜨게 할 공양미 삼백 석을 구하려고 인당수에 빠져 죽는다.

2 이 시의 화자가 추구하는 삶의 모습에 대해 쓰시오.

답 주체적으로 문제를 해결해 나가는 삶

해설 공양미를 구하기 위해 인당수에 빠지는 것이 아니라 어머니가 스스로 점자책을 읽으며 문제를 해결하는 삶을 살 수 있도록 돕겠다고 말하고 있다.

봄 길 | 정호승

• 비상

길이 끝나는 곳에서도
길이 있다
길이 끝나는 곳에서도
길이 되는 사람이 있다
스스로 봄 길이 되어
끝없이 걸어가는 사람이 있다
강물은 흐르다가 멈추고
새들은 날아가 돌아오지 않고
하늘과 땅 사이의 모든 꽃잎은 흩어져도
보라
사랑이 끝난 곳에서도
사랑으로 남아 있는 사람이 있다
스스로 사랑이 되어
한없이 봄 길을 걸어가는 사람이 있다

▌핵심 정리

갈래	자유시, 서정시	성격	긍정적, 낙관적
화자	겉으로 드러나지 않음.	제재	봄 길을 걸어가는 사람
주제	희망과 사랑으로 삶을 개척하는 태도		
특징	• 긍정적이고 희망적인 화자의 태도가 드러남. • 추상적인 관념을 구체적인 이미지로 형상화함. • 비슷한 문장을 반복하여 의미를 강조하고 운율을 형성함.		

시의 짜임

1~6행	길이 끝나는 곳에서도 끝없이 길을 가는 사람이 있음.
7~9행	강물은 흐르다 멈추고, 새들은 날아가 돌아오지 않고, 꽃잎이 흩어짐.
10~14행	사랑이 끝나는 곳에서도 사랑이 되어 한없이 봄 길을 걷는 사람이 있음.

시구의 대조적 의미

절망적 상황	희망을 만드는 모습
• 강물은 흐르다가 멈추고 • 새들은 날아가 돌아오지 않고 • 하늘과 땅 사이의 모든 꽃잎은 흩어져도	• 길이 되는 사람 • 끝없이 걸어가는 사람 • 사랑으로 남아 있는 사람 • 한없이 봄 길을 걸어가는 사람

표현상 특징

유사한 문장 구조의 반복	3~4행과 11~12행, 5~6행과 13~14행이 서로 유사한 문장 구조로 반복되어 운율을 형성하고 의미를 강조함.
역설적 표현	'길이 끝나는 곳에서도 / 길이 있다'라는 모순된 표현을 통해 절망적 상황에서도 희망이 존재한다는 의미를 전달함.

1 이 시에서 '길이 끝나는 곳'을 구체적으로 표현한 부분(시행)을 찾고 그 상징적 의미를 쓰시오.

답 7~9행. 슬프고 힘든 현실, 절망적 상황

해설 이 시는 '길이 끝나는 곳', '사랑이 끝나는 곳'이라는 시구를 통해 절망적 현실을 표현하고 있다. 이 절망적 상황은 '강물이 멈추고, 새들이 돌아오지 않고, 꽃잎이 흩어져' 버리는 자연 현상을 통해 구체화되고 있다.

2 이 시에서 '한없이 봄 길을 걸어가는 사람'의 의미를 쓰시오.

답 절망적 상황에서도 희망과 꿈을 만들며 살아가는 사람

해설 '한없이 봄 길을 걸어가는 사람'은 길이 끝나고 사랑이 끝나는 힘들고 절망적인 상황에서도 계속 걸어가는 사람, 즉 스스로 길을 개척하고 다른 사람이 걸어갈 길을 만들기 위해 기꺼이 희생하는 사람이다.

• 금성

　　사람한테 잡혀가도 입을 크게 벌리고만 있으면 산다고 아버지한테 귀 닳도록 들었습니다 사람한테 잡혀가도 눈을 크게 *부라리고만 있으면 사람들이 겁먹고 도망간다고, 눈을 똑바로 뜨고만 있으면 사람들이 무서워서 벌벌 떨며 도망간다고 아버지한테 귀빠지게 들었습니다 잘 보이지는 않지만, 눈 하나 깜빡대지 않고 크게 뜨고 있는 내가 무섭지요 벌벌 떨리지요?

* 부라리고만: 눈을 크게 뜨고 눈망울을 사납게 굴리고만.

▌핵심 정리

갈래	산문시, 서정시	성격	풍자적, 우의적, 해학적
화자	'나(북어)'	제재	북어의 외양
주제	실속 없이 위압적인 모습으로 권세를 부리려는 사람들에 대한 풍자		
특징	• 산문적인 문체에 유사한 문장 구조를 반복하며 리듬감을 느끼게 함. • '북어'를 화자로 내세워 시상을 전개함. • 북어의 모습에 아버지의 말씀을 곁들여 웃음을 유발함. • 북어의 말을 통해 사람들의 삶을 풍자함.		

100점 특강

■ 시의 화자의 상황과 태도

이 시의 화자는 사람이 아니고, 북어이다. 시인은 자신이 직접 시의 화자로 등장하거나 다른 사람을 화자로 내세워서 하고 싶은 이야기를 전달하기도 하지만, 때에 따라서는 이 시처럼 사람이 아닌 화자를 내세우기도 한다.

시의 화자	화자의 상황	사람들에게 잡혀 와 가게에 진열되어 있음.
북어	화자의 태도	자신이 사람들을 위협하고 있다고 생각함.

| 참고 |
북어는 어류의 정식 이름이 아니다. 생선의 한 종류인 명태를 말린 것을 북어라고 한다. 정확하게 말하면 사람들에게 잡혀 온 것은 북어가 아니라 명태이다. 참고로 명태는 이름이 많다. 명태의 새끼는 노가리라 하고, 명태를 말리거나 얼리는 방법·상태에 따라 생태, 동태, 황태, 북어, 코다리 등으로 불린다.

■ 시의 풍자적 의미

북어		사람들
눈을 크게 뜨고 입을 크게 벌리고 있으면 사람들이 자신을 무서워한다고 생각함.	풍자	다른 사람들 앞에서 위압적인 모습을 보이면 그 사람들이 자신을 무서워한다고 생각함.
실제로 사람들은 북어를 무서워하지 않음.		실제로 다른 사람들은 위압적인 모습의 사람을 무서워하지 않음.

서술형 체크 ✔

1 시의 화자와 관련해서 이 시의 특징을 쓰시오.

답 사람이 아닌 '북어'를 화자로 내세워 시상을 전개하고 있다.

해설 이 시의 화자는 북어이다. 시인은 시의 내용을 효과적으로 전달하기 위해 사람이 아닌 화자를 내세우기도 한다.

2 이 시에서 풍자하는 대상을 쓰시오.

답 실속 없이 허풍으로 권위만 내세우는 사람

해설 북어가 '입을 크게 벌리고만' 있고 '눈을 크게 부라리고만' 있는 모습에서 떠오르는 사람들의 특성을 파악한다.

• 금성

내를 건너서 숲으로
고개를 넘어서 마을로

어제도 가고 오늘도 갈
나의 길 새로운 길

민들레가 피고 까치가 날고
아가씨가 지나고 바람이 일고

나의 길은 언제나 새로운 길
오늘도…… 내일도……

내를 건너서 숲으로
고개를 넘어서 마을로

▌핵심 정리

갈래	자유시, 서정시	성격	의지적, 고백적
화자	새로운 길을 가고자 하는 '나'	제재	길
주제	언제나 새로운 길을 가고자 하는 의지		
특징	• 인간의 삶을 길에 빗대어 표현함. • 3연을 중심으로 의미상 대칭 구조를 이룸. • 수미 상관 기법을 활용하여 의미를 강조함.		

시의 구조

1연	2연	3연	4연	5연
어려움을 극복하고 평화로운 곳으로 나아감.	자신이 걷는 길을 새롭게 바라봄.	길을 가면서 다양한 존재들을 만남.	앞으로의 길을 새롭게 걸어갈 것을 다짐함.	어려움을 극복하고 평화로운 곳으로 나아감.

대칭

대칭

시어의 상징적 의미

길	···	인생
내, 고개	···	시련, 고난, 어려움
숲, 마을	···	희망, 평화
민들레, 까치, 아가씨, 바람	···	• 인생에서 만나게 되는 다양한 존재 • 삶에 희망을 주는 존재

서술형 체크 ✓

1 이 시에서 화자가 걷는 '길'의 의미를 쓰시오.

답 화자의 인생, 화자의 삶의 과정

해설 화자는 과거와 현재, 미래를 살아가는 자신의 모습을 길을 걷고 있는 것으로 표현하고 있다.

2 이 시의 화자의 길에 있는 '내, 숲, 고개, 마을'의 상징적 의미를 쓰시오.

답 내, 고개 – 화자가 살면서 겪는 시련이나 고난
숲, 마을 – 화자가 안정을 취할 수 있는 평화로운 삶의 시간이나 공간

해설 화자는 '내'를 건너서 '숲'으로, '고개'를 건너서 '마을'로 가고자 한다. 이는 자신의 삶의 과정에서 여러 가지 어려움이나 고통을 이겨 내고 평화로운 곳으로 가고자 하는 것이다.

• 지학사

어둠이 *한기처럼 스며들고
배 속에 붕어 새끼 두어 마리 *요동을 칠 때

학교 앞 버스 정류장을 지나는데
먼저 와 기다리던 선재가
내가 멘 책가방 지퍼가 열렸다며 닫아 주었다.

아무도 없는 집 썰렁한 내 방까지
붕어빵 냄새가 따라왔다.

학교에서 받은 우유 꺼내려 가방을 여는데
아직 온기가 식지 않은 종이봉투에
붕어가 다섯 마리

내 열여섯 세상에
가장 따뜻했던 저녁

* 한기: 추운 기운.
* 요동: 흔들리어 움직임. 또는 흔들어 움직임.

▌핵심 정리

갈래	자유시, 서정시	성격	감각적, 일상적
화자	열여섯 살의 학생인 '나'	제재	붕어빵 다섯 개
주제	친구가 가방 속에 넣어 준 붕어빵에서 느끼는 따뜻한 우정		
특징	• 학생의 시선으로 참다운 우정과 배려하는 마음의 가치에 대해 전달함. • 촉각적 심상을 주로 사용하여 상황과 정서를 표현함. • 일상에서 일어날 수 있는 평범한 이야기를 통해 감동을 줌.		

100점 특강

시의 화자

화자의 신분	열여섯 살의 학생
화자의 처지	경제적으로 어렵고 외로운 처지
화자의 정서	친구가 가방에 넣어 준 붕어빵을 통해 따뜻한 감동을 느낌.
화자 설정의 효과	청소년 사이의 우정의 가치를 청소년의 시선으로 전달함. ➡ 생생한 현실감과 따뜻한 감동을 줌.

대조적 심상

차가움	따뜻함
어둠이 한기처럼 스며들고 아무도 없는 집 썰렁한 내 방	아직 온기가 식지 않은 종이봉투 가장 따뜻했던 저녁
▼	▼
부정적인 현실	친구의 우정

소재의 상징적 의미

내 방, 우유	화자의 경제적인 어려움과 외로운 처지를 드러냄.
붕어빵	친구를 생각하는 선재의 따뜻한 마음을 드러냄.

서술형 체크 ✓

1 화자의 부정적인 현재 처지를 드러내는 시구 두 개를 찾아 쓰시오.

답 아무도 없는 집 썰렁한 내 방, 학교에서 받은 우유

해설 화자가 외로운 처지이며 경제적으로 풍족하지 않은 상황임을 알 수 있다.

2 이 시의 주제를 드러내기 위해 대조적으로 활용한 심상을 쓰시오.

답 촉각적 심상

해설 화자의 현재 처지를 드러내는 차가운 심상(한기, 썰렁한 내 방)과 따뜻한 정을 의미하는 따뜻한 심상(온기가 식지 않은 종이봉투, 따뜻했던 저녁)이 대조되고 있다.

15 엄마 걱정 | 기형도

• 천재(노), 천재(박)

열무 삼십 단을 이고
시장에 간 우리 엄마
안 오시네, 해는 시든 지 오래
나는 찬밥처럼 방에 담겨
아무리 천천히 숙제를 해도
엄마 안 오시네, 배추 잎 같은 발소리 타박타박
안 들리네, 어둡고 무서워
금 간 창틈으로 고요히 빗소리
빈방에 혼자 엎드려 훌쩍거리던

아주 먼 옛날
지금도 내 눈시울을 뜨겁게 하는
그 시절, 내 유년의 *윗목

* 윗목: 온돌방에서 아궁이로부터 먼 쪽의 차가운 방바닥.

핵심 정리

갈래	자유시, 서정시	성격	회고적, 애상적
화자	어린 시절을 회상하는 '나'	제재	유년 시절의 기억
주제	가난했던 어린 시절의 외롭고 쓸쓸한 기억		
특징	• 성인이 된 화자가 유년 시절을 회상하며 시상을 전개함. • 다양한 비유적 표현을 사용하여 인물의 처지를 효과적으로 드러냄. • 다양한 감각적 표현을 사용하여 시적 상황을 구체적으로 표현함.		

100점 특강

시의 화자의 처지와 정서

이 시의 화자는 성인이 된 '나'로 시인 자신이라고 볼 수 있다. 화자는 자신의 유년 시절을 회상하며 그 시절에 느꼈던 정서를 다시금 떠올리고 있다.

	1연(과거)	2연(현재)
처지	배추를 팔러 장에 가서 밤늦도록 돌아오지 않는 엄마를 기다림.	유년 시절의 일을 회상하며 눈시울이 뜨거워짐.
정서	외로움, 무서움	안타까움

시에 쓰인 표현 방법

표현 방법	시구	표현하려는 내용
활유법	해는 시든 지 오래	해가 지는 것을 팔리지 않아 시들었을 열무처럼 표현함. → 시간의 흐름과 엄마의 고단한 삶을 드러냄.
직유법	찬밥처럼 방에 담겨	엄마를 기다리는 '나'의 외로움, 서글픈 처지를 드러냄.
직유법	배추 잎 같은 발소리	피곤한 모습으로 돌아오는 엄마의 발걸음을 표현함. → 엄마의 가난하고 고된 삶을 드러냄.
은유법	그 시절, 내 유년의 윗목	외롭고 힘들었던 유년의 기억을 차가운 윗목에 비유함.

서술형 체크 ✓

1 현재의 '나'의 정서를 드러내는 시행을 찾아 쓰시오.

답 지금도 내 눈시울을 뜨겁게 하는

해설 '나'는 늦게까지 돌아오지 않는 엄마를 기다리며 외로움과 무서움에 훌쩍거리던 유년을 생각하며 눈시울이 뜨거워지고 있다.

2 과거의 '나'의 처지를 비유적으로 드러내는 시행을 찾아 쓰시오.

답 나는 찬밥처럼 방에 담겨

해설 엄마를 기다리는 화자의 외로운 처지를 '찬밥'에 비유하고 있다.

미니북 · **31**

절친 | 복효근

• 창비

내 건 검은색에 흰 줄 / 진명이는 하늘색에 흰 줄

진명이와 나는 슬리퍼 한 짝씩 바꿔 신었습니다.
나는 내 것 왼쪽에 진명이 것 오른쪽
진명이는 내 것 오른쪽에 진명이 것 왼쪽

서로의 절반씩을 줘 버리고 나니 / 우린 그렇게 절반씩 부족합니다.

서로의 부족한 절반을 알고 있기에
그 서로의 반쪽이 우리를 하나로 묶어 주었습니다.

한쪽 날개밖에 없는 두 마리 새가 만나
두 날개로 하나 되어 날아간다는 ㉠*비익조처럼 / 우린 둘이서 하나입니다.

실내화 한 짝씩 바구어 신었을 뿐인데
내가 두 개가 된 느낌 / 내가 두 배가 된 느낌

힘도 꿈도 깡도 / ㉡하나이면서 둘인, 둘이면서 하나인
온 세상이 온통 우리 것 같은 느낌입니다.

* **절친**: 절친한 친구의 줄임말. 일반 친구보다 사이가 더욱 좋고 친한 친구.
* **비익조**: 암컷과 수컷의 눈과 날개가 하나씩이어서 짝을 짓지 아니하면 날지 못한다는 전설상의 새.

핵심 정리

갈래	자유시, 서정시	성격	일상적, 역설적
화자	학생인 '나'	제재	슬리퍼(실내화)
주제	슬리퍼 한 짝씩을 바꿔 신으며 느끼는 우정		
특징	• 학생을 화자로 내세워 우정에 대해 이야기함. • 일상적인 어휘를 사용하여 친근감을 줌. • 대구적 표현을 사용하여 운율을 느끼게 함. • 역설적인 표현을 사용하여 주제를 강조함.		

100점 특강

▦ 개성적 발상과 표현

하나이면서 둘인, 둘이면서 하나인

표면적 의미	시인의 의도
'하나'이면서 동시에 '둘'이 될 수 없다는 면에서 모순된 표현임.	슬리퍼를 바꿔 신음으로써 둘이 하나가 된 것처럼 가깝게 느껴진다는 내용을 표현하고자 함.

표면적으로는 모순된 것처럼 보이지만 그 안에 시인의 의도를 강조하여 드러낸 역설적 표현임.

▦ 대구적 표현의 시적 효과

- 내 건 검은색에 흰 줄 / 진명이는 하늘색에 흰 줄
- 나는 내 것 왼쪽에 진명이 것 오른쪽 / 진명이는 내 것 오른쪽에 진명이 것 왼쪽
- 내가 두 개가 된 느낌 / 내가 두 배가 된 느낌
- 하나이면서 둘인, 둘이면서 하나인

유사한 시구를 반복함으로써 운율을 느끼게 하며 읽는 재미를 주고 의미가 강조됨.

서술형 체크 ✔

1 ⊙에 빗대어 표현하려고 한 것이 무엇인지 쓰시오.

답 '나'와 진명이가 한 몸처럼 가까워졌다.

해설 비익조는 두 마리 새가 만나 하나가 되어 날아간다는 전설의 새이다. 이를 통해 실내화를 나누어 신고 한 몸처럼 가까워진 두 친구의 관계에 대해 이야기하고 있다.

2 ⓛ에서 사용한 표현 방법 두 가지를 쓰시오.

답 역설법, 대구법

해설 하나가 둘이고 둘이 하나라는 표현은 모순이지만, 그 속에 친구와 우정으로 하나가 된다는 의미를 담고 있는 역설적 표현이다. 또한 비슷한 구절을 반복하는 대구적 표현이다.

• 동아, 지학사

나 보기가 역겨워
가실 때에는
말없이 고이 보내 드리오리다.

*영변(寧邊)에 *약산(藥山)
진달래꽃
아름 따다 가실 길에 뿌리오리다.

가시는 걸음걸음
놓인 그 꽃을
사뿐히 즈려 밟고 가시옵소서.

나 보기가 역겨워
가실 때에는
죽어도 아니 눈물 흘리오리다

* **영변**: 평안북도에 있는 지명.
* **약산**: 약산 동대를 가리키는 말. 진달래가 곱기로 유명함.

█ 핵심 정리

갈래	자유시, 서정시	성격	애상적, 민요적
화자	이별의 슬픔을 참고 견디겠다는 '나'	제재	임과의 이별
주제	이별의 정한(情恨)		
특징	• 민요적 율격을 활용하여 애상적 정서를 강조함. • 여성적인 목소리로 화자의 정서를 애절하게 드러냄. • 이별의 슬픔을 반어적으로 표현함. • 3음보, 수미 상관, '– 오리다'의 반복으로 운율을 살림.		

100점 특강

시상 전개 과정

1연	2연	3연	4연
이별에 대한 체념	떠나는 임에 대한 축복	임에 대한 희생적 사랑	이별의 슬픔 승화

표현상 특징과 효과

표현	나 보기가 역겨워 / 가실 때에는 / 죽어도 아니 눈물 흘리오리다
의미	너무 큰 슬픔에 눈물을 흘리게 될 것임.

↓

실제 말하고자 하는 바와는 정반대로 표현하여 이별하는 슬픔을 더 강하게 드러냄.

소재의 의미

진달래꽃 —— • (시인의) 고향을 대표하는 꽃 – 소중한 것   • 아름답고도 희생적인 사랑

서술형 체크 ✔

1 이 시에서 임을 대하는 화자의 태도를 쓰시오.

답 희생적 태도

해설 이 시의 '나'는 임이 떠나는 일이 마음으로는 너무 슬프지만 이별의 상황을 받아들이고 임이 떠나는 길을 축복해 주겠다고 말하고 있다.

2 다음은 이 시의 4연에 대한 설명이다. 빈칸에 들어갈 알맞은 내용을 쓰시오.

> 임이 나를 떠나는 것은 너무도 슬픈 일이지만 겉으로는 절대로 눈물을 흘리지 않겠다고 표현하여 (   )을/를 반어적으로 강조하고 있다.

답 너무 슬퍼서 피눈물을 흘릴 수 있음.

해설 이 시의 화자는 이별을 맞아 겉으로는 수용하는 것처럼 말하고 있지만 속으로는 너무 슬퍼서 임이 떠나지 않기를 바라고 있다. 이를 '죽어도 아니 눈물 흘리오리다'로 표현하고 있다.

내가 그린 히말라야시다 그림 | 성석제

• 지학사

줄거리 화가인 남자(백선규)와 그림 애호가인 여자는 초등학교 동창이다. 그리고 그들은 각자 과거를 회상한다. 남자는 화가를 꿈꾸었으나 가정 형편으로 농부가 된 아버지를 둔 가난한 집 아들이다. 여자는 동네에서 가장 부유한 집의 딸이다. 둘은 4학년 때 같은 미술 대회에 학교 대표로 참가한다. 남자는 이미 3학년 때 4학년을 대신해 이 대회에 참가해 대상을 받은 적이 있는데, 4학년이 되어 다시 참가하여 또 한 번 대상을 받게 된다. 하지만 전시된 그림을 보고, 그 그림이 자신의 것이 아니라 여자의 것임을 알게 된다. 여자가 그림에 번호를 잘못 적어낸 것이다. 남자는 대상의 주인공이 바뀐 것을 알았지만, 사실을 밝히지 않는다. 그리고 여자 또한 대상 그림이 자신의 것임을 알았지만, 상에 별 관심이 없어서 말없이 지나간다. 세월이 흘러 남자는 유명한 추상화가가 되고, 여자는 판사와 결혼하여 부유하게 산다. 여자는 우연히 남자를 보지만 아는 척하는 것이 귀찮아 그저 보기만 한다.

핵심 정리

갈래	현대 소설, 단편 소설	시점	1인칭 주인공 시점
배경	• 과거–시간적: 초등학교 시절 / 공간적: 지방의 작은 마을 • 현재–시간적: 성인이 된 시절 / 공간적: 서울		
주제	어린 날의 선택이 삶에 미치는 영향		
특징	• 주요 인물들이 각자 현재 시점에서 과거를 회상함. • 두 명의 서술자가 등장하여 동일한 사건을 각자의 시각에서 전달함.		

100점 특강

■ 서술상 특징과 효과

'남자(백선규)'와 '여자' 두 명의 서술자가 번갈아 가며 자신의 이야기를 함. ⇒ 동일한 사건에 대한 두 사람의 심리가 함께 드러나며 비교하며 읽는 재미가 있음.

■ 주요 인물

	남자(백선규)	여자
환경	가난한 농부의 아들	부유한 제재소 집 딸
심리	사실을 알리는 것이 두려워 말하지 않음.	상에 관심이 없어 사실을 말하지 않음.
현재	유명한 추상화가	판사의 부인

19 두근두근 내 인생 | 김애란

줄거리 '나(아름)'는 17살 소년이다. 아버지와 어머니는 지금의 '나'의 나이인 17살에 '나'를 낳았다. 그런데 '나'는 남들보다 빨리 늙는 조로병에 걸려서 나이는 17살이지만 여든 살 노인의 몸을 갖고 있다. 어느 날 자신의 병원비 때문에 걱정을 하는 부모님의 대화를 들은 '나'는 방송에 출연한 후 시청자들이 보낸 성금으로 병원에 입원할 수 있게 되었다. 그런데 방송이 나간 후에 자신도 중병을 앓고 있다는 서하라는 17살 여자아이가 보낸 메일을 받는다. '나'는 누군가를 좋아하다가 혹시 세상마저 좋아질까 두려워 주저하다가 결국 서하에게 답장을 보낸다. 그리고 여름 동안 메일을 주고받으면서 처음으로 이성을 좋아하게 되고, 두근거리는 감정을 느끼게 된다. 하지만 서하는 존재하지 않은 아이로, 시나리오 작가를 지망한다는 남성이 만들어 낸 인물이었다. 그 충격으로 '나'는 병이 악화되는데 그 와중에 서하로부터 마지막 편지가 오고, '나'는 답장을 쓰며 마지막에 '보고 싶을 거야.'라는 말을 남긴다.

핵심 정리

갈래	현대 소설, 장편 소설	시점	1인칭 주인공 시점
배경	시대적: 현대 / 공간적: 도시	주제	조로증에 걸린 소년의 삶과 가족의 사랑
특징	* '희귀병'과 '죽음'이라는 부정적인 내용을 밝게 그려 냄. * 남들보다 빨리 나이를 먹는 병에 걸린 주인공을 통해 사람의 인생을 압축적으로 보여 줌.		

100점 특강

소설과 시나리오의 비교

	소설	시나리오
공통점	* 인물들 사이에 발생하는 다양한 갈등에 의해 내용이 전개됨. * 작가가 만들어 낸 허구적인 이야기임.	
차이점	* 그 자체로 완결된 문학임. * 서술자에 의해 내용이 전달됨.	* 영화 상영을 위한 대본임. * 배우들의 대사와 행동으로 내용이 전달됨.

'두근두근'의 의미

심장의 박동	임신 중이던 어머니의 뱃속에서 들리던 아름의 심장 박동
부모의 사랑	희귀병에 걸린 아름을 향한 부모님의 헌신적 사랑
아름이의 사랑	열일곱 살의 나이에 처음 이성 친구를 사귀게 된 아름의 설렘

20 동백꽃 | 김유정

• 교학사, 금성, 미래엔, 천재(노), 천재(박), 지학사, 창비

줄거리 나무를 하러 산에 가던 '나'는 자신의 수탉이 점순네 수탉에게 당하는 것을 보고 화가 난다. 점순이 '나'를 괴롭히기 시작한 것은 나흘 전부터이다. 일을 하는 '나'에게 점순이 평소와 달리 친한 척하며 감자를 건넸다. 감자로 생색을 내는 것 같아 거절했더니 눈물까지 어리어 달아났던 점순이었다. 그런데 그날 이후로 점순이 '나'의 암탉을 때리거나, 자기네 수탉과 '나'의 수탉을 싸움 붙이는 것이었다. '나'는 늘 당하기만 하는 자신의 수탉이 힘을 쓰도록 고추장까지 먹였으나 소용이 없었다. 그런데, 오늘 또 점순이가 닭싸움을 붙인 것이다. 처음에는 마름인 점순네 땅을 빌려 쓰는 자기 집의 처지를 생각해 참았으나, 산에서 내려오는 길에 또다시 닭싸움을 붙인 것을 보고는 결국 화를 못 참고 점순네 닭을 단매로 때려죽인다. 겁을 먹고 우는 '나'에게 점순은 자기 말을 들으면 이르지 않겠다고 말을 하고는 '나'와 함께 동백꽃 속으로 쓰러진다. '나'는 노란 동백꽃의 알싸한 향기에 정신이 아찔함을 느낀다.

▌핵심 정리

갈래	현대 소설, 단편 소설	시점	1인칭 주인공 시점
배경	시대적: 1930~40년대 / 공간적: 어느 산골 농촌 마을		
주제	사춘기 산골 남녀의 순박한 사랑		
특징	• '현재-과거-현재'의 역순행적 구성임. • 토속적인 소재와 비속어를 사용하여 향토적인 느낌을 줌. • 어리숙하고 순박한 '나'를 서술자로 설정해 해학성을 높임.		

100점 특강

■ 서술상의 특징과 효과

'나(서술자)'	⟺	점순의 마음	→	독자들은 아는 점순의 마음을 서술자만 모르는 상황에서 보이는 엉뚱한 모습이 웃음을 유발함.
점순의 마음을 모름.		'나'와 친해지고 싶음.		

■ 소재의 역할

감자	'나'와 친해지고 싶은 점순의 마음을 드러내고, 갈등의 원인이 됨.
닭싸움	점순의 서운한 마음을 드러내는 한편, 마름과 소작인의 관계가 드러남.
동백꽃	향토적인 분위기를 형성하고, 남녀 간의 미묘한 감정을 상징함.

21 사랑손님과 어머니 | 주요섭

• 동아, 창비

줄거리 여섯 살 난 여자아이인 '나'(옥희)와 젊은 나이에 과부가 된 어머니, 작은 외삼촌과 함께 살고 있는 집 사랑방에 아버지의 친구인 아저씨가 하숙을 하게 된다. 아저씨는 '나'를 귀여워해 주면서 한편으로 어머니에 대한 관심을 보인다. 어느 날 '나'가 아저씨와 뒷동산에 놀러 갔다가 불쑥 아저씨가 아버지였으면 좋겠다는 말을 하자, 아저씨는 얼굴을 붉힌다. 또한 '나'가 자신이 뽑아 온 꽃을 거짓말로 아저씨가 준 것이라고 어머니에게 건네자 어머니도 얼굴이 빨개진다. 그런 아저씨와 어머니를 보면서 '나'는 어른들이 화가 난 것이라고 생각하지만 그 이유는 알지 못한다. 며칠 후, 아버지의 옷을 꺼내 보면서 무언가를 생각하던 어머니는 '나'를 통해 편지가 든 손수건을 아저씨에게 전달한다. 편지를 읽은 아저씨는 집을 떠나고, 어머니는 '나'와 함께 뒷동산에 올라가 아저씨가 탔을 기차를 바라본다. 그날 이후로 어머니가 가끔 치던 풍금의 뚜껑은 다시 닫히고, 어머니는 아저씨가 좋아하던 달걀도 사지 않게 된다.

핵심 정리

갈래	현대 소설, 단편 소설	시점	1인칭 관찰자 시점
배경	시대적: 1930년대 / 공간적: 어느 작은 마을		
주제	사랑손님과 어머니의 애틋한 사랑		
특징	• 어린아이가 서술자로 등장하여 어른들의 이야기를 전달함. • 봉건적인 윤리관과 인간의 감정 사이의 갈등이 드러남.		

100점 특강

서술상 특징과 효과

서술자	'나(여섯 살 아이인 옥희)'로, 자신이 관찰한 사랑손님과 어머니의 관계를 전달함.
특징	나이가 어리기 때문에 어른들의 감정을 정확히 파악해서 전달하지 못함.
효과	• 어른들의 심리를 모르는 엉뚱한 해석이 웃음을 유발함. • 어머니와 사랑손님의 관계가 순진한 아이의 눈을 통해 전달됨.

소재의 역할

삶은 달걀	아저씨에 대한 어머니의 호감을 보여 줌.
풍금	열림과 닫힘의 상태를 통해 사랑손님에 대한 어머니의 마음을 드러냄.
사진, 옷	어머니에게 남아 있는 아버지에 대한 사랑. 어머니의 내적 갈등의 원인이 됨.

• 미래엔, 천재(박)

줄거리 소년은 징검다리 한가운데에서 물놀이를 하는 서울 소녀에게 비켜 달라는 말을 하지 못해 개울을 건너지 못한다. 그런 소년에게 소녀는 '바보'라고 말하며 조약돌을 던지고 달아나고, 소년은 조약돌을 주워 주머니에 넣는다. 어느 날 소년은 소녀의 제안으로 함께 산에 놀러 간다. 무도 뽑아 먹고, 꽃도 따는 등 즐거운 시간을 보낸 소년과 소녀는 산을 내려오다가 갑자기 소나기를 만난다. 좁은 수숫단 속에서 함께 비를 피하면서 소년과 소녀는 서로에게 더욱 친밀감을 느낀다. 소나기가 그친 후 마을로 내려오는 길에 물이 불은 도랑을 만난 소년은 소녀를 업고 도랑을 건넌다. 그 후 한참 만에 다시 만난 소녀는 수척해진 얼굴로 산에 갔다 온 이후로 많이 아팠다며, 곧 이사를 가게 되었다는 말을 한다. 소녀를 찾아가지도 못하고 그리워만 하던 소년은 소녀가 이사 가기로 한 전날 밤에 잠을 자다가 깨어, 소녀가 죽었다는 부모의 대화를 듣게 된다. 그리고 소녀가 소년과 산에 갈 때 입었던 옷을 그대로 입혀서 묻어 달라는 말을 남겼다는 사실을 알게 된다.

▌핵심 정리

갈래	현대 소설, 단편 소설	시점	3인칭 관찰자 시점(부분적으로 전지적 시점)
배경	시대적: 현대 / 공간적: 어느 산골 마을		
주제	시골 소년과 도시 소녀의 순수한 사랑과 추억		
특징	• 토속적인 소재와 전원적인 배경 묘사로 향토적인 느낌을 줌. • 상징적이면서 압축적인 제목으로 주제를 효과적으로 드러냄.		

100점 특강

■ 인물의 태도 변화

소년	소녀에게 말을 걸지 못함.(내성적인 성격)	⇒	산에 놀러 갔다가 소나기를 만남.	⇒	소녀를 보호하는 적극적인 태도를 보임.
소녀	소년에게 조약돌을 던짐.(적극적인 성격)	⇒		⇒	소년에게 의지하는 수동적인 태도를 보임.

■ '소나기'의 역할 및 상징성

소나기	▶	• 소년과 소녀가 가까워지는 계기가 됨. • 짧은 순간 갑작스럽게 왔다 간 소년과 소녀의 순수한 사랑을 의미함.

23 완득이 | 김려령

• 천재(노)

줄거리 도완득은 난쟁이 아버지와 베트남 출신 어머니 사이에 태어난 고등학생이다. 어머니가 떠나고 아버지와 민구 삼촌과 셋이 옥탑방에서 살고 있다. 그리고 이웃에 똥주라는 별명으로 통하는 완득이 담임 선생님 이동주가 살고 있다. 완득은 될 놈들만 따로 시키라는 특이한 교육 철학으로 늘 자신을 괴롭히는 담임을 향해 죽으라는 기도를 열심히 하며 사는데, 실상 담임은 완득에게 관심이 많은 사람이었다. 그 관심이 귀찮았던 완득에게 어느 날 담임은 그동안 완득이가 몰랐던 엄마 이야기를 한다. 그의 생모가 베트남에서 왔는데 춤꾼으로 사는 아버지를 견디지 못하고 집을 떠났다는 것이다. 완득은 평소 범생이로 알려진 윤하와 사귀게 되고, 인도네시아에서 온 핫산이라는 사람을 통해 킥복싱을 시작한다. 운동을 시작한 후 세상에 대한 완득의 시선이 조금씩 달라져 가던 중 어머니를 만난다. 아들에게 꼬박꼬박 존댓말을 쓰는 어머니를 어색하게 대하던 완득의 말이 점점 반말로 바뀌며 두 사람은 가까워지는 모습을 보인다. 완득은 어머니의 사랑을 깨닫게 되었고, 어머니도 아버지와 화해한다.

핵심 정리

갈래	현대 소설, 장편 소설, 성장 소설	시점	1인칭 주인공 시점
배경	시대적: 현대 / 공간적: 도시 빈민가	주제	한 소년의 갈등과 성장
특징	• 다양한 사회 문제를 바탕으로 사건을 전개함. • 주인공의 성숙 과정이 잘 드러남.		

100점 특강

인물 간의 갈등

완득이 ⟷ 이동주	완득이 ⟷ 어머니
담임 이동주가 완득이의 생활을 간섭하면서 이를 귀찮게 여기는 완득이와 갈등을 빚음.	어머니를 이해하지 못하는 완득이와 아들과 친해지려는 어머니의 노력으로 인해 외적 갈등을 겪음.

소재의 상징적 의미

낡은 단화	어머니의 가난한 형편
하얀 봉투	• 완득: 어머니가 새 구두를 사 신기를 바라는 마음 • 어머니: 아들에 대한 애틋한 마음
킥복싱	완득에게 꿈과 희망을 갖게 함.

• 미래엔, 금성

줄거리 눈 대신 비가 추적추적 내리는 이날은 동소문 안에서 인력거를 끄는 김 첨지에게 운수가 좋은 날이었다. 아침부터 연이어 사람들을 태우면서 많은 돈을 벌게 된 김 첨지는 집에서 앓고 있는 아내에게 설렁탕을 사 줄 수 있겠다는 생각에 기분이 좋아진다. 그러다가 오늘은 제발 나가지 말라고 애원하던 아내의 모습을 떠올리고는 계속되는 행운 속에서도 불안한 마음을 숨기지 못한다. 돈을 버는 재미와 불안감이 교차하는 복잡한 마음으로 일을 마친 김 첨지는 아내에게 무슨 일이 생겼을지도 모른다는 생각에 곧장 집에 가지 못하고 선술집에 간다. 그리고 아내가 죽었다며 울다가 거짓말이라고 말하면서 웃고, 돈을 집어던지는 등의 이상한 행동을 한다. 늦은 밤에 아내에게 줄 설렁탕을 사서 집에 들어온 김 첨지는 누워서 반응이 없는 아내에게 욕을 하면서 일어나라고 소리를 지른다. 결국 아내의 죽음을 확인한 김 첨지는 눈물을 흘리며 '괴상하게도 오늘은 운수가 좋더니만…….'이라고 중얼거린다.

핵심 정리

갈래	현대 소설, 단편 소설	시점	3인칭 전지적 시점
배경	시대적: 1920년대 / 공간적: 서울 빈민가		
주제	일제 강점기 도시 빈민들의 비참한 삶		
특징	• 일제 강점기의 도시 빈민들의 비참한 삶을 사실적으로 보여 줌. • 반어적인 제목을 사용하여 주제를 인상적으로 전달함.		

100점 특강

■ 제목에 사용된 반어

제목	운수 좋은 날
작품 속 상황	김 첨지에게는 아내가 죽은 가장 슬픈 날임.

▶ 김 첨지의 처지와 반대되는 제목으로 주제를 인상적으로 전달함.

■ 배경과 소재의 역할

눈 대신 비가 추적추적 내리는 흐린 날	▶	우울한 분위기를 형성하며 주제를 암시함.
설렁탕	▶	아내에 대한 김 첨지의 사랑을 드러내며 소설의 비극성을 강조함.

25 이상한 선생님 | 채만식

• 비상

줄거리 일제 강점기 말, '나'는 초등학교에 다니고 있다. '나'의 초등학교에는 유난히 키가 작고 머리는 크며 성격이 사나운 박 선생님과 키가 크고 순한 성품의 강 선생님이 있다. 박 선생님은 늘 일본말을 쓸 것을 주장하는데, '나'는 조선말을 쓰다 박 선생님께 벌을 받기도 하였다. 반면 강 선생님은 조선말을 써도 아무런 벌도 주지 않는다. 일본이 항복을 하자 박 선생님은 기가 죽었고 강 선생님은 박 선생님이 일본에 충성하던 모습을 강하게 비난한다. 그러다 강 선생님은 박 선생님에게 태극기를 만들어 함께 독립 만세를 부를 것을 제안하고 박 선생님이 이를 수락하자 둘 사이가 좋아진다. 그 후 박 선생님은 수업 시간에 일본이 조선을 빼앗은 이야기를 하며 조선이 훌륭한 나라라고 가르치는 한편, 미국말을 열심히 공부하여 미군이 오면 통역을 해 주며 그들을 돕는다. 그러나 강 선생님이 교장이 되자 둘 사이는 다시 나빠지고, 얼마 후 강 선생님이 빨갱이로 몰려 교장에서 일 년 만에 쫓겨나면서 박 선생님이 교장이 된다. 박 선생님은 미국을 침이 마르도록 칭찬한다. 우리가 실수로 "미국놈"이라고 하면 엄한 벌을 주고 일본에 천황이 있듯이 미국에는 '돌멩이'라는 훌륭한 어른이 있다고 하며 미국을 추켜세운다.

핵심 정리

갈래	현대 소설, 단편 소설, 풍자 소설	시점	1인칭 관찰자 시점
배경	시대적: 일제 강점기~해방 후 / 공간적: 어느 초등학교		
주제	기회주의적 삶의 태도에 대한 비판		
특징	• 순진한 어린아이의 시선을 통해 부조리한 어른의 모습을 풍자적으로 그려 냄. • 대조적인 성향의 인물들을 등장시켜 주제를 강조함.		

100점 특강

인물의 상징성

박 선생님		강 선생님
기회주의적 태도를 지닌 인물	⟷	자주정신을 가진 인물

풍자적 요소

박 선생님의 외모 뺌박이라 불릴 만큼 키도 작고, 머리는 크며, 눈은 부리부리하고, 매부리코에 메기입

↓

대상을 우스꽝스럽게 표현하여 직접적으로 비판하지 않으면서 웃음을 자아냄.

일가 | 공선옥

• 비상

줄거리 열여섯 살인 '나(희창)'는 미옥에게 관심이 있다. 그래서 아버지가 알려 준 대로 편지를 써서 미옥에게 보낸 후 답장을 받는다. 들뜬 기분으로 집으로 돌아가는 중에 북한 말을 쓰는 남자를 만나는데 그 남자가 '나'를 따라온다. 중국에서 온 그 남자는 우리 '일가'로 아버지의 사촌 형님이자 '나'의 당숙이었다. 첫인상이 좋지 않았던 아저씨는 며칠이 지나도 가지 않고, '나'와 어머니는 불편함을 느낀다. 그러던 중 어머니는 '나'의 방에서 미옥의 편지를 발견하고 압수한다. 아버지는 어머니가 '나'의 편지를 갈취한 것이라고 말을 하고, 이 문제로 아버지와 크게 다툰 어머니는 집을 나간다. 어머니의 가출이 자신 때문이라고 자책하던 아저씨는 어느 날 밤에 '나'에게 자신이 살아온 이야기를 해 준다. 다음 날 아침에 어머니는 집으로 돌아오고 아저씨는 떠난다. 어느 날 '나'는 미옥이 아닌 아저씨의 외로움을 생각하며 울고 있음을 깨달으며, 자신이 이제는 어린애가 아니라고 생각한다.

핵심 정리

갈래	현대 소설, 단편 소설, 성장 소설	시점	1인칭 주인공 시점(부분적으로 1인칭 관찰자 시점)
배경	시대적: 현대 / 공간적: 어느 농촌 마을		
주제	아픔을 겪으며 성장해 가는 청소년 / 일가의 의미가 퇴색한 현대 사회 비판		
특징	• '나'가 힘든 일을 겪으며 성장해 가는 과정이 드러남. • '나'가 관찰한 어른들의 모습을 통해 현대 사회의 문제를 우회적으로 비판함.		

100점 특강

시간의 흐름에 따른 '나'의 변화

전반부		후반부	
미옥이에 대한 감정 때문에 고민함.	아저씨가 집에 머물다가 떠남.	일가 아저씨의 외로움을 생각하며 눈물을 흘림.	정신적으로 성장함.

'아저씨'를 대하는 가족들의 태도

'아저씨'	'나(희창)'	첫인상은 좋지 않았지만 점차 동정과 연민의 감정을 느낌.
	아버지	처음에는 잘 대해 주다가 점차 대접이 소홀해짐.
	어머니	불편하게 생각하다가 아버지와의 다툼을 핑계 삼아 가출해 버림.

27 양반전 | 박지원

• 동아, 지학사, 천재(노), 천재(박)

줄거리 강원도 정선 땅에 한 양반이 있었는데 글을 즐겨 읽고 덕이 높았다. 그러나 몹시 가난한 탓에 해마다 환곡을 빌려 갚지 못하여 큰 빚을 지게 되었다. 관찰사가 이 사실을 알고 옥에 가두라고 명하자, 양반은 대책 없이 울기만 했고 아내는 기가 막혀 '양반이 한 푼어치도 안된다'고 남편을 비웃는다. 그때 그 마을의 부자가 이 소식을 듣고 빚을 대신 갚아 주고 양반 신분을 산다. 군수가 이 모든 사실을 알고 마을 사람들을 모아 놓고 부자가 양반이 되었음을 증서로 남기고자 한다. 증서의 내용은 양반이 지켜야 할 덕목을 열거한 것으로, 일찍 일어나 책을 읽고 배고픔이나 추위 등에도 함부로 말하지 않으며 참아야 하는 등의 내용이었다. 부자가 증서의 내용에 불만을 품자 군수가 증서를 고쳐 준다. 두 번째 증서에서는 양반은 진사만 해도 벼슬에 오를 수 있고 시골에서 농사를 지을 때 이웃집 소를 마음대로 부리거나 일손을 부릴 수 있다고 하였다. 이에 부자는 어처구니없어하며 '도둑놈'이 되기 싫다며 달아나 버린다. 그 뒤로 부자는 평생 '양반'이라는 말을 입에 담지 않았다고 한다.

핵심 정리

갈래	고전 소설, 한문 단편 소설, 풍자 소설	시점	3인칭 전지적 시점
배경	시대적: 조선 후기 / 공간적: 강원도 정선		
주제	양반들의 무능과 위선적인 삶에 대한 비판과 풍자		
특징	• 조선 후기 신분제가 동요하던 시대적 상황과 양반들의 위선적인 모습을 풍자함. • 실학이 추구하던 삶의 가치관이 드러남.		

100점 특강

작품에 반영된 시대 상황

• 평민 부자가 등장함. • 돈을 주고 양반 신분을 사기도 함.	▶	조선 후기 지배 계층의 위선적인 모습에 대한 비판 의식이 싹트고, 동시에 부를 축적한 평민이나 중인 세력이 돈으로 신분 상승을 꾀하여, 신분 질서가 혼란을 겪게 되던 조선 후기의 사회 상황을 반영함.

양반 매매 증서를 통해 비판하는 점

첫 번째 증서	양반의 덕목과 의무	➡	관념적, 허례허식
두 번째 증서	양반의 특권	➡	부당한 수탈과 횡포

28 춘향전 | 작자 미상

• 동아, 비상, 창비

줄거리 성 참판과 퇴기 월매 사이에서 태어난 춘향은 뛰어난 미모와 재주를 지니고 있었다. 어느 날 남원 부사의 아들 이몽룡이 광한루에 구경 나왔다가 춘향이 그네를 타는 모습을 보고 한눈에 반해서 그날 밤 춘향의 집을 찾아가 춘향 모 월매에게 춘향과의 백년가약을 맹세한다. 그런데 몽룡의 아버지가 서울로 가게 되어 둘은 어쩔 수 없이 이별을 하게 된다. 몽룡은 다시 꼭 돌아오겠다는 약속을 하고 춘향은 몽룡이 과거에 급제하여 돌아올 것이라 믿으며 기다린다. 새로 사또로 부임한 변학도는 춘향에게 수청 들 것을 강요한다. 춘향은 죽음을 무릅쓰고 정절을 지키려 하고, 이로 인해 하옥된다. 한편 몽룡은 과거에 급제하여 전라도 암행어사가 되어 내려온다. 몽룡이 거지꼴로 변장하여 춘향의 집을 찾아가니 월매가 푸대접하고, 옥중의 춘향은 절망에 빠진다. 몽룡은 변 사또의 생일잔치 때 각 읍 수령이 모인 틈을 타 어사출두를 단행한다. 어사또는 변 사또를 파직하고 벌을 준 후, 춘향과 재회한다. 그 후 어사또는 춘향을 데리고 상경하여 부부로서 행복하게 살아간다.

핵심 정리

갈래	고전 소설, 한글 소설, 판소리계 소설	시점	3인칭 전지적 시점
배경	시대적: 조선 후기 / 공간적: 전라도 남원	주제	신분을 뛰어넘는 사랑
특징	• 해학과 풍자를 바탕으로 뛰어난 문학성을 달성함. • 판소리의 영향으로 운문체와 산문체가 혼합되고, 서술자가 사건에 개입하는 부분이 많음.		

100점 특강

■ 작품에 반영된 사상

인간 평등	사회 개혁	자유연애	정절 중시
신분 차이를 뛰어넘은 사랑의 실현	탐관오리의 횡포 등 부조리에 대한 항거	남녀의 자유로운 사랑	여성의 지조와 정절 예찬

■ 「춘향전」의 형성과 전승 과정

설화	판소리 사설	판소리계 소설	신소설
열녀 설화	춘향가	춘향전	옥중화

29 홍길동전 | 허균

• 교학사, 금성

줄거리 조선 세종 때 홍 판서에게는 세 부인이 있었는데, 정실부인에게서 인형을 낳고, 시비 춘섬에게서 길동을 낳았으며, 초란에게서는 소생이 없었다. 길동이 영리하여 홍 판서의 사랑을 받자 초란이 이를 시기하여 무녀를 불러 길동을 없앨 것을 모의한다. 초란이 길동을 죽이기 위해 특재라는 자객을 보내는데, 길동은 도술로 이를 물리치고는 부친과 어머니께 작별을 고하고 출가한다. 길동은 집을 나와 떠돌다가 산중 도적의 소굴에 들어가 활빈당을 조직하고 전국의 탐관오리의 재물을 빼앗아 가난한 백성들에게 나누어 준다. 조정에서는 이를 알고 홍길동을 잡아들이라 하나 둔갑술을 부려 팔도에서 여덟 명의 가짜 길동이 잡힌다. 왕은 결국 길동을 달래기 위해 병조판서의 벼슬을 내리는데 길동은 왕 앞에 찾아와 절하고 조선을 떠난다. 이후 길동은 율도국에 들어가 왕이 되어 이상적인 나라를 세워 다스린다.

핵심 정리

갈래	고전 소설, 한글 소설, 사회 소설	시점	3인칭 전지적 시점
배경	시대적: 조선 세종 / 공간적: 조선, 율도국	주제	적서 차별 제도 비판과 사회 개혁
특징	• 영웅의 일대기 구조에 따라 사건이 전개되고, 비현실적 요소가 드러나 있음. • 사회 제도에 대한 비판 의식을 바탕에 두고 있음.		

100점 특강

「홍길동전」의 영웅 일대기 구조

고귀한 혈통	▶	판서의 아들로, 용꿈을 꾸고 잉태됨.
비범한 능력	▶	총명하고 도술에 능함.
어려서 위기를 겪음.	▶	초란의 음모로 위험에 빠짐.
조력자를 만나 위기를 벗어남.	▶	도술을 부려 자객을 죽임.
자라서 다시 큰 위기를 만남.	▶	활빈당으로 인해 조정에서 잡으려 함.
위기를 극복하고 영웅이 됨.	▶	벼슬을 거절하고 율도국의 왕이 됨.

작품에 드러난 사회·문화적 배경과 창작 의도

적서 차별 제도(서자는 관직에 진출할 수 없음.)

관료 사회의 횡포(지배층이 백성들을 수탈함.)

➡ 당시 사회의 부조리를 고발하고 이를 개혁해 새로운 사회를 건설해야 한다는 의지를 담음.

• 미래엔, 천재(노)

줄거리 전라도와 경상도의 경계 지역에 사납고 못된 형 놀부와 순하고 착한 아우 흥부가 살았다. 부모님이 돌아가신 후 놀부는 부모의 유산을 독차지하고 동생 흥부를 집에서 쫓아낸다. 흥부는 아내와 많은 자식들과 함께 초라한 움집을 짓고 살았는데 먹을 것이 없어 고생을 한다. 한번은 놀부의 집으로 쌀을 구하러 갔다가 매만 맞고 돌아온다. 품팔이를 하고 매품팔이까지 했지만 여전히 먹고살기가 힘들었다. 어느 봄 흥부네 집에 제비가 찾아와 집을 짓고 새끼를 낳았는데, 그중 한 마리가 떨어져 다리가 부러진다. 흥부가 제비 다리를 고쳐 주었는데 이듬해 그 제비가 박씨 하나를 물어다 준다. 흥부가 박씨를 심어 가을에 박을 타니 그 속에서 금은보화가 나와 흥부는 큰 부자가 된다. 놀부가 이 소식을 듣고 제비 새끼의 다리를 일부러 부러뜨려 치료해 날려 보낸다. 이듬해 제비가 역시 박씨를 물고 와 놀부가 박을 따게 되는데 그 속에서 도깨비 등이 나와서 결국 놀부는 망하게 된다. 이 소식을 들은 흥부는 형 놀부에게 재산을 나눠 주고, 놀부는 자신의 잘못을 뉘우치고 흥부와 함께 행복하게 살아간다.

▌핵심 정리

갈래	고전 소설, 한글 소설, 판소리계 소설	시점	3인칭 전지적 시점
배경	시대적: 조선 후기 / 공간적: 경상도와 전라도의 경계 지역		
주제	형제간의 우애와 권선징악		
특징	• 판소리 사설을 바탕으로 정착되어 운문체와 산문체가 혼합됨. • 대조적인 인물 묘사를 통해 주제를 강조하고, 해학적인 표현을 통해 웃음을 유발함.		

100점 특강

■ 인물의 대조적 특성

흥부		놀부
• 가난하지만 선량함. • 현실적으로 무능함.	⟷	• 부유하지만 인정이 없음. • 욕심이 많음.

■ 「흥부전」의 형성과 전승 과정

설화	▶	판소리 사설	▶	판소리계 소설	▶	신소설
방이 설화		흥보가		흥부전		연의 각